Historische Grundlagen der Moderne

Historische Demokratieforschung

Herausgegeben von

Eckart Conze
Philipp Gassert
Peter Steinbach
Sybille Steinbacher
Benedikt Stuchtey
Andreas Wirsching

Hubert Seliger

Politische Anwälte?

Die Verteidiger der Nürnberger Prozesse

Nomos

Gedruckt mit freundlicher Unterstützung der Geschwister Boehringer Ingelheim Stiftung für Geisteswissenschaften in Ingelheim am Rhein.

Gruppenbild einiger Verteidiger im Nürnberger Hauptprozess (13.11.1945):
Untere Reihe (von links nach rechts): Egon Kubuschok, Robert Servatius, Fritz Sauter, Hanns Marx
Mittlere Reihe: Franz Exner, Alfred Seidl, Otto Stahmer, Walter Ballas, Hans Flächsner, Günther von Rohrscheidt
Obere Reihe: Georg Fröschmann, Heinz Fritz, Otto Pannenbecker, Alfred Thoma, Kurt Kauffmann, Hans Laternser

Die Deutsche Nationalbibliothek verzeichnet diese Publikation in der Deutschen Nationalbibliografie; detaillierte bibliografische Daten sind im Internet über http://dnb.d-nb.de abrufbar.

Zugl.: Augsburg, Univ. Diss., 2014

ISBN 978-3-8487-2360-7 (Print)
ISBN 978-3-8452-6462-2 (ePDF)

1. Auflage 2016

Danksagung

Beim Entstehen eines solchen Werkes gibt es viele Menschen, denen man zu Dank verpflichtet ist. Ich kann hier nur einigen wenigen für Ihre Hilfe danken und entschuldige mich bei denjenigen, die hier nicht namentlich genannt sind, obwohl sie mich mit Rat und Tat oder aufbauendem Zuspruch unterstützt haben.

Zu allererst möchte ich meinen beiden Betreuern Prof. Dr. Philipp Gassert und Prof. Dr. Günther Kronenbitter für ihre fast fünfjährige Unterstützung auch in schwierigen Zeiten danken.

Großer Dank gilt Dr. Erik Lommatzsch, der mit seinen zahlreichen Anmerkungen und kritischen Fragen wesentlich zum erfolgreichen Abschluss meiner Arbeit beitrug.

Danken will ich auch den vielen Archivaren, die mit ihren Hinweisen auf den einen oder anderen archivalischen „Schatz" halfen, manche unerwarteten Zusammenhänge aufzudecken. Stellvertretend seien Herr Friedrich aus dem Staatsarchiv Nürnberg und Herr Bierschneider aus dem Staatsarchiv München genannt.

Dank gebührt auch dem Nomos-Verlag für die Unterstützung bei der Drucklegung der Arbeit.

Besonders danken und widmen will ich diese Arbeit schließlich Kristin Steenborg, die auf sich nahm, jede Zeile des „Monsters" Korrektur zu lesen.

Inhaltsverzeichnis

Einleitung: „Politische Verteidiger" in den Nürnberger Prozessen

Markige Worte schalten am 5. Juli 1946 durch den Saal 600 des Nürnberger Gerichtspalastes: „Herr Präsident, meine Herren Richter! Als im Jahre 1918 die deutschen Armeen nach mehr als vierjährigem heldenhaftem Kampf die Waffen niederlegten, geschah dies im Vertrauen auf die Zusicherung des Präsidenten Wilson, die dieser wiederholt im Jahre 1918 gegeben hat. In der Kongressrede vom 8. Januar 1918 hatte der Präsident der Vereinigten Staaten von Amerika in 14 Punkten unter anderem offene, öffentlich vereinbarte Friedensverträge verlangt …"[1] Weiter sollte der Redner allerdings nicht kommen. Es entwickelte sich ein hitziges Wortgefecht mit dem Vorsitzenden Richter des International Military Tribunal (IMT), Lordrichter Geoffrey Lawrence, über die Frage der Thematisierung des Versailler Vertrages. Obwohl Lawrence darauf hingewiesen hatte, dass der Versailler Vertrag für die vor dem IMT zu verhandelnden Fragen unerheblich sei, setzte jener Redner mehrfach erneut an, um über den „Kampf um die Revision des Friedensdiktats" zu sprechen. Vorhersehbares Ergebnis der Auseinandersetzung war der Abbruch des Plädoyers für den Hitlerstellvertreter Rudolf Heß. Urheber des Plädoyers war der Münchner Anwalt Alfred Seidl, der hier 1946 seine bedeutende, wenn auch alles andere als unumstrittene Anwalts- und Politikerkarriere beginnen sollte.

Die Provokation des Gerichts und der indirekte Vorwurf des Treuebruchs gegen das Staatsoberhaupt eines der vier Richter der Siegermächte waren sicherlich keineswegs geeignet, diese milde zu stimmen. Seidl dürfte zudem klar gewesen sein, dass die Richter ihn, der mit seiner Einbringung des geheimen Zusatzprotokolls zwischen Nazideutschland und der UdSSR von August 1939 schon als unangenehmer Gegenspieler, gerade bei den sowjetischen Richtern, aufgefallen war, genau beobachten würden. Anstatt die Mitwirkung an konkreten Tatkomplexen zu erschüttern, verfolgte Seidl eine Linie des breiten Angriffes auf die Grundlagen des IMT. Dass die Richter sich die eigene rechtliche Grundlage durch einen offen

1 Der Prozess gegen die Hauptkriegsverbrecher vor dem Internationalen Gerichtshof Nürnberg 14. November 1945–1. Oktober 1946, Nürnberg 1947 (im Folgenden abgekürzt als IMT-Protokoll), Bd. 17, S. 597–602.

nationalistisch auftretenden Anwalt nicht entziehen lassen würden, war vorhersehbar.

Es wäre aber zu kurz gegriffen, Seidls Plädoyer als Ausrutscher eines jungen Anwalts zu sehen, dem das nötige Fingerspitzengefühl für einen großen Prozess fehlte. Versteht man Seidl weniger als juristischen, sondern als politischen Akteur, der den Siegermächten zumindest moralisch die eigene Machtlegitimation absprach und damit in einen symbolischen Machtkampf um den Stellenwert Deutschlands in der unmittelbaren Nachkriegszeit und der Bedeutung des Symbols „Nürnberg“ eintrat, so ergibt sein Verhalten als Akt des Aufbegehrens gegen ein als Instrument der Siegerjustiz perzipiertes Gericht durchaus Sinn. Der spätere bayerische Innenminister Seidl spekulierte bewusst darauf, dass sein Plädoyer nicht akzeptiert werden würde und den Siegermächten der Makel der Zensur und damit der Untergrabung ihrer eigenen moralischen Standards anhaften werde.

Solche Anwälte fanden den Beifall der Angeklagten, wie etwa durch den als „Blutrichter“ des Sondergerichts Nürnberg im „Juristenprozess“ angeklagten Oswald Rothaug: „Es muss anerkannt werden, dass einige berufsmäßige Rechtsanwälte darunter waren, die sich mit gutem Können und großem Eifer für die Angeklagten einsetzten und nicht vergessen hatten, dass die Angeklagten ihre Landsleute waren und sich vor den Gerichten von Feinden zu verantworten hatten, welche in den deutschen Lebensraum eingebrochen waren, eine Erkenntnis, die damals allgemein abhanden gekommen zu sein schien, auch bei Leuten, die früher nicht an ihr nationales Empfinden hätten rühren lassen.“ Abgesehen von diesen wenigen Ausnahmen blieb aber für Rothaug nur der vermeintlich als Rache von den Amerikanern zugelassene „völlig unbrauchbare Rest“ der Nürnberger Anwälte. Diesen Juristen sei das Berufsethos eines Verteidigers fremd gewesen und sie wären, von schierer Not getrieben, „in die ehrenhaften Roben des deutschen Anwaltsstandes“ gekrochen: „Eine Schar von Beamten, welche der Sturm der Katastrophe aus ihren Stellungen geworfen hatte, Flüchtlinge aus allen Gegenden des ehemaligen Reichs, die irgend wann in ihrem Leben einmal mit Juristerei oder verwandten Gebieten zu tun hatten. Jedenfalls handelte es sich bei diesen Personen durchweg um Leute, die in den Nürnberger Prozessen für sich und ihre darbenden Familien ‚Brot‘ suchten, die mit dem Berufe eines Rechtsanwaltes im Leben kaum etwas zu tun hatten und soweit dies zufällig einmal der Fall war, Leute weit unter dem fachlichen Durchschnitt waren."[2]

Themen- und Fragestellung

Waren die Verteidiger der Angeklagten in den Nürnberger Prozessen nun unfähige „Zählkandidaten", denen eine eigenständige Bedeutung über die Rolle als Sprachrohr neben dem Angeklagten nicht beizumessen ist oder waren sie Aktivisten, die die Nürnberger Prozesse und die nachfolgenden gesellschaftlichen Diskussionen als Bühne für radikalen Nationalismus, ja für eine Rechtfertigung des Nationalsozialismus schlechthin nutzten? Hatten diese Anwälte also eine über die rein juristischen Fragestellungen hinausgehende „politische" Bedeutung?

Kernthema dieser Arbeit ist nicht, eine Rechtsgeschichte der Nürnberger Verteidigung in Bezug auf die verfahrens- wie materiellrechtlichen Herausforderungen für die Nürnberger Anwälte zu erstellen. Diese Rechtsprobleme bilden den Hintergrund dieser Arbeit. Dies bedeutet natürlich nicht, dass die rechtshistorischen Fragestellungen der Nürnberger Prozesse marginal wären, im Gegenteil. Juristische Akteure können aber aus dem rein rechtlichen Bereich und dem am „Dienst am Recht" orientierten Selbstverständnis heraustreten und eine darüber hinausgehende Rolle einnehmen.[3] Im Zentrum steht somit primär, wie bestimmte Verteidiger, nicht immer freiwillig, zu politischen Akteuren bzw. „public historians" in dieser sich an dem politischen Symbol „Nürnberg" entzündenden Auseinandersetzung um die deutsche Vergangenheit wurden. „Nürnberg" ist mehr als nur der Name jener durch Bombenangriffe schwer gezeichneten Stadt in Franken, die in erster Linie aufgrund der verkehrstechnisch günstigen Lage für die Prozesse ausgewählt wurde, oder die Bezeichnung für verschiedene historisch bedeutsame Prozesse. „Nürnberg" ist darüber hinaus ein Symbol, das gleichsam die Bedeutung von „Neubeginn", „Ge-

2 Vgl. unbetiteltes Gutachten von Oswald Rothaug o.D., in: StN, NL Fröschmann, Nr. 85.

3 Vgl. Ralf Oberndörfer: Recht und Richter. Verfahrensrechtliche Aspekte der Nürnberger Prozesse, in: Kim C. Priemel/Alexa Stiller [Hgg.]: NMT. Die Nürnberger Militärtribunale zwischen Geschichte, Gerechtigkeit und Rechtschöpfung, Hamburg 2013, S. 525–546. Sehr kritisch zum juristischen Selbstverständnis aus soziologischer Perspektive: Pierre Bourdieu: The Force of Law: Towards a Sociology of the Juridical Field, in: The Hastings Law Journal 38 (1987), S. 805–853.

rechtigkeit", aber auch „Siegerjustiz" oder gar zerstörerische „Revolution" annehmen konnte. „Nürnberg" stand zudem für die Stadt der Reichsparteitage und die „Nürnberger Rassegesetze", also auch als Symbol für die Machtentfaltung der Nazis und ihrer Verbrechen. Diese verschiedenen Bedeutungsgehalte des Symbols waren teilweise schon während der Nürnberger Prozesse greifbar, teilweise wurden sie aber auch erst, nicht zuletzt dank der Publikationen der Verteidiger, in der Folgezeit generiert. Wie Bernhard Diestelkamp in einem Aufsatz am Beispiel der völker- und staatsrechtlichen Frage des Rechtsstatus Deutschlands nach 1945 dargelegt hat, waren juristische Debatten quasi „Stellvertreterkämpfe" um grundlegende Ordnungsvorstellungen und geschichtliche Interpretationen.[4] Gerade in der extremen Transitionsphase der unmittelbaren deutschen Nachkriegszeit erwuchs für die Nürnberger Anwälte im Spannungsverhältnis von Rechtsstaat, Umgang mit den alten Eliten und Vorstellungen für die zukünftige Gestaltung Deutschlands ein gewisser Gestaltungsspielraum für die Interpretation „Nürnbergs" als politisches Symbol.[5]

Wenn Niklas Luhmann betont, dass sich Macht als Kommunikationsmedium immer nach dem Code von Unterlegenem und Überlegenem bestimmt, so sind die Nürnberger Prozesse gemäß einer sogleich noch zu erläuternden Definition Otto Kirchheimers gleichsam „politische Prozesse" wie „politische Justiz", da dort die alliierten Siegermächte als Ankläger und Richter und die deutschen Verteidiger als Vertreter einer besiegten Nation aufeinandertrafen.[6] Gerade der Vorwurf der „Siegerjustiz" traf laut

4 Bernhard Diestelkamp: Rechtsgeschichte als Zeitgeschichte, in: Zeitschrift für neuere Rechtsgeschichte 7 (1985), S. 181–207, vgl. im Anschluss an Diestelkamp auch Astrid Eckert: Kampf um die Akten. Die Westalliierten und die Rückgabe von deutschem Archivgut nach dem Zweiten Weltkrieg, Stuttgart 2004, S. 269– 277.

5 Unter Transition wird im Rahmen dieser Arbeit ein systemischer Übergang zu Demokratie und rechtsstaatlichen Verfahren nach 1945 verstanden. Diese rechtswissenschaftliche Terminologie ist enger gefasst als „Transformation", die einen umfassenden gesellschaftlichen Wandel meint, vgl. zur Terminologie Susanne Buckley-Zistel/Anika Oettler: Was bedeutet Transitional Justice?, in: Susanne Buckley-Zistel/Thomas Kater [Hgg.]: Nach Krieg, Gewalt und Repression. Vom schwierigen Umgang mit der Vergangenheit, Baden-Baden 2011, S. 21–37 sowie Wolfgang Merkel, Systemtransformation. Eine Einführung in die Theorie und Empirie der Transformationsforschung, Wiesbaden 2010.

6 Vgl. die in verschiedenen Werken Luhmanns verstreute Argumentation in: Claudio Baraldi: Politik, in: Ders. u. a. [Hgg.]: GLU. Glossar zu Niklas Luhmann, Frankfurt a.M. 1997, S. 135–139; vgl. auch Niklas Luhmann: Die Politik der Gesellschaft, Frankfurt a.M. 2005.

Kirchheimer „im Grunde das ureigene Wesen des politischen Prozesses. In allen politischen Prozessen, die von Gerichten eines siegreichen neuen Regimes stattfinden, sind die Richter in gewissem Sinne Siegerrichter."[7] Über das Symbol „Nürnberg" gaben die Nürnberger Verteidiger eine erste Antwort auf die Frage nach dem Verhalten der Eliten im „Dritten Reich" und damit auch, wie die Demokratisierung des zukünftigen deutschen Staates unter der Ägide der Besatzungsmächte in Abgrenzung zum Vorgängerregime gestaltet sein sollte bzw. inwieweit das Einstehen der Besatzungsmächte für ihre Ideale durch Gewährung eines rechtsstaatlichen und eine Vorbildfunktion einnehmenden Verfahrens mit dem Vorwurf der „Siegerjustiz" selbst infrage gestellt zu werden drohte.[8] Eng verknüpft ist diese

---

7 Otto Kircheimer: Politische Justiz. Verwendung juristischer Verfahrensmöglichkeiten zu politischen Zwecken, Hamburg 1993 [Neuauflage], S. 487.

8 Zum Versuch ein am Individuum orientiertes, demokratisches Rechtssystem aufzubauen am Beispiel der Entnazifizierung der Anwälte, vgl. Felix Busse: Deutsche Anwälte. Geschichte der deutschen Anwaltschaft 1945–2010. Entwicklungen in West und Ost, Bonn 2010, S. 77–84 und S. 129–136. Zur juristischen Entnazifizierung allgemein vgl. beispielhaft den „Klassiker" von Lutz Niethammer: Die Mitläuferfabrik. Entnazifizierung in Bayern, Berlin u. a. 1982. Zu alliierten Umgestaltungsversuchen der Justiz am Beispiel der britischen Zone vgl. Martin Broszat: Siegerjustiz oder strafrechtliche „Selbstreinigung", in: Vierteljahreshefte für Zeitgeschichte 29 (1981), S. 477–544 und Joachim Reinhold Wenzlau: Der Wiederaufbau der Justiz in Nordwestdeutschland 1945–1949, Königstein 1979; Edith Raim: Der Wiederaufbau der westdeutschen Justiz unter alliierter Aufsicht und die Verfolgung von NS-Verbrechen 1945 bis 1949/50, in: Hans Braun u. a. [Hgg.]: Die lange Stunde Null. Gelenkter sozialer Wandel in Westdeutschland nach 1945, Baden-Baden 2007, S. 141–173. Vgl. beispielhaft für die allgemeine Literatur zur Thematik der Ordnungsvorstellungen: Wolfgang Benz: Auftrag Demokratie. Die Gründungsgeschichte der Bundesrepublik und die Entstehung der DDR 1945–1949, Bonn 2010; Wolfgang Benz [Hg.]: Deutschland unter alliierter Besatzung 1945–1949/55. Ein Handbuch, Berlin 1999; Anselm Doering-Manteuffel: Wie westlich sind die Deutschen? Amerikanisierung und Westernisierung im 20. Jahrhundert, Göttingen 1999; Richard Merritt: Democracy Imposed. US occupation policy and the German public 1945–1949, New Haven u. a. 1995; Klaus-Dietmar Henke: Die amerikanische Besetzung Deutschlands, München 1995; Dieter Waibel: Von der wohlwollenden Despotie zur Herrschaft des Rechts. Entwicklungsstufen der amerikanischen Besatzung Deutschlands 1944–1949, Tübingen 1996; vgl. auch Thomas Reuther: Die ambivalente Normalisierung. Deutschlanddiskurs und Deutschlandbilder in den USA 1941–1955, Stuttgart 2000; Bernd Greiner: Die Morgenthau-Legende. Zur Geschichte eines umstrittenen Plans, Hamburg 1995; Norbert Frei: Von deutscher Erfindungskraft, in: Ders.: 1945 und wir. Das Dritte Reich im Bewusstsein der Deutschen, München 2005, S. 145–155.

Frage mit der sogenannten „Vergangenheitspolitik". Die klassische Definition von Norbert Frei bezeichnet damit, in Abgrenzung zum Terminus „Vergangenheitsbewältigung", die Integration von früheren Parteigängern der NSDAP in die junge westdeutsche Demokratie, die zwar nicht politisch, aber beruflich und gesellschaftlich ihren Status wiedererlangten, nachdem sie ihn durch Entnazifizierung, Massenentlassungen oder auch Strafverfahren zeitweise verloren hatten. In zweiter Linie wird darunter die politische und justizielle Grenzziehung gegenüber den ideologischen Restgruppen des Nationalsozialismus verstanden, durch den der Gründungskonsens der Nachkriegsdemokratie in Bezug auf den Umgang mit dem Vorgängerregime stellenweise neu ausgerichtet wurde. Auch wenn Frei in erster Linie unter „Vergangenheitspolitik" legislative Maßnahmen verstand, macht es gerade für die Nürnberger Verteidiger Sinn, den Begriff weit auszulegen und in ihn auch „Geschichtspolitik", also die Verwendung der Darstellung der Vergangenheit als Mittel der politischen Auseinandersetzung, miteinzubeziehen.[9]

Diese Arbeit zielt nicht darauf ab, bei über 200 Verteidigern in den Nürnberger Prozessen eine Gesamtinterpretation bzw. Gesamtbiographie zu liefern, sondern wird begrenzt auf die Herausstellung der politisch-historischen Rolle der Nürnberger Anwälte.[10] Es geht also bei der Auswahl der darzustellenden Verteidiger gerade nicht darum, eine umfassende Darstellung der Nürnberger Anwälte zu schreiben, sondern die „politischen

---

9 Norbert Frei: Vergangenheitspolitik. Die Anfänge der Bundesrepublik und die NS-Vergangenheit, 2. Aufl., München 2003, S. 13 f.; zur „Geschichtspolitik" vgl. die instruierende Begriffsklärung bei Edgar Wolfrum: Erinnerungskultur und Geschichtspolitik als Forschungsfelder. Konzepte – Methoden – Themen, in: Jan Scheunemann [Hg.]: Reformation und Bauernkrieg. Erinnerungspolitik und Geschichtspolitik im geteilten Deutschland, Leipzig 2010, S. 13–47.

10 Zur Vorgeschichte der Nürnberger Prozesse generell vgl. Arye Kochavi: Prelude to Nuremberg, Chapel Hill u. a. 1998; Bradley Smith: The Road to Nuremberg, New York 1981; Kerstin Marienburg: Die Vorbereitung der Kriegsverbrecherprozesse im Zweiten Weltkrieg, 2. Bde, Hamburg 2008; Jonathan Friedman: Law and Politics in the subsequent Nuremberg Trials, 1946–1949, in: Patricia Heberer u. a. [Hgg.]: Atrocities on Trial. Historical Perspectives on the politics of prosecuting war crimes, Lincoln 2008, S. 75–102; Kim Priemel und Alexa Stiller: Wo „Nürnberg" liegt. Zur historischen Verortung der Nürnberger Prozesse, in: Dies. [Hgg.]: NMT, S. 9–63. Kritisch zu den Nürnberger Prozessen: David Bloxham: Genocide on Trial, Oxford 2005. Vgl. auch Kim Priemel/Alexa Stiller: Reassessing the Nuremberg Military Tribunal. Transitional Justice, Trial Narratives, and Historiography, New York/Oxford 2012.

Verteidiger" unter den Anwälten zu identifizieren und ihr Agieren als politischer Akteur systematisch darzustellen. Angesichts der noch zu zeigenden unterschiedlichen biographischen, sozialen wie politischen Hintergründe der Nürnberger Verteidiger wird man auch nicht von „den" Verteidigern der Nürnberger Prozesse sprechen können. Dennoch gibt es mit dem politischen Symbol „Nürnberg" ein verbindendes Element aller Verteidiger. Für die Identifizierung derjenigen Anwälte, die als explizit „politisch" anzusehen sind, war es zunächst notwendig, einen breiteren Zugriff zu nehmen, da die Biographien der Nürnberger Verteidiger, von wenigen wichtigen Ausnahmen abgesehen, noch weitgehend im Dunkeln liegen. Ein großes Problem bei der Auswahl der Verteidiger bestand zudem darin, dass zu einigen zentralen Protagonisten unter den Anwälten die Quellenlage äußerst schwierig ist und sich dies auch durch Parallelüberlieferungen nicht ausgleichen ließ. So muss es zwangsläufig zu Schieflagen in der Interpretation kommen. Schmerzlich zeigt sich dies etwa bei Egon Kubuschok, eine der wichtigsten Gestalten unter den Anwälten der Nürnberger Prozesse, der trotz intensiver Recherche quellenmäßig bislang nur schwer zu fassen ist. Für die Auswahl der „politischen" Verteidiger waren verschiedene Kriterien ausschlaggebend, so eine auffallend große Anzahl von Mandanten, Verteidigung von NS-Tätern auch nach Ende der Nürnberger Prozesse und eine mediale und publizistische Auseinandersetzung mit den Nürnberger Prozessen. Gesucht wurde also nach Anwälten, die in den Prozessen eine besondere Stellung reklamierten bzw. sich in einem weiten Sinne mit den Taten des NS-Regimes auseinandersetzten und sich über das eigentliche Prozessgeschehen hinaus mit dem Symbol „Nürnberg" und seinen Folgen befassten bzw. für eine bestimmte Form des Umgangs mit den Nürnberger Prozessen standen.

Nachdem sich die Biographie lange Zeit gerade von der Sozialgeschichte scharfer Kritik ausgesetzt sah, kann man seit den neunziger Jahren von einem Boom kollektivbiographischer und individualbiographischer Studien sprechen.[11] Wolfgang Pyta sieht den Grund hierfür in der innerhalb der Geschichtswissenschaft „dominierende[n] hermeneutische[n] Grundauffassung". Die daraus resultierende „gewisse Theorieferne" habe forschungspragmatisch zu einer produktiven Auseinandersetzung mit der Kritik der Sozialgeschichte und einer Erneuerung durch Methoden der

11 Vgl. als konzisen Überblick Cornelia Rauh-Kühne: Das Individuum und seine Geschichte. Konjunkturen der Biographik, in: Andreas Wirsching [Hg.]: Neueste Zeit, 2. Aufl., München 2009, S. 215–232.

Kulturgeschichte geführt.[12] Diesem „produktiven Eklektizismus“ (Wolfgang Pyta) ist auch diese Arbeit verschrieben, die sich durch die kulturgeschichtlich inspirierte, das Symbolhafte des Politischen besonders herausstellende Neue Politikgeschichte, aber auch durch Rechts-, Medien-, und Sozialgeschichte sowie die historische Netzwerkanalyse beeinflusst sieht.[13] Wie produktiv gerade kulturgeschichtliche Methoden für die biographische Anwaltsgeschichte sein können, hat jüngst Hennig Grunwald mit seiner Arbeit zu den „Parteianwälten“ der Weimarer Republik bewiesen.[14] Doch auch vor diesem breiten methodischen Zugang bleibt die Warnung Pierre Bourdieus vor der „biographischen Illusion“, d.h. dem Vergessen der gesellschaftlichen Vorstrukturiertheit und Bedingtheit von Biographien, bestehen.[15] Diese Arbeit ist somit primär eine Gruppenbiographie, die allerdings Elemente der Prosopographie und der Individualbiographie

---

12 Wolfgang Pyta: Geschichtswissenschaft, in: Christian Klein [Hg.]: Handbuch Biographie. Methoden, Traditionen, Theorien, Stuttgart u. a. 2009, S. 331 f.

13 Vgl. zum Begriff „Neue Politikgeschichte“ bzw. „Kulturgeschichte des Politischen“ anstelle vieler zusammenfassend Thomas Mergel: Kulturgeschichte des Politischen, in: Frank Bösch/Jürgen Danyel [Hgg.]: Zeitgeschichte – Konzepte und Methoden, Göttingen 2012, S. 187–203. Zum Symbol in der Diskursanalyse beispielhaft Oliver Marchart: Symbol und leerer Signifikant. Zum Verhältnis von Kulturtheorie, Diskurstheorie und politischer Theorie, in: Frauke Berndt/Christoph Brecht [Hgg.]: Aktualität des Symbols, Freiburg 2005, S. 245–267. Zum Verhältnis Diskurs und Macht aus geschichtswissenschaftlicher Sicht vgl. Achim Landwehr: Diskurs – Macht – Wissen. Perspektiven einer Kulturgeschichte des Politischen, in: Archiv für Kulturgeschichte 85 (2003), S. 71–117. Zur historischen Diskursanalyse anstelle vieler: Franz Eder [Hg.]: Historische Diskursanalyse. Genealogie, Theorie, Anwendungen, Wiesbaden 2006 und Achim Landwehr: Historische Diskursanalyse, Frankfurt a.M. 2009. Zur Netzwerkanalyse, vgl. beispielhaft den Überblick von Marten Düring/Linda von Keyserlingk: Netzwerkanalyse in der Geschichtswissenschaft. Historische Netzwerkanalyse als Methode für die Erforschung historischer Prozesse, o.D., http://www.academia.edu/449150/Netzwerkanalyse_in_den_Geschichtswissenschaften._Historische_Netzwerkanalyse_als_Methode_fur_die_Erforschung_von_historischen_Prozessen, aufgerufen am 15.2.2015. Zur Verbindung von Biographiegeschichte mit der Netzwerkanalyse, vgl. Friedrich Lenger: Netzwerkanalyse und Biographieforschung – einige Überlegungen, in: BIOS 18 (2005), S. 180–185.

14 Henning Grunwald: Courtroom to Revolutionary Stage. Performance and Ideologie in Weimar Political Trials, Oxford 2012.

15 Vgl hierzu Pierre Bourdieu: Die biographische Illusion, in: Bernhard Fetz/Wilhelm Hemecker [Hgg.]: Theorie der Biographie. Grundlagentexte und Kommentare, Berlin/New York 2011, S. 303–310, sowie die vorzügliche Einleitung und Literaturübersicht zur Kontroverse um Bourdieus Text: Hannes Schweiger:

in sich aufnimmt. Gruppenbiographien gehen stärker als Prosopographien, die definiert werden als systematische quantitative Sammlung und Auswertung ausgewählter Lebensdaten, qualitativ vor und arbeiten Gemeinsamkeiten und Unterschiede zwischen individuellen Lebensläufen heraus.[16] Nach der Definition der Gruppenbiographie von Margot Peters können verbindendes Element verschiedener Lebensläufe von Gruppen beispielsweise eine Familie, ein Ort, eine Organisation, eine politische Bewegung, eine kulturelle Verbundenheit oder ein bestimmter Zeitpunkt sein.[17] Die Verteidigung der Nürnberger Prozesse verbindet nicht nur zumeist die juristische Ausbildung, sondern auch das Auftreten in einem der bedeutendsten Prozesse des 20. Jahrhunderts und, insbesondere bei den explizit politischen Anwälten, die Auseinandersetzung mit dem Symbol „Nürnberg". Zudem lassen sich bestimmte Gruppenbildungsprozesse bzw. Netzwerke erkennen, die für die politische Rolle der Verteidiger in Nürnberg und in den folgenden gesellschaftlichen Debatten mit „Nürnberg" und dem NS-Regime von großer Bedeutung waren. Wenn im Rahmen dieser Arbeit von Netzwerk gesprochen werden soll, so wird darunter in einer bewusst weiten Definition ein dynamisches Geflecht von persönlichen wie beruflichen Beziehungen verstanden, die über bestimmte, als „Knotenpunkte" fungierende Personen bzw. Mittelsmänner zum Zwecke der Informationsgewinnung bzw. Unterstützung in Bezug auf gemeinsame Ziele entstehen und die je nach Interessenlage (re-)aktiviert werden können.[18]

Das Leben als U-Bahnfahrt. Zu Pierre Bourdieu: „Die biographische Illusion", in: ebd., S. 311–316.

16 Levke Harders/Hannes Schweiger: Kollektivbiographische Ansätze, in: Christian Klein [Hg.]: Handbuch Biographie. Methoden, Traditionen, Theorien, Stuttgart u. a. 2009, S. 194–198.

17 Margot Peters: Group Biography: Challenges and Methods, in: Anthony M. Friedson [Hg.]: New Directions in Biography, Honolulu 1981, S. 41.

18 Die Netzwerkanalyse hat in den Geschichtswissenschaften in jüngster Zeit erhebliches Interesse geweckt. Für die Zielsetzung der Arbeit erschien es aber sinnvoll, auf eine eigene Definition des Netzwerkbegriffs zurückzugreifen, vgl. beispielhaft den Überblick bei Marten Düring/Linda von Keyserlingk: Netzwerkanalyse in der Geschichtswissenschaft. Historische Netzwerkanalyse als Methode für die Erforschung historischer Prozesse, o.D., http://www.academia.edu/449150/Netzwerkanalyse_in_den_Geschichtswissenschaften._Historische_Netzwerkanalyse_als_Methode_fur_die_Erforschung_von_historischen_Prozessen, aufgerufen am 15.2.2015. Zur Verbindung von Biographiegeschichte mit der Netzwerkanalyse, vgl. Friedrich Lenger: Netzwerkanalyse und Biographieforschung – einige Überlegungen, in: BIOS 18 (2005), S. 180–185.

Der „politische Verteidiger“: eine Begriffsbestimmung und Typologie

Mit der Reichsrechtsanwaltsordnung von 1879 war zum ersten Mal reichsweit die freie Advokatur in Deutschland festgeschrieben worden, durch die sich die Anwaltschaft von den Vorformen des heutigen Anwaltsberufs, die unter enger staatlicher Aufsicht und Diziplinargewalt gestanden hatten, emanzipierte. Dennoch wirkte die traditionelle Nähe zum Staat in verschiedene Regularien und der strengen, durch die Rechtsanwaltskammern durchgesetzten Standesdisziplinierung fort. Offensichtlich blieb dies gerade in der Strafverteidigung. Die überwiegende Lehrmeinung sah im Verteidiger einen Beistand und Unterstützer bei der Wahrnehmung der Interessen des Mandanten, während eine weitere „staatsnahe“ Ansicht den Verteidiger als „Organ der Rechtspflege“ an der öffentlichen Strafrechtspflege mitwirken sah. Diese Sicht bekam durch den jungen Doktorand Rudolf Dix in seiner 1907 vorgelegten Dissertation eine rechtsdogmatische Herleitung, als dieser den Verteidiger als „unbeamteten Amtsträger“ verstanden haben wollte.[19] Mit seiner im späten Wilhelminismus verfassten Dissertation stand aber Dix konträr zu einer neuen Generation von selbstbewussten „Starverteidigern“ in der Weimarer Republik wie Max Alsberg (1877–1933), der in seinen Schriften dem Verteidiger zuschrieb, „den hochmütigen, voreiligen Griff nach der Wahrheit“ des Richters zu hemmen und in der Einfühlung in den Angeklagten auch den Rechtsanspruch des schuldigen Angeklagten zu verwirklichen.[20] Noch weiter ging eine Generation junger „Parteianwälte“ auf der politischen Linken und Rechten, die nicht einmal mehr das Mandanteninteresse selbst, sondern nur noch das politische Ziel ihres Mandanten vor Gericht verfochten und besonders in den letzten Jahren der Weimarer Republik den Gerichtssaal in eine politische Bühne verwandelten.

Das Schlagwort von der „politischen Justiz“ wurde in der Bundesrepublik Deutschland erstmals von dem deutschnationalen Anwalt Friedrich Grimm in seinem 1953 erschienenen, eine eigenwillige Mischung aus po-

---

19 Rudolf Dix: Die rechtliche Stellung des Verteidigers zum Angeklagten, Leipzig 1907, S. 13 f.

20 König: Strafverteidiger, S. 15. Zur epochemachenden Schrift Alsbergs vgl. auch Ute Döpfer: Die Grundlagen der Verteidigung im Diskurs des 19. und 20. Jahrhunderts. Kontinuität und Wandel, in: Deutscher Anwaltsverein [Hg.]: Anwälte und ihre Geschichte. Zum 140. Gründungsjahr des Deutschen Anwaltsvereins, Tübingen 2001, S. 191–206.

litischer Kampfschrift und Autobiographie darstellenden Buch „Politische Justiz. Die Krankheit unserer Zeit“ wieder aufgegriffen.[21] Für Grimm ist das noch aus der Weimarer Republik herrührende Schlagwort „politische Justiz“ gleichbedeutend mit „Politisierung der Justiz“, wobei laut Grimm zwischen einer gerechtfertigten und einer „entarteten politischen (Straf-)Justiz“ zu unterscheiden sei. Sein in biologistischen Termini verfasstes Werk ließ allerdings keinen Zweifel offen, dass für ihn die Kriegsverbrecherprozesse nach 1945 bzw. die Fememordprozesse der zwanziger Jahre als „entartet“ galten, während die nicht näher thematisierten Prozesse gegen die politische Linke offenbar „gerechtfertigte“ politische Justiz darstellten.[22] Eine sozusagen „offizielle“ Deutung „politischer Justiz“ legte 1961 der für Hoch- und Landesverrat am Bundesgerichtshof zuständige Bundesanwalt und Historiker Walter Wagner (1901–1991) in einer Artikelserie einer CDU-nahen Zeitschrift vor. Wagner setzte in seiner vom Kaiserreich bis zur Gegenwart reichenden historischen Darstellung „politische (Straf)-Justiz“ weitgehend mit Hoch- und Landesverratsprozessen gleich. Er ließ auch keinen Zweifel offen, dass er primär den Gegner der „politischen Justiz“ aufseiten der Kommunisten sah. Eine Ungleichbehandlung von linken und rechten Tätern in der Weimarer Republik wollte er ebenso wenig erkennen, wie für ihn auch im „Dritten Reich“ die „misshandelte und missbrauchte Justiz“ lediglich das Opfer nationalsozialistischer Fanatiker geworden sei. Daher kam er auch zu einer positiven Bewertung von „politischer Justiz“: „Mit Justiz, auch mit politischer Justiz, lässt sich keine Politik machen. […] Politische Justiz kann nur dem Zweck dienen, die Sicherheit des Staates und das ungestörte Leben des Volkes zu schützen, und zwar ausschließlich mit den Mitteln, die Gesetz und Recht der Justiz zur Hand geben.“[23]

---

21 Schon in der Weimarer Republik war „politische Justiz“ als Schlagwort gerade der politischen Linken geläufig, vgl. beispielsweise das unter Mitarbeit von Robert Kempner herausgegebene Pamphlet der Deutschen Liga für Menschenrechte: Liga für Menschenrechte e. V. [Hg.]: Acht Jahre politische Justiz. Denkschrift der Deutschen Liga für Menschenrechte, Berlin 1927. Häufiger fanden sich allerdings, gerade bei den „Parteianwälten“, die Schlagworte von der „Klassenjustiz“ bzw. „Tributjustiz“.

22 Friedrich Grimm: Politische Justiz, die Krankheit unserer Zeit. 40 Jahre Dienst am Recht, Bonn 1953 S. 3 f.

23 Vgl. Walter Wagner: Staatsschutz und Demokratie. Politische Justiz in der Gegenwart, in: Die Politische Meinung 7 (1962), Heft 68, S. 46 (31–46). Die anderen Teile der Serie erschienen in Heft 56, S. 54–70, Heft 58, S. 50–63, Heft 60, S. 48–

Dementsprechend variierte auch die Einschätzung, inwieweit die Nürnberger Prozesse als „politische Prozesse" bzw. „politische Justiz" zu verstehen seien. Während die Nürnberger Prozesse für Friedrich Grimm, wenig überraschend, „Entartung" und Ausdruck von Siegerjustiz waren, Walter Wagner sie als „Höhepunkt" der alliierten „politischen Justiz" charakterisierte, sich aber jeder Wertung enthielt, kam der an sich gegenüber „politischen Justiz" kritisch eingestellte Otto Kirchheimer zu einer durchweg positiven Einschätzung der Nürnberger Prozesse.[24]

Anders als es die Arbeiten Grimms und Wagners vermuten lassen, blieb aber in der BRD das Schlagwort von der „politischen Justiz" primär der politischen Linken vorbehalten. Verschiedene links- und linksliberale Juristen der Weimarer Republik, die aus dem Exil zurückgekehrt waren, wie auch einige teilweise eng mit ihnen verbundene „Linksanwälte" wie Heinrich Hannover verliehen ihm als (rechts-)politischem Kampfbegriff in der Bundesrepublik ab den sechziger Jahren eine gewisse Popularität.[25] Es war aber Otto Kirchheimer, bis zu seiner Vertreibung 1933 ein der SPD nahestehender Anwalt in Berlin, der „politische Justiz" nicht mehr nur als politisches Schlagwort, sondern die links- und linksliberale Verwendung

---

61, Heft 67, S. 41–55. Bis zu seinem Einzug zur Wehrmacht war Wagner Staatsanwalt am Sondergericht Posen gewesen. In der Nachkriegszeit war Wagner zunächst Sonderbeauftragter des hessischen Justizministeriums für die Strafverfolgung der Euthanasie-Morde in Hessen und arbeitete dort eng mit Adolf Arndt zusammen. Von 1952 bis zur Pensionierung 1966 war er bei der Bundesanwaltschaft beschäftigt, zuletzt als stellvertretender Generalbundesanwalt. Er war u. a. maßgebend bei der Durchsuchung der Redaktionsräume des „Spiegels" im Zuge der „Spiegel-Affäre" involviert. 1974 leistete er mit seiner in Zusammenarbeit mit dem Institut für Zeitgeschichte entstandenen Darstellung zum Volksgerichtshof einen zentralen Beitrag zur Rechtsgeschichte des Nationalsozialismus. Zur Biographie Wagners und der Rezeptionsgeschichte der Studie zum Volksgerichtshof vgl. Jürgen Zarusky: Walter Wagners Volksgerichtshofs-Studie von 1974 im Kontext der Forschungsentwicklung, in: Walter Wagner: Der Volksgerichtshof im nationalsozialistischen Staat, Oldenburg 2011 [Neuauflage], S. 993–1023.

24 Vgl. auch die allgemeine Auseinandersetzung Kirchheimers mit den juristischen Argumenten der Nürnberger Anwälte in: Kirchheimer: Justiz, S. 480–496 (zu den materiellrechtlichen Einwänden) und S. 500–508 (zu verfahrensrechtlichen Problemen der Nürnberger Prozesse).

25 Heinrich Hannover/Elisabeth Hannover-Drück: Politische Justiz. 1918–1933, Frankfurt a.M. 1966; vgl. als weitere Beispiele Diether Posser: Politische Strafjustiz aus der Sicht des Verteidigers, Karlsruhe 1961, Kurt Groenewold [Hg.]: Politische Justiz. Dokumentation über den Ausweisungsterror an Palästinensern, Hamburg 1972.

des Begriffspaares 1961 auf eine auf breiter historischer Quellenbasis beruhende politikwissenschaftliche Fundierung stellte.[26] Robert van Ooyen stellt vollkommen zu Recht als besondere Leistung Kirchheimers heraus, dass er den bis heute gerade in der bundesdeutschen Rechts- und Politikwissenschaft dominierenden „Mythos vom unpolitischen Recht" herausgefordert hatte.[27]

Nicht nur diese „Kampfansage" an die vermeintlich scharfe Trennung zwischen Politik und Recht erschwert die Rezeption Kirchheimers in Deutschland. Insbesondere muss Kirchheimers noch aus den Frontstellungen der Weimarer Republik herrührendes Politikverständnis für seine Rezeption berücksichtigt werden. Kirchheimer kann seine Herkunft aus dem Umfeld der „Kritischen Theorie" wie den Einfluss seines Doktorvaters Carl Schmitt nicht leugnen, was teilweise zu einer Überbetonung des Freund-Feind-Antagonismus in seinen Werken bzw. zu einer Verkürzung

---

26 Kirchheimers Buch „Politische Justiz" erschien 1961 zunächst in den USA. Eine wichtige empirische Ergänzung erfuhr das Werk durch Alexander von Brünneck: Politische Justiz gegen Kommunisten in der Bundesrepublik Deutschland 1949–1968, Frankfurt a.M. 1978. Auch Heinrich Hannover berief sich in seinen Werken explizit auf Otto Kirchheimer. Die enge Verknüpfung zwischen den Exiljuristen und den „Linksanwälten" in der BRD verraten die Vorworte der entsprechenden Bücher. So hatte der von der amerikanischen Anklage in Nürnberg beschäftigte Exiljurist Karl Löwenstein das Manuskript zu Kirchheimers „Politischer Justiz" korrekturgelesen und Gustav Heinemann rezensierte für den „Spiegel" das Werk als „von der Freiheit für den freiheitlichen Rechtsstaat erfüllt", vgl. Gustav Heinemann: Das befleckte Recht. Gustav Heinemann über Otto Kirchheimer: „Politische Justiz", in: Der Spiegel (1.9.1965). Hannovers Werk zur „politischen Justiz" in Weimar hatte Robert Kempner korrekturgelesen, während Fritz Bauer das Vorwort lieferte. Schon zuvor hatte Gustav Heinemann für ein anderes Werk Hannovers das Vorwort geliefert. Mit Jahrgang 1941 hatte von Brünneck die politischen Auseinandersetzungen der Weimarer Republik, und die politische Verfolgung nicht mehr bewusst miterlebt. Als Herausgeber der Schriften Ernst Fraenkels wird man Brünneck aber eine gewisse Affinität zu den deutschen Exiljuristen unterstellen dürfen. Allerdings hatte von Brünneck trotz aller Kritik an den Kommunistenprozessen der Bundesrepublik die Wahrung rechtsstaatlicher Grundsätze attestiert, was Heinrich Hannover zur Kritik herausforderte, vgl. hierzu einen Brief Heinrich Hannovers an Ernst Hüper vom 16.12.1999, veröffentlicht auf http://www.heinrich-hannover.de/briefwechsel.htm, aufgerufen am 15.2.2015.

27 Robert Christian van Ooyen: Die dunkle Seite des Rechtsstaats. Otto Kirchheimers „Politische Justiz" zwischen Freund-Feind, Klassenjustiz und Zivilisierung, in: Juristische Zeitgeschichte 13 (2012), S. 243–247.

der „politischen Justiz" bei einigen sich auf Kirchheimer stützenden Autoren zu „Klassenkampf" führte.[28]

Anders als etwa Grimm setzt Kirchheimer „politische Justiz" und politische Prozesse nicht gleich. Für Kirchheimer ist das zentrale Wesen eines politischen Prozesses die Einwirkung auf die Verteilung der politischen Macht und die Beeinflussung der jeweiligen Machtkonstellation vor dem Forum des Gerichtssaals und darüber heraus.[29] Der politische Prozess ist

---

28 Vgl. Andreas Mehlich: Der Verteidiger in den Strafprozessen gegen die Rote Armee Fraktion. Politische Justiz und politische Strafverteidigung im Lichte der Freiheit der Advokatur, Berlin 2012. In Anknüpfung an Kirchheimer und andere unternimmt Mehlich eine eigene Definition von „politische Justiz" als „Medium zur Einflussnahme auf die politische Machtkonstellation, mittels dessen darauf abgezielt wird, das politische Kräfteverhältnis dahingehend zu verrücken, dass die Position der Machthaber gefestigt und die der politischen Widersacher entkräftet wird. Ferner ergibt sich aus der Schnittmenge der verschiedenen Ansätze, dass die Politische Justiz dichotomischer Natur ist und sich aus den Ebenen der Rechtsetzung und der Rechtsanwendung zusammenfügt", ebd., S. 65. Zu Recht hat die Arbeit Mehlichs Kritik erfahren, vgl. Sven Felix Kellerhoff: Anwälte, die Sprengstoff zu Terroristen trugen, in: Die Welt (13.08.2012). Mehlich berücksichtigt den historisch-politischen Hintergrund seiner Stichwortgeber nur ungenügend. So war der neben Kirchheimer, von Brünneck und Hannover genannte Hans Copic als „hochbegabter Feuerkopf" Mitglied des Bonner SDS. Seine Arbeit zu „Grundgesetz und politisches Strafrecht neuer Art" von 1967 beeinflusste auch Fritz Bauer in seiner Kritik an einer Ausweitung von „politischer Strafjustiz", vgl. Matthias Meusch: Von der Diktatur zur Demokratie. Fritz Bauer und die Aufarbeitung der NS-Verbrechen in Hessen (1956–1968), Wiesbaden 2001, S. 51. Auch das Werk „Legal und Opportun. Politische Justiz in der Bundesrepublik" des Journalisten Lutz Lehmann (geb. 1926) von 1966 wird (wie die Werke Diether Possers und Heinrich Hannovers) zu Recht zur Rubrik „politische Publizistik" gezählt, vgl. Falco Werkentin: Der politische und juristische Umgang mit Systemgegnern in der DDR und in der Bundesrepublik in den fünfziger Jahren, in: Christoph Kleßmann u. a. [Hgg.]: Deutsche Vergangenheiten – eine gemeinsame Herausforderung. Der schwierige Umgang mit der doppelten Nachkriegsgeschichte, Berlin 1999, S. 253 f. Ob man Kirchheimer als „Linksschmittianer" bezeichnen kann, mag dahingestellt bleiben, vgl. hierzu Riccardo Bavaj: Otto Kirchheimers Parlamentarismuskritik in der Weimarer Republik. Ein Fall von „Linksschmittianismus"?, in: Vierteljahrsschrift für Zeitgeschichte 55 (2007), S. 33–51. Allerdings ist van Ooyen in seiner „Ehrenrettung" Kirchheimers zuzustimmen, dass Kirchheimers Verständnis von „Klassenjustiz" sich deutlich von vulgärmarxistischen Bedeutungsverwendungen abhebt und Kirchheimer, anders als Carl Schmitt, die Autonomie der Justiz zwischen Recht und Politik voraussetzte, vgl. van Ooyen: Die dunkle Seite, S. 249–258.

29 Kirchheimer: Justiz, S. 85; vgl. auch Mehlich: Verteidiger, S 50 f.

somit ein Ort des Kampfes um die Verschiebung konkreter politischer Machtverhältnisse: „[Politische Justiz hingegen] muss, ohne die Machtverwirklichung zu durchkreuzen, die Macht so legitimieren, dass die Aussicht, die Bevölkerung für die Anerkennung des Machtgebildes zu gewinnen, nicht gefährdet wird oder wenigstens die geringstmögliche Beeinträchtigung erfährt."[30] Im Zentrum stehen für Kirchheimer nicht so sehr die Machtverschiebungen selbst, sondern die Legitimation und der Schutz der politischen Ordnung. Politik ist für Kirchheimer also, um es mit den Worten von Kirchheimers politischem Mitstreiter aus der Endphase der Weimarer Republik, Otto Suhr, zu formulieren, „Kampf um die rechte Ordnung", der auch mit den Mitteln der „politischen Justiz" in der Arena des politischen Prozesses geführt wird.[31]

Dieses Verständnis von Politik als Kampf um die politische Legitimität der jeweiligen Herrschaftsordnung schlägt sich direkt in Kirchheimers bislang wenig beachteten Begriff des „politischen Anwalts" bzw. des „politischen Strafverteidigers" nieder. Für Kirchheimer ist der Anwalt ein eigenständiger Akteur neben dem Mandanten. Er kann im Prozess entweder „das Individuum hinter der Sache zurücktreten lassen oder die Sache so unterbetonen, dass sie nur einen blassen Hintergrund abgibt". Dies bedeutet für den Anwalt einen schöpferischen Prozess, dessen Bedeutung darin liegt, dass man die diffusen Elemente eines Falles in ein derartig einleuchtendes Gefüge einordnet, damit ein für den Mandanten günstiger Ausgang erreichbar wird. Aber in diesem schöpferischen Prozess ist es mitunter schwierig, die berufliche Identifizierung des Anwalts mit dem Fall von einer engeren Beziehung zum Mandanten abzugrenzen.[32] Natürlich könne sich der Anwalt immer darauf berufen, „dass jeder das Recht auf Anwaltsdienste habe und dass die Entscheidung über Recht und Unrecht einer Sache dem Gericht, nicht dem Anwalt zustehe. [...] Aber nur äußerlich werden damit die Probleme des Anwalts gelöst; hat er sich entschlossen, einen Fall zu übernehmen, so kann er sich vielleicht unter Berufung auf solche Grundsätze eines feindlichen Drucks erwehren. Aber ob er sich auf die Seite eines Klienten stellt, ob er sich entschließt, bestimmte Interessen zu vertreten, hängt auch dann noch davon ab, wie er die Anforderungen (oder – in bestimmten Situationen – die Aussichten) der bestehenden Gesell-

30 Kirchheimer: Justiz, S. 14.

31 Zur Bekanntschaft vgl. Rolf Wiggershaus: Die Frankfurter Schule. Geschichte, theoretische Entwicklung, politische Bedeutung, München u. a. 1986, S. 230.

32 Kirchheimer: Justiz, S. 361.

schaftsordnung mit seinen persönlichen Neigungen und auch mit seinen Vorstellungen darüber, was das Wesen der Gesellschaft ist und was es sein sollte, in Einklang bringt. Anders als der Arzt hilft er nicht jedem Hilfesuchenden, dem er helfen kann, und er bedient auch nicht immer und nicht unbedingt den Kunden, der ihm für seine Dienste den höchsten Preis bietet."[33]

Ausgehend von diesen Aussagen Kirchheimers wird man folgende Definition des „politischen Anwalts" aufstellen können: Jemand ist dann ein politischer Anwalt (etwa als Strafverteidiger oder Prozessvertreter), wenn er im Rahmen eines juristischen Verfahrens Aussagen über die vergangene oder gegenwärtige politische Ordnung trifft, die über das reine Mandanteninteresse an einer effektiven Strafverteidigung oder (Prozess-)Vertretung hinausgehen, also Aussagen im Spiel sind, die nicht mehr nur die Kontextualisierung der konkreten Taten des Angeklagten oder eine konkrete Rechtsposition betreffen, sondern einen Beitrag zum „Kampf um die rechte Ordnung" liefern. Anders ausgedrückt: Es agiert jemand nicht als politischer Anwalt bzw. Strafverteidiger, wenn er in den ihm vom Rechtssystem vorgegebenen Grenzen agiert, also die Mandanteninteressen nachdrücklich vertritt, was auch die kritische Hinterfragung einzelner Aspekte des Rechtssystems einschließt, ohne aber als Rechtsanwender grundsätzliche Aussagen über das Rechtssystem an sich oder die ihm zugrunde liegende vergangene oder noch bestehende Ordnung zu treffen. Wann allerdings ein Anwalt oder Strafverteidiger politisch auftritt, ist im Einzelfall durchaus nicht ganz einfach festzustellen. Politische Motive schließen Geltungssucht, berufliche Neugier und rein monetäre Absichten keineswegs aus. Was in der einen Situation ein legitimes Verteidigungsmittel in der Hand des Anwalts ist, ist in anderen Situationen ein hochgradig politischer Akt. Einen Richter ablehnen zu können, weil er im Vorfeld herabwürdigende Aussagen über einen konkreten Angeklagten getan hat, ist eine Standardwaffe im Arsenal eines Strafverteidigers in vielen Rechtsordnungen. Wenn aber der Anwalt das Gericht pauschal bezichtigt, Siegerjustiz zu üben, oder er den Richter allein deswegen ablehnt, weil dieser wegen der angeblich „jüdischen Nase" oder seiner SPD-Zugehörigkeit über einen „nationalen" Mandanten nicht richten dürfe, liegt eine hochgradig politische Aussage vor. Unter Umständen kann allein schon die Teilnahme als Strafverteidiger an einem hochumstrittenen Prozess eine politi-

33 Kirchheimer: Justiz, S. 363.

sche Aussage sein, auch wenn ansonsten der Verteidiger nur das Mandanteninteresse im Blick hat.

Die Medien sind ein wichtiges Mittel des politischen Verteidigers für die Thematisierung des Prozesses über die engen Grenzen des Gerichtssaals hinaus. Als Informationsträger und „Insider" bei medienwirksamen Verfahren tritt er in eine bewusste Interaktion mit der Öffentlichkeit, um, die Terminologie Cornelia Vismanns aufgreifend, an der „theatralen" gegenüber der „agonalen Anordnung des Gerichts" mitzuwirken.[34] Medien helfen also politischen Anwälten, ihre politische Zielsetzung in die Breite wirken zu lassen. Unterstützung finden politische Anwälte bei Interessen- und Lobbygruppen, die mithelfen, die mediale Präsenz des Anwalts durch ihre Ressourcen zu verstärken, aber auch dem Anwalt Zugang über inoffizielle Kanäle zu politischen Verbündeten in den Kreisen der politischen Macht öffnen können.

Der Verteidiger kann auch (wie natürlich grundsätzlich jeder Prozessbeteiligter) zum unfreiwilligen Historiker, zum „public historian" politischer Prozesse werden. Gemäß Frank Bösch und Constantin Goschler kann dann von „public history" gesprochen werden, wenn „jenseits der Geschichtswissenschaft Themen, Quellen und Zugänge entstanden sind, die entweder eigenständig oder in Interaktion mit Universitätshistorikern entwickelt wurden und mitunter sogar Impulse für die Wissenschaft offerierten."[35] Dass die Nürnberger Prozesse ein zentraler Ort der „public history" zum Nationalsozialismus waren, ist mit Bezug auf die Nürnberger Anklage deutlich herausgestellt worden. Wenn allerdings Annette Weinke die Rolle der Verteidiger in den Nürnberger Prozessen darauf reduziert, die Taten ihrer Mandanten in „Widerstandstätigkeit" umzudeuten, trifft dies die Rolle der Anwälte in den Nürnberger Prozessen keineswegs.[36] Wie im

---

34 Vgl. Cornelia Vismann: Medien der Rechtsprechung, Frankfurt a.M. 2011, S. 146–183. Zur medialen Perspektive von Kriegsverbrecherprozessen allgemein vgl. Georg Wamhof [Hg.]: Das Gericht als Tribunal, Göttingen 2009 und Jörg Osterloh [Hg.]: NS-Prozesse und deutsche Öffentlichkeit. Besatzungszeit, frühe Bundesrepublik und DDR, Göttingen 2011.

35 Frank Bösch/Constantin Goschler: Der Nationalsozialismus und die deutsche Public History, in: Dies. [Hgg.]: Public History. Öffentliche Darstellungen des Nationalsozialismus jenseits der Geschichtswissenschaft, Frankfurt/New York 2009, S. 8 f. Zur Genese des Begriffs „public history", der in dieser Form keine deutsche Entsprechung hat, vgl. ebd., S. 14–16.

36 Annette Weinke: Die Justiz als zeithistorische Forschungsstelle, in: Frank Bösch/ Constantin Goschler [Hgg.]: Public History. Öffentliche Darstellungen des Natio-

Folgenden zu zeigen sein wird, können Anwälte als Verfasser juristischer Kommentare, von Rezensionen und Quellensammlungen, Erlebnisberichten und Zeitzeugeninterviews, teilweise in Interaktion mit professionellen Historikern, eine zentrale Rolle bei der geschichtlichen Darstellung der Vergangenheit erhalten. Gerade für politische Verteidiger ist diese Tätigkeit als „public historian" eine zentrale Möglichkeit, ihre politische Sichtweise weit über das Ende der Prozesse hinaus kundzugeben, wie dies etwa im Falle Otto Kranzbühlers siehe Kapitel 3.4) gezeigt werden kann.

Otto Kirchheimer beschränkte sich nicht nur auf eine Definition des politischen Verteidigers, sondern erstellte anhand verschiedener historischer Beispiele eine Typologie des „politischen Verteidigers".[37] Allerdings wurde Kirchheimers Typologie fast ausschließlich am Beispiel von Anwälten der politischen Linken, die zumeist auch selbst politisch aktiv gewesen waren, gewonnen. Diese Einseitigkeit der Darstellung Kirchheimers macht es notwendig, an entscheidenden Punkten diese Typologie zu vertiefen und zu erweitern.

Als ersten Typ identifiziert Kirchheimer den Parteianwalt, der aus dem gleichen politischen Lager, also einer politischen Partei, wie der Angeklagte stammt.[38] Diese Beschränkung auf Anwälte, die bestimmten politischen Gruppierungen nahestehen, erscheint aber zu einseitig. „Partei" sollte hier in ihrem ursprünglicheren Sinn als Gruppe mit einer gewissen strukturierten Verbindung und gemeinsamer Überzeugung verstanden werden. „Parteianwalt" in diesem Sinne ist daher immer dann ein Anwalt, wenn er in einem besonderen Nähe- und Zugehörigkeitsverhältnis zum Angeklagten steht, beispielsweise als Konzernsyndikus zu einem angeklagten Konzernmanager des eigenen Arbeitgebers oder als Militärjurist zu einem von vermeintlich „militärfremden" Zivilisten angeklagten Offizier.

Der zweite Typ des politischen Verteidigers ist der Sympathisant. Die Abgrenzung des „Sympathisanten" zum Parteianwalt ist fließend. So gehörten zahlreiche Nürnberger Verteidiger selbst der NSDAP an, allerdings wird nur im Einzelfall zu klären sein, ob das Eintreten für die Ziele des Angeklagten noch aus einer expliziten nationalsozialistischen Gesinnung herrührte. Auch ist die Sympathie eines einfachen Parteigenossen unter

---

nalsozialismus jenseits der Geschichtswissenschaft, Frankfurt/New York 2009, S. 156–162.

37 Kirchheimer: Justiz, S. 365–373.

38 Kirchheimer: Justiz, S. 365.

den Anwälten für die gleichaltrigen, vermeintlich „unschuldigen" SS-Männer anders zu bewerten, als die Anstrengungen eines wirtschaftsnahen Anwalts für einen angeklagten Industriellen und potenziellen früheren (oder zukünftigen) Kunden. Die Abgrenzung zwischen Parteianwalt und Sympathisant ist in erster Linie in einer Abstufung in der Identifizierung mit der Partei bzw. Organisation des Angeklagten zu ziehen: „Ohne der politischen Organisation des Angeklagten verbunden zu sein und ohne die Art oder Richtung seiner politischen Betätigung gutzuheißen, kann der Anwalt genug Verständnis für die Notlage haben, in die der Angeklagte geraten ist, oder seinen Idealen genug Sympathie oder Achtung entgegenbringen, um die Verteidigung zu übernehmen".[39] Zu Recht weist Kirchheimer allerdings darauf hin, dass Sympathie und opportunistische Berechnung nicht leicht zu trennen sind. Gerade bei den radikaleren und weitgehend berufsunerfahrenen Anwälten in Nürnberg wird man zumindest als weiteren Beweggrund auch Karrieregründe unterstellen dürfen.

Als dritten Typ identifiziert Kirchheimer Anwälte, die sich als idealistische Verfechter für einen bestimmten Verfassungsgrundsatz einsetzen: „Ebenso häufig begegnet man – wenigstens in der amerikanischen Praxis – dem Anwalt, bei dem sich politische Sympathie oder politisches Mitgefühl in etwas verwässerter Form äußert: als gleichsam spezialisiertes Eintreten für einen bestimmten Verfassungsgrundsatz. […] Ihr Interesse gilt dabei nicht dem politischen Vorgang, aus dem das Problem erwächst, sondern dem Rechtsprinzip, das auf dem Spiel steht."[40] Kirchheimer sieht diesen Typ in erster Linie als amerikanische Besonderheit, exemplifiziert an den Anwälten der American Civil Liberties Union (ACLU). Allerdings dürften auch bei einigen Nürnberger Verteidigern, gerade in Bezug auf die Abwehr rückwirkender Gesetzgebung und dem neuen in Nürnberg geschaffenen Recht, rechtsidealistische Motive für die Verteidigung zumindest mitgespielt haben.

Als letzten Typ politischer Anwälte nennt Kirchheimer schließlich den (nicht im Sinne der Strafprozessordnung zu verstehenden) „Pflichtverteidiger", den bloßen juristischen Fachmann, für den sich der politische Fall auf eine alltägliche Strafsache reduziert und der eine politische Instrumentalisierung zu vermeiden sucht: „Kann der Anwalt den Glauben an die Vertretbarkeit der von ihm verteidigten Tat nicht aufbringen, so bleibt er

39 Kirchheimer: Justiz, S. 367.
40 Kirchheimer: Justiz, S. 369 f.

der bloße juristische Fachmann, für den sich auch der politische Fall auf eine alltägliche Strafsache reduziert. [...] Ebenso wenig wie privat beauftragte Anwälte neigen Offizialverteidiger dazu, sich auf eine politisch bedingte Taktik des Mandanten einzulassen.“[41] Aber auch der Pflichtverteidiger kann eine nicht unbedingt freiwillige politische Rolle einnehmen, nämlich dann, wenn er durch seine Mitwirkung und grundsätzliche Bejahung einem in seinen Grundlagen hochumstrittenen Prozess Legitimation verleiht, wie am Beispiel des Nürnberger Anwalts Fritz Sauter noch zu sehen sein wird.

Literatur- und Quellenübersicht

Obwohl die Literatur zu den insgesamt dreizehn Nürnberger Kriegsverbrecherprozessen mittlerweile einen recht beachtlichen Umfang erreicht hat, sind bis heute viele Aspekte dieser Prozesse nicht systematisch aufgearbeitet worden.[42] Hierbei ist zu unterscheiden zwischen der Literatur zum Nürnberger Hauptprozess und den weitaus weniger bekannten Nürnberger Nachfolgeprozessen (Nuremberg Military Tribunals, im Folgenden als NMT abgekürzt). Anders als bei den Nachfolgeprozessen bestand nach Ende des IMT mit einer zweiundvierzigbändigen Publikation des gesamten Prozessprotokolls und ausgewählter, zentraler Prozessdokumente direkter Zugriff auf die Prozessmaterialien. Dennoch, oder vielleicht gerade wegen der leichten Zugänglichkeit, beschränkten sich die Darstellungen zum Nürnberger Hauptprozess weitgehend auf Überblicksdarstellungen oder zwar umfangreiche, aber nur die Prozessereignisse rekapitulierende

---

41 Kirchheimer: Justiz, S. 370 f., S. 373.

42 An dieser Stelle muss auch darauf hingewiesen werden, dass im Rahmen dieser Arbeit „Kriegsverbrechen“ nicht in ihrer spezifisch rechtlichen, sondern umgangssprachlichen Bedeutung verstanden werden. Streng genommen bezeichnet der Begriff Kriegsverbrechen nur Taten, die in Zusammenhang mit bewaffneten Konflikten stehen, wie dies etwa für die Leipziger Prozesse der Fall war. Dieser Zusammenhang mit einem bewaffneten Konflikt muss für Verbrechen gegen die Menschlichkeit, wie im „Dritten Reich“, gerade nicht gegeben sein. Allerdings wurden in der Umgangssprache der Zeitgenossen auch Letztere als „Kriegsverbrechen“ bezeichnet, so dass aus Gründen der einfacheren Darstellung hier bewusst die „untechnische“ Bedeutung des Begriffs Verwendung finden soll, vgl. hierzu Heinz Artzt: Zur Abgrenzung von Kriegsverbrechen und NS-Verbrechen, in: Adalbert Rückerl [Hg.]: NS-Prozesse nach 25 Jahren Strafverfolgung. Möglichkeiten, Grenzen, Ergebnisse, 2. Aufl., Karlsruhe 1972, S. 163–194.

Monographien.[43] Protokolle und ausgewählte Dokumente der Nürnberger Nachfolgeprozesse waren nur in einer stark gekürzten, aber dennoch immerhin fünfzehnbändigen englischsprachigen Edition zugänglich. Auf Deutsch existierten nur Publikationen einzelner Urteile der Nachfolgeprozesse. Erst nach dem Jahr 2000 setzte ein verstärktes Interesse an den Nachfolgeprozessen in der Forschung ein, das sich jüngst nun in mehreren Monographien zu einzelnen Nachfolgeprozessen bzw. einer umfangreichen Aufsatzsammlung niederschlug.[44] Indes handelt es sich bei vielen

---

43 Vgl. u. a. Ann Tusa und John Tusa: The Nuremberg Trial, London u. a. 1983; Eugene Davidson: The Trial of the Germans. An account of the twenty-two defendants before the International Military Tribunal at Nuremberg, Columbia/London 1966; Robert Connot: Justice at Nuremberg, London 1983; Telford Taylor. Die Nürnberger Prozesse. Hintergründe, Analysen und Erkenntnisse aus heutiger Sicht, München 1994; Bradley Smith: Der Jahrhundertprozess. Die Motive der Richter von Nürnberg – Anatomie einer Urteilsfindung, Frankfurt a.M. 1977. Wegen der „revisionistischen" und apologetischen Zielsetzung problematisch ist Werner Maser: Nürnberg. Tribunal der Sieger, Düsseldorf 1977.

44 Gerd Ueberschär/Wolfram Wette: Kriegsverbrechen im 20. Jahrhundert als Problem der Geschichtswissenschaft, in: Dies. [Hgg.]: Kriegsverbrechen im 20. Jahrhundert Darmstadt 2001, S. 11–17. Wie sehr die Erforschung der Kriegsverbrecherprozesse „boomt", zeigen zahlreiche Konferenzbände, vgl. u. a. Patricia Heberer/Jürgen Matthäus [Hgg.]: Atrocities on Trial. Historical Perspectives on the Politics of Prosecuting War Crimes, Lincoln u. a. 2008; Helia-Verena Daubach [Hg.]: Leipzig–Nürnberg–Den Haag. Neue Fragestellungen und Forschungen von Menschenrechtsverletzungen, justizieller Säuberung und Völkerstrafrecht, Düsseldorf 2008; Henning Radtke [Hg.]: Historische Dimensionen von Kriegsverbrecherprozessen nach dem Zweiten Weltkrieg, Baden-Baden 2007; Norbert Frei u. a. [Hg.]: Geschichte vor Gericht. Historiker, Richter und die Suche nach Gerechtigkeit, München 2000; Helmo Halbrainer/Claudia Kuretsidis-Haider [Hgg.]: Kriegsverbrechen, NS-Gewaltverbrechen und die europäische Strafjustiz von Nürnberg bis Den Haag, Graz 2007; Ulrich Brochhagen: Nach Nürnberg. Vergangenheitsbewältigung und Westintegration in der Ära Adenauer, Hamburg 1994; Philipp Gassert/Alan Steinweis [Hgg.]: Coping with the Nazi Past. West German Debates on Nazism and Generational Conflict, 1955–1975, New York 2006; Norbert Frei/Volkhard Knigge [Hgg.]: Verbrechen erinnern. Die Auseinandersetzung mit Holocaust und Völkermord, München 2002; Norbert Frei: Der Nürnberger Prozess und die Deutschen, in: Wette/Ueberschär: [Hgg.]: Kriegsverbrechen, 2001, S. 477–492. Prozesszentrierte Monographien sind z. B. Annette Weinke: Die Nürnberger Prozesse, München 2006; Valerie Hébert: Hitler's Generals on Trial. The Last War Crimes Tribunal at Nuremberg, Lawrence 2010; Hilary Earl: The Nuremberg SS-Einsatzgruppen Trial 1945–1958. Atrocity, Law and History, Cambridge 2009 sowie Priemel/Stiller: NMT 2013. Für kürzere Darstellungen vgl. z. B. Gerd Ueberschär [Hg.]: Der Nationalsozialismus vor Gericht. Die alliierten Prozesse gegen

dieser Studien aufgrund der umfangreichen Stoffmenge oft nur um überblickshafte bzw. täterzentrierte Darstellungen.

Ist somit die Literatur zu den Nürnberger Prozessen trotz des großen Umfanges aus Sicht der Forschung als bruchstückhaft zu bezeichnen, gilt dies erst recht für die Nürnberger Verteidiger. Frühe Literatur zu den Nürnberger Prozessen befasste sich nur beiläufig mit den Verteidigern. Das Wissen über die Verteidigung beschränkte sich fast ausschließlich auf Eigendarstellungen der Verteidiger bzw. einzelner Angeklagter.[45] Erst der Journalist Ernst Klee und insbesondere der Historiker Norbert Frei leisteten in den neunziger Jahren mit ihren Studien zur „Vergangenheitspolitik“ aus zeitgeschichtlicher Perspektive Pionierarbeit bei der Untersuchung der Rolle der früheren Nürnberger Verteidiger in Lobbygruppen zur Amnestierung von NS-Tätern.[46] Wichtige Ergänzungen lieferten Ulrich Herbert und Lutz Hachmeister mit ihren Darstellungen der Nachkriegsaktivitäten der SS-Funktionäre Werner Best und Franz Six.[47] Ähnliches leistete, von einer rechtshistorischen Perspektive ausgehend, Susanne Jung, die nicht nur erstmalig die internationale und deutsche Literatur zu den rechtlichen Aspekten der Nürnberger Prozesse sichtete, sondern auch den juristischen Aspekten der Verteidigung weiten Raum bot.[48] Erst in jüngster Zeit hat die

---

Kriegsverbrecher und Soldaten 1943–1952, Frankfurt a.M. 2000 und Klaus Kastner: Strafrechtliche Verantwortlichkeit für administratives Unrecht. Der Wilhelmstraßenprozess (1948/49), in: Matthias Jahn u. a. [Hgg.]: Strafrechtspraxis und Reform. Festschrift für Heinz Stöckel zum 70. Geburtstag, Berlin 2010, S. 400–420. Jürgen Finger u. a. [Hgg.]: Vom Recht zur Geschichte. Akten aus NS-Prozessen als Quellen der Zeitgeschichte, Göttingen 2009. Die Biographie einzelner Angeklagter erfreut sich jüngst großer Beliebtheit. Die Verfahren und die Verteidiger spielen hier nur eine geringe Rolle. Als wichtige Ausnahme zur Beziehung Dönitz mit Otto Kranzbühler vgl. aber Dieter Hartwig: Großadmiral Karl Dönitz. Legende und Wirklichkeit, Paderborn u. a. 2010.

45 Vgl. z. B. Otto Kranzbühler: Rückblick auf Nürnberg, Hamburg 1949; Hans Laternser: Verteidigung deutscher Soldaten, Bonn 1950; Viktor von der Lippe: Nürnberger Tagebuchnotizen. November 1945 bis Oktober 1946, Frankfurt a.M. 1951, Frankfurt a.M. 1951.

46 Frei: Vergangenheitspolitik, S. 133–306 und Ernst Klee: Persilscheine und falsche Pässe. Wie die Kirchen den Nazis halfen, Frankfurt a.M. 1992, S. 109–118; vgl. auch Jörg Friedrich: Die kalte Amnestie. NS-Täter in der Bundesrepublik, Frankfurt a.M. 1984.

47 Vgl. Lutz Hachmeister: Der Gegnerforscher. Die Karriere des SS-Führers Franz Albert Six, München 1998.

48 Susanne Jung: Die Rechtsprobleme der Nürnberger Prozesse dargestellt am Verfahren gegen Friedrich Flick, Tübingen 1992.

Rechtswissenschaft in Anknüpfung an die Pionierarbeit Jungs wieder damit begonnen, sich mit den Verteidigungsstrategien in den Nürnberger Prozessen intensiv auseinanderzusetzen.[49] Auch in der Zeitgeschichte wurde in den letzten fünf Jahren mit Studien zum Flick-Konzern und zur Geschichte des Auswärtigen Amtes die Mitte der neunziger Jahre begonnene Untersuchung einzelner Verteidiger-Netzwerke unter dem Forschungsparadigma der „Vergangenheitspolitik" wieder aufgenommen. Insoweit kann zumindest die Verteidigung des Flick-Prozesses nun als gut erforscht gelten.[50] Von einzelnen Verteidigerpersönlichkeiten sind dagegen einzig der Verteidiger des Oberkommandos der Wehrmacht (OKW) und des Generalstabs Hans Laternser, Ernst Achenbach, eine zentrale Figur der vergangenheitspolitischen Debatten der fünfziger Jahre, sowie jüngst der sozialdemokratische Ausnahmepolitiker Friedrich Wilhelm Wagner intensiver betrachtet worden.[51] Eine Gesamtdarstellung der Nürnberger Vertei-

---

49 Christoph Safferling/Philipp Graebke: Verteidigungsstrategien im Nürnberger Hauptkriegsverbrecherprozess. Strategien und Wirkung, in: Zeitschrift für die gesamte Strafrechtswissenschaft 123 (2011), S. 47–81; vgl. auch Beatrice Schäfers: Freispruch in Nürnberg. Der Weg zum freisprechenden Urteil des Internationalen Militärgerichtshofs in Nürnberg im Fall Hans Fritzsche, Frankfurt a.M. u. a. 2012 und Richard J. Wilson: A History of the Role of Defense Counsel in International Criminal and War Crimes Tribunals, in: Michael Bohlander: Defense in International Criminal Proceedings. Cases, Materials and Commentary, Ardsley 2006, S. 31–66.

50 Kim Priemel: Flick. Eine Konzerngeschichte vom Kaiserreich bis zur Bundesrepublik, Göttingen 2008, S. 625–649; Axel Drecoll: Flick vor Gericht. Die Verhandlungen vor dem alliierten Militärtribunal 1947, in: Johannes u. a. [Hgg.]: Der Flick-Konzern im Dritten Reich, München 2008, S. 559–645; Ralf Ahrens: Der Exempelkandidat. Die Dresdner Bank und der Nürnberger Prozess gegen Karl Rasche, in: Vierteljahreshefte für Zeitgeschichte 52 (2004), S. 637–670; Paul Weindling: Nazi Medicine and the Nuremberg Trials. From medical war crimes to informed consent, Basingstroke 2004; Eckart Conze u. a. [Hgg.]: Das Amt und die Vergangenheit. Deutsche Diplomaten im Dritten Reich und der Bundesrepublik, München 2010, S. 371–439; Frank-Rutger Hausmann: Ernst-Wilhelm Bohle, Gauleiter im Dienst von Partei und Staat, München 2009, S. 212–237.

51 Vgl. Oliver von Wrochem: Erich von Manstein. Vernichtungskrieg und Geschichtspolitik, München u. a., 2006; Kerstin von Lingen: Kesselrings letzte Schlacht. Kriegsverbrecherprozesse, Vergangenheitspolitik und Wiederbewaffnung: der Fall Kesselring, München u. a., 2004 und besonders Christian Dirks: Selekteure als Lebensretter. Die Verteidigungsstrategie des Rechtsanwalts Dr. Hans Laternser, in: Irmtrud Wojak [Hg.]: „Gerichtstag halten über uns selbst …" Geschichte und Wirkung des ersten Frankfurter Auschwitz-Prozesses, Frankfurt a.M./New York 2001, S. 163–192. Zu Achenbach vgl. neben Herbert: Best,

diger existiert bislang allerdings nicht, ein Desiderat, zu dessen Beseitigung diese Arbeit einen Beitrag leistet.

Erstmals werden die Nürnberger Anwälte auf Grundlage einer umfassenden Quellenbasis analysiert. Neben den publizierten bzw. im Staatsarchiv Nürnberg einsehbaren allgemeinen Prozessmaterialien erwiesen sich gerade die Verteidigernachlässe als eine bedeutsame Quelle. Insbesondere die Sammlungen der Anwaltsnachlässe im Staatsarchiv Nürnberg bzw. im Bundesarchiv Koblenz und Freiburg bilden neben den Eigenpublikationen der Anwälte die zentralen Quellen der vorliegenden Arbeit. Während einige Nachlässe, wie der nahezu vollständige Nachlass von Georg Fröschmann, als Glücksfälle für die Wissenschaft anzusehen sind, ergaben sich bei anderen zentralen Protagonisten der Prozesse große Schwierigkeiten bei der Ermittlung von Quellen, so etwa bei Robert Servatius, dessen Splitternachlass in Koblenz für den IMT unergiebig ist. Als unerfreulich für die Forschung zeigte sich, dass wichtige Nachlässe, die bereits seit geraumer Zeit erschlossen in den Archiven liegen, etwa die Nachlässe von Rudolf Aschenauer und Hans-Günther Seraphim oder ein weiterer Teilnachlass von Robert Servatius, wegen Persönlichkeitsschutz und aufgrund zivilrechtlicher Absprachen mit den Nachlassgebern immer noch verschlossen sind und dies auch auf längere Zeit bleiben werden.

Als wichtige Quelle erwiesen sich insbesondere die Entnazifizierungs- bzw. Personalakten der Nürnberger Verteidiger. Der Aufwand für die Ermittlung und Einsicht in diese Akten, die in nahezu jedem Staatsarchiv in Berlin und Westdeutschland verstreut liegen, wurde durch den Quellenwert belohnt und gerechtfertigt. Gerade die einer besonders kritischen Würdigung zu unterziehenden Entnazifizierungsakten liefern ein plastisches Bild der Rolle der Nürnberger Anwälte im „Dritten Reich" und ihrer Situation in der unmittelbaren Nachkriegszeit.

S. 434–510 und Conze u. a. [Hgg.]: Das Amt, 2010, S. 375–439 auch Hachmeister: Gegnerforscher, S. 285–315 sowie Kristian Buchna: Nationale Sammlung an Rhein und Ruhr. Friedrich Middelhauve und die nordrheinwestfälische FDP 1945–1953, München 2010, S. 46–72 und 125–134. Zu Wagner vgl. nun Andreas Marquet: Friedrich Wilhelm Wagner 1894 – 1971. Eine politische Biografie, Bonn 2015. Zu Paul Leverkühn und Hellmut Becker liegen wichtige Arbeiten zu biographischen Einzelaspekten vor, vgl. Burkhard Jähnicke: Lawyer, Politician, Intelligence Officer. Paul Leverkuehn in Turkey, 1915–1916 and 1941–1944, in: Journal of Intelligence History (2002), S. 69–87 und Ulrich Raulff: Kreis ohne Meister. Stefan Georges Nachleben, München 2009, S. 375–408.

Kapitelübersicht

Diese Untersuchung der Nürnberger Verteidiger gliedert sich in vier Abschnitte. Kapitel 1 ist in erster Linie durch einen gruppenbiographischen Ansatz geprägt.[52] Das erste Unterkapitel 1.1 erstellt ein allgemeines Sozialprofil, das die Anwälte quantitativ nach sozialer und örtlicher Herkunft, Altersgruppe und Beruf aufschlüsselt. Unterkapitel 1.2 eruiert die politischen Präferenzen bzw. Zugehörigkeiten zu politischen Parteien in der Weimarer Republik, insbesondere vor dem Hintergrund der Folgen des Ersten Weltkriegs und der schweren wirtschaftlichen und politischen Probleme der ersten deutschen Demokratie. Nicht nur die Erinnerung an den in vielen Teilen der deutschen Bevölkerung als „Schandfrieden" wahrgenommenen Friedensvertrag von Versailles und die Forderung der damaligen Alliierten nach Aburteilung deutscher Eliten, sondern auch die konkrete Erfahrung der Zerstörung des Weimarer Rechtsstaates konstituierten den Denkhorizont der zumeist bildungsbürgerlich sozialisierten Verteidiger über den Stellenwert Deutschlands in der Welt und seiner jüngeren Geschichte. Besondere Bedeutung nimmt die Analyse der Parteimitgliedschaft der Nürnberger Anwälte in der NSDAP bzw. den Organisationen SA und SS und das Wissen der Anwälte um Verbrechen ein. Zu fragen ist auch, ob die eigene politische Betätigung im „Dritten Reich" Auswirkungen auf die Auswahl als Verteidiger in Nürnberg hatte.

Kapitel 2 bietet, geordnet nach Mandantengruppen, einen Überblick über die biographische Zusammensetzung der Verteidigerteams. Neben kurzbiographischen Angaben zu allen offiziellen Anwälten der Nürnberger Prozesse steht in diesem Kapitel die Frage im Zentrum, ob bestimmte Angeklagtengruppen in Nürnberg auch hinsichtlich ihrer Anwälte differierten, d.h. ob sich etwa die Anwälte der Industrie mit ihrer politischen Vergangenheit, beruflichen Qualifikation und Interessenlage zur Verteidigung in Nürnberg wesentlich von den Kollegen in den SS-Prozessen unterschieden.

Kapitel 3 wendet die Forschungsperspektive von den Anwälten als Gesamtgruppe auf ausgewählte Verteidigerpersönlichkeiten, die für unterschiedliche Varianten des Umgangs mit dem Symbol „Nürnberg" stehen. Grundlage hierfür bilden ausgewählte Plädoyers bzw. Vorträge und Eigen-

52 Zur Methodik der Kollektivbiographie allgemein Levke Harders/Hannes Schweiger: Kollektivbiographische Ansätze, in: Christian Klein [Hg.]: Handbuch Biographie. Methoden, Traditionen, Theorien, Stuttgart u. a. 2009, S. 194–198.

literatur der Anwälte zu Nürnberg. Die Unterkapitel gliedern sich nach dem Umfang der Zustimmung zu den Nürnberger Prozessen. Unterkapitel 3.1 und 3.2 untersuchen exemplarische Anwälte, die in unterschiedlicher Ausprägung die Nürnberger Prozesse grundsätzlich befürworteten. Unterkapitel 3.3 leitet dann mit den Grenzgängern Hellmut Becker und Richard von Weizsäcker über zu den radikalen Anwaltspersönlichkeiten der Prozesse wie Otto Kranzbühler, Alfred Seidl oder Rudolf Aschenauer in den Unterkapiteln 3.4 bis 3.6, die Nürnberg als Siegerjustiz mit aller Schärfe ablehnten.

Soweit diese Anwälte nach den Nürnberger Prozessen noch im Rahmen der „Vergangenheitspolitik" der fünfziger und sechziger Jahre bzw. dem Umgang mit den NS-Verbrechen generell eine Rolle spielten, untersucht Kapitel 4 die Rolle dieser kleinen, aber bedeutenden Gruppe von Nürnberger „Veteranen". Unterkapitel 4.1 zeigt die ersten Pionierarbeiten einer wissenschaftlichen Auseinandersetzung mit den Nürnberger Prozessen durch den früheren Nürnberger Verteidiger Herbert Kraus und die von seinen Mitarbeitern geführte Gutachtertätigkeit in mehreren zentralen Prozessen der Bundesrepublik auf. Unterkapitel 4.2 nimmt eine Neubewertung der Aktivitäten des sogenannten „Heidelberger Juristenkreises" im Umfeld der Suche nach einer offiziellen Lösung der Kriegsverbrecherfrage durch die Adenauerregierung vor. Unterkapitel 4.3 analysiert die Aktivitäten der Anwälte Aschenauer und Achenbach als Generalamnestielobbyisten im rechtsradikalen Milieu und zeichnet davon ausgehend die Umrisse eines Anwaltsnetzwerkes in der Bundesrepublik nach, das sich Ende der fünfziger Jahre gegen die „Ludwigsburger Verfolgungswelle" in Stellung brachte. Das letzte Unterkapitel 4.4 bietet mit Blick auf die großen Strafprozesse der Bundesrepublik einen kursorischen Überblick über die wenigen Nürnberger Anwälte, die noch im In- und Ausland in Verfahren wegen nationalsozialistischer Gewaltverbrechen (NSG-Verfahren) als Strafverteidiger auftraten und greift mit Alfred Seidl einen der exponiertesten Anwälte von mutmaßlichen NS-Verbrechern exemplarisch genauer heraus. Abschließend werden in einer Zusammenfassung der historisch-politische Ort der Nürnberger Anwälte und deren Stellenwert als „politische Verteidiger" zwischen den großen deutschnationalen Anwälten der Weimarer Republik und den „Links-Anwälten" der Bundesrepublik bestimmt.

Zur besseren Orientierung und Übersicht für den Leser ist am Ende der Arbeit ein kurzbiographischer Anhang mit ausgewählten Nürnberger Verteidigern beigegeben.

1. Die politische Sozialisation der Nürnberger Verteidiger

Nicht einmal die Gerichtsbehörden des IMT und der zwölf Nürnberger Nachfolgeprozesse kannten die genaue Anzahl der offiziell zugelassenen Nürnberger Verteidiger. Als für den Abschlussbericht von Chefankläger Telford Taylor zu den Nachfolgeprozessen beim Leiter des „Defense Centers", Robert Schäfer, wegen biographischer Daten zu den Verteidigern angefragt wurde, musste Schäfer zugeben, dass nur zu einigen Hauptverteidigern Materialien vorhanden seien.[53] Insofern konnte Taylor in seinem Abschlussbericht trotz einer umfangreichen Liste nur von „200-odd" bzw. „slightly over 200" Verteidiger sprechen.[54] Der Chefankläger im Fall 9, Benjamin Ferencz, behauptete wiederum in einem Rückblick, dass in Nürnberg 75 Ankläger 191 deutschen Anwälten gegenübergestanden seien.[55] Erstmals konnte nun basierend auf Recherchen in den USA und dem Staatsarchiv Nürnberg eine Gesamtzahl von nicht weniger als 264 offiziell von den Behörden der 13 Nürnberger Prozesse als Verteidiger anerkannte Personen ermittelt werden.[56] Damit liegt die tatsächliche Zahl der Nürnberger Verteidiger nochmals um einiges höher, als die jüngst von Kim

53 Schreiben von Defense Administrator Schäfer an den Generalsekretär vom 20.9.1948, in: National Archives College Park (im Folgenden NARA), Record Group (RG) 260, Records of the United States Occupation Headquarters WWII, Omgus, OCCW, Records of the Office of the General Secretary of the IMT, 1944–1946, Box 134, Folder 402.1.

54 Telford Taylor: Final Report to the Secretary of the Army on the Nuremberg War Crimes Trials under Control Council Law No. 10, Washington D.C. 1949, S. 47.

55 Benjamin Ferencz: Nuremberg Trial Procedure and the Rights of the Accused, in: Journal of Criminal Law and Criminology 39 (1948/49), S. 147.

56 Die folgenden Zahlen beruhen auf Aufstellungen des Verfassers. Streng genommen müsste man sogar von 266 Verteidigern sprechen. Die beiden offiziell Mitte Juni für Stuckart und Lammers im Wilhelmstraßenprozess vom Gerichtshof als Hilfsverteidiger berufenen, nicht der NSDAP angehörenden früheren Beamten Amtsrat a. D. Otto Laurin (für Stuckart) und Regierungsrat a. D. Fritz Kuntze (für Lammers) sollten in Berlin Verteidigungsmaterial beschaffen. Da allerdings diesen die Sichtung der Akten mangels Sachkenntnis nicht zugetraut wurde, wurden beide Anfang Juli auf Bitten der Verteidigung wieder entlassen und Walther Ott übernahm die Aktensichtung. Da beide offenbar niemals tätig wurden, werden sie in dieser Arbeit nicht weiter berücksichtigt.

Christian Priemel und Alexa Stiller eruierte Zahl von 224 Anwälten.[57] Zu diesen dem Gericht bekannten Anwälten kommt noch eine unbestimmte Zahl von „inoffiziellen" Verteidigern, die, zumeist aus dem Umfeld der Angeklagten kommend, Materialien beschafften oder „Gutachten" erstellten.

Die Verweildauer als Verteidiger in Nürnberg konnte von nicht einmal einem Monat bis hin zur gesamten Länge der Nürnberger Prozesse von Oktober 1945 bis Frühjahr 1949 andauern. Von den 264 Verteidigern waren 77 bereits im Nürnberger Hauptprozess tätig gewesen. 25 Verteidiger verließen danach Nürnberg, so dass aus dem IMT noch 52 „Veteranen" zur Verfügung standen, während 187 neue Verteidiger in verschiedenen Phasen der Nachfolgeprozesse auftraten.

Die Verteidiger teilten sich in Haupt- und Hilfsverteidiger auf. Während der Hauptverteidiger als offizieller Vertreter vor Gericht auftrat, beschafften die Hilfsverteidiger in erster Linie Zeugen und Dokumente, nahmen Reisen im Auftrag des vor Gericht unabkömmlichen Hauptverteidigers vor und übernahmen teilweise die Befragung der Zeugen zur Vorbereitung des Auftritts vor Gericht. Die Hauptlast der Verteidigung lag sicher in den meisten Fällen auf den Schultern des Hauptverteidigers. Allerdings sollte die Rolle der Hilfsverteidiger, insbesondere wenn sie aus dem Umfeld der Angeklagten kamen, nicht unterschätzt werden. Nicht selten waren gerade die Hilfsverteidiger die Verfasser der zentralen Schriftsätze der Verteidigung, allein schon weil der Hauptverteidiger nicht die Zeit hierfür fand. Ein Sonderfall waren die meist aus Hochschullehrern bestehenden „Gutachter" der Verteidigung, die entweder offiziell die Verteidigung unterstützten (was allerdings die Gefahr mit sich brachte, ins Kreuzverhör der Anklage genommen zu werden) oder deren Gutachten indirekt in die Schriftsätze der Verteidiger eingebaut wurden. Wie zu Recht von Susanne Jung herausgestellt wurde, kann man die „Gutachten" in den Nürnberger Prozessen nicht als Rechtsgutachten im Sinne der deutschen Strafprozessordnung ansehen: „Auch wenn man den materiellen Gehalt des „Rechtsgutachtens" anerkennt, handelt es sich dabei doch [...] nicht um ein Sachverständigengutachten, wie es die deutsche Strafprozessordnung vorsieht. Von einem solchen unterschiedet es sich bereits durch die nicht gewährleistete Neutralität des Gutachters, vor allem aber dadurch, dass seine Er-

57 Priemel/Stiller: Wo „Nürnberg" liegt, S. 50.

stattung nicht vom Gericht, sondern von der Verteidigung veranlasst worden war."[58]

1.1 Sozialprofil

Der größte Teil der Nürnberger Verteidiger stammte aus Berlin und (fast ein Viertel) aus dem Großraum Nürnberg-Fürth. [59] Dies erklärt sich zum einen durch die noch zu untersuchende Rekrutierungspraxis des IMT im Vorfeld der Prozesse und der „internen Rekrutierung" unter den Verteidigern, die frühere Studien- und Berufskollegen zur Unterstützung in den Prozessen zu sich holten. Erst mit deutlichem Abstand folgt der Großraum Breslau, aus dem nahezu vollständig das „Netzwerk Kubuschok" stammte, da Egon Kubuschok, der Wahlverteidiger Franz von Papens, verschiedenen vor der Roten Armee in den Westen geflohenen Kollegen in Nürnberg eine Arbeit verschaffte. Diese regionale Verteilung der Berufsorte korrelierte auch mit den früheren Studienorten. Die meisten Verteidiger hatten an der Universität Erlangen studiert, dicht gefolgt von der Universität Berlin. Es war nicht unüblich, dass Jurastudenten für mehrere Semester eine andere Universität im Reich besuchten. Die für ihre Jurafakultät bekannte Universität Heidelberg findet sich häufiger in den Angaben der späteren Nürnberger Verteidiger, während insbesondere bei den Erlanger Studenten die Universitäten München oder Würzburg genannt werden. Ein Auslandsstudium war dagegen in der damaligen Zeit eine große Ausnahme, nicht zuletzt wegen der finanziellen Lasten. Nur fünf spätere Nürnberger Anwälte hatten gleich an mehreren Orten im Ausland studiert.[60]

Ohne Zweifel war Nürnberg in Bezug auf die Verteidiger in erster Linie ein „Männerclub". Unter den Verteidigern fanden sich nur fünf weibliche Juristen. Dies überrascht kaum, waren doch erst zu Beginn der Weimarer Republik Juristinnen zum Großen Staatsexamen zugelassen worden und bereits mit der „Machtergreifung" begann die systematische Zurücknahme dieser Errungenschaft. Hierfür konnten die Nationalsozialisten auf eine breite Zustimmung unter den männlichen Juristen zählen, die Frauen we-

---

58 Jung: Rechtsprobleme, S. 181.

59 Aus Großberlin stammten 80, aus Niederschlesien 17 und Mittelfranken 58 Verteidiger.

60 Horn (Rennes, Oxford), von Zwehl (Oxford, Genf), Servatius (London, Paris und die UdSSR), Kraus (Harvard, Paris) und Kranzbühler (Genf, Paris).

gen ihrer „Emotionalität“ für juristische Berufe als ungeeignet empfanden.[61]

Immerhin ließ sich bei 63 Hauptverteidigern, also nicht ganz 60 % der Hauptverteidiger, der Beruf des Vaters ermitteln, um dadurch Aufschluss über die soziale Herkunft der Anwälte zu erlangen.[62] Die Berufswahl der Väter, die zumeist aus Beamtenschaft und freien Berufen stammten, belegt, dass die späteren Nürnberger Verteidiger zumeist aus einem bürgerlichen Umfeld stammten und lässt sie als typische Vertreter der fast ausschließlich aus Mittel- und Oberschicht stammenden Juristenschaft in der ersten Hälfte des 20. Jahrhunderts erkennen.[63] Die beiden aus der Arbeiterschaft stammenden Verteidiger sind Sonderfälle, da der Vater von Rudolf Aschenauer als sogenannter Werkmeister eine herausgehobene Stellung im Industriebetrieb innehatte. Friedrich Wilhelm Wagners Vater hatte zwar ebenfalls seinen beruflichen Werdegang als Facharbeiter begonnen, hatte sich aber nach seiner Entlassung wegen Agitation für die SPD als Kaufmann selbstständig gemacht. In hohe und höchste Position in Staat und Gesellschaft hatten es aber ebenfalls nur wenige Väter späterer Nürnberger Anwälte gebracht, so Hellmut Beckers Vater, der Orientalist und preußische Erziehungsminister Carl Becker.[64] Zur Militärelite des Kaiser-

61 Vgl. Marion Röwekamp: Die ersten deutschen Juristinnen. Eine Geschichte ihrer Professionalisierung und Emanzipation (1900–1945), Köln u. a. 2011; Königseder: Berliner Anwälte, S. 88–90.

62 Die ermittelten Berufe teilten sich folgendermaßen auf:
- Selbstständige: 24 (nur Hauptverteidiger) bzw. 40 (Gesamtzahl aller Verteidiger), hiervon waren 9 bzw. 12 Anwälte und 12 bzw. 21 Unternehmer/ Kaufleute
- Beamte/ Richter 24 bzw. 42
- Berufssoldaten: 5 bzw. 10
- Handwerk und Landwirtschaft: 10 bzw. 13
- Arbeiterschaft: je 2
- sonstige Berufe (Angestellte, Geistliche etc.): 1 bzw. 4.

63 Eva Douma belegt, dass im OLG-Bezirk Hamm nur 1 % und im OLG-Bezirk Düsseldorf nur 2 % der Anwälte aus der Unterschicht kamen, vgl. Eva Douma: Deutsche Anwälte zwischen Demokratie und Diktatur 1930–1955, Frankfurt a.M. 1998, S. 226. Rüping kommt für den OLG-Bezirk Celle zu dem Ergebnis, dass die Väter der dortigen Anwälte weitgehend aus Wirtschaft und Verwaltung stammten, vgl. Rüping: Rechtsanwälte, S. 153.

64 Somit stammten immerhin vier Väter von Anwälten aus dem Umfeld der Diplomatenverteidigung aus der gesellschaftlichen Elite, so Sigismund von Brauns Vater Magnus von Braun, Reichsernährungsminister unter den Reichskanzlern von Papen und Schleicher, Franz von Keller, Vizekonsul und Vater des Verteidigers Rupprecht von Keller und der Bankier und Leiter der Semperitwerke Viktor von

reichs hatten die Väter von Flottenrichter Otto Kranzbühler und Rechtsanwalt Hans von Zwehl gezählt. Ersterer war Adjutant des Staatssekretärs Alfred von Tirpitz gewesen und hatte als Konteradmiral den Oberbefehl über die Marinefliegertruppe im Ersten Weltkrieg geführt. General der Infanterie Hans von Zwehl Senior hatte für seine erfolgreiche Belagerung von Mauberge 1914 den Orden „Pour le Mérite“ erhalten und war von 1916 bis 1918 Gouverneur von Antwerpen.

Wenig direkte verwandtschaftliche Beziehungen der Verteidiger zu den Angeklagten sind feststellbar. In drei Fällen waren die Söhne (Franz von Papen jr., Richard von Weizsäcker und Walther Dehner) in ebenfalls drei Fällen die Brüder (Rudolf Blume, Ludwig Altstötter, Werner Milch) und in einem Fall der Schwager (Viktor Rinke) als Hilfsverteidiger aktiv.

Der Historiker Detlev Peukert hatte in seiner Darstellung zur Weimarer Republik vier Generationen unterschieden: Die Wilhelminische Generation, um 1860 geboren, die um 1870 geborene Gründergeneration, die um 1890 geborene Frontgeneration und schließlich die „überflüssige Generation“ der zwischen 1900 und 1910 Geborenen. Im Anschluss an Carsten Kretschmann soll hier aber von der „Kriegsjugendgeneration“ für die Altersgruppe ab 1900 gesprochen werden.[65] Die Altersstruktur der Juristen (Tabelle 1) unter den Verteidigern in den Nürnberger Prozessen umspannte nicht weniger als 46 Jahre.

---

der Lippe senior, Vater des gleichnamigen Verteidigers. Hohe Verwaltungsfunktionen hatten auch der Vater von Gerhard Rauschenbach, Ministerialdirektor im sächsischen Justizministerium, und der Vater von Bolko von Richthofen, der preußische Abgeordnete und Landrat Ernst von Richthofen, inne. Immerhin vier Anwälte waren die Söhne von Hochschulprofessoren. Professor Franz Exner und Professor Herbert Kraus, Söhne eines Juraprofessors bzw. eines Mathematikprofessors, hatten ebenfalls eine Hochschullaufbahn eingeschlagen, während Richard Thilenius, Sohn eines Ethnologieprofessors, und Erich Berndt, Sohn eines Professors für Ingenieurswissenschaften, andere Wege einschlugen.

65 Detlev Peukert: Die Weimarer Republik. Krisenjahre der klassischen Moderne, Frankfurt a.M. 2003, S. 25 f. Zu Peukerts Unterscheidung mit weiteren Nachweisen auch Bernd Hüpers: Karl Larenz. Methodenlehre und Philosophie des Rechts in Geschichte und Gegenwart, Berlin 2008, S. 58 f. und Carsten Kretschmann: Generation und politische Kultur in der Weimarer Republik, in: Ders. u. a. [Hgg.]: Politik, Kommunikation und Kultur in der Weimarer Republik, Heidelberg 2009, S. 11–30.

Geburtsjahr (Juristen)	Gesamt
Berufseinstieg im Kaiserreich	
[1877] bis 1886	15
Frontgeneration	
1887–1892 (unterbrochenes Referendariat)	17
1893–1900 (unterbrochenes Studium/Notabitur)	34
Kriegsjugendgeneration	
1901–1905 (Berufseinstieg in Weimar)	48
1906–1914 (Berufseinstieg im Dritten Reich)	103
Generation von 1945	
1915–[1923]	28

Tabelle 1: Altersstruktur der Verteidiger mit juristischen Kenntnissen[66]

Während mit Theodor Klefisch ein alter erfahrener Anwalt, der seine berufliche Tätigkeit kurz nach der Jahrhundertwende begonnen hatte, als Senior der Verteidigung zu finden ist, markierte das andere Extrem der Abiturient Franz Zdralek, der 1941 sein Kriegsabitur abgelegt hatte. In den Nürnberger Prozessen hatten mit dreizehn Anwälten, die ihre berufliche Laufbahn nach Studium und Referendariat unter dem Kaisertum begonnen hatten, also noch einige der jüngsten Vertreter der Gründergeneration teilgenommen.[67] 43 Hauptverteidiger der Nürnberger Prozesse, also fast 40 %, hatten den Ersten Weltkrieg im wehrfähigen Alter erlebt. Bei im-

66 Unberücksichtigt bleiben in dieser Übersicht die beiden amerikanischen und der Schweizer Anwalt.

67 Cum grano salis lässt sich das Jahr 1887 als Grenze festmachen, da alle später geborenen Verteidiger ihr Referendariat oder Studium vor Kriegsbeginn nicht mehr abschließen konnten, sofern sie Militärdienst leisten mussten. Sicherlich könnte man mit guten Gründen einen Großteil der Personen dieser Gruppe aufgrund ihres Kriegseinsatzes auch zur Frontgeneration rechnen. Wegen ihres Berufseinstiegs noch im Kaiserreich erscheint aber eine Zuordnung zu den letzten Ausläufern der Gründergeneration sinnvoller. Zum Problem der Generation in der Geschichtsforschung beispielhaft Ulrike Jureit: Generationsforschung, in: Frank Bösch/Jürgen Danyel [Hgg.]: Zeitgeschichte – Konzepte und Methoden, Göttingen 2012, S. 352–369 sowie Ulrike Jureit/Michael Wildt [Hgg.]: Generationen. Zur Relevanz eines wissenschaftlichen Grundbegriffs, Hamburg 2005 sowie David Bebnowski: Generation und Geltung. Von den „45ern“ zur „Generation Praktikum” – übersehene und etablierte Generationen im Vergleich, Bielefeld 2012.

merhin 29 dieser Hauptverteidiger ist die Verwendung in Militäreinheiten nachweisbar. Erstaunlich ist die im Verhältnis große Zahl der Haupt- (wie Hilfs-)verteidiger aus der Gruppe der Kriegsjugendgeneration ab dem Jahr 1901. 21 Hauptverteidiger hatten ihr Studium ohne Unterbrechung in der Weimarer Republik absolviert und waren fast alle in der Endphase der Weimarer Republik noch in das Berufsleben eingetreten. Nicht weniger als 33 Hauptverteidiger (mit dem Nichtjuristen Hans Meckel sogar 34) hatten Studium oder Referendariat sogar erst im „Dritten Reich" abgeschlossen.

Dieser generationelle Schwerpunkt der Nürnberger Verteidiger war während des IMT, zumindest bei oberflächlicher Betrachtung, noch nicht sichtbar gewesen. Nicht weniger als neun der dortigen Hauptverteidiger hatten noch den Berufseinstieg im Kaiserreich erlebt und weitere neun gehörten zur Frontgeneration. Dagegen waren von den Hilfsverteidigern des IMT lediglich fünf vor 1901 geboren worden, die alle während oder nach dem IMT aus dem Prozess ausschieden. Da sich aus den ehemaligen Hilfsverteidigern des IMT ein Großteil der späteren Hauptverteidiger des NMT rekrutierte, kann durchaus von einer „Verjüngung" der Hauptverteidigung in den Nachfolgeprozessen gesprochen werden.

Aus den bis 1905 geborenen Anwälten stammten so gut wie alle Hauptverteidiger, die politisch der „Weimarer Koalition" zuzurechnen waren, wie etwa Herbert Nath oder Alfred Schilf. Dagegen sind der Generation ab 1906 alle diejenigen Verteidiger zuzurechnen, die als Gruppe der „jungen Radikalen" zu bezeichnen sind, also jene Verteidiger, die Nürnberg und seine Prinzipien als Gesamtes ins Visier genommen hatten und nicht für einen Mandanten, sondern für „den" deutschen Soldaten oder gegen die „neue" Kriegsschuld auftraten. Hinzuzurechnen sind zu dieser Gruppe etwa Otto Kranzbühler (1907), Alfred Seidl (1911), Rudolf Aschenauer (1913), Hans Laternser (1908), Martin Horn (1911) und Hellmut Becker (1913). Diese „Jugendlichkeit" verband die „jungen Radikalen" wie Kranzbühler und Seidl mit den bekannten deutschnationalen Anwälten der Weimarer Republik. Als ein Friedrich Grimm oder ein Rüdiger von der Goltz in den großen politischen Prozessen in Weimar verteidigten, waren sie ebenfalls in den Dreißigern oder Anfang der Vierzig gewesen. Hinzu kommt das nach außen kommunizierte und in das Auftreten als Anwalt eingebaute Selbstbild der eigenen Dynamik und Jugendlichkeit. So stellte Henning Grunwald für Rüdiger von der Goltz fest, dass dieser das Selbstbild der dynamischen „jungen Generation" politisch radikaler Anwälte im Kampf gegen die „Tributjustiz" in der Weimarer Republik in seinem Interesse für schnelle Autos auch im Privaten zum Ausdruck brachte. Ähnliches lässt sich auch bei einigen der „jungen Radikalen“ in Nürnberg festmachen, war doch Kranzbühler ein begeisterter Segelsportler, während Seidl keine Gelegenheit ausließ, auf seine sportlichen Leistungen im Skifahren bzw. Boxen hinzuweisen.[68] Lediglich der angeblich wegen eines Herzfehlers nicht zur SA zugelassene Aschenauer passte nicht ganz in dieses Bild.

Zusammen mit der in beiden Weltkriegen zum Einsatz gekommenen Gruppe der „Majore der Reserve“, d.h. einer kleinen Gruppe von Verteidigern, die beide Weltkriege als Soldaten mitgemacht hatten und am Ende des Zweiten Weltkriegs den Rang eines Majors oder Hauptmanns erlangt hatten, etablierten diese Anwälte eine Front gegen Nürnberg. Viele der nach 1906 geborenen, jüngeren Juristen hatten darüber hinaus wegen ihres Militärdienstes nur wenig oder keine Erfahrung als Anwälte, wie etwa Gerichtsassessor Willi Heim (geb. 1914). Es ist daher nicht abwegig zu vermuten, dass die Angeklagten auf diese unerfahrenen Juristen weitaus größeren Einfluss ausüben konnten, als es etwa gegenüber einem „alten Hasen“ wie Fritz Sauter möglich gewesen wäre. Gerade bei der Verteidigung von SS-Leuten dürfte dies nicht eine unwesentliche Rolle gespielt haben.

Als Letztes zu nennen ist schließlich die „Generation von 1945“ (Dirk Moses), die zwar den Zweiten Weltkrieg noch als Soldat miterlebt hatte, aber zu jung war, um noch beruflich aktiv vor Antritt des Wehrdienstes tätig zu werden.[69] Als Grenze für diese Altersgruppe lässt sich in Bezug auf die Nürnberger Verteidiger grob das Jahr 1915 ansetzen, da keiner der zwanzig 1915 oder später geborenen Referendare und Studenten das Große Staatsexamen abgelegt hatte und somit auch keiner der Hauptverteidiger aus dieser Gruppe stammte. Soweit sich diese Anwälte politisch äußerten, zeigte sich eine Mischung aus Aufbruchsstimmung und Schwierigkeiten bei der Erklärung der vergangenen Epoche. So schrieb Richard von Weizsäcker nach der Lektüre des von dem Verteidiger Viktor von der Lippe verfassten Buches über Nürnberg an Hellmut Becker: „Manches an aufgeworfenen Fragen und an der Diktion verstehe ich nicht ganz: dazu fehlen mir eben wirklich die innere Anteilnahme und Intimität mit der Welt bis 1936, einschließlich der berühmten Systemzeit. In dieser Hinsicht

68 Grunwald: Courtroom to Revolutionary Stage, S. 63 f.

69 Dirk Moses: Die 45er. Eine Generation zwischen Faschismus und Demokratie, in: Neue Sammlung 40 (2000), S. 233–263.

ist doch ein ziemlich wichtiger Generationsschnitt zwischen Viktor und Dir einerseits und mir andererseits.“ [70]

Beruf	IMT	Gesamt
Anwalt (Deutsches Reich)	36	75
Anwalt (Ausland)	0	3
Justiziar/Syndikus	4	31
Verwaltungsjuristen/-assessoren	4	26
Hochschullehrer und Assistenten (Juristen)	6	11
Richter	7	24
Staatsanwalt	5	15
Gerichtsassessoren	2	4
Assessor (ohne Zuweisung)	0	5
Student/Referendar	4	12
hauptberuflicher Militärjurist	3	15
Soldat (ohne juristische Vorbildung)	2	8
Diplomat	1	11
sonstige Juristen	3	4
Historiker		3
sonstige Geisteswissenschaftler und Übersetzer		4
ohne Beruf		1
Betriebswirte/Ingenieure		9
Hausfrauen		3
Gesamt	77	264

Tabelle 2: Berufe der Nürnberger Verteidiger

Hauptberufliche Anwälte stellten zusammen mit den oftmals ebenfalls als Anwalt zugelassenen Firmenjustiziaren zwar nur etwa zwei Fünftel der Nürnberger Verteidigung. Diese Zahl verdeckt aber, dass die Hauptverteidigungen fast ausschließlich von hauptberuflichen Anwälten/Justiziaren und zum kleineren Teil auch Richtern und Gerichtsassessoren geführt wurden. Generelle berufliche Aussagen über die Anwälte lassen sich nur

70 Schreiben Richard von Weizsäcker an Hellmut Becker 15.7.1949, in: Politisches Archiv des Auswärtigen Amtes (PAAA), Nachlass Hellmut Becker, Bd. 17.

schwer treffen.[71] Gleiches gilt für die Einkommensverhältnisse, die von der unteren Einkommensgrenze bei 6000 bis 8000 RM Jahresverdienst (so Hans Laternser und Bolko von Stein) bis hin zu Spitzenverdienern wie die Brüder Dix mit 60000 bis 80000 RM Jahresverdienst reichten.[72] Dezidierte Strafverteidiger finden sich nur sehr wenige unter den Nürnberger Verteidigern. Einschlägige Erfahrung als Strafverteidiger konnten nur Theodor Klefisch, Johannes Surholt, Kurt Behling, Kurt Gollnick und Kurt Peschke, die Kanzlei der Brüder Dix sowie Fritz Sauter vorweisen.

Die große Zahl an Richtern/Gerichtsassessoren, Staatsanwälten und Verwaltungsjuristen unter den Verteidigern erklärt sich aus den persönlichen Netzwerken der Verteidiger (und seltener der Angeklagten), die ihren entlassenen Kollegen eine Anstellung in Nürnberg zu verschaffen suchten, wie etwa die Gruppe der jungen Gerichts- bzw. Verwaltungsassessoren um Willi Heim. Von diesen Richtern und Staatsanwälten waren nur wenige

71 Es finden sich sämtliche erreichbare Notenstufen im Großen Staatsexamen bei den Nürnberger Verteidigern wieder. Horst Pelckmann etwa hatte die erste Staatsprüfung erst nach Wiederholung bestanden und auch nur ein „ausreichend" in der Großen Staatsprüfung erreicht. „Ausreichend" hatten auch Seidl, Kubuschok, Servatius, Hans Gawlik oder Aschenauer bekommen. Kurt Behling erhielt ein „befriedigend", während Kranzbühler mit „vollbefriedigend" abschloss. Hellmut Becker erreichte im Großen Staatsexamen ein „gut". Der spätere Generalrichter Otto Grünewald, der mit dem seltenen „sehr gut" abgeschlossen hatte, war dagegen eine Ausnahme. Immerhin 148 Verteidiger, also über die Hälfte, waren zu meist zivilrechtlichen Themen promoviert worden. Politische „Statements" finden sich nur in sehr wenigen dieser Dissertationen. Damit wird die von Christian Ingrao und Ulrich Herbert vertretene These, dass selbst von NS-Ideologen Jura als weitgehend „technisches Fach" verstanden wurde, bestätigt, vgl. mit Bezug auf Herbert Ingrao: Elite, S. 63, vgl. auch Ulrich Herbert: Weltanschauungseliten. Ideologische Legitimation und politische Praxis der Führungsgruppe der nationalsozialistischen Sicherheitspolizei, in: Potsdamer Bulletin für zeithistorische Studien (1997), Heft 9, S. 4–18.

72 Sehr gut verdienten mit Jahreseinkommen über 40000 RM auch Kurt Gollnick (60000–80000 RM), Justus Koch (40000 RM), Egon Kubuschok (50000 RM), Kurt Peschke (40000–50000 RM),Walter Ballas (50000 RM) und wegen ihres großen Notariats auch die Kanzlei Haensel/Pelckmann/Hoffmann (140000 RM) sowie als absoluter Spitzenreiter Conrad Böttcher (150000 RM). Im guten Mittelfeld lagen zwischen 20000–30000 RM etwa Hans Flächsner, Erich Wandschneider, Kurt Behling und Hans von Zwehl. Finanziell schlecht gestellt waren die Berufsanfänger Alfred Seidl und Rudolf Aschenauer, die beide für ihr Studium auf Hörgeldbefreiungen angewiesen waren.

vor 1945 auf der Ebene von Oberlandesgerichten und höher beschäftigt gewesen.[73]

Viele Völkerrechtler lehnten eine Mitwirkung bei der Verteidigung in Nürnberg rundweg ab. Der Wiener Professor Alfred Verdroß, einer der wichtigsten deutschsprachigen Völkerrechtler, etwa teilte in einem Brief an Herbert Kraus mit, dass er den Einwand der Nürnberger Verteidigung, es liege rückwirkende Gesetzgebung vor, durchaus für nicht stichhaltig halte. Er selbst habe in seinen ersten Schriften nach Kriegsende dargelegt, dass eine Tat, die an und für sich ein Verbrechen wäre, nur dann entschuldigt sei, wenn dies durch das Völkerrecht legitimiert sei, aber gerade durch den Kellog-Briand-Pakt sei ja der Angriffskrieg verboten worden.[74] Als Anwalt Georg Fröschmann bei der Verteidigung des SS-Generals Richard Hildebrandt im Fall 8 Professor Walter Schätzel auf Vorschlag von Herbert Kraus um ein Gutachten bat, lehnte dieser jegliche Tätigkeit ab, weil die Ostpolitik ein riesiges Verbrechen gewesen sei.[75] Mit den Professoren Edmund Mezger, Franz Exner, Erich Schwinge und Reinhard Maurach waren vier Strafrechtler als Verteidiger aufgetreten, die Völkerrecht quasi nur als „Nebenbeschäftigung" betrieben hatten. Professor Eduard Wahl war schwerpunktmäßig im Internationalen Privatrecht bzw. der Rechtsvergleichung im Zivilrecht beheimatet, während mit Hermann Jahreiß, Herbert Kraus, Ernst Wolgast und dem als Gutachter tätigen Erich

73 Erich Schmidt-Leichner, Adalbert Joppich, Günther Geißeler und Karl Arndt hatten ihre Ernennungen zum Kammergerichts- bzw. Oberlandesgerichtsrat während ihrer Tätigkeit im Reichsjustizministerium bzw. im „Osteinsatz" erhalten. Ausgeübt hatten ihr Amt am Oberlandesgericht Nürnberg die OLG-Räte Christian Stangl, Paul Ratz, Erich Bergler, Alfred Thoma und Senatspräsident Ignaz Hergenröder sowie am OLG Dresden OLG-Rat Johannes Schmidt und OLG-Rat Karl Dötzer am OLG Braunschweig. Mit dem Ersten Staatsanwalt am Volksgerichtshof Gustav Maaß war nur ein späterer Nürnberger Anwalt an einem Gericht auf Reichsebene tätig gewesen.

74 Auszug aus Brief A. Verdroß an Kraus 28.11.1945 in: UAK Zugang 725/563.

75 Schreiben von Professor Schätzel 29.9.1947, in: StN, NL Fröschmann Nr. 36. Ohne Angabe von Gründen lehnte der von Professor Wolgast vorgeschlagene Völkerrechtsprofessor Dietrich Schindler (sen.) aus Zürich Fröschmanns Bitte ab, vgl. Professor Schindler 7.11.1947, in: ebd. Schätzel sollte in den fünfziger Jahren im Auftrag des Züricher Anwalts Paul Mayer ein Gutachten für den in der Schweiz verurteilten Franz Burri erstellen, dem zentralen NS-Propagandist in der Schweiz. Franz Riedweg, SS-Obersturmbannführer und zentraler Organisator für Schweizer NS-Sympathisanten in Deutschland wurde 1947 in seinem Hochverratsprozess in der Schweiz von dem Nürnberger „Veteran" Siegfried Wille vertreten.

Kaufmann in Nürnberg lediglich vier mit ordentlichen Professuren ausgestattete, „reine" Völkerrechtler, von denen immerhin zwei durch das NS-Regime ihre Stellung verloren hatten, vertreten waren. Erst während des Krieges hatten die als Gutachter in Nürnberg tätigen Professoren Wilhelm Grewe und Hans-Ulrich Scupin außerordentliche Professuren erlangt. Gottfried Hecker und Hermann Mosler arbeiteten als wissenschaftliche Assistenten am Kaiser-Wilhelm-Institut für ausländisches öffentliches Recht und Völkerrecht.[76] Nur dreizehn spätere Verteidiger waren im Internationalen Privatrecht bzw. Völkerrecht promoviert worden.[77]

Erstaunlich dürfte auf den ersten Blick sein, dass immerhin 26 Personen ohne juristische Vorkenntnisse unter den Verteidigern zu finden sind. Obwohl die Verfahrensregeln der Prozesse eine gewisse fachliche Eignung forderten, wurde diese Regelung in der Praxis sehr großzügig ausgelegt. Im Nürnberger Hauptprozess waren mit den Berufssoldaten Hans Meckel und Viktor Rinke nur zwei Nichtjuristen als Assistenten vertreten. In den Nachfolgeprozessen begannen mehrere Verteidiger ihre als Sekretärinnen

76 Kurzeitig als Assistent des Völkerrechtlers Walter Schücking 1928 soll auch Marinerichter Otto Kranzbühler gearbeitet haben, allerdings existieren hierfür keine Quellenbelege. Zeitweilig wissenschaftliche Assistenten an Fakultäten für Öffentliches Recht bzw. für Strafrecht waren in den dreißiger Jahren Alfred Seidl (München), Erich Schmidt-Leichner (Berlin) und Hellmut Becker (Kiel bzw. Straßburg) bzw. von 1927 bis 1930 Günther Lummert (Breslau). Ernst Achenbach war zeitweilig Hilfskraft am Institut für Auswärtige Politik, während Karl Arndt als langjähriger Referent (1922–1937) am Kaiser-Wilhelm-Institut für ausländisches Privatrecht einen Ruf als Experte für angloamerikanisches Privatrecht besaß.

77 Dies sind: Ernst Achenbach (Thema: Der briefliche und telegraphische Vertrag), Elisabeth Liebtreu/Gombel (Die Testamentsform im deutschen internationalen Privatrecht), Paul Leverkühn (Kartelle und Trusts im deutschen, britischen und amerikanischen Recht), Fritz Drischel („convertible bonds" im deutschen und amerikanischen Recht), Karl Gick (Das Genossenschaftswesen im deutschen und schweizerischen Recht), Werner von Schmieden (Die Stellung der Landesbewohner in besetzten Gebieten), Marta Unger (Wird völkerrechtlich gebotenes Landesrecht vom Wegfall des zugrunde liegenden Völkerrechts berührt?), Gottfried Hecker (Der völkerrechtliche Wohnsitzbegriff. Untersuchungen in Anknüpfung an den griechisch-türkischen Streit über den Bevölkerungstausch), Wolfram von Metzler (Die „Auswärtige Gewalt" der Sowjetunion), Martin Löffler (Vereinigte Staaten von Amerika, Versailler Vertrag und Völkerbund), Rupprecht von Keller (Die Geisel im modernen Völkerrecht), Martin Horn (Die geschichtliche Entwicklung des neuzeitlichen Neutralitätsbegriffes).

tätigen Ehefrauen als Assistenten zu berufen.[78] Obwohl sie eigentlich keine Verteidigeraufgaben im engeren Sinne ausführten, wurde zu den Hilfsverteidigern auch das Übersetzerteam der Verteidigung unter Leitung der Soziologin Gabriele Wülker (1911–2001) gezählt.[79] Die anderen Nichtjuristen in den Nachfolgeprozessen waren wie Meckel Berufssoldaten, die zur „Kameradenhilfe" für ihre früheren Vorgesetzten in den beiden Verfahren gegen Militärs (Fall 7 und 12) nach Nürnberg kamen (siehe dazu Kapitel 2.6). Ähnliche Bereitschaft von Nichtjuristen als Assistenten an der Verteidigung von Angeklagten mitzuwirken, wurde nur noch von den

78 So Hanni Rauschenbach (geb. 1910), Gerda Dötzer (geb. 1919) und Maria Dix (geb. 1880), die Ehefrau von Rudolf Dix. Keine dieser Frauen hatte der NSDAP angehört. Schon während des IMT hatte Otto Nelte die Verteidigung des OKW-Chefs Keitel zum Unmut mancher Verteidiger als „Familienbetrieb" aufgebaut und sowohl Tochter als auch Ehefrau als Sekretärinnen nach Nürnberg geholt, vgl. Von der Lippe: Tagebuch, S. 204. Als Assistentin war auch die als Lektorin bei der Zweigstelle der Deutschen Akademie in Sarajewo bzw. Zagreb tätige Germanistin Dora Schulz (1906–1974, geborene Burkhardt) aufgetreten, vgl. Milgov Fragebogen Dora Schulz, in: NARA, Screening Files p though z. 1941 war Schulz der NSDAP beigetreten. Wie Schulz nach Nürnberg kam, konnte leider nicht geklärt werden. Ich danke Frau Sonja Kirmes für diesen Hinweis. Sie hatte im Rahmen ihrer Magisterarbeit zu Dora Schulz ein Interview mit der Tochter von Schulz geführt. Schulz Tätigkeit in Nürnberg blieb Episode. In der Nachkriegszeit spielte sie eine zentrale Rolle beim Aufbau des Goethe-Instituts, zuletzt als dessen stellvertretende Direktorin.

79 Die promovierte Soziologin Wülker war nicht der NSDAP beigetreten, war aber Mitglied der Deutschen Frauenschaft, vgl. Milgov-Fragebogen Gabriele Wülker, in: NARA: RG 260, Records of the United States Occupation Headquarters WWII, Omgus, OCCWC, Administrative Records of the Defense Center 1946–1949, Box 160, Folder Screening Files p through z (im Folgenden abgekürzt als NARA, Screening Files). Nach ihrer Flucht aus Berlin arbeitete sie zunächst als Übersetzerin für die US-Armee. Ihre Bekanntschaft aus Berliner Tagen mit dem Anwaltsehepaar Nath brachte sie im März 1947 nach Nürnberg. Nach einer kurzen Episode als Naths Sekretärin erhielt sie aufgrund ihrer Sprachkenntnisse von den Verteidigern den Posten einer Chefübersetzerin der Verteidigung übertragen und wurde von dem international tätigen Brauereikaufmann Rupprecht Maria Hopfen und dem Münchner Philologiestudenten Hans Günther Patzig unterstützt. Während des Krieges hatte Hopfen in der Übersetzungsabteilung des Auswärtigen Amtes gearbeitet und trat 1947 in die Sprachabteilung des OCCWC als Gerichtsübersetzer ein. Auch Patzig hatte für das OCCWC als Gerichtsübersetzer gearbeitet, wurde aber wegen Personalreduzierung entlassen, vgl. Milgov-Fragebogen Rupprecht Maria Hopfen, in: NARA Administrative Records; Milgov Fragebogen Hans-Günther Patzig in: NARA, Screening Files a through j. Hopfen hatte seit 1933, Patzig seit 1938 der NSDAP angehört.

Angestellten der I.G.-Farben im Prozess gegen hochrangige I.G.-Farben-Mitarbeiter (Fall 6) entfaltet. Ein vom Gericht genehmigter Sonderstab bestand zum großen Teil aus Ingenieuren und Kaufleuten der I.G.-Farben, der in erster Linie der Dokumentensichtung und -auswahl für die Anwälte diente.[80] Auf die Historiker von Richthofen, Seraphim und Conrad Oehlrich, die einzigen Geschichtswissenschaftler unter den offiziell zugelassenen Verteidigern, wird in den Kapiteln zu den einzelnen Verteidigerteams noch ausführlich einzugehen sein.

Zusammenfassung Kapitel 1.1

Als Ergebnis der Analyse des Sozialprofils der Nürnberger Verteidiger lässt sich festhalten, dass ein Großteil der Hauptverteidiger aus den Großräumen Nürnberg, Berlin und Breslau stammte. Fast alle Nürnberger Anwälte hatten einen bürgerlichen Hintergrund und entstammen der Mittelschicht, teilweise der Oberschicht. Das Alter reichte von Anwälten, die schon im Kaiserreich etabliert waren, bis hin zu Berufsanfängern und Studenten, die über keine berufliche Erfahrung verfügten. Gerade die radikaleren Vertreter der Anwälte in Nürnberg waren fast alle erst im „Dritten Reich" beruflich sozialisiert worden. Die Mehrheit der Verteidiger waren hauptberufliche Anwälte neben einer großen Zahl entlassener Richter und Verwaltungsjuristen. Wenige Verteidiger hatten überhaupt keine juristische Erfahrung. Juristinnen spielten, von wenigen Ausnahmen abgesehen, keine Rolle bei der Verteidigung. Erstaunlicherweise waren nur wenige Völ-

80 Dies sind: Fritz Naumann (geb. 1913; kaufmännischer Angestellter der I.G.-Farben in Ludwigshafen), Karl Haeseler (geb. 1902; Diplomingenieur und seit 1937 ein enger Mitarbeiter des Angeklagten Dürrfeld bei den Leuna-Werken und an der Montage von Betriebsanlagen in Auschwitz beteiligt), Josef Niemann (geb. 1913; in Auschwitz als Betriebsleiter eingesetzter Bauingenieur). Niemann zur Seite stand Karl Heinz Haefele (geb.1914, ebenfalls Betriebsingenieur in Auschwitz), Gebhard Wilhelmi (geb. 1905, technischer Sachbearbeiter für die Einrichtung von Baustellen der I.G.-Farben Ludwigshafen), der aber schon kurz darauf mit dem Juristen Emil Secherling ersetzt wurde. Ein weiterer Nichtjurist in diesem Sonderteam war der Direktor der Kalle und Co AG Hermann Walter (geb. 1892; Walter hatte lange Zeit als Prokurist in der Revisionsabteilung der I.G.-Farben gearbeitet), die Ökonomin Erna Kroen (geb. 1906), Kurt Hartmann (geb. 1902, Ingenieur bei der I.G. Farben in Leverkusen, seit 1931 NSDAP-Mitglied) und Walter Alt (geb. 1910, bei der Forschungsabteilung für Farbstoffe in Leverkusen angestellter Ingenieur, SA-Mitglied).

kerrechtler unter den Verteidigern, da offenbar nur wenige Hochschullehrer ein Interesse hatten, sich in Nürnberg zu exponieren. Somit waren lediglich einige der späteren Nürnberger Verteidiger durch ihre berufliche Erfahrung oder wissenschaftliche Ausbildung für ihre schwere Aufgabe in Nürnberg vorbereitet. Insgesamt ist also das Sozialprofil durch eine große Heterogenität gekennzeichnet, was angesichts des noch darzulegenden Rekrutierungsprozesses nicht überraschen kann.

1.2 Politische Sozialisation zwischen Kaiserreich und Drittem Reich

Erfahrungsräume zwischen Krieg und Revolution

In den Quellen finden sich nur wenige Hinweise der älteren Anwälte über ihre Kriegserfahrungen im Ersten Weltkrieg. Paul Leverkühns Biographie zu Max von Scheubner-Richter, dem er auf der Expedition in das afghanisch-persische Grenzland als Kavallerieadjutant gedient hatte, stellt die Kriegserlebnisse in heroischen Farben und im Stile eines Abenteuerromans dar. Über Leverkühn selbst erfährt man in dieser Darstellung nur wenig, zumal es laut Burkhard Jähnicke Zweifel an der Autorenschaft Leverkühns dieser im „Dritten Reich" erschienen Biographie gibt.[81] Der Großteil der 29 im Ersten Weltkrieg Militärdienst leistenden Hauptverteidiger entsprach wohl dem Typus des bürgerlichen, sich freiwillig zum Kriegsdienst meldenden Leutnants der Reserve, von denen immerhin elf das Eiserne Kreuz Erster Klasse erhalten hatten.[82] Einige spätere Nürnberger Verteidiger hatten ihren Einsatz für das Kaiserreich teuer bezahlt. Beispielhaft sei Julius Streicher späterer Verteidiger Hanns Marx genannt, der im ersten Kriegsjahr nur mit Glück einen Kopfschuss überlebt hatte und erst wieder 1917 zum Garnisonsdienst als Kriegsgerichtsrat fähig war. Obwohl einige dieser Anwälte Offizierskameradschaften und Veteranenverbänden wie der „Reichsflagge" oder dem „Stahlhelm-Bund der Frontsol-

81 Paul Leverkühn: Posten auf ewiger Wache. Aus dem abenteuerreichen Leben des Max von Scheubner-Richter, Essen 1938.

82 Franz Exner hatte mit dem „Signum Laudis am Bande" ebenfalls eine bedeutende Militärauszeichnung erhalten.

daten" angehörten, waren nur sehr wenige Nürnberger Anwälte Mitglied eines Freikorps oder einer Heimwehr.[83]

Aus dem Rahmen fällt Hans von Zwehl, Seit 1910 war von Zwehl Anwalt in Berlin und hatte sich mit Hermann Voß (1878–1957) assoziiert. Voß sollte als „Totengräber" des Deutschen Anwaltvereins nach der Machtübernahme der Nazis 1933 eine unrühmliche Rolle spielen. Von 1914 bis 1918 nahm von Zwehl als Kriegsfreiwilliger am Ersten Weltkrieg teil.[84] Nach seiner Rückkehr nach Berlin trat der Leutnant der Reserve zum Jahresbeginn 1919 in die Garde-Kavallerie-Schützen-Division (später dem Wehrverband Schutzregiment Berlin) ein, einem aus Kavallerieeinheiten zusammengesetzten Freikorps, das an der Niederschlagung des Spartakus-Aufstandes beteiligt war und dessen Mitglieder auch in die Ermordung Rosa Luxemburgs verwickelt gewesen waren. In der Weimarer Republik und dem Nationalsozialismus trat von Zwehl mit verschiedenen deutschnationalen Theaterstücken und Gedichten hervor, so etwa das die Ermordung streikender Arbeiter durch Soldaten thematisierende Stück „Zwischen den Reichen" von 1937, zugleich von Zwehls persönliches Bekenntnis zum „Dritten Reich". Sein größter Erfolg war aber das kriegsverherrlichende Theaterstück „Frühlingsschlacht", das 1937 unter Mitwirkung von Zwehls unter dem Titel „Unternehmen Michael" mit prominenter Besetzung verfilmt wurde und als einer der bedeutendsten NS-Kriegs-

83 Johannes Surholt („Akademische Wehr" in Münster), Alfred Schwarz („Schutzbataillon Kraus" in Nürnberg), Bolko von Richthofen (schlesischer Selbstschutzbund), Erich Bergler (Organisation Escherich), Heinrich Rentsch (Freikorps Bayreuth/Detachment List), Otto Süß und Wolfgang Laue (beide Bund Oberland). Alle diese Verteidiger hatten den Ersten Weltkrieg überhaupt nicht oder nur im Garnisonsdienst erlebt. Bis auf Bergler schlossen sich alle 1933 der NSDAP an. Dass, wie von Wolmar behauptete, Kranzbühler als Schüler von der „schwarzen Reichswehr" ausgebildet worden sei, ist dagegen in keiner unabhängigen Quelle erwähnt und dürfte wohl eine Ausschmückung von Wolmars sein, vgl. von Wolmar: Verteidiger, S. 3.

84 Von Oktober 1914 bis Juni 1917 war von Zwehl beim Generalkommando VII und nach einer kurzen Tätigkeit beim Infanterieregiment 53 beim Armeeoberkommando 2 eingesetzt. Ab Januar 1918 wurde er zum Infanterieregiment 58 versetzt, ehe er im Juli 1918 wegen einer schweren Verwundung am Bein ins Lazarett kam. Er erhielt beide Eisernen Kreuze und das Schwarze Verwundetenabzeichen, vgl. Personalbogen Hans von Zwehl o.D. und Lebenslauf Hans von Zwehl, in: Hauptstaatsarchiv Hannover (HstaH), Nds 710 (Personalakten des OLG Celle), Acc 87/99 Nr. 7 und StN, Spruchkammer Nürnberg, Hans von Zwehl.

filme galt.[85] Ausgerechnet von Zwehl sollte der einzige Nürnberger Verteidiger sein, der schon in den Leipziger Prozessen vor dem Reichsgericht, die in einem gewissen Sinne als Vorläufer der Alliierten Nachkriegsprozesse gelten können, verteidigt hatte.[86] Von Zwehl trat als deutschnationaler Anwalt 1921 im wohl bedeutendsten Leipziger Verfahren, dem Prozess wegen der Ermordung der schiffbrüchigen Besatzung des Lazarettschiffes „Llandovery Castle" durch die Offiziere eines deutschen U-Boots, auf.[87] Seine auf dem Verteidigerplädoyer basierende Schrift über den Prozess ließ die mutmaßlichen Kriegsverbrecher als tragische Helden eines Shakespearedramas von „kriegsfremden Ziviljuristen" verurteilt, erscheinen.[88] Eingebettet in biologistisch-völkische Kategorien erhob von Zwehl den Krieg zum Maß aller Dinge: „Sie [= die Juristen] vergessen, dass jede Tier- oder Menschenrasse, die nicht im Widerstreit mit anderen ihre Kräfte regen muss, bald verkümmert und ein schwächliches, unerfreuliches Wesen wird. Das mag ‚furchtbar' sein. Aber ohne Blut und Qual ist noch kein Mensch zur Welt gekommen, geschweige denn ein Volk." Drohend warnte von Zwehl vor einem Wiedererstarken Deutschlands: „Dass eine geschichtliche Entwicklung durch äußere Mittel sich wohl augenblicklich zurückdrängen, aber nicht in ihr Gegenteil verkehren lässt, insonderheit wenn man den Bogen überspannt, 60 Millionen lebenskräftiger Menschen in ein riesiges Konzentrationslager zusammenpfercht, sei nur nebenbei gesagt."[89] Das Urteil des Reichsgerichts war für ihn gleichbedeutend mit Verrat: „Wer so seine eigenen Landsleute verrät um des Feindes willen, kann man von ihm Treue erwarten in Not und Gefahr für ein fremdes Volk?"[90] Dementsprechend fand von Zwehl seine politische Heimat bei

---

85 Vgl. Hans von Zwehl: Frühlingsschlacht. Schauspiel in vier Aufzügen, Berlin 1935. Zum Film vgl. Jay Baird: To die for Germany: Heroes in the Nazi Pantheon, Bloomington u. a. 1990, S. 176–180; vgl. auch Gerd Krumeich: Nationalsozialismus und Erster Weltkrieg, Essen 2010, S. 161.

86 Zu den Leipziger Verfahren vgl. Gerd Hankel: Die Leipziger Prozesse. Deutsche Kriegsverbrechen und ihre strafrechtliche Verfolgung nach dem Ersten Weltkrieg, Hamburg 2003 und Harald Wiggenhorn: Verliererjustiz. Die Leipziger Kriegsverbrecherprozesse nach dem Ersten Weltkrieg, Baden-Baden 2005.

87 Zum „Llandovery Castle"-Fall ausführlich Harald Wiggenhorn: Verliererjustiz, S. 256–283.

88 Hans von Zwehl: Die Versenkung der „Llandovery Castle". Ein Beitrag zur Verurteilung der deutschen „Kriegsverbrecher" Boldt und Dithmar durch das Reichsgericht in Leipzig, München 1922, S. 13–17.

89 Von Zwehl: Versenkung, S. 21.

90 Von Zwehl: Versenkung, S. 24.

der Deutschnationalen Volkspartei. 1920 versuchte er als Vorsitzender eines „vorläufigen Rechtsausschuss[es]“ sich zusammen mit anderen Anwälten „gewissermaßen als Parteisyndize“ der DNVP zu installieren und jüdische Anwälte aus der Vertretung von deutschnationalen Interessen zu drängen.[91] Das Projekt scheiterte allerdings grandios, als sich im gleichen Jahr der DNVP-Vorsitzende Karl Helfferich im großen Berliner Beleidigungsprozess gegen Matthias Erzberger mit dem jüdisch-stämmigen Max Alsberg lieber auf den „Staranwalt“ der Weimarer Republik verließ, als auf die antisemitischen Anwälte der eigenen Partei.[92]

Auch für die jüngeren Nürnberger Anwälte war die Revolution von 1918/1919 ein einschneidendes Kindheitserlebnis in die bis dato vermeintlich heile (Kinder-)Welt des Kaiserreichs.[93] Seinen Vater bezeichnete Otto Kranzbühler als engagierten Seeoffizier, der seinen Sohn liberal-konservativ erzog und ihn für sein ganzes Leben geprägt habe.[94] Durch ihn war er schon früh mit der kaiserlichen Marine in Verbindung gekommen und wünschte sich von klein auf zur See zu fahren. Die Revolution personifizierte sich für den damals elfjährigen Kranzbühler in der Arbeiterführerin Rosa Luxemburg, die „um die Ecke“ von seinem Elternhaus in einem kleinen Berliner Vorort gelebt hatte. Für ihn sei die Luxemburg eine „Arbeiterhetzerin“ gewesen, deren Agitation in unverantwortlicher Weise zu großem Blutvergießen geführt hätte. Er kannte aber Luxemburg nur vom Sehen, ohne jemals mit ihr gesprochen zu haben. Über die Details der Er-

91 „[Wegen der] häufig eintretenden Notwendigkeit mit auswärtigen Anwälten in Verbindung zu treten gelingt es besonders in Großstädten mit ihrer überwältigenden Verjudung des Anwaltstandes nicht ohne weiteres Anwälte ausfindig zu machen, mit denen man gern in Verbindung tritt. Hinzu kommt, dass es auch wünschenswert erscheint in Anwaltskammern und anderen beruflichen Organisationen bewusst deutschnationale Männer in den Vorstand zu rücken.“, vgl. Aufruf des Juristischen Ausschuss der DNVP Berlin an alle Landesverbände o.D. in: Institut für Zeitgeschichte (IfZ), MA 616 (Nachlass Walter Luetgebrune), Rolle 2.

92 Von Zwehl trat dann dem „Reichsbund deutschnationaler Anwälte“ bei und blieb bis 1933 DNVP-Mitglied.

93 Zur Revolution als einschneidendes biographisches Erlebnis der Kriegsjugendgeneration am Beispiel der „SS-Intellektuellen“ vgl. den sich an Ulrich Herberts Best-Studie orientierenden Christian Ingrao: Hitlers Elite. Die Wegbereiter des nationalsozialistischen Massenmordes, Bonn 2012, S. 28–32 und Michael Wildt: Generation des Unbedingten. Das Führungskorps des Reichssicherheitshauptamtes, Hamburg 2003, S. 53–71 sowie Herbert: Weltanschauungseliten, S. 7–10.

94 Für das Folgende: BAK, Ton 1040 (Interview mit Otto Kranzbühler am 19.1.1986, Interviewer Josef Henke).

mordung Luxemburgs habe er nichts gewusst, diese habe er erst im Prozess gegen Waldemar Papst, den Generalstabsoffizier der oben genannten Garde-Kavallerie-Schützen-Division und Hauptverantwortlichen der Ermordung Rosa Luxemburgs und Karl Liebknechts erfahren, den Kranzbühler anwaltlich vertrat.[95] Eine für Kranzbühler bedeutsame Jugendbegegnung war auch die mit Generalfeldmarschall Paul von Hindenburg, mit dem sein Vater persönlich bekannt war. Noch 1986 erzählte Kranzbühler, wie stolz er gewesen sei, als Hindenburg sagte, dass er einmal so tüchtig wie sein Vater sein werde. Bei der Revolution 1919 sei daher sein Vater positiv zum Militär und Reichswehrminister Gustav Noske gestanden, habe aber offene Feindseligkeit gegen die Arbeiterräte bekundet. Nach Entlassung aus dem Militär habe sein Vater eine Stellung als Syndikus der Metallarbeitgeber in Aachen angenommen. Mit Beginn des Ruhrkampfes sei dann die Offiziersfamilie Kranzbühler von belgischen Besatzungstruppen ausgewiesen worden, nachdem sein Vater als Gegenmaßnahme gegen Anschläge von rechtsnationalen Attentätern als Geisel auf Zügen hatte mitfahren müssen.[96] Ähnlich erinnert sich der spätere Syndikusanwalt Wolfgang Heintzeler, nur ein Jahr jünger als Kranzbühler, dass er 1917 dem Württembergischen König Wilhelm II, bei dessen sonntäglichen Spaziergang ohne Leibwache durch Stuttgart begegnet sei und der König den Gruß des kleinen Jungen erwidert habe: „Ja, so etwas gab es damals noch." Diese verklärte Kindheitswelt zerstörte die Revolution, als Revolutionäre im November 1918 das Stuttgarter Gefängnis stürmten: „Bedrohliche Gestalten wimmelten plötzlich um uns, und meine Mutter zog mich blitzschnell in den Eingang des nächsten Hauses, wo wir zitternd warteten, bis die Luft wieder klar war. So erlebte ich zehnjährig die Revolution."[97]

Von den Veteranen des Ersten Weltkriegs unter den Nürnberger Anwälten waren nur wenige im Zweiten Weltkrieg wieder eingesetzt. Hervorzuheben ist hier allerdings die kleine Gruppe der „Majore der Reserve" unter den Hauptverteidigern, die im Offiziersrang beide Weltkriege im Militärdienst miterlebt hatten. Zu dieser Gruppe zu zählen sind etwa die Majore der Reserve Fröschmann, J. Koch, von Zwehl und Bolko von Richthofen.

95 Zu Papst und Kranzbühlers anwaltliche Vertretung vgl. allgemein Klaus Gietinger: Der Konterrevolutionär. Waldemar Papst, eine deutsche Karriere, Hamburg 2009.

96 Interessanterweise unterließ es Kranzbühler, in seinem Fragebogen an die britische Militärregierung die Ausweisung zu erwähnen, vgl. Archiv der Hansestadt Lübeck (AHL), Bestand Entnazifizierung, Nr. 16803 (Kranzbühler, Otto).

97 Wolfgang Heintzeler: Im Jahrhundert extremer Turbulenz, Herford 1988, S. 36 f.

Angesichts seiner Weltsicht überrascht es kaum, dass aus dieser Gruppe von Zwehl der heimliche Anführer des Generalangriffs gegen Nürnberg im sogenannten „Wilhelmstraßenprozess" (Fall 11) werden sollte. Diese alten Offiziere bildeten eine Art stille Allianz mit den „jungen Radikalen" um Marinerichter Kranzbühler und die Anwälte Laternser und Seidl (siehe Kapitel 3.4 und 3.5).

Auch das Erleben des Zweiten Weltkrieges an der Front findet in den Quellen nur selten Erwähnung. Lediglich Hellmut Becker, der schwer verwundet mehrere Stunden im „Niemandsland" an der russischen Front ein Nahtoderlebnis hatte, äußerte sich in der Rückschau ausführlich zu seiner Zeit als Soldat: „Man denkt eigentlich in existenziellen Grundkategorien: Tod oder Überleben. [...] Man kann das nicht mit einfachen politischen Formeln abtun. Aus den Büchern von Ernst Jünger […] kann man sehr viel über diese Seite des Krieges erfahren, ob man das mag oder nicht. […] Ich habe den Krieg nie als eine Form der menschlichen Verarmung empfunden, sondern als Lebensform, die einen auch viele Dinge lehrt. [...] Der Krieg ist mir eigentlich nie als eine Parteinahme für das Regime erschienen, und ebenso wenig konnte ich mir das von den mir gegenüberliegenden Soldaten vorstellen. Ich habe in den russischen Soldaten nie Kommunisten gesehen, sondern sie waren eben Partner in einem Krieg, dieser hat ganz bestimmte Gesetze, denen entsprechend man sich auch verhalten hat."[98] Diese Deutung des Krieges als existenzielle Kategorie des Lebens und Schule des deutschen Mannes findet sich in frappierend ähnlicher Form auch in den Äußerungen anderer radikaler Verteidiger, etwa bei von Zwehl und Kranzbühler, wieder.[99] Tatsächlich scheint es eine gewisse Verbindung zwischen einer „soldatischen" Haltung und einer radikalen Ablehnung der Nürnberger Prozesse zu geben, da fast alle als „radikal" zu bezeichnenden späteren Nürnberger Verteidiger mit einem Offiziersrang eines Oberleutnants und höher und verschiedenen Auszeichnungen aus dem Zweiten Weltkrieg heimgekehrt waren, wie etwa Hans Laternser, oder zumindest ein besonderes Interesse an einer „militärischen" Lebensführung, so Alfred Seidl, bekundeten.

---

98 Becker: Aufklärung, S. 46–50 bzw. 102 f. Zu Beckers schwerer Verwundung vgl. ebd. S. 50 f.

99 Sein Doktorvater Ernst Rudolf Huber erkannte daher auch bei Becker, der im äußeren Umfeld des Lyrikers Stefan George und seines Kreises aufgewachsen war, einen Zug zu extremen Ansichten, vgl. Raulff: Kreis, S. 474.

Von SPD bis DNVP

Eine Auswertung der Angaben in den Fragebögen vor den Entnazifizierungsbehörden zum Wahlverhalten in den letzen beiden freien Wahlen der Weimarer Republik bzw. zur Mitgliedschaft in Studentenverbindungen, und, soweit greifbar, durch weitere Quellen ergänzt und hinterfragt, ergibt ein differenziertes Bild der politischen Überzeugung der Verteidiger in der Weimarer Republik.

Nur wenige spätere Nürnberger Verteidiger bekannten sich in ihren „Fragebögen" politisch zu linken Positionen vor 1945. Allerdings ist bei diesen Angaben große Vorsicht geboten. Dass Alfred Seidl vor 1933 Mitglied der SPD gewesen sei, wird nur bestätigt durch eine eidesstaatliche Erklärung seines früheren Chefs Fritz Sauter und erscheint angesichts der späteren politischen Karriere Seidls auch insgesamt eher zweifelhaft.[100] Einziges belegbares offizielles SPD-Mitglied unter den Verteidigern war Friedrich Wilhelm Wagner. Der „Ausnahme-Sozialdemokrat" (Andreas Marquet) war seit 1922 Anwalt in Ludwigshafen und verteidigte in lokalen politischen Prozessen u. a. Otto Wels.[101] 1927 wurde er „Gauführer" des Reichsbanners Schwarz-Rot-Gold in der Pfalz und wurde 1930 Reichstagsabgeordneter. Er galt als Verfechter des Tolerierungskurses der SPD gegenüber der Regierung Brüning. Nach der „Machtergreifung" konnte Wagner nur mit Glück nach Frankreich entkommen, wo er eine Rechtsberatungsstelle für Flüchtlinge einrichtete und sich als geschäftsführender Vorsitzender der „Zentralvereinigung der deutschen Emigration" in Paris um eine Vereinigung aller Emigranten unter Einbezug der Kommunisten bemühte. Nach dem Einmarsch der Wehrmacht in Frankreich flüchtete er in die USA.

100 Meldebogen Alfred Seidl und Affidavit Fritz Sauter o.D., in: StMü, Spruchkammer München, Spk 1508 (Seidl, Alfred).

101 So vertrat Wagner in einem Prozess wegen Körperverletzung den SPD-Reichstagsabgeordneten Otto Wels gegen den Gauleiter von Baden, Robert Ley, der einen Handlanger angestiftet hatte, Wels niederzuschlagen, vgl. hierzu Andreas Marquet: Wels gegen Ley – Ein Fall politisch motivierter Gewalt in der Weimarer Republik, in: Klaus Becker/Ders. [Hgg.]: Das Ende der freien Arbeiterbewegung. Begleitkatalog der Ausstellung vom 6. April bis 6. Mai 2011 in Ludwigshafen, Ludwigshafen am Rhein 2011, 20–23.

Der Pazifist Herbert Nath bezeichnete sich als Sympathisant der SPD, ohne allerdings in die Partei eingetreten zu sein.[102] Als „Nazihasser" trat er im „Dritten Reich" anwaltlich für politisch Verfolgte sowie für Juden und sogenannte jüdische Mischlinge vor Gerichten ein und will kurz vor Kriegsende in Prien auch der Widerstandsgruppe „Freiheitsaktion Bayern" beigetreten sein.

Die geringe Zahl von SPD-Anhängern und Sympathisanten unter den Nürnberger Verteidigern überrascht nicht. Verschiedene politische Entscheidungen in der Weimarer Republik hatten die Anwaltschaft zunehmend von der SPD entfremdet. Dass die politisch verfolgten SPD-Anwälte sehr wenig Interesse an einer Verteidigung derjenigen Personen hatten, die ihnen Zwangsemigration eingebracht bzw. ihnen nach dem Leben getrachtet hatten, ist ebenso nachvollziehbar. Die wenigen noch verbliebenen linken und linksliberalen Anwälte und Juristen wurden daher primär für den politischen Wiederaufbau benötigt oder arbeiteten als „Ankläger einer Epoche" (Robert Kempner) aufseiten der Strafverfolgungsbehörden. Hätte sich beispielsweise Wagners Rückkehr aufgrund der Bürokratie der US-Behörden nicht in den Winter 1946/1947 verzögert, wäre er wahrscheinlich zum badischen Justizminister berufen worden und hätte für die Nürnberger Prozesse nicht zur Verfügung gestanden.

Die Parteien des politischen Liberalismus galten traditionell als die politische Heimat des Anwaltsstandes.[103] Insbesondere die nationalliberale Deutsche Volkspartei suchte sich als Wahrerin der Interessen des Anwaltstandes zu gerieren, stand darin aber in Konkurrenz zur linksliberalen Deutschen Demokratischen Partei. Als die beiden Parteien der „Bourgeoisie" verwundert es nicht, dass die industrienahen Nürnberger Anwälte fast sämtlich als politische Präferenz die DDP bzw. DVP angaben und auch insgesamt sich die meisten der Nürnberger Verteidiger zu DVP und (weit-

---

102 Für das Folgende Lebenslauf Herbert Nath o.D., in: Landesarchiv Berlin, C Rep 301 (Personalakten des LG Berlin), Nr. 1546 (Nath, Herbert). Ende 1932 habe er gegen die Kriegshetze der NSDAP eine politische Abhandlung mit dem Titel „Gespräche mit meinem armen Bruder" geschrieben und als Mitglied der Eisernen Front an den preußischen Innenminister Carl Severing ein Sympathietelegramm wegen dessen scharfen Auftretens gegen die NSDAP versandt.

103 Vgl. zum politischen Selbstverständnis der deutschen Anwaltschaft vor 1933 ausführlich Kenneth Ledford: From General Estate to Special Interest. German Lawyers 1878–1933, Cambridge u. a. 1996. Die hier vorgenommene Einteilung basiert auf Konrad Jarausch: The Unfree Professions. German Lawyers, Teachers, and Engineers 1900–1950, New York/Oxford 1990.

aus geringer) zur DDP bekannten. Beispielhaft sei die „nationalliberale“ Sozialisation Wolfgang Heintzelers dargestellt, die wohl viele seiner Anwaltskollegen in Nürnberg ähnlich erfahren haben dürften. Heintzeler beschrieb sein Elternhaus als humanistisch und liberal, aber auch christlich und „tief national“. Den Versailler Vertrag habe man in seinem Elternhaus lediglich als „Akt der Versklavung“ angesehen. Zwar sei 1918 auch für ihn und sein Umfeld klar gewesen, dass die Monarchie nicht wiederkehren werde, andererseits wirkte auch der Aufbau einer demokratischen Republik auf sein Milieu nicht überzeugend, da diese mit dem Schatten des „Dolchstoßes“ belegt war. Wirkliche Alternativen habe es aber auch nicht gegeben, so dass Heintzeler in seiner Jugend zumindest die Politik der bürgerlich-konservativen Reichspräsidenten gebilligt hatte und man von Gustav Stresemann als Person tief beeindruckt war. Er hätte sich durchaus mit einem „nationalen Sozialismus“ anfreunden können. Der Irrationalismus der NSDAP und die Zerrissenheit der Parteien schreckten aber den bildungsbürgerlichen Heintzeler ab. Nur dem „Stahlhelm“ als eine „bürgerlich-national-konservative“ Vereinigung habe man in den späten Jahren der Republik als Einzigem noch den Kampf gegen Bürgerkrieg und Chaos zugetraut.[104]

Der DDP als Mitglied angehört hatten beispielsweise die Hauptverteidiger Conrad Böttcher, Erich Berndt und Justus Koch, die ihr aber zum Ende der zwanziger Jahre mit ihrer Umwandlung zur „Deutschen Staatspartei“ den Rücken kehrten. Gerhard Rauschenbach war zwar parteilos, rechnete sich aber wie sein Vater, der Ministerialrat im sächsischen Justizministerium Johannes Rauschenbach, dem Linksliberalismus zu.[105] Als Mitglieder in der DVP bezeichneten sich beispielsweise Otto Stahmer, Siegfried Wille, Hans Flächsner, Otto Freiherr von Lüdinghausen, Günther von Rohrscheidt und Paul Leverkühn, Bei den angeblichen DVP-Wählern finden sich fast alle wichtigen Syndikusanwälte in den Nürnberger Prozessen, wie z. B. Walter Ballas, wieder. Aus der Schar der Referendare und Asses-

104 Heintzeler: Jahrhundert, S. 37–49.

105 Sühnebescheid 22.12.1947 und Stellungnahme des Generalklägers München 30.3.1950, in: StN, Spruchkammerakten, Spruchkammer Nürnberg, Gerhard Rauschenbach. Angeblich habe sein Vater durch einen Artikel in der NS-Zeitung „Freiheitskampf“ seine Arbeit verloren, weil darin persönliche Beziehungen zu den prominenten sächsischen SPD- bzw. KPD-Politikern Richard Lipinski, Ernst Zeigner und dem Kommunisten Rudolf Renner aufgedeckt worden waren.

soren ist besonders Otto Kranzbühler hervorzuheben.[106] Wegen seines Interesses für den Völkerbund habe sich Kranzbühler bewusst für einen Studienaufenthalt in Genf entschieden und dort eine Rede Gustav Stresemanns über den Vertrag von Locarno miterlebt. Seither sei er für Deutschlands Eintritt in den Völkerbund gewesen und war wie Heintzeler Sympathisant der Politik Stresemanns. Auch Martin Löffler hatte bei einem Studienaufenthalt in Genf Stresemann persönlich kennengelernt. Von diesem fasziniert erklärte er 1927 seinen Beitritt zur DVP und gründete in Stuttgart den „Jungliberalen Club".[107] Die NSDAP habe 1933 die Auflösung des in „Staatpolitische Vereinigung" umbenannten Clubs erzwungen, nachdem der Publizist Wilhelm Stapel in einem Vortrag dort den faschistischen Marschall Italo Balbo als Jude bezeichnet hatte.[108] Angeblich aus Angst vor Repression durch die Partei und wegen seines Interesse am Reitsport habe sich Löffler der Reiter-SA angeschlossen, um sich vor der Partei „wegzuducken".[109] Die vermeintlich zwangsweise Inkorporation der Reitvereine, das Hauptverteidigungsargument dieser Unterformation der SA vor dem IMT, war also auch Teil der persönlichen Verteidigungs- und Rechtfertigungsstrategie Löfflers und brachte ihn direkt nach Nürnberg (siehe Kapitel 2.4)

Zum rechten Flügel der DVP wird man Rechtsanwalt Georg Fröschmann zählen müssen. Als Leiter der DVP-Stadtratsfraktion gründete er 1924 die „Volksgemeinschaft Schwarz-Weiß-Rot" (SWR) als bürgerlich-national-völkische Sammelbewegung im Nürnberger Stadtrat. Nach dem missglückten Versuch, zu Jahresbeginn 1925 den linksliberalen Nürnberger Oberbürgermeister Hermann Luppe zu stürzen und Fröschmann als Oberbürgermeister einzusetzen, verfiel die heterogene SWR in Selbstlähmung und spielte gerade im Vergleich zu den Nationalsozialisten unter Julius Streicher im Stadtrat nur noch eine geringe Rolle und zerbrach 1929.

---

106 Vgl. Milgov-Fragebogen, in: AHL, Bestand Entnazifizierung, Nr. 16803 (Kranzbühler, Otto).

107 Löfflers lokalpolitisches Engagement wurde u. a. von dem späteren Bundespräsidenten Theodor Heuss und dem langjährigen Nachkriegsoberbürgermeister von Stuttgart, Arnulf Klett, bestätigt, vgl. Affidavit Arnulf Klett 6.12.1945 und Schreiben Theodor Heuss 24.10.1945, in: Staatsarchiv Ludwigsburg (StLu), El 902/20, Nr. 95230 (Löffler, Martin).

108 Protokoll 11.11.1948, Affidavit Wilhelm Stapel 12.5.1948, Aufruf der Arbeitsgemeinschaft vom 20.5.1933 sowie Abschrift „Das war unnötig", in: NS-Kurier Nr. 127 (2.6.1933), in: StLu, El 902/20, Nr. 95230.

109 Spruch 11.11.1948, in: StaLu, El 902/20, Nr. 95230 (Löffler).

Eine Kandidatur Fröschmanns als Kandidat der DVP für den Stadtrat blieb erfolglos. Fröschmann habe daraufhin das Angebot Streichers, in die NSDAP einzutreten, abgelehnt.[110] 1933 war Fröschmann aus seiner Veteranenvereinigung in den Stahlhelm übergetreten und hatte sich 1934 in die SA-Reserve I überführen lassen, wo er die Leitung eines Trupps im Nürnberger SAR-Sturm 23/14 übernahm. 1941 wurde er zum Sturmführer der SA befördert, will aber wegen seines Militärdienstes keine Führungsaufgaben über einen Sturm übernommen haben. In Anwaltskreisen hielten sich hartnäckig Gerüchte, dass Fröschmann aktiv an Zerstörungen in Nürnberg während der Reichspogromnacht beteiligt gewesen war und sich sogar seiner Taten gerühmt habe. [111] 1937 trat er der NSDAP bei und gehörte neben verschiedenen NS-Veteranenvereinigungen auch der Nationalsozialistischen Kulturgemeinde, die eine antisemitische und nationalsozialistische Kulturpolitik propagierte, an.[112] Fröschmann selbst zeigte sich

110 Hermann Hanschel: Oberbürgermeister Hermann Luppe. Nürnberger Kommunalpolitik in der Weimarer Republik, Nürnberg 1977, S. 323–245 und 341, Hermann Luppe: Mein Leben, Nürnberg 1977, S. 146–151. Interessanterweise war es Fröschmann, der im Frühjahr 1929 an die SPD herantrat, dass diese sich für die Wiederwahl Luppes einsetzen sollte, wenn es schon die SWR aus politischen Gründen nicht könne, vgl. ebd. S. 187, vgl. auch Aktenvermerk 7.1.1925, in: StaN, C7I, Nr. 2501 (Personalakte Hermann Luppe).

111 So die Aussagen des Nürnberger Rechtsanwalts und späteren bayerischen Staatssekretär im Innenministerium Paul Nerreter und des Oberlandesgerichtspräsidenten Hans Heinrich,der wegen seiner Freundschaft zu Juden selbst Nachstellungen im „Dritten Reich" zu erdulden hatte. Dagegen sagte der Rechtsanwalt Hake aus, dass er Fröschmann charakterlich dafür nicht für fähig halte, aber Fröschmann jemand sei, der „zwei Finger ins Feuer" hält. Er vermutete, dass Fröschmann möglicherweise „befehlsmäßig" gehandelt habe, vgl. Ermittlungsbericht 9.6.1948, in: StN Spruchkammer Nürnberg, Fröschmann. Fröschmann selbst wolle nach eigenen Angaben am Abend des 8.11. an einem SA-Appell im Büchersaal teilgenommen haben und sei danach im Cafe Seufferlein bis 23 Uhr verblieben. Um 23 Uhr sei er durch eine SA-Streife zum Hauptmarkt beordert worden, dort hatten die Zerstörungen allerdings schon stattgefunden. Angeblich habe er daraufhin Gauinspektor Haberkorn gebeten, mit dem „Unfug" aufzuhören, dieser habe sich aber aufgrund höheren Befehls für unzuständig erklärt. Zeugen für seinen Aufenthalt im Cafe konnte Fröschmann aber nicht benennen. Die Spruchkammer konnte Fröschmanns Einlassungen nicht widerlegen und entschied in dubio pro reo, vgl. Aussage Fröschmanns, Protokoll 13.7.1948 und Urteil 10.8.48, in: StN Spruchkammer Nürnberg, Fröschmann.

112 Vgl. zu dieser Organisation Jürgen Gimmel: Die politische Organisation kulturellen Ressentiments. Der „Kampfbund für deutsche Kultur" und das bildungsbürgerliche Unbehagen an der Moderne, Hamburg 2001. Mit der Einführung des na-

auch im Spruchkammerverfahren als „national“ denkender Anhänger alles „Militärischen“ und gab zu Protokoll: „Ich hatte von Jugend an viel Soldatisches in mir. [...] Ich bin seit meiner Jugend national-liberal und habe in Deutschlands Größe das Glück des Volkes gesehen. Ich war im Ersten Weltkrieg freiwillig Soldat und habe mich auch im zweiten freiwillig zur Wehrmacht gemeldet.“[113] Die Spruchkammer betonte daher in ihrer Würdigung zutreffend Fröschmann als „nationalsozialistischen Aktivist“, der im Gesamtergebnis „mehr SA-Soldat als Parteimann“ erscheine und aus der „Geisteshaltung einer vergangenen Epoche“ geglaubt habe, das Militaristische bzw. Soldatische im Nationalsozialismus zu unterstützen.[114]

Einen besonderen Fall stellt der letzte demokratisch gewählte DAV-Präsident vor 1933, Rechtsanwalt Rudolf Dix, dar, der im Umfeld von August Bebel und des sozialliberalen Rudolph Sohm aufgewachsen war.[115] Seiner linksliberalen Familientradition blieb Dix zunächst treu. Noch am Vorabend des ersten Parteitags der DDP hielt er eine flammende Rede für das zu beschließende Parteiprogramm der DDP. Die Gründung der DDP sei die „erste politisch-schöpferische Tat der deutschen Bourgeoisie“ während der Revolution 1918/19 gewesen. Scharf wandte er sich gegen die Deutschnationalen. Die unverhohlene Kampfansage dieser Partei an die Republik müsse entschieden zurückgewiesen werden, um zu zeigen, dass dies nur die Meinung einer Minderheit sei, wolle man nicht jedes Vertrau-

---

tionalsozialistischen Führungsoffiziers (NSFO) bewarb sich der dem Nürnberger Standortkommandanten als Adjutant dienende Fröschmann 1944 um eine entsprechende Ausbildung. Sein Vorgesetzter habe dies aber mit dem Argument, ein Adjutant könne kein NSFO werden, abgelehnt. 1944 hatte Fröschmann während des Dienstes einer Person, die den Kriegseintritt der USA als schweren Fehler der deutschen Politik gezeichnet hatte, mit Einlieferung ins KZ und Hinrichtung gedroht, vgl. Aussage Fröschmann in Protokoll 13.7.1948 und das Urteil der Spruchkammer vom 10.8.1948, in: StN, Spruchkammer Nürnberg, Fröschmann.

113 Vgl. Protokoll Sitzung 13.7.1948, in: StN, Spruchkammer Nürnberg, Fröschmann.

114 Vgl. Entscheidung der Spruchkammer Nürnberg 1.12.1948, in: StN, Spruchkammer Nürnberg, Fröschmann.

115 Für das Folgende Lebenslauf Rudolf Dix 30.9.1946; in: LAB, C-Rep 301, Nr. 1332 (Dix, Rudolf). Dix‘ Vater, selbst SPD-Mitglied, hatte früher der Anwaltskanzlei von Otto Emil Freytag und Bernhard Freytag angehört, die Wilhelm Liebknecht und August Bebel in ihrem großen Leipziger Hochverratsprozess 1872 verteidigt hatten. Während des Referendariats erlebte Dix die Verteidigung von Karl Liebknecht durch Otto Freytag aus nächster Nähe. Primär politisch geprägt habe Dix aber der Mitgründer des Nationalsozialen Vereins Sohm, ein persönlicher Freund von Dix.

en in die Stabilität der Demokratie verlieren. Eindeutig grenzte sich Dix aber auch zur USPD ab und betonte jegliche Absage an die Planwirtschaft, zeigte aber Verständnis für alle sozialen Postulate. Dem Auswärtigen Amt solle weiterhin eine Führerrolle zukommen. Aber die zukünftige Elite solle keine Kaste der Offiziere oder der Korpsstudent mehr sein, sondern ein sich selbständig entwickelter allgemein anerkannter „Menschentyp" wie der englische Gentleman. Dem Versailler Vertrag, Ausdruck der „pharisäerhaften Selbstgerechtigkeit" der Entente, solle rücksichtslose Forscherwahrheit über die Ursachen des Krieges entgegengesetzt werden, um dessen Wunden zu heilen. Scharf müsse man sich gegen rechts abgrenzen, ein Revanchekrieg und eine erneute Militarisierung seien abzulehnen.[116] Trotz dieses Plädoyers für den Linksliberalismus rückte Dix, wohl aus Desillusionierung über die Parteien der Weimarer Republik seit Mitte der zwanziger Jahre, in seinen politischen Ansichten nach rechts und trat mit seinem Bruder dem Deutschen Club (Herrenclub) Berlin bei.[117] Dieser galt als Ort des elitär-jungkonservativen politischen Milieus und des weiteren Umfelds des „Tat-Kreises".[118] Der Herrenclub fand in der Berliner „upper class", also Dix primärer Mandantenklientel, breite Resonanz. Liest man nochmals Dix' Rede von 1919, so fällt der Hinweis auf die neue, am englischen Gentleman orientierte Führungsschicht auf. Bedenkt man, dass etwa der gemäßigte jungkonservative Breslauer Rechtsanwalt Georg Quabbe in Abgrenzung zur DNVP und den völkischen Gruppierungen in seinem Großessay „Tar a Ri" über eine Neugründung des Konservatismus

---

116 Rudolf Dix: Ziele der deutschen Demokratie. Rede, gehalten zur Vorbereitung des 1. Demokratischen Parteitages im demokratischen Club zu Berlin am 15. Juli 1919, Berlin 1919.

117 Affidavit Dix 30.9.1946 und Zulassungsbescheid des Vizepräsidenten des Kammergerichts 24.10.1947, in: LAB, C-Rep 301, Nr. 1332 (Dix).

118 Vgl. hierzu Manfred Schoeps: Der deutsche Herrenclub. Ein Beitrag zur Geschichte des Jungkonservativismus in der Weimarer Republik, Erlangen 1974, zur „Konservativen Revolution" vgl. Stefan Breuer: Anatomie der Konservativen Revolution, Darmstadt 1993, S. 120 f. Neben Breuer zur Konservativen Revolution allgemein: Jeffrey Herf: Reactionary Modernism. Technology, Culture, and Politics in Weimar and the Third Reich, Cambridge 1986; Kurt Sontheimer: Antidemokratisches Denken in der Weimarer Republik. Die politischen Ideen des deutschen Nationalismus zwischen 1918 und 1933, München 1994; Armin Mohler: Die konservative Revolution in Deutschland 1918–1932. Ein Handbuch, Graz u. a. 1999.

aus dem Erbe der englischen Torys nachdachte, so zielen die Positionen zwischen Quabbe und Dix zumindest in eine ähnliche Richtung.[119]

Diese Überlegungen zur persönlichen Wendung vom Linksliberalen zum Jungkonservativen bieten auch einen neuen Erklärungsansatz für die Rolle von Dix während der Gleichschaltung des Deutschen Anwaltverein (DAV) durch die Nationalsozialisten im März und April 1933. Als Anwalt, der 1932 zusammen mit dem berühmten Alsberg in Wirtschaftsprozessen verteidigte, machte Dix ebenso eine steile Karriere im Deutschen Anwaltverein. 1927 hielt Rudolf Dix als Generalreferent auf dem Deutschen Anwaltstag in Stuttgart ein Referat über „Die Stellung der Deutschen Rechtsanwaltschaft". Laut Dix gäbe es keine Macht oder Instanz in Deutschland mehr, die „standesgemäß" führend sei. Das Parlament sei kein Kampfplatz miteinander ringender Ideen mehr. In diesem moralisch-politischen Vakuum müsse die Anwaltschaft die ihr gebührende „Führerstellung" an sich reißen, drohe doch „Proletarisierung und Untergang", wenn nicht ein Numerus Clausus für die Zulassung zum Anwaltsberuf eingeführt werde.[120] Die Enttäuschung über die Parteien und die Betonung eines „Führertums" belegen Dix' nunmehrige Verortung in jungkonservativen Gedankengängen. April 1932 rückte Dix mit der Wahl zum Vorsitzenden des DAV an die Spitze der wichtigsten Interessenvertretung der deutschen Anwälte. In seiner Antrittsrede verdeutlichte Dix einmal mehr seine nun nach rechts gerückte politische Haltung. Hatte er 1919 nur Vorbehalte gegen Sozialisierungen gezeigt und ansonsten die soziale Verantwortung der Liberalen betont, so warnte er nun dunkel vor der „falsche[n] Weltanschauung", wie sie anschaulich-experimentell jenseits der „östlichen Grenze" umgesetzt werde. Dix rief dazu auf, unter Rückbesinnung auf die Tradition als Stand, kollektiv Stellung zu nehmen zur sittlichen Wiedergeburt des deutschen Volkes.[121] Dezember 1932 gewann die konservative Haltung im DAV schließlich die Oberhand und die Abgeordnetenver-

---

119 Vgl. Georg Quabbe: Tar a Ri. Variationen über ein konservatives Thema, Berlin 1927. Quabbe war zugleich Leiter der Breslauer Sektion des DNVP-nahen „Reichsbundes deutschnationaler Anwälte".

120 Tillmann Krach: Viel Glanz und große Not – Die Lage der deutschen Anwaltschaft am Ende der Weimarer Republik, in: Deutscher Anwaltsverein [Hg.]: Anwälte und ihre Geschichte. Zum 140. Gründungsjahr des Deutschen Anwaltsvereins, Tübingen 2011, S. 210 f. und Ders.: Jüdische Anwälte in Preußen. Über die Bedeutung der freien Advokatur und ihre Zerstörung durch den Nationalsozialismus, München 1991, S. 42 f.

121 Krach: Jüdische Anwälte, S. 46 f.

sammlung unter Federführung von Dix und dem der konservativen Deutsch-Hannoverschen Partei angehörenden Rechtsanwalt Hodo von Hodenberg, eine Person, die im Kampf gegen Nürnberg noch eine wichtige Rolle spielen sollte, sprach sich mit deutlicher Mehrheit für eine Zulassungsbeschränkung zum Anwaltsberuf aus.[122] Mit der Hoffnung, das Präsidialkabinett und der starke Staat würden eine schnelle Lösung ermöglichen, sprach Dix mit Kollegen im Februar 1933 beim Reichsjustizminister vor und ersuchte, durch eine Notverordnung die Sperrung der Zulassung zur Anwaltschaft und anschließende Einführung eines Numerus Clausus in die Wege zu leiten.[123]

Bis heute undurchsichtig ist Dix Rolle als Präsident des DAV kurz nach der Machtübernahme der Nationalsozialisten. Noch am 26. März 1933 hatte der DAV-Vorstand einstimmig eine Überführung in den Bund nationalsozialistischer deutscher Juristen (BNSDJ), der spätere Nationalsozialistische Rechtswahrerbund (NSRB), abgelehnt.[124] Dix rief in seiner zentralen Rede neben Lobeshymnen auf die „Nationale Wiedergeburt" zur Geschlossenheit der Anwaltschaft auf und ließ auch eine versteckte Loyalitätserklärung an die jüdischen Anwälte in seine Rede einfließen.[125] Zuvor hatte Dix bei Vizekanzler Franz von Papen interveniert, damit Hitler SA und SS zurückbeordere, die seit Mai jüdischen Anwälten den Zutritt zu Gerichtsgebäuden verwehrten.[126] In der Nachkriegszeit reklamierte Dix, es sei ihm zu verdanken gewesen, dass jüdische Anwälte nicht schon im Frühling 1933 entlassen worden waren.[127] Der jüdische Rechtanwalt und Notar Julius Fliess, der 1933 einem kleinen Ausschuss von jüdischen Anwälten angehört hatte, die wegen der bedrohten Lage der jüdischen Anwälte mit dem RJM verhandeln wollten, bestätigte, dass Dix als Mittelsmann zu Reichsjustizminister Franz Gürtner und seinem Staatssekretär

---

122 Königseder: Berliner Anwälte, S. 78 f.

123 Stefan König: Vom Dienst am Recht. Rechtsanwälte als Strafverteidiger im Nationalsozialismus, Berlin/New York 1987, S. 25 und Krach: Jüdische Anwälte, S. 52–55.

124 Vgl. zum NRSB Michael Sunnus: Der NS-Rechtswahrerbund (1928–1945). Zur Geschichte der nationalsozialistischen Juristenorganisation, Frankfurt a.M. 1990, S. 21–31.

125 Königseder: Berliner Anwälte, S. 79.

126 Krach: Jüdische Anwälte, S. 174.

127 Lebenslauf Rudolf Dix 30.9.1946, in: LAB C-Rep 301 Nr. 1332 (Dix), ähnlich auch im Entnazifizierungsverfahren gegen Walter Raeke, vgl. Krach: Jüdische Anwälte, S. 230.

Franz Schlegelberger für die jüdischen Anwälte eingesprungen sei.[128] Obwohl das Gesetz über die Zulassung zur Rechtsanwaltschaft, welches die jüdischen Anwälte aus der Rechtsanwaltschaft vertreiben sollte, noch gar nicht veröffentlicht war, machte Dix am 7. April 1933 eine vollkommene Kehrtwendung. In einem Brief an alle Vorstandsmitglieder rief er die jüdischen Vorstandsmitglieder im Interesse der Erhaltung der Eigenständigkeit der Standesorganisation dazu auf, alle Ämter niederzulegen und rechtfertigte diesen diktatorischen Schritt mit dem „Führertum in der Notlage".[129] Antisemitismus als Motiv für Dix' Kehrtwende kann relativ sicher ausgeschlossen werden. 1932 hatte sich Dix öffentlich scharf gegen Angriffe des nationalsozialistischen Abgeordneten im preußischen Landtag Wilhelm Kube gewandt, die er als „menschliche und politische Kulturlosigkeit" ablehnte.[130] Möglicherweise mochte Dix mit dem Opfer der jüdischen Anwälte gehofft haben, eine elitäre, aber unabhängige Standesvertretung durch „notgebundenes Führertum" beibehalten zu können. Bald musste er aber feststellen, dass kein Spielraum für den DAV mehr bestand. Dix erzwang nach einem Ultimatum Roland Freislers am 18. Mai 1933 im Alleingang unter Missachtung der vorgesehenen Fristen eine Abstimmung über die Überführung des DAV in den BNSDJ unter erneuter Berufung auf sein diktatorisches Notstandsrecht. Jede weitere Vorstellung einer eigenständigen Standesvertretung diffamierte er in seiner letzten Rede als Präsident als „nationale Drückebergerei".[131] Dix trat am gleichen Tag von seinem Amt zurück, das nun von Hermann Voß übernommen wurde, der den

---

128 Schreiben Fliess an R. Dix 23.11.1947, in: NARA, RG 260, Records of the United States Occupation Headquarters WWII, Omgus, OCCWC, Administrative Records of the Defense Center, Box 161, Folder Spokeman Files.

129 Zitiert bei Krach: Jüdische Anwälte, S. 225.

130 König: Strafverteidiger, S. 35. Angela Königseders Vermutung aus dem Begriff „rassemäßig" in seinem offenen Brief gegen Kube ablesen zu wollen, dass Dix nicht frei von Antisemitismus gewesen sei, erscheint überzogen, zumal „Rasse" vor 1933 nicht die Konnotierung hatte, wie sie heute geläufig ist, vgl. Königseder: Berliner Anwälte, S. 82. Als er in einem großen Untreue-Prozess gegen den jüdischen Brauereibesitzer Ludwig Katzenellenbogen an der Seite von Alsberg im Februar 1932 verteidigte, kritisierte Dix die aufgehetzte Stimmung in der Presse aufgrund eines „rassemäßigen Ressentiments", vgl. Krach: Jüdische Anwälte, S. 114. Zum Prozess ausführlich: Curt Riess: Der Mann in der schwarzen Robe. Das Leben des Strafverteidigers Max Alsberg, Hamburg 1965, S. 279–289.

131 Hinrich Rüping: Rechtsanwälte und Rechtswahrer. Zur Lage eines freien Berufs im Nationalsozialismus, in: Anwaltsblatt 12/2007, S. 809–811. Krach: Jüdische Anwälte, S. 230.

DAV „korporativ“ in den BNSDJ eingliederte. Bis heute bleibt in der Forschung eine Beurteilung von Rudolf Dix Rolle schwierig.[132] Als sicher kann der von Hinrich Rüping betonte Befund gelten, dass Dix als DAV-Präsident keinen „Widerstand“ geleistet hatte und trotz gewissen Taktierens zur Auflösung des DAV beitrug.[133] Aufgewachsen in der Elite der Anwaltschaft des Kaiserreichs öffnete sich Dix dem jungkonservativ-ständischen Gedankengut einer selbsternannten neuen „Gentleman“-Elite. Insofern konnte sein Mandant in Nürnberg, Hjalmar Schacht, der einstmals ebenfalls in der DDP seine politische Karriere begonnen hatte, eine politische Übereinstimmung mit Dix als Verfechter der „konservativen Demokratie“ finden. Offenbar sah Dix im DAV und der Führung der Anwaltschaft die Möglichkeit der Umsetzung seiner ständisch-ordnungspolitischen Ziele mithilfe des autoritären Staates, selbst unter Opferung seiner jüdischen Vorstandskollegen. Allerdings hielt sich Dix in der Folgezeit in elitärer Zurückgezogenheit von der NSDAP fern. Anders als mancher Anwaltskollege ließ sich Dix nicht mit dem Stahlhelm in die SA überführen und schied 1934 mit Hinweis auf sein Alter aus.

Ambivalent ist auch Dix‘ Beurteilung als Strafverteidiger im Dritten Reich. 1934 wiederholte er in einem Artikel faktisch seine Ansichten zum Verteidiger als „Organ der Rechtspflege“ von 1907 und sang das hohe Lied auf den „Anwaltssoldaten“: „Der kämpferische Charakter des anwaltschaftlichen Berufs als solcher wird in dem neuen Staat weitaus größere Resonanz finden als in früheren Epochen. Der deutsche Mensch des nationalsozialistischen Staates ist Kämpfer und soll Kämpfer sein. Der nationalsozialistische Staat ehrt den Soldaten als den Prototyp aller kämpferischen Berufe wegen dieses seines geistigen und ethischen Gehalts, nicht etwa den Kriegsknecht […] Das Beste im deutschen Menschen ist das Soldatische, mit dem Soldatischen ist der deutsche Mensch rehabilitiert. Berufe, deren Wesen Kampf ist oder Angehörige von Berufen, deren Wesen Kampf ist, sind deshalb notwendig Lieblinge des neuen Staates.“[134] Die Mandanten der Anwaltskanzlei der Brüder Rudolf und Hellmuth Dix im „Dritten Reich“ lesen sich fast wie ein „who is who“ der damaligen kon-

---

132 Vgl. insbesondere Krach: Jüdische Anwälte, S. 288 ff. Vgl. auch Fritz Ostler: Die deutschen Rechtsanwälte 1871–1971, Essen 1971, S. 87.

133 Rüping: Rechtsanwälte, S. 811.

134 Rudolf Dix: Totaler Staat und freie Advokatur, in: Deutsche Juristen-Zeitung 1934, Sp. 243–246.

servativ-kirchlichen Elite.[135] Seit 1938 wurde die Kanzlei intensiv für die Bekennende Kirche tätig.[136] Verschiedene Mandanten kamen zudem aus dem weiteren Umfeld der Widerstandsbewegung des 20. Juli 1944 und des „Solf-Kreises“. Die Tochter des wegen des 20. Juli hingerichteten Generals Ludwig Beck bezeugte, dass Hellmuth Dix die Beschlagnahmung des Familienvermögens verhindert habe.[137] Ebenfalls stand dieser den Verwandten des Diplomaten Hans Bernd von Haeften zur Seite, während Rudolf Dix u. a. Freya Gräfin von Moltke beriet.[138] Aufgrund einer seit zehn Jahren bestehenden Bekanntschaft hatte Rudolf Dix im Verfahren vor dem Volksgerichtshof gegen den „Solf-Kreis“ die Verteidigung von Hilger van Scherpenberg, dem Schwiegersohn von Hjalmar Schacht, bzw. als früherer Kolonialbeamter auch die Vertretung der Ehefrau des früheren Kolonialministers Wilhelm Heinrich Solf übernommen.[139] Die Spruchkammer Sonthofen sprach daher mit gewissem Recht davon, dass die Kanzlei der

135 Schon 1933 übernahm Rudolf Dix die Verteidigung des früheren, dem Zentrum angehörenden Reichsfinanzministers Andreas Hermes. 1935 nahmen sich die Brüder Dix der Verteidigung der Anwälte Werner Pünder und Erich Wedel an, die wegen der Einklagung von Schadensersatz für die Witwe des im Zuge des Röhmputsches ermordeten Leiters der Katholischen Aktion, Erich Klausener, in Gestapo-Haft genommen worden waren. Auf Bitten der Schwester Pünders übernahmen die Brüder dann die Verteidigung des wegen angeblicher „Devisenverschiebung“ angeklagten Bischofs von Meißen, Petrus Legge, ebenso wie des wegen seiner Schriften zur katholischen Soziallehre bekannten Oswald von Nel-Breuning. Zu Rudolf Dix‘ Mandaten zählte auch der jüdische Geiger Fritz Kreisler, den Dix gegen SS-General Sepp Dietrich in einem Zivilverfahren vertrat, vgl. Affidavit Marianne Pünder 14.4.1946, in: StA, Spruchkammer Sonthofen, D44 (H. Dix). Später verteidigten die Brüder Dix Pünders Bruder Hermann, der wegen des 20. Juli 1944 in Konflikt mit der Justiz geraten war. Zu Pünder, der auch Mitglied des Berliner RAK-Vorstandes war, vgl. Königseder: Berliner Anwälte, S. 53, 55 f. und 70.

136 Vgl. Affidavit Martin Niemöller 13.7.1945, Affidavit Hans Asmussen 21.12.1945, Affidavit o.D. Professor Günther Dehn, in: StA, Spruchkammer Sonthofen, D44 (H. Dix).

137 Affidavit Gertrud Neubaur (geb. Beck) 25.7.1945, in: StA, Spruchkammer Sonthofen, D44 (H. Dix).

138 Die Verteidigung von Moltkes wurde aber durch Freisler verhindert. Ebenfalls wurde die Verteidigung von Hans Lukaschek und Theodor Stelzer durch die Brüder Dix vom Volksgerichtshof abgelehnt.

139 Affidavit Scherpenberg 19.11.1946, in: StA, Spruchkammer Sonthofen, D44 (H. Dix); Schreiben Behling an Siebert 17.6.1944, in: BAK, All Proz 3, Verteidigerakten Kurt Behling (im Folgenden NL Behling), Nr. 180. Undatierte Auszüge aus Schreiben von Rudolf Dix, in: ebd. Zum Prozess gegen Johanna Solf und den

Brüder Rudolf und Helmuth Dix einen „ungewöhnlichen Ruf" in Deutschland besessen habe und nach dem Röhmputsch „eine führende Rolle in der Rechtsberatung und Verteidigung der von der Partei und Staat angegriffenen Gegner der nationalsozialistischen Ideologie, soweit diese aus kirchlichen, militärischen oder konservativen Kreisen stammen", hatte.[140] Die Kanzlei Dix verteidigte nationalkonservative und kirchliche Eliten sowie Berufskollegen, wenn diese in das Räderwerk der NSDAP gekommen waren. Der „kleine Mann" aber oder auch weniger „zahlungskräftige" Mandanten finden sich genauso wenig wie Anhänger der politischen Linken. Diese Mandantenwahl mag zwar aus Sicht des elitären Rudolf Dix nachvollziehbar sein, das Ideal des Anwalts als Arzt, der jeden heilen müsste, erfüllte die Kanzlei Dix nur teilweise, auch wenn der Mut der Brüder Dix nicht bestritten werden kann. Hellmuth Dix musste daher vor der Spruchkammer auch eingestehen, dass der Anwalt der Bekennenden Kirche, Horst Holstein (1894–1945), der auch Martin Niemöller vor dem Sondergericht Berlin verteidigt hatte, weitaus mehr Mandanten vertreten hatte als die Kanzlei Dix und die Kanzlei Dix niemals in Schwierigkeiten geraten war. Gute Kontakte, wie etwa zum Ministerialrat im Reichsinnenministerium Hans Globke, schützten die Kanzlei vor etwaigen Nachstellungen. „Jahre der Finsternis" (Fritz Ostler) bzw. „tödlichen Alltag" (Dietrich Güstrow) als Strafverteidiger gab es für die Brüder Dix während des Nationalsozialismus sicher nicht.

Unter den konfessionell politisch geprägten Anwälten finden sich einige der wichtigsten Protagonisten der Nürnberger Prozesse wie etwa Alfred Schilf. Die Publikation seiner Dissertation musste Schilf wegen der Machtübernahme der Nazis aufgeben. Diese an der Universität Leipzig verfasste rechtsphilosophische Arbeit untersuchte die Voraussetzungen des Satzes nulla poena sine lege und stellte dessen Abhängigkeit vom dauernden wandelnden „Kulturboden" heraus.[141] In Gesprächen mit seinem

Solf-Kreis, vgl. Walter Wagner: Der Volksgerichtshof im nationalsozialistischen Staat, Stuttgart 1974, S. 664–669.

140 Urteil der Spruchkammer Sonthofen 29.4.1947, in: StA, Spruchkammer Sonthofen, D44 (H. Dix).

141 Alfred Schilf: Die rechtsphilosophischen Voraussetzungen des Satzes nulla poena sine lege, o.O., o.D. Als Grundlage für seine Untersuchung berief sich Schilf auf den Neukantianismus, eine besonders im Strafrecht aber auch im Staatsrecht in der ersten Hälfte des 20. Jahrhunderts weitverbreitete philosophische Strömung, die anders als die lebensphilosophisch und hegelianisch argumentierenden Antipositivisten wie etwa Erich Kaufmann den Gesetzespositivismus unberührt ließ.

Schulfreund, dem Schriftsteller Erich Kästner, lehnte er die Bücherverbrennungen der Nazis scharf ab. Seine zahlreichen jüdischen Freunde, die er bei der Auswanderung beraten hatte, hätten ihm dann dringend geraten, zu seiner eigenen Sicherheit 1937 in die NSDAP einzutreten.[142]

Das rheinisch-katholische Milieu wurde vertreten durch Theodor Klefisch, Hermann Mosler und Hans Pribilla.[143] Als überzeugter, ja fanatischer Christ galt Kurt Kauffmann aus Wiesbaden.[144] Einen dezidiert katholischen Zentrums-Block bildete auch das Netzwerk um Egon Kubuschok. Das Verhältnis dieser Anwälte zur NSDAP schwankte zwischen begeistertem Eintritt in die NSDAP oder vollkommener Ablehnung. Kubuschok selbst habe, wie sein Vetter Bolko von Stein, die NSDAP abgelehnt und vor 1933 als „lächerlichen Unsinn" abgetan.[145]

---

142 Schreiben Alfred Schilf an die Spruchkammer Nürnberg vom 22.5.46, in: StN, Spruchkammerakten, Spruchkammer Nürnberg, Alfred Schilf.

143 1930 wurde Pribilla als Mitglied der katholischen Verbindung „Bavaria" in Freiburg zum Vorsitzenden der Freiburger Studentenschaft gewählt. Auch Aenne Kurowski-Schmitz gehörte dem rheinischen Katholizismus an, bis das Zentrums-Mitglied nach Danzig zog. Kurowski-Schmitz' Ehemann Bruno Kurowski war Fraktionsvorsitzender des Zentrums im Danziger Volkstag.

144 Vgl. die Nachweise in: Hessisches Hauptstaatsarchiv Wiesbaden (HHStaWi), Abt. 520/W (Betroffener), Nr. 6299 (Kauffmann, Kurt). Auch die Nürnberger Verteidiger Hans Gierlichs und Martin Cremer sind dem katholischen Milieu des Rheinlandes zuzurechnen. Cremer galt wie Kauffmann als Verteidiger von Katholiken vor den Sondergerichten und verteidigte mit Kauffmann im Aulhausen-Verfahren. Syndikus Gierlichs, der über die Bundesbruderschaft auch lose mit Cremer in Verbindung stand, hatte in seiner Heimatstadt die katholische Jugendbewegung geleitet. Als aktives Mitglied in den Marburger Verbindungen führte er kurzzeitig den Marburger Hochschulring an.

145 Affidavit Egon Kubuschok 8.3.1948, in: StN, Spruchkammerakten, Spruchkammer Nürnberg, Bolko von Stein. Aus Dankbarkeit für die Bereinigung von Schulden habe der frühere Schuldkamerad und SA-Oberführer Emil Borchmann angeblich ohne dessen Wissen Kubuschok zum „Rechtsberater" im Rang eines SA-Oberscharführers der Borchmann unterstehenden SA-Standarte 230 in Tebnitz ernannt. Als Kubuschok 1937 in einem Räumungsprozess einen jüdischen Kaufmann in Breslau vertreten hatte, wurde ihm von der lokalen SA-Brigade in Breslau eröffnet, dass er aus der SA ausgeschlossen werde. Kubuschok verzichtete nach eigenen Angaben gegen den „Ausschluss" Rechtsmittel einzulegen, da er nie offiziell Mitglied der SA geworden sei. Bewusst habe er den „Ausschluss" aus der SA 1944 in einem Fragebogen an den Landgerichtspräsidenten von Breslau erwähnt, um nicht wie andere Anwälte als Staatsanwalt dienstverpflichtet zu werden, vgl. Anlage zum Fragebogen o.D. und Vermerk 25.7.1947 in: HStaDü, NW 1049, Nr. 79576 (Kubuschok, Egon).

Der zum persönlichen Umfeld Kubuschoks gehörende Hans Gawlik wollte angeblich zunächst die Verteidigung der SS mit Hinweis auf seine katholische Überzeugung nicht übernehmen, war aber, wie auch Bolko von Stein, 1933 selbst der NSDAP beigetreten.[146] Hans Pribilla galt sogar als überzeugter Nationalsozialist.[147] Theodor Klefisch weigerte sich bis zu seinem Tod über seinen NSDAP-Beitritt 1933 zu sprechen und galt als Verfechter von konservativen Positionen in der Strafrechtslehre und Anhänger der Todesstrafe.[148] Daher glaubte der Präsident der Rechtsanwaltskammer Köln auch nicht, dass Gerüchte wahr seien, Klefisch sei der Vertrauensanwalt des erzbischöflichen Stuhls in Köln, da er ja nicht in den zahlreichen Verfahren gegen Geistliche verteidige.[149] Auch in der Diskussion im „Dritten Reich" um die zukünftige Rolle des Strafverteidigers kam Klefisch, zeitweise Berater des BNSDJ-Gaues Köln-Aachen, in der Frage, ob ein Anwalt einen schuldigen Mandanten vertreten dürfe, zu der eigenwilligen Ansicht, dass im Falle der Vertretung eines „Volksschädlings" die Treuepflicht zum Staat immer höher anzusehen sei als die zum Mandanten.[150] Klefisch selbst hatte an der Seite von Friedrich Grimm den früheren Reichskanzler Wilhelm Marx und andere frühere Regierungsmitglie-

---

146 Der dem Netzwerk um Kubuschok ebenfalls zuzurechnende Karl Jaeger war von 1926 bis 1933 Ortsgruppenleiter des Zentrums in Waldenburg/Schlesien und Stadtverordneter des Zentrums dort gewesen. Der NSDAP trat er nicht bei, vgl. Milgov-Fragebogen, in: NARA: Screening Files a though j.

147 1934 ließ sich Pribilla vom Stahlhelm in das Nationalsozialistische Kraftfahrerkorps überführen, wo er laut seiner Beurteilung in seiner Einstellung zu Volk und Staat „ganz der nationalsozialistischen Weltanschauung" entsprochen habe und die Gauleitung des NSRB im Gau Köln-Aachen bescheinigte dem 1937 der NSDAP beigetretenen Pribilla, sich als Blockwalter rege an Parteiveranstaltungen zu beteiligen. Beurteilungen des NSRB Gaus Köln-Aachen und des NSKK-Sturms 5M71 o.D., in: HStaDü, BR-PE, Nr. 17183 (Pribilla, Hans). Vgl. auch Antrag auf Wiederzulassung 17.9.1946, in: HStaDü, NW 1049, Nr. 79026 (Pribilla, Hans).

148 So soll Klefisch wegen seiner Befürwortung der Todesstrafe in einen Disput mit dem 1933 wegen seiner jüdischen Herkunft abgesetzten Kölner Kriminologen Gustav Aschaffenburg geraten sein, vgl. Schreiben des Präsidenten des RAK Köln an das RJM 28.1.1936, in: HStaDü, BR-PE, Nr. 16012 (Klefisch, T.).

149 Schreiben des Präsidenten des RAK Köln an das RJM 28.1.1936, in: HStaDü, BR-PE, Nr. 16012 (Klefisch, T.).

150 Vgl. Theodor Klefisch: Die Stellung des Strafverteidigers im Licht der heutigen Rechtsanschauung (Auszug aus einem Vortrag des Verfassers vor den Kölner Richtern am 3. Oktober 1935), in: Juristische Wochenschrift 64 (1935), S. 3350–3353, vgl. allgemein auch König: Strafverteidiger, S. 145–147.

der der Zentrumspartei, die wegen Untreue angeklagt worden waren, im Frühjahr 1933 verteidigt und die Einstellung des Verfahrens erwirkt. Kurz darauf war Klefisch aufgrund der Übernahme der Verteidigung des mit hochrangigen Zentrumsführern eng verbundenen Brüderpaares Schwartz wegen Steuerhinterziehung vor dem Sondergericht Altona für drei Wochen in Schutzhaft genommen und gegen ihn u. a. das Verbot der Ausbildung von Referendaren verhängt worden. Klefischs Referendar Ernst Schmitz hatte laut Ansicht des RJM für die Brüder Schwartz Beihilfe zur Urkundenfälschung und Devisenvergehen geleistet. Da Klefisch lange Jahre rechtlicher Berater der Brüder Schwartz gewesen war, wusste er von Schmitz' Vorgehen, hatte ihn aber trotzdem den Fall bearbeiten lassen. Allerdings habe Klefisch keine Möglichkeit gehabt, die von Schmitz in seiner Freizeit geleistete Beihilfe effektiv zu unterbinden.[151] Vordergründig lag die Ursache für das 1941 mithilfe seines Kollegen Rudolf Dix aufgehobene Verbot der Referendarsausbildung also in einem Standesvergehen und nicht in einer oppositionellen Haltung zum Regime. Insoweit bedarf das bisherige Bild Klefischs als anwaltliches „Opfer" des NS-Regimes einer Differenzierung.[152] Kubuschoks enger Mitarbeiter in Nürnberg Stefan Fritsch hatte der Jugendorganisation des Zentrums, dem Windhorstbund, angehört.[153] Zum Oberpräsidenten von Oberschlesien dienstverpflichtet kam Fritsch in engen Kontakt mit seinem Vorgesetzten, dem im Zuge des Staatsstreichversuches des 20. Juli 1944 hingerichteten Michael Graf von Matuschka. Fritsch schloss sich dort einem politischen Widerstandskreis an und floh aus Furcht vor Gefangennahme Januar 1945 in den Westen.[154] Seys-Inquarts Verteidiger Gustav Steinbauer war am Tage des

151 Schreiben des Generalstaatsanwalts an das RJM Betr. Ehrengerichtsverfahren gegen Theodor Klefisch 30.11.1940, in: HStaDü, BR-PE, Nr. 16012 (Klefisch, T.).

152 König: Strafverteidiger, S. 78f.

153 Vgl. Meldebogen Fritsch und Lebenslauf 5.11.46 sowie Affidavit des Geschäftsführers des Hauptausschusses der Flüchtlinge und Ausgewiesenen in Bayern Gotthard Kwiatkowski 12.12.46, in: StMü, Spruchkammer Starnberg, Spk 4674 (Fritsch, Stefan). Seine Schwester hatte dem Vorstand des Zentrums angehört.

154 Vgl. Lebenslauf Fritsch 5.11.46 und Affidavit Pia Gräfin Matuschka 5.8.46, in: StMü, Spruchkammer Starnberg, Spk 4674 (Fritsch). Laut Fritsch sei ein auf Veranlassung seiner Dienststelle eingereichter Antrag auf Aufnahme in die NSDAP wegen seines katholischen Hintergrundes („er könne nicht dem Führer und Pfaffen dienen") 1940 abgelehnt worden. Die Spruchkammer sah allerdings als erwiesen an, dass er seit 1940 „NSDAP-Anwärter" gewesen sei. Mit dem späteren Staatsanwalt in Tirschenreuth Hans Herzog soll Fritsch, ein gewisser Rechtsanwalt Schleya und mehrere Ärzte im Umfeld Matuschkas einen politischen Zirkel

„Anschlusses“ als christsozialer Bürgermeister von Mistelbach abgesetzt worden und verlor nach kurzer Schutzhaft für zwei Jahre wegen politischer Unzuverlässigkeit seine Anwaltszulassung.

Relativ klar umgrenzt ist die Gruppe der früheren BVP-Anhänger unter den Nürnberger Verteidigern. Die Bayerische Volkspartei war im Vergleich zum ebenfalls konfessionellen Zentrum weitaus konservativer ausgerichtet unter starker Betonung der bayerischen Sonderinteressen. Fast ausschließlich aus BVP-Anhängern bestand das Verteidigerteam der Gestapo und stellte mit Hermann Orth, Sohn eines Stadtrats des Zentrums in Speyer, einen regional sehr aktiven BVP-Politiker. Neben der Mitgliedschaft in diversen katholischen Vereinen war Orth Vorsitzender des CV-Philisterverbandes Nürnberg und Schriftleiter verschiedener katholischer Zeitungen wie der „Bayerischen Volkszeitung“. 1931 war er zweiter Schriftführer auf dem Katholikentag und begann im selben Jahr als Wahlkampfredner der BVP aufzutreten.[155] Laut Orth sei wegen der betont katholischen Ausrichtung seiner mit Josef Weigerber betriebenen Kanzlei diese als „Schwarze Kanzlei“ Nürnbergs bekannt gewesen, die u. a. Kommunisten im „Zirndorfer Mordprozess“ und katholische Priester wie Kaplan Johannes Schmitt vor dem Sondergericht Nürnberg vertreten hatte.[156]

geschaffen haben, der sich um Hilfe für politisch Verfolgte gekümmert habe, vgl. Affidavit Hans Herzog 23.12.45, in: ebd.; vgl. auch Brief Fritsch an W. Leonhardt 2.4.47, in: StN, Rep. 502A Verteidigerakten Stefan Fritsch (im Folgenden NL Fritsch), Nr. 2. In der Nachkriegszeit unterstützte Fritsch zusammen mit Kurt Behling die Ehefrau Pia Gräfin Matuschka bei den Nachforschungen zum Gerichtsverfahren gegen ihren Mann. Fritsch machte sich große Vorwürfe, Matuschka vor dem Volksgerichtshof nicht selbst verteidigt zu haben, sei doch die Verteidigung Matuschkas durch den Pflichtverteidiger Hugo Bergmann absolut ungenügend gewesen, vgl. Fritsch an Staatsanwalt Hans Herzog 21.5.47 und Abschrift Brief Hugo Bergmann an Kurt Behling 7.10.46, in: ebd. Fritsch zeigte sich erleichtert über das Ende des NS-Regimes und lobte die Aufbauarbeit der USA, vgl. Schreiben Fritsch an Signore Carlo Buchal 13.6.47, in: StN, NL Fritsch, Nr. 22.

155 Vgl. Affidavit Bischof Kolb 27.11.1945 und Affidavit Bischöflicher Generalvikar Eichstätt 1.12.1945, in: StN, Spruchkammerakten, Spruchkammer Lauf, Hermann Orth.

156 Affidavit Weisgerber 18.12.1946, in: StN, Spruchkammerakten, Spruchkammer Lauf, Hermann Orth. Zu den Verteidigungen der Kanzlei vgl. Vgl. Affidavit Bischof Kolb 27.11.1945 und Affidavit Bischöflicher Generalvikar Eichstätt 1.12.1945 sowie Auszug aus Fränkische Tageszeitung 22.9.1933, in: StN, Spruchkammer Lauf, Orth; Affidavit Erzbischof Kolb 5.9.1945 und Affidavit Stadtpfarrer Freytag o.D. in: StN, Spruchkammer Nürnberg, Weisgerber; vgl.

Weisgerber trat aus Furcht wegen Nachstellungen gegen seine Familie erst 1940 vor seinem bevorstehenden Einzug zum Militär der NSDAP bei, nachdem er sich 1934 aus dem Stahlhelm nicht in die SA-Reserve hatte überführen lassen.[157] Rudolf Merkel, der Hauptverteidiger der Gestapo, habe laut eigenen Angaben zwar 1933 einen Aufnahmeantrag in die NSDAP gestellt, nahm diesen aber noch vor Aushändigung seiner Mitgliedskarte wieder zurück.[158]

Eine eigentümliche Mischung aus Nationalismus und Verwurzelung im katholisch-klerikalen Milieu zeichnete den späteren Hauptverteidiger von Otto Ohlendorf, Rudolf Aschenauer, aus. Er war Mitglied der katholischen Verbindung Ottonia und einer Marianischen Studentenkongregation. Seinen anwaltlichen Probedienst nach 1945 leistete er bei Rechtsanwalt Fritz

---

auch die Urteilssprüche: Spruch der Spruchkammer Nürnberg 20.12.1946, in: in: StN, Spruchkammer Lauf, Orth; Spruch der Spruchkammer Nürnberg 28.11.1946, in: StN, Spruchkammer Nürnberg, Weisgerber. Mit Zustimmung Weisgerbers hatte Orth ungeachtet möglicher beruflicher Konsequenzen einen wegen seiner jüdischen Ehefrau aus dem Staatsdienst entfernten Landgerichtsrat beschäftigt. Weisgerber war zeitweise Leiter des katholischen Altherrenbundes in Nürnberg und hatte als aktives BVP-Mitglied auch den Vorsitz über die katholische Elternvereinigung Nürnbergs inne. Ignaz Hergenröder, Hilfsverteidiger im Gestapo-Team, hatte als Ortsgruppenleiter der BVP in Deggendorf sogar einen Aufruf zum Widerstand gegen den Hitlerputsch 1923 in der lokalen Presse veröffentlicht, vgl. Deggendorfer Donaubote, 9.11.23 und Affidavit des Deggendorfer Regierungsoberinspektors Maier 16.6.1946, in: StN, Spruchkammerakten, Spruchkammer Nürnberg, Ignaz Hergenröder. Der mit Hergenröder ersetzte Christian Stangl hatte ebenfalls der BVP angehört. Der 1883 geborene Weltkriegsteilnehmer Stangl war seit 1919 fast ausschließlich als Zivilrichter tätig gewesen und 1941 nach langer Verzögerung durch die Gauleitung zum OLG-Rat ernannt worden, nachdem er schon 1933 wegen seiner Mitgliedschaft in der BVP beinahe entlassen worden wäre, vgl. Abschrift des Urteils der Spruchkammer Nürnberg 3.9.1947, in: HStaMü, Bestand Justizministerium (Richterpersonalakten), Mju Nr. 26219 (Stangl, Christian).

157 Schriftsatz Josef Weisgerber („Bemerkungen zum Fragebogen vom 25.6.1946") 26.6.1946 und Affidavit Hermann Orth 29.3.1947, in: StN, Spruchkammerakten, Spruchkammer Nürnberg, Josef Weisgerber.

158 Vgl. Bundesarchiv Berlin (BAB), Unterlagen des ehemaligen BDC, Zentrale Mitgliederkartei der NSDAP, Eintrag Rudolf Merkel (geb. 11.5.1905). Seine Aufstellung als stellvertretender Blockleiter wurde daraufhin von der NSDAP-Ortsgruppe zurückgezogen. Ob für seinen Rückzug die jüdische Abstammung von Merkels Urgroßvater ausschlaggebend war, muss dahingestellt bleiben. Zeitweilig war Merkel Leiter der Rechtsbetreuungsstelle des BNSDJ am AG Bischofsheim.

Schäffer, der zentralen Gestalt der BVP vor 1933 und späterem CSU-Ministerpräsidenten, ab und wurde bei einem katholischen Priester und Kirchenrechtsexperten promoviert. Mit bereits fünfzehn Jahren war aber Aschenauer auch in einer Schülergruppe des Vereins für das Deutschtum im Ausland (VDA) aktiv. Seit 1934 war er für die Durchführung von Veranstaltungen des VDA in München zuständig. Eine Beurteilung der Gauleitung München-Oberbayern bezeichnete Aschenauer sogar als Blockleiter, Kulturstellenleiter und Sachbearbeiter für „juristische und volks- und staatsfeindliche Angelegenheiten" der NSDAP-Ortsgruppe Roecklplatz in München. Auch sei Aschenauer seit 1940 Referatsleiter für Volkstumsfragen im Reichspropagandaamt Abteilung Oberbayern gewesen. Dass Aschenauer staatliche Ämter innegehabt hatte, konnte Aschenauer allerdings mit einem äußerst wohlwollenden Gutachten des amerikanischen Militärgeheimdienstes Counter Intelligence Corps (CIC) widerlegen, der in den verschiedenen Ämtern nur eine Umschreibung für Aschenauers Tätigkeit für den VDA sehen wollte.[159] Eine von Aschenauer anlässlich einer VDA-Veranstaltung 1939 gestaltete Broschüre mit dem Titel „Deutsche jenseits der Grenzen" belegt Aschenauers radikalen, völkisch konnotierten Nationalismus: „[D]dem fremden Wirtsvolk gegenüber bezeugt und kräftigt der auslandsdeutsche Dichter den Willen seiner Volksgruppe zur Selbstbehauptung und zu artgemäßer Entwicklung. Zugleich indessen muss er das Wesen des Wirtsvolks verstehen und achten können; insofern setzt er den Charakter und die Leitung dieses Wirtsvolkes mit dem Volkscharakter und den Leistungen der Volksdeutschen in Verbindung. [...] Überall und in jedem Fall ist das Leben und die Pflege der Sprache und der Lieder die Grundvoraussetzung dafür, dass die Deutschen sich durchsetzen und ihre Pionierstellung zum Vorteil des Reiches und zum Vorteil der Wirtsvölker behaupten können."[160] Aschenauer forderte also eine völ-

159 320 Military Intelligence Detachment APO 9: Results of the Political Views of Dr. Aschenauer 8.12.1946 und 1.9.46, in: StaMü, Spk 38 (Aschenauer). Das die Einlassungen Aschenauers weitgehend wiederholende Gutachten war offenbar eine Gefälligkeit des CIC für Aschenauers Kooperation bei Untersuchungen des IMT gegen den Industriellen Arnold Rechberg, der den Nürnberger Gerichtshof mit zahlreichen antibolschewistischen Denkschriften regelrecht „bombardiert" hatte, und mit dem Aschenauer offenbar in näherer Verbindung gestanden hatte. Die Behauptung Aschenauer, er sei wegen der Gestapo-Überwachung eines Priesters in seiner Familie aus der NSDAP ausgetreten, wurde im Spruchkammerverfahren nicht belegt.

160 „Deutsche jenseits der Grenzen", in: StMü, Spk 38 (Aschenauer, Rudolf).

kisch begründete, kulturimperialistische Hegemonie der Volksdeutschen über Ost- und Südosteuropa. Derartige Gedankengänge waren in Kreisen des VDA weitverbreitet, zumal es in Bezug auf außenpolitische Ziele und Terminologie durchaus Überschneidungen zwischen VDA und Nationalsozialisten gab.[161]

Dem Christlich-Sozialen Volksdienst (CSVD), einer DNVP-Abspaltung konservativer Protestanten, gehörte der Pflichtverteidiger Alfred Rosenbergs, Richter Alfred Thoma, an. Thoma sah in der Bibel den Grund, dass er sich später nicht der NSDAP angeschlossen hatte.[162]

Erstaunlicherweise fanden sich unter den späteren Nürnberger Verteidigern nur wenige Anhänger der republikfeindlichen DNVP, so der bereits genannte Hans von Zwehl und der dem Nürnberger Ableger des „Reichsbundes deutschnationaler Rechtsanwälte und Notare" angehörende Hanns Marx.[163]

---

161 Matthias Schröder: Die deutschbaltische nationalsozialistische „Bewegung" in Lettland unter Erhard Kroeger, in: Michael Garleff [Hg.]: Deutschbalten, Weimarer Republik und Drittes Reich, Bd. 2, Köln 2008, S. 121–149 (vgl. insbesondere S. 123, wo Kroeger in einer Rede fast wortwörtlich Aschenauers Position wiedergibt). Zum VDA und den Konflikten um die Politik gegenüber den Auslandsdeutschen, vgl. Tammo Luther: Volkstumspolitik des Dritten Reiches 1933–1938. Die Auslandsdeutschen im Spannungsfeld zwischen Traditionalisten und Nationalsozialisten, Stuttgart 2004; vgl. aber auch die kritische Rezension von Alexa Stiller, die zu Recht darauf hinweist, dass es zwischen den Traditionalisten im VDA und den Nationalsozialisten im Hinblick auf die eigenen Ziele durchaus beachtliche Schnittmengen gab, vgl. Alexa Stiller: Rezension zu Tammo Luther: Volkstumspolitik des Dritten Reiches 1933–1938. Die Auslandsdeutschen im Spannungsfeld zwischen Traditionalisten und Nationalsozialisten, Stuttgart 2004, http://www.h-net.org/reviews/showrev.php?id=11142, aufgerufen am 15.2.2015. Rudolf Aschenauer leitete auch 1973 bis 1977 die Neugründung des VDA in der Bundesrepublik und publizierte mit revisionistischer Tendenz zur Geschichte des VDA. Zum Begriff „Nationalismus" sei anstelle vieler nur die Einführung von H.-U. Wehler genannt: Hans-Ulrich Wehler: Nationalismus. Geschichte, Formen, Folgen, 4. Aufl., München 2011.

162 Auf einer öffentlichen Versammlung im April 1932 in Weizenbach hatte Thoma für die Wiederwahl Hindenburgs geworben, wo er mit Nationalsozialisten aneinandergeriet, vgl. Beschluss des LG Schweinfurt 23.6.1932, in: BAK, All Proz 3, Verteidigerakten Alfred Thoma (im Folgenden NL Thoma), Nr. 155.

163 DNVP-Mitglied war auch Fritz Flemming, wie von Zwehl Mitglied der Berliner Ortsgruppe des „Reichsbundes deutschnationaler Anwälte". Ein Sonderfall ist der nur kurz als Hauptverteidiger in Nürnberg tätige Gerhard Weise, der seit 1933 letzter Vorsitzender der DNVP in Danzig war und sich heftige Auseinandersetzungen mit der dortigen NSDAP lieferte, vgl. hierzu ausführlich die Darstellung

Als dezidiert unpolitisch bezeichneten sich in den Quellen lediglich Fritz Sauter, Horst Pelckmann, Kurt Behling, Carl Haensel und Franz Exner.[164] Horst Pelckmann, der nie der NSDAP beitrat und als politisch desinteressiert galt, erwies sich bis zu seiner Einziehung zum Militär als sehr mutiger und energischer Wahlverteidiger vor dem Volksgerichtshof und anderen Gerichten.[165] Das Ministerium für Staatssicherheit der DDR attestierte auch Behling im Zuge einer Untersuchung wegen eines seiner Berliner Mandanten für die Zentrale Rechtsschutzstelle (siehe Kapitel 4.4): „Eine politische Überzeugung soll er nie gehabt haben und wird als ausgesprochener Geschäftsmann bezeichnet."[166] Bei einigen Hauptverteidigern ließ sich aufgrund fehlender Angaben keine politische Ausrichtung vor 1933 ausmachen, so etwa bei Friedrich Bergold, Walter Siemers und Robert Servatius. Ob dies ein Hinweis auf ein allgemeines politisches Desinteresse war, muss dahingestellt bleiben.

Weises als Anlage zu seinem Fragebogen in Milgov-Fragebogen, in: NARA, Screening Files p though z.

164 Milgov-Fragebogen Fritz Sauter, in: StMü, Spruchkammer München Spk 1497 (Sauter, Fritz).

165 Abschrift des Bescheids des Öffentlichen Klägers in Nürnberg, sowie BDC-Check 12.5.1952, in: PAAA, PA Nr. 54873 (Horst Pelckmann). Abfällig meinte in einer politischen Beurteilung der Präsident der 12. Berliner Strafkammer, dass Pelckmann seine Gesinnung danach richte, woher er seine Einnahmen beziehe, vgl. Beurteilung des Präsidenten der 12. Strafkammer 11.5.1942, in: LAB, C-Rep 301, Nr. 1149 (Pelckmann). Zu den Verteidigungen vgl. Anlage zum Fragebogen o.D., in: PAAA, PA 54873 (Pelckmann). 1938 wurde Pelckmann auch die Übernahme von Schutzhaftmandaten zugestanden, da er als befähigter Rechtsanwalt gelte und „weltanschaulich auf dem Boden der NSDAP" stehe, vgl. Personalnachweisung 25.11.1938, in: LAB, C-Rep 301, Nr. 1149 (Pelckmann). Pelckmann habe derartige Mandate in kleinem Rahmen ab 1938 übernommen u. a. für den jüdischen Anwalt Erich Juliusberger, aber wegen der zunehmenden Zwecklosigkeit der Verteidigung in solchen Verfahren diese später abgelehnt. Bekannte Mandate waren die Vertretung des homosexuellen Sportlers Otto Peltzer, im sogenannten „Rundfunkprozess" die Verteidigung des früheren Rundfunkkommissars der Weimarer Republik Hans Bredow, die ihm durch Anwalt Fritz Ludwig angetragene, aber von „oben" gestoppte Vertretung des KPD-Vorsitzenden Ernst Thälmann und die Verteidigung der Ehefrau des Schriftstellers Adam Kuckhoff, Gertrud Kuckhoff. Bei Alfons Sack war Pelckmann u. a. an den Vorsondierungen in Sacks Verteidigung des Kommunisten Ernst Torgler im Reichstagsbrandprozess beteiligt.

166 Hauptabteilung I/8 an Hauptabteilung I/2 4.6.1955, in: Die Behörde des Bundesbeauftragten für die Stasi-Unterlagen (BStU), HA VIII/ RF 1765/19, Nr. 1110/55.

Obwohl Behling eigentlich reiner Wirtschaftsanwalt gewesen war, häuften sich in den späten dreißiger Jahren Fälle, in denen Mandanten der Kanzlei mit dem NS-Strafrecht in Konflikt gerieten, woraufhin Behling faktisch nur noch als reiner Strafverteidiger tätig war. Zu der langen Liste seiner Mandanten vor Militärgerichten aller Instanzen, dem Landgericht Berlin, den Sondergerichten in Berlin, der Strafkammer des Kammergerichts Berlin und dem Volksgerichtshof zählten insbesondere Fälle wegen „Defätismus", Wehrkraftzersetzung und Heimtücke.[167] Zu seinen Mandanten gehörten viele Mitglieder der Berliner Gesellschaft wie Johanna Solf und ihre Tochter Gräfin Ballestrem, der Pianist Karlrobert Kreiten oder Karl Ludwig Freiherr von und zu Guttenberg. Auch die Familie Stauffenberg zählte zu seinen Mandanten, nachdem sie wegen des 20. Juli 1944 in Sippenhaft genommen worden war.[168] Besonders zeichnete sich Behling durch die Vertretung zahlreicher katholischer Geistlicher, wie etwa des Pfarrers Peter Grebe, aus.[169] Aber auch einfache Bürger wie Ilse Kretschmer, die wegen der Heirat mit einem Juden angeklagt worden war, zählten

167 Die Vertretung vor SS- und Polizeigerichten hatte man ihm verweigert.

168 Lebenslauf Behling o.D., Wiederzulassungsantrag Behling 12.7.1945, Affidavit Freiherr von Godin 19.6.1945, in: LAB, C Rep 301, Nr. 1461 (Behling). Vgl. auch Affidavit des früheren Anstaltsgeistlichen von Plötzensee Buchholz 24.8.1945 und Affidavit Solf 26.1.1946, in ebd. Unterlagen über die Hilfe für die Familie Stauffenberg fehlen allerdings im Nachlass Behling. Auch die mit der NS-Justiz in Konflikt geratenen Anwaltskollegen Erik von Bagge und Reinhard Freiherr von Godin gehörten zu Behlings Mandanten. Von Bagge wurde in Hamburg Justiziar eines Komitees für Politische Gefangene und setzte sich in den siebziger Jahren für den zeitweilig verhafteten RAF-Anwalt Kurt Groenewold ein. Der Ehefrau Guttenbergs waren die nationalsozialistischen Anwälte Arno Weimann und Wolfgang Hercher, Pflichtverteidiger zahlreicher Angeklagter vor dem Volksgerichtshof, vorgeschlagen worden, von denen aber Behlings Sozius Hans Günther, der als Strohmann für den als bekannter Verteidiger „vorbelasteten" Behling diente, dringend abgeraten hatte. Dass von und zu Guttenberg kurz vor Kriegsende durch ein SS-Kommando hingerichtet wurde, konnte Behling nicht verhindern, vgl. Sven Felix Kellerhoff: Staatspolizeilich erledigt, in: Die Welt 21.4.2010 und Maria Theodora von dem Bottlenberg-Landsberg: Karl Ludwig Freiherr von und zu Guttenberg 1902–1945. Ein Lebensbild, Berlin 2003.

169 Affidavit des Bischof von Berlin Wienken 21.6.1945 und Affidavit des Erzbischof von Paderborn Thomas Jaeger 16.3.1945, in: C Rep 301, Nr. 1461 (Behling). Zu Peter Grebe vgl. Bernhard Pauly: Vor 40 Jahren vom Volksgerichtshof zum Tode verurteilt: Pfarrer Peter Grebe, ein Opfer des Unrechts im NS-Staat in: Heimatstimmen aus dem Kreis Olpe 55 (1984), S. 174–187.

zu seinen Mandanten.[170] 1941 habe Behling wegen seiner Tätigkeit einen scharfen Verweis des Kreisgerichts der NSDAP bekommen und sei wegen der Verteidigung von sogenannten Mischlingen, wie der wegen der Weiterverbreitung von Flugblättern der Geschwister Scholl angeklagten Mirjam David, von der Gauleitung Berlin gemaßregelt worden.[171]

Wie schwierig die Beurteilung einer kämpferischen, aber zulässigen anwaltlichen Tätigkeit im „Dritten Reich" war, zeigt der Fall des Münchner Anwalts Fritz Sauter. Sauter zählte ohne Zweifel zu den wichtigsten Anwälten der bayerischen Landeshauptstadt. Als junger Anwalt hatte er die Verteidigung von Mitgliedern der bayerischen Räterepublik übernommen und allein im Mai 1919 vor den Standgerichten 53 Fälle verteidigt.[172] Sauters Eintreten für die Führer der bayerischen Räterepublik war aber nur monetär orientiert gewesen.[173] Sauters Rolle nach 1933 ist undurchsichtig. Der erste Nachkriegspräsident der Rechtsanwaltskammer München, Hanns Dahn (1888–1969), bezeichnete Sauter, der immer ostentativ den Hitlergruß gezeigt hatte, als Opportunisten, der sich aus finanziellen Gründen und durch den Ehrgeiz seiner Frau getrieben der NSDAP angeschlossen hatte.[174] Was man von Sauter politisch tatsächlich halten sollte, konnte aber auch der nationalsozialistische Münchner RAK-Präsident Ferdinand Mößmer nicht beantworten, der 1944 auf Anfrage des Volksgerichtshofs nur mitteilen konnte, dass Sauters politische Haltung „nicht eindeutig"

---

170 Affidavit Ilse Kretschmer 22.6.1945, in: LAB, C Rep 301, Nr. 1461 (Behling).

171 Beide Ereignisse fanden aber offenbar keinen Niederschlag in Behlings Personalakte.

172 Schriftsatz Sauter 14.4.46, in: StMü, Spk 1497 (Sauter). Zu den Standgerichtsprozessen vgl. auch Philipp Löwenfeld: Recht und Politik in Bayern zwischen Prinzregentenzeit und Nationalsozialismus. Die Erinnerungen von Philipp Löwenfeld, Ebelsbach 2004, S. 349 bis 354 und Max Hirschberg: Jude und Demokrat. Erinnerungen eines Münchner Rechtsanwalts 1883–1939, München 1998.

173 So lehnte Sauter die Verteidigung des Geiselmörders Fritz Seidl ab, weil die KPD die von Sauter verlangten 5000 RM Honorar nicht bezahlen wollte, vgl. Urteil Gaugericht München-OBB 18.3.1941, in: StMü, Spk 1497 (Sauter).

174 Schreiben Alois Hardt (Special Investigation Branch) 4.5.1946, in: StMü, Spk 1497 (Sauter); vgl. auch Schreiben Rechtsanwalt Helmuth Schüler 21.2.1947, in: ebd. Dagegen setzte sich für Sauter lediglich Anwalt Alexander Dillmann, auf dessen Veranlassung Sauter im Fall 7 aufgetreten war, und Adolf Weinberger ein, der von 1919 bis 1935 Anwalt in Sauters Kanzlei gewesen war, vgl. Affidavit Anwalt Dillmann 2.3.1948, in: ebd.

sei.[175] Vor dem Sondergericht München verteidigte Sauter dagegen mutig und kritisierte zum Unmut der RAK München harte Urteile.[176] In seinem Spruchkammerverfahren brachte Sauter nicht weniger als 72 eidesstaatliche Erklärungen hauptsächlich von früheren Mandanten bei, die sein mutiges Auftreten bestätigten. Auf der anderen Seite verteidigte Sauter noch nach seinem Parteiaustritt hochrangige Münchner SS-Prominenz vor Gericht, so vor dem Sondergericht Innsbruck den Leiter der SS-Stammabteilung München Josef Kagerer. [177] Als äußerst belastend in seinem Entnazifizierungsverfahren erwies sich, dass Sauter sich nicht scheute, die Gegenseite im Gerichtssaal zu denunzieren. So soll er dem jüdischen Anwalt einer Gegenpartei, Leopold Weinmann, entgegengerufen haben: „Es gibt KZ-Lager in Deutschland, es ist auch Platz für Sie in Dachau“. Die Spruchkammer München betonte in ihrem Urteilsspruch daher zu Recht, dass sie selten einen Fall gehabt hatte, in welchem der Angeklagte derart umstritten gewesen sei und das Bild des Angeklagten zwischen Denunziant und lebensgefährlichem Einsatz für den Mandanten geschwankt habe. Die Kammer fällte ein salomonisches Urteil und stufte Sauter in die Gruppe der Minderbelasteten ein, verhängte aber eine relativ moderate Geldsühne und sah ausdrücklich von einem Berufsverbot ab.[178]

Nicht eindeutig ist Friedrich Bergold zu beurteilen, der nie der NSDAP beitrat.[179] Auf der einen Seite erwarb sich Bergold in der Nachkriegszeit

---

175 Vgl. Schreiben Mößmer an den Volksgerichtshof 27.10.44, in: StMü, Spk 1497 (Sauter).

176 Schreiben Rechtsanwalt Mößmer 6.1.1944, in: StMü, Spk 1497 (Sauter).

177 Vgl. Roland Staudinger: Politische Justiz. Die Tiroler Sondergerichtsbarkeit im Dritten Reich am Beispiel des Gesetzes gegen heimtückische Angriffe auf Partei und Staat, Schwaz 2004, S. 185–190. Gerüchte, er habe den Münchner NS-Oberbürgermeister Karl Fiehler und SS-Brigadeführer Christian Weber, ein „alter Kämpfer“ und Inspekteur der SS-Reitschule, wegen Jagdvergehen verteidigt, wies Sauter entschieden zurück, vgl. Schreiben von Alois Friedrich Hardt 20.7.1947, in: StMü, Spk 1497 (Sauter). Sauters Frau, selbst Parteigenossin, soll eng mit der Ehefrau des Reichsleiters Bouhler befreundet gewesen sein, Special Investigation Branch 7.11.1945, in: StMü, Spk 1497 (Sauter), vgl. auch Affidavit Frau Sauter 12.5.1946, in: ebd.

178 Vgl. Urteil 3.12.1948, in: StMü, Spk 1497 (Sauter).

179 Vgl. Milgov-Fragebogen, in: StN, Spruchkammerakten, Spruchkammer Nürnberg, Friedrich Bergold Meldebogen, vgl. auch die offenbar auf dem Nachlass Bergolds gestützte Arbeit: Ulrike Goeken-Haidl: Dr. Friedrich Bergold – Zeitzeuge und Pflichtverteidiger, http://www.urteile.nuernberg.de/download/Zeitzeuge.pdf, aufgerufen am 15.2.2015.

zweifellos große Verdienste um die deutsch-jüdische Aussöhnung und stellte sich auch öffentlich hinter die Nürnberger Prozesse (vgl. dazu Kapitel 3.1). Auch war Bergold für seine Mandanten vor dem Sondergericht Nürnberg eingetreten.[180] So habe Bergold 1939 in öffentlicher Sitzung bei der Verteidigung eines „Defätisten“, der wegen der Aussage, dass der Krieg noch Jahre dauere, vor Gericht stand, dem Vorsitzenden Richter Oswald Rothaug vorgehalten, dass sogar im Mittelalter jeder König und Kaiser wenigstens einen Hofnarren gehabt hatte, der ungeschminkt die Wahrheit hätte sagen dürfen. Könnte sich der Reichskanzler nicht ebenfalls einen solchen Narren halten? Angeblich habe nur der Einfluss von Freunden in der Justiz verhindert, dass er wegen Beleidigung der Reichsregierung zur Rechenschaft gezogen worden wäre.[181] Besonders hatte sich Bergold für Juden eingesetzt und sich gegen „wilde“ Arisierungen durch sogenannte „Wirtschaftsverbände“ der NSDAP gewehrt.[182] Bergolds Äußerungen lassen ihn als Anwalt erscheinen, der mutig seine Pflicht getan hatte und auch Mut gegenüber Parteistellen zeigte. Von „Widerstand“ wird man aber hier nicht sprechen können. Auch teilte er in einem Schreiben der Ehefrau eines wegen „Heimtücke“ vor dem Sondergericht angeklagten ehemaliges KPD-Mitglied mit: „Nach den Gepflogenheiten der Rechtsanwaltskammer Nürnberg darf ein Rechtsanwalt die Verteidigung gewesener Kommunisten nicht übernehmen“.[183] Ob sich Bergold, der im selben Mo-

---

180 Schriftsatz Bergold an den Vorprüfungsausschuss 29.12.1946, in: StN, Spruchkammer Nürnberg (F. Bergold). Dass gegen den formell unbelasteten Bergold ein Verfahren eingeleitet worden war, beruhte auf einer Denunziation, die sich allerdings schon im Laufe der Ermittlungen als Racheakt eines unzufriedenen Klienten herausstellte und zur Einstellung des Verfahrens führte.

181 Affidavit Staatsanwalt Fritz Kühn 18.3.47, in: StN, Spruchkammer Nürnberg, F. Bergold, wiederholt in: Zeitzeugeninterview Friedrich Bergold im Rahmen der Dokumentation „Widerstand gegen den Nationalsozialismus in Nbg“ 31.10.68, in: StNü, F5, Nr. 430b. Fritz Kühn war seit 20 Jahren mit Bergold aus dem Justizdienst bekannt.

182 Zeitzeugeninterview Bergold 31.10.68, in: StNü, F5, Nr. 430b. So hatte in der Reichskristallnacht die DAF aus dem Besitz des jüdischen Unternehmers Levi, Besitzer der „Miller, Holl und Co“-Werke, eine wertvolle Fayencensammlung gestohlen und wollte mit der Versteigerung ein neues Kreisparteihaus finanzieren. Bergold habe daraufhin die Gläubiger Levis mobilisiert und die Pfandauslösung gefordert.

183 Kanzlei Bergold an Johanna Müller 7.8.40, in; StN, Spruchkammer Nürnberg, F. Bergold. Der Fall hatte das Aktenzeichen LA SG 421/40. Der Fund des Schreibens ist insofern merkwürdig, als es nahezu zusammenhanglos in der Spruchkammerakte liegt.

nat in die Wehrmacht eingezogen wurde, mit dieser fadenscheinigen Ablehnung einfach eines Mandats entledigen wollte, das er sowieso nicht mehr übernehmen konnte und mit dem er seinen betagten Vater nicht belasten wollte, oder ob er tatsächlich keinen Kommunisten vertreten wollte, ist unklar. Möglicherweise muss auch die spätere Aussage Bergolds, dass er zahlreiche Juden und Defätisten verteidigte, aber mit „Widerständlern und Sozialdemokraten" wenig zu tun gehabt hätte, in einem anderen Licht gesehen werden.

Mitgliedschaft in der NSDAP und ihrer Gliederungen

Wie viele Nationalsozialisten sich unter den Nürnberger Verteidigern befanden, war in der Forschung bislang nicht endgültig geklärt. Darstellungen hierzu stützen sich zumeist auf zeitgenössische Aussagen. Der aus Deutschland geflohene Rechtsanwalt und Syndikus des Reichsbanners Schwarz-Rot-Gold, Heinz Braun (1888–1962), der für die britische Militäradministration „screenings" der Verteidiger vornahm, berichtete, es habe unter den Hauptverteidigern im Hauptprozess etwa sechs Nazis gegeben.[184] Der Historiker Robert Conot wollte unter 48 Anwälten des IMT 18 Parteimitglieder ausgemacht haben.[185] Ankläger Benjamin Ferencz betonte in seiner Rückschau auf die Nachfolgeprozesse, dass unter den Verteidigern 176 Parteimitglieder und 10 Mitglieder der SS gewesen seien.[186] Robert Kempner äußerte sich zur politischen Vergangenheit der Verteidiger noch allgemeiner: „Manche waren in der Wolle gefärbte Nazis, manche waren bürgerliche Anwälte, die sich durchgewurstelt hatten, manche waren wirklich dagegen gewesen."[187]

---

184 Tusa/Tusa: Nuremberg, S. 123. Der frühere Ankläger Harold Burson schätzte die Zahl „echter Nazis" unter den Verteidigern, ohne allerdings zu erklären, was für ihn ein „echter" Nationalsozialist sei, auf vier oder fünf, vgl. Bruce Stave/ Michele Palmer [Hgg.]: Witnesses to Nuremberg. An Oral History of American Participants at the War Crimes Trials, New York u. a. 1998, S. 141–143 und 190. Heinz Braun war seit 1924 als Anwalt in Magdeburg zugelassen und verteidigte u. a. im berüchtigten Helling-Haas-Prozess. Nach kurzer Verhaftung 1933 flüchtete er über Umwege nach London. Seit August 1946 war er als Generalstaatsanwalt in Saarbrücken tätig.

185 Conot: Nuremberg, S. 83.

186 Ferencz: Procedure, S. 146.

187 Kempner: Ankläger, S. 237.

Erstmals wird im Rahmen dieser Arbeit unter Rückgriff auf die Spruchkammer- und Personalakten eine detaillierte Untersuchung der Parteimitgliedschaft der Verteidiger vorgenommen, die aus Tabelle 3 zu entnehmen ist. Demnach hatten 163 Verteidiger, also etwa 61%, der NSDAP als Vollmitglied oder Anwärter angehört.

NSDAP-Mitgliedschaft	163
Mitgliedschaft in der NSDAP oder einer Gliederung vor 1933	13
NSDAP 1933	64
Eintritt 1934 bis 1936	5
Eintritt 1937/1938	57
Eintritt später	24
keine NSDAP-Mitgliedschaft	98
SA-Mitgliedschaft	60
SS-Mitgliedschaft	18
förderndes Mitglied der SS	7

Tabelle 3: Mitgliedschaft der Nürnberger Verteidiger in NSDAP, SA und SS.[188]

Immerhin 13 Verteidiger, also knapp 5% aller Verteidiger insgesamt, waren schon vor 1933 der NSDAP oder einer ihrer Gliederungen beigetreten und gehörten bis auf eine Person der Geburtsjahrgänge nach 1900 an, standen also 1933 am Beginn ihrer Karriere, so etwa der mutmaßlich einem „Jungsturm" der NSDAP angehörende Alfred Seidl. Kurt Mintzel gründete und leitete mit gerade einmal fünfzehn Jahren den ersten „Nationalsozialistischen Jugendbund" bei der NSDAP-Ortsgruppe Nürnberg und stieg Sommer 1923 zum Gauführer Nordbayern des NS-Jugendbundes

188 Unberücksichtigt blieben bei den 98 Nichtmitgliedern die drei offiziell bestellten Verteidiger aus der Schweiz und den USA. Von den 163 NSDAP-Mitgliedern waren 156 Juristen. Die Ränge in der SA verteilten sich wie folgt: Sturmführer (1), Obertruppführer (3), Truppführer (4), Oberscharführer (3), Scharführer (6), Rottenführer (13). Von den 18 SS-Mitgliedern hatten 15 der Allgemeinen SS angehört, 3 nur der Waffen-SS, 2 gehörten beiden Organisationen an. Die Ränge verteilten sich wie folgt: Obersturmbannführer (1), Sturmbannführer (1), Untersturmbannführer (2), Obersturmführer (1), Oberscharführer (2), Scharführer (1), Unterscharführer (1).

auf. Nach dem Verbot der Partei begann er aber schon im Herbst 1924 wieder mit dem Wiederaufbau eines neuen NS-Jugendsturms in Franken.[189] Mit Beginn des Studiums in Erlangen 1927 gehörte das SA-Mitglied zu den Gründungsmitgliedern des dortigen NS-Studentenbund und wurde im Wintersemester 1927/1928 für den NS-Studentenbund als Kassierer in den Vorstand des Allgemeinen Studentenausschusses gewählt.[190] 1933 wurde er mit Rechtsfragen im Gebietsstab der HJ beauftragt und diente der Pressestelle des Reichsparteitags 1933 als Ordonanz. Angeblich weil sich in Erding, wohin er nach der Assessorzeit als Regierungsrat versetzt worden war, keine HJ-Gruppierung befand, meldete sich Mintzel freiwillig zur SS und wurde noch 1941 als „Führeranwärter der SS" in seinen Personalakten geführt. Alfred Schwarz war 1932 der NSDAP beigetreten und hatte sich als Rechtsbeistand von SA-Leuten einen Namen in der Nürnberger NSDAP gemacht. Kurz nach der Machtergreifung übernahm er das Amt des Gaufachgruppenwalters für Rechtsanwälte im BNSDJ-Gau Franken und wurde zum ersten nationalsozialistischen Präsidenten des Nürnberger Anwaltverein berufen.[191] Aufgrund einer parteiinternen Intrige zog sich Schwarz Sommer 1934 von seinen Ämtern zurück.[192] Josef Kößl war seit 1931 als kommissarischer Ortsgruppenleiter der NSDAP

189 Bestätigung des Gebietsführers der HJ Rudolf Gugel Oktober Juni 1933, in: StaN, C18/II Nr. 11122 (Personalakte Kurt Mintzel), vgl. auch Verleihungszeugnis des Coburg-Ehrenzeichens Oktober 1932, in: ebd.

190 Bestätigung der NS-Deutscher Studentenbund Hochschulgruppe 25.5.1934, in: StaN, C18/II Nr. 11122. Mintzel selbst bezeichnete sich in seinem Lebenslauf als Hochschulgruppenführer des NS-Studentenbundes in Erlangen, allerdings finden sich in den Unterlagen des Universitätsarchivs Erlangen keine Angaben zu Mintzel. Zeitgleich war Mintzel Angehöriger der schlagenden Verbindung Franconia und wurde nach deren Überführung in den NS-Altherrenbund Leiter der Altherrenschaft Hesselberg, vgl. zur Kameradschaft Hesselberg Manfred Franze: Die Erlanger Studentenschaft 1918–1945, Würzburg 1972, S. 337.

191 Schriftsatz des Rechtsanwalts Strobel 25.2.1947, in: StN, Spruchkammerakten, Spruchkammer Neustadt/Aisch, (Alfred Schwarz). Justizrat Wilhelm Hundrisser, vor 1933 Vorsitzender und Schriftführer des Nürnberger Anwaltsvereins, attestierte Schwarz eine korrekte Amtsführung. Schwarz habe nach Absetzung des letzten demokratischen Vorstandes allen, auch den jüdischen Mitgliedern gedankt, vgl. Affidavit Justizrat Wilhelm Hundrisser 24.22.1947, in: ebd.

192 Affidavit Josef Müller II 28.2.1948, in: StN, Spruchkammer Neustadt/Aisch, Schwarz. Dass Schwarz, wie Müller behauptete, die Anwaltszulassung des als „Forschungsbeauftragten des Frankenführers Julius Streicher" mit zahlreichen antisemitischen Schriften hervorgetretenen Assessor Peter Deeg hintertrieben habe, ist nicht belegt. Der von 1933 bis 1934 als BNSDJ-Gauführer in Franken täti-

in Fürstenfeldbruck mehrfach mit den Behörden in Konflikt geraten und auch maßgeblich an der örtlichen „Machtergreifung" beteiligt gewesen. Danach hatte er führende Ämter in der lokalen SA und Hitlerjugend inne und leitete das Kreisrechtsamt in Miesbach.[193]

Hoch ist der Anteil der mit der „Machtergreifung" oder kurz danach in die NSDAP eingetretenen „Märzgefallenen" unter den Verteidigern, die nicht weniger als 64 Personen ausmachten. Anwälte waren darin die mit Abstand größte Berufsgruppe, gefolgt von immerhin 13 zukünftigen Richtern und Staatsanwälten. Dagegen war kein altgedienter Richter unter diesen zu finden. Für etablierte Richter, zumeist dem Ideal eines politikfernen Beamtentums anhängend, gab es keinen beruflich zwingenden Grund 1933 der NSDAP beizutreten.[194]

Verschiedene beruflich etablierte Anwälte beriefen sich darauf, 1933 der NSDAP beigetreten zu sein, um ein bürgerlich-gebildetes Gegengewicht gegen die Radikalen innerhalb der Partei aufzubauen, einige nannten die Hoffnung auf eine Lösung der sozialen Konflikte, so etwa die späteren Hauptverteidiger Johannes Surholt, Hans Merkel, Günther Lummert, Kurt Kauffmann, Hermann Ulmer und Justus Koch. [195] Wie Hinrich Rü-

---

ge Anwalt Josef Müller ist nicht zu verwechseln mit dem gleichnamigen Münchner Anwalt und späteren CSU-Politiker Josef Müller.

193 Kößls Vater war Führer der Einwohnerwehr Fürstenfeldbruck gewesen und hatte wesentlich an der Gründung der ersten NSDAP-Ortsgruppe in Fürstenfeldbruck mitgewirkt. Schon 1922 war daher sein Sohn dem „Jungsturm" der NSDAP Fürstenfeldbruck beigetreten. September 1930 trat Kößl dem Sturm 80 der SA und kurz darauf der NSDAP in Fürstenfeldbruck bei und stieg schnell zum kommissarischen Ortsgruppenleiter auf. Als er trotz Verbots durch eine Verordnung zum Schutz des Weihnachtsfriedens 1931 in Fürstenfeldbruck eine Feier der Ortsgruppe durchführte, wurde er zu drei Monaten Gefängnis verurteilt. Am Tag der Machtübernahme Hitlers habe er am Bezirksamt Fürstenfeldbruck die Hackenkreuzfahne gehisst. Danach leitete er u. a. stellvertretend den SA-Sturm 9/1 in Mammendorf. Auch für den SD soll Kößl „wertvolle Dienste" geleistet haben, vgl. Lebenslauf Kößl 23.2.1940, in: BAB, Bestände des ehemaligen BDC, Kößl, Josef.

194 Ralph Angermund: Deutsche Richterschaft 1919–1945. Krisenerfahrung, Illusion, politische Rechtsprechung, Frankfurt a.M. 1991, S. 41–44.

195 Affidavit der Anwaltsgehilfin Irmgard Brune 9.10.1945, in: HStaH, Nds 171 Lüneburg, Nr. 15824 (Lummert, Günther). Surholt behauptete zum Parteieintritt überredet worden zu sein und machte mangelnden politischen Weitblick hierfür verantwortlich, vgl. Berufungsschrift Surholt 7.11.1946 und Erwiderung von Johannes Surholt an die Spruchkammer 16.3.1948, in: LAB, C-Rep 375 01-13 (Entnazifizierungsakten), Nr. 4738 A11 (Surholt, Johannes). Ulmer erwähnte sei-

ping in seiner Untersuchung der RAK Celle herausgestellt hat, war „Idealismus" und Vertrauen auf die wirtschaftliche Besserung durch die NSDAP unter etablierten Anwälten eine typische Begründung für den NSDAP-Eintritt im Jahre 1933.[196] Trotz seiner anfänglichen „idealistischen" Begeisterung für den Nationalsozialismus steht außer Frage, dass sich beispielsweise Kauffmann mutig für Mandanten eingesetzt hatte, zumal er sich nach dem Röhm-Putsch von der NSDAP abgewandt habe. Tatsächlich musste er sogar kurzzeitig fürchten, aus der RAK Frankfurt ausgeschlossen und wegen Heimtücke vor dem Sondergericht Frankfurt angeklagt zu werden, weil er in einem Strafverfahren wegen der Beschlagnahme sakraler Gegenstände in öffentlicher Sitzung dem nationalsozialistischen Staat den Bruch des Konkordats von 1933 vorgeworfen hatte.[197]

---

ne Bewunderung für Reichspräsident Hindenburg und dessen „nationale" Politik als Grund für den Parteieintritt, vgl. Stellungnahme Hermann Ulmer 20.7.1946, in: StN, Spruchkammerakten, Spruchkammer Nürnberg, Hermann Ulmer. In seinem Spruchkammerverfahren lieferte Kauffmann nicht weniger als eine Generalapologetik des „Idealisten" von 1933. Mit der „Machtergreifung" habe Kauffmann eine politische, wirtschaftliche, kulturelle und religiöse Neuordnung erhofft. Hitler habe keinen Zweifel daran gelassen, dass „nur das christliche Element das Öl für die aufgeregten Wogen bedeute. [...] Eine Besetzung vieler Staatsstellen mit überzeugten und unbeugsamen Christen beider Konfessionen würde – und das ist auch noch meine heutige Meinung – eine Planung und Durchführung des innerdeutschen Versklavungsprogramms und die Katastrophe des Abendlandes verhindert oder doch erheblich abgeschwächt haben." Kauffmann begründete des Weiteren seinen Eintritt in die NSDAP mit der reichlich fadenscheinigen Bemerkung, dass ihn seine Mutter (Kauffmann war vaterlos aufgewachsen) aus Angst vor Repressalien gegen die als christlich bekannte Familie ohne sein Wissen bei der NSDAP in Wiesbaden angemeldet habe, vgl. Schriftsatz Kauffmann 23.11.1946, in: HStaWi, Abt. 520/W (Betroffener), Nr. 6299 (Kauffmann).

196 Rüping: Celle, S. 131.

197 Erklärung des bischöflichen Ordensamtes Limburg vom 24.9.1945, in: HStaWi, Abt. 520/ (Betroffener), Nr. 6299 (Kauffmann). In diesem Verfahren hatte es sich um ein Strafverfahren gegen die Ordensschwester Marie de Temple gehandelt, die bei der Beschlagnahme Gestapobeamte beleidigt haben soll. Laut Ordensamt sei das Ermittlungsverfahrens wegen Heimtücke gegen Kauffmann unter dem Aktenzeichen 6 S Js 9/42 durchgeführt worden, vgl. auch Affidavit der Abtei St. Hildegard Rüdesheim-Eibingen und Affidavit Martin Cremer 14.11.1946. Als weitere bedeutende Verfahren führte Kauffmann an: die Verteidigung eines Mannes (AZ Js 6/40g), der angeklagt worden war, weil er einen Verdächtigen im Zusammenhang mit dem „Bürgerbräu-Anschlag" Georg Elsers nicht angezeigt hatte, und den Zivilprozess gegen die Genossenschaft der armen Dienstmägde Jesu-

Erstaunlich viele der späteren Nürnberger Verteidiger waren auch seit 1933 Mitglied der SA. Nicht weniger als 60 Verteidiger hatten dieser Gliederung zumindest zeitweilig angehört. Die hohe Zahl relativiert sich allerdings auf den zweiten Blick, da nicht einmal mehr die Hälfte dieser Personen zum Zeitpunkt der Reichspogromnacht noch Mitglieder der SA waren. Die älteren Anwälte machten meist die Übernahme aus dem Stahlhelm oder anderen Veteranenverbänden als Grund für den SA-Beitritt geltend. Die jungen Berufsanfänger, die 1933 der NSDAP oder der SA beigetreten waren, dagegen beriefen sich meist auf „jugendlichen Idealismus" oder politische Unreife, da sie sich als Konservative von der „Rührkomödie von Potsdam" hätten blenden lassen. Andere behaupteten, wie Rudolf Aschenauer, Alfred Seidl oder Ernst Achenbach, dass sie ansonsten am beruflichen Fortkommen gehindert gewesen wären.[198] In einem Interview 1986 gab auch Otto Kranzbühler an, Hitler zwar als Phantasten angesehen

---

Christi (Az 3a 026/39) wegen der Beschlagnahme der Peter-Joseph-Stiftung und des Klosters Tiefenthal, den Kauffmann laut eigenen Angaben bis vor das Reichsgericht brachte, vgl. Schriftsatz Kauffmanns vom 23.11.1946 und Urteil der Spruchkammer Wiesbaden 22.9.1947, in: HStaWi, Abt. 520/ (Betroffener), Nr. 6299 (Kauffmann).

198 Vgl. Heinzeler: Jahrhundert, S. 49–53; vgl. auch die ähnlichen Erfahrungen des Hilfsverteidigers Heinz Reintges, in: Heinz Reintges: Wendezeiten. Im Strom des Jahrhunderts, im Dienst der Industrie, im Bann der Kohlenpolitik, Essen 1989, S. 32–37. Kurt Mirow, der vor 1933 Mitglied der DVP gewesen war, behauptete, dass ihn der Düsseldorfer Anwalt und letzte Parteivorsitzende der DVP Eduard Dingeldey, der selbst 1933 zur NSDAP-Reichstagsfraktion als „Hospitant" angeschlossen hatte, Mirow zum Eintritt überredet habe, vgl. Einspruch Mirow gegen die Einstufung als Mitläufer 9.6.1947, in: HstaDü, NW-1000-EÜ, Nr. 1914; siehe auch die fast schon „typische" Argumentation des jungen Referendars Kurt Behling für seinen Eintritt in die Marine-SA in Lebenslauf Behling o.D., in: LAB, C-Rep 301, Nr. 1461 (Behling, Kurt). Ebenso argumentierten auch Hermann Müller, Heinz Wolf, Herbert Thiele Fredersdorf und Oskar Krauss, vgl. Urteil der Spruchkammer Nürnberg 20.5.1947, in: HStA, Personalakten der Staatsanwälte, Mju 26670 (Müller, Hermann; Milgov-Fragenbogen Heinz Wolf, in: NARA, Screening Files p though z, und Personalbogen bzw. Lebenslauf Thiele-Fredersdorf 8.3.1936, in: BAB, R3001 (Personalakten des Reichsjustizministeriums), Nr. 78205 (Thiele-Fredersdorf, Herbert); vgl. auch Milgov-Fragebogen Oskar Krauss und Schriftsatz Krauss an die Spruchkammer 5.11.1945, in: StN, Spruchkammerakten, Spruchkammer Nürnberg Oskar Krauss. Zum Druck, sich aus beruflichen Gründen politisch konform zu zeigen, am Beispiel der jungen Gerichtsassessoren am AG Berlin vgl. Philipp Hackländer: „Im Namen des Volkes". Der allgemein-zivilrechtliche Prozessalltag im Dritten Reich am Beispiel der Amtsgerichte Berlin und Spandau, Berlin 2001, S. 58.

und die Nationalsozialisten vor 1933 als „Rabauken“ empfunden zu haben. Hitlers politische Haltung und seinen rhetorischen Stil der Übertreibung habe Kranzbühler abgelehnt, positiv habe er aber Hitlers Bekenntnis zur Wehrfreiheit empfunden. 1933 habe Kranzbühler in der Machtergreifung die Wiedererrichtung des Kaiserreichs gesehen, nur den „Kronprinzen“ habe er für ungeeignet angesehen.[199] Unklar ist bislang, ob Otto Kranzbühler Parteimitglied wurde. In seiner Personalakte des Reichsjustizministeriums findet sich eine Erklärung Kranzbühlers vom 12. Oktober 1933, dass er seit dem 14. September 1933 der NSDAP angehöre.[200] Allerdings war zu diesem Zeitpunkt längst eine Mitgliedersperre verhängt. Wahrscheinlich hatte Kranzbühler in dieser Erklärung seine Mitgliedschaft in der Reiter-SA in Aachen gemeint, der er seit Herbst 1933 angehörte. Dass Kranzbühler 1933 in die NSDAP eingetreten ist, ist dagegen in den Akten des ehemaligen Berlin Document Center nicht nachweisbar.

An dieser Stelle verdient der „Fall Hans Laternser“ Erwähnung, da Teile der jüngeren Forschung immer noch seiner „Widerstandslegende“ aufgesessen sind.[201] Laternser behauptete im Spruchkammerverfahren, dass er niemals ein Mitgliedsbuch der NSDAP übersandt bekommen habe, er also niemals Aufnahme in die NSDAP gefunden habe und nur „Anwärter“ gewesen sei.[202] Allein schon die Tatsache, dass Laternser Beiträge bezahl-

---

199 BAK, Ton 1040 (Kranzbühler).

200 Erklärung Kranzbühlers 12.10.1933, in: BAB, R3001, Nr. 64526 (Kranzbühler, Otto), Milgov-Fragebogen in: AHL, Nr. 16803 (Kranzbühler, Otto).

201 Heike Krösche beurteilt Laternsers angeblich fehlende Mitgliedschaft in der NSDAP vollkommen zu Recht als unhaltbare Behauptung, vgl. Heike Krösche: Im Zweifel für den Angeklagten? Verteidigungslinien und -motive im OKW-Prozess am Beispiel Hans Laternser, in: Priemel/Stiller: NMT 2013, S. 611.

202 Die Behauptung Laternsers, er sei nicht Parteimitglied geworden, da er das für den Parteiausweis notwendige Foto nicht übersandt habe, geht rein auf eine Äußerung seiner Sekretärin zurück, vgl. Affidavit Gretel Becker 13.7.47, in: BAF, N431/978. Der öffentliche Kläger hatte in seiner Anklageschrift gegen Laternser seine Einlassungen zur Parteimitgliedschaft als glaubwürdig erachtet, vgl. Klageschrift 11.5.48, in: BAF N431/978. Der Berufungskläger dagegen sah mit den Beitrittszahlungen und der Mitgliedsnummer klar eine NSDAP-Mitgliedschaft für gegeben an, vgl. Berufungsschriftsatz des Öffentlichen Klägers 14.8.1948, in: HStaWi, Abt. 520/ W (Betroffene) Nr. 26669 (Laternser, Hans). Dass es eine „Anwartschaft“ in diesem Sinne 1933 gar nicht gab, bestätigte gutachterlich im Spruchkammerverfahren gegen den Nürnberger Hauptverteidiger Martin Löffler der frühere Leiter der Rechtsabteilung des Ministeriums für politische Befreiung Rechtsanwalt Emil Lichtenstein, vgl. Rechtsgutachten des Rechtsanwalts Emil Lichtenstein 3.5.1947, in: StLu, El 902/20, Nr. 95230 (Löffler, Martin).

te und bei der politischen Erklärung anlässlich seines Offizierslehrganges seine NSDAP-Mitgliedschaft nebst Mitgliedsnummer (Nr. 2100161) angab, widerspricht eindeutig seinen Einlassungen.[203] In einer Offizierspersonalakte wurde er als „überzeugter Nationalsozialist“ charakterisiert, der in der Lage sei, „das Gedankengut in geeigneter Form weiterzugeben.“[204] Dagegen urteilte die Spruchkammer, dass Hans Laternser ein „überzeugter und unentwegter Gegner“ der NSDAP gewesen sei. Die von Laternser als Widerstandshandlung herausgestellte Verteidigung von Ordensschwestern der St. Vinzens-Stift Aulhausen zusammen mit Kurt Kauffmann und dem späteren Nachkriegspräsidenten der RAK Wiesbaden, Karl Weber, in Wiesbaden sei aber so wenig Widerstand gewesen, „wie der Betroffene wegen seiner Verteidigung in den Nürnberger Prozessen nicht als Gegner des neuen deutschen demokratischen Staates bezeichnet werden kann. In beiden Fällen ist er vor allem Sucher und Diener der Wahrheit und Gerechtigkeit“. Seine Gegnerschaft gegen das NS-Regime habe sicher eine Rolle bei der Verteidigung gespielt, war aber nicht die allein treibende Kraft. Insbesondere stellte die Kammer klar heraus, dass Laternser durch seine Hilfe keine beruflichen Nachteile erlitten habe. Die von Laternser vorgebrachte Benachteiligung durch die Nichtzulassung zum Fachanwalt für Steuerrecht könne nicht als Nachteil gelten, da die Kreisleitung der NSDAP in ihrer Mitteilung der Ablehnung keinerlei Angaben zum Grund gemacht hatte. Obwohl sich das hessische Staatsministerium für politische Befreiung der Einschätzung der Spruchkammer Wiesbaden anschloss, stufte die Berufungskammer unter Vorsitz eines ehemaligen Landgerichtsrates Laternser als entlastet ein.[205]

---

203 Vgl. Erklärung über politische Vergangenheit 31.7.1941, in: HStaWi, Abt. 520/ W (Betroffene) Nr. 26669 (Laternser).

204 Beurteilung des Luftgaus z.b.V. XII/ XIII vom 29.1.1942, in: HStaWi, Abt. 520/ W (Betroffene) Nr. 26669 (Laternser).

205 Vgl. Urteil Berufungskammer Wiesbaden 8.12.1948, in: BAF, N431, Nr. 978; Stellungnahme des Hessischen Staatsministeriums für politische Befreiung 2.12.1948, in ebd. Das hessische Justizministerium hatte gerügt, dass die Nichtzulassung zur Ausbildung als Fachanwalt sehr wohl einen Nachteil darstelle, betonte aber, anders als die Berufungskammer, dass dies für eine vollständige Entlastung nicht ausreiche. Dass Laternser angeblich in öffentlicher Sitzung Gestapo-Beamte des Saales verwiesen habe, konnten Mitverteidiger Martin Cremer und Karl Weber nicht bestätigen. Beide gaben nur allgemeine Erklärungen ab, vgl. Schreiben Cremer an Laternser 10.7.1947, Schreiben Laternser an Cremer 2.7.1947, Schreiben Laternser an Weber 3.7.1947, in: BAF N431, Nr. 979; vgl. auch Affidavit Rechtsanwalt Martin Cremer 29.7.1947 und Affidavit Rechtsan-

57 Nürnberger Verteidiger waren 1937 oder später der NSDAP beigetreten. Über die Hälfte von ihnen machte eine angeblich „automatische" Übernahme aus der SA oder einer anderen Parteigliederung in die NSDAP geltend, so z. B. Georg Fröschmann, Eduard Wahl, Hans Pribilla, Hans von Zwehl, Erich Wandschneider, Willi Heim, Gerhard Rauschenbach oder Wolfgang Heintzeler. Auch hier stellt Rüping für die RAK Celle fest, dass dies das mit Abstand häufigste Rechtfertigungsargument der dortigen Anwälte für einen Parteieintritt im Jahr 1937 war. Allerdings hatte es eine „automatische" Überführung nicht gegeben. Selbst wenn man gruppendynamische Aspekte und die Beibehaltung des eigenen sozialen Umfeldes in Rechnung stellt, war der durch eigenhändige Unterschrift zu leistende Beitritt ein freiwilliger Akt.[206] Die wenigen Parteiausschlüsse bzw. Parteiaustritte unter den späteren Nürnberger Verteidigern hatten nahezu alle ihre Gründe in parteiinternen Intrigen oder der Zugehörigkeit zu einer Freimaurerloge.[207]

---

walt Weber 30.4.1945 und 19.7.1947, in: BAF, N431, Nr. 378; vgl. auch Auskunft der RAK Wiesbaden durch Karl Weber vom 24.10.1947, in: HStaWi, Abt. 520/W (Betroffene) Nr. 26669 (Laternser). Laternser legte mehrere allerdings nicht von den direkten Betroffenen ausgestellten Affidavits vor, wonach er die unentgeltliche Verteidigung seines jüdischen Anwaltskollegen Hans Buttersack vor dem Sondergericht übernommen habe und für Juden Schmuckgegenstände versteckt habe, vgl. Affidavit Else Sünder 14.7.1947 und Marie Güllering 3.7.1947, in: BAF, N431, Nr. 978.

206 Zur Mitgliedschaft in der NSDAP ausführlich Wolfgang Benz [Hg.]: Wie wurde man Parteigenosse? Die NSDAP und ihre Mitglieder, Frankfurt a.M. 2009.

207 Otto Nelte und Hanns Marx wurde wegen der Zugehörigkeit zu Freimauerlogen ausgeschlossen. Zum angeblichen Parteiausschluss des Hauptverteidigers Karl Hoffmann konnten keine Gründe ermittelt werden. In der Rechtsanwaltspersonalakte von Karl Hoffmann ist 1941 lediglich die Entlassung aus der NSDAP vermerkt. Die Spruchkammerakte der für Hoffmann zuständigen Spruchkammer Traunstein konnte im Staatsarchiv München nicht gefunden werden, vgl. StN, Rechtsanwaltspersonalakten des OLG Nürnberg, Karl Hoffmann.
Ernst Wolgast will im Spätherbst 1944 seine seit 1937 bestehende Parteimitgliedschaft verloren haben, als er seine Abkommandierung zum Arbeitseinsatz am Westwall als völkerrechtswidrig bezeichnete und der Würzburger NSDAP-Kreisleiter erfolgreich Wolgasts Parteiausschluss betrieb, Schreiben Professor Ernst Wolgast 25.4.1946, in: Staatsarchiv Würzburg (StW), Spruchkammer Würzburg, Nr. 12025 (Wolgast, Ernst). Angeblich habe 1938 Wolgast im Auftrag von Admiral Canaris Sondierungen über die Haltung der Schweiz in der Sudetenkrise geführt, vgl. Affidavit H.H. Ambrosius 13.3.1946, in: ebd. Wolgasts „Kronzeuge" Ambrosius war ein früherer Doktorand von Wolgast, der als Referent beim OKW für völkerrechtliche Fragen tätig gewesen war und Kontakt mit Oberst Claus

Unter den Verteidigern hatten nur einige wenige den beiden niedrigsten

---

Schenk Graf von Staufenberg hatte, dessen Bruder Berthold ein enger Freund und Mitreferent von Ambrosius im OKW gewesen sei. Darüber hinaus behauptete Wolgast, „intellektuellen“ Widerstand geleistet zu haben, indem er in seinem Buch „Seemacht und Seegeltung“ 1943 entgegen den Vorstellungen Hitlers für eine Vorherrschaft Deutschlands auf See eingetreten sei und seine Seminare zu Sammelbecken oppositioneller Meinungen gemacht habe, vgl. Ernst Wolgast: Seemacht und Seegeltung entwickelt an Athen und England, Berlin 1944. Dieses, wie viele von Wolgasts Veröffentlichungen, recht eigenwillige Buch taugte aber wenig zur Belegung einer „oppositionellen Haltung“, behauptete Wolgast doch darin, der Nationalsozialismus werde im „seehaften Weltsehen“ seine Stütze finden, vgl. ebd. S. 77; vgl. auch Benkert: Juristische Fakultät, S. 190. Selbst der die nationalsozialistischen Schriften beflissentlich ignorierende Vorprüfungsausschuss der Universität Würzburg nahm Wolgast die Mär vom „intellektuellen“ Widerstand nicht ab, vgl. Schreiben des Vorprüfungsausschuss zur Entnazifizierung der Lehrerschaft 30.8.1946 und Einstellungsbescheid der Spruchkammer Würzburg 26.11.1946 in: StW: Spruchkammer Würzburg, Nr. 12025 (Wolgast).
1938 war Max Rau bereits als Rechtsberater der 63. SS-Standarte dauerhaft beurlaubt, nachdem sein enger Bekannter, der Führer der Standarte Ludwig Reinhardt, bei der lokalen NSDAP in Ungnade gefallen war, vgl. Lebenslauf Max Rau vom 7.1.1946, in: Staatsarchiv Siegmaringen (StS), WÜ13T2 (Akten der Spruchkammer Reutlingen), Nr. 1625 (Rau, Max). Für Raus Behauptung, er habe bereits zu Beginn des Jahres 1937 seinen Austritt aus der SS erklärt, gibt es keine Belege. Für seine Einlassung, er habe die Prinzipien der SS abgelehnt und sei wegen parteifeindlicher Mandate etwa gegen die Heil- und Pflegeanstalt Grafeneck und lokale Parteiführer in Ungnade gefallen, konnte Rau keine Belege liefern, angeblich weil sämtliche Dokumente durch einen Bombenangriff vernichtet worden seien. Die wenigen von Rau vorgelegten Dokumente stammen alle aus dem Jahre 1938, vgl. Schreiben 63. SS-Standarte an Rau 4.4.1948 bzw. Schreiben des SS-Oberabschnitt Südwest an Rau 1.4.1938, in: StS, WÜ13T2, Nr. 1625 (Rau). Der einzige Hinweis auf einen Entlassungsantrag im Jahre 1937 sind handschriftliche Ergänzungen auf einem Schreiben, die offenbar von Rau selbst stammten, vgl. Schreiben 63. SS-Standarte an Rau 10.11.1938, in: ebd. Die rechtskräftige Entlassung aus der SS erfolgte sogar erst 1943, vgl. Schreiben 63 SS-Standarte an Rau 12.2.1943. Vgl. auch Schreiben Rau an das Präsidium der Rechtsanwaltskammer Stuttgart, in: Hauptstaatsarchiv Stuttgart (HstaStu), EA 4/150 (Personalakten), Nr. 904 (Rau, Max). April 1942 geriet Max Rau in Konflikt mit dem Reutlinger NSDAP-Kreisleiter Otto Sponer. Wegen „schwerer Disziplinlosigkeit“ wurde ein Parteigerichtsverfahren gegen Rau vor dem Kreisgericht eröffnet, weil er zugelassen hatte, dass einer seiner Mandanten vor Gericht den Kreisleiter angegriffen hatte, vgl. Eröffnungsbeschluss des Kreisgerichts der NSDAP Reutlingen 15.12.41, StS, WÜ13T2, Nr. 1625 (Rau, Max). Es handelte sich offenbar um einen persönlichen Rachefeldzug Sponers. Sponer hatte Raus Mandanten wegen einer Frau verprügelt und wollte keine Thematisierung der Affäre in der Öffentlichkeit. Rau kam dem Parteigerichtsverfahren durch seinen Austritt aus der NSDAP zuvor und wurde auch aus der Allgemeinen SS ausgeschlossen.

Rängen des Korps der Politischen Leiter der NSDAP als Zellenleiter oder Blockleiter angehört.[208] Nur Josef Kößl hatte als kommissarischer Ortsgruppenleiter ein Amt ausgeübt, das über den Bereich des Häuserblocks hinausging.

In der SA hatte der Nationalsozialist Georg Fröschmann als Sturmführer als einziger späterer Verteidiger einen Offiziersrang inne. Eindeutige Nationalsozialisten waren auch die vier späteren Nürnberger Verteidiger im Unteroffiziersrang eines SA-Obertrupp- bzw. Truppführers Josef Kößl, Ernst Schulte, Hanns Marx und Heinrich Rentsch.[209] Nur sehr wenige Verteidiger hatten dagegen höhere Ränge innerhalb des Nationalsozialistischen Kraftfahrerkorps inne, das aus der früheren „Motor-SA" entstanden war.[210]

Mochte die formelle Parteimitgliedschaft in der NSDAP bzw. in der SA als einfaches Mitglied aus unterschiedlichen Beweggründen und Motiven heraus erfolgt sein, die nicht zwangsläufig auf eine ideologische Übereinstimmung mit dem Regime zurückzuführen ist, ist die Mitgliedschaft in der SS, sieht man von dem speziellen Fall der „fördernden Mitgliedschaft" ab, anders zu bewerten. Auch wenn, wie jüngst Bastian Hein für die Allgemeine SS zeigte, Anspruch und Realität des „Schwarzen Korps" biswei-

---

208 Georg Gierl (als Zellenleiter), Alfred Seidl (Blockleiter), Rudolf Aschenauer (Blockhelfer), Rudolf Kühn (Zellenleiter), Erhard Heinke (Blockleiter), Gustav Maaß (Blockhelfer), Erich Mayer (Blockhelfer), Günther Geißeler (Blockleiter), Adolf Schäfer (Blockleiter) und Heinrich Link (kommissarischer Blockleiter).

209 Kößl war 1938 mit seinem Übertritt in die Gendarmerie ehrenvoll aus der SA ausgeschieden. Ernst Schulte war seit 1937 Ausbilder eines Sturms in der Iserlohner SA-Standarte 259. Laut der Beurteilung seiner Vorgesetzten hätten seine SA-Männer als die Besten des Sturmes gegolten, vgl. Einreihungsbescheid des Entnazifizierungsausschusses Iserlohn 22.6.1948, in: NARA, Screening File p though z. Heinrich Rentsch war 1933 in die SA-Reserve eingetreten und hatte das Amt eines SA-Sportwartes ausgeübt. Zugleich war er NSRB-Obmann in Lauf an der Pegnitz. Marx war bis zu seinem Parteiausschluss Rechtsberater des SA-Reservesturmes 15, vgl. Milgov-Fragebogen, in: StN, Spruchkammerakten, Spruchkammer Nürnberg-Land, Hanns Marx. Den Rang eines Truppführers hatten auch Emil Secherling, Walter Schmitt und Hermann Ulmer inne.

210 Angeblich wegen seiner Begeisterung für den Motorbootsport sei Fritz Sauter dem NSKK beigetreten und durch einen alten Regimentskameraden zum Ehrensturmführer des NSKK ernannt worden. Galt lange Zeit das Bild des NSKK als eines harmlosen Vereins von technikbegeisterten Motorsportanhängern, so hat sich dieses Bild in der Forschung mittlerweile stark relativiert, vgl. Dorothee Hochstetter: Motorisierung und „Volksgemeinschaft". Das nationalsozialistische Kraftfahrerkorps (NSKK) 1931–1945, München 2005.

len weit auseinanderklafften, wurde dennoch in weiten Teilen der Bevölkerung die SS als Elite, besonders in Abgrenzung zur „proletarischen" Massenorganisation der SA, angesehen.[211] Mit der Mitgliedschaft in der SS verband sich also mehr als nur die Möglichkeit, sich systemkonform zu zeigen, sondern ein bewusster Anspruch der Zugehörigkeit zur Parteielite im „Dritten Reich". Dagegen ist, wie die neuere Forschung herausstellt, die von der Vollmitgliedschaft zu unterscheidende fördernde Mitgliedschaft in der SS, die von der Dienstpflicht befreite und sich auf die Bezahlung von Beiträgen beschränkte, weder schwer belastend noch harmlos, sondern lediglich ein Indiz für eine individuelle NS-Überzeugung bzw. die Demonstration einer solchen Überzeugung.[212] Benjamin Ferencz hatte 10 Vollmitglieder der SS unter den Verteidigern ausgemacht. Tatsächlich hatten aber fast doppelt so viele spätere Nürnberger Verteidiger, zumindest zeitweilig, der Allgemeinen SS oder der Waffen-SS angehört. Wie auch schon bei der SA gehörten aber nach 1939 nur noch wenige Anwälte der SS an, so dass gerade bei den Mannschaftsdienstgraden die Mitgliedschaft aus opportunistischen Gründen erfolgt sein dürfte.[213] Den höchsten SS-

---

211 Bastian Hein: Elite für Volk und Führer? Die Allgemeine SS und ihre Mitglieder 1925–1945, München 2012, S. 102–128.

212 Hans Buchheim: Fördernde Mitgliedschaft bei der SS, in: Institut für Zeitgeschichte [Hg.]: Gutachten des Instituts für Zeitgeschichte, Bd.1, München 1958, S. 350f. und Hein: Elite, S. 164–170. Diesen bequemen Weg beschritten verschiedene der nationalsozialistisch orientierten Hochschulprofessoren unter den Verteidigern, so etwa Mezger, Wolgast und Kraus oder auch Anwalt Hellmuth Dix, vgl. Affidavit Rudolf Dix 20.2.1946, in: Staatsarchiv Augsburg (StA), Spruchkammerakten, Spruchkammer Sonthofen, D66 (Dix, Helmuth). Inwieweit die von der Spruchkammer nicht nachgeprüfte Behauptung des Anwalts Otto von Lüdinghausen der Wahrheit entspricht, dass er sich nur aus Angst um seine „volljüdische" Ehefrau als förderndes Mitglied der SS eintragen ließ, muss dahingestellt bleiben, vgl. Stellungnahme von Lüdinghausen 27.2.1948, in: LAB, C-Rep 301, Nr. 1626 (Lüdinghausen, Otto Freiherr von).

213 Beispielhaft kann hier der wegen seiner Begeisterung für die wirtschaftstheoretischen Schriften Gottfried Federers 1933 der NSDAP und Allgemeiner SS beigetretene Universitätsdozent und spätere Koordinator der I.G.-Farbenverteidigung Rolf W. Müller genannt werden, der dem 1. Sturmbann der SS-Standarte 65 in Freiburg als Rechtsberater diente. Angeblich weil er die antijüdischen Maßnahmen missbilligte, sei er 1936 freiwillig aus der SS ausgetreten, vgl. Aussage Rolf W. Müller im Protokoll der Sitzung 19.5.1947 und Schreiben Müller 25.8.1946, Affidavit der Verlobten Erna Korsch 1.6.1946 und Affidavit Gerda Schleyer o.D, in: HstaWi, Abt. 520/F (A-2), Nr. 4704 (Müller, Rolf W.). Aus verschiedenen Gründen ausgetreten waren Heinrich Grube (Anwärter bis 1934), Walter Groß

Rang hatte Obersturmführer Ludwig Losacker inne, gefolgt von den Sturmbannführern Hans Merkel und Josef Kößl.

(Anwärter), Johannes Dohme (Anwärter, 1934 ausgetreten wegen der Inhaftnahme seines Vaters), Kurt Mirow (1934 aus „sportlichen Gründen" als Rottenführer in eine SS-Reitereinheit aufgenommen, aber im selben Jahr ausgetreten), Georg Lilienthal (1933 angeblich durch Umwandlung seines Reitervereins in die Reiter-SS eingetreten, 1937 freiwillig ausgetreten). 1937 wurde SS-Unterscharführer Joachim Bergmann mutmaßlich wegen des Umgangs mit Juden unter Degradierung zum SS-Mann aus der SS ausgeschlossen, vgl. Entlastungserklärung im Spruchkammerverfahren 2.5.1947, in: Niedersächsisches Landesarchiv-Staatsarchiv Wolfenbüttel (StWo), 3Nds 92/1, Nr. 10414 (Bergmann, Joachim). Angeblich unfreiwillig war die Mitgliedschaft in der Waffen-SS von Hermann Orth. Laut eigenen Angaben sei er Januar 1945 zu einer SS-Panzeraufklärungsersatzabteilung einberufen worden, aber schon im März 1945 als „außer Verwendung" wieder entlassen worden, da er wegen seiner politischen Einstellung weder bei der Verwaltung noch den SS-Gerichten als verwendbar angesehen worden sei, vgl. Milgov-Fragebogen Hermann Orth, in: StN, Spruchkammerakten, Spruchkammer Lauf, Hermann Orth. Dagegen bis 1945 in der SS verblieb Hilfsverteidiger Gernot Gather, der schon 1932 dem NS-Schülerbund beigetreten war und im Wintersemester 1936/1937 Leiter des NS-Studentenbundes in Freiburg war. Personalblatt der Gauleitung Baden 17.12.1938, in: Staatsarchiv Freiburg (StaF), D180/2, Nr. 33712 (Gather, Gernot). Seine SS-Mitgliedschaft erklärte Gather nach 1945 damit, dass er 1935 der Burschenschaft Teutonia Freiburg beigetreten war und man im Streit zwischen den Burschenschaften und dem NS-Studentenbund einen neutralen Vermittler gesucht habe. Um in dieser exponierten Stellung reüssieren zu können, habe sich Gather zum Eintritt in die SS als Anwärter entschlossen. Gather nahm zudem an politischen Schulungen der Ordensburg Cössinsee teil, vgl. Schriftsatz Gather 3.5.1947, in: StaF D180/2, Nr. 33712 (Gather). Der von Gather behauptete Anwärter-Status in der SS wird durch entsprechende Eintragungen in der Assistentenakte der Universität Freiburg widerlegt, vgl. Fragebogen 28.4.1943, in: Universitätsarchiv Freiburg Bestand B1/4246. Überhaupt gab es in der Praxis keine Unterschiede zwischen Anwärtern und Vollmitgliedern, vgl. Hein: Elite, S. 125. Angeblich weil er dem NS-Studentenbund zu wenig radikal erschienen sei, habe ihn die Freiburger Kreisleitung der NSDAP 1937 seines Amtes als Leiter des NS-Studentenbundes enthoben. 1941 pries Gather die „Einordnung der italienischen Gemeinde in den faschistischen korporativen Staat", sowie Hitlers und Mussolinis „einmalig[e] geschichtliche Größe", vgl. Gernot Gather: Die Einordnung der italienischen Gemeinde in den faschistischen korporativen Staat Würzburg 1941. Umso erstaunlicher ist dagegen das Bild, das sein Doktorvater Professor Walter Eucken und der Freiburger Historiker Gerhard Ritter, beide politisch unbelastet, von Gather zeichneten. Dieser sei einer der begabtesten Juristen der Universität gewesen, dem die Vereinfachungen der NS-Leute zuwider gewesen seien, vgl. Affidavit Professor W. Eucken 11.1.1949 und Affidavit Professor Gerhard Ritter 25.2.1946, in: StaF D180/2, Nr. 33712 (Gather).

Vom Wissen um Verbrechen

Die zumindest teilweise Billigung der Ziele des Nationalsozialismus lässt allerdings die Frage unberührt, inwieweit einige der Verteidiger selbst in Verbrechen des NS-Regimes verwickelt waren bzw. Mitwisser dieser Taten waren.

Mehrere spätere Nürnberger Verteidiger hatten als Richter oder Staatsanwalt an Sondergerichten oder Militärgerichten an Todesurteilen mitgewirkt, so etwa August Berges, Hermann Ulmer, Friedrich Frohwein, Hans-Wilhelm Lier, Erich Bergler und Walter Schmitt.[214] An der Bestätigung von Todesurteilen waren Otto Grünewald und Otto Kranzbühler beteiligt gewesen. Als Leiter der Heeresfeldjustizabteilung war es Grünewalds

---

214 Berges begründete sein Todesurteil gegen den homosexuellen „halbjüdischen" Soldaten Herbert Lefévre mit dem „verbrecherischen Instinkt" seines „jüdischen Erbteils", vgl. Bryan Rigg: Hitler's Jewish Soldiers. The Untold Story of Nazi Racial Laws and Men of Jewish Descent in the German Military, Lawrence 2003, S. 26. Ulmer gab an, in vier Fällen Todesurteile wegen Plünderung und Vergewaltigung gefällt zu haben. Ein Todesurteil sei wegen der Wegnahme herumliegender Handschuhe erfolgt, angeblich habe er aber gesetzlich nicht anders urteilen können, vgl. Stellungnahme Hermann Ulmer 20.7.1946 in: StN, Spruchkammerakten, Spruchkammer Nürnberg, Hermann Ulmer. Vorwürfe, Ulmer habe sich in „Heimtückeverfahren" in Nürnberg als besonders scharfer Richter erwiesen, konnten vor der Spruchkammer nicht weiter belegt werden. Das Spruchkammerverfahren nutzte Friedrich Frohwein zur allgemeinen Entlastung für den Luftwaffenrichter: „Ich habe selbst Akten gesehen, wo Göring Todesurteile gemildert hat, so dass ich in diesem Punkt sagen muss, er hat sich Mühe gegeben, nicht nach politischen Punkte zu urteilen. Es gab sehr wenige Fälle von wirklichen Straftaten gegen die militärische Disziplin. Zumindest in der Luftwaffe hatten wir es sehr selten.", vgl. Protokoll der Sitzung des Spruchkammer Kassel-Stadt 5.11.1947, in: HStaWi, Abt. 520/ K-2 Nr. 5434 (Frohwein). Lier war als Vertreter der Anklage in den letzten drei Kriegsmonaten 1945 am Reichskriegsgericht in Torgau an verschiedenen Todesurteilen gegen Deserteure beteiligt, vgl. die verschiedenen Urteile in Wolfram Wette [Hg.]: Das letzte Tabu. NS-Militärjustiz und „Kriegsverrat", Berlin 2007. Laut eigenen Angaben sei Bergler in Konflikte mit dem Divisionskommandanten der 129. Infanteriedivision Heribert von Larisch geraten, weil dieser scharfe Urteile verlangte. Angeblich sei unter Bergler durch Offenhaltung des Gnadenweges im Urteil und bewusstem Verschweigen einschlägiger Vorschriften kein Todesurteil vollstreckt worden, vgl. Schriftsatz Bergler o.D., sowie Protokoll der Sitzung vom 25.5.1947, in: StN, Spruchkammer Nürnberg, Bergler. Walter Schmitt, Oberfeldrichter bei der 1. Gebirgsdivision, dann beim 22. Gebirgsarmeekommando galt als drakonischer Richter, vgl. Hermann Frank Mayer: Blutiges Edelweiß. Die 1. Gebirgsdivision im Zweiten Weltkrieg, 2. Aufl. Berlin 2008, S. 688.

Aufgabe, Stellungnahmen zu Todesurteilen als Vorbedingung für die Entscheidung des Oberbefehlshabers des Heeres abzugeben.[215] Kranzbühler musste als stellvertretender Leiter der Marinejustizabteilung dann an der Bestätigung von Todesurteilen teilnehmen, wenn der Leiter Joachim Rudolphi selbst nicht greifbar war. Angeblich hätte es bezüglich Todesurteilen erhebliche Anschauungsunterschiede zwischen Karl Dönitz als Oberbefehlshaber der Kriegsmarine und Kranzbühler gegeben. Dönitz' Haltung sei Kranzbühler zu hart gewesen, da Kranzbühler viele Fälle von Fahnenflucht als nicht todeswürdig erachtet habe. Meuterei sei laut Kranzbühler sicher bei dem in „schweren Abwehrkämpfen" stehenden Heer ein Thema gewesen, bei der Marine habe man aber in einer „anderen Welt" gelebt. Auswüchse habe es auch bei der Marine gegeben, aber „keine am Fundament des Staates rührende Sache".[216] Ermittlungsverfahren wegen Todesurteilen wurden aber nur in drei Fällen in der Nachkriegszeit eingeleitet. 1960 ermittelte die Staatsanwaltschaft Nürnberg gegen Erich Mayer und die beiden damaligen Nürnberger Oberstaatsanwälte. Als Sitzungsvertreter hatte Mayer vor dem Sondergericht Nürnberg am 2. Juli 1942 unter Vorsitz Oswald Rothaugs das auch vollstreckte Todesurteil gegen den Arbei-

215 Laut Grünewalds Kollege aus der Rechtsabteilung, Generalrichter Ernst Mantel, sei es Grünewald zu verdanken, dass die Heeresjustiz die „Aufrechterhaltung der Manneszucht" als ihre einzige Aufgabe gesehen habe. Nur wenn es unerlässlich gewesen sei, habe Grünewald Todesurteilen zugestimmt, vgl. Affidavit Generalrichter Ernst Mantel 22.7.1946, in: HStaWi Abt. 520/D2, Nr. 518149 (Grünewald). Der Referent in der Heeresjustizabteilung im Feldherr Regierungsrat von Schönfeld versuchte die Rolle der Heeresfeldjustizabteilung (und damit ihres Leiters Grünewald) herunterzuspielen. Demnach sei die Heeresfeldjustizabteilung hauptsächlich für die „Weiterleitung von Berichtssachen und zur Beurteilung einzelner Bestätigungs- und Gnadensachen für Angehörige des Feldheeres" zuständig gewesen. Zudem sei man Durchgangsstation für Rechtsangelegenheiten in Strafsachen vom Feldkommandanten zum OKH gewesen, also keine selbstständig leitende Dienststelle, vgl. Affidavit Regierungsrat von Schönfeld 31.10.1946, in: ebd., vgl. auch Affidavit Rudolf Lehmann 5.7.1946, in: ebd.

216 Vgl. BAK, Ton 1040. Es überrascht angesichts solcher Aussagen nicht, dass Kranzbühler auch die Vorgehensweise des ehemaligen Marinerichters und nachmaligen Ministerpräsidenten von Baden-Württemberg, Hans Filbinger, der bei Kriegsende sehr umstrittene Todesurteil gefällt hatte, als „in Ordnung" verteidigte. Schließlich sei es nicht Aufgabe des Richters gewesen zu entscheiden, wann der Krieg beendet sei, sondern dies habe immer die politische Führung zu entscheiden. Zu Frohweins ähnlicher Beschreibung von der „anderen Welt" der Luftwaffenjustiz vgl. Urteil der Spruchkammer Kassel-Stadt 5.12.1947, in: HStaWi Abt. 520/ K-2, Nr. 5434 (Frohwein).

ter und KPD-Mitglied Friedrich Grasser wegen staatsfeindlicher Äußerungen beantragt. Trotz des „ungewöhnlich harten" Urteils sah die Nürnberger Ermittlungsbehörde Mayer durch Putativnotstand gerechtfertigt und stellte das Verfahren ein.[217] Juni 1947 wurde Gustav Maaß auf Anzeige des Nürnberger OLG-Präsidenten Hans Heinrich, der 1944 einer Sitzung des Volksgerichtshofs in Nürnberg 1944 als Augenzeuge beigewohnt hatte und nach Beantragung des Todesurteils durch Maaß aus Protest den Sitzungssaal verlassen hatte, verhaftet und interniert.[218] Trotz scharfer Kritik der Militärregierung wurde Maaß aber dank des zeitweilig als Anwalt tätigen Erich Mayer als seinem Verteidiger und Reinhard Maurach, der in einem „Gutachten" eine Apologie auf den Volksgerichtshof entwarf, als „Mitläufer" entnazifiziert.[219] Die Verteidigerbank in Nürnberg mit der Anklagebank in Kiel dagegen tauschte Karl-Heinrich Hagemann. Gegen ihn war Anzeige wegen eines äußerst zweifelhaften Todesurteils gegen den wegen „Defätismus" angeklagten Oberleutnant z.S. Oskar Kusch erstattet worden. Das Verfahren war allerdings erst nach Ende der Nürnberger Prozesse eröffnet worden und endete für Hagemann glimpflich.[220] Erich Schwinge hatte vor dem Feldgericht der Division 177 in Wien mindestens sieben Todesurteile gefällt. Erst 1984 wurde ein skandalöses Todesurteil

---

217 Einstellungsbeschluss der Oberstaatsanwaltschaft Nürnberg-Fürth (Verfahren 1a Js 1431/60), in: HStaMü, Mju, Nr. 25653 (Mayer, Erich). vgl. auch StN, Spruchkammerakten, Spruchkammer Ansbach, Erich Mayer. Mayer war 1937 der NSDAP beigetreten.

218 Schreiben von Hans Heinrich an den Vorsitzenden der Spruchkammer Nürnberg 2.8.1947, in: StaMü, K1097 (Maaß). In dieser Sitzung hatte Maaß das Todesurteil gegen einen Tschechen beantragt, dem aufgrund eines abgefangenen Briefes vorgeworfen wurde, sich der tschechischen Exilarmee anschließen zu wollen. Der Mann war wegen eines verkrüppelten Fußes aber offensichtlich untauglich zum Militärdienst. Schon 1942 bzw. 1943 hatte Maaß Todesurteile gegen Mitglieder einer kommunistischen Widerstandszelle in den Prager Straßenbahnbetrieben beantragt, vgl. Vgl. Abschrift des Urteils gegen Adam Kapic, Alois Hora, Johann Kozlovsky 7.6.1943 (8a J 39/43a); und Abschrift Urteil gegen Jaroslav Pospiskil, Wenzel Jiskra, Adalbert Masek, Josef Zerovnicky, Emil Uber und Karl Popelka 7.3.1942 (8a J40/43) sowie Berufungsschriftsatz Erich Mayer 4.6.1948 und Spruch der Berufungskammer Nürnberg 16.6.1948, in: StaMü, K1097 (Maaß).

219 Vgl. Office Omgus Special Branch Advisory. Area Supervisor Sol Lowenstein: Review under Article 52 of Befreiungsgesetzes vom 6.7.1948, in: StaMü, K1097 (Maaß).

220 Ausführlich zum Kieler Prozess und seinen vergangenheitspolitischen Folgen vgl. Heinrich Walle: Die Tragödie des Oberleutnants zur See Oskar Kusch, Stuttgart 2005.

Schwinges bekannt und erhielt unter Schlagzeilen wie „Grausamer als Himmler" ein beträchtliches Medieninteresse.[221] Ignaz Hergenröder sorgte sogar für einen kleinen Skandal vor dem IMT, als die Anklage der SA Dokumente präsentierte, die Hergenröder mit der Niederschlagung der Strafverfolgung eines brutalen SA-Mordes im Frühjahr 1933 (Fall Oskar Pflaumer) während seiner Zeit als Oberstaatsanwalt in Nürnberg in enge Verbindung brachten und Hergenröder sich gezwungen sah, nicht mehr offen für die Gestapo-Verteidigung zu arbeiten.[222]

Allgemein war in Bezug auf die Justizverbrechen im „Dritten Reich" die Sichtweise der Nürnberger Verteidiger von „Nichtsehenwollen" gekennzeichnet. Wenn überhaupt, dann belastete selbst ein die Unrechtsjustiz aus nächster Nähe kennender Anwalt wie Kurt Behling nur die radikalsten Nazijuristen am Volksgerichtshof oder am Sondergericht Nürn-

221 Zum Fall Schwinge ausführlich Detlef Garbe: „in jedem Einzelfall … bis zur Todesstrafe". Der Militärstrafrechtler Erich Schwinge. Ein deutsches Juristenleben, Hamburg 1989.

222 Hergenröder rechtfertigte sich später, dass die in Absprache mit dem Polizeipräsidenten und dem bayerischen Justizministerium erfolgte Niederschlagung des Verfahrens notwendig gewesen sei, um das Ansehen der Justiz zu bewahren, zumal die Täter sowieso freigesprochen worden wären. Zudem habe er so den Hinterbliebenen zivilrechtliche Klagemöglichkeiten bewahrt, vgl. Stellungnahme Hergenröder vom 10.10.1946 und Affidavit des Schwagers Hergenröders Rechtsanwalt Alfred Söller, in StN, Spruchkammer Nürnberg, Hergenröder. In den Augen seiner Vorgesetzten jedenfalls hatte er alles richtig gemacht, wie die Beurteilungen im Anschluss an den Fall Pflaumer zeigten: „Bei der Behandlung dieser Strafverfahren oft sehr heikler Art hat er einmal die Belange der Justizverwaltung mit großer Entschlossenheit zu wahren gewusst, andererseits aber so viel Takt, politisches Verständnis und Einsicht für das Erreichbare gezeigt, dass ich in Anbetracht seiner sonstigen vorzüglichen Leistungen keine Bedenken habe, ihm nunmehr das Gesamturteil ‚ausgezeichnet' auszusprechen". Trotz seiner früheren katholischen „Belastung" galt er nun als „durch und durch" national eingestellter Mann, der nur das Beste für sein Vaterland im Auge habe und jetzt ehrlich und treu auf dem Boden der nationalsozialistischen Weltanschauung stehe, vgl. Beurteilung des Generalstaatsanwalts am OLG Nürnberg 18.3.1934 und Beurteilung Hergenröders vom 10.2.1937, in: HStaMü, Mju, Nr. 25236 (Hergenröder, Ignaz).Das Hergenröder belastende Beweisdokument der Anklage ist Nbg. Dok. 923. Zum Fall Pflaumer und die Niederschlagung der Strafverfolgung von Verbrechen der SA allgemein vgl. Lothar Gruchmann: Justiz im Dritten Reich 1933–1940. Anpassung und Unterwerfung in der Ära Gürtner, 3. Aufl., München 2001, S. 392 f. Im Herbst 1944 wurde Hergenröder sogar der Vorsitz am Sondergericht Nürnberg angeboten, den Hergenröder aber ablehnte, vgl. Affidavit Alfred Söller 31.5.47, in: StN, Spruchkammer Nürnberg, Hergenröder.

berg. Rudolf Dix und Behling waren freiwillig bereit, den Staatssekretär im RJM Franz Schlegelberger zu verteidigen, auch wenn Dix nur als „plädierender Zeuge" auftreten sollte.[223] Weniger „Enthusiasmus" zeigte Behling. Er könne mit einem nicht gerade „ruhigen Herzen" nach dem Tode Thieracks den Hauptangeklagten verteidigen. Aber er erinnere sich noch gut an die Worte eines bekannten Geheimrates, als er vor Jahren ein Mandat vor dem Volksgerichtshof nicht machen wollte. Dieser habe Behling gemahnt, dass sein Verhalten bei einer Ablehnung derjenigen eines Arztes gleichen werde, der sich weigere, in die Seuchenabteilung eines Krankenhauses hineinzugehen. Insofern tendiere Behling dazu, das Mandat abzulehnen. Wenn er es übernehmen werde, dann nur wegen des guten Namens Schlegelbergers und seiner jahrzehntelangen Freundschaft zu dem ihm das Mandat antragenden Heinrich Ebersberg.[224] In einem privaten Vermerk zum Urteilsspruch im Fall 3 schrieb Behling sogar: „Das Urteil ist an sich sehr sachlich und interessant. Es sind natürlich auch kleinere Bemerkungen, wie ‚Dolch unter der Robe' usw. enthalten, aber diese sind unbeachtlich."[225] Unter Berücksichtigung des gesamten Sachverhalts sei Schlegelberger sogar eigentlich noch verhältnismäßig glimpflich weggekommen.[226] Offenbar war Schlegelberger in Behlings Ansehen während des Prozesses derart gesunken, dass es sogar einer Ermahnung von Ebersberg bedurfte.[227]

Die meisten Nürnberger Verteidiger zeigten sich über das Ausmaß der in Nürnberg aufgedeckten (Kriegs-)Verbrechen und den Zivilisationsbruch des Holocaust zutiefst erschüttert. Hellmut Becker gab zu, dass er nicht die Phantasie gehabt habe, den bevorstehenden Judenmord zu realisieren und jüdischen Freunden und Bekannten zu helfen: „Man hat während des

223 Schreiben Behling an H. Schlegelberger 7.11.1946, in: BAK, NL Behling, Nr. 5; vgl. auch Affidavit Justizrat Rudolf Dix 9.8.1946, in: ebd. Das Affidavit fand später als Affidavit Schlegelberger Nr. 35 Eingang in die Verteidigerdokumente. Demnach will Dix bei seinem Eintreten für jüdische Anwälte und seine diversen Verteidigungen immer ein offenes Ohr bei Schlegelberger gefunden haben.

224 Schreiben Behlings an Rechtsanwalt Luther (mit Abschrift an Ebersberg) 23.12.1946, in: BAK, NL Behling, Nr. 5.

225 Mitschrift Anruf Behlings o.D., in: BAK, NL Behling, Nr. 8.

226 Notiz Behlings 10.12.1947, in: BAK, NL Behling, Nr. 8.

227 Schreiben Ebersbergs o.D., in: BAK, NL Behling, Nr. 8. Ebersberg sei „erschüttert", wie Behling so von objektiv falschen Tatsachen ausgehen könne. Dass Schlegelberger noch schlimmer als seine Nachfolger Rothenberger und Klemm gewesen sei, sei ein schlimmes Vorurteil der Anklage.

Dritten Reichs die Geschichte als ganze neu zu lesen begonnen und ihre brutalen Seiten erstmals richtig realisiert, weil sie einen umgaben. [...] Aber in gewissem Sinne haben wir auf diese Weise sehr lange ‚studiert'".[228] Der berüchtigte Kommissarbefehl sei auch in Beckers Einheit verlesen worden, man habe aber aus Rücksicht auf die eigene Gefährdung diesen nicht ausgeführt. Von den Massendeportationen von Juden habe Becker aber weder an der Front noch im Heimaturlaub etwas mitbekommen. Unter den Soldaten sei vielmehr der Mord an Geisteskranken ein erhitztes Gespräch gewesen.[229] Retrospektiv beschrieb daher Becker Nürnberg als Schock: „Was wir 1945 erfuhren, wussten wir alle in dieser Detailliertheit so noch nicht. Und insofern hat diese Enthüllung für meine Generation eine Art Schockerlebnis erzeugt. Sie können es daran sehen, dass einzelne Menschen schlicht sagen, das kann nicht möglich gewesen sein. Das ist ja auch eine Form der Nichtbewältigung dieses Schocks.".[230] In der Familie von Hermann Jahrreiß hatten mehrere Familienmitglieder wegen ihrer jüdischen Ehefrauen berufliche Nachteile erlitten bzw. mussten erleben, wie diese in den Osten deportiert worden waren. Allerdings habe Jahrreiß vom Judenmord im Osten erst in Nürnberg erfahren.[231]

Wie weit teilweise die Verbrechen des „Dritten Reiches" außerhalb des Horizonts der Verteidiger lagen, belegt auch Rechtsanwalt Hans Flächsner. Dieser war 1944 wegen einer Wirtschaftssache im Wirtschaftsministerium bei dem Leiter des SD Inland im RSHA und SS-General Otto Ohlendorf vorstellig geworden. Ohlendorf sei ihm als äußerst angenehmer Mensch vorgekommen: „Stellen sie sich vor, wie erstaunt ich war, als er vor Gericht in selben Ton wie damals in seinem Büro ganz ruhig sagte, ja, er habe 90000 Juden in Russland erschießen lassen, aber darauf geachtet, dass dies auf ‚humane Weise' geschehe. Ich saß da wie vom Blitz getroffen. ‚90000 Juden erschossen'".[232] Der am 28. November 1945 im Nürnberger Hauptprozess für die Verteidiger vorab gezeigte KZ-Film der Anklage löste erschütterte Reaktionen aus. Rudolf Dix etwa soll von der Anklage getadelt worden sein, weil er erklärt habe, er werde sich den Film nur zum zweiten Mal ansehen, wenn man ihn dazu zwinge. Einige Verteidiger bekundeten sogar, dass es für sie unerträglich sei, mit Leuten, die,

---

228 Becker: Aufklärung, S. 100 f.
229 Becker: Aufklärung, S. 105 f.
230 Becker: Aufklärung, S. 34, vgl. auch Raulff: Kreis, S. 385.
231 Anlage IV zum Fragebogen in: UAK, Zugang 571, Nr. 239 (Jahrreiß).
232 Sereny: Speer, S. 302 f.

wie Kaltenbrunner und Frank, an den Unmenschlichkeiten der KZs mitschuldig waren, in einem Raum zu sein.[233] Otto Kranzbühler habe nach den Zeugenaussagen von Auschwitz-Überlebenden am 27. Februar 1946 vor dem IMT erschüttert Dönitz gefragt, ob denn niemand von diesen Dingen gewusst habe.[234] Als Viktor von der Lippe im Hauptprozess hörte, dass sechs Millionen Juden getötet worden seien, schrieb er: „Als denkender und fühlender Mensch sträubt man sich dagegen sich solche Dinge auch nur vorzustellen! Nun wird man davon überzeugt, dass auch diese Bestialitäten tatsächlich vorgekommen sind. Es ist zum Verzweifeln! Wie haben die Verantwortlichen den deutschen Namen beschmutzt!"[235] Wie stark die Erbitterung über die Verbrechen unter den Verteidigern war, musste Luise Jodl erleben, als ein älterer Verteidiger sich beschwerte, dass die Ehefrau eines Kriegsverbrechers an den gemeinsamen Essen der Verteidigung teilnehme.[236]

Allerdings wussten einige Verteidiger dennoch gut über Verbrechen Bescheid, hatten sie mit eigenen Augen gesehen und sogar toleriert. Otto Kranzbühler berichtet, er habe sich als Teil einer Abordnung der Kriegsmarine über die Gestapo unterrichten sollen. Kranzbühler habe die gute Organisation bewundert, hielt aber die politischen Ansichten der Gestapo für schlimm. Sein Eindruck beim Besuch des KZ Buchenwald sei katastrophal gewesen. Die menschenunwürdigen Bedingungen und das Kapo-System hätten ihn dazu veranlasst, eine Eingabe an den Oberbefehlshaber der Kriegsmarine, Erich Raeder, zu machen, dass aus der Marine ausgestoßene Soldaten nicht ins KZ eingeliefert werden dürfen. [237] Erich Schmidt-Leichner berichtet, er selbst habe das KZ Oranienburg gekannt und vom KZ Dachau gehört. Dass es aber Gasöfen gegeben habe, hätte er sich nicht vorstellen können.[238] Sehr wohl vorstellen konnte sich dagegen Adalbert Joppich, was in den KZ im Osten geschah. Joppich wusste nicht

233 Von der Lippe: Tagebuch, S. 48; vgl. auch die Reaktion Carl Haensels auf den Bericht eines SS-Mannes zu standrechtlichen Erschießungen, Haensel: Tagebuch, S. 244 f.

234 Gustave Gilbert: Nürnberger Tagebuch, Frankfurt a.M. 1962, S. 172.

235 Von der Lippe: Tagebuch, S. 65.

236 Jodl: Ende, S. 196. Luise Jodl (1905–1998) wirkte u. a. als Sekretärin maßgeblich an der Verteidigung ihres Mannes Alfred Jodls mit. Ihre Erinnerungen an Nürnberg „Jenseits des Endes" veröffentlichte sie 1976.

237 BAK, Ton 1040.

238 Vgl. Interview mit Erich Schmidt-Leichner, in: Der Stern (28.3.1974), S. 135–147.

nur von den Judendeportationen aus den Niederlanden, sondern hatte dafür gesorgt, damit ein ihm bekannter jüdischer Anwalt in das KZ Theresienstadt und nicht in einen der großen Transporte ins Generalgouvernement geschickt wurde.[239] Auch Professor Herbert Kraus gab zu, dass er über einen früheren Schüler, der Mitglied des SD war, gewisse Informationen über die Morde im Osten erhalten hatte, allerdings habe die Masse der Deutschen aufgrund der großen Geheimhaltung nichts wissen können. Kraus sei schockiert von den Enthüllungen in Nürnberg gewesen: „The legal proceedings unmasked an abyss of moral abominations of such gravity that the moral consciousness of any human being, in whom it has not yet died, must be very deeply shocked – today as much as then."[240] Mehr wusste möglicherweise auch Richard von Weizsäcker. Sein Bruder Carl Friedrich von Weizsäcker hatte 1941 ihren Vater Ernst von Weizsäcker darüber informiert, dass er von Morden an zehntausenden Juden in Kiew gehört habe.[241] Als Mitte der neunziger Jahre der Historiker Christian Gerlach von Weizsäckers Infanterieregiment 9 vorwarf, zeitweilig keine Gefangene im Ostkrieg gemacht zu haben, sah sich Richard von Weizsäcker zu einer Stellungnahme veranlasst.[242] Auch Weizsäcker habe als Adjutant seines Regiments vom Kommissarbefehl erfahren. Man habe diesen aber niemals angewandt. Von einer „integeren Wehrmacht" könne man aber dennoch nicht sprechen.[243] Fast in unmittelbarer Nähe des KZ Auschwitz lebte Hilfsverteidiger Günther Hindemith, Richter am AG Auschwitz. Er habe Verkehr mit der dortigen SS gemieden, weil das Lager einen einschlägigen Ruf in der Bevölkerung gehabt habe und Berichte über Grausamkeiten in der Bevölkerung kursierten.[244] Hilfsverteidiger Joachim von

---

239 Urteil des Spruchgerichts Benefeld 16.9.1947, in: Z42 (Joppich).

240 Kraus: The Nuremberg Trial, S. 234.

241 Gunter Hofmann: Richard von Weizsäcker. Ein deutsches Leben, München 2010, S. 95.

242 Christian Gerlach: Kalkulierte Morde. Die deutsche Wirtschafts- und Vernichtungspolitik in Weißrussland 1941 bis 1944, Hamburg 1999, S. 1112 f. Kritisch dazu Klaus Jochen Arnold: Verbrecher aus eigener Initiative? Der 20. Juli und die Thesen Christian Gerlachs, in: Geschichte in Wissenschaft und Unterricht 53 (2002), S. 24 f. Vgl. auch Hofmann: Weizsäcker S. 279 f.

243 Richard von Weizsäcker/Marion Gräfin Dönhoff: Wider die Selbstgerechtigkeit der Nachgeborenen. Wehrmachtsverbrechen und die Männer des 20. Juli, in: Die Zeit (8.3.1996).

244 Vgl. Schriftsatz Lummert 5.2.1947, in: Staatsarchiv Bamberg (StaB), Spruchkammerakten, Spruchgericht Burglengenfeld, Nr. H101.

Lukowicz half sogar, Beweismaterial für die Massenmorde im Osten in die Schweiz zu schmuggeln.[245] Und auch Verteidiger, die keinen Zugang zu höheren Regierungskreisen hatten, waren durchaus nicht ahnungslos. So berichtet Flächsner: „Ich wusste absolut nichts, bis eines Tags 1943 einer meiner Mandanten, der als Sanitäter in Russland tätig war, mit Fotographien zurückkam, die Erschießungen von Juden zeigten. [...] Ich glaube nicht, dass es ein Geheimnis war, dass Menschen hingerichtet wurden. Was wir nicht wussten, war, dass ein systematischer Massenmord stattfand."[246]

Aus nächster Nähe hatte offenbar Reserveoffizier Major Robert Servatius Kriegsverbrechen erlebt und geduldet. Im Januar/Februar 1943 sei die von Servatius geführte Einheit im Raum Ostrogosksk/Alexejewka eingesetzt und dem IV. ungarischen Armeekorps unterstellt gewesen, da die ungarische Armee über keine schweren Waffen verfügt habe. Die Ungarn hätten 500–600 ungarische Juden im Alter zwischen 20 und 60 Jahren zwangsweise zum Stellungsbau und Schneeschippen eingesetzt. Aus Gesprächen habe Servatius' persönlicher Fahrer Rudolf Tischner gehört, dass die Juden direkt von der Straße in Budapest geholt worden seien. Die Juden hätten in Sommerkleidung schwerste Arbeiten an der Front unter Artilleriebeschuss leisten müssen und seien reihenweise an Erschöpfung gestorben: „Dem Abteilungskommandanten Servatius war dies genauestens bekannt. Er sah diese planmäßige Judenvernichtung täglich, duldete die Verbrechen gegenüber jüdischen Zivilisten und hat darüber hinaus angewiesen, dass die Juden auch in der von ihm befehligten Einheit zu Schanzarbeiten, insbesondere aber zur ständigen Schneefreihaltung der Zufahrtswege unserer Batterie eingesetzt wurden. Meiner Meinung nach wäre es

245 Über seine Freunde, den Berliner Rechtanwalt Eduard Waetjen und Fritz Graf von der Schulenburg, habe er Kontakt zum Kreisauer Kreis bekommen und aufgrund seiner guten Geschäftskontakte in die Schweiz als Verbindungsmann zu den US-Stellen um Allan Dulles gedient. 1943 warnte er Eduard Schulte, der in einer berühmt gewordenen Aktion Informationen über die Judenvernichtung an Dulles in der Schweiz gegeben hatte, vor einer drohenden Verhaftung und half ihm zur Flucht in die Schweiz, vgl. Schriftsatz von Lukowicz 18.7.1947 und Spruch der Spruchkammer Stuttgart 23.7.1947 sowie Affidavit Eduard Schulte 19.3.1946, in: StLu, El 902/20 Nr. 86788 (Lukowicz, Joachim von). Zu Schultes Informierung der Alliierten über die Verbrechen im Osten vgl. Walter Laqueur/ Richard Breitman: Der Mann, der das Schweigen brach. Wie die Welt vom Holocaust erfuhr, Frankfurt a.M. 1986.

246 Sereny: Speer, S. 671.

für Servatius als deutschem Stabsoffizier und Kommandeur ein leichtes gewesen, menschliche Bedingungen für diese ungarischen Juden herzustellen, wenn er gewollt hätte, auch in diesem Falle, wo sie unter der Bewachung ungarischer faschistischer Truppen standen.“ Auch habe Servatius sowjetische Kriegsgefangene zum Bau von Geschützstellungen der Batterie eingesetzt und rücksichtslos eine „Taktik der verbrannten Erde“ angewandt.[247]

Der als Unteroffizier beim Fürther Flaktransportbattallion 1/131 eingesetzte Eduard Tipp legte ausführlich Zeugnis von einem selbst miterlebten Einsatzgruppenmassaker ab. Wie Tipp in seiner Aussage in einem Strafverfahren gegen den Kommandanten der Einheit vor dem Landgericht Nürnberg mitteilte, seien 70 Einwohner von Dubno bei dieser Vergeltungsmaßnahme 1941 erschossen worden. Alle Dienstgrade seiner Einheit seien beim „umlegen“ (sic!) der Juden vertreten gewesen. Auch er sei

---

247 Vernehmungsprotokoll des Zeugen Rudolf Tischner 29.6.1961, in: BStU, ZFG ZAIG, Nr. 10866. Tischner behauptete sich freiwillig bei der Polizei gemeldet zu haben, nachdem ihm sein alter Kommandant in der Berichterstattung um den Eichmann-Prozess aufgefallen sei. Es gibt keinen Hinweis, dass die Aussagen eine bewusste Propagandaaktion der DDR-Behörden war. Das Kriegstagebuch von Servatius Einheit ist für die von Tischner genannte Zeit zwar verlorengegangen. Die militärgeschichtliche Literatur belegt zumindest, dass Servatius‘ Einheit zum fraglichen Zeitpunkt an den von Tischner genannten Militäroperationen beteiligt war und die ungarische Armee tatsächlich an der Woronesch-Front Ende 1942 Juden zur Zwangsarbeit eingesetzt hatte. Tischner konnte durch seinen Wehrpass belegen, dass er wirklich zu den genannten Zeiten in Servatius Einheit gedient hatte. Zudem bat der wissenschaftliche Assistent am Institut für Völkerrecht an der Universität Jena, Rolf Zimmermann, den Chefredakteur der Parteizeitung „Volkswacht“ der SED-Bezirksleitung Gera, Karl Wloch, die einen Artikel über den Fall verfassen wollte, den Namen Tischners im Artikel nicht zu erwähnen, da dieser Verwandtschaft in Westdeutschland habe, vgl. Schreiben Rolf Zimmermann an Karl Wloch 16.6.1961, in: BStU, ZFG ZAIG, Nr. 10866. Auch erhielten Friedrich Karl Kaul und der für die Herausgabe der „Braunbücher“ zuständige Albert Norden erst einen Monat nach der Aussage Tischners hiervon Kenntnis, vgl. An das ZK-Büro Norden: betr. Eichmann-Verteidiger Servatius 24.7.1961, in: BStU, ZFG ZAIG, Nr. 10866. Wollte die SED bewusst Servatius nicht „anschießen“, weil die Versuche von Anwalt Servatius, den mittlerweile zu Konrad Adenauers „rechter Hand“ im Bundeskanzleramt aufgestiegenen Hans Globke als Zeugen nach Jerusalem zu bringen, für die DDR-Propaganda weitaus höheren Stellenwert hatten, als die Taten des Major Servatius? Oder gab es andere, die Aussagen Tischners anzweifelnde Gründe, dessen Aussage nicht publik zu machen? Bislang liefern die Quellen hierzu keine Antwort.

zweimal zum Schießen aufgefordert worden, habe aber angeblich nicht selbst geschossen.[248]

Zumindest zwei spätere Nürnberger Anwälte waren durch die Beteiligung an Deportationen direkt in den Holocaust verwickelt. Ludwig Losacker betrieb als Kreishauptmann im polnischen Jaslo federführend die „Entjudung" der dortigen Wirtschaft und setzte mit drakonischen Maßnahmen „Arbeitseinsätze" durch.[249] Seit Juli 1941 zum Amtschef beim Gouverneur des Distrikts Galizien befördert hatte er wesentlichen Anteil an der Deportation der Juden vom Lemberg.[250] Durch in Nürnberg aufgetauchte Anklagedokumente wurde Ernst Achenbachs Mitwirkung an Deportationen eindeutig belegt. Besonders belastend war ein Telegramm vom 15. Februar 1943, in welchem Achenbach als „Sühnemaßnahme" gegen Partisanenangriffe die Deportation von 2000 französischen Juden „in den Osten" ankündigte.[251] Eine Verwicklung in den Holocaust war offenbar die äußerste Grenze, die eine Verteidigung in Nürnberg als nicht mehr tragbar erscheinen ließ. Bezeichnenderweise sollten sowohl Achenbach wie Losacker nur kurz als offizielle Verteidiger tätig sein und auch in der BRD wieder mit ihrer Vergangenheit konfrontiert werden.[252]

---

248 Vgl. Aussage Tipp 11.7.1947, in: StN, Spruchkammer Fürth, Tipp. Ironischerweise waren mit Staatsanwalt Erhard Heinke als Sitzungsvertreter, dem zentralen Zeugen Tipp und Rudolf Aschenauer als Verteidiger eines Angeklagten gleich drei frühere Nürnberger Verteidiger in diesem Verfahren vor dem LG Nürnberg involviert. Dass alle Angeklagten freigesprochen wurden, hatten sie nicht zuletzt Oberstaatsanwalt Ernst Mantel, ehemals Militärrichter, zu verdanken, der seinen Staatsanwalt Heinke anwies, auf Freispruch zu plädieren, obwohl Heinkes detaillierte Anklageschrift überzeugend die Täterschaft der Angeklagten dargelegt hatte, vgl. Anklageschrift 23.2.1950 und Bericht des Oberstaatsanwalt Ernst Mantel 19.10.1950, in: StN, Prozessakten des Landgerichts Nürnberg, LG NBG I2643I 1950. Vgl. auch Andreas Eichmüller: Keine Generalamnestie. Die strafrechtliche Verfolgung von NS-Verbrechen in der frühen Bundesrepublik, München 2012, S. 314 f.

249 Vgl. Roth: Herrenmenschen, S. 293 f.

250 Vgl. Dieter Pohl: Nationalsozialistische Judenverfolgung in Ostgalizien 1941–1944. Organisation und Durchführung eines staatlichen Massenverbrechens, München 1996, S. 78 und Bogdan Musical: Deutsche Zivilverwaltung und Judenverfolgung im Generalgouvernement. Eine Fallstudie zum Distrikt Lublin 1939–1944, Wiesbaden 2000, S. 74–76.

251 Vgl. die Anklagedokumente NG-4890, NG-4894 und NG-5126.

252 Ludwig Losacker sollte sich wegen seiner Tätigkeit in Polen zu Beginn der sechziger Jahre vor Gericht verantworten, das Verfahren wurde allerdings 1963 eingestellt. Als Ernst Achenbach 1970 als Kandidat für das Amt eines Kommissars der

Politische Vergangenheit und Zulassung zu den Nürnberger Verfahren

Schon am 11. Oktober 1945 begann sich das vorbereitende Richterkollegium des IMT mit dem Problem der Stellung von Verteidigern und besonders deren politischer Vergangenheit zu befassen. Sie vereinbarten, dass alle vier Richter die Zusammenstellung von Listen mit potenziellen Verteidigern aus den vier Besatzungszonen veranlassten, die dann zusammengefügt als Gesamtliste den Angeklagten vorgelegt werden sollte.[253] Für den sowjetischen Richter Iola Nikitschenko war es aber „very embarrasing, or not very pleasant", Verteidiger zu haben, die Mitglieder angeklagter Organisationen seien. Es sei daher wichtig, wie er in der Folgesitzung herausstellte, die Liste sorgfältig zu editieren und zu überprüfen. Auch der britische Richter Lawrence pflichtete bei und betonte, dass die britische Liste dahingehend geprüft worden sei, ob der Verteidiger verfügbar und als „generally suitable" gelte. Es war US-Richter Francis Biddle, der sich für ein absolutes Verteidigerrecht stark machte und direkt an Nikitschenko die Frage stellte, warum er ein Problem mit Verteidigern aus NS-Organisationen hätte: „They are, so to speak, in the same boat. Perhaps it would be a good thing to have members appear as lawyers." Man einigte sich daraufhin auf den Kompromiss, dass die Angeklagten jeden Anwalt nehmen dürften, den sie wollten, allerdings werde das Tribunal keinen Nazi-Anwalt als Pflichtanwalt stellen.[254] Als nach dem Selbstmord Robert Leys am 25. September 1945 vonseiten der Sicherheitsbehörden des IMT Rufe nach einem intensiven Screening der Anwälte laut wurden, setzte sich Biddle nochmals für eine liberale Praxis ein. In der anschließenden Abstimmung des Richterkollegiums wurde dann beschlossen, Screenings

---

Europäischen Kommission in Brüssel im Gespräch war, trat die Opferaktivistin Beate Klarsfeld eine Kampagne gegen Achenbach los, woraufhin Achenbach seine Kandidatur zurückzog. Schon seit Mitte der sechziger Jahre war das Ministerium für Staatssicherheit bestens über Achenbachs Vergangenheit informiert, auch wenn dessen dickes Dossier keinen Schluss zulässt, ob die spätere Kampagne Klarsfelds gegen Achenbach vom MfS unterstützt wurde. Als im Zuge des Kölner Lischka-Prozesses 1974 bekannt wurde, dass Achenbach als Berichterstatter des Auswärtigen Ausschusses im Bundestag ein deutsch-französisches Zusatzabkommen, das Prozesse gegen in Abwesenheit in Frankreich verurteilte NS-Täter ermöglicht hätte, blockierte, kam der Fall Achenbach wieder in die Schlagzeilen. Er musste daraufhin sein Bundestagsamt aufgeben, vgl. Brunner: Frankreich-Komplex, S. 201 f. und 313 f.

253 Vgl. Minutes 11.10.1945, in: SUA, Biddle, Box 1.

254 Minutes 13.10.1945, in: SUA, Biddle, Box 1.

zwar durchzuführen, die Entscheidungsgewalt über eine Zulassung sollte aber weiter allein bei den Richtern und gerade nicht den Sicherheitsbehörden verbleiben.[255]

Bei der Zulassung der Anwälte in den Nürnberger Nachfolgeprozessen wurde die liberale Praxis des IMT in Bezug auf politische Belastungen fortgesetzt. Niemand Geringerer als Alfred Seidl bemerkte, dass irgendwelcher Druck nicht ausgeübt werde und jeder Anwalt zugelassen sei, der gewünscht werde. Die Zulassung vor deutschen Gerichten spiele keine Rolle, es habe sich nichts zu früher geändert.[256] Tatsächlich hatte die US-Gerichtsverwaltung in einem Memorandum im September 1946 festgehalten, dass die politische Vergangenheit eines Verteidigers kein Grund gegen den Verteidiger sein dürfe, wenn diesen der Mandant wünsche und der Anwalt fähig sei, eine ordnungsgemäße Verteidigung durchzuführen.[257] Zunächst übernahm weiterhin das Counter Intelligence Corps die Überprüfung der Verteidiger. Allerdings hatte das für die Verteidiger zuständige Defense Center nach wenigen Monaten die Praxis des übervorsichtigen Geheimdienstes satt. Das Defense Center einigte sich August 1947 nun mit dem CIC das Screening vollständig zu übernehmen.[258] Der Defense Administrator konnte allerdings weiterhin nur eine Empfehlung abgeben, einen Verteidiger nicht zuzulassen. Die Letztentscheidung lag aber immer noch vollständig bei den Richtern der Tribunale.

Zwar beschwerten sich die Verteidiger über die politische Überprüfung und empfanden gerade in den ersten Monaten des IMT die Überprüfungen durch den CIC als sehr unangenehm.[259] Insgesamt aber gab es nur vier Fälle, in denen die politische Vergangenheit des Verteidigers zum Problem wurde. Der erste Fall betraf das Parteimitglied Edmund Mezger, Hilfsver-

---

255 Minutes 29.10.1945, in: SUA, Biddle, Box 1.

256 Vgl. Schreiben Alfred Seidl an Fritz Sauter 14.11.1946, in: StN, NL Sauter, Nr. 26.

257 Memorandum des Leiters der OMGUS-Rechtsabteilung McLendon 28.10.1946, in: NARA, RG 260, Administrative Records of the Defence Center, Box 162, Folder Secretary General File.

258 Schreiben des Office of the Defense Administrator 24.4.1947 in: NARA, RG 260, Records of the United States Occupation Headquarters WWII, Omgus, OC-CWC, Administrative Records of the Defense Center, Box 160, Folder Screening Misc. Vgl. Auch Schreiben Behling an G. Wendland 16.8.1947 in: BAK, NL Behling, Nr. 10. So mussten etwa Verteidiger, die erst nach 1937 der NSDAP beigetreten waren, weiterhin nur einen Fragebogen vorlegen.

259 Von der Lippe: Tagebuch, S. 64.

teidiger bei der Verteidigung von Konstatin von Neurath. Am 14. Februar 1946 erfolgten überraschend die Verhaftung Mezgers und die Inhaftierung im Nürnberger Gerichtsgefängnis, aus dem er erst am 27. März 1948 wieder entlassen wurde. Grund für Mezgers Verhaftung war laut seinem Biographen Kurt von Jan vermutlich eine auf Gerüchten zurückzuführende Verdächtigung, dass er Mitglied des SD sei, womit Mezger unter den sogenannten Automatischen Arrest fiel. Den wahren Grund für seine Verhaftung habe Mezger allerdings niemals erfahren.[260] Leider ließ sich trotz intensiver Recherche bislang nicht klären, warum Mezger konkret verhaftet wurde, obwohl dies der einzige Vorfall aller Nürnberger Prozesse war, der im eindeutigen Gegensatz zur generell liberalen Politik der Verteidigerwahl stand.[261] Wahrscheinlich ist aber, dass Mezgers hoher Rang im NSRB als Gaugruppenwalter für die Hochschullehrer im Nationalsozialistischen Rechtswahrerbund im Gau München-Oberbayern verantwortlich für die Verhaftung war, wie auch eine entlastende eidesstattliche Erklärung von Mezgers Kollege Franz Exner von Mai 1946 nahelegt.[262] „Inoffiziell" blieb allerdings Mezger der Verteidigung verbunden. Er steuerte für die Verteidigung des OKW ein zwölfseitiges Gutachten über die Frage, wie eine Personengruppe als Ganzes verbrecherisch erklärt werden könne, bei. Mezger wünschte allerdings ausdrücklich, dass sein Namen keinesfalls in Zusammenhang mit Nürnberg genannt werden dürfe.[263] Drei weitere Vorfälle mit Bezug auf die politische Vergangenheit der Verteidiger betrafen Verteidiger im Wilhelmstraßenprozess. Am 20. November 1947 hatte der Leiter des Defense Center durch die routinemäßige Überprüfung der Fragebögen festgestellt, dass der Verteidiger von Ernst von Weizsäcker, Hell-

260 Vgl. Kurt von Jan: Eduard Mezger, in: Hans Dieter Beck [Hg.]: Juristen im Portrait. Verlag und Autoren in 4 Jahrzehnten. Festschrift zum 225-jährigen Jubiläum des Verlages C.H. Beck, München 1988, S. 562 und Gerit Thulfaut: Kriminalpolitik und Strafrechtslehre bei Edmund Mezger (1883–1962). Eine wissenschaftsgeschichtliche und biographische Untersuchung, Baden-Baden 2000, S. 19, der allerdings nur von Jan wiedergibt.

261 Munoz Conde vermutet, dass Mezger zeitweise als Schutzzeuge inhaftiert wurde, um gegen bestimmte Angeklagte auszusagen. Francisco Munoz Conde: Edmund Mezger – Beiträge zu einem Juristenleben, Berlin 2007, S. 358–361.

262 Affidavit Franz Exner 5.5.1946, in: StMü, Spruchkammer München, Spk 1173 Mezger, Edmund. Vgl. auch Francisco Munoz Conde: Edmund Mezger Y El Derecho Penal De Su Tiempo. Estudios Sobre El Derecho Penal en el Nacionalsocialismo, Valencia 2001, S. 372.

263 Schreiben Laternser an Mezger 12.6.1946 und Mezger an Laternser 15.6.1946 in: BAF, N431, Nr. 948.

mut Becker, seinen NSDAP-Beitritt 1937 im Fragebogen unterschlagen hatte und bat die Richter im Fall 11 um weitere Entscheidung, da von Weizsäcker seinen bereits in die Materie eingearbeiteten Anwalt nicht mehr wechseln wollte. Am 21. November 1947 beschloss das Tribunal, dass man die Zulassung Beckers als Anwalt im Interesse der effektiven Verteidigung des Angeklagten beibehalten werde.[264] Ernst Achenbach war angeblich bei einer Arbeitsreise in die britische Zone vollkommen überrascht gewesen, als am 17. Januar 1948 die Spruchkammer Nürnberg einen Haftbefehl gegen Achenbach erließ. Da der Angeklagte Fritz Gajewski weiterhin durch Achenbach verteidigt werden wollte, bat der Gerichtshof den Generalsekretär in Verhandlungen mit dem bayerischen Sonderministerium zu treten, um die Möglichkeiten einer Rücknahme des Haftbefehls auszuloten.[265] Die Münchner Behörde hielt aber den Haftbefehl dennoch aufrecht, weil Achenbach verdächtigt werde, in die Vernichtung der französischen Juden verwickelt gewesen zu sein.[266] Angesichts dieser Sachlage unternahm der Gerichtshof keine weiteren Anstrengungen für Achenbach. Es spricht vieles dafür, dass Achenbach keineswegs von der Aktion der bayerischen Behörden überrascht wurde und bewusst in die britische Zone geflohen war. Tatsächlich hatte Ankläger Robert Kempner in einer Vernehmung Achenbachs zur Vorbereitung seiner Anklage im Fall 11 am 3. Dezember 1947 unter Vorlage von Dokumenten Achenbach signalisiert, dass er über Achenbachs Verwicklung in den Holocaust bestens informiert sei.[267] Probleme bekam auch Ludwig Losacker, der Anfang März 1948 als Hilfsverteidiger für den Angeklagten Wilhelm Stuckart vor-

264 Schreiben Defense Administrator Schaefer an den Generalsekretär 20.11.1947 und Schaefer an Presiding Judge Military Tribunals 21.11.1947 in: NARA, Screening Files a to j. Zur NSDAP-Mitgliedschaft Beckers auch Raulff: Meister, S. 403.

265 Schreiben Ernst Achenbach an den Vorsitzenden Richter des Falles 6 26.1.1948 und Order of the Tribunal 5.2.1948, in: TWC Bd. 15, S. 313–317. Wolfram von Metzler übernahm zusätzlich das Mandat Gajewskis.

266 Schreiben Camille Sachs 10.2.1948 und Certificate John E Ray 16.2.1948, in: TWC, Bd. 15, S. 317 f.

267 Vgl. Vernehmung Achenbach am 3.12.1947 durch Robert Kempner in: BAK, N1470, Nachlass Robert Kempner (im Folgenden NL Kempner), Nr. 323, vgl. auch Abschrift Brief Kurt R. Grossmann an Bundeskanzler Willy Brandt 30.4.1970 in: ebd. In seinen Memoiren erwähnt Kempner, vermutlich unter Anspielung auf Achenbach, dass ein „sehr tüchtiger Anwalt“ von seiner Rechtsanwaltskammer zur Verteidigung geschickt worden sei. Kempner habe ihm aber geraten, sofort wieder zu verschwinden, schließlich habe dieser Anwalt die Depor-

läufig zugelassen worden war. Als Diskrepanzen mit dem von Losacker vorgelegten Fragebogen festgestellt wurden, lud der Leiter des Defense Centers, Robert Schäfer, Losacker zum persönlichen Gespräch. Obwohl Losacker versprach, zahlreiche Entlastungsdokumente vorzulegen, gelang es ihm nicht, Schäfer zu überzeugen, zumal Losacker als mutmaßlicher Kriegsverbrecher auf einer Auslieferungsliste der polnischen Regierung stand. Offenbar schied Losacker nach diesem Gespräch freiwillig als Hilfsverteidiger aus.[268] Faktisch änderte sich allerdings nichts. Losacker arbeitete als „inoffizieller" Mitarbeiter weiter an der Verteidigung Stuckarts mit.[269]

Tatsächlich waren politisch „überzuverlässige" Anwälte in Nürnberg gar nicht erwünscht. Laut Robert Kempner habe sich der im Widerstand tätige Münchner Anwalt und Mitgründer der CSU, Josef „Ochsensepp" Müller (1898–1979), den auch die Generäle vor dem IMT als potenziellen Anwalt benannt hatten, freiwillig um eine Verteidigung beworben und Kempner versichert, er werde ständig Fühlung mit der Anklage halten und eine Verurteilung des Angeklagten sicherstellen. Kempner habe ihn dann aus seinem Büro geworfen und ihm gedroht, ihn bei nochmaligem Vorstelligwerden verhaften zu lassen.[270]

Gerade der IMT war sehr auf den Schutz der Anwälte bedacht. Die Richter des IMT erklärten öffentlich, dass die Verteidiger auf Veranlassung des Gerichts die Verteidigung übernommen hätten und das Tribunal ohne die Mitarbeit deutscher Verteidiger die Fairness des Verfahrens nicht garantieren könne.[271] Als der Verteidiger Hanns Marx in der Berliner Presse wegen einer Zeugenbefragung im Auftrage der SS-Verteidigung scharf angegriffen und ihm der Boykott als Anwalt angedroht wurde, reagierte

tationen gekannt und stünde am Ende vor dem Problem, evtl. noch als Entlastungszeuge auftreten zu müssen, vgl. Kempner: Ankläger, S. 238.

268 Vgl. Vermerk 3.3.1948 (mit handschriftlicher Ergänzung vom 29.3.1948), Order Appointing Assistent Defense Councel 9.3.1948 sowie Schreiben des BDC Berlin an Schaefer 17.3.1948 und Schreiben Losacker an Schaefer 24.3.1948, in: NARA, Screening Files k to o.

269 Vgl. die umfangreiche Korrespondenz Losackers für die Verteidigung von Wilhelm Stuckart, in: BAK, N1292 (Nachlass Wilhelm Stuckart), Nr. 104.

270 So unter Bezugnahme auf ein Interview mit Robert Kempner Conot: Nuremberg, S. 84.

271 Minutes 6.11.1945, in: SUA, Biddle, Box 2. Die Verteidiger erbaten gegen Ende des IMT ebenfalls Schutzbriefe des Gerichts, vgl. von der Lippe: Tagebuch, S. 420.

der Gerichtshof sofort. Der Vorsitzende Richter Lawrence stellte in öffentlicher Sitzung klar, dass die ungehinderte Verteidigung eines der wichtigsten Elemente der Rechtsprechung sei. Nur der Gerichtshof habe das Recht, über das Verhalten der Verteidiger im Gerichtssaal zu wachen und gewähre gegen Angriffe von außen den Verteidigern seinen vollen Schutz.[272] Rudolf Merkel urteilte daher in der Rückschau, dass das Tribunal zu „100%" hinter den Verteidigern gestanden habe.[273] Entgegen verschiedener Presseberichte gingen auch die deutschen Rechtsanwaltskammern nicht gegen die Anwälte wegen ihrer Verteidigung vor. Zwar tauchte kurz vor Verkündigung des Urteils im IMT in der Presse die Behauptung auf, dass der Geschäftsführer der Kölner Rechtsanwaltskammer gefordert habe, dass die Anwälte wegen ihrer Verteidigung in Nürnberg politisch überprüft werden sollten, weil deren Auftreten in Nürnberg als nazistisch bezeichnet worden sei. Verteidigersprecher Rudolf Dix wehrte sich allerdings mit allen Mitteln und bat den Alliierten Kontrollrat, seinerseits die Rechtsanwaltskammer Köln zur Rechenschaft zu ziehen, weil sie das Recht auf Verteidigung verletze. Die RAK Köln reagierte mit einem heftigen Dementi und warf Dix mangelnde Kenntnis der wahren Vorgänge vor.[274]

Schwieriger dagegen war die Lage für die Anwälte aus der Sowjetischen Besatzungszone, wie ein Brief des Dresdner Anwalts Alfred Schilf an das bayerische Justizministerium mit der Bitte um Zulassung als Anwalt in Bayern belegt. Er betonte in seinem Schreiben, dass für eine pflichtgemäße Verteidigung in Nürnberg die Thematisierung des deutsch-sowjetischen Geheimabkommens durch ihn zwangsläufig notwendig gewesen sei. Trotzdem bestehe deswegen die Gefahr von Repressalien in der

---

272 IMT-Protokoll, S. 587 f.; von der Lippe: Tagebuch, S. 114 und 162. Tusa/Tusa: Nuremberg, S. 213.

273 Tusa/Tusa: Nuremberg, S. 213. Laut Heike Krösche habe es im Westen abgesehen von punktueller Kritik wenige Presseattacken gegen die Verteidiger gegeben. Lediglich das ostdeutsche Blatt „Neues Deutschland" habe ausnahmslos die Verteidiger angegriffen, vgl. Heike Krösche: Der Nürnberger Prozess gegen die Hauptkriegsverbrecher 1945/46 im Spannungsfeld von veröffentlichter Meinung und Bevölkerungsmeinung, in: Helia-Verena Daubach [Hg.]: Leipzig – Nürnberg – Den Haag. Neue Fragestellungen und Forschungen von Menschenrechtsverletzungen, justizieller Säuberung und Völkerstrafrecht, Düsseldorf, S. 138.

274 Schreiben des Präsidenten der RAK Köln an Rudolf Dix 10.10.1946, Schreiben des Präsidenten der RAK Köln an den Generalsekretär des IMT 4.10.1946 und Schreiben R. Dix an den Präsidenten der RAK Köln 29.10.1946, USHMM, Kempner Collection, Folder Anwälte 1945–46.

Ostzone. Mehrere Medien der SBZ, insbesondere der Leipziger Rundfunk, hätte ihn als Verteidiger im Fall Krupp-Prozess besonders scharf attackiert: „Wenn Deutschland wiedervereinigt sein wird, werden wir Deutschen mit denen von Nürnberg eine Rechnung zu begleichen haben."[275] Rudolf Dix' vorläufige Zulassung in Berlin wurde April 1948 durch die sowjetische Besatzungsmacht wegen „nazistischer Propaganda" zurückgenommen.[276] Faktisch verbot zudem mit dem aufziehenden Kalten Krieg die Sowjetunion Anwälten der SBZ die Verteidigung vor den amerikanischen Nachfolgeprozessen. Dies bekam besonders der erfahrene Leipziger Strafverteidiger und wegen seiner jüdischen Herkunft im „Dritten Reich" mit Berufsverbot belegte Anwalt Erich List (geb. 1905) zu spüren. Während das Sächsische Justizministerium List, den Rudolf Dix um sein Auftreten in Nürnberg gebeten hatte, auf seine Anfrage mitteilte, dass man im Ministerium es ihm überlasse, ob er verteidigen wolle, ließ ihn die Sowjetische Militäradministration wissen, sie halte es für „nicht empfehlenswert" eine Verteidigung zu übernehmen. List zog daraufhin seine Bewerbung zurück.[277]

---

275 Schreiben Alfred Schilf an den Bayerischen Staatsminister der Justiz: Betrifft: Zulassung zur Rechtsanwaltschaft in Bayern 29.12.1948 in: StN, Rechtsanwaltspersonalakten des OLG Nürnberg, Personalakte Alfred Schilf.

276 Vgl. Mitteilung des Major der Justiz P. Paschkewitsch 8.4.1948, in: LAB, C-Rep 301, Nr. 1332 (Dix). Eine anonyme Denunziation an den Gerichtshof im Fall 5 blieb dagegen folgenlos. Das Schreiben bezichtigte Dix seinen Titel Justizrat für seine Beihilfe bei der „Nazifizierung" der deutschen Justiz 1933 erhalten zu haben. Besonders eifrig sei Dix im Stab der deutschen Militäradministration im Osten gewesen, wo er sich als Leiter der Gegenspionageabteilung ausgezeichnet habe und mit hetzerischen Reden aufgetreten sei. Der Verfasser kündigte zudem weitere (niemals erfolgte) Enthüllungen an. Zwar waren sämtliche Anschuldigungen haltlos, dennoch sah sich Dix genötigt, eine ausführliche Antwort zu verfassen. Dix erklärte in einem Schreiben an die RAK Berlin, dass die Verleihung des Titels Justizrat aufgrund seiner Initiative für die kostenlose Rechtsberatung von „Unbemittelten" durch die Reichsrechtsanwaltskammer erfolgt sei, vgl. Schreiben Rudolf Dix 10.4.1947, in: NARA, Screening Files a through j und Lebenslauf Rudolf Dix 30.9.1946, in: LAB, C-Rep 301, Nr. 1332 (Dix).

277 Ministerialdirektor Ullrich (Sächsischen Landesjustizministerium) an Rechtsanwalt Erich List 28.5.1947, in: NARA, RG 260, Records of the United States Occupation Headquarters WWII, Omgus, OCCWC, Administrative Records of the Defense Center, Box 160, Folder Defense Counsel Prospective List. List ging kurz darauf als Anwalt in den Westen und ließ sich in Frankfurt a.M. nieder.

Zusammenfassung Kapitel 1.2

Als Gesamtfazit lässt sich festhalten, dass die politischen Überzeugungen der Nürnberger Verteidiger vor 1933 als „bürgerlich-konservativ-nationalliberal" mit einem punktuell stark konfessionellen Einschlag zu bezeichnen sind. Die politische Linke mit SPD und DDP ist nur mit einer Handvoll Personen vertreten, ebenso wie erstaunlicherweise die DNVP, auch wenn mit von Zwehl ein DNVP-Mann eine wesentliche Rolle in Nürnberg spielen sollte.

Aktiv politisch betätigt hatten sich nur einige wenige der späteren Verteidiger. Bis auf die kurze Reichstagstätigkeit Wagners, von Zwehls Versuche eine antisemitische DNVP-Anwaltsorganisation aufzubauen, und die standespolitischen Aktivitäten bei Rudolf Dix beschränkte sich das politische Wirken auf die Lokalpolitik, so etwa bei dem deutschnationalen Nürnberger Stadtrat Fröschmann, den BVP-Männern Orth und Weisgerber und dem CSVD-Redner Thoma. Allerdings kann bei fast allen politisch aktiven Anwälten eine gewisse Rückwirkung ihrer politischen Vergangenheit auf ihr Auftreten in Nürnberg festgestellt werden.

Etwa 61% der 264 Nürnberger Verteidiger gehörten der NSDAP als Mitglied an, immerhin 24% waren SA-Mitglied bzw. über 9 % Mitglied der SS oder sogenanntes förderndes Mitglied der SS. Fast 8% der 163 NSDAP-Mitglieder gehörten schon vor 1933 der NSDAP als Vollmitglied oder einem „Jungsturm" bzw. dem NS-Studentenbund an. Immerhin ca. 39 % der NSDAP-Mitglieder traten 1933 der Partei bei. Die Analyse der Mitgliedschaft in der NSDAP bzw. ihrer beiden „paramilitärischen" Gliederungen zeigt, dass der überwiegende Teil der Verteidiger als „idealistische Opportunisten" und Mitläufer einzuschätzen sind. Ämter in der NSDAP nahmen nur wenige ein, fast alle in den untersten Rängen des Block- oder Zellenleiters. Biographien wie die eines Josef Kößl, die so auch im RSHA oder Reichsinnenministerium hätten enden können, sind absolute Ausnahmen.

Die Mitgliedschaft in der SA war häufig Folge der Mitgliedschaft in einem Kriegerverein oder dem Stahlhelm oder hatte seinen Grund in beruflichem Opportunismus. Dafür spricht, dass 1938 viele der Anwälte aus der SA wieder ausgetreten waren. Mit Fröschmann, Losacker, Kößl und H. Merkel hatten zwar nur vier spätere Nürnberger Anwälte Offiziersränge in SA und SS inne, es kann aber gerade bei diesen genannten Personen wie auch bei einigen der im Unteroffiziersrang stehenden SA- und SS-

Mitglieder, wie Hanns Marx, zumindest zeitweise von einer nationalsozialistischen Gesinnung ausgegangen werden.

Zwar konnten die extremsten Nazi-Richter des Volksgerichtshofs und der berüchtigtsten Sondergerichte auf kein Verständnis unter ihren Kollegen hoffen. Aber selbst ein Kurt Behling oder ein Rudolf Dix, die mutig Strafverteidigungen im „Dritten Reich" geführt hatten, nahmen den Staatssekretär des Reichsjustizministeriums Schlegelberger in Schutz. Es stellt sich durchaus die Frage, ob hier zwar nicht eine Billigung der Vorgänge, aber doch der „Korpsgeist" unter Juristen zum Tragen kam, schließlich hatte man die gleiche Ausbildung und berufliche Sozialisation mitgemacht und ähnliche Denkstrukturen entwickelt. Obwohl Hergenröder einen brutalen Mord nicht hatte verfolgen lassen und sich in den Anklagedokumenten wiederfand, blieb er seinem Mitverteidiger Ernst Wolgast als der „treffliche Herr Senatspräsident" in Erinnerung.[278] Dass einige der Nürnberger Verteidiger als Militärrichter oder als Staatsanwälte und Richter an Sondergerichten an Todesurteilen beteiligt waren, hatte für ihre Aufgaben in Nürnberg so gut wie keine Bedeutung. Die brutale Militärjustiz der Wehrmacht gegen die eigenen Soldaten spielte in den Nürnberger Prozessen keine Rolle und die Tätigkeit einiger Verteidigerkollegen an den Sondergerichten wurde, sofern überhaupt bekannt, nicht hinterfragt. Eine Selbstreflektion über die Rolle des Anwaltsberufs im „Dritten Reich" fand ebenfalls nicht statt.

Wie zahlreiche Beispiele deutlich machten, lagen für die meisten Verteidiger die NS-Verbrechen und der Holocaust außerhalb ihres bürgerlichen Weltbildes und zeigen die Erschütterung vieler Verteidiger, was nicht zuletzt Auswirkungen auf die begrenzte Zahl von SS-Verteidigern gehabt haben dürfte. Bemerkenswert ist, wie viele der Anwälte dennoch zumindest von den Verbrechen etwas ahnten und sogar hiervon wussten. Wenn Robert Kempner in den Anwälten nur „Lebemenschen" sah, die „mehr oder weniger" etwas wussten, unterschätzt er den Umfang des Wissens, das unter den späteren Nürnberger Anwälten kursierte.[279] Mit Tipp und Servatius gab es mindestens zwei Anwälte, die den Judenmord durch brutale Zwangsarbeit bzw. Massenerschießungen aus nächster Nähe miterlebten, während Ludwig Losacker und Ernst Achenbach selbst in den Holocaust verstrickt waren.

278 Vgl. Brief Wolgasts an Rudolf Merkel 2.9.1946, in: StN, NL R. Merkel, Nr. 68.
279 Kempner: Ankläger, S. 239.

Eine Behinderung der Auswahl der Verteidiger oder „Vorselektion“ hat es, entgegen teilweise immer noch in der Forschung zu vernehmenden Stimmen, wie etwa von Helmut Quaritsch, nicht gegeben.[280] Insbesondere die US-Richter traten für eine bedingungslose Verteidigerwahl ein, während die UdSSR nur „sichere“ Anwälte, also politisch unbelastete Anwälte, zulassen wollten. Es ist daher Robert Kempner zuzustimmen, der mit Blick auf die Sowjetunion schrieb: „Die Russen guckten immer sehr genau, was die Leute früher gemacht hatten. Die hielten etwas von einem anti-nationalsozialistischen Radikalenerlass, aber wir kümmerten uns nicht darum und waren froh, wenn wir einen guten Anwalt hatten.“[281] Erst dann, wenn ihre Nähe zu Verbrechen zu offensichtlich war, so bei Achenbach und Losacker, wurde ein Auftreten als Anwalt in Nürnberg zum Problem. Die Anwälte konnten sich immer auf den Schutz des Gerichts verlassen, sofern von außen Kritik am Auftreten der Anwälte geäußert wurde. Während im Westen dieser Schutz sehr effektiv war und auch sehr wenig Kritik an den Anwälten geäußert wurde, war die Situation für die Anwälte in der Ostzone schwieriger, die sich teils heftiger Angriffe in der Presse ausgesetzt sahen.

280 Insofern ist Helmut Quaritschs Behauptung, Professor Carl Schmitt hätte gar nicht in Nürnberg teilnehmen können, weil die Angeklagten ihre Verteidiger nicht hätten wählen können, in dieser Pauschalität sachlich falsch, vgl. Carl Schmitt/Helmut Quaritsch: Das internationalrechtliche Verbrechen des Angriffskrieges und der Grundsatz „Nullum crimen, nulla poena sine lege“, Berlin 1994, S. 144.

281 Kempner: Ankläger, S. 239.

2. Die Verteidigerteams der Nürnberger Prozesse

2.1 „Eine Straße nach Nürnberg“

Der Historiker Bradley Smith gab seiner Studie über die Entstehungsgeschichte der Nürnberger Prozesse aus den achtziger Jahren den schlichten, aber treffenden Titel „The Road to Nuremberg“. Auf welchen Straßen kamen nun die späteren Verteidiger nach Nürnberg? Schon seit Mitte September 1945 hatte Chefankläger Robert Jackson sich mit dem Problem der zukünftigen Verteidiger befasst und eine Anfrage über potenzielle Kandidaten an den Leiter der Legal Division der US-Military Government, Charles Fahy, gestellt. Es wurden zwei bei der „Legal Division“ angestellte, 1938 bzw. 1933 in die USA emigrierte jüdische Juristen mit der Suche beauftragt, der Berliner Wirtschaftsanwalt Wilhelm Dickmann (1900–1987) und der Münchner Anwalt und Privatdozent für Staatsrecht Karl Löwenstein (1891–1973).[282] Die Suche erwies sich aber als schwierig. Fahy schlug daher vor, dass die Angeklagten ihre Verteidiger selber benennen sollten und man diese dann gezielt suche. Zwar könne man verschiedene Nichtparteigenossen nennen, die aber sicher ablehnen würden. Auch Löwenstein argumentierte, dass die Beschränkung auf derzeit zugelassene Anwälte die Suche nicht unerheblich erschweren würde, da es sich um „Anti-Nazi-Anwälte“ handle, die sowohl selbst das Mandat ablehnen als auch von den Mandanten abgelehnt werden würden.[283] Überhaupt scheint die „Legal Division“ zunächst keine wirkliche Vorstellung von der

---

282 Zu Dickmann vgl. Simone Ladwig-Winters: Anwalt ohne Recht. Schicksale jüdischer Anwälte in Deutschland nach 1933, Berlin 2007, S. 141 f. Dickmann sollte später Verfasser des Kontrollratsgesetzes Nr. 46 sein, welches den preußischen Staat auflöste. Zu Löwenstein vgl. Reinhard Weber: Das Schicksal der jüdischen Rechtsanwälte in Bayern nach 1933, München 2006, S. 18 und Ernst Stiefel/ Frank Mecklenburg: Deutsche Juristen im amerikanischen Exil (1933–1950), Tübingen 1991, S. 195–201. Löwenstein veranlasste Herbst 1945 auch die Verhaftung von Carl Schmitt. Ihm gelang in den USA eine neue Karriere als Politikwissenschaftler und Staatsrechtler.

283 Schreiben Löwenstein an Judge Madden (Stellvertreter Fahys) 18.10.1945 mit handschriftlicher Notiz vom 19.10.1945 in: NARA, RG 260, OMGUS Legal Division: Office of the Director General: Correspondence and Related Records 45–49, Box 20, Folder Incoming Correspondence Oktober 1945.

politischen Belastung der Anwälte gehabt zu haben. Auf den vorbereitenden Listen der US-Behörden mit Vorschlägen potenzieller Anwälte fanden sich etwa der Berliner Gaufachwalter für Notare und Leiter der Berliner Notarkammer Justizrat Hans Wöstendiek (geb. 1892) ebenso, wie der Rechtsberater der NS-Rechtsbetreuungsstelle an den Landgerichten Berlins Wilhelm Kunz (geb. 1887) und Arno Weimann (geb. 1899), die beide als Pflicht-„verteidiger“ im Verfahren vor dem Volksgerichtshof gegen die Attentäter des 20. Juli anschaulich ihre nationalsozialistischen Ansichten kundgetan hatten. Sogar der kurz vor Kriegende gefallene „Superfunktionär“ der NS-Anwaltschaft und Präsident der Reichsrechtsanwaltskammer Reinhard Neubert (1896–1945) wurde genannt.[284] Offenbar hatten die US-Behörden aber Bedenken bekommen, so dass schließlich auf die endgültig

284 Der 1931 der NSDAP beigetretene Wöstendiek war in der Weimarer Republik Anwalt für die Ölindustrie und während des Krieges Verwalter für Feindvermögen. Kurz war er bis 1933 Vorsitzender der Berliner DVP. Weimann, der seine Karriere ausgerechnet in der Kanzlei von Max Alsberg begonnen hatte, galt als „sicherer“ NS-Anwalt. Er war auch in einem von Friedrich Grimm zentral geplanten Schauprozess als „Verteidiger“ von Herschel Grynszpan vorgesehen, während Ernst Achenbach den zentralen Zeugen der Anklage mimen sollte. Vgl. „List of Lawyers submitted by the U.S. Member o.D.“, in: SUA, Biddle, Box 1. Offenbar hatte man in dieser Liste in erster Linie auf Pflichtverteidiger vor dem Volksgerichtshof zurückgegriffen. Die Liste enthielt die Namen der Anwälte Hellmuth Boden, Reinhard Neubert, Dr. Wubken, Hugo Bergmann, Arno Weimann, Gustav Schwarz, Victor Korell, Gunter Grzimek, Dr. Mader, Friedrich Noisten, Wilhelm Stech und Bruno Dommer, alle aus Berlin; vgl. auch Schreiben Charles Fahy an Robert Jackson 19.9.1945 mit Anlage „List of Layers“ in: NARA Outgoing Correspondence September 1945 und Charles Fahy an Jackson 1.10.1945 mit Anlage „List of Lawyers“, in NARA, RG 260, OMGUS Legal Division: Office of the Director General: Correspondence and Related Records 45–49, Box 20, Folder Outgoing Correspondance Oktober 1945. Diese Liste aus Berlin nannte die NSDAP-Mitglieder Wöstendiek, Kunz, Müller-Hoff, Kurt Schindler, Helmuth Hornicke und Richard Frost, sowie die Nichtparteigenossen Dix („well known lawyer of good standing“), Gollnick, Welt (wie Gollnick ein ehemaliger Sozius von Max Alsberg) und Kuster. Auf einer zweiten Liste Fahys vom 1. Oktober 1945 fanden sich die Namen der nicht in die NSDAP eingetretenen Anwälte Justizrat Hans Viereck, Sozius einer bekannten internationalen Wirtschaftskanzlei in Berlin, Günther von Rohrscheidt, Freiherr von Lüdinghausen, Hans Flächsner und Ernst von Schimpff. Schimpff wollte allerdings nur zusagen, wenn der ehemalige Finanzminister Lutz Graf Schwerin von Krosigk im Hauptprozess angeklagt werden sollte. Sämtliche Namen der beiden Listen Fahys tauchten auch auf der von Richter Biddle seinen Richterkollegen am 14.10.1945 vorgelegten Liste auf.

an die Angeklagten ausgegebene, insgesamt 63 Namen aufführende Anwaltsliste von US-Seite nur die als Nichtparteigenossen bekannten Berliner Anwälte Rudolf Dix, Kurt Gollnick, Lothar Welt, Werner Kuster, Hans Viereck, Günther von Rohrscheidt, Freiherr von Lüdinghausen und Flächsner gesetzt wurden. Wohl auf Löwenstein gingen die drei Münchner Empfehlungen dieser Liste zurück, die trotz der Abmachung der Richter Parteigenossen gewesen waren: Fritz Sauter, Gustav von Scanzoni und ein gewisser Anwalt Mößmer. Ob mit „Mößmer“ Justizrat Ferdinand Mößmer (1893–1974) gemeint war, bis 1933 bayerischer Landesleiter des BNSDJ und ab 1933 Präsident der RAK München, ist unklar, da in München mehrere Anwälte dieses Namens existierten. Die Angeklagten interpretierten den Vorschlag aber in diese Richtung.[285] Gustav von Scanzoni von Liebenfels (1885–1977) galt wie Ferdinand Mößmer als wichtiger Kommentator des NS-Eherechts. Sein in drei Auflagen erschienener Kommentar zum Ehegesetz von 1938 wurde verächtlich von einem Anwaltskollegen als „Lebensbornlektüre“ bezeichnet. Dass gleich neun Angeklagte im Nürnberger Hauptprozess Scanzoni als Verteidiger wünschten, hatte wahrscheinlich durchaus pikante Gründe. Scanzoni war einer der bekanntesten Scheidungsanwälte Münchens und zählte zahlreiche hochrangige Nazigrößen zu seiner Kundschaft. [286] Bei Kriegsende in der Schweiz „gestrandet“ teilte von Scanzoni den US-Behörden mit, dass er, wenn überhaupt, nur Konstantin von Neurath verteidigen wolle, aber aufgrund seines „Gesundheitszustandes“ die Verteidigungsanfragen ablehne.

---

285 Vgl. Urteil der Hauptkammer München 8.4.1949, in: StaMü, Spruchkammerakten, Spruchkammer München, Spk 1186 (Mößmer, Ferdinand) und StaMü, Rechtsanwaltspersonalakten des OLG München, Nr. 2935 (Mößmer, Ferdinand). Ferdinand Mößmer war seit 1930 NSDAP-Mitglied.

286 Anzeige des Anwalts R. Mayer 18.8.1949 in: Staatsarchiv München (StMü), Spruchkammer München, Spk 1498 Scanzoni, Gustav von. In einer Scheidungssache einer deutsch-polnischen Mischehe sprach der 1933 der NSDAP beigetretene von Scanzoni von Polen als „verächtlichem Volkstum“ und zu „Tieren abgesunkenen Bolschewisten“. Zu seinen Mandanten in Scheidungssachen zählte der erste Reichspropagandaleiter der NSDAP, Hermann Esser, Reichspostminister Wilhelm Ohnesorge und auch die Ehefrauen von Hans Frank und Martin Bormann, vgl. Affidavit der Anwaltsbuchhalterin Franziska Novak 24.10.1947 und von Scanzoni: Erläuterungen zum Fragebogen 8.3.1948 in: ebd. Zu Scanzonis Geiselhaft als Mitglied der Thule-Gesellschaft während der Münchner Räterepublik vgl. Robert Heinrich: 100 Jahre Rechtsanwaltskammer München, München 1979, S. 94 f.

Abschriften der vorbereitenden Verteidiger-Listen der anderen alliierten Mächte konnten bislang nicht gefunden werden, allerdings lassen sich diese aus der an die Angeklagten ausgegebenen Hauptliste rekonstruieren. Von der britischen Seite stammten offenbar 21 Vorschläge, die alle auf ihre politische Zuverlässigkeit, d.h. keine formelle Mitgliedschaft in der NSDAP, geprüft worden waren. Unter den britischen Beiträgen fanden sich, neben den später in Nürnberg aufgetretenen Anwälten Stahmer, Siemers und Servatius einige bekanntere Rechtsanwälte wie Adolf Ihde (1881–1959), Alfonso Stegemann (geb. 1884) oder Hermann Föge (1878–1963).[287] Fast unmöglich wurde die Auswahl der Verteidiger bei den sow-

---

287 Aus Hamburg stammte auf dieser Liste neben Walter Siemers, den Anwälten Podse und [Erich] Rodehau auch Robert Sieveking, dessen Kanzlei um seine Sozii Walther Grimm und Richard Behn verschiedene Militärs in britischen Verfahren in Hamburg verteidigte. Erich Rodehau (1895–1954) war als Halbjude im Dritten Reich Repressionen ausgesetzt gewesen. Er übernahm die anwaltliche Vertretung des KZ-Arztes von Auschwitz Eduard Wirths, der allerdings in britischer Gefangenschaft Selbstmord beging. Angeblich froh um seine Nichtwahl durch die Angeklagten des IMT war auch der zeitweilige Schriftführer der RAK Hamburg im „Dritten Reich“, Alfonso Stegemann, Sozius einer sehr bekannten und traditionsreichen Hamburger Wirtschaftskanzlei, der nach 1945 mit der Vertretung von Nationalsozialisten von sich reden machte. Prominentester Mandant Stegemanns war Zigarettenfabrikant Philipp Reemtsma, dem vorgeworden wurde, Hermann Göring für geschäftliche Gefälligkeiten bestochen zu haben. Auch trat Stegemann in britischen Militärgerichtsprozessen in Hamburg gegen die Mitarbeiter der Firma Testa wegen der Lieferung von Zyklon B bzw. im „Neuengamme“-Großprozess auf, vgl. Reinhard Pöllath [Hg.]: 200 Jahre Wirtschaftsanwälte in Deutschland, Baden-Baden 2009, S. 86 f. Aus Köln waren Robert Servatius und der wegen seiner jüdischen Ehefrau politisch verfolgte Josef Haubrich auf der Liste, vgl. Affidavit Rechtsanwalt Josef Haubrich 7.5.1946, in: NARA, RG 260, Records of the United States Occupation Headquarters WWII, Omgus, OC-CWC, Entry Affidavits, Reports, Letters Relating to Indicted Criminal Organisations 1945–1946, Box 132, Folder unnamed. Neben Otto Stahmer und Hans Beyersdorf aus Kiel war der bekannte Lübecker Anwalt Adolf Ihde aufgelistet. Ihde war u. a. wegen seiner Verteidigung im sogenannten Calmette-Prozess um den größten Impfskandal der Weimarer Republik bekanntgeworden. Aus dem Bezirk des OLG Celle waren vier Anwälte genannt, so etwa der aus Göttingen stammende konsequent antinationalsozialistisch eingestellte frühere Fraktionsvorsitzende der Deutschen Staatspartei im Hannoverschen Provinziallandtag Hermann Föge. Die anderen drei Anwälte aus dem OLG-Bezirk Celle kamen alle aus Hannover: Johannes Siemann, [Bernhard] Pfad und [Alois] Scherf. Zu den vier Anwälten und zur Anwaltschaft im OLG-Bezirk Celle allgemein vgl. Hinrich Rüping: Rechtsanwälte im Bezirk Celle während des Nationalsozialismus, Berlin 2010. Weitere Anwälte der Liste aus der britischen Zone waren Werner Schiller und

jetischen und französischen Beiträgen. Was sollte etwa ein Angeklagter, selbst wenn er Experte der deutschen Anwaltschaft des „Dritten Reiches“ gewesen wäre, mit einer Angabe wie „Schmidt: Kaiserslautern“ anfangen? Unter den zwölf französischen Beiträgen befand sich anscheinend überhaupt kein prominenter Anwalt und es wurde auch kein Anwalt der französischen Zone von den Angeklagten angefragt.[288] Neben den amerikanischen Beiträgen aus Berlin fanden sich neunzehn weitere Berliner Anwälte, die offensichtlich alle von der Sowjetunion auf die Liste gesetzt worden waren. Bis auf den Wirtschaftsanwalt Walther Schmidt und die Anwälte Carl Falck und Walther Schreiber waren, soweit dies aus den Angaben der Liste erschließbar ist, hier ebenfalls keine bekannteren Anwälte vertreten. Falck (1884–1947) hatte sich nach seiner Tätigkeit als Oberpräsident der preußischen Provinz Sachsen als Anwalt in Berlin niedergelassen und war während des „Dritten Reiches“ zeitweise in KZ-Haft. Falck zeigte daher, nachdem er von der UdSSR als Pflichtverteidiger ohne konkretes Mandat im November 1945 nach Nürnberg beordert worden war, wenig Interesse an der Übernahme irgendeiner Verteidigung und wurde nach vier Tagen wieder nach Berlin zurückgeschickt. Lediglich der Angeklagte Speer sollte mit Schreiber einen Verteidiger aus dem sowjetischen Sektor auswählen.[289]

Colonel Airey Neave (1916–1979), selbst vor kurzem noch Verteidiger im britischen Verfahren gegen das KZ-Personal in Ravensbrück, wurde Ende Oktober 1945 beauftragt, die Verteidigerliste den Hauptangeklagten

---

Werner Fiemsen aus Düsseldorf, [Julius] Käsmann und [Hans] Dissel aus Dortmund, [Julius] Bäcker aus Paderborn und aus Münster die Anwälte Hallermann (gemeint ist wahrscheinlich der Wirtschaftsanwalt und außerplanmäßige Professor an der Universität Münster Hermann Hallermann) und Reichling.

288 Die Liste aus der französischen Besatzungszone beinhaltete die Namen der Anwälte Edourd Lenze (Reutlingen; gemeint ist wohl Eduard Leuze, der Dezember 1946 Vorsitzender der RAK Tübingen wurde), [Lorenz] Bock (Rottweil), Eric [Erich?] Kramer (Saint-Wendel), Rochars [Richard?] Strauch (Saarbrücken), Leon Punnel (Ottweiler), Ludwig Fritz (Neukirchen), Grassner Dahlen (Mainz), [Otto] Schäffer (Neustadt), Schmidt (Kaiserslautern), [Wilhelm] Weber (Bingen), Dauman (Frankenthal), [Otto] Gotz (Kusel).

289 Diese offenbar von der Sowjetunion vorgeschlagenen Anwälte sind: Kurt Brekov, Gustav Brumbi, Karl Falk (= Carl Falck), Joseph Falkenberg, Alfred Karten, Kurt Lonsberger, Paul Sarre, Walther [= Walter] Schmidt, Hans Aladengoff, Karl Marzetus, Reinhard Moral, Eric (oder Erich?) Pollak, Herman[n] Rais, Walter Schreiber, Oscar Haun, Alfred Yankun, Agon (Egon?) Endree, Alexander Koper, Teissner.

des Nürnberger Hauptkriegsverbrecherprozesses vorzulegen und zu betonen, dass sie nicht an diese Liste gebunden seien.[290] Als bis zum 6. November 1945 für die „Problemfälle“ Heß, Fritzsche, Speer, Kaltenbrunner und Seys-Inquart noch immer kein Anwalt gefunden werden konnte, wurden nochmals Versuche unternommen, in der US-Zone geeignete Anwälte, insbesondere in München, Nürnberg und in Hessen, zu finden. Unter diesen Neuzugängen waren die Anwälte Hans Laternser und Kurt Kauffmann. Glaubt man Kempner, so seien diese beiden Anwälte auf ihn zugekommen und hätten gefragt, ob es Sinn habe, einen Angeklagten zu verteidigen, da sie gehört hätten, die Offizialgebühren seien ganz gut. Kempner habe dann diese Anwälte empfohlen, weil sie in einem Verfahren in Ludwigsburg „frisch, fröhlich und frech“ verteidigt hatten.[291] Prominent war bei diesen Neuzugängen der Frankfurter Anwalt Ernst Boesebeck (1892–1971), einer der wichtigsten Wirtschaftsanwälte Deutschlands, der auch schon vor 1939 mit dem US-Justizministerium zusammengearbeitet hatte.[292] Obwohl er von US-Seite wärmstens empfohlen wurde, sahen die Richter des IMT aber wegen seiner formellen Mitgliedschaft in der NSDAP davon ab, ihn auf die Anwaltsliste zu setzen. Kempner war es gelungen, in Zusammenarbeit mit den lokalen US-Behörden in Nürnberg eine Liste von 27 formal unbelasteten und in Nürnberg wieder zugelassenen Anwälten zu erstellen. Die politische Überprüfung dieser Anwälte hatte der zeitweilig in Berlin selbst als Anwalt tätige und später als Opferanwalt wieder ehemaligen Nürnberger Verteidigern gegenüberstehende Kempner (1899–1993) selbst durchgeführt.[293] Tatsächlich wurden ab 12. November 1945 sämtliche weiteren Pflichtverteidigungen vor dem

---

290 Vgl. auch Airey Neave: Memorandum for the General Secretary of the International Military Tribunal: Subject Conversation with the defendants concerning their rights to counsel 24.10.45, in: NARA, RG 260, Records of the United States Occupation Headquarters WWII, Omgus, OCCWC, General Records of the Office of General Secretary of the IMT 1944 – 1946, Box 108, Folder General – Defense Counsel.

291 Kempner: Ankläger, S. 37 f. Kempner vermischt an dieser Stelle zahlreiche Erinnerungen. Offenbar ist an dieser Stelle Hans Laternser gemeint, Kempner spricht aber nur von Kurt Kauffmann.

292 Pöllath: Wirtschaftsanwälte, S. 182–184. Boesebeck war seit 1920 als Anwalt in Frankfurt zugelassen und von 1931 bis 1933 Mitglied im Vorstand der RAK Frankfurt.

293 Vgl. handschriftliche Aufzeichnung Kempners o.D., in: USHMM, Kempner Collection, Folder Anwälte 1945–46. Zu Friedrich Bergold etwa notierte Kempner, dass dieser bis 1936 einen jüdischen Partner gehabt hatte.

IMT mit Anwälten aus München und Nürnberg besetzt, insbesondere einige der heiklen Organisationsverteidigungen wie die von Gestapo, SA und SS.[294] Auch bei diesen Anwälten zeigte sich nur bedingtes Interesse an einer Verteidigung. Wolfgang Hack etwa, der formal unbelastete letzte Vizepräsident der Nürnberger Rechtsanwaltskammer im „Dritten Reich“, lehnte Kempners Anfrage nach einer Verteidigung mit Hinweis auf seine scharfe Gegnerschaft gegenüber dem Nationalsozialismus ab.[295] Auch Anton Arnold (1879–1958), der angeblich als Verteidiger von mutmaßlichen Kriegsverbrechern vor dem internationalen Gerichtshof in Den Haag 1919 vorgesehen gewesen sein soll, übernahm kein Mandat, galt er doch wegen seiner jüdischen Frau im „Dritten Reich“ als „jüdisch versippt“ und widmete sich stattdessen in der Nachkriegszeit der Vertretung jüdischer Mandanten in Wiedergutmachungsverfahren.[296]

Ohne Zweifel hatte es im Vorfeld des IMT große Schwierigkeiten bei der Rekrutierung von Verteidigern durch den Gerichtshof gegeben. Teilweise entstand so auch der Eindruck unter den Zeitgenossen, in Nürnberg würden überhaupt keine bedeutenden Anwälte auftreten, wie Georg Quabbe, selbst ein sehr bekannter Breslauer Anwalt, in einem Privatbrief kurz nach Beginn des Verfahrens behauptete: „Auffällig ist, dass kein namhafter Anwalt zu den Verteidigern gehört, nur früher unbekannte Kerle. Von mir rede ich gar nicht – ich habe mich ja versteckt – aber mein Freund Drost vom Reichsgericht oder Justizrat Dix sind doch wohl ersten Ranges, P.G. Freiherr von Godien und ähnliche sind zu große Hitlerfeinde, um unbefangen zu sein, aber es sind auch nicht alle Angeklagten gleich grässlich, kein Mensch wird Streicher verteidigen wollen, wenn er einen Ruf zu

294 Vgl. Schreiben Reymonds an Kempner 12.11.1945 mit Anlage „List of Lawers Appointed", in: USHMM, Kempner Collection, Folder Anwälte 1945-46. Die Liste umfasste des Weiteren die Nürnberger Anwälte Anton Arnold, Alfred Behringer, Justizrat Bernhard Bergold (Vater von Friedrich Bergold), Dr. Werner Endress, Friedrich Gross, Dr. Wolfgang Hack, Dr. Franz Hassfürther, Paul Herr, Hans Kern, Dr. Max Kiesskalt, Dr. Heinrich Kullmann, Hermann Müller, Dr. Julius Nürnberger, Dr. Ludwig Ostner, Kurt Reif, Dr. Anton Schlögel, Dr. Fritz Schmitz, Dr. Ernst Stiegler, Dr. Christian Toepfer, Hans Vogel, Dr. Georg Wurzer, Dr. Ferdinand Zilcher, Hans Zimmermann. Nürnberger (1946–1952), Wurzer (1952–1960) und Schmitz (1960–1980) waren die ersten drei Nachkriegspräsidenten der RAK Nürnberg.

295 Schreiben Hacks an den Generalsekretär 19.11.1945, in: USHMM, Kempner Collection, Folder Anwälte 1945-46.

296 Ich danke Herrn Gerhard Jochem vom Stadtarchiv Nürnberg für seine Auskünfte zu Arnold in einem Schreiben an den Verfasser vom 6.4.2012.

verlieren hat, aber bei Schacht und Frick kann man schon darüber reden."[297] Tatsächlich muss man Robert Kempner zustimmen, dass zumindest bis zum Beginn des IMT der Zufall bei der Verteidigerwahl eine große Rolle spielte.[298]

Man darf auch nicht vergessen, dass viele bekannte, auch politische Strafverteidiger der Weimarer Republik Opfer des NS-Regimes oder des Dritten Reiches wurden. Die bekannten Strafverteidiger der politischen Linken wie Hans Litten (1903–1938), Alfred Apfel (1882–1941) oder der Leiter der Rechtsabteilung der „Roten Hilfe" Felix Halle (1884–1937) waren in KZ umgekommen oder im Exil verstorben.[299] Der Terror der Nazis hatte aber auch die ganz großen, meist jüdischen „Starverteidiger" Weimars vertrieben. Der jüdisch-stämmige Max Alsberg hatte im Herbst 1933 im Schweizer Exil Selbstmord begangen, während Alsbergs großer Rivale in der Strafverteidigung, der jüdische Anwalt Erich Frey (1882–1964), der fast alle großen, unpolitischen Mordprozesse der Weimarer Republik geführt hatte, nicht mehr aus dem südamerikanischen Exil zurückkehren sollte. Aber auch viele der deutschnationalen und nationalsozialistischen Anwälte, die als „unabhängige" deutschnationale Anwälte oder im Bund Nationalsozialistischer Deutscher Juristen (BNSDJ) in der späten Weimarer Republik Rechtsextremisten vertreten hatten, lebten nicht mehr, wie

---

297 Auszüge des Briefs sind abgedruckt in Karin Steimann. Leben lassen. Auf den Spuren eines unbequemen Anwalts, Leipzig 1999, S. 204. Gemeint sind Hans Drost und Reinhard Freiherr von Godin. Der 1882 geborene Drost war seit 1927 Anwalt am Reichsgericht. 1951 wurde er Richter am BGH. Der 1884 geborene Münchner Anwalt Reinhard Freiherr von Godin war 1944 wegen Wehrkraftzersetzung vom Volksgerichtshof zum Tode verurteilt worden. Nach dem Krieg war Reinhard Freiherr von Godin mit seinem Sohn Hans zentraler Kommentator des Rückerstattungsgesetzes Nr. 59 von 1947. Ihre Kanzlei wurde zu einer zentralen Anlaufstelle für Rückerstattungsverfahren in Bayern. Quabbe selbst wurde Oktober 1946 Generalstaatsanwalt in Hessen und war zentral mit der Verfolgung der Euthanasieverbrechen in Hadamar und Eichberg betraut, vgl. Steimann: Leben lassen, S. 268–279. Quabbe verstarb 1950.

298 Becker: Die Nürnberger Prozesse, S. 120.

299 Zur „Roten Hilfe" vgl. Heinz-Jürgen Schneider u. a. [Hg.]: Die Rechtsanwälte der Roten Hilfe Deutschlands. Politische Strafverteidiger in der Weimarer Republik. Geschichte und Biographien; zur juristischen Arbeit der Roten Hilfe, Bonn 2002; vgl. auch Carola Tischler: „Die Gerichtssäle müssen zu Tribunalen gegen die Klassenrichter gemacht werden". Die Rechtsberatungspraxis der Roten Hilfe Deutschlands, in: Sabine Hering/Kurt Schilde [Hg.]: Die Rote Hilfe. Die Geschichte der internationalen kommunistischen „Wohlfahrtsorganisation" und ihrer sozialen Aktivitäten in Deutschland (1921–1941), Opladen 2003, S. 105–130.

der bereits genannte Reinhard Neubert oder Alfons Sack (1887–1944).[300] Dass zahlreiche Anwälte rundweg ablehnten in Nürnberg zu verteidigen, kann nicht überraschen. Einige lehnten wegen ihrer Verachtung für die Angeklagten ab, einige wegen ihrer Antipathie gegen die Besatzungsmächte und ihrer Weigerung, die „Siegerjustiz“ zu unterstützen oder aus Furcht, nach einer Erstarkung Deutschlands wegen ihrer „Kollaboration“ Probleme zu bekommen. Eine größere Zahl habe sich auch schlicht geweigert, weil sie Angst hatten, ihre Nazivergangenheit würde ans Licht kommen.[301]

Anders als im Nürnberger Hauptprozess hatte man in den Nürnberger Nachfolgeprozessen weniger Probleme, Verteidiger zu finden.[302] Lediglich bei „SS-Verfahren“ und in der Übergangsphase von IMT zum Fall 1 (Ärzteprozess) gab es gewisse Schwierigkeiten. Zum einen war mit der Vorlage der ersten Anklageschriften in den Nachfolgeprozessen im November 1946 ein regelrechter „run“ auf die noch in Nürnberg verbliebenen Anwälte ausgebrochen, waren doch etwa ein Drittel der Verteidiger des IMT nach Ende des Hauptprozesses ausgeschieden, um sich wieder um ihre Kanzleien zu kümmern.[303] Hinzu kam, und das war wohl ausschlaggebender, dass wohl kein anderer Fall größeren Widerwillen unter den Verteidigern auslöste als die angeklagten Menschenversuche im Ärzteprozess.[304] Lediglich den in diesem Fall angeklagten Universitätsärzten ge-

---

300 Grunewald: Courtroom to Revolutionary Stage, S. 133–170; vgl. auch Rudolf Heydeloff: Staranwalt der Rechtsextremen. Walter Luetgebrune in der Weimarer Republik, in: Vierteljahresschrift für Zeitgeschichte 32 (1984), S. 373–421.

301 Conot: Nuremberg, S. 84.

302 Zu den Nürnberger Nachfolgeprozessen liegt mittlerweile eine umfassende Darstellung mit umfangreichen Literaturhinweisen vor, so dass in diesem Kapitel auf spezielle Literaturhinweise zu einzelnen Prozessen verzichtet wurde, vgl. Kim Priemel/Alexa Stiller [Hg.]: NMT. Die Nürnberger Militärtribunale zwischen Geschichte, Gerechtigkeit und Rechtschöpfung, Hamburg 2013.

303 Schreiben von Rohrscheidts an den Kammergerichtspräsidenten 6.9.1947, in: LAB C-Rep 301, Nr. 2559 (von Rohrscheidt). Zudem war zeitweise das Gerücht umgegangen, die amerikanischen Gerichtshöfe würden keine Parteigenossen mehr als Anwälte zulassen.

304 Hermann Jahrreiß und Rudolf Dix lehnten Mandate in diesem Prozess rundweg ab. Während Laternser die Ablehnung der Verteidigung der Wehrmachtsärzte mit Hinweis auf seine anstehende Verteidigung des General Kesselrings sehr bedauerte, hatte er für Anfragen anderer Mandanten im Ärzteprozess „nicht allzu große Neigung“, vgl. Schreiben Laternser an Lucht 15.11.1946, in: Bundesarchiv/Militärarchiv Freiburg (im Folgenden BAF), Nachlass Laternser N431, Nr. 959.

lang es, unbelastete bürgerliche Anwälte als Wahlverteidiger zu gewinnen. Gustav Steinbauer vertrat den Angeklagten Wilhelm Beiglboeck (Universität Wien) auf Bitten der Familie des Angeklagten, während Fritz Flemming (geb. 1888) dem Universitätsdozenten Joachim Mrugowsky (Universität Berlin) beistand.[305] Der Münchner Chefarzt Georg-August Weltz wurde von Siegfried Wille (geb. 1884) verteidigt, einem prominenten Wirtschafts- und Steueranwalt in München. Während des „Dritten Reiches“ hatte Wille verschiedene jüdische Firmen in „Arisierungsverfahren“ beraten, weswegen es zu Zusammenstößen mit der Gestapo gekommen und ihm die Vertretung von Juden vollständig entzogen worden war.[306] Wille weigerte sich, trotz seines großen persönlichen Interesses an der Verteidigung von Diplomaten im Wilhelmstraßenprozess, den er als den Höhepunkt aller Nürnberger Prozesse ansah, die Vertretung der Angeklagten Edmund Veesenmayer bzw. Wilhelm Stuckart zu übernehmen, weil er keine Personen verteidigen wollte, die extreme politische Einstellungen in der Öffentlichkeit oder in der Judenfrage gezeigt hätten und er grundsätzlich keine SS-Männer verteidige.

Insgesamt wurde aber mit Verteidigern aus dem Bekanntenkreis der Angeklagten, Initiativbewerbungen und insbesondere den internen Netzwerken der Anwälte die „amtliche“ Besorgung von Verteidigern, wie sie am Anfang des IMT notwendig war, überflüssig. Tatsächlich fanden sich auf den den Angeklagten in den Nachfolgeprozessen vorgelegten Verteidigerlisten sogar Anwälte, die gar keinen Einsatz bekamen, so der Schriftsteller Erich Ebermayer (1900–1970) und der sich freiwillig für eine Verteidigung meldende Richard Wacker, neben Fröschmann die zentrale Figur der Dachauer Prozesse (siehe Kapitel 4.2).[307]

---

305 Fragebogen 27.1.1937, in: Brandenburgisches Landesarchiv, Kammergericht Personalien Nr. 7531 (Flemming, Fritz).

306 Vgl. Spruch der Spruchkammer München 29.10.1946, in: StaMü, Spruchkammerakten, Spruchkammer München, Spk1973 (Wille, Siegfried). In der Weimarer Republik war Wille Syndikus der Arbeitsgemeinschaft zur Förderung des Rundfunks in Bayern und des Bayerischen Automobilclubs. Im Zuge der Gleichschaltung des Automobilclubs sei er durch den Verband 1933 als Parteianwärter angemeldet worden.

307 Ebermayer, Sohn des Oberreichsanwalts Ludwig Ebermayer, war 1921 zum jüngsten Rechtsanwalt Deutschlands ernannt worden, arbeitete aber nur selten als Anwalt und schlug stattdessen eine Karriere als Schriftsteller ein. Trotz seiner guten Kontakte zu hochrangigen NS-Führern und der nahezu ungebrochenen Karriere als Literat auch im Nationalsozialismus, wurde er zur „inneren Emigration“

Bevor nun die einzelnen Verteidigerteams analysiert werden, stellt sich die Frage, ob die Nürnberger Verteidiger Pflicht- oder Wahlverteidiger waren. Diese Frage ist schwieriger zu beantworten, als dies zunächst den Anschein hat. Ob und wie die Anwälte bezahlt werden sollten, war schon vor dem IMT eine umstrittene Frage. Der sowjetische Richter Nikitschenko war der Meinung, dass diejenigen, die Russland angegriffen hätten, ihre Verteidiger selber bezahlen sollten. Dagegen hielten die beiden US-Richter, dass Anwälte für ihre Arbeit genügend Bezahlung erhalten müssten, sonst habe man bald das Problem, dass aus finanziellen Gründen alle Anwälte absagen würden.[308] Wie sehr die US-Richter mit ihrer Ansicht Recht hatten, zeigte sich kurz darauf, als Schachts Anwalt Rudolf Dix sich wegen der unklaren Finanzierung weigerte zu verteidigen. Ausgehend von Erkundungen der amerikanischen Richter wurde als Richtmaß für die Bezahlung, die der Alliierte Kontrollrat in Person General Eisenhowers zugesagt hatte, festgelegt, dass ein erfolgreicher deutscher Anwalt vor dem Krieg zwischen 30000–40000 RM und ein Richter etwa 30000 RM pro Jahr verdient hatte. Man beschloss daher als Sofortvorschuss, 4000 RM an jeden Hauptverteidiger zu zahlen.[309] Das lag zwar weit unter den 10000 RM, die Rudolf Dix als Vorschuss gefordert hatte. Die Richter wollten allerdings verhindern, dass der Gerichtshof mit Anwälten überflutet werde, die nur schnelles Geld machen wollten. Nach mehreren Vorschüssen wurden schließlich März 1946 durch das Allied Control Authority Coordination Commitee feste monatliche Zahlungen zu 3500 RM pro Mandant festgelegt.[310] Für die Nürnberger Nachfolgeprozesse regelte seit 8. März 1947 eine Absprache zwischen dem bayerischen Finanzministerium und den Militärtribunalen die Bezahlung der Anwälte durch den bayerischen Staat. Wie schon vor dem IMT erhielten die Anwälte ein Honorar von 3500 RM pro Monat.[311] Anders als die Bezahlung des IMT, die vom Kontrollrat der

gezählt und galt 1945 als unbelastet. Aufgrund persönlicher Verbindungen übernahm er die Vertretung von Winifred Wagner und Emmi Göring in deren Entnazifizierungsverfahren. Ebenfalls zu keinem Einsatz kamen die Anwälte E.M. Arndt, Dr. Hans Brückelmayer, Dr. Wilhelm Liebenau, L. Pinten, Karl Schuhmann und Max Uddelohbe.

308 Minutes 19.10.1945 in: Syracuse University Archive (im Folgenden SUA), Francis Biddle Collection (im Folgenden SUA Biddle), Box 1.

309 Minutes 6.11.1945, in: SUA, Biddle, Box 2.

310 Von der Lippe: Tagebuch, S. 486.

311 Memorandum Defense Administrator Wartena: Pay of German Defense Council at Military Tribunals, Nuremberg 13.5.1947 und Memorandum von Defense Ad-

deutschen Bevölkerung auferlegt worden war, galt diese Bezahlung nicht mehr als offizielle „Besatzungskosten". Gegen Juli 1948 zeigten sich die bayerischen Behörden allerdings nicht mehr gewillt, für die Verteidigung in vollem Umfang zu zahlen, würde doch mancher Verteidiger mit 7000 RM pro Monat mehr verdienen als ein bayerischer Kabinettsminister. Eine „showdown conference" der US-Militärbehörden mit den bayerischen Verantwortlichen konnte allerdings die Reduktion der Zahlungen verhindern.[312] Faktisch war die monetäre Bezahlung im kriegszerstörten Nachkriegsdeutschland zunächst wenig wert. Dies kompensierten die Nürnberger Gerichtshöfe durch eine äußerst großzügige Zuteilung von Zigaretten, der „Ersatzwährung" der Nachkriegszeit. Mindestens genauso wichtig war die Bereitstellung von drei Mahlzeiten am Tag, die aus einer amerikanischen Prisoner of War-Ration und zusätzlich der Schwerstarbeiter-Ration bestand.[313] Als die Verteidiger für die Nachfolgeprozesse aus einer deutschen Kantine versorgt werden sollten, drohten einige Verteidiger erfolgreich mit Streik. Bissig kommentierten die Nürnberger Nachrichten, dass alle hungern und es anmaßend sei, man könne Kriegsverbrecher nur mit gut gefülltem Magen verteidigen.[314] Zur Unterstützung der Verteidigung wurde vom IMT ein spezieller Raum für die Verteidiger („Defense Infor-

---

ministrator Schafer betr. Pay of Defense Councils 2.8.1947, in: NARA, RG 260 Administrative Records of the Defence Center, Box 162, Folder Statement of Charges. Bei einem zweiten Mandat im selben Prozess sank das Honorar für das zweite Mandat auf 1750 RM, für ein zweites Mandat in einem anderen Prozess wurde wieder das volle Honorar von 3500 RM bezahlt. Allerdings sollte kein Anwalt mehr als 7000 RM pro Monat erhalten.

312 Vermerk von Generalsekretär Howard H Russel betr. Tariff Agreement Covering Defense Attorneys 18.11.1948 in: NARA, RG 260 Administrative Records of the Defence Center, Box 162, Folder Statement of Charges.

313 Jeder Anwalt bekam pro Woche eine Stange US-Zigaretten kostenlos, die laut Anwalt Heinz Fritz einen geschätzten Kurswert von nicht weniger als 800 RM besaß, vgl. Hans Fritzsche: Das Schwert auf der Waage. Hans Fritzsche über Nürnberg, Heidelberg 1953, S. 49. Nicht einmal die Omgus-Mitarbeiter erhielten Zigaretten ohne Bezahlung, vgl. Kevin Jon Heller: Nuremberg Military Tribunals and the Origins of International Criminal Law, Oxford u. a. 2011, S. 175. Diese Essensrationen hätten laut Benjamin Ferencz etwa 3900 Kalorien entsprochen und damit dreimal mehr, als dem durchschnittlichen Deutschen zugestanden habe, vgl. Ferencz: Procedure, S. 147. Ein Einwohner von Nürnberg habe zur Zeit des IMT gerade einmal 1365 Kalorien zur Verfügung gehabt, vgl. Tusa/Tusa: Nürnberg, S. 124.

314 Artikel in Nürnberger Nachrichten 11.1.1947, in: StN Verteidigerakten Fritz Sauter (im Folgenden Nachlass Sauter), Nr. 1.

mation Room“) eingerichtet, wo die Dokumente der Verteidigung gesammelt sowie Dokumente der Anklage der Verteidigung zur Verfügung gestellt werden sollten.[315] In den Nachfolgeprozessen entwickelte sich allerdings aus dem „Defendants‘ Information Center“ aufgrund der praktischen Bedürfnisse eine eigene Behörde unter der Bezeichnung „Defense Center“, der die Bereitstellung von Dokumenten, die Entgegennahme von Anträgen an den Generalsekretär, die Überprüfung der Anwälte, die Versorgung der Verteidiger und die Beschaffung von Beweisdokumenten und Zeugen übertragen wurde.[316] Damit hatten es die Verteidiger oft um einiges besser als mancher deutscher Richter, denen Papiermangel, fehlendes Personal und die Beschlagnahmung von juristischer Literatur in der unmittelbaren Nachkriegszeit im Arbeitsalltag schwer zu schaffen machten. Während in der britischen Zone 1945/1946 beinahe der Justizbetrieb mangels Heizmaterial zusammengebrochen wäre, erhielten die deutschen Verteidiger ausreichend Heizmaterial und sogar Benzin für ihre privaten Fahrzeuge. Während selbst der mittlerweile zum OLG-Präsident von Celle aufgestiegene Hodo von Hodenberg die Wegnahme seines Hauses erdulden musste, setzten sich die Nürnberger Gerichtshöfe erfolgreich dafür ein, dass während der Prozesse keine Requirierungen der Häuser der Anwälte

---

315 Drexel A. Sprecher: Inside the Nuremberg Trial. A Prosecutor's Comprehensive Account, Lanham 1999, Bd. 1, S. 131; Luise Jodl: Jenseits des Endes. Leben und Sterben des Generaloberst Alfred Jodl, Wien u. a. 1978, S. 193, von der Lippe: Tagebuch, S. 17.

316 Trials of War Criminals before the Nuremberg Military Tribunals, Washington D.C. 1949 (im Folgenden TWC), Bd. 15, S. 188. Trotz dieser Versorgung war das Verhältnis zu den Anklägern vor dem IMT schwierig. Von der Lippe schrieb: „Die Verteidiger sind – und auch dies hat ihre Lage nicht erleichtert – besonders in den ersten Monaten des Prozesses auf Ablehnung, Kälte und Zurückhaltung bei fast allen alliierten Funktionären des Tribunals gestoßen. Die wenigen alliierten Personen, die mit Verteidigern einen gewissen privaten Verkehr anknüpften, taten dies möglichst ungesehen und sichtlich mit der Sorge, dass ihnen daraus Unannehmlichkeiten entstehen könnten.“, vgl. Von der Lippe: Tagebuch, S. 291 f. Ähnlich sah dies auch Telford Taylor: „Allerdings konnten die Beziehungen zwischen den deutschen Anwälten und uns nicht so wie zwischen britischen Anwälten und Staatsanwälten an einem Bezirksgericht sein, die sich tagsüber vor Gericht bis aufs Messer bekämpften und sich am Abend zusammensetzen und freundschaftlich miteinander trinken und plaudern konnten. Zwischen uns lagen die entsetzlichen organisierten Gräueltaten der Naziführer, und nur selten kamen wir mit den deutschen Anwälten außerhalb des Justizgebäudes zusammen“, vgl. Taylor: Prozesse, S. 278.

stattfanden.[317] Sicherlich gab es Probleme, wie etwa die Raumknappheit im Nürnberger Gerichtspalast oder die ruppige Behandlung durch die Wachen des Gerichtshofs. Dennoch war es eine äußerst grobe Vereinfachung der Tatsachen, als einige Verteidiger in ihren Klageschreiben an Bischof Theophil Wurm die Nürnberger Gerichtshöfe u. a. deswegen einer Beeinträchtigung der Verteidigung beschuldigten, weil die Verteidiger über zu wenige Telefone verfügt hätten.[318] Die Versorgung der Verteidiger war somit zwar nicht immer optimal, dennoch waren die Nürnberger Gerichtshöfe vergleichsweise ein ganz passabler Arbeitsort, um die ersten Nachkriegsjahre durchzustehen.

Rein strafprozessual betrachtet waren letztendlich auch alle Verteidigungen vor den Nürnberger Gerichtshöfen Pflichtverteidigungen bzw. die Beiordnung von Wahlverteidigern als Pflichtverteidiger, da die Verteidiger durch die Nürnberger Gerichtshöfe bezahlt wurden. Bisweilen wurden Sonderhonorare, insbesondere von den Industriellen, mit ihren Verteidigern verabredet. Hartmut Schmidt benennt allerdings in seiner rechtswissenschaftlichen Untersuchung über die Pflichtverteidigung zu Recht als zentrales Kriterium für die Abgrenzung von Wahl- und Pflichtverteidigung nur die persönliche Wahl des Angeklagten.[319] Tatsächlich verdeckt die rein formelle Sicht auf die Bezahlung der Nürnberger Verteidiger den eigentlichen Akt der freiwilligen Wahl durch den Angeklagten und damit die Frage nach einer gewissen Nähe zwischen Mandant und Anwalt gerade in der Ausnahmesituation der Nürnberger Verfahren. Somit ist letztendlich jeweils im Einzelfall zu entscheiden, ob man in Nürnberg von einer Wahl- oder Pflichtverteidigung sprechen kann. Offensichtlich ist die Wahlverteidigung, wenn der Angeklagte ohne Zuhilfenahme einer Liste seinen Anwalt wählte, so beispielsweise die Wahl von Kranzbühler durch Dönitz. In den Nachfolgeprozessen sollten ganze Verteidigerstäbe, gerade in den Industrieprozessen, als Wahlverteidiger der Angeklagten auftreten. Relativ klar lag eine Pflichtverteidigung dagegen für die Fälle vor, in denen in letzter Minute noch ein Anwalt gesucht werden musste, so beispielsweise Anwalt Günther von Rohrscheidt im Fall Rudolf Heß. Schwierig dagegen

---

317 Zur Arbeitssituation der deutschen Justiz in der unmittelbaren Nachkriegszeit nun ausführlich Edith Raim: Justiz zwischen Diktatur und Demokratie. Wiederaufbau und Ahndung von NS-Verbrechen in Westdeutschland 1945–1949, München 2013, S. 150–203.

318 Heller: Nuremberg Military Tribunals, S. 175.

319 Hartmut Schmidt: Die Pflichtverteidigung, München 1967, S. 7 f.

ist die Beurteilung bei den auf der Liste als Empfehlung gesetzten Verteidigern. Anders als ein regulärer Pflichtverteidiger wussten die Anwälte von der Existenz einer Verteidigerliste und der Möglichkeit einer Verteidigung in Nürnberg zunächst nichts und erfuhren hiervon erst mit dem Besuch von Offizieren der Besatzungsbehörden bzw. ihrer Vorladung nach Nürnberg. Zwar konnte der Anwalt die Verteidigung folgenlos ablehnen. Allerdings darf die spezielle Situation der unmittelbaren Nachkriegszeit nicht vergessen werden. Die auf den Listen vermerkten Verteidiger standen unter gewissen faktischen Zwängen, insbesondere die psychologische Situation. Es gehörte durchaus Mut dazu, die Bitte der Besatzungsmächte, insbesondere wenn diese nachdrücklich durch als Geheimdienstmitarbeiter perzipierte Besatzungsoffiziere vorgebracht worden war, abzulehnen. Dennoch musste sogar Oswald Rothaug, der an den Verteidigern kein gutes Haar ließ, zugeben, dass durch die Anwaltsliste „eine gewisse Wahl in gewisser Hinsicht" bestand.[320]

2.2 Die Staatsspitze: Hermann Göring, Rudolf Heß, Franz von Papen

Hermann Göring, lange Zeit designierter Nachfolger Hitlers, „Reichsmarschall", Oberbefehlshaber der Luftwaffe, preußischer Ministerpräsident, Beauftragter des Vierjahresplanes und Inhaber einer Vielzahl anderer Ämter war der zentrale Angeklagte des IMT. Robert Kempner behauptete in der Rückschau über die Verteidigerwahl Görings: „Also wurde Göring die Liste von Anwälten vorgelegt, und damit verfuhr er mehr oder weniger wie religiöse Leute, die mit dem Bleistift in die Bibel tippen, um einen Namen für ihr Kind zu finden."[321] Hier irrte Kempner. Als Neave ihn aufsuchte, erwies sich Göring als gut vorbereitet und übergab ihm eine eigenhändig erstellte Liste mit acht Namen von Juristen, die er als Verteidiger wünschte. Ganz oben auf Görings Wunschliste stand der bekannte Berliner NS-Anwalt Rüdiger von der Goltz (1894–1976). Dessen Auftritt wäre sicher eine Sensation in Nürnberg gewesen. Als Sohn des bekannten Generals Rüdiger von der Goltz gehörte er zu den großen deutschnationalen Anwälten der Weimarer Republik, der „Fememörder" ebenso vertrat wie

320 Vgl. unbetiteltes Gutachten von Oswald Rothaug o.D., in: StN, NL Fröschmann, Nr. 85.

321 Robert Kempner: Ankläger einer Epoche. Lebenserinnerungen, Frankfurt a.M. 1983, S. 237.

Joseph Goebbels im sogenannten Hindenburg-Prozess. Auch Göring hatte damals zu seinen Mandanten gezählt. Als Schwager von Wilhelm Stuckart hatte von der Goltz zudem beste Kontakte zu höchsten Regierungskreisen und gehörte als einer der führenden Wirtschaftsanwälte Berlins zu den Spitzenverdienern der deutschen Anwaltschaft im „Dritten Reich“.[322] Anders als manch anderer regimetreuer Anwalt bewahrte sich von der Goltz eine gewisse politische Unabhängigkeit. Er setzte sich für schwerkriegsgeschädigte jüdische Rechtsanwälte ein und verteidigte den wegen Homosexualität angeklagten Generaloberst Werner Freiherr von Fritsch.[323] Neave musste Göring allerdings mitteilen, dass von der Goltz kürzlich „verschwunden“ sei. Dieser befand sich seit Mai 1945 im Internierungslager 74 bei Ludwigsburg und arbeitete bereits an einer Widerstandslegende. [324] Eine weitere Wahl Görings war Kurt Gollnick (geb. 1889), der seit 1919 der Kanzlei Max Alsbergs angehörte und u. a. als Co-Verteidiger mit Alsberg im Prozess gegen die Mörder Walter Rathenaus und in einem Großprozess gegen Hugo Stinnes 1932 Bekanntheit erlangte.[325] Gollnick hielt Alsberg auch nach der „Machtergreifung“ die Treue und trat nicht der

322 Zu den biographischen Angaben vgl. StaMü, Spruchkammerakten, Spruchkammer München, Spk535 (Goltz, Rüdiger von der).

323 Krach: Jüdische Anwälte, S. 150 f. und Königseder: Berliner Anwälte, S. 211.

324 Im Spruchkammerverfahren behauptete von der Goltz in die Pläne des 20. Juli eingeweiht gewesen zu sein. Wegen seiner Kriegsverletzung sei von ihm aber keine aktive Mitarbeit verlangt worden, weil er als Verbindungsmann zu Stuckart dienen sollte, vgl. Aussage von der Goltz in Protokoll 9.12.1947 und Affidavit Hans Graf von Hardenberg 23.2.1947 und besonders von der Goltz Darstellungen „Darstellung Prozess Generaloberst von Fritsche“ und „Zur Vorgeschichte des 20. Juli“. Vgl. zudem Spruch der Spruchkammer Schongau 10.12.1947: StaMü, Spruchkammer München, Spk 535 (Goltz). 1949 knüpfte von der Goltz in Düsseldorf an seine erfolgreiche Karriere als Wirtschaftsanwalt an. Der andere neben Grimm und von der Goltz noch lebende „Starverteidiger“ der Rechtsextremisten in der Weimarer Republik und zeitweilige Leiter der SA-Rechtsabteilung Walther Luetgebrune, war dagegen offenbar von den Nürnberger Angeklagten nicht angefragt worden. Luetgebrune leistete stattdessen nach Kriegsende als Rechtsberater des Internierungslagers 75 (Kornwestheim) „Kameradenhilfe“, scheint aber keine direkten Verbindungen zu den Nürnberger Prozessen gehabt zu haben. Luetgebrune hätte man vermutlich in den fünfziger Jahren an der Seite Friedrich Grimms wiedergesehen, wäre er nicht August 1949 überraschend an den Folgen einer Lebensmittelvergiftung verstorben.

325 Beurteilung durch den Landgerichtspräsidenten 28.7.1944, in: LAB, C-Rep 301, Nr. 257 (Gollnick).

NSDAP bei.[326] Obwohl bekannt war, dass der aus Berlin geflohene Gollnick sich in der französischen Besatzungszone aufhielt, musste Neave Göring mitteilen, dass die französischen Behörden ihn angeblich nicht aufspüren könnten.

Göring hatte damit erfolglos versucht, immerhin zwei der Top-Anwälte der Weimarer Republik zu engagieren. Der Grund für die Wahl seines späteren Verteidigers Otto Stahmer (1879–1968), einem bekannten Kieler Wirtschaftsanwalt und nach Kriegsende kurzzeitig Vorsitzender der RAK Kiel, aus der ihm vorgelegten Anwaltsliste war dagegen zutiefst banal: Stahmer war der einzige Anwalt, der sich auf den Weg nach Nürnberg gemacht hatte, um zu eruieren, ob er Göring verteidigen wolle.[327] Stahmers Hilfsverteidiger war seit Jahreswechsel 1945/46 der Kieler Referendar Werner Bross (geb. 1914), den Stahmer beruflich aus Kiel kannte.[328] Wahrscheinlich ebenfalls berufliche Verbindungen waren wohl Grund für die Auswahl des zweiten Hilfsverteidigers Hans Wittmack (geb. 1894),

326 Juli 1942 rügte ihn die Rechtsanwaltskammer Berlin, weil er die Einmischung des Geschäftsführers des Gauwirtschaftsamts Berlin in einen Zivilprozess kritisiert hatte. Gollnicks Antrag, vor deutschen Gerichten im Reichsprotektorat Böhmen und Mähren aufzutreten, wurde ebenfalls abgelehnt, vgl. Schreiben der RAK Berlin an Gollnick 21.7.1942 und Schreiben der RAK Berlin an den Präsidenten des Kammergerichts o.D., in: LAB, C-Rep 301, Nr. 257 (Gollnick). Nach Kriegsende wurde Gollnick als Anwalt in Lindau zugelassen.

327 Vgl. Milgov-Fragebogen, in: LASH, Abt. 460.19, Nr. 513 (Stahmer, Otto) und Hodges: Subjet Dr. Otto Stahmer 5.2.1946 in: NARA, RG 260, Administrative Records of the Defense Center, Box 162, Folder Miscellaneous. Stahmer hatte 1907 die Zulassung als Anwalt erhalten. Sein Spezialgebiet waren internationale Patentverfahren u. a. für den Kreiselkompass. 1939 wurde Stahmer als Verwaltungsbeamter zum Marinearsenal Kiel eingezogen und war mit der Bearbeitung von Instandhaltungsverträgen zwischen der deutschen Marine und dänischen Werften beauftragt.

328 Personalities Security Office Memorandum Bross, Werner 2.1.1946 in: NARA, Screening Files a though j.
Und Milgov-Fragebogen Werner Bross in: LASH, Abt. 460.19, Nr. 531 (Bross, Werner) sowie Personalities Security Office Memorandum Bross, Werner 2.1.1946, in: NARA, Screening Files a though j. Bross Referendariat wurde 1939 durch den Krieg unterbrochen. Er diente bis 1945 als Leutnant u. a. an der Ostfront. 1938 war er der NSDAP beigetreten. Nach Beendigung der Verteidigung Görings half Bross Juli und August 1946 bei der Verteidigung des OKW aus.

der seit 1923 Anwalt in Lübeck war und als Kriegsgerichtsrat an der Ostfront gedient hatte.[329]

Das Verteidigerteam stand allerdings vollkommen im Schatten ihres Mandanten, wie Beobachter von Anklage wie Verteidigung einhellig bekundeten. Telford Taylor sah den Verteidiger Görings mehr oder weniger als Sprachrohr und „Unterhalter" seines Mandanten: „Als Anwalt von Göring, dem prominentesten und höchstrangigen Angeklagten, hatte sich Dr. Stahmer ein gewisses Prestige unter seinen Kollegen erworben. Aber er stand doch ziemlich im Schatten seines intelligenter und überzeugender auftretenden Mandanten und genoss nicht das hohe Ansehen, in dem Dix, Kranzbühler und ein paar andere herausragende Anwälte bei seinen Verteidigerkollegen standen."[330] Der Gerichtspsychologe Gustave Gilbert behauptete sogar, dass Stahmer nichts ohne ausdrückliche Anweisung seines Klienten tue.[331] Carl Haensel berichtete, Stahmer sei trotz der politischen Gegensätze stolz auf Göring „wie ein kluges Kind" gewesen.[332] Dass Göring versuchte, die Verteidigung als sein Vermächtnis zu inszenieren, belegt Werner Bross, der berichtet, dass Göring darauf bestanden habe, seine früheren Reden und Aufsätze in den Verteidigungsschriftsätzen ausführlichst zu zitieren, was ihm die Verteidiger ständig auszureden versuchten.[333] Das Plädoyer Stahmers für Göring wurde auch allgemein mit Enttäuschung aufgenommen, habe Stahmer doch laut Taylor getreulich sämt-

329 Vgl. Meldebogen Hans Wittmack in LASH, Abt. 460 Nr. 447.1 (Wittmack). Ab 1942 diente der hochdekorierte Veteran des Ersten Weltkriegs als Kriegsgerichtsrat bei den Feldkommandanturen 280 und 619 in der Ukraine. 1918 war Wittmack Gründungsmitglied der DDP in Lübeck gewesen und gehörte für die DDP dem Lübecker Stadtparlament an. 1926 trat er 1926 aus Protest wegen des von der DDP tolerierten Sturzes des Lübecker Bürgermeisters Johann Neumann aus. 1931 kam er in Berührung mit jungkonservativen Kreisen und wurde Leiter des Lübecker „Tat-Kreises". 1933 trat er der NSDAP und der SA bei, der er im Rang eines Rottenführers als Rechtsberater diente. Wegen Konflikten zwischen der lokalen SA und seiner Veteranenvereinigung „Bund der Kriegsfreiwilligen 1914/15" trat er allerdings Mitte der dreißiger Jahre aus der SA aus, vgl. Anlage zum Fragebogen 20.10.1946, in: Landesarchiv Schleswig-Holstein (LASH), Abt 460, Nr. 447.1 (Entnazifizierungsakte Wittmack, Hans).

330 Taylor: Nürnberger Prozesse, S. 550.

331 Gilbert: Tagebuch, S. 402.

332 Haensel, Tagebuch S. 59. Robert Kempner dagegen erwähnt, dass der „ehrwürdige Otto Stahmer" nicht einverstanden gewesen sei mit dem, was Göring von ihm forderte, vgl. Kempner: Ankläger, S. 236.

333 Werner Bross: Gespräche mit Hermann Göring, Flensburg u. a. 1950, S. 45.

liche Aussagen seines Mandanten wiederholt.[334] Angesichts der Selbstinszenierung des Hauptangeklagten blieb Stahmer eine der blasseren Verteidigerfiguren im IMT.

Dies konnte man von Alfred Seidl, dem Verteidiger von Rudolf Heß, nicht behaupten. Der Angeklagte Heß war als „Stellvertreter des Führers" faktisch der zweite Mann der NSDAP gewesen. Anders als Göring, der in Nürnberg sein politisches „Vermächtnis" gewahrt haben wollte, setzte Heß auf vollständige Konfrontation. Er weigerte sich, überhaupt nur irgendeinen Anwalt aus der ihm vorgelegten Liste auszuwählen, geschweige denn einen zu nominieren. Im Falle, dass der Gerichtshof einen Anwalt stelle, solle dies aber kein Jude sein. Die Weigerung, einen Juden als Anwalt gestellt zu bekommen, veranlasste die IMT-Richter zu Diskussionen. Sie einigten sich dann, dass die Nominierung von Pflichtverteidigern zwar kein Recht der Angeklagten sei, aber es aus praktischen Gründen sinnvoll wäre, den Wünschen der Angeklagten nachzukommen.[335] Günter von Rohrscheidt (geb. 1888), der Heß aus der Anwaltsliste durch das Gericht zugewiesene und politisch unbelastete Pflichtverteidiger, war eher „halbfreiwillig" nach Nürnberg gekommen.[336] In einem Schreiben an den Kammergerichtspräsidenten von Berlin erwähnte von Rohrscheidt, dass die US-Besatzungsbehörden ihn mit einem „ehrenvollen Auftrag" bedacht haben, den abzulehnen als „eine unhöfliche, unerwünschte Einstellung angesehen worden wäre".[337] Von Rohrscheidt hatte sich als Anwalt in Berlin auf zivilrechtliche Fälle des Unfall- und Verkehrswesens spezialisiert und während des Krieges eher zufällig die Verteidigung von Personen vor den Militärgerichten und dem Volksgerichtshof übernommen.[338] Reiner Zufall brachte auch seinen Hilfsverteidiger, den Jurastudenten Johannes (Hans)-Georg Schätzler (1921–2007) nach Nürnberg.[339] Nach der Entlassung aus der Kriegsgefangenschaft war Schätzler im Juli 1945 bei einem Verwand-

334 Taylor: Nürnberger Prozesse, S. 550, vgl. auch von der Lippe: Tagebuch, S. 362.

335 Minutes 1.11.1945, in: SUA, Biddle, Box 1.

336 Für das Folgende: Lebenslauf von Rohrscheidt 2.5.1947 und Schreiben von Rohrscheidt an den Präsidenten des Berliner Stadtgerichts 18.6.1945, in: LAB, C-Rep 301, Nr. 2558 (von Rohrscheidt, Günter).

337 Schreiben von Rohrscheidt an den Kammergerichtspräsidenten 6.9.1947, in: LAB, C-Rep 301, Nr. 2559 (von Rohrscheidt).

338 Milgov-Fragenbogen, in: LAB, C-Rep 301, Nr. 2558 (von Rohrscheidt).

339 1941 hatte Schätzler wegen des Einzugs zu einer Transportfliegereinheit sein Studium unterbrechen müssen, vgl. Flugbuch, in: BAF, N883 (Nachlass Hans-Georg Schätzler), Nr. 6.

ten in der Nähe von Nürnberg untergekommen, der Flächsner und von Rohrscheidt aus Berlin kannte. Bei einem Besuch machte von Rohrscheidt überraschend dem jungen Studenten das Angebot, im Nürnberger Hauptprozess mitzumachen. Aus beruflicher Neugier nahm Schätzler das Angebot an.[340] Das Verhältnis von Heß zu seinen Verteidigern war aber zutiefst belastet. Von der Lippe vermutete wohl nicht zu Unrecht, dass Heß schon seit Beginn des Prozesses von Rohrscheidt misstraut hatte.[341] Heß nutzte daher Anfang Februar 1946 die Gelegenheit, als von Rohrscheidt wegen eines gebrochenen Beines für mehrere Tage ausfiel, den Anwalt zu wechseln und den Verteidiger von Hans Frank, Alfred Seidl, als Anwalt zu verpflichten. Nun arbeitslos wechselten von Rohrscheidt und sein Assistent Schätzler im März 1946 als Hilfsverteidiger zum Verteidigerteam des OKW. Alfred Seidl habe angeblich die wahren Gründe für Heß' Entscheidung, ihn zu wählen, nie erfahren, zumal Heß bereits beim ersten Mandantengespräch jegliche Mitteilung verweigerte und sich an der Verteidigung nicht mehr beteiligte. Seidl sei daher auf sich selbst gestellt gewesen. Zunächst deutete wenig darauf hin, dass Alfred Seidl die wohl provokanteste wie prägendste Figur der Nürnberger Prozesse werden sollte. Seine Biographie verdient daher eine ausführliche Würdigung. Geboren wurde er 1911 als Sohn des Bäckermeisters Peter Seidl in München.[342] Über seine Jugend in München ist bislang so gut wie nichts bekannt und auch in einem langen Zeitzeugeninterview für den Bayerischen Rundfunk erwähnte Seidl seine Jugendjahre nur beiläufig.[343] Man kann daher nur spekulieren, inwieweit Seidl die unruhigen zwanziger Jahre in Bayern miterlebte bzw. politisch sozialisiert wurde. Reinhard Mehring schrieb in seiner Biographie zu Carl Schmitt, dass Bayern seit Kriegsbeginn 1914 über zehn Jahre im Ausnahmezustand gelebt habe. Vielleicht erinnerte sich Seidl in Nürnberg noch dunkel als Kindheitserinnerung an den roten Terror der Münchner Räterepublik und den genauso brutalen Gegenterror des „Freikorps Epp", den Hitlerputsch und die reaktionäre Stimmung in der selbst-

340 Journal 3 Eintrag 2.12.1945, in: BAF, N883, Nr. 9. Leider enthält dieses Tagebuch keinerlei Einträge zur Verteidigerarbeit, da Schätzler offenbar die Zeit gefehlt hatte, sein Tagebuch zu führen.

341 Von der Lippe: Tagebuch, S. 77.

342 Vgl. Lebenslauf o.D. Seidl in: HStaMü, Nachlass Alfred Seidl, Nr. 1

343 Sofern nicht anders angegeben, entstammen die folgenden Angaben aus dem Interview Seidls in: HStaMü, Nachlass Alfred Seidl, Zeitzeugeninterview 21.3.1991, PR 650 Nr. 1 und 2.

ernannten „Ordnungszelle des Reichs“. Die wirtschaftliche Not der frühen zwanziger Jahre und insbesondere die Hyperinflation dürften Seidls Familie, dessen Vater einen Handwerkerberuf ohne soziale Sicherung ausübte, sehr hart getroffen haben, jedenfalls war Seidl als Student auf Hörgeldbefreiungen angewiesen. Vielleicht war dies auch der Grund, weswegen Seidl offenbar von 1924 bis 1927 einem Jungsturm der NSDAP-Nachfolgeorganisationen angehört haben soll.[344] In den wenigen Angaben zu seiner Jugend versuchte sich Seidl später als Mann der Tat zu stilisieren und betonte seine sportlichen Erfolge als Skifahrer und Hobbyboxer. Dichter wird Seidls Leben mit Beginn seines Studiums an der Ludwigs-Maximilian-Universität (LMU) im Jahre 1932. Im gleichen Jahr schloss er sich der Deutschen Studentenschaft an, die zu dieser Zeit an der LMU vollkommen durch den NS-Studentenbund dominiert wurde. 1933 trat Seidl SA und 1937 der NSDAP bei und verdingte sich in der Position eines kommissarischen Blockleiters laut politischem Zeugnis als „guter Soldat der Bewegung“. Wohl wegen der Überbelastung als Referendar und Fakultätsassistent legte sein SA-Reitersturm Seidl den Austritt nahe, den Seidl 1939 auch vollzog.[345] Für Seidl blieb seine NSDAP-Mitgliedschaft nach Kriegsende folgenlos. Als Geringverdiener unterfiel er der Weihnachtsamnestie von April 1948, so dass sein Entnazifizierungsverfahren eingestellt wurde.[346] Seidl studierte Jura und Volkswirtschaftslehre an der Universität München. Wie sich aus einer Übersicht der von Seidl besuchten Veranstaltungen ergibt, hatte er u. a. Vorlesungen bei Edmund Mezger, Franz Exner und Theodor Maunz besucht.[347] Die erste Staatsprüfung bestand er im Mai 1935 mit „befriedigend“ und begann mit seinem Referendariat in München. Zeitgleich studierte er weiterhin an der Universität München und erhielt das Diplom in Volkswirtschaftslehre im Oktober 1937. Des Weiteren arbeitete er als Fakultätsassistent bei Mezger und Exner. 1938 Seidl wurde Seidl bei Mezger über den „Beginn der Straftat“ mit der Note „gut“ promoviert. Unter ausgiebiger Zitierung von Aufsätzen Roland Freislers plä-

---

344 Information 64320/9/78: Hinweise zur faschistischen Vorgeschichte des bayerischen Innenministers Seidl 18.6.1978, in: BStU, HA IX/11 PA 2516.

345 Vgl. Schreiben Seidl an die Spruchkammer München 30.12.1947, sowie Kopie der Verfügung des SA-Hochschulamtes 16.4.1934, in: StaMü, Spk 1508 (Seidl).

346 Einstellungsbescheid vom 14.4.1948, in: StaMü, Spk 1508 (Seidl) sowie Klageschrift vom 15.12.1947 und Gutachten des Überprüfungsausschusses vom 1.8.1946, in: ebd.. Der Vorprüfungsausschuss hatte aufgrund der Einlassungen Seidls eine Einstufung als Mitläufer empfohlen.

347 Vgl. Übersicht in: UAM, L-NP-SS1937 (Promotionsakte Alfred Seidl).

dierte Seidl für die Abschaffung der Unterscheidung zwischen Versuch und vollendeter Tat, müsse doch das künftige Strafrecht dem Volk eine psychische Stütze sein, im Kampf gegen „asoziale und verbrecherische Elemente".[348] Januar 1939 bestand Seidl die Große Staatsprüfung mit „ausreichend". Im Folgemonat begann Seidl mit der Ableistung des Anwaltsassessordienstes bei Fritz Sauter, bei welchem Seidl bereits seine Anwaltsstation im Referendariat abgeleistet hatte. Entgegen einer insbesondere in der Munzingerbiographie verbreiteten Nachkriegslegende war Seidl keineswegs ein Pazifist gewesen. 1939 habe er sich sehr für „soldatische Fragen" interessiert und als begeisterter Sportler um Einzug zu den Gebirgsjägern gebeten. Zu seiner Enttäuschung sei er aber zur Grundausbildung zur Infanterie nach Augsburg geschickt worden. Als er daraufhin gegenüber dem Standortarzt äußerte, er wolle eigentlich zur Panzerabwehr, habe ihn dieser zurückgestellt. Seidl blieb somit von März 1940 bis Kriegsende Schreiber beim Truppenarzt des Landesschützenbataillons 501 in München. Nebenberuflich absolvierte er den Assessordienst und wurde September 1942 als Anwalt in München zugelassen. Über seine Zeit als „Teilzeit-Anwalt" bis 1945 ist wenig bekannt. Allerdings erwähnte Seidl, dass er während des Krieges einen polnischen Fremdarbeiter vor dem Sondergericht München verteidigt habe, der eine Bäuerin lebensgefährlich verletzt hatte. In diesem Fall sei das Todesurteil „klar" gewesen und er habe auch auf Wunsch des Angeklagten der Hinrichtung in Stadelheim beigewohnt.

Aufgrund der Verteidigung von Heß war es nur konsequent, dass Seidl im Fall 11 als Wahlverteidiger das Mandat von Hans Lammers, als Chef der Reichskanzlei einer der wichtigsten Mitarbeiter von Adolf Hitler, übernahm. Seidls Assistent kam aus dem engsten beruflichen Umfeld von Lammers. Der NSKK-Standartenführer Wolfgang Laue (geb. 1905) wurde 1935 als Referent in die Reichskanzlei berufen, wo er mit der Beantwortung der an Hitler persönlich gerichteten Bittgesuche befasst war. Im Mai 1944 stieg Laue zum Regierungspräsident im Gau Salzburg auf.[349] Der andere „Torhüter" zu Adolf Hitler, der Chef der Präsidialkanzlei unter drei

348 Alfred Seidl: Der Beginn der Straftat, Würzburg 1938, S. 89 f.

349 Milgov-Fragebogen in: NARA, Screening Files k through o. Laue hatte seine Karriere in der bayerischen Verwaltung begonnen und war schon früh eng mit dem deutschnationalen Milieu in Rosenheim verwoben. 1933 trat er der NSDAP bei und war seit 1936 förderndes Mitglied der SS. Nach der „Machtergreifung" wurde er Leiter der Außenstelle Bad Reichenhall des Bezirksamtes Berchtesga-

Reichspräsidenten, Otto Meissner, wurde zunächst von Fritz Sauter vertreten, was sich allerdings als äußerst schwieriges Mandat erwies.[350] Als Assistent Sauters fungierte der seit 1934 am LG München zugelassene, politisch unbelastete Rechtsanwalt Alfons Templer (1906–1993), der schon vor Prozessbeginn im Auftrag der Familie Meissner Entlastungsdokumente gesammelt hatte.[351] Die zweite Assistentenstelle übernahm der ebenfalls formal unbelastete Münchner Jurastudent Hans Trappentreu (geb. 1922).[352] Als Sauter wegen der Probleme mit seinem Mandanten kurz vor Ende des Prozesses sein Mandat niederlegte, übernahm Seidl als Notlösung die weitere Verteidigung.

Zur Staatsführung zu zählen ist auch Arthur Seys-Inquart, der letzte Bundeskanzler Österreichs vor 1945, „Reichsstatthalter" von Österreich und seit 1940 Reichskommissar der Niederlande. Seys-Inquart, selbst ehemals Anwalt in Wien, hatte über Neave an die Wiener Rechtsanwaltskammer die Anfrage gestellt, ob diese ihm nicht einen Verteidiger stellen wür-

---

den. Nach Kriegsende in Salzburg interniert, wurde Laue Juli 1946 aus dem Lager 71 in Ludwigsburg entlassen.

350 Im Fall 1 hatte Sauter bereits die Ärzte Kurt Blome und Siegfried Ruff verteidigt. Sauters Mandant Meissner, selbst Jurist und Verfasser eines Kommentars zum deutschen Staatsrecht, bezweifelte die Kompetenz seines Anwalts. In einem für die Nürnberger Prozesse wohl beispiellosen Vorgang verwarf Meissner unter Hinweis auf seine umfangreichen wissenschaftlichen Kenntnisse das immerhin von einem erfahrenden Strafverteidiger verfasste Plädoyer Sauters, weil es angeblich unvollständig und oberflächlich sei und schließlich Meissner die Ereignisse selbst erlebt habe. Er wies Sauter an, nur das von ihm selbst entworfene Plädoyer vorzutragen, vgl. Schreiben Meißner an Sauter 9.9.1948 in: StN, NL Sauter, Nr. 30. Meissner hatte zunächst darauf bestanden, einen Assistenten zu bekommen, der die Verhältnisse der Präsidialkanzlei genau kenne. Auf Wunsch Meissners wandte sich Sauter daher an den seit 1940 in der Präsidialkanzlei tätigen Oberregierungsrat Egon Lüdtke. Trotz einem von der Familie Meissner versprochenen Sonderhonorar von 1200 RM pro Monat sagte Lüdtke mit Hinweis auf seine Tätigkeit in der Privatwirtschaft ab. Den als Alternativvorschlag von Meissner genannten früheren Gnadenreferenten in der Präsidialkanzlei Werner Fenge (geb. 1909) lehnte Sauter wegen dessen hohen SA-Ranges als SA-Hauptsturmführer aus taktischen Gründen ab, vgl. die Korrespondenz in: StN, NL Sauter, Nr. 30.

351 Vgl. Milgov-Fragebogen, in: NARA, Screening Files p through z; vgl. auch StMü: Rechtsanwaltspersonalakten des Landgerichts München, Nr. 17554 (Templer, Alfons). Zur Tätigkeit Templers für die Familie Meissner vor dem Prozess vgl. Schreiben Templer an Sauter 27.11.1947 und Sauter an G. Hoffmann (Schwiegersohn Meißners) 8.11.1947, in: StN, NL Sauter, Nr. 30.

352 Milgov-Fragebogen, in: NARA Screening Files p through z.

de. Diese entschied sich für einen „Dr. Zonlaib“, der Seys-Inquart persönlich kannte. Gemeint war Hugo Zörnlaib, Gründer und Vizepräsident des österreichischen Verbandes katholischer Rechtsanwälte. 1938 hatte sich Zörnlaib den neuen Machthabern angedient und sollte nach 1945 als Strafverteidiger verschiedener ehemaliger Richter des Sondergerichts Wien und früherer Beamter der Gestapo Wien in Erscheinung treten.[353] Zörnlaib sagte aber wegen „Krankheit“ ab. Ob diese Krankheit echt oder eher „diplomatisch“ zu verstehen war, wie Neave vermutete, muss dahingestellt bleiben. Jedenfalls hatte es scharfe Diskussionen innerhalb der Wiener Rechtsanwaltskammer gegeben, ob man für den IMT überhaupt Verteidiger stellen sollte. Erst auf massiven Druck der US-Behörden sollte eine Lösung für Seys-Inquart gefunden werden.[354] Am 12. November 1945 teilte der Präsident der RAK Wien mit, dass man auf Veranlassung der Staatskanzlei, des österreichischen Auswärtigen Amtes und der US-Militärregierung eine Liste mit sieben Wiener Anwälten für die Verteidigung von Seys-Inquart zusammengestellt habe. Die US-Militärregierung wählte dann aus dieser Liste den Wiener Rechtsanwalt Gustav Steinbauer (1889–1961) aus. Dieser hatte seine anwaltliche Ausbildung u. a. in der Kanzlei des Syndikus des österreichischen Industrieverbandes Norbert Schopp und dem bekannten Wiener Strafrechtsanwalt und Abgeordneten der Christlichsozialen Partei im Reichsrat Vinzenz Rabenlechner absolviert.[355] Seit 1921 Anwalt in Wien siedelte Steinbauer 1927 nach Mistelbach in Niederösterreich um, wo er bis zu seiner Absetzung sich als Bürgermeister große Verdienste erwarb und dafür mit dem Ritterkreuz des österreichischen Verdienstordens ausgezeichnet wurde. Wegen seiner antinationalsozialistischen Haltung wurde er am Tag des Anschlusses Öster-

353 Vgl. Wolfgang Stadler: „... Juristisch bin ich nicht zu fassen“. Die Verfahren des Volksgerichts Wien gegen Richter und Staatsanwälte 194–1955, Wien u. a. 2007, S. 169. Vor dem Volksgericht verteidigte Zörnlaib unter anderem Karl Ebner, Vizeleiter der Staatspolizeistelle Wien und einer der Hauptverantwortlichen für die Deportation der Wiener Juden, und den Abteilungsleiter der Wiener Gestapo Othmar Trenker.

354 Die Lage, einen Anwalt zu finden, war so verzweifelt, dass sich Anwalt Gerhart Weise aus Gründen der Gerechtigkeit freiwillig für die Verteidigung Seys-Inquarts bewarb: „Ich halte es für eine Ehrenpflicht eines deutschen Rechtsanwalts, der stets ein Kämpfer gegen den Nationalsozialismus war, den politischen Gegner in der Not nicht ohne Beistand eines Anwalts zu lassen.“, vgl. Schreiben Gerhart Weise an den Generalsekretär des IMT 12.11.1945, in; UAW, NL61, Mappe 330.

355 Für das folgende Lebenslauf Steinbauer o.D., in: UAW, NL61, Mappe 352.

reichs für einen Monat in Schutzhaft genommen. Bis zu seiner Einberufung Sommer 1944 verteidigte der wieder nach Wien umgesiedelte Steinbauer hauptsächlich vor dem Sondergericht Wien und den Wiener Militärgerichten.[356] August 1945 kehrte er aus der Kriegsgefangenschaft nach Wien zurück und trat als Pflichtverteidiger vor dem Wiener Volksgerichtshof auf.[357] In einem Schreiben, in welchem Steinbauer über sein „Glück" informiert wurde, ließ die RAK Wien ihn zugleich wissen, dass Steinbauer auch politische Fragen in Nürnberg zu beachten habe: „Es kommt dabei von unserem Standpunkt in Betracht, dass der Verteidiger auf die Wahrung der Interessen der österreichischen Republik entsprechend Rücksicht nehmen kann und wird."[358] Steinbauer selbst nahm seine Aufgabe an, betonte aber, sich hierfür niemals gedrängt zu haben.[359] Steinbauer kannte seinen Mandanten aus Wien, waren doch beide im gleichen Jahr als Anwälte zugelassen worden und hatten ihre Büros in nächster Nachbarschaft. Auf Konzerten war man sich öfter begegnet. Aus Steinbauers Sicht sei Seys-Inquart mehr „Anschlussmann als Nationalsozialist" gewesen. Politisch lagen sicherlich Welten zwischen Steinbauer und Seys-Inquart.[360] Dennoch verband die beidseitige Sorge um Österreich Mandant und Verteidi-

356 Vgl. Schreiben Steinbauers an das Wehrmeldeamt Wien 8.8.1944 in: UAW, NL61, Mappe 352.

357 Er verteidigte u. a. den wegen eines Fliegermordes angeklagten Arzt Karl Schickelberger, gab das Mandat aber wegen Nürnberg an den Wiener Anwalt Porstendorf ab. Auch das ihm von Klefisch angetragene Mandat des SA-Standartenführers Friedrich Christian Prinz zu Schaumburg-Lippe gab Steinbauer an Porstendorf weiter, vgl. Mitteilung Steinbauer an die US-Militärregierung Salzburg 19.5.1946 und Schreiben Steinbauer an RA Dr. Porstendorf 25.6.1947, in: UAW, NL61, Mappe 327.

358 Schreiben des Präsidenten der RAK Wien 12.11.1945, in: UAW, NL61, Mappe 339

359 Schreiben Steinbauers an den Generalsekretär des IMT 5.10.1946, in: UAW, NL61, Mappe 326. Von den Nürnberger Verteidigern kannte Steinbauer lediglich Theodor Klefisch und verteidigte ohne Assistent in Nürnberg. Relativ bald fand er aber Anschluss beim „halbösterreichischen" Verteidigerteam für Alfred Jodl. Auch knüpfte er engen Kontakt zu Hermann Mosler, der Steinbauer in völkerrechtlichen Fragen des Anschlusses Österreichs beriet, vgl. Schreiben Hermann Mosler an Gustav Steinbauer 19.12.1945, in: UAW, NL61, Mappe 150.

360 Steinbauer drängte laut eigenen Angaben mehrfach die österreichischen Strafverfolgungsbehörden, Vertreter nach Wien zu senden, um die Untaten Baldur von Schirachs zu untersuchen und kritisierte das aus angeblich finanziellen Gründen erfolgte späte Eintreffen dieses Vertreters, der die Versäumnisse nicht mehr habe aufholen können, Steinbauer: Verteidiger, S. 56 f.

ger in einer eigenwilligen vergangenheitspolitischen Allianz. Das Verhältnis zwischen Anwalt und Mandant war daher hervorragend.[361] Steinbauer selbst sah sich auf einer Mission für das „erste Opfer" der NS-Diktatur. In seiner Rückbesinnung auf Nürnberg gab Steinbauer dies auch mit erstaunlicher Offenheit zu: Sein erstes Ziel sei gewesen Seys-Inquart als „ehrlichen Makler" des Anschlusses darzustellen. Diese Strategie sei mit dem Freispruch vom Vorwurf des Angriffskriegs auch aufgegangen. Sein zweites und größeres Ziel war aber, durch eine ausführliche Darlegung der historischen Besonderheiten und jahrhundertealten Geschichte Österreich vom Vorwurf zu befreien, als Angreifer mitgewirkt zu haben und aufzuzeigen, dass Hitler Österreich um seine Freiheit gebracht habe.[362] Fritzsche kommentierte daher auch leicht ironisch, dass Steinbauer die „Vorliebe für das heimatliche Thema" mit Seys-Inquart geteilt habe, zumal Steinbauer die Beweisaufnahme mit den Worten „Gott beschütze Österreich" begonnen hatte.[363] Seys-Inquart schrieb wiederum Steinbauer, er sei Steinbauer sehr dankbar, sei es doch Steinbauer zu verdanken, dass Seys-Inquart in seiner österreichischen Heimat nicht als „Verräter" angesehen werde.[364]

Ebenfalls vor Gericht gestellt wurde der 1940 als Seys-Inquarts Nachfolger als „Reichsstatthalter" in Österreich berufene Wiener Gauleiter und Reichsjugendführer der NSDAP Baldur von Schirach. Er kannte aus der Anwaltsliste nur Sauter und von Scanzoni. Letzerem war er vor einigen Jahren persönlich begegnet und nominierte beide Anwälte. Nach der Absage von Scanzonis fiel Sauter das Pflichtmandat zu. Überraschend seien im Oktober 1945 US-Militärpolizisten bei Sauter vorgefahren und hätten diesen gefragt, ob er als bekannter Anwalt im anstehenden Nürnberger Prozess verteidigen wolle. Mit Hinweis auf seine politischen Schwierigkeiten wegen der Verteidigung von Kommunisten 1919 und vor dem Sondergericht München habe Sauter die Verteidigung abgelehnt. Seidl habe Sauter dann bearbeitet, dass es sich schließlich um einen der „größten Prozesse der Weltgeschichte" handle und man angesichts der sowieso ruhen-

361 Steinbauer: Verteidiger, S. 60 f.
362 Steinbauer: Verteidiger, S. 158 f. und 322 f.
363 Fritzsche: Tribunal, S. 260.
364 Brief Steinbauer an Frau Gertrude Seys-Inquart 22.10.1946, in: UAW, NL61, Mappe 353; vgl. auch Schreiben Seys-Inquart an Steinbauer 25.6.1946, in: UAW, NL61, Mappe 150 und die umfangreiche Korrespondenz mit Seys-Inquart in: UAW, NL61, Mappe 338.

den Rechtspflege nichts versäume. Schließlich habe auch Sauters Frau diesen „so zur Schnecke gemacht", so dass er schließlich zusagte. Sauter galt neben Rudolf Dix als zweiter „Nestor" der Verteidigung des IMT.[365] Von der Lippe schätzte Sauter als geschickten alten Strafverteidiger ein. Auch der britische Ankläger David Maxwell-Fyfe drückte Sauter seine Bewunderung für die IMT-Plädoyers aus.[366] Sauter stellte allein das Mandantenwohl, unabhängig von irgendwelchen höheren Zielen oder „Generallinien", in den Mittelpunkt seiner Tätigkeit. Mit diesem Ethos des Pflichtverteidigers trat er in Gegensatz zu Otto Kranzbühler, dessen Versuch eine Gesamtverteidigung vor dem IMT aufzubauen, an Sauter scheiterte. Seine Linie führte Sauter auch in den Nachfolgeprozessen unbeirrt fort. Scharf kritisierte er die Gesamtverteidigung und Steuerung der Verteidiger im I.G.-Farben-Prozess: „Ich habe mehr und mehr den Eindruck gewonnen, dass die Verteidigung der I.G.-Farben-Leute unter einer einheitlichen Leitung straff organisiert und durchaus einheitlich ausgerichtet sein soll, unter Außerachtlassung der Sonderinteressen des einzelnen Angeklagten und der besonderen Umstände seines Falles. Das widerspricht meiner Berufsauffassung. Ich kann und werde als Verteidiger, abgesehen von meinen Mandanten, Weisungen von anderen Personen nicht entgegen nehmen, mögen sie Mitverteidiger oder Mitangeklagte sein oder außerhalb des Prozesses stehen."[367]

Der frühere konservative Zentrumspolitiker, Reichskanzler von 1932 und einziger Vizekanzler des „Dritten Reiches", Franz von Papen, zeigte sich bei der Anwaltswahl zunächst ratlos. Er bat daher Neave zunächst mit Schacht, der als Geschäftsmann sicher einen guten Anwalt kenne, zu spre-

---

365 Haensel: Tagebuch, S. 90.

366 Von der Lippe: Tagebuch, S. 388. Dagegen beurteilte Telford Taylor Sauter ungewöhnlich negativ, vgl. Taylor: Nürnberger Prozesse, S. 496 und 557.

367 Vgl. Schreiben Sauters an Professor Hörlein 16.5.1947 und Schreiben Sauters an Frau Lautenschläger 19.5.1947, sowie Schreiben Sauters an Direktor Jähne sowie Schreiben Sauters an Susanne Hörlein 2.6.1947, in: StN, NL Sauter, Nr. 38. Sauter gab daher die ihm ursprünglich übertragenen Mandate von Jähne, Lautenschläger und Hörlein an seine aus dem Ärzteprozess mit ihm bekannten Kollegen Pribilla bzw. Nelte ab. Pribilla verteidigte im Fall 4 auch Erwin Tschentscher. In beiden Prozessen diente Pribilla als Assistent der Königsberger Staatsanwalt Helmut Eisenblätter (geb. 1905). Seit 1937 Militärrichter hatte Eisenblätter zuletzt als Oberkriegsgerichtsrat bei der Nürnberger Division 413 gedient. Nach kurzer Tätigkeit als Anwaltsassessor bei Willi Heim gelang ihm der Wiedereinstieg in die Justiz u. a. als Oberstaatsanwalt in Wiesbaden.

chen, zumal von Papen als einzigen Anwalt der vorgelegten Liste Schachts Anwalt Rudolf Dix kannte. Das Gespräch mit Schacht fand allerdings niemals statt. Laut Papen habe aber ein alter Freund, ein schlesischer Graf, seinen persönlichen Anwalt Egon Kubuschok empfohlen.[368] Wie auch von Papen gehörte Egon Kubuschok (1902–1981) dem politischen Milieu des Zentrums an und war, wie Robert Kempner es ausdrückte, so katholisch wie von Papen selbst.[369] Seit 1933 zugelassen war Kubuschok bis zu seiner Flucht kurz vor Kriegsende ein in Breslau bekannter und sehr gut verdienender Rechtsanwalt.[370] Für Carl Haensel galt Kubuschok als „der Schlesier, mit den kleinen flinken Augen, die strahlen, blitzen und schmunzeln können, der das Ohr des Gerichts und die Spalten der Presse meist für sich hat".[371] Kubuschoks Erfolg mit der Freisprechung von Papens dürfte nicht zuletzt daran gelegen haben, dass er als Assistenten Franz von Papen jr. (geb. 1911) zur Seite hatte, der bis 1939 im Exportgeschäft der Rheinmetall-Borsig gearbeitet hatte. Im Krieg Hauptmann bei einer Panzeraufklärungseinheit war er für die Verteidigung seines Vaters vorübergehend aus der Kriegsgefangenschaft entlassen worden.

2.3 Die „zweite Reihe": Minister und Staatssekretäre

Die Übertragung der Pflichtverteidigung des Reichskabinetts vor dem IMT durch den Gerichtshof auf Egon Kubuschok war wohl wegen der früheren Stellung seines Mandanten Franz von Papen als Vizekanzler geschehen. Schon Ende Januar 1946 erhielt Kubuschok Unterstützung durch den mit ihm bekannten Breslauer Anwaltskollegen Günther Lummert (1903–1968), der seit 1930 als Alleinanwalt eine gefragte Kanzlei in Breslau geführt hatte.[372] Mit Kriegsende war Lummert nach Fürth geflohen und mit seinem früheren Kollegen Kubuschok wieder in Kontakt getreten. Lummerts wissenschaftlicher Hintergrund sollte für die Nürnberger Verteidigung noch von großem Nutzen sein. Juni 1946 erhielt schließlich das Team noch Verstärkung durch Staatsanwalt Erhard Heinke (geb. 1913),

368 Franz von Papen: Der Wahrheit eine Gasse, München 1952, S. 627 f.
369 Kempner: Ankläger, S. 240.
370 Vgl. Milgov-Fragebogen in: HStaDü, NW1049, Nr. 79576 (Kubuschok).
371 Haensel: Tagebuch, S. 234.
372 Vgl. Personalbogen und Lebenslauf o.D. in: Hauptstaatsarchiv Düsseldorf (HStaDü), BR-Pe (Rechtsanwaltspersonalakten), Nr. 15794 (Lummert, Günther).

der in Breslau bei Kubuschok im Referendariat seine Anwaltsstation abgeleistet hatte und angeblich während des Krieges Kubuschoks Ansprechpartner für seine Strafverteidigungen im RJM gewesen war.[373] Mai bis Juli 1941 war Heinke mit Wirtschaftsstrafsachen am Sondergericht Breslau beauftragt und wurde Juli 1941 zum Aufbau und zur Führung der Abteilung für Landes- und Hochverrat an die neu errichtete Generalstaatsanwaltschaft Kattowitz versetzt. Von Oktober 1941 bis Kriegsende wurde Heinke in die Strafgesetzgebungsabteilung des RJM als Referent für Kriegswirtschaftsrecht berufen.[374] Herbert Kraus hob in einer späteren Erklärung hervor, dass Heinke durch das Verfassen diverser Denkschriften wesentlichen Einfluss auf die Verteidigung in Nürnberg ausgeübt habe.[375] Auch von der Lippe erwähnt, dass Heinke teilweise der Verfasser des Plädoyers für die Reichsregierung gewesen war.[376]

Seit 1941 fungierte als Reichsminister für die besetzten Ostgebiete der Chefideologe der NSDAP Alfred Rosenberg. Auch Rosenberg bemerkte bei Übergabe der Verteidigerliste, dass er außer von Scanzoni keinen der Anwälte der Liste kenne. Insbesondere wolle er aber nur einen Anwalt aus der britischen oder amerikanischen Besatzungszone und keinen Marxisten. Rechtsanwalt Grimm wäre aber passend. Tatsächlich war Friedrich Grimm (1888–1959) einer der profiliertesten deutschnationalen Anwälte vor 1933 überhaupt, der im „Dritten Reich“ faktisch zum „Hausanwalt“ der NSDAP

373 Affidavit Egon Kubuschok 12.4.1946, in: HStaMü, Mju, Nr. 25215 (Heinke, Erhard).

374 Dienstliche Äußerung Heinkes 28.4.1950 und Dienstliche Erläuterung Heinkes 18.3.1964, in: HStaMü, Mju, Nr. 25215 (Heinke, Erhard). In der geplanten Ausgabe des Strafrechtskommentars „Deutsches Strafrecht“ von Roland Freisler hatte Heinke maßgeblich am materiell-rechtlichen Teil mitgeschrieben, die gesamte Auflage wurde allerdings vor Kriegsende durch einen Bombenangriff vernichtet, vgl Affidavit Hugo Suchomel (Heinkes Vorgesetzter im RJM) o.D., in: HStaMü, Mju, Nr. 25215 (Heinke, Erhard). Heinke war Mitglied eines Motor-SA/NSKK-Sturms und weltanschaulicher Referent der NSKK-Gruppe Kattowitz sowie NSDAP-Blockleiter. Während des Studiums war Heinke Fakultätsassistent am Institut für Erbrecht in Breslau.

375 Affidavit Professor Herbert Kraus 12.2.1947, in: HStaMü, Mju, Nr. 25215 (Heinke, Erhard). Allerdings konnte in keinem gesichteten Nachlass eine solche Denkschrift gefunden werden. Der Nachlass Kubuschok stand leider nicht zur Verfügung.

376 Von der Lippe: Tagebuch, S. 463 f.

in heiklen Auslandsprozessen wurde.[377] Grimm befand sich allerdings schwer erkrankt nach Kriegsende in französischer Internierungshaft. Daher bat Rosenberg um Rücksprache mit Hans Frank. Nachdem der von Frank vorgeschlagene Franz Exner abgelehnt hatte, wünschte Rosenberg Frank selbst als Anwalt. Diese Nominierung wurde unter den IMT-Richtern kontrovers diskutiert. Obwohl den US-Richtern keine Regelung bekannt war, die Franks Verteidigung hätte verbieten können, lehnte das Richterkollegium die Verteidigung Rosenbergs durch den Mitangeklagten Frank ab.[378] Rosenberg blieb somit eines der „Sorgenkinder" der IMT-Richter, bis schließlich in letzter Sekunde mit dem Nürnberger Landgerichtsrat Alfred Thoma (geb. 1887) ein Pflichtverteidiger gefunden wurde.[379] Als Assistenzverteidiger holte sich Thoma seinen früheren und von der Militärregierung entlassenen Kollegen Paul Ratz (geb. 1898), mit dem er über mehrere Jahre im Landgericht Nürnberg ein Büro geteilt hatte und

377 Vgl. Gerhard Keiper [Hg.] Biographisches Handbuch des deutschen Auswärtigen Dienstes, Bd. 2, Paderborn u. a. 2005, S. 98–100. Seinen Ruf als Anwalt der nationalen Rechten begründete er als Verteidiger der Ruhrindustriellen Hermann Röchling, Fritz Thyssen und Gustav Krupp vor französischen und belgischen Militärgerichten während des „Ruhrkampfes", die er mit „leidenschaftlicher Anteilnahme" und „mannhaftem unerschrockenem Auftreten gegenüber den Bedrückern" verteidigt habe, vgl. Ismar Lachmann: Die großen Verteidiger im Reich, in: Das Kriminalmagazin 2 (1930/31), Januarheft, S. 73–80. Unter dem NS-Regime trat er unter anderem als Nebenklagevertreter der Witwe des ermordeten Schweizer NS-Führers Wilhelm Gustloff im Mordprozess in Basel auf. Er vertrat aber auch zusammen mit Theodor Klefisch den früheren Reichskanzler des Zentrums Wilhelm Marx und andere bekannte Zentrumspolitiker, vgl. Urteil der Spruchkammer Freiburg 12.5.1949, in: BAK, N1120 Nachlass Friedrich Grimm, Nr. 70. Andererseits war Grimm als Rechtsberater der deutschen Botschaft in Paris eng mit den politischen Aktivitäten Ernst Achenbachs verwoben, wie seine geplante Inszenierung des „Grynszpan-Prozesses" zeigte, vgl. Stellungnahme Grimms an den Staatskommissar für politische Säuberung 20.2.1949 und Schriftsatz o.D. in: BAK, N1120, Nr. 70. In der Entnazifizierung wurde Thyssen von seinem politisch unbelasteten Freund Rechtsanwalt Prof. Robert Ellscheid (1900–1985) verteidigt.

378 Minutes 1.11.1945, in: SUA, Biddle, Box 1.

379 Angaben nach Milgov-Fragebogen, in: StN, Spruchkammerakten, Spruchkammer Nürnberg, Alfred Thoma. Abgesehen von einer kurzen Verwendung als Kriegsgerichtsrat bei der Nürnberger 5. Flak-Division, die offenbar so ereignislos war, dass Thoma die Zeit zur Verfassung einer Dissertation nutzte, verblieb er am Landgericht bis Kriegsende. Thoma verfasste zudem zahlreiche Artikel insbesondere zur Zwangsvollstreckung, vgl. Artikel und Entwürfe in: BAK, NL Thoma, Nr. 155.

der 1944 die Berufung zum Beisitzer an einen Zivilsenat am OLG Nürnberg erhalten hatte.[380]

Die früheren Leiter von Reichsinnenministerium und Reichspropagandaministerium fanden sich weitgehend auf sich allein gestellt wieder. Wilhelm Frick, von 1933 bis 1943 Reichsinnenminister, danach von Neuraths Nachfolger als Reichsprotektor von Böhmen und Mähren, verlangte als Anwalt von Scanzoni oder den in der Anwaltsliste aufgeführten, ihm persönlich bekannten Justizrat Hans Viereck (geb. 1891).[381] Viereck kam tatsächlich zu Vorgesprächen nach Nürnberg unter der Bedingung als Koverteidiger seinen Sozius Deissmann zu bekommen, da er während des Prozesses seine Berliner Praxis aufrechterhalten wollte. Ernst Deissmann (geb. 1899), ehemaliger Leiter der Rechtsabteilung der Agfa in Berlin, stand wegen seiner Auslandserfahrung in hohem Ansehen bei den angloamerikanischen Alliierten. Deissmann machte aber klar, nur „ehrbare" Angeklagte (Raeder, von Neurath, Schacht und Frick), aber keine hochrangigen Nazis wie Göring verteidigen zu wollen.[382] Als Deissmann aus unbekannten Gründen seine Zusicherung zur Mitarbeit wieder zurücknahm, lehnte auch Viereck das Mandat ab. Nun ohne Anwalt wurde Frick vom Gericht als Pflichtverteidiger aus der Anwaltsliste der seit 1933 in Berlin zugelassene und 1945 in seine rheinische Heimat geflohene, unbelastete Anwalt Otto Pannenbecker (geb. 1907), Sohn des gleichnamigen späteren Zentrumsbundestagsabgeordneten und Oberbürgermeisters von Oberhausen, gestellt.[383] Das Verhältnis zwischen Mandant und Verteidiger war

---

380 Vgl. Schreiben Ratz an das Landgericht Nürnberg 22.1.1941, in: HStaMü, Mju, Nr. 25889 (Ratz, Paul). Ratz vertrat in den Nachfolgeprozessen Hermann Pook (Fall 4), Max Sollmann (Fall 8) und Waldemar von Radetzky (Fall 9).

381 Angelika Königseder: Recht und nationalsozialistische Herrschaft. Berliner Anwälte 1933–1945, Bonn 2001, S. 63. Viereck hatte zwar nicht der NSDAP angehört, war aber förderndes Mitglied der SS.

382 Vgl. Memorandum to Mr. [Charles] Fahy 31.10.1945, in: NARA, RG 260, OMGUS Legal Division: Office of the Director General: Correspondence and Related Records 45–49, Box 20, Folder Incoming Correspondence Oktober 1945. Deissmann war 1930 bis 1934 Leiter des International Student Exchange Service in London, war aber 1934 abberufen worden, weil er nicht Mitglied der NSDAP war. 1934 bis 1945 arbeitete er als Leiter der Rechtsabteilung Agfa-I.G.-Farbenabteilung und Anwalt in Berlin und erhielt 1945 wegen seiner Sprachkenntnisse eine Stelle als Rechtsberater des US-Hauptquartiers in Berlin.

383 Personal Details of Defense Council 22.3.1946, in: Library of Congress (LOC), Manuscript Division, Papers of Robert H. Jackson, Box 101 (Reel 7). Vgl. auch HStaDü, BR-PE, Nr. 7362 (Pannenbecker, Otto).

merklich kühl und wenig kooperativ.[384] Pannenbeckers „unpersönliches" Plädoyer sei viel zu schnell vorgetragen worden, habe sich Pannenbecker doch ein regelrechtes Wettrennen mit seinem nach Verhandlungsschluss fahrenden Zug geliefert.[385] In der Rückschau machte Pannenbecker eher den Eindruck eines Anklägers: [I] was convinced of the advisability of extensively criticizing and accusing the entire political behavior of the defendants."[386]

Große Probleme, einen Anwalt zu finden, hatte auch der de facto die Stellung eines Staatssekretärs im Reichsinnenministerium einnehmende Ministerialdirektor Wilhelm Stuckart. Zunächst gelang es ihm, den Verteidiger von Kaltenbrunner vor dem IMT, Kurt Kauffmann, zu gewinnen, waren doch beide Familien seit der gemeinsamen Referendariatszeit von Kauffmann und Stuckart in Wiesbaden befreundet. Kauffmann hatte daher schon im November 1946 die anwaltliche Vertretung von Stuckart übernommen.[387] Im September 1947 ließ aber Kauffmann Stuckart im Stich.[388] Kauffmann war von seinem früheren Mandanten im Fall 1, Rudolf Brandt, scharf angegriffen worden. Obwohl sich Kauffmann nichts vorzuwerfen habe, wurde ihm die Arbeit durch die Vorwürfe derart „verleidet", dass er sich aus Nürnberg zurückzog.[389] Er überredete aber Sauter das Mandat zu übernehmen, der aber auch kurz darauf das Mandat abgab, da Sauter mit der Übernahme des Mandats von Otto Meissner Kollisionsgefahr mit dem Fall Stuckart gegeben sah. Stuckart sah sich nun gezwungen, eine „Wunschliste" mit schon in den Prozessen aufgetretenen Verteidigern aufzustellen.[390] Der auf Platz eins gesetzte Robert Servatius sprang daraufhin interimsmäßig ein, wurde allerdings bereits im Dezember 1947 von Hans

384 Taylor: Nürnberger Prozesse, S. 555. Zur Verteidigung von Frick im IMT allgemein Günter Neliba: Wilhelm Frick. Der Legalist des Unrechtsstaates. Eine politische Biographie, Paderborn u. a. 1992, S. 372–376.

385 Von der Lippe: Tagebuch, S. 373.

386 Otto Pannenbecker: The Nuremberg War-Crimes Trial, in: De Paul Law Review 13 (1964/1965), S. 349.

387 Schreiben Kauffmann an Wilhelm Stuckart 27.11.1946, sowie Kauffmann an Frau Stuckart 15.8.1947, in: BAK, N1292, Nr. 167. Zur Kauffmann als alter Freund der Familie Stuckart vgl. Schreiben Stuckart an Sauter 26.9.1947, in: ebd.

388 Schreiben von Zwehl an Captain Rice 29.12.1947, in: BAK, N1292, Nr. 167; vgl. Auch Zulassungsbescheinigung des Justizministeriums Niedersachsen 12.8.1947, in: ebd.

389 Schreiben Kauffmann an Stuckart 17.9.1947, in: BAK, N1292, Nr. 167.

390 Schreiben Stuckart an Captain Rice o.D. in: BAK, N1292, Nr. 167. Auf Platz eins stand Robert Servatius. Auf den weiteren Plätzen folgten Dötzer, Lummert, Wille

von Zwehl (1883–1965) abgelöst, den Servatius wohl aus der gemeinsamen Verteidigung im Ärzteprozess kannte.[391] Von Zwehl war seit 1910 Anwalt in Hannover, dann Berlin, und machte als äußerst sprachaffiner Anwalt Karriere in Auslandssachen, so dem Leipziger Kriegsverbrecherprozess (siehe Kapitel 1.2). Sein Geld verdiente allerdings von Zwehl als Spezialist im internationalen Urheberrecht und wurde 1935 sogar Sekretär für Bühnenaufführungsrechte in der Geschäftsstelle der „Confédération International des Sociétiés d'Auteurs et Compositeurs“.[392] 1939 zog von Zwehl mit einer Propagandaeinheit in den Zweiten Weltkrieg und war seit Mai 1942 bei den Stäben verschiedener Infanterieeinheiten im Russlandfeldzug eingesetzt. November 1943 übernahm von Zwehl im Stab der 90. Panzergrenadierdivision in Italien die Aufgabe des Nachrichtenoffiziers (Ic). Angeblich habe von Zwehl die Hinrichtung von italienischen Geißeln als unmenschlich und töricht abgelehnt und mehrfach dagegen interveniert.[393] Von Zwehl konzentrierte sich in Nürnberg aber bald nur noch auf die „Gesamtverteidigung“ im Fall 11, so dass die Verteidigung Stuckarts faktisch von dem zweiten Hauptverteidiger Curt von Stackelberg (geb. 1910) geführt wurde, für dessen Auftritt in Nürnberg vermutlich Verbindungen zu anderen Anwälten aus Berlin der Grund waren. 1936 hatte von Stackelberg seine Zulassung in Berlin erhalten, war aber seit 1939 Militärverwaltungsbeamter in Berlin, zuletzt im Stab zur Vereinfachung der Wehrmachtsorganisation. 1945 erhielt er politisch unbelastet eine Zulassung als Anwalt am AG Traunstein. Äußerst schwierig gestaltete sich die Suche nach Assistenten für Stuckart. Obwohl Stuckart eine Liste mit genehmen Personen seinen Verteidigern gegeben hatte, sagten die genannten Personen reihenweise unter Vorschützung ihrer mittlerweile wieder im Staatsdienst erlangten Positionen ab.[394] Es blieben nur wenige Weggefähr-

---

und Ulmer. Wille hatte das Mandat unumwunden abgelehnt, vgl. Schreiben Wille an Fröschmann 25.12.1947, in: BAK, N1292, Nr. 167.

391 Schreiben von Zwehl an Servatius 12.12.1947, in: in: BAK, N1292, Nr. 167. Zu von Zwehl vgl. Fragebogen, in: LAB, C-Rep 301, Nr. 1865 (Zwehl, Hans von).

392 1937 trat er der NSDAP bei und wurde 1934 vom Stahlhelm in die SA überführt. Zu von Zwehls angeblicher Distanziertheit zum Nationalsozialismus vgl. Affidavit Kurt Freiherr von Forster, in: HStaH, Nds 710, Acc 87/99, Nr. 7 (von Zwehl).

393 Affidavit von Zwehl 21.8.1946 und Affidavit Hermann Knaus 22.7.1946, in: HStaH, Nds 710, Acc 87/99, Nr. 7 (von Zwehl).

394 Die ehemals im Reichsinnenministerium tätigen Beamten Rudolf Petz und Wolfgang Güldenpfennig hatten mit Hinweis auf ihre nunmehrige Beschäftigung im Zentralamt für Arbeit in der britischen Zone bzw. im Zonenbeirat abgelehnt.

ten Stuckarts übrig, die nicht zuletzt wegen ihrer Arbeitslosigkeit nach Nürnberg kamen. Sein Jugendfreund Adolf Klas (geb. 1904), der bereits im Hintergrund daran arbeitete, Entlastungszeugen für seinen Freund zu finden, sagte zu, hatte er es doch dank Stuckart zum Referenten für Gliederungsfragen und der zivilen Reichsverteidigung im Reichsinnenministerium gebracht.[395] Der bis 1947 als potenzieller Kriegsverbrecher in Dachau internierte „Duzfreund" Stuckarts Ludwig Losacker hatte seinen Aufstieg im „Dritten Reich" ebenfalls Stuckart zu verdanken. Losacker war Januar 1936 in das Reichsinnenministerium berufen und von Stuckart mit Fragen des Reichsbürgerrechts und der Rassenpolitik, also der Umsetzung der Nürnberger Rassengesetze, beauftragt worden. Im September 1939 wurde er auf direkte Veranlassung Stuckarts als Kreishauptmann im polnischen Jaslo eingesetzt.[396] Seine offizielle Bestellung als Hilfsverteidiger war, wie gesehen, an seiner Vergangenheit gescheitert. Losacker arbeitete

---

Wahrscheinlich wegen seines Engagements beim Deutschen Städtetag stand auch Wilhelm Loschfelder nicht zur Verfügung, vgl. Aufzeichnung Frau Stuckart o.D. an Kauffmann, in: BAK, N1292, Nr. 167. Auch Gerhard Wachsmann, der seit 1936 in der inneren Verwaltung tätig gewesen war und auf Veranlassung von Frau Stuckart eine Initiativbewerbung verfasst hatte und auch von der Verteidigung Kepplers angefragt worden war, zog diese zurück, als er in Oldenburg in der Verwaltung untergekommen war und keinen Urlaub für Nürnberg erhielt, vgl. Schreiben Gerhard Wachsmann an Kauffmann 7,7,1947 und 29.11.1947 sowie 4.8.1948, in: ebd. Stackelberg hatte im Fall 4 Hans Karl Fanslau bereits als Pflichtverteidiger vertreten.

395 Schreiben Sauter an Wachsmann 8.12.1947, in: BAK, N1292, Nr. 167. Klas war schon 1932 der NSDAP beigetreten und als Blockwart tätig.

396 Schon Februar 1932 der NSDAP beigetreten hatte er aktiv am „Kampf" gegen den jüdischen Professor Emil Julius Gumbel an der Universität Heidelberg teilgenommen und war nach der Machtergreifung der Allgemeinen SS und dem SD beigetreten. Lebenslauf Ludwig Losacker 4.6.40, in: BAB, Bestände des ehemaligen BDC, SS Personalakte Ludwig Losacker. Den Höhepunkt seiner Karriere erreichte Losacker zum Jahresbeginn 1943, als er in Personalunion als Chef des Hauptamtes der Inneren Verwaltung in Krakau von Hans Frank mit der Verwaltungsvereinfachung im Generalgouvernement und der Stelle des Gouverneurs von Krakau beauftragt wurde. September 1943 erlitt Losacker einen Karriereknick, als er sich für einen polnischen Arzt, der einer Deutschen bei einer Abtreibung geholfen hatte, eingesetzt hatte, vgl. Hans-Christian Jasch: Staatssekretär Wilhelm Stuckart und die Judenpolitik. Der Mythos von der sauberen Verwaltung, München 2012, 481 f. und Markus Roth: Herrenmenschen. Die deutschen Kreishauptleute im besetzten Polen – Karrierewege, Herrschaftspraxis und Nachgeschichte, Göttingen 2009, S. 290–300 und 490.

aber als „inoffizieller" Mitarbeiter ungehindert im Verteidigerteam mit.[397] Seinen Platz als offizieller Assistent nahm der Kommunalverwaltungsjurist und Landrat a. D. Karl Storz (1897–1970) ein.[398] Dezember 1938 gelang dem sich als zuverlässigen Nationalsozialisten erweisenden Storz der Sprung nach Berlin als Referent in die Kommunalabteilung des Reichsinnenministeriums. Komplettiert wurde das Team im April 1948 durch einen früheren Arbeitskollegen von Klas, den ehemaligen Rechtsrat der Stadt Würzburg Walther Ott (geb. 1908), der Juli 1943 in das Haushaltsreferat des Reichsinnenministeriums versetzt worden war.[399] Für die „Gesamtverteidigung" als wissenschaftlichen Mitarbeiter gewann schließlich von Zwehl Bolko von Richthofen. Der Königsberger Prähistoriker von Richthofen (1895–1983), jüngerer Bruder des bekannten Militärfliegers Manfred von Richthofen, hatte im „Dritten Reich" die Antikomintern, das „Institut zum Studium der Judenfrage" sowie das Ahnenerbe beraten.[400] Als Leiter der „Berufsgruppe deutscher Vorgeschichtsforscher" setzte der 1933 der NSDAP beigetretene von Richthofen deren Arisierung um und

---

397 Schreiben von Zwehl an den Generalsekretär 22.2.1948, in: BAK, N1292, Nr. 167 und Schreiben Adolf Klas an Losacker 10.3.1948, in: in: BAK, N1292, Nr. 167. Zu Losackers „inoffizieller" Weiterbeschäftigung vgl. die weitere Korrespondenz in ebd.

398 Vgl. zu seiner Karriere Hans Schultheiß: Volksgemeinschaft in Waiblingen 1933–1945, Wailbingen 2001, S. 30 f. und Lebenslauf Karl Storz 31.3.1948, in: BAK, N1292, Nr. 167. Der international erfahrene, hochqualifizierte Nachwuchsbeamte der süddeutschen Kommunalverwaltung, der einen Karriereknick durch die Weltwirtschaftskrise erfahren hatte, wurde schon im Juni 1933 als „Märzgefallener" in die Kanzleidirektion des Württembergischen Innenministeriums berufen, wo Storz maßgeblich die Gleichschaltung der Gemeindeverwaltungen mit ungewöhnlicher Härte betrieb und sich als zuverlässiger Nationalsozialist empfahl. Auf persönliche Veranlassung des Gauleiters erhielt er Ende 1933 das Amt des Landrats in Waiblingen. Karrierehöhepunkt wurde 1941 seine Berufung zum kommissarischen Vizeregierungspräsident in Wiesbaden. September 1943 verlor er aber das Amt nach internen Intrigen in der hessischen NS-Führungsspitze.

399 Schreiben Klas an Ott 12.2.1948 und 14.3.1948, in: BAK, N1292, Nr. 103. Milgov-Fragebogen, in: NARA, RG 260: Records of the United States Occupation Headquarters WWII, Omgus, OCCWC, Administrative Records of the Defense Center 1946–1949, Witnesses and Documents, Box 173, Folder Case 11 File 3. Auch Ott war 1933 der NSDAP beigetreten. In Würzburg arbeitete er als ehrenamtlicher Mitarbeiter im Gauamt für Kommunalpolitik bzw. für den SD in verwaltungsrechtlichen Fragen.

400 Vgl. Mitteilung des Rektors der Universität Leipzig 15.4.1948, in: StH, B221-11 Z6775 (Richthofen, Bolko von).

brandmarkte gruppeninterne Diskussionen als Rückfall in „überwundenes parlamentarisches Verhalten". Den Kollegen in Königsberg galt er als gefährlicher Mann, der offenen Gesinnungsterror betrieb.[401] Mit dem Angriff auf Russland wurde er beim Kommandeur der 16. Armee als Abwehroffizier und Übersetzer eingesetzt, wo er sowjetische Generäle und Offiziere verhörte.[402] Zudem arbeitete er für die Abteilung Fremde Heere Ost als Referent und galt als Propagandaexperte und „hervorragender Kenner der politischen Fragen des Ostraumes".[403]

Der Reichsminister für Propaganda, Joseph Goebbels, hatte sich durch Selbstmord seiner Verantwortung entzogen. Dagegen waren mit Walther Funk und (ab 1938) Otto Dietrich die beiden Staatssekretäre des Reichspropagandaministeriums im „Dritten Reich" in Nürnberg auf der Anklagebank. Während Funk primär wegen seiner Rolle als Wirtschaftsminister angeklagt war, wurde Altparteigenosse Dietrich, zugleich Reichspressechef der NSDAP, durch den politisch unbelasteten Nürnberger Anwalt Friedrich Bergold als Pflichtverteidiger vertreten. Unterstützt wurde Bergold von seinem ständigen Assistenten und Bekannten aus Nürnberg, dem Verwaltungsjuristen Oskar Ficht (geb. 1910).[404] Zusätzliche Hilfe bekam Bergold auch durch den wohl aus der Tätigkeit für Versicherungen mit ihm bekannten Sachbearbeiter des Unfallschutzverbandes Nürnberg Gottfried Vogel (geb. 1906).[405] Schon vor dem IMT angeklagt war mit Hans

---

401 Affidavit Professor H. Papajewski 31.5.1948 und Affidavit Professor Alfred Heuß 25.5.1948, in: StH, B221-11 Z6775 (Richthofen). Zu seinen zahlreichen antisemitischen Schriften vgl. beispielhaft Bolko von Richthofen:: Bolschewistische Wissenschaft und „Kulturpolitik", Königsberg u. a. 1942.

402 Der SD sei bei diesen Verhören aber niemals zugegegen gewesen und von Richthofen wollte auch nichts von „Sonderbehandlungen" gewusst haben, vgl. Abschrift Nürnberger Akten Fall XI Bd. 25 Bl. 116 – 131, in: BStU, HA IX/11 PA 3410.

403 Schreiben des Leiters der Personalabteilung des Reichspropagandaministeriums an Minister Goebbels 5.11.1943, in: BStU, HA IX/11 PA 3410.

404 Ficht trat 1937 der NSDAP bei. Zu seiner Tätigkeit als Beamter in Nürnberg ist nichts bekannt. Nach dem Ende der Nürnberger Prozesse wurde Ficht als Anwalt in Nürnberg zugelassen.

405 Seit 1933 war Vogel in die SA eingetreten und hatte als Rottenführer in dem ländlichen SA-Sturm in Cadolizburg Geschichts- und Geographieunterricht gegeben. 1935 wurde er in die NSDAP aufgenommen, Milgov-Fragebogen, in: NARA, Screening Files p through z. 1935 wechselte er als Gerichtsassessor in den Justizdienst. Die Ernennung zum Amtsgerichtsrat erfolgte allerdings erst während seines Kriegsdienstes.

Fritzsche der Leiter der Rundfunkabteilung im Reichspropagandaministerium. Die biographischen Angaben zu Fritzsches Pflichtverteidiger Heinz Fritz (1902–1991) sind äußerst spärlich. Dieser war von 1931 bis 1945 als Anwalt in Dresden und später am Kammergericht Berlin tätig gewesen. Sommer 1945 erhielt Fritz politisch unbelastet eine Anwaltszulassung in München.[406] Fritzsche hatte zunächst Walter Siemers aus der Verteidigerliste ausgewählt. Aufgrund einer Namensverwechslung mit Raeder habe er aber am Ende ohne Verteidiger dagestanden. Als Notlösung habe man dann den zufällig in Nürnberg anwesenden Fritz um die Übernahme des Pflichtmandats gebeten.[407] Seit März 1946 erhielt Fritz Unterstützung von dem früher am OLG Dresden als Anwalt zugelassenen und nach Ansbach geflüchteten Alfred Schilf (1901–1972). Offenbar kannten sich beide aus der gemeinsamen Zeit als Referendare und Anwälte in Dresden. Während Fritz, basierend auf den von Fritzsche gegebenen Informationen, die tatsächliche Seite der Verteidigung beleuchtete, übernahm Schilf die juristischen Probleme des Falles.[408] Es war daher besonders Schilf zu verdanken, dass das Plädoyer für Fritzsche als juristisch sehr scharfsinnig und professionell galt.[409] Fritzsche selbst dagegen verstand seine Rechtsbeistände eher als überflüssige Behinderung und versuchte sich vor dem Gericht selbst zu inszenieren.[410]

---

406 Fritz hatte in Berlin Mitglieder einer kommunistischen Fälschergruppe vor dem Volksgerichtshof vertreten. Gemeint ist wahrscheinlich der Prozess gegen fünf kommunistische Angeklagte (u. a. die kommunistischen Reichstagsabgeordneten Robert Stamm und Max Maddalena) vor dem Volksgerichtshof im Juni 1937. Im Zentrum des Prozesses hatte die Erstellung falscher Pässe und Dokumente gestanden, vgl. Wagner: Volksgerichtshof, S. 112 f.
Bei dem im Personenlexikon von Ernst Klee (Ernst Klee: Das Personenlexikon zum Dritten Reich. Wer war was vor und nach 1945, 2. Aufl., Frankfurt a.M. 2007, S. 169) als vermeintlichen Verteidiger Fritzsches genannten Generalstaatsanwalt in Posen Heinz Fritz (geb. 1909) handelt es sich eindeutig um eine Personenverwechslung.

407 Fritzsche: Tribunal, S. 48–50.

408 Vgl. „Gedanken für's Plädoyer“ von Fritz, in: StN, Rep 502A, Verteidigerakten Heinz Fritz (NL Fritz), Nr. 19 und insbesondere den von Schilf verfassten Schriftsatz, in: StN, NL Fritz, Nr. 18, der wortwörtlich mit Teilen des Plädoyers übereinstimmt, vgl. IMT-Protokoll, Bd. 19, S. 374 - 385. Zur zentralen Rolle Schilfs vgl. auch von der Lippe: Tagebuch, S. 400.

409 Taylor: Nürnberger Prozesse, S. 565.

410 Max Bonacker: Goebbels' Mann beim Radio. Der NS-Propagandist Hans Fritzsche (1900–1953), München 2007, S. 232 und Fritzsche: Tribunal, S. 48–50; vgl. auch Fritzsche: Tribunal, S. 164 f.; Gustav Steinbauer: Ich war Verteidiger in

In diesem Zusammenhang Erwähnung finden muss der Gauleiter von Franken, Julius Streicher, der wegen der antijüdischen Hetze in seiner Zeitschrift „Der Stürmer“ vor dem IMT angeklagt worden war. Er wählte aus der Liste Sauter und Mößmer aus München aus, wollte aber lieber einen Nürnberger Anwalt haben, den er aber nur als „Rechtsberater“ ansehe.[411] Der seit 1912 als Anwalt in Nürnberg zugelassene Hanns Marx (1882–1973) war ein im Milieu der paramilitärischen Vereinigungen der Stadt Nürnberg verwurzelter Nationalsozialist, der dennoch wegen seiner Zugehörigkeit zu einer völkischen Freimaurerloge 1935 aus der NSDAP ausgeschlossen wurde.[412] Glaubt man Marx‘ Einlassungen vor der Entnazifizierungskammer, so war seine Verteidigung Streichers bestenfalls „halbfreiwillig“. Marx sei von den US-Behörden geholt worden, weil Streicher ausdrücklich einen Nürnberger Anwalt verlangt hatte und schon zahlreiche andere Anwälte abgelehnt hatten. Auch Marx habe das Mandat mehrfach abgelehnt, hätte doch Streichers Verhalten niemals verteidigt werden können. Allerdings hätte ihm daraufhin die Militärregierung ein Ultimatum gestellt. Streicher habe Marx nach Verkündung des Todesurteils gesagt, dass, wenn der Krieg anders ausgegangen wäre, Marx‘ Einlieferung in ein KZ schon beschlossene Sache gewesen wäre. Diese Worte seien Streichers Lohn für seine Verteidigung in Nürnberg gewesen.[413] Auch wenn diese Aussage vor der Spruchkammer nicht zuletzt dazu diente, Marx frühere Bekanntschaft mit Streicher, der besonders vor 1933 öfters die Kanzlei von Marx besucht hatte, möglichst kleinzureden, so war die Verteidigung von massiven Spannungen gekennzeichnet. Nur bei der

---

Nürnberg. Ein Dokumentenbeitrag zum Kampf um Österreich, Klagenfurt 1950, S. 59, Von der Lippe: Tagebuch, S. 344 und 346.

411 Fritzsche behauptete dagegen in seinen Erinnerungen, Marx sei nur die „zweite Wahl“ gewesen, weil Sauter abgelehnt habe, vgl. Fritzsche: Tribunal, S. 199 f.

412 Schriftsatz Marx an die Spruchkammer 18.9.1946 und Aussage von Marx im Sitzungsprotokoll 17.2.1949 in: StN Spruchkammer Nürnberg-Land, Marx. Weil angeblich die Schwierigkeiten wegen seines „jüdischen“ Nachnamens nicht nachgelassen hätten, beantragte Marx 1934 bei der Rechtsanwaltskammer auf seinem Werbeschild als „deutscher Anwalt“ gekennzeichnet zu werden. Während des Zweiten Weltkriegs verteidigte Marx engagiert über 600 französische und belgische sowie drei amerikanische Kriegsgefangene vor dem Feldgericht der Nürnberger Division 173, vgl. undatiertes Affidavit des Vertrauensmannes der belgischen und französischen Kriegsgefangenen Aubry und Schriftsatz Marx an die Spruchkammer 18.9.1946, in: ebd.

413 Aussage Marx in Protokoll 17.2.1949 in: StN, Spruchkammer Nürnberg-Land, Marx.

Verteidigung Kaltenbrunners dürfte die Abneigung zwischen Mandant und Verteidiger noch größer gewesen sein, so dass selbst im Plädoyer Marx andeutete, welch undankbare und schwere Aufgabe er gehabt habe.[414] Seit Mai 1946 erhielt Marx Unterstützung durch Eduard Tipp (geb. 1909), der vor Kriegsbeginn als Referendar und Angestellter längere Zeit in Marx' Kanzlei gearbeitet hatte. Der überzeugte Nationalsozialist Tipp bedurfte dann vor der Spruchkammer Fürth der Hilfe seiner gelehrten Nürnberger Kollegen Herbert Kraus und Reinhard Maurach, um als „Mitläufer" entnazifiziert zu werden.[415]

Der Angeklagte Hans Frank war persönlicher Anwalt Hitlers in der Weimarer Republik gewesen und stieg 1933 zum obersten Justizfunktionär des „Dritten Reiches" („Reichsrechtsführer") und Führer des BNSDJ/NRSB auf. Wegen seiner Beteiligung an Verbrechen als Generalgouverneur in Polen von 1939 bis 1945 fand sich Frank als Hauptkriegsverbre-

---

414 Taylor: Nürnberger Prozesse, S. 557. Mit Nachweisen im IMT-Protokoll: Safferling/Graebke: Verteidigungsstrategien, S. 52. Zu Angriffen in der Presse gegen Marx vgl. Von der Lippe: Tagebuch, S. 241 und 244.

415 Zunächst war Tipp der Parteieintritt 1933 verweigert worden, da es Zweifel an seiner „arischen" Abstammung gab. In einem überschwänglichen Schreiben stellte Tipp daraufhin heraus, dass er mit der Nichte des Gauleiters von Danzig, Albert Forster, verheiratet sei und Hitler Deutschlands einzige Hoffnung wäre. Schon als Schüler habe er wegen des Tragens des Hackenkreuzes Schulstrafen bekommen. Er sei zwar von einem jüdischen Vater aufgezogen worden, sei aber das uneheliche Kind eines „Ariers" und damit einem solchen gleichzustellen. 1937 gelang ihm dann tatsächlich die Aufnahme in die NSDAP, wo er sich als HJ-Rechtsberater und „Kulturstellenleiter" verdingte, vgl. Gutachten des Vorprüfungsausschusses 25.9.1946 und Rechtfertigungsschrift Tipp 6.8.1946, in: StN, Rechtsanwaltspersonalakten des OLG Nürnberg, Eduard Tipp. Seine 1934 vorgelegte Dissertation über „Die Rechtmäßigkeit ärztlicher Eingriffe einschließlich der Eingriffe zu Sterilisationszwecken" hatte bestimmte Formen der Sterilisation begrüßt und seine Thesen teilweise mit NS-Phrasen wie „Gemeinnutz geht von Eigennutz" begründet. Herbert Kraus betonte in einer Erklärung für die Entnazifizierungskammer, dass Tipp zwar von einer nationalsozialistischen Grundthese ausgehe, letztendlich aber Gedanken entwickle, die auch von respektablen Fachvertretern vor 1933 vertreten wurden, vgl. Herbert Kraus. Bemerkungen zu der Doktorarbeit von Herrn Edmund Tipp 25.9.1946, in: StN Spruchkammer Fürth, Tipp. Maurach behauptete, die Zitation Hitlers und NS-Phrasen in Dissertationen seien damals „üblich" gewesen. Den liberalen Staat hätten auch die Reichskanzler Heinrich Brüning und Kurt von Schleicher abgelehnt. Überhaupt hätte die Spruchkammer in vollständiger Sachunkenntnis geurteilt, vgl. „Rechtsgutachten für Spruchkammerverfahren gegen Tipp AZ 23/180 Fürth 31.3.1948, in: StN Spruchkammer Fürth, Tipp.

cher im Nürnberger Hauptprozess wieder.[416] Frank war offenbar gar nicht interessiert, einen Wahlverteidiger außerhalb der ihm von Neave dargebotenen Liste zu wählen oder sich selbst zu verteidigen. Er wählte seine früheren Münchner Anwaltskollegen Sauter und von Scanzoni aus der Liste aus. Sauter schickte den bei ihm angestellten Alfred Seidl für Vorgespräche und die Unterzeichnung der Vertretungsvollmacht nach Nürnberg. Im Gespräch mit Frank sagte dieser aber überraschend, dass er sich bei Sauter nur wie das fünfte Rad am Wagen fühle. Er glaube aber, dass Seidl vom „lieben Gott" geschickt sei. Auf den Hinweis Seidls, dass er noch so gut wie keine Erfahrung als Anwalt besitze, habe Frank geantwortet, dass er ja selber Jurist sei und seine Entlastung sowieso durch seine Tagebücher geschehe.[417]

Der letzte Reichsjustizminister Otto Thierack hatte vor Beginn des Juristenprozesses Selbstmord begangen. Insofern waren bei Beginn des Juristenprozesses (Fall 3) 1947 aus der ersten Riege des RJM lediglich der seit 1931 als Staatssekretär tätige Franz Schlegelberger sowie seine beiden Nachfolger im Amt als Staatssekretär, Curt Rothenberger und Herbert Klemm, angeklagt. Im Juristenprozess wurden zudem aus dem RJM die drei Referatsleiter in der Strafrechtsabteilung des RJM Wilhelm von Ammon (Strafrechtspflege), Günther Joel (Referent für Strafverfolgungsfragen und Verbindungsmann des RJM zur SS) und Wolfgang Mettgenberg (Strafrechtspflege in den besetzten Gebieten) sowie der etwas abseits stehende Abteilungsleiter für bürgerliches Recht des RJM, Josef Altstötter, angeklagt.

Die Anwälte Kubuschok, Schilf, Haensel und Behling dominierten mit fünf Angeklagten des RJM faktisch die Verteidigung im Fall 3. Die Übertragung der Verteidigung Schlegelbergers (und wahrscheinlich auf Veranlassung Schlegelbergers die Vertretung von Ammons) auf Kubuschok, der zugleich Sprecher der Verteidigung wurde, war nur konsequent. Kubuschok und Schlegelberger kannten sich beide bereits aus der Verteidigung der Reichregierung, bei welcher Schlegelberger als einziger Zeuge Kubuschoks vor dem IMT aufgetreten war. Zur Seite standen Kubuschok wiederum Erhard Heinke und als zusätzlicher Assistent der formal unbe-

416 Vgl. zu seiner Karriere mit ausführlicher Darstellung als Anwalt der NSDAP in der „Kampfzeit" Dieter Schenk: Hans Frank. Hitlers Kronjurist und Generalgouverneur, Frankfurt a.M. 2006.

417 Vgl. HStaMü: Zeitzeugeninterview Seidl, PR650 Nr. 1, S. 13.

lastete junge Breslauer Referendar Hubertus Janicki (geb. 1914).[418] Dagegen war Kubuschoks Mitverteidiger Kurt Behling (1906–1975) vom persönlichen Umfeld Schlegelbergers beauftragt worden.[419] Zunächst arbeitete der zum Militärdienst untaugliche Behling als Referendar bei der AEG und wechselte 1940 als Sozius in eine bekannte Wirtschaftskanzlei in Berlin. Behlings Duzfreund Heinrich Ebersberg, persönlicher Referent Schlegelbergers und Thieracks, den Behling für seine Verteidigungen des Öfteren im RJM kontaktiert hatte, bat Behling um die Übernahme der Verteidigung.[420] Alfred Schilf übernahm die Verteidigung von Klemm und wohl auf dessen Bitten auch die Verteidigung von Mettgenberg. Klemm und Schilf waren alte Bekannte aus der gemeinsamen Referendars- und Studienzeit in Dresden. Schilfs Assistent war ebenfalls Heinke, was die enge Verzahnung mit der Verteidigung Schlegelbergers belegt. Curt Rothenberger, Hamburger OLG-Präsident und kurzzeitig Staatssekretär im RJM, konnte mit Erich Wandschneider (1899–1956) auf einen erfahrenen Hamburger Juristen bauen, der seit 1925 als Anwalt tätig war und trotz seiner deutschnationalen Einstellung im „Dritten Reich“ als Verteidiger mehrerer Kommunisten, so des bekannten Hamburger Kommunisten Fiete Schulze und insbesondere des früheren KPD-Führers Ernst Thälmann, bekannt wurde.[421] Behling dagegen hielt seinen Hamburger Kollegen, der eine recht schwierige Position gegenüber seinem Mandanten gehabt habe, „für kein großes Kirchenlicht“. Wandschneider habe sich im Fall 3 einen groben Schnitzer erlaubt, als er mit der Bezeichnung des Ermächtigungsgesetzes als „Revolutionsrecht“ einen Sturm der Entrüstung und Beschimpfungen durch die Angeklagten und Verteidiger provoziert habe.[422] Als As-

418 Milgov-Fragebogen Janicki, in: NARA, Screening Files a though j.

419 Behling arbeitete neben dem Studium als Werkstudent bei der AEG in Berlin. 1940 wurde über ein wirtschaftsrechtliches Thema aus dem Bereich der AEG („Recht der Prüfg. Stellen“) promoviert.

420 Schreiben Hartmut Schlegelberger an Behling 13.2.1946 und Behling an Heinrich Ebersberg 28.2.1946, in: BAK, NL Behling, Nr 5. Kubuschok vertrat Ebersberg in dessen eigenen Kölner Ermittlungsverfahren 1968.

421 Vgl. Personalbogen, in: StH, Personalakte A2955 (Wandschneider, Erich) und Meldebogen, in: StH, B221-11 27881KAT (Wandschneider, Erich). Im Studium gehörte Wandscheider dem nationalistischen Fichte-Hochschulring an. Aus dem Stahlhelm wurde Wandschneider als Scharführer in die SA überführt und trat 1937 der NSDAP bei. Den gesamten Zweiten Weltkrieg war Wandschneider als Hauptmann bei verschiedenen Stäben in Dänemark eingesetzt.

422 Schreiben Behling an von Bagge 25.5.1947, in: BAK, NL Behling, Nr. 8.

sistent holte Wandschneider den jungen Hamburger Assessor Helmut Bothe (geb. 1911).[423] Joel wurde dagegen von Carl Haensel vertreten, wahrscheinlich aufgrund einer Bekanntschaft im Rahmen der Verteidigung der SS vor dem IMT (siehe Kapitel 2.4). Haensel zur Seite stand Herbert Thiele-Fredersdorf (geb. 1909), der in Haensels Kanzlei seine Referendarstation abgelegt hatte und 1935 als Angestellter in die Dienste des Reichsluftfahrtministeriums getreten war.[424] Hermann Orth übernahm die Verteidigung von Josef Altstötter. Möglicherweise kannte Orth Altstötter von seinen Lagerbesuchen für die Gestapo, hatte doch SS-Standartenführer Altstötter für die Verteidigung der SS vor dem IMT als „Obmann“ der SS im hessischen Lager 75 gedient. Assistent Orths war Altstötters Bruder Ludwig Altstötter (geb. 1897), ein Notar aus Bamberg.[425]

Behling zeigte sich auch insgesamt von seinen Mitverteidigern, mit Ausnahme Kubuschoks, wenig angetan, würden viele doch „den Durchschnitt nicht überragen und teilweise sogar darunter stehen“. Für Spezialfragen planten Kubuschok und Behling daher die Heranziehung von Sachverständigen, so für das Strafprozessrecht den Freiburger Strafrechtler Adolf Schönke, für das Staatsrecht und den „Führerbefehl“ Hermann Jahrreiß und für „Ostfragen“ Reinhard Maurach. [426] Anstelle von Maurach griffen sie dann aber auf den kommissarischen Leiter des Kieler Instituts für Politik und Internationales Recht Viktor Böhmert (1902–1975) zurück, der nun den Themenkomplex Ostgebiete und Protektorat bearbeitete.[427]

423 Bothe war kein Mitglied der NSDAP, vgl. Bescheinigung der S2 Screening Section vom 12.5.1947, in: NARA, Screening Files a though j.

424 Thiele-Fredersdorf hatte offenbar nicht der NSDAP angehört. Er war aber seit 1933 Mitglied der SA, vgl. Personalbogen und Lebenslauf Thiele-Fredersdorf 8.3.1936 und Mittleilung des OLG-Präsidenten Naumburg an das RJM 6.4.1937, in: BAK, R3001/78205 (Thiele-Fredersdorf). Er war Hauptverteidiger von Gregor Ebner (Fall 8).

425 Im Fall 8 verteidigten Orth Inge Viermetz bzw. Weisgerber Wolfram Sievers und Wilhelm Speidel.

426 Schreiben Behling an Anwalt Siebert 25.5.1947, in: BAK, NL Behling, Nr. 8. Zu Schönke vgl. Anna Maria von Lösch: Der nackte Geist. Die juristische Fakultät der Universität Berlin im Umbruch von 1933, Tübingen 1999, S. 340 f. und Günther Wendt: Adolf Schönke, in: Hans Dieter Beck [Hg.]: Juristen im Portrait. Verlag und Autoren in 4 Jahrzehnten. Festschrift zum 225-jährigen Jubiläum des Verlages C.H. Beck, München 1988, S. 663–670.

427 Schreiben Behlings an H. Schlegelberger 30.6.1947 und Behling an Böhmert 12.9.1947, in: BAK, NL Behling, Nr. 8. Zu Böhmert vgl. Michael Stolleis: Geschichte des öffentlichen Rechts in Deutschland, Band 4, Staats- und Verwal-

Als inoffizieller Gutachter für seine früheren Kollegen im RJM war zudem Erich Schmidt-Leichner (1910–1983) vorgesehen, der eine Ausarbeitung über die Rechtsgrundsätze „nullum crimen sine lege“ bzw. „ne bis in idem“ erstellen sollte. In seiner Dissertation hatte Schmidt-Leichner 1935 der restlosen und totalen Ablösung des Zeitalters des Liberalismus und Individualismus durch die Volksgemeinschaft das Wort geredet.[428] Als Referendar bei dem bekannten deutschnationalen Anwalt Alfons Sack arbeitete der als Anwärter der SA und NSDAP angehörende Schmidt-Leichner als heimlicher Koautor Sacks an der Idee eines neuen Typus von „nationalem Strafverteidiger“ mit.[429] Seit 1939 im Staatsdienst an mehreren Amtsgerichten wurde er schon im Folgejahr zum Landgerichtsrat befördert und im Mai 1941 auf Veranlassung des Präsidenten des Kammergerichts Berlin als juristischer Hilfsarbeiter in das Reichsjustizministerium berufen. Als Mitarbeiter eines Referenten der Strafgesetzgebungsabteilung war er mit der Zusammenfassung von Materialien und der Erstellung vorläufiger Rechtsgutachten im Referat für Jugendschutz, Jugendstrafrecht, Friedensgerichtsbarkeit und Strafrechtsreform befasst. Ab 1942 wurde Schmidt-Leichner zusätzlich zur Vorbereitung der sogenannten Richterbriefe eingesetzt. Die Richterbriefe bzw. der nur in einem Exemplar veröffentlichte Rechtsanwaltsbrief hatten unter Thierack als Mittel der Justizsteuerung gedient.[430] Klemm beschrieb Schmidt-Leichners dortige Rolle folgendermaßen: „Sowohl der Minister als auch ich haben niemals Schmidt-Leichner für einen überzeugten Nationalsozialisten gehalten, aber auch nicht für einen Gegner des Nationalsozialismus. Er war ein kenntnisreicher, wert-

tungswissenschaft in West und Ost, München 2012, S. 58; vgl. Böhmerts Biographie in: Hürter [Hg.], Biographisches Handbuch, Bd. 1, S. 199. Herbst 1947 hatte Behling mit Böhmert Bekanntschaft gemacht, als er sich um Material für die Verteidigung Schlegelbergers an das Kieler Institut gewandt hatte und Böhmert um Hilfe bat, vgl. Schreiben Behling an Hans Meckel 25.9.1947, in: BAK, NL Behling, Nr. 8. Auch im Fall 12 beriet Böhmert Behling, vgl. Abschrift Brief Böhmerts an Behling 7.5.1948, in: BAK, NL Behling, Nr. 63. Böhmert wurde wegen seiner Vergangenheit von den anderen Hochschullehren in Nürnberg gemieden. Gerade Professor Erich Kaufmann hatte Aversionen gegen Böhmert.

428 Erich Schmidt-Leichner: Unrechtsbewusstsein und Irrtum in ihrer Bedeutung für den Vorsatz im Strafrecht, Breslau 1935, S. 218–222.

429 Erich Schmidt-Leichner: Angeklagter, Staatsanwalt und Verteidiger im künftigen Strafprozess, in: Deutsches Strafrecht 5 (1937), S. 247–255. Zur Mitwirkung von Schmidt-Leichner an Alfons Sacks Begriff des „nationalen Verteidigers“, vgl. König: Strafverteidiger, S. 161–164.

430 Hierzu ausführlich vgl. auch König: Strafverteidiger, S. 235 f.

voller Mitarbeiter ohne politische Initiative.“[431] In einem großen Interview mit dem Magazin „Stern“ bezeichnete sich dann auch Schmidt-Leichner Anfang der siebziger Jahre als jemand, der versucht habe, sich durch die NS-Zeit zu „mogeln“.[432] Schmidt-Leichner hatte sich allerdings nicht nur durch das „Dritte Reich“, sondern auch durch die Entnazifizierung als angeblicher Widerständler „gemogelt“.[433]

Neben den leitenden Mitarbeitern des Reichsjustizministeriums waren im Juristenprozess exemplarisch Richter und Staatsanwälte des Volksge-

---

431 Affidavit Herbert Klemm 22.8.1948, in: StN, Spruchkammer Nürnberg, Schmidt-Leichner.

432 Interview mit Erich Schmidt-Leichner, in: Stern 28.3.1974, S. 135–147.

433 Schmidt-Leichner behauptete, als Richter am Amtsgericht Brandenburg an der Havel aktiven Widerstand geleistet zu haben. Bei der Bearbeitung von Pflegschaften geisteskranker Kinder sei Schmidt-Leichner als Vormundschaftsrichter aufgefallen, dass diese verdächtig häufig verstorben waren, und habe bei seinem Vorgesetzten, dem Amtsgerichtsrat Kreißig und bei Kammergerichtspräsident Heinrich Hölscher protestiert. Auf seine Drohung hin, sein Amt niederzulegen sei Schmidt-Leichner vor der Tätigkeit als Vormundschaftsrichter freigestellt worden, vgl. Affidavit des Senatspräsident am Kammergericht Berlin Erich Ebelt o.D., und Affidavit Rechtsanwalt Walter Pietsch (Freund von Schmidt-Leichner) 5.2.1948 sowie Affidavit Schmidt-Leichner 28.11.1947, in: StN, Spruchkammerakten, Spruchkammer Nürnberg, Erich Schmidt-Leichner. Tatsächlich hatte der der Bekennenden Kirche zuzurechnende Amtsgerichtsrat Lothar Kreißig mit einem äußerst mutigen Protestschreiben an den Kammergerichtspräsidenten Hölscher Protest gegen die Ermordung Geisteskranker in Brandenburg geführt und die ihm als Vormundschaftsrichter zugewiesene Heilanstalten aufgefordert, keine Verlegungen von Geisteskranken ohne Rücksprache mit ihm durchzuführen. Kreißigs oppositionelles Verhalten ist durch die Forschung des Historikers Lothar Gruchmanns mittlerweile sehr gut dokumentiert, Schmidt-Leichner wird allerdings mit keinem Wort erwähnt, vgl. Lothar Gruchmann: Ein unbequemer Amtsrichter im Dritten Reich. Aus den Personalakten des Dr. Lothar Kreißig, in: Vierteljahresschrift für Zeitgeschichte 32 (1986), S. 463–488. Als Beleg für seinen Protest konnte der während seines Dienstes im RJM zum Kammergerichtsrat ernannte Schmidt-Leichner lediglich ein von ihm selbst verfasstes Affidavit vorweisen. Zudem belegten Aussagen der Familie des in Zusammenhang mit Äußerungen über den 20. Juli 1944 verhafteten und vor dem Volksgerichtshof angeklagten und hingerichteten Justiziar Friedrich Justus Perels, dass Schmidt-Leichner dafür sorgte, dass der von der Gestapo verbotene Schriftverkehr der Familie mit dem Angeklagten durchgeführt werden konnte, vgl. Affidavit Pastor Eberhard Bethge 20.2.1946, Affidavit Helga Perels 28.6.1946, Affidavit Assessor Justus Friedrich Perels o.D., in: StN, Spruchkammer Nürnberg, Schmidt-Leichner. Schmidt-Leichner wurde von der Spruchkammer Nürnberg als „entlastet“ eingestuft, vgl. Urteil der Spruchkammer 25.10.1948, in: ebd.

richtshofs und zweier Sondergerichte angeklagt. Fast alle ihre Verteidiger waren Pflichtverteidiger. Der berüchtigte Oberstaatsanwalt am Volksgerichtshof Karl Engert wurde zunächst von Hanns Marx und seinem, Marx aus der gemeinsamen beruflichen Tätigkeit als Anwälte in der Stadt Nürnberg bekannten, Assistenten Heinrich Link (1912–1963) vertreten.[434] Als Marx wegen einer Zeugenbeeinflussung im Fall 3 zwangsweise seine Mandate niederlegen musste, übernahm Link die Hauptverteidigung. Aus dem Umkreis von Marx stammte auch der Hauptverteidiger von Paul Barnickel, Marx' früherer Referendar Tipp. Tipp zur Seite stand der Erlanger Jurastudent Rudolf Schmidt (geb. 1923). Oberstaatsanwalt am Volksgerichtshof Ernst Lautz wurde dagegen von dem Verwaltungsbeamten Heinrich Grube vertreten, den Kraus als Pflichtverteidiger den US-Behörden besonders empfohlen hatte, und der eine zentrale Rolle bei der Verteidigung der Richter im Fall 3 einnahm.[435] Dies überrascht, hatte doch der überzeugte Nationalsozialist Grube als Referent in Gewerbepolizeisachen 1938 die Aufsicht über die Abwicklung von 38 jüdischen Geschäften durchgeführt und war damit selbst belastet. Glaubt man Grubes Einlassungen, so sei ihm von der sogenannten „Göring Kommission", die von Berlin wegen der grassierenden Korruption innerhalb der NSDAP-Gauleitung in Franken eingesetzt worden war, attestiert worden, dass bei ihm als einziger Stelle in Nürnberg die „Arisierung nicht zu beanstanden" gewesen sei.[436] Die Verteidigung der zentralen Gestalt des Sondergerichts Stuttgart,

434 Engert war in den frühen zwanziger Jahren in der NSDAP in Franken sehr aktiv. Ob daher eine frühere Bekanntschaft mit Marx bestand, ist nicht bekannt. Link verteidigte im Fall 9 Felix Rühl.

435 Grube wurde im Fall 3 umfangreich gutachterlich tätig. Sein Gutachten über „Die Pflichten und Rechtsgüterkollision im Strafrecht" etwa betonte, dass die Pflicht, den Staat zu schützen, höher stehe als das Leben des Einzelnen. In einem Gutachten zum Verbrechen gegen die Menschlichkeit stellte er heraus, dass Menschlichkeit kein absoluter Begriff sei, vgl. die verschiedenen Gutachten in StN, Rep 502A, Verteidigerakten Heinrich Grube (NL Grube), Nr. 2.

436 Vgl. Protokoll 14.11.1947, Schriftsatz Grube vom 7.9.1947 und 30.10.1947 in: StN, Spruchkammerakten, Spruchkammer Nürnberg, Heinrich Grube. Grube hatte angeblich schon in den zwanziger Jahren Sympathien für die NSDAP. 1930 verließ er wegen der Hinwendung des Jungdeutschen Ordens zur DDP aus Protest gegen die „Partei des Kapitals" diesen und trat stattdessen in Erlangen dem NS-Studentenbund bei, wo er auch mit einer einschlägigen Arbeit über die Rolle der NSDAP im NS-Staat promoviert wurde, vgl. Heinrich Grube: Der Einbau der nationalsozialistischen Organisation in den Staat, Nürnberg 1934. 1933 trat er der NSDAP bei und war zeitweilig Blockwart.

Hermann Cuhorst, übernahm Assessor Hans-Richard Brieger (1900–1963). 1946 aus französischer Kriegsgefangenschaft entlassen, wurde Brieger als vermeintlich politisch unbelastet zum Ankläger bei den Spruchkammern Heidelberg und Karlsruhe ernannt.[437] Da er aber dort als „Auswärtiger" nicht reüssieren konnte, dürfte er das Angebot, Cuhorst zu verteidigen, als interessante Abwechslung betrachtet haben. Vielleicht hatte auch der bekannte Stuttgarter Anwalt und Leiter einer auf Wirtschaftsrecht spezialisierten Kanzlei Kurt Mandry (geb. 1895) von Briegers Unzufriedenheit erfahren und ihm die Hauptverteidigung angeboten.[438] Poli-

437 Wohl kein anderer Nürnberger Verteidiger arbeitete wie Brieger derart energisch an einer Widerstandslegende, so dass sogar noch die jüngere Forschung seinen Einlassungen glaubte, vgl. Angela Borgstedt: Entnazifizierung in Karlsruhe von 1946 bis 1951. Politische Säuberung im Spannungsfeld von Besatzungspolitik und lokalpolitischem Neuanfang, Konstanz 2001, S. 141 und 270. Der Wiedergutmachungssenat des Landgerichts Karlsruhe betrieb großen Aufwand, um Briegers Einlassungen zu widerlegen und seine Klage auf Erstattung seines wirtschaftlichen Schadens abzuweisen. Die Angelegenheit hatte einen solchen grundsätzlichen Charakter, dass zwei Gutachten des Instituts für Zeitgeschichte, erstattet durch den Historiker Hans Buchheim, eingeholt wurden, vgl. Hans Buchheim: „Hitlers Behandlung der Kolonialfrage nach 1933" 30.1.1958 und Gutachten Hans Buchheim vom 29.10.1957, in: Generalstaatsarchiv Karlsruhe (GLA), Abt. 243 Zugang 2004-125, Nr. 11. Der angeblich linksliberale Brieger war schon 1924 aus der DDP ausgeschieden und habe sich angeblich „wegen den Juden" der DNVP zugewandt. Im „Dritten Reich" war er Schriftführer der kolonialpolitischen Arbeitsgemeinschaft des NSRB-Gaues Berlin, vgl. Landesamt für Wiedergutmachung: Begründung der Klageabweisung 1.10.1956, in: ebd. Dass Brieger seine Anwaltszulassung im „Dritten Reich" verweigert worden war, hatte keine politischen Gründe. Brieger hatte 1940 als Anwaltsvertreter bei einem Rechtsanwalt gearbeitet, war von diesem aber fristlos entlassen worden, weil er ohne dessen Einwilligung während der Arbeitszeit zu einem Kolonialkongress gefahren war. Hierauf hatte Brieger seinem früheren Chef gedroht, dass es Zeit werde, dass dieser ins KZ komme. Aufgrund dieses Vorfalls lehnte das Reichsjustizministerium Briegers Zulassung zum Rechtsanwalt ab, vgl. Urteil des OLG Karlsruhe 16.10.1959, Stellungnahme zum Urteil des Landgerichts Berlin vom 15.8.1942 sowie Klageschrift Brieger gegen das Landesamt für Wiedergutmachung Karlsruhe 4.8.1946 in: ebd.

438 Seit 1914 im Kriegsdienst war Mandry Regimentsadjutant der Artillerieeinheit 281 und kehrte als dekorierter Oberleutnant aus dem Ersten Weltkrieg heim, vgl. HStaStu, M430/2, Nr. 1345 (Mandry, Kurt). Der NSDAP war Mandry nie beigetreten, befand sich aber in Bürogemeinschaft mit einem Mitarbeiter der Gauwirtschaftsberatung der NSDAP und Ortsgruppenleiter in Stuttgart. Mandry rechtfertigte sich später, er habe die Aufnahme in die Bürogemeinschaft nicht ablehnen können, da sonst sein seit 1924 bestehender Beratervertrag mit der Sparkasse

tisch unbelastet durfte Mandry nach Kriegsende nicht nur seine Kanzlei weiterführen, sondern übernahm auch den Vorsitz über mehrere Entnazifizierungskammern in Stuttgart.[439] Allerdings wurde Mandry im Februar 1947 auf eigenen Wunsch von diesem Amt entbunden, da er Kollisionen mit seiner nunmehrigen Tätigkeit als Anwalt von „schweren Fällen“ vor den Stuttgarter Entnazifizierungskammern und anderen Gerichten sah. So vertrat er vor Entnazifizierungskammern u. a. den Stuttgarter NS-Oberbürgermeister Karl Strölin, Cuhorst und SS-Führer Martin Sandberger, die beiden Letzteren auch als Hilfsverteidiger in den Nürnberger Nachfolgeprozessen.[440] Zweiter Assistent wurde der Nürnberger Gerichtsassessor Karl Haßfürther (geb. 1900), der sich während des Krieges mit Brieger angefreundet hatte.[441] Hatte Cuhorst mit Mandry zumindest einen erfahrenen Anwalt im Hintergrund, mussten die früheren Richter am Sondergericht Nürnberg mit unerfahrenen Juristen vorliebnehmen. Verteidigt wurde Oswald Rothaug von dem früheren SS-Sturmbannführer und Ordnungspolizisten Josef Kößl.[442] Als Assistent diente der junge Erlanger Jurastudent Adolf Hüttl (geb. 1923).[443] Die Verteidigung von Rudolf Oeschey hätte zunächst OLG-Rat Paul Ratz übernehmen sollen, den Oeschey als frühe-

---

Stuttgart und damit die Existenz seiner kinderreichen Familie gefährdet gewesen wäre. 1939 wurde Mandry zunächst als Adjutant des Heimat-Kraftfahrbezirks 5 in Stuttgart eingesetzt, ehe er als Major zum Leiter des Heereskraftfahrbezirks 5 bzw. 105 in den besetzten Ostgebieten ernannt wurde.

439 Vgl. Anlagen zum Meldebogen in: HStaStu, EA 11/150 (Mandry, Kurt) und Einstellungsbescheid der Spruchkammer Stuttgart 19.9.1947, in: StLu, El 902/20 Bü, Nr. 99358 (Mandry, Kurt).

440 Schreiben Kurt Mandrys an den Minister für politische Befreiung 17.1.1947, in: HStaSt, EA 11/150 (Mandry). Zur Übernahme des Mandats Sandberger vgl. Schreiben Babel an Martin Sandberger 30.4.1946, in: StN, NL Babel, Nr. 18.

441 Schreiben Briegers an Defence Administrator Schäfer 19.8.1947 und Milgov-Fragebogen, in: NARA, Screening Files a though j. Haßfürther trat 1933 der NSDAP bei und war zeitweise kommissarischer Zellenleiter.

442 Memorandum des Legal Consultant John R, Niesley an Acting Secretary General 13.2.1947, in: NARA, Screening Files k through o. Kößls Verteidigung im Fall 3 war durchaus nicht unumstritten, vgl. Schreiben von Franz Pietrzal an Staatsminister Alfred Loritz o.D: und Zeugenaussage Pietrzals im Protokoll der Sitzung vom 20.11.1946, in: StaMü, Spruchkammer Traunstein, Spk 2565 (Kößl).

443 Hüttl hatte sich Januar 1946 an der Universität Erlangen immatrikuliert. 1941 bis 1945 war er Obergefreiter beim Panzerregiment Nr. 1. Der NSDAP oder ihrer Gliederung gehörte er nicht an, lediglich 1937 trat er der Hitlerjugend bei, Auskunft von Dr. Clemens Wachter (Universitätsarchiv der Friedrich-Alexander-Universität Erlangen) an den Verfasser vom 26.3.2012.

ren Kollegen aus der Verteidigerliste ausgewählt hatte. Auf Anraten des Landgerichtspräsidenten von Nürnberg hatte Ratz die Verteidigung aber abgelehnt, da Ratz mit Oeschey beruflich zu tun hatte und sein Auftreten als Verteidiger so ausgelegt werden könnte, als zeige er sich mit Oeschey solidarisch. Er bat aber den Oeschey ebenfalls bekannten Anwalt Marx das Mandat zu übernehmen, da jener als Rechtsanwalt nicht derartige Problem habe.[444] Aber auch Marx lehnte ab und Herbert Nath bekam das Mandat als Pflichtverteidigung übertragen, der aber wiederum nur zu gern dieses Mandat an seinen Berliner Bekannten Werner Schubert weiterreichte.[445] Lediglich Günther Nebelung, der dank der Nationalsozialisten vom einfachen Anwalt direkt zu Braunschweigs OLG-Präsidenten und Senatspräsidenten am Volksgerichtshof aufgestiegen war, konnte auf einen früheren Kollegen hoffen. Mit dem 1932 der NSDAP und dem BNSDJ beigetretenen Richter und früheren SS-Oberscharführer Karl Dötzer (geb. 1907) verteidigte ihn jemand, der seine steile Juristenkarriere Nebelung persönlich zu verdanken hatte und von Nebelung als sein „bester Mann" am OLG Braunschweig bezeichnet wurde: „Das wesentlichste an D. scheint mir die Tatsache, dass er ein vorwärtsdrängender, kompromissloser Kämpfer für eine neue nationalsozialistische Rechtsgestaltung ist."[446] Obwohl er erst im Dezember 1933 das Große Staatsexamen abgelegt hatte, wurde Dötzer schon 1935 zum OLG-Rat ernannt und Leiter der Justizpressestelle am OLG Braunschweig.

Wenn Anwälte überhaupt bereit waren, im Nürnberger Hauptprozess eine Verteidigung zu übernehmen, dann wurde fast immer der „Gentleman" Konstantin Freiherr von Neurath, 1932 bis 1938 deutscher Außen-

---

444 Schreiben Ratz an Oeschey 20.1.1947, in: StN, Rep 502A, Verteidigerakten, Paul Ratz (NL Ratz), Nr. 99.

445 Für das Folgende Lebenslauf Werner Schuberts o.D. und Fragebogen in: LAB, C-Rep 301, Nr. 1683 (Schubert, Werner). Schubert verteidigte im Fall 6 auch Ernst Bürgin.

446 Beurteilung 1940 und Beurteilung 1943, in: BAB, R3001, Nr. 54398 (Dötzer); vgl. auch Auszug aus einem Brief des OLG-Präsidenten 16.8.1942, in: ebd. Zeitweilig geriet Dötzer zwischen die Fronten eines Konflikts seines Förderers Nebelung mit lokalen SS-Führern. Dötzer wurde daraufhin 1936 aus der SS ausgeschlossen, der Ausschluss aber auf Intervention Nebelungs in eine ehrenhafte Entlassung umgewandelt, vgl. Urteil des SS-Gerichts 14.10.1936, Schreiben des OLG-Präsidenten Braunschweig 27.11.1936 und Beschluss des Gaugericht Süd-Hannover-Braunschweig 2.8.1938, in: ebd. 1939 wurde Dötzer zu einem Flakregiment einberufen und kehrte hochdekoriert aus dem Zweiten Weltkrieg heim.

minister und 1939 bis 1941 Reichsprotektor von Böhmen und Mähren, als Wunschkandidat genannt. Dennoch wählte von Neurath aus der ihm vorgelegten Anwaltsliste Otto von Lüdinghausen-Wolff (1881–1948) aus. Vielleicht wünschte sich der württembergische Adlige von Neurath die Verteidigung durch einen wie er selbst aus dem Adel stammenden Juristen, war doch der politisch unbelastete von Lüdinghausen Spross eines alten kurländischen Adelsgeschlechts. Seit 1910 war von Lüdinghausen in Berlin Anwalt verschiedener prominenter Klienten wie dem Ullstein Verlag, des Wolff'schen Telegraphenbüros und des Zentralverbandes der Arbeiterinvaliden und Kriegswitwen.[447] Zur Seite stand von Lüdinghausen seit Jahresanfang 1946 als Hilfsverteidiger Edmund Mezger (1883–1962).[448] Im November 1945 von der Militärregierung als Hochschullehrer amtsenthoben regte sein früherer Doktorand Alfred Seidl Mezger an, sich um eine Stelle in Nürnberg zu bemühen. Gegenüber der Militärregierung zeigte sich der selbst alles andere als unbelastete Mezger wählerisch und lehnte die ihm zunächst angebotene Verteidigung von Parteigrößen wie Rosenberg ab: „Eine Verteidigung, wie etwa diejenige von Schacht, Krupp von Bohlen, oder Raeder würde ich jederzeit gerne unternehmen, wenn dafür Bedürfnis vorhanden gewesen wäre, ebenso wie jede andere Aufgabe juristischer Mitarbeit, wenn sie mich nicht mit Namen belastet, mit denen ich mich nicht belasten kann.“[449] Im Januar 1946 erhielt Mezger eine Assistenzstelle in der Verteidigung von Konstantin von Neuraths, die er allerdings, wie gesehen, unfreiwillig im Folgemonat wieder verlor.[450] Ersetzt wurde er Mitte April mit Richard Thilenius (1908–1964), einem engen Vertrauten Neuraths, der seine eigene „Wider-

447 Vgl. Lebenslauf Lüdinghausen-Wolff 23.11.1946 und Fragebogen in: LAB, C Rep 301, Nr. 1626 (von Lüdinghausen). Sein Referendariat leistete von Lüdinghausen bei Justizrat Eugen Fuchs, dem letzten Vorsitzenden des Zentralvereins deutscher Staatsbürger jüdischen Glaubens, ab. Während des Ersten Weltkriegs wurde von Lüdinghausen an der Front eingesetzt, zuletzt war er Friedensrichter in Kurland. Während des Zweiten Weltkriegs leistete von Lüdinghausen aus Altersgründen keinen Militärdienst. Seit den späten zwanziger Jahren verlegte sich von Lüdinghausen zunehmend auf sein Notariat.

448 Thulfaut: Mezger, S. 5–9.

449 Eduard Mezger: Bericht über die Verhandlung zur Übernahme einer Verteidigung im Kriegsverbrecherprozess 10.11.1945, in: United States Holocaust Memorial Museum (im Folgenden USHMM), RG 71.001 Robert M.W. Kempner Collection, Folder Anwälte 1945-46.

450 Bericht Nr. 3 von Professor Mezger vom 10.2.1946, in: BAK, NL Behling Nr. 7. Die kurze Tätigkeit im Verteidigerteam hatte sich anscheinend in erster Linie auf

stands"-Legende mit der des Angeklagten eng verwob. Der Syndikusanwalt mehrerer schlesischer Zementkonzerne hatte 1938 aus Karrieregründen eine Stelle im Reichswirtschaftministerium (RWM) angenommen.[451] Auf einer Dienstreise im Auftrag des RWM zur Anpassung der tschechischen Wirtschaft habe er 1939 erstmals Kontakt mit Albrecht von Kessel, dem damaligen persönlichen Referenten von Neuraths für Wirtschaftsfragen im Reichsprotektorat und zentrales Mitglied der „Oppositionsgruppe um Ernst von Weizsäcker", erhalten. Von Kessel habe sofort Vertrauen in Thilenius geschöpft und ihn gebeten, mit der Übernahme einer Referentenstelle Einfluss auf von Neurath zu nehmen. Angeblich sei es Thilenius gelungen, als Sachbearbeiter für Bitt- und Gnadengesuche zusammen mit von Neurath durch eine großzügige Gnadenpraxis 300–400 angeklagte Tschechen vor der SS bewahrt zu haben, sei aber wegen seiner tschechenfreundlichen Haltung im Juni 1941 auf Betreiben des SD zur Luftwaffe versetzt worden.[452] Als stellvertretender Abteilungsleiter in das Oberkommando der Luftwaffe in Berlin versetzt machte Thilenius 1943 Bekanntschaft mit Ursula von Kardorff aus dem Umfeld der Widerstandsgruppe um Fritz von der Schulenburg. Laut von Kardorff habe er von der Schulenburg im Vorfeld der Attentatspläne des 20. Juli mit Informationen über Benzinlager versorgt.[453] Von Lüdinghausens aristokratisches Auftreten und seine offensichtliche Unerfahrenheit als Strafverteidiger sowie die

---

die Kommentierung völkerrechtlicher Probleme der Stellung von Neuraths im Protektorat Böhmen und Mähren beschränkt.

451 Vgl. Lebenslauf Richard Thilenius 14.7.1948 in: HStaStu, EA 4/150, Nr. 1187 (Thilenius, Richard). Nach Ende des Prozesses und einem kurzen Intermezzo als Anwaltsassessor wurde Thilenius als Redakteur der Wirtschaftszeitung in Stuttgart tätig. 1956 wechselte er zur Süddeutschen Zeitung, deren Bonner Korrespondent er bis zu seinem Tod 1961 blieb.

452 Vgl. Protokoll der Sitzung der Spruchkammer Günzburg 14.2.1947 und Protokoll der Sitzung vom 14.2.1947, vgl. auch Eidesstaatliche Erklärung Albrecht von Kessels 27.10.1946, in: StA, Spruchkammerakten, Spruchkammer Günzburg, T24 (Thilenius, Richard).

453 Vgl. Schreiben Robert Kempners, 26.9.1946, in welchem Kempner eine schnelle Entnazifizierung begrüßte, und Affidavit Vollrath von Malthan 6.3.1946, in: StA, Spruchkammerakten, Spruchkammer Günzburg, T24 (Thilenius). Allerdings hatte nur einer der Zeugen, der Diplomat Werner von Holleben, Thilenius Tätigkeit aus eigener Anschauung erlebt, vgl. Affidavit Werner von Holleben 5.2.1947, in ebd. Auch die entlastenden Aussagen von Kardoff und von Kessel für Thilenius sind zumindest mit Fragezeichen zu versehen, gehörten doch beide zum Umfeld einer Gruppe früherer Diplomaten, zu denen auch die späteren Nürnberger Verteidiger von Keller und von Schmieden zählten, die auf Burg Jettingen bei Günz-

Gebrechlichkeit und Fehler seines Mandanten ließen die Verteidigung von Neuraths in den Augen vieler Prozessbeobachter als eine der schwächsten Verteidigungen des IMT erscheinen.[454]

Konnte von Neurath auf Hilfe aus dem Umfeld der konservativen Diplomaten vertrauen, stand der letzte Außenminister des „Dritten Reiches", Joachim von Ribbentrop, weitgehend allein da. Er benannte bei Übergabe der Verteidigerliste von Scanzoni, angeblich weil er diesen vor langer Zeit auf einer Cocktailparty kennengelernt hatte. Bei Neaves erneutem Besuch hatte er aber seine Meinung geändert und wollte als Verteidiger oder Berater seinen persönlichen Bekannten „Dr. Möhring".[455] Der spätere Anwalt am Bundesgerichtshof Philipp Möhring (1900–1975) war ein bekannter Berliner Anwalt für Aktienrecht und Urheberrecht.[456] Möhring kam auch nach Nürnberg und besprach sich mit von Ribbentrop, wollte die Verteidigung aber nicht übernehmen, da er persönliche und sachliche Schwierigkeiten wegen „gewisser Angelegenheiten", aufgrund derer er im „Dritten Reich" im Ausland tätig gewesen war, befürchtete. Jene „gewisse Angelegenheiten" waren offenbar Möhrings Beratertätigkeiten für den Verlagsunternehmer Kurt Hermann, der für Hermann Göring Vermögenswerte in die Schweiz geschafft hatte.[457] Die Verteidigung übernahm dann der von von Ribbentrop aus der Anwaltsliste ausgewählte Fritz Sauter. Zusätzlich zu Sauter hatte Ribbentrops Ehefrau einen lokalen Anwalt engagiert, den bereits erwähnten Georg Fröschmann (1882–1959). Als zusätzlicher Verteidiger kam der sich freiwillig zur Verteidigung meldende Luftwaffenpilot

---

burg Zuflucht gefunden hatten und einander offenbar mit entlastenden Erklärungen versorgten.

454 Papen: Wahrheit, S. 633, vgl. auch Fritzsche: Tribunal, S. 284–291. Vernichtend war das Urteil von Richter Francis Biddle. Von Lüdinghausen sei „tall, aristocratic, aloof, insensible to affront, with an extraordinary drowning voice, and bearded like the poet", der „complete and utter stupefaction" hervorrufe, vgl. Francis Biddle: In Brief Authority, New York 1962, S. 520.

455 Airey Neave: On Trial at Nuremberg, Boston u. a. 1978, S. 85.

456 Käte Nicolini: Philipp Möhring, in: Hans Dieter Beck [Hg.]: Juristen im Portrait. Verlag und Autoren in 4 Jahrzehnten. Festschrift zum 225-jährigen Jubiläum des Verlages C.H. Beck, München 1988, S. 584–591.

457 Besprechungsniederschrift 7.11.1945, in: StN, Rep. 502A, Verteidigerakten Georg Fröschmann, Nr. 60 (im Folgenden zitiert als NL Fröschmann). Zu Möhring und Hermann vgl. Hanspeter Lussy/Rodrigo López: Liechtensteinische Finanzbeziehungen zur Zeit des Nationalsozialismus, Bd. 2, Vaduz 2005, S. 608–626.

Viktor Rinke (geb. 1915), Schwager von Ribbentrops.[458] Anfang Januar 1946 trennte sich aber von Ribbentrop schon wieder von Sauter, angeblich weil dieser Ribbentrop kein „Gutes Neujahr" gewünscht hatte. Wahrscheinlicher dürfte aber sein, dass Sauter die Verteidigung niederlegte, weil ihn die Sprunghaftigkeit seines Angeklagten überstrapaziert hatte.[459] Sauter wurde ersetzt mit dem politisch unbelasteten Pflichtverteidiger Martin Horn (1911–1960), der seit November 1945 als Anwalt in München zugelassen war.[460] Anders als viele Kollegen hatte sich Horn vor Nürnberg mit völkerrechtlichen Fragen beschäftigt. In seiner Dissertation über die geschichtliche Entwicklung des Neutralitätsbegriffs war er aber nicht mit radikalen oder explizit nationalsozialistischen Positionen aufgefallen. [461] Nach dem Referendariat war er seit September 1938 als Syndikus in die Dienste der UFA Berlin getreten, wurde aber mit Kriegsbeginn zum Militär eingezogen. Er nahm beim Stab der 2. Gebirgsjägerdivision als Sonderführer am Norwegenfeldzug teil und veröffentlichte mehrere Propagandaschriften.[462] Beim Stab der 90. Leichten Afrika-Division wurde er November 1942 so schwer verwundet, dass er nach fast zweijährigem Lazarettaufenthalt aus dem Heeresdienst entlassen wurde. Wahrscheinlich die gemeinsame Bekanntschaft aus den Veteranenverbänden mit Fröschmann dürfte der Grund für die Rekrutierung des Nürnberger Richters a. D. Eduard Belzer (geb. 1896) als weiterer Hilfsverteidiger im Juni 1946 gewesen sein.[463]

---

458 Personal Details 22.3.1946 und Personal Security Office: memorandum Rinke, Viktor 11.1.1946, in: NARA, Screening Files p though z.

459 Vgl. Michael Bloch: Ribbentrop, London 2002, S. 440.

460 Vgl. Personalbogen Martin Horns, 27.6.1949 und Zwischenbericht des Generalstaatsanwalts München 12.2.1947, in: StMü, Rechtsanwaltspersonalakten des OLG München, Nr. 3718 (Horn, Martin).

461 Martin Horn: Die geschichtliche Entwicklung des neuzeitlichen Neutralitätsbegriffes, Würzburg 1936.

462 Sein Buch „Kameradschaft für Narvik" stellte die „Opferbereitschaft" der Gebirgsjäger heraus und wurde mit einem ganzseitigen Bild Hitlers eingeleitet, der im Reichstag das „Norwegen-Unternehmen" als die kühnste militärische Tat der ganzen Kriegsgeschichte bezeichnet habe, vgl. Martin Horn/Karl Vogel: Kameradschaft für Narvik. Marsch nach dem Norden, Innsbruck 1942. Weniger propagandistisch war seine „Landeskunde" zu Norwegen, vgl. Martin Horn: Norwegen zwischen Krieg und Frieden, Innsbruck 1941.

463 Belzer hatte am AG Nürnberg, später am AG Pirmanses (Rheinpfalz) gearbeitet, war aber wegen finanzieller Schwierigkeiten und seines Gebarens gegenüber den Gläubigern 1933 zwangsweise in den Ruhestand versetzt worden. Seither arbeite-

Im Wilhelmstraßenprozess stand die „zweite Riege“ des Auswärtigen Amtes vor Gericht, so die beiden letzten Staatssekretäre Ernst von Weizsäcker und Gustav Adolf Steengracht von Moyland. Mit dem langjährigen Karrierediplomaten und Referenten für die Kriegsschuldfrage im Auswärtigen Amt Werner von Schmieden (geb. 1892) wurde der Verteidigung ein Spezialanwalt für die Einsichtnahme in Akten des Auswärtigen Amtes genehmigt.[464] Nach der Entlassung aus der Internierung 1946 schloss sich von Schmieden dem Kreis um Thilenius auf Burg Jettingen bei Günzburg an und kam offenbar über das dortige Diplomatennetzwerk nach Nürnberg.[465] Ihm zur Seite stand der Studentenfunktionär und Referent für Universitätsfragen in der Kulturpolitischen Abteilung des Auswärtigen Amtes Klaus Mathy (geb. 1918).[466] Die zentrale Gestalt der Diplomatenverteidigung war aber der Verteidiger von Ernst von Weizsäcker, Hellmut Becker (1913–1993). Das Kriegsende erlebte der wegen seiner schweren Verwundung aus dem Militärdienst entlassene Becker als Doktorand von Professor Ernst Rudolf Huber an der Universität Straßburg, einer der Mitbegrün-

te Belzer ehrenamtlich als Propagandaleiter und Lazarettbetreuer für eine Nürnberger NSKOV-Kameradschaft, vgl. Mitteilung des OLG-Präsidenten Zweibrücken an den Oberbürgermeister von Nürnberg 14.5.1943 sowie Mitteilung Belzer 24.3.1944, in: StaNü C18/II, Nr 1013 (Personalakte Eduard Belzer) und Klageerwiderung Bergler 5.8.1947, Lebenslauf Bergler 5.10.1945 und Milgov-Fragebogen, in: StN, Spruchkammerakten, Spruchkammer Nürnberg, Eduard Belzer. 1943 wurde Belzer für die Nürnberg Kommunalverwaltung dienstverpflichtet und leitete bis Kriegsende die Rechtsabteilung des Nürnberger Wirtschaftsamtes. Er verteidigte im Fall 9 Matthias Graf und im Fall 4 Karl Sommer.

464 Affidavit Ministerialdirektor a. D. Freiherr von Grünau (Leiter der Personalabteilung 1932–1936) 4.7.1946, in: StA, Spruchkammerakten, Spruchkammer Günzburg, G235. Von Schmiedens Assistent war Klaus Mathy.

465 Von Schmieden behauptete bei seiner Entnazifizierung Widerstand geleistet zu haben durch die Versorgung des Widerstandes um Carl Friedrich Goerdeler mit Informationen aus dem OKH. Seine Entlastungszeugen waren auffälligerweise nur Kollegen des Auswärtigen Amtes, so neben Erich von Weizsäcker auch der schon Richard Thilenius entlastende Albrecht von Kessel, vgl, Spruch der Spruchkammer Günzburg 4.9.1947, Affidavit Albrecht von Kessel 30.4.1947, Affidavit Ernst von Weizsäcker 22.3.1947 und Affidavit Hasso von Etzdorf 31.3.1947, in: StA, Spruchkammer Günzburg, G235. Offenbar profitierte auch von Schmieden von der „Entlastungsfabrik“ des Auswärtigen Amtes, vgl. dazu generell Conze u. a. [Hg.] Das Amt, S. 342–353.

466 Vgl. NARA, Screening Files k through o. Als Fähnleinführer der Hitlerjugend wurde Mathy 1937 in die NSDAP aufgenommen. Zugleich war er Leiter des Humboldt-Club e. V., eine Betreuungsorganisation für ausländische Studenten.

der der berüchtigten „Kieler Schule", die sich die Ausbildung eines explizit nationalsozialistischen Rechts auf die Fahnen geschrieben hatte.[467] Seinen Plan, über Klemens Fürst von Metternich zu promovieren, konnte Becker wegen des Kriegsendes nicht mehr umsetzen. Wegen seiner sehr guten französischen Sprachkenntnisse durfte er mit Billigung der französischen Besatzungsmacht seit Juni 1945 in seinem Heimatort Kressbronn als selbstständiger Anwalt auftreten.[468] Die Übernahme der Verteidigung von Ernst von Weizsäckers hatte aber rein persönliche Gründe. Seit 1932 war Becker mit Ernst von Weizsäckers Sohn Carl Friedrich von Weizsäcker eng befreundet. Trotz eines gewissen Risikos, da Becker noch sehr jung war und mit einem derartig großen Prozess keine Erfahrung hatte, habe er den Fall auf Bitten der Familie von Weizsäcker gerne übernommen, auch wenn er Ernst von Weizsäcker selbst nicht sehr gut gekannt hatte.[469] Beckers Assistent Sigismund von Braun (1911–1998) hatte als Legationssekretär unter dem 1943 als Botschafter in den Vatikan versetzten von Weizsäcker gedient.[470] Wahrscheinlich aufgrund eines Vorschlages von Kranzbühler stieß der Richter Karl Arndt zusätzlich zum Verteidigerteam. Der mit Abstand wichtigste Assistent war aber Ernst von Weizsäckers Sohn, der Jurastudent Richard von Weizsäcker (1920–2015).[471] In den letzten Kriegstagen kehrte der junge Regimentsadjutant zum Wohnsitz der Weizsäckers am Bodensee zurück und machte dort erstmals Bekanntschaft mit Becker. Becker entschied sich für Richard von Weizsäcker als Hilfs-

---

467 Zu Huber vgl. z. B. Martin Jürgens: Staat und Reich bei Ernst Rudolf Huber. Sein Leben und Werk bis 1945 aus rechtsgeschichtlicher Sicht, Frankfurt a.M. u. a. 2005.

468 Bestätigung des Tribunal Sommaire de Lindau 21.7.1947, in: NARA, Screening Files a through j.

469 Becker: Aufklärung, S. 34, vgl. Raulff: Kreis, S. 385.

470 Vgl. Hürter [Hg.]: Biographisches Handbuch, Bd. 1, S. 263–265 und Milgov-Fragebogen, in: NARA, Screening Files a though j. Ernst von Weizsäcker attestierte von Braun für sein Spruchkammerverfahren durch amtlichen Schutz Klöster vor dem Zugriff der SS bewahrt und hunderten Juden das Leben gerettet zu haben, vgl. Affidavit Ernst von Weizsäcker 2.11.1946 und Urteil der Spruchkammer Landshut 10.10.1947, in: Georgetown University Archive (GUA), Edmund A. Walsh Papers, Box 9, Folder 588.

471 Zum militärischen Werdegang Weizsäckers, vgl. Werner Filmer/Heribert Schwan: Militär- und Kriegszeit von 1938 bis 1945, in: Dies: Richard von Weizsäcker. Profile eines Mannes, München 1985, S. 29–37. Weizsäcker hatte zwar 1934 und 1935 der HJ als Scharführer angehört, wurde aber nicht Mitglied in der NSDAP, vgl. Milgov-Fragebogen, in: NARA, Screening Files p through z.

verteidiger, weil Becker gerade für die persönliche Kontaktpflege einen Angehörigen als Assistenten für sinnvoll hielt.[472] Abgesehen von den Industriellen (siehe Kapitel 2.5) konnte die Verteidigung von Ernst von Weizsäcker als Einzige auf einen amerikanischen Anwalt vertrauen. Warren S. Magee (1909–2000) war zwar kein großer Strafverteidiger, aber als Hauptstadtanwalt in verschiedenen „Anti-Trust-Verfahren“ und ehemaliger Prozessvertreter der Public Lands Division des Department of Justice bestens im Politikbetrieb Washingtons vernetzt.[473] Wahrscheinlich wegen des Medienechos, das Magee im Sommer 1947 als Verteidiger von Andrew J. May, dem wegen Korruption angeklagten ehemaligen Vorsitzenden des Military Affairs Commitee des House of Representative, hervorrief, entschloss sich die Familie Weizsäcker, mit finanzieller Unterstützung durch Schweizer Freunde, Magee zu engagieren. Magee machte wahrscheinlich auch den berühmten Washingtoner Anwalt Thurman W. Arnold (1891–1969) auf den Fall aufmerksam.[474] Nur eine Randfigur war dagegen Beckers Doktorvater Ernst Huber. Dank Wilhelm Grewe konnte Huber an der Universität Freiburg trotz seiner Entlassung Hilfstätigkeiten ausüben. Becker wandte sich an seinen früheren Lehrer um Hilfe, weil er

472 Helmut Becker: Weizsäcker im Wilhelmstraßen-Prozess, in: Werner Filmer/Heribert Schwan: Richard von Weizsäcker. Profile eines Mannes, München 1985, S. 64–68 und Werner Filmer/Heribert Schwan: Das Nürnberger Militärgericht, in: Dies. [Hgg.]: Richard von Weizsäcker. Profile eines Mannes, München 1985, S. 61–63.

473 Zum Folgenden vgl. die Nachrufe Paul Lewis: Warren Magee, a lawyer in unpopular cases, dies at 91, in: New York Times, (25.3.2000) und o.V. Warren E. Magee, defender of the indefensible, died on February 25th, aged 91, in: The Economist (30.3.2000); vgl. auch Schreiben Becker an Erich Kordt 25.1.1948, in: PAAA, NL Becker Bd. 7 und undatierter Lebenslauf Magee, in: PAAA, NL Becker, Bd. 9 Teilband 2.

474 Wohl Magees frühere Kontakte als Prozessvertreter in „Antitrust“-Prozessen dürfte es zu verdanken sein, dass Arnold engagiert werden konnte. Arnold hatte seit 1938 die Antitrust-Division im US-Justizministerium geleitet und eröffnete 1946 eine große Anwaltskanzlei in Washington D.C., die zum Inbegriff der „Hauptstadtkanzlei“ und des „civil liberties lawyer“ überhaupt werden sollte. Mai 1950 reichte Arnold ein ergänzendes Gnadengesuch für Weizsäcker ein, wurde aber wegen der Entlassung von Weizsäckers Oktober 1950 nicht mehr weiter tätig, vgl. Conze [Hg.]: Das Amt, S. 433 f. Zu Thurman vgl. Brannon P. Denning: Arnold, Thurman Wesley (1891–1969), in: John Vile [Hg.]: Great American Lawyers, Bd. 1, Santa Barbara 2001, S. 16–22. Arnold sollte später auch für den wegen Propaganda für die italienischen Faschisten angeklagten US-Poeten Ezra Pound eintreten.

Formulierungshilfe wegen der Frage des übergesetzlichen Notstandes und der Güterabwägung im Fall von Weizsäcker benötigte.[475] Im September 1948 sandte Huber an Becker seine Bemerkungen, bat aber alles Weitere mit Wilhelm Grewe zu verhandeln, da dieser federführend bei der Erarbeitung gewesen sei.[476]

Alfred Schilf vertrat zusammen mit seiner ständigen Assistentin, der seit Juni 1947 in Nürnberg als Rechtsanwältin zugelassenen Gabriele Lehmann (geb. 1918), den Angeklagten Ernst Woermann, ehemals Unterstaatssekretär und Leiter der Politischen Abteilung im Auswärtigen Amt.[477] Weitere Assistenten waren Woermanns zukünftige Ehefrau Martha Unger und Viktor von der Lippe. Als „Märzgefallene“ wurde Marta Unger (geb. 1903) 1933 in das neugeschaffene Reichspropagandaamt als Referentin berufen, wechselte aber schon im Folgejahr als Leiterin der Auslandsabteilung zur Reichsleitung der NS-Frauenschaft.[478] Laut Angaben in ihrem Fragebogen schied sie wegen Meinungsverschiedenheiten mit der Reichsfrauenschaftsführerin Gertrud Schultz-Klink 1940 freiwillig aus und trat als Referentin für Soziales und Frauenfragen in den Dienst der Deutschen Botschaft in Paris.[479] Nach Nürnberg kam Unger mit großer Wahrscheinlichkeit über das Netzwerk der deutschen Diplomaten und ihres früheren Chefs Ernst Achenbach. Zunächst Sekretärin im Verteidi-

---

475 Schreiben Beckers an Grewe 19.7.1948, in: PAAA, NL Becker, Bd. 4b und Becker an Huber 17.9.1948 und Huber an Becker 6.9.1948, in: PAAA, NL Becker, Bd. 5.

476 Schreiben Hubers an Becker 23.9.1948, in: PAAA, NL Becker, Bd. 5.

477 Nach Abschluss des Jurastudiums 1941 trat sie ohne Großes Staatsexamen in den Dienst des Arbeitsamtes Nürnberg. Erst nach Ende des Krieges konnte sie Referendariat und das Große Staatsexamen ablegen.

478 Vgl. Marta Unger: Über die Arbeit der Abteilung Grenz- und Ausland im deutschen Frauenwerk, in: NS-Frauenwarte 6 (1937), unpaginiert, vgl. auch Marta Unger: Das Diktat von Versailles in: NS-Frauenwarte 6 (1937), unpaginiert. In Yokohama als Tochter eines deutschen Kaufmanns und einer Amerikanerin geboren, hatte sie vor ihrer Karriere im Dritten Reich 1928 bis 1933 in Berlin, London und Frankfurt Jura studiert und war über ein völkerrechtliches Thema promoviert worden.

479 Milgov-Fragebogen Unger, in: NARA, Screening Files p through z. Obwohl Unger ihre Ämter in ihrem Fragebogen angegeben hatte und NS-Frauenwerk und Deutsches Frauenwerk Gliederungen der NSDAP waren, kam Defence Administration Leiter Robert Schäfer beim Screening zu dem nicht nachvollziehbaren Ergebnis, dass Unger kein Amt in der NSDAP innegehabt habe, vgl. Robert G. Schaefer: Subject: Marta Unger, 9.4.1948, in: NARA, Screening Files p through z.

gerteam des Angeklagten Ernst Woermann wurde sie im April 1948 offiziell zum Hilfsverteidiger berufen.[480] Anfang Januar 1949 heiratete sie den Angeklagten Woermann und trat danach unter dem Namen Marta Woermann eine wichtige Rolle als Koordinatorin des Heidelberger Juristenkreises (siehe Kapitel 4.2) an der Universität Heidelberg an.[481] Einen erneuten Einsatz des Duos Schilf-Jahrreiß aus dem Fall 3 hatte es dagegen nicht mehr gegeben, da Jahrreiß mit Hinweis auf seine Arbeitsbelastung in Köln für eine erneute Gutachtertätigkeit nicht zur Verfügung stand.[482] SS-Mann Karl Dötzer verteidigte SS-Brigadeführer Edmund Veesenmayer, 1944 Bevollmächtigter des Auswärtigen Amtes für Ungarn. Dötzer übernahm nach Nürnberg im Auftrag Veesenmayers auch die Rechtsberatung des hochbelasteten SS-Obersturmführers und früheren Leiters der Deutschlandabteilung im Auswärtigen Amt, Franz Rademacher, in Vorbereitung eines anstehenden Prozesses vor dem LG Nürnberg-Fürth.[483]

Die verhältnismäßig unbedeutende Stellung des Angeklagten Otto von Erdmannsdorff, zeitweilig stellvertretender Leiter der Politischen Abteilung, schlug sich auch im Verteidigerteam wieder. Ihn verteidigte der politisch unbelastete Assessor Bernd Vorwerk (geb. 1911) als Pflichtverteidiger.[484] Seine Assistenten waren Franz von Papen jr. und der wohl zum Bekanntenkreis von Schilf zählende, September 1947 in den Westen geflohe-

---

480 Marta Unger ist nicht zu verwechseln mit Hilde Unger, der Sekretärin von Robert Servatius im Fall 1.

481 Robert G. Schaefer: Subject: Marta Unger, 9.4.1948, in: NARA, Screening Files p through z.

482 Schreiben Schilfs an die Kollegen im Fall 11 13.9.1948, in: StN, NL Fröschmann, Nr. 11.

483 Schreiben Dötzers an Becker 3.4.1950, in: PAAA, NL Becker 16, Teilband 1. Die Verteidigung von Rademacher im Prozess vor dem LG Nürnberg-Fürth hatte Dötzer aber wohl wegen seines laufenden Wiederzulassungsverfahrens abgelehnt. Die Verteidigung übernahm daraufhin der Nürnberger Kollege Eduard Tipp. Carl Haensel, der ursprünglich den Mitangeklagten Karl Klingenfuß verteidigen sollte, war bereits vorher abgesprungen. Dötzers Assistenten im Fall 11 waren seine Ehefrau Gerda Dötzer und Thiele-Fredersdorf.

484 Nach Bestehen der Großen Staatsprüfung im März 1941 wurde Vorwerk bis Kriegsende zu einer lokalen Flakeinheit in München-Freimann eingesetzt, vgl. Milgov-Fragebogen und Bescheid des öffentlichen Klägers in Braunschweig in: StWo, 3Nds 92/1, Nr. 23208 (Spruchkammerakte Vorwerk). Laut der Spruchkammer gehörte Vorwerk nicht der NSDAP an, dagegen ist im Taylor-Report eine NSDAP-Mitgliedschaft von 1941 bis 1945 angegeben. Im Fall 1 hatte Vorwerk schon Hans-Wolfgang Romberg vertreten.

ne frühere Dresdner OLG-Rat Johannes Schmitt (geb. 1897).[485] Die Verteidigung von Steengracht von Moyland übernahm Carl Haensel, der wahrscheinlich die Verteidigung als Folge der SS-Verteidigung vor dem IMT übernommen hatte. Haensels ständige Hilfsverteidigerin wurde Gisela von der Trenck (geb. 1920), Assistentin und Privatsekretärin des Strafrechtsprofessors Eduard Kern in Tübingen.[486] Wegen seines guten Verhältnisses zu von Weizsäckers Ankläger Robert Kempner kam Carl Haensel im Kreis um Hellmut Becker nicht gut weg.[487] Wohl aus ähnlichen inhaltlichen Gründen wie Haensel übernahm auch der frühere SS-Verteidiger Horst Pelckmann die Verteidigung Karl Ritters, Botschafter zur besonderen Verfügung und Verbindungsmann des Auswärtigen Amtes zum OKW, übergab aber die Hauptverteidigung dann seinem bisherigen Assistenzverteidiger Schmidt-Leichner. Neuer Hilfsverteidiger für Ritter wurde Hermann Maschke.

Nicht dem Versuch einer Gesamtverteidigung der Diplomaten anschließen wollte sich Elisabeth Gombel (1912–1983), die als einzige Frau in Nürnberg eine Hauptverteidigung führen sollte.[488] Da Gombel, wie ihr Mandant Ernst Wilhelm Bohle, der ehemalige Leiter der Auslandsorganisation der NSDAP, bestätigte, „terrifically anti-Nazi" gewesen war, schied sie mangels Berufsperspektive aufgrund fehlender NSDAP-Mitgliedschaft aus dem im April 1935 im Bezirk des OLG Kassel angetretenen juristischen Vorbereitungsdienst aus und fand ein Auskommen als Justiziarin bei den Junkers Flugzeugwerken. 1943 wechselte sie als Justiziarin zur

485 Schmidt war zunächst am Landgericht Leipzig als Zivilrichter beschäftigt gewesen und 1937 an das OLG Dresden in gleicher Funktion gewechselt. Schmidt war als politisch unbelastet von der sowjetischen Militäradministration nicht entlassen worden. Wegen seiner Weigerung, Spitzeldienste für die sowjetische Besatzung durchzuführen, sei Schmidt im September 1947 in den Westen geflohen, vgl. Milgov-Fragebogen und Schreiben Schmidts an den Generalsekretär 18.11.1947, in: NARA, Screening Files p though z

486 Vgl. Milgov Fragebogen Gisela von der Trencks, in: NARA, Screening Files p through z.

487 Vgl. Schreiben Professor Grewes an Becker 19.7.1949, in: PAAA, NL Becker, Nr. 12 Teilband 2; vgl auch Schreiben Beckers an Sigismund von Braun 27.9.1950, in: PAAA, NL Becker, Nr. 16 Teilband 1.

488 Die unter dem Mädchennamen Liebetreu geborene Gombel sprach seit einem Schüleraustausch nach England hervorragend Englisch und beendete ihr Studium mit einer Dissertation im Internationalen Privatrecht, vgl. Elisabeth Liebetreu: Die Testamentsform im Deutschen Internationalen Privatrecht, Zeulenroda 1936.

Reichskreditanstalt in Berlin.[489] Nach der Flucht aus Berlin bekam sie wahrscheinlich dank der Verbindungen ihres Vaters, eines hohen Reichsbahnbeamten, eine wissenschaftliche Hilfsarbeiterstelle bei der Reichsbahndirektion in Hamburg. Möglicherweise war sie wegen ihrer Expertise im Wirtschaftsrecht für die Verteidigung im Fall Krupp ab Oktober 1947 engagiert worden, wechselte aber dann als Assistentin von Ernst Achenbach für die Verteidigung von Bohle zum Fall 11. Eine persönliche Verbindung zu Achenbach bestand offenbar nicht, auch wenn nicht auszuschließen ist, dass sich beide flüchtig über das Studium in Hamburg kannten. Bohles ursprünglicher Verteidiger Ernst Achenbach (1909–1991), der von 1936 bis 1943 einer der wichtigsten Diplomaten an der Botschaft Paris gewesen war, war kurz zuvor wegen seiner politischen Vergangenheit aus Nürnberg geflohen (siehe Kapitel 1.2).[490] Gombel bekam nun, trotz fehlenden Großen Staatsexamens und ohne Erfahrung in der Strafverteidigung, von den US-Behörden die Genehmigung, die Hauptverteidigung Bohles zu übernehmen und wurde diesem Vertrauen durch eine sehr effektive Verteidigung gerecht. Zum Ärger der Diplomatenverteidiger hielt sich Gombel nicht an die stillschweigende Vereinbarung der Wilhelmstraßenverteidiger, kein Schuldbekenntnis der Mandanten einzugehen. Wie ein Schreiben Robert Kempners, Ankläger Bohles im Fall 11, an Telford Taylor belegt, wusste die Anklage im Wilhelmstraßenprozess, dass der Fall gegen Bohle auf schwachen Beinen stand.[491] Gombel und Kempner vereinbarten nun einen im angloamerikanischen Rechtssystem nicht unüblichen Deal. Als Gegenzug für sein Schuldbekenntnis machte Kempner mil-

489 Vgl. Hausmann: Bohle, S. 218. Im privaten Bereich suchte die zweifache Mutter ebenfalls ihre Unabhängigkeit und ließ sich während des Krieges von ihrem Mann, einem Betriebswirt, scheiden. Auch äußerlich gab sich Gombel individuell, charakterisierte sie doch der „Spiegel“ während des Wilhelmstraßenprozesses in einem Porträt als „sehr große und sehr blonde“ Frau mit „der griechischen Nase und dem außergewöhnlich roten Mund“, vgl. Briefe an Elisabeth, in: Der Spiegel (21.8.1948).

490 Ernst Achenbach, in: Johannes Hürter u. a. [Hgg.]: Biographisches Handbuch des deutschen Auswärtigen Dienstes 1871–1945, Bd. 1 (A – F), Paderborn 2000, S. 3 f. Aufgrund eines Führererlasses vom 19. Mai 1943 wurde Achenbach am 28. September 1944 in den Ruhestand versetzt, da er mit einer Amerikanerin verheiratet war, und zu einem Artillerieersatzbataillon eingezogen.

491 Schreiben Robert Kempners an Telford Taylor 25.5.1948, in: USHMM, Kempner Collection, Folder unnamed.

dernde Umstände in seinem Plädoyer geltend.[492] Während der „Spiegel" immerhin schwankte, ob er nun das Aussehen oder die besonderen fachlichen Fähigkeiten der „Löwenmutter" herausstellen sollte, äußerten sich die Verteidigerkollegen der Diplomaten despektierlich und in chauvinistischen Stereotypen. Der neue Hilfsverteidiger im Fall Bohle, Referendar Mathy, immerhin sechs Jahre jünger und offensichtlich als „Aufpasser" der Diplomatenverteidiger Gombel beigegeben, beschwerte sich gegenüber Hellmut Becker, dass die „Chefeuse" besser daran getan hätte, Mathys Ratschlägen zu folgen. Mathy unterstellte Gombel als Motiv für die Verteidigung sowieso private Motive in Form eines Liebesverhältnisses. Auf „ihren" Bohle werde sie aber in Hamburg vergeblich warten.[493] Subtiler war Hellmut Becker, der das schon seit der Weimarer Republik übliche Stereotyp der gefühlsgeleiteten „Emotionalität" weiblicher Juristen in einem Brief an Achenbach herausstellte: „Sicher haben Sie vielen Einzelnen und dem Ganzen in der Zwischenzeit besser nützen können, als wenn Sie hier Herrn Bohles Bekenntnisse durch ihre Anwesenheit begleitet hätten. Das wurde durch ihre treffliche Assistentin sicher besser besorgt, als das irgendein Mann fertig gebracht haben könnte."[494] Fachliche Kompetenz wurde Gombel von ihren Kollegen schon im vorherein abgesprochen und Bohle von den anderen Diplomatenverteidigern wegen seiner Wahl als „armer Irrer" bezeichnet. Dieser „gender"-Blick sollte sogar Eingang in die Literatur über Nürnberg finden, wenn etwa noch 1954 John Appleman in seiner Darstellung zu den Alliierten Nachkriegsprozessen Bohles Schuldbekenntnis allein darauf zurückführte, dass dessen Verteidiger eine Frau gewesen sei.[495]

Prominent wurde Hjalmar Schacht vertreten, Reichsbankpräsident und zeitweilig Reichswirtschaftsminister. Dieser hatte den ihm allerdings nicht persönlich bekannten Herbert Kraus und Rudolf Dix, von dem er von sei-

---

492 Zum Schuldbekenntnis und zum Verfahren ausführlich vgl. Hausmann: Bohle, S. 212–230.

493 Schreiben Beckers an Mathy 21.5.1949, Mathy an Becker 10.12.1949, in: Schreiben Richard von Weizsäckers an Hellmut Becker 15.7.1949, in: Politisches Archiv des Auswärtigen Amtes (PAAA), Nachlass Hellmut Beckers, Bd. 13 Teilband 2. Weiterer Assistent Gombels war Richter Wilhelm Schmidt.

494 Schreiben Beckers an Achenbach 26.11.1948, in: PAAA, NL Becker Bd. 3, Teilband 2.

495 Vgl. Diane Marie Amann: Portraits of Women at Nuremberg, in: International Humanitarian Dialogs, http://www.roberthjackson.org/files/portraits-of-women-at-nuremberg.pdf, aufgerufen am 15.2.2015.

nem Schwiegersohn gehört hatte, als Wahlverteidiger bestimmt. Schacht hatte mit dem „Weltmann“ Rudolf Dix (1884–1952) einen ausgezeichneten und bekannten Anwalt und mit Kraus einen angesehenen Völkerrechtsprofessor für sich gewinnen können.[496] Mithilfe seiner Erfahrung und seines „konzilianten Wesen“ habe Dix, Sprecher der Verteidiger, vor dem IMT oft die Wogen geglättet. Für einige Angeklagte war dies aber bereits zu viel Nähe zum „Gegner“. Alfred Jodl etwa riet seinem Verteidigerteam ab, wie Dix die Fragenkomplexe mit der Anklagebehörde zu erörtern.[497] Herbert Kraus (1884–1965) war schon Mitte der zwanziger Jahre ein renommierter und weitgereister Völkerrechtler, der 1917 im Auswärtige Amt an der Ausarbeitung der Friedensverträge von Brest-Litowsk und Versailles mitgearbeitet hatte. Als Professor für Völkerrecht in Königsberg veröffentlichte er basierend auf seinen eigenen Erfahrungen eine kommentierte Sammlung von Dokumenten und Urkunden zum Friedensvertrag von Versailles. 1928 folgte er einem Ruf an die Universität Göttingen.[498] Von 1927 bis 1933 erhielt er zudem einen Lehrauftrag des Auswärtigen Amtes für die Ausbildung der zukünftigen Attachés im Konsularrecht.[499] Unter Kraus‘ Arbeiten in den zwanziger Jahren ist besonders der Vortrag „Gedanken über Staatsethos im internationalen Verkehr“ zu nennen, in

496 Hjalmar Schacht: 76 Jahre meines Lebens, Bad Wörishofen 1953, S. 580 f. Dix hatte zunächst eine Karriere in der Kolonialverwaltung angestrebt. Zu Jahresbeginn 1914 wurde er als Kolonialverwaltungsbeamter nach Kamerun entsandt und als Eingeborenenrichter und kommissarischer Bezirksamtmann eingesetzt. Nach der Rückkehr aus der Internierung zum Jahresende 1918 und einer kurzen Beschäftigung beim Reichsminister für wirtschaftliche Demobilmachung bzw. der Außenhandelsstelle des Auswärtigen Amtes verließ Dix den Staatsdienst und ließ sich im Januar 1920 als Anwalt in Berlin nieder, in dessen Kanzlei auch später sein Bruder Hellmuth Dix eintrat.

497 Steinbauer: Verteidiger, S. 36–41; Bemerkung Jodl 6.4.1946, in: IfZ, ED 115, Nr. 13.

498 Zu Kraus Tätigkeit in Königsberg vgl. Dietrich Rauschning: Herbert Kraus (1884–1965), in: Ders./Donata von Nerée [Hgg.]: Die Albertus-Universität zu Königsberg und ihre Professoren. Aus Anlass der Gründung der Albertus-Universität vor 450 Jahren, Berlin 1995, S. 371–382. Zur Universität Göttingen im „Dritten Reich“ allgemein vgl. Frank Halfmann: Eine „Pflanzstätte nationalsozialistischer Rechtsgelehrter“: Die Juristische Abteilung der Rechts- und Staatswissenschaftlichen Fakultät, in: Heinrich Becker u. a. [Hgg.]: Die Universität Göttingen unter dem Nationalsozialismus. Das verdrängte Kapitel ihrer 250-jährigen Geschichte, München u. a. 1987, S. 89–135.

499 Vgl. Curriculum Professor Herbert Kraus 24.11.1947, in: HStaH, Nds. 171 Hildesheim, Nr. 16057 (Kraus).

welcher er sich gegen einen schrankenlosen „(Staats-)egoismus“ und reines Machtstaatsdenken wandte und sich für einen gegenseitigen Interessenausgleich, als dessen praktischen Verfechter Kraus Gustav Stresemann hervorhob, einsetzte.[500] So sehr die Charakterisierung von Kraus durch den Rechtshistoriker Michael Stolleis als liberalen und geachteten Forscher für die Weimarer Zeit zutrifft, so fraglich muss diese Einschätzung zumindest für eine gewisse Zeitspanne nach 1933 erscheinen.[501] Wie viele Rechtslehrer und Gegner des Vertrags von Versailles hatte auch Kraus 1933 die nationalsozialistische Außenpolitik begrüßt.[502] In seinem programmatischen Aufsatz „Das zwischenstaatliche Weltbild des Nationalsozialismus“ forderte Kraus die „energische Einführung des Rasse- und Volkstumsbegriffes“.[503] Auch privat schwenkte Kraus zum Nationalsozialismus über. Als förderndes Mitglied der SS ließ Kraus der Nachrichtenabteilung der SS-Ortsgruppe Göttingen Zahlungen zukommen, die er erst mit seiner Entlassung 1937 einstellte. Zu Recht betont allerdings der zeitgenössische Kommentator des deutschen Völkerrechts John Herz (alias Eduard Bristler), dass Kraus in seinen späteren Aufsätzen wieder auf die traditionellen Bahnen der Staatengleichheit zurückruderte und für die Gestaltung der Völkerrechtsgemeinschaft wieder das „Gebot der Sittlichkeit“ einforderte.[504] Trotz seiner Anbiederung galt Kraus als zu ersetzender Vertreter der „Züchtung von Diplomaten alten Stils“.[505] Schon 1934 wurde Kraus daher die Genehmigung zu verschiedenen Reisen ins Ausland verweigert, weil er nicht als geeigneter Mann galt, zu „Fragen des Nationalsozialismus“ Stellung zu nehmen.[506] 1936 nutzte schließlich die lokale

500 Herbert Kraus: Gedanken Staatsethos im internationalen Verkehr. Vortrag gehalten anlässlich der 1. Jahresversammlung der Königsberger Gelehrten Gesellschaft am 10.1.1925, Berlin 1925, S. 79–91.

501 Michael Stolleis: Geschichte des öffentlichen Rechts in Deutschland, Bd. 3, Staats- und Verwaltungswissenschaft in Republik und Diktatur, München 1999, S. 269.

502 Herbert Kraus: Die Krise des zwischenstaatlichen Denkens. Eine Bilanz, Göttingen 1933; vgl. auch Herbert Kraus: Interesse und zwischenstaatliche Ordnung, in: Niemeyers Zeitschrift für Internationales Recht 49 (1934), S. 22–65.

503 Herbert Kraus: Das zwischenstaatliche Weltbild des Nationalsozialismus, in: Juristische Wochenschrift, S. 2419 und 2422.

504 Eduard Bristler (= Pseudonym von John Herz): Die Völkerrechtslehre des Nationalsozialismus, Zürich 1938, S. 96 f. und 102 f.

505 Halfmann: Pflanzstätte, S. 101–103.

506 Stellungnahme der NSDAP Gauleitung Süd-Hessen an den Kurator der Universität Göttingen 19.3.1934 und 22.6.1934, in: UAG, Personalakte Kraus.

NSDAP Kraus' Mitgliedschaft in der „Deutschen Friedensgesellschaft", um seine Zwangsemeritierung zu erzwingen.[507] Zwar versuchte sich Kraus nochmals, als besonders „nationalen" Mann zu präsentieren, der den Nationalsozialismus nie abgelehnt habe.[508] Dennoch konnte Kraus die Zwangsemeritierung nicht verhindern und zog sich als Privatgelehrter nach Dresden zurück. Nach der weitgehenden Zerstörung Dresdens durch alliierte Luftangriffe Februar 1945 flüchtete das Ehepaar Kraus nach Berchtesgaden. Obwohl man Kraus angedeutet habe, dass ihn die US-Militärbehörde zwingen könnte, lehnte er die angetragenen Pflichtverteidigungen von Kaltenbrunner und Streicher unumwunden ab, war aber schon nach dem ersten Zusammentreffen mit Schacht überzeugt, dass dieser unschuldig sei.[509] Alle Prozessbeobachter schwärmten in höchsten Tönen von Dix und Kraus. Für Taylor war Dix der „Doyen der Verteidigung".[510] Nicht viel anders urteilte Robert Kempner: „Schacht hat übrigens gute Verteidiger bekommen, keine nazi-artigen Gestalten, sondern Dr. Dix, der

---

507 Dass diese Mitgliedschaften der äußere Anlass für die Pensionierung von Kraus waren, ergibt sich aus Schreiben des preußischen Ministeriums für Wissenschaft vom 24.5.1937, in: UAG, Personalakte Kraus.

508 Ein auf Bitten der Deutschen Liga für Völkerrecht auf einer Tagung der Friedensgesellschaft 1920 gehaltener Vortrag über den Völkerbund und die Friedensverträge sei „so national" gewesen, dass Mitglieder der Friedensgesellschaft einen Misstrauensantrag gegen den Vorstand der Gesellschaft gestellt hätten, überhaupt sei Kraus „ein nordischer Typ aus arischer Familie, die dem Staat viele Beamte und Offiziere schenkte". Seine 1914 publizierte Schrift „Der Krieg vor den Formen des Völkerrechts" habe der sächsischen Regierung mit ihrem nationalen Duktus so gefallen, dass man ihn zur Zivilverwaltung in Belgien einberief, wo er unter Pseudonym die Propagandaschriften „Massenverhetzung und Volkskrieg" sowie „Ein Dutzend englische Sünden wider das Völkerrecht. Tatsachen und Feststellungen" veröffentlichte. Zahlreiche Parteigenossen und SS-Leute seien unter seinen Schülern, wie etwa sein früherer Assistent Hans Julius Schepers. Schepers war während des Zweiten Weltkrieges Leiter der Abteilung Raumordnung im Generalgouvernement, vgl. Schreiben Professor Kraus an den Rektor der Universität Göttingen am 27.4.1936 und 2.6.1936, in: UAG, Personalakte Kraus.

509 Herbert Kraus: The Nuremberg Trial of the Major War Criminals: Reflections after Seventeen Years, in: DePaul Law Review 13 (1963/1964), S. 233. Juni 1945 bat Kraus um die Reaktivierung als Professor an der Universität Göttingen. Aber erst nachdem das Gerücht widerlegt wurde, Kraus sei in amerikanischer Uniform gesehen worden, wurde er wieder vollständig rehabilitiert, vgl. Halfmann: Pflanzstätte, S. 115 f.

510 Taylor: Nürnberger Prozesse, S. 448 und 557; vgl. auch Von der Lippe: Tagebuch, S. 376 und Schacht: 76 Jahre, S. 580 f.

in Berlin wirkliche Widerstandskämpfer verteidigt hatte und den Göttinger Völkerrechtler Professor Herbert Kraus, ein weißhaariger Herr, der durch seine ruhige Art und seine gesamte Persönlichkeit beeindruckte. Die beiden Verteidiger von Schacht wirkten direkt als eine Art Eideshelfer, wie man sie früher im alten deutschen Prozess hatte: Wenn zwei gute Männer für den Angeklagten eintreten, dann muss an dem etwas dransein."[511] Als Verstärkung zur Verteidigung Schachts wurde im Juni 1946 der mit Widerstandskreisen eng verbundene Joachim von Lukowicz (geb. 1906), Prokurist und Vorstandsmitglied der Kokswerke-Ballestrem, gewonnen.[512]

Damit stand das Verteidigerteam Schachts in deutlichem Kontrast zu Walther Funk, der über das Amt des Staatssekretärs im Reichspropagandaministerium 1938 zum Nachfolger Schachts als Wirtschaftsministerminister und Reichsbankschef aufgestiegen war. Er konnte nur auf Fritz Sauter als Pflichtverteidiger vertrauen, den er aus der Anwaltsliste ausgewählt hatte.

Albert Speer, Reichsminister für Rüstung und Kriegsplanung, wählte zunächst aus der sowjetischen Zone den ihm persönlich bekannten Anwalt und früheren preußischen Handelsminister Walther Schreiber (1884–1958) aus, der allerdings die Anfragen der Militärbehörden, nach Nürnberg zu kommen, ignorierte.[513] Speer wurde nun ein Pflichtverteidiger aus der Anwaltsliste gestellt, mit dem dieser großes Glück haben sollte. Der politisch unbelastete Hans Flächsner (1896–1985) war seit 1925 Sozius in der Kanzlei von Anwalt Carl von Berg, die auch Hermann Göring in Privatsachen vertreten hatte. Hauptklientel waren aber mittelständische Unternehmen aus Berlin und Brandenburg.[514] Im Sommer 1945 wieder zugelassen wurde Flächsner von einem jüdischen US-Offizier (wahrscheinlich Anwalt Dickmann), dem Flächsner noch als Mitarbeiter eines Konkurrenzanwalts aus der Zeit vor 1933 bekannt war, überraschend wegen einer Verteidigung vor dem IMT angesprochen: „Nürnberg war nicht

511 Kempner: Ankläger, S. 267.

512 Nach Kriegsende wurde Lukowicz trotz Parteimitgliedschaft in der NSDAP als Mitglied des Magistrats von Berlin zugelassen, zog allerdings gegen Ende des Jahres nach Stuttgart, wo er durch seine Verbindungen zu früheren Mitgliedern des Widerstands beim Evangelischen Hilfswerk eine Anstellung als Geschäftsführer erhielt.

513 Gitta Sereny: Das Ringen mit der Wahrheit. Albert Speer, München 1995, S. 658.

514 Vgl. Milgov-Fragebogen und Spezialfragebogen für Juristen, in: LAB, B-Rep 068, Nr. 3393 (Flächsner, Hans). Sereny: Speer, S. 653, Pöllath [Hg.]: Wirtschaftsanwälte, S. 161.

etwas, wofür man sich einfach entscheiden konnte, ohne es vorher mit der Familie und Freunden durchzusprechen. Man wusste im Voraus, dass es beruflich gesehen natürlich faszinierend sein würde, aber gesellschaftlich, na ja [...], als einzelner kleiner Anwalt konnte man nicht so leicht wagen, sich zu isolieren. Es bestand das Risiko sich allen zu entfremden, die man kannte.“[515] Letztendlich sei das Angebot aber unwiderstehlich gewesen und er habe, ohne zu wissen, wen er verteidigen werde, zugesagt. Der Flächsner beratende US-Offizier habe ihm dann in Nürnberg die freie Wahl zwischen Heß, Speer oder Kaltenbrunner gelassen. Es dürfte angesichts dieser „Auswahl“ kaum überraschen, dass Flächsner das Mandat Speer übernahm.[516] Speer war von seinem Anwalt durchaus angetan, Flächsner konnte sich selbst allerdings von einer „Heldenverehrung“ Speers freimachen.[517] Nur eine kleine Rolle spielte der junge Referendar Hans von Kittlitz und Ottendorf (geb. 1916), der wegen seiner Sprachkenntnisse als Fachdolmetscher für Flächsner im Einsatz war.[518] Nachdem der Prozess gegen Gustav Krupp geplatzt war, nahm Flächsner zudem Hermann Mosler als Assistenten in sein Team.

Fritz Sauckel, Gauleiter von Thüringen und seit 1943 Generalbevollmächtigter für den Arbeitseinsatz, entschied sich aus der Liste für von Scanzoni. Nachdem dieser aber abgelehnt hatte, wählte Sauckel aus der Anwaltsliste als Pflichtverteidiger Robert Servatius (1894–1983), der seit 1925 als Anwalt in Köln zugelassen war und sich durch seine hervorragenden Sprachkenntnisse auszeichnete.[519] Servatius war offenbar ein sehr

---

515 Sereny: Speer, S. 653.

516 Sereny: Speer, S. 654.

517 Sereny: Speer, S. 678 und 765.

518 Von Kittlitz war 1933 der HJ beigetreten und Anwärter des NS-Studentenbundes. Angeblich war er 1938/39 von der HJ zur SS überführt worden, konnte aber 1942 anlässlich seiner Einstellung als Referendar keine Nachweise seiner SS-Mitgliedschaft beibringen, vgl. Bescheinigung der Deutschen Studentenschaft vom 30.6.1939, Schreiben von Kittlitz an den Präsidenten des OLG Darmstadt am 13.1.1942 und Lebenslauf vom 7.4.1941, in: HStaW, Abt. 631, Nr. 217 (von Kittlitz und Ottendorf, Hans). Nach Nürnberg beendete von Kittlitz sein Studium und ließ sich als Anwalt in Frankfurt nieder, vgl. Schreiben von Kittlitz an Gustav Steinbauer 4.8.1952, in: Archiv der Universität Wien (UAW), NL61 (Nachlass Gustav Steinbauer), Mappe 329.

519 Antrag um Aufnahme als Referendar 2.6.1921 und Personalbogen, sowie Schreiben Servatius am 7.7.1922 und 12.2.1924, in: HStaDü BR-PE, Nr. 18643 (Servatius). Glaubt man Servatius, so habe ihm im Dritten Reich der NSRB Köln Probleme wegen einer Sprachreise in die UdSSR gemacht, deswegen sei er auch der

schwieriger Mensch. Haensel beschrieb ihn später so: [Er war] „der Kölner, der untersetzte Mann, dem die Energie aus allen Knopflöchern spritzt. Aber er bleibt ein Einzelgänger, man kommt nicht an ihn heran, oder nur schwer. Er ist eigentlich auch kein Theoretiker, er fasst die Dinge mit geradem, gesundem Verstand an".[520] Überhaupt galt Servatius als sehr „militärisch": „Dr. Servatius gehörte zu den Offizieren der faschistischen Hitlerwehrmacht, die sich durch Rücksichtslosigkeit gegenüber Menschen und ‚eiserne' Härte auszeichneten. Ich habe ihn im Verlauf der nahezu 2 Jahre, die ich ihm unterstand, als einen fanatischen Hitleranhänger und sogenannten Durchhaltepolitiker kennengelernt, dessen ständige Devise darin gipfelte: ‚Die Stellung wird gehalten bis zuletzt′. Die Tätigkeit des Servatius als Offizier und Kommandeur wird am besten durch den Spitznamen ‚Der kleine Rommel′ charakterisiert, den er bei den Soldaten der gesamten Abteilung hatte und wodurch ausgedrückt werden sollte, dass er ein ganz besonderer Draufgänger war."[521] Auch ein im Zuge des Eichmann-Prozesses erstelltes Dossier des Mossads zu Servatius teilte diese Einschätzung: „He appears to have militaristic and right-wing inclinations, without it being possible to say that he has Nazis tendencies. It is told of him that his office is organized in a military manner."[522] Während des IMT gab Servatius eine Stellungnahme wegen seiner Mandatsübernahme an den German Press Room: „Ich bin nach Nürnberg gekommen um selbst zu sehen, was in den letzten Jahren vor sich gegangen ist und nicht auf Angaben anderer angewiesen zu sein. Sodann musste ich von Anbeginn klar sein, dass auch das deutsche Allgemeininteresse auf dem Spiel steht. Schließlich hielt ich es für meine Berufspflicht, mich ebenso wenig zurückzuhalten, wie der Arzt von einem ansteckenden Kranken" [...]. Bekämpft habe ich die Partei nicht, weil ich ihr in Unkenntnis der wahren

---

NSDAP nicht beigetreten. Allerdings findet sich in der Personalakte von Servatius lediglich für 1938 eine Klage des NSRB gegen Servatius, weil dieser seine Mitgliedsbeiträge nicht bezahlt hatte, vgl. Klageschrift 29.10.1938, in: HStaDü BR-PE, Nr. 18643 (Servatius); vgl. auch Yablonka: The State, S. 125.

520 Haensel: Tagebuch, S. 234.

521 Vernehmungsprotokoll des Zeugen Rudolf Tischner 29.6.1961, in: BStU, ZFG ZAIG, Nr. 10866.

522 Undatierte vertrauliche Information über Robert Servatius, zitiert nach Hanah Yablonkah: The State of Israel vs. Eichmann, New York 2004, S. 125. In seiner Eichmann-Biographie stützt sich weitgehend auf die Angaben Yablonkas, David Cesarani: Adolf Eichmann. Bürokrat und Massenmörder, Augsburg 2005, S. 346 f.

Vorgänge eine Chance zubilligte, wie jeder Partei und weil ich die persönlichen Angriffe bewusst verdauen wollte. Ob eine ‚objektive‘ Einstellung in Zukunft mehr geschätzt wird als bisher, bleibt abzuwarten.“[523] Angesichts der von Servatius im Fall Sauckel behandelten Themen lag die Übernahme des Mandats von Paul Pleiger, Direktor der Reichswerke „Hermann Göring“, im Fall 11 nahe. Vielleicht hatte auch der ebenfalls als Anwalt in Köln zugelassene Hilfsverteidiger im Fall 11, Georg Wolff (1904–1949), von 1940 bis 1945 Leiter der Rechtsabteilung der Reichswerke „Hermann Göring“, Servatius engagiert.[524] Als zweiter Assistent hatte sich der zweifach promovierte Wirtschaftsjurist Kurt Mirow (geb. 1897) gemeldet, Leiter der Rechtsabteilung der Vereinigten Stahlwerke in Düsseldorf.[525] Mirow überwarf sich aber nach nur einer Woche schwer mit Servatius und verließ das Verteidigerteam, da Mirow einen Angriff auf die rechtlichen Grundlagen Nürnbergs verlangte, während Servatius seine Verteidigung rein auf die tatsächliche Seite des Falles stützen wollte.[526]

Der Generalluftzeugmeister Generalfeldmarshall Erhard Milch, mit Sauckel und Speer der federführende Mann der „Zentralen Planung“ zu Bündelung der Rüstungsanstrengungen, konnte nur Friedrich Bergold (1899–1983) als Pflichtverteidiger gewinnen. Bergold hatte in seinem un-

523 Schreiben Servatius an Herrn Seifert (German Press Room) 21.2.1946 in: BAK, All Proz 3, Verteidigerakten Robert Servatius, Nr. 4, vgl. auch Tusa/Tusa: Nuremberg, S. 123.

524 Vgl. Milgov-Fragebogen, in: NARA, Screening Files p through z. Kurz nach Ende des Falles 11 erlag Wolff, der wegen eines Herzfehlers vom Wehrdienst freigestellt war, überraschend einem Herzschlag, vgl. Schreiben Swierczyna an Behling 19.12.1949, in: BAK, NL Behling, Nr. 73.

525 Für das Folgende: Milgov-Fragebogen, in: NARA Screening Files k though o und Fragebogen, in: HStaDü, NW 1000-EÜ, Nr. 1914 (Mirow). Mirow gehörte seit März 1941 zur 286. Sicherungsdivision als Divisionsadjutant. Die 286. Sicherungsdivision war an zahlreichen sogenannten „Partisanenaktionen“ beteiligt und ging mit großer Härte vor, vgl. Christian Hartmann: Wehrmacht im Ostkrieg. Front und militärisches Hinterland 1941/1942, München 2009 und Christian Hartmann u. a. [Hgg.]: Verbrechen der Wehrmacht. Bilanz einer Debatte, München 2005. Kurzeitig diente Rudolf Schmidt als Assistent, dann übernahm Ferdinand Leis.

526 Schreiben Kurt Mirows an Robert Servatius am 27.9.1960 und 22.9.1960, in: BAK, Bestand All Proz 6 (Eichmann-Prozess), Nr. 257. Mit diesen Schreiben bewarb sich Mirow bei Robert Servatius erfolglos als Assistenzverteidiger bei der Verteidigung Adolf Eichmanns. Wie schon im Nürnberger Prozess verfocht Mirow auch hier einen direkten Angriff auf die Rechtsgrundlagen, da auf der tatsächlichen Seite „nichts zu machen“ sei.

dankbaren, vom IMT zugewiesenen Pflichtmandat für den in Abwesenheit angeklagten Leiter der Parteikanzlei Martin Bormann wenig seines Könnens zeigen können.[527] Bergold übernahm dennoch in den Nachfolgeprozessen verschiedene Pflichtmandate, so die Mandate von General Franz Böhme im Fall 7, Horst Klein im Fall 4, Otto Dietrich im Fall 11 und in offener Opposition zu Otto Ohlendorf im Fall 9 das Mandant des Angeklagten Ernst Biberstein. Die Verteidigung Milchs war aber Bergolds wichtigstes Mandat in den Nürnberger Prozessen. Wahrscheinlich lag aber die eigentliche Verteidigung im Hintergrund in den Händen des Justiziars bei den Wasserwerken Berlin-Charlottenburg, Werner Milch (1903–1984), Bruder von Generalfeldmarschall Milch.[528] Der Major eines Fallschirmjäger-Artillerieregiments war mit dem Ritterkreuz hochdekoriert aus dem Zweiten Weltkrieg heimgekehrt. Man kann davon ausgehen, dass die Stilisierung Milchs zum Kriegshelden in Bergolds Plädoyer maßgeblich auf die Vorarbeiten Werner Milchs zurückging, der faktisch die gesamte Materialbeschaffung leitete und auch die Schriftsätze mit vorbereitete. Hans Kehrl, Leiter des Planungsamtes in Speers Rüstungsministerium, wurde durch Verwaltungsjurist Heinrich Grube als Pflichtmandat im Fall 11 zusammen mit dem Hilfsverteidiger und ehemaligen Regierungsrat in der Finanzverwaltung Rudolf Meyer (geb. 1908) vertreten.[529]

Den Stellvertreter Görings als Leiter der Vierjahresplanbehörde und Aufsichtsratsvorsitzenden der „Hermann-Göring"-Werke, Paul Körner, verteidigte Rechtsanwalt Justus Koch (1891–1962), ein Berliner Spezialist für Urheberrecht, der 1933 zentral an der Gründung der deutschen Gesellschaft für die Verwertung musikalischer Urheberrechte (Stagma) mitgewirkt hatte und als erster Syndikus für diese Organisation auch international tätig war.[530] Zugleich war Koch Mitglied in den Aufsichtsräten mehrerer Unternehmen, so der Siebel Flugzeugwerke GmbH und dem de Gruy-

527 Von der Lippe: Tagebuch, S. 394.

528 Vgl. Milgov-Fragebogen und Case Summary o.D. in: HStaDü, NW1099, Nr 10187 (Milch, Werner). Milch war 1937 der NSDAP beigetreten.

529 Meyer war 1932 der NSDAP bzw. 1933 der SA beigetreten. Weitere biographische Daten konnten nicht ermittelt werden. Später stieß Alfred Schwarz als weiterer Hilfsverteidiger hinzu.

530 Für das folgende Milgov-Fragebogen, in: NARA, Screening Files k through o; Personalbogen Justus Koch und Lebenslauf Koch 20.8.1948, in: HStaDü, BR-PE, Nr. 4513 (Koch, Justus).

ter-Verlag.[531] Leider schweigen sich die Quellen über die Gründe für die Übernahme der Verteidigung Körners aus. Allerdings ist sehr wahrscheinlich, dass es eine Bekanntschaft aufgrund der beiderseitigen Nähe zur Rüstungsindustrie gab, zumal Koch sich selbst mit wehrwirtschaftlichen Fragen befasst hatte (vgl. Kapitel 3.6).[532] Während des Krieges war Koch Kommandeur einer Spezialeinheit der Luftwaffe.[533] Sein Assistenzverteidiger Joachim Bergmann (geb. 1906) war seit 1937 in der Vierjahresplanbehörde tätig und hatte eng mit Körner zusammengearbeitet, so u. a. als Verbindungsmann des Wirtschaftstabs Ost zur Vierjahresplanbehörde und als Leiter des Referats 6 („Angelegenheiten der besetzten sowjetrussischen Gebiete“) im Wirtschaftsstab Ost.[534] Nach dem Aufenthalt in meh-

---

531 Vgl. Affidavit F. Zastrow 2.1.1948 und des Geschäftsführers der Sibel-Werke Franz Walter o.D., in: StA, Spruchkammerakten, Spruchkammer Sonthofen, K213 (Koch, Justus). Als einschlägiger Experte nahm er in den Ausschussen des RJM zur Ausarbeitung des allerdings niemals verwirklichten neuen NS-Urheberrechts teil. Angeblich weil sich Koch auf einem Berliner Kongress der europäischen Urheberrechtsgesellschaften öffentlich für die Rechte emigrierter jüdischer Autoren eingesetzt hatte und nach 1933 mit einem Juden assoziiert blieb, habe die Stagma auf Druck des Reichspropagandaministeriums 1936 den Beratervertrag gelöst, vgl. Affidavit Rechtsanwalt Philipp Möhring (Kochs Nachfolger als Syndikus der Stagma) 9.7.1948 und Affidavit Clemens Graf von Westphalen (Abteilungsleiter der Stagma) 6.2.1948, in: HStaDü, BR-PE, Nr. 4513 Koch). Tatsächlich blieb Koch bis 1936 mit seinem jüdischen Sozius William Dorn verbunden, vgl. Affidavit der Sekretarin Käte Grollmetz 13.6.46 und des früheren Sozius Victor Auburtin, in: ebd. Angeblich habe Koch auch einen Juden vor dem Zwangsarbeitseinsatz bewahrt, vgl. Affidavit Erich Alenfeld 13.11.47, in: ebd.

532 Schreiben Justus Kochs an Professor Hesse 7.4.1948, in: StN, NL Koch, Nr. 1.

533 Im Juli 1940 wurde Koch zunächst als stellvertretender Kommandeur des „Sonderkommando[s] Siebel“ (später „Sonderkommando Fähre“) unter seinem früheren Geschäftspartner Oberstleutnant Friedrich Wilhelm Siebel eingesetzt. Im Oktober 1943 übernahm Koch von Siebel unter Beförderung zum Oberstleutnant das Kommando über diese Spezialeinheit. Obwohl seine früheren Kameraden das Bild eines vorbildlichen Vorgesetzten zeichneten, gab es auch Gerüchte, dass Koch noch im März 1945 trotz aller Niederlagen vom „vollkommenen Sieg“ mit dem „unvergleichlichen Führer“ gesprochen habe, vgl. Anzeige Bruno Phillippzig 20.6.1947 und Einstellungsbeschluss des Oberstaatsanwalts H. Spiess 4.2.1948, in: StA, Spruchkammer Sonthofen, K213 (Koch). Vorwürfe, Koch habe im Kriegsgefangenenlager Heide im sogenannten „Sonderstab Kettner“ im großen Maßstabe Zigarettenschmuggel zu Lasten der Mitgefangenen betrieben, konnten nicht bewiesen werden.

534 Für das Folgende: Entlastungserklärung 2.5.1947, in: StWo, 3Nds 92/1, Nr. 10414 (Bergmann); vgl. Götz Aly/Susanne Heim: Vordenker der Vernichtung.

reren Internierungslagern eilte Bergmann seinem früheren Chef und Gönner nach Nürnberg zu Hilfe. Als „inoffiziellen" Mitarbeiter gewann Koch den schon als Zeugen vor dem IMT aufgetretenen Friedrich Gramsch (1894–1955), einer der wichtigsten Referenten in der Vierjahresplanbehörde.[535] Als weiteren inoffiziellen Verteidigerassistent erhielt Koch über Vermittlung von Gramsch Hans Rechenberg (1910–1977), Pressereferent bei der Vierjahresplanbehörde und ehemaliger Pressereferent von Walther Funk. Rechenberg soll schon bei Funks und Görings Verteidigung vor dem IMT als „inoffizieller" Verteidiger mitgewirkt haben und bemühte sich bis zu Funks Tod um dessen Befreiung aus Spandau.[536] Aus Berliner Tagen bestand eine Verbindung Kochs zu dem bekannte Hochschullehrer Carl Schmitt (1888–1985). Während des unfreiwilligen Aufenthaltes Schmitts als Zeuge in Nürnberg ließ sich Koch von ihm über das Problem des Angriffskrieges beraten (siehe Kapitel 2.5).

Nicht ausgeschlossen werden kann auch eine persönliche Bekanntschaft zwischen dem früheren Vizejustiziar der Haupttreuhandstelle Ost (HTO) Werner Schubert (geb. 1904) und seinem Mandanten Wilhelm Keppler, Berater Görings im Vierjahresplan, der zugleich auch Aufsichtsratsmitglied der HTO gewesen war. Schubert war über seine Freundschaft mit Herbert Nath nach Nürnberg gekommen und hatte sich vor dem Krieg als einschlägiger Wirtschaftsanwalt und Experte für Zwangsversteigerungsrecht in Berlin einen Namen gemacht. Von 1939 bis 1945 wurde Schubert bei der HTO in deren Zentralbüro in Berlin eingesetzt. Der frühere Zentrumspolitiker und dem Kreis des 20. Juli eng verbundene Anwalt und ehemalige Oberpräsident der Provinz Oberschlesien, Hans Lukaschek

Auschwitz und die deutschen Pläne für eine neue europäische Ordnung, Frankfurt a.M. 1997, S. 53. Weiterer Assistent war Ernst Hesse.

535 Schreiben J. Kochs an Gramsch 23.1.1948, in: StN, NL Koch, Nr. 1.

536 Vgl. die seit Dezember 1947 bestehende Korrespondenz mit Hans Rechberg, in: StN, NL Koch, Nr. 22, sowie zur Biographie und Mitwirkung Rechbergs im IMT Willi Winkler: Der Schattenmann. Von Goebbels zu Carlos. Das mysteriöse Leben des François Genoud, Berlin 2011, S. 66–69. Nach Nürnberg kümmerte sich Rechberg weiterhin um Funk und um Generalmajor Hermann-Bernhard Ramcke, unter dem er bis zu seiner Gefangenschaft in Afrika 1943 als Kriegsberichterstatter gedient hatte. Der auch nach 1945 weiterhin überzeugte Nationalsozialist Rechberg machte im Rahmen seiner Gefangenenbetreuung für Ramcke 1951 Bekanntschaft mit dem Schweizer François Genoud, einem Sympathisanten des Nationalsozialismus, der nach 1945 in enger Zusammenarbeit mit Rechberg „Kameradenhilfe" leistete.

(1885–1960), selbst als „inoffizieller“ Verteidiger in die Verteidigung Friedrich Flicks involviert, bestätigte Schubert, dass er bei der Treuhandgesellschaft versucht habe, Härten zu vermeiden.[537] Ständiger Assistenzverteidiger Schuberts wurde sein Berliner Bekannter Wolfgang Theobald (geb. 1904), der von 1941 bis 1945 als Syndikus bei der Reichsbahn Berlin beschäftigt gewesen war. Weitere Unterstützung lieferte der Dresdner Anwalt Heinrich Eisold (geb. 1897), wahrscheinlich ein Bekannter von Alfred Schilf.[538]

Da der ursprünglich für die Vertretung der Dresdner Bank vorgesehene Paul Leverkühn wegen des OKW-Prozesses (Fall 12) nicht mehr zur Verfügung stand, übernahm Egon Kubuschok die Verteidigung des Vorstands der Dresdner Bank und „Exempelkandidaten“ Karl Rasche, wie auch die gesamte Vertretung der Finanzwirtschaft in den Händen des Netzwerks um Kubuschok lag.[539] Kubuschoks Assistenten waren Adolf Schäfer (1904–1989), Syndikus bei der Dresdner Bank bis zu seiner Entlassung im Mai 1946, Kubuschoks Kollege Janicki aus dem Fall 3 und der ebenfalls aus Schlesien (Görlitz) stammende Abiturient Franz Zdralek (geb. 1923).[540] Funks Stellvertreter, der Vizepräsident der Reichsbank Emil Puhl, wurde vermutlich auf Anfrage Kubuschoks von dessen Bekannten

---

537 Schubert gehörte lediglich seit 1934 als einfaches Mitglied dem NSKK an, vgl. Lebenslauf Werner Schubert o.D. und Affidavit Herbert Nath 10.9.1945, Affidavit Hans Lukaschek 12.12.1945, in: LAB, C-Rep 301 Nr. 1683 (Schubert). Bis 1942 hatte die HTO, eine an die Vierjahresplanbehörde angegliederte „Geschäftsgruppe“, eine Schlüsselposition bei der Enteignung und Verwaltung des polnischen Industrie- und Gewerbevermögens inne und arbeitete sehr eng mit dem Reichskommissar für die Festigung deutschen Volkstums zusammen. Schuberts direkter Vorgesetzter, Rechtsanwalt Bruno Pfennig, war federführend an der Ausarbeitung der Rechtsgrundlagen für die Enteignungen in Polen beteiligt. Welche Rolle sein Stellvertreter Schubert spielte, muss dagegen offenbleiben. Vgl. hierzu ausführlich Bernhard Rosenkötter: Treuhandpolitik. Die „Haupttreuhandstelle Ost“ und der Raub polnischer Vermögen 1939–1945, Essen 2003.

538 Seit 1941 war Theobald NSDAP-Mitglied. Eisold war seit 1933 NSDAP-Mitglied. Im Krieg diente Eisold als Hauptmann bei der Bahnhofswachabteilung in Dresden und war bis 1946 in russischer Gefangenschaft.

539 Ursprünglich waren Paul Leverkühn und Walter Siemers in Hamburg als Anwälte für den bevorstehenden Prozess in Nürnberg gegen führende Bankiers in Aussicht genommen worden. Leverkühn sollte die Dresdner Bank und Siemers die Reichsbank vertreten, vgl. Schreiben von Rechtsanwalt Kurt Bussmann 13.4.1946 und Schreiben Siemers an Krael 22.6.1946. in: BAK, N1146, Nr. 1.

540 Milgov-Fragebogen und Entnazifizierungsbescheid vom 29.12.1947, in: NARA, Screening Files p through z.

Hans Gawlik (1904–1983) vertreten. Der seit 1933 der NSDAP angehörende junge Staatsanwalt am Sondergericht Breslau und Kattowitz war an mindestens drei „Rassenschandeverfahren" sowie sechs Verfahren wegen Heimtücke gegen sogenannte „Defätisten" beteiligt, die alle mit Haftstrafen endeten.[541] Gawliks Vorgesetzte waren sehr zufrieden: „Ich kenne Gawlik als Staatsanwalt seit Jahren und ebenso als Parteigenossen in seinem aktiven Einsatz für die Bewegung. Seine politische Haltung ist ohne Tadel". Er habe sich als Beisitzer des Gaugerichts der NSDAP in Kattowitz durch sein „gerades und unerschrockenes Wesen" sowie als „politischer Sachbearbeiter" am Gericht in Breslau sehr bewährt.[542] 1945 war Gawlik als Flüchtling in Varel gestrandet und möglicherweise über Kubuschok nach Nürnberg gekommen. Lutz Schwerin von Krosigk, von 1932 bis 1945 Reichsfinanzminister, kannte Kubuschok noch aus der Verteidigung des Reichskabinetts. Da Kubuschok bereits durch das Mandat Rasches gebunden war und kein zweites Mandat übernehmen wollte, empfahl Kubuschok seinen Freund Stefan Fritsch (1907–1988) als Verteidiger, der schon im Fall 4 einen Angeklagten vertreten hatte.[543] Fritsch hatte bis zu seiner Dienstverpflichtung 1940 als Syndikus der Aviatik Zigarettenfabrik in Breslau gearbeitet.[544] Auch Fritsch lebte nach Kriegsende als Flüchtling praktisch mittellos in einer Barackensiedlung in Oberbayern

541 Aufgrund der Aufdeckung der Affäre um den „Warndienst West" und die Zentrale Rechtsschutzstelle im „Spiegel" leitete die Hauptabteilung IX des MfS im Mai 1968 eine Untersuchung zu Gawliks politischer Vergangenheit ein. Zwar erfolgte eine Weiterleitung der Ergebnisse an die Abteilung X zur politisch-operativen Auswertung. Eine Kampagne der DDR scheint aber nicht mehr eingeleitet worden zu sein, da Gawlik 1968 aus dem Dienst des Auswärtigen Amtes ausschied.

542 Schreiben des Generalstaatsanwalts Breslau 18.10.1940, in: BStU, HA IX/11, PA 779; Beurteilung des Generalstaatsanwalts Sturm 1943 und Vermerk vom 9.3.1945, in: BAB, R3001, Nr. 56932 (Gawlik, Hans). In seinen Angaben für das Auswärtige Amt hatte Gawlik behauptet, nur in Wirtschaftstrafsachen eingesetzt gewesen zu sein, vgl. Auszug aus den Akten des RJM 16.7.1951 und Beschäftigungsübersicht 2.12.1958, in: PAAA, PA Nr. 48419 (Hans Gawlik). Seit August 1941 war Gawlik bis Kriegsende bei Nachrichteneinheiten im Kriegsdienst.

543 Brief Schwerin-Krosigks an seine Frau vom 3.11.1947 und 5.11.1947, in: BAK, N276 Nachlass Lutz Schwerin-Krosigks, Nr. 100. Als alternativen Verteidiger hatte Schwerin-Krosigk Rudolf Dix ins Auge gefasst. Als Pflichtverteidiger vertrat Fritsch auch Lothar Rendulic (Fall 7); Karl Hollidt (Fall 12) und Johannes Baier (Fall 4). Menzel übernahm später das Mandat Baier und verteidigte auch Walter Kuntze im Fall 7.

544 Vgl. RAK München, Personalakte Stefan Fritsch; vgl. auch Lebenslauf Fritsch, in: StN, NL Fritsch, Nr. 6. Aufgrund fehlender Anwaltszulassung arbeitete

und engagierte sich als Rechtsberater für Flüchtlingsangelegenheiten beim dortigen Regierungskommissar.[545] 1947 ließ sich Fritsch als Anwalt mit seinem Studienfreund und früheren Breslauer Sozius und nunmehrigen Assistenten in Nürnberg, Georg Menzel (1907–1986), in Augsburg als Anwalt nieder. Neben Menzel standen Fritsch als Assistent der geflohene katholische Anwalt aus Neustadt in Schlesien Walter Beier (geb. 1905) und der aus Breslau geflohene Anwalt und Syndikus der Breslauer Großhandels- und Lagereigenossenschaft Edmund Basmann (geb. 1903) zur Seite. Weiterer Assistent war der seit Juli 1947 als anwaltlicher Hilfsarbeiter bei Kubuschok und Fritsch angestellte und nach Dillingen geflohene ostpreußische Luftwaffenrichter Oskar von Jagwitz (1909–1991), der bis Kriegsende für die Wehrmachtsuntersuchungsstelle und mehrere Luftwaffengerichte gearbeitet hatte.[546]

2.4 Das Führungskorps der NSDAP und die Gliederungen SA und SS

Wohl wegen der Stellung seines Mandanten Sauckel als früherer Gauleiter von Thüringen war Robert Servatius die Pflichtverteidigung des Korps der Politischen Leiter durch den IMT übertragen worden. Zunächst scheint Servatius als Assistenten auf Kollegen aus seiner Heimat gesetzt zu haben. Hans Pribilla (1910–1995) stammte aus einer Kölner Rechtsanwaltsfamilie und war seit 1940 Syndikus der Klöckner-Humboldt Deutz A.G. in Köln, ehe er 1944 die Leitung der Konzernniederlassung Tempelhof in Berlin übernahm.[547] Seinen Weg nach Nürnberg beschrieb Pribilla gegenüber seinem späteren Mandanten Paul Rostock so: „Durch den Verlust meiner Stellung als Leiter der Niederlassung der Klöckner-Werke in Berlin verschlug es mich nach Coburg. Weil ich mich langweilte und den Stempel fürs Arbeitsamt brauchte, ging ich nach Nürnberg und sah mir

Fritsch zudem als Anwaltsassessor bei dem katholischen Anwalt Eberhard Jungfer in Breslau.

545 Brief Fritschs an W. Leonhardt 2.4.1947, in: StN, NL Fritsch, Nr. 22.

546 Zu Menzel vgl. StaMü, Rechtsanwaltspersonalakten des OLG München, Nr. 3536 (Menzel, Georg). Zu Jagwitz vgl. Zeugnis Fritsch 11.1.1948 und Zeugnis Kubuschok o.D., in: StaMü, Rechtsanwaltspersonalakten des OLG München, Nr. 1859 (Jagwitz, Oskar von). Von Jagwitz, Basmann und Menzel gehörten nicht der NSDAP an. Beier war seit 1933 NSDAP-Mitglied. Später stieß auch noch Paul Ratz zu diesem Verteidigerteam.

547 Vgl. Milgov-Fragebogen, in: HStaDü, NW 1049, Nr. 79026 (Pribilla, Hans).

den interessanten Prozess an".[548] An Pribilla zeigt sich auch, wie wenig Vorbereitung besonders die jüngeren Verteidiger für ihre Aufgabe in Nürnberg hatten und gegenüber ihren meist prominenten Mandanten ein fast schon ehrfürchtiges Verhalten an den Tag legten: „Ich weiß auch nicht, wie man ein Plädoyer macht! Schauen sie, ich hatte nie Lust mich mit Strafrecht zu befassen und ging gleich nach dem Examen zur Industrie. Entscheidungen über das Einsperren von Mitmenschen, die Schwierigkeiten und Verlogenheit der Kriminellen haben mich immer im höchsten Masse abgestoßen. Die alten Routinepferde von Strafverteidigern fand ich immer ein wenig albern und ich hatte nie die Lust mich mit ihnen zu befassen. […] Ein Fall wie ihrer war wohl noch gar nicht da, ein Wissenschaftler soll wegen seiner hohen Stellung angeklagt werden, nicht wegen Taten, gab es jemals so etwas?"[549] Aus Köln stammte auch der seit 1933 der NSDAP beigetretene Amtsgerichtsrat August Berges (geb. 1908), während des Krieges Marinerichter d.R. beim Marinebefehlshaber Kanalküste, Zweigstelle Ostende.[550] Nur durch Zufall zur Verteidigung der Politischen Leiter war Herbert Nath (1903–1980) gekommen. Diesen hatte das mit ihm und seiner Ehefrau aus Berlin befreundete Ehepaar Dix gefragt, ob er nicht in Nürnberg verteidigen wolle. Weil er sich weigerte, einen „Goldfasan", also einen der Hauptangeklagten, zu verteidigen, kam er in Servatius' Team unter und erhielt von diesem das Themengebiet der Block- und Zellenleiter zugewiesen.[551] Die restlichen Hilfsverteidiger des Korps der politischen Leiter kamen aus dem „Pool" der entlassenen Nürnberger Juristen. Der 1937 der NSDAP beigetretene Stellvertreter eines Blockleiters und Mitglied der NS-Bekenntnisfront Heinrich Link war seit 1941 als Anwalt in Nürnberg zugelassen.[552] 1945 von der Militärregierung entlassen, hatte wahrscheinlich seine berufliche Bekanntschaft mit Hanns Marx ihm eine Stelle bei der Verteidigung eingebracht. Wenig Zweifel an der früheren nationalsozialistischen Einstellung gab es auch bei dem Ver-

548 Schreiben Pribillas an Rostock 21.3.1947, in: StN, Rep502A, Verteidigerakten, Paul Rostock (NL Rostock), Nr. 3.

549 Schreiben Pribillas an Rostock 21.3.1947, in: StN, NL Rostock, Nr. 3.

550 Seit Mitte der dreißiger Jahre war er Amtsgerichtsrat in Köln. 1939 erfolgte die Einberufung als Soldat zur Marine, dann ab September 1942 die Tätigkeit als Marinerichter d.R. Nach Nürnberg setzte Berges seine Karriere am Amtsgericht Köln ungehindert fort, vgl. HStaDü, NW 1037BIII, Nr. 5938 (Berges, August).

551 Schreiben Naths an Kempner 26.1.1978, in: BAK, N1470, Nr. 892.

552 Sühnebescheid vom 16.10.1946 und Bescheid des Kassationshofs vom 1.4.1947, in: StN, Spruchkammerakten, Spruchkammer Nürnberg, Heinrich Link.

waltungsjuristen Heinrich Grube (geb. 1908). Im Juli 1945 aus seiner städtischen Tätigkeit entlassen arbeitete er bis Mai 1946 als Hilfsarbeiter in einer Ziegelei, ehe er eine Stelle im Team von Servatius in Nürnberg fand. Mitte Juni stieß dann noch der entlassene Staatsanwalt Oskar Krauss (geb. 1911) zur Verteidigung. Krauss, SA-Mitglied seit 1933 und NSDAP-Mitglied seit 1937, war im Juli 1939 zur Staatsanwaltschaft am Sondergericht Nürnberg berufen worden, leistete aber schon seit dem Folgemonat bis Kriegsende Militärdienst.[553]

Das Verteidiger-„Team" der SA vor dem IMT bestand aus drei separaten und alles andere als konfliktfreien Verteidigungen. Der vom Gericht bestellte, unbelastete Pflichtverteidiger für die Allgemeine SA, Georg Böhm (1900–1952), war seit 1929 als Anwalt in Nürnberg zugelassen.[554] Vielleicht über eine Bekanntschaft über das katholische Milieu kam Rudolf Aschenauer (1913–1983) in das Verteidigerteam. Nach dem Studium begann Aschenauer 1938 den Referendarsdienst am OLG München. Seine Anwaltsstation leistete er bei dem Münchner Rechtsanwalt Alfred Karpf ab und war mit dessen Einziehung zum Kriegsdienst auch als Anwaltsvertreter tätig.[555] Einen Tag nachdem er März 1941 die zweite Staatsprüfung „in vereinfachter Form" mit „ausreichend" bestanden hatte, wurde Aschenauer zum Wehrdienst eingezogen und diente als Schreiber und Rechnungsführer bei der Artillerieeinheit 212 und nahm u. a. an der Belagerung Leningrads teil. Aus kurzer Kriegsgefangenschaft entlassen war Assessor Aschenauer mit Aufräumarbeiten in der Bibliothek des Landgerichts München beauftragt, ehe er am 24. April 1946 offiziell zum Verteidigerteam der SA in Nürnberg stieß. Nach Ende des IMT wurde Aschenauer zunächst als Gerichtsassessor und Sachbearbeiter bei der Staatsanwaltschaft München II eingesetzt, trat aber aus unbekannten Gründen am 7. Mai 1947 in den anwaltlichen Probedienst bei Rechtsanwalt Schäffer.

553 Fragebogen Krauss und Schriftsatz Krauss an die Spruchkammer 5.11.1945, Spruch der Spruchkammer 16.11.1946, Spruch der Berufungskammer 25.3.1947, in: StN, Spruchkammerakten, Spruchkammer Nürnberg, Oskar Krauss. Vgl. auch Lebenslauf Krauss 14.12.1936 und Schreiben Krauss an das Reichsjustizministerium 2.6.1942, und Personalbogen, in: HStaMü, Mju, Nr. 26639 (Krauss, Oskar).

554 Für das Folgende Personalbogen Georg Böhms, in: StN, Rechtsanwaltspersonalakten des OLG Nürnberg, Georg Böhm. Böhm verteidigte im Fall 1 den SS-Arzt Helmut Poppendick als Pflichtmandat.

555 Vgl. Schreiben Aschenauers an die Spruchkammer München vom 21.10.1946, in: StaMü, Rechtsanwaltspersonalakte der OLG München, Nr. 1083 (Aschenauer, Rudolf).

Kurz vor Ende des IMT kam Referendar Hellmut Dürr (geb. 1920) zur Verteidigung der SA, der nach Kriegsende bei Böhm seine Anwaltsstation im Referendariat ableistete.[556]

Eine Wahlverteidigung, nicht zuletzt in eigener Sache, übernahm dagegen für die sogenannte Reiter-SA Anwalt Martin Löffler (geb. 1905), der seine angeblich oppositionelle Haltung zur NSDAP eng mit seiner Zugehörigkeit zur Reiter-SA verflochten hatte. Als ihn Eugen Wagner, Leiter seines früheren Reitvereins in Esslingen, nach Kriegsende 1945 beauftragte, die SA-Reiterei zu verteidigen, eilte Löffler, ohne zu zögern, nach Nürnberg.[557]

Ebenfalls eine Wahlverteidigung übernahm Theodor Klefisch, der als Verteidiger des Stahlhelms nach der Verteidigung Krupps zu seinem zweiten Einsatz vor dem IMT kam. Er war von einer Reihe von Kölner Stahlhelmfunktionären, die 1934 in die SA übernommen worden waren, beauftragt worden, diese Verteidigung zu übernehmen. Als Hilfsverteidiger hatte Theodor Klefisch seinen Sohn Johannes Wilhelm Klefisch (geb. 1909) mitgebracht, der 1934 sein Referendariat im OLG-Bezirk Köln zugunsten einer Ausbildung als Filmdramaturg in Berlin abgebrochen hatte.[558] Im Hintergrund agierte schließlich noch als „inoffizieller" Verteidiger der Kölner Assessor Kurt Loske (geb. 1906), seit 1934 letzter Rechtsreferent des Stahlhelms im Berliner Zentralbüro und Rechtsberater des zum Liquidator des Stahlhelms berufenen Stahlhelm-Bundeskämmerers Theodor Gruss.[559] Während Löffler mit seinem Spezialthema abseits stand, entwickelte sich zwischen der Verteidigung von Allgemeiner SA und Stahlhelm ein schwerer Konflikt. Obwohl Klefisch mit Unterstützung der britischen Anklage mehrfach um Abtrennung der Stahlhelm-Verteidigung bat, scheiterte er an der Sturheit Böhms, der Klefisch im August 1946 sogar mit

---

556 Vgl. Meldebogen Dürrs und Beschluss des öffentlichen Klägers 19.10.1946, in: StN, Spruchkammerakten, Spruchkammer Nürnberg, Helmut Dürr. 1940 erfolgte Dürrs Aufnahme aus der HJ in die NSDAP.

557 Affidavit Eugen Wagner 26.4.1948, in: StaLu, El 902/20, Nr. 95230 (Löffler).

558 Vgl. Schreiben Johannes W. Klefischs an das OLG Köln 10.9.1974, Fragebogen 14.9.1934 und Entlassungsgesuch Klefisch 13.10.1936, in: HStaDü, BR-PE, Nr. 3249 (Klefisch, Johannes). Wie sein Vater war Klefisch Junior 1933 der NSDAP beigetreten.

559 StN, Affidavit Assessor Kurt Loske 18.7.1946 (SA Stahlhelm Affidavit Nr. 3) und Aktenvermerk Klefisch, in BAK: All Proz 3, Verteidigerakten Theodor Klefisch, Nr. 1.

Entlassung aus dem Verteidigerteam drohte.[560] Beide einigten sich schließlich darauf, dass Böhm das Stahlhelm-Plädoyer vortragen werde, Klefischs Beitrag zum Plädoyer aber kurz gefasst werde, um Interessenkonflikte möglichst auszuschließen.[561] Dementsprechend zwiespältig fiel auch die Bewertung der Verteidigung der SA aus. Von der Lippe berichtet, dass manche Zuhörer den Eindruck hatten, dass die Verteidiger wohl bewusst eine Verurteilung von Millionen von SA-Leuten anstrebten, um den Prozess ad absurdum zu führen. Göring kommentierte sogar, dass einige der SA-Verteidiger Nachhilfe in Logik nehmen sollten.[562]

Auch bei der Verteidigung der SS vor dem IMT existierten de facto nicht ein, sondern zwei Verteidigerteams. Als Pflichtverteidiger der SS hatte die Militärregierung den seit 1910 tätigen Nürnberger Rechtsanwalt Ludwig Babel (1881–1952) bestimmt.[563] Babel, kein Mitglied der NSDAP, war konservativ eingestellt und gehörte der schlagenden Verbindung „Bavaria" an. Mit Babel als Verteidiger waren die Vertreter der SS offenbar durchaus zufrieden, sei doch Babel mit „ganzem Herzen" bei der Sache. Gerade dieser einseitige Einsatz für die SS wurde Babel beinahe zum Verhängnis. Nicht nur wurde ihm faktisch die Verteidigung der SS entzogen, sondern August 1946 gegen Babel ein Disziplinarverfahren eingeleitet, da er trotz Verbots durch den Gerichtshof Geldsammlungen der SS aus den Lagern in beträchtlicher Höhe angenommen hatte, denn diesen „demokratischen Staat könne man ruhig hintergehen".[564] Nur knapp entging Babel wegen dieses Vorfalls dem Ausschluss aus der Anwaltschaft. Ins Rollen gebracht hatte die Sache eine Anzeige seines Verteidigerkollegen und früheren SS-Mannes Max Rau (1904–1952). Anwalt Rau hatte sich der NSDAP 1933 angeschlossen und diente der 63. SS-Standarte in Reutlingen als Rechtsberater. Durch parteiinterne Intrigen zwischen alle Fronten geraten war Rau 1942 aus der NSDAP ausgetreten und war auch aus der Allgemeinen SS ausgeschlossen worden. Dennoch wurde er zur

560 Aktennotiz o.V. und Aktennotiz J.W. Klefisch o.D., in: BAK, NL Klefisch, Nr. 1, vgl. auch Abtrennungsgesuch Theodor Klefisch an den Generalsekretär 12.5.1946, in: BAK, NL Klefisch, Nr. 2.

561 Schreiben Theodor Klefischs an Böhm 17.8.1946, in: BAK, NL Klefisch, Nr. 1.

562 Von der Lippe: Tagebuch, S. 439.

563 Personalbogen, in: StN, Personalakte der RAK Nürnberg, Ludwig Babel sowie Personal Details 23.3.1946, in: LOC, Jackson Papers, Box 106 (Reel 7).

564 The President oft he County Court (Landgericht): Order for Disciplinary Punishment issued against Attorney Ludwig Babel, 14.08.1946, in: SUA, Biddle Collection.

Waffen-SS eingezogen und arbeitete von August 1943 bis Kriegsende als Sachbearbeiter für Disziplinarangelegenheiten auf dem SS-Truppenübungsplatz Westpreußen. Nach Kriegsende hatte Rau den US-Militärgeheimdienst von seinem „Widerstand“ überzeugen können und war so dem Automatischen Arrest entronnen. „Im Interesse der Gerechtigkeit“ hatte sich dann im November 1945 Rau mit einer Initiativbewerbung an den IMT gewandt, um die Verteidigung der SS zu übernehmen. Der mittlerweile bestellte Pflichtverteidiger Babel bat daher Rau als Assistenten nach Nürnberg.[565] Es spricht vieles dafür, dass Rau Babels Verfehlungen weniger wegen seiner eigenen „demokratischen“ Gesinnung anzeigte, als vielmehr diese als Mittel nutzte, um den schwierigen Babel loszuwerden. Laut Rau sei Babel vollkommen untauglich gewesen. Der von Rau vorgeschlagene und mehrfach angemahnte Hauptzeuge für die Waffen-SS General Paul Hausser sei noch nicht einmal von Babel befragt worden. Robert Kempner berichtet zudem in seinen Erinnerungen, Babel habe schon am Morgen nach Alkohol gerochen und sei dann meist außer Stande gewesen, sein Mandat für die SS durchzuführen.[566] In sein Team hatte Babel seinen Bekannten aus der Verbindung „Bavaria“, den am „kleinen Sondergericht“ tätigen Nürnberger Amtsgerichtsrat Wilhelm Eser (geb. 1907), als Hilfsverteidiger engagiert, der nach seiner Entlassung als Anwaltsgehilfe in Babels Kanzlei tätig war.[567] Auch Verwaltungsassessor Otfried Schwarz (1912–1999), ebenfalls Mitglied der „Bavaria“, unterstützte Babel.[568] Aus Babels persönlichem Bekanntenkreis stammten schließlich der entlassene

565 Schreiben Babels an Rau 21.1.1948, in: StN, NL Babel, Nr. 18.

566 Kempner: Ankläger, S. 238.

567 Eser war seit 1936 am Amtsgericht Nürnberg tätig. Nach mehrjährigem Kriegsdienst wurde er Richter am sogenannten „kleinen Sondergericht“, einem Strafsenat am AG Nürnberg, der sich mit minderschweren Fällen wie Schwarzschlachtungen und Diebstählen befasste. 1935 war Eser der NSDAP beigetreten, vgl. Protokoll der Sitzung vom 25.11.1946, in: StN, Spruchkammerakten, Spruchkammer Nürnberg, Wilhelm Eser; vgl. auch HStaMü, Mju, Nr. 24943 (Eser, Wilhelm).

568 Vgl. Milgov-Fragebogen und Stellungnahme Schwarz 26.8.1946, in: StN, Spruchkammerakten, Spruchkammer Fürth, Otfried Schwarz. Stellungnahme Schwarz 26.8.1946. Vgl. auch Schwarz an den Präsidenten des OLG Nürnberg 25.1.1947, in: StN, Rechtsanwaltspersonalakten des OLG Nürnberg, Otfried Schwarz. Schwarz‘ Behauptung, er sei nur Anwärter in der NSDAP geworden, wurde vom LG Nürnberg als abwegig beurteilt, vgl. Schreiben des LG-Direktors Hauth an den Präsidenten des OLG Nürnberg 28.11.1947, in: ebd. Seit 1941 war Schwarz zum Militärdienst eingezogen und als Hilfsrichter bei einem Schützen-

Zivil- und Jugendrichter am Amtsgericht Nürnberg Wilhelm Schmidt (geb. 1906) und der bereits genannte Ansbacher Staatsanwalt Erich Mayer (geb. 1908).[569] Faktisch hatte sich allerdings im Mai 1946 das Team Babels aufgelöst, nachdem Babel schon im Februar das Mandat unter Berufung Horst Pelckmanns als neuen Verteidiger eigentlich entzogen worden war. Babel weigerte sich aber, sich zurückzuziehen. Einzig Josef Kößl (1910–1959), der mit dem Team um Horst Pelckmann kooperierte, spielte weiterhin eine größere Rolle für die SS-Verteidigung als Bearbeiter der Fragenkomplexe Ordnungspolizei und Waffen-SS.[570] Bereits zum Jahresanfang 1939 war Kößl Leiter der Gendarmeriehauptstelle Traunstein und bekam zusätzlich die Oberleitung der Ausbildungslehrgänge für die Gendarmeriereservisten übertragen, wo er besonders als „weltanschaulicher Schulungsredner“ für die Ordnungspolizei tätig war. Seit November 1940 war der zum SS-Sturmbannführer beförderte Kößl in das Reichsinnenministerium kommandiert worden, wo er am Entwurf einer einheitlichen Gendarmeriedienstvorschrift mitwirkte.[571] Von Juli bis Dezember 1941 war Kößl als Kurier des Amtes der Ordnungspolizei bei mehreren Polizeitruppenverbänden im Osten eingesetzt. Am 1. April 1943 wurde Kößl zum Kommandeur der Feldgendarmerieabteilung 690 im rückwärtigen Gebiet der Heeresgruppe Mitte ernannt. Die Tätigkeit seiner Einheit habe dort in Ordnungs- und Verkehrsdienst und der Besetzung verschiedener

---

regiment eingesetzt. Kurz vor Kriegsende erhielt er die Ernennung zum Regierungsrat bei der Zollverwaltung Berlin. Das Amt trat er allerdings nicht mehr an.

569 Zu Schmidt vgl. Personalbogen und Beurteilungen 21.12.1938 und 15.12.1942, in: HstaMü, Mju, Nr. 26089 (Schmidt, Wilhelm) und Protokoll der Sitzung vom 16.1.1947, in: StN, Spruchkammer Nürnberg, Schmidt. Schmidt galt trotz seines Beitritts zur NSDAP 1937 allgemein als politisch desinteressiert, liege ihm doch der „kämpferische Einsatz“ für die Partei nicht. Schmidt und Mayer waren später wieder am Amtsgericht Nürnberg bzw. Amtsgericht Ansbach tätig. Schmidt verteidigte später Joseph Vogt (Fall 4) und Günther Tesch (Fall 8). Mayer vertrat Max Kiefer (Fall 4), Werner Braune, Waldemar Klingelhöfer und Eugen Steimle (alle Fall 9).

570 Lebenslauf Kößl 30.4.49, in: StaMü, Rechtsanwaltspersonalakten des OLG München, Nr. 2052 (Kößl, Josef). Er verteidigte im Fall 9 Adolf Ott und Heinz Schubert.

571 Vgl. Zeugenaussage Max Lagerbauers im Protokoll der Spruchkammersitzung 20.11.1946, in: StaMü, Spruchkammer Traunstein, Spk 2565 (Kößl); Vgl. auch Urteil der Spruchkammer Traunstein 20.11.1946 sowie Urteil der Berufungskammer vom 22.6.1948, in: ebd. und SS-Lebenslauf 23.2.1940 sowie Personalbericht Kößl September 1939, in: BAK, SS-Personalakte Kößl.

Stützpunkte zum Schutze des Nachschubes gegen Partisanenüberfälle in den Orten Mogilew, Wilna, Minsk und Brest-Litowsk bestanden.[572] Angeblich weil er Schiebereien der Organisation Todt in Minsk aufgedeckt hatte, sei Kößl wegen Kompetenzüberschreitung im Juli 1944 abgesetzt und zum Kommandeur der Feldgendarmerieausbildungsabteilung 2 (Standorte Litzmannstadt bzw. Prag) ernannt worden. Im Januar 1945 wurde diese Einheit zum Feldgendarmeriedienst in Pommern eingesetzt und diente als Auffanglinie für versprengte Soldaten.[573] Aus den überlieferten Dokumenten geht nicht klar hervor, ob Kößl auf eigene Initiative nach Nürnberg kam oder auf Wunsch von Kameraden der Ordnungspolizei. Sicher ist allerdings, dass Kößl und der Hauptentlastungszeuge der Ordnungspolizei, Adolf von Bomhard, sich seit Kößls Eintritt in die Gendarmerie kannten und befreundet waren.[574]

---

572 Lebenslauf Kößls 1.9.1946 sowie Urteil der Spruchkammer Traunstein 20.11.1946, in: StMü, Spruchkammerakten, Spruchkammer Traunstein, Spk 2565 (Koessl, Josef). Interessanterweise hatte die Spruchkammer den Zusatz „vor Partisanenüberfällen" im Urteil nachträglich gestrichen. Ob Kößls Einheit an als „Partisanenaktionen" getarnten Massenerschießungen beteiligt war, lässt sich nicht mehr ermitteln. Akten der Feldgendarmerieeinheit sind nicht überliefert und auch die Zentrale Ermittlungsstelle in Ludwigsburg hat keine Erkenntnisse zu Kriegsverbrechen dieser Einheit, vgl. Auskunft des Bundesarchiv-Militärarchivs Freiburg an den Verfasser vom 27.9.2011. Als einziger Zeuge für diese Zeit im Spruchkammerverfahren trat ein ebenfalls aus Kößls Heimat Traunstein stammender Polizist auf, der von August bis Oktober 1943 in Mogilow eingesetzt war, und behauptete, dass Kößl Gefangene niemals an den SD übergeben habe, sondern diese habe laufen lassen, vgl. Zeugenaussage Peter Streitwieser im Protokoll der Spruchkammersitzung 20.11.46, in: StMü, Spruchkammer Traunstein, Spk 2565 (Kößl).

573 Laut Kößl sei er wegen seiner Tätigkeit in Tschechien von mehreren tschechischen Polizisten 1945 ohne Ergebnis vernommen worden. Auffallend deutlich betonten sowohl Kößl als auch sein Adjutant im Spruchkammerverfahren, dass sie zurückweichende Soldaten nicht als Deserteure behandelt und keine Exekutionen und Standgerichte durchgeführt hätten, vgl. Schriftsatz Kößl 1.9.1946 und Affidavit Hermann Herbert Kupke o.D., in: StMü, Spk 2565 (Kößl).

574 Adolf von Bomhard hielt auf der Beerdigung Kößls die Trauerrede in Anwesenheit zahlreicher Offiziere des Bundesgrenzschutzes, der Bundeswehr und der bayerischen Landespolizei und hob als besondere Leistung Kößls hervor, „das Odium der Diskriminierung von der Schutzpolizei bei den Siegermächten" genommen zu haben, vgl. o.V.: Ein überwältigender Abschied vom toten Oberbürgermeister Traunsteins. Alle Redner priesen im Waldfriedhof die liebenswerten Züge des Verstorbenen – zweistündige Trauerfeier, in: Traunsteiner Wochenblatt (22.12.59), S. 4 f. Am 9. Dezember 1946 baten 140 Ordnungspolizisten des Inter-

Babels schwieriges Verhalten hatte schon im Februar 1946 den Generalsekretär des IMT auf den Plan gerufen, der mit Horst Pelckmann (geb. 1904) einen Hauptverteidiger für die SS bestellte, der mit seinem Team ein ganz anderes Niveau, aber auch mehr Distanz zu den Mandanten in die Verteidigung der SS bringen sollte.[575] Pelckmann war Oktober 1932 als Berufsanfänger in die Kanzlei von Alfons Sack in „unechter Sozietät" eingetreten.[576] Aufgrund „persönlicher und sachlicher Differenzen" löste Pelckmann aber schon 1935 das Arbeitsverhältnis und eröffnete zunächst eine eigene Anwaltspraxis, ehe er 1938 auf Bitten der Witwe des verstorbenen Anwalts Adolf von Berg zusammen mit Carl Haensel (1889–1968) Bergs große Kanzlei übernahm. Haensel war seit 1920 Wirtschaftsanwalt in Berlin, wechselte aber 1923 als Chefredakteur des nichtpolitischen Teiles zur Deutschen Allgemeinen Zeitung, ehe er 1935 wieder in den Anwaltsberuf zurückkehrte.[577] Als Schriftsteller populärer Romane in der Weimarer Republik erlangte Haensel eine gewisse Berühmtheit.[578] Trotz seiner grundsätzlich „unpolitischen" Haltung und der Tatsache, dass er nie der NSDAP beitrat, signalisierte Haensel aber nach der Machtergreifung Zustimmung zum NS-Regime und dessen außenpolitischen Zielen. Nicht nur gehörte er zu den 88 Unterzeichnern eines „Treuegelöbnis[ses]" deutscher Schriftsteller auf Adolf Hitler vom 26. Oktober 1933, sondern publizierte auch ein für ein breites Publikum populärwissenschaftlich geschrie-

---

nierungslager Regensburg um ein beschleunigtes Spruchkammerverfahren Kößls, da sie Kößl als Experten für ihr Spruchkammerverfahren wollten, vgl. Eberhard Dorgerloh (im Namen von 140 Angehörigen des Internierungslagers Regensburg) an die Spruchkammer Traunstein 9.12.1946, in: StaMü, Spruchkammer Traunstein, Spk 2565 (Kößl).

575 Von der Lippe: Tagebuch, S. 171.

576 Für das Folgende vgl. Lebenslauf Pelckmanns 7.5.1946, in: LAB, C-301, Nr. 1150 (Pelckmann, Horst).

577 Für das Folgende vgl. Milgov-Fragebogen, in: StaF, D180/2, Nr. 9687 (Haensel, Carl). Die französische Besatzungsmacht sah ihn nur als „Sympathisant[en]" an und ließ Haensel am LG Freiburg wieder als Anwalt zu. Für spätere Behauptungen Haensels, er habe unter Überwachung der Gestapo gestanden, weil er persönliche Beziehungen u. a. zu dem jüdischen Anwalt Moses Silberoth, der David Frankfurter, den Mörder des Leiters der schweizerischen NSDAP-Auslandsorganisation Wilhelm Gustloff, verteidigt hatte, aufrechterhalten habe und zudem ein Vertretungsverbot in politischen Prozessen gegen Haensel verhängt worden sei, gibt es keine unabhängigen Belege.

578 Sein bekanntestes Werk „Kampf ums Matterhorn" von 1928 wurde ein Publikumsklassiker, der auch als Vorlage für das Bergsteigerdrama „Der Berg ruft" von Luis Trenker diente.

benes, zusammen mit dem ehemaligen Leiter der Reichszentrale für Heimatdienst, Richard Strahl, herausgegebenes „Außenpolitisches ABC“, für das Haensel die Texte zu den Stichworten mit juristischen Themen verfasst hatte. Die meisten Artikel waren in einem deutschnationalen Duktus verfasst, ohne wirklich originelle Gedanken zu präsentieren.[579] Es spricht vieles dafür, dass Haensels anfängliche Begeisterung für den Nationalsozialismus bald wieder abflaute, veröffentlichte er doch seit Mitte der dreißiger Jahre fast nur noch Belletristik. Aus der Kanzlei von Berg übernahmen Pelckmann und Haensel dessen Referendar Karl Hoffmann (1908–1978) als weiteren Sozius. Mit prominenten Mandanten wie Peter Suhrkamp und einem großen Notariat gehörte die Kanzlei zu den bedeutenderen zivilrechtlichen Kanzleien Berlins.[580] 1941 wurden allerdings Hoffmann und Pelckmann zum Militärdienst eingezogen. Während Hoffmann als Sanitäter in Berlin diente, arbeitete Pelckmann als Sachbearbeiter für Feindvermögensverwaltung („Alien Property Custodian“) für britische und amerikanische Vermögenswerte in Frankreich.[581] Haensel führte die Kanzlei bis 1945 allein weiter. Politisch unbelastet stellte sich der aus Berlin geflüchtete Pelckmann im April 1945 den US-Besatzungstruppen in Thüringen zur Verfügung und arbeitete bis Juni 1945 als stellvertretender Landrat in Hildburghausen. Mit dem Abzug der US-Truppen aus Thüringen erhielt Pelckmann Arbeit beim Regierungspräsidenten von Würzburg. Nach einigen Monaten habe er dann persönlich beim IMT mit dem Hintergedanken, wieder nach Berlin zurückkehren zu können, angefragt, ob der IMT Mitarbeiter in Berlin benötige. Der Generalsekretär habe ihn dann aber im Februar 1946 überraschend als Pflichtverteidiger für die SS

579 Der Eintrag in dem mit ausdrücklicher Genehmigung des parteiamtlichen Prüfungsamtes der NSDAP publizierten Buches zu „Diktatfrieden“ beispielsweise beschuldigte die Siegermächte des Ersten Weltkriegs, Deutschland betrogen und den Versuch unternommen zu haben, Deutschland zu versklaven, vgl. Carl Haensel/Richard Strahl: Außenpolitisches ABC. Ein Stichwörterbuch, Stuttgart 1935, S. 47. Insofern ist die Interpretation des „politischen ABCs“ durch Isabel Heinemann problematisch (vgl. Isabell Heinemann: Rasse, Lebensraum, Genozid: Die nationalsozialistische Volkstumspolitik im Fokus von Fall 8 der Nürnberger Prozesse, in: Priemel/ Stiller, NMT, Hamburg 2013, S. 114), da nicht eindeutig zu klären ist, welcher Aufsatz von Haensel bzw. von Strahl stammt.

580 Neben den Angaben in Fragebogen, in: StaF, D180/2, Nr. 9687 (Haensel) vgl. auch Schreiben Carl Haensels an die RAK Berlin 3.3.1943, in: LAB, C-Rep 301, Nr. 1149 (Pelckmann).

581 Vgl. Fragebogen, in: LAB, C-Rep 301 Nr. 1150 (Pelckmann) und Stellungnahme Pelckmanns an die RAK Berlin 14.11.1946, in: ebd.

bestellt, nachdem Pelckmann sich geweigert hatte, irgendeinen der Hauptangeklagten zu verteidigen.[582] Die Verteidigung einer Organisation war dagegen für Pelckmann durchaus vertretbar, weil die Frage der Kollektivschuld des ganzen deutschen Volkes darin gestellt würde. Auch aus menschlichen Gründen sah Pelckmann die SS-Verteidigung als attraktiv an, da vielleicht viele der SS-Leute mit der Bestialität des Regimes nichts zu tun gehabt hätten. Faktisch holte dann Pelckmann mit Hoffmann und Haensel seine gesamte Kanzlei aus Berlin nach Nürnberg, die die Verteidigung der SS übernahm. Haensel beispielsweise bearbeitete den Themenkomplex „Reiter-SS" sowie die allgemeinen rechtlichen Fragen der SS-Verteidigung.[583] Zum Team stieß schließlich Gerhard Rauschenbach (geb. 1910). Dieser war nach nur zweimonatiger Tätigkeit als Richter am AG Wurzen seit Kriegsbeginn in verschiedenen Positionen als Militärverwaltungsjurist eingesetzt, zuletzt als Sachbearbeiter bei der leitenden Intendantur des Oberbefehlshabers Süd.[584]

Wohl auf Veranlassung Kubuschoks war Hans Gawlik als Assistent in das Verteidigerteam der SS um Babel gekommen und hatte das Themengebiet „SD" übertragen bekommen. Februar 1946 wurde allerdings wegen Interessenkollisionen die Verteidigung des SD abgetrennt. Gawlik führte das Mandat des SD zunächst als Alleinverteidigung, ehe im Mai 1946 der Jugendrichter Wilhelm Schmidt als Assistent zu Gawlik stieß.

Rudolf Merkel (1905–1987) sei zutiefst erschrocken gewesen, als ihm die Militärregierung vollkommen überraschend die Pflichtverteidigung der Gestapo angetragen habe.[585] Merkel habe nicht nur befürchtet, seine Kar-

582 Lebenslauf Pelckmanns 7.5.1946, in: LAB C-Rep 301, Nr. 1150 (Pelckmann), vgl. auch Affidavit des Landrats von Hildburghausen Keding o.D., in: PAAA, PA Nr. 54873 (Pelckmann).

583 „Von den Reitern legte ich Photos vor, von Springkonkurrenzen und Erntedankfesten, pausbäckige Kaltblüter mit pausbäckigen Burschen im Stechtrab in irgendeiner Vermummung", vgl. Haensel: Tagebuch, S. 290 f.

584 Nach der Kapitulation begann Rauschenbach zusammen mit dem Quartiermeister der 3. US-Armee in Nürnberg mit dem Aufbau einer Verpflegungsorganisation für alle in Bayern nördlich der Donau liegenden Kriegsgefangenenlager und Lazarette, wurde aber im Herbst 1945 als ehemals höherer Beamter bis April 1946 im Internierungslager Hammelburg interniert.

585 Zunächst war Merkel in einem Vorgespräch als Verteidiger der SS angedacht gewesen, die aber dann an Babel gegeben wurde, vgl. Schreiben des Generalsekretärs des IMT an R. Merkel 19.11.1945 und Antwortschreiben Merkels 19.11.1945 sowie Schriftliche Bestellung vom 29.11.1945, in: StaN, NL Merkel, Nr. 67. Vgl. auch von der Lippe: Tagebuch, S. 27.

riere zu beschädigen, sondern auch Angst gehabt, Repressalien wegen seiner Verteidigung von außerhalb zu erhalten. Erst sein Schwager habe ihn überzeugen können, dass er vor dem Nürnberger Gericht seine Anwaltspflicht erfüllen müsse.[586] Sein früherer Doktorvater und Konphilister Wilhelm Laforet ermahnte Merkel zur Professionalität: „ Ich beneide Dich um die gestellte Aufgabe nicht, denn ich weiß aus Deiner Einstellung als Student und Referendar, dass Du Dich in der Erfüllung einer Pflichtverteidigung anders verhalten wirst, wie es zur Schande der deutschen Rechtsanwälte manche Verteidiger vor dem Volksgerichtshof getan haben."[587] Auf seine Aufgabe in Nürnberg war der gebürtige Würzburger Merkel auch so gut wie nicht vorbereitet, war er doch „nur" seit 1931 Anwalt in der unterfränkischen Kleinstadt Bischofsheim und diente seit 1942 als Ausbilder bei der Luftwaffe.[588] Hilfe für seine undankbare Aufgabe holte sich nun Merkel über das Netzwerk der katholischen Verbindungen an der Universität Würzburg. Merkel, der selbst der Verbindung Thuringia angehört hatte, bat den ihm aus dem Studium in Würzburg bekannten Kartellbruder Hermann Orth (geb. 1903) um Hilfe, der seinen Sozius Josef Weisgerber (geb. 1893) ebenfalls an der Verteidigung beteiligte.[589] Auch zum Milieu der Würzburger katholischen Verbindungen gehörte der während des Militärdienstes zum Gerichtsassessor ernannte Willi Heim (1914–1998).[590]

---

586 Tusa/Tusa: Nuremberg, S. 124.

587 Schreiben Professor Laforets an R. Merkel 31.3.1946, in: StN, NL Merkel, Nr. 68.

588 Für das Folgende Milgov-Fragebogen, in: StN, Spruchkammer Nürnberg, Merkel und Lebenslauf Merkel 30.9.1946, in: StaN, NL Merkel, Nr. 108. Die im sogenannten Taylor-Bericht verzeichnete Mitgliedschaft als SS-Rottenführer von 1943 bis 1945 beruht wahrscheinlich auf einem Irrtum.

589 Weisgerber diente als Kriegsgerichtsrat bei der 193. Division in Pilsen, schied aber im April 1942 auf eigenen Wunsch aus. Von April bis Juli 1943 war Weisgerber als Transportoffizier vom stellvertretenden Generalkommando des XIII. Armeekorps in Nürnberg mit der Rückführung des spanischen Freiwilligenverbandes „Blaue Division" von der Ostfront nach Spanien beauftragt. Zuletzt diente der Major d.R. als Adjutant und Offizierssachbearbeiter der Division 413 in Nürnberg. Aufgrund dieser militärischen Karriere hatte sich der CIC zunächst gegen eine Berufung als Verteidiger ausgesprochen, vgl. Personalities Security Office: Memorandum Weisgerber, Dr. Josef 25.1.1946, in: NARA, Screening Files p though z.

590 Milgov-Fragebogen 3.5.1946, in: StaN Spruchkammerakten, Spruchkammer Nürnberg, Willi Heim, vgl. Personalbogen, in: StN, Rechtsanwaltspersonalakten des OLG Nürnberg, Willi Heim. Heim war 1937 der NSDAP beigetreten und gehörte auch dem NSKK an. Als Referendar sah er aus eigenem Erleben die Will-

Nur kurz im Verteidigerteam der Gestapo tätig war der dem Nürnberger katholischen Milieu zuzurechnende frühere Oberlandesgerichtsrat Christian Stangl, der aber schon im Mai wieder wegen seiner Weiterverwendung im Staatsdienst ausschied.[591] Wohl auf Vorschlag Stangls erbat Merkel den Senatspräsidenten am OLG Nürnberg Ignaz Hergenröder (geb. 1882) als neuen Assistenten.[592] Neben Hergenröder kam schließlich noch, möglicherweise auf Vorschlag seines früheren Königsberger Kollegen Herbert Kraus oder über eine Bekanntschaft an der Universität Würzburg, der Würzburger Völkerrechtsprofessor Ernst Wolgast (1888–1959), zum Verteidigerteam der Gestapo.[593] Im Ersten Weltkrieg Legationssekretär bei der Gesandtschaft in Oslo hatte sich Wolgast als Privatdozent in Königsberg und Professor in Greifswald als Spezialist für das skandinavische Völkerrecht einen Namen gemacht, ehe er 1934 einen Ruf an die Universität Würzburg erhielt. Typisch für Wolgasts Lehre war die Verknüpfung von antiker Geschichte, Geopolitik, nordischen Gemeinschaftsvorstellungen und der Soziologie Ferdinand Tönnies zu einer eigenwilligen Gestaltlehre, die ihn zu einem akademischen Außenseiter machte. Gerade in den ersten Jahren des „Dritten Reiches" hatte er deutliche Sympathien für das nationalsozialistische Völkerrecht signalisiert, da er in der nationalsozialistischen Gemeinschaftsideologie die Verwirklichung der Ideen seines Lehrers Tönnies erblickte. Nach John Herz kam Wolgasts 1934 erschienenem Lehrbuch „Völkerrecht" die zweifelhafte Ehre zu, die erste nationalsozialistisch orientierte Gesamtdarstellung eines deutschen Völkerrecht-

kür der NS-Justiz, als sein Mandant in Vertretung seines Ausbildungsanwalts vor dem Sondergericht Nürnberg trotz Freispruchs wegen eines Preisstoppvergehens von der Gestapo verhaftet wurde.

591 Schreiben R. Merkels an Generalsekretär IMT 8.3.1946 und 21.5.1946, in StaN, NL Merkel, Nr. 68.

592 Von 1931 bis 1934 war Hergenröder Oberstaatsanwalt in Nürnberg, dann Richter am Landgericht Nürnberg. 1939 erfolgte die Ernennung zum Senatspräsidenten eines Zivilsenats am OLG Nürnberg.

593 Vgl. die Kurzbiographie bei Christopher Benkert: Die Juristische Fakultät der Universität Würzburg von 1914 bis 1960. Ausbildung und Wissenschaft im Zeichen der beiden Weltkriege, Würzburg 2005, S. 188–194. In seinem Beitrag für die Festschrift von Herbert Kraus von 1950 betonte Wolgast, dass er sich auf Veranlassung von Kraus zu einer Habilitation in Königsberg entschlossen hatte, und erinnerte an die „beschwingten Jahre" in Königsberg.

lers zu sein.[594] Dennoch wurde der als zu „konventionell" geltende Wolgast 1936 durch den NS-Studentenbund gezwungen, in einer Art Selbstrezension Kritik an seinem vor zwei Jahren veröffentlichten Völkerrechtslehrbuch zu üben.[595] Wolgasts akademische Eigenwilligkeiten waren auch eher eine Belastung als eine Hilfe für die Gestapo-Verteidigung. Nicht umsonst berichtete Carl Haensel mit unterschwelliger Ironie: „Am Nebentisch siedelte sich Professor W. aus W. an, ich nannte ihn der Einfachheit halber Doppelweh. Mich rührte sein Handwerkszeug. […] Ein Thukydides und sein eigenes Buch, seine wissenschaftliche Visitenkarte über ein Völkerrechtsthema. Es war nicht weiter verwunderlich, dass er sein Werk als Schlüssel für alle Nürnberger Probleme ansah, ein vorbereitendes Reisehandbuch durch das Labyrinth, von der Zugkraft eines durch logische Konzentration in ein Drahtseil verwandelten Ariadnefadens."[596]

Als Besonderheit der Organisationsverteidigungen des IMT genehmigte der Gerichtshof zur Unterstützung der offiziell bestellten Verteidiger eine Art Stab aus hochrangigen SS-Juristen zu bilden, die die Auswahl der eidesstattlichen Erklärungen und zentrale Gutachten übernahm. Die Führung dieses Stabes im Verteidigerteam der Gestapo hatte der frühere „Chefjustiziar" der Gestapo und Leiter des Amtes I (Verwaltung und Recht) im RSHA, Werner Best (1903–1989), inne.[597] Bests wichtigster Mitarbeiter war der zahlreiche Gutachten beisteuernde SD-Jurist Walter Huppenkothen (1907–1978), eine zentrale Figur der Gestapo bei der Ver-

---

594 Bristler: Völkerrechtslehre, S. 99 f; Ernst Wolgast: Völkerrecht, Berlin 1934, vgl. auch Ernst Wolgast: Nationalsozialismus und Völkerrecht, in: Zeitschrift für Völkerrecht 18 (1934), S. 129–132.

595 Ernst Wolgast: Wolgast, Völkerecht. Eine Kritik, in: Völkerbund und Völkerrecht 3 (1936), S. 606–611, Stolleis: Geschichte, Bd. 3, S. 398 und Benkert: Juristische Fakultät, S. 192. Vgl. auch Wolgasts Beitrag zur Großraumtheoriedebatte bei Schmoeckl: Großraumtheorie, S. 185. Wohl um nicht auf seine eigene Vergangenheit unnötig hinzuweisen, ließ Wolgast in seinem 1950 erschienenen „Grundriss des Völkerrechts" mit dem knappen Hinweis, der Nationalsozialismus habe nichts zum Völkerrecht beigetragen, eine Auseinandersetzung mit dem NS-Völkerrecht ganz aus, vgl. Ernst Wolgast: Grundriss des Völkerrechts. Teil 1: Allgemeine Grundlagen, Hannover 1950, S. 80 f.

596 Haensel: Tagebuch, S. 286.

597 Best zur Seite standen sein enger Bekannter aus seiner Zeit als Reichsbevollmächtigter in Dänemark, der Leiter der Gestapo in Den Haag Karl Hoffmann, Huppenkothen und Hans Tesmer, juristischer Kommentator der Schutzhaft und Personalreferent im RSHA. Der einzige Nichtjurist dieses Stabes war der später im Fall 9 angeklagte Felix Rühl, zuletzt bei der Stapostelle Augsburg angestellt.

folgung des 20. Juli.[598] Eine mit Werner Best durchaus vergleichbare Stellung als Leiter des „Auswertungsteams" der SD-Verteidigung hatte Otto Ohlendorf (1907–1951), früherer Leiter der Amtsgruppe SD Inland im RSHA. Ohlendorf zur Seite standen u. a. der Amtsgruppenleiter des für Rechtsfragen zuständigen Hauptamtes IIIA („Volk und Rechtsordnung") Rolf-Heinz Höppner (1910–1998) und der auch noch nach Nürnberg sehr aktive Amtsleiter IIIA2 (Rechtsleben) Heinrich Malz (siehe Kapitel 3.5).[599] Dagegen konnten aus dem aus fünfzehn zum Richteramt befähigten Mitgliedern des Beraterstabes der Verteidigung der Allgemeinen SS und Waffen-SS vor dem IMT bislang nur dessen Leiter und Hauptentlastungszeuge der Allgemeinen SS, der SS-Richter und Vizeleiter des Hauptamtes SS-Gerichte Günther Reinecke (1908–1972), der zugleich im Camp 72 in Ludwigsburg die Rechtsabteilung der Internierten geleitet hatte, und sein wichtigster Helfer, Konrad Morgen (1909–1982), ehemals Mitarbeiter im Hauptamt SS-Gerichte und Chefrichter des SS- und Polizeigerichts in Krakau, identifiziert werden.[600]

Bedeutete dies, dass die Pflichtverteidiger der Organisationen in Wirklichkeit von diesen SS-Juristen gesteuert wurden? Dank der hervorragenden Quellenlage zur Gestapo-Verteidigung lassen sich die einzelnen

598 Zu Huppenkothen vgl. Wildt: Generation, S. 937 und 224.

599 Schreiben Gawliks an den Generalsekretär 4.4.1946 und 10.8.1946, in: Bundesarchiv Koblenz (im Folgenden BAK), Bestand All Proz 3, Verteidigerakten Hans Gawlik, Nr. 103. Weitere Mitglieder des Stabes waren der Verwaltungsjurist Horst Laue, ehemals Leiter der Abteilung II pol. beim BdS Paris, der Leiter des Hauptamtes IIIB Hans Ehlich, der Leiter des Amtes IIIC2 Hans Rößner, der SD-nahe Verwaltungsjurist und Leiter des SD-Abschnittes Danzig Werner May, als Vertreter der „ehrenamtlichen" SD-Mitarbeiter der Münchner Arisierungs-„Fachmann" und Syndikus Friedrich Schlamp und sowie der SS-Obersturmführer Rolf Schnackenberg. Zu Schlamps Karriere vgl. StaMü, Spruchkammer München, Spk 1616 (Schlamp, Friedrich).

600 Von der Lippe: Tagebuch, S. 427. Von den zahlreichen SS- und RSHA-Juristen, die als Leiter der Rechtsstellen in den Internierungslagern ihren Kollegen in Nürnberg zuarbeiteten, sticht als besonders rührig das Lager Darmstadt heraus. Dort war es gelungen, eine effektive Rechtsberatungsstelle unter dem Anwalt Wilhelm Bellmer (geb. 1907), ehemals wichtiger Rechtsberater der lokalen SS und NSDAP in Bremen, aufzubauen, der nach seiner Entlassung aus dem Lager die zentrale Anlaufstelle hochrangiger Bremer „Belasteter" im Entnazifizierungsverfahren, wie den Schriftleiter der SS-Zeitung „Schwarzen Korps" d'Alquen, werden sollte, vgl. Hans Hesse: Konstruktionen der Unschuld. Die Entnazifizierung am Beispiel der amerikanischen Enklave Bremen und Bremerhaven 1945–1953, Berlin 1994, S. 259–261.

Schritte und die Genese des Plädoyers der Gestapo detailliert nachvollziehen und damit auch der Einfluss von Best ermessen.[601] Der Grundentwurf und Gesamtplan des Plädoyers stammte von Senatspräsident Hergenröder. Wolgast steuerte für Einleitung und Schluss völker- und staatsrechtliche Überlegungen bei, während die anderen Verteidiger durch „Sammlung, Ordnung und Klärung der facts", den Hauptteil des Plädoyers zusammenstellten und Merkel den Vortrag übernahm. Der Versuch der Gestapo-Verteidigung, Best als Hauptentlastungszeugen der Gestapo aufzubauen, misslang, da die Anklage durch Nachweis der von ihm bestrittenen Mitwisserschaft an Gegenterrormaßnahmen des SD in Dänemark seine Glaubwürdigkeit erschütterte.[602] Auch Bests Mitwirkung am Plädoyer und seine zahlreichen Kommentierungen der Vorentwürfe bestanden nur in einer Akzentuierung der Argumentation, einer starken Betonung der diversen an die Verteidigung gelieferten Gutachten Huppenkothens und dem Hinweis auf die Berücksichtigung von Bests eigenen Einlassungen.[603] Trotz dieser Vorarbeiten ließen sich die Pflichtverteidiger nicht auf Bests Generallinie ziehen.[604] Gleich zu Beginn seines Plädoyers distanzierte sich Merkel deutlich von der Gestapo. „Wenn ich die Gestapo verteidigen soll, so weiß ich, dass ein furchtbarer Ruf mit diesem Namen verbunden ist, ja das Grauen und Schrecken von ihm ausgehen und dass eine Welle des Hasses ihm entgegenschlägt." Dennoch müsse er entgegen der Tagesmeinung die tatsächlichen und rechtlichen Grundlagen darlegen. In seinen Ausführungen zur Struktur des RSHA und den Widerlegungen der einzelnen Anklagepunkte wiederholte Merkel teilweise wortwörtlich die Gutachten und Zeugenaussagen von Best, Huppenkothen und anderen. Wenn auch inhaltlich somit dieser Plädoyer-Abschnitt von den Vertretern der Gestapo gestaltet war, so zeigten die Pflichtverteidiger doch eine große Eigenstätigkeit. Gerade bei den Morden an Kriegsgefangenen scheinen auch die Kriegserfahrungen der Verteidiger durchgeschlagen zu haben, sprach Merkel doch von Taten, die jedem ehemaligem Frontsoldaten die Scha-

601 Die folgenden Ausführungen basieren auf dem unveröffentlichten Vortrag „Politische Verteidiger? Die Verteidigung der Gestapo vor dem Internationalen Militärtribunal in Nürnberg" des Verfassers, gehalten am 9.10.2010 auf der Konferenz „Politische Justiz in fünf deutschen Systemen" des „Forums Justizgeschichte e. V.".

602 IMT-Protokoll, Bd. 20, S. 159–175. Von der Lippe zeigte sich daher von dem Auftritt Bests enttäuscht, vgl. Von der Lippe: Tagebuch, S. 417–419.

603 StN, NL Merkel, Nr. 111.

604 Für das Folgende vgl. IMT-Protokoll, Bd. 22, S. 546–601.

mesröte ins Gesicht treibe. Merkel folgte nicht der Behauptung, die Aktionen der Gestapo seien legal gewesen. Stattdessen griff er in einem von Wolgast verfassten Abschnitt auf einen „beruflichen Notstand" zurück. Von niemandem könne Heldentum verlangt werden, zumal diese Beamten zu strikter Gehorsamspflicht erzogen worden seien, und so nicht erkannten, dass sie für Verbrechen benutzt worden waren. In einem längeren Schlussabschnitt versuchte Merkel dann möglichst viele Personen von dem zu verbrecherisch zu erklärenden Teil der Gestapo auszunehmen, so beispielsweise die Angestellten und Lohnempfänger, die nicht in einem Beamtenverhältnis standen. Insofern versuchten die Pflichtverteidiger gar nicht erst, den von Best vorgegebenen Weg einer allgemeinen Apologie der Gestapo zu beschreiten und die Verbrechen als der Gestapo aufgezwungene „polizeifremde" Aufgaben zu verharmlosen. Zwar waren sie inhaltlich auf die verschiedenen Expertisen der SS-Juristen angewiesen. Primär zielte allerdings Merkels Strategie nicht auf eine Generalexkulpation im Sinne Bests, sondern darauf, möglichst viele Untergruppen von der absehbaren Verbrecherischerklärung der Gestapo auszunehmen.

Unter den Hauptangeklagten des IMT fand sich nur ein mit einem regulären SS-Generalsrang ausgestatteter Angeklagter: der letzte Leiter des RSHA Ernst Kaltenbrunner. Er bat den Schweizer Anwalt Josef F. Barwisch oder den österreichischen Anwalt Hüber mit seiner Verteidigung zu betrauen, was Neave zu der spitzen Bemerkung veranlasste, dass Kaltenbrunner wohl Angst hatte, dass kein Deutscher den RSHA-Chef verteidigen wolle. Barwirsch, eine der zentralen Figuren der Schweizer Finanzkontakte mit dem „Dritten Reich", hatte allerdings andere Sorgen als Kaltenbrunner zu verteidigen: Er saß seit November 1945 in Schweizer Haft und wartete auf seinen Landesverratsprozess.[605] Der von Kaltenbrunner gewünschte österreichische Anwalt Hüber, gemeint war wohl der Schwager Görings und Wiener Anwalt und Notar Franz Hübner, stand ebenfalls nicht zur Verfügung. Ob er, wie offiziell von österreichischer Seite angegeben, tatsächlich einen Herzinfarkt erlitten hatte, muss dahingestellt bleiben. Wohl keine andere Verteidigung war derart von Konflikten geprägt wie diejenige des früheren Anwalts Kaltenbrunner durch seinen vom IMT bestellten Pflichtverteidiger Kurt Kauffmann (1902–1993), seit 1930 An-

605 Zu Barwisch vgl. Lussy/López: Finanzbeziehungen, S. 516–518.

walt in Wiesbaden.[606] Haensel brachte mit seinem schriftstellerischen Gespür für einprägsame Bilder diesen Kampf zweier vollkommen diametraler Weltbilder zwischen Verteidiger und Angeklagtem anschaulich auf den Punkt: „Im Angeklagten Kaltenbrunner und seinem Verteidiger standen sich zwei schmale, übergroße, dunkelhaarige Männer mit brennenden Augen gegenüber, beides Fanatiker, der eine Vertreter der Ecclesia militans, der andere Apostat und Menschenjäger im Dienste des Teufels; aber das Schicksal hatte sie vor den gleichen Wagen gespannt."[607] Kaltenbrunner übte daher scharfe Kritik an seinem Anwalt: „Der Eindruck auf das Gericht wird also mehr der sein, dass ein Nebenkläger gegen mich plädiert".[608]

Aus den SS-Prozessen der Nachfolgeprozesse seien insbesondere die Verteidiger der höchstrangigen SS-Offiziere herausgestellt. Eine besondere Rolle nahm hier der Einsatzgruppenprozess (Fall 9) ein. Warum sich der Hauptangeklagte Otto Ohlendorf ausgerechnet für Rudolf Aschenauer als Verteidiger entschied, ist bislang unklar. Bei der SA-Verteidigung hatte Aschenauer nur im Hintergrund agiert und seine Verteidigung des Laienrichters des Volksgerichtshofs Hans Petersen im Fall 3, hochrangiger SA-Führer und Entlastungszeuge vor dem IMT, bzw. im Fall 6 von Heinrich Gattineau, früher Wirtschaftsberater im Stabe von Ernst Röhm, hingen of-

606 Milgov-Fragebogen, in: HStaWi, Abt. 520/W (Betroffene) Nr. 6299 (Kauffmann). Von 1940 bis Kriegsende diente Kaufmann neben seiner Anwaltstätigkeit als Oberzahlmeister bei der lokalen Wehrkreisverwaltung in Wiesbaden.

607 Haensel: Tagebuch, S. 150f.; vgl. auch Fritzsche: Tribunal, S. 184 und Peter Black: Ernst Kaltenbrunner. Vasall Himmlers: eine SS-Karriere, Paderborn u. a. 1991, S. 291 f.

608 Schreiben Kaltenbrunners an Kauffmann 24.6.1946, 1.7.1946 und 5.7.1946, in: UAW, NL61, Mappe 323. Als erste Reaktion auf die Verlesung des Plädoyers soll Kaltenbrunner dem Direktor des Gerichtsgefängnisses zum Sieg über Kaltenbrunner, an dem sein „bornierter Anwalt" schuld sei, gratuliert haben, vgl. Gilbert: Tagebuch, S. 404. Überhaupt handle es sich beim IMT nur um ein „großaufgemachtes Feldstandgericht", vgl. Schreiben Kaltenbrunner an Kauffmann 16.6.1946, in: UAW, NL61, Mappe 323. Ich bedanke mich an dieser Stelle auch bei Professor Peter Black, senior historian am USHMM, der mir vor Bekanntwerden der Unterlagen im Nachlass Steinbauer bereits drei Briefe aus dem Privatbesitz der Nachkommen Kaltenbrunners zur Verfügung gestellt hatte. Erst später zeigte sich Kaltenbrunner versöhnlicher, habe Kauffmann doch wenigstens den wahren Charakter Nürnbergs erkannt. Tatsächlich erprobte Kaltenbrunner sogar mit Überlegungen zu einem „völkischen Christentum" eine geistige Brücke zu Kaufmann herzustellen, vgl. Schreiben Kaltenbrunner an Kauffmann 10.7.1946, in: UAW, NL61, Mappe 323.

fenbar direkt mit seiner Tätigkeit als Verteidiger im Team der SA zusammen.[609] Vielleicht hatte Ohlendorf Aschenauers zunehmend rabiates Auftreten beeindruckt, vielleicht hoffte er mit Aschenauer einen jungen, unerfahrenen und damit leicht zu beeinflussenden Anwalt zu bekommen. Für Aschenauer dürfte vielleicht die Aussicht auf ein öffentlichkeitswirksames Mandat, seine radikalnationalistische und antikommunistische Einstellung und möglicherweise auch die Faszination, die die Person Ohlendorfs auch auf andere Verteidiger ausgeübt hatte, ausschlaggebend für die Verteidigung gewesen sein. Aschenauer wurde von dem Oberstabsintendant in der Rechtsabteilung des Luftwaffenstandorts Nürnberg Hans Stubenvoll (geb. 1904) unterstützt, möglicherweise ein aus dem katholischen Milieu stammender Bekannter von Aschenauer.[610] Aus nicht näher bekannten Gründen wurde Stubenvoll dann im März 1948 von dem Historiker Conrad Oehlrich (geb. 1901), der zunächst im Verteidigerteam von Hans Gawlik im Fall 9 tätig gewesen war, abgelöst. Am Tag der Machtergreifung war Oehlrich demonstrativ mit Parteiabzeichen im Knopfloch erschienen.[611] Oehlrichs Opportunismus zahlte sich aus, er stieg zum Abteilungsleiter des Hamburger Instituts für Auswärtige Politik auf und bearbeitete die propagandistisch orientierten Akteneditionen „Das Diktat von Versailles“

609 Heinrich Gattineau: Durch die Klippen des 20. Jahrhunderts. Erinnerungen zur Zeit- und Wirtschaftsgeschichte, Stuttgart 1983, S. 199.

610 Wie Aschenauer gehörte Stubenvoll einer katholischen Verbindung an. Während des Krieges war Stubenvoll mit der Verwaltung von Liegenschaften in Wiesbaden und beim Luftgaukommando Norwegen beauftragt, ehe er ab Juli 1944 bis Kriegsende bei der Feldtruppe diente, vgl. Milgov-Fragebogen, in: NARA, Screening Files p through z. Er trat 1937 der NSDAP bei.

611 Michael Huhn: „Europäische Gespräche“ – eine außenpolitische Zeitschrift der Weimarer Republik, in: Klaus-Jürgen Gantzel [Hg.]: Wissenschaftliche Verantwortung und politische Macht. Wissenschaftsgeschichtliche Untersuchungen zum Umfeld und zur Entwicklung des Instituts für Auswärtige Politik Hamburg/ Berlin 1923–1945, Berlin u. a. 1986, S. 126; Hermann Weber: Rechtswissenschaft im Dienst der NS-Propaganda. Das Institut für Auswärtige Politik und die deutsche Völkerrechtsdoktrin in den Jahren 1933 bis 1945, in: Klaus-Jürgen Gantzel [Hg.]: Wissenschaftliche Verantwortung und politische Macht. Wissenschaftsgeschichtliche Untersuchungen zum Umfeld und zur Entwicklung des Instituts für Auswärtige Politik Hamburg/ Berlin 1923–1945, Berlin u. a. 1986, S. 209 f. Oehlrich wurde 1928 über die Bündnispolitik Otto von Bismarcks promoviert. Ob, wie Grewe behauptete, Oehlrich seine Kenntnisse über Regimegegnerschaft nicht denunziatorisch ausnutzte, muss dahingestellt bleiben, vgl. Weber: Rechtswissenschaft, S. 417.

und „Die europäische Politik im Spiegel der Prager Akten 1933–1938“.[612] Ob Wilhelm Grewe, der zeitweilig mit Oehlrich in Berlin zusammengearbeitet hatte, eine Rolle bei Oehlrichs Berufung gespielt hatte, muss offen bleiben. Direkten Bezug zur SS hatte der vierte Assistenzverteidiger Herbert Gringel (geb. 1911), seit 1946 Leiter der Rechtsabteilung im Internierungslager Regensburg, den Aschenauer offenbar bei einem Besuch im Lager kennengelernt hatte.[613] Schon im Mai 1932 war Gringel der NSDAP beigetreten und verdingte sich als ehrenamtlicher Mitarbeiter des SD im SD-Leitabschnitt Danzig und als Rechtsberater des 71. SS-Sturmbannes in Tiegenhof. Seit Mai 1942 war er Beisitzer am Sondergericht Danzig.[614] Im September 1944 wurde Gringel in die Waffen-SS als Untersturmführer einberufen und arbeitete als Sachbearbeiter in der Rechtsauswertungsabteilung des Hauptamtes SS-Gerichte, wo er mit der statistischen Auswertung von Urteilen der SS-Gerichte befasst war.[615] Als inoffizieller „Büroleiter“ Aschenauers bei der Verteidigung Ohlendorfs in Nürn-

---

612 Weber: Rechtswissenschaft, S. 303. Des Weiteren veröffentlichte Oehlrich in den Institutspublikationen zahlreiche Propagandaartikel. Weber bewertete Oehlrichs schriftstellerische Beiträge als „nicht in unvertretbarer Weise kompromittierend“. Problematischer dagegen sah er Grewes Schriften an, vgl. auch Daniel Marc Segesser: Recht statt Rache oder Rache durch Recht? Die Ahndung von Kriegsverbrechen in der internationalen wissenschaftlichen Debatte 1872–1945, Paderborn u. a., S. 366 f.

613 Schreiben der Lagerleitung des CIE 22 Regensburg 12.9.1946 und Beurteilung des Lagerleiters Georg von Wurmb 30.6.1947, in: StaMü, Spruchkammer München, Spk 559 (Gringel). Aschenauer vertrat Gringel auch im Spruchkammerverfahren.

614 Lebenslauf Gringels 2.6.1947, in: StaMü, Spruchkammerakten, Spruchkammer München, Spk 559 (Gringel, Herbert). Direkt nach dem Großen Staatsexamen zum Militärdienst eingezogen wurde er nach einer schweren Verwundung aus dem Militärdienst entlassen und bis zu seiner Tätigkeit in Danzig zum Amtsgerichtsrat in Preußisch-Stargard berufen. Seine Tätigkeit in Danzig wurde sehr unterschiedlich beurteilt. Anwalt Gerhard Weise stellte Gringel ein positives Zeugnis aus, dagegen erhoben andere frühere Anwälte schwere Vorwürfe, die sich im Spruchkammerverfahren allerdings als Hörensagen erwiesen, vgl. Schreiben Rechtsanwalt Hülff an den öffentlichen Kläger Regensburg 4.11.1947 und Anschrift Brief Anwalt Sternfeld an Anwalt F. Hülff 10.11.1947. Affidavit Gerhard Weise 26.8.1946 in: StaMü, Spruchkammer München, Spk 559 (Gringel).

615 Affidavit Benno Heger (Rechtsgutachter im Hauptamt SS-Gerichte) 19.5.1947, in: StaMü, Spruchkammer München, Spk 559 (Gringel). Ende April 1945 erfolgte die Versetzung an das SS-Gericht 36 in Kaltern (Bozen), wo er angeblich keine Tätigkeit mehr entfaltete, vgl. Affidavit Rechtsanwalt Heinz Fink 12.2.1947 und Affidavit Assessor Franz Wirth o.D., in: ebd.

berg diente der frühere SD-Referent für Jugendangelegenheiten in Würzburg und kommissarischer Leiter des SD in Bromberg Hermann Fellrath (geb. 1916), wie SS-Richter Gringel offenbar eine Bekanntschaft Aschenauers aus dem Internierungslager Regensburg.[616] Mit Heinrich Malz (geb. 1910) gelang es Ohlendorf zumindest einen der früheren RSHA-Juristen als inoffiziellen Verteidiger zu installieren.[617] Mai 1940 wurde der junge, beim Landrat der Stadt Freiberg (Sachsen) angestellte Verwaltungsbeamte Malz auf besondere Fürsprache Professor Reinhard Höhns, an dessen Berliner Institut Malz als wissenschaftlicher Mitarbeiter gearbeitet hatte, in das RSHA berufen. Bis Januar 1944 leitete er dort das Referat IIIA2 (Rechtsleben), das Informationen über die Auswirkungen des Rechtslebens auf die deutsche Bevölkerung sammelte und diese Informationen auswertete. Insbesondere habe Malz zwei große, für Himmler bestimmte Berichte über die Schutzhaft und die „Korrektur von Urteilen gegen Polen" (gemeint war die sogenannte „Sonderbehandlung") gefertigt. Seit 16. Januar 1944 wurde Malz als Verbindungsoffizier des Amtes III im Stabe von RSHA-Chef Kaltenbrunner tätig und vertrat den SD bei Gesprächen mit dem Ministerialreferaten im RSHA. Diese Beförderung erfolgte auf direkten Befehl Ohlendorfs, der wegen seiner häufigen Abwesenheit einen zuverlässigen Referenten im Stabe Kaltenbrunners wünschte. Nach Kriegsende und intensiver Befragung durch den US-Militärgeheimdienst wurde Malz im Lager Fallingbostel interniert und half Mai bis August 1946 unter Ohlendorfs Leitung dem Verteidigerteam des SD.[618] Nach der Rückkehr nach Fallingbostel setzte er die rechtliche Kameradenhilfe als „Obmann" der SD-Angehörigen im Lager fort und begegnete offenbar zum ersten Mal auch SS-Oberscharführer Adalbert Joppich (geb. 1902), dem Leiter der lagerinternen Rechtsstelle in Fallingbostel, der später offenbar ebenfalls inoffiziell in die Verteidigung Ohlendorfs integriert wur-

616 Vgl. Urteil der Berufungskammer Regensburg 22.2.1949 und Schriftsatz Rudolf Aschenauer 5.5.1947 bzw. 28.7.1947, in: StMü, Spruchkammerakten, Spruchkammer München, Spk 398 (Fellrath, Hermann).

617 Vgl. auch Lebenslauf Malz o.D., in: BAK Z42 (Malz, Heinrich). 1931 wurde Malz wegen fehlender Beitragszahlungen ausgeschlossen, aber 1937 erneut in die NSDAP aufgenommen.

618 Vgl. Preliminary Interrogation Report 12.9.1945, in: NARA, XE004401 (Malz). Das CIC hielt Malz für „highly cooperative" und stufte ihn lediglich als eine Art Angestellten ein, der für den Lebensunterhalt tue, was sein Vorgesetzter ihm auftrage.

de.[619] Ende 1942 krönte Joppich eine steile Karriere als NS-Jurist mit der Leitung des Deutschen Obergerichts, dem höchsten Gericht der deutschen Zivilverwaltung in den Niederlanden und wurde von Arthur Seys-Inquart in den höchsten Tönen für seinen Einsatz gelobt.[620] Aufgrund der zentralen Bedeutung der Verteidigung Ohlendorfs gelang es, die Professoren Maurach und Schwinge als Gutachter zu gewinnen. Reinhart Maurach (1902–1976) konnte sich in der Nachkriegszeit erfolgreich als „Verfolgter" stilisieren.[621] Hauptberuflich hatte Maurach seit 1926 als Abteilungsleiter der juristischen Forschungsabteilung im Osteuropäischen Institut in Breslau gearbeitet und sich 1933 der NSDAP angeschlossen. 1937 wurde Maurach allerdings Opfer einer Intrige unter den „Ostforschern". Ernst Hermann Bockhoff (geb. 1911), Rechtsreferent der „Anti-Komintern",

---

619 Vgl. Erklärung zur Anklage o.D., in: BAK, Z42 (Joppich, Adalbert). 1933 war Joppich der NSDAP beigetreten und 1935 wurde er hauptamtlicher Schulungswart, dann Schulungsleiter der juristischen Lehrgruppe im Gemeinschaftslager Jüterbog ernannt, vgl. Zeugnis 21.12.1936, in: BAB, R3001, Nr. 62144 (Joppich, Adalbert). Vgl. allgemein zu Jüterbog Folker Schmerbach: Das „Gemeinschaftslager Hanns Kerrl" für Referendare in Jüterbog 1933–1939, Tübingen 2008. Seit April 1938 war er Referent im „schwierigen Kirchenreferat" des RJM eingesetzt, vgl. Vermerk des Leiters der Abteilung III 11.10.1938 in: BAB, R3001, Nr. 62144 (Joppich). Kurz darauf wechselte der „bewährte Rechtswahrer" als persönlicher Adjutant zu Staatssekretär Roland Freisler. Trotz späterer gegenteiliger Behauptungen Joppichs galt das Verhältnis als „ganz reibungslos" und mehrfach verhinderte Freisler die Einberufung seines „unentbehrlichen" Adjutanten, vgl. Vermerk 12.12.1940 in: ebd. 1940 wurde Joppich Richter am Deutschen Obergericht in Den Haag und 1942 zum Leiter des Amtes für Recht beim Reichskommissar für die besetzten Ostgebiete in Aussicht genommen, ehe er erneut in die Niederlande versetzt wurde, vgl. Der Reichskommissar für die besetzten Ostgebiete an das RJM 28.1.1942 und 20.8.1942, sowie Mitteilung des RJM an des Reichskommissar der Niederlande 15.1.1943, in: BAB, R3001, Nr. 62144 (Joppich).

620 „Seit dem 1.1.1943 hat er den Vorsitz des Deutschen Obergerichts übernommen und dort in kurzer Zeit neben umfangreichen Verhandlungen gegen Volksschädlinge und Kriegswirtschaftsverbrecher auch eine große Zahl schwieriger Verhandlungen wegen kommunistischer Betätigung und Sabotage, die im Reich zur Zuständigkeit des Volksgerichts gehören würden, durchgeführt.", vgl. Der Reichskommissar für die Niederlande an das RJM 24.5.1943, in: BAB, R3001, Nr. 62144 (Joppich). Eine Untersuchung der Spruchpraxis des Deutschen Obergerichts ist bis heute offenbar ein Desiderat der Forschung, so dass eine abschließende Beurteilung Joppichs hier unterbleiben muss.

621 Für das Folgende: Thomas Ditt: „Stoßtruppfakultät Breslau". Rechtswissenschaft im „Grenzland Schlesien" 1933–1945, Tübingen 2011, S. 150–152.

griff Maurach in mehreren Artikeln scharf an, weil Maurach die neue sowjetische Verfassung von 1936 in einem Artikel relativ neutral besprochen hatte. Obwohl Maurach sofort eine Kehrtwende vollzog und als „Umfaller“ (John Herz) nun in seinen weiteren Aufsätzen der UdSSR die Zugehörigkeit zur Völkerrechtsgemeinschaft absprach, gelang es Bockhoff, im September 1937 mit einer an den SD gerichteten Denkschrift Maurachs Entlassung wegen „probolschewistischer Berichterstattung“ aus dem Institut zu erreichen.[622] Maurachs Fall war aber nur von kurzer Dauer. Nach einer „Überwinterung“ in seiner nebenberuflichen Tätigkeit als Richter am AG Breslau durfte er 1940 wieder in Breslau Lehrveranstaltungen abhalten. Sein über 400 Seiten starkes Buch „Russische Judenpolitik“ war genauso antisemitisch getränkt, wie die nicht weniger als 21 Artikel antisemitischen Inhalts, die Maurach vor 1945 publizierte. Neu war Maurachs Antisemitismus nicht. Schon 1936 hatte er in einem Bericht aus seiner Berufspraxis als Richter einen jüdischen Kläger mit „asozialer Rechtsverwirklichung“ in Verbindung gebracht.[623] Juni 1941 bis Oktober 1942 leistete Maurach als Unteroffizier Militärdienst im Nachrichtenregiment 501 an der Ostfront, folgte allerdings dann einem Ruf an die „Grenzlanduniversität“ Königsberg, wo er als Mitglied der „Zentrale für Ostforschung“, einer Nebenstelle des Reichsministeriums für die besetzten Ostgebiete, fungierte.[624] Nach dem Krieg ließ er sich als Flüchtling in Dießen am Ammersee nieder und erhielt bereits im Juli 1947 Lehraufträge an der Universität München.[625] Sehr wahrscheinlich ist, dass aus seiner Zeit als Richter eine frühere Bekanntschaft mit einem der Verteidiger aus Breslau dazu führte, ihn als „Ostexperten“ nach Nürnberg zu holen. Nach eigenen Angaben hatte Maurach an den Fällen 6, 9 und 12 mitgearbeitet. Maurachs Gutachten im Fall 9 (siehe Kapitel 3.5) bildete dann auch das Herzstück der Verteidigung der Ohlendorf-Gruppe um Aschenauer. Dagegen war er im Fall 12 nur „zweite Wahl“, da der zunächst als Gutachter in Aussicht genommene Hermann Jahrreiß abgelehnt hatte, so dass man auf Maurach als Notlösung zurückgreifen musste.[626] Auch Erich Schwinge hatte keine

---

622 Bristler: Völkerrechtslehre, S. 137.

623 Ditt: Breslau, S. 154 f.

624 Schriftsatz Maurach 5.3.1947, in: StMü, Spk 1133 (Maurach) und Dill: Breslau, S. 153.

625 Meldebogen Maurachs und Schriftsatz Maurach 5.3.1947 in: StMü, Spruchkammerakten, Spruchkammer München, Spk1133 (Maurach, Reinhart).

626 Schreiben Laternser an alle Verteidiger 30.3.1948, in: BAK, NL Behling, Nr. 67.

Bedenken im Dienste einer „höheren Sache“, die SS-Verteidigung auf Bitten Stubenvolls im Fall 9 zu unterstützen und verfasste ein Gutachten über „Handeln auf Befehl“, das offenbar das Kernstück für Hans Gawliks Schlussplädoyer bildete: „Ich habe es mir reiflich überlegt, ob ich den Auftrag annehmen sollte, habe es dann aber auf energisches Zureden von Herrn Stubenvoll getan. Herr St. denkt genauso wie ich über die Angeklagten, aber es ist wichtig, dass gewisse Grundpositionen der amerikanischen Anklage erschüttert werden – Positionen, die in allen Prozessen eine Rolle spielen.“[627] Das Team um Aschenauer stimmte sich insbesondere mit den Teams für die Angeklagten Werner Braune, Willy Seibert und Heinz Schubert ab und nahm auch sonst eine wegweisende Rolle für die Verteidiger ein.[628] Heinz Jost, Ohlendorfs Vorgänger als Amtsleiter wurde von Alfred Schwarz (geb. 1900), seit 1927 Anwalt in Nürnberg und ein in den frühen Jahren des „Dritten Reiches“ bedeutender lokaler BNSDJ-Funktionär (siehe Kapitel 1.2), sowie von Schwarz‘ früherem Referendar Kurt Mintzel (1906–1986) vertreten. Der überzeugte Nationalsozialist Mintzel war beim Landrat in Erding u. a. als Sachbearbeiter für die Politische Polizei im Bezirk Erding eingesetzt gewesen.[629] Dezember 1937 erfolgte Mintzels Ernennung zum Referent auf dem Gebiet der öffentlichen Fürsorge bei der Stadt Nürnberg, wo Mintzel mit der „Behandlung der Juden in der öffentlichen Fürsorge, Angelegenheiten der Geschlechtskrankheiten, Geisteskrankheiten und Trinkerfürsorge, sowie der Erb- und Ras-

627 Schreiben Schwinge an Laternser 30.10.1947 in: BAF; N431, Nr. 962. Das Gutachten wurde von der Ohlendorf-Verteidigung sehr begrüßt, vgl. Schreiben Schwinge an Laternser 6.11.1947 in: BAF, N431, Nr 962.

628 Schreiben Bergold an Laternser 15.2.1949, in: BAF, N431, Nr. 955.

629 Den Vorwurf, er habe als Referent für Fragen der Politischen Polizei zwei Personen in ein Konzentrationslager einliefern lassen, suchte Mintzel im Spruchkammerverfahren mithilfe eines Gutachtens des langjährigen juristischen Beamten am Bezirksamt Erding, Josef Palmano, abzuwehren. Palmano sagte aus, dass Mintzel als Referent für Fragen der Politischen Polizei keine eigene Verfügungsgewalt gehabt habe, da sich diese der Landrat vorbehalten habe. Überweisungen in KZ seien zudem nicht durch den Landrat, sondern durch die Stapo München erfolgt. Der Bereich Politische Polizei beim Landratsamt Erding habe nur von der Gestapo angeordnete Erhebungen und Überwachungsmaßnahmen umfasst, vgl. Anklageerwiderung des Anwalts Fritz Schmitz 28.1.1948 und Berufungsschriftsatz von Fritz Schmitz 15.3.1948 und Affidavit Josef Palmano 27.1.1948, in: StN, Spruchkammerakten, Spruchkammer Nürnberg, Kurt Mintzel.

sen- sowie Ehegesundheitspflege" betraut war.[630] Schwarz und Mintzel orientierten sich generell ebenfalls an Aschenauers Verteidigungsargument des Notstandes. Dagegen hielt sich der angeklagte SS-Brigadeführer Franz Six, Leiter des Amtes VII („Gegnerforschung") im RSHA, von der Ohlendorf-Gruppe fern. Servatius vermittelte an Six als Verteidiger seinen früheren Assistenten aus dem Fall 1 Luftwaffenrichter Hermann Ulmer (geb. 1909). Ulmer war nach dreijähriger Tätigkeit als Anwalt in Würzburg 1938 zur Militärjustiz der Luftwaffe gewechselt und übernahm zeitweilig die Geschäftsleitung des Luftwaffengerichts im Luftgau XII/XIII in Nürnberg.[631] Zusammen mit Ulmer verteidigte als Assistent Konrad Völkl (1910–1995), ein Kollege aus der Nürnberger Luftwaffenverwaltung und ehemaliger Referendar von Anwalt Marx.[632]

Carl Haensel, bestens mit den rechtlichen Fragen der SS-Verteidigung vertraut, verteidigte im Fall 4 und Fall 8 zentrale Angeklagte, wie etwa den Hauptangeklagten im Fall 8, den Leiter der Dienststelle des Reichskommissars für die Festigung deutschen Volkstums (RKFdV) Ulrich Greifelt. Haensel hatte schon im Fall 3 mit Günther Joel eigentlich ein „SS-Mandat" übernommen und auch im Fall 4 mit Obergruppenführer Georg Lörner, stellvertretender Leiter des Wirtschafts- und Verwaltungshauptamtes (WVHA) einen der wichtigen Angeklagten verteidigt.[633] Lörners Bru-

---

630 Wenig überraschend zeichneten seine ehemaligen Kollegen im Spruchkammerverfahren das Bild eines hochprofessionellen Kommunalbeamten, vgl. Affidavit Robert Plank 25.1.1947 und Affidavit Karl Peter 30.6.1947, sowie Affidavit Karl Düthorn o.D., in: StN, Spruchkammer Nürnberg, Mintzel.

631 Stellungnahme Hermann Ulmers 20.7.1946 in: StN, Spruchkammerakten, Spruchkammer Nürnberg, Hermann Ulmer. Während des Krieges war Ulmer zunächst in einer Einheit in Avignon stationiert, dann bis zu seiner Versetzung nach Italien bei nicht näher genannten Einheiten in Russland. 1943 und 1944 wurde Ulmer beim Feldgericht der Fallschirmjäger-Panzerdivision Hermann Göring (Verbindungsstab) eingesetzt, ehe er nach Nürnberg versetzt wurde. September 1944 erfolgte die Versetzung Ulmers ans Gericht der 1. Fliegerschuldivision in Göppingen. Das Kriegsende erlebte Ulmer in Schwaben, wohin sich seine Einheit zurückgezogen hatte. Ulmer hatte mit Hauptverteidiger Servatius im Fall 1 Hitlers Arzt Karl Brandt verteidigt.

632 Völkl war der SA und der NSDAP beigetreten und attestierte der SA noch 1947 eine evolutionäre Aufgabe beim Neuaufbau Deutschlands im Jahre 1933. Meldebogen mit Ergänzungen und Affidavit Hanns Marx 9.4.1947 in: StN, Spruchkammerakten, Spruchkammer Hersbruck, Konrad Völkl.

633 Im Fall 8 gewann Haensel als zentralen Gutachter und als „Lexikon für historische Volkstumsfragen" den völkischen Sozialwissenschaftler Professor Max Hildebert Boehm. Kurt Graebe, eine Schlüsselfigur der Politik der deutschen

der Hans, Leiter der Amtsgruppe A im WVHA, und August Frank (ebenfalls zeitweilig Leiter der Amtsgruppe A) wurden von Rauschenbach zusammen mit W. Schmidt vertreten. Ein „Experte" aus dem IMT war auch Rudolf Merkel, der SS-Gruppenführer Karl Genzken, Leiter des Sanitätsamtes der Waffen-SS, im Ärzteprozess vertrat. Begeistert war Merkel allerdings von seinem Mandat nicht: „Denn wie ich Ihnen ja schon durchblicken ließ, legte ich keinen gesteigerten Wert auf die Übernahme einer Verteidigung in diesem Prozess."[634] Merkel verblieb auch nach dem Fall 1 mit seinem Assistenten Alfred Brenner in Nürnberg als Pflichtverteidiger verschiedener hochrangiger SS-Führer.

Den Leiter des WVHA, Oswald Pohl, verteidigte Alfred Seidl zusammen mit seinem einschlägig vorbelasteten, ständigen Assistenten Georg Gierl (1910–1996), möglicherweise ein Studienkollege aus München, nachdem Seidl schon den persönlichen Arzt Himmlers und obersten Kliniker der SS, Gruppenführer Karl Gebhardt sowie Fritz Fischer und Herta Oberheuser, angeklagt wegen Menschenversuchen im KZ Dachau im Ärzteprozess, vertreten hatte. Gierl, seit 1933 Zellenleiter der Nürnberger NSDAP-Ortsgruppe Johannis und nach Kriegsbeginn mehrfach für den Aufbau des Rechtswesens in den besetzten Ostgebieten vorgeschlagen, hatte auf dem Buchrücken seiner Dissertation vermerken lassen, dass die Arbeit am 1. Mai 1933 abgeschlossen wurde, am „Tage nationaler Arbeit und Wiedergeburt".[635] Möglicherweise hatte sich Pohl für Seidl entschieden, weil er bewusst einen „resoluten" Anwalt auf seiner Seite wissen wollte, ahnte er doch, dass ihn seine früheren Kollegen schwer belasten würden.

Minderheit in Polen in den zwanziger Jahren, wurde für die Materialbeschaffung der Gesamtverteidigung engagiert, welches er in erster Linie von dem Anwalt Werner Hasselblatt erhielt, dem ehemaligen Leiter des Verbandes der deutschen Volksgruppen in Europa. Sowohl Boehm als auch Hasselblatt steuerten für die Gesamtverteidigung Gutachten bei, vgl. etwa Professor Dr. Max Hildebert Böhm: Zum Begriff „genocide" (Völkermord), in: StN, NL Fröschmann Nr. 36; Schreiben Carl Haensel an alle Verteidiger Fall 8 9.11.1947 und 11.11.1947, in: StN, NL Fröschmann Nr. 25.

634 Schreiben R. Merkel an Laternser 28.11.1946, in: BAF, N431, Nr. 955.

635 Vgl. Schreiben des OLG-Präsidenten Nürnberg 4.12.1939 und Schreiben des Reichsministers für die Ostgebiete an das Reichsjustizministerium 11.3.1943, in: HStaMü, Mju, Nr. 25071 (Gierl). Ab 1947 war Gierl zunächst als Anwalt in Hammelburg tätig, ehe er wieder in den Justizdienst an mehreren Amtsgerichten eintrat.

Der erste Chef des RuSHA und Ernährungsminister Walther Darré wollte von Kubuschok vertreten werden, der aber abgelehnte, und das Mandat an seinen Schwager Bolko von Stein weiterreichte. Von Stein gab die Verteidigung aber an den NS-Wirtschaftstheoretiker und SS-Sturmbannführer Hans Merkel (1902–1993) ab, der aus dem inneren Kreis um Darré stammte.[636] Seit 1928 Anwalt in einer großen Wirtschaftskanzlei in Augsburg, hatte sich Merkel als Konkursverwalter und über die Mitarbeit bei regionalen Maßnahmen zur Marktregelung in der Milchwirtschaft einen Namen gemacht. Als Leiter des Reichsnährstandes sei Darré daraufhin auf Merkel aufmerksam geworden und berief ihn Juni 1934 ins Stabsamt des Reichsnährstandes. April 1936 erhielt Merkel die Ernennung zum Leiter der Hauptabteilung II (Recht- und Wirtschaft) im Stabsamt, wo ihm die gesamte rechtliche Ausgestaltung der landwirtschaftlichen Marktordnung oblag und er eine umfassende Tätigkeit bei der Propagierung der zentralen ideologischen Grundlagen des Reichsnährstandes entfaltete.[637] Insgesamt blieb aber Merkel als Wirtschaftstheoretiker „[p]olitisch im zweiten und dritten Glied" und beeinflusste die wissenschaftliche Diskussion nicht wesentlich.[638] Anfang 1947 aus der Internierung entlassen war Merkel aufgrund eines in der Gefangenschaft erlittenen Hungerödems arbeitsunfähig, erholte sich aber bis zum Winter 1947/48, um offenbar auf direktem Wunsch Darrés dessen Verteidigung zu übernehmen. Im März 1948 erhielt Merkel Unterstützung durch den unfreiwillig aus der Verteidigung Pleigers ausgeschiedenen Kurt Mirow sowie durch den im September 1947 aus der Internierung entlassenen Adalbert Joppich, beide Mit-

636 Vgl. zu Merkels Karriere im Nationalsozialismus und seiner Rolle im Umgang mit den NS-Verbrechen nach 1945 nun: Hubert Seliger: Vom Umgang eines DAV-Präsidenten mit seiner und der NS-Vergangenheit. Dr. jur. habil. Hans Merkel (1902–1993) und die Nürnberger Prozesse, in: Anwaltsblatt 12/2015, S. 906 - 916.

637 Lebenslauf Hans Merkel o.D., in: BAB, SS-Personalakte Merkel und Lebenslauf Hans Merkel o.D., in: BAK, Z42 (Merkel, Hans).

638 Hauke Janssen: Nationalökonomie und Nationalsozialismus. Die deutsche Volkswirtschaftslehre in den dreißiger Jahren des 20. Jahrhunderts, 3. Aufl., Marburg 2009, S. 102 und 587.

glieder der SS.[639] Zwischen Merkel und Joppich bestand schon eine längere Bekanntschaft wahrscheinlich aus der gemeinsamen Zeit in Berlin.[640]

Auch Georg Fröschmann hatte sich in den Nachfolgeprozessen ein eindeutiges Profil erworben. Fröschmann als dauerhafter Assistent zur Seite stand der 1912 geborene Karl Pracht, der bei der deutschen Handelskammer in Zürich angestellt war und sich in seiner Dissertation als überzeugter Nationalsozialist präsentiert hatte.[641] Fröschmann verteidigte im Fall 1 als Pflichtmandat SS-Sturmbannführer Viktor Brack, eine zentrale Figur der Euthanasieverbrechen. Fröschmanns Mandant im Fall 4, der Jurist Karl Mummenthey, Leiter des Amtes W1 (Erde und Steine im Reich) in WVHA, hatte zunächst Kubuschok als Anwalt verlangt, der aber vorgeblich wegen des Juristenprozesses abgelehnt hatte.[642] Mit dem als Ersatz eingesprungenen Fröschmann entwickelte sich sofort eine enge Zusammenarbeit. Ähnlich „herzlich“ war die Verteidigung von Obergruppenführer Richard Hildebrandt, letzter Leiter des Rasse- und Siedlungshauptamtes (RuSHA). Im Fall 11 schließlich vertrat Fröschmann SS-Obergruppenführer Gottlob Berger, den Leiter des SS-Hauptamtes. Als zusätzliche Assistenten fungierten hier der entlassene Leiter der Zollabteilung Nürnberg Wilhelm Hüller (geb. 1892) und Rudolf Merkel.[643]

Ansonsten rekrutierten sich die Verteidiger der zweitrangigen SS-Männer fast vollständig aus dem „Pool“ der arbeitslosen Juristenschaft Nürnbergs oder dem Netzwerk um Egon Kubuschok. Teilweise fanden sich durchaus belastete Personen unter den Hilfsverteidigern, so aus Nürnberg der schon genannte Altparteigenosse Mintzel, die Staatsanwälte am Sondergericht Nürnberg Joseph Mayer (1905–1995) und Hermann Müller (geb. 1910), die unter dem Vorsitzenden Richter Rudolf Oeschey Todesur-

639 Lebenslauf Joppich zu seiner Promotion: Adalbert Joppich: Sowjetrussisches Völkerrechtsdenken, Göttingen 1958. Joppichs Doktorvater war Professor Herbert Kraus.

640 Affidavit Hans Merkel 23.10.1948, in: BAK, Z42 (Joppich).

641 Vgl. Karl Pracht: Der Gesetzesvorspruch, Erlangen 1937. Pracht war schon 1933 der NSDAP beigetreten.

642 Mitteilung Mummentheys 8.2.1947 in: StN, NL Fröschmann, Nr. 41.

643 Seit 1932 leitete Hüller das Personalreferat bei der Zollabteilung des Landesfinanzamtes Nürnberg. Nach seinem Einsatz als Ausbilder bei der Luftwaffe wurde Hauptmann Hüller 1943 Leiter der Zollabteilung Nürnberg, vgl. Schriftsatz Wilhelm Hüller 31.3.1948, in: StN, Spruchkammerakten, Spruchkammerakten, Wilhelm Hüller. Merkel hatte Fröschmann bereits bei der Entnazifizierung anwaltlich vertreten.

teile gegen „Gewohnheitsverbrecher“ und „Defätisten“ beantragt hatten, aber wohl wegen ihres Auftretens als „Kronzeugen“ im Juristenprozess niemals für ihre Tätigkeit zur Verantwortung gezogen wurden, sowie Gustav Maaß (geb. 1906), der als Nürnberger Amtsgerichtsrat 1937 die Versetzung an den Volksgerichtshof erhalten hatte und als Erster Staatsanwalt am Volksgerichtshof im Referat für Hochverratsfälle eingesetzt wurde.[644] Aus der Nürnberger Richterschaft kamen der wohl über die Würzburger Verbindungen rekrutierte OLG-Rat Erich Bergler (geb. 1895) und die entlassenen Amtsgerichtsräte Alfred Brenner (1907–1968) und Otto Süß (1906–1999).[645] Aus der Nürnberger Staatsanwaltschaft kamen Staatsan-

644 Zur Mitwirkung von Hermann Müller im Fall des Franz Graf von Montgelas vgl. Elke Fröhlich: Eine Falle für den Grafen, in: Dies./Martin Broszat [Hgg.]: Bayern in der NS-Zeit. Die Herausforderung des Einzelnen. Geschichte über Widerstand und Verfolgung, München 1983, S. 220–225. Müller war erst Juli 1939 zum Staatsanwalt ernannt worden, leistete aber von Kriegsbeginn bis zu seiner Rückberufung 1943 Militärdienst, vgl. Stellungnahme Hermann Müller 30.12.1947 und Urteil der Spruchkammer Nürnberg 20.5.1947, in: HStaMü, Mju, Nr. 26670 (Müller, Hermann). Joseph Mayer war bereits 1932 der NSDAP beigetreten und Bezirksobmann des NSRB. Er kehrte nach 1945 unbehelligt in den Dienst des AG Nürnberg zurück. Müller gehörte seit 1933 der SA an und trat 1937 der NSDAP bei. Zugleich war er Blockwalter im NSV. Zum Werdegang von Maaß vgl. Milgov-Fragebogen, in: NARA, Screening Files k though o, vgl. auch Lebenslauf Gustav Maaß 3.7.1947, in: StMü, Spruchkammerakten, Spruchkammer München K1097 (Maaß, Gustav).

645 Seit 1930 war Bergler an verschiedenen Amtsgerichten tätig, seit 1934 am LG Nürnberg. Kurzzeitig war er Beisitzer am Sondergericht Nürnberg. 1938 wurde er Beisitzer eines Zivilsenates am OLG Nürnberg. 1937 trat er der NSDAP bei und war Zellenleiter im NSRB. Seit Beginn des Krieges war er in der Militärverwaltung tätig, u. a. bei der berüchtigten Feldkommandantur 787 in Charkow, vgl. hierzu allgemein Gunter Friedrich: Kollaboration in der Ukraine. Die Rolle der einheimischen Stadtverwaltung während der deutschen Besetzung Charkows 1941 bis 1941, Bochum 2008. Von Januar 1944 bis März 1944 wurde Bergler als Kriegsgerichtsrat unter Helmut Eisenblätter beim Gericht der Division 413 in Nürnberg eingesetzt, ehe nach einer kurzen Zwischenstation in Prag die Ernennung zum Oberstabsrichter bei der 129. Infanteriedivision erfolgte. Zuletzt war Bergler bei der italienischen Ersatzeinheit der Division 407 als Brigaderichter eingesetzt. Zu Brenner vgl. Personalbogen, in: HStaMü, Mju, Nr. 24793 (Brenner, Alfred). 1933 war Brenner als Referendar in die SA eingetreten, zuletzt im Rang eines Rottenführers. 1937 trat er in die NSDAP ein und war zeitweise Zellenobmann im NSRB, vgl. Sühnebescheid der Spruchkammer Nürnberg 16.12.1946, in: ebd. Süß war 1933 der SA und 1937 der NSDAP beigetreten. Zeitweise war er ebenfalls als Zellenobmann des NSRB tätig und habe sich laut seiner Beurteilung schon vor 1933 um die NSDAP „verdient“ gemacht, ohne of-

walt Oskar Stübinger (geb. 1908) und der als Hauptverteidiger von SS-Brigadeführer Erwin Schulz und Herbert Hübner im Fall 8 aufgetretene Nürnberger Staatsanwalt Ernst Durchholz (1908–1986).[646] Entlassene Verwaltungsjuristen in der Verteidigung waren der als Regierungsrat beim Landratsamt Oberviechtach bzw. für die „Kinderlandverschickung" beim Reichsstatthalter Salzburg zuständige Ferdinand Leis (geb. 1910), der Reichsbahnrat und Prozessvertreter der Reichsbahndirektion Nürnberg Ernst Braune (geb. 1911), der entlassene Geschäftsführer der Handwerkskammer Nürnberg Kurt Helm (geb. 1898), Postrat Paul Wiessmath (geb. 1911) und Landrat Heinrich Rentsch (geb. 1897).[647] Die beiden zuletzt ge-

---

fizielles Mitglied zu sein, vgl. Personalbogen und Dienstliche Beurteilung 16.12.1935, in: HStaMü, Mju, Nr. 26276 (Süß, Otto).

646 Stübinger war Mitglied in der NSDAP und SA, vgl. Abschrift Urteil der Spruchkammer Hersbruck 11.12.1947, in: HStaMü, Mju, Nr. 26739 (Stübinger, Oskar). Durchholz, der 1933 der NSDAP beigetreten war, sei, weil er gegen die Oberstaatsanwälte Leonhard Denzler und Georg Hösch im Zuge der Aufdeckung des Arisierungsskandals in Nürnberg ein Dienststrafverfahren eingeleitet habe, im Dritten Reich nicht mehr befördert worden. Durchholz habe sich angeblich später einem Widerstandszirkel angeschlossen, der Pläne für die Neugestaltung Deutschlands nach dem Ende der NS-Diktatur geschmiedet habe. Neben seinem Nachbarn, dem Anglistikprofessor Eduard Brenner und dem Leiter des Städtischen Gesundheitsamtes Hans Gückel, habe zum Kreis auch der (erste) Schwiegervater des Mitglieds der Widerstandsgruppe „Weißen Rose" Christoph Probst, Eugen Sasse, gehört. In der Forschung zum lokalen Widerstand in Nürnberg findet sich allerdings bislang kein Hinweis auf diesen Kreis, vgl. hier die diversen Unterlagen, in: StN, Spruchkammer Nürnberg, Durchholz.

647 Seit 1928 war Rentsch Regierungsrat in Wolfenstein bei Freyung. Im März 1938 bis zu seiner Einziehung zum Wehrdienst im Dezember 1939 arbeitete Rentsch als Landrat in Lauf. Verwaltungsaufgaben übernahm Rentsch auch während des Krieges u. a. als Leiter der Ortskommandantur 823 in Petrovgrad (Jugoslawien). Als Major führte er schließlich im März 1945 den Befehl über das Grenadierregiment 18. Angeblich habe er nationalsozialistische Führungsmaßnahmen seines letzten Oberbefehlshabers General Ferdinand Schörner abgelehnt. Nach dem Krieg kamen Vorwürfe auf, Rentsch habe als Landrat in Lauf Schutzhaftbefehle ausgestellt. Rentsch gelang es aber, seine Rolle kleinzureden. Die Schutzhaft sei zu diesem Zeitpunkt schon so zentral organisiert gewesen, dass er nur vorläufige Festnahmen habe anordnen dürfen, vgl. Protokoll 19.8.1947 (Aussage des Gendarmeriemeisters Hermann Weinzierl und Replik Rentsch) und Urteil der Spruchkammer Lauf an der Pegnitz 26.8.1947, in: StN, Spruchkammerakten, Spruchkammer Lauf, Heinrich Rentsch. Leis trat 1937 der NSDAP bei und wurde wegen seiner Tätigkeit bei der Kinderlandverschickung zum Obergefolgschaftsführer ehrenhalber der HJ ernannt, vgl. Meldebogen Leis und Schriftsatz Leis 20.2.1947 und Urteil der Spruchkammer Windsheim 2.2.1947 in: StN, Spruch-

nannten Juristen hatten sich mit Initiativbewerbung an den Nürnberger Gerichtshof gewandt, um ihrer Tätigkeit als Hilfsarbeiter auf dem Bau zu entkommen. Neuzugänge aus der Nürnberger Anwaltschaft dagegen waren die im Fall 9 aufgetretenen Nürnberger Anwälte Karl Gick (geb. 1903) und der schon genannte Alfred Schwarz. Gick, Verteidiger von Eduard Strauch, war seit 1929 Anwalt in Nürnberg und hatte zuvor bereits als Verteidiger in den Dachauer Prozessen gearbeitet.[648]

Ein weiteres Netzwerk bildeten die jungen Assessoren um Willi Heim. Otfried Schwarz, Assistent von Assessor Aschenauer im Fall 3, vertrat zusammen mit dem direkt nach Ablegung des Großen Staatsexamen eingezogenen Assessor Ewald Zapf (geb. 1913) den Angeklagten Otto Hofmann, Leiter des RuSHA von 1940 bis 1943,.[649] Der Stabschef des RuSHA Fritz Schwalm wurde durch Heim vertreten, der mit Paul Blobel im Fall 9 zugleich auch den direkt verantwortlichen SS-Offizier des Massakers von Babi Jar verteidigte. Beide bekamen Unterstützung von weiteren jungen Gerichtsassessoren und Studienkollegen, so von Ludwig Kohr (geb. 1909) und Wilhelm Maas (geb. 1910).[650]

---

kammerakten, Spruchkammer Windsheim, Ferdinand Leis. Helm trat 1933 der NSDAP und 1934 der SA als Scharführer bei. Spruch der Berufungskammer Nürnberg-Fürth und Bestätigung der Vorläufigen Handwerkskammer 10.8.1945, in: StN, Spruchkammerakten, Spruchkammer Hersbruck, Kurt Helm. Der NSDAP will Helm aus Angst um seinen Arbeitsplatz bei der IHK beigetreten sein, vgl. Milgov-Fragebogen, in: NARA, Screening Files a though j. Zu Wiessmath vgl. Sühnebescheid 3.6.1947, in: StN, Spruchkammerakten, Spruchkammer Hersbruck, Paul Wiessmath; vgl. Schreiben Rentsch an den Generalsekretär 13.9.1947 in: NARA, Screening Files p through z.

648 Antrag auf Wiederzulassung Gicks 24.7.1946, in: StN, Spruchkammerakten, Spruchkammer Nürnberg, Karl Gick. Gick war 1933 der NSDAP beigetreten. Vor dem Sondergericht Nürnberg verteidigte er mehrere Angeklagte aus dem Kreis um Ernst Niekisch, da sein Bruder Karl zum Umfeld Niekischs gehört hatte.

649 Urteil der Spruchkammer Erlangen 9.7.1947, in: NARA, Screening File p through z. Zapf trat der SA als Rottenführer bei und wurde 1937 NSDAP-Mitglied.

650 Kohr gehörte seit 1937 der NSDAP zeitweise als Blockhelfer an und war Rottenführer in der SA, vgl. Abschrift des Urteils der Berufungskammer Nürnberg 4.5.1948, in: HStaMü, Mju, Nr. 25463 (Kohr, Ludwig); Maas war Mitglied der NSDAP, Blockwalter im NSV und zeitweise als SA-Rottenführer Rechtsberater in der SA für Unfallschäden, vgl. Sühnebescheid 17.1.1947 und Schriftsatz Maas 1.6.1946, in: StN, Spruchkammer Nürnberg, Wilhelm Maas; vgl. auch Personalbogen in: HStaMü, Mju, Nr. 25612 (Maas, Wilhelm).

Bei der Verteidigung des KZ-Arztes von Buchenwald, Waldemar Hoven, kam erstmalig das Breslauer Verteidigerteam um Hans Gawlik zum Einsatz, das in dieser Zusammensetzung in sämtlichen SS-Prozessen auftreten sollte. Gawliks Übernahme des Falles Hoven war reiner Zufall. Auf Vorschlag des katholischen Bischofs in Freiburg Conrad Groeber hätte Egon Kubuschok als Verteidiger auftreten sollen, der aber aus zeitlicher Kollision mit dem Fall Schlegelberger dieses Mandat nicht übernehmen konnte. Kubuschok reichte daher die Verteidigung an den „lieben Gawlik" weiter.[651] Als Assistenten für sein Team holte sich Gawlik zwei frühere Breslauer Kollegen. Der nach der Flucht im fränkischen Waldmünchen untergekommene Breslauer Staatsanwalt und Sachbearbeiter im RJM Heinrich Klug (geb. 1906) und Gawlik kannten sich bereits seit der Studienzeit in Breslau.[652] Wenig ist zu Klugs Studienkollegen aus Breslau, Georg Klinnert (geb. 1904), bekannt, der 1939 zum Richter am AG Oels (später AG Königshütte) ernannt worden war.[653] Das Team Gawlik/Klug/Klinnert übernahm neben Hoven noch mehrere SS-Fälle, so dreier Angeklagter im Fall 4 und des SS-Gruppenführers Erich Naumann, Leiter der Einsatzgruppe B, im Fall 9.[654] Neben Günther Lummert und seinem Schwager Günther Hindemith (geb. 1900) gehörte auch Bolko von Stein (1898–1967) zum Netzwerk um Kubuschok. Von Stein, Verteidiger der Angeklagten Franz Eirenschmalz und Martin Sandberger, war geradezu der klassische Repräsentant des Netzwerks um Kubuschok. Seit 1932 hatte der Vetter Kubuschoks eine kleine, mehr schlecht als recht gehende

651 Schreiben Emmy Hovens an Kubuschok 21.11.1946, Schreiben Kubuschoks an Erzbischof Groeber 13.12.1946 und Schreiben Kubuschoks an Gawlik 24.11.1946, in: BAK, NL Gawlik, Nr. 110.

652 Schreiben Gawliks an den Generalsekretär 30.10.1947, in: BAK, NL Gawlik, Nr. 142. Seit 1942 leistete Klug Militärdienst beim Heer. Zu seiner Flucht vgl. Schreiben Heinrich Klugs an das Bayerische Staatsministerium für Sonderaufgaben 14.7.1947 und Sühnebescheid 16.6.1947, in: StaB, Spruchkammerakten, Spruchkammer Waldmünchen, K64 (Klug, Heinrich).

653 Vgl. Karteikarte des RJM im Bestand BAK, R3301. Eine Personalakte bzw. Spruchkammerakten konnten nicht ermittelt werden. Auch Klinnert trat nach der Tätigkeit bei der Zentralen Rechtsschutzstelle unter Gawlik wieder in den regulären Justizdienst und wurde 1956 Richter am AG Neuß bei Düsseldorf, später am LG Düsseldorf.

654 Daneben vertraten sie die Mandanten Hanns Bobermin, Leo Volk (beide Fall 4), Otto Schwarzenberger (Fall 8), Willi Seibert (Fall 9) und, als Ersatz für den ausgeschiedenen Hanns Marx, den General Ernst Dehner.

Kanzlei in der kleinen Provinzstadt Trebnitz betrieben.[655] Als kleiner Provinzanwalt prädestinierte ihn, abgesehen von seiner Verwandtschaft mit Kubuschok, nichts für Nürnberg. Er führte seine beiden Mandate nach den Urteilsverkündungen auch nicht fort. Aus dem Netzwerk Kubuschok kam schließlich mit Fritz Riediger (1897–1961) auch der Pflichtverteidiger von Walter Haensch im Fall 9 und von Walter Schellenberg, Leiter des Amtes VI SD-Ausland im RSHA, im Fall 11. Riediger war seit 1926 als Alleinanwalt und Notar in Breslau tätig.[656] Als Assistenzverteidiger hatte Riediger mit dem 1933 als Anwalt in Breslau zugelassenen Max Krause (geb. 1900), dem Waldenburger Anwalt Karl Jaeger (geb. 1893), sowie Ernst Hesse (geb. 1910), Leiter des Breslauer Reichsbahnverkehrsamtes, ebenfalls auf das Breslauer Netzwerk zurückgegriffen.[657] Verteidiger des Wirtschaftsprüfers Hans Hoberg im Fall 4 war der seit 1932 in Iserlohn tätige Wirtschaftsanwalt Ernst Schulte (geb. 1903). Während des Krieges war Schulte als Syndikus bei der Regierung des Generalgouvernements in Krakau angestellt gewesen.[658] Hilfsverteidiger des Angeklagten Walter Blume

655 Vgl. Affidavit Egon Kubuschok 8.3.1948 sowie Meldebogen Bolko von Stein, in: StN, Spruchkammer Nürnberg, Bolko von Stein. Seit 1933 gehörte er der NSDAP an.

656 Vgl. Lebenslauf Fritz Riedigers o.D., in: StN, Rechtsanwaltspersonalakten des OLG Nürnberg, Fritz Riediger und Affidavit Egon Kubuschok 20.3.1946 und Affidavit Stefan Fritsch 21.11.1946, in: StB, Spruchkammerakten, Spruchkammer Wunsiedel, R122. Im Spruchkammerverfahren brachte Riediger vor, dass er sehr verbittert gewesen sei, als ihm die Wahlverteidigung des mit ihm sehr gut bekannten früheren Generalsekretärs der christlichen Gewerkschaften, Franz Leuninger, sowie des früheren SPD-Polizeipräsidenten von Breslau, Fritz Voigt, vor dem Volksgerichtshof 1945 verweigert worden sei, vgl. Riedinger an den Vorsitzenden der Spruchkammer Wunsiedel 27.2.1947 und Riediger an den Prüfungsausschuss der Stadt Marktredwitz 25.3.1946, in: StN, OLG-Personalakte Riediger. Riediger gehörte seit 1933 der NSDAP an.

657 Meldebogen Max Krauses und Spruch der Spruchkammer Wunsiedel 10.4.1947, in: NARA, Screening Files k through o. Krause trat erst 1940 der NSDAP bei; Milgov-Fragebogen Jäger und Urteil der Berufungskammer Regensburg 16.9.1947, in: NARA, Screening Files a though j. Der NSDAP hatte Jäger nicht angehört. Hesse gehörte seit 1933 SA und NSDAP an.

658 Vgl. Milgov-Fragebogen und Einreihungsbescheid, in: NARA, Screening Files p through z, sowie Milgov-Meldebogen, in: HStaDü, NW 1103, Nr. 3890 (Schulte, Ernst). Schulte war 1933 der NSDAP beigetreten und ab 1937 in der lokalen SA sehr aktiv, nachdem der zum Ratsherr der Stadt Iserlohn ernannte Schulte aus unbekannten Gründen aus seinen Ämtern als BNSDJ Fachgruppenwalter für Rechtsanwälte (bis 1934) und als Vorsitzender der 2. Kammer des Kreisgerichts der NSDAP Iserlohn (bis 1936) abberufen worden war.

war, als einer der wenigen Verwandten unter den Verteidigern, sein Bruder, der Paderborner Landgerichtsrat Rudolf Blume (geb. 1902).[659]

Viele der Juristen unter den angeklagten SS-Männern suchten ihre Verteidigung selbst zu organisieren bzw. ihre Anwälte zu führen. Regelrecht überrannt mit Gutachten wurden die jungen Assessoren durch Otto Hofmann und Fritz Schwalm im Fall 8. Die beiden Angeklagten gaben ihren unerfahrenen Anwälten einen umfassenden Leitfaden über die „Geschichte und Aufgaben des Rasse- und Siedlungshauptamtes" an die Hand. Zumindest Heim scheint auch kein Problem mit einer derartigen Beeinflussung gehabt zu haben. Als er nach dem Todesurteil gegen Blobel gefragt worden war, ob er das Mandat weiterführe, antwortete Willi Heim, ihm sei egal, ob Blobel schuldig sei oder nicht. Der Besatzungsmacht käme es allein auf Verurteilung an, weil Massenmord zur Debatte stand.[660] Der promovierte Jurist Martin Sandberger verfasste seine Schriftsätze weitgehend selbst. Schellenberg, der vor seiner SS-Karriere eigentlich in die Anwaltschaft gehen wollte, machte seinen Anwälten detaillierte Vorgaben, wie seine Verteidigungslinie auszusehen habe. Dass teilweise ganz bewusst „schlechte" Anwälte ausgewählt wurden, bestätigt auch Becker in Bezug auf einen der angeklagten SS-Führer im Fall 11: „Herr Becker, Sie haben ja wohl bemerkt, dass ich mit Absicht einen schlechten Anwalt habe. [...] Ich komme am besten weg, wenn ich mich ganz klein mache. Und dass der Anwalt dumm ist, das merkt das Gericht schon am ersten Tag. Das kann sich nur zu meinen Gunsten auswirken. Andererseits möchte ich Sie bitten, während meiner eigenen Vernehmung im Saale anwesend zu sein und einfach mitzuhören, um meinem Anwalt bei schwierigen Fragen zur Seite zu springen."[661]

Mit Ausnahme der SS-Männer verblieben fast alle verurteilten Nürnberger Angeklagten auch nach den Urteilssprüchen bei ihren Anwälten, die versuchten, im Gnadenweg eine Haftverkürzung zu erreichen bzw. nach der Entlassung oder Freispruch ihren Mandanten in den Entnazifizierungsverfahren beistanden. Eine Ausnahme war der Angeklagte Joel, der auf seinen alten Freund und Arbeitskollegen in der Handelsabteilung des RJM, Widerstandskämpfer und späteren Leiter des Bundeskanzleramtes

659 1933 trat R. Blume der NSDAP und SA bei und war Zellenwart im NSRB. Seit 1939 leistete er Kriegsdienst, vgl. Milgov-Fragebogen, in: NARA, Screening Files a through j.

660 Schreiben Heims an Pfarrer Eckard, in: LKAMü, III/17, Nr. 8.

661 Becker: Aufklärung, S. 38.

Otto Lenz (1903–1957) zählen konnte.[662] Im Juli 1951 übernahm der politisch unbelastete Anwalt Paul Heinz Gordan zusammen mit Werner Milch die Vertretung seines früheren Danziger Freundes aus dem dortigen Flugsportclub Erhard Milch.[663] Dagegen wechselte ein Großteil der verurteilten SS-Männer ihre Anwälte und suchten zumeist Kontakt zu Anwälten mit SS-Vergangenheit. Die „Ohlendorf-Gruppe" des Falles 9 und die Mandate Hoberg und Eirenschmalz wurden nahezu komplett durch die „Arbeitsgemeinschaft" um Malz und Aschenauer vertreten. SS-Mann Hans Merkel übernahm neben Darré die Vertretung von Ohlendorfs Adjutant Schubert. Weitere Angeklagte des Falles 9 wurden nun vom früheren Leiter der Abteilung für Personalpolitik im RSHA SS-Obersturmbannführer und nunmehrigen Rechtsanwalt in München Karl Kernert (der Angeklagte Walter Haensch), dem einschlägig bekannten Ernst Achenbach und Werner Best (Franz Six), dem 1933 der NSDAP beigetretenen Anwalt Hans Triebskorn (geb. 1910) und seinem Kanzleimitarbeiter und ehemaligen Leiter des für die Schweiz zuständigen Referats im RSHA Amt VI Karl Hügel (Eugen Steimle) und dem mittlerweile in Rosenheim als Anwalt tätigen Wolfgang Laue (Erwin Schulz und die Witwe von Oswald Pohl) vertreten.[664] Heinz Jost erhielt Unterstützung von dem Düsseldorfer Anwalt, SA-Sturmbannführer und Mitglied des SD Max Bünger (geb. 1888).[665] Lediglich Martin Sandberger suchte sich, nachdem er zunächst von SS-Mann Mintzel weiter vertreten wurde, den vorgeblich unbelasteten Hellmut Becker als neuen Anwalt.

Nicht viel anders war das Bild bei den Angeklagten im Fall 4 und 8. Der im Fall 8 verurteilte Otto Hofmann, seit 1943 Höherer SS- und Polizeiführer Südwest, wurde von der auf „schwere Fälle" spezialisierten Kanzlei Rechtsanwalt Mandrys in Stuttgart vertreten. SS-Hintergrund hatte Karl Dötzer, der nun aus dem Fall 8 die Angeklagten Heinz Brückner,

---

662 Vgl. Schreiben Otto Lenz an den Leiter der Prison Division Souter 6.12.1950, in: NARA, RG 466, HICOG Prisons Divison – Petitions for Clemency or Parole and Related Records of Persons Convicted by the US Military Tribunals at Nuremberg, Box 13, Folder Joel.

663 Schreiben Gordans an Bergold 6.7.1951, in: BAK, NL Gordan, Nr. 79. Gordan war Mitglied des Heimkehrerverbandes Gießen und vertrat auch den vor dem US-Gericht in Ludwigsburg verurteilten Ludwig Schardt.

664 Vgl. StaMü, Spruchkammerakten, Spruchkammer München Spk 1336 (Pohl, Oswald).

665 Vgl. HStaDü, NW 1037 A/Rg, Nr. 1182 (Bünger, Max) und Schmidt: Todesurteile, S. 75.

Werner Lorenz und Rudolf Creutz sowie SS-Brigadeführer Veesenmayer aus dem Fall 11 weiterhin betreute. Ein Netzwerk der früheren WVHA-Angeklagten bildete sich um den früheren SS-Richter und seit 1948 in München als Anwalt zugelassenen Willy Osthues (1907–1987), der mit den Brüdern Hans und Georg Lörner, Heinz Karl Fanslau und August Frank sämtliche noch lebende hochrangige WVHA-Angehörige nach Ende der Prozesse vertrat.[666] Auf SS-Kameraden vertraute auch Karl Mummenthey nach seinem Zerwürfnis mit Fröschmann. Sein neuer Anwalt, der frühere SS-Hauptsturmführer Heinz Gentsch (geb. 1908) war offenbar ein früherer Bekannter aus dem Verwaltungsamt der SS.[667] Gottlob Berger dagegen konnte sich auf die Mithilfe seines früheren Gerichtsoffiziers Sturmbannführer Walter Hennings (geb. 1898) verlassen, der 1949 wieder als Anwalt in Hamburg zugelassen wurde und beste Kontakte zu Hamburger Waffen-SS Kameradschaften hatte.[668]

666 Vgl. Schriftsatz Osthues 14.8.1952, in: StaMü, Spruchkammerakten, Spruchkammer München, Spk 1071. (Lörner, Georg). Osthues war als Richter dem SS- und Polizeigericht Krakau zugeteilt. Weil er angeblich scharf gegen Korruption lokaler Vertreter des WVHA vorgegangen sei, sei er aufgrund einer Intrige entlassen und nach einer Verurteilung im KZ Dachau interniert worden, vgl. Meldebogen Osthues und Verteidigungsschrift Osthues o.D., in: StMü, Spruchkammerakten, Spruchkammer München, Spk 1280 (Osthues, Willy); vgl. auch StMü, Rechtsanwaltspersonalakten des OLG München, Nr. 1993 (Osthues, Willy).

667 Meldebogen Gentsch und Lebenslauf Gentsch 17.12.1947, sowie Urteil 22.6.1948 und Stellungnahme des öffentlichen Klägers 23.8.1949, in: HStaWi, Abt. 520/F, Nr. 1956 (Gentsch, Heinz). Angeblich sei Anwaltsassessor Gentsch zur Bearbeitung von Kraftfahrzeugunfällen ins Verwaltungsamt dienstverpflichtet worden. Seit 1943 diente er bei der SS-Division Prinz Eugen bzw. dem V. SS-Gebirgs-Kommando. Nach Kriegsende wurde er Anwalt in Frankfurt und agierte als lokaler HIAG-Funktionär in Hessen.

668 Lebenslauf Hennings 27.11.1934 und Lebenslauf Hennings 2.8.1941, in: BAK, Z42 (Hennings, Walter). Hennings war Freikorpskämpfer und seit 1931 NSDAP-Mitglied. Seit 1927 Anwalt verdingte sich Hennings als Verteidiger lokaler Nationalsozialisten sowie als Vorsitzender des Kreisgerichts der NSDAP in Eimsbüttel und Rechtsberater mehrerer lokaler SS-Standarten und des SS-Abschnitts Bremen. 1935 wurde er aber wegen unwürdigen Verhaltens seiner Ämter enthoben, weil er einen persönlichen Freund von Hans Frank scharf angegriffen hatte. 1941 gelang es Hennings in die Waffen-SS als juristischer Fachführer über seine persönliche Bekanntschaft mit dem Chef des Ergänzungsamtes der Waffen-SS Heinrich Jürs, der Beisitzer am Kreisgericht Eimsbüttel gewesen war, einzutreten und arbeitete seither als Bergers persönlicher Gerichtsoffizier, vgl. Schriftsatz Hennings an Spruchgericht Eselheide 22.7.1947 und Anklage Spruchgericht Eselheide 12.6.1948, in: BAK, Z42 (Hennings). Vgl. auch Stellungnahme Bera-

Dass der Hauptangeklagte im Fall 4, Oswald Pohl, 1950 seinen engagierten Verteidiger Seidl für den zwielichtigen deutschamerikanischen New Yorker Anwalt, Berufsbetrüger, Waffenhändler, Propagandaredner und Spion in deutschen und japanischen Diensten Frederick A. Wiehl (geb. 1902) austauschte, gehört wohl zu den kuriosen Erscheinungen der Nürnberger Prozesse. Nur durch den Verrat an seinen deutschen Agentenkollegen war Wiehl selbst einem amerikanischen Hochverratsprozess entgangen und schlug sich nach seiner Deportation nach Deutschland mit gelegentlichen Rechtsauskünften durch, ehe er zum Jahreswechsel 1950/1951 von Pohl mandatiert wurde. Die Gründe sind hierfür vollkommen unklar, vielleicht war es dem Überlebenskünstler Wiehl gelungen, Pohl von seiner erfundenen Lebensgeschichte als antikommunistischer früher Parteigänger der NSDAP zu überzeugen. Wiehls radikales, vor Drohungen gegen Hochkommissar John McCloy und das US-Militär nicht zurückschreckendes Auftreten half Pohl allerdings nichts. Er wurde im Sommer 1951 hingerichtet. Unter den übrigen Nürnberger Verteidigern galt Wiehl als äußerst zwielichtige Gestalt. Man verdächtigte ihn als amerikanischen Spion, der nur Schaden bringe. Als Wiehl sogar versuchte, sich als amerikanischer Vertrauensanwalt aller noch in Landsberg einsitzenden Todeskandidaten ins Spiel zu bringen, wurde er von Hellmut Becker ausmanövriert, der persönlich die Verpflichtung von Warren Magee als US-Anwalt der Landsberger Todeskandidaten für die Zentrale Rechtsschutzstelle in die Wege leitete und vor jeder Kooperation mit Wiehl warnte.[669]

2.5 Die Großindustriellen

Behauptungen, die Nürnberger Verteidigung sei der Anklage vollkommen unterlegen gewesen, müssen spätestens mit Hinblick auf die Verteidiger

tender Ausschuss 20.11.1949 und Urteil Berufungskammer, in: StH, A2988, Personalakte Walter Hennings. Zeitweilig vertrat er Joachim Peiper, vgl. Schreiben Hennings an Ermann 19.6.1951, in: LKANü, III/17, Nr. 15. Er besaß das besondere Vertrauen von Otto Kumm, dem ehemaligen Kommandeur der Division Prinz Eugen, der seit 1950 in Hamburg ein Kameradennetzwerk der Waffen-SS leitete, vgl. Vermerk 6.11.1953, in: LKANü, LKR, Nr. 2468.

669 Aktenvermerk Hans Gawliks 17.2.1951, in: BAK, B305, Nr. 135. Nach der Hinrichtung Pohls sorgten die US-Behörden für die Ausweisung Wiehls aus Deutschland.

der Großindustrie als widerlegt gelten. Mit der erfolgreichen Aussetzung des Verfahrens aufgrund des Gesundheitszustandes des Angeklagten Gustav Krupp von Bohlen und Halbach verbuchten schon zu Beginn des IMT die Verteidiger der Industrie einen großen Erfolg. Die Leitung der Verteidigung hatte man Theodor Klefisch (1877–1951) übertragen, der Senior unter allen Verteidigern der Nürnberger Prozesse, der seit seiner Zulassung in Köln 1905 auf eine lange Karriere als bekannter Strafverteidiger, insbesondere in Wirtschaftsstrafsachen, zurückblicken konnte und sich als einziger der späteren Nürnberger Verteidiger 1930 in einer Übersicht von Ismar Lachmann über die großen Strafverteidiger der Weimarer Republik Aufnahme fand.[670] Trotz seiner Parteimitgliedschaft erteilte ihm die britische Militärregierung bereits im August 1945 die Anwaltszulassung.[671] Aufgrund seiner Bekanntheit als Kölner Anwalt lag es nahe, dass ihn die Familie Krupp engagierte. Ihm zur Seite stand der politisch unbelastete Walter Ballas (geb. 1887), bis 1935 Syndikus der Krupp-Werke und danach als selbstständiger Essener Anwalt Rechtsberater Krupps und anderer Ruhrindustrieller kraft Auftrag.[672] Als weiteren Assistenten brachte Ballas den jungen Anwalt und Völkerrechtler Hermann Mosler (1912–2001) nach Nürnberg.[673] Im Gegensatz zu nationalsozialistischen Völkerrechtlern hatte Mosler in seiner Dissertation über die „Intervention im Völkerrecht“ mit der traditionellen Lehre die Ansicht vertreten, dass Interventionen nur in einer eng begrenzten Zahl von Fällen im Völkerrecht erlaubt seien.[674] Seit 1937 war Mosler als Referent am Kaiser-Wilhelm-Institut in Berlin tätig und wurde Januar 1944 als Vertreter des Instituts zur Völker-

---

670 Ismar Lachmann: Die großen Verteidiger im Reich, in: Das Kriminalmagazin 2 (1930/31), Januarheft, S. 73–80.

671 1949 entschied auch die Spruchkammer Köln, dass Klefisch als „entlastet“ gelte, vgl. Entscheidung der Spruchkammer Köln 2.8.1949, in: HStaDü, NW 1049, Nr. 2291 (Klefisch T.).

672 Personal Details of Defense Council 22.3.1946, in: LOC, Papers of Robert H. Jackson, Box 101 (Reel 7) und Milgov-Fragebogen, in: NARA, Screening Files a though j.

673 Für das Folgende vgl. Milgov-Fragebogen, in: HStaDü, NW 1049, Nr. 54820 (Mosler, Hermann).

674 Hermann Mosler: Die Intervention im Völkerrecht, Berlin 1937; vgl. auch Mathias Schmoeckel: Die Großraumtheorie. Ein Beitrag zur Geschichte der Völkerrechtswissenschaft im Dritten Reich, insbesondere der Kriegszeit, Berlin 1994, S. 103.

rechtsgruppe des Amtes Ausland/Abwehr abgestellt.[675] Im September 1945 in seine rheinische Heimat zurückgekehrt erhielt der unbelastete Mosler im Oktober eine Zulassung als Anwalt in Köln. Die Familie Krupp konnte sogar niemand Geringeren als den britischen Kronanwalt Andrew Clark als potenziellen Anwalt präsentieren.[676] Mit Clark hätte die Nürnberger IMT-Anklage sicher einen äußerst gefährlichen Gegner bekommen. Als international erfahrender Wirtschaftsanwalt und ehemaliger Leiter der Rechtsabteilung des British Element of the Control Commission konnte er profundes Spezialwissen vorweisen. Das Foreign Office reagierte umgehend. Es warf Clark vor, die britische Krone in eine „embarrasing position" gebracht zu haben und ließ es sich auch nicht nehmen, Clarks Arbeit bei der Control Commission heftig zu kritisieren. Noch deutlicher wurde der General Council of the Bar, die höchste Berufsvereinigung der Barrister-Anwälte von England und Wales. In einem kurzen Statement stellte sie heraus, dass es „undesireable" sei, wenn ein Angehöriger der Bar in Nürnberg verteidigen werde. Auch die Richter des IMT debattierten die Frage der Zulassung Clarks kontrovers und vertagten diese Frage ergebnislos. Mit der Aussetzung des Verfahrens gegen Gustav Krupp erledigte sich die Frage eines Auftritts von Clark vor dem IMT aber von selbst.[677]

Diese Mischung aus den Überbleibseln der Anwaltsprominenz der Weimarer Republik, Konzernanwälten als Helfer, ausländischen Anwälten und Völkerrechtlern sollte typisch für die Zusammensetzung auch der Industriellenverteidigungen der Nachfolgeprozesse werden. Schon vor dem Beginn des Verfahrens gegen Friedrich Flick (Fall 5) hatten die Konzernjuristen frühzeitig Vorkehrungen getroffen. Im Auftrage Flicks trat der Rechtsanwalt Walter Schmidt an den früheren „Kronjuristen des Dritten Reiches" Carl Schmitt (1888–1985) für ein Gutachten zur Strafbarkeit des Angriffskriegs heran, das Schmitt im Sommer 1945 ablieferte.[678] Schmitts Gutachten für Flick wurde von den Verteidigern im Flick-Prozess aber ab-

675 Vgl. die ausführliche und kritische Würdigung dieser Stelle bei Andreas Toppe: Militär und Kriegsvölkerrecht. Rechtsnorm, Fachdiskurs und Kriegspraxis in Deutschland 1899 – 1940, München 2008, S. 192–198. Ob Mosler die Attentatspläne Graf Schenk von Stauffenbergs und Graf von Moltkes kannte, ist unbekannt.

676 Tusa/ Tusa: Nuremberg, S. 123.

677 Minutes 6.11.1945, in: SUA, Biddle Collection, Box 2.

678 Schmitt/Quaritsch: Verbrechen, S. 125–133. Zur Biographie Schmitts anstelle vieler vgl. Reinhard Mehring: Carl Schmitt Aufstieg – und Fall. Eine Biographie 2009.

gelehnt, weil dieses, wie Rudolf Dix es ausdrückte, nur eine „völkerrechtliche Seminarübung“ sei.[679] Schon kurz nach Kriegsende nahm Konrad Kaletsch, Finanzchef des Konzerns und Vetter Flicks, Kontakt zu dem eben genannten, politisch unbelasteten Berliner Anwalt Walter Schmidt (1889–1961) auf, dem er die anwaltliche Tätigkeit für Flick mit einem Einstieg in den Konzern zusätzlich schmackhaft machte und der Unterstützung durch den schon erwähnten Hans Lukaschek erhielt.[680] Schmidt gehörte schon damals zu den bedeutenden deutschen Wirtschaftsanwälten.[681] Ebenfalls im Vorfeld agierte der unbelastete Konzernjustiziar Fritz Streese (1894–1947), der Februar 1946 von der Besatzungsarmee in Berlin das Amt des Custodian des Flick-Konzerns übertragen bekommen hatte.[682] Vorgaben für die Verteidigung kamen schließlich nicht zuletzt von den juristisch vorgebildeten Angeklagten. So schickte Steinbrinck etwa eine umfassende Arbeitsanweisung an alle Verteidiger.[683] Offenbar von der Verteidigung Schachts vor dem IMT beeindruckt, engagierte der zahlungskräftige Flick neben Streese Rudolf Dix als seinen Verteidiger, während Herbert Kraus als zentraler Gutachter für das Verfahren auftrat. Ebenfalls war man vonseiten des Flick-Konzern an den ausgewiesenen Wirtschaftsanwalt Walter Siemers herangetreten, der die Vertretung des Generalbevollmächtigten des Konzerns, Bernhard Weiß übernahm. Im Winter 1946/1947 errichtete Siemers in Erwartung der kommenden Prozesse als gemeinsamen Ort der Industrie für das Verteidigermaterial ein Dokumentenarchiv unter der Bezeichnung „Industriebüro“ in Nürnberg, das dann von dem Industrieanwalt und seit 1934 als Berufsoffizier im Oberkommando des Heeres dienenden Heinz Nagel (1900–1955) geführt wurde.[684] Nagel hatte diese

---

679 Carl Schmitt: Glossarium, Berlin 1991 (Eintrag vom 24.4.1948) und Schmitt/Quaritsch: Verbrechen, S. 138 f.

680 Zu diesen Vorbereitungen ausführlich Priemel, Flick, S. 625–634.

681 Vgl. Pöllath [Hg.]: Wirtschaftsanwälte, S. 210. In der BRD war er Vorsitzender des Handelsrechtstauschusses des DAV und Vorsitzender des Konzernrechtsausschusses des Deutschen Juristentages. 1959 wurde ihm für seine Verdienste um das Handelsrecht das Große Bundesverdienstkreuz verliehen.

682 Schreiben Streeses an Rechtsanwalt Moral (Berlin) 9.12.1946 und Lebenslauf Fritz Streeses o.D., in: LAB, B-Rep 068, Nr. 2783 (Streese, Fritz). Streese starb überraschend während des Prozesses im August 1947. Als Notlösung ernannte Dix seine Ehefrau Maria zur Assistentin.

683 Schreiben Steinbrinks an die Anwälte 11.4.1947, in: StN, Rep 502A, Verteidigerakten, Hans Flächsner (NL Flächsner), Nr. 2.

684 Schreiben Pohles an Theo Goldschmidt 6.1.1949, in: BAK, NL Nagel, Nr. 3; Bescheid der Spruchkammer Nürnberg 13.6.1947, in: PAAA, PA Nr. 54174 (Heinz

Tätigkeit in erster Linie der Tatsache zu verdanken, dass er Herbert Kraus' Schwager war.[685] Bei der Verteidigung von Weiß assistierte Siemers der Februar 1946 in dieser Position wieder zugelassene Konzernjustiziar der Vereinigten Stahlwerke Fritz Wecker (geb. 1906).[686] Auch an Otto Kranzbühler, dem „Shooting Star" des IMT, war Siemers zusammen mit Wolfgang Pohle herangetreten, der daraufhin den Generalbevollmächtigten Flicks, Odilo Burkhart, verteidigte. Als engster Mitarbeiter zur Seite stand Kranzbühler Günther Geißeler (geb. 1909), schon vor 1933 Experte im Arbeitsstrafrecht, der 1935 in der Strafgesetzabteilung des RJM und der Adjutantur Freislers unter Richter Joppich eingesetzt worden war.[687] Kranzbühler und Siemers unterstützte der Wirtschaftsanwalt, Chefsyndikus des Bergbau-Vereins in Essen und seit 1940 Direktor des Mannesmannkonzerns Wolfgang Pohle (1903–1971), der auf Bitten eines der der zentralen Finanziers der Verteidigung der Industrieprozesse, dem Eigentümer der „Guten Hoffnung"-Hütte Hermann Reusch, nach Nürnberg gekommen war.[688] Flicks Privatsekretär und Generalbevollmächtigter Otto Steinbrinck und Heinrich Bütefisch (Fall 6) wurden schließlich von dem ausgewiesenen Wirtschaftsanwalt Hans Flächsner verteidigt, nachdem der bekannte Nürnberger Wirtschaftsanwalt Karl Thorwart, der u. a. im Entnazifizierungsverfahren die Vorstände der MAN vertrat, wegen Überlastung

---

Nagel). Nagel hatte zwar 1933 einen Antrag auf Aufnahme in die NSDAP gestellt, ihn aber mit seinem Eintritt in das Heer zurückgenommen.

685 Schreiben Kraus an Siemers 19.6.1948, in: BAK, NL Nagel, Nr. 2.

686 Milgov-Fragebogen, in: HStaDü, NW 1002 I, Nr. 13505 (Wecker, Fritz), sowie Schriftsatz Weckers o.D. sowie Working Sheet o.D., in ebd. Während seiner Zeit an der Universität hatte Wecker den HJ-Bann 160 anwaltlich beraten. 1937 trat er der NSDAP bei. 1938 gab der Fakultätsassistent an der Universität Bonn seine Pläne einer Habilitation bei dem Wirtschaftsrechtler Heinrich Göppert auf und wechselte zu den Vereinigten Stahlwerken. Im Fall 6 verteidigte Siemers Georg von Schnitzler.

687 Vgl. Milgov-Fragebogen, in: NARA, Screening Files, a through j, sowie die Personalakte, in: BAB, R3001, Nr. 57013 und 57014 (Geißeler, Günther). Kranzbühler und Geißeler dürften sich gut verstanden haben und kannten sich möglicherweise aus Frankreich, hatte Letzterer doch seit seiner Einberufung 1940 eine beachtliche Militärkarriere vorzuweisen u. a. als Adjutant der Eliteeinheit 91. Infanteriedivision „Feldherrenhalle" und zuletzt als Adjutant des Festungskommandanten von Le Havre. Geißeler war 1933 der NSDAP beigetreten und Blockleiter der Ortsgruppe Berlin-Schlachtensee.

688 Priemel, Flick, S. 632 f.

ablehnen musste.[689] Als Assistent diente Franz von Papen jr., der schon im „Büro Nagel“ an der Vorbereitung der Prozesse mitgewirkt hatte und als Prokurist der Rheinmetall-Borsig-AG ebenfalls eng mit den Ruhrindustriellen verbunden war. Rudolf Dix‘ Bekannter Herbert Nath bekam die Verteidigung von Kaletsch zugewiesen, während Horst Pelckmann, ebenfalls seit 1933 beruflich mit Dix bekannt, Hermann Terberger, den Vorstandsvorsitzenden der Eisenwerksgesellschaft, zusammen mit Erich Schmidt-Leichner, den er aus der gemeinsamen Arbeit in der Kanzlei Sacks kannte, vertrat.[690] Ständige Assistentin von Nath wurde in allen Nachfolgeprozessen die promovierte Anwältin Agnes Nath-Schneider (geb. 1904), die in der Kanzlei von Rudolf Dix als Mitarbeiterin gearbeitet hatte, ehe sie 1938 in die Kanzlei ihres Mannes einstieg.[691]

Schon während des IMT hatte Kranzbühler prinzipiell zugesagt, bei der Verteidigung von Krupp und Röchling mitzuwirken.[692] Während der eine „Leitwolf“ der Flick-Verteidigung, Rudolf Dix, von der I.G.-Farben engagiert wurde, erhielt Kranzbühler im Fall 10 die federführende Verteidigung des Krupp-Konzerns und das Mandat des Hauptangeklagten Alfried Krupp, des Sohnes Gustav Krupps, und des Direktors Max Ihn übertragen. Anwalt Ballas vertrat wieder die Konzerninteressen. Ballas zur Seite stand der Journalist Stefan Graf von Schlippenbach (geb. 1907).[693] Kranzbühler

689 Telegramm Rechtsanwalt Karl Thorwart 14.2.1947 und Telegramm Flächsner 22.2.1947, in: StN, NL Flächsner, Nr. 2. Allerdings leistete Thorwart indirekt Unterstützung, als er bei einem Vortrag vor dem Rotary-Club Nürnberg das „verzerrte Geschichtsbild“ über die Krupp-Familie kritisierte, vgl. Karl Thorwart „Der Krupp-Prozess“ 28.11.1950, in: HAK, FAH 29, Nr. 65. Thorwart war vor 1933 Mitglied der Nürnberger Sektion des DNVP nahen „Reichsbundes deutschnationaler Anwälte“ gewesen.

690 Zur Bekanntschaft Pelckmanns mit Dix, vgl. Affidavit Rudolf Dix 13.12.1950, in: PAAA, PA Nr. 54873 (Pelckmann). Im Fall 1 hatte Pelckmann Konrad Schäfer verteidigt.

691 Wie ihr Mann gehörte Nath-Schneider nicht der NSDAP an. Beide wurden 1945 in Prien am Chiemsee von der Militärregierung als Anwälte zugelassen. Später verlegten sie ihre Kanzlei nach München. Im Fall 6 verteidigten sie Max Illgner und übernahmen von Lummert auch das Mandat von Hans Kühne.

692 Hierzu ausführlich Françoise Berger/Hervé Joly: „Fall 13“. Das Rastatter Röchling-Verfahren, in: Kim C. Priemel/Alexa Stiller [Hgg.]: NMT. Die Nürnberger Militärtribunale zwischen Geschichte, Gerechtigkeit und Rechtschöpfung, Hamburg 2013, S. 464–490.

693 Schlippenbachs Rolle im Krupp-Prozess ist bislang unklar. Der promovierte Jurist und Journalist und frühere Auslandskorrespondent in Budapest war auf direkte Vermittlung des späteren Mörders von Bundeskanzler Engelbert Dollfuß, Otto

konnte zudem auf bewährte Kollegen aus dem Flick-Prozess vertrauen, so die Syndikusanwälte Wecker, Geißeler und Pohle, der zugleich mit dem Direktor der Krupp-Werke Friedrich von Bülow den zweitwichtigsten Angeklagten verteidigte. Der nach Göttingen zurückgekehrte Herbert Kraus schickte seinen Fakultätsassistenten Hermann Maschke (geb. 1909), der nun anstelle von Kraus für die zentralen Rechtsargumente, insbesondere in Bezug auf den Notstand, zuständig war. [694] Neuzugänge waren der international erfahrene Devisenspezialist und Beamte im Reichswirtschaftsministerium Klaus Hennig (geb. 1909), der nach seiner Anwaltszulassung in Köln mit Ballas nach Nürnberg gekommen war. Wohl vermittelt über Eduard Wahl, der seine Mitarbeit aus Zeitgründen abgelehnt hatte, wurde der frühere Untersturmführer der Waffen-SS Karl Arndt (geb. 1907) nach Nürnberg berufen. Als Zivilrichter arbeitete Kammergerichtsrat Arndt seit 1938 in Berlin und wurde von 1939 bis 1943 als Referent für Zivilrecht in das Staatsministerium in Prag dienstverpflichtet. Nebenberuflich arbeitete Arndt schon seit 1922 als Referent für angloamerikanisches Recht im Kaiser-Wilhelm-Institut für ausländisches und internationales Privatrecht in Berlin. Neben Maschke beriet Kranzbühler zudem der Diplomat Gottfried Hecker (geb. 1906), von 1932 bis 1935 Mitarbeiter am Institut für ausländisches öffentliches Recht und Völkerrecht in Berlin, der wohl auf Anraten seines früheren Doktorvaters Kraus von Kranzbühler für den Flick-Prozess als Berater angefordert worden war.[695] Komplettiert wurde dieses schon mehr als beachtliche Verteidigerteam durch die US-Anwälte Carroll

---

Planetta, der illegalen NSDAP-Ortsgruppe „Lainz-Speising" in Wien 1933 beigetreten. Als die österreichische Kriminalpolizei wegen seiner Aktivitäten für die NSDAP eine Hausdurchsuchung durchführte, flüchtete er nach Deutschland und wurde als Kreisredner und Propagandawart der NSDAP in Preußisch-Holland (Ostpreußen) tätig, vgl. Graf von Schlippenbach an den Leiter des Defense Centers Major Schaefer 12.4.1948, in: NARA, Screening Files p through z, sowie Affidavit Fritz Tichy 16.5.1938 in ebd.

694 Hermann Maschke: Die Schutzbehauptung des Notstandes o.D., in: BAK: NL Kranzbühler, Nr. 219.

695 Kranzbühler: Notiz an die Kollegen 8.5.1947, in: StN, NL Flächsner, Nr. 2; vgl. Milgov-Fragebogen, in: NARA, Screening Files a though j. Arndt war 1933 der Reiter-SS als Unterscharführer beigetreten. 1943 erfolgte die Einziehung als Untersturmführer in die Waffen-SS. Arndt diente in der Division Götz von Berlichingen als Ordonanz eines Übersetzers der Einheit für Englisch. Ob Arndt von den Kriegsverbrechen seiner SS-Einheit an amerikanischen und kanadischen Truppen erfuhr, ist nicht bekannt, vgl. Milgov-Fragebogen, in: NARA, Screening Files a though j. Zu den Kriegsverbrechen dieser SS-Division vgl. Peter Lieb:

und Robinson. „Maverick"-Anwalt Earl J. Carroll (1904–1980) hatte sich einen Ruf als Schrecken der US-Militärjustiz in Europa erworben.[696] Das von Carroll entfachte Medienecho um den (ersten) Skandalprozess wegen der Misshandlung von Gefangenen im Militärgefängnis Lichfield hatte auch Major Joseph S. Robinson nach Europa geführt. Der New Yorker Anwalt Robinson wurde 1942 als Sachbearbeiter in die Military Justice Division des Judge Advocate General's Office in Washington einberufen und diente als Beisitzer des Board of Military Review unter General Douglas MacArthur im Pazifik. Auf persönliche Anfrage des höchsten Militärjuristen der USA, Judge Advocate General Thomas H. Green, wurde Robinson zum Chefankläger im brisanten zweiten Lichfield Trial ernannt, um sogleich auch noch als „Feuerwehrmann" der Anklage im „Hesse Crown Jewels Case", einem Diebstahlprozess gegen hochrangige US-Militärs, aufzutreten.[697] Im Zuge der Lichfield-Prozesse hatten sich Carroll und Robinson, die beide die Gegnerschaft gegen Missstände in der US-Militärjustiz einte, angefreundet. Carrolls Auftreten hatte allerdings die US-Militäradministration derart erbost, dass dessen zeitweilige Rückkehr in die USA erzwungen wurde. Kurz darauf kehrte Carroll für eine genau festgelegte Anzahl von Verteidigungen von US-Soldaten nochmals nach Deutschland zurück.[698]

Offenbar hatte das Medienecho die Industriellen Flick und Krupp auf Carroll aufmerksam gemacht. Schon seit Oktober 1947 stand Carroll in den Diensten Friedrich Flicks, um gegen ein Erfolgshonorar von 500 000 Dollar die Freilassung Flicks vor dem Supreme Court zu betreiben.[699] Auf

---

Konventioneller Krieg oder NS-Weltanschauungskrieg? Kriegsführung und Partisanenbekämpfung in Frankreich 1943/44, München 2007.

696 Vgl. Jack Gieck: Lichfield. The U.S. Army on Trial, Akron 1997.

697 Gieck: Lichfield, S. 230–239. In einem Aufsatz hatte Robinson sich kurz nach Kriegsende auch intensiv mit der Kriegsverbrecherfrage, wenn auch eher mit einer konventionellen Sichtweise, auseinandergesetzt, vgl. Joseph S. Robinson: Punishment of War Criminals, in: The Judge Advocate Journal 2 (1945), No. 3, S. 13–22.

698 William Manchester: Krupp. Zwölf Generationen, München 1968, S. 621 f.

699 US-Medien überschlugen sich geradezu mit Spekulationen über die angeblich astronomischen Summen, die Robinson und Carroll bekommen haben sollen. Zum Honorar von Krupp, vgl. Gieck: Lichfield, S. 246 f., der sich allerdings weitgehend auf Manchester: Krupp, S. 646 f. stützt. Zum Honorar für Flick, vgl. Frei: Flick: S. 431 f. Auch die I.G.-Farben-Verteidigung überlegte Carroll für verfahrensrechtliche Fragen zu engagieren, verfolgte diesen Plan aber offenbar nicht weiter, vgl. Schreiben Büro Siemers (Müller) an Verteidigung Fall 6 6.2.1948

Vorschlag Flicks engagierte nun auch Alfried Krupp Carroll . Der Gerichtshof im Fall 10 wies Carrolls Antrag um Vertretung allerdings ausführlich ab, da sich die temporäre Aufenthaltsgenehmigung eindeutig auf bestimmte Prozesse bezog, zu denen Nürnberg gerade nicht gehörte.[700] Noch am gleichen Tag hielt Carroll eine Pressekonferenz zu seiner Ablehnung durch das Gericht ab und kritisierte in einem offenen Brief an den US-Militärgouverneur Lucius D. Clay die US-Militärjustiz scharf. Kranzbühler fand dank Carroll schnell Ersatz. Robinson, mittlerweile aus der US-Armee entlassen und als Anwalt tätig, übernahm offiziell die Verteidigung, während Carroll weiterhin im Hintergrund agierte. Robinsons Tätigkeit bestand in erster Linie darin, die Verteidigung bei zentralen Eingaben zu unterstützen. Ein direktes Eingreifen war wegen des Abschlusses des Anklagevortrags aus Sicht Carrolls nicht mehr möglich, die eigentliche Entscheidung sollte im Berufungsverfahren in den USA gesucht werden.[701] Daher machte sich Carroll, mittlerweile in San Francisco mit Robinson assoziiert, ans Werk. Ihm gelang es zusätzlich einen jungen, aber schon sehr bekannten Kollegen aus San Francisco zu engagieren. George T. Davis (geb. 1908) war mit gerade einmal 27 Jahren schlagartig berühmt geworden, als er mit Kollegen den bekannten Arbeiterführer Thomas Mooney verteidigt hatte, und hierbei mit einer wegweisenden Supreme Court Entscheidung amerikanische Rechtsgeschichte schrieb.[702] „Statthalter" der Kanzlei wurde in Frankfurt a.M. der deutsche Berufsanfänger Rechtsanwalt Rolf Rüdiger Stroth (geb. 1917).[703] Mit der „Kampfgruppe Carroll" (Otto Kranzbühler) müssen also die nicht zuletzt auf Carrolls Medienpropaganda gegen Clay zurückgehenden Behauptungen, man habe den deutschen Verteidigern bewusst amerikanische Anwälte verweigert, als endgültig widerlegt gelten. Vielmehr ist das Gegenteil der Fall. Im Oktober 1948 hatte Kranzbühler versucht, den legendären New Yorker Anwalt Arthur Garfield Hays (1881–1954) für die Verteidigung einzuspannen. Hays wäre eigentlich prädestiniert für eine Verteidigung in Nürnberg

---

und Schreiben Müller an Rechtsanwalt Drischel 6.1.1948, in: StN, NL Hofmann, Nr. 9, vgl. auch Schreiben Carroll an Kranzbühler 18.1.1948, in: BAK, NL Kranzbühler, Nr. 71.

700 Vgl. TWC, Bd. 15, S. 307 f.

701 Schreiben Carrolls an Kranzbühler 20.2.1948, in: BAK, NL Kranzbühler Nr. 71.

702 Vgl. zu Davis großer Anwaltskarriere Marianne Costaniou: George T. Davis: – Top Death Penalty Lawyer, in: San Francisco Chronicle, 16.2.2006.

703 Frei: Flick, S. 433.

gewesen. Schon während des Ersten Weltkriegs hatte er deutsche Wirtschaftsinteressen in den USA vertreten und in den zwanziger Jahren als Chefjustiziar der American Civil Liberties Union sich den Ruf des wohl bedeutendsten „civil rights"-Anwalt der USA erworben, dessen Verteidigung im Sacco- und Vanzetti-Prozess nur eines von vielen bekannten Mandaten war. 1948 reiste Hays auf Einladung Clays als Vertreter der ACLU durch Deutschland, um die deutsche Bevölkerung dazu anzuregen, selbst Bürgerrechtsvereinigungen zu gründen. Kranzbühler gelang es mit dem Argument, dass die einzige Bedrohung der Bürgerrechte in Deutschland die US-Militärgerichtshöfe seien, Hays für eine Verteidigung zu interessieren. Robinson warnte allerdings Kranzbühler vor der Mandatierung von Hays, da dessen Verpflichtung nur die am Geld interessierten „great shakals" der US-Anwaltschaft auf den Plan rufen würde. Kranzbühler, der zugab, über die Situation der Anwälte in den USA nicht informiert zu sein, folgte daraufhin Robinsons Rat.[704] Für Robinson wie Carroll war der Kampf gegen die aus ihrer Sicht ungerechte Militärjustiz treibende Kraft ihres Engagements: „The so-called system of military justice was a great misnomer. [...] I always thought the law was man's basic instrument of justice. But it was grossly distorted in the army. There it was an instrument to enforce authority. And the army, unfortunately, put people in positions of authority who didn't have the competence to understand what authority really means. As a result, they allowed the circumstances of the moment to obscure the real objectives of justice."[705] Es ging diesen Anwälten mit anderen Worten um die Bewahrung eines Ideals von Gerechtigkeit, das sie durch die amerikanischen Gerichte in Nürnberg bedroht sahen und um dessen Wahrung notfalls gegen das „Establishment" gekämpft werden musste, auch wenn damit Mandanten verteidigt wurden, die noch kurz zuvor Feinde gewesen waren.

Erstaunlich erfolgreich waren auch andere Angeklagte der Krupp-Verteidigung mit der Rekrutierung von anwaltlicher „Prominenz" der Weimarer Republik. Die aus Danzig nach Krefeld geflüchtete Aenne Kurowski-Schmitz hatte auf Bitten ihrer Schwägerin die Assistenzverteidigung des Angeklagten Eduard Houdremont übernommen, während der mittlerweile

---

704 Schreiben Kranzbühlers an Carroll 2.10.1948, in: BAK, NL Kranzbühler, Nr. 71. Nach der Verurteilung in Nürnberg wechselte Flick seine US-Anwälte. Er engagierte den international tätigen Wirtschaftsanwalt George Radin (1895–1981). Offenbar wurde Radin aber bis zu Flicks Freilassung nicht mehr tätig.

705 Gieck: Lichfield, S. 256.

wieder in Berlin zugelassene, bekannte Wirtschaftsstrafverteidiger und aus der ehemaligen Kanzlei von Max Alsberg stammende Kurt Peschke (1886–1952) die Hauptverteidigung führte.[706] Kurowski-Schmitz (1894–1968) war als eine der ersten Frauen überhaupt zum Großen Staatsexamen in Preußen zugelassen worden und eine der ersten weiblichen Anwälte in Danzig.[707] Im „Dritten Reich" war Peschke mehrfach als Wahlverteidiger vor dem Volksgerichtshof und Militärgerichten aufgetreten, u. a. im militärgerichtlichen Verfahren gegen Hans von Dohnanyi.[708] Wahrscheinlich war der Kontakt mit Peschke über den ebenfalls bekannten Anwalt Gerhard Weise (geb. 1887) zustande gekommen, der mit Kurowski-Schmitz aus der Zeit in Danzig bekannt war, und politisch unbelastet 1945 in Berlin seine Kanzlei neu eröffnete. Weise übernahm die Verteidigung des Vorstandsmitglieds Heinrich Lehmann, schied allerdings krankheitsbedingt Ende Januar 1948 aus dem Prozess aus. Die Verteidigung übernahm nun „ad hoc" sein bisheriger Assistent, der frühere Danziger Bekannte Heinz Wolf (geb 1908). Bis zu seiner Versetzung als Staatsanwalt nach Bad Reichenhall, wo er das Kriegsende erlebte, war Wolf als Staatsanwalt am

706 Vgl. Lebenslauf Kurt Peschke 15.5.1946, in: LAB, C-Rep 301, Nr. 1154 (Peschke, Kurt). Schon in der Weimarer Republik hatte Peschke zusammen mit Alsberg verschiedene Arbeiten auf dem Gebiet des Wirtschaftsrechts publiziert und gehörte dem die Strafrechtsreform beratenden Ausschuss des DAV an. Der angeblich „engste Mitarbeiter" Alsbergs ließ allerdings unter fadenscheinigen Gründen seinen Sozius 1933 im Stich und gründete eine eigene Kanzlei. Bald darauf assoziierte er sich mit niemand geringerem als dem nach Berlin übergesiedelten Rüdiger von der Goltz, vgl. Königseder: Berliner Anwälte, S. 271. Schon seit 1933 war er förderndes Mitglied eines Reitersturms der SS, trat aber erst 1940 der NSDAP bei, vgl, Schriftsatz Peschke 1.6.1946, in: LAB, B-Rep 068, Nr. 3681 (Peschke, Kurt).

707 Milgov-Fragebogen Aenne Kurowski-Schmitz, in: NARA, Screening Files, k though o; vgl. auch Biographie bei Marion Röwenkamp: Juristinnen. Lexikon zu Leben und Werk, Baden-Baden 2005, S. 215–217, vgl. auch Röwenkamp: Die ersten deutschen Juristinnen, S. 553. 1955 trat sie in die Dienste des Auswärtigen Amtes.

708 „Liste mit bemerkenswerten Strafverteidigungen seit 1.6.1933", in: LAB, C-Rep 301, Nr. 1154 (Peschke). Tragisch war die Verteidigung des Landwirts Hans von Goetzen durch Peschke vor einem Feldgericht in Berlin, dessen Verfahren wohl als Paradebeispiel für die brutale Justiz der Wehrmacht gelten kann, vgl. Haug von Kuenheim: Leben und Sterben des Hans von Goetzen, in: Die Zeit (15.7.2004).

Sondergericht Danzig in Wirtschaftstrafsachen tätig.[709] 2012 entbrannte eine Kontroverse um die politische Vergangenheit Wolfs, der als Staatsanwalt in Danzig Todesurteile beantragt hatte. Als Konsequenz wurde Juni 2013 dem späteren Landrat die Ehrenbürgerwürde der Stadt Limburg aberkannt.[710] Neuer Assistent im Verteidigerteam für Lehmann wurde der Richter Erwin Haack (geb. 1904), offenbar eine Zufallsbekanntschaft Wolfs aus Reichenhall.[711] Möglicherweise auf das Netzwerk um Peschke/ Weise ist wohl auch die Übernahme der Verteidigung des Angeklagten Karl Eberhardts durch den bekannten Anwalt Kurt Gollnick zurückzuführen, der aber schon im Februar 1948 aus der Verteidigung ausschied und mit Siemers ersetzt wurde. Gollnicks Assistenten waren der Diplomat Gerhart Weiz (geb. 1906) und dessen Verwandter, der Berufssoldat Oberstleutnant Rüdiger Weiz (geb. 1911). [712] Der Angeklagte Ewald Loeser dagegen hatte dem Berliner Anwalt Kurt Behling sein Mandat übertragen, nachdem Loesers Freund, der Berliner Anwalt Hans Rohde, an seinen

---

709 Juni 1939 wurde Wolf zum Staatsanwalt in Limburg ernannt, aber Dezember 1939 erfolgte bereits die Versetzung nach Danzig. August 1944 wurde er aus gesundheitlichen Gründen als Erster Staatsanwalt an die Außenstelle Bad Reichenhall des LG Traunstein versetzt. Wolf, Sohn des DDP-Ortsvorsitzenden in Limburg, will laut eigenen Angaben Leiter der örtlichen Jugendgruppe des Reichsbanners Schwarz-Rot-Gold gewesen sein und seit 1928 der DDP angehört haben. Er und sein Vater seien als Liberale Pressionen durch die lokale NSDAP in Limburg ausgesetzt gewesen und Wolf sei daher nach Danzig „strafversetzt" worden. Zu seiner Karriere vgl. Affidavit Heinz Wolf 6.7.1948 und Urteil der Spruchkammer Bad Reichenhall 26.09.1947, in: NARA, Screening Files p through z.

710 Vgl. hierzu den auf dem Spruchkammerurteil basierenden Vortrag der Historikerin Martina Hartmann-Menz zitiert in Johannes Laubach: Persilschein überdeckte Verflechtung mit dem NS-Staat und ermöglichte eine neue Karriere, in: Nassauische Neue Presse (13.06.2014), vgl. ders.: NS-Vergangenheit: Wird Wolfs Bild abgehängt? Streit um Landrat Heinz Wolf, in: Nassauische Neue Presse (13.06.2014). Wie Hartmann-Menz gelang es auch dem Verfasser trotz intensiver Recherche nicht, die Rosenheimer Spruchkammerakte Wolfs aufzuspüren.

711 Der aus Ostpreußen geflüchtete Amtsgerichtsrat Erwin Haack, der nach nur einjähriger Tätigkeit am AG Bartenstein 1939 zum Kriegsdienst eingezogen wurde, war durch die Kriegsereignisse in Bad Reichenhall „gestrandet". Seit 1933 war er Mitglied von SA und NSDAP. 1954 war er Richter am AG Ibbenbüren.

712 Verteidigerbesprechung 15.11.1947, in: BAK, NL Kranzbühler, Nr. 92. Gerhart Weiz (geb. 1906), 1937 bis 1944 an der Botschaft in Buenos Aires eingesetzt, war möglicherweise ein Bekannter von Hecker, vgl. Milgov-Fragebogen, in: NARA, Screening Files p through z. G. Weiz war 1937 der NSAP beigetreten. R. Weiz war seit 1943 Offizier für Ausbildung und Taktik bei der 2. Panzerdivision. Er wurde nicht NSDAP-Mitglied, da er bereits seit 1931 Berufssoldat war.

Kollegen Behling mit der Bitte um Übernahme herangetreten war.[713] Behling zur Seite stand neben Günther Wendland der aus dem Referendarslager in Jüterbog mit Behling bekannte Rudolf Kühn (geb. 1904), der dank seiner „freudigen Betätigung" für die NSDAP mehrere Referatsstellen im RJM erhalten und als „Sachbearbeiter in besonderem Auftrag" mit dem Verfahren gegen Martin Niemöller betraut worden war.[714] Die „zweit- und drittrangigen" Angeklagten im Krupp-Prozess mussten dagegen mit Pflichtverteidigern aus dem Netzwerk der Nürnberger Juristen vorliebnehmen. So wurde Friedrich Janssen durch Schilf und von der Lippe, Erich Müller durch Link und den Assessor Otto Reitzenstein (geb. 1911), Karl Pfirsch durch Vorwerk, von Braun und Johannes Schmidt und Heinrich Korschan durch Wandschneider und Heinke vertreten. Neu war der Verteidiger von Hans Kupke, der politisch unbelastete, nach Kriegsende wieder zugelassene Nürnberger Anwalt Alfred Behringer (1904–1959) mit den Assistenten Stübinger und Erich Mayer. [715]

---

713 Schreiben Behling an Loeser 6.8.1947, in: BAK, NL Behling, Nr. 54.

714 Obwohl sogar seine Behörde fachliche Bedenken gegen Kühns Berufung hatte, wurde der lokale Amtswalter des BNSDJ und Parteirichter im Kreis Rostock-Stadt als Referent in das RJM versetzt, vgl. Mecklenburgisches Justizministerium an die Vertretung Mecklenburgs im Reich 27.4.1933 und Beurteilung des Generalstaatsanwalts Rostock 20.1.1937, Antrag des Gauführers des BNSDJ 5.10.1934 und Fragebogen zur politischen Einstellung 9.10.1935 und Mitteilung des Vorsitzenden des Kreisgerichts Hans Linke 18.1.1935, in: HStaMü, Mju, Nr. 25517 (Kühn, Rudolf). Als Referent im kirchenpolitischen Referat des RJM bearbeitete Kühn „Heimtücke"-Fälle. Zum „Fall Niemöller" und Kühns Rolle vgl. Schreiben Kühn 18.1.1964, in: HStaMü, Mju, Nr. 25517 (Kühn). Die Tätigkeit im Fall Niemöller war der Spruchkammer Rosenheim vollkommen entgangen, vgl. Urteil der Spruchkammer Rosenheim-Land 17.12.1947 und Urteil der Hauptkammer Rosenheim 3.12.1948, in: StaMü, Spruchkammerakten, Spruchkammer Rosenheim, Spk 3896 (Kühn, Rudolf). Später erfolgte die Versetzung in die Strafrechtspflegeabteilung des RJM, wo Kühn in dem für den Kammergerichtsbezirk Berlin zuständigen Strafrechtsreferat mit der Bestätigung von Todesurteilen und Heimtücke-Fällen beauftragt war.

715 Behringer war seit 1932 Anwalt in Nürnberg. Während des Krieges diente er als Abteilungsadjutant bei mehreren Kraftwagentransportabteilungen, vgl. Personalbogen und Lebenslauf 10.12.1937, in: StN, Rechtsanwaltspersonalakten des OLG Nürnberg und Milgov-Fragebogen, in: NARA Screening Files a though j. Reitzenstein war nach der Großen Staatsprüfung im April 1939 als Probeassessor in die Dienste des Landesarbeitsamtes Nürnberg eingetreten, wurde allerdings bereits im Juli 1939 zum Militärdienst eingezogen, wo er bei Fernaufklärungseinheiten der Luftwaffe und dem Seenotrettungsdienste tätig war, vgl. Milgov-Fragebogen, in: NARA Screening Files p though z.

Geradezu generalstabsmäßig war schließlich die Verteidigung des I.G.-Farben-Vorstandes im Fall 6 aufgebaut. Die Rolle von Kraus übernahm hier Professor Eduard Wahl, der die von Kranzbühler angebotene Mitverteidigung im Krupp-Prozess nach der bereits erfolgten Übernahme im Fall 6 abgelehnt hatte.[716] Eduard Wahl (1903–1985) arbeitete von 1927 bis 1935 als Referent für französisches und belgisches Recht am neugegründeten Kaiser-Wilhelm-Institut für internationales Privatrecht in Berlin.[717] 1935 erhielt er die Ernennung zum außerordentlichen Professor in Göttingen, ehe er 1940 als ordentlicher Professor an die Universität Heidelberg auf den Lehrstuhl für Bürgerliches Recht, Zivilrecht und Wirtschaftsrecht berufen wurde.[718] Besonders eng war Wahls Verhältnis zu Herbert Kraus in Göttingen, was möglicherweise auch der Grund für Wahls späteres Auftreten in Nürnberg war.[719] Politisch hervorgetreten war der überzeugte Christ aber weder in Göttingen noch in Heidelberg. Der radikale Göttinger NS-Professor Karl Siegert kam daher zu dem Ergebnis, dass Wahl „kein Aktivist für den Nationalsozialismus“ sei.[720] Nach dem

---

716 Wahl an alle Verteidiger Fall 6 20.2.1948, in: StN, NL Hoffmann, Nr. 9.

717 Affidavit Eduard Wahl 20.2.1973 und Mitteilung für Bezüge 14.3.1972, in: Universitätsarchiv Heidelberg (UAH), Personalakte 6209 (Wahl, Eduard).

718 Seit 1934 gehörte Wahl der SA-Reserve an, trat aber 1942 aus „Desinteresse“ aus, vgl. Abschrift Schreiben des SA-Sturm 4/110 Heidelberg 5.11.1942, in: GLAK, Abt. 465a, 59 Nr. 1, Nr. 14260 (Wahl, Eduard). 1937 trat er der NSDAP bei.

719 Wahl habe sich mit Kraus bei dessen Zwangsentlassung solidarisch gezeigt und bewusst Kraus Zeitschrift „Niemeyers Zeitschrift für internationales Recht“ „eingehen“ lassen, um eine systemkonforme Übernahme der Zeitschrift zu verhindern, vgl. Anlage zum Fragebogen der Militärregierung 18.3.1947 und Urteil Spruchkammer Heidelberg 6.6.1947, in: GLAK, Abt. 465a, 59 Nr. 1, Nr. 14260 (Wahl).

720 Halfmann: Pflanzstätte, S. 110. Wegen seiner christlichen Überzeugung sei nicht nur er, sondern auch sein Bruder Rudolf Wahl, Diözesankonservator des Bistums Limburg, politisch überwacht worden. Sein Bruder Otto Wahl sei in einer Irrenanstalt getötet worden, Schriftsatz Wahl an die Spruchkammer 18.3.1947, in: GLAK: Abt. 465a, 59 Nr. 1, Nr. 14260 (Wahl). Dass Wahl angeblich von den Männern des 20. Juli 1944 als Badischer Justizminister auserkoren war, erfuhr Wahl erst im Nachhinein, zumal diese Behauptung von einem früheren Schüler Wahls stammte, der diese auch wiederum aus zweiter Hand hatte, vgl. Affidavit von Wahls Schüler Dimiter Majdraganow vom 18.3.1947, in: GLAK: Abt. 465a, 59 Nr. 1, Nr. 14260 (Wahl); Juristische Fakultät der Universität Heidelberg [Hg.]: In Memoriam Eduard Wahl. Gedächtnisfeier der juristischen Fakultät der Universität Heidelberg am 4. Februar 1987, Heidelberg 1988, S. 2; Klageschrift des öf-

20. Juli 1944 wurde Wahl zum Kriegsdienst zu einer Sanitätseinheit eingezogen.[721] Wenn man bedenkt, dass auch Ernst Achenbach ab Jahresmitte 1944 zum Frontdienst eingezogen wurde, kann dies kein Beleg für den in der Nachkriegszeit von Wahl herausgestellten, besonderen Hass des Regimes auf Wahl sein. Wahls christliche und antinationalsozialistische Einstellung wurde durch zahlreiche seiner Schüler bestätigt, auch wenn vieles darauf hindeutet, dass Wahl schlicht ein Mitläufer war.[722] Wahls Doktorand und Privatassistent Julius Fehsenbecker (1921–1970) folgte Wahl als Hilfsverteidiger nach Nürnberg.[723]

Die Beschaffung von Dokumenten unterstand einem mit Billigung des Gerichtshofs gebildeten Verteidigungsstab aus früheren I.G.-Farbenmitarbeitern. Leiter des Stabes war der politisch unbelastete Hugo Schramm (geb. 1892), langjähriger Leiter der Rechtsabteilung der zu den I.G.-Farben gehörenden Bayer-Werke in Leverkusen, dem als Assistent Emil Secherling (geb. 1908), juristischer Mitarbeiter der I.G. Farben in Frankfurt von 1938 bis 1941, diente.[724] Zum Koordinator der Gesamtverteidigung

---

fentlichen Klägers Heideberg 3.6.1947 und Bescheinigung Leon F. Irvin 2.12.1946, in: GLAK: Abt. 465a, 59 Nr. 1, Nr. 14260 (Wahl).

721 Wahl sei kurzzeitig wegen judenfreundlicher Äußerungen verhaftet und dann zum Militärdienst freigestellt worden. Nur durch die Hilfe seines Vorgesetzten sei er zum Sanitätsüberwachungsdienst einer Kompanie in Würzburg versetzt worden und nicht, wie von der Partei gewünscht, an die Front, vgl. Milgov-Fragebogen Wahl, in: GLAK: Abt. 465a, 59 Nr. 1, Nr. 14260 (Wahl). Gegen die bewusste Freigabe an das Militär und zum Frontdienst aus politischen Gründen spricht aber, dass schon seit 1941 die Wehrmacht die Einziehung des ungedienten Wahl gefordert hatte und nur wegen der Zustimmung Wahls, als Dolmetscher zur Verfügung zu stehen, sah man von einer Einberufung ab. Zudem hatte Wahl schon kurz nach seiner Einberufung auf Bitten des Dekans der juristischen Fakultät und noch während der Grundausbildung einen Arbeitsurlaub bekommen, vgl. Schreiben des Rektors der Universität Heidelberg an den kommandierenden General des Wehrkreises XIII 22.12.1944 und 29.12.1944, sowie Schreiben des Rektors 16.2.1945 in: UAH, PA 6209 (Wahl).

722 Vgl. z. B. Affidavit Professor Rudolf Smend 3.2.1947, Affidavit Julius Fehsenbecker 22.11.1946 , alle in: GLAK: Abt. 465a, 59 Nr. 1, Nr. 14260 (Wahl).

723 Zu Fehsenbeckers „Widerstand" vgl. Vermerk 19.8.1946 und Affidavit H.S. Reiss 19.9.1947, in: GLAK: Abt. 465a, 59 Nr. 3, Nr. 10919 (Fehsenbecker, Julius). Tatsächlich hatten aber weder NSRB noch der NS-Dozentenbund Probleme mit Fehsenbeckers politischer Einstellung, vgl. Bewerbung an den Dekan der juristischen Fakultät Krauss 7.10.1944, sowie Schreiben Dekan Krauss an Fehsenbecker 3.11.1944 und 15.11.1944, in: UAH, H-II 371/3 (Fehsenbecker, Julius).

724 Secherling war SA und NSDAP-Mitglied (seit 1937). Von 1941 bis 1945 leistete Secherling Kriegsdienst. Von 1945 bis 1947 war er juristischer Hilfsarbeiter eines

wurde wegen seiner Kenntnisse über die Interna der I.G.-Farben Rolf W. Müller (geb. 1910).[725] Zunächst Fakultätsassistent an der Universität Freiburg gab Müller seine Pläne einer Habilitation auf und arbeitete seit 1937 als juristischer Mitarbeiter bei der zum I.G.-Farben Konzern gehörenden Agfa in der Rechtsabteilung.[726] Nahezu jeder Verteidiger wurde durch einen I.G.-Mitarbeiter oder Konzernjuristen „eingerahmt". Als Verteidigerassistenten fungierten etwa die Ingenieure Alt und Hartmann, die Ökonomin Kroen, Carl Weyer (geb. 1909) aus der Rechtsabteilung der Agfa und Christian Türck (geb. 1907), Jurist der Kontinental Öl AG. Drei Assistenten hatten in der Berliner Zentralverwaltung der I.G.-Farben gearbeitet, so Walther Bachem (geb. 1906), Hans Gierlichs (geb. 1907), ehemals Leiter der Devisen und Finanzabteilung der I.G.-Farben-Zentralverwaltung und seit 1946 Mitarbeiter der Rechtsabteilung in Leverkusen, und Heinz Reintges (geb. 1914), der in der Zentralverwaltung Berlin u. a. für juristische Belange auf dem Gebiet der Erdölindustrie zuständig gewesen war und seit 1945 in der Justizabteilung des I.G.-Farbenwerkes in Krefeld beschäftigt wurde.[727] Zentraler Ansprechpartner der Einzelanwälte wurde der firmennahe Frankfurter Anwalt Helmut Henze (geb. 1906), der als „Berater des Konzerns" allen Verteidigern zur Verfügung stand.[728] Die rechtliche Sichtweise der I.G.-Farben schließlich bearbeitete federführend mit Böttcher der ehemalige Leiter der Berliner Rechtsabteilung der I.G.-Farben Friedrich Silcher (geb. 1906), nach seiner Flucht aus Berlin Leiter der Rechtsabteilung der I.G.-Farben in Leverkusen. Sprecher der Verteidigung wurde der Verteidiger von Carl Krauch, der bekannte Wirtschaftsanwalt Conrad Böttcher (geb. 1890), ein Kenner des deutschen Wirtschaftsrechts, der als Herausgeber der „Wirtschaftlichen Kurzbriefe" auch einen Namen

---

Frankfurter Anwalts und seit 1947 selbstständiger Anwalt in Frankfurt, vgl. Abschrift der Spruchkammerentscheidung 11.3.1947, in: NARA, Screening Files p though z.

725 Schreiben Siemers an das Arbeitsamt Nürnberg 11.7.1947, in: BAK, NL Nagel, Nr. 2 Für das folgende Milgov-Fragebogen Rolf W. Müller und Lebenslauf o.D., in: HStaWi, Abt 520/F (A-2), Nr. 4704 (Müller, Rolf W.). Von 1939 bis 1945 leistete Müller Kriegsdienst.

726 Affidavit I.G. Farben Aktiengesellschaft 6.5.1947, in: Abt 520/F (A-2), Nr. 4704 (Müller, Rolf W.).

727 Zu Gierlichs vgl. Milgov-Fragbogen in: HStaDü, NW 1000, Nr. 17160 (Gierlichs, Hans); vgl. Reintges: Wendezeiten, S. 50–56.

728 Schreiben Luchts an Laternser 9.5.1947, in: BAF, N431, Nr. 959. Henze verteidigte zugleich Hans Kugler und Heinrich Oster.

als Fachpublizist hatte.[729] Nach Nürnberg war Böttcher möglicherweise aufgrund seiner Bekanntschaft mit Silcher gekommen, hatten doch beide 1941 gemeinsam über die Dividendenabgabe-Verordnung publiziert. Böttcher stand Heinrich von Rospatt (1903–1958) als Assistent zur Seite, seit 1932 in der I.G.-Farben Rechtsabteilung in Frankfurt für rechtliche Belange der I.G. Ludwigshafen zuständig. Den Angeklagten Walter Dürrfeld, den für Auschwitz-Monowitz federführend zuständigen Ingenieur, vertrat Alfred Seidl mit dem juristischen Hilfsarbeiter Heinz Trabandt (geb. 1912).[730] Ein Frankfurter Anwaltsnetzwerk etablierte sich um die Angeklagten Wilhelm Mann und Fritz ter Meer. Ursprünglich hätte wohl auf Vermittlung Laternsers der politisch unbelastete und mit Laternser befreundete Rüdesheimer Anwalt Martin Cremer (geb. 1906) das Mandat ter Meers übernehmen sollen, war aber krankheitsbedingt ausgefallen.[731] Das zusätzliche Mandat übernahm nun Manns Anwalt, der seit 1947 in Frankfurt als Anwalt zugelassene frühere Richter am OLG Frankfurt und im „Dritten Reich" wegen seiner jüdischen Ehefrau in die Registratur am AG Frankfurt „degradierte" Erich Berndt (1886–1965). Als Assistenten gewann er die Frankfurter Richter Heinrich Hendus (geb. 1911) und Karl Bornemann (geb. 1906) und den ebenfalls aus Frankfurt stammenden Sachbearbeiter des Reichsversicherungsamtes Berlin Hermann Münzel

729 Vgl. Anlage zum Brief an die Spruchkammer Stuttgart-Degerloch 24.7.1947, in: StLu, El 902/20, Nr. 92556 (Böttcher, Conrad). Neben der Mitgliedschaft in verschiedenen Aufsichtsräten betreute Böttcher zahlreiche bekannte deutsche und ausländische Firmen und Banken mit Sitz in Deutschland, so den Philipps Konzern, den Springer Verlag Berlin, die Kontinentale Öl AG in Berlin, das Restaurant Kempinski & Co in Berlin und General Electric, um nur die prominentesten Namen zu nennen.

730 Trabandt war juristischer Hilfsarbeiter beim Reichstreuhänder der Arbeit für das Wirtschaftsgebiet Mittelelbe und Magdeburg gewesen. Als Flüchtling versuchte er seine finanzielle Not mit einer Hilfstätigkeit in Nürnberg zu lindern, vgl. Schreiben Trabandt an die Spruchkammer Fürth 20.3.1947, 10.6.1947 und 4.3.1947 sowie 9.5.1947, in: StN, Spruchkammerakten, Spruchkammer Fürth, Heinz Trabandt. 1937 trat Trabandt der NSDAP bei, zuvor war er bereits SA-Rottenführer.

731 Milgov-Fragebogen und Urteil der Spruchkammer Frankfurt 20.7.1947, in: NARA, Screening Files a through j. Seit 1939 war Cremer als Verwaltungsbeamter im Kriegsdienst, zunächst bei der 4. Gebirgsjägerdivison, seit 1941 dann bei der Wehrmachtsverwaltung X in Hamburg. Juli 1947 hatte Cremer Laternser gebeten, das Mandat von Weichs an ihn abzutreten, da Cremer von Weichs als Divisionsintendant bei der 4. Gebirgsjägerdivision persönlich kennengelernt hatte und helfen wollte, vgl. Cremer an Laternser 29.7.1947 in: BAF, N431, Nr. 979.

(geb. 1903).[732] Die restlichen Hauptverteidiger lesen sich wie ein „who is who“ der in Nürnberg vertretenen Wirtschaftsanwälte. Ursprünglich hätte Otto Kranzbühler die Verteidigung des Angeklagten Hermann Schmitz übernehmen sollen, vermittelte aber im Oktober 1947 dieses Mandat an Rudolf Dix. Dix‘ Hilfsverteidiger war der frühere Sozius der Kanzlei Dix, der politisch unbelastete Joachim Lingenberg (geb. 1910). Die Vertretung des Angeklagten Christian Schneider gab Rudolf Dix an seinen Bruder und Berliner Sozius Hellmuth Dix (1897–1965) ab, der laut Kurt Behling zwar ein guter Anwalt sei, dem aber die „Brillanz“ von Rudolf Dix fehlte. Hellmuth Dix‘ Assistent war der Rechtsreferendar Rupprecht Storkebaum (geb. 1915).[733] Mit Hans Flächsner, Walter Siemers, Herbert Nath und Horst Pelckmann waren auch wieder einschlägige „Veteranen“ aus dem Flick-Prozess unter den Verteidigern, während Theodor Klefisch nun den Angeklagten Max Brüggemann verteidigte. Wahrscheinlich durch den Kontakt mit seinem Doktorvater Kraus kam der unbelastete frühere Berliner Wirtschaftsanwalt Wolfram von Metzler (geb. 1906), der als Prozessvertreter der Reichsdruckerei und der Haupttreuhandstelle OST gearbeitet

---

732 Hendus war seit 1936 Richter am LG Frankfurt, u. a. am dortigen Sondergericht. Im Verfahren gegen die bekannten jüdischen Frankfurter Unternehmerbrüder Arthur und Carl von Weinberg hätten Hendus und seine Kollegen trotz Drohungen des Reichsjustizministeriums das Verfahren eingestellt, vgl. Affidavit Karl Haefele 28.6.1946 und Schriftsatz Hendus vom 1.7.1946, in: HStaWi, Abt. 520/F(A-2), Hendus, Heinrich.1941 wurde Hendus zum Militärdienst eingezogen und war nach der Gefangenschaft seit Frühjahr 1943 Führer einer antinationalsozialistischen Gruppe im Camp Concordia, vgl. Recommendation von Karl C. Teufel 15.4.1946 und Recommendation von Charles H. Kraus 17.4.1946, in: ebd. Bornemann war Richter u. a. in Wiesbaden, Frankfurt und Darmstadt, vgl. Milgov-Fragebogen, in: NARA, Screening Files a though j. Münzel hatte periphere Verbindungen zum Umfeld des 20. Juli, vgl. Milgov-Fragebogen und Urteil der Spruchkammer Frankfurt 20.7.1947, in: NARA, Screening Files k through o. Münzel ließ sich nach Nürnberg als Anwalt in Frankfurt nieder.

733 Vgl. Lebenslauf 10.6.1950 und Personalbogen, in: HStaDü, BR-PE, Nr. 4144 (Dix, Hellmuth). Angeblich weil massiver Druck auf die Kanzlei ausgeübt worden sei, trat Helmuth Dix 1933 der NSDAP bei. Wie Rudolf Dix gehörte er dem jungkonservativen Lager an: „ Mein Vater war bekannter Sozialdemokrat. Ich habe mich allerdings nach rechts entwickelt. Durch meinen Vater war ich in erster Linie sehr liberal eingestellt.“, Protokoll 29.4.1947, in: StA, Spruchkammer Sonthofen, D66 (H. Dix). 1941 trat Helmuth Dix in den Vorstand der RAK Berlin ein. Der nur der HJ angehörende Storkebaum war wie Dix Experte im schwedischen Recht, worauf vermutlich die gemeinsame Bekanntschaft beruhte, vgl. Milgov-Fragebogen, in: NARA, Screening Files p through z.

hatte, zum Fall 6.[734] Metzler vertrat zusammen mit dem Berner Anwalt Walter Vinassa den gebürtigen Schweizer Paul Häfliger. Vinassa war ein alter Bekannter der Familie Häfliger. Auf Bitten einer Bekannten des Angeklagten Otto Ambros war der politisch unbelastete Freiburger Wirtschaftsanwalt Friedrich Drischel (geb. 1904) zusammen mit dem als Hilfsarbeiter in Drischels Kanzlei untergekommenen Gernot Gather nach Nürnberg gekommen.[735] Über Freiburg hinaus wurde Drischel schlagartig bekannt, als er auf Bitten der Angehörigen die Verteidigung des Mittäters am Attentat auf Matthias Erzberger, Heinrich Tillessen, in Freiburg übernahm und auch in anderen Verfahren, so im Röchling-Prozess, vor dem französischen Militärgerichtshof in Rastatt auftrat.[736] Im Dezember 1947 wurde er aber in Nürnberg von seinem Mandanten entlassen, der Drischel für einen schlechten Anwalt hielt und als Notlösung mit Karl Hoffmann, der auch Erich von der Heyde verteidigte, ersetzt. Ebenfalls nur ein kurzes Gastspiel gab, wie gesehen, Ernst Achenbach, den Otto Kranzbühler schon im Flick-Prozess als Experten für das Vichy-Regierung nach Nürnberg gebeten hatte. Wohl auf Vermittlung Achenbachs war der Leiter der Protokollabteilung der Botschaft Paris, Diplomat Leopold Krafft von Dellmensingen (1908–1994), als Hilfsverteidiger im Fall 6 untergekommen.[737]

Ein Sonderfall war der Verteidiger des Leiters der I.G.-Farben in Ludwigshafen Carl Wurster, der Justizrat Friedrich Wilhelm Wagner (1894–1971). Wurster galt als arbeitnehmerfreundlich, so dass es sogar nach der Verhaftung Wursters zu Streiks in Ludwigshafen kam. Insofern gab es für einen erfolgreichen SPD-Anwalt prinzipiell keine „ideologischen" Gründe, Wurster nicht zu verteidigen, zumal Wagner bei der Wiedereröffnung

---

734 Bericht des OLG-Präsidenten Berlin 15.8.1938 in: LAB, C-Rep 301, Nr. 2763 (Metzler, Wolfram von).

735 Vgl. Meldebogen, in: StAF, D180/2, Nr. Z227 (Drischel, Friedrich) und Schreiben Erika Klavehn-Berndts an Drischel 17.2.1947, in: StAF, T1 Nachlass Friedrich Drischel, Nr. 54.

736 Vgl. Cord Gebhardt: Der Fall des Erzberger-Mörders Heinrich Tillessen. Ein Beitrag zur Justizgeschichte nach 1945, Tübingen 1995. Zu Grimm vgl. die Spruchkammerunterlagen in BAK, N1120, Nr. 70.

737 Kranzbühler: Notiz an die Kollegen 8.5.1947, in: StN, NL Flächsner, Nr. 2. Dellmensingen hatte bei der Entnazifizierung Unterstützung von Achenbach bekommen, vgl. Urteil der Spruchkammer Weilheim OBB 8.5.1947, in: NARA, Screening Files a though z und zur Biographie Hürter [Hg.]: Biographisches Handbuch, S. 620–622. Karl Hoffmann hatte im Fall 1 Adolf Pokorny, im Fall 4 Karl Sommer (als Ablösung von Belzer) und Rudolf Scheide, sowie Gustav Nosske (Fall 9) und zwei Mandate im Fall 6 vertreten.

seiner Kanzlei 1947 nahezu mittellos war. Wagner erwies sich als großer Vorteil für die Verteidigung: „Dass ein solcher Mann sich in Nürnberg vor Dr. Wurster stellte, war außerordentlich viel wert. In der Sache lag die Hauptlast der Verteidigung mehr und mehr bei mir, weil Herr Wagner politisch in der SPD sehr gefragt war. [...] So konnte er nicht allzu oft in Nürnberg sein."[738] Die „Hauptlast" der Verteidigung hatte somit sein Assistent Wolfgang Heintzeler (geb. 1908). Heintzeler war im RJM federführend mit der Ausarbeitung des Reichsjagdgesetzes betraut gewesen und wurde Juni 1934 zum persönlichen Adjutanten von Staatssekretär Schlegelberger ernannt. 1936 wechselte er als Syndikus zur I.G.-Farben in Ludwigshafen. [739] Nach der Rückkehr aus der Kriegsgefangenschaft trat er erneut im November 1945 in die Dienste der I.G. Farben in Ludwigshafen und stieg zum leitenden Juristen dort auf.

2.6 Das deutsche Militär und seine Generäle

Die ranghöchsten Militärs unter den Angeklagten im Nürnberger Hauptprozess waren Wilhelm Keitel, Chef des Oberkommandos der Wehrmacht bis 1945, und Alfred Jodl, Leiter des Wehrmachtsführungsstabes beim Oberkommando der Wehrmacht. Als Keitel von Neave gefragt wurde, durch wen er verteidigt werden wollte, gab dieser zu, kein Wissen zu möglichen Anwälten zu haben. Er überlegte zwar kurz, den Chefjustiziar des OKW, Rudolf Lehmann, zu nominieren, verwarf diesen Gedanken aber wieder und wählte dann Walter Siemers aus der vorgelegten Anwaltsliste. Weil Siemers aber wegen des Mandats Raeder nicht mehr zur Verfügung stand, nahm nun Keitel den entfernt mit den Keitels verwandten Otto Nelte (1887–1957), einen hervorragenden Kölner Wirtschafts- und Steueranwalt, als seinen Verteidiger. Nelte hatte allerdings Keitel bisher nicht per-

738 Heintzeler: Jahrhundert, S. 117. Als Vertreter der SPD schrieb Wagner im Parlamentarischen Rat deutsche Rechtsgeschichte, als er die Abschaffung der Todesstrafe im Grundgesetz bewirkte. Von 1949 war Wagner im Bundestag „feurigster Redner" (Carlo Schmid) der SPD-Bundestagsfraktion, ehe seine Karriere mit der Ernennung zum Bundesverfassungsrichter 1961 gekrönt wurde, Zu Wagner vgl. neben der Studie von Marquet auch Günter Braun: Friedrich Wilhelm Wagner (1874–1971). Vom Hemshofjungen zum Verfassungsrichter, in: Manfred Geis [Hg.]: Die pfälzische Sozialdemokratie. Beiträge zu ihrer Geschichte von den Anfängen bis 1948/49, Ebenkoben 1999, S. 654–670.

739 Heintzeler: Jahrhundert, S. 57–62 und 70–74.

sönlich gekannt.[740] Als Mitglied der „vaterländischen" Freimaurerloge Minerva Rhenania und kriegsfreiwilliger Leutnant bei einer Armeekraftfahrkompanie im Ersten Weltkrieg deutschnational geprägt hatte Nelte wenig Kriegsdienst gesehen, da er wegen eines Knochendefekts 1915 von der Ostfront zu seiner Kölner Stammeinheit als Adjutant zurückversetzt worden war.[741] Alfred Jodl wollte zunächst von dem ihm persönlich bekannten Rechtshistoriker Heinrich Mitteis (1889–1952) verteidigt werden und machte klar, dass er nur jemanden mit „ähnlicher Haltung" als Verteidiger akzeptiere, also insbesondere keine Kommunisten oder Pazifisten. Weil aber über Mitteis' Schicksal in der russischen Besatzungszone nichts in Erfahrung zu bringen war, fragte Luise Jodl den Vorsitzenden des Roten Kreuzes in Nürnberg um Rat, der dann seinen früheren Münchner Lehrer Franz Exner vorschlug, der, wie sich später herausstellte, ein Wiener Bekannter der Familie Jodl war.[742] Franz Exner (1881–1947) stammte aus einer bekannten Wiener Rechtsgelehrtenfamilie und stieg zu einem der führenden Kriminologen Deutschlands in den zwanziger Jahren auf. Laut eigenen Angaben schon vor 1933 politisch nicht aktiv entzog sich Exner der formellen NSDAP-Mitgliedschaft und leistete mit der nominellen Mitgliedschaft in NSV und NSRB nur einen Minimalkonsens an das Regime.[743] Exners Rolle als Kriminologie im Nationalsozialismus ist dennoch bis heute hochumstritten.[744] Die Gründe für Exners Auftreten in

740 Vgl. Personalbogen in: HStaDü, BR-PE, Nr. 17114 (Nelte, Otto). Ich danke Herrn Jens Brüggemann für diesen Hinweis, der Einblick in den noch vorhandenen Splitternachlass Neltes nehmen konnte.

741 Schreiben Neltes an den OLG-Präsidenten Köln 18.1.1915, in: HStaDü, BR-PE, Nr. 17114 (Nelte). 1935 war Nelte wegen seiner Logenzugehörigkeit aus der NSDAP ausgeschlossen worden, aber 1937 wieder aufgenommen worden. Noch 1944 versuchte sich Nelte in einem Schreiben an den OLG-Präsidenten von Köln als „patriotischer" Mensch darzustellen, vgl. Schreiben Neltes 17.3.1944, in: ebd.

742 Jodl: Ende, S. 183 f.

743 Abdruck des Fragebogen Exners in Andrea Sebald: Der Kriminalbiologe Franz Exner (1881–1947). Gradwanderung eines Wissenschaftlers durch die Zeit des Nationalsozialismus, Frankfurt a.M. 2008, S. 81 f. Siehe hierzu auch Walter Fuchs: Franz Exner (1881–1947) und das Gemeinfremdengesetz. Zum Barbarisierungspotenzial moderner Kriminalwissenschaft, Münster 2008, S. 73; Vgl. auch Personalbogen o.D. in: Universitätsarchiv München (UAM)E-II Nr. 1267 (Franz Exner) und Ina Pfennig: Kriminalbiologie im Nationalsozialismus – Das Beispiel Franz Exner, in: Hermann Nehlsen [Hg.]: Münchner rechtshistorische Studien zum Nationalsozialismus, Frankfurt a.M. 1996, S. 231 f.

744 Diese Diskussion kann im Rahmen dieser Arbeit nicht weiter verfolgt werden. Pfennig kommt zu einem eher abwägenden Urteil, während Sebald zu einer nega-

Nürnberg, dessen Kenntnisse im Völkerrecht sich auf das Abhalten von Überblicksvorlesungen in München beschränkt hatten, bleiben rätselhaft. Bereits seit April 1944 konnte Exner seinen Verpflichtungen an der Universität aufgrund einer schweren Krebserkrankung nicht mehr vollständig nachkommen und erlag dieser Krankheit knapp ein Jahr nach Ende des IMT. Exner betonte auch immer wieder gegenüber Luise Jodl, dass er als Hochschullehrer über faktisch keine praktische Erfahrung vor Gericht verfüge.[745] Obwohl damit Exner gute Gründe gehabt hätte, die Verteidigung abzulehnen, ging sein Auftreten vor dem IMT über das übliche Maß dessen hinaus, was man eigentlich von einem Verteidiger erwarten konnte. Exner kämpfte für seine Mandanten aufopfernd und gab sogar die im Dezember 1945 vom IMT übertragene Pflichtverteidigung von OKW/Generalstab schon einen Monat später wieder ab, um seine ganze Konzentration auf den Fall Jodl richten zu können.[746] Sein sich „sklavisch" (Telford Taylor) an die Aussagen Jodl haltendes, ja sich mit dem Angeklagten identifizierendes Plädoyer wurde nicht nur von der Anklage, sondern auch von Verteidigerkollegen scharf kritisiert. Exner habe sogar für Verteidiger von

---

tiven Einschätzung Exners tendiert, vgl. Sebald: Exner, S. 325. Wetzel beurteilt Exners und Mezgers Rolle trotz der antisemitischen Ausfälle relativ positiv, vgl. Richard Wetzel: Inventing the Criminal. A History of German Criminology, Chapel Hill u. a. 2000, S. 209–219. Auf den mittlerweile wiederentdeckten Nachlass verweist dagegen Doris Lorenz, die hierauf gestützt zu einer positiven Wertung Exners kommt, vgl. Sebastian Scheerer/ Doris Lorenz: Zum 125. Geburtstag von Franz Exner (1881–1947), in: Monatsschrift für Kriminologie und Strafrechtsreform 89 (2006), S. 436–454. Der Tendenz Scheerers und Lorenz folgend auch Walter Fuchs: Franz Exner, S. 72. Konnten in den fünfziger Jahren Exner und Edmund Mezger noch als Glanzlichter eines „sauber" gebliebenen Teils der Kriminologie im „Dritten Reich" postuliert werden, hat sich dieses Bild in der Forschung mittlerweile gewandelt. Exner und Mezger hatten der Akademie für Deutsches Recht angehört und am Gesetzesentwurf des allerdings niemals in Kraft getretenen „Gesetzes über Gemeinschaftsfremde" mitgewirkt, vgl. das von Mezger und Exner erstellte Gutachten zum Gesetzesentwurf über die Behandlung der Gemeinschaftsfremden in: Francisco Munoz Conde: Mezger, S. 58–92. Exners Hauptwerk „Kriminalbiologie" gilt zwar allgemein als zurückhaltender als manch andere zeitgenössische Darstellungen zum „Gewohnheitsverbrechertum". Dennoch ging auch Exner davon aus, dass gerade die Juden ein Beispiel dafür seien, wie die Kriminalität eines Volkes von seinen Anlagen abhänge. „Asoziale" verdammte er als den „höchst unerwünschten Teil der Gesellschaft", der nur ein „nutzloses Leben" führen würde, vgl. Pfennig: Kriminalbiologie, S. 241 und 248.

745 Jodl: Ende, S. 186.

746 Von der Lippe: Tagebuch, S. 81.

der Lippe „hitlerische" Thesen vertreten.[747] Dass Exner die Übernahme der Verteidigung als „Pflicht" eines Juristen verstand, ist belegt.[748] Akademische Neugier dürfte ebenso mitgespielt haben als auch die persönliche Bekanntschaft der Familien.[749] Nicht auszuschließen ist auch, dass Exner sich aufgrund seiner eigenen Militärkarriere mit Jodl besonders verbunden fühlte.[750] Von Beginn des Ersten Weltkriegs bis 1916 hatte Exner als Oberleutnant des Landsturms bei einem Feldartillerieregiment an der Italienfront u. a. an der Durchhalteschlacht bei Rovereto teilgenommen. Im Zweiten Weltkrieg musste die Familie Exner mit dem Kriegstod des einzigen Sohnes ein schweres Opfer hinnehmen.[751] Vielleicht waren es diese Erinnerungen an den Ersten Weltkrieg und, angesichts des Schicksalsschlages, das Bedürfnis, zumindest Leben und Ehre eines „aufrichtigen" Soldaten retten zu können, was Exner zu seiner ungewöhnlichen Verteidigung antrieb. Nach Nürnberg gebracht hatte Hermann Jahrreiß (1894–1992) seine alte Bekanntschaft mit Franz Exner aus Leipzig, da Exner Jahrreiß als Bearbeiter für die völkerrechtlichen Fragen wünschte. [752] 1923 war Exner Mitberichterstatter bei Jahrreiß' Habilitation gewesen. 1937 erhielt Jahrreiß einen Ruf nach Köln.[753] Zwar war Jahrreiß wegen seiner Ablehnung der kulturpolitischen Maßnahmen des Regimes der NSDAP nicht beigetreten.[754] Gerade seine zahlreichen Artikel in der Kölner Lokalpresse zeigen aber einen fast schon fanatischen Hass auf Eng-

---

747 Taylor: Nürnberger Prozesse, S. 562 und von der Lippe: Tagebuch, S. 389 f.

748 So unter Berufung auf die Enkelin Exners: Sebald: Exner, S. 85.

749 Schreiben 29.11.1945, in: IfZ, ED 115 (Nachlass Alfred Jodl), Nr. 11.

750 Smith: Justice, S. 231. Sebalds Überlegungen für die Gründe der Übernahme der Verteidigungen gehen leider über Vermutungen ebenfalls nicht hinaus, so Sebald: Exner, S. 273–275.

751 Vgl. Schreiben Exners an das Dekanat der Universität München vom 22.3.1933 und 3.5.1937 sowie Mitteilung 2.10.1941, in: UAM E-II 1267 (Exner).

752 Allgemein zu Jahrreiß vgl. Klaus Stern: Hermann Jahrreiß. Persönlichkeit und Werk, in: Archiv des öffentlichen Rechts 119 (1994), S. 137–155.

753 Stolleis: Geschichte, Band 3, S. 284. Zur Universität zu Köln im Nationalsozialismus allgemeinen vgl. Frank Golczewski: Kölner Universitätslehrer und der Nationalsozialismus. Personengeschichtliche Ansätze. Köln 1998. Dieser bezeichnete Jahrreiß' Tätigkeit in Köln als Zuflucht eines „politisch nicht ganz Genehme[n] (Ebd. S. 440).

754 Milgov-Fragebogen Jahrreiß in: UAK Zugang 571, Nr. 239 (Jahrreiß). Jahrreiß' Antrittsvorlesung „Völkerrecht und Völkerfriede" von 1937, die später oftmals als Beleg für Jahrreiß' Gegnerschaft zur NS-Außenpolitik und seinen Friedenswillen gedeutet wurde, sah die zeitgenössische Presse als eindeutige Zustimmung zu Hitlers neuer bilateraler Außenpolitik, vgl. Abschrift eines Artikels in „Neuer

land und seinen überzeichneten Nationalismus.[755] Nach dem Münchner Abkommen wetterte Jahrreiß gegen die „Mär vom tschechischen Volk als Opfer", schließlich sei das Abkommen die Korrektur der Rechtsbrüche von 1919.[756] Noch lange vor Kriegsbeginn 1939 glaubte Jahrreiß an einen englischen Einkreisungsplan gegen Deutschland und wollte „Klarheit im schmerzend scharfen Licht von Versailles" schaffen.[757] Kurz nach Kriegsbeginn behauptete er, dass „Deutschland und Europa" nunmehr: „Großdeutschland in Klein-Europa" heißen müsse.[758] Nur der „große europäische Rebell Deutschland" sei mit Kriegsausbruch noch bereit, für Europa zu kämpfen, an dessen Ausbruch England schuld sei.[759] Als Mitglied des Ausschusses für Völkerrecht der Akademie für Deutsches Recht wurde Jahrreiß zum „Obmann der Fachgruppe Völkerrecht" im „Kriegseinsatz der deutschen Geisteswissenschaft" („Aktion Ritterbusch") ernannt.[760] Reue zeigte Jahrreiß nach Kriegsende nicht: „Ich stehe zu meinem Volk,

---

Tag" 164 (18.6.1937) und „Völkerrecht und Völkerfriede" in: Kölner Stadtanzeiger 303 (19.6.1937). beide in: UAK, Zugang 571, Nr. 239 (Jahrreiß).

755 Für eine Übersicht vgl. Publikationsliste o.D., in: UAK, Zugang 571, Nr. 239 (Jahrreiß).

756 Die englische Forderung nach deutschen Zugeständnissen in Kölner Zeitung 442 (2.9.1938), Der Friede von München. Ein Nachvertrag als Vorwand, in Kölner Zeitung (9.10.1938), in: UAK, Zugang 571, Nr. 239 (Jahrreiß).

757 Sicherheit! Zum englischen Einkreisungsplan, in: Kölner Zeitung 184 (12.5.1939) und 189 (15.4.1939) Klarheit im schmerzend scharfen Licht von Versilles in: Kölner Zeitung 318 (27.7.1939) und 319 (28.7.1939), in: UAK, Zugang 571, Nr. 239 (Jahrreiß).

758 Hermann Jahrreiß: Deutschland und Europa, Köln 1939, S. 63.

759 Hermann Jahrreiß: Chamberlains Friedensplan und der englische Weltordnungsanspruch Köln 1940. Diese publizierte Rede hatte Jahrreiß als Festrede an der Universität Köln anlässlich des „Tages der nationalen Erhebung" gehalten.

760 Frank-Rutger Hausmann: Deutsche Geisteswissenschaft im Zweiten Weltkrieg. Die „Aktion Ritterbusch" (1940–1945), Dresden 1998, S. 70–74. Die von Jahrreiß geleitete Völkerrechtsabteilung der „Aktion Ritterbusch" publizierte fünf Bände, allesamt von nationalsozialistischen Hochschullehrern, so z. B. das berüchtigte „rechtshistorische" Werk „Das Reich der spanischen Großmachtzeit" von Theodor Maunz, das zu belegen suchte, dass der Untergang des Spanischen Großreiches auf die „rassische Vermischung" in seinen Kolonien zurückgehe, vgl. Hausmann: Deutsche Geisteswissenschaft, S. 253–258. Jahrreiß war gern gesehener Gast auf Schulungskursen der Wehrmacht und des NSRB und beeindruckte bei einem Vortrag in Den Haag Reichskommissar Arthur Seys-Inquart so sehr, dass dieser Jahrreiß zu einem Privatbesuch einlud und mit ihm die geplante Herausgabe einer „Westland" benannten Schriftenreihe besprach, vgl. Gutachten der NSDAP-Gauleitung Köln-Aachen 28.10.1943 in: UAK, Zugang 571, Nr. 239

bin national gesonnen, aber ich bin nicht nationalsozialistisch, hasse kein anderes Volk und hätte es noch so schwere Konflikte mit meinem. [...] Nur weil ich nicht nationalsozialistisch denke, konnte ich nach Nürnberg gehen, wo mich Situationen erwarten mussten, die für einen Deutschen nicht leicht erträglich waren. Ich bin gegangen, weil ich national denke: in einem Augenblick, in dem mein Volk mehr und mehr in Apathie, der Lethargie, dem Nihilismus anheimfiel, durfte ich nicht versagen, dort anzusprechen, wo aufgebaut werden sollte.“[761] Franz Exner sprang Jahrreiß bei und attestierte ihm, dass Jahrreiß zwar national denke, aber nicht radikaler sei, als Exner es „bei jedem deutschen Hochschullehrer sehen möchte.“[762] Angesichts der schweren Verbrechen kamen aber auch Jahrreiß Zweifel: „Was ich hier in den letzten zwei Monaten an Enttäuschungen erlebt habe, ist einfach grauenhaft. Ein Glaube ist zerstört. Aber auch die schlimmsten Skeptiker haben längst nicht alles geahnt. Da reicht keine Phantasie.“[763] Weiter betonte Jahrreiß: „Die Anklagen sind so ungeheuerlich, dass wir Deutschen nicht weniger als sonst jemand alles Interesse daran haben, dass die Dinge sorgfältig geprüft werden, wie das nur möglich ist, mag das Ergebnis welches immer sein.“[764] Jahrreiß hätte daher jeden anderen Angeklagten als Jodl abgelehnt.[765] Im Prozess ließ sich Jahrreiß offenbar wie Exner von der Persönlichkeit Jodls einfangen. Er habe zwar Jodl vorher nicht persönlich gekannt, sein Fall sei aber „sachlich und persönlich, fachlich und menschlich geeignet, die entscheidenden politischen, allgemein menschlichen und rechtlichen Fragen dieses Prozesses schmerzhaft – unerbittlich sehen zu lassen.“ Als ehemaliger Richter habe Jahrreiß noch niemals jemanden erlebt, der so über den Dingen im Prozess gestanden habe: „Ich werde immer stolz darauf sein, dass wir einander vertrauend – durch

(Jahrreiß), vgl. auch Reisebericht Jahrreiß 25.11.1942 und Schreiben Jahrreiß an den Magistrat 24.2.1943 und 29.10.1943 in: ebd.

761 Hermann Jahrreiß: Bemerkungen zu meinen Schriften 28.10.1946 in: UAK, Zugang 571, Nr. 239 (Jahrreiß).

762 Franz Exner an Milgov University Education Control Officer 2.11.1946 in: UAK Zugang 571, Nr. 239 (Jahrreiß).

763 Schreiben Jahrreiß an Professor Nipperdey 4.2.1946, in: UAK, Zugang 598 Bd. 2.

764 Brief Jahrreiß an Direktor Kroll 6.11.1945 zitiert nach Lebenslauf im Findbuch zu Zugang 725.

765 Schreiben Jahrreiß an Professor Kroll 23.11.1945, in: UAK Zugang 571, Nr. 239 (Jahrreiß).

das Tor der sachlichen Arbeit – menschlich so zueinander fanden: SO LEBT ALFRED JODL FORT."[766]

Die Verteidigung des Oberkommandos der Wehrmacht und der Führungsspitze des deutschen Militärs lag in der Hand von Hans Laternser, der seinen Nimbus als „Verteidiger der Wehrmacht" in Nürnberg begründete, obwohl er nur zufällig das Mandat der Verteidigung des OKW und des Generalstabs vor dem IMT übertragen bekommen hatte. Nachdem Exner das Mandat abgegeben hatte, war zunächst der bereits eng mit den Militärs zusammenarbeitende Paul Leverkühn (1893–1960) in Aussicht genommen worden.[767] 1930 trat Leverkühn in die berühmte Wirtschaftskanzlei des letzten freien Präsidenten der RAK Berlin, Ernst Wolff (1877–1959), ein. Nachdem sich diese Kanzlei wegen ihrer jüdischen Mitglieder auslösen musste, baute Leverkühn 1936 eine eigene internationale Wirtschaftskanzlei auf und beschäftigte u. a. die späteren Widerstandskämpfer Helmuth James Graf von Moltke, den Leverkühn später für die Abwehr rekrutieren sollte, und Adam von Trott zu Solz.[768] Mit Kriegsbeginn als Referent in die Wirtschaftabteilung des OKW dienstverpflichtet wurde Leverkühn auf Wunsch des damaligen Chefs der Abteilung Landesverteidigung des OKW, Walter Warlimont, als Konsul für militärgeographische Beobachtungen nach Täbris geschickt und erhielt auf Vermittlung Warlimonts im Juli 1941 den Oberbefehl über das Amt Abwehr im Nahen Osten.[769] Angeblich weil er sich Botschafter Franz von Papen für die Vermittlung einer Verständigungspolitik gegenüber der USA zur Verfügung gestellt hatte, sei Leverkühn, wie er im Spruchkammerverfahren Franz von Papens behauptete, 1944 entlassen worden.[770] Belege für eine engere

---

766 Schreiben Jahrreiß an Jodl 13.10.1946 in: UAK, Zugang 725, Nr. 44.

767 Vgl. auch Lebenslauf Leverkühns 22.5.1946, in: BAK, N1146 (Nachlass Paul Leverkühn), Nr. 1. In seiner Heimatstadt begegnete er über seinen Vater auch dem jungen Thomas Mann und soll sogar Namensgeber für A. Leverkühn, der Hauptfigur von Thomas Manns Roman „Doktor Faustus", gewesen sein, vgl. Jähnicke: Lawyer, S. 70. Von 1928 bis 1930 befasste sich Leverkühn mit der Rückgabe deutschen Eigentums in den USA bei der deutschen Eigentums-Kommission an der Botschaft in Washington.

768 Zu Leverkühn und von Trott zu Solz vgl. Benigna von Krusenstjern: „dass es Sinn hat zu sterben – gelebt zu haben". Adam von Trott zu Solz (1909–1944), Göttingen 2009, S. 269.

769 Vgl. auch Jähnicke: Lawyer, S. 78–82.

770 So auch Wolfgang Benz u. a. [Hg.]: Lexikon des deutschen Widerstandes Frankfurt 1994, S. 168. Jähnicke lässt die Frage offen, vgl. Jähnicke: Lawyer, S. 81. Bezeichnenderweise erwähnt Leverkühn in seiner Darstellung zum militärischen

Verbindung zum militärischen Widerstand gibt es nicht, auch wenn Warlimont in einer eidesstattlichen Erklärung behauptete, dass Hitler Leverkühn als eine der unzuverlässigsten Personen um Admiral Wilhelm Canaris bezeichnet habe.[771] Im Oktober und November 1945 arbeitete Leverkühn als Sonderbeauftragter für den OSS-General und „Wallstreetanwalt" William Joseph Donovan, ein früherer enger Geschäftspartner Leverkühns.[772] Im Januar 1946 reichte Leverkühn offiziell seine Initiativbewerbung für die Verteidigung des OKW ein, das Gesuch wurde aber abgelehnt. Anlass für Leverkühns Nichtzulassung war, dass der potenzielle OKW-Verteidiger zusammen mit Donovan und dem Hauptanklagezeugen Erwin Lahousen zu Abend gespeist hatte, womit sich Leverkühn offenbar den Zorn von Robert Jackson zugezogen hatte.[773] Tatsächlich dürfte aber der schon lange schwelende Konflikt zwischen Jackson und Donovan, der sich ständig in die Tätigkeit des Chefanklägers eingemischt hatte, der eigentliche Grund für die Ablehnung des Donovan-Vertrauten gewesen sein. Leverkühn blieb allerdings der Verteidigung eng verbunden. Er verfasste federführend unter Mitarbeit der Generäle Walther von Brauchitsch, Franz Halder, Erich von Manstein, Walter Warlimont und Siegfried Westphal ein Exposé über die Entwicklung des Verhältnisses zwischen militärischer Führung und Hitler.[774] Auch die Mandatierung des als Ersatz Leverkühns vorgesehenen, an den Attentatsplänen des 20. Juli beteiligten Anwalts Fa-

---

Nachrichtendienst diesen Vorfall nur kurz. Von Verfolgung oder gar Widerstand ist darin nicht mehr die Rede, vgl. Paul Leverkühn: Der geheime Nachrichtendienst der Wehrmacht im Kriege, Frankfurt a.M. 1960, S. 174.

771 Affidavit Warlimont o.D. in: BAK, N1146, Nr. 1. Zwar war Leverkühn nach der Flucht des Juristen Bernard Vermehren zu den Alliierten in Istanbul von seinem Posten enthoben und vernommen worden. Er konnte aber alle Vorwürfe entkräften, vgl. Franz Sonderegger an Walter Schmitt 18.9.1948, in: ebd., vgl. auch Jähnicke: Lawyer, S. 82.

772 Was für „Sonderaufträge" Leverkühn hatte, ist bislang nicht klar, auch Jähnicke liefert hierzu keine Informationen.

773 Jähnicke: Lawyer, S. 83.

774 Hébert: Generals, S. 99–101. Zum Memorandum vgl. Siegfried Westphal/Walther von Brauchtisch: Der deutsche Generalstab auf der Anklagebank. Nürnberg 1945–1948, Mainz 1978 und Manfred Messerschmidt: Forward Defense: The „Memorandum of the Generals" for the Nuremberg Court, in: Hannes Heer: War of Extermination. The German Military in World War II, New York u. a. 2000, S. 381–399; Von der Lippe: Tagebuch, S. 121 f.

bian von Schlabrendorff (1907–1980), der ebenfalls eng mit Donovan kooperierte, zerschlug sich wohl aus den gleichen Gründen.[775]

Hans Laternser war über Robert Kempner nach Nürnberg gekommen und sollte zunächst mit Steinbauer gemeinsam Seys-Inquart verteidigen. Steinbauer sollte den Österreich-Komplex bearbeiten, während Laternser den Bereich Niederlande abdecken sollte. Ende November lehnte allerdings der Gerichtshof die Doppelverteidigung ab.[776] Somit nun arbeitslos bestellte ihn der IMT als Pflichtverteidiger, was sich als außergewöhnlicher Glücksfall für das Militär erweisen sollte. Laternser (1908–1969) hatte seit 1934 eine kleine Kanzlei in Wiesbaden betrieben.[777] Im Dezember 1939 meldete sich Laternser, der schon seit März 1939 einen Freiwilligenausweis besaß, für den Kriegsdienst bei der Luftwaffe.[778] Laternsers Militärkarriere verlief steil. Nach der Grundausbildung erhielt Laternser im März 1940 als einfacher Gefreiter einen Unteroffizierslehrgang und wurde für zwei Monate von Mai bis Juli 1940 zum Wachbataillon der Luftwaffe in Berlin versetzt. Schon im Folgemonat nahm er erfolgreich an einem Offiziers-Auswahllehrgang teil und wurde im Oktober 1941 im Rang eines Feldwebels zum Ausbilder und Zugführer der Rekrutenausbildungskompanie bei der Fliegerhorstkompanie Wiesbaden-Erbenhaim ernannt. Seine Vorgesetzten waren begeistert von dem jungen Offizier: „Er ist eine ausgeprägte Persönlichkeit, setzt sich durch, mit Lust und Liebe Soldat."[779] Zum Kriegsdienst an der Front wurde Laternser aber erst im Sommer 1942 versetzt, als er mit der 8. Luftwaffenfelddivision an die Ostfront kam. Dort erlebte Laternser schwere Kämpfe mit seiner vollkommen unzulänglich

775 Von Schlabrendorff hatte versucht, zusammen mit Donovan den Nürnberger Hauptprozess allein auf Göring zu konzentrieren und alle anderen Angeklagten durch deutsche Gerichte aburteilen zu lassen, war aber gescheitert. Noch in der Rückschau übte von Schlabrendorff scharfe Kritik an den Prozessen, vgl. Fabian von Schlabrendorff: Offiziere gegen Hitler, Berlin 1984, S. 179 f. Im Fall 11 wollten die Diplomatenverteidiger ebenfalls Fabian von Schlabrendorff für die Verteidigung Steengrachts gewinnen, zum Leidwesen Beckers hatte sich aber Steengracht für Carl Haensel entschieden, vgl. Schreiben Becker an von Schlabrendorff 22.9.1947, Schreiben von Schlabrendorff an Becker 2.10.1947 und Schreiben von Schlabrendorff an Kordt 1.11.1947, in: PAAA, NL Becker, Bd. 1.

776 Steinbauer/Laternser an den Generalsekretär 20.11.1945, in: BAF, N431, Nr. 506.

777 Dirks: Selekteure, S. 164.

778 Lebenslauf Laternsers 31.7.1941, in: HStaWi, Abt. 520/ W (Betroffene) Nr. 26669 (Laternser).

779 Beurteilung des Luftgaus z.b.V. XII/XIII vom 29.1.1942, in: HStaWi, Abt. 520/W (Betroffene) Nr. 26669 (Laternser).

bewaffneten Division, die mehrfach zerschlagen wurde. Durch einen Granatsplitter am linken Oberarm, rechtem Oberschenkel und am Rücken am 22. August 1943 verwundet, endete Laternsers Frontverwendung, für die er mit dem Schwarzen Verwundetenabzeichen, dem Erdkampfabzeichen und dem Eisernen Kreuz Zweiter (und später Erster) Klasse unter Beförderung zum Oberleutnant ausgezeichnet wurde.[780] 1944 diente er als Adjutant des für die Organisation der Luftverteidigung der Ölfelder von Ploesti zuständigen Luftwaffenoffiziers. Mit Laternser war also durch Zufall ein Soldat „durch und durch" zur zentralen Figur der Militärverteidigung geworden. Er hatte sich als Freiwilliger vom einfachen Soldaten, über die Tätigkeit als „Schleifer" der jungen Rekruten, zum mehrfach ausgezeichneten Frontsoldaten und Offizier an zentraler und verantwortungsvoller Stelle hochgearbeitet. General Theodor Busse, die „graue Eminenz" des OKW- und Manstein-Prozesses, hielt große Stücke auf Laternser. Zwar wolle Laternser immer den Führungsanspruch, aber er habe große Sachkenntnis. Manchmal sei er zu leidenschaftlich, aber er sei ein „zäher und kühner Kämpfer".[781] Alfred Jodl ließ es sich nicht nehmen, Laternser persönlich zu danken: „Es war ein erhebendes Gefühl, am Ende dieser Schlacht noch einmal alle die soldatischen Signale zu hören, die Sie mit Ihren mutigen und treffenden Worten durch den Saal jagten, in dem wir so viele Verleumdungen und heuchlerische Verdrehungen gegen das deutsche Soldatentum gehört haben." Laternsers Verteidigung habe ihren Zweck voll erfüllt, wenigstens in den Augen der Deutschen würden daher die hohen militärischen Führer niemals als Verbrecher erscheinen.[782] Hermann Jahrreiß lobte, dass sich Laternser mit seinen Mandanten identifiziert habe: „Ich halte nichts von Verteidigern, die sich in jeder Phase des Verfahrens von ihren Mandanten distanzieren, nur um der Möglichkeit zu entgehen, bei Menschen ohne Verständnis für solche gerichtlichen Dinge falsch beurteilt zu werden."[783] Von der Lippe kam ebenfalls zu dem Schluss, dass Laternsers Verteidigung vor dem IMT originell und „sehr persönlich" gewesen sei, er allerdings gut daran getan hätte, etwas „ziviler" zu sein. Er

780 Auszug der Kriegsstammrolle vom 16.11.1943, in: HStaWi, Abt. 520/ W (Betroffene) Nr. 26669 (Laternser).

781 Busse an Frießner 1.4.1949, in: IfZ, ED 413 (Nachlass Theodor Busse), Nr. 20.

782 Brief Jodl an Laternser 27.8.1946, in: UAK, Zugang 725, Nr. 556.

783 Hans Laternser: Die andere Seite im Auschwitzprozess 1963/65. Reden eines Verteidigers, Stuttgart 1966, S. 14.

habe dem Begriff Treue und Gehorsam zu viel Raum gewidmet.[784] Luise Jodl bescheinigte Laternser ein furchtloses Eintreten für den Generalstab, es sei aber schwer gewesen, Kontakt zu Laternser zu gewinnen und die „Eleganz des Florettfechtens“ eines Otto Kranzbühlers sei ihm abgegangen.[785]

Laternser selbst war mit der Prozessbearbeitung so beschäftigt, dass er den Besuch der Internierungs- und Kriegsgefangenenlager vollkommen seinen Mitarbeitern überlassen musste. Neben den ehemaligen Verteidigern von Rudolf Heß, Rohrscheidt und Schätzler, besorgte Laternser für seinen als Flüchtling vollkommen mittellos in Traunstein lebenden alten Freund und Marburger Studienkollegen Harald Lucht (geb. 1904), der in Berlin als juristischer Arbeiter in der Fachgruppe für den Großhandel in Textilerzeugnissen im Reichsverband der deutschen Großhändler für Hanferzeugnisse gearbeitet hatte und 1944 als Sachbearbeiter beim Militärbefehlshaber von Paris diente, eine Assistentenstelle.[786] Obwohl schon seit Beginn des Hauptprozesses die Generäle durch Warlimont forderten, dass bedeutende Strafrechtler für die Verteidigung gewonnen werden sollten und der Chefjurist des OKW Lehmann eine sechs Namen umfassende Liste mit Militärrichtern zusammengestellt hatte, sollten erst im Sommer 1946 Militärjuristen in die Verteidigung des OKW eingreifen.[787] Auf Lehmanns Liste war auch der wie Lehmann aus Hessen stammende Luftwaffenrichter Friedrich Frohwein (geb. 1898), der ab Juni 1946 auf Drängen der Angeklagten Laternser unterstützte.[788]

---

784 Von der Lippe: Tagebuch, S. 460 und 463.

785 Jodl: Ende, S. 234.

786 Affidavit Robert Dyckerhoff (Sachbearbeiter beim Militärbefehlshaber Frankreich) 30.10.1946 und Schriftsatz Lucht 2.10.1947, in: StMü, Spruchkammer Traunstein, Spk 2573 (Lucht).

787 Schreiben Warlimonts an Professor Exner 10.1.1946, in: BAF, N431, Nr. 952. Warlimont hatte u. a. als Hauptverteidiger die Professoren „Otto Heckel, Fritz Koehlenreuther, Rudolf Smend“ vorgeschlagen. Gemeint sind offenbar Johannes Heckel (Universität Bonn), Otto Koellreutter (Universität München) und Rudolf Smend (Universität Göttingen). Als Assistenten wollte Warlimont u. a. die dem Widerstand zuzurechnenden Anwälte Josef Müller aus München und Fabian von Schlabrendorff. Hingegen wollte man auf Leverkühn verzichten, da man auf diesen nicht mehr warten wollte.

788 „Für Laternser“ o.D., in: BAF, N431, Nr. 947, vgl. auch Schreiben Laternsers an Generaloberst Lindemann 27.6.1946 und Schreiben Laternsers an Frohwein 27.6.1946, in: BAF, N431, Nr. 943. Zu Frohwein vgl. Protokoll der Sitzung der Spruchkammer I Kassel Stadt vom 5.11.1947, in: HStaWi, Abt. 520/ K-2

Die wichtigste Gestalt im Hintergrund der OKW-Verteidigung bildete aber der als „Gutachter" bzw. „inoffizieller" Mitverteidiger am IMT und den Nachfolgeprozessen beteiligte Erich Schwinge (1903–1994).[789] Als früheres DNVP-Mitglied und als Marburger Strafrechtler hatte sich Schwinge nach der „Machtergreifung" erfreut gezeigt, dass im autoritären Staat der „Zug zur Milde" im Strafrecht ein Ende haben werde. Er hatte sich aber unter Betonung des Prinzips der Rechtssicherheit gegen die sogenannte „Kieler Schule" gewandt, was ihm in der Nachkriegszeit den Nimbus eines Vertreters rechtsstaatlicher Grundsätze im „Dritten Reich" eingebracht hatte. Seit Mitte der dreißiger Jahre wandte sich Schwinge zunehmend dem Militärrecht zu und veröffentlichte gleich mit seinem Erstlingswerk im Militärrecht 1936 den in sechs Auflagen erschienenen, maßgeblichen Kommentar zur Militärjustiz im „Dritten Reich", der die Aufrechterhaltung der Schlagfertigkeit der Truppe als oberstes Schutzgut des Militärstrafrechts bezeichnete. Seit 1941 bis Kriegsende war er selbst Militärrichter. Aus den vorliegenden Akten lässt sich die genaue Tätigkeit Schwinges im Nürnberger Hauptprozess bisher nicht rekonstruieren. [790] Sicher ist aber, dass er neben der Beschaffung von Materialien für das Plädoyer auch Vorschläge für die Generallinie der Verteidigung machte: „Wenn die Behauptung dahin geht, dass der Generalstab eine Gruppe von Kriminellen und Kriegstreibern gewesen sei, so muss meines Erachtens seitens der Verteidigung das Hauptgewicht auf die Tatsache gelegt werden, was der deutsche Generalstab traditionsgemäß seiner Haltung und Einstellung nach war und ist. Gelingt es, nach dieser Richtung hin das Bild zu erschüttern, das die Anklage von ihm entwirft, so ist meines Er-

Nr. 5434 (Frohwein). 1937 hatte Frohwein als Richter am Sondergericht Kassel an 10 Prozessen als Beisitzer teilgenommen, die Spruchkammer konnte allerdings kein „hetzerisches Verhalten" feststellen. 1938 als Richter in die Luftwaffe übergetreten, war er den gesamten Krieg über bei Einheiten in Frankreich eingesetzt.

789 Vgl. Detlef Garbe: „in jedem Einzelfall … bis zur Todesstrafe". Der Militärstrafrechtler Erich Schwinge. Ein deutsches Juristenleben, Hamburg 1989 und Stefan Saar: „Ich trage aber nicht die Verantwortung dafür". Erich Schwinge (1903–1994), in: Ders. [Hg.] Rechts als Erbe und Aufgabe. Heinz Holzhauer zum 21. April 2005, Berlin 2005, S. 332–349.

790 Zu Schwinges Verteidigertätigkeit in Nürnberg, Venedig und Frankreich vgl. Erich Schwinge: Ein Juristenleben im zwanzigsten Jahrhundert, Frankfurt a.M., 1997, S. 119–251. Für die Vorgänge in Nürnberg ist die Darstellung Schwinges allerdings wenig ergiebig.

achtens die entscheidende Arbeit getan und braucht auf Einzelfälle nur nebenbei eingegangen zu werden. Dabei sollten nun aber gewisse Umstände leitmotivartig immer und immer wieder betont werden, vor allem die Arbeit der deutschen Generalität für die Erhaltung des Friedens. Das gibt dann Schlagzeilen für die Presse und ist geeignet, die öffentliche Meinung zu beeinflussen."[791] Es ist daher wahrscheinlich, dass wichtige Teile von Laternsers Abschlussplädoyer auf Schwinge zurückgingen. Angesichts dieser gelungenen Kooperation in Nürnberg beauftragte Laternser Schwinge als Mitverteidiger bei der Verteidigung des Generals Albert Kesselrings in Italien.[792] Obwohl Schwinge nach der Rückkehr aus Italien wieder als Rechtslehrer in Marburg tätig war, setzte sich die Zusammenarbeit mit Laternser auch in den Nachfolgeprozessen fort. Schwinge versorgte Laternser mit den neuesten Reaktionen der internationalen Presse, zeithistorischem Material und völkerrechtlicher Literatur aus der Staatsbibliothek Marburg.[793] Auf Laternsers Vermittlung half Schwinge dann auch noch im Fall 12 als Gutachter für Rudolf Lehmann aus, auch wenn Schwinges Rechtfertigung des Nacht-und-Nebel-Erlasses mehr Pamphlet als Gutachten war und wohl als das erste zentrale Schriftstück von Schwinges bis zu seinem Lebensende geführten Kampfes zur Exkulpierung der deutschen Militärjustiz angesehen werden kann.[794] Wegen des Umfangs der Arbeit bekam Laternser Hilfe durch den Berliner Landgerichtsrat Albrecht Schütze (geb. 1906), ein Freund Laternsers aus der Referendarszeit in Wiesbaden. Im Krieg arbeitete Oberleutnant Schütze im Oberkommando des Heeres als Leiter der Amtsgruppe P2 im OKH, die für die gesamten Offiziersstrafsachen zuständig war. Seit Anfang 1944 bis Kriegsende diente er als Heeresrichter im Stab der 10. Armee in Italien.[795] Als Sachbearbeiter

791 Schreiben Schwinges an Laternser 27.7.1946, in: BAF, N431, Nr. 950.

792 Zur Verteidigung von Kesselring vgl. Kerstin von Lingen: Kesselring, S. 122–170, vgl. auch Schwinge: Juristenleben, S. 145–163.

793 Schwinge sprach daher auch von einem „großen Vorteil" für die Verteidigung, dass er Zugriff auf diese Bibliothek hatte, vgl. Schreiben Schwinge an Laternser 30.7.1947 in: BAF, N431, Nr. 962.

794 Schreiben Laternser an Schwinge 2.3.1948 in: BAF, N431, Nr. 962 und Erich Schwinge: Rechtsgutachten erstattet auf Ersuchen der Verteidigung des Generaloberstabsrichters Dr. Rudolf Lehmann – Verfahren vor dem Militärgerichtshof Nr. in Nürnberg, Marburg 10.6.1948, in: IfZ ED 418 (Nachlass Rupprecht von Keller), Nr. 2.

795 Lebenslauf Schütze 7.5.1949, in: BAK, Bestand All Proz 21 (Prozesse gegen Deutsche im Ausland), Nr. 180.

für internationales Recht arbeitete Schütze in Laternsers Wiesbadener Kanzlei seinem Chef in Nürnberg „inoffiziell" zu und verteidigte dann zusammen mit Laternser und Schwinge u. a. im britischen Prozess gegen Kesselring in Venedig.[796]

Dass Laternser noch während des IMT die Vertretung Kesselrings übernommen hatte, erwies sich im Ärzteprozess als großer Nachteil für die dort angeklagten hochrangigen Wehrmachtsärzte Siegfried Handloser, Chef des Wehrmachtssanitätswesens, dessen direkten Untergebenen Oskar Schröder, Chef des Sanitätswesens der Luftwaffe, Hermann Becker-Freysing, Abteilungsleiter am Luftfahrtmedizinischen Forschungsinstitut der Luftwaffe, und Gerhard Rose, Generalarzt der Luftwaffe. Auch Kranzbühler lehnte mit Hinweis auf seine anderen Mandate, wie auch Anwalt Horn wegen seiner Vertretung Franz Halders, ab. Als Notlösung sprangen Otto Nelte für Handloser und der ebenfalls durch seine Tätigkeit bei Veteranenverbänden einschlägig vorgeprägte Hanns Marx für Schröder und Becker-Freysing ein. Unterstützung erhielt Marx durch den Erlanger Rechtsreferendar Walther Dehner (geb. 1923), der auch bei der Verteidigung seines Vaters Ernst Dehner im Fall 7 assistierte.[797] Rose musste dagegen mit dem Pflichtverteidiger Heinz Fritz, der auch Lothar Fendler (Fall 9) vertrat, vorliebnehmen.

Die Verteidigung der Hauptangeklagten in den Fällen 7 und 12 sowie die federführende Leitung der Verteidigung in beiden Prozessen ergaben sich für Laternser direkt aus seiner Vertretung des OKW. Im Fall 7 mussten sich verschiedene deutsche Generäle des südöstlichen Kriegsschauplatzes wegen Kriegsverbrechen und Verbrechen gegen die Menschlichkeit, insbesondere im „Partisanenkrieg" verantworten. Laternser übernahm die Verteidigung der beiden leitenden Generäle, der Militärbefehlshaber Südost Wilhelm List und Maximilian von Weichs, hatte doch von List Laternser schon während des IMT im Falle einer Anklage für sich verpflichtet. Neu ins Team um Laternser gekommen war der Staatsanwalt am Reichskriegsgericht Hans-Wilhelm Lier (geb. 1902), wahrscheinlich ein früherer Bekannter aus Laternsers Zeit als Referendar in Wiesbaden.[798] Im

---

796 Schreiben Laternser an Behling 9.5.1949, in: BAK, All Proz 21, Nr. 180.

797 Walther Dehner war 1944 der NSDAP beigetreten.

798 1938 trat Lier nach dem Referendariat in Wiesbaden in die Marineverwaltung Kiel ein, aber 1939 erfolgte auf eigenen Wunsch der Übertritt zur Heeresjustiz. Ab Kriegsbeginn war er Stabsrichter bei der 169. Infanteriedivision und der 6. Gebirgsdivision. Seit November 1942 war er als Oberfeldrichter am Wehrmachts-

OKW-Prozess erstellte zudem der frühere leitende Bibliothekar der „Weltkriegsbibliothek“ am Institut für Weltpolitik in Stuttgart, Hans-Günther Seraphim (geb. 1903), als militärischer Berater der Verteidigung für Laternser Übersichten zur Organisation von Wehrmacht und SS und anderen Themen.[799] Frühjahr 1939 wurde er als Bibliothekar bei der Marinehauptbibliothek angestellt, leistete aber seit Oktober 1939 Kriegsdienst. Als Oberleutnant hatte Seraphim mit dem Infanterieregiment 303 am gesamten Russlandfeldzug teilgenommen, war allerdings von Oktober 1942 bis Juli 1943 wegen seiner Russischkenntnisse zum Dulag 127 versetzt worden.[800] Seit Frühjahr 1946 war der Flüchtling an seiner früheren Universität in Göttingen als Hilfsarbeiter in der Universitätsbibliothek untergekommen und wurde wohl über die Vermittlung des Göttinger Historikers Percy Ernst Schramm (1894–1970), der während des Krieges im Oberkommando der Wehrmacht das Kriegstagebuch geführt hatte und als wichtiger Zeuge in Nürnberg auftrat, zu Herbert Kraus zur Erstellung des Index der Nürnberger Prozessdokumente nach Nürnberg berufen (siehe Kapitel 4.1).[801]

Der sogenannte „OKW-Prozess“ (Fall 12), in dessen Zentrum der brutale Krieg der Wehrmacht im Osten stand, war eigentlich falsch bezeichnet, gehörten doch nur drei der vierzehn Angeklagten dem OKW an: Jodls „Vize“ Walter Warlimont, stellvertretender Chef des Wehrmachtsführungsstabes, General Hermann Reinecke, der Chef des Allgemeinen Wehrmachtsamtes für das Kriegsgefangenenwesen, und schließlich General-

gericht Wien eingesetzt, ehe er nach einer Zwischenstation bei der 539. Infanteriedivision in den letzten Kriegsmonaten 1945 nach Torgau versetzt wurde.

799 Falsch ist die Angabe bei Kai Arne Linneman: Das Erbe der Ostforschung. Zur Rolle Göttingens in der Geschichtswissenschaft der Nachkriegszeit, Marburg 2002, S. 147, dass Seraphim Ostforscher und Bruder des antisemitischen Ostforschers Peter-Heinz Seraphim sei. Linneman verwechselt hier offensichtlich Hans-*Günther* Seraphim mit Hans-*Jürgen* Seraphim, Bruder von Peter-Heinz Seraphim und ab 1940 Leiter des Osteuropa-Instituts in Breslau. Hans-Günther Seraphim war aber dessen Cousin, vgl. Eichmüller: Generalamnestie, S. 366. Hans-Günther Seraphim hatte Geschichte, Germanistik und Russisch in Göttingen studiert und war mit einer Arbeit über die Bibliothek Heinrich von Bülows promoviert worden. Zunächst in den Höheren Staatsdienst des Bibliothekswesens übernommen, musste er 1935 angeblich wegen seines „verdächtigen“ Nachnamens trotz Ariernachweises aus dem Staatsdienst ausscheiden. Der NSDAP war Seraphim nicht beigetreten.

800 Mitteilung der WAST an den Verfasser vom 20.2.2012.

801 Vgl. Lebenslauf Seraphims 16.6.1950, in: BAK, B305, Nr. 12.

oberstabsrichter Rudolf Lehmann, der oberste Jurist der Wehrmacht. Aus der Riege der Befehlshaber der Heeresgruppen waren Oberbefehlshaber der Heeresgruppe Nord, Wilhelm Ritter von Leeb, und sein Nachfolger Georg von Küchler, Hans Reinhardt (Heeresgruppe Mitte), Otto Wöhler (Heeresgruppe Süd) und Karl von Roques (Befehlshaber des rückwärtigen Gebiets der Heeresgruppe Süd) angeklagt. Diese Verteidigungen lagen wieder fest in der Hand Laternsers. Er selbst vertrat zusammen mit seinem bewährten Team Generalfeldmarschall von Leeb. Die Verteidigung von Leebs Nachfolger von Küchler übernahm Kurt Behling, der bewusst Angeklagte in allen Prozesstypen verteidigen wollte, so neben dem Industriemandat Loeser auch im Fall 8 Konrad Mayer-Hetling, einen der Väter des „Generalplan Ost". Behling zur Seite stand in allen diesen Verteidigungen sein Korpsbruder aus der Würzburger Verbindung Guestphalia Assessor Günther Wendland (geb. 1911) und der Hamburger Referendar Karl Müller (geb. 1917), ein Bekannter Wendlands, der erst kurz zuvor sein Studium beendet hatte.[802] Als weiterer Assistent im Fall 12 diente der erst im Juni 1947 aus britischer Haft entlassene Paul Hermann (geb. 1898), von Leebs und von Küchlers Erster Generalstabsoffizier bei der Heeresgruppe Nord.[803] Ursprünglich hätte Laternser Warlimont verteidigen sollen, der allerdings wegen seiner anderen Verteidigungen im Fall 12 ablehnen musste. Paul Leverkühn führte nun selbst die Verteidigung seines früheren Förderers.[804] Sein Assistent wurde Anwaltsassessor Hans Richard Giese (geb. 1915) aus Kiel, der seit 1942 als Leutnant in dem dem OKW direkt unterstellten Nachrichtenregiment 601 gedient hatte.[805] Der aus dem Fall 10 ausgeschiedene Gollnick übernahm die Doppelverteidigung von General Hans von Salmuth und des Luftwaffengenerals Hugo Sperrle. Als Assistenten gewann Gollnick zwei frühere Untergebene von Salmuths, dessen Oberquartiermeister beim 15. Armeeoberkommando Walther

802 Milgov-Fragenbogen in: NARA, Screening Files p through z, sowie Schreiben Wendlands an Behling 7.8.1947, in: BAK, NL, Behling Nr. 10. Wendland war 1934 aus dem Stahlhelm in die SA überführt worden. 1937 trat er der NSDAP bei und war zugleich Truppführer im NSKK. Müller war politisch unbelastet, vgl. Milgov-Fragebogen, in: NARA, Screening Files k through o.

803 Milgov-Fragebogen, in: NARA, Screening Files, a though j; vgl. auch Affidavit Paul Hermann 20.6.1950, in: BAK, NL Behling, Nr. 71.

804 Schon im Oktober 1946 war Warlimont vermittelt über Franz von Papen jr. an Laternser herangetreten, vgl. Schreiben von Papen Jr. an Laternser 12.10.1946, in: BAF, N431, Nr. 952.

805 Milgov-Fragebogen, in: NARA, Screening Files a through j.

Knauff (geb. 1903) bzw. Salmuths Ersten Generalstabsoffizier beim 30. Armeekorps Oberst Hans Georg Eismann (geb. 1909).[806] Die juristischen Belange übernahm als Assistent der Berliner Anwalt Otto Möller (geb. 1906), der bei Gollnick die Anwaltsstation im Referendariat absolviert hatte.[807] General Reinecke konnte als Verteidiger den erfahrenen Anwalt Johannes Surholt (1900–1989) gewinnen, der als Sozius der Kanzlei des bekannten nationalsozialistischen Strafverteidigers Fritz Ludwig (geb. 1899) zahlreiche Personen im „Dritten Reich" verteidigt hatte.[808] Seit 1940 war Surholt bei der Wehrkreisverwaltung III (Berlin) und ab Dezember 1941 in der Haushalts- und Besoldungsabteilung des OKH als Oberstabsintendant eingesetzt. Unklar ist, ob Surholt als bekannter Anwalt seine beiden Mandanten, den Verantwortlichen für das Massaker von Babi Jar und seit 1943 Direktor der Kontinentalen Oel AG Otto Rasch und den Chef des Allgemeinen Wehrmachtsamtes Reinecke, bereits aus Berlin kannte oder ob Anwalt Ludwig, der als Zeuge im Fall 3 aufgetreten war, Surholt nach Nürnberg vermittelt hatte. General Hans Reinhardt wurde

---

806 Milgov-Fragebogen, in: NARA, Screening Files k through o.

807 Milgov-Fragebogen Otto Möller in: NARA, Screening Files k through o.

808 Vgl. Lebenslauf Surholt 25.10.1946, in: LAB, C-Rep 301, Nr. 1732 (Surholt, Johannes) sowie Personalbogen 11.5.1939 und Spezialfragenbogen o.D., in: HStaDü, BR-PE, Nr. 18468 (Surholt, Johannes). Als junger Strafverteidiger hatte er im aufsehenerregenden Sklarek-Prozess den wegen Korruption angeklagten Berliner Stadtrat Wilhelm Benecke vertreten. Zum Sklarek-Fall vgl. Bjoern Weigel: Sklarek-Skandal (1929), in: Wolfgang Benz [Hg.]: Handbuch des Antisemitismus. Judenfeindschaft in Geschichte und Gegenwart, Bd. 4, Berlin 2011, S. 381–384. Im Mai 1933 trat er in die Kanzlei Ludwigs ein. Dieser galt zwar als überzeugter Nationalsozialist, vertrat aber auch politische Gegner, so zusammen mit seinem Hamburger Kollegen Erich Wandschneider den inhaftierten Kommunistenführer Ernst Thälmann, vgl. Affidavit Rechtsanwalt Dreßke 5.10.1945, in: ebd. sowie , Königseder: Berliner Anwälte, S. 168–170 und Krach: Jüdische Anwälte, S. 178 f. Als Ludwig aus Protest wegen der Eingriffe in die Verfahren Offizialverteidigungen vor dem Volksgerichtshof niederlegte, übernahm Surholt alle seine Mandate vor dem Volksgerichtshof, vgl. Affidavit Rechtsanwalt Heinz Nicolai 14.2.1947, Affidavit B. Stahlschmidt 15.9.1946, Erklärung der tschechischen Militärmission 3.12.1946, in: LAB, C-Rep 301, Nr. 1732 (Surholt).in: ebd. Mehrfach wagte Surholt den offenen Konflikt mit dem Gericht und der Gestapo und musste deswegen ein (allerdings folgenloses) Parteigerichtsverfahren überstehen, vgl. Affidavit Rechtsanwalt Fritz Ludwig 12.12.1948, in: StN, Spruchkammerakten, Spruchkammer Nürnberg, Johannes Surholt, sowie Schreiben Surholt 9.11.1978, in: HStaDü, BR-PE, Nr. 18468 (Surholt); vgl. auch Königseder: Berliner Anwälte, S. 54.

von Frohwein vertreten, dem als Assistent Generalmajor und Ritterkreuzträger Otto Heidkämper (1901–1969) half, der dem Angeklagten Reinhardt als Generalstabschef der 3. Panzerarmee bzw. von Salmuth als Generalstabschef der Heeresgruppe Mitte gedient hatte.[809] Die Verteidigung General Otto Wöhlers wurde von dem Militärverwaltungsjuristen d.R. Gerhard Rauschenbach übernommen, der schon General von Lists Generalstabschef Hermann Foertsch im Fall 7 vertreten hatte. Von Roques wurde durch Luftwaffenrichter d.R. Eduard Tipp verteidigt, der im Fall 7 Verteidiger von General Ernst von Leyser gewesen war. Tipp zur Seite stand der Luftwaffenoberstabsrichter und Assessor Walter Groß (1912–1993), Sohn eines bekannten Nürnberger Rechtsanwalts.[810]

Zufall war dagegen die Übernahme der Verteidigung von Rudolf Lehmann durch Rupprecht von Keller. Als Reaktion auf Pläne der französischen Regierung, einen Prozess gegen das Reichskriegsgericht zu initiieren, hatten Rudolf Lehmann und sein enger Mitarbeiter Generalrichter Otto Grünewald (geb. 1897) schon seit August 1947 begonnen, die Verteidigung dieses Prozesses zu organisieren. An der nationalsozialistischen Überzeugung des SA-Rottenführers Grünewald gibt es wenig Zweifel.[811] 1938 wechselte Grünewald auf Vorschlag des ebenfalls aus dem hessischen Justizdienst stammenden Chefs der Heeresrechtsabteilung im OKH, Karl Sack, als Referent in die Heeresfeldjustizabteilung, ehe er 1942 unter

809 Milgov-Fragebogen, in: NARA, Screening Files a through j.

810 Personalbogen, in: StN, Rechtsanwaltspersonalakten des OLG Nürnberg, Walter Groß. Groß war seit 1933 Anwärter der SA und SS. 1937 trat er der SA als Vollmitglied bei, wurde aber angeblich nie NSDAP-Mitglied.

811 Grünewald brachten seine hervorragenden Noten 1925 eine Stelle als Personalreferat für Angelegenheiten der mittleren und unteren Beamten im hessischen Justizministerium ein. 1935 erfolgte angeblich wegen „politischer Unzuverlässigkeit" die Versetzung unter Beförderung zum Landgerichtsrat an das Landgericht Berlin. Zur „Widerstandskonstruktion" wegen Repressalien aufgrund seiner „objektiven" Personalpolitik vgl. Berufungsschriftsatz Grünewald vom 17.9.1948 und die zahlreichen Erklärungen von Kollegen, in: HStaWi, Abt. 520/D2, Nr. 518149 (Grünewald, Otto). Der NS-Landtagsabgeordnete und hessische Ministerpräsident des Volksstaats Hessen, Philipp Wilhelm Jung, stellte ein politisches Unbedenklichkeitszeugnis für Grünewald aus, vgl. Schreiben Philipp Wilhelm Jungs vom 1.12.1937, in: HStaWi Abt. 520/D2, Nr. 518149 (Grünewald). Grünewalds Ehefrau zeigte sich mit Hitler und Goebbels beim Tee am Obersalzberg. Angeblich habe das ukrainisches Dienstmädchen der Grünewalds ständig zehn Schritte hinter Adele Grünewald gehen müssen, vgl. Brief von Julius Friedländer vom 6.12.1945 und Schreiben von Julius Friedländer an die Antifa Berlin-Zehlendorf 7.12.1945, in: ebd.

Sacks Protektion zum Leiter der Heeresfeldjustizabteilung ernannt wurde. Grünewald sollte als allgemeiner Berater der Verteidigung vor dem französischen Gericht auftreten, während der Präsident des Reichskriegsgerichts, Max Bastian, durch Freiherr von Lüdinghausen und Lehmann durch Hans Laternser verteidigt werden sollte. Laternser war zwar prinzipiell bereit, wollte aber wegen seiner bereits übernommenen Mandate die Vertretung vorerst nicht übernehmen.[812] Als der französische Prozess nicht zustande kam und Lehmann von den USA in Nürnberg angeklagt wurde, verlagerte man seine Verteidigung nun dorthin. Lehmanns Hauptverteidiger Rupprecht von Keller (1910–2003) hatte Karriere als Diplomat gemacht.[813] 1940 einberufen wurde von Keller 1942 als Adjutant zum Marinebefehlshaber in Oslo, Admiral Hermann Boehm, versetzt. 1944 erfolgte die erneute Berufung in das Auswärtige Amt als Verbindungsmann des Auswärtigen Amtes zur Wehrmacht. Nach Nürnberg war von Keller eher zufällig gekommen. Assistenzverteidiger von der Lippe hatte seinen früheren Kollegen aus dem Auswärtigen Amt um Abgabe einer eidesstaatlichen Erklärung über Boehm für die Verteidigung Raeders gebeten.[814] Kraus erinnerte sich nach Ende des IMT an von Keller und vermittelte ihn im Februar 1947 in den Mitarbeiterstab der Publikation der IMT-Protokolle. Zugleich bot ihm der frühere Verteidiger von Raeder, Walter Siemers, eine Assistenzverteidigung im Fall 6 an.[815] Während der Verteidigung im Fall 6 bat nun Heintzeler von Keller die Verteidigung seines „väterlichen Freundes“ Lehmann, den Heintzeler aus dem RJM kannte, zu übernehmen. Von Keller tat dies nicht zuletzt deswegen, weil er eine richterliche Entscheidung im deutschen Interesse herbeiführen wollte. Recht offen erklärte von Keller in seinen Lebenserinnerungen, nur eine relativ bescheidene Stellung im Verteidigerteam eingenommen zu haben. Der beste Verteidiger sei schließlich Lehmann selbst gewesen.[816] Georg Lilienthal (geb. 1909) als

812 Schreiben Lehmanns an Laternser 10.8.1947, Laternser an Lehmann 14.8.1947 und 5.12.1947, in: BAF, N431, Nr. 222.

813 Rupprecht von Keller: Lebensbericht, Bd. 1, S. 126 f. Seit 1933 gehörte von Keller der Marine-SA an und trat 1940 der NSDAP bei.

814 Von Keller: Lebensbericht, Bd.1, S. 284 und S. 292–294. Februar 1946 aus der Internierung entlassen, plante er zunächst mit Thilenius die Herausgabe eines politischen Jahrbuchs.

815 Von Keller: Lebensbericht, Bd.1, S. 296–300; 317–320. Die ihm von Achenbach angetragene Verteidigung Bohles lehnte von Keller ab.

816 Von Keller: Lebensbericht, Bd.1, S. 310 f., 317–320.

weiterer Hilfsverteidiger war Heeresrichter.[817] Unterstützung erhielt Lehmann auch von einigen Hochschulprofessoren, so von dem seit 1947 an der Universität Freiburg lehrenden Wilhelm Grewe (1911–2004). Der als „Nationalsozialist durch und durch" bekannte und 1933 der NSDAP beigetretene Wilhelm Grewe hatte 1937 eine Stelle am frisch gegründeten Deutschen Institut für Außenpolitische Forschung unter Leitung von SS-Führer Franz Six in Berlin als Referent für Völkerrecht erhalten. Mit dem Angriff auf die Sowjetunion verfocht Grewe die These eines Ausnahmekrieges, der nicht mehr in den überlieferten Kriegs- und Neutralitätskategorien zu verstehen sei, und sprach von der „weltgeschichtlichen Mission", die Deutschland mit dem Krieg gegen die UdSSR, dem „Herd der Zersetzung aller völkerrechtlichen Ordnung", beginne. Anders als viele seiner Kollegen bedauerte Grewe in der Rückschau seine damaligen Thesen, habe ihm doch die Vorstellungskraft für die Verbrechen im Ostkrieg gefehlt.[818] Grewes Unterstützung der Verteidigung für Lehmann ist deswegen interessant, weil Grewe zu den frühesten und schärfsten Kritikern Nürnbergs in der Nachkriegszeit zählte, seine eigene Beteiligung an den Nürnberger Prozessen aber verschwieg. Noch mit 80 Jahren war sein Urteil über Nürnberg unerbittlich, sprach er doch von den „Völkerrechtsamateuren (um nicht zu sagen Dilettanten)", die die Nürnberger Prozesse initiiert hätten.[819] Sein im Herbst 1946 mit dem von den Nationalsozialisten entlassenen Richter und nunmehrigen Abteilungsleiter im Württembergischen Justizministerium und Anwalt Otto Küster (1907–1989) geführtes Streitgespräch über die Nürnberger Prozesse wurde mit Genehmigung der Militärregierung in einer Auflage von immerhin 5000 Stück unter dem Titel „Nürnberg als Rechtsfrage. Eine Diskussion" im November 1947 publiziert und dürfte nicht nur als einer der ersten, sondern auch einer der zentralen Angriffe gegen „Nürnberg" vonseiten der deutschen Völkerrechtler in dieser Zeit angesehen werden.[820] Grewes Gutachten für Leh-

---

817 Lilienthal hatte seit 1937 bei verschiedenen Heereseinheiten als Richter gedient, ehe er in der Heeresjustizfeldabteilung unter Grünewald Leiter des Dienstaufsichtsbezirks Berlin wurde. Lilienthal war Mitglied der SA und Anwärter der NSDAP.

818 Weber: Rechtswissenschaft, S. 365 f.

819 Wilhelm Grewe: Ein Leben mit Staats- und Völkerrecht im 20. Jahrhundert, in: Freiburger Universitätsblätter 31 (1992), S. 35.

820 Wilhelm Grewe/Otto Küster: Nürnberg als Rechtsfrage. Eine Diskussion, Stuttgart 1947. Für eine Interpretation von Grewes Argumente vgl. Jung: Rechtsprobleme, S. 152 f.

mann im Fall 12 war nicht weniger als der Versuch einer völkerrechtlichen Rechtfertigung des Nacht- und Nebel-Erlasses. Wie schon Erich Schwinge flüchtete sich Grewe in eigenwillige Rechtfertigungen, so etwa, dass das durch den Nacht- und Nebel-Erlass ermöglichte „Verschwindenlassen" als Eingriff „geringster Härte" anzusehen sei, wenn mit Geiselerschießungen, Standgerichten weitaus schlimmere Maßnahmen zulässig gewesen wären.[821]

Lag somit die Führungsebene der Wehrmacht weitgehend in der Hand des Teams um Laternser, wurde die „zweite Reihe" der einzelnen Armeeführer und regionalen Befehlshaber zumeist von vor dem IMT aufgetretenen Pflichtverteidigern vertreten. Beispielhaft sei hier Fritz Sauter genannt, der zusammen mit Geitners Sohn Herbert in einer Doppelverteidigung im Fall 7 die Generäle Kurt Ritter von Geitner und Hubert Lanz vertrat. Sauter hatte auf Bitten des mit ihm gut bekannten Münchner Anwalts Alexander Dillmann, Schwiegervater von Herbert Geitner, die Mandate übernommen, da Dillmann aus gesundheitlichen Gründen nicht selbst verteidigen konnte.[822] Oberstleutnant Herbert Geitner (geb. 1911) hatte als Erster Generalstabsoffizier der 718. Infanteriedivision selbst auf dem Balkan gekämpft, während Militärrichter Walter Schmitt (geb. 1905) als Hilfsverteidiger seinen früheren Gerichtsherrn Lanz unterstützte.[823] Der Militärverwaltungsjurist Heinz Müller-Torgow (geb. 1908), der von 1940 bis Kriegsende als Oberstabsintendant in Nürnberg stationiert war, vertrat zusammen mit den Berufskollegen Johannes Dohme (geb. 1911) und Hans-Joachim Jung (geb. 1904) die Armeeführer Blaskowitz, Hoth und Helmuth Felmy.[824]

---

821 Rechtsgutachten über die völkerrechtliche Beurteilung des Nacht- und Nebel-Erlasses o.D. in: IfZ, ED 418, Nr. 2.

822 Schreiben des Rechtsanwalts Alexander Dillmann 12.5.1947, in: StN, NL Sauter, Nr. 10.

823 Im Fall 12 behauptete Herbert Geitner zugunsten seines früheren Kommandeurs General von Salmuth als dessen „intelligence captain" beim 30. Armeekorps, dass von Salmuth erst im Nachhinein von den Einsatzgruppenmorden erfahren habe, vgl. Eidesstaatliche Erklärung von Herbert Geitner 17.5.1950, in: NARA, RG 466, HICOG Prisons Divison, Petitions for Clemency or Parole and Related Records of Persons Convicted by the US Military Tribunals at Nuremberg, Box 38, Folder von Salmuth, Hans.

824 Müller-Torgow war von 1940 bis Kriegsende als Oberstabsintendant in Nürnberg stationiert. Nach Kriegsende wurde Müller-Torgow als Angestellter beim Beauftragten für Lagerversorgung im bayerischen Ernährungsministerium tätig und leitete zugleich ein Zweiglager in Coburg, wurde aber im Juli 1946 wegen seiner

Die Verteidigung der Marine führte dagegen fast vollständig Otto Kranzbühler. Kranzbühler hatte seinen Plan einer Karriere in der Aachener Kommunalverwaltung aufgegeben, angeblich weil ihm das Chaos bei der Ablösung der alten Bürgermeister mit NSDAP-Leuten missfallen habe. Er habe daher seinen alten Seefahrertraum wieder verfolgt und sich bei der Marine beworben. Im Juli 1934 wurde Kranzbühler zum Marinekriegsrichter ernannt und im September 1934 zum Befehlshaber der Aufklärungsstreitkräfte der Marine abkommandiert. Karl Dönitz sei Kranzbühler zum ersten Mal Ende 1936 begegnet. Damals war es zu einem schweren Unfall in Kiel gekommen, als das U-Boot U18 von einem Torpedoboot gerammt worden war und acht Besatzungsmitglieder den Tod fanden. Kranzbühler war zum zuständigen Richter für die Untersuchung ernannt worden und arbeitete mit dem als Befehlshaber der U-Boote auch als Gerichtsherr in diesem Fall zuständigen Dönitz zusammen. Anfänglich sei das Verhältnis gespannt gewesen, da Dönitz Kranzbühler Vorschriften habe machen wollen, denen sich Kranzbühler aber widersetzte. Laut Dönitz habe ihm dieses Verhalten so imponiert, dass er sich 1945 wieder an Kranzbühler erinnerte.[825] Im September 1937 kam Kranzbühler unter Beförderung zum Oberkriegsgerichtsrat als Referent in das Oberkommando der Marine in Berlin und wurde mit der Gestaltung der Kriegsrechtsverordnungen und der Mobilmachung der Kriegsmarine beauftragt.[826] 1941 erfolgte die Ernennung zum Generalreferenten im OKM, womit Kranzbühler faktisch zum Stellvertreter des Leiters der Rechtsabteilung des OKM, Joachim Rudolphi, aufgestiegen war. Am 15. Februar 1944 wurde Kranzbühler nach Frankreich als Marinechefrichter West (Frankreich und Belgien) unter Beförderung zum Flottenrichter versetzt und war kurzzeitig von Januar bis März 1945 auch nebenamtlicher Nationalsozialistischer Führungsoffizier. Im letzen Kriegsmonat erfolgte noch die Ernennung zum

politischen Belastung entlassen, vgl. StN, Spruchkammer Nürnberg, Heinz Müller-Torgow. Müller-Torgow gehörte der SA als Scharführer an. Dohme war Intendanturrat bei der Wehrmachtsverwaltung Nürnberg. Jung war von 1937 bis 1940 bei der Wehrkreisverwaltung Nürnberg als Abteilungsleiter für Unterkunft und Wohnungsfürsorge zuständig.

825 Karl Dönitz: Zehn Jahre und 20 Tage, München 1980, S. 220 f. Auch Kranzbühler bestätigt diese Version in BAK, Ton 1040.

826 Insofern ist die Aussage von Wolmars falsch, Kranzbühler habe nur zivilrechtliche Fragen bearbeitet, vgl. von Wolmar: Verteidiger, S. 4. Zur militärischen Laufbahn vgl. Lebenslauf Kranzbühlers für den deutschen Mienenräumdienst o.D. in: BAK N1583 (Nachlass Otto Stahmer), Nr. 59.

Marinechefrichter Nordsee in Wilhelmshaven, wo Kranzbühler auch das Kriegsende erlebte.[827] Anlässlich Kranzbühlers Abkommandierung nach Frankreich im März 1944 stellte sein Amtschef Rudolphi eine ungewöhnliche Lobeshymne auf Kranzbühler auf: „Mit besonderem Erfolg hat er sich dafür eingesetzt, dass die Mobilmachungsvorbereitungen auf rechtlichem Gebiet klar und rechtzeitig getroffen wurden. Während des Krieges galt seine besondere Aufmerksamkeit den Fragen des Gefolges, der Handelsschifffahrt und ihrer Verstöße gegen die Sonderanweisungen sowie der Strafzumessung und Strafvollstreckung. Seine Vorschläge auf diesen Gebieten führten stets zu praktisch brauchbaren und zuverlässigen Richtlinien für die Tätigkeit der Frontdienststeller. [...] An den Vorarbeiten für das neugefasste Militärstrafgesetzbuch vom 10. Oktober 1940 und für die neue Wehrmachtsdisziplinarstrafordnung vom 6. Juni 1942 war er maßgebend beteiligt. Während meiner Abwesenheit hat er die Rechtsabteilung straff und energisch geführt. [...] Er steht nach Fähigkeiten und Charakterwerten, Erfahrung und Leistungen mit Abstand an der Spitze aller Richter der Kriegsmarine und soll daher später in das Oberkommando zurückkommandiert werden."[828]

Dönitz, seit 1943 Oberbefehlshaber der Marine, verlangte bei Übergabe der Anwaltsliste sofort mehrere Marinejuristen mit Kranzbühler auf dem ersten Platz, weil er keinen Zivilisten für qualifiziert ansah, seine Posi-

827 Im Lübecker Spruchkammerverfahren brachte Kranzbühler zu seiner Entlastung vier eidesstaatliche Erklärungen vor. Die erste stammte von seinem Studienfreund Ulrich Schüller, einem Anwalt in Berlin, der laut eigenen Angaben 1933 aus rassischen Gründen aus dem Justizdienst entfernt worden war und später Kranzbühler im Spruchkammerverfahren gegen Dönitz unterstützen sollte. Der Oldenburger Staatsanwalt Otto Blumenhagen behauptete in seiner Erklärung, dass Kranzbühler im April 1945 ohne Zustimmung seiner Vorgesetzten als Marinechefrichter in Wilhelmshaven den ihm unterstellten Marinerichtern die Anklage und Verurteilung wegen politischer Zersetzung angeklagter Soldaten untersagt hatte. Von seinen Berufskollegen gab Marineoberstabsrichter Felix Reich, der als leitender Richter des Gerichts des Befehlshabers der Sicherungsstreitkräfte West Kranzbühlers direkter Untergebener gewesen war, eine Erklärung ab. Reich charakterisierte Kranzbühler als ein Vorbild für die jüngeren Richter bei der Marinejustiz aufgrund seiner Kameradschaft, Standfestigkeit gegenüber Vorgesetzten und seinem Wissen. Als Richter sei Kranzbühlers Motto gewesen, dass zu erziehen besser sei, als zu strafen, vgl. Affidavit Ullrich Schüller 23.10.46, Affidavit Otto Blumenhagen 16.10.1946, Affidavit Felix Reich 15.12.1946, in: AHL, Nr. 16803 (Kranzbühler, Otto).

828 Beurteilung Rudolphi 1.3.1944, in: BAK, N1583, Nr. 59.

tionen zu verstehen. Nach Auflösung seiner Marineeinheit war Kranzbühler im August 1945 mit Einwilligung der britischen Regierung zum Chef der Rechtsgruppe beim Stabe des Deutschen Marineräumdienstes ernannt worden. Bei der ersten Besprechung mit Dönitz in Nürnberg seien sich beide sofort einig gewesen, dass die eigentliche Aufgabe Kranzbühlers nicht die in den Hintergrund zu stellende Verteidigung der Person von Dönitz sei, sondern stattdessen zu belegen, dass die Kriegsmarine nichts mit dem Unrecht des „Dritten Reiches" zu tun gehabt habe. Deswegen habe man sofort mit Siemers die Absprache getroffen, dass Kranzbühler allgemeine, die Marine betreffende Fragen ganz übernehme. Moralische Bedenken, die Verteidigung zu übernehmen, habe Kranzbühler niemals gehabt, Raeder und Dönitz hielt Kranzbühler für hochanständige Personen.[829]

Kranzbühler war sowohl äußerlich wie auch als Jurist eine bemerkenswerte Erscheinung. Eine Anklägerin im Krupp-Prozess beschrieb Kranzbühler in der Rückschau als „young ladies only daydream".[830] Sämtliche Kommentatoren erhoben ihn zusammen mit Rudolf Dix zum besten Verteidiger des Nürnberger Hauptprozesses.[831] Tatsächlich war Kranzbühler eine hervorragende Wahl von Dönitz. Eine spätere aus „revisionistischen" Kreisen stammende biographische Skizze beschrieb Kranzbühler „als Mann des Rechts, ein mutiger deutscher Patriot, tiefgläubiger Christ, ein alter Offizier vom Scheitel bis zur Sohle, hochgebildet, doch bescheiden und natürlich".[832] Kranzbühler zur Seite stand seit Januar 1946 der juristisch nicht vorgebildete Hans Meckel (geb. 1910).[833] Seit November 1939 arbeitete der U-Boot Kommandant als Funkoffizier im Stab des Befehls-

829 Vgl. BAK, Ton 1040. Einige Admiräle hatten Pläne, den juristisch nicht vorgebildeten Philosophen und Schriftsteller Frank Thiess, der mit seinem Tatsachenroman „Tsushima" über die russische Niederlage gegen die japanische Flotte 1904 eine gewisse Bekanntheit erlangt hatte, zum Verteidiger des „Admiralstabs" zu machen. Thiess zeigte zwar Interesse an der Verteidigung, lehnte allerdings mit Hinweis auf andere Aufgaben ab, vgl. von der Lippe: Tagebuch, S. 97. Zu Thiess' Rolle im „Dritten Reich" vgl. Yvonne Wolf: Frank Thiess. Ein konservativer Revolutionär als Dissident, Tübingen 2003.

830 Tusa/Tusa: Nuremberg, S. 350.

831 Steinbauer: Verteidiger, S. 36–41; von der Lippe: Tagebuch, S. 259 und 395; Neave: Nuremberg, S. 206; vgl. auch Conot: Nuremberg, S. 350.

832 Wolfgang von Wolmar: Als Verteidiger in Nürnberg. Otto Kranzbühler und die Nürnberger Prozesse, Hamburg 1982, S. 2.

833 Meldebogen, in: HStH, B221-11 F(P) 2261 (Meckel, Hans) und Milgov-Fragebogen in: NARA, Screening Files k through o.

habers der U-Boote. Von Juni 1944 bis Kriegsende wurde Meckel zum Abteilungsleiter für Radarsysteme („Funkmessgeräte“) im OKM ernannt. Im Januar 1946 meldete sich Meckel freiwillig zur Verteidigung seines früheren Oberbefehlshabers.

Dönitz‘ Vorgänger als Oberbefehlshaber der Kriegsmarine, Erich Raeder, hatte aus dem britischen Beitrag zur Anwaltsliste den bekannten Hamburger Anwalt Walter Siemers (1902–1990) ausgewählt.[834] Wie sein Vater machte Siemers Karriere als erfolgreicher Wirtschaftsanwalt und vertrat als Nichtparteigenosse jüdische Vermögensinteressen gegen das NS-Regime.[835] Als Syndikus und Abwehrbeauftragter der Electroacustic K.G. in Kiel beriet er einen der größten Kieler Rüstungsbetriebe und zentralen Hersteller elektronischer Geräte der Kriegsmarine und besaß somit enge geschäftliche Verbindungen zur Marine. Raeder kannte Siemers und wählte ihn aus, ohne ihm allerdings zuvor persönlich begegnet zu sein.[836] Siemers Assistent, der Österreicher Viktor von der Lippe (1912–1987), hatte zunächst überlegt, eine Karriere im Bankenwesen einzuschlagen, war dann aber in den diplomatischen Dienst getreten.[837] 1945 hatte von der Lippe eine Stelle in Siemers Kanzlei erhalten.

Im Fall 12 fand sich erneut ein Admiral in Nürnberg angeklagt, der von 1937 bis 1941 als Stabschef der Seekriegsleitung dienende Generaladmiral Otto Schniewind. Wegen seiner Verteidigung im Röchling-Verfahren stand Kranzbühler nicht mehr zur Verfügung, überredete aber Meckel, der in Kraus‘ Editionsprojekt temporär eine Arbeit gefunden hatte, zur Übernah-

---

834 Carl Dreeßen: Die deutsche Flottenrüstung in der Zeit nach dem Vertrag von Versailles bis zum Beginn des Zweiten Weltkrieges und ihre Darstellung und Behandlung im Nürnberger Prozess von 1945/46, Hannover 1999, S. 175 f.

835 Bescheinigung der Reichsvereinigung der Juden in Deutschland 26.5.1945 in: StH B221-11 LAM 1467 (Siemers); vgl. auch Siemers Personalakte in Staatsarchiv Hamburg (StH), A3011 (Siemers, Walter), sowie Milgov-Fragebogen, in: StH, B221-11 LAM 1467 (Siemers, Walter). Laut Luise Jodl verachtete Siemers Hitler, den er als „reinen Verbrecher“ betrachtete, vgl. Jodl: Ende, S. 232 f.

836 Erich Raeder: Mein Leben, Tübingen 1956, S. 306 f.

837 Milgov-Fragebogen in: NARA, Screening Files k though o. und Personal Details of Defense Council 22.3.1946, in: LOC, Papers of Robert H. Jackson, Box 101 (Reel 7). Schon im Studium hatte von der Lippe der Wiener Sektion des Steierischen Heimatschutzbundes, einem völkisch orientierten und mit der österreichischen NSDAP eng verbundenen Heimwehrverband, angehört. Über diesen Verband trat er 1933 bis zum Verbot 1934 dem österreichischen Flügel der NSDAP bzw. 1938 erneut bei. Nach der Tätigkeit bei mehreren Schweizer Konsulaten als Vizekonsul wurde er 1942 zur Luftwaffe eingezogen.

me des Mandats, der einzige Fall in Nürnberg, der durch einen nicht juristisch vorgebildeten Hauptverteidiger vertreten wurde. Für Meckel zählte bei der Übernahme des Mandats wie schon vor dem IMT, dass er einen „sehr verehrten Vorgesetzten" und letztendlich auch seine eigene Sache verteidigen konnte. Die Verantwortung für politische Entscheidungen könne man schließlich Soldaten wie Schniewind nicht aufbürden.[838] Meckel zur Seite hatte Kranzbühler seinen völkerrechtlichen Berater Gottfried Hecker gestellt und wollte selbst als taktischer Ratgeber und für grundsätzliche Fragen zur Verfügung stehen.[839] Faktisch sah sich aber Meckel vollkommen ohne Berater, hatte doch Kranzbühler Hecker zum Röchling-Prozess mitgenommen. Wohl nur so ist zu erklären, wie der schwerbelastete Marinerichter Karl-Heinrich Hagemann (geb. 1908), wahrscheinlich ein Bekannter aus Kranzbühlers Dienstzeit in Frankreich, als Meckels Assistent nach Nürnberg kam.[840] Als völkerrechtlichen Berater konnte Meckel Hans-Ulrich Scupin (1903–1990) gewinnen, den Herbert Kraus als Experten in sein Editionsprojekt geholt hatte.[841] Im April 1941 erhielt der junge Privatdozent Scupin eine außerordentliche Professur für Völkerrecht an der als nationalsozialistische „Grenzlanduniversität" konzipierten Universität Posen. Im April 1943 wurde Scupin zum Wehrdienst einberufen und war bis Kriegsende als Militäroberverwaltungsrat beim Militärkommandanten Bergamo eingesetzt.[842] Die gemeinsame Arbeit für die Dokumentenedition dürfte dann auch der Grund gewesen sein, dass Scupin Meckel bei der Verteidigung im Fall 12 unter die Arme griff.[843]

---

838 Schreiben Meckels an Frau Schniewind 16.12.1947, in: StN, Rep 502A Verteidigerakten, Hans Meckel (NL Meckel), Nr. 1.

839 Schreiben Meckels an Admiral Eberhard Godt o.D., in: StN, NL Meckel, Nr. 1.

840 Nach kurzzeitiger Beschäftigung bei der Gaurechtsberatungsstelle der DAF und der Schleswig-Holsteinischen Landschaft trat Hagemann 1936 in die Marinejustiz über. Von November 1942 bis Kriegsende war er als Oberkriegsgerichtsrat in Frankreich stationiert, vgl. Milgov-Fragebogen, in: NARA, Screening Files a though j.

841 Ditt: Breslau, S. 151 und Weber: Rechtswissenschaft, S. 363. 1940 trat er der NSDAP bei.

842 Vgl. NW 1057 ECON 20, Nr. 3470 (Scupin). Wie Maurach stellte sich Scupin, der auch Kurse im Referendarslager Jüterbog hielt, hinter die These, dass die Sowjetunion nicht zur Völkerrechtsgemeinschaft gehöre.

843 Neben Meckel half Scupin auch der Verteidigung Sandbergers im Fall 9 mit einem Gutachten aus, vgl. Schreiben Bolko von Steins an Professor Maurach 24.12.1947, in: BAK, NL Mintzel 11. Im Fall der wegen Spionage verurteilten „Shanghai-Deutschen" wurde Scupin ebenfalls tätig: Hans-Ulrich Scupin: Gut-

Zusammenfassung Kapitel 2.1–2.6

Bereits bei der Verteidigung der führenden Männer des „Dritten Reiches“ zeigte sich ein deutlicher Unterschied bei den Anwälten. Auf der einen Seite standen hier jene Protagonisten des „Dritten Reiches“, deren Nähe zu Hitler und zur Partei angesehene Anwälte von der Übernahme eines Mandats zurückschrecken ließen. Übernommen wurden diese Mandate zumeist von Pflichtverteidigern ohne Bezug zu ihren Mandanten bzw. besonderer Erfahrung in der Strafverteidigung. Einige Angeklagte bekamen durch Zufall einen guten und engagierten und sich dennoch einer zu großen Identifizierung mit dem Angeklagten entziehenden Anwalt, so etwa Speer mit Hans Flächsner (und andere Mandanten mit Fritz Sauter). Bestimmte Verteidigungen, gerade von Personen, die als Parteifanatiker bekannt waren, waren dagegen vom Konflikt zwischen Mandant und Anwalt geprägt. Ein Sonderfall war Seidls Wahl durch Heß, der offenbar die Radikalität Seidls erkannt hatte und in seine Konfrontationsstrategie einbaute. Auf der anderen Seite stehen jene zumeist bewusst von den Angeklagten ausgewählten Anwälte, die Männer verteidigten, die schon zur Elite der Weimarer Republik zu zählen waren. Ein Konstantin von Neurath hätte sich wahrscheinlich den Anwalt aussuchen können. Neben Rudolf Dix und seiner Verteidigung von Schacht sind hier insbesondere Egon Kubuschok mit seiner Verteidigung von Papens und Schlegelbergers zu nennen, die als „konservative Demokraten“ bzw. überzeugte Zentrums-Anhänger zumindest teilweise die politische Ausrichtung ihrer Mandanten teilten. Ein Sonderfall ist der Österreicher Gustav Steinbauer, der in „besonderer Mission“ für das „erste Opfer“ des Nationalsozialismus in Nürnberg auftrat. Mit den Brüdern Dix, Kubuschok und Sauter gab es auch nur wenige ausgewiesene und erfahrene Strafverteidiger unter diesen Verteidigern.

Ein ganz anderes Bild liefert dagegen die Verteidigung der Großindustriellen in Nürnberg. In diesen Verfahren war mit den Brüdern Dix, Theodor Klefisch und anderen ein letzter Schimmer der großen Strafverteidiger der Weimarer Republik vertreten. Mit Walther Schmitt und Conrad Böttcher finden sich zudem zwei „Schwergewichte“ der deutschen Wirt-

---

achten über die Möglichkeit und die Voraussetzung des sog. Kriegsverbrechen der Kapitulationsbrüche durch Hermann Jäger, verurteilt mit 20 Mitangeklagten am 17.1.1947 von einer besonders zusammengesetzten amerikanischen Militärkommission, o.D. in: BAK, Bestand B305 (Zentrale Rechtsschutzstelle), Nr. 34.

schaftsanwälte. Soweit greifbar, strömten die Syndikus-Anwälte der angeklagten Unternehmer nach Nürnberg und planten geradezu generalstabsmäßig die Verteidigung durch eigene Stäbe und gründeten sogar ein eigenes „Industriearchiv" zur Beschaffung von Beweismaterial. Sieht man von wenigen Ausnahmen unter den Hilfsverteidigern ab, waren die Anwälte der Industrie politisch formal unbelastet. Das durch die persönlichen Kontakte von Herbert Kraus aufgefahrene wissenschaftliche Expertentum war vielleicht nicht prominent, aber durchaus beachtlich und kompetent. Bis auf die Verteidigung Ernst von Weizsäckers gelang es nur dieser Mandantengruppe, ausländische Anwälte für sich zu gewinnen. Qualitativ stand somit die Verteidigung in den Industrieprozessen in keinster Weise hinter der Anklage zurück. Überblickt man die Zusammensetzung der meist blutjungen Ankläger der Industrieprozesse, kann man sogar von einer gewissen personellen Überlegenheit aufseiten der Verteidigung sprechen. Heintzeler gab auch offen zu, dass es für die Verteidiger ohne die Hilfe der I.G.-Leute kaum möglich gewesen wäre, die Masse an Material durchzuarbeiten.[844] Becker brachte die Diskrepanz zwischen den Industrieverteidigern und den meisten anderen Prozessen auf den Punkt: „Man muss einmal ganz offen sagen, dass die Verhältnisse so kompliziert waren, dass nur in den Prozessen, wenn ein besonderes Interesse, wie in diesem Diplomatenprozess, oder besondere Mittel, wie bei Krupp und I.G.-Farben, gegeben waren, sehr qualifizierte Anwälte aufgetreten sind. Den Industrieverteidigungen standen große Mittel zur Verfügung. Nicht, damit die Anwälte besser lebten, aber damit sie Nachforschungen anstellen konnten. Das kostete ja alles Geld".[845]

Die Verteidigung der Parteifunktionäre aus dem Führungskorps von NSDAP, SA und SS in Nürnberg war das exakte Gegenteil der Industrieverteidigungen. Ein bekannter Anwalt wie Carl Haensel war in den SS-Prozessen die absolute Ausnahme, zumal er wohl in erster Linie aus wissenschaftlicher Neugier und seiner Vorstellung von Nürnberg als rechtshistorischem Wendepunkt an der Verteidigung der SS teilnahm (siehe Kapitel 3.1). Sonderfälle sind auch Martin Löffler, der persönliche Motive mit der Vertretung der Reiter-SA verband und Theodor Klefisch, der als einziger „großer" Strafverteidiger unter den Vertretern der Parteigrößen immerhin mit dem „Stahlhelm" den bedeutendsten Veteranenverband der

844 Heintzeler: Jahrhundert, S. 126.
845 Becker: Aufklärung, S. 35.

Weimarer Republik anwaltlich vertrat.[846] Der typische Verteidiger der Parteigrößen war dagegen entweder ein schon vom IMT bestellter Pflichtverteidiger wie Kurt Kauffmann oder Rudolf Merkel, die sich bei der Organisationsverteidigung entsprechendes Fachwissen erworben und schon mit ihren zukünftigen Mandanten zusammengearbeitet hatten, oder entlassene Richter, Staatsanwälte oder Verwaltungsjuristen, die selbst mehr oder weniger „kleine Nazis“ gewesen waren und, nachdem sie wegen ihrer Parteimitgliedschaft aus dem Staatsdienst entlassen worden waren, nun in Nürnberg ein relativ komfortables Auskommen fanden, um die Zeit bis zur Wiederzulassung zu überbrücken. Dass einige der jungen Juristen selbst am Sondergericht an Untaten beteiligt waren, darf allerdings nicht pauschal als Charakteristikum der Verteidigung von Parteigrößen angesehen werden. Bis auf Hans Gawlik waren diese Juristen nur im „zweiten Glied“ zu finden. Andererseits scheint bei ihnen die Hemmschwelle weniger groß gewesen zu sein, SS-Männer zu vertreten. Dass SS von SS verteidigt wurde, lässt sich nur in Ausnahmefällen behaupten, so beim Team um Rudolf Aschenauer oder der Verteidigung Darrés.

Die Führungsriege des Militärs fand mit den Teams um die sich mit der Wehrmacht bzw. Marine vollständig identifizierenden Verteidiger Laternser bzw. Kranzbühler hochmotivierte Anwälte auf ihrer Seite, zumal zahlreiche enge Untergebene der Mandaten den Hauptverteidigern unter die Arme griffen. Selbst Juristen ohne militärische Verbindung sahen sich aus einem bürgerlich-konservativen Weltbild und trotz impliziter oder offener Gegnerschaft zum Nationalsozialismus berufen, „unbescholtene“ Soldaten zu verteidigen. Typisch sind hier Aussagen Kurt Behlings, der nie im Militär gedient hatte. In einem Brief an den früheren Reichskanzler Heinrich Brüning beschrieb Behling seinen Mandanten von Küchler als den „edelsten Menschen“, den er jemals kennengelernt habe. Küchler sei der „beste Vertreter deutscher Offiziersschule“ und daher vollkommen unpolitisch. Um dem Recht zu dienen, müsse Behling seine Stimme erheben.[847]

---

846 Mit einem zwar nicht verlesenen, aber vom Gericht berücksichtigten allgemeinen Gutachten für alle Organisationsverteidigungen hatte Klefisch ausführlich das Problem der Schuldzurechnung bei angeklagten Organisationen behandelt, vgl. von der Lippe: Tagebuch, S. 444 f. Klefischs Plädoyer fand auch die Anerkennung von Ankläger Maxwell-Fyfe, vgl. ebd.: Tagebuch, S. 466 f.

847 Schreiben Behlings an Professor Brüning 26.7.1949, in: BAK, NL Behling Nr. 68.

3. Politische Verteidiger? Symbolkämpfe um „Nürnberg“

Wurden in den vorherigen Kapiteln die Verteidiger und ihre politische Sozialisation im Gesamten betrachtet, wendet sich nun der Blick auf ausgewählte Verteidigerpersönlichkeiten, die auf die Öffentlichkeit zielenden Erklärungsansätze für die Auseinandersetzung mit dem politischen Symbol „Nürnberg“ in der Verteidigung ihrer Mandanten lieferten.[848] Im Zentrum der folgenden Analyse stehen bewusst an die Öffentlichkeit oder bestimmte einflussreiche „halböffentliche“ Zirkel gerichtete Publikationen und Vorträge, ergänzt durch ausgewählte zentrale Plädoyers.[849]

3.1 Gerechtigkeit und die Zeitläufte: „Nürnberg“ und die Pflichtverteidiger

Gerade die in der Einleitung als Pflichtverteidiger charakterisierten Anwälte meldeten sich mit verschiedenen Werken über Nürnberg zu Wort. Will man diese Werke grob strukturieren, so lassen sich aufklärerisch inspirierte Quellensammlungen, Erlebnisberichte/Tagebücher sowie fachwissenschaftliche Aufsätze unterscheiden. Tendenziell waren fast alle diese Arbeiten, und dies muss angesichts der späteren harschen Kritik erstaunen, positiv gegenüber dem politischen Symbol „Nürnberg“ als Ort der

848 Während des IMT waren den Verteidigern sogar Interviews untersagt worden, vgl. Tusa/Tusa: Nuremberg, S. 214; Von der Lippe: Tagebuch, S. 66. Erst nach Ende des Prozesses erschienen erste Ausarbeitungen der Verteidiger zum IMT. Scharfe Kritik an den Nürnberger Urteilen von Verteidigerseite erschien sogar erst ab 1948, also einer Phase der Presseberichterstattung, die, wie der Historiker Markus Urban herausstellt, erstmalig mit einer starken Politisierung der Presseberichterstattung über Nürnberg einherging, vgl. Markus Urban: Kollektivschuld durch die Hintertür? Die Wahrnehmung des IMT in der westdeutschen Öffentlichkeit, 1946–1951, in: Kim C. Priemel/ Alexa Stiller [Hgg.]: NMT. Die Nürnberger Militärtribunale zwischen Geschichte, Gerechtigkeit und Rechtschöpfung, Hamburg 2013, S. 684–718.

849 Insbesondere die Vorträge sind von Bedeutung, waren sie doch das wichtigste Publikationsmedium der unmittelbaren Nachkriegszeit, einer „Etappe innerhalb der großen Geschichte politischer Öffentlichkeit, des politischen Club- und Vereinswesens“, vgl. Mehring: Schmitt, S. 488 f.

Aufklärung und Gerechtigkeit eingestellt. Eines der frühesten Werke eines ehemaligen Verteidigers war eine von Otto Pannenbecker 1947 mit Genehmigung der britischen Militärregierung publizierte Quellenedition, die bewusst ohne Kommentierung des Anwalts dem Leser ausgewählte Dokumente des IMT zugänglich machte, könne doch laut Pannenbecker erst, wenn das Wesen der Verbrechen gegen das deutsche Volk und fremde Völker bekannt sei, eine ähnliche Katastrophe verhindert werden.[850] Ähnlich „aufklärerisch“ und ohne Kommentierung wollte auch Werner Bross publizieren. 1950 erschien eine Zusammenstellung von Vernehmungsmitschriften Hermann Görings, die Bross während der Verteidigung vor dem IMT aufgezeichnet hatte. Motiviert hatte Bross zu seiner Veröffentlichung die Angst, dass durch das „Todschlagen nationalsozialistischer Lehren“ langfristig das Gegenteil des beabsichtigten Lerneffekts erreicht werde und damit sogar der Demokratie gefährlich werden könne.[851] Der Einfluss der Bücher von Pannenbecker und Bross dürfte allerdings nicht zu weitreichend gewesen sein, da beide nur in einer Auflage verlegt wurden, zumal 1949 mit der Publikation der offiziellen IMT-Protokolle durch Herbert Kraus eine umfassendere Quelle zur Verfügung stand.

Eine „aufklärerische“ Zielsetzung hatten auch Viktor von der Lippe, Carl Haensel und Gustav Steinbauer, die versuchten, mit ihren „Tagebüchern“ die Ereignisse des IMT aus Sicht der Verteidigung durch angeblich zeitnah und nicht im Nachhinein veränderte Aufzeichnungen einem größeren Publikum nahezubringen. Neutral waren diese Werke selbstverständlich nicht. So stellte von der Lippe die Abwehr des Kollektivschuldgedankens als zentrale Leistung der Verteidiger in Nürnberg heraus, während Steinbauer die „Tragik“ des Falles Seys-Inquart und das Schicksal Österreichs dem Leser aufzeigen wollte.[852] Ein Sonderfall ist das „Nürnberger

850 Otto Pannenbecker [Hg.]: Geheim! Dokumentarische Tatsachen aus dem Nürnberger Prozess, Düsseldorf 1947, S. 5.

851 Bross: Göring, S. 8 f. Schon im November 1946 hielt Bross mit Genehmigung der britischen Militärregierung Vorträge zum Nürnberger Prozess in Kiel und veröffentlichte 1947 den die Ergebnisse des IMT begrüßenden Artikel „Vom Staatenrecht zum Weltenrecht“ in der Maiausgabe des Schleswig-Holsteinischen Anzeigers, vgl. Anlage zum Fragebogen von Werner Bross, in: NARA, Screening Files a though j.

852 Von der Lippe: Tagebuch, S. 510. Aufgrund seiner Erfahrungen im Fall 1 veröffentlichte Steinbauer noch ein zweites Werk, das strikt die Euthanasie ablehnte, vgl. Gustav Steinbauer: Die Euthanasie im Lichte des Nürnberger Ärzteprozesss, Wien 1949, S. 6 und 37.

Tagebuch“ von Carl Haensel. Haensels Buch fehlte der eher berichtende Stil seiner Kollegen, da der nebenberufliche Schriftsteller zahlreiche Prozessereignisse mit Metaphern und Vergleichen literarisch überhöhte. Insgesamt zogen aber alle drei Pflichtverteidiger ein sehr positives Urteil zu Nürnberg in ihren Tagebüchern. Anders als die Quelleneditionen von Pannenbecker und Bross erreichten die Tagebücher ein breites Publikum, da sie sowohl als Bücher wie auch als Fortsetzungserzählungen in mehreren Zeitschriften veröffentlicht wurden.

Dagegen hatten die in juristischen Zeitschriften veröffentlichten Fachartikel in Bezug auf die Deutung „Nürnbergs“, wenn auch mit Tendenz zur Hervorhebung der eigenen Leistung bei günstigem Verfahrensausgang, einen fast ausschließlich referierenden Charakter.[853] Insofern erscheint es übertrieben, wenn David Pendas bei seiner Analyse eines Aufsatzes von Hellmuth Dix zu den Nürnberger Industrieprozessen zum Schluss kommt, die führende juristische Fachzeitschrift der Nachkriegszeit, die „Neue Juristische Wochenschrift“ (NJW), sei als „mouthpiece“ der Nürnberger Verteidigung zu charakterisieren.[854] Tatsächlich ist der Rechtshistorikerin Susanne Jung und dem in Bezug auf die Fachpublizistik zu Nürnberg äußerst kritischen Ingo Müller zuzustimmen, die die zwischen 1947 bis 1949 zu Nürnberg erschienenen Fachartikel als reine Zusammenfassungen und als „völlig belanglos“ (Ingo Müller) ansehen.[855] Fast alle diese Artikel stammten zudem aus dem Umfeld von Carl Haensel. Ein in der NJW erschienener Artikel von Thiele-Fredersdorf war eine reine Zusammenfas-

853 1955 erschien eine von der Southern Methodist University publizierte Sammlung der von Verteidigern in Fachzeitschriften veröffentlichten Aufsätze in englischer Übersetzung mit der Zielsetzung, deren Sicht auf Nürnberg dem amerikanischen Publikum vertraut zu machen. Ob frühere Nürnberger Verteidiger diese Sammlung angestoßen haben, ist nicht bekannt, Wilbourn E. Benton/Georg Grimm: Nuremberg. German Views of the War Trials, Dallas 1955.

854 Vgl. Devin O. Pendas: The Fate of Nuremberg. The Legacy and Impact of the Subsequent Nuremberg Trials in Postwar Germany, in: Kim Priemel/Alexa Stiller: Reassessing the Nuremberg Military Tribunal. Transitional Justice, Trial Narratives, and Historiography, New York/Oxford 2012, S. 249–275 und Hellmuth Dix: Die Urteile in den Nürnberger Wirtschaftsprozessen, in: Neue Juristische Wochenschrift (1949), S. 647–652. Insofern ist Ingo Müller zuzustimmen, wenn er von einem „weitgehenden Totschweigen“ der Prozesse in der Fachpresse spricht, vgl. Ingo Müller: Nürnberg und die deutschen Juristen, on: Ders. [Hg.]: Der Nürnberger Prozess. Die Anklagereden des Hauptanklagevertreters der Vereinigten Staaten von Amerika Robert H. Jackson, Weinheim 1995, S. 171.

855 Jung: Rechtsprobleme, S. 108 und Müller: Nürnberg, S. 171–174.

sung des Urteils im Fall 3 und stammte vermutlich sogar von Haensel selbst, der wohl seinem früheren Referendar eine Publikation ermöglichen wollte, war doch Haensels eigene Zusammenfassung zum Fall 3 in der Deutschen Rechts-Zeitung fast identisch mit Thiele-Fredersdorfs Aufsatz.[856] Referierend und im Ergebnis wohlwollend war auch Haensels Kommentar „Ausklang von Nürnberg“ zum Fall 11.[857]

Ein weiteres Medium waren Interviews und Leserbriefe. Friedrich Bergold tat in einem Leserbrief an die „Gegenwart“ seine positive Einstellung zu den Nürnberger Prozessen kund und bat in einem Privatbrief an Robert Kempner, offenbar tief erschüttert von den ihm im IMT bekanntgewordenen Ereignissen, deutsche Zuhörer zu den Prozessen zuzulassen, da niemand glauben will, dass die Verbrechen echt sein. Bergold habe in Gesprächen versucht, die Leute aufzuklären. Umso größer sei danach das Entsetzen über die Verbrechen gewesen.[858] Fritz Sauter sah sich Sommer 1948 sogar berufen, die Gerichte, die nicht zuletzt durch die Aktionen seiner Verteidigerkollegen in Verruf geraten waren, in Schutz zu nehmen. Nicht nur distanzierte er sich privat gegenüber Robert Kempner von Aktionen seines früheren Anwaltsassessors Seidl, sondern stellte in einem Rundfunkinterview heraus, dass die Nürnberger Richter von einer vorbildlichen Nachsicht und Objektivität gewesen seien. Sicher gebe es Urteile, die man als Verteidiger als Fehlspruch ansehen könne. Aber das ändere nichts an der Fairness der Verfahren. Nürnberg werde eine Warnung sein für Staatsoberhäupter und Generäle. Die Gerichte haben das Völkerrecht in vielerlei Hinsicht weitergestaltet und die Nürnberger Verfahren würden nicht nur als die größten Prozesse aller Zeiten in die Geschichte eingehen,

---

856 Herbert Thiele-Fredersdorf: Das Urteil des Militärgerichtshofes Nr. III im Nürnberger Juristen-Prozess, in: Neue Juristische Wochenschrift 1947, S. 122–126; vgl. auch Carl Haensel: Das Urteil im Nürnberger Juristenprozess, in: Deutsche Rechts-Zeitschrift 1948 , S. 40–43.

857 Carl Haensel: Der Ausklang von Nürnberg, in: Deutsche Rechts-Zeitschrift 1949, S. 367–370. Ob, wie Oberndörfer schreibt, Haensel nur klug genug war, keine öffentliche Richterschelte zu betreiben oder schlicht und ergreifend keinen Grund dafür hatte, mag dahingestellt bleiben, vgl. Oberndörfer: Recht und Richter, S. 543.
Auch in der Rückschau sah Haensel die Prozesse als „very fair“ an, vgl. Carl Haensel: The Nuremberg Trial Revisited, in: DePaul Law Review 13 (1963/1964), S. 258.

858 Brief Bergold an Robert Kempner 7.1.1946 und Leserbrief Bergolds an die Redaktion der „Gegenwart“ 4.3.1946, in: StN, Rep 502A Verteidigerakten, Friedrich Bergold (NL Bergold), Nr. 2.

sondern auch als Markstein im Kampf für Recht und Freiheit und Menschlichkeit.[859] Sauters Rundfunkansprache alarmierte den im Fall 1 verurteilen Mediziner Oskar Schröder, der sich sofort schriftlich an den mit „Kampfesmut" Nürnberger Verurteilte vertretenden Georg Fröschmann wandte und ihm versicherte, dass Bischof Theophil Wurms Kritik an Nürnberg die wahre Sachlage treffe und die Prozesse überhaupt nicht, wie Sauter sage, als „fair" zu bezeichnen seien. Sauter reihe sich unter die Anwälte ein, die nicht die Vertretung der Interessen ihrer Mandanten als ihre vornehmste Pflicht sehen, sondern ihren persönlichen Wünschen folgen: „Wir haben aus den Reihen der Anwälte unseres Prozesses Beispiele dafür, wenn Herr Dr. Nelte, noch während der Kampf um das Leben der zum Tode Verurteilten geführt wird, Artikel über den Ärzteprozess veröffentlicht, die diese Arbeit der Anwälte durchkreuzen oder Dr. Hoffmann, nach unwidersprochenen Feststellungen im Pohlprozess der Staatsanwaltschaft in irgendeiner Form Hilfestellung gab."[860] Karl Hoffmann hatte sich zusammen mit Bergold in einem für Studenten veranstalteten öffentlichen Gespräch mit Anklagevertretern sehr positiv zu Nürnberg geäußert und ausgerechnet der ehemals deutschnationale Otto Nelte, der Verteidiger Keitels, kritisierte scharf die Generäle in einem für die Deutsche Friedensgesellschaft November 1946 gehaltenen Vortrag, der dann als das Pamphlet „Die Generale. Das Nürnberger Urteil und die Schuld der Generale" veröffentlicht wurde. Es sei laut Nelte nationale Pflicht der Nürnberger Verteidiger, die Wahrheit zu verbreiten, um einer Legendenbildung entgegenzuwirken. Das Nürnberger Urteil habe wieder dem deutschen Volk Hoffnung gegeben. Es werde nicht nur die Bedeutung haben, die Verbrechen des Zweiten Weltkriegs zu sühnen, sondern den Friedensbruch als Hochverrat an der Weltfriedensordnung festzustellen. Kritisch setzte sich Nelte mit dem staatsrechtlichen Teil im Gutachten von Hermann Jahreiß (siehe Kapitel 3.2) auseinander. Befehle zur Ausrottung ganzer Völker könnten keinen Rückzug auf den sogenannten Befehlsnotstand geben. Obwohl man nicht von „den" Generälen als Zusammenfassung sprechen dürfe, könne man der Generalität in ihrer Gesamtheit nicht den Vorwurf ersparen, dass sie die Entscheidungen Hitlers als eine gegebene Tatsache

859 Interview Dr. Sauter zu dem Problem Fairness und Gerechtigkeit der Nürnberger Prozesse 1.7.1948, in: USHMM, Kempner Collection, Folder Anwälte 1945-46.

860 Schreiben Schröder an Fröschmann 10.8.1948, in: Landeskirchliches Archiv Stuttgart (LKASt), D1 Nachlass Theophil Wurm, Nr. 290.

hinnahmen, obwohl diese mit der traditionellen Auffassung von Ehre und Kameradschaft unvereinbar waren.[861]

Sehr häufig fanden sich in den Publikationen der Pflichtverteidiger Hinweise auf die „Zeitläufte“ als Erklärungsmuster für das „Dritte Reich“, so etwa bei Bergold: „Bei den Befehlen Empfangenen – und wahrscheinlich bei den Befehlenden – ist eine andere moderne Schuld Anlass der Taten, es ist die Schuld, dass wir durch das moderne Leben ‚entpersönlicht‘ sind. [..] Ist dies nicht ein großer Schritt zu dem Vermögen, dass SS-Männer, brave, anständige Familienväter, gütige Liebhaber zärtlicher Frauen dazu brachte, ‚befehlsmäßig‘ die schauerlichsten Reihenmorde zu begehen? Sie hinderte kein Gewissen, sie hinderte kein Beben. Das hatte alles nichts mit ihrem Innersten zu tun. Das ist ihr Dienst gewesen, eine von oben gestellte Aufgabe, die mit ihren wahren Menschen nichts zu tun hatte. Der Fluch unserer Zeit, dass uns alles entleert, formelhaft geworden ist, hat auch solche Männer gezeugt.“[862]

25 Jahre später war bei Friedrich Bergold seine vorsichtige Zustimmung zu den Nürnberger Prozessen einer tiefen Enttäuschung gewichen. Zwar betonte Bergold auch weiterhin, dass mit Nürnberg endlich Verbrechen abgeurteilt werden konnten, die Bergold monatelang nicht hätten schlafen lassen. Weil aber der Prozess mehr als nur ein Prozess sein wollte, nämlich auch ein „Prozess gegen alle Krieg verursachenden Praktiken der Politik“, wurde dieser Prozess bald in die „Rumpelkammer der Geschichte verschoben“: „Der Schrecken des Heute, der uns alle immer mehr verdunkelnde Nebel der Unduldsamkeiten, der Aggressionen, nicht nur zwischen Staaten und zwischen Klassen, auch zwischen den Einzelnen, der Triumph der Colts, die Abscheu erregende Langeweile des Sextreibens hat ihn, den Prozess von Nürnberg, in einen Traum verwandelt, in das leere Kindermärchen von der die Welt verwandelnden Gerechtigkeit.“[863] Auf den ersten Blick erscheint dies als Korrektur von Bergolds ehemals positi-

---

861 Otto Nelte: Die Generale. Das Nürnberger Urteil und die Schuld der Generale, Hannover 1947.

862 Leserbrief Bergolds an die Redaktion der „Gegenwart“ 4.3.1946, in: StN, NL Bergold, Nr. 2.

863 Friedrich Bergold: Nürnberger Prozess: kein Aufbruch zu neuen Ufern. Internationales Tribunal wollte mehr als ein normales Verfahren gegen Verbrecher, aber es hat keine Maßstäbe zu setzen vermocht – kritische Gedanken dazu, in: Nürnberger Nachrichten (21./22.11 1970). Ich danke an dieser Stelle Frau Kitta Wagner, Sekretärin Bergolds in den Nürnberger Prozessen, für ein Exemplar dieses Artikels.

ver Einstellung zu „Nürnberg". Auf den zweiten Blick sind hier aber die Nürnberger Prozesse nur Teil eines allgemeinen Kulturpessimismus des einundsiebzigjährigen Bergold, der die weltpolitische Lage, die offenbar echte Enttäuschung darüber, dass Nürnberg keine langfristigen Folgen gehabt hatte und die Promiskuität der jungen Generation in einer allumfassenden Kulturkritik gleichsetzte.

Ähnlich wie Bergold argumentierte während der Prozesse auch von der Lippe: „Diese belastenden Eindrücke wogen für die Verteidigungsarbeit um so schwerer, als den Verteidigern 1945/46 nicht genug erkennbar war, dass Unmenschlichkeit vielfach eine Erscheinung unser vermassten und technisierten Zeit ist, und nicht nur dem Hitlerregime eigentümlich war. Diese Erkenntnis hätte die Verteidiger nicht etwa getröstet, sie hätte die vielen schrecklichen Verbrechen auch nicht etwa gerechtfertigt oder ‚aufgewogen', sie wäre jedoch bei der Beurteilung des Gesamtbildes unwillkürlich mit ins Gewicht gefallen."[864] Diese „Beurteilung des Gesamtbildes" bedeutete aber nicht zwangsläufig den Wunsch nach Amnestie. Friedrich Grimms spätere Forderung einer Generalamnestie für NS-Verbrecher fand in von der Lippes Rezension von Grimms „Politische Justiz, die Krankheit unserer Zeit" wenig Verständnis, da einige Angeklagte derartige Verbrechen begangen hatten, dass sie keine Amnestie verdienten. Auch bemängelte von der Lippe zu Recht die einseitige Darstellung, würde doch weder der „Wettlauf zur Härte" zwischen militärischen und zivilen Strafgerichten noch der Schrecken der Konzentrationslager bei Grimm Erwähnung finden.[865]

Das Erklärungsmuster des allgemeinen moralischen Verfalls findet sich besonders in den Plädoyers mehrerer aus dem katholischen Milieu stammenden Pflichtverteidiger. Die Gestapo-Verteidigung hatte auf Anregung Josef Weisgerbers ihr Plädoyer mit dem aus Johann Wolfgang von Goethes „Dichtung und Wahrheit" stammenden Zitat „Das Dämonische bildet eine der moralischen Weltordnung, wo nicht entgegengesetzte, doch sie durchkreuzende Macht" begonnen. Die dämonische Macht sei in den vor Gericht beschriebenen Taten zum Vorschein gekommen. Insofern sei es Aufgabe der moralischen Weltordnung in Form dieses Gerichts, das Dämonische auszulöschen. Es bestehe aber die Gefahr, dass sich die moralische Weltordnung selbst gefährde, wenn sie von diesen moralischen

---

864 Von der Lippe: Tagebuch, S. 9.

865 Viktor von der Lippe: Wider die politische Justiz, in: Politische Literatur 2 (1953), S. 358–360.

Grundsätzen abweiche durch die Einführung von Ausnahmegesetzen wie Kollektivschuld und rückwirkende Gesetzgebung. Auf Hermann Orth ging das von der Presse viel zitierte Schlusszitat des Plädoyers zurück: „Aus der Geschichte des Judentums, aus dem Alten Testament, ist uns überliefert, dass Gott die Stadt Sodom nicht zerstört hätte, wenn in ihr nur ein Gerechter gelebt hätte. Ist in dieser Überlieferung nicht die göttliche Wahrheit enthalten, dass man eine Gesamtheit nicht bestrafen darf, wenn auch nur ein Angehöriger der Gesamtheit nicht strafwürdig ist“?[866] Die Verhinderung einer zumindest subjektiv perzipierten Kollektivschuldanklage und die Rettung vermeintlich Unschuldiger scheinen für die Gestapo-Verteidiger zur zentralen Zielsetzung geworden zu sein. So schrieb Merkel im Anschluss an das Verfahren in einem Privatbrief, dass es für ihn in diesem Prozess um den Gegensatz moralische Weltanschauung – Dämonisches und entsprechend um die Alternative „Individualschuld – Kollektivschuld“ gegangen sei.[867] Auf die Spitze getrieben wurden derartige eschatologisch anmutende Begründungen für den Zivilisationsbruch des Nationalsozialismus durch Kurt Kauffmann in seinem Plädoyer für Kaltenbrunner, zu dem Richter Lawrence bissig bemerkte, Kauffmann habe kein Plädoyer, sondern eine Abhandlung über „Die geistesgeschichtliche Entwicklung in Europa“ vorgetragen.[868] Sein Plädoyer war über weite Strecken unter Berufung auf den Philosophen Juan Donoso Cortes eine Apologie des radikalen Katholizismus.[869] Seit der Vergottung des Menschen und der Erniedrigung Gottes suche laut Kauffmann die Menschen das Chaos als notwendige Folge und Strafe mit Kriegen, Revolution, Hungersnot und Verzweiflung heim. Die europäische Völkerordnung sei schwer krank, sie leide am Geist der Verneinung und Erniedrigung der Würde der menschlichen Natur. Die Völker hätten die Freiheit der großen Revolution verkündet, aber im Namen dieser Freiheit seit 150 Jahren Versklavung, Unfreiheit und Gottlosigkeit gezeugt.[870] Sicherlich seien Inflation, Arbeitslosigkeit und der Vertrag von Versailles äußere Anlässe für Hitler geworden, aber der wahre Grund für Hitler sei in der Abkehr vom Christentum zu sehen. Hitler sei kein Meteor gewesen, der unberechenbar

866 Vgl. das Plädoyer Merkels in IMT-Protokoll, Bd. 22, S. 546–601.

867 Schreiben Merkel 31.8.1946, in: StN, NL Merkel, Nr. 106.

868 Taylor: Nürnberger Prozesse, S. 553.

869 Vgl. als sein bekanntestes Werk: Juan Donoso Cortes: Versuch über den Katholizismus, den Liberalismus und den Sozialismus, Tübingen 1854.

870 IMT-Protokoll, Bd. 18, S. 49–51.

und unvorhersehbar vom Himmel gefallen sei, sondern Ausdruck einer atheistischen und materialistischen Weltanschauung, schreite doch schon „hinter den Sophisten“ der Henker. Bei Kauffmann wurden dann Johann Gottlieb Fichte, Friedrich Nietzsche, Niccolo Machiavelli und Charles Darwin gleichermaßen für die KZ verantwortlich gemacht.[871]

Nicht immer konnten sich Pflichtverteidiger trotz der in Nürnberg aufgedeckten Verbrechen von nationalistisch-völkischen Stereotypen befreien. Verteidiger Alfred Thoma war wegen seiner vorgelegten Beweisdokumente vor dem IMT von Chefankläger Robert Jackson der antisemitischen Propaganda bezichtigt worden.[872] Auch in seinem Plädoyer machte sich Thoma die Sicht seines Mandanten Alfred Rosenberg zu eigen, als er die „Judenfrage“ als das seit Jahrtausenden bestehende „Fremdenproblem der Welt“ bezeichnete.[873] Anwaltskollege Viktor von der Lippe vermutete daher sogar, dass Rosenberg das Plädoyer selbst geschrieben habe, während Telford Taylor dem Plädoyer eine Mischung aus Ehrlichkeit und Unverfrorenheit attestierte.[874] Als sicher kann gelten, dass Thoma gegen seinen Mandanten Alfred Rosenberg tiefe Abneigung hegte.[875] Für Carl Haensel hatte sich Thoma in eine undankbare Verteidigung verstrickt: „Rosenbergs Verteidiger ist geblendet von der neuromantischen Flora, er scheffelt und sammelt alles, was blau blüht oder so ähnlich, hält jede gerollte Knospe für eine Pointe, windet aus allem Sträuße, presst und trocknet sie nach der bewährten Biedermeiermanier.“[876] In einem Brief vom Februar 1946 an den Generalsekretär des IMT schrieb Thoma allerdings, dass Rosenbergs „Mythos“ keineswegs eine extreme oder außergewöhnliche Weltanschau-

---

871 IMT-Protokoll, Bd. 18, S. 55–59.

872 Carl Haensel: Das Gericht vertagt sich. Aus dem Tagebuch eines Nürnberger Verteidigers, Hamburg 1950, S. 171–179. Zu Antisemitismus in den Nürnberger Prozessen allgemein vgl. Ulrike Weckel: „Jüdische Rache“? Wahrnehmungen des Nürnberger Hauptprozesses durch Angeklagte, Verteidiger und die deutsche Bevölkerung 1945/46, in: Jahrbuch für Antisemitismusforschung 22 (2013), S. 57–78.

873 Piper: Rosenberg, S. 632.

874 Taylor: Nürnberger Prozesse, S. 554; von der Lippe: Tagebuch, S. 369.

875 Robert Kempner berichtet sogar von offener Feindschaft. Auf die Frage des Balten Rosenberg, was aus ihm werden würde, habe Thoma mit einem bösen Reim geantwortet: „Über allen Wipfeln ist Ruh, über allen Gipfeln spürest Du kaum einen Hauch, die Vöglein schweigen im Walde. Warte nur Balte ruhest Du auch“, vgl. Kempner: Ankläger, S. 236.

876 Haensel: Tagebuch, S. 173; vgl. auch Ernst Piper: Alfred Rosenberg. Hitlers Chefideologe, München 2007, S. 624.

ung gewesen sei, sondern typisch für die damalige Zeit. Ideen wie Blut, Rasse und Boden und „Volk und Volkstum als geschlossene Gestalt“ bezögen sich alle „auf Natur- und Geschichtstatsachen“ und seien auch im Ausland von der Wissenschaft vertreten worden.[877] Für Thoma war offenbar Rosenbergs Antisemitismus eine vollkommen legitime Weltsicht. Dies ist umso bedenklicher, als Thomas Hilfsverteidiger Paul Ratz, der das Plädoyer im Falle Rosenberg verfasst hatte, ein überzeugter Nationalsozialist gewesen war. [878] Ratz hatte sich für eine nationalsozialistische Umgestaltung des Zivilprozessrechtes eingesetzt und nahm als Ausbildungsleiter seine Referendare in Sitzungen des Sondergerichts Nürnberg unter Rudolf Oeschey mit, um ihnen die zukünftige Strafrechtspflege nahezubringen.[879] Als Antisemit erwies sich Ratz mit seinem Aufsatz „Altes Judenrecht in

---

877 Schreiben Thomas an den Generalsekretär 28.2.1946, in: BAK, NL Thoma, Nr. 14. Im Dezember 1933 verfasste Thoma einen Artikel über das „Fuldaische Judenrecht“, den allerdings verschiedene juristische Zeitschriften mit Hinblick auf die vielen Gesetzesänderungen aus Platzgründen ablehnten. Ob der Artikel antisemitischen Inhalts war, ist nicht mehr feststellbar, da im Nachlass von Thoma keine Abschrift zu finden war, vgl. Schreiben der Schriftleitung der Bayerischen Staatszeitung an Thoma 4.12.1933 bzw. der Deutschen Richterzeitung an Thoma 24.11.1933, in: BAK, NL Thoma, Nr. 155.

878 Lebenslauf Ratz 23.4.1953, in: HStaMü, Mju, Nr. 25889 (Ratz).

879 Als langjähriger Leiter der Zivilrechts-AG für Referendare und kommissarischer NSRB Gaugruppenwalter für junge Rechtswahrer war Ratz eine der zentralen Figuren der nationalsozialistischen Juristenausbildung am Landgericht Nürnberg. Niemand Geringerer als Hans Frank hatte Ratz kurz vor der Hinrichtung eine eidesstaatliche Erklärung ausgestellt, die bezeugte, dass Ratz Tätigkeit als Gruppenwalter nicht als Amtsträgerschaft anzusehen sei, vgl. Affidavit Hans Frank 7.9.46 in: StN, Spruchkammerakten, Spruchkammer Nürnberg, Paul Ratz. 1937 trat der spätere Blockhelfer der NSDAP bei, was sein nicht der Partei beigetretener Kollege Thoma später auf eine aus „irriger religiöser Anschauung“ fließende Gehorsamspflicht gegenüber dem Staat zurückzuführen suchte, vgl. Affidavit Alfred Thoma 24.5.1946, in: ebd. Schon 1933 hatte Ratz aber in einem Schreiben an das bayerische Justizministerium seinem Bedauern Ausdruck verliehen, dass er als Richter noch nicht NSDAP-Mitglied sei, sehe sich aber ermutigt, an der Reform des deutschen Rechts mitzuwirken, Schreiben Ratz an das bayerische Justizministerium 15.10.1933, in: HStaMü, Mju, Nr. 25889 (Ratz). 1937 forderte Ratz die Entfernung des „fremden Gedankengutes“ aus dem Zivilprozessrecht. Man müsse endlich vom formal-logischen zum „natürlichen und lebendigen, blutmäßigen und nach der Gesinnung ausgerichteten Denken“ kommen, Schreiben Paul Ratz an den Landgerichtspräsident Nürnberg-Fürth 22.12.1937 in: StN, Spruchkammer Nürnberg, Ratz; vgl. auch Schreiben des Senatspräsident Friedrich (RJM) an Ratz 21.12.1943, in: HStaMü, Mju, Nr. 25889 (Ratz).

der Stadt der Reichsparteitage". Dieser behandelte die frühneuzeitlichen Ratsbeschlüsse der Reichsstadt Nürnberg, die den wirtschaftlichen Ausschluss von Juden aus dem Gewerbe der Stadt Nürnberg verfügt hatten, und zog dann Parallelen zur Gegenwart: „Die Reichstadt Nürnberg [...] zeigte jedoch in der Folgezeit fast 500 Jahr lang [...] unausgesetzt eine solche Abneigung gegen die Juden und hielt sich in ihrer Gesetzgebung die Juden so scharf vom Leibe, dass die ‚Nürnberger Gesetze' des Dritten Reiches fast als historische Fortsetzung der alten Nürnberger Judengesetze angesehen werden können." Zum Schluss hieß es: „Das nun folgende Zeitalter der Aufklärung und des Liberalismus hat die alte Nürnberger Judengesetzgebung verkommen lassen, bis sie durch die ‚Nürnberger Gesetze' im Jahre 1935 wiedererstand."[880] Überhaupt taten sich Thoma und Ratz auch nach Kriegsende mit den neuen politischen Verhältnissen schwer. Als Ankläger einer Lagerspruchkammer galt Thoma mehr als Verteidiger denn als Ankläger und wurde schließlich sogar durch die US-Behörden von seinem Posten abgesetzt.[881] Ratz bekannte sich 1947 noch zu seinen antiliberalen Ansichten. Der Liberalismus habe dem Rechtsstaat als Ganzes die Kraft genommen. Der subjektivistischen Zersplitterung von Geist und Gesinnung habe man entgegentreten müssen.[882] Es spricht somit vieles dafür, dass die antisemitische Färbung der Verteidigung Rosenbergs vor dem IMT mehr als ein „Betriebsunfall" war.

Eine Sonderstellung nimmt Carl Haensel ein. Man tut Haensel Unrecht, unterstellt man ihm pauschal „die Wucht der Anklage, [...] aufzufangen und aus der konstatierten Unbegreiflichkeit der Vorgänge eine Reduzie-

---

880 Kopie des Artikels „Altes Judenrecht in der Stadt der Reichsparteitage", in: Der Rechtsspiegel 5 (7.3.1939), in: HStaMü, Mju, Nr. 25889 (Ratz).

881 Anfang 1947 war er nach Ende des IMT zum Hauptankläger bei der Lagerspruchkammer Langwasser berufen worden und soll sich besonders für den SS-Obersturmführer und „Lagerrechtsreferenten" Kurt Krüger eingesetzt haben, vgl. Vermerk des Betriebsrates der Spruchkammer Langwasser o.D., in: HStaMü, Bestand Sonderministerium (MSo) Personalakte Nr. 5241 (Thoma, Alfred); Schreiben des Präsidenten der Lagerspruchkammer Langwasser 19.6.1947 und Dienstaufsichtsbeschwerde des Leiters der Spruchkammer Langwasser 29.4.1947, in: ebd. Als Thoma sogar Ende Juni 1947 zum Senatsvorsitzenden der Berufungskammer Nürnberg ernannt wurde, griffen die US-Behörden ein. Auf ihren Druck hin wurde Thomas Beförderung rückgängig gemacht und sein Büro am Landgericht im Hinblick auf seine politische Vergangenheit durchsucht, vgl. Vermerk Ministerium für Sonderaufgaben 2.7.1947, in: ebd.

882 Schriftsatz Ratz an die Spruchkammer 17.4.1947 und 5.9.1947, in: StN, Spruchkammer Nürnberg, Ratz.

rung individueller Schuld abzuleiten“, wenn Haensel in seiner Eröffnungsrede im Fall 4 die Gefahr beschwor, dass das Tribunal nicht über Einzelpersonen, sondern über Geschichte zu Gericht säße.[883] Darstellungen, die nur seine in der Zeit des „Dritten Reiches“ veröffentlichten Schriften herausstellen, werden Haensel nicht gerecht.[884] Anders als fast alle seine anderen Kollegen hatte sich Haensel schon vor Nürnberg mit rechtsgeschichtlichen und rechtsphilosophischen Fragen beschäftigt. Für Haensel war „Nürnberg“ offenbar eine geistige wie juristische Herausforderung und galt als Spezialist der Verteidigung für das Rechtsproblem der „Verschwörung“.[885] Zwar hatte Haensel zunächst das Regime befürwortet, scheint aber nie mehr als ein Mitläufer gewesen zu sein. Konsequenterweise nannte ihn auch Robert Kempner einen hochgebildeten Mann, der gar nichts mit Nazis zu tun hatte, der allerdings seine Aufgabe sehr ernst nahm.[886] Dass Haensel zumindest ein „geläuterter“ Mitläufer war, zeigt eine Anekdote aus dem Hauptprozess. Als die Wahl des Gesamtsprechers der Verteidigung durchgeführt worden war und diesem erlaubt wurde, seinen Stellvertreter frei wählen zu können, kritisierte dies Haensel scharf. So eine Praxis sei „erst 1933 in Übung gekommen und schmeckt mir sehr nach dem alten Führerprinzip, als dass ich mich mit ihm anfreunden könnte.“[887] Haensel ließ auch nie Zweifel aufkommen, dass er positiv zu „Nürnberg“ stand. Am augenfälligsten wurde dies in der Tatsache, dass er zusammen mit Robert Kempner, Hellmut Beckers großem Gegner im Fall

---

883 Jan Erik Schulte: Im Zentrum der Verbrechen. Das Verfahren gegen Oswald Pohl und weitere Angehörige des SS-Wirtschafts-Verwaltungshauptamtes, in: Kim C. Priemel/Alexa Stiller [Hgg.]: NMT. Die Nürnberger Militärtribunale zwischen Geschichte, Gerechtigkeit und Rechtschöpfung, Hamburg 2013, S. 84 f.

884 So aber Heinemann: Rasse, Lebensraum, Genozid, S. 114.

885 So trug er am 9. Juli 1947 in der einzigen für alle Nürnberger Nachfolgeprozesse einberufenen „joint session“ prozessübergreifend die Rechtsauffassung der Verteidigung in Bezug auf die „conspiracy“ vor, vgl. Segeeser: Recht statt Rache, S. 595 f. Etliche seiner Publikationen zu Nürnberg befassten sich mit diesem Spezialproblem, zumal sich Haensel mit einem originellen und in der Forschung beachteten Ansatz mit der „conspiracy“ auseinandersetzte, vgl. Carl Haensel: Nürnberger Probleme, in: Deutsche Rechts-Zeitschrift 1946, S. 67–69; Carl Haensel: Das Organisationsverbrechen. Nürnberger Betrachtungen zum Kontrollratsgesetz Nr. 10, München/Berlin 1947; vgl, auch Carl Haensel: Zum Nürnberger Urteil: 2. Beitrag: Schuldprinzip und Gruppenkriminalität, in: Süddeutsche Juristenzeitung 1947, S. 19–25.

886 Kempner: Ankläger, S. 453.

887 Schreiben Haensel an Rudolf Dix 23.9.1947, in: BAK, NL Gawlik, Nr. 134.

11, eine Edition des Urteils in diesem Prozess herausbrachte.[888] In seinem Vorwort zeichnete Haensel die naturrechtlichen Grundlagen der Nürnberger Prozesse nach und bezeichnete diese als „Notwehrrecht, Verteidigung gegen einen Angriff auf das Leben und die Güter, die es für uns lebenswert machen“. [889] Die Notwendigkeit hierfür sah er nicht zuletzt in den von ihm in Nürnberg verteidigten Organisationen, die „den Chor für einen Protagonisten bilden, der dann nicht mehr aus dem menschlichen Gefühl handelt, sondern dem Wahnsinn eines Amokläufers verfällt. Das althergebrachte Rechtsdenken ist nicht elastisch genug, da noch mitzukommen. Gegen solche sozialgefährliche Organisierung kann nicht mit den Mitteln des bisherigen Strafrechts, sondern nur mit anderen Maßnahmen vorgegangen werden, oder man muss das Recht von Grund auf umbauen.“[890] Das Urteil im Fall 11 habe bestätigt, dass das Völkerstrafrecht Naturrecht sei.[891] Schon vor 1933 seien naturrechtliche Überlegungen niemals vollkommen verschwunden gewesen. Wie sei es aber zu dieser „Renaissance“ des Naturrechts gekommen? Unter Berufung auf konservative Philosophen wie Arnold J. Toynbee, Oswald Spengler, José Ortega y Gasset und den Statistiker Ernst Wagemann wies Haensel auf die Umbruchs- und Untergangsstimmung der vergangenen Jahre hin. Haensel sah kulturell den Anbeginn einer „Neurenaissance“, die ihre Auswirkung auch auf das Recht haben werde. Auch in der Renaissance habe sich das Rechtsleben in großen Prozessen und nicht in Kodifikationen entfaltet. Darin lag nach Haensel auch der Grund, warum der Zweite Weltkrieg zwangsläufig mit einem großen Prozess geendet habe.[892] Mit Hitler habe sich eine ganz neue Verbrechenskonzeption ergeben, das Genocidium, der Friedensbruch im Sinne einer Weltzerstörung. Hier mussten daher neue Rechtsbegriffe formuliert werden und dies war nur aus naturrechtlichen Überzeugungen möglich. Die vorherige Kulturphase habe den Massenmenschen geschaffen, für den es keine echte Autorität mehr gab, sondern nur noch Zwang. Wo Freiheit noch angetroffen wurde, war es keine echte Freiheit, sondern

---

888 Carl Haensel/Robert Kempner [Hgg.]: Das Urteil im Wilhelmstraßen-Prozess, Schwäbisch-Gmünd 1950.

889 Vgl. Carl Haensel: Einführung, in: Ders./Kempner [Hg.]: Urteil, S. X–XIII.

890 Haensel: Tagebuch, S. 299–301.

891 Carl Haensel: Die zyklische Wiederkehr des Naturrechts. Abschließende Betrachtungen über die Nürnberger Prozesse, in: Schweizerische Zeitschrift für Strafrecht 65 (1950), S. 258 f.

892 Haensel: Naturrecht, S. 279.

nur noch Bindungslosigkeit des Einzelmenschen. Der Grundkonzeption Nürnbergs aber entsprang die Idee, über dem drohenden Chaos wieder eine Rechtsordnung zu errichten, die künftige Kriege, wenn nicht überhaupt, so doch mit dem Schrecken des letzen Krieges verhindern wollte.[893] Gegen diese Grundkonzeption seien bislang keine überzeugenden Argumente angeführt worden. Die Angriffe, die sich um Einzelheiten des Verfahrens oder kasuistische Begründungen in den Urteilen gruppieren, seien nicht geeignet, den „naturrechtlichen Vesuv“ aufzuhalten, der nur selten ausbreche, aber dann in einer gewaltigen Eruption, dessen Lava aber auch rasch wieder erkalte. Dies sei aber die nunmehrige Situation des Naturrechts, dessen Stilphase wieder ablaufe und das daher wieder einer neuen positiven Formulierung bedarf.[894]

Während andere Pflichtverteidiger Nürnberg aus einem Grundbedürfnis nach Gerechtigkeit begrüßten, gelang es Haensel, eine innovative Interpretation für die rechtsphilosophische wie rechtshistorische Bedeutung „Nürnbergs“ zu finden. Es lagen Welten zwischen den konservativen Intellektuellen Carl Haensel und etwa einem zwar hervorragenden Juristen, aber in seiner Marinetradition und im Nationalismus gefangenen Berufsoffizier wie Otto Kranzbühler. Kranzbühler erschien Haensel zwar als geistreicher Mann, der aus seiner Sicht aber eine „fremde Figur aus einer anderen Welt“ gewesen sei.[895]

Zusammenfassung Kapitel 3.1

Anwalt Kurt Kauffmann war sicher ein Extremfall, der mit seinem fanatischen Katholizismus nur bedingt verallgemeinert werden kann. Dennoch geben die hier genannten Beispiele aufschlussreiche Einblicke in die Gedankenwelt vieler Pflichtverteidiger des IMT. „Nürnberg“ war für sie prinzipiell ein Ort der Gerechtigkeit, in welchem zu Recht die Führer des NS-Regimes zur Verantwortung gezogen wurden, auch wenn später Bergolds Optimismus tiefer Enttäuschung wich. Zumeist sahen sie aber in den Angeklagten nur Exponenten eines generellen moralisch-religiösen Verfalls der westlichen Kultur. Von den durch die „Zeitläufte“ in das NS-Regime verstrickten Personengruppen sollten nun aber nur die „wahren“ Schuldi-

893 Haensel: Naturrecht, S. 290 f.
894 Haensel: Naturrecht, S. 291.
895 BAK, Ton 1040.

gen gefunden und eine Kollektivschuldanklage der Deutschen abgewehrt werden. Anwälte wie Horst Pelckmann, die Gestapo-Verteidiger und andere wurden gerade dadurch motiviert in Nürnberg aufzutreten, um möglichst viele „Unschuldige" vor ungerechter Strafverfolgung zu bewahren. Waren diese Pflichtanwälte ehrlich bemüht mitzuwirken, um Nürnberg zu einem Ort wahrer Gerechtigkeit werden zu lassen, halfen sie durch die Beschreibung der Taten des NS-Regimes in philosophisch-theologischen Kategorien wie „dämonisch" aber auch mit, diese Verbrechen als die Taten einzelner Extremisten darzulegen und die Mitwirkung vieler Deutscher an den Verbrechen auszublenden bzw. durch die Einbettung in einem „höheren" geistigen Zusammenhang zu entkontextualisieren. Diese mehr oder weniger kleinen Anwälte waren somit typische Vertreter der geistig-politischen Grundhaltung in den ersten Jahren nach Kriegsende, entfalteten doch gerade in dieser Zeit konservative Autoren wie Ortega y Gasset eine ungeahnte Popularität.[896] Einige Anwälte, wie etwa das Verteidigerteam von Rosenberg, konnten sich offenbar von antisemitischen Stereotypen nicht freimachen. Eine Sonderstellung nahm Carl Haensel ein, der als einziger Nürnberger Verteidiger eine rechtsphilosophische Einordnung der Prozesse versuchte und in ihnen das Entstehen einer naturrechtlichen „Neurenaissance" erblickte.

3.2 Patriotische Pragmatiker: Hermann Jahrreiß, Eduard Wahl und Rudolf Dix

Die zentralen Plädoyers der Professoren Hermann Jahrreiß und Eduard Wahl können über ihren rechtlichen Gehalt hinaus als Antwort der Nürnberger Verteidiger auf zentrale Grundlagen der Anklage in Nürnberg verstanden werden und dienten fast allen Anwälten als Referenzpunkte ihrer Argumentation. Insofern lohnt es sich, diese Gutachten auch als politische

---

896 Francisco Sánchez-Blanco: Ortega y Gasset: Philosoph des Wiederaufbaus? Anmerkungen zu einer unbedachten Rezeption, in: Jost Hermand u. a. [Hgg.]: Nachkriegsliteratur in Westdeutschland, Bd. 2, Berlin 1983, S. 101 und Axel Schildt: Zwischen Abendland und Amerika. Studien zur westdeutschen Ideenlandschaft der 50er Jahre, München 1999, S. 12 f., S. 21–82; vgl. hierzu auch beispielhaft Dirk Schmaler: Die Bundespräsidenten und die NS-Vergangenheit – Zwischen Aufklärung und Verdrängung, Frankfurt am Main 2013, S. 13–26 und Friedrich Wilhelm Rothenspieler: Der Gedanke einer Kollektivschuld in juristischer Sicht, Berlin 1982.

Dokumente zu analysieren, zumal, wie Michael Stolleis betont, die deutsche Völkerrechtswissenschaft weitgehend deutschnational eingestellt war und sich die deutschen Wissenschaftler „wie selbstverständlich in die patriotische Pflicht genommen“ sahen, die für Deutschland günstigste rechtliche Interpretation zu suchen.[897]

Jahrreiß zog noch in der Rückschau eine Verbindung zwischen seinen früheren Schriften und seinem für die Gesamtverteidigung vor dem IMT abgegeben Plädoyer, habe doch seine Versailles-kritische Habilitation „wichtigen Einfluss“ auf das Plädoyer ausgeübt.[898] Tatsächlich finden sich im Plädoyer in Nürnberg Reminiszenzen an Jahrreiß‘ nationalistische Schriften: „[E]ine solche Anklage ist [...] unvereinbar mit dem Wesen der Souveränität und mit dem Fühlen der meisten Europäer. [...] Die Bestrafung einzelner durch die Völkerrechtsgemeinschaft wegen Bruchs des zwischenstaatlichen Friedens kann somit nur angeordnet werden, wenn die Grundlagen des geltenden Völkerrechts und die im Lebensgefühl der europäischen Völker seit Jahrhunderten fest verwurzelten Wertvorstellungen aufgegeben werden, für die der Staat, der eigene souveräne Staat die unabdingbare Grundlage der freien Persönlichkeit ist. Die Anklage zerschlägt in Gedanken den Deutschen Staat für eine Zeit, wo er in voller Kraft aufrecht stand und durch seine Organe handelte.“[899] Für Jahrreiß waren die Vorschriften des Londoner Status „revolutionär“. Wenn auch nicht in der Radikalität, aber dem Tenor nach wiederholte damit Jahrreiß Argumente, die er letztendlich schon in den späten dreißiger Jahren vorgebracht hatte: Die anderen Mächte wollten Deutschland durch die Ächtung des Krieges kleinhalten, ja sogar, wenn auch nur im Geiste, zerschlagen. Wenn man zudem bedenkt, dass noch nicht einmal drei Jahre zuvor Jahrreiß unter „Europa“ ein Großdeutsches Reich verstanden hatte, wirken die Rückbezüge auf die angeblich gemeinsamen Werte der Europäer umso weniger überzeugend.

Gefährlicher als Jahrreiß‘ Kritik am Verbrechen gegen den Frieden waren seine staatsrechtlichen Ausführungen zum Führerprinzip, die nach dem britischen Ankläger David Maxwell-Fyfe „hart“ getroffen werden müssten, sei die Berufung auf den Führerbefehl doch nichts anderes als

---

897 Stolleis: Geschichte, Band 3, S. 88; vgl. auch Diemut Mayer: Die Perversion des Völkerrechts unter dem Nationalsozialismus, in: Jahrbuch des Instituts für Deutsche Geschichte 14 (1985), S. 312.

898 Stern: Jahrreiß, S. 144.

899 IMT-Protokoll, Bd. 17, S. 520 f.

eine versteckte Variante der Berufung auf höheren Befehl, den der IMT grundsätzlich als Verteidigungsmittel ausgeschlossen hatte, durch die Hintertür.[900] Schon das Reichsgericht hatte im „Llandovery Castle"-Fall in Auslegung des § 47 II des deutschen Militärstrafgesetzbuches klargestellt, dass die Berufung auf „höheren Befehl" per se keinen Schuldausschließungsgrund darstellte. Dagegen hatte die Ansicht zur Zulässigkeit der Berufung auf „höheren Befehl" im angloamerikanischen Militärstrafrecht mehrfach gewechselt.[901] Dies führte dazu, dass gerade politisch orientierte Anwälte wie Aschenauer den Alliierten Siegerjustiz und eine einseitige Normierung gegen die Deutschen vorwarfen, war doch auch im Einsatzgruppenprozess die Berufung auf einen vermeintlichen „Führerbefehl" zentrale These der Verteidigung um Aschenauer und Ohlendorf.[902] Wie Andreas Toppe und Kurt Hinrichsen zu Recht herausstellen, hatte es ein eigenständiges Rechtsinstitut des „Befehlsnotstandes" im deutschen Straf- und Militärstrafrecht nicht gegeben, sondern stellte nur eine Ausprägung des allgemeinen strafrechtlichen Notstandes dar.[903] Die Nürnberger Prozesse wie auch der Bundesgerichtshof zu Beginn der fünfziger Jahre machten deutlich, dass die Berufung auf „Befehlsnotstand" an strenge Maßstäbe geknüpft war und nur dann geltend gemacht werden konnte, wenn eine konkrete Gefahr für Leib und Leben für den Untergebenen bestand. Niemand Geringerer als Hans-Günther Seraphim gab in einem vor dem Landgericht Flensburg 1962 gehaltenen Gutachten zu, dass die Nürnberger Verteidiger, trotz ihres Zugriffs auf hochrangige SS-Führer in den Internierungslagern, in ihren Bemühungen in Bezug auf die SS schwerwiegende Fälle eines „Befehlsnotstandes" nachzuweisen, gescheitert wa-

---

900 Tusa/Tusa: Nuremberg, S. 416.

901 Vgl. die rechtshistorische Übersicht zum Problem des „höheren Befehl" bei Gary D. Solis: The Law of Armed Conflict. International Humanitarian Law in War, Cambridge u. a. 2010, S. 341 - 357 bzw. Bantekas: International Criminal Law, S. 104–108. Zu den unterschiedlichen Ansichten der Gerichtshöfe in den Nürnberger Prozessen vgl. Heller: Nuremberg, S. 299–302.

902 Knieriem: Nürnberg, S. 266 f.

903 Vgl. Toppe: Militär, S. 235–238, vgl. aus juristischer Sicht zum „Befehlsnotstand" auch Kurt Hinrichsen: „Befehlsnotstand", in: Adalbert Rückerl [Hg.]: NS-Prozesse. Nach 25 Jahren Strafverfolgung. Möglichkeiten – Grenzen – Ergebnisse, Karlsruhe 1972, S. 131–161 und Herbert Jäger: Verbrechen unter totalitärer Herrschaft. Studien unter totalitärer Herrschaft, Frankfurt a.M. 1982, S. 81–165.

ren.[904] Dennoch versuchten etliche Nürnberger Anwälte, teils unter Berufung auf die totalitäre Herrschaft Hitlers bzw. den Führerbefehlen eine Art allgemeinen „Befehlsnotstand“, der nicht nur für die Einsatzgruppenführer und Militärs, sondern auch für Beamte und Wirtschaftsfunktionäre und Industrielle gelten sollte, zu beweisen.[905] Der Schuldausschließungsgrund des „Befehlsnotstandes“ unterlag daher einer „gewisse[n] politische[n] Brisanz“, wie der Jurist Klaus Bernsmann im Hinblick auf die Strafverfolgung von NS-Verbrechen in der frühen Bundesrepublik feststellte.[906]

Tatsächlich liefen die staatsrechtlichen Ausführungen von Jahrreiß vor dem IMT auf eine Generalexkulpation für die deutschen Beamten und Offiziere hinaus: „Als der Befehl Hitlers das große A und O wurde, fühlten sie sich sozusagen wieder in gewohntem Gleis. Das Unheimliche, Rätselhafte war gewichen. Sie waren wieder in ihrer Welt der Subordination. Immerhin hatte aber diese Entwicklung dem Befehl des Führers auch bei Ihnen einen besonderen Nimbus verliehen; gegen den Befehl des Führers gab es keinen Widerspruch“.[907] Hitler wurde in den Ausführungen von Jahrreiß zum Alleinverantwortlichen für alle Taten des „Dritten Reiches“: „Hitlers Wille war eben die letzte Instanz für ihre Erwägungen über das, was zu tun oder zu lassen ist. Der Befehl des Führers schnitt jede Erörterung ab. Darum: Wer sich als Funktionär der Hierarchie auf den Befehl des Führers beruft, will nicht für eine rechtswidrige Handlung einen Strafausschließungsgrund angeben, sondern er bestreitet die Behauptung, sein Verhalten sei rechtswidrig; denn der Befehl sei rechtlich unangreifbar, den er befolgt habe.“[908] Der britische Ankläger Hartley Shawcross erkannte sehr hellsichtig die explizit politische Stoßrichtung des Gutachtens. Er hielt Jahrreiß‘ juristische Ausführungen zwar für „ausgezeichnet“, erklärte aber, dass diese nicht unwidersprochen bleiben dürften, richte doch Jahrreiß einen politischen Appell an eine außerhalb des Gerichts stehende Zuhörerschaft und unterstelle den Alliierten, dass die Angeklagten einer ex post facto-Gesetzgebung unterworfen werden würden. Auch Telford Tay-

904 Hinrichsen: Befehlsnotstand, S. 157. Zur Behandlung der Verteidigungsargumente des Notstandes bzw. der „superior order“ in den Nachfolgeprozessen, vgl. Heller: Nuremberg, S. 299–305.

905 Vgl. auch insbesondere Knieriem: Nürnberg, S. 273 der einer derartigen Ausdehnung des Befehlsnotstandes das Wort redet. Zur Behandlung des Notstandes in den Nachfolgeprozessen, vgl. Heller: Nuremberg, S. 302–306.

906 Bernsmann: „Entschuldigung“, S. 17.

907 IMT-Protokoll, Bd. 17, S. 525.

908 IMT-Protokoll, Bd. 17, S. 530.

lor beurteilte Jahreiß' Ausführungen in erster Linie als politisches Statement.[909] Eine Fortführung dieser allgemeinen Exkulpation der deutschen Beamtenschaft erfolgte auf Bitten von Verteidiger Alfred Schilf im Fall 3, wo Jahreiß in langen Ausführungen zur Verfassungsentwicklung in der Weimarer Republik und im „Dritten Reich" zu ähnlichen Ergebnissen bezüglich des Führerbefehls kam wie schon vor dem IMT.[910]

Vergleichbare Signalwirkung wie das Plädoyer für die Gesamtverteidigung des IMT von Jahreiß hatte das für die Gesamtverteidigung im Fall 6 gehaltene Plädoyer von Eduard Wahl. Während das Plädoyer von Jahreiß durch eine ausführliche Darstellung in der Presse und mit der offiziellen Publikation des IMT-Protokolls weite Verbreitung fand, nutzte Eduard Wahl seinen öffentlichen Vortrag „Grundfragen der Nürnberger Prozesse", von Dezember 1947, um schon kurz nach Beginn des I.G.-Farben-Prozesses einige zentrale Gedanken seines späteren Gutachten vorab zu präsentieren.[911] Wahl zog eine direkte Linie zur Situation von 1919. Man brauche kein Prophet zu sein, um vorherzusehen, dass die Nürnberger Prozesse eine ähnliche Rolle in der Geschichte spielen werden wie der Kriegsschuldparagraph des Versailler Vertrags. Die dort vorgebrachten Argumente in diesen Prozessen würden immer wieder geprüft werden und diese Verfahren daher an der Befriedung der durch den Krieg geschüttelten Menschheit mitwirken. Das Urteil des IMT, insbesondere in Bezug auf den Angriffskrieg, sah Wahl als unhaltbar an, betonte aber, dass alles geschehen müsse, um Angriffskriege für die Zukunft zu verhindern. Die Menschheit habe zu sehr gelitten, als dass sie sich nicht in ihrem Innersten nach dem ewigen Frieden sehne.

Das Plädoyer selbst wurde dann in der Zeitschrift „Der Ruf" Februar 1949 in Auszügen publiziert.[912] Gleich zu Beginn des Plädoyers wartete

---

909 Taylor: Nürnberger Prozesse, S. 549 und 573.

910 Auszüge aus den Aussagen von Jahreiß, in: TWC, Bd. 3, S. 252–284. Vgl. zudem das Gutachten von Jahreiß für Lammers im Fall 11: Hermann Jahreiß: Die Stellung des Chefs der Reichskanzlei in der Hierarchie des Hitler-Regimes, Köln 1948 (= Dokument Lammers Nr. 50), in: UAK, Zugang 725, Nr. 130.

911 Eduard Wahl: Grundfragen der Nürnberger Prozesse. Ein Vortrag, gehalten am 12.12.1947 im Rahmen der Professoren-Vorträge der Universität Heidelberg, in: Wolfgang Kunkel: Aus Leben und Forschung der Universität 1947/48, Berlin u. a. 1950, S. 76–98.

912 Eduard Wahl: Eine deutsche Verteidigung. Das Plädoyer von Prof. Dr. E. Wahl im Nürnberger Prozess gegen die Angeklagten der deutschen Wirtschaft, in: Der Ruf (15.2.1949).

Wahl mit einer Sensation auf: Unter Berufung auf einen Artikel des US-Völkerrechtlers George Finch im American Journal of International Law stellte Wahl heraus, der jüdisch stämmige sowjetische Völker- und Strafrechtler Aron Naumowitsch Trainin habe maßgeblichen Einfluss auf die Aufnahme des Verbrechens gegen den Frieden in das Londoner Statut gehabt. Trainins Auffassungen, der in seinem Buch über die „Verantwortung des Hitlerismus unter strafrechtlichen Gesichtspunkten" die These vertreten habe, dass man sich bei der Bestrafung von Kriegsverbrechen der Deutschen und ihrer Verbündeten nicht durch Legalismen binden dürfe, hätten fast wortwörtlich auf die Anklagerede Robert Jacksons vor dem IMT gewirkt. Insbesondere habe Trainin vorgeschlagen, nicht nur Mitglieder von Regierung und Armee, sondern auch Kapitalisten, Propagandisten und Industrielle für Verbrechen gegen den Frieden anzuklagen: „So steht gerade dieser Prozess im Schatten der russischen Ideologie, des Kampfes gegen die altehrwürdige Rechtstradition der Kulturwelt, die als Ausfluss kapitalistischen und imperialistischen Geistes gebrandmarkt wird."[913] Wahl gelang es also in seinem Plädoyer zu suggerieren, dass die Anklage des IMT unter indirektem sowjetischem Einfluss gestanden habe, und sah nicht weniger als einen Kampf zwischen russischer Ideologie und westlicher „Kulturwelt" aufziehen.[914] Geschickt und unter mehrfachem Hinweis auf Wilhelm Grewes Streitschrift (siehe Kapitel 2.6) deutete Wahl an, dass die von ihm skizzierte Rechtslage die Nürnberger Gerichte zu Ausnahmegerichten mit Ausnahmerecht stempeln könnte.[915] Wahl beklagte die große Verwirrung, ja Entrüstung vieler Deutscher über das Chaos und die Rechtlosigkeit der Deutschen, die auch auf das Verhältnis zwischen Sieger und Besiegte Einfluss habe. Es sei durchaus verständlich, wenn die amerikanischen Richter fragen würden, wie es denn habe geschehen können, dass in Deutschland solche Zustände in SS-Lagern entstehen konnten. Man müsse aber die „absolute Unwiderstehlichkeit aller vom Staat durchgeführten Maßnahmen, selbst schwerster Verbrechen" erkennen, um dies zu verstehen. Die wirtschaftliche Erholung nach 1933 habe das NS-Regime genutzt, ein „stählernes Netz" der Überwachung über Deutschland zu werfen. Die angeklagten Industriellen gehörten der „typischen Haltung des im Grunde unpolitischen deutschen Intellektuellen" an, über die die Bewe-

913 Wahl: Plädoyer über „Grundsätzliche Rechtsfragen", S. 1–4, in: StN, KV-Prozesse Fall 6, Nr. C25.

914 Wahl: Plädoyer, S. 7, in: StN, KV-Prozesse Fall 6, Nr. C25.

915 Wahl: Plädoyer, S. 24, in: StN, KV-Prozesse Fall 6, Nr. C25.

gung des Nationalsozialismus wie ein Naturereignis hereingebrochen sei. Die einen wollten als Spezialisten auf ihrem Gebiet ihre Arbeit voranbringen und hofften auf ein Ende der „Kinderkrankheiten" des Nationalsozialismus. Andere hätten den Nationalsozialismus in Kauf genommen, um ein Anstürmen des Bolschewismus auf Europa abzuwehren, dem man nur mit seinen eigenen Methoden habe begegnen können. Im Krieg schließlich seien diese Motive der Angst gewichen, mitsamt der Familie als Saboteur oder Defätist angesehen und vernichtet zu werden. Nicht zuletzt habe man dem um seine Existenz ringenden Volk nicht in den Rücken fallen wollen. Sein Plädoyer beendete Wahl kryptisch mit einem Hinweis auf die apokalyptische Gefahr aus dem Osten: „Anderenfalls würde ein zynischer Nihilismus mit unabsehbaren Folgen den Deutschen zum Schicksal, die westliche Welt hätte ihre Stunde verkannt."[916]

Angesichts dieser Vorarbeit brauchte Erich Kaufmann in seinem allerdings nicht öffentlich verlesenen allgemeinen Gutachten für die angeklagten Diplomaten im Fall 11 lediglich Wahls Argumente untermauern und akzentuieren. Der hochkonservative Dekan der juristischen Fakultät München, Erich Kaufmann (1880–1972), gilt bis heute als sehr umstrittene Persönlichkeit.[917] Dank gewichtiger Fürsprecher im Auswärtigen Amt, wie Ernst von Weizsäcker, überlebte der jüdisch-stämmige Kaufmann aber das „Dritte Reich".[918] Aufgrund der persönlichen Verbindung mit Weizsäcker hatte sich seit Januar 1948 zwischen Hellmut Becker und Kaufmann ein Gedankenaustausch über die Linie der Verteidigung für von Weizsäcker entwickelt, für den Kaufmann schließlich als Entlastungszeuge aussagte und ein zentrales Gutachten zum Angriffskrieg ablieferte.[919] Auch

916 Wahl: Plädoyer, S. 65, in: StN, KV-Prozesse Fall 6, Nr. C25.

917 Die Beurteilungen schwanken zwischen einem großen Rechtsgelehrten und der Aussage des Politologen Kurt Sontheimer, der Kaufmann, trotz jüdischer Herkunft, wegen dessen Schriften im Kaiserreich zu den „Steigbügelhaltern" Hitlers zählte. Eine umfassende Monographie zu Erich Kaufmann ist immer noch ein Desiderat der Forschung. Eine wichtige rechtshistorische Arbeit über Kaufmanns völkerrechtliches Denken in den zwanziger Jahren hat allerdings Frank Degenhardt vorgelegt, vgl. Frank Degenhardt: Zwischen Machtstaat und Völkerbund. Erich Kaufmann (1880–1972), Baden-Baden 2008. Vgl. auch Renate Zelger: Der Staatsrechtler Erich Kaufmann – Von der konstitutionellen Monarchie bis zur parlamentarischen Demokratie, in: Hermann Nehlsen [Hg.]: Münchner rechtshistorische Studien zum Nationalsozialismus, Frankfurt a.M. 1996, S. 313–330.

918 Degenhardt: Machstaat, S. 128 f.

919 Schreiben Beckers an Kaufmann 30.1.1948 in: PAAA, NL Becker, Bd. 6.

Kaufmann machte unter Berufung auf Wahl in Robert Jacksons Eröffnungsrede eine auf Trainin beruhende „sowjetisch gefärbte Terminologie“ aus: „Die strafrechtliche Verfolgung dieser Verbrechen ist keine organische Weiterentwicklung keimender Rechtsgedanken, geschweige denn eine Deklaration geltenden Rechts oder eine Kodifikation von bestehendem Gewohnheitsrecht, sondern ein okkasioneller revolutionärer Bruch mit bis dahin allgemein anerkannten Rechtsprinzipien, ein Einbruch totalitärer Rechtsauffassung sowjetischer Färbung in das Rechtsdenken der westlichen Zivilisation.“[920]

Wie in Kapitel 1.2 ausführlich dargestellt, hatte Rudolf Dix zum weiteren Umfeld der Jungkonservativen gehört, in seiner Tätigkeit als Präsident des DAV ein elitäres Gesellschaftsbild mit antisozialistischer Zielrichtung vertreten und mit seinem Mandant Schacht die gleiche politische Auffassung der „konservativen Demokratie“ geteilt.[921] Auch die Plädoyers von Dix in Nürnberg sind durchzogen von Versatzstücken eines jungkonservativen Weltbildes. Es reiche laut Dix nicht aus, das „Dritte Reich“ staatsrechtlich zu beleuchten, sondern es bedürfe einer wissenschaftlichen Soziologie des „Dritten Reiches“. Die wenigsten Deutschen hätten die wahren Machtverhältnisse gekannt. Dass sein Mandant Schacht politisch geirrt habe, könne man nicht bestrafen. Die Beweisführung der Anklage für Schachts Mitwirkung am Angriffskrieg wegen seiner Ablehnung des Vertrags von Versailles ähnle einer Anklage gegen die gesamte Automobilindustrie, weil ein Taxichauffeur betrunken einen Passanten überfahren habe. Mit dem Zusammenbruch des deutschen Reiches 1918 habe das deutsche Volk, „unorganisch aufgepflanzt, nicht organisch geworden“, eine demokratisch-parlamentarische Verfassung bekommen, die nur eine formalstaatsrechtliche, aber nicht gewachsene Demokratie gewesen sei. Die Weimarer Demokratie sei einem Betrüger wie Hitler, einem „halbgebildeten, völlig ungeistigen Kleinbürger“, zum Opfer gefallen, der sein Volk und die ganze Welt betrogen habe. Faust sei Mephisto erlegen. Das Elend der Wirtschaftskrise habe „den Massen das Ohr für demagogische Einflüsterungen“ geöffnet. Wegen der völligen Lethargie und Inaktivität der damaligen Mittel- und Linksparteien hätten auch kritische und kluge Beobach-

---

920 Erich Kaufmann: Rechtsgutachten des Prof. Dr. Erich Kaufmann über die völkerrechtliche und strafrechtliche Behandlung der „Verbrechen gegen den Frieden“ 22.10.1946 [= Dokument Woermann 184/Dokumentenbuch Woermann X], in: StN, KV-Prozesse Fall 11, Nr. Y16.

921 Schacht: 76 Jahre, S. 580 f.

ter die Bereitschaft gefunden, sich die „schwungvolle politische Dynamik und Aktivität" der NSDAP zu erschließen und die Bewegung mitzugestalten.[922] Deutlich hört man in dieser Passage des Plädoyers, mit Anklängen an Ortega y Gasset, wie Dix die Schuld am Aufstieg Hitlers der „Masse" zuschreibt und gleichzeitig hierdurch die Kooperation der deutschnationalen Eliten mit der NS-Bewegung zu rechtfertigen sucht. In einem gewissen Sinne sprach hier Dix auch im eigenen Namen, hatte er doch selbst einen gewissen Anteil an der Gleichschaltung des DAV im Jahre 1933. Sein Eröffnungsplädoyer im Fall 5 für Friedrich Flick begann Dix daher auch vielsagend mit einem die Absicht der Verteidigung schlagwortartig bezeichnenden Zitat des Kirchenphilosophen Augustinus: „Quid interest, sub cujus imperio homo moriturus, si illi, qui imperant, ad impia et iniqua non cogant".[923] Dies sei die Tragödie der angeklagten Industriellen. Jeder der in Deutschland an herausragender Stelle aktiv war, lief Gefahr, schuldlos Verdächtiger einer schuldhaften Tat zu werden. Dies sei das Schicksal von Männern, die in einer Umwelt lebten, wo schuldhafte Taten begangen werden.[924] Schon wegen ihres allgemeinen Bildungsstandards und ihrer geschäftlichen Ausbildung hätten sie erkannt, dass sich Krieg nicht auszahle.[925] Die Planwirtschaft des Hitlerregimes habe jenen Typ von Industriellen, jene großen Unternehmer, vernichtet und zu Werkzeugen der bürokratischen Staatsplanung reduziert. Nach 1933 blieben die Industriellen wohlhabend, aber ihre Macht war ihnen genommen, zumal Hitler für alle Intellektuellen und höheren Klassen eine tiefe Verachtung verspürt habe. Hitler als „echter Prolet im geistigen und moralischen Sinne des Wortes" habe die „aristokratische Oberschicht" per se gehasst, seien es die Intellektuellen, die große Bourgeoisie, der Generalstab, die Generalität gewesen.[926]

Neben dieser Interpretation für die Gründe des „Dritten Reiches" war Rudolf Dix auch einer der wenigen Anwälte, der eine direkte Linie von „Nürnberg" zur zukünftigen demokratischen Gestaltung Deutschlands zog. In einem aus unbekannten Gründen nicht veröffentlichen Vortrag vor Frankfurter Juristen am 11. Oktober 1948 zog Dix Bilanz zu Nürnberg.

---

922 IMT-Protokoll, Bd. 18, S. 306.

923 „Was kümmert es, unter welcher Regierung sterbliche Menschen leben, solange diejenigen, die regieren, sie nicht zu gottlosen und ungerechten Taten zwingen?"

924 TWC, Bd. 6, S. 115, vgl. auch Jung: Rechtsprobleme, S. 65f und Priemel: Flick, S. 637–639.

925 TWC, Bd. 6, S. 125.

926 TWC, Bd. 6, S. 130.

Die Gedanken seiner Plädoyers und Eröffnungsreden in Nürnberg aufgreifend betonte Dix, dass die Ideologie Hitlers ein Mittel der Machtpolitik gewesen war. Dessen Weltanschauung sei zu sehr ein „Ragout demagogischer Eklektik aus politischen und weltanschaulichen Systemen verschiedenster Art" gewesen, als dass der Eindruck entstehen könne, die Deutschen würden die Nürnberger Angeklagten verklären. Niemand wolle die Verbrechen des Nationalsozialismus in Zweifel ziehen. Die Skepsis gegen Nürnberg finde sich auf einer anderen Ebene. Der Grundsatz des „Tu quoque" sei zwar in der Wissenschaft umstritten, habe aber „eine natürliche Resonanz im Volksempfinden". Überhaupt gebe es, wie Dix in seinem Vortrag weiter ausführte, Zweifel, ob ausländische Richter die außerordentlich komplizierten soziologischen Verhältnisse des „Dritten Reiches" und den sehr umstrittenen und labilen Fragen des Völkerrechts gerecht würden. Die Argumente von Jahrreiß und Wahl aufgreifend sah Dix in Trainins Tätigkeit einen erfolgreichen Versuch der Kominform, den Gegner der kommunistischen Weltanschauung von innen heraus auszuhöhlen und besonders in den Strafprozessen gegen die deutschen Industriellen in psychologischer Hinsicht sowjetischen Doktrinen Vorschub zu leisten. Zumindest im Fall 5 und 6 seien aber die amerikanischen Richter vom Rechtsempfinden und der Rechtsanschauung des Abendlandes und der westlichen Welt nicht abgewichen. Dennoch kam Dix zu einer erstaunlich positiven Bewertung Nürnbergs. Gerade im Völkerrecht müsse eine „kühne richterliche Tat" am Anfang stehen, um einen klar einseitig verschuldeten Angriffskrieg wie den Zweiten Weltkrieg zu pönalisieren.

Mit dieser Bewertung traf er sich mit dem Wahlverteidiger des älteren Krupp vor dem IMT. Auch Theodor Klefisch erhob Lobeshymnen auf das Gericht des IMT, dieses sei den „höchsten Anforderungen an die Unparteilichkeit, die Loyalität und den Gerechtigkeitssinn" gerecht geworden. Demgegenüber müsse die vereinzelte Kritik verblassen. Seltsam sei nicht zuletzt, dass Kritik nur im Inland laut geworden sei und sich in ungerechtfertigter Nachsicht gegen gewisse Angeklagte geäußert habe. Ausdrücklich lobte Klefisch Nürnberg als Fortschritt zur Fortentwicklung des Völkerrechts und Anerkennung des geschaffenen Rechts. Wie Wahl meinte auch Klefisch, dass ein nochmaliger Krieg die Vernichtung des Abendlandes bedeuten würde.[927]

927 Theodor Klefisch: Gedanken über Inhalt und Wirkung des Nürnberger Urteils, in: Juristische Rundschau 1947, S. 45–49.

Für Rudolf Dix in seinem Frankfurter Vortrag wiederum war der IMT als eine natürliche Reaktion der Gerechtigkeit empfunden worden. Aufgrund der Behauptung der Anklage und der deutschen Presse eines Bündnisses zwischen Generalität, der Industrie und Hitler sei aber die politisch psychologische Wirkung der Nürnberger Prozesse ein Fehlschlag gewesen, was um so bedauerlicher sei, als Nürnberg zweifellos Hervorragendes auf dem Gebiet der historischen Wahrheitsforschung geleistet habe. Gerade den verurteilenden Teil der Urteile in den Nürnberger Industrieprozessen sah Dix als Beleg einer Verurteilung aus politischen Zugeständnissen. Man solle daraus lernen, dass sich die Justiz so wenig wie möglich in den Dienst selbst einer guten Politik stellen solle. Angesichts der fortgeschrittenen Militärtechnik werde auch die Pönalisierung des Angriffskrieges wenig bringen, da der Angreifer zu gewinnen hoffe, um dann als sein eigener Richter zu agieren. Indem Nürnberg glauben mache, dass es in einem neuen Krieg Völkerrecht geben werde, bringe es eher eine Vertiefung der Kriegsgefahr.

Damit fand sich Dix nun am „Gesamtproblem" der Nürnberger Prozesse, nämlich des sogenannten „politischen Prozesses". Als einen politischen Prozess definierte Dix ein solches gerichtliches Verfahren, „welcher politisch orientierte Handlungen zum Gegenstand hat, oder bei dem der Hintergrund oder sein Rahmen ein politischer ist, auch ein solcher, wo ein bestimmter politisch-ideologischer Zweck für das Inlaufsetzen des gerichtlichen Verfahrens bestimmt ist, wo es also an der absoluten Voraussetzungslosigkeit fehlt, welche einer reinen Rechtsprechung eigen sein soll."[928] Konkret sah Dix in den Nürnberger Prozessen einen politischen Plan der Alliierten, das deutsche Volk zur Demokratie zu erziehen. Die Justiz stehe aber ethisch über aller Politik. Sie solle nur den menschlichen Aspekt im Rahmen des Rechts sehen und den politischen Gegner in seiner Überzeugung achten, ihn als solchen gar nicht sehen. Sobald die Justiz zur Magd der Politik werde, sei sie ihrer metaphysischen Berufung und damit ihres Wesens entkleidet. Politik sei der Justiz „artfremd". Gleiches gelte aber auch für die Politik, wenn sie sich der Justiz als Hilfstruppe bediene. Dix sah daher in der Gegenwart einen gefährlichen „Pluralismus und Kollektivismus auf moralischem Gebiet". Für ihn sei Demokratie immer mit einem Tropfen Konservatismus im Sinne der Pflege wertvoller Traditio-

928 Für das Folgende: Rudolf Dix: Vortrag gehalten vor Juristen des Oberlandesgerichtsbezirkes Frankfurt/M. am 11. Oktober 1948, im Schwurgerichtssaal des Landesgerichtes Frankfurt/M., in: UAW, NL61, Mappe 324.

nen verbunden, die sich von jeder „öden Gleichmacherei“ und Denkschablonen enthalte. Heute würden die politischen Parteien alle freien Kräfte des Volkskörpers töten, dem Staatsbürger das selbstständige Denken austreiben, seine Geisteshaltung kollektivieren und damit das Aufkommen überparteilicher, rein staatsmännischer Führer im Keim ersticken. An dieser Stelle der Rede von 1948 erscheint das politische Denken des alten Anwalts Dix fast identisch mit dem jungkonservativ geprägten DAV-Präsidenten aus den letzten Jahren der Weimarer Republik. Allerdings setzte nun Dix auf das Christentum als Inspirator neuer Führer. Mit den alten Leitsätzen des reinen liberalistischen Kapitalismus könne man der Ideologie des Marxismus und der Kominform nicht mehr die Stirn bieten: „Ein ritterliches Christentum wird in diesem Kampfe ein erhebliches ethisches und politisches Positivum“ sein, auch der Wiederbelebung und Vertiefung der „großen humanistischen Traditionen des Abendlandes“ dürfe man nicht entbehren, eine „Verbindung der realpolitischen Schau und idealistischen Schwungkraft eines Schillers mit der Weltweite- und Tiefe eines Goethe“. Dies gelte besonders für die politischen Führer: „Wenn man früher den politischen Parteien zurief: ‚Erst das Vaterland und dann die Partei‘, so gilt die Berechtigung dieses Rufes mit abzulehnendem eng nationalistischen Sinn noch heute, und zwar mit obiger Devise, weil man mit dieser einer freien Menschheit und damit im rechten Sinn auch dem eigenen Vaterland dient.“ Schon vor fünfzehn Jahren sei die Entwicklung über die Parteien hinweggegangen und deren damaliges Schuldkonto bleibe noch offen. Insofern müssten sich nun die politischen Führungsstellen ungehemmt von sachunkundigen und unverantwortlichen Kollektiveinflüssen – und Hemmungen entfalten können. Schon die Erziehung durch Hitler sei nur eine dem Volk umgestülpte Zwangsjacke gewesen. Ein großer Teil des Volkes erkrankte in seiner seelischen Substanz und es bedurfte eines politischen Psychiaters, nämlich der Wiedererrichtung des Rechts und der Bekämpfung jener niederen Instinkte, deren niederträchtiger Kultivierung Hitler seine Macht verdankte.

Zusammenfassung Kapitel 3.2

Anders als die meist kleinbürgerlichen Pflichtverteidiger sprachen Wahl, Jahrreiß und Rudolf Dix in ihrer Verteidigung der konservativen Eliten des „Dritten Reiches“ für ihre eigene gesellschaftliche Gruppe bzw. Mandantenschaft und damit in gewissem Grade auch in eigener Sache. Als simples Erklärungsparadigma ließen sich die Verbrechen des Nationalsozialismus als Ausdruck des Hanges der Masse zur Gewalt erklären. Das eigene elitäre und bildungsbürgerliche Selbstverständnisses wurde als Gegenpunkt zum „Proleten" Hitler verstanden und damit die eigene Rolle im Nationalsozialismus exkulpiert. Die Zielrichtung war klar: Die deutschen Industriellen bzw. Beamten seien hilflos dem NS-Regime ausgeliefert gewesen und hätten sich nur aus Idealismus für das Wiedererstarken Deutschlands, aus Furcht vor der roten Gefahr oder aus einem missverstandenen Gehorsamsideal mit den Nationalsozialisten eingelassen. Überhaupt sei nach Erkennen ihres Irrtums ein Widerstand gegen Hitler und den Führerbefehl unmöglich gewesen, da man angesichts der totalen Herrschaft Existenz und Leben riskiert hätte. Die deutschen Eliten aus Beamtentum und Wissenschaft könnten sich daher auf Notstand berufen. Ralf Ahrens sprach diesbezüglich zutreffend von einer „simplen Totalitarismustheorie" der Nürnberger Verteidiger.[929] Wahl, Jahrreiß und Dix betrieben somit eine generelle Entlastung der bürgerlichen Eliten Deutschlands, auch wenn einige Aussagen Wahls in erster Linie eine Antwort auf den nicht minder politisch motivierten Anklagevortrag im I.G.-Prozess zu verstehen sind.[930]

Prozesspsychologisch war es durchaus ein kluger taktischer Zug Wahls, in der Frühphase des Kalten Krieges auf die sowjetische Gefahr hinzuweisen. Der überbordende Antikommunismus war aber mehr als nur prozesstaktisches Kalkül. Während Jahrreiß vor dem IMT nur allgemein von

929 Vgl. hierzu Ralf Ahrens: Die nationalsozialistische Raubwirtschaft im Wilhelmstraßen-Prozess, in: Kim C. Priemel/Alexa Stiller [Hgg.]: NMT. Die Nürnberger Militärtribunale zwischen Geschichte, Gerechtigkeit und Rechtschöpfung, Hamburg 2013, S. 368 und Drecoll: Der Auftakt, S. 393. Zur Totalitarismustheorie vgl. insbesondere Clemens Vollnhals: Der Totalitarismusbegriff im Wandel, in: Aus Politik und Zeitgeschichte 39 (2006), S. 21–27 sowie aus der Masse an Literatur beispielhaft Eckart Jesse: Totalitarismus im 20. Jahrhundert. Eine Bilanz der internationalen Forschung, 2. Aufl. Bonn 1999; Alfons Söllner u. a. [Hg.]: Totalitarismus. Eine Ideengeschichte des 20. Jahrhunderts, Berlin 1997; Mike Schmeitzner [Hg.]: Totalitarismuskritik von links. Deutsche Diskurse im 20. Jahrhundert, Göttingen 2007; Jörg Baberowski [Hg.]: Jenseits der Totalitarismustheorie? Nationalsozialismus und Stalinismus im Vergleich, in: Zeitschrift für Geschichtswissenschaft. Themenheft der Zeitschrift für Geschichtswissenschaft 52 (2009), S. 966–1064.

930 Mit scharfer Kritik an der Anklage in den Industrieprozessen vgl. Frank Gausmann: Deutsche Großunternehmer vor Gericht. Vorgeschichte, Verlauf und Folgen der Nürnberger Industriellenprozesse 1945–1948/51, Hamburg 2011.

einem „revolutionären“ Recht sprach, suggerierten Wahl, Kaufmann und Dix eine von sowjetischen Kreisen inspirierte Rechtsrevolution, die nicht weniger als die westliche Rechtskultur bedrohe. Dass mit diesem scharfen Antikommunismus möglicherweise auch persönliche Erlebnisse verbunden waren, verrät eine kurze Bemerkung Wahls im Plädoyer: „Für die innerstaatliche Problematik dieses Anklagepunktes möchte ich an eine persönliche Reminiszenz anknüpfen: Wenn man vor 1933 von den Gräueln der russischen Revolution, von den Zuständen in russischen Zwangsarbeiterlagern las, sagte man sich: ‚Gottlob sind wir hier in Deutschland und nicht in Russland. Bei uns wären solche Zustände gar nicht denkbar!‘“[931] Als Sonderfall kommt bei Rudolf Dix die fast ungebrochene, jungkonservative Argumentationsmuster aufgreifende Kritik an der Parteienherrschaft als Ausdruck der hörigen „Masse“ hinzu. Nun war es allerdings nicht mehr der „Führerwillen“ einer selbsternannten zukünftigen Elite wie 1933, sondern eine Führungsschicht aus einem „ritterlichen Christentum“, die die Massen auf den richtigen Weg leiten sollte. Dass diese Führungsschicht nicht zuletzt aus den angeklagten Eliten bestehen werde, war für Dix eine Selbstverständlichkeit.

Trotz aller Kritik an den Nürnberger Prozessen in rechtlicher bzw. in rechtspolitischer Hinsicht half aber paradoxerweise die permanente Krisenstimmung dieses popularisierten Kulturpessimismus in „Nürnberg“, trotz aller Unzulänglichkeiten, einen Garanten des Rechts und des Aufbäumens des „Abendlandes“ gegen die totale Vernichtung in einem Dritten Weltkrieg bzw. der zerstörerischen Kraft des sowjetischen Totalitarismus zu sehen. So scharf und überschießend die Rhetorik am vermeintlich sowjetischen Einfluss in Nürnberg war, so konsequent war auch die intensive Auseinandersetzung mit den rechtlichen Argumenten und der Feststellung einer impliziten Anerkennung der Notwendigkeit eines Ordnungsmodells in Form der Nürnberger Prozesse. Zumindest in der Ablehnung des Massenmordes kamen diese Verteidiger zu einer partiellen Anerkennung der zivilisatorischen Grundlagen Nürnbergs. Sie zweifelten nicht an, dass schreckliche Verbrechen begangen worden waren. Insoweit blieben sie juristische Pragmatiker, auch wenn es ihnen nicht gelang, eine vollständig „objektive“ wissenschaftliche, d.h. von politischen Wertungen freie Betrachtung der Nürnberger Prozesse und ihrer Rechtsprobleme, wie sie Herbert Kraus (siehe hierzu Kapitel 4.1) forderte, zu erlangen.

---

931 Wahl: Plädoyer, S. 53, in: StN, KV-Prozesse Fall 6, Nr. C25.

3.3 Grenzgänger verschiedener Art: Hellmut Becker und Richard von Weizsäcker

Otto Kranzbühlers späterer Kampfgefährte Hellmut Becker hatte sich mit Rhetorik im Fall 11 bewusst zurückgehalten. Wie er seinem Kollegen Magee nach seinem Schlussplädoyer schrieb, sollten gerade die radikalen, aber nicht direkt mit der Weizsäcker-Verteidigung in Verbindung gebrachten Anwälte als Gegenmodel dienen: „Some of my Collegues, especially Fröschmann, but others too, made quite National Socialist speeches. Others attacked the Control Council Law or the Procecution in quite fervent terms. Some of these attacks seemed to me quite good for the Tribunal to hear, and work for our benefit indirectly, especially since they were not done by us."[932] Wie er Erich Kaufmann im Januar 1948 erläuterte, hatte Becker, anders als andere Verteidiger, davon abgesehen, allgemeine Rechtsfragen zu erörtern, da sein Mandant von Weizsäcker ja selbst die Führung echter Angriffskriege und Untaten gegen die Menschlichkeit als Verbrechen angesehen habe. In seinem Fall käme es daher darauf an zu zeigen, dass im totalitären Staat die scheinbare Mitarbeit an Angriffsvorbereitungen notwendig gewesen sei, um die tatsächliche Friedensarbeit tun zu können. Insofern liege sein Schwerpunkt der Verteidigung in erster Linie darauf, durch intensive Zeugenarbeit diese wirkliche politische Arbeit hinter den Kulissen aufzuzeigen.[933]

Jene rhetorische Zurückhaltung sollte Becker allerdings nach Ende der Prozesse aufgeben. Es begann nicht nur eine intensive Zusammenarbeit mit Kranzbühler, der offenbar einen nicht zu unterschätzenden Einfluss auf Becker ausübte, auch meldete sich Becker selbst zu Wort. Seine „Gericht der Politik" betitelte Sammelrezension verschiedener kritischer Literatur zu den Nürnberger Prozessen in der Zeitschrift „Merkur" verstand den IMT allein als „Frage politischer Taktik". Einseitige Darstellungen wie die von dem britischen Schriftsteller Montgomery Belgion (1892–1973) verfassten Schriften „Epitaph on Nuremberg" und „Victors's Justice" wurden bei Becker zu bedeutenden Referenzen für „Nürnberg", habe doch Belgion die Fälle des Rechtsbruchs der Alliierten in einer Fülle aufgelistet, wie dies nicht einmal bruchteilsweise durch alle Verteidiger in

932 Schreiben Becker an Magee 1.12.1948, in: PAAA, NL Becker Bd. 9 Teilband 2.
933 Schreiben Becker an Kaufmann 30.1.1948, in: PAAA, NL Becker, Band 6.

Nürnberg zusammengenommen geschehen sei.[934] Besonders hob Becker, obwohl ja selbst faktisch Koautor der Buchkapitel zu Nürnberg, Freda Utleys „The High Cost of Vengeance" hervor, die wohl „vernichtendste Kritik" der Nürnberger Prozesse. Die von Kranzbühler und den anderen Krupp-Verteidigern mitgestaltete Arbeit „Warum wurde Krupp verurteilt?" wurde als von „überzeugender Sachlichkeit" zeugende Darstellung vorgestellt und auch Kranzbühlers „Rückblick auf Nürnberg", eine in „sorgfältig abwägenden, aber mit eindeutigen Formulierungen" die Verteidigerargumente zusammenstellende Arbeit, durfte nicht fehlen. Bedenkt man die enge Zusammenarbeit zwischen Becker und Kranzbühler, so war die „Rezension" über weite Strecken faktisch eine Eigenbesprechung der aus der Gruppe um Becker und Kranzbühler verfassten Schriften. Insofern ist es nicht ohne Ironie, wenn Becker zusammenfassend zum Ergebnis kam, dass es Aufgabe der Deutschen sei, mit solchen „sachlichen" Darstellungen der Prozesse, den „Vorgang der Besinnung" bei den Alliierten zu fördern. Auf historische Forschung ohne moralische und kriminalistische Gesichtspunkte komme es an, wenn es auch vonseiten der Deutschen einen Beitrag zur Überwindung der Mentalität der Kriegsverbrecherprozesse geben solle.[935]

In einem gewissen Sinne war Becker zu dieser Zeit noch radikaler als Otto Kranzbühler. Während Letzterer die Vertretung von SS-Männern ablehnte, hatte Becker durchaus kein Problem, mit der Ohlendorf-Gruppe in Person von Heinrich Malz in Kontakt zu treten und die Vertretung Martin Sandbergers zu übernehmen. Wie die Verbindung mit Heinrich Malz zustande gekommen ist, lässt sich aus den vorhandenen Dokumenten nicht klar eruieren. Offenbar hatte sich schon bald nach Malz' Ankunft in Nürnberg im Juli 1948 ein intellektueller Austausch entwickelt: „Für mich ist entscheidend, dass einem durch nichts – auch durch Gehorsam nicht – die Verantwortung für die eigenen Entscheidung abgenommen werden kann. Dies gibt mir noch in keiner Weise das Recht zu beliebigem Ungehorsam,

934 Belgion hatte sich freiwillig zum Militärdienst im Ersten Weltkrieg gemeldet. Trotz Schwierigkeiten wegen seines Alters meldete er sich 1939 erneut zum Kriegsdienst und geriet 1941 in deutsche Gefangenschaft. 1944 nahm er aus gesundheitlichen Gründen an einem Gefangenenaustausch teil. Belgion gehörte zum Kreis um Lord Hankey und setzte sich auch für Ezra Pound ein.

935 Hellmut Becker: Gericht der Politik, in: Merkur 4 (1950), S. 1307 f.; vgl. den in einem ähnlich radikalen Ton verfassten Artikel Hellmut Beckers: Recht der Sieger, in: Die Zeit (14.9.1950).

aber auch die Handlung, die ich nur aus Gehorsam begangen habe, macht mich nicht frei von persönlicher Verantwortung."[936] In eigenwilliger Analogie verglich Becker das Problem des Einsatzgruppenprozesses mit der Polenfrage: „Sie müssen den Einsatzgruppen-Prozess in Zusammenhang mit dem ganzen Vorgehen gegen Nürnberg ähnlich betrachten wie Hitler seit 1938 die Polenfrage. Es kommt bei allen diesen Dingen wirklich nur auf den langen Atem an und dass man im Prinzip die Sache nicht aus den Augen verliert."[937] Jener Austausch mit Malz ging soweit, dass Becker aus seinem persönlichen Besitz Bücher von Nietzsche und Ernest Hemingway an Ohlendorf in dessen Landsberger Gefängniszelle verlieh.[938] Dagegen hatte Malz in mehreren Gesprächen versucht, Kranzbühler für sein Vorhaben einzuspannen, war aber auf Granit gestoßen: „Leute wie Kranzbühler usw. sind der Überzeugung, dass Ohlendorf und seine Leute ‚Völkermord' begangen haben, und zwar unter Voraussetzungen, die sie in nichts von gewöhnlichen Mördern unterscheiden."[939] In Anbetracht dieses Briefwechsels scheinen die Überlegungen des Historikers Ulrich Raulff über den rätselhaften Einsatz Beckers für die Einsatzgruppenführer durchaus in die richtige Richtung zu zielen, hatte Raulff doch vermutet, dass Becker fasziniert war von Biographien von Intellektuellen, die die „fatale Option" wählten, zu Massenmördern zu werden.[940] Es passt durchaus ins Bild, dass Becker anlässlich der bevorstehenden Vollstreckung des Todesurteiles gegen Ohlendorf und sechs weitere SS-Männer seinen früheren Verteidigerkollegen Warren Magee für Aktionen zugunsten aller Todeskandidaten im Rahmen der ZRS in den USA engagierte. Der Anlass für die Übernahme des Mandats Martin Sandbergers, den Becker davor bewahrte, das Schicksal Ohlendorfs zu teilen, war allerdings banal. Beckers enger Freund Carl Friedrich von Weizsäcker kannte die Schwester Sandbergers aus Studienzeiten und bat nun seinen Freund Becker, der Familie Sandberger zu helfen.[941]

---

936 Schreiben Becker an Malz 22.8.1949, in: PAAA, NL Becker Band 13, Teilband 2.
937 Schreiben Becker an Malz 5.8.1949, in: PAAA, NL Becker Band 13, Teilband 2.
938 Schreiben Malz an Becker 2.12.1949, in: PAAA, NL Becker Band 13, Teilband 2.
939 Schreiben Malz an Becker 2.8.1949, in: PAAA, NL Becker Band 13, Teilband 2.
940 Raulff: Kreis, S. 406 f.
941 Schreiben Eva Sandberger an Mintzel 3.7.1950, in: BAK, NL Mintzel, Nr. 6.

Nochmals meldete sich der fälschlicherweise als „Justizrat" betitelte Becker flankierend zu Eduard Wahls Rede im deutschen Bundestag im September 1952 in der FAZ zu Wort. Erneut kritisierte er „Nürnberg" als allein unter dem Gesichtspunkt der politischen Zweckmäßigkeit stehend, sei man doch über „alle zivilisierten Rechtsgepflogenheiten" hinausgegangen und habe politisch gewolltes Unrecht erzeugt. Noch schlimmer als die rechtliche sei die politisch-psychologische Wirkung der Prozesse. Angesichts der Probleme in Nürnberg werde die Jugend heute anzweifeln, dass es den Judenmord überhaupt gegeben habe. Nach diesem generellen Rundumschlag nahm Becker allerdings eine versöhnliche Haltung ein und wandte sich unter direkter Bezugnahme auf die Bundestagsdebatte vom 17. September 1952 entschieden gegen Forderungen einer Generalamnestie, würde diese doch Schuldige zu „nationalen Märtyrern" machen.[942]

Als sich Becker später in der Rückschau von über vierzig Jahren nochmals an die Prozesse erinnerte, hatte offenbar ein gewisses Umdenken stattgefunden: „Die Schwierigkeit war, dass nach diesem Prozeß das Modell der Verteidigung in unendlichen Verfahren sehr fragwürdig angewandt worden ist. Ich meine, das ‚Ich habe es getan, um Schlimmeres zu verhüten' kann man natürlich auf eine sehr fragwürdige Weise auslegen. Darin steckt ein Element, das mir auch wieder missfallen hat."[943] Insgesamt sah Becker die Prozesse als durchaus notwendig an und als großen Gewinn gerade gegenüber den Gedankenspielen einer summarischen Exekution der Hauptkriegsschuldigen.[944] Insgesamt hätte man aber den Anklagepunkt des Angriffskriegs vollständig weglassen sollen, da letztendlich keine wirklichen Ergebnisse in Nürnberg erreicht worden seien. Auch hätte man die Verbrechen gegen die Menschlichkeit ohne Weiteres nach deutschem Recht und durch ein deutsches Sondergericht aburteilen können. Dies hätte der deutschen Selbstreinigung mehr geholfen und auch möglicherweise geringere Abwehrhaltungen in der deutschen Justiz erzeugt.[945] Schon im FAZ-Artikel war bei dem späteren Kuratoriumsmit-

942 Hellmut Becker: Es geht nicht nur um die Feldmarschälle. Ein Vorschlag zur Lösung der Kriegsverbrecher-frage, in: Süddeutsche Zeitung (18/19.10.1952).

943 Becker: Aufklärung, S. 42.

944 Becker: Nürnberger Prozesse, S. 108.

945 Becker: Aufklärung, S. 133 f. Damit unterschied sich Beckers Rückschau deutlich von den Memoiren der beiden Altersgenossen Heintzeler und Reintges. Beide hatten als junge Hilfsverteidiger am Fall 6 teilgenommen. Ihre Einschätzung der Anklage blieb auch dreißig Jahre nach Ende der Prozesse unerbittlich. „Nürnberg" war für beide „Siegerjustiz" und die Anklagebehörde von „kreuzfahrerähn-

glied des Instituts für Zeitgeschichte zudem die Notwendigkeit der Aufklärung über die NS-Verbrechen angeklungen, deren Bedeutung Becker auch in der Rückschau hervorhob: „Eine Lehre, die ich aus dieser ganzen langjährigen Arbeit über den Nationalsozialismus gezogen habe, ist die, dass der stärkste Widerstand gegen das, was im Nationalsozialismus passiert ist, Aufklärung hätte sein können; und dass die Deutschen mit einem Minus an Aufklärung aus dem 19. Jahrhundert hervorgegangen sind, was zum Teil mit den großen Errungenschaften der deutschen Philosophie, dem deutschen Idealismus, zusammen hängt."[946]

Wohl keine anderen Nürnberger Verteidiger hatten ein derartiges Gespür für die Macht der Medien wie Becker und Kranzbühler. Norbert Frei konstatiert daher zu Recht für Becker ein „sicheres Gespür für öffentlichkeitswirksame Effekte", was man sicher auch auf Kranzbühler übertragen muss.[947] Allerdings konnte Becker auch auf einen fruchtbaren Resonanzboden vertrauen, waren doch zahlreiche Journalisten bereit, publizistisch als „Hilfsverteidiger" zu dienen. Schon seit Winter 1948 hatte Becker Kontakt zu Marion Gräfin Dönhoff (1909–2002) von der „Zeit". Den Kontakt hatte offenbar der gemeinsame Freund Carl Friedrich von Weizsäcker hergestellt, aus dem sich eine umfangreiche Korrespondenz zwischen Becker und Dönhoff entwickelte. Becker erwies sich über diesen Kontakt als „gate opener" für andere Anwälte. Im Dezember 1948 schickte Becker beispielsweise im Namen seines Kollegen Justus Koch ein „Einführungsschreiben" an Dönhoff, damit sich die Redaktion der „Zeit" mit Kochs Assistenten Bergmann über deren Thesen zum Angriffskrieg unterhalte.[948] Schon Juni 1948 hatte Kranzbühler, womöglich auf Anraten Beckers, Verbindungen zum konservativen Chefredakteur der „Zeit", Richard Tüngel (1893–1977), aufgenommen. Kranzbühler trug vor, dass in der Publizistik für das Gnadenverfahren eingetreten werden müsse, auch wenn auf einen Frontalangriff gegen die Gerechtigkeit der Maßnahmen, deren Abbau gefordert werde, verzichtet werden sollte. Kranzbühler listete dann Argumentationsmuster auf, die Tüngel verwenden könne, etwa die Tiefenwirkung Nürnbergs als Sonderrecht gegen Deutsche, unsaubere Urteile in Dachau, und den Gedanken der Amnestie aus dem Westfälischen Frie-

lichen Animositäten" geprägt, vgl. Heintzeler: Jahrhundert, S. 120 f. und Reintges: Wendezeiten, S. 56–62.

946 Becker: Aufklärung, S. 45.

947 Frei: Vergangenheitspolitik, S. 179.

948 Schreiben Becker an Dönhoff 1.12.1948, in: PAAA, NL Becker Bd. 4 Teilband 1.

den.[949] Nicht anders war der Ton Beckers, der als weiteren Ansprechpartner bei der „Zeit" und der Zeitung „Christ und Welt" den früheren Journalisten in der Presseabteilung des Auswärtigen Amtes Hans von Studnitz (1907–1993) gewinnen konnte. Das beidseitige Verständnis mit Studnitz ging soweit, dass sich Becker glücklich schätzte, dass Studnitz in einem Aufsatz über den deutschen Widerstand den Fall Weizsäcker nur gestreift und die „Zeit" nicht mehr „als ein Organ der Weizsäcker-Verteidigung" erscheine.[950] Im August 1948 fungierte Becker schon nicht mehr als Souffleur, sondern fast schon als „Auftraggeber" der „Zeit". Becker „möchte gern", dass ein Artikel von Studnitz zum Fall Bohle verfasst werde. Zugleich regte Becker an, einen Artikel über die Generalsprozesse zu verfassen, nicht rein auf der „patriotischen Ebene", sondern nach der „Formel", man solle nicht noch einmal „große Soldaten" zu Märtyrern machen, indem man sie zu Verbrechern abstemple.[951] Auch der frühere Nürnberger Verteidiger Richard Thilenius, mittlerweile Redakteur bei der „Wirtschaftszeitung" in Stuttgart, war „Kunde" Beckers. Wohl über Kranzbühler fand man zudem Kontakt zur „Frankfurter Allgemeinen Zeitung", deren Chefredakteur der ehemalige U-Boot-Kommandant Thilo Bode (geb. 1918) war. Bei Thilo Bode erhielt Kranzbühler gerade in Sachen Dönitz immer ein offenes Ohr. Ironischerweise bezeichnete Bode gegenüber Kranzbühler seine Zeitung als „die rühmlichst bekannte Soldatenzeitung ‚Frankfurter Allgemeine Zeitung'".[952] Selbstverständlich versorgten Becker und Kranzbühler „ihre" Journalisten exklusiv mit reichlich Material, wie beispielsweise mit Beckers Zusammenstellung „Kurze Hinweise zu den Nürnberger Prozessen", die „Nürnberg" einmal mehr unterstellte, „politisch-pädagogische" Zeile verfolgt zu haben und sich die Prozesse nur gegen Deutsche und eine „willkürlich" ausgewählte Zahl von Personen gerichtet hätten.[953] Besondere Initiative entwickelte Becker in Absprache

---

949 Schreiben Kranzbühler an Tüngel 11.6.1948, in: BAK, NL Kranzbühler, Nr. 92.

950 Schreiben Becker an Dönhoff 12.7.1948, in: PAAA, NL Becker, Bd. 4 Teilband 1.

951 Schreiben Becker an Dönhoff 2.8.1948, in: PAAA, NL Becker, Bd. 4 Teilband 1.

952 Schreiben Bode an Kranzbühler 21.12.1950. in: BAK, NL Kranzbühler, Nr. 103.

953 Vgl. beispielsweise Brief Becker an Dönhoff 29.9.1948, in: PAAA, NL Becker, Bd. 4 Teilband 1. Parallel suchten auch Thilenius und von Schmieden Artikel zum Fall Weizsäcker unterzubringen, vgl. Briefe Thilenius an Becker 26.4.49, 1.8.1948 und 20.4.1949, in: PAAA, NL Becker, Bd. 1 und Schreiben von Schmieden an Silex 16.5.1950, von Schmieden an Becker 8.5.1950 und 20.4.1950, sowie Manuskripte „Überprüfung" und „Politik und Recht in

mit Leverkühn und Kranzbühler für einen als abschließendes Fazit zu „Nürnberg" gedachten Leitartikel der „Zeit".[954] Becker hatte zwar Studnitz als Verfasser erhofft, ein redaktionsinterner Konflikt um das Abfassen des Schlussartikels hatte dies allerdings verhindert.[955] Der nun von Ernst Friedlaender (1895–1973), Tüngel war wegen eines Sanatoriumsaufenthalts ausgefallen, verfasste Artikel „Und jetzt: Revision!" ließ keine Wünsche der Nürnberger Verteidiger offen.[956] Im Juni 1949 zeigten sich Becker und Kranzbühler sehr zufrieden über ihre Medieninitiativen und waren über die Resultate für ihre Mandanten („Leuchtraketen") sehr positiv überrascht.[957] Wenn eine deutsche Zeitung bzw. Zeitschrift es somit verdient hat, als „mouthpiece" der deutschen Verteidiger bezeichnet zu werden, so muss dies für „Die Zeit" in den Jahren 1948 und 1949 gelten.

Sein „Meisterstück" im medialen Kampf gegen Nürnberg sollte Becker allerdings erst noch liefern. Während des Falles 11 hatte sich zufällig ein Kontakt zwischen ihm und Kranzbühler mit der Journalistin und radikalen Antikommunistin Freda Utley (1898–1978) ergeben.[958] Becker übergab ihr nicht nur seine eigenen und Kranzbühlers Materialien, sondern auch Georg Fröschmanns verschiedene Petitionen. Alle diese Materialien des radikalen Flügels der Nürnberger Verteidiger fanden ihren Weg in Utleys Buch „The High Cost of Vengeance", die diese mehr oder weniger unkommentiert als Tatsachen übernahm.[959] „The High Cost of Vengeance" war allerdings in den USA ein Ladenhüter. Bis November 1949 waren nicht einmal 3000 Exemplare verkauft worden.[960] Sechs Monate später waren es gerade einmal 300 Stück mehr. Damit fand sich Utley allerdings

---

Nürnberg. Ein Beitrag zum Fall Weizsäcker", in: PAAA, NL von Schmieden, Nr. 955.

954 Schreiben Dönhoff an Becker 3.3.1949, in: PAAA, NL Becker, Bd. 4 Teilband 1.

955 Schreiben Becker an Studnitz 7.2.1949, in: PAAA, NL Becker, Bd. 10, Teilband 2.

956 Ernst Friedländer: Und jetzt: Revision!, in: Die Zeit (21.4.1949).

957 Schreiben Becker an Kranzbühler 25.6.1949, in: PAAA, NL Becker, Bd. 13 Teilband 1.

958 Die Britin Utley war ursprünglich Anhängerin der Kommunistischen Partei Großbritanniens. Nach ihrem Umzug nach Moskau und der Verhaftung und Verschleppung ihres Mannes wandelte sie sich zur radikalen Antikommunistin. 1939 siedelte sie in die USA über und übte scharfe Kritik an führenden Ostasienexperten, die angeblich am „Verlust" Chinas an die Kommunisten schuld wären.

959 Schreiben Beckers an Fröschmann 21.12.1949, in: StN, NL Fröschmann, Nr. 84.

960 Schreiben Beckers an Kranzbühler 30.11.1949, in: PAAA, NL Becker, Bd. 13 Teil 1.

in guter Gesellschaft. Das aufsehenerregende Buch zum sogenannten Yamashita-Prozess von Rechtsanwalt Frank Reel (1908–2000), in vielerlei Hinsicht in den Prozessen der USA gegen mutmaßliche japanische Kriegsverbrecher das Gegenstück zu den Anwälten Everett (siehe Kapitel 4.2) und Carroll in Europa, war trotz umfangreicher Werbeaktionen der Chicago University Press in gerade einmal 4500 Exemplaren verkauft worden.[961] In Deutschland dagegen war die Situation genau umgekehrt. 1955 vermeldete der Nölke-Verlag an Utley, dass auch die neunte Auflage ihres Buches vergriffen sei und immer noch vereinzelt gefordert werde.[962] Bis zu diesem Zeitpunkt hatte Utley nicht weniger als 50.000 Exemplare in Deutschland verkauft.[963] Für nahezu jeden Kritiker wurde Utleys Buch (und damit die Einlassungen Beckers, Fröschmanns und Kranzbühlers) zum Referenzpunkt einer vermeintlich neutralen Kritikerin aus den USA. Utleys Buch muss als die wohl mit Abstand bedeutsamste Schrift gegen „Nürnberg“, gemessen an den Verkaufszahlen, angesehen werden. Becker war im Dezember 1949 von der englischen Ausgabe begeistert: „It is an excellent and very couragious study which makes you probably not getting many friends in the U.S. […] I have no doubt that your book has helped a lot to clear up the minds of those who are now decisive in Germany. [964] Dennoch zeigte sich nun ein bemerkenswerter Meinungswandel Beckers, äußerte er doch Besorgnis, das Buch könne „in the hands of every village politicians” nationalistische Tendenzen entfachen, was er nicht wolle. Er habe die Erfahrung gewonnen, dass ein „quiet personal approach” besser sei als nationalistisches Geschrei. Gleiches findet sich auch bei Otto Kranzbühler. So hatte Kranzbühler zwar zum äußeren Umfeld der „Bruderschaft“ gehört, einer obskuren Hamburger Gruppe radikalnationalistischer Offiziere, die später auch mit Prinzessin Isenburg und Aschenauer (siehe Kapitel 4.3) kooperierte.[965] Im März 1950 schrieb Kranzbühler allerdings besorgt an Becker, dass er hoffe, dass die „Bruderschaft“ nicht

961 Schreiben Utleys an Walker 12.5.1950, in: Stanford University Archive (StUA), Keith Thompson Collection, Freda Utley Collection Box 15, Folder 1950.

962 Schreiben Nölke Verlag 12.4.1955, in: StUA, Utley Collection, Box 9, Folder Nölke (H.H.) Verlag.

963 Schreiben Utleys an Taft 8.6.1953, in: StUA, Utley Collection Box 11, Folder Taft, Robert.

964 Schreiben Beckers an Utley 9.12.1949, in: StUA, Frieda Utley Collection, Box 15, Folder 1949.

965 Kurt Tauber: Beyond Eagle ans Swastika. German Nationalism Since 1945, 2. Bde, Middeltown 1967, S. 273. Kranzbühlers Verbindung zur „Bruderschaft“ be-

eine Aktion starte, die eine starke Opposition seitens der Amerikaner provoziere.[966] Für einen allmählichen Lernprozess spricht auch, dass seit ihrem Eintritt in den Heidelberger Kreis (siehe Kapitel 4.2) ein merklicher Rückgang des Interesses an publizistischer Bearbeitung der Kriegsverbrecherfrage aufseiten Kranzbühlers und Beckers stattfand. Im Namen Beckers schrieb Kranzbühler im Juni 1950 an Richard Tüngel, der eine Glosse über die amerikanischen Gnadenausschüsse plante, zu bedenken, dass die Tätigkeit der Ausschüsse umso reibungsloser verlaufen würde, je weniger sie in der öffentlichen Aufmerksamkeit stünden und sich die USA in ihrer öffentlichen Meinung deswegen rechtfertigen müssten.[967] Dennoch griff man bisweilen nochmals auf die alten Kontakte zurück. In Sachen Dönitz fand Kranzbühler bei Utley und Tüngel noch 1954 offene Ohren und zeigte sich immer noch aufgeschlossen für den Gedanken der Generalamnestie: „Ich gebe zu, dass ich darunter zwei oder drei Dutzend Kapos oder sonstige unerfreuliche Elemente befinden können, die eine solche Maßnahme vielleicht nicht verdienen. Aber auch für diese Menschen gilt, dass sie jemals ein faires Verfahren bekommen haben, dass sie daher ebenso gut schuldig wie unschuldig sein können und dass sie inzwischen fast zehn Jahre ihrer Freiheit beraubt gewesen sind. Jede Amnestie hat die Wirkung, dass auch Schuldige aus den Gefängnissen herauskommen."[968] Während Kranzbühler immer wieder mit der Generalamnestie kokettierte, lehnte Becker diese zumindest aus taktischen Gründen ab.

Der Wandel von Beckers Ansichten wird besonders deutlich in seiner Rezension der vom Institut für Zeitgeschichte herausgegebenen Lebenserinnerungen des KZ-Kommandanten von Auschwitz, Rudolf Höß, erschienen abermals in der Zeitschrift „Merkur", acht Jahre nach seinem Rundumschlag gegen „Nürnberg". Aus dieser Publikation des Instituts für Zeitgeschichte (IfZ) gehe unmissverständlich die Tatsache des Judenmordes hervor. Im selben Jahr, als der Ulmer Einsatzgruppenprozess die deutsche

stand offenbar in erster Linie über den mit Kranzbühler eng zusammenarbeitenden Präsidenten des „Deutschen Marinebundes e. V." Otto Kretschmer.

966 Schreiben Kranzbühlers an Becker 25.5.1950, in: PAAA, NL Becker, Nr. 16 Teilband 1.

967 Schreiben Kranzbühlers an Tüngel 19.6.1950, in: PAAA, NL Becker, Bd.16, Teilband 2.

968 Schreiben Utleys an Taft 8.6.1953, in: StUA, Utley Collection, Box 11, Folder Taft, Robert; Schreiben Kranzbühlers an Utley 25.11.1954, in: StUA, Utley Collection, Box 8, Folder Kranzbühler; Schreiben Kranzbühlers an Tüngel 5.1.1955, in: BAK, NL Kranzbühler, Nr. 103.

Öffentlichkeit mit den NS-Verbrechen konfrontierte, mahnte nun der „liberale Feuerkopf“ (Marion Dönhoff), dessen beruflicher Schwerpunkt mittlerweile als Präsident des Deutschen Volkshochschulverbandes im Bildungsbereich („Bildungs-Becker“) und verschiedenen Beraterposten, u. a. in den Beiräten des IfZ und des Frankfurter Instituts für Sozialforschung, lag, gegen das Verdrängen der Mordtaten an den Juden, wie man ihm nun täglich in der deutschen Öffentlichkeit begegne.[969]

Bezüglich dieser Einstellung traf er sich mit dem ein Jahrzehnt jüngeren Richard von Weizsäcker. Der junge Student aus der „Generation von 1945“ hatte, anders als Becker, der im NS-Regime seine Karriere begonnen hatte, viele offene Fragen nach dem „warum“ des „Dritten Reiches“. Dass er noch in der Rückschau für seinen Vater Partei ergriff, kann auf der persönlichen Seite nicht überraschen.[970] Erhellend ist aber ein Brief von Weizsäckers aus dem Sommer 1949, in welchem er gegenüber Becker über den Sinn einer Amnestie reflektierte: „Sicherlich ist die Amnestie der für Landsberg im Ganzen einzig gangbare Weg. Sicherlich sollte jeder, der Landsberg überhaupt kennt, auch ohne dort anders als menschlich engagiert zu sein, sich um das dortige Unrecht, also auch um die Amnestie kümmern. Sicherlich ist mir auch mein Vater in gewisser Weise der liebste. Sicherlich ist der Amnestiegedanke vor allem innerdeutschbundesgeburtsstaatlich aktuell und interessiert Beamte, Parteien, Kirchen etc. mehr als Einzelschicksale. […] Immer noch glaube ich, dass ein Alliierter, und gerade auch so jemand wie McCloy, meinem Vater gegenüber nur aufgrund des ihm klar gemachten Kontrastes meines Vaters zu den Anderen handeln könnte, und dass ihm eine Amnestie der Kriegsverbrecher ähnlich erscheint wie die Zurückziehung der Besatzungstruppen mit der Gewährung der Grenzen von 1939 an Deutschland. Vielleicht irre ich mich, aber ich bekomme immer einen leisen Schrecken in der Vorstellung, dass McCloy eines Tages von einem Referenten vorgetragen wird, die Hauptträger der Amnestieinitiative sind der Nationalist Kranzbühler und der Verteidiger Weizsäckers. Bei den Leuten, die in einigen Jahren unumschränkt in diesem Land herrschen werden, wird diese Linie natürlich richtig sein,

969 Hellmut Becker: Henker unter uns, in: Merkur 12 (1958), S. 1202 f.; Raulff: Kreis, S. 482–484 und 490; Marion Dönhoff: Liberaler Feuerkopf. Zum Tode des Bildungspolitikers Hellmut Becker, in: Die Zeit (24.12.1993).

970 Von Weizsäcker: Vier Zeiten, S. 122–129.

aber in den nächsten Monaten bei McCloy?"[971] Deutlich liest man die Zweifel des jungen Rechtsstudenten heraus, der zwischen der eindeutigen Parteinahme Beckers für die Generalamnestie, taktischen Überlegungen für die baldige Freilassung seines Vaters und ersten Anklängen einer Distanz zum Gedanken der Generalamnestie wie auch einer Infragestellung der Aktionen eines Otto Kranzbühlers schwankte.

Gab es für Weizsäcker in Bezug auf seinen Vater und vielleicht auch aufgrund seiner Zeit als junger Adjutant für „sein" Regiment möglicherweise gewisse „blinde Flecken", so war Weizsäcker dennoch in seiner Haltung klar, und hierin lag wohl die letztendliche Antwort des Fragenden der späten vierziger Jahre, dass Nürnberg den Judenmord schonungslos vor Augen geführt habe: „Als ich vierzig Jahre später einmal öffentlich sagte, es hätte denen, die ihre Ohren und Augen aufmachen wollten, nicht entgehen können, dass Deportationszüge rollten, da wurde ich von ernsten und vertrauenswürdigen Zeitgenossen gerügt: Sie hätten es nicht gewusst und auch nicht wissen können. Das muss ich ihnen glauben. Es richtete sich nach den konkreten Verhältnissen des einzelnen. Aufs Ganze gesehen aber kam nun zur Sprache, was zu allen Zeiten eine Versuchung ist: Möglichst wenig zur Kenntnis zu nehmen, wenn etwa geschieht oder gerüchteweise verlautet, was nicht geheuer ist; das Gewissen ablenken lassen, wegschauen, schweigen. Kaum einer von uns, die wir die damalige Zeit als Erwachsene erlebten, war davon wirklich ganz frei, auch ich nicht".[972] Seine Haltung verdeutlichte er noch im Oktober 1988 der jungen Historikerzunft auf dem 37. Deutschen Historikertag: Auschwitz bleibe singulär und diese Wahrheit sei unumstößlich.[973] Anders als Becker, der wohl selbst in die Zeit des „Dritten Reiches" zu sehr persönlich involviert gewesen war, bestand jene geistige Freiheit des Fragenden, die von Weizsäcker seine berühmte Rede zum 40. Jahrestag des Kriegsendes 1985 ermöglichte. Man hört in seiner Rede noch den jungen Studenten der frühen Nachkriegszeit heraus: „Es war schwer, sich alsbald klar zu orientieren. Ungewissheit erfüllte das Land. Die militärische Kapitulation war bedingungslos. Unser Schicksal lag in der Hand der Feinde. Die Vergangenheit war furchtbar gewesen, zumal auch für viele dieser Feinde. Würden sie uns

971 Schreiben Richard von Weizsäcker an Becker 15.7.1949, in: PAAA, NL Becker, Nr. 17.

972 Weizäcker: Vier Zeiten, S. 120 f.

973 Vgl. Richard von Weizsäcker: Die „Bamberger Rede" des Bundespräsidenten Richard von Weizsäcker [Schriften der Stadt Bamberg 2], Bamberg 1988.

nun nicht vielfach entgelten lassen, was wir ihnen angetan hatten?“[974] In einer Zeit, in welcher viele der alten Generation im Kriegsende immer noch eine Niederlage sahen und ein Alfred Seidl ganzseitige Anzeigen zur Freilassung von Rudolf Heß in der FAZ schaltete, waren solche Ausführungen bemerkenswert: „Der 8. Mai war ein Tag der Befreiung. Er hat uns alle befreit von dem menschenverachtenden System der nationalsozialistischen Gewaltherrschaft. Niemand wird um dieser Befreiung willen vergessen, welche schweren Leiden für viele Menschen mit dem 8. Mai erst begannen und danach folgten. Aber wir dürfen nicht im Ende des Krieges die Ursache für Flucht, Vertreibung und Unfreiheit sehen. Sie liegt vielmehr in seinem Anfang und im Beginn jener Gewaltherrschaft, die zum Krieg führte.“[975] Während ein Kranzbühler bis zuletzt den Angriff auf die UdSSR nicht als Angriffskrieg ansehen wollte und Laternsers eifriger Helfer Erich Schwinge in den späten siebziger Jahren immer noch an den Nutzen der Geiselerschießung glaubte, gedachte von Weizsäcker den Opfern der UdSSR, dem kommunistischen wie dem konservativen Widerstand und den ermordeten Geiseln. Insbesondere aber wandte sich das Staatsoberhaupt der Bundesrepublik gegen die Behauptung, man habe nichts vom Judenmord erfahren können, ein zentrales Verteidigungsnarrativ vieler seiner Nürnberger Verteidigerkollegen.

Zusammenfassung Kapitel 3.3

In einem gewissen Sinne waren sowohl Becker wie von Weizsäcker Grenzgänger. Becker wandelte sich von einer Art verkappten Generalamnestielobbist, der mit Kranzbühler eine umfangreiche Medienkampagne gegen Nürnberg initiiert hatte, zum Aufklärer über das NS-Regime. War Becker in den späten vierziger Jahren, nicht zuletzt aufgrund seiner Kontakte zur „Zeit“, eine der zentralen Gestalten im publizistischen Kampf gegen „Nürnberg“, so hatte er zum Zeitpunkt des Ulmer Einsatzgruppenprozesses eine gewisse Kehrtwende vollzogen. Als viele in den späten fünfzi-

---

974 Die Rede ist abgedruckt in: Richard von Weizsäcker: Der 8. Mai 1945 – vierzig Jahre danach. Rede zum 40. Jahrestag des 8. Mai 1945, Deutscher Bundestag am 8. Mai 1985, in: Ders.: Brücken zur Verständigung. Reden, Berlin 1990, S. 31–46.

975 Für eine eingehende Analyse dieser Rede vgl. nun Schmaler: Bundespräsidenten, S. 77–89.

ger Jahren die Vergangenheit wieder beschweigen wollten, rief Becker in derselben Zeitschrift, die 1949 seine Kritik an Nürnberg abgedruckt hatte, dazu auf, die Verbrechen nicht in Vergessenheit geraten zu lassen. Gerade in Bezug auf Hellmut Becker müssen die hier getroffenen Feststellungen allerdings vorläufig bleiben. Eine detaillierte Untersuchung der Arbeit Beckers als Berater, Soziologe und Bildungspolitiker, also der von Becker verfochtenen „Aufklärung", und als „Strippenzieher" in der Gesellschaft der Nachkriegszeit hätte den Rahmen dieser Arbeit gesprengt.[976] Eine Biographie Beckers bleibt ein schmerzliches Desiderat der Forschung.

Richard von Weizsäcker gelang es trotz der höchstpersönlichen Verbindung mit den Nürnberger Prozessen, die Niederlage von 1945 als Akt der Befreiung zu verstehen. 1948 war der junge Jurastudent von Weizsäcker noch ein Fragender, der zwischen der Sorge um seinen Vater, der Radikalität Beckers und einer merklichen Distanz zu den Aktionen seiner Verteidigerkollegen stand. Zentral steht als späte Antwort des Fragenden seine bedeutende Rede zum Jahrestag des Kriegsendes von 1985. Während Becker trotz seines bildungsbürgerlichen Wandels letztendlich auch in der Rückschau persönlich mit dem „Dritten Reich" verhaftet blieb, konnte der junge Student Weizsäcker noch einen Weg einschlagen, den nur wenige ehemalige Kollegen aus den Nürnberger Prozessen mitgegangen wären.

3.4 Der Krieg als Vater aller Dinge: Otto Kranzbühler und Hans Laternser

Hatten alle bisher genannten Verteidiger die Verfahren von Nürnberg zumindest partiell als Fortschritt anerkannt, scharte Otto Kranzbühler schon während des IMT eine Gruppe „junger Radikaler" um sich, die „Nürnberg" fundamental ablehnten: „Wir waren drei etwa gleich altrige Dr. Horn, Dr. Seidl und ich [...] und möglicherweise waren die drei jüngsten auch die, die in ihrer Auffassung, heute würde man sagen, die radikalsten waren."[977] Man wird die Liste jener jungen, die Prozesse fundamental ablehnenden Anwälte aber noch erweitern müssen. Hans Laternser, Rudolf Aschenauer, und (zumindest anfänglich) Hellmut Becker sind hier ebenso

976 Vgl. Jan-Martin Wiarda: Der Strippenzieher. Er prägte das Bildungssystem einst wie kein Zweiter – diese Woche wäre Hellmut Becker 100 Jahre alt geworden, in: Die Zeit (16.5.2013).

977 BAK, Ton 1040.

hinzuzuzählen, wie Erich Schwinge und Reinhard Maurach, die Laternser und Aschenauer mit rechtlichen Argumenten versorgten.

Wohl kein anderer Nürnberger Verteidiger hat die Prozesse und ihre Rezeption mehr geprägt als Otto Kranzbühler. Kranzbühler, immerhin als einer der hervorragendsten Nachwuchsjuristen der deutschen Marine beurteilt, betrachtete „Nürnberg" von Anfang an politisch, als Fortsetzung des Krieges mit juristischen Mitteln, wie er 1996 in einem Interview für den Dokumentarfilm „Nuremberg: A Courtroom Drama" bestätigte: „From the beginning I regarded it as a political matter, as a continuation of war by other means, if you like. [..] The Allies were still our opponents with political objectives and one of those was this trial. That was how I saw it then."[978] Für Kranzbühler, Sohn eines kaiserlichen Konteradmirals, war es Pflicht eines Marineoffiziers, die deutsche Marine, Symbol deutscher Weltmachtshoffnungen und früherer deutscher militärischer Überlegenheit, zu verteidigen.[979] Für diesen in die Seefahrt verliebten Marinejuristen war Nürnberg auch ein persönlicher Kampf. Dass Kranzbühler nach dem IMT sofort bereit war, die Großindustriellen von Rhein und Ruhr zu verteidigen, wird man auch aus dem weiteren Berufsweg seines Vaters, nach 1918 Syndikus der Metallarbeitgeber in Aachen, verstehen müssen. Und schließlich darf man nicht übersehen, dass Kranzbühler schon von klein auf mit dem Feindbild des aufwieglerischen Sozialisten, versinnbildlicht in seiner Berliner Nachbarin Rosa Luxemburg, aufwuchs. Wie seine Gegner der Anklage in Nürnberg bestätigten, kämpfte Kranzbühler nicht nur für seine Lebenswelt, sondern auch gegen die „rote Flut".[980]

So sehr Kranzbühler nach außen sachlich erschien, so sehr suchte er innerhalb der Verteidigung eine radikale Haltung unter den Anwälten zu etablieren. In einer wegweisenden, die Strategie der Gesamtverteidigung festlegenden Verteidigerbesprechung im November 1945 sprach sich Kranzbühler für eine Fundamentalverteidigung aus, die alles als nicht bewiesen abtun solle, was nicht glasklar bewiesen sei, da alles, was die Verteidigung tue, „später den Deutschen voll ins Tagebuch geschrieben" werde. An seiner scharfen Haltung entzündete sich ein heftiger Richtungsstreit unter den Verteidigern des IMT. Kranzbühlers Gegenspieler war Fritz Sauter, der vehement die Linie verfocht, dass das einzige Ziel des Verteidigers es sein

978 Peter Maguire: Law and War. International Law & American History, New York 2010, S. 115.

979 Tusa/Tusa: Nuremberg, S. 124.

980 So mit Nachweisen Klee: Persilscheine, S. 68.

sollte, für den einzelnen Mandanten etwas herauszuholen, alles andere ginge den Verteidiger nichts an. Die Gegensätze erwiesen sich als so unüberwindlich, dass durch Vermittlung von Rudolf Dix der reichlich magere Kompromiss erzielt wurde, dass die Angeklagten sich nicht gegenseitig belasten und sich alle Verteidiger darüber klar sein sollten, das die Angeklagten nicht nur wegen ihrer Taten angeklagt worden seien, sondern diese auch führende Personen eines besiegten Regimes wären. Mit diesem Kompromiss war Kranzbühler selbstverständlich nicht einverstanden: „Ich beurteilte das bevorstehende Verfahren als eine hochpolitische Aktion, die für die deutsche Geschichte wie für die künftige Politik ganz bestimmte, alles eher als positiv zu bewertende Meilensteine setzen würde. Ich sah deshalb in einer für viele andere Verteidiger ganz unkonventionellen Weise unsere große Aufgabe nicht allein und nicht einmal in erster Linie in der Entlastung der einzelnen Angeklagten, sondern in der Abwehr des gegen das ganze deutsche Volk erhobenen Vorwurfs der Kollektivschuld und der dazu notwendigen Richtigstellung des deutschen Geschichtsbildes gegenüber der im Kriege und während des Prozesses verbreiteten Propaganda.“[981] Dass viele Anwälte des IMT zumindest im Stillen Kranzbühlers Ansicht teilten, zeigte sich daran, dass Kranzbühler das Amt des Stellvertreters von Dix übernahm. Während Dix für Kranzbühler als „hochstehender“ Strafverteidiger erschien, konnte aber der Berufsoffizier mit Anwälten wie Carl Haensel oder Egon Kubuschok „nichts anfangen“.

Kranzbühler entwickelte sich immer mehr zum „heimlichen Leitwolf“ der Verteidigung des Nürnberger Hauptprozesses: „20 Uhr Verteidigerbesprechung unter Leitung von Kranzbühler, der stets rasch erfasst, worauf es ankommt, sich prägnant ausdrückt und nie die Übersicht verliert. Es gelingt ihm meist, suaviter in modo fortiter in re die auseinanderstrebenden Meinungen seiner Kollegen zu sammeln. Bei Verhandlungen mit dem Gericht, zu denen er des Öfteren zusammen mit einigen anderen Herren abgeordnet wird, ist er zäh, unbeirrbar und sehr sachlich, übrigens Verhandlereigenschaften, die auch Dix und Siemers auszeichnen.“[982] Ähnlich überschwänglich klang Luise Jodl: „Kranzbühler vereinte in elastischer Beweglichkeit in sich den Kampfgeist der ‚scharfen Richtung‘ und Konziliianz. In meisterhafter Beherrschung der Materie vermochte er in zähem Kampf gegenüber dem Gericht manch gewichtigen Punkt zugunsten der

---

981 Von Wolmar: Kranzbühler, S. 5.
982 Von der Lippe: Tagebuch, S. 133.

Gesamtverteidigung zu gewinnen und stand in gleichermaßen höchstem Ansehen bei den Kollegen wie beim Gericht. Man musste ihn näher kennen, um zu wissen, mit welchem Idealismus, mit wie viel Herz und menschlichem Verstehen sich dieser Mann mit den sehr beherrschten Zügen und Bewegungen für seine Ziele, ohne jede Rücksicht auf seine eigene Person, einsetzte“.[983]

Im Nachlass Kranzbühlers findet sich ein Positionspapier an Herbert Kraus, mit dem Kranzbühler seinen Konfrontationskurs nochmals deutlich machte. Das Statut des IMT sollte zum einen als Ganzes angegriffen werden, weil es durch keinen allgemeinen völkerrechtlichen Vertrag ratifiziert wurde und bei 80 „Kulturstaaten“ die vier Siegermächte keine Norm mit allgemeinem Anspruch festlegen könnten. Zum Zweiten sei das Tribunal überhaupt nicht zuständig, da auf deutschem Boden nur die deutschen Gerichte zuständig seien. Die bedingungslose Kapitulation bedeute keine Unterwerfung unter völkerrechtliche Gerichtsbarkeit, zumal dieses „interalliierte Siegergericht“ mangels neutralen Vorsitzes nicht international sei. Drittens schließlich verstießen auch die materiellrechtlichen Vorschriften des Statuts gegen Grundsätze des internationalen Strafrechts. Krieg sei kein Verbrechen. In Bezug auf Kriegsverbrechen und Verbrechen gegen die Menschlichkeit monierte Kranzbühler, dass das Völkerrecht keine unmittelbare Grundlage zur Bestrafung biete. Ebenso sei die Versagung der Strafausschließung bei Staatsoberhäuptern und der Berufung auf höheren Befehl völkerrechtswidrig.[984]

In diesem Positionspapier zum IMT brachte Kranzbühler das Rückwirkungsverbot als „Allzweckwaffe“ in Stellung. Wie Susanne Jung in ihrer Übersicht der einschlägigen völker(straf)rechtlichen Literatur gezeigt hat, galt auch in der deutschsprachigen Völkerrechtswissenschaft das Rückwirkungsverbot im Völkerrecht keineswegs als ein fester Grundsatz. Selbst Wilhelm Grewe sprach sich in seiner Streitschrift gegen eine allzu formale Anwendung dieses Grundsatzes im Völkerrecht aus.[985] Lediglich der hochkonservative Hodo von Hodenberg postulierte in der parallel zu Nürnberg geführten Debatte um die Anwendung des Kontrollratsgesetzes Nr. 10 in der britischen Zone die Verletzung rechtsstaatlicher Grundsätze

---

983 Jodl: Ende, S. 232.

984 Notiz „Betr. Gemeinsame Fragen der Verteidigung“ von Kranzbühler an Kraus o.D., in: BAK, NL Kranzbühler, Nr. 139.

985 Vgl. hierzu Jung: Rechtsprobleme, S. 138 – 170 (zu Grewe siehe S. 152f), vgl. auch Heller: Tribunals, S. 124–132.

und setzte mit seinen Hinweisen auf die Aushöhlung des Rückwirkungsverbotes im Nationalsozialismus faktisch die deutschen Befürworter der rückwirkenden Gesetzgebung und die Besatzungsmächte mit der NS-Justiz gleich.[986] Dass viele Nürnberger Verteidiger das Rückwirkungsverbot als Verteidigungsargument nutzten, liegt in seiner vermeintlich direkten Einsichtigkeit, die sich leicht moralisch konnotieren ließ. Hodenberg, zu Recht von Jung ironisch als „naiver juristischer Saubermann" bezeichnet, konnte unter dem Deckmantel eines Verfechters des Rechtsstaates den Alliierten implizit Siegerjustiz vorwerfen und diese zumindest moralisch ins Unrecht setzen. Schon die allgemeine Erklärung der Nürnberger Anwälte vom 19. November 1945 zum Rückwirkungsverbot hatte versteckte Vergleiche zwischen „Drittem Reich" und den Siegermächten gezogen. Anders aber als Kranzbühler, der mit seiner Fundamentalopposition sich nicht hatte durchsetzen können, forderten die Anwälte lediglich eine Klärung der Rechtslage durch Gutachten internationaler Rechtslehrer. Auch Kranzbühler wechselte später zu einer differenzierteren Argumentationslinie im Flick-Prozess. Er betonte zwar, dass der Grundsatz des Rückwirkungsverbots auch im Völkerrecht gelte, aber nur für angeklagte Taten, die nicht offensichtlich rechtswidrig seien. Er kehrte nun aber die Argumentation, Völkerrecht sei kein starres Recht, um und stellte, unter geschickter Einflechtung eines impliziten „Tu quoque"-Arguments im Hinblick auf die Verschleppung deutscher Kriegsgefangener in die UDSSR, die Haager Landkriegsordnung als überholt gegenüber den tatsächlichen Gebräuchen der Völker dar.[987]

Dass das „Tu quoque"-Argument in Nürnberg gerade unter explizit „politischen" Verteidigern wie Kranzbühler, Aschenauer oder auch Laternser eine gewissen Popularität erlangte, erstaunt, war es doch nicht einfach nur „umstritten", wie Rudolf Dix behauptete. Auch der alles andere als „objektive" ehemalige Angeklagte im Fall 6, August von Knieriem, musste eingestehen, dass die völkerrechtliche Literatur dieses Argument „kaum erörtert".[988] Standen hinter der Argumentation um den Umfang der Beru-

---

986 Jung: Rechtsprobleme, S. 156 f. Später fand von Hodenberg auch in erster Linie Zuspruch von interessierter Seite, wie etwa bei von Knieriem, vgl. Knieriem: Nürnberg, S. 22.

987 Jung, Rechtsprobleme, S. 166–169.

988 Knieriem: Nürnberg, S. 332; Tatsächlich setzt auch die moderne Völkerrechtsliteratur bei der Diskussion des „Tu quoque"-Arguments erst bei der Verteidigung von Karl Dönitz durch Otto Kranzbühler ein, vgl. Sienho Yee: The Tu Quoque

fung auf Notstand und die Geltung des Rückwirkungsverbotes im Völkerrecht zumindest umstrittene Rechtsfragen, so war das Argument des „Tu Quoque“, d.h. die Berufung darauf, dass auch die Gegenseite völkerrechtswidrige Behandlungen begangen hatte und damit die Infragestellung der Rechtsmäßigkeit der Strafverfolgung dieser Taten durch die Alliierten, eindeutig politisch konnotiert: „That Defense was thus quintessentially political, designed to paint the NMTs as ‚victor's justice‘ by revealing the (alleged) hypocrisy underlying the entire proceedings“.[989]

Kranzbühlers virtuose Verteidigung der Kriegsmarine fand in allen Lagern begeisterte Zustimmung: „Sachlich war Kranzbühlers Plan darauf abgestellt, statt einer Verteidigung eigentlich eine Sachaufklärung zu betreiben. Seine Idee war: Erst der Krieg hatte gezeigt, was in der Seekriegsführung international rechtens war. Lasst uns also vorerst beim siegreichen Gegner feststellen, wie die Gepflogenheiten waren und dann beweisen, dass auch der Angeklagte es so gehalten hat.“[990] Für diese Verteidigungsstrategie war Kranzbühler mit einer Sensation aufgewartet. In einem Fragebogen an den leitenden General der Marinestreitkräfte der USA im Pazifik, General Chester W. Niemitz, bestätigte dieser, dass auch die US-Marine keine Schiffbrüchigen gerettet hatte. Dönitz wurde daher für diesen Anklagepunkt nicht verurteilt. Es ist bis heute in der völkerrechtlichen Literatur umstritten, ob der IMT, ohne es explizit in seinem Urteil als solches zu benennen, hierdurch das „Tu quoque“ als Verteidigungsargument anerkannte.[991] Tatsächlich verwies Kranzbühler nicht auf die Völkerrechtswidrigkeit der Taten der Gegenseite, sondern zeigte nur auf, wie sich die Gegenseite verhalten hatte. Es mag dahingestellt bleiben, wie Kranzbühlers Strategie nun rechtlich einzuordnen ist, es spricht aber doch einiges dafür, dass Kranzbühler als politischer Verteidiger hier erfolgreich das „Tu quoque“-Argument „durch die Hintertür“ geltend gemacht hatte. Dagegen sollte die direkte Berufung auf „Tu quoque“ in den Nachfolgeprozessen durch die Verteidiger weitgehend scheitern.

Zeitgleich suchte Kranzbühler mit dem Verteidiger des OKW, Hans Laternser, die Ehre der deutschen Armee im Fall Katyn wiederherzustellen.

Argument as a Defence to International Crimes, Prosecution or Punishment, in: Chinese Journal of International Law 3 (2004), S. 87–134.

989 Heller: Nuremberg, S. 297.

990 W.E. Süskind: Der Großadmiral und sein Verteidiger, in: Süddeutsche Zeitung (14.5.1946); vgl. auch von der Lippe: Tagebuch, S. 355.

991 Ausführlich zu dieser Diskussion Yee: Tu Quoque, S. 103–113.

In Vertretung des angeblich verhinderten und als Verteidiger des Hauptangeklagten Herman Göring eigentlich hierfür zuständigen Otto Stahmer überreichte Kranzbühler einen in englischer Sprache erschienenen Report der polnischen Exilregierung zur Beteiligung der UdSSR am Katyn-Massaker. Zwar wurde dieses Dokument wegen der anonymen Verfasser vom Gericht abgelehnt, gerichtspsychologisch hatte Kranzbühler aber seinen Zweck erreicht. Darüber hinaus brachte er die Belastungszeugen der UdSSR in derartige Bedrängnis, dass, wie sich Kranzbühler noch in den achtziger Jahren mit gewissem Stolz erinnerte, das Gericht Kranzbühler hinauskomplementiert habe, da Dönitz nicht für Katyn angeklagt sei.[992] Zugleich bereitete wahrscheinlich Kranzbühler einen Schlag gegen das „Verbrechen des Angriffskrieges" noch von anderer Seite vor. Martin Horn, der weitgehend unerfahrene Pflichtverteidiger für Ribbentrop, war durch sein aggressives Auftreten vor dem IMT mehrfach aufgefallen.[993] Hans Fritzsche schrieb bewundernd über Horn, dass dieser mit über 300 Dokumenten die gesamte deutsche Außenpolitik aufrollen wollte und dies ihn in heftige Konflikte mit der Anklage gebracht habe, die ihm sogar einen „ein-Mann-Filibuster" vorwarf.[994] Hinter den allgemeinen Ausführungen Horns habe aber ein, wie von der Lippe schrieb, „völkerrechtlich-spezialisierter Mitarbeiter" gestanden.[995] Wer dieser Mitarbeiter war, ergibt sich aus einem Geheimdienstbericht zur Nachlese des IMT vom September 1946: „They were both [= Kranzbühler und Meckel] in the Judge Advocate Department of the German navy during the war, and it can be documentarily proved that they evidenced Nazi fanaticism during the Hitler regime, even though neither of them was nominally a Party member. They were not Party members, however, because professional soldiers and sailors in Germany never mixed themselves into politics. Siemers was not in the navy, but he was a prominent Hamburg lawyer who handled many cases for the German navy and admiralty. He has become identified by members of the prosecution and other persons in daily con-

992 Vgl. BAK, Ton 1040.

993 Vgl. Von der Lippe: Tagebuch, S. 145.

994 Fritzsche: Tribunal, S. 170. Horns aggressive Verteidigung beeindruckte sogar Kaltenbrunner, der Horns „vorzügliches Plädoyer" und ihn selbst als „zukunftsreichen jungen Anwalt" lobte, mit dem er seinem Volk einen unschätzbaren Dienst erwiesen habe und Ribbentrop mit Mut, Verstand und Herz verteidigte, vgl. Notiz Kaltenbrunner an Horn 10.7.1946, in: UAW, NL61, Mappe Nr. 323.

995 Von der Lippe: Tagebuch, S. 366.

tact with the court room as the leader of almost all the forces in opposition to the prosecution and has shown unreconstructed Nazism in his attitude while in court. He advised younger, less skilled lawyers, primarily Horn, counsel for Ribbentrop; and, in addition, he uses other counsel to propagandize the Nazi movement. Outstanding among those that he used for this purpose is Seidel, defense counsel for Frank and Hess."[996] Es spricht vieles dafür, dass hier die CIC-Agenten irrten und nicht Siemers, sondern Kranzbühler der eigentliche „spiritus rector“ der „jungen Radikalen“ war, zumal Kranzbühler die Verteidigung Raeders in allgemeinen Fragen ebenfalls übernommen hatte und einige der Ausführungen Kranzbühlers in seinem oben genannten Positionspapier in Horns Plädoyer fast wörtlich ihre Umsetzung fanden. Dass der kriegsversehrte Hauptmann Horn mit Kranzbühlers Ansichten konform ging, wird man annehmen dürfen.[997] Es liegt somit nahe, dass Kranzbühler im IMT Horn (und vielleicht auch Alfred Seidl) unter die Arme gegriffen hatte.

Machtvoll begann Kranzbühler sein Plädoyer für Dönitz mit einem Zitat Plutarchs: „Krieg ist ein grausam Ding, und der schleppt in seinem Gefolge Unrecht und Übeltaten die Menge.“ Zu allen Zeiten seien Verbrechen im Kriege begangen worden. Aus dieser Tatsache heraus sei aber immer nur gegenüber den Besiegten Konsequenzen gezogen worden. Das Recht, das hier anzuwenden sei, sei damit immer das Recht des Stärkeren. Vor Gericht stehe nun nicht nur das Schicksal zweiter Admiräle, sondern hunderttausender deutscher Seeleute, die glaubten, einer guten Sache zu dienen und nicht vor der Geschichte als Piraten und Mörder gebrandmarkt zu werden. Diesen Soldaten gegenüber fühle sich Kranzbühler verpflich-

---

996 Memorandum des Special Agent Thomas K. Hogdes: Subject Defence Counsel 21.9.1946 in: NARA, RG 260: Records of the United States Occupation Headquarters WWII, Omgus, OCCWC, Administrative Records of the Defense Center 1946–1949, Folder Screening Files Miscl.

997 Im Plädoyer in der Entnazifizierungssache Franz Halder schrieb Horn, dass Prozesse gegen Männer wie Halder bereits die Saat zur Anarchie legten. Fahre man fort in „Selbstzersetzung“, werde nichts vor der „östlichen Lösung“ retten: „Wenn der Krieg tatsächlich die Fortsetzung der Politik mit anderen Mitteln ist, dann haben doch offensichtlich die Politiker sich dieser Mittel bedient, und wenn der Krieg der Bankrott der Politik bedeutet, dann haben die Politiker bankrott gemacht, nicht aber der Generalstab und sein Chef, die genau wussten, wo die Grenzen ihrer Wirkungsmöglichkeiten lagen.“, vgl. Martin Horn: Halder. Schuld

tet, die Anklage gegen den deutschen Seekrieg zurückzuweisen.[998] Ein Soldat entwickle aus der praktischen Kenntnis der Kampfhandlungen ein feines Gespür, wo der Kampf aufhöre und das Verbrechen beginne. Er weiß, dass das, was im Seekrieg völkerrechtliche Auffassung sei, entscheidend von den Interessen seines Landes abhänge. Für einen Seeoffizier seien das selbstverständliche Überlegungen und dies solle den Juristen davon abhalten, Streitfragen des Seekriegsrechts auf dem Rücken derjenigen auszutragen, deren Berufspflicht es sei, Flotten zu führen.[999]

Nicht weniger politisch motiviert war Kranzbühlers Vertretung in den Industrieprozessen: „Mir lag besonders daran, den ersten Vorwurf Kriegshetze und Kriegsvorbereitung zu entkräften, weil die Propagandabehauptung, die Industrie hetzte zum Krieg und Politiker ließen sich zu Kriegspolitik treiben, weil es die Industriellen so wollten, eine dummdreiste Hetzformel, die – so abgenutzt sie auch ist – von der Kriegs- und Nachkriegspropaganda schon während des Ersten Weltkrieges und nachher mit Erfolg gebraucht wurde. Es gelang auch in der Tat, diese Propagandathese zu widerlegen."[1000] Kranzbühler sah in den Industriellen nicht nur Personen, die Befehlen gehorchten, sondern auch „deutsche Patrioten", die den Krieg gewinnen wollten. Nichts anderes als den Krieg zu gewinnen, habe auch Kranzbühler gewollt.[1001] Kranzbühler ging es also, anders als etwa Wahl und Dix, denen primär an einer Ehrenrettung des „Industriellen" gelegen war, um die Rechtfertigung der deutschen Aufrüstungspolitik. Zu Recht sieht daher Kim C. Primel in seiner Analyse des Flickverfahrens, dass Kranzbühler diesen Prozess zum Generalangriff gegen die Nürnberger Prinzipien im Ganzen nutzte.[1002] Dies tat seiner Popularität unter Angeklagten, Mitverteidigern und auch der Anklage keinen Abbruch. Selbst die der politischen Linken zuzurechnende Hauptanklägerin Cecilia H. Goetz im Fall 10 schwärmte vom „größten Rechtsanwalt, dem ich je begegnet bin, ein himmlischer Anwalt, ein Hollywoodanwalt, der stets Kaninchen aus seinem Hut hervorzauberte".[1003] Programmatisch begann Kranzbühler

---

oder Tragik?, München 1948, S. 5–11 und Schriftsatz Horns o.D., in: StMü, Spruchkammerakten, Spruchkammer München, Spk 611 (Halder, Franz).

998 IMT-Protokoll, Bd. 18, S. 343.

999 IMT-Protokoll, Bd. 18, S. 397–402.

1000 Kranzbühler zitiert nach von Wolmar: Kranzbühler, S. 12.

1001 BAK, Ton 1040, vgl. auch Schreiben Kranzbühlers an Carroll 4.6.1948, in: BAK, NL Kranzbühler, Nr. 71.

1002 Priemel: Flick, S. 637.

1003 Manchester: Krupp , S. 602.

sein Plädoyer für seinen Mandanten Odilo Burkhart im Fall 5 mit einem Zitat des englischen Admirals und Ersten Seelords John Fisher: „The essence of war is violence; moderation during war is nonsense“. Was nun folgte, war nicht weniger als eine Apologetik des Totalen Krieges, wie sie Kranzbühler in weitaus subtilerer Form schon vor dem IMT betrieben hatte. Unter Zitierung des Völkerrechtlers Lassa Oppenheim stellte Kranzbühler heraus, dass Sieg notwendig sei, um den Feind niederzuringen. Diese Notwendigkeit rechtfertige all den Horror des Krieges. Als Kampf um das nationale Überleben eines Staates könne das individuelle Leiden nicht in Betracht kommen, es habe hinter den kämpfenden Staat zurückstehen. Die Vorstellung der Essenz des Krieges sollte laut Kranzbühler eines klar machen. Die Frage, ob ein Individuum während des Krieges im geringen oder großen Maße gelitten habe, ist unbedeutend. Der Appell an die Sentimentalität mag ihre Effekte für die politische Propaganda haben. Dies habe aber nichts zu tun mit der Etablierung der Fakten krimineller Akte. Man müsse noch eine weitere Erkenntnis aus dem Grundgesetz des Krieges ziehen. Jede Restriktion des Gebrauchs von Gewalt bedeute eine Ausnahme zur Regel. Die Haager Konvention von 1907 sei auf die Notwendigkeiten des Krieges in der zweiten Hälfte des 19. Jahrhunderts zugeschnitten gewesen, d.h. einer moralischen und politischen Ideologie einer der „liberalen und bürgerlichen Welt verhafteten“ Zeit.[1004]

Angesichts derartiger Argumentationslinien an prominenten Stellen seiner Plädoyers und Eröffnungsreden kommt man nicht umhin, den Schluss zu ziehen, dass Kranzbühler nicht einfach nur Industrielle bzw. seinen früheren Vorgesetzten, sondern eine aus seiner eigenen Lebenswelt herauskristallisierte Weltanschauung, die Patriotismus, Opferbereitschaft und das preußisch-wilhelminische Ideal des „reinen“, von Politik wie Juristerei fernen Soldatentums verteidigte, ja den Krieg als „Vater aller Dinge“ schlechthin zum sozialen Gestaltungsmittel erhob. Der Versuch, Frieden durch Recht zu schaffen, erschien Kranzbühler noch vierzig Jahre später als eine fixe Idee. Aus seiner Sicht habe die Atombombe mehr für den Frieden getan als Nürnberg. Letztendlich werde jeder Krieg durch Macht

---

1004 Ähnliche Argumentationsmuster finden sich auch in Kranzbühlers Eröffnungsrede im Verfahren gegen Alfried Krupp, vgl. Kim Priemel: Tradition und Notstand. Interpretations- und Konfrontationslinien im Fall Krupp, in: Ders./Alexa Stiller [Hgg.]: NMT. Die Nürnberger Militärtribunale zwischen Geschichte, Gerechtigkeit und Rechtschöpfung, Hamburg 2013, S. 434–463.

entschieden, die Mittel des Strafrechts seien unbrauchbar. Krieg sei immer pure Gewalt und nur mit Krieg zu lösen.[1005]

Nicht nur in den Prozessen selbst, sondern auch mit seinen verschiedenen Schriften prägte Kranzbühler das Bild von „Nürnberg" in der Nachkriegszeit in mehrfacher Hinsicht. Zum einem lieferte Kranzbühler dort eine „marineeinheitliche Einschätzung des Nürnberger Prozesses" in Bezug auf ihre beiden früheren Oberbefehlshaber.[1006] Hervorzuheben ist etwa ein Interview Kranzbühlers im Magazin „Der Stern" anlässlich des zwanzigsten Jahrestages des IMT, reißerisch betitelt „Der letzte Befehl meines Admiral". Hinzu kam Kranzbühlers indirekter Einfluss etwa durch verschiedene Zuschriften für das Buch über Karl Dönitz von Harald Keith Thompson (geb. 1922) oder seine Korrekturlesung bzw. Hilfestellung bei Formulierungen der entsprechenden Kapitel aus Luise Jodls Erinnerungen bzw. seiner Mitarbeit an den Memoiren von Karl Dönitz.[1007]

Zudem war Kranzbühler Mitverfasser verschiedener Verteidigungsschriften der deutschen Ruhrindustrie, die ein Kreis ehemaliger Industrieverteidiger unter Kranzbühlers und Wolfgang Pohles Führung zusammenstellte. Vonseiten der Industrie als sehr rühriger Unterstützer erwies sich der Essener Fabrikant und Präsident der Industrie- und Handelskammer Essen Theo Goldschmidt, der die Materialien der Anwälte im In- und Ausland weiterverbreitete und mit der Unterbringung von Nagels „Industriearchiv" bei Goldschmidt nach Ende der Prozesse und dessen Finanzierung wie der Anstellung von Hanns-Dietrich Ahrens (siehe Kapitel 4.3)

1005 BAK, Ton 1040.

1006 Vgl. Hartwig: Dönitz, S. 44.

1007 Vgl. z. B. Schreiben Kranzbühler an Dönitz 4.9.1948, in: BAK, NL Kranzbühler, Nr. 116 und Korrespondenz mit Luise Jodl, in: BAK, NL Kranzbühler, Nr. 107; Hartwig: Dönitz, S. 88 f. Thompson war Mitglied des „Amerikadeutschen Bundes", einer nationalsozialistischen Organisation in den USA und später Spion des SD in den USA. Als selbsternannter „political maverick" und „American fascist" war er als Organisator eines „Committee for the Freedom of Major General Remer" und offizieller Agent der Sozialistischen Reichspartei in den USA aufgetreten. Ursprünglich sollte er auch als Herausgeber einer englischsprachigen Edition der „Die andere Seite" dienen. Als allerdings die „Washington Post" kritisch über Thompson berichtete, gingen Malz und Aschenauer wieder auf Distanz zu Thompson, vgl. o.V.: Neo-Nazi Party Agent here in Dilemma, in: The Washington Post (22.9.1952); Schreiben Malz an Thompson 24.6.1952, in: StUA, Harald Keith Thompson Collection, Box 21 Folder 53. In der Korrespondenz im Nachlass Thompsons findet sich kein Hinweis, dass Kranzbühler von Thompsons rechtsextremen Hintergrund Kenntnis hatte.

die Lobbytätigkeit der Ruhrindustrie bei sich konzentrierte.[1008] Schon im März 1948 hatten Kranzbühler und Becker ein gemeinsames Protesttelegramm der Verteidigersprecher zusammen mit Hans Laternser für die Militärs und Conrad Böttcher für den Fall 6 an Präsident Truman angezettelt. Umso betrübter war Becker, dass die Verteidiger im Fall 11 nicht mitgemacht hatten, da sich der Verteidigersprecher Kubuschok geweigert hatte und Becker nicht persönlich anwesend gewesen war, um ihn „unter Druck" zu setzen.[1009] Der Entwurf des unter dem Namen von Tilo Freiherr von Wilmowsky, ein enger Verwandter Alfried Krupps, herausgegebenen Buches „Warum wurde Krupp verurteilt?" war faktisch von den Industrieanwälten verfasst worden.[1010] Der schon an anderer Stelle genannte Ernst Rudolf Huber sollte, vermutlich auf Vermittlung Beckers, die Überarbeitung des Entwurfs des Buches übernehmen. Aus Zeitgründen verzichtete er aber auf eine komplette Überarbeitung und folgte der von Kranzbühler vorgegebenen Verteidigungslinie.[1011] Parallel arbeiteten Kranzbühler und Pohle mit Carroll an einer Verteidigungsschrift zugunsten Friedrich Flicks, die unter dem Namen des deutschen Mitarbeiters von US-Anwalt Carroll, Rolf Rüdiger Stroth, publiziert wurde und hauptsächlich die schon im Prozess vorgebrachten Argumente wiederholte.[1012] Die I.G.-Farben wiederum konzentrierten ihre publizistische Abwehrfront um das gemeinsame Büro der Anwälte Helmuth Henze und Rolf W. Müller in Frankfurt, die auch von den I.G.-Farben Anwälten Silcher, Gierlichs, Rospatt und Weyer mit unterstützt wurden. Während Henze als leitendes Mitglied der „Deutschen Schutzvereinigung für Wertpapierbesitz e. V." eine Kampagne gegen die Entflechtung der I.G.-Farben startete, verlegte sich R.W. Müller auf die Pressearbeit. Insbesondere versandte er die von ihm und seinen Kollegen im „Büro Henze" zusammengestellten Pamphlete „Nürnberger Untersuchungs-Methoden im I.G.-Farben Prozess" und „Das Urteil im I.G.-Far-

---

1008 Schreiben Geißelers an Eckardt 14.5.1949, in: LKANü, III/17, Nr. 6; Aktennotiz: Betrifft Unterstellung von Dr. Ahrens 2.7.1949, in: BAK, NL Nagel, Nr. 1; Bericht Nagel o.D. und Übersicht Goldschmidt für das Jahr 1951, in: BAK, NL Nagel, Nr. 2.

1009 Schreiben Beckers an Dönhoff 1.3.1948, in: PAAA, BL Becker, Bd. 4 Teilband 1.

1010 Wiesen: Overcoming, S. 205–209.

1011 Schreiben Hubers 10.1.1950 und Schreiben Hubers an Wilmowsky 9.2.1950, in: HAK, FAH 29, Nr. 65.

1012 Schreiben Kaletsch an Eckardt o.D., in: LKANü, III/17, Nr. 11. Das Pamphlet das „Flick-Urteil" von R. Stroth findet sich in StN, KV-Prozesse, Fall 5, Nr. L8.

benprozess“ an Zeitungen und die großen Kirchen.[1013] Überlegungen zu einer gemeinsamen publizistischen Aktion aller drei in Nürnberg angeklagten Industriekonzerne um die „deutsche Industrie von dem Odium der Kriegsschuldlegende“ (Wolfgang Pohle) zu entlasten, erwiesen sich allerdings als schwierig.[1014] Auf Initiative Goldschmidts hatte man den früher im Reichsjustizministerium angestellten Reichskabinettsrat Hans Ficker (1897–1968) mit einer zusammen mit den Anwälten zu erarbeitenden allgemeinen Denkschrift der Industrie beauftragt. Aufgrund der mit Rücksicht auf bevorstehende Gnadenaktionen der US-Behörden zögerlichen Haltung der I.G.-Farben arbeiteten dann zunächst die Anwälte von Krupp, Flick und Röchling an dieser Denkschrift, während Kranzbühler zusätzlich für Flick und Krupp in Einvernehmen mit Friedrich Silcher eine weitere Denkschrift entwarf.[1015] Allerdings scherte auch Flick nach geraumer Zeit aus der gemeinsamen Linie der Industrie aus, um seine bevorstehende Freilassung nicht zu gefährden.[1016] Ficker zeigte nun kein weiteres Interesse an der Denkschrift und der nun von dem schon mit Justus Koch zusammenarbeitenden früheren Leiter der Heerespropaganda und Schriftsteller Kurt Hesse (1894–1976) gefertigte Entwurf wurde als nicht passend angesehen.[1017] Als die weitere Suche nach einem geeigneten Autor im Sande verlief, reagierten die Anwälte mit verschiedenen Notlösungen, so mit einer an diverse Persönlichkeiten verschickten Kurzzusammenfassung Kranzbühlers zum Krupp-Prozess und einem Vortrag Pohles im Mai 1951 vor dem Rotary-Club Düsseldorf.[1018] Seit Jahresanfang 1952 gab es unter Federführung Kranzbühlers nochmals Versuche, mit dem Schriftsteller Louis P. Lochner (1887–1975), der 1948 große Bekanntheit mit der Publi-

---

1013 Vgl. Schreiben Müllers 25.6.1949 und „Das Urteil im I.G.-Farben-Prozess“, in: LKANü, LKR, 2477.

1014 Schreiben Pohles 23.10.1950, in: HAK, FAH 29, Nr. 55; Vermerk über Rücksprache im Büro der Arbeitsgemeinschaft in Frankfurt 28.10.1948, in: BAK , NL Nagel, Nr. 2; Kontaktmänner zwischen I.G.-Farben und der Ruhrgruppe waren die Anwälte Silcher und Pohle, die sich beide von der gemeinsamen Arbeit in der Reichsgruppe Industrie gut kannten, vgl. Schreiben Pohles an Theo Goldschmidt 6.1.1949, in: BAK, NL Nagel, Nr. 3.

1015 Korrespondenz Pohle mit Nagel 26.3.1949, 30.4.1949, 22.4.1949, 3.11.1949, 12.11.1949, in: BAK, NL Nagel, Nr. 3.

1016 Schreiben Pohles 23.10.1950, in: HAK, FAH 29, Nr. 55.

1017 Schreiben R.W. Müllers an Wilmowsky 19.12.1950, in: HAK, FAH 29, Nr. 55.

1018 Schreiben Wilmowskys an Schaeffler 13.9.1951 und Schreiben Wilmowskys 23.10.1951, in: HAK, FAH 29, Nr. 55; Wolfgang Pohle: Der Einzelne im Konflikt zwischen Völkerrecht und nationalem Recht, Essen 1953.

kation von Teilen der Goebbels-Tagebücher erlangte, ein die deutsche Industrie entlastendes Buchprojekt zu starten, für das das „Industriearchiv Nagel“ das Material liefern sollte.[1019] Tatsächlich gelang es Kranzbühler, der selbst Lochner „beratend“ zu Seite stand, nach anfänglichen Schwierigkeiten Geldmittel vom Flick-Konzern, der I.G.-Farben, Krupp, den Vereinigten Stahlwerken, Mannesmann und anderen für das Buch-Projekt zu erhalten.[1020] Mit großer Wahrscheinlichkeit ebenfalls erheblichen Einfluss hatte Kranzbühler auch auf die im Oktober 1952 fertiggestellte Darstellung „Nürnberg“ des früheren Chefjustiziars der I.G.-Farben und ehemaligen Nürnberger Angeklagten August von Knieriem (1887–1978), eine über fünfhundert Seiten umfassende Ausarbeitung, die bis heute nahezu jeder Darstellung zu den Nürnberger Prozessen als Referenz dient.[1021] Die Beliebtheit des Buches erklärt sich nicht zuletzt daraus, wie der kritische Rezensent Karl Bader 1953 festhielt, dass das Buch zwar einseitig, aber die stupende Gelehrsamkeit anerkennenswert sei. Tatsächlich ist das Buch, wie Eduard Wahl in seinem Vorwort zur ersten Ausgabe hervorhob, eine umfassende und dennoch auch dem Laien verständliche Darstellung zu den Prozessen. Aus den Quellen ergibt sich nur ein schemenhaftes Bild, wer von den Nürnberger Anwälten Knieriem bei seinem Buch half. Ursprünglich sollte Eduard Wahl diese große Darstellung zu den Nürnberger Prozessen verfassen, die dann aber von Knieriem mit Einverständnis der Nürnberger Anwälte Kranzbühler, Pohle, Silcher und Müller erstellt wurde. Finanziert wurde Knieriems Buch gemeinsam von der Montanindustrie und Chemieindustrie.[1022]

1019 Wiesen: Overcoming, S. 215–226; Schreiben Kranzbühlers an Wilmowsky 5.1.1952, in: HAK, FAH 29, Nr. 57. Der Sohn eines deutschen Auswanderers war langjähriger Berlinkorrespondent der Associated Press. Nach dem Krieg war Lochner als Schriftsteller tätig. Teile der Goebbels-Tagebücher aus den Kriegsjahren waren in den Besitz der Stanford University gelangt, die Lochner 1948 übersetzte und veröffentlichte.

1020 Schreiben Kranzbühlers an Wilmowsky 21.3.1952 und Schreiben Wilmowskys an Pohle 21.8.1952, in: HAK, FAH29, Nr. 56.

1021 August von Knieriem: Rechtliche und Menschliche Probleme, Stuttgart 1953. 1950 arbeitete Knieriem am Aufbau der BASF mit und wurde Aufsichtsratsmitglied der I.G.-Farben in Liquidation. Knieriem war im Fall 6 von Horst Pelckmann verteidigt worden.

1022 Schreiben an Kranzbühler, Silcher, Schröder 31.12.1952, in: HAK, FAH 29, Nr. 56; Schreiben Knieriem an Kranzbühler, Pohle, Silcher, Müller 17.6.1953, in: HAK, FAH 29, Nr. 57; vgl. auch Wiesen: Overcoming, S. 230. Großen Einfluss auf das Buch hatte auch Generalrichter Lehmann, der sich häufig mit

Wichtiger als diese publizistischen Aktionen Kranzbühlers für die Marineführer und die Industriellen ist in diesem Zusammenhang aber das allgemeine Bild, das Kranzbühler von Nürnberg zeichnete. Besonders Kranzbühler bediente sich dem Medium des Vortrags in ausgewählten Zirkeln, auf denen auch seine später publizierten und zentralen Beiträge „Rückblick auf Nürnberg“ und „Nürnberg als Rechtsproblem“ basierten. Als einer der wenigen Verteidiger setzte sich Kranzbühler explizit mit der historischen Seite „Nürnbergs“ auseinander und suchte dessen historische Aussagen zu ergründen. Einerseits ließ Kranzbühler, mit deutlicher Spitze gegen Rudolf Aschenauer, keinen Zweifel, dass die Ermordung der Juden ein Verbrechen war: „Man hat diesen Maßnahmen mit der Überschrift ‚Politische Kriegsführung‘ den Anschein geben wollen, als ob sie noch irgendwie durch den Kriegszweck gerechtfertigt werden könnten. Davon kann keine Rede sein. Wem sich in der Beweisaufnahme die entsetzlichen Bilder eingeprägt haben, wie Frauen mit ihren Kindern vor langen Leichengräbern mit Genickschuss erledigt oder in die Gaskammern getrieben wurden, der wird nie die Scham überwinden, dass Deutsche, wenn auch nur sehr wenige Deutsche, solches getan haben“.[1023] In rechtlicher Hinsicht hinterfragte Kranzbühler Fairness und juristische Beurteilung der Prozesse. Nürnberg sei mit deutschen Verfahrensmaßstäben wegen des anderen Aufbaus und Rechtsauffassung nicht zu vergleichen. Er sah aber für die Beantwortung der Frage nach Fairness nicht Einzelheiten der prozessualen Ausgestaltung als maßgeblich, sondern die Zielsetzung des Verfahrens als Ganzes. Hier setzte nun Kranzbühler seine Kritikpunkte an. Neben der Tatsache, dass das Londoner Statut von den späteren Richtern ausgearbeitet worden war und dass das Verbrechen gegen den Frieden als rückwirkende Gesetzgebung anzusehen sei, geißelte der frühere Offizier, dass die Gerichte weder die Berufung auf „höheren Befehl“, was Kranzbühler schlichtweg als „Missachtung der deutschen Souveränität“ im Zweiten Weltkrieg verstand, noch die von Kranzbühler in den Fällen 5 und 10 herausgestellte Einwendung des Notstandes hätten gelten lassen. Darin und in der Nichtbeachtung des „Tu quoque“-Arguments sah Kranzbühler eine wesentliche Rechtsungleichheit. In militärischen und kriegswirtschaftlichen Fragen habe Nürnberg daher einem „Wolkenkuckucks-

---

Knieriem traf und Knieriem seine 1949 in Landsberg verfasste Denkschrift „Fall 12 Zweiter Generalsprozess“ als Grundlage gegeben hatte, vgl. Schreiben Lehmann an Laternser 9.1.1953 mit Anlage, in: BAF, N431, Nr. 947.

1023 Kranzbühler: Rückblick, S. 9.

heim“ geglichen.[1024] Nürnberg habe die internationale Sicherheit nicht erhöht, sondern gerade verringert, weil es den Staaten das Recht zur Selbsthilfe durch Krieg habe nehmen wollen. So wichtig auch das Verbrechen gegen die Menschlichkeit als Warnschild gegen Machthaber anzusehen sei, so unterminiere doch die sowjetische Praxis dieses Vorhaben. Prinzipiell aber erkannte Kranzbühler den Straftatbestand des Verbrechens gegen die Menschlichkeit als wichtigen Versuch an, zumindest dem Grundgedanken nach, „gewisse Mindestmaßstäbe der Menschlichkeit in den innenpolitischen Methoden eines Staates als eine internationale Verpflichtung“ anzuerkennen.[1025] Überhaupt sei die Festlegung der deutschen Kriegsschuld das zentrale Anliegen der Verfahren gewesen. Besonders scharf kritisierte Kranzbühler aber die Verwendung der Prozesse als „Symbolprozesse“. Politische Maßnahmen durch Strafprozesse moralisch zu rechtfertigen erschien Kranzbühler als „unerträgliche Heuchelei“. Den Grund hierfür sah Kranzbühler in der geschichtlichen Erfahrung der USA nach dem amerikanischen Bürgerkrieg. Viele der Maßnahmen, die nach 1945 in Deutschland ergriffen worden seien, hätten den Maßnahmen gegen die Südstaaten geähnelt. Aus dieser geschichtlichen, aus Bürgerkriegen erwachsenen Erfahrung sei zu erklären, warum die USA bestrebt seien, Kriegsgegner möglichst umfassend unter Anklage zu stellen und einen Krieg gegen die USA als Verbrechen anzusehen.[1026] Die amerikanischen Bestrebungen seien aber mit der Widerlegung der Kollektivschuld der Deutschen gescheitert. Von einem erzieherischen Wert der Prozesse könne nicht gesprochen werden.[1027] Im Ergebnis kam Kranzbühler zum Schluss: „Die Verfahren waren geschichtsklärend, aber auch geschichtsfälschend. Ihr Material ist ein guter Wanderstab in der Hand der erfahrenen Historiker und ein ge-

1024 Kranzbühler: Rückblick, S. 11–18. Zur scharfen Kritik an der Befehlsproblematik vgl. Otto Kranzbühler: Nürnberg als Rechtsproblem, in: Willibald Apelt [Hg.]: Um Recht und Gerechtigkeit. Festgabe für Erich Kaufmann zu seinem 70. Geburtstage, 21.9.1950, überreicht von Freunden, Verehrern und Schülern, Stuttgart 1950, S. 230–236 und Otto Kranzbühler: Nuremberg Eighteen Years Afterwards, in: DePaul Law Review 14 (1965/65), S. 339–344, Otto Kranzbühler: Wert oder Unwert historischer Strafprozesse – erörtert am Nürnberger Beispiel, in: Karl Forster/Albert Mösl [Hgg.]: Möglichkeiten und Grenzen für die Bewältigung historischer und politischer Schuld in Strafprozessen, Würzburg 1962, S. 23–25 und 28 f.

1025 Kranzbühler: Rechtsproblem, S. 230 f. und Kranzbühler: Wert, S. 30 f und 36.

1026 Kranzbühler: Rückblick, S. 22 f.

1027 Kranzbühler: Rückblick, S. 24 f.

fährlicher Prügel in der Hand des Demagogen."[1028] Naturrechtlichen Grundlagen der Nürnberger Prozesse erteilte Kranzbühler eine klare Absage.[1029]

Wohl aufgrund seines Engagements als Lobbyist für Rüstungskonzerne an Rhein und Ruhr wurde es publizistisch ab Mitte der fünfziger Jahre still um Kranzbühler. Erst im Zuge des neu erwachten gesellschaftlichen Interesses an der Aufarbeitung des NS-Unrechts zu Beginn der sechziger Jahre sah sich Kranzbühler genötigt, wieder öffentlich zu Wort zu melden. Im Rahmen einer Vortragsreihe der Katholischen Akademie Tutzing hielt er einen in der Folge auch publizierten Vortrag zu „Wert oder Unwert historischer Strafprozesse – erörtert am Nürnberger Beispiel", gefolgt von einem in der DePaul Law Review veröffentlichten englischsprachigen Aufsatz „Nuremberg eighteen years afterwards". Alle Aufsätze wiederholten im Wesentlichen Gedanken und Erinnerungen, die Kranzbühler schon in seinen zentralen Vorträgen 1949 und 1950 bzw. als „Ghostwriter" in der Memoirenliteratur zu Dönitz geäußert hatte. Neu waren lediglich Anknüpfungspunkte an die veränderte politische Situation der frühen sechziger Jahre. Immerhin gestand nun Kranzbühler „Nürnberg" zu, das er allerdings als ein der Gerechtigkeit dienendes Instrument weiterhin nicht anerkennen wollte, den Sinn gehabt zu haben, als Ausgangspunkt zu Wiederherstellung menschlicher Beziehungen zwischen Besiegten und Siegern zu werden.[1030] Zweiter Anknüpfungspunkt an die Gegenwart war Kranzbühlers Einschätzung der Ludwigsburger Stelle und der erneuten Strafverfolgung von NS-Verbrechen. Zwar sei es falsch gewesen, dass bis zur Gründung der Zentralen Stelle in Ludwigsburg Verbrechen faktisch nicht mehr verfolgt wurden, aber nun gehe man mit „deutscher Gründlichkeit" vor und bestrafe Tausende meist kleine Täter. Damit müsse endlich Schluss sein.[1031] Anders als aber noch vor über einer Dekade, sah sich nun Kranzbühler bei seinem Vortrag in Tutzing (wie auch der dort anwesende Robert

1028 Kranzbühler: Rückblick, S. 10 und BAK, Ton 1040.

1029 In einer Rezension von Knieriems Buches lehnte Kranzbühler dessen Forderung, die Taten der Einsatzgruppen wie die Unrechtsjustiz im „Dritten Reich" müssten mit das positive Recht verdrängenden naturrechtlichen Grundsätzen beurteilt werden, entschieden ab, sei dies doch der Versuch, „auf Grund moralischer Postulate das Strafrecht in Bezirke auszudehnen, für die es keine Lösung mehr bereit hält.", vgl. Otto Kranzbühler: Warum war Nürnberg unvollkommen? Die Überwindung eines Erlebnisses, in: FAZ (12.5.1953).

1030 Kranzbühler: Auftrag, S. 95; vgl. auch Kranzbühler: Nuremberg, S. 347.

1031 Kranzbühler: Nuremberg, S. 347.

Servatius) mit scharfer Kritik konfrontiert. Der Journalist und promovierte Historiker Albert Wucher (1920–2010), der für die Süddeutsche Zeitung die Tagung beobachtet hatte, warf Kranzbühler vor, dieser müsse sich nicht wundern, wenn er mit seiner „derartig formalistischen, sich die heutige Frontstellung [gemeint ist Kranzbühlers Rechtfertigung des Angriffs auf die UdSSR und dessen Verbindung mit dem Kalten Krieg in seinem Vortrag] zunutze machenden Argumentation“ schärfsten Widerspruch finde. Nicht nur sei die Schuld Hitlers am Krieg mittlerweile noch besser zutage getreten als schon in Nürnberg. Die Kritik Kranzbühlers an der Strafbarkeit des Angriffskrieges könne nicht gelten. Man solle Friedensbrecher wenigstens moralisch ächten und Völkerrechtsgrundsätze für verbindlich erklären, gegen die diejenigen, die in den Augen der Weltöffentlichkeit im Recht erscheinen wollten, nicht verstoßen könnten.[1032]

Der Einfluss Kranzbühlers auf die wissenschaftliche Forschung zu Nürnberg ist nicht zu unterschätzen. Dadurch, dass es Kranzbühler gelungen war, seine beiden Vorträge von 1949 bzw. 1950 publizieren zu lassen, fanden sie als quasi offizielle Stellungnahme der Verteidigung Eingang in die Literaturliste nahezu jeder deutschsprachigen Studie zu den Nürnberger Prozessen. Da zudem zwei seiner Aufsätze in englischer Übersetzung vorlagen, wirkte Kranzbühler auch auf die englischsprachige Forschung ein. Insbesondere versuchte Kranzbühler in verschiedene Zeitzeugeninterviews seine Sicht für die Nachwelt festzuhalten. Hierzu gehört ein allerdings nicht veröffentlichtes langes Interview für das Bundesarchiv ebenso, wie seine diversen Interviews für verschiedene Historiker, etwa für Ann und John Tusas „The Nuremberg Trial“ oder William Manchesters Darstellung „Krupp. Zwölf Generationen“. Kranzbühler ließ sich selbstdarstellerisch von Manchester als „Steuermann“ porträtieren: „Otto Kranzbühler spürte diesen Wind, setzte sein Segel danach, und nach Rücksprache mit Krupp und dessen Einwilligung führte er eine Verteidigung, die von allen anderen in Nürnberg gänzlich verschieden war, [...] denn der neue Wind, der sich allmählich zum Sturm verstärkte, war politischer Natur.“[1033] Auch Susanne Jung, die eine der wichtigsten rechtshistorischen

1032 Albert Wucher: Historische Schuld vor den Schranken des Gewissens. Tagung der Katholischen Akademie über die Problematik politischer Prozesse, in: Süddeutsche Zeitung (23.11.1961). Der Kriegsteilnehmer Wucher war seit 1949 Journalist der Süddeutschen Zeitung. Er veröffentlichte zu zeitgeschichtlichen Themen und war Berichterstatter der SZ beim Eichmann-Prozess.

1033 Manchester: Krupp, S. 614.

Studien zu den Nachfolgeprozessen am Beispiel des Flick-Verfahrens vorlegte, griff für die Darstellung der Verteidigung auf Kranzbühlers Schriften und ein Interview mit ihm von 1989 zurück. Kranzbühler nutzte die Gelegenheit, die Situation der Verteidigung möglichst schwierig darzustellen. Angeblich sei es während des IMT fast unmöglich gewesen, in Nürnberg in ein Lokal zu gehen, ohne Tätlichkeiten ausgesetzt zu werden, auch wenn sich die Situation zum Zeitpunkt des Flick-Prozesses gebessert habe, und Kranzbühler zugestand, dass sich die Benachteiligung auf ein „erträgliches Maß" reduziert habe.[1034] Schon früh scheint sich Kranzbühler der Macht des Fernsehens bewusst gewesen zu sein. So soll er vor dem Jahrestag des Kriegsendes am 6. Mai 1964 in einer nicht näher genannten Fernsehsendung für die Generalamnestie eingetreten sein.[1035] Das Drehbuch des einzigen, noch zu Lebzeiten von Dönitz im Jahre 1979 fertiggestellten Dokumentarfilms „Dönitz – Hitlers Mann der letzten Stunde" war von Kranzbühler geprüft und kommentiert worden.[1036] Besonders wirkte Kranzbühler als Zeitzeuge in mehreren Fernsehinterviews. So erzählte er beispielsweise seine Sicht auf die Nürnberger Prozesse für die 1996 von Michael Kloft produzierten Dokumentationen „Nürnberg – ein Gerichtsdrama" und „Schuld und Sühne des Albert Speer", die durch verschiedene „Spiegel-TV"-Dokumentationen bis heute nachwirken. Insofern war es falsch, dass der für das Ressort Geisteswissenschaften zuständige Redakteur der FAZ, Lorenz Jäger, August 2004 in einem Nachruf bedauerte, Kranzbühler sei von der Geschichtsschreibung weitgehend als Zeitzeuge vergessen worden, was Kloft in einen anschließenden Leserbrief dann auch in Bezug auf die genannten Filmdokumentationen richtigstellte.[1037] Das Gegenteil ist der Fall: Kranzbühler war die wichtigste Gestalt der ehemaligen Nürnberger Verteidiger für die Rezeption der Nürnberger Prozesse.

Während Kranzbühler eine Publikation seiner Nürnberger Plädoyers nicht in Erwägung gezogen hatte, gelang es Hans Laternser als Einzigem der Verteidiger, sämtliche Eröffnungs- und Schlussplädoyers vor dem IMT und den Nachfolgeprozessen wie auch sein für Albert Kesselring in Italien

1034 Jung: Rechtsprobleme, S. 35–38; vgl. auch BAK, Ton 1040.

1035 Vgl. BStU, Ak 2321-2350/86, S. 39.

1036 Hartwig: Dönitz, S. 281 f.

1037 Vgl. Lorenz Jäger: Der Verteidiger, in: Frankfurter Allgemeine Zeitung (20.8.2004) und Michael Kloft: Mehrere Filme über Kranzbühler, in: Frankfurter Allgemeine Zeitung (30.8.2004).

gehaltenes Plädoyer zeitnah zum Ende der Prozesse zu publizieren. Vor dem IMT hatte Laternser schon einen eindeutigen Ruf erworben. Im Juni 1946 etwa verbot das Gericht die Befragung von Hauptangeklagten durch die Organisationsverteidiger. Einige Verteidiger hielten dies für eine Art „Lex Laternser“, weil Laternser mit seiner Art der Befragung der Hauptangeklagten bei Richter Lawrence in Ungnade gefallen sei.[1038] Bei seinen Äußerungen in Nürnberg zeigte sich Laternser derart angriffslustig, dass ihn im Fall 12 sogar der angeklagte Generalrichter Rudolf Lehmann ausbremsen musste, als Laternser der Anklage vorwerfen wollte, dass, wie schon Kranzbühler geäußert hatte, wohl zukünftige Kriege nur noch von Juristen geführt werden würden. Dies war aus Lehmanns Sicht nur Wasser auf die Mühle der Anklage.[1039] Klar verwehrte sich Laternser gegen Anwaltskollegen, die Militärs öffentlich angriffen, wie etwa sein Kollege Otto Nelte: „Die Gründe, die den Kollegen zu diesem Aufsatz veranlasst haben, sind mir nicht bekannt. Ich glaube jedoch, die Ansicht unserer Berufskollegen dahin zusammenzufassen zu können, dass eine Stellungnahme dieser Art mit den Aufgaben eines Verteidigers auch nach Abschluss des Verfahrens sich nicht vereinbaren lässt.“[1040]

In seinem allgemeinen Plädoyer für den Generalstab und das OKW betonte Laternser, dass in der Geschichte oft die militärischen Führer der unterlegenen Partei gerichtet worden seien. In der Regel seien diese Prozesse allerdings vom eigenen Staat und nicht den feindlichen Siegern ausgegangen. Man müsse schon über 2000 Jahre zurückgehen, als die Römer ihren Feind Jugurtha töteten. Vor dem IMT würden nun Soldaten angeklagt, nur weil sie ihrem Land gedient haben. Damit ziele die Anklage auf nicht weniger als auf das Soldatentum oder mindestens das militärische Führertum überhaupt.[1041] Schon nach der Schlacht bei Aigospotamoi sollten Feldherren durch Kollektivurteil wegen „einer Art Humanitätsverbrechens“, der Nichtbestattung der Gefallenen, bestraft werden. Der große Philosoph Sokrates sei in einer leidenschaftlichen Rede dieser Kollektivschuldanklage entgegengetreten und habe das Urteil abgewendet.[1042] Wolle die Neuzeit nun etwa einen zweitausendjährigen Rechtsgrundsatz nicht mehr beach-

---

1038 Von der Lippe: Tagebuch, S. 310.

1039 Schreiben Frohweins an Laternser o.D. in: BAF, N431, Nr. 947.

1040 Schreiben Laternsers an General Christian Hansen 29.9.1947, in: BAF, N431, Nr. 955.

1041 Laternser: Verteidigung, S. 11 f.

1042 Laternser: Verteidigung, S. 18 f.

ten? Während Hitlers Gestalt wahrhaft mit Luzifer zu vergleichen wäre, finde sich Haltung und Geist des Generalstabs bekanntlich geprägt durch Gestalten wie Friedrich den Großen oder die Generäle Gerhard von Scharnhorst, Helmuth von Moltke, Alfred von Schlieffen und Hans von Seeckt Dies seien die Tatsachen und nicht das Bild einer „missgünstigen, tendenziösen oder schlecht unterrichteten Propaganda".[1043] Man müsse die geistigen Grundlagen der Zeit, denen sich niemand entziehen könne, verstehen. Hierzu gehöre die bemerkenswerte Übersteigerung des Nationalgefühls, wie auch die in allen Kulturnationen im neunzehnten Jahrhundert festzustellende Vermassung und damit einhergehende Senkung des Wertes des einzelnen Menschen. Darüber hinaus war der Zweite Weltkrieg ein Weltanschauungskrieg, in dem der Kampf zum Vernichtungskampf, zum totalen Kampf geworden sei. Die Generäle dagegen, reife Männer mit Lebenserfahrung, hätten sich gegen die revolutionären Ideen Hitlers über die Methoden der Kriegsführung gesträubt und den Kampf in alter Tradition, unter genauester Beachtung der Kriegsregeln, zu führen versucht. Das „Kernproblem" des Prozesses sei aber die Gehorsamspflicht. Zurücktreten könne ein parlamentarischer Minister in einem demokratischen Land: „Ein deutscher Offizier konnte das nicht! Ihn band der Fahneneid, der für den alten Offizier, mehr noch als für jeden anderen, höchste Verpflichtung bedeutete." Der Ungehorsam eines hohen, militärischen Führers aber erschüttere das Gefüge der Wehrmacht, ja des Staates selbst, dem er angehört: „Wenn etwas in der Welt unteilbar ist, dann ist es der militärische Gehorsam"![1044] Gerade das tödliche Scheitern des „20. Juli" belege die Unmöglichkeit des Widerstandes. Zum Ende seines Plädoyers rief Laternser den Anklägern zu, ob diese wirklich das Urteil der Geschichte herausfordern wollten. Die Geschichte habe ihre eigene Art zu urteilen.[1045] Wohl unter Anleitung des belesenen Erich Schwinge suchte Laternser mithilfe geschichtlicher Beispiele die Anklage des Generalstabs als epochale Zäsur einer zweitausendjährigen militärgeschichtlichen Tradition herauszustellen.[1046] Zwar klingt auch bei Laternser das Motiv der Vermassung an.

1043 Laternser: Verteidigung, S. 20–22.

1044 Laternser: Verteidigung, S. 41–42.

1045 Laternser: Verteidigung, S. 46.

1046 Vgl. Hébert: Generals, S. 99–127 und insbesondere und mit Betonung der Darstellung des Mandanten von Leeb durch Laternser: Heike Krösche: Im Zweifel für den Angeklagten?, S. 605–629. Allgemein zu den Rechtsfragen des Falles 7 jetzt Florian Dierl/Alexa Stiller: Von Generälen und Partisanen: Die Verbrechen

Zentrales Argument wird aber bei Laternser der Versuch, den Gerichtshof vor einem höheren Richter anzuklagen, nämlich dem Urteil der Geschichte. Selbst ein Weltphilosoph wie Sokrates sei den unschuldigen Soldaten beigesprungen. Dass die geschichtlichen Beispiele keineswegs zwingend waren, schien Laternser nicht zu stören. Dass etwa die von Laternser genannte „beispiellose Verbannung“ Napoleon Bonapartes nur Reaktion auf einen beispiellosen Angriffskrieg in der europäischen Geschichte war, interessierte Laternser wenig. Dass der Zweite Weltkrieg und die in ihm begangenen Untaten ebenso beispiellos waren, wurde nur notdürftig kaschiert.

Die geschichtlichen Beispiele unter offener Koketterie mit dem „Tu quoque“-Argument blieben auch wesentliches Motiv der Reden Laternsers in den Nachfolgeprozessen. In seiner Eröffnungsrede im Fall 7 betonte Laternser, wie auch schon Kranzbühler, dass die Schonung von Menschenleben nur ein Prinzip der Ethik und eine Forderung der Humanität sei, die aber im Unterschied zu den anerkannten Normen des Völkerrechts stünden. Gerade der Luftkrieg belege dies, könnten doch die als „lebendige Fackeln“ in den Straßen verbrannten Kinder und Frauen kaum schuldiger seien, als die bei Repressalien erschossenen Partisanen und Aufständischen.[1047] Auch diesmal fehlte der Hinweis auf die Abweichung von jahrhundertealten Traditionen nicht: „So wie es in der Natur des Menschen liegt, sich zu verteidigen, so ist es ein uraltes Gesetz des Krieges, dass die Zivilbevölkerung am Kampf nicht teilnehmen darf. Tut sie es dennoch, so hat sie schärfste Gegenmaßnahmen zu erwarten, und dies muss sie wissen. Dies ist ein hartes, aber sehr natürliches Gesetz“. Für dieses „Naturgesetz“ spannte Laternser einen historischen Zitaten- und Beispielsbogen, der von Julius Caesar und Marcus Antonius bis hin zu General William T. Shermans Vorgehen im Amerikanischen Bürgerkrieg bzw. der brutalen Niederschlagung des Aufstands auf den Philippinnen durch US-Truppen zu Beginn des zwanzigsten Jahrhunderts reichte.[1048] Im Fall 12 zog Laternser ein weiteres Mal gegen die „jahrzehntelange Propaganda“ zu Felde und wollte die Behauptung der „Kriegslüsternheit des deutschen Offiziers-

der Wehrmacht in Südosteuropa und der „Geiselmord-Prozess“ im Kontext des Kalten Krieges“, in: Kim C. Priemel/Alexa Stiller [Hgg.]: NMT. Die Nürnberger Militärtribunale zwischen Geschichte, Gerechtigkeit und Rechtschöpfung, Hamburg 2013, S. 230–254.

1047 Laternser: Verteidigung, S. 122.

1048 Laternser: Verteidigung, S. 160–163 und S. 181–185.

korps" mit historischen Beispielen widerlegen.[1049] Nicht die deutschen Generäle seien Verteidiger des Krieges, sondern ein französischer Philosoph wie Pierre-Joseph Proudhon, der den Krieg sogar als etwa Göttliches bezeichnete.[1050] Zum Abschluss des Plädoyers erinnerte Laternser die amerikanischen Richter an Abraham Lincoln, der scharfe Vergeltung gegen die Bevölkerung des Südens am Ende des US-Bürgerkriegs entschieden abgelehnt habe und fragte rhetorisch, ob die Situation von damals nicht ähnlich der heutigen sei. Die Richter sollten endlich einen Schlussstrich ziehen. Sie sollten zeigen, dass der Geist eines Thomas Jefferson, eines Robert Lee und eines Abraham Lincoln nicht erloschen sei.[1051] Ergänzungen kamen von Paul Leverkühn, der zweiten wichtigen Verteidigergestalt des OKW-Prozesses. Anders als die angloamerikanische Geschichte kenne die deutsche Geschichte nur sehr wenige Belege von Soldaten in der Politik. Lediglich General Erich Ludendorff sei im Ersten Weltkrieg politisch aktiv gewesen, was dazu geführt habe, dass die Propaganda der linken Parteien die Rolle des Einflusses des Militärs in der Politik so vergrößert habe, dass der gute Name der Armee in der öffentlichen Meinung „verdunkelt" gewesen sei. Als Paul von Hindenburg Hitler zum Reichskanzler machte, habe die Armee dies akzeptiert, da man die Revolution von links fürchtete und Hitler einen legalen Kurs nahm. Insofern sei es heute einfach zu sagen, die Generäle hätten abdanken sollen. Trotz allen Respekts für die Männer des 20. Juli könne man nicht nach einer generellen Regel davon ausgehen, dass ein Offizier seinen Oberbefehlshaber töten dürfe.[1052]

Leverkühn publizierte nach Nürnberg als Ergänzung der Plädoyersammlung Laternsers Auszüge der Plädoyers für den vor einem britischen Militärgericht in Hamburg angeklagten General von Manstein, der von Laternser und Leverkühn vertreten wurde.[1053] Ähnlich wie Kranzbühler meldete sich das Team um Laternser publizistisch 1953 zum letzen Mal zu Wort mit einer abschließenden Betrachtung Laternsers zu Nürnberg. In der im ehemals militärnahen Stalling-Verlag publizierten Aufsatzsammlung „Bilanz des Zweiten Weltkrieges" fanden sich zahlreiche Beiträge ehema-

1049 Laternser: Verteidigung, S. 245–249.
1050 Laternser: Verteidigung, S. 249.
1051 Laternser: Verteidigung, S. 336.
1052 Vgl. Opening Statement von Paul Leverkühn für Warlimont, in: TWC, Bd. 10, S. 218–224.
1053 Vgl. Paul Leverkühn: Verteidigung Manstein, Hamburg 1950.

liger Nürnberger Zeugen wie Angeklagter wieder. Neben Leverkühn, der einen Aufsatz zum militärischen Geheimdienst im „Dritten Reich“ beisteuerte, lieferte Laternser den einzigen juristischen Beitrag. In „Der Zweite Weltkrieg und das Recht“ wiederholte Laternser nochmals Kernprobleme der Militärprozesse und lehnte resümierend jegliche internationale Gerichtsbarkeit ab, sei doch Kriegsschuld nur politisch zu entscheiden.[1054]

Zusammenfassung Kapitel 3.4

Kranzbühlers Bedeutung für die Darstellung „Nürnbergs“ liegt mit Sicherheit in der bewussten Suche der Öffentlichkeit. Seiner Rolle als Zeitzeuge wie als Mitgestalter der historischen Sicht auf die Nürnberger Prozesse war sich Kranzbühler sehr wohl bewusst. Insofern war er auch der am meisten „geschichtlich“ denkende Nürnberger Anwalt. Hinzu kam die permanente öffentliche Wiederholung seiner Sicht auf Nürnberg, die in den diversen Präsentationen lediglich in kleineren Details und gegenwartsbezogenen Einschüben variiert wurde. Darüber hinaus beherrschte Kranzbühler hervorragend die Kunst als überaus kompetenter, hochintelligenter wie nüchterner und leidenschaftsloser Gesprächspartner und glänzender Jurist wahrgenommen zu werden, ohne gleichzeitig auch nur einen Millimeter von seiner radikalen Position abzuweichen. Versteckt hinter seinen durchaus beachtlichen juristischen Argumenten fand sich eine kaum verhüllte Apotheose des Krieges als natürliche Lebensform des Soldaten wie auch ein scharfer Antikommunismus, der den Angriffskrieg auf die UdSSR zu rechtfertigten wusste. Womöglich lag Kranzbühlers Erfolg auch darin, dass er, anders als die Lippenbekenntnisse mancher Verteidigerkollegen, die Verbrechen der SS nicht rechtfertigen wollte und klar benannte, wo für ihn das Verbrechen begann. Anders als Hellmut Becker gab Kranzbühler offenbar auch niemals direkte anwaltliche Hilfe für SS-Män-

1054 Hans Laternser: Der Zweite Weltkrieg und das Recht, in: Werner Picht [Hg.]: Bilanz des Zweiten Weltkrieges. Erkenntnisse und Verpflichtungen für die Zukunft, Oldenburg u. a. 1953, S. 419; vgl. auch den weiterhin ein negatives Fazit zu Nürnberg ziehenden, in den frühen sechziger Jahren verfassten, aber aus unbekannten Gründen erst 1987 wiederentdeckten und publizierten Aufsatz Hans Laternsers: Looking Back at the Nuremberg Trials with Special Consideration of the Processes against Military Leaders, in: Whittier Law Review 8 (1986/87), S. 578.

ner und stellte sich auch nicht prinzipiell gegen eine Aburteilung von offensichtlichen Kriegsverbrechen und Verbrechen gegen die Menschlichkeit, sah allerdings in „Nürnberg“ hierfür das falsche Instrument.

„Nürnberg“ erschien im Geschichtsnarrativ Laternsers und Leverkühns als Abweichung von jahrtausendealten Traditionen, die bis auf Griechen und Römer zurückgeführt werden könnten. Diese „Tradition“ wurde letztendlich aber auf das „unpolitische“ Soldatentum preußisch-deutscher Provenienz heruntergebrochen, die angeblich die amerikanischen Ankläger und Richter nicht verstehen könnten und damit ein Verbrechen an der Geschichte begehen würden. Gleichzeitig wurde penetrant auf Brutalitäten in der US-Militärgeschichte, insbesondere aus dem Amerikanischen Bürgerkrieg, verwiesen. Dass Laternser, wie schon Kranzbühler, de facto das Deutsche Reich mit den Südstaaten und ihrer Sklavenhaltertradition gleichsetzte, schien nicht zu stören.

Laternsers und Kranzbühlers vollkommene Ablehnung „Nürnbergs“ ähneln sich in ihrer fundamentalen Radikalität. Beide sahen sich als Verteidiger nicht einfach eines Mandanten oder einer Personengruppe, sondern des deutschen Soldaten schlechthin. Während Kranzbühler allerdings seine Ablehnung der juristischen Bewertung militärischen Handelns auf eine prinzipielle Ablehnung des Verbrechens des Angriffskrieges und des Pazifismus stützte, verengte sich bei Laternser diese Kritik auf die Verteidigung der deutschen Militärtradition. Die Rechtfertigung des Krieges bei Kranzbühler hatte ihre Entsprechung in den radikalen Stimmen im Umfeld der Leipziger Prozesse, als etwa 1921 in einer DVP-nahen Zeitung ein Marinejurist äußerte, dass das Kriegsvölkerrecht dem innersten Wesen des Krieges, nämlich der fessellosen Anwendung von Gewalt, widerspreche.[1055] Wenn Kranzbühlers enger Mitstreiter Hellmut Becker noch in der Rückschau die besondere Bedeutung der Werke Ernst Jüngers für das Verständnis des Krieges (siehe Kapitel 1.2) hervorhebt, so spricht vieles dafür, dass Gedankengut des „soldatischen Nationalismus“ der Brüder Jünger zumindest indirekt den wilhelminisch geprägten Offizierssohn Kranzbühler, den mit seinem Nahtoderlebnis in Russland konfrontierten Becker wie auch einen „Mustersoldaten“ wie Laternser prägte. Die existenziell-lebensphilosophische Betrachtung des Krieges und die Überhöhung des Offiziers als Kontrast zur Welt der „unwissenden“ Intellektuellen zählte zu

1055 Vgl. Wiggenhorn: Verliererjustiz, S. 257.

den wesentlichen Grundgedanken dieser Nürnberger Verteidiger und schlug sich in ihrer Sicht auf die Nürnberger Prozesse nieder.[1056]

3.5 Apologeten des Staatsnotstandes: Alfred Seidl und Rudolf Aschenauer

Mit Alfred Seidl und Rudolf Aschenauer finden sich in Nürnberg zwei Verteidigerpersönlichkeiten, deren Herkunft und Rolle in Nürnberg sich in verschiedenen Punkten frappierend ähnelten. Beide kamen aus relativ einfachen Verhältnissen und waren fast gleich alt. Auch fehlte ihnen aufgrund ihrer Herkunft der bildungsbürgerliche Habitus etwa eines Rudolf Dix. Beide hatten sich dem Nationalsozialismus angedient, ohne durch ihre Rolle nach 1945 untragbar geworden zu sein. Beide standen schließlich vor dem IMT als blutjunge Juristen ohne echte praktische Erfahrung als Strafverteidiger.

Wie gesehen hatte Seidl seine Mandate durch puren Zufall bekommen. Insbesondere die Verteidigung von Rudolf Heß, die Seidl schlagartig berühmt machen sollte, erwies sich zunächst als schwierig. Heß verweigerte bereits beim ersten Mandantengespräch jegliche Mitteilung und beteiligte sich an der Verteidigung nicht mehr. Seidl sei daher auf sich selbst gestellt gewesen, zumal die Ehefrau von Heß Seidl verboten hatte, mit Unzurechnungsfähigkeit zu argumentieren.[1057] Für Seidl sei relativ bald klar gewesen, dass der für Heß gefährlichste Anklagepunkt der Vorwurf der Beteiligung am Angriffskrieg gewesen sei. Seidl habe daher die Hauptverteidigungsstrategie entwickelt, dass Heß Hitlers Stellvertreter nur für die Partei gewesen sei, sich mit der Außenpolitik aber nicht befasst habe.[1058] Schon

---

1056 Zum frühen Schaffen der Brüder Jünger vgl. Jörg Magenau: Brüder unterm Sternenzelt. Friedrich Georg und Ernst Jünger. Eine Biographie, Stuttgart 2012 und Daniel Morat: Von der Tat zur Gelassenheit. Konservatives Denken bei Martin Heidegger, Ernst Jünger und Friedrich Georg Jünger 1920–1960, Göttingen 2007, S. 51–79.

1057 HStaMü: Zeitzeugeninterview Seidl, PR650 Nr. 4, S. 7–9, vgl. auch der entgegen des Titels fast ausschließlich den Fall Heß behandelnde Aufsatz Seidls: Alfred Seidl: Kriegsverbrecherprozesse gegen Deutsche 1945 bis 1985, in: Alfons Hueber [Hg.]: 8. Mai 1945. Ein Tag der Befreiung?, Tübingen u. a. 1987, S. 163–212. Zu Seidls Weg nach Nürnberg vgl. auch den Interview-Auszug in: Henric L. Wuermeling: Die weiße Liste. Umbruch der politischen Kultur in Deutschland 1945, Frankfurt a.M. 1981, S. 150–154.

1058 HStaMü: Zeitzeugeninterview Seidl, PR650 Nr. 2, S. 28ff., PR 650, Nr. 3 S. 1 ff.

am vierten Prozesstag drohte Seidl dem Gericht, die Verteidigung niederzulegen, wenn die Verteidiger keine Dokumente bekommen würden. Auf die Frage in einem Interview für den Bayerischen Rundfunk, warum nicht ein Hermann Jahrreiß oder Rudolf Dix als Sprecher so gehandelt hätten, erwiderte Seidl, dass die Mitverteidiger keine Helden gewesen seien und einige bereit waren, sich einfach von der Anklage überfahren zu lassen.[1059] Bald darauf habe sich zudem eine neue Verteidigungsstrategie aufgetan. Über Georg Fröschmann, Verteidigerassistent von Ribbentrop, habe Seidl von der Existenz des Geheimen Zusatzprotokolls erfahren.[1060] Weil aber weder die Verteidiger Görings noch Ribbentrops sich über die Verwendung des Abkommens schlüssig waren und es zunächst nicht aufgriffen, habe Seidl sich zur Offensive gezwungen gesehen, da sonst seine Verteidigung für Heß zusammengebrochen wäre. Ihm war schnell klar, dass er den Versuch machen musste, das „interalliierte Tribunal" aus den Angeln zu heben. Da kein Original oder eine Abschrift des Protokolls verfügbar war, habe sich Seidl auf Anraten der Verteidigung Ribbentrops auf die Suche nach dem früheren Chefjustiziar des Auswärtigen Amtes, Friedrich Gaus (1881–1955), gemacht und erhielt von ihm tatsächlich eine eidesstaatliche Erklärung über die Existenz des Protokolls.[1061] Weil er befürchtete, dass ein politisches Tauziehen im Hintergrund folgen würde, drängte Seidl auf die Einführung der Erklärung als offizielles Dokument.[1062] Eine Kopie des Zusatzprotokolls habe er dann während einer Beratungspause vor dem Gerichtssaal bekommen. Ein unbekannter Mann habe sich zu Seidl gesetzt und ihm erklärt, dass jemand mit großem Interesse seine Versuche verfolge, das Dokument einzuführen. Er übergab Seidl einen Briefumschlag, der eine auf einer US-Schreibmaschine geschriebene Abschrift des Zusatzprotokolls enthielt, und verschwand wortlos. Seidl vermutete, dass ihm der britische Geheimdienst oder die britische Anklage die Dokumente zugespielt hatten.[1063] Zwar wurde das Dokument vor Gericht aufgrund der seltsamen Herkunft nicht zugelassen, Seidl gelang es aber, die Echtheit des Dokuments durch die Zeugen Ernst von Weizsäcker und Gaus vor Gericht bestätigen zu lassen.

1059 HStaMü: Zeitzeugeninterview Seidl, PR650 Nr. 2, S. 25.
1060 HStaMü: Zeitzeugeninterview Seidl, PR650 Nr. 3, S. 5.
1061 HStaMü: Zeitzeugeninterview Seidl, PR650 Nr. 3, S. 9–12.
1062 HStaMü: Zeitzeugeninterview Seidl, PR650 Nr. 3, S. 14.
1063 HStaMü: Zeitzeugeninterview Seidl, PR650 Nr. 3, S. 18–20.

Den Übergang von der aggressiven Verteidigung aus Not zum „politischen Strafverteidiger“ kam schließlich mit Seidls schon im Eingangskapitel genannten Plädoyer. Wie Seidl vierzig Jahre später offen bekannte, hatte er die Provokation mit Versailles im Plädoyer ganz bewusst platziert, um zu belegen, dass die Nürnberger Prozesse Unrecht seien, weil verboten gewesen war, Versailles zu thematisieren. Hiermit wollte er das Nürnberger Gericht entlarven und zeigen, dass Nürnberg kein Gericht im Rechtssinne sei und so das Gericht zwingen, den Anklagepunkt wegen Angriffskrieg gegen Heß fallen zu lassen.[1064] Mit seinem radikalen Vorgehen konnte Seidl des Beifalls der Angeklagten sicher sein. Sogar Göring habe anerkennend gesagt, hätte er nur Seidl früher kennengelernt, dann hätte er ihn als Anwalt genommen.[1065] Haensel brachte es auf den Punkt: „Auch das Prozessführen ist nur eine Kunst des Möglichen – wie die Staatslenkung. Der ergraute Praktiker unterscheidet sich von dem jungen Kletterer dadurch, dass er manche Wände gar nicht erst anfasst: ‚Es hat halt keinen Zweck‘. Wenn nur alterfahrene Praktiker in Nürnberg verteidigt hätten, wäre der Geheimvertrag mit Russland vielleicht gar nicht erwähnt worden. Man darf eben nicht vergessen: vom Standpunkt der Verteidigung eines einzelnen Angeklagten aus, nicht der Gesamtverteidigung des betrogenen deutschen Volkes, war der Geheimvertrag eher eine zusätzliche Belastung als ein Verteidigungsmittel. [..] Aber die Siegkraft der Wahrheit und die Aufdeckung eines Geheimnisses sind in einem großen Prozess so gewaltig, dass schließlich doch die Tatsachen auf dem Tisch liegen. Es gibt auch Gipfelstürmer.“[1066] Nicht alle Verteidiger allerdings waren mit dem radikalen Kurs Seidls einverstanden. Ausgerechnet Seidls früherer Ausbilder Sauter distanzierte sich in einem vertraulichen Schreiben an Robert Kempner scharf von Seidl, nachdem dieser in einem Vortrag des Akademisch-Politischen Clubs in München der deutschen Presse vorgeworfen hatte, auf Weisung der US-Besatzungsbehörden nur über belastendes Material der Angeklagten zu berichten.[1067] War Seidl vor dem IMT, wie er sich selbst sah, lediglich ein junger Anwalt, der mit allerdings radikalen Mitteln für seinen Mandanten das bestmögliche Ergebnis zu erreichen suchte oder wollte er sich in Nürnberg durch radikale Auftritte einen Namen ma-

1064 HStaMü: Zeitzeugeninterview Seidl, PR650 Nr. 4, S. 1– 6.
1065 HStaMü: Zeitzeugeninterview Seidl, PR650 Nr. 3, S. 7.
1066 Haensel: Tagebuch, S. 128 f.
1067 Schreiben Sauter an Kempner 24.2.1949, in: USHMM, RG 71.001 Robert M.W. Kempner Collection, Folder Anwälte 1945-46.

chen, wie zwei Heß-Biographen vermuten?[1068] Oder war Seidl ein kompromissloser Nationalist? Schwierig für eine Beurteilung Seidls vor dem IMT ist jedenfalls, dass er das Einzelgängertum zum bewussten Programm gemacht hatte. Laut Haensel hielt Seidl nicht viel von gemeinsamen Aktionen, da diese viel zu langwierig waren. Nur allein könne man etwas im IMT erreichen.[1069] Er habe niemals den Versuch unternommen, seine Verteidigungsstrategie mit anderen Anwälten abzustimmen, weil einige Verteidiger wie Rudolf Dix und Hans Flächsner gemäß angloamerikanischem Recht Absprachen mit der Anklage treffen wollten und diese vor Seidls Schachzug gewarnt hätten.[1070] Mochte am Anfang die Idee der Einführung des Zusatzprotokolls als Mittel der Verbesserung seiner prekären Situation bei der Verteidigungsstrategie für Heß gestanden haben, so hatte sich das Geheime Zusatzprotokoll zu einem brisanten Politikum entwickelt. Mit der Strategie Seidls, den Prozess platzen zu lassen, hatte er eine Form der Verteidigung angenommen, die letztendlich nicht mehr das Mandanteninteresse im Blickfeld hatte, sondern Nürnberg als Ganzes ins Visier nahm.

Glaubt man Seidl, so hatten alle seine Mandanten in den Nachfolgeprozessen ihn als Verteidiger gewählt, weil er durch sein Auftreten vor dem IMT sehr bekannt geworden sei.[1071] Anders als bei anderen Angeklagten ließ Seidl im Interview mit dem Bayerischen Rundfunk vorsichtig durchblicken, dass er das Todesurteil gegen seinen Mandanten Karl Gebhardt im Fall 1 und gegen Oswald Pohl im Fall 4 durchaus als begründet ansah.[1072] Zwar konnte er vor einer nunmehr rein amerikanischen Richterschaft nicht mehr auf ein „Platzen" der Prozesse hoffen, stellte nun aber heraus, dass die Mitarbeit der UdSSR als einer selbst an Verbrechen beteiligten Nation am Londoner Statut als Rechtsgrundlage für den Nürnberger Hauptprozess direkte Auswirkungen auf das Kontrollratsgesetz Nr. 10, also die Rechtsgrundlage der Nürnberger Nachfolgeprozesse, habe. Da dieses Gesetz seine Autorität explizit auf das Londoner Statut beziehe, sei es ebenfalls ohne Rechtsgültigkeit.[1073] Auch verzichtete Seidl weiter nicht

---

1068 Kurt Pätzold/Manfred Weißbecker: Rudolf Heß. Der Mann an Hitlers Seite, Leipzig 1999, S. 316.

1069 Haensel: Tagebuch, S. 121.

1070 HStaMü: Zeitzeugeninterview Seidl, PR650 Nr. 3, S. 13.

1071 HStaMü: Zeitzeugeninterview Seidl, PR650 Nr. 5, S. 11.

1072 HStaMü: Zeitzeugeninterview Seidl, PR650 Nr. 5, S. 13–23 und 27–32.

1073 Vgl. Schreiben Alfred Seidls an den Generalsekretär 10.3.1948 nebst Trial Brief concerning „Crime against Humanity" [7.3.1948], in: NARA, RG 260: Records of the United States Occupation Headquarters WWII, Omgus, OCCWC, Ad-

auf bewusste Provokationen. Sein Plädoyer für Lammers eröffnete Seidl etwa mit der Bemerkung, der Versailler Vertrag sei eine „gelungene Politik" im Vergleich zur Okkupation Deutschlands unter dem Morgenthau-Plan.[1074]

In den Nachfolgeprozessen entwickelten Seidl und Aschenauer zusammen mit Reinhard Maurach zudem mit der Berufung auf den sogenannten „Staatsnotstand" eine neue Variante der kompromisslosen politischen Verteidigung.[1075] Eine Berufung auf „Staatsnotstand" im Strafrecht als besondere Form eines übergesetzlichen Notstandes kam in Deutschland erst in den späten zwanziger Jahren auf, als Rechtsanwalt Friedrich Grimm 1929 in Gutachten und Plädoyers den „Staatsnotstand" in der juristischen Praxis explizit zu einem übergesetzlichen Schuldausschließungsgrund im Strafrecht erhob und in der Rechtswissenschaft etwa durch den konservativen Strafrechtler Friedrich Oetker (1854–1937) Unterstützung erhielt.[1076] Die

---

ministrative Records of the Defense Center 1946–1949, Witnesses and Documents, Box 173, Folder Case 11 File 3, vgl. auch TWC, Bd. 14, S. 200–101.

1074 TWC, Bd. 14, S. 191 f.

1075 Schon in der juristischen Literatur des Kaiserreichs bzw. der Weimarer Republik galt die Rechtslage zum Notstand als „verworren", zumal die einschlägigen Paragraphen 52 (Nötigungsnotstand) und 54 (entschuldigender Notstand) des Reichsstrafgesetzbuches als nicht ausreichend empfunden wurden, alle denkbaren Problemfälle zu erfassen. 1927 erkannte das Reichsgericht in einem Fall des Schwangerschaftsabbruchs einen „übergesetzlichen Notstand" an, der sich aber auf sehr wenige Fallkonstellationen beschränkte, vgl. den kurzen rechtshistorischen Abriss bei Klaus Bernsmann: „Entschuldigung" durch Notstand. Studien zu § 35 StGB, Köln u. a. 1989, S. 15–18. Zur Ausdeutung des gemäß der angloamerikanischen Rechtstradition als duress/necessity bezeichneten Notstandes durch die Nürnberger Nachfolgeprozesse vgl. Heller: Nuremberg, S. 302–305. Zur Anwendung des Notstandes als „defense" im modernen Völkerstrafrecht auch vor dem Hintergrund der Unterschiede zwischen angloamerikanischer und kontinentaler Rechtstradition vgl. Ilias Bantekas: International Criminal Law, 4th Edition, Oxford/Portland, 2010, S. 108–112. Zum eigenständigen Notstandsbegriff des Internationalen Strafgerichtshofs vgl. Christoph Safferling: Internationales Strafrecht. Strafanwendungsrecht – Völkerrecht – Europäisches Strafrecht, Heidelberg u. a. 2011, S 116–119.

1076 Vgl. Bernhard Sauer: Schwarze Reichwehr und Fememorde. Eine Milieustudie zum Rechtsradikalismus in der Weimarer Republik, Berlin 2004, S. 111–115 und 281–287 und beispielhaft Friedrich Grimm: Staatsnotstand, Staatsnotwehr und Fememord, in: Die Justiz 5 (1929), S. 329–332 und die Erwiderung Gustav Radbruchs in: ebd., S. 333–335. Der Würzburger Ordinarius Oetker begründete, neben pathetischer Berufung auf den Schutz des Vaterlandes, den Staatsnotstand mit einem Analogieschluss aus den allgemeinen Regelungen des Notstands/

Berufung auf „Staatsnotstand" im Strafrecht blieb allerdings in der Weimarer Republik eine eindeutige Mindermeinung. Das Reichsgericht hatte die Frage, ob Tötung eines Menschen mit Staatsnotstand gerechtfertigt sei, in den Fememord-Prozessen offengelassen und selbst deutschnationale Anwälte wie Alfons Sack folgten Grimm nicht darin, die Fememorde zu Heldentaten zur Rettung des Staates zu stilisieren.[1077] Auch im „Dritten Reich" konnte sich der „Staatsnotstand" nicht allgemein durchsetzen. So mahnte der Doktorand Fritz Heiliger an, den „Staatsnotstand" als Schuldausschließungsgrund nicht zu kodifizieren, bestehe doch die Gefahr, dass der Richter dann zu einer „übergroßen Ausdehnung" des Putativnotstandes neige.[1078] Ähnlich umstritten war die Anerkennung eines völkerrechtlichen Staatsnotstandes. Viele Protagonisten der deutschsprachigen Völkerrechtsliteratur waren sich nach Ende des Ersten Weltkrieges einig, dass der völkerrechtliche Notstand eine absolute Ausnahmesituation war, auf die sich der Staat (nicht das Individuum) nur dann berufen durfte, wenn die schiere Existenz eines Staates bedroht war. Der völkerrechtliche Staatsnotstand konnte aber keine kriegsrechtlichen Normen außer Kraft setzen, schließlich war der Krieg schon an sich eine Ausnahmesituation, für dessen Regelung gerade das Kriegsrecht geschaffen wurde.[1079] Die von Herbert Kraus betreute Dissertation „Staatsnotstand und Völkerrecht" von Dietrich Riedinger kam unter Sichtung der internationalen Literatur und zahlreichen Beispielen aus der Staatenpraxis sogar zum Ergebnis, dass „nur sehr bedingt" behauptet werden könne, dass „Staatsnotstand" geltendes allgemeines Völkerrecht sei und die Ansichten der Staaten derart verschieden wären, dass bislang keine gültigen Aussagen zum völker-

---

Notwehr des Reichsstrafgesetzbuches und leitete damit Staatsnot ähnlich her wie Alfred Seidl in den Nürnberger Nachfolgeprozessen, vgl. Friedrich Oetker: Zum Urteil des Reichsgerichts 2. Strafsenat vom 8. Mai 1929 gegen R., Entsch. Bd. 63 S. 215f., in: Der Gerichtssaal 99 (1929), S. 156–168. Aus der neueren Literatur zum „Staatsnotstand" im Strafrecht vgl. allgemein Matthias Jahn: Das Strafrecht des Staatsnotstandes. Frankfurt a.M. 2004.

1077 Sauer: Schwarze Reichswehr, S. 111.

1078 Fritz Heiliger: Der Staatsnotstand als Beispiel politischer Strafrechtswissenschaft, Leipzig 1935, S. 11–13. Heiliger war während des Krieges Anwalt in Hannover.

1079 Toppe: Militär und Völkerrecht, S. 159 und 162. Auf das Problem der „Kriegsnotwendigkeit" kann hier nicht eingegangen werden, vgl. beispielsweise Knieriem: Nürnberg, S. 321–329; Gary D. Solis: The Law of Armed Conflict. International Humanitarian Law in War, Cambridge u. a. 2010, S. 258–268.

rechtlichen Notstandsrecht zu machen seien.[1080] Derartige Differenzierungen hinderten allerdings Alfred Jodl nicht daran, 1938 unter dem Schlagwort „Not kennt kein Gebot“ Staatsnotstand und militärische Notwendigkeit in einer Denkschrift gleichzusetzen, die er sich 1946 vor dem IMT von der alliierten Anklage dann vorhalten lassen musste.[1081] Dass „Staatsnotstand“ als Rechtsargument Massentötungen nicht entschuldigen konnte, dürfte auf der Hand liegen. Insofern kommt Kevin John Heller aus juristischer Sicht zu der treffenden Wertung, dass dieses Verteidigungsargument im Einsatzgruppenprozess als „absurdity“ anzusehen war.[1082]

Auf das Argument des „Staatsnotstandes“ sei Alfred Seidl durch ein Schlüsselerlebnis gekommen, als ihm sein Mandant Lammers während des Falles 11 eine Begebenheit aus dem Jahre 1937 erzählte. Demnach sei der Präsident des Reichsgerichtshofs bei Hitler wegen des Schutzhaftproblems vorstellig geworden, woraufhin Hitler antwortete: „Sie dürfen eines nicht vergessen, meine Herren, das deutsche Volk befindet sich in einem Kampf auf Leben und Tod und in diesem Existenzkampf des Deutschen Volkes muss auch ich Maßnahmen treffen, die mir zutiefst zuwider sind.“ Aus Seidls Sicht sei an Hitlers Argument „irgendetwas Wahres dran“ gewesen.[1083] Tatsächlich findet sich der Begriff des „Staatsnotstandes“ als allumfassendes Argumentationsmuster in fast allen Plädoyers Seidls in den Nachfolgeprozessen wieder. So behauptete Seidl, dass mit dem Krieg gegen die UdSSR sich die Wehrmacht in einem Kampf auf Leben und Tod befunden habe. Die Sulfonamide-Experimente Gebhardts zu Wundinfektionen seien aufgrund des „Staatsnotstandes“ gerechtfertigt. Ob es sich bei diesem Krieg um einen Angriffskrieg handle, spiele für die Anwendung des Arguments des Staatsnotstandes keine Rolle, in analoger Anwendung

---

1080 Dietrich Riedinger: Staatsnotstand und Völkerrecht, Ratibor 1935, S. 106–120 und S. 138. Gerichtsreferendar Riedinger war später Inhaber des Verlages der Leobschützer Zeitung.

1081 Vgl. Toppe: Militär und Völkerrecht S. 30. Auch Oetker hatte in seiner Diskussion der Urteile der Leipziger Kriegsverbrecherprozesse einem umfassenden Notstandsrecht das Wort geredet: „Ohne Rücksicht auf die Art der Kriegsentstehung hat der Soldat die Pflicht und das Recht, die Not seines Vaterlandes nach besten Kräften zu wenden. Für die Kämpfer steht nicht Recht gegen Unrecht, sondern Recht gegen Recht.“, vgl. Friedrich Oetker: Über Kriegsverbrechen, in: Der Gerichtssaal 91 (1925), S. 401–427.

1082 Heller: Nuremberg, S. 306.

1083 HStaMü: Zeitzeugeninterview Seidl, PR650 Nr. 5, S. 32.

der individuellen Notwehr könne ein Staatsnotstand postuliert werden.[1084] Es mag dahingestellt bleiben, woher Seidl die Anregung für die Wiederbelebung des „Staatsnotstandes" bekommen hatte, auch wenn es durchaus möglich ist, dass Seidl sein Doktorvater Mezger unter die Arme gegriffen hatte.[1085] Seidls Argumentation verlief somit fast auf der gleichen Linie, wie schon Grimm und seine Mitstreiter die Fememorde auf zweifelhafter Grundlage gerechtfertigt hatten, nur dass nun der strafrechtliche Staatsnotstand auch auf das Völker(straf-)recht ausgedehnt und zu einer Art Generalexkulpation aller Taten im „Dritten Reich" erhoben wurde.

Rudolf Aschenauer dagegen war in den Nürnberger Prozessen bis zu seinem Auftritt im Einsatzgruppenprozess wenig aufgefallen. Als Assistent der SA-Verteidigung war er nur in dem nicht öffentlichen Kommissionsverfahren, die der Beweisaufnahme hinsichtlich der angeklagten Organisationen dienten, aufgetreten und hatte auch im Fall 3 und 6 lediglich unbedeutende Mandanten vertreten. Aschenauers Eröffnungsplädoyer für Otto Ohlendorf vom 6. Oktober 1947 war dagegen eine umfassende rechtsvergleichende Rechtfertigung der Einsatzgruppenmorde, die zugleich auch die generelle Linie der Verteidigung im Fall 9 vorgab. Man kann mit Sicherheit davon ausgehen, dass die Rede nicht von Aschenauer, sondern von dem sich darin mehrfach selbst zitierenden Reinhard Maurach verfasst worden ist.[1086] Diese Eröffnungsrede nahm Aussagen vorweg, die dann Aufnahme in Maurachs zentralem Gutachten für den Fall 9 fanden. Dieses Gutachten erhob den (Staats-)Notstand zum zentralen Exkulpationsargument. Zwar kam auch Maurach nicht umhin, zu erwähnen, dass das Reichsgericht die Frage, ob ein Staatsnotstand die Tötung von Menschen rechtfertigen könne, offengelassen hatte und gestand auch ein, dass unter einen objektiven Grund für Notstand auf keinen Fall das Ausrotten einer ganzen Volksgruppe fallen könne. Darauf komme es aber gar nicht an, da Ohlendorf und Genossen nur die subjektive Geltung des Notstandes/der Notwehr geltend machen würden. Maurach berief sich somit auf eine Art „Putativstaatsnotstand" und war nicht weit entfernt von

1084 TWC, Bd. 2, S. 7 f.

1085 Mezger streifte in seinem 1933 in zweiter Auflage erschienenen Lehrbuch das Problem des Staatsnotstandes nur, auch wenn Fritz Heiliger in den dürren, in einer Fußnote verbannten Sätzen schon eine „zustimmende Erwähnung" des Staatsnotstandes sehen wollte, vgl. Edmund Mezger: Strafrecht. Ein Lehrbuch, 2. Aufl., München u. a. 1933, S. 241 f.

1086 Vgl. Aschenauers Opening Statement in: TWC, Bd. 4, S. 54–82.

den Argumenten Seidls und Grimms. Genau dies war aber die von Fritz Heiliger befürchtete extreme Aus- und Überdehnung eines Putativnotstandes unter dem Argument einer vermeintlich existenziellen Bedrohung des Staates. Für die Geltendmachung eines Putativnotstandes sei es nach Maurach aber notwendig, die „objektiven Voraussetzungen" des Krieges im Osten nachzuzeichnen. Maurach hatte hierbei nicht nur keinerlei Hemmungen als Beleg auf seine nationalsozialistischen Schriften zur sowjetischen Verfassung aus dem Jahre 1937 zu verweisen, sondern nutzte auch die Gelegenheit, alte Rechnungen mit Ernst Hermann Bockhoff zu begleichen.[1087] Als Ergebnis dieser Überlegungen schrieb Maurach: „[W]orauf es dem Gutachten lediglich ankommt, ist [...] den Nachweis zu führen, dass durch die sowjetische Kriegsführung eine suggestive Atmosphäre der unbedingten Vorherrschaft der Staatsräson geschaffen wurde, eine psychologische Zwangsvorstellung dahingehend, dass Gedeih und Verderb einzelner Volksgruppen und Nationalitäten in diesem Kriege keine hemmende Rolle spielen könne, dass unter Umständen auch Erwägungen der Ethik und Moral dem Kriegserfolg zu weichen hätten. [...] Kriegsgegner war nicht ein in der Staatsgemeinschaft verankerter, von einem Volke oder einer sich selbst genügenden Völkerverbindung getragener Staat, sondern eine Weltanschauung, die den von ihr geschaffenen Staat nur als eines der Mittel ihrer Kraftkonzentration betrachtet, die die Daseinsformen anderer Völker und Staaten grundsätzlich leugnete und in allen ihren Machtäußerungen bis zum Kriegsausbruch unmissverständlich zum Ausdruck gebracht hatte, [...], die bevorstehende Auseinandersetzung ohne Rücksicht auf grundsätzliche Bindungen mit allen ihr zur Verfügung stehenden Mitteln durchzukämpfen."[1088] Die Erfahrungen der „Russlandkämpfer" 1941, die viele Juden in Verwaltung und Partisanenbewegung vorfanden und

1087 Reinhart Maurach: Rechtsgutachten erstattet für die Verteidigung im Falle Nr. IX des amerikanischen Militärgerichtshofes (Prozess gegen Otto Ohlendorf u. Gen.) [= Dokument Ohlendorf Nr. 38], S. 19–22, in: StN, KV-Prozesse Fall 9, Nr. P4, S. 19. Maurach nahm Bezug auf seine Aufsätze „Sowjetverfassung, Klassenkampf und Völkerrecht" aus der Zeitschrift „Völkerbund und Völkerrecht" von 1937, „Die Sowjetunion – ein Mitglied der Völkerrechtsgemeinschaft?" aus der „Zeitschrift für Völkerrecht" von 1937 sowie den Artikel „Zur neuesten Handlung der Völkerrechtslehre der Sowjetunion" aus der „Zeitschrift für osteuropäisches Recht" Jahrgang 1936/37. Zu Bockhoff vgl. Maurach: Rechtsgutachten Fall Nr. 9, S. 51–53.

1088 Reinhart Maurach: Rechtsgutachten Fall 9, S. 46–47 [43-44], in: StN, KV-Prozesse Fall 9.

auch dem Antisemitismus der „Stammbevölkerung“ ausgesetzt waren, seien damit sehr bald in ein „deutlich bestimmtes Ressentiment“ gegen die Juden umgeschlagen. Als Gesamtfazit kam Maurach zum Ergebnis, dass der vom Klassenkampf beherrschte, sich an keine völkerrechtlichen Vorgaben haltende Sowjetstaat, der einen „völkerrechtswidrig geführten Totalangriff gegen das gesamteuropäische Staaten- und Gesellschaftssystem“ geführt habe, eine besondere Situation geschaffen hatte. Subjektiv habe, unterstützt durch die amtliche Propaganda, eine „Ideenassoziation“ vorgelegen, die einen Angriff auf Reich und deutsches Volk durch die Juden habe vermuten lassen können. Maurach sah somit die Voraussetzungen eines Putativnotstandes für gegeben.

Ohne Zweifel war Maurach ein ausgewiesener Kenner des sowjetischen Rechts. Verpackt in seinen Argumenten waren aber letztendlich Thesen, die schon von den radikaleren nationalsozialistischen Rechtslehrern vertreten und streckenweise offen antisemitisch waren. Dass einige Forscher in der Untersuchung von Maurachs Gutachten und der Eröffnungsrede eine direkte Verbindung zu den Freisprüchen für rechtsextreme Mörder in der Weimarer Republik sahen, kann hier anhand der obigen Nachzeichnung des „Staatsnotstandes“ deutlich bestätigt werden.[1089] Maurachs Gutachten jedenfalls gab die Generallinie der Verteidigung im Fall 9 vor und zahlreiche Verteidiger, wie etwa Alfred Schwarz für den zweitranghöchsten Angeklagten Heinz Jost, bezogen sich direkt auf Aschenauer und Maurach.[1090]

Obwohl sich Laternser und Aschenauer nach Ende der Prozesse eine öffentliche Kontroverse wegen ihrer sich gegenseitig belastenden Mandantengruppen lieferten, hatten Maurach wie Schwinge keine Gewissensbisse im Dienste einer „höheren“ Sache, d.h. dem Kampf gegen die Nürnberger Prozesse, sowohl für Militärs wie für SS-Führer Gutachten abzugeben. Für sein im Mai 1948 für die Gesamtverteidigung im OKW-Prozess vorgelegtes Gutachten hatte Maurach aus dem Scheitern seiner Argumente im Fall 9 gelernt.[1091] Zwar habe ein Ausnahmekrieg gegen die Sowjetunion vor-

---

1089 Earl: Einsatzgruppen-Trial, S. 198–201 und Robert Wolfe: Putative Threat to National Security as a Nuremberg Defense for Genocide, in: The Annals of the American Academy of Political and Social Science 450 (Juli 1980), S. 46–67.

1090 IfZ, Prozessdokumente der Nürnberger Nachfolgeprozesse, Protokoll Fall 12, S. 6648–6652.

1091 Reinhart Maurach: Rechtsgutachten erstattet für die Verteidigung im Falle Nr. 12 der amerikanischen Militärgerichte in Nürnberg, Dießen am Ammersee,

gelegen. Daraus allerdings zu folgern, dass der Sowjetunion jeglicher völkerrechtlicher Schutz abzusprechen sei, sei theoretisch verfehlt und in der Praxis auch von der deutschen Wehrmacht nicht vertreten worden. Allerdings in einem Ausnahmekrieg der Sowjetunion vollen völkerrechtlichen Schutz zuzusprechen, käme einem Verzicht auf die Effektivität der Kriegsführung gleich und werde dem „Wesen des Krieges" nicht gerecht. Die Grenze „elementarster Rechte der Unbeteiligten und Unschuldigen" bestimmte Maurach nun nach dem nationalen Recht des Staates, auf dem die Kampfhandlungen stattfanden, d.h. dem Verfassungsrecht der Sowjetunion. Wieder in seinem ureigenen Spezialgebiet behauptete Maurach mit Bezug auf Ausnahmeregelungen der sowjetischen Verfassung und der Praxis der Zwangsarbeitslager in der UdSSR, dass Deportationen schon im Frieden erlaubt waren, was umso mehr für Sicherungsmaßnahmen im Partisanenkrieg zu gelten habe. Für die Barbarossa-Gerichtsbarkeit berief sich Maurach ebenfalls auf den in der sowjetischen Verfassung fehlenden Anspruch auf ein gerichtliches Verfahren und, da gemäß sowjetischen Verfassungsrechtes Produktionsmittel nur öffentliches Eigentum seien und die Kriegsbräuche aber kein öffentliches Eigentum schützen würden, könne auch nicht von Plünderungen durch die Wehrmacht gesprochen werden. Bei der Behandlung von Kriegsgefangenen schließlich vermerkte Maurach zwar das Lebensrecht der Kriegsgefangenen als untere Grenze, sah aber insbesondere im Hinblick auf ähnliche Praktiken der Sowjetarmee deren Verwendung etwa zu gefährlichen Arbeiten als gerechtfertigt an. Weil das sowjetische Recht Grundrechte seiner Bürger missachtete, wurden nun die Verbrechen der Wehrmacht durch Maurach quasi legalisiert. Mithilfe dieses rechtlichen Spagats und der Postulierung eines Ausnahmekriegs konnte er sich mit seinen früheren Argumenten für die Einsatzgruppenführer treffen, hatte er doch dort ebenfalls ausführlich das sowjetische Recht für die „Ideenassoziation" der SS-Führer herangezogen.

Der Ton von Maurachs Gutachten war schon bei den Zeitgenossen hochumstritten. Maurach war daher der einzige Gutachter oder Verteidiger der Nürnberger Prozesse, der in den westlichen Besatzungszonen Konsequenzen aus seinem Auftritt in Nürnberg zu fürchten hatte. Kurz vor seinem Tod hatte Exner Maurach als seinen Nachfolger ins Spiel gebracht,

12.5.1948, S. 46 – 47 [43-44], in: StN, KV-Prozesse Fall 12. Vgl. auch die scharfe Kritik an Maurachs Gutachten in Jörg Friedrich: Das Gesetz des Krieges. Das deutsche Heer in Russland 1941 bis 1945. Der Prozess gegen das Oberkommando der Wehrmacht, München u. a. 1995, S. 865 f.

dessen Lehrstuhl in München Maurach dann tatsächlich ab Dezember 1948 übernahm. Dies löste ein scharfes Protestschreiben des ehemaligen Chefanklägers im Fall 9, Benjamin Ferencz, aus. „Höhnische Nazis" hätten ihm vorgehalten, dass Maurach nun Professor in München werde. Maurach habe die Einsatzgruppenmorde mit dem „Geschick von Alfred Rosenberg und der sittlichen Anschauungen Heinrich Himmlers" gerechtfertigt. Es sei seine Pflicht darauf hinzuweisen, dass Leute wie Maurach als „ernste Gefahr für die Demokratisierung Deutschlands und den Frieden der Welt" anzusehen seien.[1092] Maurach antwortete mit ebenso scharfen Worten. Ferencz' Schreiben sei ein „befremdlicher Rückfall in die überwundene Nazi-Ideologie". Darüber hinaus sei er nicht Verteidiger gewesen, sondern reiner Sachverständiger, was eine grundsätzliche Unterscheidung des Tätigkeitsbereichs sei.[1093] Die Juristische Fakultät der Ludwig-Maximilian-Universität unter Leitung Erich Kaufmanns hingegen ging in dieser unerfreulichen Situation einen salomonischen Mittelweg. Vorwürfen der US-Behörden, man habe Maurachs antisemitische Schriften bei seiner Berufung nicht beachtet, hielt die juristische Fakultät entgegen, dass Maurach auch einschlägige strafrechtliche Arbeiten veröffentlicht habe, was allerdings an der Peinlichkeit der Affäre nichts ändere.[1094] Einstimmig lehnte sie aber Maurachs Gutachten ab und drückte ihr Bedauern aus, dass ein Mitglied der Fakultät dieses Gutachten erstattet habe.[1095] Man entschied sich dann dafür, Maurach ab August 1949 zu beurlauben, hob diesen Entschluss aber schon Ende des Monats wieder auf.[1096]

1092 Abschrift Schreiben Ferenz an Alonzo G. Grace (Abteilung für kulturelle Beziehungen OMGUS) o.D., in: UAM, E-II 2408 (Personalakte Reinhard Maurach).

1093 Vgl. Schreiben Maurach 13.1.1949, in: UAM, E-II 2408 (Maurach).

1094 Vgl. Aufzeichnung über vertrauliches Gespräch mit Mr. Weigert 8.2.1949 in: UAM, L-IV-45 (Maurach).

1095 Vgl. Bericht des Dekans Professor Kaufmann an das bayerische Ministerium für Unterricht und Kultus 8.2.1949 in: UAM, E-II 2408 (Maurach).

1096 Vgl. SZ (4.8.1949) und Schreiben Maurachs 9.8.1949, in: UAM E-II 2408 (Maurach) und Vermerk über die Aufhebung der Beurlaubung, in: UAM, L-IV-45. Anlässlich einer Geschwister-Scholl-Gedenkfeier am 23. Februar 1968 wurde Maurach folgenlos durch protestierende Studenten mit seiner nationalsozialistischen Vergangenheit konfrontiert, vgl. Ditt: Breslau, S. 154. Als „Ostrechtler" und Strafrechtler an der Universität München konnte sich Reinhard Maurach wieder etablieren. 1955 wurde er Mitglied der „Arbeitsgemeinschaft Bolschewismus" im „Amt Blank" und beriet im selben Jahr die Bundesregierung im Prozess gegen die KPD, vgl. Corinna Unger: Ostforschung in West-

Möglicherweise von Maurach mitverfasst war schließlich ein längerer Schriftsatz Aschenauers im April 1948, der, einen ähnlichen Schriftsatz Alfred Seidls flankierend, nicht weniger als eine Einstellung der gesamten Nachfolgeprozesse forderte und zum ersten Mal Aschenauer als radikalen Anwalt erscheinen ließ. Als Begründung führte Aschenauer an, dass nicht zuletzt wegen des Geheimen Zusatzprotokolls erwiesen sei, dass Deutschland nicht eine Alleinschuld am Zweiten Weltkrieg treffe. Schon seit 1917 bestehe eine ständige bolschewistische Aggression und Expansion. Die deutschen verantwortlichen Organe seien nur von der UdSSR, deren Endziel die Entfesselung eines internationalen Krieges zwischen den Westmächten gewesen sei, als Schachfiguren benutzt worden. Objektiv gesehen bestehe daher keine Täterschaft der deutschen Organe, sondern nur Beihilfe.[1097]

Radikaler Antikommunismus war sicher kein alleiniges Charakteristikum Maurachs und Aschenauers. Selbst ein Rudolf Dix schreckte vor verschwörungstheoretisch geprägten Warnungen vor dem „Osten" nicht zurück. Was allerdings nun Maurach und Aschenauer von diesem unterschied, war ihre faktische Entschuldigung der Massenmorde im Osten. Zeigte sich Seidl als Ultranationalist und Apologet des absoluten Staates, lieferte Maurach eine juristische Begründung jener „Rhetorik der Notwehr" (Christian Ingrao), die die Verteidigungsargumente der Einsatzgruppenführer prägte.[1098] Bei Maurach wurde die pure physische und rechtliche Existenz der UdSSR zur Entschuldigung radikaler Maßnahmen.

Im Oktober 1949 legte Rudolf Aschenauer seine Dissertation „Um die Problematik des richterlichen Nachprüfungsrechtes und der richterlichen strafrechtlichen Haftung unter besonderer Berücksichtigung der Rechtsprechung an den amerikanischen Militärgerichtshöfen in Nürnberg" vor, die er 1950 als Ausgabe der Zeitschrift „Die andere Seite" auch für ein größeres Publikum veröffentlichen sollte. Betreut hatte sie der weitgehend unbekannte frühere Priester und erst im Oktober 1947 habilitierte Erlanger Kirchenrechtler Franz Tobor Hollós (1906–1954).[1099] In längeren rechts-

---

deutschland. Die Erforschung des europäischen Ostens und die Deutsche Forschungsgesellschaft 1945–1975, Stuttgart 2007, S. 158 f, 192–195, 215 und 225.

1097 Schriftsatz Aschenauers 6.4.1948, in: StN: KV-Prozesse Fall 6, Nr. C-29.

1098 Ingrao: Hitlers Elite, S. 227.

1099 Zu Hollós vgl. Eva Wedel-Schaper: Die Professoren und Dozenten der Friedrich-Alexander-Universität Erlangen 1743–1960 Teil 1, Theologische Fakultät, Juristische Fakultät, Erlangen 1993, S. 128 f.

historischen, meist referierenden Ausführungen über das Naturrecht und die Genese der richterlichen Unabhängigkeit kam Aschenauer zum Ergebnis, dass positive Gesetze durchaus auf „Übereinstimmung mit dem ewigen Naturrecht" zu prüfen seien, wenn Gesetze „Sündhaftes und Verwerfliches" vorschreiben würden.[1100] Aschenauer zog daraus aber keineswegs den Schluss, dies den nationalsozialistischen Richtern zum Vorwurf zu machen, schließlich habe mit dem Rechtspositivismus der Nationalsozialismus den Punkt gefunden, „wo der deutsche Richter wehrlos war."[1101] Hatte der Doktorand Aschenauer in diesem ersten Teil ein „klassisches", aber mit wenig innovativen Gedanken durchgeführtes Problem der Rechtsphilosophie behandelt, sprach im zweiten Teil der Dissertation der Anwalt Aschenauer, der nun den Gegenstand seiner Arbeit weitgehend verließ: „Es wird damit angedeutet, dass die schreckenserregenden Vorgänge, [...], nicht das Ergebnis einer grausam-sadistischen Gesinnung dieser Angeklagten waren, die die Bezeichnung ‚verbrecherisch' mit vollem Recht verdienen würde. [...] Sie waren das Ergebnis einer allgemeinen Hinwendung zu den unbarmherzigen Gesetzen des totalen Krieges, die letztlich sogar das Mittel des ‚Völkermords' zu ‚legalisieren' vermochten, gleichviel wie der einzelne und die gesamte Menschheit sich sittlich darüber entsetzten."[1102] Wenig überzeugend suchte Aschenauer die Problematik des Befehlsnotstandes nicht als rechtliches, sondern nur noch als ein moralisches Problem des eigenen Gewissens erscheinen zu lassen, welches der „einzelne mit seinem Gott ausmachen" müsse.[1103] Aschenauers Dissertation ist weniger von ihren Inhalten von Interesse, als hinsichtlich der Tatsache, dass der junge Anwalt die Argumente der Verteidigung im Fall 9 nicht nur im Prozess, sondern auch in seiner akademischen Qualifikationsschrift verwandte und letztendlich zu seiner eigenen persönlichen Meinung machte.

Insgesamt ist schwer zu eruieren, welche späteren Publikationen Aschenauer wirklich selbst verfasste oder nur unter seinem Namen publiziert wurden. Es spricht vieles dafür, dass ein Großteil der Schriftsätze im

---

1100 Rudolf Aschenauer: Um die Problematik des richterlichen Nachprüfungsrechtes und der richterlichen strafrechtlichen Haftung unter besonderer Berücksichtigung der Rechtsprechung an den amerikanischen Militärgerichtshöfen in Nürnberg, Erlangen 1949, S. 71 f.

1101 Aschenauer: Problematik, S. 66.

1102 Aschenauer: Problematik, S. 89.

1103 Aschenauer: Problematik, S. 138.

Fall 9 in Wirklichkeit von Maurach oder möglicherweise von Heinrich Malz stammte. Gerade den Einfluss von Malz wird man nicht unterschätzen dürfen und, wie in Kapitel 4.3 zu sehen sein wird, stammten viele der späteren Pamphlete Aschenauers aus der Feder von Malz. Seit seiner Ankunft in Nürnberg inoffizieller Assistent Aschenauers suchte Malz zahlreiche Kreise für das Schicksal seines beruflichen Ziehvaters Otto Ohlendorf zu gewinnen. In seinem Vortrag „Naturrecht – positives Recht" von Mai 1949, den er auf Einladung der evangelischen Kirche in Nürnberg vor einem Kreis kirchlicher Würdenträger hielt, kritisierte er im Ton eines Friedrich Grimm die „schwerste Beeinträchtigung des Rechtsbewusstseins" durch jene „neuerliche Politisierung unserer Rechtspflege", die mindestens so schädlich sei wie die Rechtsentwicklung vor 1945. Angeblich gäbe es mittlerweile kein Urteil in einem Prozess mit politischem Hintergrund, der nicht als „Schandurteil" angesehen werden müsse. Auch jetzt werde das Naturrecht gegen das positive Recht aufgerufen und nach „gesundem Volksempfinden" geurteilt, wie die Fälle Veit Harlans und des Düsseldorfer Gauleiters Friedrich Karl Florian zeigten.[1104] Noch schlimmer sei, dass in Nürnberg dem deutschen Gehorsamsbegriff der Prozess gemacht worden sei. Erschütternd sei, dass im „Degesch-Prozess" ein Richter, der vor 1945 die ganze Zeit im Amt war, den Angeklagten als „typischen deutschen Untertan" bezeichnet habe. Solche Ansichten führten zu einer „völligen Verwirrung" von „Begriffen wie Pflichttreue, Gehorsam, Anständigkeit, Ehrenhaftigkeit", wenn sie zum Maßstab einer kriminellen Haltung gemacht würden, nach der man sich mit guten Glauben gerichtet habe. Dieser „Kampf gegen die sog. deutsche Autoritätsgläubigkeit" führe zu einer Schwächung des Rechtsbewusstseins, sei dies doch eine ständige Aufforderung zum Ungehorsam. Gerade den „weniger wertvollen Elementen" wäre es ein Anreiz, sich dem Staat aus eigennützigen und materiellen Gründen zu widersetzen. Damit geschehe nicht weniger, als das Recht aus seinen Grundangeln zu heben.[1105] Malz' Thesen liefen

1104 Der Filmregisseur Veit Harlan war wegen des antisemitischen Propagandafilms „Jud Süß" 1949 eines Verbrechens gegen die Menschlichkeit in Hamburg angeklagt worden. Florian musste sich zur gleichen Zeit in Düsseldorf wegen eines Standgerichtsurteils kurz vor Kriegsende verantworten. In Frankfurt war 1948 der Geschäftsführer der Deutschen Gesellschaft für Schädlingsbekämpfung (Degesch), Gerhard Peters, wegen der Lieferung des Schädlingsbekämpfungsmittels Zyklon B an die Vernichtungslager angeklagt worden.

1105 Heinrich Malz: Naturrecht – Positives Recht (Das Rechtsbewusstsein in der Krise), Mai 1949, in: LKASt, D1, Nr. 294.

immer auf das gleiche Argument hinaus: Die Taten der Einsatzgruppen seien grausame, aber letztendlich auszuführende militärische Befehle gewesen. „Nürnberg" wurde für den früheren RSHA-Juristen jenseits aller taktischen Propaganda für die Ohlendorf-Gruppe zum Anschlag auf die „deutschen" Werte schlechthin, durch den „minderwertigen" Elementen und der Anarchie Tür und Tor geöffnet werde. Noch immer schwangen in Malz' Ausführungen ideologische Elemente der SS. Malz' Rechtfertigungen hatten noch den Klang jener berüchtigten „Posener Rede" Heinrich Himmlers von 1943, als Himmler den Massenmord im Osten als „widerliche Pflicht", aber geschichtliche Notwendigkeit herausgestellt hatte.[1106] Was Malz dieser Denkweise hinzufügte, angesichts seiner Tätigkeit als leitender Analyst des SD für das „Rechtslebens" im „Dritten Reich" wenig überraschend, war ein Vergleich mit der Rechtsordnung vor und nach 1945. Obwohl Malz durchaus erkennen ließ, dass vor 1945 Justizunrecht geschehen war, war für ihn der Angriff auf den Gehorsam, also jenen Wert, den die Einsatzgruppenführer in Form des Befehlsnotstandes als Verteidigung für sich selbst in Anspruch nahmen, das eigentliche Verbrechen. Nicht der Massenmord wurde zum Verbrechen, seine Ahndung war es.

Angesichts der Tatsache, dass Malz als eine Art „spiritus rector" hinter den Aktionen des jungen Anwalts Aschenauer stand, überraschen die schrillen Töne der diversen Stellungnahmen Aschenauers kaum. Seine erste im September 1949 erschienene Kampfschrift „Zur Frage einer Revision der Kriegsverbrecherprozesse" verharmloste die in Nürnberg aufgedeckten schweren Verbrechen, ganz in der Linie der Ohlendorf-Gruppe als Ergebnis eines „historischen Faktums", nämlich des Totalen Krieges, dem man sich nicht habe entziehen können.[1107] Die Schrift referierte fast schon gebetsmühlenartig bekannte Vorwürfe gegen die Nürnberger Prozesse und kam zum Ergebnis, dass Nürnberg nicht der Ausdruck einer Gerechtigkeitsübung, sondern rein ein Instrument der politischen Macht gewesen sei.[1108] Die nächste größere Schrift erschien 1951, die als Gegenbericht gegen eine Publikation von Hochkommissar McCloy gedacht war, mit der

---

1106 Ingrao: Elite, S. 231–233; vgl. auch insbesondere Ohlendorfs Rechtfertigung der Einsatzgruppenmorde in seinem Schlusswort im Fall 9, Ingrao: Elite, S. 366–377.

1107 Rudolf Aschenauer: Zur Frage einer Revision der Kriegsverbrecherprozesse, Nürnberg 1949, S. 5–8.

1108 Aschenauer: Revision, S. 14.

dieser nochmals die Bestätigung der letzten sieben Todesurteile gegen in Landsberg inhaftierte Kriegsverbrecher ausführlich begründet hatte. „Landsberg. Ein dokumentarischer Bericht von deutscher Seite“ befasste sich ausschließlich mit den Nürnberger Prozessen und wollte der amerikanischen Sichtweise auf Staat, Gesellschaft und Individuum, eine explizit europäische, sprich „deutsche“ Sichtweise entgegenstellen. Wiederum unterstellte Aschenauer den USA aufgrund politischer Machtverhältnisse Sonderrecht gegen Deutsche etabliert und eine implizierte Kollektivschuldklage geführt zu haben.[1109] Nicht ganz ein Jahr später folgte ein weiteres Pamphlet mit dem Titel „Macht gegen Recht“.[1110] Dieser Schrift gelang es sogar noch, den überschießenden Ton des Werks von 1951 zu übertreffen, fanden sich doch schon in der Einleitung solche Sätze wie: „Wo das Recht geschändet wird, gibt es keine wahre Kultur“. Die Völker des Abendlandes müssten sich nun vor der östlichen Gefahr zusammenschließen, wollten sie nicht untergehen, darum müsse nun Schluss sein mit Hasspropaganda und „Morgenthaugeist“.

Höhepunkt der Presseaktionen war allerdings die von Aschenauer herausgegebene, aber von Malz bearbeitete Zeitschrift „Die andere Seite“, die laut einer Zusammenstellung Aschenauers von Dezember 1950 in einer Auflage von 2500 Stück im Monat gedruckt wurde.[1111] Im Vorwort der ersten Ausgabe von Mai 1950 erklärte Aschenauer die Wahl des Titels: „Dadurch soll zum Ausdruck gebracht werden, dass über allen Zweckmäßigkeits- und politischen Erwägungen die Grundsätze eines ewigen

---

1109 Rudolf Aschenauer: Landsberg. Ein dokumentarischer Bericht von deutscher Seite, München 1951, S. 29. Wenig überraschend gehörten alle von Aschenauer zur Begründung angeführten „Problemfälle“ in den Umkreis von Aschenauers Mandantenschaft wie etwa die Fälle Siegfried Handloser und Gerhard Rose aus dem Ärzteprozess oder die Fälle der Südostgeneräle; vgl. auch die im Zuge der Kampagne für Ohlendorf veröffentlichte Schrift: Rudolf Aschenauer: Stellungnahme zu Erklärung Mr. John McCloys und des Gnadenausschusses zur Frage der vor den Nürnberger Militärgerichten Verurteilten, die am 31.1.1951 der Öffentlichkeit übergeben wurde 5.2.1951, in: LKANü, LKR, Nr. 2474. Ein offener Brief an US-Präsident Truman betitelt „Verhindert weitere Hinrichtungen“ findet sich in: LKANü, LKR, Nr. 2466.

1110 Rudolf Aschenauer: Macht gegen Recht. Unbekanntes Material aus der amerikanischen und britischen Kriegsverbrecher-Praxis, München 1952.

1111 Schreiben Aschenauers an Frießner 6.12.1950, in: BAF, N528, Nr. 30. Die folgende Analyse der „Die andere Seite“ basiert auf einer Durchsicht der im IfZ München und der Bayerischen Staatsbibliothek vorhandenen Sammlungen der Zeitschrift.

Rechts stehen, das auf der christlichen Ebene fußt. ‚Die andere Seite' stellt dem Prinzip der Macht das Prinzip des Rechts gegenüber. Deshalb ist sie getragen von dem Gedanken der Wahrheit und des Kampfes um diese." Darüber hinaus wolle „Die andere Seite" über die brennendsten Fragen der Kriegsverbrecherprozesse unterrichten: „Es besteht die Gefahr, dass das deutsche Volk und die Welt auch in Zukunft lediglich aus der unvermeidlich einseitigen Perspektive der Ankläger von Nürnberg und Dachau heraus über die Kriegsverbrecherprozesse unterrichtet und dadurch weiterhin in Unterwerfung unter die von einzelnen Nürnberger Gerichten selbst bereits eindeutig widerlegte Kollektivschuldthese gehalten werden. Dem gegenüber ist es notwendig, durch Aufklärung über die wahren historischen und rechtlichen Zusammenhänge die Ansatzpunkte dafür zu finden, dass das deutsche Volk seinen Weg in die Zukunft zwar in klarer Erkenntnis seiner Verantwortung, aber frei von ihm aufoktroyierten Schuldkomplexen bestimmt."[1112] Hinter dem pathetischen Programm verbarg sich allerdings ein Sprachrohr für die Mandanten von Malz und Aschenauer und für rechtsextreme Kritiker der Nürnberger Prozesse aller Art. In der ersten Ausgabe fanden sich beispielsweise wohl von Aschenauer und Malz verfasste Artikel zu „Der Bruch des Rechts im Prozess gegen die Südostgeneräle", „Eid und Meineid in Dachau" und ein Bericht über den „Fall Hans Kehrl". Fast schon dreist war die zweite Ausgabe, die der Verbreitung von Aschenauers Promotion diente. In Ausgabe drei publizierte nun auch Adalbert Joppich in eigener Sache zu „Kann ein Richter Rechtsbeugung begehen, wenn er bestehende staatliche Gesetze anwendet?". In späteren Ausgaben erschienen Artikel zu Aschenauers Mandanten im Malmedy-Prozess und es war wohl auch kein Zufall, dass gerade mit Beginn von Aschenauers Engagement für Werler Inhaftierte „Die Andere Seite" in der Maiausgabe 1951 die Frage stellte „Wann werden die Werler Urteile überprüft?". Neofaschisten und Holocaustleugner wie Gaston-Armand Amaudruz (geb. 1920), Paul Rassinier (1906–1967) oder Maurice Bardèche (1909–1998) fanden ebenso breiten Raum, wie beispielsweise der frühere Leiter der SS-Artillerieschule und General der Waffen-SS Otto Schwab (1889–1959), der sich Gedanken über „Ist ein Führungsanspruch der Technik in der modernen Landesverteidigung begründet?" machte.[1113] Mit

1112 Vgl. Rudolf Aschenauer [Hg.]: Die Andere Seite (1. Mai 1950).

1113 Der Schweizer Amaudruz war mit seiner 1946 veröffentlichten Kritik am IMT erstmals als Rechtsextremist in Erscheinung getreten und Organisator eines in Lausanne agierenden neofaschistischen Netzwerkes. Der frühere französische

Jahresbeginn 1953 wandelte sich „Die andere Seite“ allerdings in eine politische Kampfzeitschrift im Fahrwasser der radikalen Elemente der Vertriebenenverbände.[1114]

Im Falle von Aschenauer und Malz lässt sich sogar ein direkter Einfluss auf die bundesdeutsche Geschichtsbildproduktion nachweisen. Der von Aschenauer, Maurach und Malz mit Ohlendorf zum Zwecke des Verteidigungsarguments einer vermeintlichen Putativnotwehr konstruierte „Führerbefehl“ fand besonders über den früheren Leiter des IfZ und Gutachter im Ulmer Einsatzgruppen- und Frankfurter Auschwitz-Prozess, Helmut Krausnick (1905–1990), Eingang in die geschichtswissenschaftliche Forschung und führte Mitte der achtziger Jahre zu einer Kontroverse mit dem Leiter der Ludwigsburger Zentralstelle Alfred Streim (1932–1996), der aus seiner Kenntnis der Prozessakten diverser NSG-Verfahren belegen konnte, dass kein zentraler Führerbefehl existiert hatte.[1115] Und auch unter den Verteidigern war, wie Friedrich Bergold in einem Brief an Hans Laternser äußerte, durchaus bekannt, dass Ohlendorf im Fall 9 verschiedene Angeklagte auf seine Verteidigungsstrategie zu ziehen suchte. Aus Bergolds Sicht habe ein Führerbefehl niemals existiert. Sein Mandant Biberstein habe sich nicht in die Verteidigungsstrategie Ohlendorfs einbinden lassen. Dagegen hätten sich insbesondere Ohlendorf, Braune, Seibert und Schubert im Prozess abgestimmt.[1116] Als 1972 ein Ermittlungsverfahren gegen den 1948 für Tod gehaltenen ehemaligen RSHA-Personalchef Bru-

---

Kommunist Rassinier war in den KZ Buchenwald bzw. Dora inhaftiert und veröffentliche einen beschönigenden Erlebnisbericht seiner dortigen Zeit. Der Antisemit Bardèche war als Kollaborateur in Frankreich während des Krieges zum Literaturprofessor aufgestiegen.

1114 Die Zeitschrift wurde in „Deutsche Blätter“ mit dem neuen Mitherausgeber MdL Joseph Erbacher (BHE, später Deutsche Partei) in Hannover umbenannt, dann im August 1953 nochmals mit einem anderen Herausgeber MdL Hannes Floßdorf (Deutsche Partei) aus Essen als „Der deutsche Dienst. Die andere Seite“ beworben, ehe sie 1956 ganz eingestellt wurde. Dem rechtextremen Lager blieb die Zeitschrift treu. Beispielhaft sei nur ein Artikel genannt, der das Apartheidregime in Südafrika unter dem Titel „Südafrikanische Union zeigt Europa den Weg“ feierte.

1115 Vgl. die Übersicht bei Weinke: Justiz, S. 179–186 und besonders Earl: SS-Einsatzgruppen Trial, S. 46–96 und 135 bis 180. Krausnick war 1932 der NSDAP beigetreten, aber nicht als NS-Propagandist aufgetreten, vgl. Fritz-Bauer-Institut [Hg.]: Auschwitz. Geschichte, Rezeption und Wirkung, 2. Aufl., Frankfurt 1997, S. 135.

1116 Brief Bergolds an Laternser 15.2.1949, in: BAF, N431, Nr. 955.

no Streckenbach, der laut Ohlendorf wenige Tage vor dem Angriff auf die UDSSR den Mordbefehl an die Einsatzgruppenführer übermittelt habe, eingeleitet wurde, wiederholte Bergold, dass Ohlendorf bewusst gelogen hatte und auch Aschenauer musste eingestehen, dass ein Führerbefehl niemals existiert hatte. Dass er als junger Anwalt angeblich zu wenig mit der Materie vertraut gewesen sei, um seinem Mandanten Vorhaltungen zu machen, muss angesichts der hier dargelegten Nähe Aschenauers zum Rechtsextremismus als offensichtliche Schutzbehauptung angesehen werden.[1117] Unklar bleibt auch das Verhältnis zwischen Krausnick und Aschenauer. In einer Besprechung der von Aschenauer herausgebrachten kommentierten Memoiren Adolf Eichmanns kam Krausnick auf kritische Nachfrage seines Historikerkollegen Julius H. Schoeps (geb. 1942) zu der erstaunlich positiven Ansicht, dass man Aschenauer aufgrund seiner Quellenkenntnis keineswegs unter die aus der rechtsradikalen Literatur bekannten Apologeten zählen könne und dieser unter den Nürnberger Anwälten einen hohen Rang gehabt habe, auch wenn er nicht alle Meinungen Aschenauers teile.[1118] Diese positive Einschätzung überrascht, trat doch Aschenauer als Autor der rechtsextremen „Gesellschaft für freie Publizistik" auf und veröffentlichte diverse zeithistorische Werke in „revisionistischen" Verlagen wie dem Druffel-Verlag, so etwa das Buch „Krieg ohne Grenzen", welches das Bild einer allumfassenden zumeist von Kommunisten geleiteten Partisanenbewegung im Zweiten Weltkrieg zeichnete, die radikale Maßnahmen erfordert habe.[1119] Einer breiteren Öffentlichkeit wurde Aschenauer dann durch die genannten Eichmann-Memoiren bekannt. Dass das Material für diese Publikation wohl aus dem Umfeld von Hans Rechenberg stammte, dürfte wahrscheinlich sein, waren doch beide seit 1951 um die Freilassung von Walther Funk bemüht.[1120]

1117 Die Aussagen Bergolds und Aschenauers im Ermittlungsverfahren sind abgedruckt in: Hans-Heinrich Wilhelm. Rassenpolitik und Kriegführung. Sicherheitspolizei und Wehrmacht in Polen und in der Sowjetunion 1939–1942, Passau 1991, S. 227–230.

1118 Vgl. Manuskript zu „Eichmann – der Bürokrat des Todes. Julius H. Schoeps im Gespräch mit Helmut Krausnick (Sendung des Deutschlandfunks vom 26.5.1981), in: IfZ, MS 200/84.

1119 Vgl. Rudolf Aschenauer: Krieg ohne Grenzen. Der Partisanenkampf gegen Deutschland 1939–1945, Leoni am Starnberger See 1982, S. 397.

1120 Vgl. Rudolf Aschenauer [Hg.]: Ich, Adolf Eichmann. Ein historischer Zeugenbericht, Leoni am Starnberger See 1980; vgl. auch Irmtrud Wojak: Eichmanns Memoiren. Ein kritischer Essay, Frankfurt a. M. 2004, S. 52.

Zusammenfassung Kapitel 3.5

Alfred Seidl versuchte während des Nürnberger Hauptprozesses nicht weniger als eine „Sprengung" des Gerichtshofes zu erreichen und erwarb sich mit seiner Verteidigung von Rudolf Heß den Ruf, der radikalste aller Nürnberger Anwälte zu sein, der dem Gericht offen Siegerjustiz unterstellte und eine Strategie der direkten Provokation und des Bruchs verfolgte. In den Nachfolgeprozessen sollte ihm Rudolf Aschenauer in seiner Vertretung Otto Ohlendorfs an Radikalität Konkurrenz machen. Zwar war die Berufung auf Notstand ein häufiges Argument der Nürnberger Anwälte. Mit ihrer extensiven Interpretation des „Staatsnotstandes" überstiegen allerdings mit ihrem überbordenden Nationalismus und Antikommunismus Aschenauer und Seidl nicht nur die Grenzen der Traditionslinien „politischer Anwälte" in der Weimarer Republik, sondern letztendlich auch die Bahnen einer sinnvollen juristischen Argumentation. Mit ihrer Verabsolutierung des „(Putativ)-Staatsnotstandes" versuchten Seidl und Aschenauer zusammen mit Maurach nicht weniger als eine nur äußerst dürftig kaschierte Generalapologetik der Verbrechen des „Dritten Reiches".

Die von Aschenauer und Malz nach Ende der Prozesse veröffentlichten Pamphlete stellen einen Endpunkt in der publizistischen Auseinandersetzung um das Symbol „Nürnberg" dar. „Nürnberg" wurde unverhohlen als Akt einer rachesüchtigen Siegerjustiz diskreditiert, die angeblich im Namen der „Deutschen" an die Öffentlichkeit gebracht werden müsse. „Die andere Seite" war in dieser Form als Zeitschrift der Kriegsverbrecherlobby wohl eine einzigartige Publikation, die in erster Linie als Propagandaorgan für die von Aschenauers „Arbeitsgemeinschaft" vertretenen Mandanten diente und nahezu wortwörtlich die Entschuldigung des Massenmordes aus Sicht der Gruppe um Ohlendorf wiedergab.

3.6 Vaterländische Pflichten: Justus Koch, Hans von Zwehl und Georg Fröschmann

Neben den „jungen Radikalen" etablierte sich im Fall 11 eine weitere, die Nürnberger Prozesse radikal ablehnende Gruppierung um ältere Anwälte, die im Ersten Weltkrieg gekämpft und im Zweiten Weltkrieg auf der mittleren Führungsebene erneut militärische Aufgaben übernommen hatten. Insbesondere Justus Koch und Hans von Zwehl suchten in ihren Plädoyers den Wilhelmstraßen-Prozess als eine „zweite Runde" im Kampf gegen die vor dem IMT aufgestellten Prinzipien zu führen. Ausgerechnet Wilhelm Stuckart hatte seinem Anwalt aufgetragen, den Göttinger Professor Percy Schramm dafür zu gewinnen, im großen Umfang Dokumentenmaterial zu beschaffen, sei doch eine „Klarstellung" der Zeit vor 1945 während des IMT nicht erfolgt, die nun im Fall 11 nachgeholt werden müsse, um der „historischen Wahrheit und zugleich der Gerechtigkeit einen besonderen Dienst" zu erweisen.[1121] Schramm winkte aber mit Hinblick auf seine verweigerte Wiederzulassung an der Universität Göttingen ab. Er brachte allerdings als Ersatz Bolko von Richthofen ins Spiel, sei dieser doch weit über sein Fach hinaus gekannt durch seine Schriften über die bolschewistische Wissenschaft und den „geistigen Kampf gegen den Bolschewismus".[1122] Obwohl ein radikaler Antisemit, schien von Richthofen innerhalb der „nationalen" Kreise der Verteidiger um von Zwehl aufgrund seines ebenso radikalen Antikommunismus bestens geeignet und übernahm nach einer „Instruktion" Schramms die Erstellung einer Dokumentensammlung unter Anleitung von Zwehls.[1123] Eine „historische" Klarstellung war seine Arbeit allerdings nicht. In der zwar voluminösen, aber reichlich einseitigen Zusammenstellung von Dokumenten und Zitaten führender Politiker suchte von Richthofen z. B. zu belegen, dass polnische Überfälle auf die deutsche Grenze zu Kriegsbeginn erfolgt seien. Durch die Übersetzungen von Reden sowjetischer Politiker wollte von Richthofen zeigen, dass die UdSSR zudem einen Angriffskrieg gegen Deutschland geführt habe. Mit ihrer offensiven, den IMT direkt angreifenden Stra-

---

1121 Schreiben Sauters an Percy Schramm 8.12.1947, in: BAK, N1292, Nr. 102.

1122 Schreiben Professor Schramms an Sauter 20.12.1947, Schreiben RA von Zwehl an Schramm 14.1.1948 und Schramm an von Zwehl 17.1.1948, Schreiben von Zwehls an Richthofen 29.1.1948, in: BAK, N1292, Nr. 102. Dadurch wird auch die von Richthofen später propagierte Behauptung entlarvt, er sei als unfreiwilliger Belastungszeuge „erschüttert" über die Anklage gewesen und habe sich daraufhin freiwillig der Verteidigung zur Verfügung gestellt, vgl. Bolko Freiherr von Richthofen: Vorwort, in: Ders.: Als Zeuge in Nürnberg, Kiel 1987, S. 9–13. Richthofens 1981 erschienenes zweibändiges Werk „Kriegsschuld 1939–1941. Der Schuldanteil der anderen" war ein vermeintlich „überparteilicher Forschungsbericht" in Form einer höchst zweifelhaft zusammengestellten Dokumentensammlung, deren Ziel es sein sollte, die Alleinschuld Deutschlands am Zweiten Weltkrieg zu widerlegen, vgl. die wohl auf Grundlage seiner Nürnberger Arbeiten erstellte Dokumentensammlung Bolko von Richthofens: Kriegsschuld 1939–1941. Der Schuldanteil der anderen, Kiel 1981.

1123 Schreiben von Zwehls an Schramm 29.1.1948 und Schramms an von Zwehl 22.2.1948, in: BAK, N1292, Nr. 102, in: BAK, N1292, Nr. 167.

tegie standen von Zwehl und von Richthofen konträr zur Linie der Diplomatenverteidiger. Entgegen dem Rat des US-Anwalts Warren Magee, der eine Mandanten-zentrierte Verteidigung vorschlug, hatte von Zwehl auf die Dokumentensammlung bestanden, halte er doch „trotzdem diese Aufklärung für sehr wichtig für die Stimmung des Gerichts und glaube, dass auch die meisten Angeklagten dergleichen Meinung sind.“[1124]

Parallel erarbeitete Anwalt Justus Koch im Fall 11 zentral das Thema Angriffskrieg in Bezug auf die Aufrüstung Deutschlands.[1125] In einem Brief waren sich der als Zeuge fungierende Berufssoldat und Militärschriftsteller Oberst Kurt Hesse und Major Koch einig, einer kameradschaftlichen Pflicht zu dienen: „In der Erinnerung an unsere gemeinsamen Stunden in Büsum freute ich mich darüber doppelt, weil ich sehe, dass Sie die Nürnberger Verteidigung genau wie ich als eine vaterländische Angelegenheit ansehen.“[1126] Tatsächlich hatte sich Koch selbst in der Vorkriegszeit mit Fragen der Aufrüstung beschäftigt: „Ich darf bei dieser Gelegenheit bemerken, dass ich mich sehr gerne einmal mit Ihnen über die Fehler unterhalten möchte, die bei der Führung der deutschen Wehrwirtschaft vor und im letzten Krieg gemacht worden sind, und über die eigentlichen Hintergründe dafür. Ich komme darauf, weil Kempner Ihnen Ihre Denkschriften an Thoma vorgehalten hat. Auch ich habe Thoma schon im Jahre 1938 eine Denkschrift vorgelegt und zwar über die Facharbeiterfrage und habe mich dann im Krieg mit einigen Denkschriften nachdrücklich, aber vergeblich darum bemüht, den führenden Stellen die Erkenntnis zu vermitteln, dass dies ohne radikale und rechtswidrige Gegenmaßnahmen von unserer Seite den sicheren Verlust des Krieges bringen würde.“[1127] Professor Carl Schmitt bestärkte seinen früheren Berliner Bekannten Koch darin, dass die generellen Angriffe gegen das Kontrollratsgesetz Nr. 10, wie sie Alfred Seidl unternahm, aussichtlos seien und teilte daher die von Koch angedachte Strategie, den subjektiven Tatbestand in Bezug auf die

1124 Schreiben von Zwehls an Justus Koch o.D., in: BAK, NL Koch, Nr. 17.

1125 Schreiben J. Kochs an Dipl.-Ing. Dietrich Schwencke 9.2.1948, in: StN, NL Koch, Nr. 2.

1126 Schreiben J. Kochs 2.5.1948, in: StN, NL Koch, Nr. 2.

1127 Gemeint ist General Georg Thoma, bis 1942 Leiter des Wehrwirtschafts- und Rüstungsamtes der Wehrmacht, vgl. Schreiben Professor Hesses an J. Koch 24.5.1948 und Schreiben J. Koch an Professor Hesse 25.8.1948, in: StN, NL Koch, Nr. 1.

Rüstungsabsichten besonders zu betonten.[1128] Schmitt pflichtete auch Kochs Gestaltung des „Tu quoque“-Arguments bei, da die Besatzungsmächte auch auf die Deutschen kein anderes Recht anwenden dürften, als solches, welches sie selbst für gültig ansähen.[1129] Die Anregungen Schmitts beeinflussten ohne Zweifel Kochs Strategie. So findet sich in den Handakten Kochs eine Notiz, in welcher Koch die deutsche Kriegsführung mit dem „Vernichtungskrieg“ rechtfertigte, den die Alliieren über ihre Seeblockade und den Luftkrieg gegen Deutschland geführt hätten. Insofern sei es nur richtig gewesen, dass Deutschland auf den Osten zugegriffen hätte. Auf Schmitt sich berufend behauptete Koch, dass jeglicher Schutz der Zivilbevölkerung mit dem Partisanenkrieg aufgekündigt worden sei, weil dadurch keine Schutzpflicht durch die Okkupationsmacht mehr bestanden habe.[1130] Obwohl Schmitt den Frontalangriffen Seidls wenige Chancen eingeräumt hatte, wollte Koch dennoch die aggressiven Schriftsätze von Seidl mit dem Argument unterstützen, dass im Nürnberger Hauptprozess mit dem russischen Richter ein „judex inhabilis“ vertreten war und damit das Gericht des IMT nicht unabhängig gewesen sei.[1131]

Koch betonte schon zu Beginn die grundsätzliche Bedeutung seines Plädoyers im Fall 11. Es sei notwendig, das Geschehen des Prozesses in einen Gesamtzusammenhang zu rücken. Mit dem Ende des letzten Nürnberger Prozesses scheine es, als ob sich ein Kreis schließe. Dies sei aber falsch. Die Richter des IMT hätten noch geglaubt, dass ein neues Recht Wirklichkeit werde. Das Recht sei aber aufgrund des Verhaltens der Völker nun nicht Allgemeines, sondern Sonderrecht geworden: „Dieses Gericht steht höchst einsam in einer völlig gewandelten Welt“. Die ideellen Motive des IMT seien schon dadurch kompromittiert, dass mit der UdSSR ein „judex inhabilis“ am Tisch saß, was nun durch das deutsch-russische Geheimabkommen bewiesen sei. Ausführlich behandelte Koch das Problem des Angriffskrieges und rief besonders die Rolle Trainins nochmals ins Gedächtnis, durch welchen die UdSSR auch einen „legislator inhabilis“ darstelle. Insbesondere sei der Angriff auf die UdSSR lediglich ein Präventivschlag gewesen. Zudem sei für jeden national gesinnten Deut-

1128 Besprechung mit C.S o.D. und Besprechung mit C.S. 16.5.1948, in: BAK, NL Koch, Nr. 10.

1129 Besprechung mit C.S. am 8. und 9.5.1948, in: StN, NL Koch, Nr. 3.

1130 Notiz 12.5.1948 sowie Aktenvermerk betr. Besprechung mit Herrn Alfons Waltzog 27.1.1948, in: StN, NL Koch, Nr. 3.

1131 Aktenvermerk J. Koch für Bergmann 11.3.1948, in: StN, NL Koch, Nr. 3.

schen klar gewesen, dass die Rüstung wegen der Bedrohung durch seine Nachbarn, insbesondere im Osten, Deutschlands Schutz diene. Unter ausführlicher Eingehung auf den Luftkrieg der Alliierten suchte Koch in dieser Variation des „Tu quoque“ zu zeigen, dass im modernen Krieg die Unterscheidung Kombattant und Nichtkombattant, wie ihn die Haager Landkriegsordnung festgelegt habe, nicht mehr gelte. In einem Totalen Krieg sei ökonomische Kriegsführung Teil der militärischen Notwendigkeit. Die Massendeportationen der deutschen Bevölkerung in der sowjetischen Zone und die Heranziehung der deutschen Bevölkerung zum Uranabbau in Sachsen belegten, dass auch hier das Recht nicht einheitlich sei, zumal Deutschland zu Massendeportationen nur unter dem Eindruck des Krieges gegriffen habe.[1132]

Seine Kritik an Nürnberg fasste Koch nochmals gebündelt in einem am 9. Dezember 1949 vor dem Rhein-Ruhr-Club in Düsseldorf gehaltenen Vortrag zusammen.[1133] Wolle man gerecht sein, so müsse man sagen, dass vor Nürnberg viele Dinge lagen, die Abscheu verdienen. Dies entbinde allerdings nicht davon hinzuweisen, dass der Gedanke des Rechts gefährdet sei und in Nürnberg das Recht seines Gehalts im hohen Maße entkleidet worden war. Dort seien Bürger, Beamte, Wirtschaftler und Soldaten nicht wegen ihren angeblichen Taten, sondern als Symbole und Stellvertreter für alle anderen, die nicht in Nürnberg angeklagt worden seien, vor Gericht gekommen. Überhaupt sei die Verteidigung unterlegen gewesen. Als Beispiel nannte Koch die angeblich vom Gericht nicht gewürdigte Darstellung der Dokumentensammlung von Zwehls zur Vorgeschichte des sowjetisch-deutschen Krieges. Zwar wollte Koch nicht abstreiten, dass vor dem IMT viele Ankläger von ideellen Motiven und nicht Rache geleitet gewesen seien. Aber wenn dem Gedanken des „Tu quoque“ nicht Rechnung getragen werde, könne es keine Befriedung des Rechtsbewusstseins geben. Zwar sei Koch gegen eine allgemeine Amnestie und auch ein erneutes Verfahren. Im Hinblick auf die Zukunft müsse aber Landsberg durch Gnadenakte beseitigt werden.[1134]

1132 TWC, Bd. 14, S. 147–168.

1133 o.V. „Landsberg müsste gestrichen werden“. Professor Kaufmann und Dr. Koch zu den Nürnberger Urteilen, in: Frankfurter Allgemeine Zeitung (12.12.1949). Als Vorredner Kochs hatte Professor Erich Kaufmann allgemein über sittliche und rechtliche Probleme Nürnbergs referiert.

1134 Justus Koch: Nürnberg. Vortrag gehalten in Düsseldorf am 9.12.49 von Herrn Rechtsanwalt Dr. Justus Koch, Düsseldorf, in: BAK, NL Koch, Nr. 3; vgl. auch

Hans von Zwehl hatte im Herbst 1947 im aufsehenerregenden Verfahren gegen Otto Skorzeny in Dachau erfolgreich den wegen Sabotageakten hinter den amerikanischen Linien während der Ardennen-Offensive angeklagten Wilhelm Kocherscheidt vertreten und gleichzeitig sein Plädoyer auch als allgemeine Antwort der deutschen Verteidiger in diesem Prozess ausgestaltet. Wie auch Koch sah sich von Zwehl vor den alliierten Gerichten seine vaterländische Pflicht als Soldat erfüllen, wie in seinem Plädoyer im Skorzeny-Prozess deutlich wurde: „And now, may it please the court, to forget for a moment the legal point and allow me to speak for my comrades as an ex-serviceman who has been in two world wars to old soldiers wearing the highest decorations for having served their country at the risk of their lives. […] I trust that the judges sitting on this court consider bravery in action worthy of the highest praise and that they will not pass over my parallel with the words 'we fought for the right case and you for the wrong one'." Nach weiteren, an Kranzbühler erinnernden Ausführungen darüber, dass ein Soldat nicht das Recht habe, über die Richtigkeit eines Krieges ein Urteil abzugeben, schloss von Zwehl: „I am convicted that the sentence passed in the Skorzeny case will be on history's record when all the concentration camps cases will be only gruesome but gradually fading memory."[1135] Von Zwehl erhob also das „Verbrechen" an der Ehre des deutschen Soldatentums über die unglaublichen Verbrechen in den Konzentrationslagern.

In ähnlichem Ton verlief auch von Zwehls grundsätzliches und die Nürnberger Prozesse abschließendes Plädoyer im Fall 11 vom 18. November 1948. Von Zwehl betonte, dass er wahrscheinlich der letzte Verteidiger sei, der vor einem Nürnberger Tribunal sprechen werde. Er wolle nicht über die Rechtsfragen sprechen, sondern stattdessen im Allgemeinen vom Standpunkt des gesunden Menschenverstandes Thesen erörtern, die alle Angeklagten beträfen, deren Los ein Teil des deutschen und europäischen Schicksals sei und weltweite Rückwirkungen haben könne. Fast übermenschlich sei der Versuch eines mit ehemaligen Kriegsgegnern besetzten Gerichts, ein Richter in eigener Sache zu sein. Aber noch ein anderer Grund erschwere einem Amerikaner das Verständnis der deutschen Tragödie. In Amerika gebe es etwas, was in Europa leider fehle, nämlich Raum.

---

o.V. „Landsberg müsste gestrichen werden", in: Frankfurter Allgemeine Zeitung (12.12.1949).

1135 Vgl. Plädoyer Hans von Zwehls, in: NARA, Microfiche Publication M1106 (Skorzeny Case), Roll 2.

In den Weiten der USA sei es kein Wunder, dass alles gedeihe und jeder Rohstoff zu finden sei. Die Richter sollten bedenken, was sie haben und die Europäer eben nicht. Der Frankfurter Friede von 1871, der Deutschlands Einigung gab, sei bei Weitem nicht so unheilvoll gewesen wie das Potsdamer Abkommen von 1945, da Frankreich nicht überbevölkert war und ein Kolonialreich besitze. Nach 1918 gingen die Deutschen aufeinander los, wie es nun mal sei, wenn Menschen ohne genügend Nahrung zusammengepfercht werden. Fünfzehn Jahre versuchten deutsche Regierungen eine Revision von Versailles auf friedlichem Wege, ehe die Reparationen wegen des wirtschaftlichen Ruins Deutschlands eingestellt wurden. Ohnmächtig habe man zusehen müssen, wie die deutschen Minderheiten außerhalb der Grenzen ihrer Rechte beraubt worden seien. In Notzeiten müsse daher ein Land von einer Person geleitet werden, sogar in den Ländern mit am stärksten ausgebildeten Demokratien. Die Zeitumstände wie die Verfassung ließen Hindenburg keine Wahl, als Hitler zum Reichskanzler zu ernennen. Der Antisemitismus der NSDAP sei anfänglich nicht der blinde fanatische Rassenhass gewesen. Es sei tragisch, dass der Antisemitismus in Deutschland letztendlich durch Juden entstanden sei. So wie man früher gegen „die“ Juden verallgemeinerte, mache man dies nun gegen „die“ Deutschen. Zudem hätten Juden in jeder kommunistischen Revolte in Deutschland eine führende Rolle gespielt, bei jeder Wirtschaftskrise gelänge es Juden, sich auf Kosten von Nichtjuden zu bedienen. Mangel an Bescheidenheit und Takt, eine überhebliche Verspottung von Idealen, die der deutschen Bevölkerung teuer waren, hätten viel Schaden getan, zum großen Leidwesen aller anständigen und vernünftigen Juden. Für von Zwehl, der die „Ehre“ hatte, den deutschen Fronttruppen in beiden Weltkriegen anzugehören, sei irrig zu behaupten, Deutschland habe weitere Angriffe zur Eroberung der Welt geplant. Bedenklich sei, dass man den Deutschen Taten vorwerfe, die sie im Krieg begangen hätten, die nun selbst von den Alliierten begangen würden. Von Zwehl könne daher auf die Ausführungen Alfred Seidls verweisen, wonach 15 Millionen Deutsche nach Kriegsende vertrieben wurden. Die Anklage wolle zur Abschreckung eine möglichst große Zahl von Deutschen der Strafe zuführen. Das einzige Mittel, um die Vergangenheit nicht zu wiederholen, sei ein guter Friede, „das gerade Gegenteil des Versailler Vertrages“. Sollte ein neuer Krieg ausbrechen, werden seine Herzen nicht aufseiten einer Regierung sein, die ihm ein Pfund Fleisch vom Leib gerissen habe, sondern dem, welche in großzügigster Weise geholfen habe: „Um in einem solchen apokalyptischen Ringen zu siegen, braucht auch der mächtigste Staat der Welt die strikte Disziplin nicht nur bei seiner Wehrmacht, sondern auch in seiner Verwaltung. Diese Disziplin würde durch ein Urteil, wie es die Anklage haben möchte, ernstlich erschüttert werden."[1136]

Obwohl von Zwehl spezifische Reizwörter zu meiden versuchte, standen seine völkisch angehauchten Ausführungen zum „Volk ohne Raum" in direkter Kontinuität zu seinen Ausführungen vor dem Gericht in Leipzig vor mehr als zwanzig Jahren. Unverhohlen antisemitisch war seine eigenwillige Unterscheidung von „guten" und „schlechten" Juden, denen er damit eine Mitschuld an der eigenen Tragödie anlastete. Zentrales Motiv sowohl von Kochs als auch von Zwehls war aber die als vaterländische Pflicht angesehene Abwehr der Alleinschuld der Deutschen am Zweiten Weltkrieg. Die Dokumentensammlung von Richthofens erinnert frappierend an offizielle Reaktionen der deutschen Regierung auf die Kriegsschuldthese des Versailler Vertrages. Mit Sicherheit spielten auch eigene Erinnerungen an die Enttäuschung des Kriegsendes 1918/1919 für den Freikorpskämpfer und das DNVP-Mitglied von Zwehl eine wesentliche Antriebsrolle.

Am radikalen Nationalismus des SA-Sturmführers Georg Fröschmann, der in seinem fanatischen Glauben an den „Endsieg" auch vor Denunziationen nicht zurückgeschreckt hatte, dürfte es wenig Zweifel geben. Noch im Juni 1949 versicherte sich Fröschmann bei von Zwehl der gemeinsamen ideologischen Grundlage: „Es hat mir immer sehr wohl getan, in Ihnen einen ebenso national gesinnten und mutigen Kollegen kennenzulernen, mit dem ich mich immer gerne unterhielt."[1137] Schon vor dem IMT hatte Fröschmann, der Seidl über das Geheime Zusatzprotokoll informiert hatte, eine gewisse Rolle für die radikalen Anwälte des IMT gespielt. In einem Privatbrief, der sozusagen eine Rechtfertigung seiner Tätigkeit in Nürnberg darstellte, schrieb Fröschmann, dass die Arbeit für den IMT eine therapeutische Bedeutung gehabt habe. Nach dem Verlust seiner Familie und der Zerstörung seiner Wohnung und Kanzlei habe er sich bewusst in seine Arbeit gestürzt, um von den persönlichen Leiden abgelenkt zu sein. Der IMT-Prozess mit seinen vielfältigen Erfahrungen habe dann die Grundlage für seine spätere Tätigkeit geschaffen. Sein Wirken für den „guten Brack" im Ärzteprozess habe ihm Gelegenheit gegeben zur For-

---

1136 IfZ, Prozessdokumente der Nürnberger Nachfolgeprozesse, Protokoll Fall 11, S. 27507–27535.

1137 Schreiben Fröschmann an von Zwehl 11.6.1949, in: StN, NL Fröschmann, Nr. 84.

schung und Überlegung, in denen „der kranke, wertlose Mensch" im Mittelpunkt stand. Herz zu Herz habe sich gefunden und Fröschmann sei zum Seelsorger Bracks geworden. Es sei bedauerlich, dass der Begriff der Euthanasie durch Methoden des Wahnsinns und der Unmenschlichkeit ins Gegenteil verkehrt worden sei. Diese Gedanken wurden abgelöst durch wirtschaftspolitische Überlegungen im Fall 4, in dessen Mittelpunkt „wertvolle, gesunde Menschen" standen. Dem neuzeitlichen Denken des abendländischen Kontinents stellte sich die Betrachtungsweise einer anderen Welt gegenüber, die unter der Phrase der verdammenswerten Sklavenarbeit sich zum Richter über ein Problem aufwarf, das sich erst im wissenschaftlichen Embryonal-Stadium seiner Entwicklung befand. Wiederum habe es einer Klarstellung der tatsächlichen Verhältnisse bedurft, die durch „zielbewusste Propaganda und planmäßige Rabulistik" vernebelt worden sei. Fröschmann dürfe es sich als Verdienst anrechnen, einen besonders krassen Fall „seiner tarnenden Hülle der Unparteilichkeit" entkleidet zu haben. Der junge, „auf dem Boden echten Christentums stehende", mit zähem Gerechtigkeitsinn versehene SS-Wirtschaftsjurist Karl Mummenthey habe wertvolle Anregungen gegeben und in der Auswertung den Boden für eine weit über die Prozesse hinausragende Argumentation geschaffen: „Wie von einem Blitzlicht getroffen erhellte sich erstmals in diesem Prozess durch Entlarvung eines Berufszeugen das Zerrbild der Methoden amerikanischer Anklagebehörden auf der hintergründigen Leinwand, auf der mit großen Buchstaben das Wort ‚Dachau' zu lesen war". Im Fall 8 sei es Fröschmann in einem viel beachteten Plädoyer gelungen, zu einem starken Angriff auf die Doppelzüngigkeit der Siegermächte hinsichtlich Politik und Menschlichkeit anzusetzen: „Der unmissverständliche Hinweis auf Atombombe und Völkermord seit 1945 zeigten dem Plädoyer den Weg, als historisches Dokument späterer Geschichtsschreibung ein gerechtes Urteil über Entscheidungen nach dem Kontrollratsgesetz zu ermöglichen". Sein Mandant Richard Hildebrandt, „von überragender geistiger Beweglichkeit und beißendem Sarkasmus", habe Fröschmann „den weiten Spielraum zu umfassenden Angriffen, gestützt auf Tatsachen der Geschichte und ausgerichtet auf das drohende Gespenst des Bolschewismus" eröffnet. Abschluss sei die Verteidigung des „mannhaften" SS-Generals Gottlob Berger gewesen: „Ihn, den letzten Repräsentanten der vielgeschmähten und vielverkannten, zu einer verbrecherischen Organisation gestempelten SS zu verteidigen, sah ich das Gebot einer Pflicht an, nicht nur ihm gegenüber als Chef des SS-Hauptamtes, sondern auch gegenüber den Hunderttausenden, die im Glauben an die Reinheit der Idee der SS ihr Blut und

Leben für Volk und Vaterland dahingegeben haben oder jetzt unter entwürdigenden Bedingungen ihr Leben fristen. [...] Die Verteidigung eines v. Weizsäcker und die Aussagen so mancher anderer Zeugen habe stark befremdet, um einen bitteren Ausdruck zu vermeiden. Was sind das doch alles für eigenartige Persönlichkeiten, die jahrelang ihrem Herrn dienen und diplomatische Schriftstücke in seinem Namen und Sinne entwerfen, um hernach dies alles als den Ausdruck einer notgedrungen getarnten Opposition hinstellen zu wollen!“. Fröschmann fühlte sich auf einer Mission: „So glaube ich als deutscher Verteidiger meine Pflicht erfüllt zu haben im Kampf gegen eine Propaganda, Lüge, Verleumdung, der sich das deutsche Volk nach der Katastrophe von 1945 willenlos beugte“.[1138]

Fröschmanns Plädoyer für Berger mit seiner brachialen Radikalität wirkt befremdlich. Schon in der Eröffnungsrede hatte Fröschmann die rhetorische Frage gestellt, ob die Abermillionen Toten wirklich nur durch Deutschlands Wunsch nach Lebensraum und dem Wahn nach einer Herrenrasse verursacht worden seien, oder gäbe es immer noch Kräfte am Werk, die, wie vor zehn Jahren, ihre Klauen austrecken würden, um alles in wildes Chaos zu stürzen. Der Kampf gegen diese weltzerstörerischen Ideen sei der Kampf gegen Kommunismus und Bolschewismus.[1139] Im Abschlussplädoyer unterstellte Fröschmann dann auch konsequent der Nürnberger Anklagebehörde eine Verbindung zur Dachauer Anklagebehörde, da beide einer „analogen Anwendung der sowjetrussischen Theorie von der Kollektivschuld“ folgen würden.[1140] Teilweise verlor Fröschmann den Boden jeglicher ansatzweise sachlichen Erörterung: „So wurde dem früheren Anklagevertreter der Dolch, mit dem er Berger als Repräsentanten der SS wegen des angeblichen Meuchelmords an hunderttausenden Juden treffen wollte, aus der Hand geschlagen, noch ehe er ihn in den Rücken des Gegnern stoßen konnte“.[1141] Im weiteren Verlauf artete Fröschmanns Plädoyer zu einer Apologetik der Waffen-SS aus: „Berger hatte nur das eine Ziel, der SS: eine Elite-Organisation, eine antibolschewistische Kampftruppe des deutschen Volkes zu werden.“[1142] Man hörte von Fröschmann, wie sich die junge Waffen-SS im Westfeldzug hervorragend ge-

1138 Schreiben Fröschmann an Pfannmüller 16.12.1948, in: StN, NL Fröschmann, Nr. 515.

1139 TWC, Bd. 12, S. 358.

1140 IfZ, Protokoll Fall 11, S. 26703.

1141 IfZ, Protokoll Fall 11, S. 26716.

1142 IfZ, Protokoll Fall 11, S. 26719.

schlagen habe mit ihren „soldatischen Tugenden der Ritterlichkeit" und Disziplin.[1143] Es sei die Tragik der noch lebenden und „im Glauben an die SS für ihr Vaterland gefallenen SS-Männer", durch Himmlers „Doppelantlitz" mit dem Makel der Zugehörigkeit zu einer verbrecherischen Organisation belastet zu sein.[1144] Seinem fanatischen Antikommunismus ließ Fröschmann freien Lauf. Schon seit Beginn des Jahrhunderts sei die Geschichte der europäischen Völker vom Expansionsdrang Russlands nach Westen und der tödlichen Gefahr des „asiatischen Bolschewismus" überschattet gewesen. Der Angriffskrieg auf Polen wurde von Fröschmann damit gerechtfertigt, dass Polen sich geweigert habe, zum Bollwerk Hitlers gegen die UdSSR zu werden. Der Angriff auf die UdSSR wurde bei Fröschmann zum reinen Präventivkrieg.[1145] Sicherlich ist Dirk Pöppmann in seiner Analyse des Plädoyers Fröschmanns zuzustimmen, dass manches Argument Fröschmanns auch der spezifischen Strategie der Anklage im Fall 11 geschuldet ist.[1146] Dennoch war das Plädoyer Fröschmanns auch der Versuch, das Ideal der „Elitetruppe" der (Waffen-)SS für die Nachwelt zu bewahren, insbesondere angesichts Fröschmanns Bild einer Art „Endzeitapokalypse" durch den vermeintlichen Siegeszug des Kommunismus im „Entscheidungskampf gegen die abendländische Kultur". Eine Besetzung Deutschlands werde die „Vernichtung aller wahrhaft deutschgesinnten Männer und Frauen" bedeuten. Ziel müsse daher die Wiedererlangung der deutschen Souveränität sein: „Wir können zu einer solchen nur kommen, wenn die Einheit des deutschen Volkes unter einer einheitlich vom Volk gewählten Regierung wiederhergestellt, ein rücksichtsloser Kampf gegen alle Unmoral im privaten wie im öffentlichen Leben geführt wird, und wir uns auf unser Deutschtum besinnen. Noch immer hat ein gesunder Nationalismus ein Volk wieder aus der Tiefe heraufgeführt."[1147] Mit diesem Argument traf sich Fröschmann mit seinen Altersgenossen Koch und von Zwehl. Auch Fröschmann betonte exzessiv die Völkerrechtsbrüche der UdSSR und sah wie von Zwehl die Abwehr eines bevorstehenden

---

1143 IfZ, Protokoll, Fall 11, S. 26721 f.

1144 IfZ, Protokoll, Fall 11, S. 26720.

1145 IfZ, Protokoll Fall 11, S. 26724 f.

1146 Dirk Pöppmann: Im Schatten Weizsäckers? Auswärtiges Amt und SS im Wilhelmstraßen-Prozess, in: Kim C. Priemel/Alexa Stiller [Hgg.]: NMT. Die Nürnberger Militärtribunale zwischen Geschichte, Gerechtigkeit und Rechtschöpfung, Hamburg 2013, S. 342–353.

1147 Schreiben Fröschmanns an Pfannmüller 16.12.1948, in: StN, NL Fröschmann, Nr. 515.

Ausgreifens der UdSSR auf Deutschland durch die Prozesse gefährdet. Inwieweit hier auch individualpsychologische Motive, insbesondere angesichts des vermeintlichen Verlustes seiner beiden Söhne im Krieg und möglicher Projizierungen auf seine Mandanten der „jungen Generation" der SS, für Fröschmann unterbewusst eine Rolle spielten, muss dahingestellt bleiben. Überhaupt fehlte Fröschmann jeglicher Sinn für die Leiden der Opfer des NS-Regimes, wenn er etwa der Anklage in den alliierten Prozessen pauschal unterstellte, „aus verletztem Rassegefühl (sic!) die Justiz zur Dirne ihrer Rachsucht" zu machen.[1148] Es führte somit ein direkter Weg zu Fröschmanns Rolle als zentraler Verteidiger der meist der SS entstammenden Inhaftierten in Landsberg, sah er doch in ihnen jenen Kern des für die Zukunft notwendigen „Mannesmutes". Dass sich Oswald Rothaug genötigt sah, Fröschmann, der sich nicht habe „einnebeln lassen", für sein „gutes und großes Werk" in Dachau zu danken, ist bezeichnend.[1149]

Zusammenfassung Kapitel 3.6

Georg Fröschmann, Justus Koch und Hans von Zwehl sahen sich als Offiziere, die in zwei Weltkriegen für Deutschland gekämpft hatten und nun aus vaterländischer Pflicht dazu berufen waren, ihr Land bzw. ihr Volk vor einer zweiten Kriegsschuldthese zu bewahren. Damit überlappten sich die Argumente dieser alten Offiziere mit den Ansichten der „jungen Radikalen", waren aber stärker durch die eigenen biographischen Erfahrungen geprägt. Kochs Motivlage ist relativ klar in dessen beruflicher Vergangenheit zu sehen. Als Vorstandsmitglied einer Rüstungsfirma und Führer eines Spezialkommandos, der schon vor dem Krieg Überlegungen zur deutschen Rüstung angestellt hatte, fand sich Koch durch die Nürnberger Anklage zumindest indirekt selbst getroffen und sah es als seine Pflicht an, die deutsche Aufrüstung in dieser Neuauflage des IMT zu verteidigen. Ähnliches gilt für den ehemaligen Freikorpskämpfer und DNVP-Mann von Zwehl, der sich berufen sah, in der „zweiten Runde" des Falles 11 ein Gesamtfazit über die Prozesse und das Schicksal Deutschlands in der ersten Hälfte des zwanzigsten Jahrhunderts zu ziehen, um ein zweites „Ver-

1148 Schreiben Fröschmanns an Hodenberg 29.2.1949, in: StN, NL Fröschmann, Nr. 84.

1149 Schreiben Rothaugs an Fröschmann 3.11.1948, in: StN, NL Fröschmann, Nr. 81.

sailles“ abzuwehren. Vermischt waren die Argumente dieser alten Offiziere mit einem radikalen Antikommunismus, unverhohlen antisemitisch-völkischen Anspielungen und, wie bei Aschenauer und Seidl, einem überbordenden Nationalismus und radikalen Antikommunismus, der sich bei Fröschmann, wohl nicht zuletzt aufgrund der eigenen Biographie, sogar zu einer fanatischen Apologetik der „Werte der Waffen-SS“ steigerte.

4. Nürnberger Verteidiger nach Nürnberg

Nur wenige der früheren Nürnberger Verteidiger sollten in der Bundesrepublik noch eine herausragende Rolle spielen, auch wenn einige der jungen Anwälte schlagartig berühmt geworden waren, wie Hellmut Becker herausstellte: „Für mich selber war der Prozeß natürlich, auch gerade in meinem Alter damals, ein sehr großer Erfolg. Man ist mit diesem Prozeß sehr bekannt geworden, man konnte sich im Grunde dann aussuchen, was man für einen Weg geht."[1150] Wolfgang Pohles Ausnahmekarriere führte ihn nicht nur zur Spitze des Flick-Konzerns und der Titulierung als „Mann Flicks im Bundestag", sondern auch als CSU-Schatzmeister in hohe Parteiämter der CDU und CSU. Als beinharter „Kalter Krieger" mit eigenwilligem Demokratieverständnis machte er mehrfach von sich reden.[1151] Ebenso Ausnahmekarrieren stellen die von „Bildungs-Becker" und Bundespräsident Richard von Weizsäcker dar. Nur wenige Nürnberger Verteidiger erlangten bedeutende Positionen in der anwaltschaftlichen Selbstverwaltung oder machten als Anwälte Karriere. Martin Löffler („Presse-Löffler") wurde zum wohl bedeutendsten Medienanwalt der Nachkriegszeit.[1152] Alfred Schilf (seit 1958) und Curt von Stackelberg (seit 1950) ge-

---

1150 Becker: Aufklärung, S. 42.

1151 In einem Privatbrief an seinen früheren Mandanten Kaletsch machte sich Pohle unumwunden für die Zensur der Presse stark: „Wenn wir auch in unserem freien Staat nicht endlich anfangen, wenigstens eine gewisse Zensur über die Sendungen auszuüben, zumindest dadurch, dass wir ein drittes, viertes, fünftes und sechstes Fernsehen entwickeln, das staatserhaltender ist als die ungestraft ausgesandten Sendungen des ‚Panorama', werden wir in diesem Staate Schiffbruch erleiden." vgl. Schreiben Pohle an Kaletsch o.D., in: RWN 218, Nr. 661. Als im September 1968 der WDR ein Interview mit dem Staatschef der DDR Walter Ulbricht sendete, stellte Pohle im Bundestag einen Antrag, derartige Sendungen zu unterbinden, vgl. „Mehr Angst als Vaterlandsliebe", in: Süddeutsche Zeitung (12.9.1968), in: HStaDü, RWN 218, Nr. 663. Nach Studentenkrawallen in Berlin Februar 1968 forderte Pohle im Bundestag scharfe Reaktionen zum Schutze des Staates, vgl. „Krawalle kommen in Bonn zur Sprache", in: Frankfurter Allgemeine Zeitung (6.2.1968) und „Kiesinger: Gewaltakte der Radikalen werden nicht länger geduldet", in: Die Welt (20.2.1968) in: ebd.

1152 Löffler war einer der zentralen Kämpfer für die verfassungsrechtlich garantierte Pressefreiheit in der BRD. Löffler postulierte die Medien als „vierte Gewalt" neben den drei staatlichen Gewalten. Sein bis zu seinem Tod in drei Auflagen

lang der Sprung in den exklusiven Kreis der in der Rechtsanwaltskammer beim Bundesgerichtshof tätigen Anwälte. Der langjährige Vorsitzende des Augsburger Anwaltverein Hans Merkel stieg sogar zum Präsident des DAV (1963–1970) auf. Hans Merkel und Helmuth Dix wurden zudem ehrenamtliche Beisitzer am Anwaltssenat des BGH. An die Spitze einer Rechtsanwaltskammer gelangten Otto Stahmer (Kiel 1945–1947), Friedrich Wilhelm Wagner (Zweibrücken 1948–1958) und Curt Freiherr von Stackelberg (RAK beim BGH 1965–1985). Der übliche Weg für die meisten Anwälte war allerdings die Rückkehr in die alte Kanzlei bzw. der Aufbau einer neuen Kanzlei. „Nürnberg" spielte in ihrem Leben keine Rolle mehr. Die entlassenen Richter, Staatsanwälte und Beamten unter den Verteidigern kehrten fast alle in ihren alten Beruf zurück, nur sehr wenige konnten wegen ihrer Vergangenheit im „Dritten Reich" nicht an ihre Vorkriegskarriere anknüpfen.[1153] Auch nur wenige der in Nürnberg tätigen

---

erschienener Kommentar zum Presserecht wurde zum Standardwerk dieses Rechtsgebietes und als „Sternstunde der Liberalität" gefeiert. Löffler verbuchte auch vor Gericht einige Erfolge, so 1967 vor dem Bundesverfassungsgericht, als er für den „Südkurier" erstritt, dass die Pressefreiheit auch für den Anzeigenteil gelte und dieser keiner Zensur unterliege. Er kämpfte über 20 Jahre für die Erstreckung des Amtsgeheimnisses auch auf Journalisten, vertrat aber auch den früheren Chef der Dresdner Bank im sogenannten „Abs-Prozess" wegen Presseveröffentlichungen über dessen NS-Vergangenheit, vgl. HStaSt, Presseschnittsammlung J191 (Löffler, Martin) und Lothar Gall: Der Bankier. Hermann Josef Abs. Eine Biographie, München 2005, S. 403–406.

1153 Dem zum Richter am Landgericht München ernannten Rudolf Kühn wurde wegen seiner Belastung der Karrieresprung zum Senatspräsidenten am OLG München verwehrt. Vollständig verwehrt blieb die Rückkehr in die Justiz dem früheren Staatsanwalt am Volksgerichtshof Maaß und Sonderrichter Gringel, die in der fränkischen Finanzverwaltung bzw. als Leiter der Außenstelle des Landeslastenausgleichsamtes Tübingen ein neues Auskommen fanden, vgl. Personalbogen und Schreiben Gringels an das Innenministerium 25.5.1951, in: HStSt, EA 2/150, Nr. 526 (Gringel, Herbert). Auch Kurt Mintzel hatte zwar keine Chance, wieder bei der Stadt Nürnberg angestellt zu werden, machte aber erneut Karriere als Leiter der Wasser- und Schifffahrtsdirektion Duisburg, vgl. Schreiben Mintzels an den Präsidenten des LG Nürnberg-Fürth 9.8.1950, in: StN, Rechtsanwaltspersonalakten des OLG München, Kurt Mintzel. Lediglich Senatspräsident z.W. Adalbert Joppich fand keine „adäquate" Anstellung im Staatsdienst oder Wirtschaft. Auch Bolko von Richthofen konnte nicht in die Wissenschaft zurückkehren. Er agierte als informeller „Außenminister" der schlesischen Landsmannschaft und diversen antikommunistischen Gruppierungen, was ihn zu einer beliebten Zielscheibe der verschiedenen Presse- und „Braunbuch"-Kampagnen der DDR machte. Später „irrlichtete" von Richthofen

Richter und Staatsanwälte sollten in der Bundesrepublik in höhere Positionen einrücken, so Wagner als Bundesverfassungsrichter, Otfried Schwarz als Richter am Zollsenat des Bundesfinanzgerichtshofs und Otto Grünewald als Richter am Bundesdisziplinargerichtshof. Ernst Durchholz wurde Präsident des Landgerichts Memmingen, Karl Arndt Präsident des OLG Bremen. Fünf weitere „Nürnberger" wurden Richter an obersten bayerischen Gerichten.[1154] Bis auf Hans Gawlik hatten offenbar nur wenige Nürnberger „Veteranen", die wieder in den Justizdienst traten, noch mit NS-Verbrechen zu tun. Erhard Heinke etwa nahm als Staatsanwalt in Nürnberg als Vertreter der deutschen Justiz bei der Special Division, einer Abteilung der NMT, die für die Überleitung von Ermittlungen gegen „minor war criminals" an die deutschen Justizbehörden geschaffen worden war, eine Schlüsselposition ein.[1155] Es war seinen Gutachten zu verdanken, dass deutsche Verfahren gegen Generalrichter Manfred Roeder, den Leiter der Abteilung Politik im Ostministerium Georg Leibbrandt, Walter Huppenkothen und den Leiter des „Judenreferats" im Auswärtigen Amt Franz Rademacher eingeleitet wurden. Heinz Wolf, seit 1949 bei der hessischen Justiz, sprach sich als Leiter der Staatsanwaltschaft Frankfurt a.M. mangels Sachkunde der Frankfurter Behörde gegen die Übernahme des Auschwitz-Verfahrens nach Frankfurt aus und gab erst auf Weisung des mittlerweile zum hessischen Generalstaatsanwalt aufgestiegenen Fritz

im Umfeld der NPD und der von der Nationalzeitung initiierten „Volksbewegung gegen NS-Prozesse". Die ehemaligen Richter Erich Berndt, Erich Schmidt-Leichner und Karl Dötzer gingen freiwillig in die Anwaltschaft.

1154 Paul Ratz gelang wegen seines antisemitischen Artikels zwar nicht der Sprung an den BGH, reüssierte aber als Beisitzer am Strafsenat des Bayerischen Obersten Landesgerichts, vgl. Personalbogen und Bewerbungsschreiben Ratz vom 23.4.1953 und 11.5.1955, in: HstaMü, Mju 25889 (Ratz). Heinrich Grube stieg zum Vorsitzenden Richter am Bayerischen Verwaltungsgericht auf. Otto Süß wurde 1954 Beisitzer eines Zivilsenats am OLG Nürnberg. Erich Bergler war seit 1950 zunächst Leiter der Pressestelle der Staatsanwaltschaft Nürnberg und kehrte 1954 als Senatspräsident an das OLG Nürnberg als Zivilrichter zurück. Berglers Nachfolger als Leiter der Pressestelle wurde 1957 Staatsanwalt Hermann Müller. Staatsanwalt Erhard Heinke wurde 1969 Senatspräsident am OLG Nürnberg. Dem früheren OLG-Rat und Flüchtling Johannes Schmidt gelang eine zweite Karriere als Landgerichtsdirektor am Landgericht Gießen.

1155 Hierzu nun ausführlich Raim: Justiz zwischen Diktatur und Demokratie, S. 611–618.

Bauer seinen Widerstand auf.[1156] Es sollten in Nürnberg auch nur wenige große Karrieren als Völkerrechtler beginnen. Maurach und Schwinge reüssierten in Marburg bzw. München als Strafrechtler. Kraus und Wolgast hatten bereits vor 1939 im Zenit ihrer Karriere gestanden. Jahrreiß wandte sich nach 1949 weitgehend dem Staatsrecht zu. Wilhelm Grewe und Erich Kaufmann wirkten in der Bundesrepublik als Berater des Auswärtigen Amtes bzw. von Konrad Adenauer. Insbesondere Grewe, Vater der den Alleinvertretungsanspruch der Bundesrepublik gegenüber der DDR begründenden „Hallstein-Doktrin", sollte als Freiburger Völkerrechter und Diplomat große Bekanntheit erlangen. Für Hermann Mosler sollte Nürnberg Ausgangspunkt einer ganz großen Völkerrechtlerkarriere werden. Schon 1951 wurde der zum Professor in Heidelberg ernannte Mosler Leiter der Rechtsabteilung des Auswärtigen Amtes, wo er insbesondere für die Verhandlungen über Reparationsansprüche in Zusammenhang mit dem Überleitungsvertrag zuständig war und krönte schließlich 1975 seine Karriere als Jurist mit der Ernennung zum ersten deutschen Richter am Internationalen Gerichtshof in Den Haag.[1157]

Nur noch wenige frühere Nürnberger „Veteranen" spielten eine Rolle in den vergangenheitspolitischen Auseinandersetzungen um Nürnberg und den bundesdeutschen NSG-Verfahren. Die Bedeutung dieser kleinen Gruppe von Spezialisten darf alles andere als unterschätzt werden, waren es doch gerade die „jungen Radikalen", die die Sicht auf die Nürnberger Prozesse und ihre Folgen nachhaltig beeinflussen sollten.

4.1 Lehren aus Nürnberg: Herbert Kraus und der Kampf gegen die SRP

In erstaunlichem Gegensatz zur teilweise brachialen Rhetorik seiner Kollegen in Nürnberg stehen die sachlichen und leidenschaftslosen Gutachten von Professor Herbert Kraus. Kraus' Beitrag zu den Nürnberger Prozessen kann nicht hoch genug veranschlagt werden. Neben der Veröffentlichung

1156 Werner Renz: Der 1. Frankfurter Auschwitz-Prozess 1963–1965 und die deutsche Öffentlichkeit, Anmerkungen zur Entmythologisierung eines NSG-Verfahrens, in: Jörg Osterloh [Hg.]: NS-Prozesse und deutsche Öffentlichkeit. Besatzungszeit, frühe Bundesrepublik und DDR, Göttingen 2011, S. 353 f. und hk: Ankläger im Auschwitz-Prozess, in: Nassauische Neue Presse (24.01.2014).

1157 Für das Folgende: Jochen Frowein: Nachruf Hermann Mosler, in: Zeitschrift für Ausländisches Öffentliches Recht und Völkerrecht 61 (2001), S. 725–728.

des wesentlichen Kommentars zum Kontrollratsgesetz Nr. 10 und seiner editorischen Arbeiten leistete Kraus wichtige Arbeiten als „Gutachter" für die Nürnberger Verteidigung. Allein die offizielle Festschrift anlässlich von Kraus' Emeritierung listet elf Gutachten auf, die in direktem Zusammenhang mit Nürnberg stehen. Allerdings dürfte die Zahl noch darüber liegen, zumal er auch in zahlreichen anderen außerhalb Nürnbergs liegenden Fällen, wie etwa im Fall Veit Harlan, begutachtete.

Wie eine Aufzeichnung vom 27. November 1945 belegt, hatten Hermann Mosler und Kraus eine Arbeitsaufteilung der völkerrechtlichen Fragen des IMT vereinbart. Während sich Kraus für die Rechtsprobleme des Angriffskrieges, des Rückwirkungsverbots, der „Conspiracy" und der „domaine réservé" der Einzelstaaten verantwortlich zeigte, übernahm Mosler alle Fragen zu Problemen der Einzelperson als Pflichtobjekt des Völkerrechts, der Schuldausschließung bei Handeln auf Befehl inklusive Notstandsproblematik sowie alle kriegsvölkerrechtlichen Fragen.[1158] Neben seinen diversen Gutachten für den IMT, u. a. für die Verteidigung von OKW und Generalstab, befassten sich Kraus' Gutachten in den Nachfolgeprozessen fast ausschließlich mit Problemen der Wirtschaftsverteidigung, insbesondere dem Fall Flick. Bislang konnte nur ein kleiner Bruchteil dieser Gutachten in den Nachlässen ehemaliger Nürnberger Verteidiger wiedergefunden werden, so dass ein abschließendes Urteil über die Arbeit von Kraus noch nicht möglich ist.[1159] Soweit aber die zur Verfü-

---

1158 Vermerk Mosler 27.11.1945, in: BAK, All Proz 3, Verteidigerakten Otto Kranzbühlers (NL Kranzbühler), Nr. 139. Zeitgleich mit Kraus legte auch Franz Exner ein Gutachten zur „Conspiracy" vor. Exners im Januar 1946 verfasstes Gutachten über die „Conspiracy" bildete in fast wortwörtlicher Übernahme in das Plädoyer von Otto Stahmer auch die dorthin ausgelagerte Antwort der IMT-Gesamtverteidigung zum Thema „Conspiracy". Kraus' Gutachten zur „Conspiracy", vgl. Franz Exner: Zum Begriff der Conspiracy" 4.1.1946, in: StN, KV-Prozesse Generalia, Nr. G2. Fast wortwörtlich übernommen sind die Seiten 1–3 und 6–8 in Stahmers Plädoyer, vgl. Protokoll IMT, Bd. 19, S. 554–556.

1159 Folgende Gutachten von Kraus finden sich in verschiedenen Archivbeständen: Bemerkungen über „Conspiracy" 6.1.1946, Zuständigkeit versus Verschwörung (24.5.46); Gutachten über Annexion Österreichs (24.6.1946); Generalstab und Oberkommando der Wehrmacht als Organisation (15.6.1946); Über strafrechtliche Verantwortlichkeit von Privatpersonen wegen Völkerrechtsbruch (8.6.1947); Über die Frage der Staatsangehörigkeit des Direktors Paul Häfliger (17.7.1947); Verbotene Beschäftigung von Kriegsgefangenen (28.7.1947); Über den Status der Nürnberger Amerikanischen Militärgerichtshöfe – Rechtsgutachten in re Fr. Flick (18.6.1949). Zu Kraus' Auftritt im Fall 5 vgl. die Zusammen-

gung stehenden Gutachten zeigen, bemühte sich Kraus, anders als seine Kollegen Hermann Jahrreiß und Eduard Wahl, um einen auf die Rechtsfragen konzentrierenden, politische Wertungen vermeidenden Stil.

Zusammen mit Kraus, Jahrreiß und Kranzbühler bildete Hermann Mosler sozusagen den „völkerrechtlichen Motor“ hinter der Verteidigung des IMT. Mosler erstellte mindestens sechs Gutachten für den IMT.[1160] Mit seiner Berufung als Professor an die Universität Bonn endete allerdings Moslers Tätigkeit in Nürnberg. An den Plädoyers des IMT war er daher nicht mehr direkt beteiligt.[1161] Auch Moslers Gutachten waren sehr sachlich ausgerichtet und scheuten sich auch nicht davor, auf ungünstige Interpretationen für die Angeklagten einzugehen. Das Gutachten „Zur Frage

---

fassung bei Jung: Rechtsprobleme, S. 181–187; vgl. auch o.V. Deutsche Wirtschaft und Nürnberger Prozesse (Strafrechtliche Leitsätze), in: Kurhessische Wirtschaft (1948) 3, S. 99 f.

1160 Schon im Januar 1946 erstellte Mosler ein Gutachten zum Problem der Deportation, im Februar ein Gutachten über die Bestrafung von Kriegsverbrechen, im März zum Kontrollratsgesetz Nr. 10, im April einen “Versuch zur völkerrechtlichen Erfassung der gegenwärtigen Rechtslage in Deutschland“ und schließlich im Juni 1946 ein Gutachten über die „Teilnahme bei der Beschlagnahme von Judenvermögen“. Als freiwilligen Gutachter stellte sich Mosler auch dem Verteidigerteam von OKW und Generalstab zur Verfügung und erstellte im Juli 1946 ein Gutachten zum Problem des Befehlsnotstandes, vgl. Hermann Mosler: Zur Frage der Deportationen von Zivilpersonen aus den besetzten Gebieten o.O. 31.1.1946, in: UAK, Zugang 725, Nr. 550; vgl. auch Hermann Mosler: Bemerkungen zum Gesetz Nr. 10 des Kontrollrats für Deutschland betreffend die Bestrafung von Personen, die sich Kriegsverbrechen, Verbrechen gegen den Frieden oder gegen die Menschlichkeit schuldig gemacht haben, Nürnberg 27.3.1946, in: StN, KV-Prozesse Generalia, Nr. G4; vgl. zudem Hermann Mosler: Versuch zur völkerrechtlichen Erfassung der gegenwärtigen Rechtslage Deutschlands o.O. 13.4.1946 in: UAK Zugang 725, Nr. 550; Hermann Mosler: Die Strafbarkeit der Teilnahme an der Beschlagnahmung von Judenvermögen o.O. Juni 1946, in: StN, KV-Prozesse Generalia, Nr. G7; Gutachten zur Verantwortlichkeit für die Straftat des Art. 6 des Statuts, die auf militärischen Befehl begangen worden sind o.D., in: UAK, Zugang 725, Nr. 550; vgl. auch Schreiben Hermann Moslers an Hans Laternser 23.7.1946, in: BAF, N431, Nr. 948.

1161 Schreiben Hermann Moslers an Hans Laternser 10.9.1946 in: BAF, N431, Nr. 948; Ein auf Bitten von Anwalt Siemers für den Flick-Prozess erstattetes Gutachten über die Inanspruchnahme der Wirtschaftskraft in den besetzten Gebieten wurde im Prozess nicht verwendet: Hermann Mosler: Zur völkerrechtlichen Beurteilung der Inanspruchnahme der Wirtschaftskraft von besetzten Gebieten 8.6.1947, in: StN, KV-Prozesse Generalia, Nr. G6, vgl. auch Schreiben Siemers an Nagel 20.8.1947 in: BAK, All Proz 3 Verteidigerakten, Heinz Nagel (im Folgenden NL Nagel), Nr. 3.

der Deportation von Zivilpersonen aus den besetzten Gebieten“ machte etwa klar, dass abgesehen von eng definierten Ausnahmen, Deportationen der Bevölkerung völkerrechtswidrig seien. Insbesondere das Motiv der Stärkung der Wirtschaftskraft könne Deportationen unter keinen Umständen rechtfertigen. Lediglich bei schierer Existenzbedrohung eines Staates käme eine Berufung auf Notstand noch in Betracht. Wann aber ein solcher „Ausrottungskrieg“ vorliege, werde letztendlich zwischen den Staaten immer umstritten bleiben.[1162] Seine Interpretation des Kontrollratsgesetzes Nr. 10 bejahte eindeutig die Kompetenz der Alliierten, Kriegsverbrecher zu verfolgen. Während er beim Verbrechen gegen den Frieden, wie alle seine Nürnberger Kollegen, den Grundsatz nullum crimen sine lege nicht gewahrt sah, erkannte Mosler für den Anklagepunkt Kriegsverbrechen und Verbrechen gegen die Menschlichkeit dieses Problem nicht, da darunter Taten fallen würden, die „überall und zu aller Zeit“ als verbrecherisch gegolten hätten.[1163]

Im September 1946 erhielt Kraus den Auftrag, den deutschen Beitrag zum Editionswerk der Nürnberger Prozessprotokolle zu leiten.[1164] Kraus scharte zahlreiche, mittlerweile arbeitslos gewordene Verteidiger als Assistenten um sich. Die Hauptleistung erbrachten allerdings aufgrund ihrer Sprachkenntnisse in erster Linie die ehemaligen Diplomaten und Wissenschaftler. Einen Sonderauftrag hatte man an den früheren Bibliothekar Seraphim gegeben, der für die Indexierung der Prozessakten zuständig war.[1165] Die Aufgaben dieses deutschen Stabes lagen primär in der Sicherstellung der Übereinstimmung von Transkript und Tonbandaufnahmen sowie der Mithilfe bei der Verbreitung der Dokumente in deutscher Sprache.[1166] Dagegen scheiterte aufgrund der US-Behörden ein deutschspra-

1162 Zur Frage der Deportation von Zivilpersonen aus den besetzten Gebieten, Nürnberg 12.1.1946 S. 26, in: StN, KV-Prozesse Generalia, Nr. G3.

1163 Bemerkungen zum Gesetz Nr. 10 des Kontrollrats für Deutschland betreffend die Bestrafung von Personen, die sich Kriegsverbrechen, Verbrechen gegen den Frieden oder gegen die Menschlichkeit schuldig gemacht haben, Nürnberg 27.3.1946, in: StN, KV-Prozesse Generalia, Nr. G4.

1164 Aufzeichnung Lawrence Egberts 29.9.1946, in: GUA, Lawrence D. Egbert Papers, Box 1, Folder 24.

1165 Zum Aufbau des Index vgl. Hans-Günther Seraphim: Memorandum Concerning Index 17.12.1946, in: GUA, Egbert Papers, Box 1, Folder 24.

1166 Vgl. Herbert Kraus: Memorandum concerning Discrepancies between Rescined Transkripts and the Sounding Record 23.7.1947, in: GUA, Egbert Papers, Box 1, Folder 25 und Herbert Kraus: Memorandum: Responsibility for German Edi-

chiges Publikationsprojekt für den NMT.[1167] Wenig bekannt ist, dass der Münchner Nymphenburger Verlag aus eigener Initiative an einer ähnlichen Publikation arbeitete. Verlagschef Bertold Spangenberger (1916–1986) besaß bereits einschlägige Erfahrung, hatte er doch schon das Urteil des IMT in Buchform publiziert. Alfred Seidl wollte nun seine politisch motivierte Dokumentensammlung „Der Nürnberger Prozess und der deutsch-russische Geheimvertrag vom 23. August 1939“ dort veröffentlichen.[1168] Spangenberg wandte sich allerdings gegen die Pläne. Es sei nur plausibel aus Sicht der UdSSR Verträge als nicht gültig anzusehen mit einem Gegner, der diese mehrfach schon gebrochen hatte. In erster Linie sei zudem die Kritik an Nürnberg der zentrale Bestandteil von Seidls Buch. Übereinstimmend mit Kraus sah Spangenberg in Seidls Werk nicht eine Darstellung der historischen Zusammenhänge, sondern eine Diskussion der Rechtsgrundlagen des gesamten Prozesses.[1169] Die Tatsachen der NS-Zeit seien zu wenig bekannt und ihre erste Aufdeckung sei ein Verdienst Nürnbergs. Überhaupt wolle der Verlag keine einseitige Stellungnahme von Anklage und Verteidigung drucken, lediglich für Jacksons Anklagerede habe man eine Ausnahme gemacht.[1170] Stattdessen plante der Nymphenburger Verlag, eine kommentierte Reihe der Urteile in den Nach-

---

tion of Documents 4.6.1947, in: ebd. So erstellte Kraus eine Liste mit deutschen Universitäten und Bibliotheken, die eine Kopie der Edition bekommen sollten, vgl. Schreiben Kraus 14.3.1947, in: GUA, Egbert Papers, Box 1, Folder 25.

1167 Zu den Hintergründen vgl. Priemel/Stiller: Wo “Nürnberg” liegt, S. 13–16 und Hébert: Generals, S. 178–184.

1168 Schreiben Seidls an Kranzbühler 3.1.1967, in: HStaMü, NL Seidl, Nr. 107. Als Herausgeber des Romans „Mephisto“ von Klaus Mann sollte Spangenberg im Prozess vor dem Bundesverfassungsgericht wegen einer Unterlassungsklage aufgrund der Darstellung der NS-Vergangenheit des Schauspielers Gustaf Gründgens Ende der sechziger Jahre Mitwirkender an einer wegweisenden verfassungsrechtlichen Grundsatzentscheidung werden. Die Verfassungsbeschwerde für Spangenbergs Verlag hatte der in den fünfziger Jahren mit Martin Löffler in Stuttgart assoziierte Gerth Arras (1912–2004) eingelegt. Der gebürtige Dresdner Arras war nach der Gefangennahe bei Stalingrad erst 1950 aus der Gefangenschaft heimgekehrt und machte sich wie Löffler als Medienanwalt einen Namen.

1169 Schreiben Kraus 4.8.1947 sowie Vertrauliches Schreiben Spangenbergs an Kraus 24.9.1947, in: IfZ, ED 427 (Nachlass Berthold Spangenberg), Nr. 2.

1170 Schreiben Seidls 27.9.1947 und Antwortschreiben Spangenbergs 30.1.1948, in: IfZ, ED 42, Nr. 2. Seidl gelang dennoch die Publikation seiner Dokumentensammlung. Dank des damaligen französischen Militärgouverneurs Pierre Koenig habe die Sammlung in einem Verlag der französischen Besatzungszone in

folgeprozessen zu publizieren. Erstaunlicherweise wurde nun Seidl für die Kommentierung des Falles 1 (Ärzteprozess) von Spangenberg ausersehen. Spangenberg redete aber Seidl ins Gewissen, dass das Urteil objektiv dargestellt werden sollte.[1171] Seidl hielt sich allerdings wiederum nicht an diese Vorgabe und geriet in Konflikt mit dem Verlag. Alfred Schilf, der das Urteil im Fall 3 kommentieren sollte, grenzte sich auch klar von Seidl ab, dieser gelte als „Exponent einer besonders einseitigen Auffassung der Verteidigung", der sich Schilf nicht anschließe.[1172] Aus unbekannten Gründen wurde aber auch dieses Editionsprojekt zu den Urteilen der Nachfolgeprozesse nicht realisiert.

Kraus' zentrale Rolle bei der Publikation des Protokolls des IMT sollte sich als Glücksfall erweisen, hatte doch Kraus exklusiven Zugang zu den Nürnberger Prozessmaterialien und auch die Idee zu einer Forschungsstelle für Zeitgeschichte in Göttingen war im Umfeld der Nürnberger Verteidiger entstanden. Kochs inoffizieller Assistent Friedrich Gramsch, mittlerweile Geschäftsführer des Niedersächsischen Landkreistages, nahm aus eigener Initiative Kontakt zu Kraus auf.[1173] Schon zuvor hatte Gramsch unter ehemaligen Kollegen für sein vergangenheitspolitisches Projekt zugunsten der deutschen Beamtenschaft geworben: „Das Ergebnis des Unternehmens wird nicht eine Verteidigung unserer Arbeit sein, sondern soll uns nur davor schützen, dass wir später schlechter gemacht werden, als wir gewesen sind: nur Dummköpfe, Feiglinge und Speichellecker. So werden wir doch in Nürnberg hingestellt – und weite Kreise der Öffentlichkeit nehmen dieses Bild so sehr gerne auf. Wenigstens die Zukunft soll erkennen, dass wir uns redlich bemüht haben, unserem Lande und Volk zu dienen, und dass wir auf diesem Gebiete auch einiges erreicht haben."[1174] Bei einem ersten Treffen mit Kraus im September 1948 brachte Gramsch vor, dass er aufgrund seiner Erfahrung als Zeuge in Nürnberg die Gefahr sehe, dass das Prozessmaterial in die USA gehe oder mit den Verteidigern in alle Winde verstreut werde. Für den Militärsektor hätten allerdings im Auf-

---

Tübingen erscheinen können, vgl. Schreiben Seidls an Professor Wjatscheslaw Daschitew 24.7.1990, in: HStaMü, NL Seidl, Nr. 132.

1171 Schreiben Spannenbergs vom 26.2.1948 und 3.3.1948 sowie Schreiben Seidls vom 28.2.1948, in: IfZ, ED 427, Nr. 2.

1172 Schreiben Schilfs an die Nymphenburger Verlagshandlung. Büro Starnberg 6.7.1948, in: IfZ, ED 427, Nr. 2.

1173 Vgl. Schreiben des Anwalts Kurt Blanke an den Kurator der Universität Göttingen 28.8.1948, in: UAG, Bestand Kuratorium 0854 (Nürnberger Apparat).

1174 Rundbrief Gramschs Oktober 1948, in: BAK, NL Bergmann, Nr. 8.

trag der Amerikaner Franz Halder und sein Stab das Material aufgearbeitet und auch die Industrie kümmere sich um das Material. Für die Beamten gäbe es aber nichts Vergleichbares. Daher müsse man durch Forschung ein klareres und objektiveres Bild der Beamtenschaft durch Auswertung des Prozessmaterials durch eine neutrale wissenschaftliche Stelle bekommen. Kraus erwiderte, dass er Prozessmaterial in einer Vollständigkeit habe, wie wohl sonst nirgendwo in Deutschland zu finden sei. Für eine neutrale Auswertung sei daher die Gründung einer Forschungseinrichtung im Rahmen des Göttinger Instituts für Völkerrecht notwendig, insbesondere um die von Seraphim bereits in Nürnberg begonnene Verschlagwortung der Nürnberger Prozessakten fortzusetzen.[1175] Im Dezember 1948 erfolgte die Gründung der Forschungsstelle, von deren Notwendigkeit Kraus und Gramsch auch die Niedersächsische Landesregierung überzeugen konnten, die im Januar 1949 eine Finanzierung der Stelle durch das Land zusicherte.[1176] Kraus bestand allerdings erfolgreich auf eine strikt wissenschaftliche Tätigkeit: „Unter bewusster Ausschließung jeder politischer Tendenz sollen die Prozessmaterialien hinsichtlich ihrer völkerrechtlichen, historischen, wirtschaftlichen und kulturellen Bedeutung durchgearbeitet und ausgewertet werden.“[1177]

Die Leitung der behelfsmäßig im Völkerrechtlichen Institut untergebrachten Stelle wurde Seraphim übertragen, da sich Kraus aus Zeitgründen nicht selbst um das Projekt kümmern konnte. 1951 erhielt Seraphim aufgrund seiner profunden Kenntnis der Nürnberger Akten zudem einen unbesoldeten Lehrauftrag für die Hilfswissenschaften der Neuesten Geschichte.[1178] Früh ausgeschlossen wurde eine Zusammenarbeit mit dem

---

1175 Niederschrift des Treffens Kraus mit Gramsch 22.9.1948, in: UAG, Kuratorium 0854; Schreiben Neumanns an Bergmann 27.2.1949 und Schreiben Seraphims an Bergmann 27.1.1949, in: BAK, NL Bergmann, Nr. 8.

1176 Schreiben Kraus an das Niedersächsische Kultusministerium 25.1.1949, Vermerk Bernotat o. D. und Schreiben Gramsch 26.2.1949 sowie Vermerk Kraus 21.2.1949, in: UAG, Kuratorium 0854.

1177 Erster Jahresbericht über die Forschungsstelle beim Institut für Völkerrecht an der Universität Göttingen 26.6.1950, in; BAK, B305, Nr. 12; vgl. auch Schreiben Kraus an Gramsch 11.1.1949, in: BAK, NL Bergmann, Nr. 8.

1178 Schreiben der Philosophischen Fakultät an das Niedersächsische Kultusministerium 7.5.1951, in: UAG, Personalakte Dr. Hans-Günther Seraphim. Seraphim soll sogar als erster Universitätsdozent in Deutschland überhaupt Veranstaltungen über die Judenvernichtung abgehalten haben, vgl. Manfred Hagen: Göttingen als „Fenster zum Osten“ nach 1945, in: Hartmut Boockmann/Hermann Wellenreuther [Hgg.]: Geschichtswissenschaft in Göttingen. Eine Vorlesungsreihe,

noch in der Planung befindlichen Institut zur Erforschung der national-sozialistischen Politik, dem späteren Institut für Zeitgeschichte in München. Während beim Münchner Institut die Forschung „staatshoheitlich politisch sein" solle, sei die Arbeit in Göttingen ausschließlisch wissenschaftlich. Es gäbe zwar erhebliche Überschneidungen beim Arbeitsradius zu Nürnberg, aber keine Konkurrenz wegen verschiedener Grundfragen. Daher lehnte Kraus eine angedachte Vereinigung beider Institute ab.[1179]

Die Bedeutung Göttingens für die zeitgeschichtliche wie rechtswissenschaftliche Forschung zu „Nürnberg" in den frühen fünfziger Jahren war erheblich. Die Leitgedanken des Instituts hatte Kraus in seinem auch publizierten Vortrag „Gerichtstag in Nürnberg" vom 22. Oktober 1947 in der Aula der Universität Göttingen vorgebracht, der sowohl als Resümee von Kraus' Erfahrungen in Nürnberg wie als Forschungsprogramm gelesen werden kann. Unter Bezugnahme auf seinen Vorkriegsaufsatz „Die Krise des zwischenstaatlichen Denkens" betonte Kraus, dass die Außenpolitik nun Deutschland zum Schicksal und zum Verderben geworden sei. „Schwert, Recht und Moral" hätten Deutschland mit scharfer Schneide zu Boden geschlagen und nun werde Gerichtstag über jene Männer gehalten, die Deutschland ins Verderben steuerten.[1180] Vorsichtig begrüßte Kraus, dass Gesetze, die nicht nur der geschriebenen Verfassung, sondern auch jenen obersten unabdingbaren und unabänderlichen Grundsätzen widersprächen, die Vorrang vor jeder geschriebenen Verfassung hätten, als widerrechtlich anzusehen seien. Die Berufung auf verbrecherische Befehle könne keine Straffreiheit erzeugen, insbesondere nicht die sogenannten Führerbefehle, eine deutliche Absage an die von Hermann Jahrreiß vertretene Ansicht.[1181] Auch stellte sich Kraus hinter die Forderung, in Zukunft den Angriffskrieg als todeswürdiges Verbrechen gegen die gesamte

---

Göttingen 1987, S. 331. Als weitere Mitarbeiter dienten auch Kraus' Assistent Hermann Maschke und der frühere Leiter des Referats PX im Auswärtigen Amt Kurt Heinze (1912–1997), der nach der Flucht aus der SBZ eine neue Tätigkeit suchte, vgl. Erster Jahresbericht über die Forschungsstelle beim Institut für Völkerrecht an der Universität Göttingen 26.6.1950, in: BAK, B305, Nr. 12; vgl. Lebenslauf Heinzes als Anhang zu Erster Jahresbericht über die Forschungsstelle beim Institut für Völkerrecht an der Universität Göttingen 26.6.1950, in: BAK, B305, Nr. 12.

1179 Äußerungen zu Memorandum von Dr. Hermann Brill 12.4.1949 betreffend Institut zur Erforschung der nat.-soz. Politik, in: UAG, Kuratorium 0854.

1180 Herbert Kraus: Gerichtstag in Nürnberg, Hamburg 1947, S. 3.

1181 Kraus: Gerichtstag, S. 13–16.

Menschheit anzusehen.[1182] Abschließend zitierte Kraus den kurz vor Kriegsende hingerichteten Widerstandskämpfer Albrecht Haushofer, der angesichts des Todes Roland Freislers durch einen Luftangriff ein höheres Gericht am Werk gesehen hatte. Für Kraus waren Männer wie Haushofer Vorbilder durch ihre sittlichen Kräfte, auf die Deutschland in Zukunft blicken könne.[1183] Mit diesem Vortrag stellte sich Kraus eindeutig, wenn auch vorsichtig argumentierend, hinter die Nürnberger Prozesse und die dort etablierten neuen Rechtsprinzipien. Hatte Kraus schon in Nürnberg bei den Gutachtern das eine Extrem gegenüber Radikalen wie Maurach vertreten, so legte nun Kraus nicht nur ein Bekenntnis zu Nürnberg ab, sondern nahm auch Partei für den Widerstand gegen Hitler und kritisierte Verteidigungsargumente, wie sie von Teilen der Wehrmacht und besonders der SS formuliert wurden. Nur von politischen Zielsetzungen freie Forschung erschien Kraus als Lösung zum Verständnis der Katastrophe des „Dritten Reiches".

Darin unterschied sich Kraus auch von seinem engsten Mitarbeiter Hans-Günther Seraphim. Wie der Historiker Andreas Eichmüller herausstellte, war Seraphims Haltung zu Nürnberg durchaus ambivalent. Einerseits gab sich Seraphim als Kritiker des „Nürnberger Geschichtsbildes".[1184] In Nürnberg schrieb er General Theodor Busse, dass in Göttingen das Nürnberger Material „im deutschen Sinne" verwendet werden solle. Ein Versuchsballon sei seine Schrift zum Jahr 1939 gewesen.[1185] Jener „Versuchsballon" war ein an der Universität Göttingen gehaltener und danach publizierter Vortrag vom 7. Juli 1948.[1186] Seraphim versuchte darin die Entwicklung der deutsch-russischen Beziehungen im Jahre 1939 nachzuzeichnen. Mit dem geheimen Zusatzprotokoll seien alle weiteren politischen Entwicklungen unter dem Gesichtspunkt der „Notwendigkeiten, unter dem Zwang des Kampfes um Sein oder Nichtsein der Nationen" zu beurteilen. Die apologetische Tendenz Seraphims fand deutlichen Widerspruch. Der Historiker Kurt Rheindorf betonte gegenüber Kurt Behling, er habe schon in Nürnberg die von Justus Koch und seinem Mitarbeiter Seraphim vertretene These, dass Russland einen Angriffskrieg geplant hatte,

1182 Kraus: Gerichtstag, S. 17.
1183 Kraus: Gerichtstag, S. 25.
1184 Vgl. auch Eichmüller: Generalamnestie, S. 366 f.
1185 Schreiben Seraphims an Busse 7.2.1949, in: IfZ, ED 413, Nr. 14.
1186 Hans-Günther Seraphim: Die deutsch-russischen Beziehungen 1939–1941, Hamburg 1949.

klar abgelehnt: „Der Titel verspricht mehr als die Arbeit hält. Seraphim behandelt nämlich nur den Abschnitt, der dem russischen Krieg unmittelbar vorausgeht und zwar nur den militärischen Teil. Sie kennen ja auch die These Ihres Kollegen Koch, dass das NS-Reich 1941 vor einem sowjetischen Angriffskrieg gestanden habe. Halder hat sich als Kronzeuge für diese These zur Verfügung gestellt. Der Historiker wird diese These ablehnen. […] Es geht indessen nicht an, die weitschichtige ausländische Literatur außer Acht zu lassen und den Einwand ‚was ich nicht weiß, existiert nicht' kann nicht gelten".[1187] Auch in einem programmatischen Aufsatz anlässlich einer Geburtstagsfestschrift für Kraus wiederholte Seraphim seinen Vorwurf, dass in Nürnberg den besiegten Völkern der Spiegel vorgehalten werden sollte. Aufgabe der Nürnberger Prozesse sei es gewesen, ein bestimmtes Bild der deutschen Geschichte aufzuzeigen und in einer dauerhaft verbindlichen Form festzuhalten. Man habe politische Prozesse in einem bis dahin nicht gekannten Ausmaß geführt. Immerhin stehe aber nun fest, dass die Arbeiten und Festlegungen der Nachkriegstribunale in das Gebiet der Geschichtswissenschaft gehörten. Dies setzte Seraphim in seinem Aufsatz sogleich in die Tat um und analysierte mehrere „Schlüsseldokumente" des IMT auf ihren Quellenwert. Erwartungsgemäß kam er zum „erschütternden Ergebnis", dass von den geschichtlichen Vorstellungen Nürnbergs sich nichts ohne Nachprüfung übernehmen lasse.[1188]

Das Göttinger Institut war ein wichtiges Archiv für die Forschung zu Nürnberg. Durch persönliche Kontakte zu den Militärbehörden war es Kraus 1947 gelungen, nicht weniger als 60 Kisten mit Nürnberger Dokumentenmaterial als Schenkung für seinen Privatbesitz zu erhalten.[1189] Lediglich das Staatsarchiv Nürnberg besaß in den fünfziger Jahren eine vergleichbar vollständige Sammlung der Nürnberger Prozessdokumente.[1190] Eng damit verbunden war die intensive Erschließungsarbeit der Nürnberger Akten, die Seraphim als Spezialist für den IMT-Index übertragen worden war. Es erschienen ein Index für die Urteile der zwölf Nachfolgepro-

1187 Schreiben Rheindorfs an Behling 31.3.1950, in: BAK, NL Behling, Nr. 74.

1188 Hans-Günther Seraphim: Nachkriegsprozesse und zeitgeschichtliche Forschung, in: Hans Kruse [Hg.]: Mensch und Staat in Recht und Geschichte. Festschrift für Herbert Kraus zur Vollendung seines 70. Lebensjahres dargebracht von Freunden, Schülern und Mitarbeitern, Kitzingen 1954, S. 436–455.

1189 „Das Institut für Völkerrecht: Einzigartig in der Welt – ohne Geld und Raum", in: Göttinger Tageblatt Nr. 75 (29.3.1952), in: UAG, Kuratorium 0854.

1190 Schreiben Professor Georg Erlers 23.1.1956, in: UAG, Kuratorium 0854.

zesse sowie zum Fall 11, Fall 12 und Fall 5.[1191] Auch wenn die Indizierungsarbeit letztendlich ein Torso blieb, darf der Wert dieser Arbeit für die ersten Jahre der Forschung mit den Nürnberger Materialien nicht unterschätzt werden, waren diese doch zusammen mit der am Institut für Zeitgeschichte durchgeführten Indexierung die einzige Möglichkeit, schnellen Zugriff auf wesentliche Dokumente der deutschen Außenpolitik zu bekommen. Mit der Rückgabe der Originaldokumente durch die Alliierten ab 1958 verloren aber die Indizes ihre wissenschaftliche Bedeutung.[1192]

Damit verbunden war die Unterstützung der Grundlagenforschung zu „Nürnberg" und den Folgen der Prozesse. In vorderster Front stand Kraus selbst, der mit seinem Kommentar zum Kontrollratsgesetz Nr. 10 gerade den Praktikern an den Gerichten einen konzisen und behutsam argumentierenden Überblick über die Kernaussagen des IMT bot: „Auf das Recht kam es mir an und nur auf das Recht, nichts sonst. Jede andere Erwägung habe ich bewusst ausgeschaltet und mich streng darauf beschränkt, zu erörtern, was meiner wissenschaftlichen Überzeugung nach Sinn und Inhalt dieses Gesetzes ist."[1193] Darüber hinaus publizierten Kraus' Mitarbeiter einen „canones Norimbergiensis" (Herbert Kraus), der die zentralen rechtlichen Aussagen aller Nürnberger Urteile zusammenstellte und eine notdürftige Kompensation zur niemals realisierten deutschen Edition der Nachfolgeprozesse bot.[1194] Neben diesen beiden Grundlagenwerken für die juristische Forschung und Praxis initiierte Kraus die Gründung der „Göttinger Beiträge zu Gegenwartsfragen", die Mitarbeitern der Stelle und Doktoranden ein Publikationsorgan bieten sollte, da die „Verbreitung der Kenntnisse der jüngsten Vergangenheit" eine Aufgabe der Wissenschaft sein müsse. Seraphims Vortrag wurde als Band eins der Serie publiziert, dem als Band zwei das stark apologetische Buch „Die Regierung Dönitz"

1191 Hans-Günther Seraphim: Die Erschließung der Nürnberger Prozessakten, in: Der Archivar 28 (1975), S. 417–422. Als Nachzügler erschienen 1964 und 1967 Indices zu den Fällen 6 und 9, die Seraphim als Mitarbeiter der niedersächsischen Archivverwaltung erstellte.

1192 Josef Henke: Bemerkungen zum Verbleib und zur Erschließung der Unterlagen der Nürnberger Prozesse, in: Der Archivar 35 (1982), S. 231–232.

1193 Herbert Kraus: Kontrollratsgesetz Nr. 10, Hamburg 1948, S. 7.

1194 Herbert Kraus: Geleitwort, in: Kurt Heinze/Karl Schilling: Die Rechtsprechung der Nürnberger Militärtribunale. Sammlung der Rechtsthesen der Urteile und gesonderten Urteilsbegründungen der dreizehn Nürnberger Prozesse, Bonn 1952, S. V–VI. Neben Henze und Schilling wirkte auch Maschke an der Erstellung mit.

von Dönitz' letztem Adjutant Walter Lübbe-Neurath (geb. 1914) folgte, während als Band drei 1951 Maschkes völkerrechtliche Promotion zu „Plünderungen im Lichte des Krupp-Urteils" erschien.[1195] Mehrere Historikerkarrieren fanden in Göttingen ihren Anfang. So arbeiteten in der Göttinger Forschungsstelle Andreas Hillgruber (1925–1989) und Hans-Adolf Jacobsen (geb. 1925), Letzterer später mit Krausnick Gutachter im Auschwitz-Prozess, an ihren von Schramm betreuten Dissertationen zu „Deutschland und Rumänien" bzw. zum deutschen Einmarsch in die Beneluxstaaten. Hinzu kamen Benutzer, die selbst in verschiedener Form in Nürnberg involviert gewesen waren, so verschiedene Militärs wie beispielsweise Generaladmiral Hermann Boehm (Buch zur Besetzung Norwegens), Kurt Hesse (Denkschrift zur Rolle der Industrie bei Hitlers Machtergreifung), Generaloberst Hermann Hoth (Studien zur Kampfführung der Heeresgruppe Mitte in den ersten Monaten des Ostfeldzuges), aber auch August von Knieriem für sein Buch zu Nürnberg.[1196] Zur „Kundschaft" der Göttinger Forschungsstelle gehörten schließlich die Zentrale Rechtsschutzstelle oder auch die Industriellen im Schiedsgerichtsverfahren Reichwerke gegen Flick. [1197]

Die mit Abstand wichtigste Bedeutung sollte die Göttinger Forschungsstelle aber als Ausgangspunkt von Gutachten in mehreren Prozessen erlangen, die die vergangenheitspolitischen Auseinandersetzungen der Bundesrepublik mitbestimmen sollten. Diese Gutachten der Forschungsstelle waren klar bestimmt von der durch Kraus 1947 in seinem Vortrag vorgezeichneten, streng wissenschaftlichen Ausrichtung. Zum einen ergriff Kraus über Seraphim als Gutachter einschlägig Partei für die Widerstandskämpfer des 20. Juli. Als im März 1952 der Braunschweiger Verleumdungsprozess gegen die Gallionsfigur der SRP, Generalmajor a. D. Otto Ernst Remer (1912–1997), wegen dessen Bezeichnung der Männer des „20. Juli" als Hochverräter stattfand, lieferte Seraphim für die von dem SPD-Mitglied und ins Exil getriebenen Staatsanwalt Fritz Bauer (1903–

1195 Hermann Maschke: Das Krupp-Urteil und das Problem der „Plünderung", Göttingen 1951, S. 136–139.

1196 Vgl. Übersicht Arbeiten aufgrund des Materials (Anhang zu Schreiben des Kurators der Universität Göttingen an das Niedersächsische Kultusministerium 5.7.1956), in: UAG, Kuratorium 0854.

1197 Vgl. Protokoll der Tagung für Indexierung und Regestrierung der Kriegsverbrecher-Prozessakten 17.1.1952, in: StN, Handakten des königlichen Kreisarchivs Nürnberg. Betreff Kriegsverbrecherprozesse III/95, Band Generalia VI C.

1968) geführte Anklage neben einem klärenden ereignisgeschichtlichen Gutachten über die Vorgänge am 20. Juli 1944 insbesondere ein geschichtswissenschaftliches Gutachten über die Motive der Attentäter und kam zu dem eindeutigen Ergebnis, dass ihre Tat der Hoffnung entsprang, bei Gelingen der Welt zu zeigen, dass „auch unter schwersten äußeren Verhältnissen von innen heraus der Wandel zum Rechtsstaat, zur Sittlichkeit und geordneten Verhältnissen von Deutschen durchgeführt sei. Für den Fall des Misslingens sollte das Fanal des anderen Deutschlands beweisen, dass das deutsche Volk in seiner Gesamtheit und der Nationalsozialismus nicht das gleiche gewesen sei."[1198] Dem hatte der für die SRP tätige Oldenburger Anwalt und ehemalige Vorsitzende der Zentralwirtschaftsbank Ukraine Josef Wehage (geb. 1900), der bisher als anwaltlicher Vertreter des Gauleiters von Weser-Ems, Paul Wegener, und mit extremer Kritik an den britischen Spruchgerichtsverfahren aufgefallen war, wenig entgegenzusetzen, ebenso wie sein Koverteidiger, der ehemalige Vizepräsident der Reichsrechtsanwaltskammer, antisemitische Kommentator der Reichsrechtsanwaltsordnung und SA-Oberführer Erwin Noack (1899–1967), der auch die SRP im Verbotsverfahren vor dem Bundesverfassungsgericht vertrat und in Kontakt mit Aschenauer stand.[1199] Das Vor-

1198 Hans-Günther Seraphim: Entwurf zu einem Gutachten über Motive der Widerstandskämpfer vom 20. Juli 1944, in: Herbert Kraus [Hg.]: Die im Braunschweiger Remerprozess erstatteten moraltheologischen und historischen Gutachten nebst Urteil, Hamburg 1953, S. 56. Zu Fritz Bauers Aufbau der Anklage und Durchführung des Prozesses gegen Remer, vgl. Irmtrud Wojak: Fritz Bauer 1903–1968. Eine Biographie, München 2009, S. 265–283.

1199 Nach dem Jurastudium wurde Wehage 1928 Mitglied der Staatsbank-Direktion in Oldenburg, September 1932 Vorsitzender der Staatlichen Kreditanstalt in Oldenburg und war nach dem Zusammenschluss ab 1938 auch Vorsitzender des Vorstandes der Bremer Landesbank und Staatsbank in Bremen. In der Ukraine war er während des Krieges Vorstand bzw. Aufsichtsratsmitglied mehrerer ukrainischer Banken und unter deutscher Führung stehender Unternehmen. Trotz dieser Posten und seines Beitritts zur NSDAP 1933 wurde er 1948 als Anwalt in Oldenburg zugelassen, vgl. Milgov Fragenbogen mit Anlagen und Gutachten des Landesentnazifizierungsausschusses vom 9.12.1947, in: Niedersächsisches Landesarchiv-Staatsarchiv Oldenburg, Best. 351, Nr. 57245 (Wehage, Joseph). Er verteidigte neben Wegener auch diverse hochrangige NS-Funktionäre aus dem Lager Esterwegen und organisierte zudem eine Kampagne gegen die Spruchgerichtsverfahren, in deren Zentrum seine Denkschrift „Zweierlei Recht" stand. Die Denkschrift war derart aggressiv formuliert, dass das Zentraljustizamt der britischen Zone darin ein erstens Zeichen sah, dass die Schuldigen des Naziregimes nun zum Angriff übergingen und keinerlei Unrechtsbewusstsein

wort von Kraus zu der von ihm veröffentlichten Dokumentensammlung zum Remer-Prozess war dann auch entsprechend den „Märtyrern des 20. Juli und ihrem Ethos" gewidmet.[1200]

Die andere Frontstellung der Gutachten von Kraus und Seraphim wandte sich gegen die Argumente der früheren Einsatzgruppenführer, auch wenn Seraphim gegenüber der Waffen-SS, wie allgemein bei „militärischen" Problemstellungen, eine ambivalente Haltung einnahm. So veröffentlichte Seraphim 1953 in der Wehrwissenschaftlichen Rundschau ein längeres Gutachten zur organisatorischen Stellung der SS-Verfügungstruppe zur Wehrmacht. Im Ergebnis widersprach Seraphim zwar der von SS-Generälen aufgestellten These, die Waffen-SS habe schon in den Friedensjahren zur Wehrmacht gehört, dennoch konnte sich Seraphim auch nicht zu einer Distanzierung durchringen: „Es bedarf keines Wortes, dass die SS-Verbände mit der gleichen Aufopferung und Einsatzbereitschaft wie die Verbände der Wehrmacht als Soldaten gekämpft haben, dass sie Soldaten waren wie die Angehörigen der Wehrmacht. Das bestreiten, hieße die Tatsachen verfälschen. Aber ebenso unrichtig wäre es, wollte man die Vorläufer dieser erst im Kriege entstandenen ‚SS-Wehrmacht' ihr gleichsetzen."[1201] Insofern passt es ins Bild, dass Seraphim im Düsseldorfer Prozess wegen eines Standgerichtsurteils gegen den Gauleiter Florian behauptete, dass die militärische Verteidigung Düsseldorfs zum Zeitpunkt des Standgerichts noch Sinn gemacht habe und damit zum Freispruch Florians

---

zeigen würden, vgl. Schreiben des Zentraljustizamtes der britischen Zone an Bischof Muench 23.3.1950 mit Anhang von Rechtsanwalt Wehage: „Zweierlei Recht", in: Catholic University of America Archive (CUAA), Aloisius Muench Papers, Box 38, Folder 26. Zu Noacks Karriere im „Dritten Reich" und der BRD vgl. Georg Prick: Rechtsanwalt Dr. Erwin Noack – Facetten zu einem Lebensbild, in: Heiner Lück/Armin Höland [Hgg.]: Die Rechts- und Staatswissenschaftliche Fakultät der Martin-Luther-Universität Halle-Wittenberg im Nationalsozialismus, Halle an der Saale 2011, S. 141–197. Noack sollte später in mehreren NSG-Verfahren als Verteidiger auftreten, so im Lübecker Verfahren gegen Angehörige des Polizeibataillons 307.

1200 Herbert Kraus: Zur Einführung, in: Ders. [Hg.]: Die im Braunschweiger Remerprozess erstatteten moraltheologischen und historischen Gutachten nebst Urteil, Hamburg 1953, S. 8. Zum Remer-Verfahren allgemein vgl. Boris Burghardt: Vor 60 Jahren. Fritz Bauer und der Braunschweiger Remer-Prozess. Ein Strafverfahren als Vehikel der Geschichtspolitik, in: Juristische Zeitgeschichte 6 (2012), S. 47–59.

1201 Hans-Günther Seraphim: SS-Verfügungstruppe und Wehrmacht, in: Wehrwissenschaftliche Rundschau 5 (1955), S. 584.

beitrug.[1202] Anders dagegen war die Haltung Seraphims gegenüber den Einsatzgruppenführern. Als 1953 das Sozialamt Hildesheim im Rahmen des Verfahrens der Versorgungsansprüche der Ohlendorf-Witwe um eine Stellungnahme bat, „zerpflügte" Kraus mit seinem wesentlich auf Vorarbeiten Seraphims beruhenden Gutachten die Ansichten von Ohlendorfs Anwalt Hans Merkel.[1203] Unter Zitierung zahlreicher Beweisdokumente wischte Kraus die Behauptung vom Tisch, die Tätigkeit in den Einsatzgruppen sei „Militärdienst" gewesen: „Der Dienst in den Einsatzgruppen kann also nach meiner Auffassung weder als militärischer Dienst noch als militärähnlicher Dienst, sondern höchstens als militärwidriger Dienst angesehen werden."[1204] Auf einer ähnlichen Linie bewegte sich auch das wohl bedeutendste Gutachten Seraphims im Ulmer Einsatzgruppenprozess.

Der Niedergang der Göttinger Forschungsstelle zeichnete sich 1956 nach der Emeritierung von Professor Kraus ab. Mit dem IfZ München und dem Bundesarchiv Koblenz hatte Göttingen mittlerweile zwei große Konkurrenten. Insbesondere das Bundesarchiv meldete Begehrlichkeiten an der Göttinger Forschungsstelle an und versuchte Seraphims Arbeit an das Bundesarchiv zu koppeln.[1205] 1957 wurde auf Vorschlag Percy Ernst Schramms, der ebenfalls eng mit der Forschungsstelle verbunden war, deren Material in das Staatliche Archivlager Göttingen gegeben und Seraphim dort weiterbeschäftigt.[1206] Damit endete faktisch die Arbeit der Forschungsstelle, auch wenn Seraphim weiterhin an den Nürnberger Akten forschte und erst als Reaktion gegen die Studentenproteste in Göttingen und die Beeinträchtigung von „Stellung und Würde eines akademischen Lehrers" 1968 seine Universitätskarriere beendete.[1207]

1202 Vgl. Eichmüller: Generalamnestie, S. 366.

1203 Seliger: Umgang, S. 906 – 916.

1204 Herbert Kraus: Rechtsgutachterliche Äußerung über die Tätigkeit Otto Ohlendorfs als Führer der Einsatzgruppe D 4. März 1953 S. 14., in: HStaH, Nds 755 (Landessozialgericht Niedersachsen), Acc 29/71, Nr. 1/1 (Ohlendorf, Otto).

1205 Aufzeichnung Gespräche Kraus mit dem Direktor des Bundesarchivs Winter 20.4.1953 und 26.4.1953, in: UAG, Kuratorium 0854.

1206 Percy Schramm: „Gutachten über das Institut für Zeitgeschichte" 26.7.1947 in: UAG, Kuratorium 0854.

1207 Schreiben Seraphims an das Niedersächsische Kultusministerium 19.7.1968 und Schreiben des Dekans an Seraphim 25.10.1968 in: UAG, Personalakte Seraphim.

Eine abschließende Bewertung der Gutachtertätigkeit des Göttinger Instituts und seiner Protagonisten kann, solange der Nachlass Seraphims nicht zugänglich ist, nicht erfolgen. Vorbehaltlich dieser Einschränkung lässt sich aber sagen, dass Kraus seiner gemäßigten Linie als Verteidiger in Nürnberg nicht nur treu blieb, sondern nach seiner Rückkehr konsequent unter dem Ethos einer wertfreien „objektiven" Wissenschaft eine den neuen Rechtsprinzipien offene Haltung einnahm, die insbesondere auch eine Parteinahme für den deutschen Widerstand beinhaltete und ihn in direkte Opposition zu radikalen früheren Nürnberger Kollegen wie Seidl und Aschenauer brachte. Insgesamt verhielt sich Kraus mit seinen Gutachten auch „regierungstreu" im Sinne der vergangenheitspolitischen Ausrichtung der Adenauerregierung, etwa mit seinem Gutachten zu „Der völkerrechtliche Schutz von Archiven gegen Erbeutung im Landkrieg", das die Rückgabe der beschlagnahmten Archivgüter durch die Alliierten forderte.[1208] Weitaus komplexer ist der Fall Seraphim zu beurteilen. Offenbar konnte Seraphim den Habitus des „Russlandkämpfers" und Parteigängers der radikaleren Gruppierungen um Laternser und Justus Koch auch in seiner späteren Tätigkeit nicht überwinden. Mit diesen teilte er nicht nur die Überzeugung, dass ein Angriffskriegs Russlands gegen das „Dritte Reich" unmittelbar gedroht habe, sondern auch seine Sympathie für eine weitreichende Auslegung militärischen Handelns und eine Gegnerschaft gegen das „Nürnberger Geschichtsbild".

In diesem Zusammenhang verdient Horst Pelckmann Erwähnung, der zu Beginn der fünfziger Jahre als Anwalt in Frankfurt arbeitete. 1952 wurde er von der Bundesregierung als Prozessvertreter gegen die Sozialistische Reichspartei im Verbotsverfahren vor dem Bundesverfassungsgericht beauftragt. Pelckmanns direkte Gegenspieler waren der SRP-Justiziar und Landtagsabgeordnete der SRP in Niedersachsen Karl-Friedrich Schrieber (1905–1988), der als Berliner Anwalt von 1933 bis 1936 Rechtsreferent bei der Reichskulturkammer gewesen war, und der bereits genannte Erwin Noack, die aber aus Protest gegen die Verweigerung der Gewährung von Armengeld für die SRP ihr Mandat nach Prozessbeginn niederlegten. Pelckmanns Plädoyer stellte unter Rückgriff auf Gotthold Ephraim Lessing und Goethe heraus, dass Toleranz und Freiheit eines der bedeutendsten Probleme der Geistesgeschichte und Philosophie seien. Toleranz dürfe allerdings nicht gleichgesetzt werden mit Gleichgültigkeit. Als Lehre aus

1208 Vgl. Eckert: Kampf um die Akten, S. 270.

dem Untergang Weimars habe man den Schluss gezogen, dass es keine Freiheit für die Feinde der Freiheit geben dürfe und man dies mit der Möglichkeit eines Parteienverbots in Artikel 21 des Grundgesetzes normiert habe. Der Gesetzgeber sehe in dieser Norm das Problem nicht nur formal juristisch, sondern psychologisch-soziologisch, d.h. nicht die öffentlich propagierten Ziele, sondern die insgeheim verfolgten Ziele seien für ein Verbot entscheidend, insbesondere das Verhalten der Anhänger, die von Führern demagogisch gesteuert nach den eigenautomatischen Gesetzen der Massenpsychologie spontan in Erscheinung treten. Diese Verführbarkeit der Masse, wie dies auch schon in den Nürnberger Prozessen von den Anwälten vorgebracht worden war, wurde nun zum Leitmotiv der weiteren Darlegungen Pelckmanns und nahm Rückbezug auf sein persönliches Verhalten als IMT-Verteidiger der SS. Er selbst habe in seinem damaligen Plädoyer ausgeführt, dass viele SS-Leute unschuldig in eine Massenorganisation wie die SS eintraten, weil sie Hitler und dem „hypnotischen Wort“ Treue blind gefolgt seien. Gerade deshalb fühle sich Pelckmann im Lichte seiner früheren Ausführungen berufen, dass nicht noch einmal die Masse junger Menschen von gewissenlosen Volksverführern ins Unglück gestürzt werde.[1209] Die SRP führe bewusst einen destruktiven Kampf gegen den demokratischen Staat ohne Rücksicht auf die geschichtliche Wahrheit und unterstelle eine vermeintliche „Dolchstoßlüge“.[1210] Diese habe schon 1919 ein Mittel der Verhetzung nach dem Bilde der NSDAP dargestellt: „Auch die Verherrlichung der Landsberger Verurteilten durch Kranzniederlegungen, durch Bezeichnung als Helden und Kameraden der SRP, durch Gleichsetzung mit den Toten der beiden Weltkriege hat sich als das erwiesen, als was sie in unserem Antrag bezeichnet worden ist, als eine bewusste Identifizierung mit den Prinzipien des Nationalsozialismus, die in den Taten dieser Verurteilten wohl ihren scheußlichsten Ausdruck gefunden haben und zugleich als ein Mittel der Verhetzung gegenüber einer Regierung, die sich bei allen Einwendungen gegen gewisse Verletzungen von Grundprinzipien der Rechtsprechung deutlich

1209 Schlussvortrag des Rechtsanwalts Horst Pelckmann, Frankfurt/Main, in dem Verfahren der Bundesregierung gegen die Sozialistische Reichs-Partei auf Grund des Artikels 21 Abs. 2 GG, gehalten vor dem Bundesverfassungsgericht, 1. Senat am 15. Juli 1952, S. 12 f., in: BAK, NL Pelckmann, Nr. 75.

1210 Schlussvortrag Pelckmann, S. 19 f., in: BAK, NL Pelckmann, Nr. 75.

von den todeswürdigen Untaten dieser Männer distanzierte und sie als solche bezeichnete".[1211]

Auch im Verbotsverfahren gegen die KPD vor dem Bundesverfassungsgericht hatte 1955 mit Hellmuth Dix ein ehemaliger Nürnberger Verteidiger zunächst die Bundesregierung vertreten. Der „Spiegel" sprach von einem anfänglich sehr ruhigen Prozessverlauf, dem Auftreten der acht KPD-Anwälte sei der zunächst allein vertretende Dix nicht wirklich gewachsen gewesen. Dies sollte sich ändern, als die Bundesregierung den Anwalt Achim von Winterfeld (1914–1991) als weiteren Prozessvertreter und faktisch neuen Leiter des Anwaltsteams der Bundesregierung ins Rennen schickte. Der Generalssohn von Winterfeld avancierte zum „Staatsfeind Nr. 1" (Der Spiegel) der ostdeutschen Presse.[1212] Mehrere der KPD-Anwälte hatten interessanterweise auch Erfahrung mit NS-Prozessen. Aggressivster Anwalt aufseiten der KPD war der 1933 nicht zum Großen Staatsexamen zugelassene und ins Exil gedrängte Friedrich Karl Kaul (1906−1981). Kaul war in der Nachkriegszeit zum „Staats-Anwalt" der DDR aufgestiegen. Als Nebenklagevertreter und Prozessvertreter in diversen bundesdeutschen Verfahren, wie im Frankfurter Auschwitzprozess, dem Düsseldorfer Treblika-Prozess und dem Abs-Verfahren, suchte er diese Prozesse im Sinne der DDR propagandistisch zu instrumentalisieren.[1213] An seiner Seite im KPD-Prozess vertrat der aus Hamburg kommende Anwalt Claus Wessig (1896–1980), ehemals Anhänger der „Schwarzen Front" Otto Strassers, für den es politisch kein Widerspruch war, für den Wiederaufbau der KPD in der BRD einzutreten und den KZ-

---

1211 Schlussvortrag Pelckmann, S. 23 f., in: BAK, NL Pelckmann, Nr. 75. Pelckmann wechselte nach dem SRP-Verfahren in den diplomatischen Dienst als deutscher Konsul in den USA.

1212 o.V.: Memorandum diabolicum, in: Der Spiegel (13.07.1955), S. 12−15. Unterstützung erhielt von Winterfeld durch den bekannten Wuppertaler Anwalt Werner Kalsbach (1908–1962), der in der BRD durch seine Arbeiten zum anwaltlichen Standesrecht bekannt wurde. Von Winterfeld war auch zusammen mit Fabian von Schlabrendorff Prozessvertreter der Bundesregierung im Verbotsverfahren gegen die Vereinigung der Verfolgten des Naziregimes („VVN-Prozess") vor dem Bundesverwaltungsgericht 1962. Das Verfahren scheiterte allerdings nach zwei Verhandlungstagen. Von Winterfelds Ansichten zum polizeilichen „Todesschuss" wurden 1972 kontrovers diskutiert. 1973 verübten mutmaßlich linksradikale Täter einen Anschlag auf sein Haus.

1213 Zu Kaul ausführlich vgl. Annette Rosskopf: Friedrich Karl Kaul. Anwalt im geteilten Deutschland (1906–1981), Berlin 2002.

Kommandanten Max Pauly im „Neuengamme-Hauptprozess“ vor einem britischen Militärgericht zu verteidigen.[1214]

Zusammenfassung Kapitel 4.1

Herbert Kraus und Hans-Günther Seraphim leisteten ohne Zweifel einen bedeutsamen Beitrag für die wissenschaftliche Aufarbeitung des „Dritten Reiches“. Als die wissenschaftliche Erforschung in Geschichtswissenschaft wie Rechtswissenschaft noch vollständig am Anfang stand, leistete die Forschungsstelle von Kraus unverzichtbare Grundlagenforschung sowohl in Bezug auf die Edition der Nürnberger Akten und ihre Bereitstellung für die Forschung wie auch durch die Erstellung wichtiger Publikationen für Wissenschaft und juristische Praxis. Da allerdings diese Arbeit nicht zuletzt eng mit dem persönlichen Engagement von Kraus verbunden war, lösten nach seiner Emeritierung das Bundesarchiv wie auch das Institut für Zeitgeschichte die Göttinger Stelle ab.

Bedeutender noch sind aber die Beiträge von Kraus, Pelckmann und mit gewissen Abstrichen auch Seraphim als Gutachter bzw. Prozessvertreter in den großen politischen Verfahren gegen die „nationale Rechte“ bzw. den großen NSG-Verfahren. Kraus und Pelckmann wurden in der frühen Bundesrepublik zu Stützen der demokratischen Ordnung und richteten als Lehre aus den in Nürnberg erfahrenen Tatsachen ihre Arbeiten gegen radikale neonationalistische Tendenzen, insbesondere gegen die im Umkreis der SRP und der Ohlendorf-Gruppe betriebene Verharmlosung der Einsatzgruppen und der Diffamierung des deutschen Widerstandes. Bei „Russlandkämpfer“ Seraphim blieb allerdings ein „blinden Fleck“ für die Beurteilung der Taten von Militärs und des Russlandfeldzuges. Aufgrund noch immer gesperrter Quellen ist es allerdings noch zu früh, eine abschließende Bewertung der Tätigkeit von Seraphim und Kraus zu geben. Während Pelckmann eine zentrale Rolle im SRP-Verbotsverfahren spielte

---

1214 Der Veteran des Ersten Weltkriegs Wessig selbst war wegen seiner Betätigung für die KPD im Dritten Reich wenige Wochen verhaftet worden, wurde aber trotz seiner politischen „Belastung“ zum Kriegsdienst zugelassen und kehrte als Major aus dem Zweiten Weltkrieg heim. 1951 vertrat er vor einem britischen Militärgericht in Kiel „Helgoland-Besetzer“ der Freien Deutschen Jugend, vgl. Reimer Möller: Curt Wessig, in: Ders. [Hg.]:Hamburger Biographie, Bd. 6, S. 369 f.

und sein Engagement gegen die SRP explizit mit seinen Erfahrungen aus der Verteidigung der SS vor dem IMT begründete, blieb Helmuth Dix als Prozessvertreter im KPD-Verbotsverfahren nur eine blasse Figur.

4.2 (Halb-)offizielle Lösungen: Der Heidelberger Juristenkreis

Öffentliche Kritik an den Nürnberger und Dachauer Prozessen in der Nachkriegszeit kam erstmals aus dem Umfeld der großen Kirchen.[1215] Signalwirkung kam hierbei dem evangelischen Landesbischof von Württemberg, Theophil Wurm (1868–1953), zu. In einem öffentlichen Brief an den Nürnberger Ankläger Robert Kempner vom 5. Mai 1948 behauptete Wurm, dass in Nürnberg und Dachau bei der Vorbereitung der Anklage verbrecherische Methoden und Quälereien angewandt worden seien. Eine derart offene Kritik an den Prozessen wurde von der Presse als Sensation aufgenommen und verbreitet.[1216] Die Initialzündung im „Kampf" gegen Dachau war offenbar von dem seit 1934 in München als Anwalt tätigen Eugen Leer (geb. 1906) ausgegangen, der Mitte April 1948 einen Schriftsatz über angebliche Folterungen der Malmedy-Verurteilten an Bischof Wurm gesandt hatte. Leer hatte beim Luftgaukommando VII München gedient und war mit Rupprecht Gerngroß, dem Führer der Widerstandsgruppe „Freiheitsaktion Bayern" in engen Kontakt gekommen. Formal poli-

1215 Frank M. Buscher: The US War Crimes Trial Program in Germany, 1946–1955, New York u. a. 1989, S. 93–96 und die allerdings bezeichnenderweise für die Zeit nach 1945 als „Anwalt der Bevölkerung" titulierende Studie Norbert Trippen: Josef Kardinal Frings (1887–1978), Bd. 1, Paderborn u. a. 2003, S. 295–313. Zur Haltung der Kirchen zu den Kriegsverbrecherprozessen allgemein vgl. Clemens Vollnhals: Evangelische Kirche und Entnazifizierung 1945–1949. Die Last der nationalsozialistischen Vergangenheit, München 1989; Frei: Vergangenheitspolitik, S. 135–163; vgl. auch Tom Bower: Blind Eye to Murder. Britain, America and the Purging of Nazi Germany. A Pledge Betrayed, London 1981, S. 300 ff. Zur protestantischen „Mentalität" vgl. auch die Aufsatzsammlung Manfred Gailus/Hartmut Lehmann [Hgg.]: Nationalprotestantische Mentalitäten in Deutschland (1870–1970). Konturen, Entwicklungslinien und Umbrüche eines Weltbildes, Göttingen 2005.

1216 Dirk Pöppmann: Der Wilhelmstraßenprozess als vergangenheitspolitischer Diskurs, in: Helia-Verena Daubach [Hg.]: Leipzig – Nürnberg – Den Haag. Neue Fragestellungen und Forschungen von Menschenrechtsverletzungen, justizieller Säuberung und Völkerstrafrecht, Düsseldorf 2008, S. 99–116; Frei: Vergangenheitspolitik, S. 149–151.

tisch unbelastet 1945 wieder als Anwalt zugelassen verteidigte er in der unmittelbaren Nachkriegszeit mehrere hochrangige Münchner Offiziere.[1217] Im Dachauer „Malmedy-Verfahren" hatte er den amerikanischen

---

1217 Vgl. hierzu StMü, Spruchkammerakten, Spruchkammer München, Spk 1026 (Leer, Eugen). Leer hatte lediglich für wenige Monate der Reiter-SA angehört. Er verteidigte den „Kampfkommandanten" von München, General Rudolf Hübner, vor dem Landgericht München I wie auch den im Fall 12 freigesprochenen Luftwaffengeneral Hugo Speerle vor der Münchner Entnazifizierungskammer, vgl. Schreiben Leer o.D., in: StN, NL Fröschmann, Nr. 11; Schreiben Leers an Laternser 13.11.1947, in: BAF, N431, Nr. 950. Ein weiterer prominenter Mandant in Entnazifizierungssachen war der antisemitische Komponist Hans Pfitzer, vgl. Sabine Busch: Hans Pfitzer und der Nationalsozialismus, Stuttgart 2001. In den Dachauer Hauptverfahren waren die Angeklagten von amerikanischen Militärverteidigern vertreten worden, denen sich teilweise deutsche Anwälte als Berater und Koverteidiger anschlossen. In den späteren „Review"-Verfahren waren dann fast überwiegend deutsche Anwälte aktiv. Beispielhaft seien neben Leer genannt: Der Lübecker Anwalt Gerhard Gaul (1909–1982) hatte im Review-Verfahren den wohl höchstrangigen Dachauer Angeklagten, den Gauleiter des Gaues Mecklenburg-Lübeck Friedrich Hildebrandt, vertreten. 1937 der NSDAP beigetreten hatte er als Marinerichter d.R. Todesurteile gefällt. 1967 bis 1969 war er Justizminister von Schleswig-Holstein. Der nicht der NSDAP beigetretene, sehr bekannte Münchner Strafverteidiger Robert Bandorf (geb. 1884) verteidigte angeblich über 800 KPD-Männer vor den bayerischen Sondergerichten inklusive der Anführer der Bayerischen Räterepublik. Im „Dritten Reich" verteidigte er seinen ehemaligen Kriegskameraden Pater Ruppert Mayer vor dem Sondergericht München, vgl. Schriftsatz Bandorf 31.3.1947, in: StMü, Spruchkammerakten, Spruchkammer München, SpK 64 (Bandorf, Robert). In Dachau vertrat er den 1951 hingerichteten Georg Schallermaier. Rechtsanwältin Margarete Trost (geb. 1914) hatte 1942 die Geschäftsführung über einen Tabakgroßhandel in Berlin übernommen. Aufgrund der Kriegsereignisse nach Wiesbaden geflohen, arbeitete sie zunächst für die US-Militärregierung als Dolmetscherin, ehe sie 1946 von Hans Laternser als juristische Hilfsarbeiterin in dessen Kanzlei eingestellt wurde. Später eröffnete Trost eine eigene Kanzlei in Wiesbaden und vertrat zahlreiche Dachauer Mandanten, vgl. Milgov-Fragebogen Margarete Trost, in: HStaWi, Abt. 520/W(Betroffen), Nr. 34367 (Trost, Margarete) und Schreiben Laternsers vom 2.1.1946, in: NAF, N431, Nr. 959. Walter Kamps (geb. 1907) vertrat 15 Todeskandidaten, insbesondere aus dem sogenannten Stroop-Verfahren. Anders als die unbelastete Trost war der bis 1941 als Anwalt in Düsseldorf tätige Kamps 1933 der NSDAP beigetreten und auch Mitglied der Allgemeinen SS. Kurzzeitig war er Beauftragter des Staatsanwalts am Sondergericht Random, ehe er Anwalt in Wien wurde. Im Oktober 1947 erhielt er seine Wiederzulassung in Frankfurt vgl. hierzu die Entnazifizierungsakte HStaWi, Abt. 520/F (A-2) (Kamps, Walter). Unbelastet war der aus München stammende, scharfe Kritiker der NS-Justiz Otto Gritschneder (1924–2005), der Verurteil-

Hauptverteidiger und CIC-Offizier Willis M. Everett (1900–1960) unterstützt.[1218] Everett zeigte sich über die eigene Militärjustiz schockiert, zumal der von Antisemitismus alles andere als freie Everett den Deutschen „of good breeding" große Sympathie entgegenbrachte.[1219] Leer dagegen behauptete, dass ihn keine politischen Motive leiten würden und er sich um die SS-Männer im Malmedy-Prozess bemühe, weil er die Todesstrafe abwenden wolle, die aus seiner Sicht ungerecht sei.[1220] Frühjahr und Sommer 1948 brachen Everett und Leer eine Medienkampagne über angeblich massive Folterungen in den Dachauer Verfahren vom Zaum, die die US-Army zwang, im August 1948 die sogenannte Simpson-Kommission unter Leitung des Richters am texanischen Supreme Court Gordon Simpson zur Untersuchung der Vorwürfe einzusetzen.

Parallel dazu hatte Georg Fröschmann eine große Aktion gegen Dachau gestartet. Seine Verteidigungen in Dachau waren eine direkte Folge seines Engagement in Nürnberg gewesen: „Es war wohl Schicksalsfügung, dass mir die Verteidigung Mummenthey's anvertraut wurde. [...] Das Vertrauen zu seinem Verteidiger im Pohl-Prozess übertrug mir im Frühjahr diesen Jahres die Wahrung der Interessen von Hunderten in Landsberg einsitzenden Gefangenen gegenüber Urteilen, die sie als schreiende Ungerechtigkeit empfanden."[1221] Zusammen mit Mummenthey, der die der Deutschen Erd- und Steinwerke GmbH (DEST) gehörenden Steinbrüche in mehreren KZ geleitet hatte, Paul Wolfram, ehemals Betriebsleiter der DEST im KZ Gusen I, und dem wegen einem Mordbefehl gegen alliierte Flieger in Dachau verurteilten früheren NSDAP-Kreisleiter von Bad-Schwalbach/

te der Dachauer Prozesse vertrat und als Pflichtverteidiger in NSG-Verfahren (u. a. im Prozess wegen des KZ-Außenlagers Hersbruck vor dem LG Nürnberg-Fürth) auftrat. An Entnazifizierungsverfahren war er als Anwalt u. a. im Berufungsverfahren für Franz von Papen und dem Verfahren gegen den aus den USA ausgewiesenen „Bundesleiter" des „Amerikadeutschen Bundes" Fritz Julius Kuhn beteiligt.

1218 Vgl. hierzu James Weingartner: A Peculiar Crusade. Willis M. Everett and the Malmedy Massacre, New York u. a. 2000, S. 1–26; vgl. auch die bislang umfassendste Darstellung zur „Vergangenheitspolitik" um Joachim Peiper, Jens Westemeier: Himmlers Krieger. Joachim Peiper und die Waffen-SS in Krieg und Nachkriegszeit, Paderborn 2014.

1219 Weingartner: Crusade, S. 34 f., S. 39 und S. 49 f.

1220 Malmedy Massacre Investigation. Hearings before a Subcommittee of the Committee on Armed Services United States Senate, Eighty-First Congress, Washington 1949, Vol. 2, S. 1432–1465.

1221 Fröschmann an Pfannmüller 16.12.1948, in: StN, NL Fröschmann, Nr. 515.

Untertaunuskreis Oskar Koch, der im August 1947 bereits einen sechstägigen Hungerstreik in Dachau mitorganisiert hatte, weitete Fröschmann diese Verteidigungen bald zu einer „Allgemeinen Aktion" aus.[1222] In einem in Abstimmung mit Mummenthey an Fröschmann verschickten Brief legte Wolfram im März 1948 dar, dass die Nürnberger Mängel im weiteren Umfang von Dachau behauptet werden könnten, sei Dachau doch Nürnberg ins Groteske übersteigert. Die Verteidigung müsse daher versuchen, Dachau gegen Nürnberg auszuspielen und mit den Dachauer Verhältnissen die Nürnberger zu übertrumpfen. Für die Dachauer Zustände könne insbesondere der Anwalt Richard Wacker aussagen.[1223] Mit seltener Klarheit wurde in diesem Schreiben die Strategie offengelegt, dass über die umstrittenen Dachauer Verfahren auch Nürnberg zu Fall gebracht werden sollte. In langen, mindestens einmal wöchentlich an Fröschmann geschickten Briefen lieferte Koch ab April 1948 Berichte über die neuesten Entwicklungen, potenzielle Zeugen, Materialien und Pressemitteilungen, die Fröschmann verwendete, um in großen Petitionen ganz grundsätzlich die Verletzung allgemeingültiger Verfahrensvorschriften herauszustellen.[1224]

Der eben genannte, seit 1925 in Stuttgart tätige und seit 1930 der NSDAP angehörende Anwalt Richard Wacker (geb. 1899) war vor 1933 mit seinen zahlreichen Verteidigungen lokaler SA-Mitglieder und NSDAP-Parteistellen bekanntgeworden. Seit 1932 war Wacker Vorsitzender des Ehrengerichts des BNSDJ/NSRB in Stuttgart und wurde für sein Eintreten für angeklagte SA-Männer mit dem Ehrenrang eines SA-Sturmführers ausgezeichnet. Als im Februar 1946 das Württembergische Justizministerium nach Aufforderung durch die Militärregierung Anwälte für das Militärgericht in Ludwigsburg bzw. in Dachau suchte, wurde Wacker fallweise zunächst für den Buchenwald-, dann den Flossenbürg-Prozess ausgewählt und zugelassen, nachdem er die US-Behörden von seinem „anerkennenswerten Mut" bei Verteidigungen vor dem Stuttgarter Sondergericht unter Vorsitz von Hermann Cuhorst hatte überzeugen können. Mit der Vertretung des stellvertretenden Kommandanten des KZ Flossenbürg und sieben weiterer Angeklagter bzw. des KZ-Kommandanten von Buchenwald, Hermann Pfister, mit drei weiteren Angeklagten war Wacker

1222 Schreiben Fröschmanns an Wolfram 1.9.1951, in: StN, NL Fröschmann, Nr. 501; Schreiben O. Koch 13.4.1948, in: StN, NL Fröschmann, Nr. 80.

1223 Schreiben Paul Wolframs an Fröschmann 21.3.1948, in: StN, NL Fröschmann, Nr. 81.

1224 Schreiben Fröschmanns an Koch 9.6.1948, in: StN, NL Fröschmann, Nr. 80.

einer der zentralen deutschen Anwälte der Dachauer Verfahren.[1225] Trotz einer Initiativbewerbung war er in den Nürnberger Prozessen nicht mehr zum Zuge gekommen.[1226] Aufgrund der Zeitungsberichte über Wurms schwere Anschuldigungen versendete nun auch Wacker mehrere Memoranda zu angeblichen Folterungen in den Dachauer Prozessen.[1227] Dass er den Einlassungen seiner Mandanten unhinterfragt glaubte, zeigen Briefe an Fröschmann, mit dem er in engem Austausch stand: Wackers Frau habe mitgehört, wie „jüdische Zeugen" beiseite standen und einer der Zeugen den anderen fragte, „warum habe er gesagt, es sei ein Fliegerangriff und nicht behauptet die SS habe alle erschossen?". Zudem habe die Anklage die Mitwirkung an Hinrichtungen in den KZ vollkommen zu Unrecht als Verbrechen angesehen: „Dabei wurden bekanntermaßen in den KZ alle Partisanen, Gewaltverbrecher usw. hingerichtet."[1228] Wohl ebenfalls als Folge der Initiative ihrer Kollegen in Dachau und Nürnberg übersandten auch andere Nürnberger „Veteranen" Denkschriften, so der mittlerweile den KZ-Arzt Hans Eisele vertretende Martin Horn und besonders der eng mit Leer kooperierende Max Rau.[1229] Vor dem Hintergrund der Querelen im Verteidigerteam der SS hatte Rau nach einer Anfrage der US-Behörden bei den Nürnberger Verteidigern bezüglich der Übernahme von Mandaten in den ab Mai 1946 beginnenden Dachauer Prozessen sich sofort bereiterklärt zu verteidigen und trat in dreizehn Prozessen von 1946 bis 1948 in Dachau auf, u. a. im Malmedy-Verfahren.[1230]

1225 Abschrift Bestätigung des JM Baden-Württemberg 23.12.1946 und Antrag auf Wiederzulassung 20.6.1947, sowie Spruch der Spruchkammer Stuttgart 8.10.1947, in: StLu, El 902/20 Bü, Nr. 88759 (Wacker).

1226 Schreiben Richard Wackers an Defense Administrator Major Schaefer 29.8.1947, in: NARA, Screening Files p through z.

1227 Vgl. Schreiben Wackers an Wurm vom 15.5.1948, 22.5.1948 und 7.6.1948 mit Anlage „Stellungnahme eines Verteidigers zu den Dachauer Kriegsverbrecherprozessen", in: LKASt, D1, Nr. 289; vgl. auch Erklärung deutscher Verteidiger zu den Dachauer Kriegsverbrecherprozessen 20.11.1948, , in: LKASt, D1, Nr. 291.

1228 Schreiben Wackers an Fröschmann 8.7.1948, in: StN, NL Fröschmann, Nr. 81.

1229 Schreiben Martin Horns an Wurm 23.6.1948 und Schreiben Fröschmann 12.6.1948, in: LKASt, D1, Nr. 290.

1230 Schreiben Babels an Mr. Strong 23.4.1946, in: StN, NL Babel, Nr. 18; vgl. auch Schreiben Babels an Mr. Strong 24.4.1946, in: ebd. Babel riet nach Rücksprache mit Fritz Sauter, an die Münchner Anwälte Roman Simon, Justizrat [Hubert] Buchberger und Hanns Dahn als potenzielle Dachauer Verteidiger heranzutreten. Simon war bis 1933 Mitglied im Vorstand der Münchner Rechtsanwalts-

Die Aktionen der Anwälte verliefen allerdings recht schnell im Sande. Im Oktober 1948 kam die Simpson-Kommission trotz der Lobbyarbeit der Anwälte (allein Fröschmann hatte Simpson 180 Belegexemplare seiner diversen Denkschriften übergeben und Aschenauer, Fröschmann und Leer waren von der Kommission angehört worden) zum Ergebnis, dass in den Dachauer Verfahren keine systematischen Misshandlungen feststellbar waren und empfahl die Wiederaufnahme der zeitweise eingestellten Hinrichtungen.[1231] Ein gemeinsames Protesttelegramm von Fröschmann und von Zwehls an den US-Kriegsminister blieb ohne Erfolg.[1232] Aufwand und Ergebnis der „Allgemeinen Aktion" Fröschmanns standen somit in keinem Verhältnis. Enttäuscht teilte Fröschmann im November 1948 dem evangelischen Anstaltsgeistlichen von Landsberg, August Eckart, mit, dass mit einem völligen Fehlschlag aller Bemühungen zu rechnen sei, was Fröschmann sehr erschüttere.[1233] Kurz zuvor war Fröschmann damit gescheitert, einen Skandal vom Zaun zu brechen, indem er ein Strafverfahren wegen Geständniserpressung gegen den ehemaligen Staatsanwalt am Sondergericht München Ludwig Leiß (geb. 1909), der als Hilfsankläger in Dachau herangezogen worden war, einzuleiten versuchte.[1234] Nachdem es

---

kammer und schied auf Druck der Nationalsozialisten aus. Buchberger war Mitglied des Münchner Ablegers des „Reichsbundes deutschnationaler Anwälte" und gehörte von 1933 bis 1937 dem Kammervorstand an. Dahn hatte im „Dritten Reich" schwere Auseinandersetzung mit der NSDAP wegen Strafverteidigungen gehabt. Nach dem Krieg war er 1946 bis 1968 erster Nachkriegsvorsitzender der RAK München, vgl. hierzu die von seinem Nachfolger im Amt verfasste Geschichte der RAK München Heinrich: Rechtsanwaltskammer München, S. 110,148–150, 233 f.

1231 Sigel: Interesse, S. 148 f.; Schreiben Fröschmanns an Aschenauer 18.10.1948, in: StN, NL Fröschmann, Nr. 80.

1232 Vgl. Telegramm Zwehls/Fröschmanns 27.10.1948, in: StN, NL Fröschmann, Nr. 81.

1233 Schreiben Fröschmanns an Eckardt 11.11.1948, in: StN, NL Fröschmann, Nr. 80.

1234 Schreiben Fröschmanns an Oberstaatsanwalt Ernst Grosser 12.11.1948 und 12.11.1948, in: StN NL Fröschmann, Nr. 520 sowie Schreiben Fröschmanns an Aschenauer 25.1.1949, in: StN, NL Fröschmann, Nr. 82 und Schreiben Fröschmanns an Wolfram 22.11.1948, in: StN, NL Fröschmann, Nr. 81. Ludwig Leiß war eine der zwielichtigsten Gestalten im Umfeld der Dachauer Prozesse. Er hatte in der NSDAP Karriere als ehrenamtlicher Parteirichter und Leiter der rasse- und bevölkerungspolitischen Rechtsstelle im Rassepolitischen Amt der Gauleitung München-Oberbayern und Kommentator des „Großdeutschen Abstammungsrechts" gemacht. Seit Oktober 1945 wirkte er am Aufbau der Lager-

seit Juni 1948 eine lose Zusammenarbeit mit Aschenauer gegeben hatte, intensivierte sich nach der Niederlage vor der Simpson-Kommission der Kontakt. Beide eröffneten Anfang Mai 1949 ein gemeinsames Büro in Nürnberg, dessen Räume von der lokalen Caritas zur Verfügung gestellt wurden.[1235] Schon Ende Mai 1949 beschwerte sich aber Fröschmann geharnischt bei Aschenauer, weil er das gemeinsame Büro verschlossen vorgefunden hatte und er trotz bereits hundert wartender Mandate unverrichteter Dinge wieder gehen musste.[1236] Aschenauer wiederum bezichtigte Fröschmann, weil dieser nicht vollkommen kostenlos arbeiten wollte, eines „geschäftlichen Egoismus", was auch der „Spiegel" vermutete, der von Fröschmanns Aktivitäten Wind bekommen hatte. Besonders stieß Aschenauer auf, dass wegen des „Spiegel"-Berichts Fröschmann bei den Amerikanern als radikaler Nationalist gelte und Aschenauer sich gezwungen sehe, nun allein die Vertretung nach außen zu übernehmen.[1237] Dass ausgerechnet Aschenauer, der keine Scheu hatte, mit Malz einen hochrangigen RSHA-Mitarbeiter zu beschäftigen, seinen Kollegen Fröschmann als Gefährdung der gemeinsamen Sache bezeichnete, legt den Schluss nahe, dass das Büro weniger an Differenzen über die Sache, sondern an Aschenauers Wunsch nach vollständiger Kontrolle der Bemühungen für die Landsberger Gefangenen scheiterte. Im Sommer 1949 begann Aschenauer mit dem Versprechen einer kostenlosen Vertretung, massiv von Fröschmann Mandanten abzuwerben.[1238] Zudem hatte Fröschmann den Feh-

---

kartei im Internierungslager Dachau mit und erhielt im November 1945 eine Anstellung als Schreibkraft bei den Dachauer Prozessen. Von Mai bis Oktober 1946 wurde er zudem als Hilfsankläger im Mauthausen-Prozess herangezogen. Seit Herbst 1946 bis zu seiner Entlassung aus dem Lager im Juli 1947 hatte er als „Obmann der deutschen Anwälte" gegolten, vgl. Schreiben der Generalstaatsanwaltschaft an das Bayerische Justizministerium 9.1.1950, in: HStaMü, Mju, Nr. 26652 (Leiß, Ludwig). Sein anonym verfasster Bericht „Dachauer Kriegsverbrecherprozesse nach eigener Beobachtung" war ein krudes Pamphlet, das die Dachauer Prozesse als Schauprozesse und Propagandaveranstaltung skizzierte und sich in antisemitische Tiraden ergoss. Ab Herbst 1946 seien demnach nur noch Juden als Ankläger hervorgetreten. Ein jüdischer Offizier habe sogar eine Tafel mit der Aufschrift „1. Preis Todesstrafe" aufgehängt.

1235 Schreiben Aschenauers an Kirchenrat Rusam 17.3.1949, in: LKANü, LKR, Nr. 2465.

1236 Schreiben Fröschmanns an Aschenauer 23.5.1949, in: LKANü, LKR, Nr. 2465.

1237 Schreiben Aschenauers an Fröschmann 28.7.1949, in: LKANü, LKR, Nr. 2465.

1238 Aktenvermerk 13.10.1949 und Schreiben Aschenauers 29.12.1949, in: LKANü, LKR, Nr. 2465.

ler gemacht, nach dem Weggang Karl Prachts als neuen Assistenten für die Mauthausen-Fälle ausgerechnet den aus Nürnberg stammenden früheren Sachbearbeiter für kirchenpolitische Fragen in der NSDAP-Parteizentrale in München, Kurt Krüger (1906–1987), anzustellen. Die Evangelische Landeskirche in Nürnberg nutzte nun im Sommer 1949 diese Personalie als Vorwand, um ihre im kleinen Umfang geleisteten Geldzuwendungen an Fröschmann einzustellen.[1239] Eine weitere Niederlage erlitten die Dachauer Anwälte im September 1949. Der frühere Nürnberger Richter Edward van Rhoden, Mitglied der Simpson-Kommission und mit Informationen des aus der gemeinsamen Dienstzeit in Deutschland persönlich bekannten Anwalts Everett „geimpft", hielt mehrere sehr kritische Vorträge zu den alliierten Prozessen.[1240] Der erneute Wiederhall der von van Rhoden befeuerten Kritik in Presse und Politik führte zur Einsetzung einer Unterkommission des Senatsausschusses für die Bewaffneten Streitkräfte unter dem republikanischen Senator Raymond E. Baldwin („Baldwin-Kommission"), die im September 1949 stellvertretend für die Dachauer Anwälte Leer und Aschenauer befragte.[1241] Die Unterkommission widerlegte detailliert in ihrem Ende Oktober 1949 vorgelegten Abschlussbericht die Foltervorwürfe gegen die Dachauer Verfahren.[1242] Angesichts dieser klaren Zurückweisung ihrer Argumente mussten sich auch die Anwälte die endgültige Niederlage ihrer Aktionen eingestehen. Everett, gesundheitlich angeschlagen, zeigte sich nun wegen der Niederlage vor dem US-Senat vorsichtig und diplomatisch. Leer und Fröschmann machten besonders Aschenauers „Flucht in die Presse" dafür verantwortlich, dass die Anwaltsaktionen als Ausdruck nationalistischer Umtriebe gegenüber den US-Behörden erschienen seien.[1243] Enttäuscht zeigte sich auch Richard Wacker, dessen Versuche, Universitäten oder das Justizministerium einzu-

1239 Schreiben Fröschmanns an Koch 4.8.1949, in: StN, NL Fröschmann, Nr. 82 und Aktenvermerk o.D., in: LKANü, LKR, Nr. 2465. Krüger ließ sich später als Anwalt in Nürnberg nieder.

1240 Sigel: Interesse, S. 150 und Weingartner: Peculiar Crusade, S. 163–167.

1241 Sigel: Interesse, S. 155–158; vgl. die Befragung der Anwälte in Malmedy Massacre Investigation. Hearings before a Subcommittee of the Committee on Armed Services United States Senate, Eighty-First Congress, Washington 1949, Vol. 2, S. 1432–1465.

1242 Vgl. auch die auf den Baldwin-Report gestützte Darstellung bei Klee: Persilscheine, S. 83–85.

1243 Schreiben Leers an Fröschmann 3.12.1949, in: StN, NL Fröschmann, Nr. 84; Schreiben Fröschmanns 30.10.1949, in: StN NL Fröschmann, Nr. 82.

schalten, erfolglos geblieben waren und er lediglich bei den Kirchen noch Gehör fand.[1244] Den „Todesstoß“ für Fröschmanns „Allgemeine Aktion“ setzten allerdings die Landsberger Insassen selbst. Laut einem Brief Josef Altstötters an Fröschmann sei ein Gesamtmandat für alle in Nürnberg verurteilten Landsberger Insassen schon im Ansatz gescheitert. Die Industrie gehe ihre eigenen Wege und bleibe bei ihren alten Anwälten, die Generäle würden von Generalrichter Rudolf Lehmann geleitet, der die Arbeitsweise und Pläne Laternsers beibehalten will. Besonders die Industrie vertrete die Meinung, es mache keinen Sinn, den Kampf fortzusetzen, sondern wolle sich bewusst aus der Kampflinie zurückziehen, um die Amerikaner nicht zu verärgern. Die andere Linie wolle kämpfen und keine Schwachheit zeigen, da es um die Rehabilitierung ihres Ansehens vor dem deutschen Volk gehe. Diese Gruppe habe zunächst an Richter Karl Dötzer als Gesamtvertreter gedacht, dies sei aber hinfällig geworden. Die Juristen würden Heinrich Grube favorisieren, dieser besitze aber nicht das nötige äußere Auftreten.[1245] Die radikale Linie wurde insbesondere von Altstötter, „juristischer Berater“ der Landsberger Gefangenen, und SS-Führer Heinz Jost verfochten, die beide zugleich die „Nürnberger“ Gruppe anführten. Die Dachauer Angeklagten wurden von Mummenthey und Wolfram geleitet, denen Oswald Rothaug als „juristischer Berater“ diente. Die von dieser Gruppe nun initiierte „Mundt-Aktion“ erwies sich allerdings als großer Fehlschlag.[1246] Einziger wesentlicher „Erfolg“ der „Mundt-Aktion“ war paradoxerweise das Auseinanderbrechen der „Allgemeinen Aktion“ Fröschmanns im April 1949, als sich Wolfram und Mummenthey gegen Oskar Koch wandten und der „Mundt-Aktion“ anschlossen, weil sich Koch in Landsberg als Fröschmanns alleiniger autorisierter Vertreter gebärdet hatte und aufgrund des „Spiegel“-Artikels Gerüchte umgingen, Fröschmann werde von den USA

1244 Schreiben Wackers an Fröschmann o.D., in: StN, NL Fröschmann, Nr. 84; vgl. z. B. Schreiben der Anwälte Aheimer, Wacker, Engelhorn, Bürger und Köpf an Theodor Heuss 9.11.1949, in: LKASt, D1, Nr. 294.

1245 Besprechung mit Dr. Altstötter vom 16.3.1949, in: StN, NL Fröschmann, Nr. 83.

1246 Mit von den „Landsbergern“ erstellten Schriftsätzen an den US-Senator von South Dakota, Karl E. Mundt, sollte eine Überprüfungskommission nach Landsberg geholt und eine umfassende Schau der gesamten Kriegsverbrecherprobleme von „höchster rechtlicher, politischer und nationaler Bedeutung“ gegeben werden. Von den in Nürnberg verurteilten Angeklagten gehörten neben Altstötter, Jost und Rothaug auch Rothenberger, Lehmann, Schwerin-Krosigk, Lautz und Mettgenberg der Aktion an, vgl. Schreiben Heinz Jost 14.10.1949, in: StN, NL Fröschmann, Nr. 69.

bezahlt.[1247] Der Jahreswechsel 1950 bedeutete auch das Ende des öffentlichen Engagements für diese Anwälte. Aschenauer und Fröschmann drifteten ins rechte Lager ab. Wacker und Horn sowie der 1952 verstorbene Rau verschwinden aus den Quellen. Hans von Zwehl, der die Vertretung des in Ludwigsburg verurteilten NSDAP-Kreisleiters von Berchtesgaden Bernhard Stredele übernommen hatte, meldete sich lediglich nochmals 1954 mit einer Forderung nach einer Generalamnestie zu Wort.[1248] Eugen Leer sollte lediglich nochmals in den sechziger Jahren in einem prominenten NSG-Verfahren auftreten.[1249]

Versuche, Politik, Kirchen und Justiz für ihre Interessen zu gewinnen, hatten vonseiten Otto Kranzbühlers und Hellmut Beckers im Mai 1948 eingesetzt, stand doch Becker schon seit dieser Zeit in Kontakt mit Wurm. Am 10. Mai 1948 hatten Becker und Magee für eine Sensation in Nürnberg gesorgt, als sie in öffentlicher Sitzung die Mitschrift einer Befragung von Friedrich Gaus durch Kempner verlasen, in welcher der Eindruck erweckt worden war, Kempner habe Gaus zur Mitarbeit bei der Anklage gezwungen im Gegenzug für den Verzicht auf eine Auslieferung an die UdSSR.[1250] Im Juli 1947 hatte Becker von Wurm den Auftrag bekommen, für eine geplante Denkschrift Wurms an den US-Militärgouverneur in Deutschland, Lucius D. Clay, Material über Behinderungen der Verteidigung und Informationen zur Zeugenbeeinflussung in Nürnberg zu sam-

---

1247 Schreiben Wolframs an Fröschmann 14.4.1949, Schreiben Fröschmann 2.5.1949, in: StN, NL Fröschmann, Nr. 83 und Schreiben Kochs an Fröschmann 10.7.1949, in: StN, NL Fröschmann, Nr. 82.

1248 Schreiben von Zwehls 5.4.1951, in: LKANü, III/17, Nr. 15; vgl. auch Schreiben der Anwälte Zwehl/Voss/Dankelmann: „Zur Lage der deutschen Kriegsverurteilten" 13.12.1954, in: BAK, B305, Nr. 135. Auf Bitten dessen früheren Divisionskommandanten übernahm er das Mandat des ehemaligen Gebirgsjägers Stredele, vgl. Schreiben Stredeles an Ernst Achenbach 17.9.1952, in: StUA, Utley Collection, Box 2, Folder Achenbach, Ernst.

1249 Leer, öffentlich in erster Linie als Rechtsberater des Deutschen Skiverbandes e. V. bekannt, verteidigte 1967 den früheren BdS in den Niederlanden Wilhelm Harster und den Mitangeklagten Wilhelm Zoepf in deren Prozess vor dem Landgericht München II. Die Mitangeklagte Gertrud Slottke wurde von Aschenauer vertreten. Leers Plädoyer sei im Gegensatz zu Aschenauers Schlussrede zurückhaltend und auf Schadensbegrenzung zielend gewesen, vgl. Harald Fühner: Nachspiel. Die niederländische Politik und die Verfolgung von Kollaborateuren und NS-Verbrechern, 1945–1989, Münster 2005, S. 222.

1250 Ausführlich zum Vorfall, vgl. Gerhard Stuby: Vom „Kronjuristen" zum „Kronzeugen". Friedrich Wilhelm Gaus. Ein Leben im Auswärtigen Amt der Wilhelmstraße, Hamburg 2008, S. 447–451.

meln.[1251] Zudem leistete Becker, der als Kressbronner Anwalt mehrere Mandanten, die wegen der Ermordung eines alliierten Fliegers in Dachau abgeurteilt worden waren, vertrat, dem von Wurm vor der Simpson-Kommission geschickten Kirchenrechtler und Kirchenrat der Württembergischen Landeskirche Rudolf Weeber (1906–1988) Beistand.[1252] Für die Aktionen der „Landsberger" hatte Becker dagegen wenig übrig. Über die Mundt-Aktion urteilte Becker despektierlich, er sehe sie unter dem Gesichtspunkt einer „Beschäftigungstherapie" für die Landsberger, zumal Schwerin-Krosigk die Denkschriften für die Nürnberger mache und diese daher „genügend farblos" seien.[1253] Immerhin leitete aber Kranzbühler für Günther Joel ein zwanzig prägnante Fälle behandelndes Gutachten an das Justizministerium der Westzone weiter.[1254] Kranzbühler war auch an den damaligen Vorsitzenden der CDU in der britischen Besatzungszone, Konrad Adenauer, herangetreten, der sich allerdings bedeckt hielt und Kranzbühler ergebnislos entließ. Kranzbühler hielt daher in einer Aktennotiz zu Adenauer fest: „Ressentiments wegen KZ. Angst vor Gewerkschaften".[1255] Erst mit Ende seiner Verfahren in Nürnberg trat Kranzbühler wieder an die Politik heran. Im Juli 1949 suchte er Konrad Adenauer erneut auf, der aber nicht zuletzt unter Hinweis auf sein eigenes Schicksal im „Dritten Reich" eine aktive Mitarbeit erneut verweigerte.[1256] Becker wiederum versuchte den Württembergischen Ministerpräsidenten Gebhard Müller von dem Gedanken einer Amnestie überzeugen.[1257]

1251 Schreiben Rankes an Becker 6.7.1948, in: LKASt, D1, Nr. 291. Zu Ranke vgl. Frei: Vergangenheitspolitik, S. 166.

1252 Schreiben Beckers an Fröschmann 21.12.1949, in: StN, NL Fröschmann, Nr. 84. Beckers Mandanten waren Hans Seibold, Albert Schroff und Fritz Müller; Sigel: Interesse, S. 146–148.

1253 Schreiben Beckers an Dötzer 3.11.1949, in: PAAA, NL Becker, Bd. 12, Teilband 2.

1254 Aufzeichnung Konferenz mit Koch 10.10.1949 und Oskar Koch: Bericht über Fröschmann-Aktion für alle Teilnehmer 1.9.1949, in: StN, NL Fröschmann, Nr. 82.

1255 Günter Buchstab: Die Nürnberger Prozesse und der Heidelberger Kreis (1949–1955), in: Peter Weilemann u. a. [Hg.]: Macht und Zeitkritik. Festschrift für Hans-Peter Schwarz zum 65. Geburtstag, Paderborn u. a. 1999, S. 69.

1256 Buchstab: Heidelberger Kreis, S. 69 f.

1257 Schreiben Beckers an Kranzbühler 21.7.1949, in: PAAA, NL Becker, Bd. 13 Teil 1. Während Müller abwinkte, zeigte sich der in der württembergischen Staatskanzlei für Verfassungs- und Besatzungsfragen zuständige Gustav von Schmoller „Feuer und Flamme" für die Idee einer Amnestie.

Auch Gremien der deutschen Justiz wollte Kranzbühler für das gemeinsame Ziel gewinnen. Der Deutsche Anwaltverein etwa stand durchaus hinter den Nürnberger Anwälten. Symbolisch versandte der erste Nachkriegspräsident des DAV, Rechtsanwalt Emil von Sauer (1889–1967), an einige der wichtigsten Nürnberger Strafverteidiger den Auszug einer Rede auf dem Deutschen Anwaltstag 1949 in Coburg am 1. Juni 1949, die der Justizminister von Nordrhein-Westfalen und Anwalt, Artur Sträter (1902–1977), gehalten hatte. In seiner Rede hatte Sträter die „hervorragende Rolle" deutscher Anwälte in Nürnberg herausgestellt: „Gerade Vertreter unseres Standes haben in Nürnberg jahrelang und schon zu einer Zeit, als es noch keinerlei andere Sprachrohre in der Weltöffentlichkeit gab, versucht, durch die Hervorhebung deutscher Gesichtspunkte und durch die mutige Darstellung ihres eigenen Erlebens in der hinter uns liegenden Zeit nicht nur zu einer gerechteren Würdigung des Verhaltens ihrer Mandanten, sondern des gesamten Geschehens der beiden Jahrzehnte beizutragen."[1258] Dieses positive Echo ermunterte mehrere Nürnberger Verteidiger, im Herbst 1949 einen „Ausschuss für völkerrechtliche Probleme nach den Nürnberger Urteilen" im DAV zu bilden, dem Kranzbühler, R. Dix, J. Koch, Leverkühn, Siemers, Pohle, Henze und Becker angehörten. Das Gremium sollte eine Resolution des DAV zu den Nürnberger Prozessen erarbeiten. Treibende Kraft hinter dem Ausschuss waren wieder einmal Kranzbühler und Becker. Allerdings krankte die Arbeit des Ausschusses an der finanziellen Situation des DAV, der nicht einmal Gelder für ein Treffen der Ausschussmitglieder bereitstellen konnte. Auch regte sich bald Widerstand gegen die Idee einer Resolution des DAV. Emil von Sauer schlug daher vor, die Erstellung einer Resolution einem Unterausschuss des Deutschen Juristentages zu überlassen, zumal damit auch namhafte Richter und Rechtsgelehrte eingebunden wären.[1259] Mit Walter Siemers und Rudolf Dix formierte sich aber nun eine Opposition gegen jegliche

1258 Schreiben Emil von Sauers an die Anwälte Ballas, R. Dix, Kranzbühler, Pohle, Siemers, Becker, Henze, Koch und Leverkühn 11.7.1949, in: PAAA, NL Becker, Bd. 12 Teil , vgl. auch Arthur Sträter: Die Stellung der Anwaltschaft im öffentlichen Leben 1.6.1949, in: IfZ, ED 413, Nr. 9. Sträter, der im „Dritten Reich" als „Vierteljude" gegolten hatte, war bis zu seiner politischen Karriere Anwalt in Soest gewesen. Auch von Sauer, Sohn eines bekannten Pianisten und angesehener Wirtschaftsanwalt in Hamburg, war wegen seiner jüdischen Mutter Nachstellungen ausgesetzt gewesen.

1259 Schreiben Sauers an den Ausschuss 28.9.1949, in: PAAA, NL Becker, Bd. 12 Teilband 2.

Resolution, die an die Spaltung der Verteidiger in „junge Radikale“ und alte Anwälte vor dem IMT erinnerte.[1260] Siemers verwies auf die bisherigen Misserfolge von derartigen Resolutionen, zumal er mit Hermann Jahreiß gesprochen hatte, der eine gemeinsame Resolution der westdeutschen Rechtsfakultäten schon für nicht erreichbar gehalten hatte. Tatsächlich hatte Kranzbühler im August 1948 die Idee einer gemeinsamen Resolution der juristischen Fakultäten zu Nürnberg kräftig befeuert, war allerdings von Jahreiß „ausgebremst“ worden.[1261] Auch der Vorschlag, dass sich der DAV einer von mehreren Bundestagsabgeordneten rechter Splitterparteien initiierten Dankesresolution für den Einsatz Wurms und Neuhäuslers für die Dachauer Gefangenen anschließen sollte, wurde bald nicht mehr weiterverfolgt, da Anwalt Henze einen „Wink“ von „wohlmeinenden Kreisen“ in Bonn bekommen hatte. Auch Becker betonte, dass durch eine solche Resolution nur das Misstrauen der Besatzungsmächte erhöht werde und damit der gemeinsamen Sache schade.[1262] Der Ausschuss folgte nun zum Missfallen Kranzbühlers dem Vorschlag von Sauers und beauftrage Wilhelm Grewe mit der Initiative zu einer Resolution auf dem Deutschen Juristentag.[1263] Der im Oktober 1949 von Grewe zusammen mit OLG-Präsident Bruno Heusinger eingebrachte Resolutionsentwurf erwies sich als Misserfolg. Grewe konnte lediglich mit knapper Mehrheit als Notlösung erreichen, dass eine Unterkommission der Ständigen Deputation des Juristentages sich mit der Resolution weiter befasste.[1264] Die Idee der Re-

---

1260 Schreiben Siemers an den Ausschuss 23.11.1949, in: PAAA, NL Becker, Bd. 12 Teilband 2. Das Schreiben von Dix vom 13.10.1949 findet sich in: PAAA, NL Becker, Bd.13 Teilband 1. Rudolf Dix beklagte u. a. die „Protestpsychose“ der Deutschen und den damit erzeugten Widerstandsreflex auf alliierter Seite.

1261 Kranzbühler an Jahreiß 10.8.1949, in: PAAA, NL Becker, Bd. 13 Teilband 1.

1262 Schreiben Henzes an Sauer 26.11.1949 sowie ähnlich Schreiben Pohles an den Ausschuss 29.11.1949 und Schreiben von Sauers an den Ausschuss 24.11.1949 sowie Beckers an den Ausschuss 29.11.1949 und Justus Kochs an den Ausschuss 28.11.1949, in: PAAA, NL Becker, Bd. 12 Teilband 2. Sehr kritisch war Rudolf Dix, der die Aktionen der beiden Bischöfe als wohlmeinend, aber „recht unglücklich“ ansah. Ähnlich argumentierte Siemers, der es als politisch bedenklich empfand, sich für die Dachauer Gefangenen, die weitgehend SS-Leute seien, einzusetzen, vgl. Schreiben Siemers 5.12.49 und Schreiben Rudolf Dix 28.11.49, in: ebd.

1263 Schreiben Kranzbühlers an den Ausschuss 6.8.1949, in: PAAA, NL Becker, Bd. 13 Teilband 1.

1264 Schreiben Grewes an Becker 27.10.1949, in: PAAA, NL Becker, Bd. 12 Teilband 2. Dieser Unterkommission gehörten Walter Hallstein, der in Sachen der

solution „dümpelte" nun geraume Zeit ergebnislos vor sich hin, ehe Kranzbühler nochmals auf eigene Initiative erfolglos versuchte, anlässlich einer Resolution der Deutschen Gesellschaft für Völkerrecht zu Nürnberg vom April 1950, nochmals eine Resolution durch den DAV anzuregen.[1265] Auf dieser Tagung vom 26. bis 28. April 1950 hatte Kranzbühler seinen zentralen Vortrag über „Nürnberg als Rechtsproblem" gehalten. Im Anschluss an seinen Vortrag verabschiedete die Gesellschaft eine eigene Resolution zu den Nürnberger Prozessen, die festhielt, dass die Prozesse zunehmend kritisch gesehen würden, aber man es nicht für angemessen halte, derzeit Stellung zu nehmen. Allerdings wurde die ungleiche Behandlung von Deutschen und alliierten Angeklagten durch die Kriegsverbrechergesetzgebung der alliierten Staaten beklagt und eine Überprüfung dieser Gesetze am Maßstab der Genfer Konvention von 1949 vorgeschlagen.[1266]

Insgesamt waren also die Initiativen Beckers und Kranzbühlers innerhalb der Berufsvereinigungen deutscher Juristen wie bei der Politik weitgehend erfolglos geblieben. Dies zeigte sich einmal mehr bei der Gründung der Stuttgarter Koordinierungsstelle bzw. der Zentralen Rechtsschutzstelle, einer offiziellen Einrichtung zur Koordinierung des Rechtsschutzes der von den Alliierten und dem Ausland angeklagten mutmaßlichen Kriegsverbrecher. 1947 hatte der Süddeutsche Länderrat in Stuttgart dem Roten Kreuz die Priorität in Rechtsschutzangelegenheiten für vor ausländischen Gerichten angeklagte Deutsche gegeben. Allerdings bauten im Folgejahr auch die Caritas und besonders das Evangelische Hilfswerk eigene Rechtsschutzstellen auf.[1267] Angesichts des zunehmenden Wildwuchses auf dem Gebiet des Rechtsschutzes wurden zu Jahresbeginn 1949 im Württembergischen Justizministerium Pläne für eine Koordinierungsstelle aller auf dem Gebiet des Rechtschutzes tätigen Wohlfahrtsverbände und Stellen erstellt.[1268] Am 17. Mai 1949 einigten sich unter Vorsitz des Württembergischen Justizministers Josef Beyerle Caritas, Internationales

„Kriegsverurteilten" in Luxemburg sehr rührige Rechtsanwalt Kurt Heim, der Generalstaatsanwalt von Freiburg, Karl Bader, und Grewe selbst an, vgl. Buchstab: Heidelberger Kreis, S. 68.

1265 Schreiben Kranzbühlers an den Ausschuss 16.3.1950, in: PAAA, NL Becker, Bd. 16 Teilband 1.

1266 Schreiben PD Menzels an Gawlik 26.5.1950, in: BAK, B305, Nr. 12.

1267 Schreiben Heinrich Höflers 27.4.1949, in: BAK, All Proz 21, Nr. 180.

1268 Auszug aus der Niederschrift der Sitzung des Ausschusses Finanz- und Kreditwesen o.D., in: BAK, All Proz 21, Nr. 180.

Rotes Kreuz, Evangelisches Hilfswerk und die Arbeiterwohlfahrt auf die Einrichtung einer gemeinsamen Koordinierungsstelle zur Sammlung, Sichtung und Auswertung von Material zur Unterstützung der Verteidigung im Ausland.[1269]

Die Stuttgarter Pläne brachten nun Rechtsanwalt Kurt Behling auf den Plan. Beruflich hatte Behling keinen Grund, die Vertretung mutmaßlicher Kriegsverbrecher nach Nürnberg weiterhin zu übernehmen.[1270] Behling war sicher kein Parteigänger radikaler Ansichten. Als Berliner Rechtsberater des „Hilfswerks 20. Juli 1944" genoss er nicht nur das besondere Vertrauen der Hinterbliebenen des Widerstands gegen Hitler.[1271] Als Hans Globke in das Bundeskanzleramt berufen werde sollte, machte Behling seinem Ärger gegen solche „Schildbürgereien" in Bonn Luft. Globke als Autorität des „Annektionswahnsinns" habe derartige Ansichten noch in Nürnberg als Zeuge vertreten. Behling bleibe bei einer solchen Personalentscheidung der Atem weg, er könne daher die ostdeutsche Propaganda gut verstehen. Adenauer sei halt schon 74 Jahre alt.[1272] Allerdings war sein Verhältnis zu „Nürnberg" hochambivalent. Obwohl Behling ehrlich erschüttert von den Untaten nicht zuletzt der NS-Justiz war, konnte er in „Nürnberg" keinen Fortschritt erkennen. In einem Brief an Carl Schmitt betonte Behling, dass aus seiner Sicht die Nürnberger Prozesse für die Erforschung der Wahrheit nicht taugten. Es wäre besser gewesen, man hätte in einem objektiven Feststellungsverfahren die Vergangenheit aufgeklärt.[1273] Während eine im Februar 1948 erschienene Zusammenfassung

1269 Niederschrift der Tagung vom 17.5.1949 in Stuttgart, in: BAK, All Proz 21, Nr. 180.

1270 Nicht zuletzt dank seines Engagements für verfolgte Priester im „Dritten Reich" hatte die Fuldaer Bischofskonferenz Kurt Behling als juristischen Berater berufen, vgl. Schreiben Behlings an Bischof Wienken 11.11.1947, in: BAK, NL Behling, Nr. 76. Auch seine Berliner Kanzlei florierte wieder. So hatte er im August 1949 in einem größeren Fall den Manager von Zarah Leander zu vertreten. Scherzhaft vermerkte Behling, er werde wohl das Plädoyer nur mit Texten von Zarah Leander gestalten, vgl. Schreiben Behlings an Swierczyna 22.8.1949, in: BAK, NL Behling, Nr. 73.

1271 Schreiben Behlings an das Bundesministerium für Gesamtdeutsche Fragen 29.7.1954, in: BAK, B305, Nr. 1194.

1272 Schreiben Behlings an Rheindorf 9.1.1950, in: BAK, NL Behling, Nr. 181.

1273 Schreiben Behlings an Carl Schmitt 24.5.1948, in: BAK, NL Behling, Nr. 64. Weitaus zurückhaltender stellte Behling dann auch in seinem resümierenden Aufsatz „Nürnberger Lehren" von 1949 heraus, dass sich aus den Nürnberger Prozessen ein weites Tätigkeitsfeld für die historische Forschung ergeben wer-

des Urteils im Juristenprozess für den Schleswig-Holsteinischen Anzeiger noch rein deskriptiv war, kritisierte sein im Wesentlichen auf einem Entwurf Franz Schlegelbergers basierender und von den in Landsberg inhaftierten Juristen gebilligter, aber von Behling im Duktus entschärfter Aufsatz „Die Schuldaussprüche im Nürnberger Juristenurteil vom 4./5. Dezember 1947“, die angeblich symbolhafte Auswahl der Angeklagten und die „tragische“ Situation der in Nürnberg angeklagten Juristen, die deutsche Beamte alten Stils und ohne Schuld „kriminell“ geworden seien.[1274] In einem langen Brief an Beyerle legte Behling seine Ansichten für die weitere Vertretung von NS-Tätern im Ausland nieder. Laut Behling gebe es mit der anlässlich der Ruhrbesetzung 1923 vom Auswärtigen Amt eingerichteten zentralen Verteidigung vor ausländischen Militärgerichten historische Vorbilder. Was damals notwendig und zweckdienlich gewesen sei, behalte diese Bedeutung auch heute. Besonders die symbolhafte Verurteilung von Personen für ihren Stand und die Befriedung Deutschlands zum Aufbau der deutschen Demokratie durch Wiederherstellung des gegenüber den Deutschen verletzten Rechts seien wichtige Gründe für eine solche Stelle. Wichtiger als das Argument der Befriedung sei aber die Verknüpfung der Kriegsverbrecherfrage mit der deutschen Schuldfrage. Die Allgemeinheit habe daher mit Hinblick auf einen zukünftigen Friedensvertrag das Interesse, die Verurteilungen auf ein Minimum herabzudrücken.[1275] Behling interpretierte aus einem konservativen, wenn auch nicht parteigebundenen Grundverständnis die Situation von 1948/1949 als gleichbedeutend mit der von 1923. Zwar war Behling ernsthaft um Rechtssicherheit

de, vgl. Kurt Behling: Nürnberger Lehren, in: Juristische Rundschau 1949, S. 502–505.

1274 Kurt Behling: Das Nürnberger Juristenurteil, in: Schleswig-Holsteinischer Anzeiger. Ministerialjustizblatt für Schleswig-Holstein, Februar 1948, S. 37–40 und Kurt Behling: Die Schuldaussprüche im Nürnberger Juristenprozess, in: Archiv des Völkerrechts 2 (1947), S. 420–422; Zur Vorgeschichte des Aufsatzes im Archiv des Völkerrechts vgl. Schreiben Behlings an Schlegelberger 16.11.1948 und Schreiben Professor Schätzels 18.11.1948 sowie Auszug eines Schreiben Schlegelbergers an Kubuschok 30.11.1948, in: BAK, NL Behling, Nr. 8; Schreiben Behlings an Schlegelberger 21.5.1949, 22.8.1949 und 8.9.1949, in: BAK, NL Behling, Nr. 9. Auch später gab Behling seine öffentliche Kritik an dem „Gestrüpp des Pseudorechts“ im Anschluss an Nürnberg nicht auf, vgl. Kurt Behling: Rezension zu Hans-Heinrich Jescheck: Die Verantwortlichkeit der Staatsorgane nach Völkerstrafrecht, in: Monatsschrift für Deutsches Recht 1953, S. 74 f.

1275 Schreiben Behlings 16.7.1949, in: BAK, All Proz 21, Nr. 180.

und Gerechtigkeit besorgt. Dennoch fehlte Behling offenbar, trotz der persönlichen Kenntnis des Justizterrors des NS-Regimes, das historische wie wohl auch politische Verständnis für die Besonderheiten der Taten des NS-Regimes.

Schon seit Februar 1949 lief zwischen Becker, Kranzbühler und Behling ein intensiver Meinungsaustausch über mögliche Mitarbeiter dieser Stelle aus den Reihen der Nürnberger Verteidiger. Überlegungen, Kranzbühler als Bearbeiter für die britische Zone, Laternser für die US-Zone und Becker für die französische Zone vorzuschlagen, wurden aber bald Makulatur, als aus unbekannten Gründen die Wohlfahrtsverbände im Beisein von Erich Schwinge und der Vorsitzenden des Kriegsgefangenenausschusses des Länderrates, Margarethe Bitter, Kranzbühler ablehnten.[1276] Auf einer „Lobbytour" durch die Bonner Ministerien schlug Behling daraufhin vor, die geplante Rechtsschutzstelle in einzelne Abteilungen zu Militär, Polizei, Verwaltung und Auslieferung aufzugliedern. Als Mitarbeiter sollten Gawlik für das Themengebiet Polizei, Laternsers Mitarbeiter Schütze für das Militär und für das Themengebiet Verwaltung sein eigener früherer Nürnberger Assistent Rudolf Kühn dienen. Becker warnte allerdings, dass die Personalie Kühn aufgrund dessen Vergangenheit im RJM „schwierig" sei und im April 1949 musste auch Behling eingestehen, dass man „das Ohr der Ministerien" nicht habe und auch die caritativen Verbände Probleme machten.[1277]

Gewinner dieser Diskussionen sollte Hans Gawlik sein, der nun als Kompromisskandidat zum Leiter der Stuttgarter Stelle ernannt wurde. Gawlik und Lummert hatten nach Ende des IMT als Fortsetzung ihrer Tätigkeit in Nürnberg damit begonnen, Vertretungen vor den speziell zur Aburteilung der Angehörigen der als „verbrecherisch" erklärten Organisationen in der britischen Zone geschaffenen Spruchgerichten zu übernehmen. Lummert gelang es im Mai 1947, die Zustimmung der Vereinigung der Vorstände der Rechtsanwaltskammern in der britischen Zone zur Grün-

---

1276 Notiz Behlings 4.2.1949, in: BAK, All Proz 21, Nr. 180; Schreiben Becker an Behling 8.2.1949, in: PAAA, NL Becker, Bd. 2; Vertrauliches Schreiben Behlings an Böhmert 2.3.1949 und Schreiben Behlings an Kranzbühler 1.4.1949, in: BAK, All Proz 21, Nr. 180.

1277 Vertrauliches Schreiben Behlings an Böhmert 26.4.1949, in: BAK, All Proz 21, Nr. 180. Der ursprünglich für die Abteilung Militär von Behling ausersehene enge Mitarbeiter von Generalrichter Lehmann, Otto Grünewald, hatte abgelehnt; vgl. auch Schreiben Beckers an Geißeler 27.7.1949, in: PAAA, NL Becker, Bd. 12 Teilband 2.

dung eines Arbeitsausschusses für die Verteidiger in Spruchgerichtsverfahren zu erhalten. Der Ausschuss entfaltete aber offenbar keine größere Tätigkeit. Seit 1950 widmete sich Lummert nur noch seiner allgemeinen Anwaltspraxis in Köln.[1278] Offenbar hatte ein Streit zwischen Behling und

1278 Schreiben Lummerts an die Vereinigung der RAK-Vorstände 22.5.1947, Schreiben Anwalt Müllers (RAK Celle) an Lummert 10.6.1947, Schreiben des „Arbeitsausschuss[es] für Verteidiger in Spruchkammerverfahren auf Empfehlung der Vereinigung der Vorstände der Anwaltskammer der britischen Zone" an den Generalinspektor in der britischen Zone für Spruchgerichte 5.6.1947 und Schreiben Lummerts 4.7.1947, in: BAK, NL Gawlik, Nr. 129. Der aus den Nürnberger „Veteranen" Gawlik, Lummert, Link, Pelckmann und Rudolf Merkel bestehende Ausschuss sollte Vertrauensanwälte in verschiedenen Lagern unterstützen, so der mehrfach in britischen Militärgerichtsverfahren in Celle aufgetretene Heinrich Holste für das Lager Fallingbostel, der im Großprozess wegen des KZ Ravensbrück als Verteidiger im Curio-Haus aufgetretene Anwalt und designierte Leiter der Geschäftsstelle des Ausschusses Alfred Beyer (Hamburg, für das Lager Sandbostel), Robert Sieveking für das Lager Neuengamme, sowie die Anwälte Graeven (Bielefeld, für das Lager Staumühle), Wichmann (Recklinghausen, für das Lager Recklinghausen) und Wadehn (Bielefeld, für das Lager Eselheide). Zur allgemeinen Unterstützung der Anwälte in den Lagern sollte eine Serie mit „Leitheften" erstellt werden. Allerdings scheint die Tätigkeit des Arbeitsausschusses über das von Lummert verfasste allgemeine Leitheft zu Grundfragen der Organisationsanklage und verschiedene Vertretungen vor den Spruchgerichten nicht hinausgekommen zu sein, vgl. Günther Lummert: Leitheft 1. Einführung in die allgemeinen Rechtsfragen der Spruchgerichtsverfahren Hamburg/Nürnberg 1947. Lummert konzentrierte sich zudem mit seinem Umzug von Celle nach Köln ab Dezember 1948 in Kooperation mit Hermann Jahrreiß weitgehend auf Gutachten für die drei Rechtsschutzstellen des DRK, vgl. Schreiben Lummerts an das OLG Celle 30.6.1949, in: HStaDü, BR-Pe, Nr. 15794 (Lummert). Ergebnis dieser Zusammenarbeit war ein im Auftrag der DRK-Rechtsschutzstelle Hamburg erstelltes und weitgehend auf seinem „Leitheft" basierendes zweisprachiges Gutachten, vgl. Günther Lummert: Die Strafverfahren gegen Deutsche im Ausland wegen „Kriegsverbrechen", Rechtsgutachten mit Gesetzestexten, Hamburg 1949. Lummerts Pläne, sich bei Jahrreiß über das Verbrechen des Angriffskrieges zu habilitieren zerschlugen sich aus unbekannten Gründen, vgl. Schreiben Behlings an Rheindorf 30.3.1951, in: BAK, NL Rheindorf, Nr. 149. Mitte der fünfziger Jahre kehrte Lummert faktisch dem Anwaltsberuf den Rücken und wurde im Rahmen des aus eigenen Mitteln finanzierten „Instituts für internationale und soziale Gerechtigkeit" wissenschaftlich tätig, vgl. Schreiben Lummerts an das OLG Köln 6.5.1960 und 25.1.1962 in: HStaDü, BR-PE, Nr. 15794 (Lummert); vgl. Günther Lummert: Internationaler und sozialer Frieden durch Gerechtigkeit 2. Aufl. 1963 und Ders.: Macht und Brüderlichkeit. Gedanken zur Integration der Menschheit und ihrer Staaten, Bern 1965. Besonders setzte sich Lummert für eine Überwindung

Lummert über die finanzielle Ausgestaltung dazu geführt, dass sich die Wohlfahrtsverbände für Gawlik als Leiter entschieden hatten, zumal Behling den von Gawlik in Aussicht genommenen Mitarbeiter Gerhard Klinnert aus sachlichen Gründen abgelehnt hatte.[1279] Behling und Becker waren mit dieser Lösung nicht glücklich. Insbesondere Behling, der sich selbst Hoffnungen auf die Leitung gemacht hatte, war pikiert, hatte er doch erst über Egon Kubuschok erfahren, dass man sich für Gawlik als Leiter der Stelle entschieden hatte.[1280] Versuche Behlings, eigene Leute als Sachbearbeiter bei Gawlik unterzubringen, lehnte Gawlik brüsk ab, da ein Mann für die Koordinierung ausreichend sei. Zumindest waren sich Behling und Gawlik einig, dass die Nürnberger Rechtsprechung wegweisend war und daher zu Fall gebracht werden müsse.[1281] Gawlik sollte nur kurz Leiter der Stuttgarter Stelle sein, da aufgrund eines Bundestagsbeschlusses vom 1. Dezember 1949 eine „Zentrale Rechtsschutzstelle" des Bundes beim Bundesjustizministerium gegründet wurde, als deren zuständige Referentin Margarethe Bitter (1902–1997) ausersehen war. Die Stuttgarter Koordinierungsstelle wurde vollständig in die ZRS integriert und nach Bonn überführt.[1282] Bitter wandte sich, zum Verdruss der radikalen Anwälte wie Aschenauer, entschieden gegen Forderungen nach einer Ge-

---

der Machtpolitik im Kalten Krieg und eine stärkere internationale Zusammenarbeit ein.

1279 Schreiben Kubuschoks an Behling 16.7.1949 und Schreiben Behlings an Kubuschok 28.7.1949, in: BAK, All Proz 21, Nr. 180. Offenbar war auch für Gawlik diese Berufung überraschend. Gawlik glaubte nur an eine temporäre Tätigkeit in Stuttgart und schmiedete an Plänen, in die Bremer Firma des früheren SS-Offiziers und Zeugen der Nürnberger Prozesse Kurt Becher einzusteigen, vgl. Schreiben Gawliks an Kurt Becher 8.8.1949, in: BAK, NL Gawlik, Nr. 145.

1280 Schreiben Behlings an Becker 17.6.1949, in: BAK, All Proz 21, Nr. 180.

1281 Schreiben Behlings an Gawlik 18.10.1949 und Gawlik an Behling 11.11.1949, in: BAK, NL Behling, Nr. 74.

1282 Schreiben des Bundeskanzleramts an Behling 6.12.1949, in: BAK, All Proz 21, Nr. 180. Sie gehörte zur Pioniergeneration deutscher Juristinnen und arbeitete längere Zeit in einer internationalen Anwaltskanzlei in Kairo. Während des Krieges war sie im Auswärtigen Amt eingesetzt. Im März 1946 kehrte sie in den Staatsdienst zurück und befasste sich für den deutschen Länderrat insbesondere mit Flüchtlings- und Kriegsgefangenenfragen, vgl. Hürter [Hg.]: Biographisches Handbuch, Bd. 1, S. 170f. Zur ZRS vgl. auch Frei: Vergangenheitspolitik, S. 187 f.; Brochhagen: Nach Nürnberg, S. 467 (Anmerkung 32), Brunner: Frankreich-Komplex, S. 115–117 und Weinke: Gesellschaft, S. 31–34. 1953 wurde Bitter erste weibliche Konsulin Deutschlands.

neralamnestie.[1283] Die faktische Leitung der ZRS unterstand allerdings Gawlik, der zugleich als Sachbearbeiter für alle Generalia zuständig war. 1952 wurde die ZRS in das Auswärtige Amt eingegliedert, nun unter alleiniger Leitung Gawliks.[1284] Gawlik holte seinen schon in Stuttgart als Mitarbeiter tätigen Nürnberger Assistenten Gerhard Klinnert nach Bonn. Das „Team Gawlik“ der Nürnberger Prozesse wurde schließlich noch mit Heinrich Klug komplettiert. Auch Egon Kubuschok wurde sporadisch für die ZRS tätig.[1285] Es spricht vieles dafür, dass hier frühere Breslauer und Nürnberger Seilschaften genutzt wurden, um die Breslauer Flüchtlinge in Lohn und Brot zu bringen. Mitte der fünfziger Jahre schieden Klinnert und Klug zugunsten von Stellen in der bayerischen bzw. nordrheinwestfälischen Justiz wieder aus der ZRS aus.

Nach dieser recht eindeutigen Niederlage um die Besetzung der ZRS eröffneten sich für Becker und Kranzbühler neue Handlungsmöglichkeiten im sogenannten Heidelberger Juristenkreis. Aufgrund seiner Bedeutung für die „Vergangenheitspolitik“ der frühen fünfziger Jahre hat der Heidelberger Kreis ein größeres Echo in der wissenschaftlichen Literatur gefunden und wird kontrovers beurteilt. Frank Buscher beschrieb den Kreis als eine Art „clearinghouse for information”, dessen vorrangigste Aufgabe es war, „to draw up policy proposals for the German government regarding possible solutions of the war criminals problem”.[1286] Auch Norbert Frei betonte die Bedeutung des Kreises als Koordinations-, Tagungs- und Clearingstelle, die Interessen bündelte und Prioritäten setzte. In dieser Funktion suchte der Kreis einer Lösung der Kriegsverbrecherfrage kontraproduktiv erscheinende Aktivitäten zu unterbinden und stellte die Bemühungen um die Freilassung mutmaßlicher Kriegsverbrecher auf ein neues or-

1283 Bitter: Bericht 23.6.1952, in: IfZ, ED 449 (Nachlass Margarethe Bitter), Nr. 5.

1284 Schreiben Adenauers an Dehler 2.12.1952, in: IfZ, ED449, Nr. 6.

1285 Vgl. Bitter: Entwicklung des Rechtsschutzes 30.6.1950, in: BAK, B305, Nr. 14. Kubuschok wurde 1970 auf Vorschlag Gawliks das Bundesverdienstkreuz 1. Klasse verliehen, habe sich doch Kubuschok im Rahmen der ZRS zunächst für die Lösung des Problems in Landsberg, später vor allem für die Wahrnehmung der Rechte deutscher Staatsangehöriger, die besonders in Rumänien und in der Sowjetunion politisch verfolgt worden seien, und deutsche Kriegsgefangene im Osten eingesetzt, vgl. Vermerk 20.10.1970 und Begründung der Medaillenverleihung 2.10.1970, in: HStaDü, BR-PE, Nr. 16059 (Kubuschok, Egon).

1286 Buscher: Trial Program, S. 101.

ganisatorisches Niveau.[1287] Robert Sigel bezeichnete den Kreis als „Zentrum all der vielfältigen Aktivitäten, die sich mit dem amerikanischen War Crimes Program im Besonderen und der Kriegsverbrecherproblematik überhaupt auseinandersetzten“, weil er inhaltliche Kompetenz mit politischem und gesellschaftlichem Einfluss vereinigt habe.[1288] Laut einer Zählung Günther Buchstabs umfasste der Kreis etwa 40 Mitglieder.[1289] Allerdings verdeckt diese Zahl, dass den eigentlichen Kernbestand des Kreises Nürnberger „Veteranen“ stellten, so dass man in einem gewissen Sinn den Heidelberger Kreis als Fortführung der Nürnberger Verteidigung in einem neuen organisatorischen Rahmen ansehen kann.

Leiter des Kreises war Eduard Wahl, seit 1948 Dekan der juristischen Fakultät an der Universität Heidelberg und Leiter des Heidelberger Instituts für ausländisches und internationales Privat- und Wirtschaftsrecht.[1290] Wahl nahm eine Schlüsselposition für die Nürnberger „Veteranen“ ein, war er doch 1949 in den ersten Bundestag gewählt worden und sollte lange Jahre dem Auswärtigen Ausschuss sowie dem Rechtsausschuss ange-

---

1287 Frei: Vergangenheitspolitik, S. 163–165. Ähnlich beschrieb auch Günter Buchstab die Aufgaben des Kreises, dessen Ziel es war, „den Sachverstand zu bündeln, in grundsätzliche Erörterungen über die als ungerecht empfundenen Verfahren einzutreten und taktische Überlegungen anzustellen, auf welche Weise den Inhaftierten geholfen werden könne“, vgl. Buchstab: Heidelberger Kreis, S. 64.

1288 Sigel: Dachau, S. 169 f.

1289 Buchstab: Heidelberger Kreis, S. 65.

1290 „Ein Jurist, der im Leben steht. Prof Eduard Wahl wird am 29. März 50 Jahre alt“, in: Heidelberger Tageblatt 28/29.8.1953, in: UAH, Personalakte 6209 (Wahl). Wahl gründete auch die „Deutsche Gesellschaft für die Vereinten Nationen“ und wurde deren erster Vorsitzender. Er führte die Verbandspolitik gemäß den Bruchlinien des Kalten Krieges. 1954 etwa versuchte Wahl auf dem Weltkongress der Gesellschaften in Bangkok gegen die in Ostdeutschland gegründete „Liga für die Vereinten Nationen“ den Alleinvertretungsanspruch der westdeutschen Sektion zu vertreten, vgl. Professor Dr. Wahl fliegt nach Bangkok. Gesellschaft für die Vereinten Nationen tagte. Probleme der deutschen Koexistenz“ in Heidelberger Tagblatt (4.7.1955), in: UAH, Personalakte 6209 (Wahl). 1963 nutzte Wahl die Weltversammlung der Gesellschaften, um die UdSSR wegen der Menschenrechtssituation in der DDR als „Gefährdung der internationalen Rechtsordnung“ zu kritisieren, Professor Wahl warnte P.A. (16.9.1963), in: UAH Personalakte 6209 (Wahl). Interessanterweise gehörten der Gesellschaft in den fünfziger Jahren eine ganze Reihe von früheren Nürnberger Verteidigern bzw. Gutachtern an, so Grewe, Kaufmann, Jahrreiß, Kraus, Mosler, Scupin, Wahl und Wolgast, vgl. undatierte Liste in: Archiv für Christlich-Demokratische Politik, Sankt Augustin (ACDP), I-237 (Nachlass Eduard Wahl), Nr. 008/1.

hören.[1291] Geschäftsführer des Kreises wurde 1951 Julius Fehsenbecker, mittlerweile Anwalt in Mannheim.[1292] Zentrale Positionen nahmen auch Otto Kranzbühler und Hellmut Becker ein. Dagegen spielten die Vertreter der I.G.-Farben, die Anwälte Heinrich von Rospatt, Helmuth Henze und Rolf W. Müller, und Georg Fröschmann sowie Justus Koch nur in der Anfangsphase des Kreises eine größere Rolle. Laut den überlieferten Sitzungsprotokollen waren die Anwälte Laternser und Pohle nur einmal anwesend. Auch Aschenauer, teilweise vertreten durch Joppich bzw. Malz zog sich im Laufe des Jahres 1950 zurück. Weitere Nürnberger „Veteranen" im Kreis waren aufgrund ihrer staatlichen Positionen Gawlik, Kaufmann und Grewe. Neben Professor Wahl, Becker und Kranzbühler war die wichtigste Gestalt des Kreises der seit 1913 in Celle als Anwalt tätige und 1945 zum OLG-Präsidenten von Celle berufene Hodo Freiherr von Hodenberg (1887–1962). Der Vorsitzende der hochkonservativen, aber antipreußischen Deutschhannoverschen Partei war zusammen mit Rudolf Dix im Vorstand des DAV einer der deutlichsten Verfechter eines Numerus Clausus bei der Anwaltszulassung gewesen. Nach 1933 setzte er sich für jüdische Anwaltskollegen ein und trat der NSDAP nicht bei.[1293] In der unter Praktikern geführten Diskussion um die Anwendung des Kontrollratsgesetzes Nr. 10 in der britischen Zone, die mittelbar auch eine Diskussion um die Rechtsgrundlage der Nürnberger Prozesse war, vertrat von Hodenberg die kompromissloseste Haltung aller Diskussionsteilnehmer und war ein scharfer Gegner der Entnazifizierung. Zeitweilig standen deswegen sogar Überlegungen der britischen Militärregierung im Raum, ihn zur Amtsniederlegung zu zwingen. Nur die Angst einen Märtyrer zu schaffen, ver-

---

1291 Professor Eduard Wahl 65 Jahre alt in Heidelberger Tagblatt (29.3.1968), in: UAH Personalakte 6210 (Wahl). Kurz nach Kriegsende war Wahl Mitgründer und später langjähriger Vorsitzender der Heidelberger CDU. Wahl leitete auch den nur in der Legislaturperiode 1953 bis 1957 bestehenden Ausschuss für Besatzungsfolgen, zu dessen Aufgaben der Bau von Siedlungen für Besatzungsangehörige, Freigabe beschlagnahmter Gebäude und die Entschädigung der Besatzungsgeschädigten zählte.

1292 Fehsenbecker übernahm später das Amt des Bürgermeisters für Wohnungs- und Versorgungswesen in Mannheim. Zugleich war er Vorsitzender der CDU-Stadtratsfraktion in Mannheim.

1293 Hartmut Wick: Die Entwicklung des Oberlandesgerichts Celle nach dem Zweiten Weltkrieg, in: Festschrift zum 275-jährigen Bestehen des Oberlandesgerichts Celle, Celle 1986, S. 235–295. Zur Biographie vgl. Hans Joachim Brand: Historisches und Persönliches aus der Rechtsanwaltskammer Celle, 2. Aufl., Celle 2004, S. 28–32.

hinderte einen solchen Schritt.[1294] Weitere häufige Teilnehmer aus der Justiz waren aus dem BJM Margarethe Bitter (für die ZRS) und Ministerialrat Alfons Wahl bzw. aus der Richterschaft der Vizepräsident des OLG Karlsruhe Wilhelm Martens und der nur sporadisch bis Ende 1950 teilnehmende Präsident des OLG Braunschweig und spätere Präsident des Bundesgerichtshofs Bruno Heusinger (1900–1987).[1295] Neuzugänge aus der Anwaltschaft für den Kreis kamen teilweise auf Anregung der Nürnberger Anwälte aus der französischen und britischen Zone. Becker hatte als Spezialist für die französische Zone den kurzzeitig schon in Nürnberg tätigen Friedrich Drischel, der für Becker mehrfach Anwaltsvertretungen übernommen hatte, in den Kreis geholt.[1296] Zeitgleich kam für die britische Zone Rechtsanwalt Helmuth Volkmann aus Hannover in den Kreis, der mit Kritik an den Spruchgerichten aufgefallen war.[1297] Ab 1951 stießen als Spezialisten für das Kriegsverbrechergefängnis Werl noch die Hamburger Anwälte Heinrich Burkard-Motz und Edith Heitmann-Asher hinzu. Seit 1951 nahm auch Anwalt Helmuth Fischinger teil, der zusammen mit Kranzbühler die Interessen der „Spandauer" im Kreis vertrat. Aus der Rechtswissenschaft fanden sich fast ausschließlich Professoren der Heidelberger Fakultät mehr oder weniger sporadisch ein, von denen nur der Rechtsphilosoph Karl Engisch (1899–1990) bis Frühjahr 1952 ständig anwesend war. Von anderen Universitäten nahmen nur Herbert Kraus bis Ende 1950, meist vertreten durch Maschke, bzw. bis 1952 Eduard Kern (1887–1972) aus Tübingen, der im Auftrage Bischof Wurms die Vorwürfe gegen die Nürnberger und Dachauer Prozesse geprüft hatte und über seine Assistentin von der Trenck indirekt in die Nürnberger Verteidigung einge-

1294 Jung: Rechtsprobleme, S. 156 f. und insbesondere Raim: Justiz zwischen Diktatur und Demokratie, S. 579–604.

1295 Heusinger war 1933 zum OLG-Präsidenten in Braunschweig ernannt worden. Sein Antrag auf Aufnahme in die NSDAP wurde 1933 abgelehnt. 1934 wurde er von seinem Amt abgesetzt und Senatspräsident eines Zivilsenats des OLG. Von 1939 bis 1945 war er im Kriegsdienst. Bis 1955 war er Präsident des OLG Braunschweig, dann wechselte er als Präsident an das OLG Celle. 1960 erfolgte seine Berufung als zweiter Präsident des BGH, vgl. Daniel Herbe: Hermann Weinkauff (1894–1981). Der erste Präsident des Bundesgerichtshofs, Tübingen 2008, S. 270 f.

1296 Schreiben Beckers an Drischel 14.6.1948, in: PAAA, NL Becker, Bd. 5 und Becker an Drischel 17.9.1949 bzw. Drischel an Becker 26.9.1949, in: PAAA, NL Becker, Bd. 12 Teilband 2.

1297 Volkmann hatte trotz der Intervention des evangelischen Bischofs Johannes Lilje Probleme bei der Wiederzulassung als Anwalt, vgl. Rüping, Celle, S. 222.

bunden war, teil.[1298] Die evangelische Kirche wurde durch Rudolf Weeber und den Kirchenjuristen Hansjürg Ranke (1904–1987), die katholische Kirche durch den Rechtsberater von Kardinal Joseph Frings (1887–1978), Rechtsanwalt Heribert Knott (1880–1965) aus Köln, vertreten. Diesen Kontakt zu Frings hatte Kranzbühler hergestellt, hatte sich doch Frings schon mehrfach öffentlich um die Familie Krupp bemüht gezeigt.[1299]

Wie Norbert Frei zu Recht betont, fehlten im Kreis die radikalsten Vertreter der Generalamnestielobbyisten um Achenbach und die „Stille Hilfe" um Prinzessin Isenburg (siehe hierzu Kapitel 4.3).[1300] Allerdings bestanden durchaus personelle Querverbindungen, etwa durch Fröschmann, der Mitglied von „Stiller Hilfe" und des Heidelberger Kreises war. Heinrich Malz war sich auch durchaus bewusst, dass er nicht unbedingt gern gesehener Gast des Kreises war. Als er „um der Sache willen" Aschenauer im Kreis vertrat, warnte er Becker schon im Vorgriff vor seinem Auftreten und versicherte ihm, dass er nicht den Eindruck eines „come back" erwecken wolle und ihm dies unangenehm sei.[1301] Das Fehlen vom Alfred

---

1298 Eduard Kern sah die Vorwürfe der Nürnberger Verteidiger in verfahrensrechtlichen Fragen als erwiesen an. Gerade das von Eduard Wahl im Fall 6 vorgelegte Gutachten belege, dass die im US-Verfahren wichtige Waffengleichheit nicht gegeben gewesen sei. Materiellrechtlich dagegen konnte Kern wenig finden, und betonte sogar, dass die Rüge der Nichtanwendung des „Tu quoque" der Aburteilung deutscher Verbrechen nicht entgegenstünde. Dagegen sah Kern die mutmaßlichen Misshandlungen von Dachauer Gefangenen anhand vieler übereinstimmender Zeugen als glaubhaft an, vgl. Eduard Kern: Bericht über das Material des Herrn Landesbischof D. Wurm zu den Prozessen der US-Militärregierung in Nürnberg und Dachau 20.10.1948, in: LKA, St, D1, Nr. 297.

1299 Buchstab: Heidelberger Kreis, S. 67, der auf eine Unterredung Kranzbühlers mit Frings vom 12. August 1948 Bezug nimmt. Ranke hatte am Zweiten Weltkrieg teilgenommen und hatte in britischer Gefangenschaft als Dozent für Kirchenrecht und Geschäftsführer der Theologischen Schule Norton Camp gedient. Seit 1947 war er bei der Kirchenkanzlei der Evangelischen Kirche Deutschlands (EKD) und seit 1950 bei der Vertretung der EKD in Bonn beschäftigt. Knott, Mitglied mehrerer katholischer Verbindungen, war seit 1906 Anwalt in Köln. Seine Kanzlei war fast ausschließlich zivilrechtlich geprägt und zählte verschiedene Behörden, wie den Oberpräsidenten der Rheinprovinz, zu seinen Mandanten, vgl. Milgov-Fragebogen, in: HstaDü, NW 1048/42, Nr. 570 (Knott, Heribert). Zeitweise vertrat er den in Dachau verurteilten Günther Thiele.

1300 Frei: Vergangenheitspolitik, S. 165 f. Dötzer teilte beispielsweise mit, dass er sich im Interesse der von ihm vertretenen SS-Offiziere des Falles 8 nicht am Kreis beteiligen werde, vgl. Schreiben Dötzers an Becker 25.9.1949, in: PAAA, Bd. 12 Teilband 2.

1301 Schreiben Malz an Becker 6.7.1949, in: PAAA, Becker Bd. 13 Teilband 2.

Seidl überrascht dagegen nicht, lehnte dieser doch Zusammenschlüsse prinzipiell ab. Im Kreis gelang es, die Kerngruppe der Nürnberger Verteidiger mit den relevanten Referenten bei den Kirchen und den staatlichen Stellen an einem Tisch zu versammeln. Nicht zu unterschätzen ist auch der große „Durchgangsverkehr", nahmen doch fast alle bekannten Anwälte in Kriegsverbrecherprozessen der drei Westzonen mindestens einmal an Sitzungen des Kreises teil. Die wesentlichen Motoren des Kreises aus dem Kreis der Nürnberger Verteidiger blieben aber Wahl, Kranzbühler und Becker.

Die Initiative, den Kreis zu gründen, war von Hodenberg ausgegangen, der angesichts seiner scharfen Kritik an der alliierten Kriegsverbrecherpolitik um eine Koordinierung dieser Kritik interessiert war. Wie er Fröschmann schrieb, könnte er im „gesamtdeutschen Interesse" den deutschen Verteidigern helfen und das bislang schwer beeinträchtigte „Wiedererstarken des Rechtsgefühls" in ganz Deutschland unterstützen.[1302] Insofern stand auch die Liquidierung der Prozesse an oberster Stelle des Kreises, was Kranzbühler freimütig zugab: "When the trials were finished in 1949, me and a lot of other lawyers who had taken part in those trials felt the obligation to see to it that the defendants sentenced would get out as soon as possible and that the principles of these trials would not be recognized by the coming German government."[1303]

Das erste Treffen des Kreises fand am 28. Mai 1949 in Heidelberg statt und wurde durch eine Grundsatzrede Hodenbergs eröffnet. Das Rechtsbewusstsein in Deutschland sei tief erschüttert und daher müsse eine Lösung der Kriegsverbrecherfrage als gesamtdeutsche Angelegenheit betrachtet werden. Auf das neu gegründete Bundesjustizministerium könne man nicht warten. Im Anschluss referierten Georg Fröschmann und Justus Koch jeweils über Dachau und Nürnberg und wiederholten ihre Kritik an den Prozessen. Da die Besatzungsmächte ihre politische Haltung absehbar nicht ändern würden, plädierte Koch für eine praktische Beendigung der Kriegsverbrecherverfahren durch eine Amnestie, eingeleitet durch eine gemeinsame Aktion der Justizminister der deutschen Länder oder eine Stellungnahme der juristischen Fakultäten bzw. der OLG-Präsidenten. Dem hielt Heusinger in seinem Bericht über die britische Zone entgegen, dass die Öffentlichkeit, wie etwa im Fall Petersen (siehe auch Kapitel 4.4),

---

1302 Schreiben Hodenbergs an Fröschmann 28.5.1949, in: StN, NL Fröschmann, Nr. 84.

1303 Maguire: Law and War, S. 225.

durchaus gegen zu milde Urteile sei. Neben zweifelhaften Fällen habe es auch Taten von größter Abscheulichkeit gegeben, für die man nichts tun könne, auch nicht durch einen generellen Gnadenerweis. Dem hielt von Hodenberg entgegen, dass selbst Begnadigung nicht reiche, weil in der Folge die Entnazifizierung dann den „bürgerlichen Tod" zur Folge habe. Eine Aktion der Justizminister hielt er aber wegen deren unterschiedlichen Einstellungen für wenig erfolgversprechend. Besser wäre eine Art Koordinationsstelle. Nach allgemeiner Aussprache wurde nun beschlossen, diese Koordinationsstelle an der juristischen Fakultät in Heidelberg einzurichten. Delegationen des Kreises sollten Fühlung mit den Alliierten bzw. deutschen Politikern aufnehmen.[1304]

Wichtigster Tagesordnungspunkt der Folgesitzung im Juli 1949 war eine Aussprache über den Beitrag des Kreises zu einer von Ranke und Weeber vorgeschlagenen neuen Denkschrift der Kirchen in Sachen Kriegsverbrecherfrage.[1305] Zwar waren sich alle Mitglieder einig, mit der Denkschrift vorsichtig vorzugehen und nicht einen „unguten Nationalismus" zu fördern. Hodenberg warb allerdings nachdrücklich für einen Gang in die „nicht orientierte" Öffentlichkeit. Für die Jugend sei der Kampf um diese Dinge eine „Herzenssache". Hellmut Becker unterstützte die Resolution ebenfalls nachdrücklich, stellte aber heraus, dass die Verteidiger nicht unterschreiben und nur als Sachbearbeiter im Hintergrund auftreten sollten. Becker berichtete hierbei von einer Aussprache mit Bischof Muench, wonach in den USA die Ansicht in Bezug auf die Prozesse vorherrsche, dass Dachau zwar ein Skandal sei, aber mit unrichtigen Methoden die richtigen Leute bestraft worden seien, in Nürnberg dagegen die falschen Leute mit den richtigen Methoden. Daher sei die Verkoppelung von Dachau mit Nürnberg in der Wirkung gut. Koch und Hodenberg forderten sogar, dass zur Bildung des Rechtsbewusstseins die Bestrafung derjenigen gefordert werden sollte, die dieses Unrecht, also die angeblichen Misshandlungen durch die Anklagebehörde, begangen hätten. Nach Koch könne man ja „Dachau sagen und Nürnberg" meinen. Als Ergebnis wurde vereinbart, dass die Denkschrift zwar prinzipiell in den Händen der Kirchen verbleibe, allerdings ein spezieller Ausschuss des Kreises einen Vorentwurf der beizufügenden Resolution fertigen sollte. Koch konnte der Vorentwurf nicht radikal genug sein. Wer das Unrecht der alliierten Pro-

1304 Protokoll Sitzung 28.5.1949, in: StN, NL Fröschmann, Nr. 91.

1305 Bericht über Tagung in Heidelberg 9.7.1949 von Knott, in: HAEbK, CR II 25.18.17.

zesse beschweige, verrate seine Überzeugung. Dies träfe den neuen Staat direkt.[1306] Heusinger dagegen sprach sich aufgrund seiner Erfahrungen mit der Spruchpraxis in der britischen Zone für eine gemäßigtere Linie aus.[1307] Koch klagte nun in einem Privatbrief an Fröschmann darüber, dass gerade Heusinger und Ranke die Aktion wieder verwässern wollten. Der Appell wirke nur, wenn er geschlossen vorgetragen und nicht mit tausend Rücksichten und Sicherungsgründen belastet sei.[1308] Bei der Beschlussfassung über den Resolutionsentwurf im September 1949 setzte sich aber die von Heusinger und Ranke vertretene schwächere Version durch.

Eine zugleich auf dieser September-Sitzung beschlossene Fühlungnahme mit Hochkommissar McCloy entwickelte sich zu einer „kalten Dusche“ (Otto Kranzbühler). McCloy gestand lediglich zu, dass sein Rechtsberater Chester McLain, ein ehemaliger Kanzleikollege McCloys, Wahl, Leer und Kranzbühler als Experten für die Dachauer bzw. Nürnberger Prozesse anhören werde. Nicht weniger erfolglos agierte der Kreis in Bonn. Wie Kranzbühler Becker mitteilte, habe Wahl mit „Kassandra“-Rufen die Bonner Politik aufgeschreckt. Ein schon vorbereitetes Regierungsschreiben für eine Alters- und Krankenamnestie sei wieder vom Tisch genommen worden. Kranzbühler musste beim Justizminister und früheren Bamberger Anwalt Thomas Dehler (1897–1967) die Wogen glätten, sei doch die Delegation nur ein „Stoßtrupp“ gewesen, um feindliches Gelände aufzuklären, der bewusst schweres Feuer auf sich gezogen hatte, wie er Dehler im Militärjargon zu erklären versuchte.[1309] Carlo Schmid von der SPD habe sich zwar wohlwollend gegenüber dem Vorbringen des Kreises gezeigt, schützte aber „Arbeitsbelastung“ vor und wurde nicht tätig. Dagegen signalisierte der Vorsitzende des Deutschen Gewerkschaftsbundes (DGB) Hans Böckler gegenüber Kranzbühler, dass der DGB den Bemühungen des Kreises keinen Widerstand leisten werde.[1310] Die abweisende Haltung spürte erneut eine Delegation der evangelischen Kirche, der u. a. Ranke und Weeber angehörten, welche die vom Kreis vorbereitete Denkschrift im Februar 1950 übergab. McCloy ermahnte die Kirchenvertreter

1306 Entwurf Justus Kochs 29.8.1949, in: StN, NL Fröschmann, Nr. 81.

1307 Schreiben Kochs an Fröschmann, Heusinger, Hodenberg, Knott, Ranke und Wahl 5.9.1949, in: StN, NL Fröschmann, Nr. 81.

1308 Schreiben Kochs an Fröschmann 11.9.1948, in: StN, NL Fröschmann, Nr. 81.

1309 Schreiben Kranzbühler an Becker 13.12.1949, in: PAAA, NL Becker, Bd. 13 Teilband 1.

1310 Buchstab: Heidelberger Kreis, S. 68.

vor überzogener Rhetorik. Zugleich gab er aber zur Überraschung der Kirchenmänner bekannt, dass er ein spezielles Gremium einrichten wolle, welches sämtliche Nürnberger Urteile überprüfen werde.[1311] Tatsächlich wurde im März 1950 von McCloy ein aus drei bekannten Juristen bestehendes „Advisory Board" zur Überprüfung der Nürnberger Prozesse berufen. Das als „Peck-Commission" bekannt gewordene Gremium war hochrangig besetzt und bearbeitete innerhalb von vier Monaten nicht weniger als 104 Fälle von Angeklagten aus den 12 Nachfolgeprozessen.[1312] Der Heidelberger Kreis dagegen sah mehr oder weniger den Entwicklungen zu. Die Sitzungen des Jahres 1950 dienten primär dem Informationsaustausch. Insbesondere Becker verfocht seit März 1950, wohl nicht zuletzt mit Rücksicht auf seinen Mandanten von Weizsäcker, dass sich die Presse zurückhalten sollte und auch Heinrich von Rospatt als Vertreter der ebenfalls mit baldigen Freilassungen rechnen könnenden Industriellen plädierte dafür, Vorkehrungen zu treffen, bei Vollstreckung von Todesurteilen nicht zu scharf zu berichten.[1313] Dieser „Stillhaltetaktik" schloss sich schließlich auch Hodenberg an, der im November 1950 angesichts möglicher neuer Hinrichtungen in Landsberg wünschte, über das Presseamt der Bundesregierung der Presse Richtlinien zur Berichterstattung über Landsberg an die Hand zu geben, damit nicht durch unvorsichtige Äußerungen eine günstige Erledigung der Fälle behindert werde.[1314] Als schließlich die Todesurteile gegen Ohlendorf und sechs weitere „Landsberger" bestätigt wurden, stimmte im Januar 1951 der Kreis darin überein, dass bei den Verfahren der verurteilten SS-Führer aus den Nürnberger Prozessen zwar Unrichtigkeiten festzustellen seien, man wollte aber zunächst abwarten.[1315] Im April 1951 räumte von Hodenberg ein, dass man gegen den Vollzug der Todesurteile nichts werde tun können.[1316]

1311 Frei: Vergangenheitspolitik, S. 168–170. Zur Einstellung McCloys, vgl. Thomas Schwartz: Die Begnadigung deutscher Kriegsverbrecher. J.J. McCloy und die Häftlinge von Landsberg, in: Vierteljahresschrift für Zeitgeschichte 38 (1990), S. 372–414.

1312 Bower: Blind Eye, S. 421. Geleitet wurde die Kommission vom Vorsitzenden Richter der Appellate Division des Supreme Courts von New York David Peck, dem Leiter des New Yorker Bewährungsausschusses Frederick A. Moran und Conrad Snow, stellvertretender Rechtsberater im State Department.

1313 Protokoll 25.3.1950, in: StN, NL Fröschmann, Nr. 81.

1314 Protokoll 15.11.1950, in: StN, NL Fröschmann, Nr. 81.

1315 Protokoll 10.2.1951, in: StN, NL Fröschmann, Nr. 81.

1316 Protokoll 9.4.1951, in: StN, NL Fröschmann, Nr. 81.

Insgesamt sind die ersten beiden Jahre der Tätigkeit des Kreises ernüchternd. Er verlegte sich auf das Sammeln von Informationen verbunden mit gelegentlichen Vorstößen bei verschiedenen deutschen bzw. alliierten Behörden. Was ihn allerdings von anderen Lobbygruppierungen unterschied, war die exzellente Vernetzung, da, nicht zuletzt dank Eduard Wahls, enge Kontakte zu Industrie, dem BJM, dem Auswärtigen Amt, dem Bundestag, den Kirchen sowie einigen der wichtigsten Anwälte noch inhaftierter NS-Tätern bestanden. Nach stürmischen Anfängen legte sich zudem der Kreis in Bezug auf die Presse Zurückhaltung auf. Jener Pragmatismus zeigte sich gerade in Zusammenhang mit der Hinrichtung der letzten Landsberger Todeskandidaten im Frühsommer 1951, als sich der Kreis gegen eigene Aktionen entschied. Vielleicht war dies auch der Grund, weswegen sich im Laufe des Jahres 1950 verschiedene Mitglieder vom Kreis wieder lösten. Rudolf Aschenauer wie Justus Koch dürfte der Kreis zu wenig radikal gewesen sein, während sich Fröschmann, Hodenberg und auch Becker pragmatisch mit der zurückhaltenden Linie abfanden. Überhaupt scheint der Kreis in den ersten zwei Jahren, abgesehen vom „Wachrütteln" der „Herzensangelegenheit", wenig Einfluss ausgeübt zu haben, und er, wie McCloys Entscheidung zur Einrichtung der „Peck Commission" zeigen, von den Ereignissen oft überrascht wurde.

Kurzzeitig sollte der Kreis allerdings im August 1951 unverhofft zum Beratergremium Konrad Adenauers werden. Professor Walter Hallstein fragte persönlich bei seinem früheren Bekannten aus dem Kaiser-Wilhelm-Institut für Internationales Privatrecht, Eduard Wahl, an, ob dieser einen Vorschlag für eine Gesamtbereinigung der Kriegsverbrecherfrage machen könne. Becker, Kranzbühler, Wahl wie auch Kaufmann begannen sofort, erste Vorschläge vorzubereiten. Sämtliche in Deutschland inhaftierte Kriegsverbrecher sollten demnach dem deutschen Strafvollzug übergeben werden und als Gnadeninstanz der Bundespräsident dienen. Wäre diese Lösung nicht durchsetzbar, würde man sich am japanischen Friedensvertrag orientieren müssen. Die Bunderegierung würde demnach ein Vorschlagsrecht für Gnadenakte bekommen, abweichend aber von der japanischen Lösung sollte eine gemischte Instanz über die Gnadengesuche entscheiden und die Gefangenen in US-Strafvollzug bleiben.[1317] Am 25. Januar 1952 trafen Vertreter des Heidelberger Kreises Konrad Adenauer, um ihm ihre Vorschläge zu unterbreiten. Zunächst referierte Kranzbühler über

1317 Rundschreiben Fehsenbeckers 22.8.1951, in: StN, NL Fröschmann, Nr. 81.

die Geschichte des Kreises und begründete die Sorge des Kreises um die Kriegsverbrecherfrage mit der „Erschütterung des Rechtsbewusstseins" durch die Kriegsverbrecherprozesse und der „nachweisbar" mit den Prozessen entstandenen Radikalisierung breiter Teile des Volkes. Adenauer müsse daher die anstehenden Verhandlungen um den Generalvertrag nutzen, um etwas zu unternehmen.[1318] Adenauer sah die Vorschläge des Kreises, im Wesentlichen deckungsgleich mit Überlegungen des für die Ausarbeitung einer Lösung der Kriegsverbrecherfrage zuständigen Bundestagsausschusses, als gut an. Allerdings erinnerte Adenauer seine Gesprächspartner daran, dass man nicht vergessen dürfe, dass es auch wirkliche Schuldige gebe. Vor Kurzem habe er einer Bitte nachgegeben, sich für zwei Todeskandidaten in Luxemburg einzusetzen. Angesichts der diesen Männern vorgeworfenen Taten sei Adenauer sehr übel geworden, hätten diese doch 21 Menschen eigenhändig getötet. Auch den Einwand Hodenbergs, man müsse handeln, um der SRP in Niedersachsen Einhalt zu gebieten, ließ Adenauer nicht gelten. Überhaupt sei, wie Adenauer mit Anspielung auf das Engagement Warren Magees im Auftrag der ZRS für die verbliebenen sieben Landsberger Todeskandidaten herausstellte, große Vorsicht nötig, sei doch „eine starke Verärgerung" darüber eingetreten, als die Bundesregierung Geld zur Bezahlung der Anwälte gegeben habe, die in den USA für die im Falle Landsberg zum Tode verurteilten Personen tätig gewesen seien.[1319]

Kranzbühler reklamierte für sich, Vater jenes Artikels im (als Begleitwerk des zwischen den Westalliierten und der BRD abgeschlossenen Generalvertrags entstandenen) Überleitungsvertrages gewesen zu sein, welcher die alliierten Kriegsverbrecherprozesse als nicht bindend für Deutschland normiert hatte. Artikel sechs des Überleitungsvertrages hatte die rechtliche Grundlage für die Gemischten Kommissionen geschaffen. Absatz elf dieses Artikels allerdings betonte, dass Artikel sieben, der prinzipiell die Geltung alliierter Urteile unter deutschem Recht anerkannte, gerade nicht auf Artikel sechs anwendbar sei: „It was drafted after we had a conference with Adenauer. A good lawyer would never do it that way, to

1318 Vermerk Rankes 26.1.1952, in: EZA, Bestand 2, Nr. 2492.

1319 Bericht Knotts vom Heidelberger Kreis am 25.1.1952 beim Bundeskanzler, in: HAEbK, CR II 25.18.25; vgl. auch eine von Hallstein gewünschte Zusammenfassung der Vorschläge des Kreises im Anschluss an das Treffen mit Adenauer, vgl. Schreiben Kranzbühlers an Hallstein 26.1.1952, in: HAEbK, CR II 25.18.25.

put the exception in a different place than the rule. But it was intended to conceal. Nobody took notice of it, no press mentioned it.“[1320] Er und Wahl hätten Adenauer überzeugt, dass es bei der Kriegsverbrecherfrage um nichts weniger ginge, als um das Akzeptieren der Kriegsschuld durch die Annahme eines speziellen Rechts gegen Deutsche. Eine Anerkennung der Urteile, wie Kranzbühler Adenauer nach seinem Referat erinnert habe, brächte das zustande, was die Reichsregierung der Weimarer Republik nicht habe verhindern können, nämlich die Anerkennung der Kriegsschuld.[1321] Adenauer habe das sofort eingesehen und geantwortet, dass, egal wie es einmal historisch bewertet werden würde, die Anerkennung ein großer Fehler wäre. Für Kranzbühler war dies im Nachhinein ein Ausdruck „von geistiger Freiheit“, die damals Adenauer noch gehabt habe. Wie die oben zitierten Mitschriften der Unterredung allerdings zeigen, hatten Kranzbühler und der Kreis nur Pläne wiederholt, die so bereits im Bundestag durchgespielt wurden. Zwar hatte Kranzbühler tatsächlich darauf hingewiesen, dass es sich bei den alliierten Prozessen um Sonderrecht handle. Allerdings hatte sich Adenauer, wie auch schon in früheren Begegnungen mit Kranzbühler, eher reserviert gezeigt und war von seiner Linie, keine Amnestie zu befürworten und gewissen Urteilen durchaus eine Richtigkeit nicht abzusprechen sei, nicht abgewichen. Da allerdings über Eduard Wahl eine Verbindung zu den Gremien im Bundestag bestand, erscheint es durchaus möglich, dass Kranzbühler Anteil an der Nichtanerkennung der Nürnberger Urteile im Überleitungsvertrag hatte, zumal Kranzbühler sich zwar pragmatisch für die Ziele des Kreises eingesetzt hatte, aber selbst noch im Juli 1952 im Schreiben an das Bundesjustizministerium für eine Generalamnestie warb.[1322]

Wahl nutzte nach der Unterredung mit Adenauer sogleich die Gelegenheit am 7. Februar 1952 in der Wehrdebatte in der 130. Sitzung des Bundestages einen Vorstoß in Sachen Kriegsverbrecherfrage und den „Gemischten Ausschüssen“ zu wagen, der allerdings so moderat blieb, wie es Bundeskanzler Adenauer für seine Ziele nur wünschen konnte. Zudem setzte der Kreis mit Kaufmann, Wahl, Kranzbühler und Ranke einen Untersuchungsausschuss ein, der dem Bundestag Vorschläge für die Mitglie-

1320 Maguire: Law and War, S. 239.
1321 Maguire: Law and War, S. 239 und BAK, Ton 1040.
1322 Eichmüller: Generalamnestie, S. 110.

der der Gemischten Kommissionen machen sollte, die dann im August 1952 an das Bundesjustizministerium übermittelt wurden.[1323]

Ein letzter Höhepunkt der Arbeit des Kreises sollte Wahls Beitrag zur Bundestagsdebatte zum Deutschlandvertrag am 17. September 1952 sein. Wie schon zu Beginn seines Beitrags zur Wehrdebatte betonte er, dass er sich bei seiner Fraktion eingesetzt habe, dass es keine Generalamnestie geben werde, da man keine Veranlassung habe, für Leute einzutreten, die gemeine Verbrechen begangen haben. Stattdessen habe man im Sinne der Gerechtigkeit die von ihm geforderten gemischten deutsch-alliierten Kommissionen als Überprüfungsausschuss bei der ersten Lesung des Vertragswerks zum Deutschlandvertrag ausgehandelt. Nochmals kritisierte er in Abwandlung der schon häufig in Nürnberg zu hörenden „simplen Totalitarismusthese“, dass der Einzelne die Verbrechen durch sein Wohlverhalten in einem Gewaltregime gar nicht habe verhindern können, zumal an seine Stelle sofort ein anderer getreten wäre, der dann ein willfähriges Werkzeug gewesen wäre. Deswegen müsse man von einer gewissen Willkür bei der Auswahl der Angeklagten in den Nürnberger Prozessen sprechen. Abgesehen von dieser Kritik endete die Rede dann aber mit einem Loblied auf die Politik der Bundesregierung. Wahl kam auf sein Treffen mit Adenauer im Januar zu sprechen und begrüßte den „Mut zur Unpopularität“, den die Bundesregierung für die mutmaßlichen Kriegsverbrecher gehe.[1324]

1323 Protokoll 9.2.1952 und Protokoll 26.2.1952, in: BAK, B305, Nr. 61 und Frei: Vergangenheitspolitik, S. 249; Vermerk Rankes 18.2.1952, in: EZA, Bestand 2, Nr. 2492; Rundschreiben Fehsenbeckers 12.8.1952, in: BAK, B305, Nr. 61. Von den Personalvorschlägen des Kreises für die Gemischten Kommissionen wurde allerdings mit dem Bonner Strafrechtsprofessor Helmuth von Weber (1893–1968) nur ein Vorschlag berücksichtigt. Während des „Dritten Reiches“ hatte von Weber eine umstrittene Rolle als Koautor eines Rechtsgutachtens im Reichstagsbrandprozess gespielt, konnte aber aufgrund fehlender Mitgliedschaft in der NSDAP bald nach 1945 als Experte im internationalen Strafrecht wieder publizieren und sprach sich in mehreren Aufsätzen für eine weite Auslegung des Befehlsnotstandes aus bzw. geißelte das Kontrollratsgesetz Nr. 10 als rein politisch motiviert ab, vgl. Laura Winter/Stefan Stolte: Hellmuth von Weber, in: Mathias Schmoeckel [Hg.]: Die Juristen der Universität Bonn im „Dritten Reich“, Köln u. a. 2004, S. 582–601; Hellmuth von Weber: Das Verbrechen gegen die Menschlichkeit in der Rechtsprechung, in: Monatsschrift für Deutsches Recht 1949, S. 261–266; Hellmuth von Weber: Die strafrechtliche Verantwortlichkeit für Handeln auf Befehl, in: Monatsschrift für Deutsches Recht 1948, S. 34–42.

1324 Plenarprotokolle des Deutschen Bundestags, 230 Bundestag (17.9.1952), S. 10496–10498.

Die Bundesregierung zeigte sich von Wahls quasi „regierungsamtlicher“ Rede derart begeistert, dass das Auswärtige Amt 2000 Sonderdrucke für ihre diplomatischen Vertretungen herstellen ließ und die Zentrale Rechtsschutzstelle den Text der Rede an alle mit ihr zusammenarbeitenden Anwälte versendete.[1325]

Mit der Bundestagsdebatte vom September 1952 hatte der Kreis eigentlich seine Ziele erreicht und eine „objektive“ Lösung der Kriegsverbrecherfrage in Gang gesetzt. Nur noch sporadisch fanden bis 1955 Sitzungen zum allgemeinen Informationsaustausch statt.[1326] Unabhängig vom Kreis hatte sich sein Mitglied Hans Gawlik als „Bremse“ der Ermittlungsarbeit gegen mutmaßliche Nazi-Verbrecher hervorgetan. Als sich im Frühherbst 1958 das bayerische Justizministerium im Zuge neuer Initiativen zur Verfolgung von NS-Tätern an die ZRS wandte, um Material für die weitere Auswertung zu bekommen, zeigte sich Gawlik wenig kooperativ. Im bayerischen Justizministerium hielt man allerdings Gawliks Rechtsansicht, der Zugriff der Staatsanwaltschaft auf die Materialien der ZRS müsse unter Hinweis auf das Zeugnisverweigerungsrecht für Anwälte verweigert werden, für zweifelhaft und sah die ZRS zumindest in den Bereichen, die nicht unmittelbar die Strafverteidigung betrafen, zur Amtshilfe verpflichtet. Gawlik gelang es aber, jeglichen Zugriff auf das ZRS-Material abzublocken.[1327] Zumindest für Gawlik sollte sein Engagement in der Kriegsverbrecherfrage noch ein Nachspiel haben. Im März 1968 deckte der als „Nazi-Jäger“ bekannt gewordene Simon Wiesenthal (1908–2005) auf, dass das Rote Kreuz von der ZRS eine Liste von in Frankreich in Abwesenheit verurteilten NS-Tätern bekommen hatte mit dem Auftrag, diese vor möglicher Strafverfolgung zu warnen. In dieser als „Warndienst West“ bekanntgewordenen Affäre verteidigte sich Gawlik erfolgreich mit der Behauptung, er sei zu diesen Warnungen rechtlich verpflichtet gewesen, seien doch Deutsche auf Frankreichreisen wegen derartiger Abwesenheitsurteile mehrfach verhaftet worden. Dass der frühere Verteidiger des SD und langjährige Leiter der ZRS allerdings nicht wusste, was etwa Klaus Bar-

1325 Frei: Vergangenheitspolitik, S. 279.

1326 Protokoll 26.2.1953, in: EZA, Bestand 2, Nr. 2494; 17.3.1953 Protokoll der Sitzung des Kreises im BJM 17.3.1953, in: EZA, Bestand 2, Nr. 2494; vgl. auch Rundschreiben Fehsenbeckers 25.4.1953 und Schreiben Wahls an Conant 25.3.1953 sowie Schreiben Knotts an von der Grinten 19.3.1953, in: HAEbK, CR II 25.18.23.

1327 Eichmüller: Generalamnestie, S. 200 f.; Brunner; Frankreich-Komplex, S. 227 f.

bie, der sich auch auf dieser Liste befand, für Verbrechen begangen hatte, ist mehr als unwahrscheinlich. Dennoch gelang es Gawlik, noch einmal Konsequenzen abzuwenden. Mit dem Erreichen der Altersgrenze wurde Gawlik 1969 pensioniert.[1328] Auf Vorschlag des Verbandes der Heimkehrer wurde Gawlik für seine Tätigkeit bei der ZRS das Bundesverdienstkreuz verliehen und er arbeitete anschließend, nunmehr in Köln als Anwalt zugelassen, als Leiter der Rechtsabteilung in der Hauptgeschäftsstelle des Heimkehrerverbandes.[1329]

Im August 1959 wurde nach langer Pause auch der Heidelberger Kreis nochmals einberufen. Dies war auf Initiative des sowohl dem Kreis wie der „Stillen Hilfe“ angehörenden Kirchenpräsidenten der Evangelischen Kirche in der Pfalz und Beauftragten der evangelischen Kirche für die Kriegsgefangenen in Frankreich, Hans Stempel (1894–1970), geschehen. Grund für die Einberufung waren die neuen Ermittlungen der Landesbehörden und der Zentralen Stelle in Ludwigsburg, nachdem der BGH entschieden hatte, dass der Überleitungsvertrag einer erneuten Strafverfolgung der durch alliierte Gerichte verurteilten Personen nicht entgegenstünde.[1330] Gawlik berichtete von seiner erfolgreichen Abwehr der bayerischen Ermittlungsbehörden. Der ebenfalls anwesende, sich in den sechziger Jahren gegen eine Verlängerung der Verjährung von Mordtaten im NS-Regime aussprechende Generalbundesanwalt Max Güde (1902–1984) wollte das Problem einer erneuten Aufnahme von Prozessen gegen bereits vor alliierten Gerichten verurteilte Personen mit den Landesjustizministern und den Generalstaatsanwälten besprechen. Sollte es Handlungsbedarf geben, wollte man nochmals zusammentreten. Dazu kam es allerdings nicht mehr.[1331] Damit endeten auch endgültig die formellen Zusammenkünfte des Heidelberger Kreises.

Das Ende der Zusammenkünfte bedeutete allerdings nicht, dass alte Verbindungen des Kreises nicht reaktiviert werden konnten, insbesondere

---

1328 Brunner: Frankreich-Komplex, S. 227–238 und Weinke: Gesellschaft, S. 126–135.

1329 Schreiben Otto Funkes 14.4.1977 mit Liste von 77 führenden Personen im Verband der Heimkehrer 14.4.1977, in: BStU, HA IX/11 AB 1485; vgl. auch Mitteilung des Präsidenten des OLG Köln 30.10.1970, in: PAAA, PA 48419 (Gawlik).

1330 Zur Gründung der Ludwigsburger Stelle, vgl. Weinke: Gesellschaft, S. 20–28.

1331 Vgl. Aufzeichnung Fehsenbeckers 6.8.1959, in; BAK, B305, Nr. 61, vgl. auch Schreiben Stempels an Wahl 2.12.1958 und Schreiben Wahls an Ranke 16.7.1949, in: EZA, Bestand 2, Nr. 2500.

nachdem mit der Ludwigsburger Zentralstelle Prozesse gegen auch schon in Nürnberg verurteilte Kriegsverbrecher in Gang kamen. Insofern gibt es eine Art „Nachgeschichte“ des Heidelberger Juristenkreises und seiner Mitglieder.

Schon Ende 1952 hatte sich ein „Juristenkreis um Silcher“ (Joachim Rumpf) gebildet.[1332] Unter Leitung von Friedrich Silcher, mittlerweile Vorstandsmitglied der neu gegründeten Bayer AG, war diese Zusammenkunft Nürnberger Veteranen allerdings einem engeren Ziel gewidmet, nämlich der Abwehr von Schadensersatzansprüchen jüdischer Zwangsarbeiter gegen die I.G.-Farben Nachfolgeunternehmen (I.G.-Farben-Gesellschaft in Liquidation bzw. die großen Nachfolgegesellschaften BASF, Bayer und Höchst) im sogenannten „Wollheim-Prozess“, der ersten Musterklage ihrer Art in Deutschland. Neben Silcher rührigste Person war einmal mehr der Frankfurter Rechtsanwalt und spätere Syndikus der Kali Chemie AG Rolf W. Müller. Weitere Teilnehmer aus den Reihen der ehemaligen Nürnberger Verteidiger waren Bachem, mittlerweile Mitarbeiter im Handelspolitischen Büro der Bayer AG, Heintzeler, weiterhin Leiter der Rechtsabteilung des Werks Ludwigshafen, und Rechtsanwalt Henze, Letzterer auch Mitglied im Aufsichtsrat der Liquidationsgesellschaft. Kontakte gab es in das Bundeswirtschaftsministerium, wo von Rospatt eine Anstellung gefunden hatte. Neu war Gerhard Küppers, ehemals Leiter des Rechtsbüros der Verkaufsabteilung der I.G.-Farben und nun Anwalt in Frankfurt, der im „Review“-Verfahren anstelle von Anwalt Berndt ter Meer vertreten hatte. Später kam noch der mittlerweile bei Höchst angestellte Storkebaum hinzu. Von den früheren Angeklagten waren Seidls früherer Mandant Dürrfeld und Knieriem am Kreis beteiligt. Silcher nutzte die alten Nürnberger Kontakte und engagierte Hellmuth Dix und Alfred Seidl als Sitzungsvertreter für das (erste) Verfahren im Mai 1953 vor dem Landgericht Frankfurt. Wohl wegen seiner Tätigkeit im KPD-Prozess wurde Dix durch Kranzbühler im Berufungsverfahren ersetzt. Weiterer Sitzungsvertreter war der als „Halbjude“ im „Dritten Reich“ massiven Nachteilen ausgesetzte Jacob Flesch (1885–1972), erster Nachkriegspräsident der RAK Frankfurt. Mit seinem Mandat nicht wirklich glücklich war Flesch froh, es im Berufungsverfahren an seinen nichtjüdischen Sozius

1332 Das Wollheim-Verfahren kann hier nur angerissen werden, Dazu jetzt ausführlich Joachim R. Rumpf: Der Fall gegen die I.G. Farbenindustrie A.G., in Liquidation. Die erste Musterklage eines ehemaligen Zwangsarbeiters in der Bundesrepublik Deutschland. Prozess, Politik und Presse, Frankfurt a.M. 2010.

und ersten Nachkriegsvorsitzenden des Frankfurter Anwaltvereins Otto Wedesweiler (1900–1970) abzugeben, dem als vierter Anwalt der Justiziar der Liquidationsgesellschaft Professor Benvenuto Samson (1887–1983) zur Seite stand. Dagegen hielt sich der mittlerweile als Anwalt in Düsseldorf zugelassene und als Liquidator der I.G.-Farben fungierende Walter Schmidt zurück, wirkte aber auf Kranzbühler ein, das Berufungsverfahren durch einen Vergleich zu beenden[1333] Die Gegenpartei repräsentierten u. a. der von den Nationalsozialisten entlassene Richter und nunmehrige Frankfurter Rechtsanwalt Henry Ormond (1901–1973), der später neben Kaul die Nebenklage im Frankfurter Auschwitz-Verfahren führen sollte, und Grewes früherer Gegenspieler Otto Küster.[1334] Einmal mehr hatte die Industrie Spitzenanwälte und die prominentesten Nürnberger „Veteranen“ engagieren können. Allerdings zeigte sich nun auch eine Professionalisierung auf der Gegenseite durch spezialisierte Opferanwälte und Restitutionsexperten.

Gegenwind bekamen die Nürnberger „Veteranen“ auch in ihren Verfahren wegen Versorgungsansprüchen ihrer Mandanten. Schlegelberger war mit seinem Prozessvertreter Kubuschok vor dem Oberverwaltungsgericht Lüneburg (1962) bzw. Bundesverwaltungsgericht (1966) mit seinem Vorgehen gegen die Kürzungen seiner Pensionsansprüche am Prozessvertreter des Landes Schleswig-Holstein, Konrad Redeker (1923–2013), gescheitert.[1335] Aus den Reihen der rechtsextremen Gefangenenhilfeorganisation „Stille Hilfe“ hatte es zudem mehrfach Klagen zur Praxis der Sozialgerichte in Versorgungsverfahren für die Angehörigen hingerichteter Kriegsverbrecher in den Dachauer und Nürnberger Prozessen gegeben. Ein stets offenes Ohr hatte die „Stille Hilfe“ hierbei bei dem für Versorgungsfälle von Kriegsgeschädigten zuständigen Referenten im Bundesarbeitsministerium, Friedrich Bünger, gefunden.[1336] Im April 1960 gelang es auf Initiati-

1333 Pöllath [Hg.]: Wirtschaftsanwälte, S. 153 f. Der frühere Justiziar des Verbandes sächsischer Industrieller Samson war während des Zweiten Weltkriegs in ein Arbeitslager eingeliefert worden. 1950 flüchtete er aus Dresden nach Frankfurt.

1334 1947 war Küster zum Staatskommissar für Wiedergutmachung in Württemberg ernannt und unter fragwürdigen Umständen 1954 entlassen worden.

1335 Redeker war schon damals ein gefragter Spezialist für Verwaltungsrecht. 1984 war er Vertreter des entlassenen Generals Günter Kießling in der „Kießling-Affäre“.

1336 Nathanel Wagner an Werner Best 8.3.1961 und 7.4.1961 sowie Stellungnahme des Ministerialrats Bünger o.D., in: HStaDü, Rep 242, Nr. 296. Bünger dehnte seine Unterstützung für die „Stille Hilfe“ auch auf die Durchsicht der Rund-

ve Stempels aus dem früheren Heidelberger Kreis, Interessenten für den Plan einer „gemischten Kommission" zur Regelung der sozialen Angelegenheiten der „heimgekehrten Kriegsverurteilten" zu gewinnen, so Bünger, Ranke, Gawlik und Knott. Bei dem einzigen Zusammentreffen beklagte Gawlik, dass man angesichts der Schilderung Büngers zur Sozialgerichtsbarkeit nicht mehr von unabhängigen Gerichten sprechen könne. Stempel stimmte mit Gawlik vollkommen überein, schließlich sei früher ein Heimkehrer noch ein „Märtyrer" gewesen.[1337] Ein für September 1960 geplantes Nachfolgetreffen zur Einsetzung einer Art Gutachtergremium in Sozialsachen fand allerdings bereits nicht mehr statt und bestätigte Bedenken Stempels, dass die Sache schon wieder gescheitert sei.[1338] Die „Stille Hilfe" sollte dann auf ihre Art reagieren (siehe Kapitel 4.3).

Ein weiteres Betätigungsfeld früherer Mitglieder des Heidelberger Kreises eröffnete die Debatte um die Verlängerung der Verjährungsfrist für Mord. Ausgehend von der Feststellung, dass bis zum 8. Mai 1945 systemkonforme Straftaten nicht verfolgt worden waren, galt ab diesem Datum die regelmäßige Verjährungsfrist von zwanzig Jahren für Mord. Beihilfe zu Mord wäre bereits nach 15 Jahren, d.h. im Mai 1960 verjährt gewesen. Durch ein aufsehenerregendes und vom BGH bestätigtes Urteil des OLG Hamm ging allerdings die Rechtsprechung seit Beginn der sechziger Jahre davon aus, dass für Beihilfe zu Mord die gleichen Verjährungsfristen wie für die Haupttat zu gelten habe.[1339] Umstritten war zudem das sogenannte Staschynskij-Urteil des BGH vom 19. Oktober 1962 zur als „Gehilfenrechtsprechung" bekannt gewordenen Beurteilung der Beihilfe zum Mord in einem totalitären Regime. War lange Zeit vor dem BGH umstritten gewesen, ob das schon in Nürnberg etablierte Argument des „Werkzeuges einer totalitären Ideologie" auch für die Taten des NS-Regimes gelten könne, brachte das Urteil vom Oktober 1962 gegen den sowjetischen Auftragsmörder Bogdan Staschynskij eine wegweisende Entscheidung. Trotz der objektiven Tatherrschaft des Täters sei im Falle des Tötens auf Befehl eine Einstufung als Gehilfe möglich, sofern der Befehlsempfänger der po-

---

schreiben der „Stillen Hilfe" aus und attestierte ihnen, „politisch unverfänglich" zu sein.

1337 Niederschrift Redenz 12.7.1960, Vermerk Betr. Kommission o.D. und Vermerk Burkart 22.7.60, in: EZA, Bestand 2 Nr. 2499.

1338 Stempel an Ranke 5.9.1960, Ranke an Stempel 17.10.1960, in: EZA, Bestand 2, Nr. 2499.

1339 Weinke: Gesellschaft, S. 35 und Miquel: Ahnden, S. 208 f.

litischen Indoktrination durch ein totalitäres Regime ständig ausgesetzt war.[1340] Indem die BGH-Richter in ihrer Begründung auch explizit Bezug auf das NS-Regime genommen hatten, bauten sie vielen Verteidigern und Gerichten eine goldene Brücke. Gegen die Gehilfenrechtsprechung sollte sich allerdings Widerstand regen, der schließlich markiert durch die berühmte Königsteiner Tagung von Rechtsexperten im April 1966 zu einem Umschwung in der Rechtsprechung führen sollte.[1341]

Aufgrund dieser Ereignisse intensivierte sich zwischen Kranzbühler und Wahl der Kontakt wieder in den sechziger Jahren, als die Verjährungsfrage mit einer Sondersitzung des Bundestags am 5. November 1964 über die Verlängerung der Verjährung von Verbrechen im „Dritten Reich" über den Mai 1965 hinaus einen Höhepunkt erreichte.[1342] Mehrere der noch lebenden Juraprofessoren aufseiten der Verteidigung in den Nürnberger Prozessen äußersten sich hierzu. 1964 lieferte sich Hermann Jahrreiß, der mittlerweile seine Schriften im „Dritten Reich" „vergessen" hatte, ein Streitgespräch mit Generalstaatsanwalt Fritz Bauer über das Problem der rückwirkenden Verjährung.[1343] Während sich Bauer für eine rückwirkende Verlängerung der Verjährungsfrist stark machte, lehnte dies Jahrreiß aus verfassungsrechtlichen Gründen ab. Die Erweiterung der Verjährung sei ein klarer Verfassungsverstoß. Nur eine Verfassungsänderung wäre ein gangbarer Weg, allerdings müsste in den Übergangsbestimmungen klar gemacht werden, dass es sich um geschichtlich abgeschlossene Ereignisse ohne Gegenstück handeln würde.[1344] Dagegen stellten sich der 1965 verstorbene Herbert Kraus und Hermann Mosler sowie ausgerechnet Reinhard Maurach in einem öffentlichen Aufruf hinter eine Verlängerung der Verjährungsfrist.[1345] Wahl dagegen wurde Kranzbühlers Anlaufstelle und

1340 Vgl. allgemein Barbara Just-Dahlmann: Die Gehilfen. NS-Verbrechen und die Justiz nach 1945, Frankfurt a.M. 1988; Michael Greve: Der justizielle und rechtspolitische Umgang mit den NS-Gewaltverbrechen in den sechziger Jahren, Frankfurt a.M. 2001, S. 145–147.

1341 Weinke: Gesellschaft, S. 65.

1342 Zum Problem Weinke: Gesellschaft, S. 71–80.

1343 Vgl. die bemerkenswerte Lücke im Literaturverzeichnis der für ihn herausgegebenen Festschrift, Karl Carstens u. a. [Hgg.]: Festschrift für Hermann Jahrreiß zu seinem siebzigsten Geburtstag, 19. August 1964, gewidmet, Köln u. a. 1964.

1344 Vgl. Hermann Jahrreiß/Fritz Bauer: Interview, in: Kölner Stadtanzeiger (19/20.12.1964).

1345 Aufruf „Zur Verjährbarkeit für Mord" 4.3.1965, in: ACDP, I-237, Nr. 023/1. Zu Mosler vgl. auch Weinke: Gesellschaft, S. 79.

Bundestagskontakt für seine Kampagnen gegen die Verjährungsverlängerung.[1346] In längeren Ausführungen beklagte Kranzbühler, dass über 10000 Angeklagte verurteilt worden seien und von einem „Notstand der Strafverfolgung" keineswegs die Rede sein könne. Eine Verjährungsverlängerung wäre ein bedenklicher Präzedenzfall ähnlich dem Ermächtigungsgesetz von 1933. Politisch handele es sich bei der Verjährungsdebatte zudem in erster Linie um eine Auseinandersetzung mit der UdSSR, in deren Konzentrationslagern Zehntausende umgekommen seien. Dieser werde nun die Möglichkeit einer erneuten Diskreditierung der Bundesrepublik durch neue „Enthüllungen" gegeben. Zwar sei der von jüdischen Organisationen ausgeübte Druck nur allzu verständlich, aber von einer Verlängerung würde nur eine rechtsradikale Opposition profitieren.[1347] Doch auch ein über Wahl kurz vor der entscheidenden Bundestagsdebatte verschickter „offener Brief" an den Bundestag, der im Wesentlichen die nun um Beispiele versehenen Argumente des ersten Schreibens prägnant zusammenfasste, hatte keinen Einfluss auf die vom Bundestag verabschiedete Verlängerung der Verjährungsfrist.[1348]

1967 sah Kranzbühler erneut Unheil aufziehen. Die Menschenrechtskommission der UN hatte den Entwurf einer Konvention über die Nichtverjährbarkeit von Kriegsverbrechen und Verbrechen gegen die Menschlichkeit vorgelegt, der die Bundesrepublik beitreten wollte. Abermals führte Kranzbühler scharfe Kritik und machte aus seinem Interesse für die neu gegründete NPD keinen Hehl, auch wenn er zu einem an Wahl zur Information übersandten Schreiben der Hilfsgemeinschaft „Freiheit für Rudolf Heß" betonte, dass er sich nicht zu dem die Hilfsgemeinschaft tragenden Personenkreis zugehörend fühle.[1349] In einer persönlichen Unterredung mit dem Parlamentarischen Staatssekretär im Bundeskanzleramt, Karl Theodor Freiherr von und zu Guttenberg, wollte Kranzbühler zusammen mit Wahl die als seine persönliche Leistung im Kampf gegen „Nürnberg" angesehene Nichtanerkennung der alliierten Prozesse im Überleitungsver-

1346 Schreiben Kranzbühler an Wahl 22.1.1965, in: ACDP, I-237, Nr. 006-2.

1347 Otto Kranzbühler: Rückwirkendes Strafgesetz für NS-Verbrechen? 20.2.1965, in: ACDP, I-237, Nr. 023/1.

1348 Offener Brief an die Abgeordneten des Deutschen Bundestages und Appel an die Abgeordneten des Deutschen Bundestages beides 8.3.1965, in: ACDP, I-237, Nr. 006/2.

1349 Schreiben Kranzbühlers an Wahl 17.3.1967 und Schreiben Kranzbühlers an Wahl 28.9.1967, in: ACDP, I-237, Nr. 006-2.

trag verteidigen. Nicht nur werde sich ein Beitritt zur Konvention de facto ausschließlich gegen Deutsche richten, sondern insbesondere die von Adenauer eingeschlagene Politik in der Kriegsverbrecherfrage werde aufgeben. Man dürfe nicht vergessen, dass das IMT-Verfahren rein den außenpolitischen und besatzungspolitischen Zielen der damaligen Kriegsgegner gedient habe.[1350] Obwohl Kranzbühler auch einen Vorstoß bei Bundesjustizminister Gustav Heinemann wagte, blieben seine Bemühungen erfolglos.[1351] Über Wahl durch die Beratungen im Auswärtigen Ausschuss auf dem Laufenden gehalten verschickte Kranzbühler im März 1968 nochmals umfangreiche Schreiben und das mutmaßlich zusammen mit Joachim Nehring verfasste Pamphlet „Zwischenbilanz der NS-Prozesse" an den Bundestag, um gegen die nun geplante vollständige Aufhebung der Verjährung von Völkermord und Verbrechen gegen die Menschlichkeit zu Felde zu ziehen und zugleich einen Rundumschlag gegen NSG-Verfahren zu führen. Die Beispiele für angebliche Ungerechtigkeiten der NS-Prozesse waren alles andere als unparteiisch. Es tauchte Kranzbühlers späterer Biograph Wolfgang von Wolmar, der als Pressereferent im Stabe Neuraths mehrere Tschechen denunziert hatte und gegen den nun Ermittlungen der Staatsanwaltschaft Düsseldorf liefen, ebenso auf, wie der wieder ins Visier der Strafverfolgungsbehörden geratene Joachim Nehring (siehe auch Kapitel 4.4). Die sonstigen „Justizirrtümer" betrafen fast ausschließlich Fälle von Marineoffizieren, die ins Visier der Staatsanwaltschaften gekommen waren, so etwa das Hamburger Verfahren gegen den Marine-Attaché in Tokyo, Admiral Paul Wennecker, oder die Flensburger Ermittlungsverfahren wegen Bestätigung eines Todesurteils nach Kriegsende durch den früheren Entlastungszeugen für Dönitz vor dem IMT Vizeadmiral a. D. Bernhard Rogge.[1352] Kranzbühlers Initiative war diesmal zumindest nicht ohne

---

1350 Vgl. das als Zusammenfassung des Gesprächs vom 9.7.1967 verfasste Schreiben Kranzbühlers an Staatssekretär von und zu Guttenberg 13.6.1967, in: ACDP, I-237, Nr. 006/2 und Schreiben Guttenbergs an Kranzbühler 11.7.1967, in ebd.; vgl. auch Kranzbühlers Kritik am „Oberrechtsstaat" in Schreiben Kranzbühlers an Wahl 1.8.1967, in: ebd.

1351 Vgl Schreiben des Bundesministers der Justiz Heinemann 3.8.1967, in: ACDP, I-237, Nr. 006-2.

1352 Schreiben Kranzbühlers an Wahl 14.3.1968, Kranzbühler an Wahl 1.7.1968 und Schreiben Kranzbühlers an Wahl 18.7.1968, in: ACDP, I-237, Nr. 006/2. Am 19.3.1968 schickte Kranzbühler einen ergänzenden Brief, der seine Schrift für Wahl zusammenfasste und aufbereitete, vgl. Schreiben Kranzbühlers an Wahl 19.3.1968, in: ebd. Zu Nehrings möglicher Koautorenschaft vgl. Schreiben Neh-

Ergebnis. Wahl verfasste im Januar 1969 ein für den Außenpolitischen Ausschuss bestimmtes Gutachten „Zur Frage der Zuverlässigkeit rückwirkender Verlängerungen von Verjährungsfristen“. Wahl bezog sich u. a. auf die Nichtanerkennung der alliierten Urteile im Überleitungsvertrag als Nachweis für die ständige völkerrechtliche Staatenpraxis der Bundesrepublik in Bezug auf die Ablehnung rückwirkender Gesetzgebung. Wahl sprach sich deswegen für die Verjährung der Strafbarkeit des Völkermordes aus, wirke dies doch wie eine „terminierte Amnestie“ und werde „ähnlich wohltätige Wirkungen“ wie eine echte Amnestie hervorbringen. Überhaupt sei die Unverjährbarkeit eine Gefährdung der Demokratie, da etwa das neue russische Material über mutmaßliche Kriegsverbrecher in erster Linie Wehrmachtsangehörige beträfe, was sich nicht günstig für die Verteidigungsbereitschaft der Bundeswehr auswirke.[1353] Die Bemühungen Wahls und Kranzbühlers waren allerdings vergeblich. Im Juni 1969 verabschiedete der Bundestag das neunte Strafrechtsänderungsgesetz, das die Nichtverjährung von Völkermord vorsah. Entsprechend schimpfte Kranzbühler über die „Heuchelei“ im Bundestag und den „sogenannten Kompromiss“, der nichts weiter sei als eine „vollständige Kapitulation“.[1354]

Wie auch Hans Laternser (siehe Kapitel 4.4) fand sich Kranzbühler Ende der sechziger Jahre am rechten Rand wieder. Obwohl er offenbar selbst keiner rechtsextremen Partei beitrat, sympathisierte er mit der NPD. Es finden sich aber keine Hinweise, dass Kranzbühler von den im folgenden Kapitel aufzugreifenden, mutmaßlichen Bemühungen Achenbachs für eine „kalte Amnestie“ Kenntnis hatte. Mit dem Jahre 1969 endet auch endgültig die „Nachgeschichte“ des Heidelberger Kreises, schied doch in diesem Jahr Wahl freiwillig aus dem Bundestag aus und wurde 1971 in Heidelberg nach einer langen Wissenschaftlerkarriere emeritiert.

Zusammenfassung Kapitel 4.2

Der Heidelberger Juristenkreis war eine Reaktion auf die gescheiterten Versuche verschiedener Anwälte, „Nürnberg“ über Dachau zu Fall zu

---

rings an Seidl 27.7.1968, in: HStaMü, NL Seidl, Nr. 107. Anders als bei Wennecker wurde das Ermittlungsverfahren gegen Rogge eingestellt.

1353 Eduard Wahl: Zur Frage der Zulässigkeit rückwirkender Verlängerungen von Verjährungsfristen 4.1.1969, in: ACDP, I-237, Nr. 002/2.

1354 Schreiben Kranzbühlers an Wahl 12.6.1969, in: ACDP, I-237, Nr. 006/2.

bringen. Insbesondere die „Flucht in die Presse" hatte sich als hochgradiger Fehlschlag erwiesen, da die US-Behörden zu Recht radikale Kreise hinter den Aktionen der Anwälte vermuteten. Die Gründung des Heidelberger Kreises war daher eine logische Konsequenz aus dem Scheitern dieser Anwälte.

Der Kreis hat eine äußerst kontroverse Beurteilung in der Forschung erfahren. Am kritischsten ist die Bewertung durch den Journalisten Ernst Klee, der unter Anspielung auf die „Stille Hilfe" der Prinzessin Isenburg, von „sozusagen der ‚Stillen Hilfe' der Juristen" spricht.[1355] Das andere Extrem stellt die Bewertung von Günter Buchstab dar: „Es kann deshalb als sehr wahrscheinlich angenommen werden, dass die Welle der Begnadigungen durch die Westmächte in der ersten Hälfte der fünfziger Jahre die Bevölkerung mit den Westalliierten versöhnt und zu einer breiten Akzeptanz des neuen Staats und seiner demokratischen Rechtsordnung beigetragen hat. Der Heidelberger Kreis hat in diesem Sinn zur Stabilisierung der jungen Demokratie sicher einen Beitrag geleistet".[1356] Eine mittlere Position nimmt schließlich Norbert Frei ein: „Die Vergangenheitspolitik des Juristenkreises war geprägt durch den Versuch, möglichst ohne zeitgeschichtliche Glaubensbekenntnisse und scheinbar ohne Werturteile auszukommen. Was dort mit Vorzug konzipiert und koordiniert wurde, war vergangenheitspolitischer Rechtspositivismus mit dem Anspruch auf ‚Objektivität' und mit dem Ziel, das Kriegsverbrecherproblem aus der Welt zu schaffen – nicht mehr, aber auch nicht weniger."[1357] Eine Bewertung des Kreises basierend auf dem hier vertretenen biographischen Ansatz kommt ebenfalls zu einer vermittelnden Position. Innerhalb des Kreises lässt sich eindeutig eine Binnendifferenzierung identifizieren. Einem gemäßigten Flügel um Wahl, Heusinger und Ranke standen ein radikalerer Flügel um Kranzbühler und Koch gegenüber, während Becker und Hodenberg zwischen den Extremen standen, sich aber zunehmend auf die Seite der gemäßigten Mitglieder schlugen. Auch Kranzbühler, der eine Sympathie für die

---

1355 Klee: Persilscheine, S. 129–132.

1356 Buchstab: Heidelberger Kreis, S. 73 f. Befremdlich muss wirken, dass Buchstab in seiner Darstellung sich die Sicht der Verteidiger zu eigen macht: „Gerade aus diesem Umstand [gemeint ist die Nichtzulassung des Tu quoque-Arguments] entbehrt das Wort von der ‚Siegerjustiz' nicht einer gewissen Plausibilität und hat zu der verwirrenden Rechtsunsicherheit beigetragen, die Nürnberg ausgelöst hat."

1357 Frei: Vergangenheitspolitik, S. 166.

Generalamnestie nie aufgab, schwenkte auf eine pragmatische Linie, während Koch sich aus dem Kreis entfernte. Anders als etwa Aschenauer und Achenbach verloren Becker und Kranzbühler, auch aufgrund der eigenen Rückschläge, nicht das Gespür für das politisch Mach- und Umsetzbare. Seit Frühjahr 1950 hatte offenbar bei Becker und Kranzbühler (und auch Hodenberg) ein Lerneffekt eingesetzt, der Aktionen in der Presse oder gar die Einschaltung extremistischer Kreise als verfehlt erkannte.

„Objektiv" in seinen Werturteilen war der Heidelberger Kreis sicherlich nicht. Mit Wahl, Kaufmann, Grewe oder auch Hodenberg und Kranzbühler waren die schärfsten Kritiker der Nürnberger Prozesse in der juristischen Publizistik der damaligen Zeit im Kreis vereint, zumal sich der Kreis von Anfang an die Beseitigung der Prozesse auf die Fahnen geschrieben hatten. Der Kreis betrieb somit handfeste Lobbyarbeit unter dem Blickwinkel nationalkonservativer Eliten, welche die Prozesse gegen Deutsche in erster Linie als Bürde für den neuen deutschen Staat und seine Souveränität, nicht zuletzt vor dem Hintergrund eines zukünftigen Wehrbeitrags, sahen. Den Mitgliedern des Heidelberger Kreises kann allerdings nicht die Zielsetzung abgesprochen werden, eine Renazifizierung bzw. das Aufkommen eines radikalen Nationalismus verhindern zu wollen. Zumindest in diesem Punkt muss dem Heidelberger Kreis tatsächlich eine demokratiestabilisierende Funktion zugestanden werden.

Der Einfluss des Kreises war begrenzt. Er lieferte zwar wichtige Anstöße für die Umsetzung und Einrichtung der Gemischten Ausschüsse. Auch das ständige Vorstelligwerden durch Delegationen tat ein Übriges, die Kriegsverbrecherfrage bei den deutschen und alliierten Behörden wachzuhalten. Dem Kreis standen die Tür zu hohen deutschen wie alliierten Behörden offen, während die radikalen Gruppen bestenfalls freundliche Distanziertheit erfuhren. Buchstab betont zu Recht, dass der Kreis keine kurzfristig erhofften Erfolge vorzuweisen hatte, zieht aber im Hinblick auf die verhältnismäßig wenigen vollstreckten Todesurteile und die Entlassung der letzten Nürnberger Verurteilten aus Landsberg 1956 ein positives Fazit: „Diesen – späten – Erfolg konnten die Heidelberger durchaus auf ihre Fahnen schreiben, wenn auch keineswegs verkannt werden darf, dass erst die innen- und außenpolitische Konstellation Anfang der fünfziger Jahre die erforderlichen günstigen Rahmenbedingungen für das Erreichen des gesteckten Ziels schuf."[1358] Der Juristenkreis war ein Akteur unter vielen

1358 Buchstab: Heidelberger Kreis, S. 73.

in Bezug auf die Vergangenheitspolitik der frühen fünfziger Jahre. Gedankengänge des Heidelberger Kreises wurden auch unabhängig von ihm bzw. über das „Scharnier" Eduard Wahl in den Ausschüssen des Bundestages und anderen gesellschaftlichen Gremien diskutiert, auch wenn möglicherweise Otto Kranzbühler Einfluss auf die Nichtanerkennung der Nürnberger Urteile im Überleitungsvertrag gehabt hatte. Zumindest sah dies Kranzbühler als sein Verdienst und sein zu verteidigendes Vermächtnis an. Eine direkte Einflussnahme auf Entscheidungsprozesse im BJM, Bundestag, Auswärtigem Amt oder gar den Alliierten Behörden lässt sich aus den Quellen des Heidelberger Kreises allerdings nicht feststellen. Insofern war der Kreis zwar ein exzellent vernetzter Ort für den Austausch von Informationen, aber sicherlich keine sinistere Kamarilla von „Nazi-Verteidigern" (Ernst Klee).[1359]

Die „Nachgeschichte" des Kreises ist dagegen in erster Linie eine Geschichte des Scheiterns. Obwohl gerade die radikaleren früheren Kreismitglieder wie Kranzbühler und Stempel in den späten fünfziger und sechziger Jahren Initiativen zu starten versuchten, scheiterten diese Aktivitäten bereits im Ansatz. 1953 hatte der Kreis mit den „Gemischten Ausschüssen" das größtmögliche Ziel erreicht. Was danach noch gefordert wurde, konnte kein wirkliches Gehör bei den zuständigen Stellen oder im Bundestag mehr finden, zumal Gawlik mit seinem fragwürdigen Amtsverständnis als Leiter der ZRS und seiner Hintertreibung der Strafverfolgung von NS-Tätern später selbst in die gesellschaftliche Kritik geriet.

4.3 Unheilige Allianzen und ein braunes Anwaltsnetzwerk in der Bundesrepublik

Seit Mai 1948 war Rudolf Aschenauer Rechtsberater in Kriegsverbrecherfragen des zeitweilig im KZ Dachau inhaftierten Münchner Weihbischofs Johannes Neuhäusler (1888–1973).[1360] Dieser hatte mit Aschenauer

1359 Klee: Persilscheine, S. 130.

1360 Zu Neuhäuslers Inhaftierung im KZ Dachau ausführlich Dietrich Mittler: Johannes Neuhäusler, in: Hans-Günter Richardi [Hg.]: Lebensläufe. Schicksale von Menschen, die im KZ Dachau waren, Dachau 1990, S. 77–84; vgl. auch Michael Phayer: The Catholic Church and the Holocaust, 1930–1965, Bloomington 2000, S. 145. Die genauen Umstände des Beginns der Zusammenarbeit Aschenauers mit Neuhäusler ließen sich leider bislang nicht ermitteln. Neben dem gesperrten Nachlass Aschenauers verlief auch eine Anfrage des Verfassers auf

selbstständig begonnen, Materialien zur Kritik der Kriegsverbrecherprozesse, insbesondere dem Malmedy-Verfahren, zu sammeln. Schon im Sommer 1948 gelang es Neuhäusler und Aschenauer, über verschiedene Wege interessierte Kreise in den USA auf sich aufmerksam zu machen. Bischof Aloysius Muench (1889–1962), Verbindungsmann für kirchliche Fragen bei den US-Besatzungsbehörden, zeigte sich vorsichtig offen für Neuhäuslers Ersuchen und stellte Kontakt zu Anwalt Everett her, warnte aber schon im November 1948 Neuhäusler vor zu starker Anteilnahme für die mutmaßlichen Kriegsverbrecher und warnte etwas mehr als ein Jahr später explizit vor Aschenauers nationalistischen Verbündeten.[1361] Weitere Kontakte in die USA wurden auch über den Historiker und „Kiesinger-Denunzianten" Hanns-Dietrich Ahrens (geb. 1916) gesponnen.[1362] Glaubt man Ahrens, so habe er schon 1946 nach Rücksprache mit dem ehemaligen Bischof von Ermland, Maximilian Kaller, Neuhäusler und Wurm den

---

Einsichtnahme einschlägiger Akten beim Erzbischöflichen Archiv München-Freising negativ. Zu seinem Mitstreiter Wurm vgl. Christoph Strohm: Die Kirchen im Dritten Reich, München 2011, S. 20 f und 54–57.

1361 Phayer: Church, S. 143 und Suzanne Brown-Fleming: The Holocaust and Catholic Conscience: Cardinal Aloysius Muench and the Guilt Question in Germany, Notre Dame u. a. 2006, S. 90, 94–98; Klee, Persilscheine S. 68; Weingarter: Peculiar Crusade, S. 155–159.

1362 Schon vor 1933 hatte Ahrens der deutschnationalen Jugendorganisation „Freischar Junger Nation e. V." angehört und war über diese 1933 in die HJ überführt worden, vgl. Affidavit Ahrens 2.5.1947 in: HStaWi, Abt. 520/ W (Betroffene), Nr. 13790 (Dietrich, Hans). Als Jungzugführer der HJ trat er 1935 dem NS-Studentenbund bei und war dort zeitweise Kulturwart. Seit 1935 studierte er Geschichte und Deutsche Literatur mit den Nebenfächern Philosophie und Englisch an der Goethe-Universität Frankfurt. Im September 1937 bis Juli 1938 absolvierte er ein vom Deutschen Akademischen Austauschdienst gefördertes Auslandsstudium an dem von Quäkern betriebenen Havenford College (PA), wo er nützliche Kontakte für seine spätere Tätigkeit erwarb. 1940 wurde er in Frankfurt über „Weltbürgertum, Amerikanismus und Deutschtum in der Weltanschauung von Karl Schurz" promoviert, worin Ahrens in eigenwilliger Interpretation den radikaldemokratischen Carl Schurz für den Nationalsozialismus zu vereinnahmen suchte, vgl. Dietrich Ahrens: Weltbürgertum, Amerikanismus und Deutschtum in der Weltanschauung von Karl Schurz. Ein Beitrag zum Verständnis seiner Persönlichkeit, Frankfurt a.M. 1940. Während des Krieges war Ahrens als wissenschaftlicher Hilfsarbeiter in der Kulturabteilung des Auswärtigen Amtes in das für die USA zuständige Referat berufen worden und war insbesondere als Denunziant des späteren Bundeskanzlers Kurt Georg Kiesinger aufgefallen, vgl. Philipp Gassert: Kurt Georg Kiesinger 1904–1988. Kanzler zwischen den Zeiten, München 2006, S. 145 und 157 f.

Kontakt mit der Quäkergruppe um dem Leiter des „National Council for the Prevention of War", Frederick J. Libby (1874–1970), empfohlen und wurde nach einer USA-Reise von Mai 1947 bis April 1948 „Meldekopf" einer durch die Ruhrindustrie unterstützten Kampagne des „National Council" gegen die Demontagen.[1363] Zugleich erwies er sich als sehr fleißiger Übermittler von Materialien Neuhäuslers und Wurms sowie Fröschmanns an den „National Council" und leitete diese Materialien auch an den in der deutschen Auswandererschaft gut vernetzten New Yorker „civil rights"-Anwalt George C. Dix (geb. 1895) weiter, der diese interessierten Kreisen, wie dem US-Senator William Langer (1886–1959), bereitstellte.[1364] Dass Ahrens diese Hilfe aus „nationaler" Überzeugung leistete, beweist ein von ihm veröffentlichtes Pamphlet für die Ruhrindustrie, in welchem er sich zum selbsternannten Vertreter der im Zweiten Weltkrieg „tapfer" kämpfenden deutschen Jugend stilisierte, die von Robert Kempner kollektiv als Kriegsverbrecher und Militaristen gebrandmarkt werde und nun für den Kampf gegen den Kommunismus neue Ideale benötige.[1365] Auch hatte Ahrens besten Kontakt zu rechtsextremen Kreisen wie der Hamburger „Bruderschaft" und später dem Naumann-Kreis, in wel-

---

1363 Schreiben Ahrens an Frings, in: Historisches Archiv des Erzbistums Köln (HAEbK), Bestand CR II (Nachlass Bischof Josef Frings), Nr. 25.18. 22.

1364 Schreiben Wurms an Ahrens 21.10.1948, in: LKASt, D1, Nr. 290 und Schreiben Ahrens an Wurm 4.1.1949, in: LKASt, D1, Nr. 293; Brief George C. Dix an Weeber 2.2.1949, in: LKASt, D1, Nr. 303. Dix hatte seine Karriere in der gleichen Anwaltskanzlei wie McCloy begonnen. Vor dem Krieg verteidigte er im Auftrag der deutschen Behörden die in New York wegen Spionage angeklagte Johanna Hofmann. Allgemein galt der scharfe Antikommunist Dix als Anwalt, der besonders unpopuläre Fälle übernahm. Angeblich soll Dix fast 400 „civil rights"-Fälle während seiner Karriere vertreten haben, so u. a. 1945 mehrere Mandate in einem Großprozess vor dem Supreme Court gegen internierte und unter Spionage-Verdacht stehende deutschstämmige Lateinamerikaner, vgl. James J. Barnes/Patience P. Barnes: Nazi Refugee Turned Gestapo Spy. The Life of Hans Wesemann 1895–1971, Westport u. a. 2001, S. 159–171; John Christgau: Enemies: World War II Alien Internment, Ames 1985, S. 172. Zu seinem Antikommunismus vgl. Schreiben George C. Dix an Wurm 3.11.1948 und Schreiben Dix an Weeber 29.10.1948 und Dix an Weeber 9.12.1948, in: LKASt, D1, Nr. 290; vgl. zudem seine scharfe Kritik an der US-Besatzung in Deutschland George C. Dix: All Facilities Authorized („Hat Anspruch auf alle Erleichterungen"), in: Monthly Bulletin of United States German Chamber of Commerce New York 2 (25.9.1948).

1365 Hanns-Dietrich Ahrens: Stop the Trust-Busters Now, Essen o.D. Die Schrift muss aufgrund verschiedener Zitate im Frühjahr oder Sommer 1951 erschienen

chen ihn Friedrich Karl Bornemann eingeführt hatte.[1366] Aschenauer arbeitete seit Ende 1948 eng mit der Evangelischen Landeskirche in Nürnberg zusammen, die „auf besonderen Wunsch Bischof Meisers" Gelder für Aschenauers Büro in Nürnberg zusagte und sich auch nicht an Aussagen Aschenauers, dass bei den US-Behörden „eine stark jüdisch beeinflusste Gruppe, die von ausgesprochenen Rachegefühlen beseelt ist" auszumachen sei, störte.[1367] Dagegen war man im März 1949 bei Bischof Wurm in Stuttgart auf Distanz zu Aschenauer gegangen. Rudolf Weeber schrieb an den zuständigen Sachbearbeiter der Bayerischen Landeskirche, dass man angesichts der Kontroverse Aschenauers mit Laternser sowohl gegenüber der Ohlendorfgruppe wie den Generälen Zurückhaltung wahren werde.[1368]

Nachdem die Idee eines gemeinsamen Büros mit Fröschmann im Mai 1949 geplatzt war, nutzte Aschenauer nun die Gelegenheit, die Kirchen von seiner Idee eines „Institut[s] für angewandtes Völkerrecht" zu überzeugen, durch das eine nicht von der Anklage beeinflusste „Aufklärung der wahren historischen und rechtlichen Zusammenhänge" der Kriegsverbrecherprozesse und der Reparationen erfolgen solle, damit das deutsche Volk seine Zukunft zwar in „klarer Erkenntnis seiner Verantwortung gegenüber der Vergangenheit, aber frei von ihm aufoktroyierten Schuldkomplexen" bestimmen könne.[1369] Tatsächlich wurde im November 1949 in München ein „Komitee für kirchliche Gefangenenhilfe" im Beisein von Erich Kaufmann gegründet, dessen Vorsitz Bischof Neuhäusler übernahm.[1370] Anders als von Aschenauer geplant, sollte das Hauptziel des Komitees aber in Rechtshilfe für die Landsberger und publizistischer Be-

---

sein. Ich danke Herrn Dr. Wisotzky vom Stadtarchiv Essen für die Übersendung einer Kopie des Pamphlets.

1366 Beate Baldow: Episode oder Gefahr? Die Naumann-Affäre (Dissertation Freie Universität Berlin 2013), http://www.diss.fu-berlin.de/diss/receive/FUDISS_thesis_000000094873, aufgerufen am 15.2.2015, S. 52.

1367 Aktenvermerk Besprechung Rusam Aschenauer 9.2.1949, in: LKANü, LKR, Nr. 2477; Schreiben Rusams an Fröschmann 13.5.1949, in: LKD 2465.

1368 Schreiben Weebers an Rusam 7.3.1949, in: LKANü, LKR, Nr. 2474. Weeber, der in Italien als Soldat gekämpft hatte, zeigte sich aber für die Ausführungen von Malz über den Befehlsnotstand aufgeschlossen. Auch er wolle nicht entscheiden, ob man im Trommelfeuer einem Befehl gehorchen solle oder einen offensichtlich verbrecherischen Befehl nicht ausführe, schließlich riskiere man ja in beiden Fällen sein Leben, vgl. Schreiben Weebers an Malz 24.3.1949, in: LKASt, D1, Nr. 293.

1369 Aufzeichnung Aschenauers, in: LKANü, LKR, Nr. 2465.

1370 Vgl. Protokoll der Sitzung vom 25.11.1949, in: LKANü, LKR, Nr. 2465.

handlung geeigneter Einzelfälle durch Aschenauers Büro bestehen. Ausgesprochen „verbrecherische Naturen“ sollten von der Hilfe ausgeschlossen bleiben. Das Komitee selbst verstand seine Aufgabe nur in der Ermöglichung der Finanzierung und lehnte jegliche aktive Tätigkeit und eigene Herausgeberschaft ab. Finanziert wurde das Komitee zu großen Teilen vom Bundesjustizministerium.[1371] Aschenauers Aktivitäten in rechtsextremen Kreisen führten aber nicht einmal ein Jahr später zum Ende des „Komitees“. Im September 1950 verweigerte die Evangelische Landeskirche in Bayern ihre Zustimmung zur Veröffentlichung eines Schreibens Aschenauers, weil sie in der Unterstützung dieses Briefes eine potenziell schwere Beeinträchtigung des Verhältnisses von Landeskirche zu US-Stellen sah.[1372] Im Oktober 1950 beschwerte sich Margarethe Bitter, die Leiterin der Zentralen Rechtsschutzstelle des BJM, umfassend bei der Evangelischen Landeskirche. Das „Komitee für Kirchliche Gefangenenhilfe“ bestehe praktisch nur aus Aschenauer, dessen verschiedentlich benannte Büros nur schwer zu kontrollieren seien. Ihm fehle es an Fingerspitzengefühl, was seine Unterstützung durch das BJM schwierig mache. Zum einen arbeiteten für Aschenauer mehrere Generäle als Mitarbeiter, gegen die die Amerikaner eine „gewisse Voreingenommenheit“ hätten. Besonders ungeschickt sei aber gewesen, ausgerechnet Heinrich Malz zu den Verhandlungen mit dem amerikanischen Clemency Board zu schicken. Überhaupt sei mit der Übernahme der Koordinierung und Finanzierung der Verteidigung in den Kriegsverbrecherangelegenheiten durch die ZRS die Tätigkeit des Komitees nicht mehr vonnöten. Vonseiten der Landeskirche stimmte man Bitter im Wesentlichen zu, zumal nun auch die Evangelische Landeskirche an Aschenauers Gebaren Anstoß nahm. Sofort wurden die Zahlungen eingestellt und das Komitee im Dezember 1950 aufgelöst.[1373] Im Februar 1951 beschloss die Evangelische Landeskirche im Beisein von Landesbischof Bischof Hans Meiser nichts für die sieben in Landsberg noch ver-

1371 Schreiben Rusams an die Rechtschutzstelle für Deutsche der evangelischen Kirche 31.1.1950, in: LKANü, LKR, Nr. 2465; Übersicht seit dem 1.12.1949 für Komitee eingezahlte Beträge o.D., in: ebd.. Vom Gesamtbuget in der Zeit von Dezember 1949 bis Dezember 1950 in Höhe von 16000 DM steuerte allein das BJM etwas mehr als 6000 DM bei.

1372 Aktenvermerk Besprechung Aschenauers mit Rusam 8.11.1950, in: LKANü, LKR, Nr. 2477.

1373 Aktenvermerk: Besprechung Rusams mit Aschenauer 13.5.1950, in: LKANü, LKR, Nr. 2477; Aktenvermerk Rusam 16.10.1950 und Schreiben Rusams an Neuhäusler 27.11.1950, in: LKANü, LKR, Nr. 2465.

bliebenen Todeskandidaten zu unternehmen und im September 1951 erklärte Ranke gegenüber Wahl, dass die evangelische Kirche in Übereinstimmung mit dem Heidelberger Kreis stehe und eine Aufputschung der nationalistischen Instinkte durch eine öffentliche Kampagne für gefährlich halte.[1374]

Schon die Nürnberger Prozesse waren vom Interessengegensatz zwischen SS und Militär geprägt gewesen. Laut Aschenauer habe vor dem IMT Gawlik auf Bitten Ohlendorfs mit Laternser über eine Gesamtverteidigung in Sachen Einsatzgruppenmorde gesprochen, die aber von Laternser abgelehnt worden sei, obwohl Ohlendorf als Druckmittel zwei eidesstaatliche Erklärungen verfasst hatte, die präzise die Beteiligung der Wehrmacht an den Verbrechen belegen sollten. Auch in den Nachfolgeprozessen habe sich Ohlendorf unter Vermittlung von Generalrichter Rudolf Lehmann wieder um eine Gesamtverteidigung bemüht, Laternser habe aber im Hinblick auf die sicher zu erwartende Todesstrafe gegen die Einsatzgruppenführer erneut abgelehnt: „Das Schild der Wehrmacht muss rein bleiben. Das sei im Interesse des deutschen Volkes zu verlangen."[1375] Im Rahmen seiner Pressekampagne für Ohlendorf hatte Rudolf Aschenauer zudem im Februar 1949 eine umfangreiche Stellungnahme mit Einlassungen Ohlendorfs an verschiedene Persönlichkeiten verschickt, die den mittlerweile in Hamburg vor Gericht stehenden Generalfeldmarschall von Manstein und seinen Anwalt Laternser scharf angriff und ihnen vorwarf, in Bezug auf das Wissen um die Verbrechen der Einsatzgruppen gelogen zu haben. Allerdings ging Aschenauers Offensive dank gezielter Gegenaktionen und bewusster Ignorierung durch Laternser und Paul Leverkühn ins Leere.[1376]

Mit Billigung des evangelischen wie katholischen Anstaltsgeistlichen August Eckardt (geb. 1912) und Karl Morgenschweis (geb. 1891) im Gefängnis in Landsberg, beide selbst ehemalige Frontkämpfer, hatte sich ein Hilfsnetzwerk („Reisekonto Gustav") für die inhaftierten Generäle ge-

1374 Aktenvermerk Rusams 9.2.1951, in: LKANü, LKR, Nr. 2474; Schreiben Ranke an Wahl 14.9.1951, in: EZA, Bestand 2, Nr. 2492.

1375 Schreiben Aschenauers an Meisner 26.9.1949, in: LKANü, LKR, Nr. 2465.

1376 Wrochem: Manstein, S. 155. So riet Leverkühn davon ab, in größerem Umfang zu reagieren, da die Verbrechen Ohlendorfs offenkundig waren und man sich von Aschenauer nicht das Gesetz des Handelns vorschreiben lassen dürfe, vgl. Schreiben Leverkühns 29.3.1949, in: IfZ, ED 413, Nr. 20.

gründet.[1377] Insbesondere Eckardt, der die „Opferfreudigkeit" der Generäle bewunderte, und sein Helfer, der zu lebenslanger Haft verurteilte ehemalige oberste Mediziner der Luftwaffe, Oskar Schröder, bemühten sich zusammen mit dem Luftwaffengeneral und Ritterkreuzträger Generalmajor Hans Korte (1899–1990) und anderen Generälen um Spenden für die inhaftierten Kameraden.[1378] Innerhalb dieses „Kameradennetzwerks" von Generälen, zu dem u. a. auch General Theodor Busse (1897–1986), militärischer Berater der Verteidigung in den Nürnberger Prozessen und dem Manstein-Verfahren, und der im Fall 7 freigesprochene Hermann Foertsch (1895–1961) zählten, wurde schon im Dezember 1948 klar, dass Laternser wegen seiner vielen Mandate nicht auch noch die Gesamtverteidigung der in Landsberg inhaftierten Generäle übernehmen konnte.[1379] Längere Überlegungen Ersatz für Laternser zu finden, verliefen im Sande, gerade da im Sommer 1949 die Industriellen kein Interesse mehr zeigten, auch noch Gelder für das geplante Anwaltsbüro der Generäle zu geben.[1380] Es war

---

1377 Der seit 1932 im Gefängnis in Landsberg tätige katholische Anstaltsgeistliche Morgenschweis wurde angeblich als Bataillonsadjutant der „berühmten Division Kneusel" dreimal im Ersten Weltkrieg verwundet, vgl. o.V.: „Nichts als Hass und Rache …". NZ-Gespräch mit Monsignore Karl Morgenschweis, ehem. Anstaltsgeistlicher in Landsberger am Lech, in: Deutsche Nationalzeitung (19.3.1965). Eckardt war von 1933 bis 1935 SA-Anwärter. Während des Zweiten Weltkrieges hatte er im Infanterieregiment 276 zuletzt als Zugführer gedient und war dreimal verwundet worden. Erst im Mai 1946 kehrte er aus russischer Gefangenschaft heim, vgl. Fragenbogen Eckert, in: LKANü, III/17, Nr. 4a. Im März 1949 wurde er nach Zusammenstößen wegen der Verbreitung von Darstellungen über angebliche Folterungen von Angeklagten des Malmedy-Verfahrens von der amerikanischen Gefängnisleitung entlassen und war nun als Priester in Garmisch-Partenkirchen wesentlich am Aufbau des dortigen „Stille Hilfe"-Ablegers beteiligt, vgl. Klee: Persilscheine, S. 78.

1378 Schreiben Eckardt 15.2.1949, in: LKANü, III/17, Nr. 7; vgl. auch Tagebucheintrag 22.1.1949, in: LKANü, III/17, Nr. 3.

1379 Schreiben Foertschs an Frießner 17.12.1948 und 21.1.1949, in: BAF, N528 (Nachlass Hans Frießner), Nr. 20.

1380 Der in den Generalsprozessen sehr aktive Rauschenbach hatte bereits eine neue Anstellung gefunden. Durch seine Tätigkeit in Nürnberg bekannt geworden, wurden bei dem mittlerweile als Anwalt in Köln tätigen Rauschenbach Gutachten zu Wirtschaftsfragen mit internationalem Bezug in Auftrag gegeben. Nachdem er eine Stelle in der Rechtsabteilung des Bundesfinanzministeriums erhalten hatte, stieg er schließlich bis zum Vizeleiter des Bundeskartellamtes auf. Der ebenfalls ins Spiel gebrachte Dötzer wurde von den Generälen einvernehmlich abgelehnt. Frohwein galt zwar als „ordentlich", aber zu oberflächlich und zu sehr von sich eingenommen, zumal Frohwein wieder in den Staatsdienst treten

Hans Korte, der eine alternative Lösung fand. Die Angelegenheit sei ein Armutszeugnis für das gesamte Offizierskorps, während der Korpsgeist der SS, die im wahrsten Sinne ein Orden sei, Hilfe von Mann zu Mann leiste.[1381] Korte wurde nun Vater eines Zweckbündnisses zwischen Militärs und SS und nahm im Namen des Generalsnetzwerkes im Dezember 1949 Kontakt zu Aschenauer und Malz auf. Ergebnis war die Gründung der „Arbeitsgemeinschaft für Wahrheit und Gerechtigkeit".[1382]

Primäres Ziel der „Arbeitsgemeinschaft" war neben der anwaltlichen Vertretung zahlreicher Landsberger Inhaftierter das Eintreten für eine allgemeine Amnestierung. Zudem sollten die Hintergründe des Krieges von 1939 bis 1945 und seine Folgen untersucht werden. Publikationsorgan sollte die von Aschenauer herausgegebene Zeitschrift „Die andere Seite" sein.[1383] Die geheime Finanzierung der Vertretung der „Landsberger" durch deutsche Großindustrielle wurde bereits 1991 durch Ernst Klee publik gemacht. Unter dem Tarnnamen „historische Arbeiten" wurden seit Sommer 1948 kleinere Beträge der Unternehmer an Rhein und Ruhr an Aschenauer gespendet. Größere Beträge gaben allerdings nur Friedrich Flick mit 800 DM im August und Oktober 1948 und, vermittelt durch Bernhard Weiß, der Verband Stahl und Eisenbau mit 1500 DM.[1384] Zwar dürften diese Beträge für das bescheidene Gesamtniveau der Aschenauerschen Finanzbugets durchaus nicht unwesentlich gewesen sein, bedenkt man allerdings, welche Summen Flick seinen US-Anwälten bezahlt hatte, so kann man wohl kaum von einer systematischen Finanzierung der Kriegsverbrecherlobby sprechen, zumal die Zahlungen mit Entlassung der inhaftierten Großindustriellen Ende 1950 eingestellt wurden. Auch die Gelder des „Komitees für kirchliche Gefangenenhilfe", d.h. Gelder kirchlicher und staatlicher Träger, flossen dank der Intervention Margarethe

---

wollte. Der zunächst nicht abgeneigte Stefan Fritsch zeichnete sich in erster Linie durch Untätigkeit aus, vgl. Schreiben Busse an Frießner 22.12.1948, in: IfZ, ED413, Nr. 11; Schreiben Fritsch an Laternser 2.3.1949 und 4.3.1949, in: BAF, N431, Nr. 963; Schreiben Busses an Frießner 29.3.1949, in: IfZ, ED413, Nr. 11 und Schreiben Laternsers an Busse 6.5.1949, in: IfZ, ED 413, Nr. 13; Schreiben Kortes an Frießner 17.8.1949, in: BAF, N528, Nr. 20.

1381 Schreiben Kortes an Frießner 25.6.1949, in: BAF, N528, Nr. 20.

1382 Schreiben Kortes an Frießner 5.12.1949, in: BAF, N528, Nr. 20.

1383 Schreiben Hans Kortes 28.11.1950, in: LKANü, LKR, Nr. 2465.

1384 Vgl. Schreiben Bernhard Weiß an Eckardt 23.4.1949, in: LKANü, III/17, Nr. 7.

Bitters nicht mehr.[1385] Eine Übersicht der Finanzen der „Arbeitsgemeinschaft“, die Aschenauer auf Druck der evangelischen Kirche im November 1950 aufgestellt hatte, zeigt, dass die Finanzierung der „Arbeitsgemeinschaft“ zum großen Teil aus Aschenauers Honorar für private bzw. von der ZRS übertragene Landsberger Mandate bestand.[1386] Zudem war Aschenauer bei Hans Gawlik im Dezember 1950 mit dem Plan als Verteidiger der ZRS für alle Landsberger Gefangenen bestellt zu werden als „unzweckmäßig“ gescheitert. Aschenauer sollte stattdessen nur immer einzelne Mandate beantragen.[1387] Trotz der Konflikte vertrat Aschenauer weiterhin über 240 „Landsberger“ als Einzelmandate für die ZRS und war damit der mit den meisten Mandanten versehene Anwalt der ZRS in den fünfziger Jahren. Fröschmann folgte mit immerhin über 120 „Landsberger“ Mandaten. Dennoch schrieb Aschenauers Büro zum Jahresende 1950 rote Zahlen.[1388]

Die Zusammenarbeit mit den Generälen brachte Aschenauer eine ganze Reihe von neuen Mandaten, insbesondere die zentrale Betreuung der Entnazifizierung der noch inhaftierten Generäle aus dem Fall 7 sowie von Generalrichter Rudolf Lehmann und den verurteilten Wehrmachtsärzten. Die Zusammenarbeit funktionierte, weil sich Aschenauer reumütig gegenüber seinen früheren Attacken gegen die Generäle zeigte.[1389] Eine Gesamtvertretung der Militärs brachte aber auch Aschenauer nicht zustande. Laternser lehnte jegliche Zusammenarbeit mit Aschenauer ab und auch Busse

1385 Vgl. Pfarramtskasse der Pfarrei St. Jobst 1948, im Landeskirchlichen Archiv Nürnberg. Ich bedanke mich an dieser Stelle sehr herzlich bei den Mitarbeitern des Landeskirchlichen Archivs in Nürnberg, die das Kassenbuch des Pfarramtes St. Jobst ausfindig gemacht haben.

1386 Aktenvermerk 1.5.1950 und Vertrauliche finanzielle Übersicht von Aschenauers 7.9.1950 und Schreiben Riedels 9.9.1950, in: LKANü, LKR 2465. Kleinere Beträge kamen von verschiedenen mittelständigen Unternehmen, die der ehemalige Kaffeeplantagenbesitzer und angebliche Mitarbeiter im Auswärtigen Amt, Ernst von Kuenheim (geb. 1906), sammelte, vgl. Erklärung Ernst von Kuenheim 28.11.1950, in: LKANü, LKR, Nr. 2465; Auflistung von Beträgen für die reine Verwendung durch die AG bzw. dem Büro für Recht- und Wirtschaftsfragen von Herren der Wirtschaft bzw. Firmen o.D., in: LKANü, LKR, Nr. 2465. Zu Kuenheim vgl. Einleitung zu: Ernst von Kuenheim: Der Reiter ohne Kopf, in: Ruth Maria Wagner [Hg.]: Erinnerungen an Ostpreußen 1890–1945. Ein Großdruckbuch für ältere Leser, München 1974, S. 129.

1387 Schreiben Gawliks an Aschenauer 20.12.1950, in: BAK, B305, Nr. 32.

1388 Vgl. Allgemeine Auslagen des Büros Nürnberg, in: LKANü, LKR, Nr. 2465.

1389 Schreiben Foertsch an Frießner 27.12.1949, in: BAF, N528, Nr. 20.

stellte nur „im Interesse der Sache“ widerwillig seine Einwände gegen Aschenauer zurück.[1390] Korte bemängelte daher den „Treuekomplex“ einiger Generäle, da sich auch die Generäle List, Hoth, Reinhardt und Reinecke nicht von ihren Anwälten lösen wollten, zumal Laternser, Bergold, Surholt, Frohwein und Kranzbühler „sauer“ bezüglich gemeinsamer Aktionen reagiert hatten.[1391] Allerdings blieb die Haltung der Generäle um Korte zur SS ambivalent. Als im Zuge der Hilfen Aschenauers für die in Werl inhaftierten Generäle von Manstein und Kesselring die Hilfe auch auf den dort gefangenen Waffen-SS General Max Simon ausgedehnt werden sollte, zeigte sich selbst Korte gezwungen, mahnend zu schreiben, dass man damit die Grundsätze des Büros durchbreche. Simon mag persönlich ein „ordentlicher Mann“ sein, dieser sei aber belastet und seine Handlungsweise habe auch nicht den Ansichten des Heeres entsprochen.[1392]

Das Misstrauen mancher Generäle gegen Aschenauers „Arbeitsgemeinschaft“ war nur zu verständlich, spricht doch vieles dafür, dass Aschenauer nur das Gesicht nach außen war und den eigentlichen Kopf der „Arbeitsgemeinschaft“ der RSHA-Jurist Heinrich Malz darstellte. Der „Revisionist“ Herbert Taege (geb. 1921), ehemals HJ-Führer in Sachen-Anhalt, Mitglied der Wachmannschaften des KZ-Dachau und Untersturmführer einer Waffen-SS Panzereinheit schrieb an Aschenauer: „Ich hatte als freier Journalist seit 1950 eng mit ihrem damaligen Mitarbeiter Heinrich Malz zusammengearbeitet, kenne daher nicht nur den Fall Malmedy, für den ich die Pressearbeit in Gang brachte, sondern auch den Fall Ohlendorf und den Einsatzgruppenprozess“.[1393] Als publizistischer Mitarbeiter der Arbeitsgemeinschaft war auch ein anderer HJ-Führer, der bereits erwähnte Hanns-Dietrich Ahrens, tätig.[1394] Über ihn konnte Aschenauer weiterhin

1390 Vgl. auch Wrochem: Manstein, S. 160; Schreiben Busses an Laternser 4.6.1950 und Schreiben Laternsers an Busse 12.6.1950, in: IfZ, ED413, Nr. 13.

1391 Schreiben Kortes an Frießner 15.11.1950 und 20.2.1951, in: BAF, N528, Nr. 20; Schreiben Kortes an Frießner 15.3.1951, in: BAF, N528, Nr. 29.

1392 Schreiben Kortes an Frießner 31.5.1951 in: BAF, N528, Nr. 20.

1393 Schreiben Taeges an Aschenauer 1.12.1980, in: IfZ, ZS 3122 (Taege, Herbert); Zu Taeges Biographie vgl. Michael H. Kater: Hitler Youth, Cambridge u. a. 2004, S. 167 f.

1394 Schreiben M. Schmidts an Fröschmann 23.2.1951, in: StN, NL Fröschmann, Nr. 509; von Lingen: Kesselring, S. 248 f.; vgl. auch Report 25.4.1951, in: NARA, Investigative Records Repository (IRR), XE296857 (Arbeitsgemeinschaft für Recht und Wirtschaft).

Kontakt zum „National Council“ halten, zumal Ahrens im Zuge des Einsatzes Laternsers und Aschenauers für Kesselring und von Manstein Verbindungen nach Großbritannien aufbaute, wo sich um Lord Maurice Hankey (1877–1963), einer der einflussreichsten Politiker Großbritanniens, ein Kritikernetzwerk gegen die britischen Prozesse gegen deutsche Generäle gebildet hatte.[1395] Über Malz gab es enge Verbindungen mit Joachim Nehring und verschiedene ehemalige Mitglieder des RSHA.[1396] Malz, Leiter des Nürnberger Büros des Komitees für Kirchliche Gefangenenhilfe bzw. später der „Arbeitsgemeinschaft“, und Adalbert Joppich, der angeblich allein 120 „Kriegsverurteilte“ der Arbeitsgemeinschaft zu betreuen hatte, waren aber die wichtigsten Mitarbeiter Aschenauers.[1397] Angesichts des illustren Mitarbeiterstabes wird man nicht umhinkommen, die „Arbeitsgemeinschaft“ als Nazi- und SS-Netzwerk zu bezeichnen, das hinter den Kulissen von Malz gesteuert wurde und eine eindeutige Zielsetzung verfocht: „Nürnberg ist eine Festung, die erst langsam sturmreif geschossen werden muss, und zwar an den Stellen, die von vorneherein wackeln.“[1398]

Ähnlich wie Aschenauer scheute sich auch Ernst Achenbach nicht, seine wichtigsten Kanzleimitarbeiter aus dem Umfeld der SS zu rekrutierten. Seit seiner Flucht aus Nürnberg war Achenbach zum „Modeanwalt“ („Der Spiegel“) der Ruhrindustrie und persönlicher Freund und Vertrauensanwalt von Hugo Stinnes jr. geworden.[1399] Achenbach schaltete sich in die Bemühungen zur Freilassung der in Nürnberg verurteilten Krupp-Mitar-

1395 Wrochem: Manstein, S. 138–141 und 213 f.; Von Lingen: Kesselring, S. 223 f.

1396 Report 1.5.1950, in: NARA, IRR, XE004401 (Malz, Heinrich). Ebenfalls im Umfeld der Arbeitsgemeinschaft soll sich der ehemalige Leiter der Amtsgruppe IIIC (Kultur) Wilhelm Spengler befunden haben, vgl. Schreiben des Bayerischen Landesverfassungsschutzes an die Zentrale Stelle Ludwigsburg 3.11.1964, in: Zentrale Stelle Ludwigsburg (ZStLu), Bestand VS III 54/271 und Wildt: Generation, S. 940 f. Nach seiner Tätigkeit für Aschenauer in Nürnberg siedelte Malz 1954 nach Oberkassel (Siegkreis) um und war als Rechtsanwalt tätig, ehe er Geschäftsführer des Deutschen Beamtenbundes wurde. Sein Versuch, eine „Hilfsgemeinschaft der ehemaligen Sipo- und SD-Angehörigen“ zu gründen, war 1953 gescheitert.

1397 Schreiben Joppichs an Mintzel 14.7.1950, in: BAK, NL Mintzel, Nr. 6; Vermerk Betr. Fröschmann, Georg Karl Johannes 9.2.1951, in: NARA, XE004401 (Malz).

1398 Schreiben Beckers an Malz 5.8.1949, in: PAAA, NL Becker, Bd. 13 Teilband 2.

1399 Abschrift Schreiben Achenbachs an Murphy 14.9.1949 sowie Schreiben Achenbachs an Becker 8.9.1949, in: PAAA, NL Becker, Bd. 12 Teilband 1, vgl.

beiter und dem „Kampf" der Ruhrindustrie gegen die Demontagen ein und trat auf Wunsch der Industrie auch im Falkenhausen-Prozess in Belgien auf.[1400] Darüber hinaus konnten frühere Mitarbeiter Achenbachs aus der Zeit bei der deutschen Botschaft in Frankreich und dem Auswärtigen Amt auf seine anwaltliche Hilfe hoffen.[1401] Zu seiner „Kundschaft" gehörte sein früherer Vorgesetzter und deutscher Botschafter in Frankreich Otto Abetz, der zeitweise als Chef des Verwaltungsstabes beim Militärbefehlshaber in Frankreich tätige Werner Best, der vom RSHA ins Auswärtige Amt gewechselte Leiter der Kulturpolitischen Abteilung im Auswärtigen Amt Franz Six, wo Achenbach nach seiner Abberufung aus Frankreich bis zu seiner Entlassung 1944 ebenfalls tätig gewesen war, Carl-Albrecht Oberg, HSSPF Frankreich, sowie der Kommandeur der Sicherheitspolizei Dijon Werner Hülff.[1402] Einen letzten Höhepunkt erlebte in den sechziger Jahren Achenbachs „Kameradenhilfe" im Essener Prozess gegen Horst Wagner, ehemals Leiter der Gruppe Inland II im Auswärtigen Amt.[1403]

Achenbachs Essener Kanzleisozius und ständiger Vertreter in diesen Prozessen wurde der frühere SS-Hauptscharführer Henning Schlottmann (geb. 1914), bis Kriegsbeginn Sekretär der deutsch-französischen Gesellschaft für die Rheinlande und danach enger Mitarbeiter Achenbachs an der Pariser Botschaft.[1404] Wichtigster Verbündeter Achenbachs war der schon aus der Zeit in Frankreich mit Achenbach gut bekannte frühere Rechtsberater der Pariser Botschaft und ehemalige Essener Anwalt Friedrich Grimm. Im Oktober 1946 begann sich Grimm nach seiner Genesung

---

auch Schreiben Kranzbühlers an Becker 24.11.1949, in: PAAA, NL Becker, Bd. 13 Teil 1.

1400 Achenbach sollte durch die Verteidigung des Chefs der Militärverwaltung von Nordfrankreich und Belgien, Eggert Reeder, die Interessen der Ruhrindustrie in diesem Prozess wahren, vgl. Schreiben Heinz Nagels 21.9.1950, in: BAK, All Proz 4, Nr. 107; vgl. auch Brunner: Frankreich-Komplex, S. 198 und 202 f.

1401 Buchna: Sammlung, S. 65f., Herbert: Best, S. 453.

1402 Brunner: Frankreich-Komplex, S. 121–123

1403 Brunner: Frankreich-Komplex, S. 216 f.

1404 1944 wurde der 1933 der Allgemeinen SS beigetretene Schlottmann in der Waffen-SS Division „Charlemagne" eingesetzt. Nicht zuletzt dank Aussagen Achenbachs, der Schlottmanns „Widerstand" hervorhob, stufte die Spruchkammer Gelsenkirchen Schlottmann als „entlastet" ein, vgl. Spruch der Spruchkammer Gelsenkirchen 3.8.1948 und Spruch des Berufungsausschusses Gelsenkirchen 30.10.1948 sowie Mitteilung des Entnazifizierungshauptausschusses Münster 18.12.1949 in: HStaDü, NW 1037 BIV, Nr. 2608 (Schlottmann, Henning).

mit dem Urteil des IMT auseinanderzusetzen und sinnierte in einer persönlichen Notiz zum IMT über die Generalamnestie als „Sieg des Juristengottes über den jüdischen Rachegott".[1405] Im November 1947 kam Grimm unfreiwillig selbst nach Nürnberg, da ihn Robert Kempner als potenziellen Zeugen im Fall 11 angefordert und verhört hatte. Im Rahmen dieses Aufenthaltes verfasste Grimm eine grundsätzliche Verteidigungsschrift für die Weizsäcker-Verteidigung. Das Gutachten Grimms war radikal, aber ohne wirklichen Tiefgang. Grimm behauptete, dass der Fall 11 als Revision des IMT angesehen werden müsse und rief zur Generalamnestie auf.[1406] Als allerdings die Weizsäcker-Verteidigung kein Interesse an Grimms Gutachten zeigte, kritisierte der enttäuschte Grimm, dass er eine weitaus offensivere Verteidigung Erich von Weizsäckers erwartet hätte, spiele doch Nürnberg für ihn die gleiche Rolle wie das „Schanddiktat" von Versailles.[1407] Ende 1949 ließ sich Grimm nach seiner von Anwalt Friedrich Drischel erfolgreich durchgeführten Entnazifizierung in Freiburg als Rechtsanwalt nieder und trat zusammen mit Achenbach im Falkenhausen-Prozess auf. Besonders machte er mit zahlreichen Schriften von sich reden, die in zweifelhafter historischer Analogie auf den Frieden von Münster und Osnabrück von 1648 bzw. die Amnestien der Weimarer Republik einen vollkommenen Schlussstrich unter die Kriegsverbrecherprozesse in Form einer Generalamnestie forderten.[1408] Vierter im Bunde wurde Best, der ähnlich wie Malz als „inoffizieller" Mitarbeiter im Hintergrund und Koordinator des „Vorbereitenden Ausschusses zur Herbeiführung der Generalamnestie" agierte. Insbesondere erarbeitete Best Gutachten und verschickte Fragebögen an Anwälte, um einschlägige Fälle zu sammeln.[1409] Offen-

---

1405 Glossar Eintrag 6.10.1946, in: BAK, N1120, Nr. 128.

1406 Vgl. Vermerk Grimms o.D. und Friedrich Grimm: „Die Rechtsgrundlagen zur Kriegsschuld und Kriegsverbrecherfrage" o.D. in: BAK, N1120, Nr. 55.

1407 Einträge 4.10.1948 und 21.10.1948, in: BAK, N1120, Nr. 128.

1408 Vgl. dazu ausführlich Buchna: Sammlung, S. 54–64. Vgl. auch Eichmüller: Generalamnestie, S. 106 f. und Herbert: Best, S. 452 f.

1409 Schreiben Bests an Fröschmann 10.4.1953, in: StN, NL Fröschmann, Nr. 70. Interessanterweise lehnte Fröschmann die Übermittlung einschlägiger Fälle ab. So sehr er die Bemühungen des Ausschusses anerkenne, könne er aufgrund seiner eigenen Erfahrungen in der Kriegsverbrecherfrage der Bitte nicht entsprechen, vgl. Schreiben Fröschmanns an Best 17.12.1952, in: StN, NL Fröschmann, Nr. 70.

bar wurden später noch weitere hochrangige SS-Männer bei Achenbach beschäftigt, so Franz Six.[1410]

Was die „Arbeitsgemeinschaft für Wahrheit und Gerechtigkeit“ und den „Generalamnestieausschuss“ neben dem illustren Mitarbeiterstab noch verband, war die Suche nach Verbündeten im öffentlichen Kampf um die Lösung der Kriegsverbrecherfrage. Aschenauers wichtigste Verbündete wurde die aus einem alten hessischen Adelsgeschlecht stammende Prinzessin Helene-Elisabeth von Isenburg (geb. 1900). Angeblich habe Isenburg in Bonn mehrere Semester Fundamentaltheologie studiert und zog nach der Heirat mit Wilhelm Karl Prinz von Isenburg, der sich in der NS-Zeit an der dortigen Universität mit „Sippenkunde“ beschäftigte, in die bayerische Landeshauptstadt. Dort sei Isenburg im Auftrag der Caritas in der Krankenfürsorge und Krankenbetreuung tätig gewesen. Während des Zweiten Weltkrieges soll die bei der zuständigen NSDAP-Ortsgruppe als „politisch zuverlässige Heilpraktikerin“ bekannte Isenburg ein Soldatenheim bei Paris betrieben haben.[1411] Isenburgs Engagement für verurteilte Kriegsverbrecher hatte im Jahr 1947 als „Außenstelle“ (August Eckardt) des katholischen Anstaltsgeistlichen in Landsberg zur Versendung von Liebesgaben an die dortigen Gefangenen begonnen. Bald galt sie als „caritative“ Fürsprecherin der „Landsberger“.

Über Isenburg entwickelte sich Kontakt zum „Arbeitsring für Wahrheit und Gerechtigkeit“ von Werner Rietz. Der Agrarwissenschaftler und hochrangige Funktionär im Reichsnährstand Rietz (geb. 1912) sei über den gemeinsamen Bekannten Rolf-Heinz Höppner mit Otto Ohlendorf in Kontakt getreten, der ihn mit der Einberufung zur SS Panzerdivision Leibstandarte Adolf Hitler vor Nachstellungen mehrerer Gauleiter bewahrt habe.[1412] Der sich immer noch Ohlendorf zu Dank verpflichtet fühlende

---

1410 Hachmeister: Gegnerforscher, S. 295 f.; Ulrich: Best, S. 466.

1411 Bayerisches Landeskriminalamt an die Zentrale Stelle 1.12.1964, in: ZStLu, VS III 54/271; Bayerisches Landeskriminalamt an die Zentrale Stelle 28.10.1964 und BDC Berlin an Zentrale Stelle 1.12.1964, in: Bundesarchiv Ludwigsburg (BAL), B162 (Bestand Zentrale Stelle Ludwigsburg), Nr. 27143, vgl. die Kurzbiographie Isenburgs, in: Wort und Wahrheit. Monatsschrift für Religion und Kultur 16 (1961), S. 606.

1412 Vgl. Abschrift Tagung der Gespräche aus der Ferne am 27.6.1951 in Würzburg, in: HStaDü, NW 650 (Landesverfassungsschutz NRW), Nr. 242 (Gespräche aus der Ferne). Zu Rietz‘ Biographie vgl. Michael Günther: Werner Rietz (1912–1998). Ein Leben für die politische Bildung, Münster 2002, S. 10–12 und 19–34.

Rietz gründete nun im Herbst 1950 mit Isenburg den „Arbeitskreis für Wahrheit und Gerechtigkeit“ in Wuppertal als Protestorganisation gegen die bevorstehenden letzten Hinrichtungen von zu Tode verurteilten Kriegsverbrechern aus den Nürnberger und Dachauer Prozessen. Über den von Rietz mitgegründeten überparteilichen Gesprächskreis „Gespräche aus der Ferne“ gelang es ihm auch politisch unverdächtige Personen wie den ersten Landesvorsitzenden der Jungen Union in Württemberg-Hohenzollern und überzeugten Pazifisten Nikolaus Koch (1912–1991) und den durch seine Arbeit als Bodenreformer in der christlichen Siedlungsbewegung bekannten Nikolaus Ehlen als Mitarbeiter zu gewinnen, die sich aus Gewissensgründen nun für Ohlendorf einsetzten.[1413] Die Kampagne des „Arbeitsringes“ für Ohlendorf war äußerst lautstark und weitreichend, zumal im Januar 1951 Isenburg medienwirksam auf einer Pressekonferenz unter Anwesenheit Bischof Neuhäuslers die Zusammenarbeit mit der „Arbeitsgemeinschaft für Recht und Wirtschaft“ Aschenauers verkünden konnte. Berührungsängste mit Rechtsextremen gab es für Isenburg und Aschenauer nicht. Über Rietz wurde durch den aus den „Gespräche[n] aus der Ferne“ mit ihm bekannten Düsseldorfer Journalisten Friedrich Karl Bornemann (geb. 1908), ehemals HJ-Gebietsführer und „Kulturreferent“ im NS-Gau Köln-Aachen, eine gemeinsame Plakataktion mit der rechtsextremen Hamburger „Bruderschaft“ gestartet.[1414] Höhepunkt war die Sammlung von angeblich 600.000 Unterschriften gegen die geplanten Hinrichtungen im März 1951, die durch Vermittlung des „National Council“ an die Kanzlei Magees zur Propaganda bei US-Stellen weitergeleitet worden waren.[1415] Hinzu kamen insgesamt vier in großer Zahl versandte

1413 Vermerk 12.2.1951, 20.3.1952, 27.6.1951 und 3.11.1951, in: HStaDü, NW 650, Nr, 242; vgl. auch Schreiben Nikolaus Ehlens an Käthe Ohlendorf 12.10.1950 und Käthe Ohlendorf an Nikolaus Ehlen 26.10.1950, in: BAK, N1634 Nachlass Otto Ohlendorf, Nr. 2. Der Verfassungsschutz NRW stufte Ehlen zwar als gesellschaftlich hoch angesehen, aber politisch nicht ernst zu nehmend ein.

1414 Bornemanns spielte in diesen Jahren eine wichtige Rolle als Netzwerker der extremen Rechten. Er war zentraler Organisator im „Naumann-Kreis“ und Herausgeber diverser rechtsextremer Informationsdienste. In der Bruderschaft agierte er als „Experte“ für die Kriegsverbrecherfrage und war im rechtsextremen „Hilfswerk der helfenden Hände e. V.“ bis zu seinem Umzug nach Düsseldorf Leiter des für Süddeutschland zuständigen „Abschnitts Süd“.

1415 Vermerk 10.3.1953, in: HStaDü, NW 650, Nr. 243; vgl. auch Schreiben Isenburgs an Ermann 1.6.1951, in: LKANü, III/17, Nr. 15.

„Briefe“ des „Arbeitsrings“.[1416] Der Zugang zu politisch maßgeblichen Stellen blieb „Arbeitsring“ und „Arbeitsgemeinschaft“ aber verwehrt. Im Februar 1951 lehnte etwa Bundespräsident Theodor Heuss nach Warnungen einen Empfang Isenburgs ab.[1417] Gerade die evangelische Kirche sah seit 1950 die Tätigkeiten Isenburgs mit Sorge. Schon beim „Komitee für kirchliche Gefangenenhilfe“ war ihr ein Sitz im Kuratorium verweigert worden, sie sollte nur von Fall zu Fall zugezogen werden.[1418] Es war schließlich der Druck der evangelischen Kirche auf Rietz, der zu einem Stopp der Medienkampagne des „Arbeitsringes“ führte, obwohl die Vereinigung noch bis in das Jahr 1952 hinein weiterbestand.[1419] Isenburg verlegte sich nach diesen Niederlagen nun auf im wahrsten Sinne des Wortes „Stille Hilfe“ in der im November 1951 gegründeten „Stille[n] Hilfe für Kriegsgefangene und Internierte e. V.“. Obwohl als Vorstandsmitglieder mit Wurm und Neuhäusler nochmals prominente Unterstützer gewonnen werden konnten, rekrutierte sich das zentrale Personal der „Stillen Hilfe“ aus Mitgliedern der „Arbeitsgemeinschaft“ Aschenauers.

Neben Isenburg gelang es auch Aschenauer nicht, einflussreiche Verbündete zu finden, auch wenn sich General Korte mit Aschenauer sehr zufrieden zeigte.[1420] Gerade auf die „Rechtsverhinderungsstelle“ (Hans Korte) mit ihrem „größten Blindgänger“ Hans Gawlik war man im Kreise der „Arbeitsgemeinschaft“ nicht gut zu sprechen.[1421] In einem seiner letzten

1416 Vgl. die verschiedenen Briefe, in: LKANü III/17, Nr 13.

1417 Frei: Vergangenheitspolitik, S. 227.

1418 Aktenvermerk: Vorbesprechung zur Gründung des Kuratoriums 13.10.1949, in: LKANü, LKR, Nr. 2465.

1419 Aktenvermerk: Besuch Rankes bei Rusam o.D. (wahrscheinlich März 1951), in: LKANü, LKR, Nr. 2466. Oskar Koch machte gegenüber Georg Fröschmann seinem Ärger über Rietz‘ Kurswechsel freie Luft: „Man macht heute lieber in „Stätte der Begegnung“ und spielt ‚Abhörinstrument‘ für Konrad I von Westkonradien“, vgl. Schreiben Oskar Kochs an Fröschmann 7.12.1952, in: StN, NL Fröschmann, Nr. 70. Seit September 1951 waren die „Gespräche aus der Ferne“ von Rietz in das politische Bildungswerk „Stätte der Begegnung“ umgewandelt worden. Später löste sich die Stätte auch von ihren Anfängen im rechtsextremen Lager und wurde zu einer vielbeachteten Bildungseinrichtung, die u. a. von mehreren späteren Bundespräsidenten besucht wurde.

1420 Schreiben an Kortes 21.4.1952 in: BAK, NL Gordan, Nr. 80.

1421 Schreiben Kortes an Frießner 28.5.1952, in: BAF, N528, Nr. 20. November 1951 hatten Korte und Aschenauer einen gemeinsamen Aufsatz unter dem Pseudonym „Bäcker“ im „Aufbau“ veröffentlicht, vgl. Schreiben Kortes an Frießner 28.11.1951, in: BAF, N528, Nr. 20.

Briefe an Ohlendorf im April 1951 beklagte sich Malz schwer über Margarethe Bitter, die angesichts der Taten der Einsatzgruppen die von Aschenauer gemachten Vorwürfe gegen die Verfahren als „Schönheitsfehler“ bezeichnet hatte. Malz werde aber alles tun, damit der Kampf für Ohlendorf, dem Malz wie kein anderer nahestehe, „mit aller Härte ausgetragen“ werde.[1422] Selbst im Freiburger Seminar Wilhelm Grewes stieß die Darstellung „der Tragik der Person Ohlendorf und die sachliche Bedeutung seiner Person“ durch Malz auf Widerstand.[1423] Bei einigen Berufskollegen erfuhren Aschenauer und Malz allgemeine Ablehnung. Für Kurt Rheindorf arbeitete Aschenauer nach dem Prinzip des „Selbstversorgers“. Seine Zivilcourage, aus welchen Gründen auch immer, sei zwar erfreulich, aber Kriegsverbrecherfragen könne man nicht mit einem „Stur Heil“ behandeln, zumal Aschenauer keinerlei Reputationen habe. Auch Behling hielt Aschenauer für einen „eigenwilligen Kopf“.[1424]

Weitaus erfolgreicher bei der Gewinnung von Verbündeten war dagegen zunächst der Kreis um Achenbach und Best. Politisch ging es aufwärts für Achenbach, der seit 1950 Vorsitzender des Außenpolitischen Ausschusses der FDP und Landtagsmitglied im Nordrheinwestfälischen Landtag war. Achenbach und Grimm wurden zu „amnestiepolitischen Stichwort- und Ideengebern“ (Kristian Buchna) der nordrhein-westfälischen Liberalen.[1425] Sie fanden im Landesvorsitzenden der FDP in Nordrheinwestfalen, Friedrich Middelhauve (1896–1966), einen wichtigen Verbündeten, der u. a. seinen Verlag für den Druck der Schriften des „Generalamnestieausschusses“ zur Verfügung stellte und Spender organisierte.[1426] Ein weiterer Verbündeter Achenbachs war der für die CDU in den Landtag eingezogene Anwalt Josef Hermann Dufhues (1908–1971), der in seinen Reden im Landtag aus seinen Sympathien für eine Amnestie keinen

1422 Schreiben Malz an Ohlendorf 1.4.1951, in: LKANü, III/17, Nr. 15.

1423 Schreiben Beckers an Malz 5.8.1949, in: PAAA, NL Becker, Bd. 13 Teilband 2.

1424 Schreiben Rheindorfs an Behling 21.3.1950 und Behling an Rheindorf 13.4.1950, in: BAK, NL Behling, Nr. 74; Schreiben Rheindorfs an Behling o.D., in: BAK, NL Behling, Nr. 71.

1425 Buchna: Sammlung, S. 54, vgl. auch Eichmüller: Generalamnestie, S. 35.

1426 Zu Middelhauves Motivation über das Thema Entnazifizierung und Generalamnestie junge Wähler zu gewinnen vgl. ausführlich Buchna: Sammlung, S. 46–52. Zur Spende von Druckpapier für den „Ausschuss“ vgl. Schreiben IHK Essen 14.11.1952 und 23.9.1952 sowie Antwortschreiben Toussaints 17.11.1952 in: StaEs, Bestand 1000, Nr. 55.

Hehl machte.[1427] Das frühere Mitglied der Reiter-SS war Sozius der Anwälte Fritz Ludwig und Johannes Surholt in Berlin gewesen und war nach seiner Flucht nach Essen als Anwalt u. a. in einem der bedeutendsten Demontageprozesse der Nachkriegszeit aufgetreten. Dort hatte er erfolgreich vor einem britischen Militärgericht mehrere Arbeiter eines Bochumer Stahlwerks, die sich geweigert hatten den Demontagebefehl durchzuführen, verteidigt und verdiente nun wie Achenbach als Wirtschaftsanwalt in Essen sein Geld.[1428] Dem im Oktober 1951 gegründeten und Februar 1952 mit einem „Aufruf zur Unterstützung der überparteilichen Aktion zur Herbeiführung der Generalamnestie" an die Öffentlichkeit getretenen „Ausschuss" gehörten als offizielle Unterzeichner neben Achenbach, Grimm, Middelhauve und Dufhues verschiedene Persönlichkeiten aus dem weiteren lokalpolitischen Umfeld Essens bzw. der nordrheinwestfälischen FDP an, wie der Essener Oberbürgermeister und Landtagsabgeordnete Hans Toussaint (1902–1977).[1429] Wie Kristian Buchna zu Recht herausstellt, befand sich kein einziger Bundestagsabgeordneter unter den Unterzeichnern des Generalamnestieausschusses.[1430]

1427 Eichmüller: Generalamnestie, S. 351.

1428 Pöllath [Hg.]: Wirtschaftsanwälte, S. 31. Dufhues sollte noch eine große Karriere in der CDU bevorstehen. Von 1958 bis 1962 wurde er Innenminister in NRW, danach stieg er zum geschäftsführenden Vorsitzenden der CDU auf und machte im Nachklang der „Spiegel-Affäre" damit von sich reden, dass er die „Gruppe 47" als „geheime Reichsschriftumskammer" beleidigte und den Einfluss „linker" Intellektueller auf das Rundfunkprogramm beklagte, vgl. Christina von Hodenberg: Konsens und Krise. Eine Geschichte der westdeutschen Medienöffentlichkeit 1945–1973, Göttingen 2006, S. 334.

1429 Als weitere „Gesichter des Kreises" wurden im Aufruf genannt der Essener Jurist Wilhelm Helmuth van Almsick, die Essener FDP-Kommunalpolitikerin Cläre Blaeser, der spätere FDP-Schatzmeister und Bankier Hans Wolfgang Rubin, der Vorsitzende der CDU in Essen und Stadtbeigeordneter Albert Meurer, der MdL der CDU und frühere Essener Ratsherr Hans Spiecker, der Opladener Justiziar und MdL Joseph Bollig sowie der Aachener CDU-Kommunalpolitiker und Notar Josef Schönheit. Der in hoher Auflage im Februar 1952 erschienene Aufruf forderte eine allgemeine Befriedung im Sinne einer „tabula rasa", die durch eine Generalamnestie zu erlangen sei. Der Aufruf forderte den Bundestag auf, ein Generalamnestiegesetz zu verabschieden, vgl. Aufruf zur Unterstützung der überparteilichen Aktion zur Herbeiführung der Generalamnestie im Februar 1952, in: Stadtarchiv Essen (StaE), Bestand 1000, Nr. 55 (Generalamnestieausschuss); vgl. auch zum Aufruf Herbert: Best, S. 454 f.

1430 Buchna: Sammlung, S. 70.

Angesichts dieser ähnlichen Interessenlagen überrascht es nicht, dass der „Generalamnestieausschuss" und die „Arbeitsgemeinschaft" im Frühsommer 1952 eng zu kooperieren begangen. Insbesondere war Aschenauer Dreh- und Angelpunkt der Versuche, den Generalamnestieausschuss über NRW hinaus zu etablieren und trat als omnipräsenter Redner für diesen auf.[1431] In Nürnberg begann Aschenauer im Juni 1952, auch selbst einen bayerischen Ableger des Ausschusses aufzubauen. Zwar konnte er etwa bei Staatssekretär Theodor Oberländer sowie einschlägigen früheren Verbündeten aus dem Umfeld der beiden großen Kirchen auf Zustimmung hoffen, das Projekt scheint aber schon in einem frühen Stadium gescheitert zu sein.[1432]

Trotz seiner weitgehenden Begrenzung auf das weitere Umfeld Essens entwickelte der Generalamnestieausschuss eine umfangreiche mediale Aktion oder, wie der Historiker Frank Buscher formulierte, einen „public relations Blitz".[1433] Ob man allerdings von einer Kampagne sprechen will, wie sie die junge Bundesrepublik bis dahin „noch nicht erlebt" habe, ist fraglich. Der „Wiesbadener Kurier" wollte zwar erfahren haben, dass allein in Hessen 33.000 Zustimmungserklärungen für den Ausschuss abgegeben worden seien und auch Best schrieb prahlerisch an Gawlik, der Generalamnestie-Aufruf sei an 600 bis 700 Redaktionen gegangen. Grimm wollte sogar 150.000 Antworten auf die Kampagne des Kreises bekommen haben.[1434] Dass diese Zahlenangaben allerdings ausschließlich von den Initiatoren selbst stammten, spricht nicht unbedingt dafür, dass die Kampagne wirklich einen derartigen Umfang hatte.[1435] Auch gab es Koordinationsprobleme innerhalb des „Ausschusses". Als Achenbach im Mai 1952 an Touissant die Abschrift einen weiteren Aufrufs des „Ausschusses" sandte, schrieb Touissant pikiert zurück, dass man zwar mit dem Inhalt einverstanden sei, aber das nächste Mal Wert darauf lege, zuerst Kenntnis von derartigen Schreiben zu erhalten, bevor man an die Öffent-

1431 Bert-Oliver Manig: Die Politik der Ehre. Die Rehabilitierung der Berufssoldaten in der frühen Bundesrepublik Verband, Göttingen 2004, S. 455; Frei: Vergangenheitspolitik, S. 268.

1432 Aktenvermerk 5.6.1952 und Schreiben Schriebers 3.6.1952, in: LKANü, LKR, Nr. 2467.

1433 Buscher: Trial Program, S. 106.

1434 Vgl. Frei: Vergangenheitspolitik, S. 269 Buchna: Sammlung, S. 69 und Eichmüller: Generalamnestie, S. 109 sowie Bucher: Trial Program, S. 106.

1435 Eichmüller: Generalamnestie, S. 109.

lichkeit gehe.[1436] Nachdem die Feldmühle Papier- und Zellstoffwerke Aktiengesellschaft in Düsseldorf, eine Firma von Hugo Stinnes jr., auf Veranlassung Achenbachs dem Verlag Middelhauves als Spende über sieben Tonnen Papier für die diversen Aufrufe kostenlos zur Verfügung gestellt hatte, zeigte sich gegenüber Toussaint der Hauptgeschäftsführer der IHK Essen August Dresbach, der sich als Gegner jeder Generalamnestie bezeichnete, ungehalten über ein Schreiben der Feldmühle, suchte diese doch nun von der IHK eine Spendenquittung zwecks steuerlicher Absetzbarkeit des gelieferten Papiers zu erhalten.[1437]

Als Toussaint und Dufhues im Juli 1952 im Namen des „Ausschusses" im Bundeskanzleramt vorstellig wurden, um unter Beteiligung der Bundestagsfraktionen und der in- und ausländischen Presse den „Ausschuss" der Öffentlichkeit zu präsentieren, bei welcher in einer öffentlichen Inszenierung Justizminister Dehler die angeblich bisher eingegangenen rund 120.000 Zustimmungserklärungen zum Februaraufruf übergeben werden sollten, stieß man auf Ablehnung. Der Leiter des Bundeskanzleramtes, Otto Lenz, hatte für das Gespräch Hans Gawlik und den für Frankreich zuständigen ZRS-Verteidiger Rechtsanwalt Karl Roemer (1899–1984) hinzugezogen.[1438] Lenz ließ die beiden Emissäre wissen, dass die

---

1436 „Nun erst recht: verstärkte Amnestie-Bewegung!" [30.5.1952], und Schreiben Toussaints an Achenbach 31.5.1952, in: StaEs, Bestand 1000, Nr. 55.

1437 Vgl. Schreiben der IHK Essen 14.11.1952 und 23.9.1952 sowie Antwortschreiben Toussaints 17.11.1952 in: StaEs, Bestand 1000, Nr. 55.

1438 Der vor dem Krieg im Bankenwesen bzw. als Rechtsanwalt in Berlin tätige Karl Roemer war nach dem Krieg in Saarbrücken als Anwalt zugelassen worden und leitete zunächst die Rechtsschutzstelle des Roten Kreuzes in der französischen Zone in Bad Kreuznach. Er war an Verteidigungen vor den französischen Gerichten in Rastatt beteiligt und galt als wichtigster Mitarbeiter der ZRS in Frankreich, der in ständigem Austausch mit der französischen Regierung stand. Durch seine Intervention erreichte er, dass Frankreich zur Einrichtung einer deutsch-französischen Kommission zur Lösung der Kriegsverbrecherfrage bereit war. Er war federführend bei der Vorbereitung der Verteidigung in den Großprozessen Tulle II und (zusammen mit Anwalt Kurt Walters) im Oradour-Prozess, und handelte im Auftrag Adenauers die Begnadigung von Botschafter Abetz aus, vgl. Schreiben Römers an Trütschler 19.4.1952, in: IfZ, ED449, Nr. 16. 1953 wurde er Generalanwalt beim gemeinsamen Gerichtshof der Europäischen Gemeinschaften, ein Amt das er bis 1973 ausübte. Die Rechtsschutzstelle des Roten Kreuzes in der Bi-Zone leitete Emil Lichtenstein, ein Ableger dieser Stelle in Hamburg unterstand einem Rechtsanwalt Ohle, wohl der Hamburger Wirtschaftsanwalt Hermann Ohle (1895–1980) vgl. Schreiben Wycks 8.5.1949, in: BAK, NL Nagel, Nr. 5. Zu Ohle vgl. Pöllath [Hg.]: Wirtschaftsanwälte, S. 252.

Bundesregierung gegen die bisher gestellten Forderungen bedenken habe. Unter den Verurteilten seien immer noch Personen, die einer Amnestie nicht würdig seien und für die man sich nicht einsetzen werde.[1439] Quasi öffentlich signalisierte Eduard Wahl als Leiter des Heidelberger Kreises im September 1952 mit seiner generellen Absage an eine Generalamnestie im Bundestag die Distanz zu den Aktivitäten Achenbachs.[1440] Im März 1953 ging schließlich auch der von Achenbach und insbesondere Best mit Denkschriften „bedachte" Staatsekretär im BJM, der jüdisch stämmige Walter Strauß (1900–1976), und der dem Heidelberger Kreis zeitweilig angehörende Alfons Wahl, zuständiger Referent im BJM, wegen der „Naumann-Affäre" auf klare Distanz zu Achenbach und Best.[1441] Im Januar 1953 hatte die britische Militärpolizei den sogenannten „Gauleiterkreis" unter Führung des früheren Staatssekretärs im Reichspropagandaministerium Werner Naumann gesprengt, der verschiedene frühere Größen der NSDAP um sich geschart hatte und eine Unterwandung der nordrhein-westfälischen FDP mit früheren Nationalsozialisten angestrebt hatte. Schon seit 1950 hielt Achenbach Kontakt zu Naumann und arbeitete mit Naumann zentral an Plänen für eine „Nationale Sammlung", die nicht zuletzt von Achenbach selbst angestoßen worden waren. Nach der Verhaftung der führenden Mitglieder um Naumann hatten sich mehrere rechtsextreme Anwälte zur Vertretung gemeldet, so Grimm, Achenbach und der

---

Gerade die Biographie Lichtensteins belegt, dass es in jeder Hinsicht falsch wäre, diesen Anwälten pauschal eine rechtsextreme Gesinnung zu unterstellen. Lichtenstein, zugelassen am OLG Dresden, hatte als bekannter und mutiger Offizialverteidiger vor dem Sondergericht in Prag auf sich aufmerksam gemacht, war aber wegen Drohungen der Gestapo 1943 nach Spanien geflohen. Nach einer Tätigkeit im Württembergischen Sonderministerium wurde er 1947 in Stuttgart als Anwalt zugelassen, vgl. Aktennotiz Nagels über Besprechungen 3.–5.5.1949, in: ebd. Lichtenstein hatte sich strikt gegen eine Ausweitung der Hilfen des DRK auf Landsberg gewandt, da Landsberg das DRK nichts angehe, zumal dort nur SS-Leute inhaftiert seien und Lichtenstein unter den Nachstellungen der SS persönlich sehr gelitten habe, vgl. Schreiben Wycks an Nagel 18.6.1949, in: BAK, NL Nagel, Nr. 5. 1950 schied Lichtenstein aus dem DRK aus und trat in die Kanzlei des früheren Schacht-Verteidigers Wolfgang Schwamberger ein.

1439 Abschrift des Protokolls von Lenz 9.7.1952, in: StaE, Bestand 1000, Nr. 55.

1440 Vgl. Plenarprotokolle des Deutschen Bundestags, 230. Sitzung (17.9.1952), S. 10495.

1441 Eichmüller: Generalamnestie, S. 110 – 112; vgl. auch Frei: Vergangenheitspolitik, S. 278 und Herbert: Best S. 460 f.

Anwalt Fritz Peter Krüger (siehe unten).[1442] Die Übernahme des Mandats war allerdings ein Fehler, gingen nun doch sämtliche Verbündete Achenbachs auf Distanz, so dass Krüger nun auch für Achenbach anwaltliche Unterstützung leisten musste.[1443] Zwar gelang es dem FDP-Bundesvorstand nicht, Achenbach aus der Partei entfernen zu lassen, allerdings sah sich Achenbach gezwungen, die Verteidigung Naumanns niederzulegen und war vorerst politisch in der FDP kaltgestellt. Achenbachs Gönner in der Ruhrindustrie hielten nun ebenfalls Abstand, was sich symbolisch im Verlust seines Aufsichtsratspostens bei der Feldmühle niederschlug.[1444]

Auch Aschenauer begann, andere Wege zu gehen. Verdrießt meldete Hans Korte im Mai 1953, dass Aschenauer beschlossen habe, „Politiker zu werden", um für den BHE/Gesamtdeutschen Block in den Bundestag zu kommen. Aschenauer hatte infolgedessen seine Arbeit für die „Arbeitsgemeinschaft" weitgehend eingestellt.[1445] Malz verlegte seine publizistische Arbeit auf die „Stille Hilfe", die in gewissem Sinne die „Arbeitsgemeinschaft" beerbte.

In ihrer Ablehnung der Generalamnestie-Bewegung waren sich Kurt Rheindorf und Kurt Behling vollkommen einig. Rheindorf schimpfte über die „Plünderung der Vergangenheit" durch Grimms „Missverständnisse". Dieser fördere damit die Freilassung von echten Kriminellen, zumal Achenbach und Grimm aufgrund ihrer Rolle im „Dritten Reich" „faktisch in eigener Sache" handelten.[1446] Behling stimmte Rheindorf vollkommen zu. Als man Behling im Zuge der Stauffenberg-Affäre 1944 im RJM erklärt habe, dass Grimm ein „seniler Schwätzer" sei, habe er das damals noch nicht glauben wollen. Sein Bild über Grimm sei aber in der gemein-

1442 Baldow: Episode, S. 213. Weitere rechtslastige Anwälte für verhaftete Mitglieder des Naumann-Kreises waren der frühere Generalstaatsanwalt von Hamburg und DRP-Landespolitiker Hans Haack (geb. 1901) für den ehemaligen Gauleiter Kurt Kaufmann und der erste Leiter der Hamburger „Reichspresseschule" und antisemitische Propagandist Wolf Meyer-Christian, selbst Mitglied des Naumann-Kreises, für den Reichsrundfunk-Kommentator Karl Scharping.

1443 Baldow: Episode, S. 261.

1444 Hierzu ausführlich Buchna: Sammlung, S. 127–134 und 166–173, Herbert: Best, S. 461–472 und besonders Baldow: Episode, S. 29–33.

1445 Schreiben Kortes an Frießner 25.5.1953, in: BAF, N520, Nr. 20; vgl. auch Dankesschreiben Frießners an Korte für dessen Tätigkeit als Geschäftsführer 5.9.1953, in: BAF, N528, Nr. 29.

1446 Schreiben Rheindorfs an Behling 22.4.1952 und Rheindorf an Behling 15.5.1952, in: BAK, NL Rheindorf, Nr. 149.

samen Verteidigung im Falkenhausen-Prozess vollkommen abgerundet worden.[1447] Selbst Touissant musste die Niederlage eingestehen: „Wenn es uns nicht gelungen ist, das tabula rasa Prinzip durchzusetzen, so nicht deshalb, weil wir unsere Auffassungen geändert hätten, sondern leider deshalb, weil die Gegenkräfte bezw. diejenigen Kräfte, die mit einer anderen Methode das gleiche Ziel anstrebten, noch zu stark waren."[1448] Diese Aussage war doch ein recht deutliches Eingeständnis unüberwindbarer politischer Realitäten.

Der Herbst 1952 und das Frühjahr 1953 waren somit eine zentrale Wegmarke für Vertreter einer radikalen Lösung der „Kriegsverbrecherfrage". Spätestens seit Sommer 1952 gab es keine Unterstützung durch Kirchen und Politik für diese Bestrebungen mehr. Ein Ausweichen auf radikale Parteien bzw. der Aufbau einer „Nationalen Sammlung" war mit der Aufdeckung des „Naumannkreises" nicht nur gescheitert, sondern kostete auch die letzten noch verbliebenen Verbündeten. Die Zukunft gehörte nun einem klandestinen Anwaltsnetzwerk, das sich im Umfeld der „Stillen Hilfe" und anderer „Kameradennetzwerke" etablierte. Mit Heinrich Malz als Pressereferenten und Justiziar bzw. Adalbert Joppich als Justiziar der „Stillen Hilfe" bestand eine enge Personalunion zwischen Aschenauers „Arbeitsgemeinschaft" und Isenburgs Gruppierung. Die von Malz publizierten „Informationen für die Presse" beispielsweise ähnelten stark in Form und Duktus den Artikeln der „Anderen Seite".[1449]

Aschenauer begann seit Mitte 1952 sich eine politische Karriere im rechtsextremen Parteienspektrum aufzubauen. Er war nach Erkenntnissen des Landesverfassungsschutzes NRW persönlich beim Auflösungsbeschluss der Führungsspitze der Sozialistischen Reichspartei anwesend und habe selbst die Gründung von Nachfolgeorganisationen angeregt und hierbei beratend zur Seite gestanden.[1450] Aschenauer hatte es vermieden, offi-

---

1447 Schreiben Behlings an Rheindorf 4.6.1952, in: BAK, NL Rheindorf, Nr. 149.

1448 Schreiben Toussaints an Lütkenhus 17.8.1955, in: StaEs, Bestand 1000, Nr. 55.

1449 Schreiben Isenburgs an die Mitglieder der Stillen Hilfe 14.3.1953 in: StN, NL Fröschmann, Nr. 70. Korte veröffentlichte weiterhin im Alleingang Broschüren und Artikel gegen Landsberg und trat im Umfeld einer ominösen Organisation zur „Gegenseitigen Hilfe für militärische gefangene Heimkehrer von Frankreich, Italien, Deutschland, Österreich und der Schweiz" auf.

1450 Vgl. für die folgenden Angaben zu Aschenauers rechtsextremer Karriere: HSta-Dü, NW 1159 Nr. 3 (Karteikarte Aschenauer, Rudolf). Zur angeblichen Anregung Aschenauers vgl. auch Vernehmungsprotokoll 30.9.1952, in: StaMü, Pol-Direktion Nr. 749. Zu Aschenauer und die SRP vgl. auch Henning Hansen: Die

ziell Mitglied der SRP zu werden, trat aber als Vorsitzender der in Erwartung des SRP-Verbotes gegründeten Tarnorganisation „Nationale Sammlung“ auf, weil man wegen seiner hervorragenden Verbindungen zur katholischen Kirche auf ein Absehen vom Verbot der „Nationalen Sammlung“ hoffte. Offenbar nachdem die Polizei in Detmold die Gründungsversammlung der „Nationalen Sammlung“ aufgelöst hatte und sich Aschenauer der Staatsmacht in Form einer Vernehmung durch die Münchner Polizei und einer Hausdurchsuchung ausgesetzt sah, wechselte Aschenauer nach Angaben des ehemaligen SRP-Funktionärs Fritz Heller die Seiten und bot sich als V-Mann dem Bundesverfassungsschutz an. Tatsächlich hatte der Leiter des Bundesverfassungsschutzes, Otto John, Aschenauer in Zusammenhang mit dem SRP-Prozess persönlich angeworben. Gegen einmalige Belohnungen und Entschädigungen lieferte Aschenauer laut John Informationen über rechtsextreme Organisationen in Bayern.[1451] Im September 1952 trat Aschenauer der rechtskonservativen „Deutschen Gemeinschaft“ (DG) bei und erhielt eine Stelle als Sachbearbeiter für Staatsrechts- und Kriegsverbrecherfragen im Direktorium. Unter Einbeziehung ehemaliger SRP-Leiter sollte die bislang auf Süddeutschland beschränkte DG zu einer bundesweiten Organisation ausgebaut werden. Im November 1952 wurde Aschenauer zum Vorsitzenden des DG-Landesverbandes Bayern gewählt, konnte sich aber nicht etablieren und musste im Folgemonat sein Amt wieder aufgeben, da Heller Aschenauer erneut öffentlich vorwarf, „als strenger Katholik dazu bestimmt zu sein, jede nationale Sammlung völkischer Richtung zu zersetzen und in das Fahrwasser von Bonn zu ziehen“. Gute Kontakte knüpfte Aschenauer zunächst zum Naumann-Kreis, verstritt sich aber mit dem im Naumann-Kreis für Kriegsverbrecherfragen zuständigen Friedrich Karl Bornemann und ging auf Abstand, nicht ohne allerdings als Strafverteidiger Naumanns im Gespräch zu sein.[1452] Malz zog sogar nach Düsseldorf um, um über Bornemann besser

---

Sozialistische Reichspartei (SRP). Aufstieg und Scheitern einer rechtsextremen Partei, Düsseldorf 2007, S. 258–262 und 290, sowie nun ausführlich zu den Versuchen Aschenauers, SRP-Funktionäre in anderen rechtsextremen Parteien unterzubringen: Baldow: Episode, S. 176–197.

1451 Vgl. Vernehmungsprotokoll Aschenauers vom 10.9.1952 und 30.9.1952, in: StaMü, PolDirektion Nr. 749 und Auskunft „Keller“ (= Otto John) vom Oktober 1954, in: BStU, MfS AllgP 11263/56 Bd. 1, S. 73.

1452 Im März 1954 startete Aschenauer offenbar einen letzten Versuch, eine nationale Sammlungsbewegung zu initiieren, als er unter der Bezeichnung „Unabhängige Vereinigung für Deutsche Politik (Bismark-Gesellschaft)“ eine UDP-Abspal-

mit dem Naumann-Kreis zusammenzuarbeiten.[1453] Zwar versuchte Aschenauer noch erfolglos, eine Annäherung der DG an den rechten Flügel der FDP in NRW in die Wege zu leiten, musste aber im Januar 1953 endgültig aus der DG ausscheiden. Zuletzt bot sich Aschenauer der Vertriebenenpartei Unabhängige Deutsche Partei (UDP) in NRW als Rechtsvertreter an und suchte erfolglos im Juni 1953 eine Vereinigung des „Bund[es] der Heimatvertriebenen und Entrechteten“ mit der UDP in die Wege zu leiten.

Ende 1954 scheint Aschenauer alle parteipolitischen Ambitionen im rechten Lager begraben zu haben und trat stattdessen als Vertreter zahlreicher rechtsextremer Gruppierungen und Personen vor Gericht auf. So wurde er 1954 im Verbotsverfahren gegen die Europäische Verbindungstelle, einer Vereinigung verschiedener faschistischer Organisationen ebenso mandatiert, wie er im gleichen Jahr die anwaltliche Vertretung Otto Strassers bei dessen Einbürgerungsverfahren und dessen zahlreichen Beleidigungsverfahren gegen andere neurechte Persönlichkeiten übernahm.[1454] Ebenfalls handelte Aschenauer einen Vergleich zwischen der Bundesregierung und der Deutschen Reichspartei aus, um das Verbot dieser Partei abzuwenden. Zugleich trat er als Prozessvertreter der rechtsextremen Zeitschrift „Parole“ gegen die „Deutsche National- und Soldatenzeitung“ auf. Auch war er Anwalt des SRP- und DRP-Mitglieds Friedrich Lenz, der wegen der Beschlagnahme des Buches „Adolf Hitler – sein Kampf gegen die Minusseele“ mit Aschenauer vor den BGH zog. Dieser war neben dem sogleich noch zu behandelnden Verfahren gegen die Skorzeny-Memoiren, der wohl bedeutendste Prozess wegen rechtsradikaler Schriften in der frühen BRD.

Ende der fünfziger Jahre scheint sich Aschenauers Engagement vollständig auf seine Verteidigungen in NSG-Verfahren und seine Tätigkeit in der „Stille Hilfe“ verlagert zu haben.

---

tung plante. Im November 1954 näherte sich Aschenauer dann noch der dritten größeren rechtsradikalen Partei der fünfziger Jahre, der Deutschen Reichspartei, an. Trotz Pläne, die frühere „Die Andere Seite“ als „Deutschen Dienst“ unter Beteiligung Naumanns zur offiziellen Parteizeitung der DRP auszubauen, blieb Aschenauers Einfluss aber gering.

1453 Baldow: Episode, S. 99.

1454 Vgl. die umfangreiche Korrespondenz, in: IfZ, ED 118 (Nachlass Otto Strassers), Nr. 42.

Aschenauer selbst gehörte der „Stillen Hilfe" schon als Gründungsmitglied an, ebenso wie Georg Fröschmann, der Isenburg bis zu seinem plötzlichen Tod 1957 sporadischen Rechtsrat gab.[1455] Als Verteidiger des Adjutanten des KZ-Kommandanten von Buchenwald, Hans Schmidt, einer der sieben Landsberger Todeskandidaten, hatte sich Fröschmann von Propagandaaktionen der SRP, die den Fall Schmidt für ihre Zwecke genutzt hatte, aber offenbar ferngehalten und schimpfte über die Flugblattaktionen Aschenauers für Ohlendorf als „unglückselige Propaganda."[1456] Kontakt pflegte das für die Versorgungsansprüche verurteilter Kriegsverbrecher zuständige „Sozialreferat" der „Stillen Hilfe" mit dem „tüchtigen Rechtsanwalt" Franz Moser in München.[1457] Der notorische Einzelgänger Seidl dagegen vermied offenbar engeren Kontakt zur „Stillen Hilfe", fiel aber dennoch durch seine Radikalität auf (siehe das folgende Kapitel).

Diese Verbindungen zu Anwälten waren allerdings mehr oder weniger lose. „Stammanwälte" hatte die „Stille Hilfe" zu diesem Zeitpunkt noch nicht. Das Jahr 1959 brachte dann eine einschneidende Zäsur für die „Stille Hilfe". Nach der gesundheitsbedingten Abgabe des Vorsitzes durch Isenburg schieden Joppich und Malz aus dem Vorstand aus, so dass die „Stille Hilfe" offenbar keine qualifizierten Juristen mehr vorzuweisen hatte. Im Januar 1961 trat daher der „Stille Hilfe"-Vorstand zum ersten Mal an Werner Best heran, war doch die „Stille Hilfe" bei der Vertretung von Versorgungsansprüchen in ernsthafte juristische Schwierigkeiten geraten. Im November 1953 war Werner Best aus der Kanzlei Achenbachs ausgeschieden und fand als Justiziar von Hugo Stinnes jr. (1897–1982) ein neues Tätigkeitfeld.[1458] Parallel dazu wurde Best zum Ende der fünfziger Jah-

1455 Schreiben Isenburgs an Rusam 25.11.1949, in: LKANü, LKR, Nr. 2465; vgl. auch Schreiben Fröschmanns an Isenburg 13.2.1951, in: StN, NL Fröschmann, Nr. 509.

1456 Schreiben Nagengasts an M. Schmidt o.D., in: StN, NL Fröschmann, Nr. 509. Fröschmanns eigene Darstellungen zum „Fall Schmidt" fanden offenbar wenig Resonanz, vgl. Schreiben Fröschmanns mit Anlage „Der Fall Hans Schmidt" 28.4.1951, in: StN NL Fröschmann, Nr. 509 und „Nachruf auf Hans Schmidt" 7.6.1951, in: LKANü, LKR, Nr. 2466. Ursprünglich hatte das Mandat Max Rau übernommen, dem aber die Ehefrau Schmidt wegen angeblicher Untätigkeit das Mandat entzogen hatte, vgl. Schreiben Frau M. Schmidts an Fröschmann 6.8.1948, in: StN, NL Fröschmann, Nr. 507.

1457 Schreiben Christls A. an Best 21.5.1964, 3.6.1966 und 5.6.1966, in: HStaDü, Rep. 242 (Verfahren gegen Werner Best, 1 Js 12/65 RSHA), Nr. 296.

1458 Ende der zwanziger Jahre war Hugo Stinnes Jr. in einem aufsehenerregenden Betrugsprozess von Alsberg und Gollnick vertreten worden.

re ein gefragter Entlastungszeuge in NSG-Verfahren, woraus sich langsam eine „Nebenpraxis" Bests für frühere RSHA- und Gestapo-Beamte entwickelte. Zugleich versuchte Best allgemeines Material zur Entlastung von NS-Tätern gegen die „Ludwigsburger Verfolgungswelle", insbesondere zum Befehlsnotstand, zu sammeln. Durch die Verhaftung Bests im Rahmen des geplanten Großprozesses gegen das RSHA in Berlin und damit die Zerschlagung seiner „Nebenkanzlei" 1969 scheiterten aber Pläne zusammen mit seinem „alten Freund" Hanns-Dietrich Ahrens, eine großangelegte Beschaffungsaktion von Verteidigungsmaterial in den National Archives und dem Politischen Archiv des Auswärtigen Amtes in Gang zu setzen.[1459]

Best wurde nun Anfang der sechziger Jahre von der „Stillen Hilfe" gebeten, deren Vereinssatzung umzuschreiben, da regelmäßig den „Stillen Hilfe"-Mitarbeitern Vertretung ihrer Klientel vor Sozial- und Verwaltungsgerichten verweigert wurde. Grundsätzlich blieb diese Vertretung Anwälten vorbehalten, allerdings machte die Sozialgesetzgebung für Kriegsopferverbänden angehörende „Bevollmächtigte der Kriegsopfer" eine Ausnahme.[1460] Gerade diese Anerkennung als Opferverband fehlte aber der „Stillen Hilfe". Die von Best überarbeitete und im Herbst 1962 übernommene Vereinssatzung brachte allerdings nur eine kurze Verschnaufpause, zumal interner Filz und Streitigkeiten die „Stille Hilfe" zeitweise vollkommen lähmten.[1461] Best lehnte zwar konsequent die mehrfach angetragene formelle Mitgliedschaft in der „Stillen Hilfe" ab, gefiel sich aber „als eine Art ehrenamtlicher Justiziar".[1462] 1964 wurde Best erneut um eine Überarbeitung gebeten. Bests neuer Entwurf enthielt so viele Änderungen, dass das Registergericht Wuppertal eine vollständige Neufassung der Satzung forderte. Die internen Querelen der „Stillen Hilfe" ließen aber Best nun endgültig auf Abstand gehen und er lehnte unter Vorschützung auf eine angebliche Belastung der „Stillen Hilfe" durch seine Vergangenheit jegliche weitere Tätigkeit ab.[1463]

1459 Vgl. hier zu den Schriftverkehr in: HStaDü, Rep 242, Nr. 306; Herbert: Best, S. 513.

1460 Schreiben Himpes an Best 21.1.1961 und Best an Himpe 27.1.1961, in: HStaDü, Rep 242, Nr. 296.

1461 Schreiben Bests an Wagner 27.7.1961, in: HStaDü, Rep 242, Nr. 296.

1462 Schreiben Greifelts an Best 29.9.1965 und Best an Vormfelde 8.10.1965, in: HStaDü, Rep 242, Nr. 296.

1463 Schreiben Bests an Thieme 15.6.1966, in: HStaDü, Rep 242, Nr. 296.

Dies sollte die große Stunde von Rudolf Aschenauer werden. Zum 1. Juli 1966 wurde Rudolf Aschenauer offiziell zum juristischen Berater der „Stillen Hilfe“ ernannt und zugleich zum Vorsitzenden eines Rechts- und Satzungsausschusses berufen, um eine bessere juristische Versorgung der „Betreuten“ zu gewährleisten. Dass Aschenauer in schneller Folge zum Vizevorsitzenden und schließlich Leiter der „Stillen Hilfe“ wurde, war nur der letzte Höhepunkt von Aschenauers Karriere als „Strafverteidiger in der Tradition Prof. Friedrich Grimms“, als welchen ihn rechtsextreme Kreise priesen. Aschenauer scheint allerdings nur noch nach Bayern weiterhin gute politische Kontakte gehabt zu haben. So schrieb 1973 die damalige Vorsitzende der „Stillen Hilfe“ unter indirekter Anspielung auf Aschenauer an den Rechtsanwalt Richard Hengstler, dass sie keine Beziehungen nach Bonn habe, aber „eher schon nach Bayern“.[1464] Der Tod Aschenauers im Frühjahr 1983 sollte eine schmerzhafte Lücke in der „Stillen Hilfe“ reißen. Erst sechs Jahre nach seinem Tod konnte die neue Vorsitzende der „Stillen Hilfe“ vermelden, dass mit dem als Anwalt des KZ-Aufsehers Anton Malloth und in Zusammenhang mit dem umstrittenen Historiker David Irving in Erscheinung getretenen Münchner Rechtsanwalt Klaus Goebel (geb. 1936) die „Stille Hilfe“ „wieder einen erfahrenen Juristen zur Seite“ habe.[1465]

Mit Gründung der Ludwigsburger Zentralstelle hatte sich Aschenauer wieder verstärkt der Vertretung von NS-Tätern zugewandt. Wohl kein Anwalt in der Bundesrepublik war quantitativ häufiger in NSG-Verfahren vertreten als Rudolf Aschenauer. Das Institut für Zeitgeschichte listet in einer Datenbank zu bundesdeutschen NSG-Verfahren Aschenauer in knapp 50 Verfahren auf, die wirkliche Zahl dürfte aber weit höher sein. Sein Mandantenprofil war eindeutig. Abgesehen von der Verteidigung des fanatischen Wehrmachtsgenerals Ferdinand Schörner im Berufungsverfahren finden sich unter seinen Mandanten fast ausschließlich SS-Angehörige. Die wohl bedeutsamsten Auftritte Aschenauers waren die Verteidigung des SS-Oberscharführers Wilhelm Bogner, Mitarbeiter der politischen Abteilung im KZ-Auschwitz, im ersten Frankfurter Auschwitz-Prozess sowie die Verteidigung im Ulmer Einsatzgruppen-Prozess des Mandanten Werner Hersmann, als er als Gegenspieler von Hans-Günther Seraphim

1464 Schreiben Eisens an Hengstler 9.8.1973, in: IfZ, ED 381 (Nachlass Karl Chmielewski), Nr. 6.

1465 Oliver Schröm: Stille Hilfe für braune Kameraden. Das geheime Netzwerk der Alt- und Neonazis, 2. Aufl, Berlin 2002, S. 72–77 und 102–104 und 187.

umfassend unter Rückgriff auf seine Argumente aus dem Einsatzgruppenprozess das Verteidigungsargument des Befehlsnotstandes für die Einsatzgruppenführer thematisierte.[1466] Weitere prominente Mandate waren beispielsweise die Vertretung von SS-General Max Simon in dessen zweitem Prozess (LG Nürnberg-Fürth), von Josef Oberhauser im Münchner „Belzec-Prozess“ oder auch des persönlichen Referenten von Otto Ohlendorfs Kuno Callsen (LG Darmstadt) sowie zweier Mandanten im Frankfurter Verfahren gegen das Polizeibataillon 306 oder auch die ZRS-Mandate der in Italien bzw. Frankreich inhaftierten SS-Offiziere Herbert Kappler und Carl-Albrecht Oberg.

1963 forderte Aschenauer die Zentrale Stelle in Ludwigsburg direkt heraus, als er eine zusammen mit Hans-Günther Seraphim zusammengestellte „Befehlssammlung“ publizierte, die eine Mittäterschaft der Wehrmacht an Judenmord beweisen sollte und das Schreckgespenst einer Lawine von Verfahren gegen Bundeswehrangehörige an die Wand malte.[1467] Offenbar bestand hier zwischen dem „SS-Verteidiger“ und dem in Bezug auf die Wehrmacht mit einem „blinden Fleck“ behafteten Seraphim eine Schnittmenge im gemeinsamen Interesse, weitere NSG-Verfahren zu verhindern. Zudem begleitete Aschenauer seine zahlreichen Verfahren mit in rechtsextremen Verlagen publizierten Veröffentlichungen von Prozessdokumenten. Noch wenige Jahre vor seinem Tod verschickte Aschenauer „Der vergessene Friede von Münster. Ein offener Brief an die Abgeordneten des Deutschen Bundestages zur Frage der NS-Verfahren“, der eine allgemeine Amnestie forderte.[1468]

Insbesondere sorgte aber Aschenauer mit seiner Berufung als offizieller Rechtsberater der „Stillen Hilfe“ für eine rechtliche Professionalisierung, indem er „mit ihm bekannten Anwälten“ die Betreuung der „Stille Hilfe“-Mandate vor Sozial- und Verwaltungsgerichten übertrug. Der von Aschenauer für die „Stille Hilfe“ organisierte Münchner Anwalt Stumpf galt bei einschlägig Betroffenen als „guter Anwalt“ mit Erfahrung in „131er Fragen“.[1469] Otto Heinrich Stumpf (1923–1982) hatte während des Zweiten Weltkriegs als Gebirgsjäger gedient. Nach Abschluss der juristischen

1466 Weinke: Gesellschaft, S. 17–19.

1467 Weinke: Gesellschaft, S. 123, Marc von Miquel: Ahnden oder amnestieren? Westdeutsche Justiz und Vergangenheitspolitik in den sechziger Jahren, Göttingen 2004, S. 211.

1468 Rudolf Aschenauer: Der vergessene Friede von Münster, München 1979.

1469 Schreiben Edmund Trinkls an Best 5.4.1967, in: HStaDü, Rep 242, Nr. 309.

Staatsprüfung hatte er bei Anwalt Karl Fees seinen anwaltlichen Probedienst angetreten. Fees war von dessen engagierter Mitarbeit so beeindruckt, dass er Stumpf 1954 zum Sozius seiner Kanzlei machte.[1470] Der Altparteigenosse und SA-Sturmführer Karl Fees (1901–1992) hatte es im „Dritten Reich" zum Amtsleiter im Hauptamt für Kommunalpolitik der NSDAP in München gebracht. Nach 1945 ließ er sich als Anwalt in München nieder und machte sich mit öffentlichkeitswirksamen Musterklagen um Versorgungsansprüche entlassener Beamter und einschlägigen Buchveröffentlichungen einen Namen. Rasch stieg er zum Bundesjustiziar des Deutschen Beamtenbundes auf, wo mittlerweile Heinrich Malz als Geschäftsführer tätig war.[1471] Eng zur „Stillen Hilfe" und Aschenauer gehörte auch der frühere Gebirgsjäger Eberhard Engelhardt (1905–1991). Seit 1936 war er Mitglied der von Erich Ludendorff gegründeten völkischen Sekte der „Ludendorffer" und wurde in der Bundesrepublik ständiger anwaltlicher Vertreter der „Ludendorffschen Religionsgemeinschaft" und ihres Verlages „Hohe Warte" in ihren Verbotsverfahren in den sechziger Jahren. Da er kein Mitglied der NSDAP war, erhielt er ohne Probleme seine Zulassung als Anwalt in Nürnberg und trat als Sozius in die wiedergegründete Kanzlei des ehemaligen SA-Rechtsberaters und Vorsitzenden der RAK Nürnberg im „Dritten Reich", Gottfried Biemüller, ein. Aschenauer gab wegen seiner politischen Ambitionen ab 1952 seine sämtlichen noch verbliebenen „Landsberger" Mandate an Engelhardt ab. Mit seiner Arbeit war die ZRS allerdings alles andere als glücklich. Pathetisch behauptete Engelhardt, der „besonderen Ehrensache" der deutschen Anwaltschaft für die vom Ausland angeklagten deutschen Landleute zu dienen. Seine extrem umfangreichen und mit ständigen Angriffen gegen die Nürnberger und Dachauer Tribunale versetzten Schriftsätze galten als wenig zweckmäßig. Vorsichtige Hinweise Gawliks ignorierte Engelhardt, der in Seidls Abwesenheit als bayerischer Minister auch Rudolf Heß in Spandau vertrat.[1472] Dass Engelhardt als Vertreter von Holocaustleugnern, wie dem wohl bekanntesten Rechtsextremisten der siebziger Jahre, dem ehemaligen Anwalt Manfred Roeder (1929–2014), auftrat und 1966 als NPD-Stadt-

1470 Vgl. StMü, Rechtsanwaltspersonalakten des OLG München, Nr. 1890 (Stumpf, Otto Heinrich).

1471 Zu Fees vgl. Karsten Jedlitschka: Wissenschaft und Politik. Der Fall des Münchner Historikers Ulrich Crämer (1907–1992), Berlin 2006, S. 328.

1472 Schreiben Engelhardts an die ZRS 27.7.1954 und Schreiben Gawliks an das Auswärtige Amt 8.10.1954, in: BAK, B305, Nr. 135.

ratsabgeordneter in Nürnberg, bzw. nach seinem Bruch mit der NPD in diversen rechten Splittergruppen tätig war, vervollständigt das Bild.

Zum Anwaltsnetzwerk Aschenauers gehörte auch einmal mehr die Kanzlei Achenbach. Politisch hatte sich Achenbach in den späten fünfziger Jahren wieder vollkommen erholt und war in den Bundestag eingezogen, wo er u. a. dem Auswärtigen Ausschuss angehörte und immer wieder mehr oder weniger erfolgreiche Kampagnen für Amnestien und Straffreiheiten für NS-Täter loszutreten suchte.[1473] Im Oktober 1968 trat das Einführungsgesetz zum Ordnungswidrigkeitengesetz in Kraft. Insbesondere der dadurch neu eingeführte § 50 Abs. 2 StGB a.F. bestimmte, dass, sollten beim Teilnehmer besondere Umstände, die die Strafbarkeit des Täters begründeten, fehlen, die Strafbarkeit nach den Grundsätzen des Versuchs zu mildern sei. Diese Änderung, die nach dem Willen des Gesetzgebers eigentlich Verkehrs- und anderen kleineren Delikten zugute hätte kommen sollen, hatte gravierende Auswirkungen. Auf einen Schlag war ein Großteil jener Beihilfetaten von Schreibtischtätern und Organisatoren des Mas-

---

1473 Vgl. Annette Weinke: Eine Gesellschaft ermittelt gegen sich selbst. Die Geschichte der Zentralen Stelle Ludwigsburg 1958–2008, Darmstadt 2009, S. 36–38. Erwähnenswert ist in diesem Zusammenhang ein Zusammentreffen Achenbachs mit dem früheren Nürnberger Hilfsverteidiger Johann-Georg Schätzler. Nachdem Schätzler nach Ende seines Studiums zum Richter am LG Berlin ernannt worden war, erhielt er 1960 eine Berufung als Referatsleiter der Gnadenabteilung in das BJM, vgl. Lebenslauf Schätzler von 1977/78 und Schreiben Schätzer an Kastner 4.10.2006 in: BAF, NL Schätzler, Nr. 1. Achenbach suchte Schätzler zugunsten des von Achenbach im Essener Mesny-Prozess vertretenen Mandanten Wagner zu überzeugen, dass dieser nicht mehr strafrechtlich verfolgt werden könne, vgl. Bernhard Brunner: Der Frankreich-Komplex. Die nationalsozialistischen Verbrechen in Frankreich und die Justiz der Bundesrepublik Deutschland, Göttingen 2004, S. 218 f. Allerdings wäre es verfehlt, das Gespräch zwischen Schätzler und Achenbach im Sinne einer Art Verschwörung ehemaliger Nürnberger Verteidiger zu verstehen, vgl. Brunner: Frankreich-Komplex, S. 379 f. Es gibt keine Hinweise darauf, dass sich der zwanzig Jahre jüngere Schätzler und Achenbach, die unterschiedlichen Verteidigerteams in Nürnberg angehört hatten, mehr als flüchtig aus Nürnberg kannten. Tatsächlich erwies sich Schätzler nicht als Gefolgsmann Achenbachs, der mithilfe des Überleitungsvertrags eine generelle Strafverfolgung von Tätern zu verhindern suchte. Schätzler war im Gegenteil, angesichts der Rechtsprobleme des Überleitungsvertrages, einer der Ideengeber einer neuen vertraglichen Zusatzregelung zwischen Deutschland und Frankreich, die Achenbach im Auswärtigen Ausschuss später zu blockieren suchte, vgl. Brunner: Frankreich-Komplex, S. 264 f.

senmordes im Osten verjährt, da ihnen regelmäßig nicht die niederen Beweggründe der Exekutoren in den Einsatzgruppen oder Konzentrationslagern nachgewiesen werden konnten. Damit war Ende der sechziger Jahre mehreren geplanten Großverfahren gegen das RSHA und das Reichskommissariat Ostland die rechtliche Grundlage entzogen.[1474] Bis heute ist in der Forschung umstritten, ob es sich um eine mit gravierenden Folgen verbundene „Panne" des Gesetzgebers oder eine geschickt vom Umfeld um Achenbach inszenierte „stille Amnestie" handelte. Eine These lautet, dass Achenbach seine Kontakte zu dem für den Gesetzesentwurf zuständigen Vorsitzenden des Referentenstabes Eduard Dreher (1907–1996) aus der Strafrechtsabteilung des BJM nutzte.[1475] Eindeutige Quellenbelege für diese These existieren bislang nicht.

Sicher ist dagegen, dass die Kanzlei Achenbachs sowohl der „Nebenkanzlei" Bests wie Aschenauer offenstand. Nicht nur arbeitete Best punktuell in verschiedenen Fällen mit Achenbach zusammen, sondern belieferte diesen auch mit allgemeinem Verteidigungsmaterial etwa zur Verjährungsfrage oder zur Dienstrangangleichung.[1476] Eng verbunden mit Achenbach war der Hamburger Anwalt Fritz Peter Krüger (geb. 1906). Im „Dritten Reich" war das seit 1932 der NSDAP angehörende SS-Mitglied Krüger besser bekannt unter dem Pseudonym „Peter Aldag", unter dem er diverse Propagandawerke über die „Judenfrage" publizierte und antisemitische „Quellensammlungen" für das Amt VII (Gegnerforschung) des RSHA erstellte.[1477] Nach der Sprengung des Naumann-Kreises tauchte Krüger wieder öffentlich als Verteidiger von Naumann auf. Krüger betrieb seine Vertretung Naumanns derart aggressiv, dass Bundesjustizminister Dehler 1957 sogar ein Beleidigungsverfahren gegen Krüger anstrengte.[1478]

1474 Dazu ausführlich Weinke: Gesellschaft, S. 135–141.

1475 Weinke: Gesellschaft, S. 137; vgl. auch Hubert Rottleuthner: Hat Dreher gedreht? Über Unverständlichkeit, Unverständnis und Nichtverstehen in Gesetzgebung und Forschung, in: Rechtshistorisches Journal 20 (2002), S. 665–679.

1476 Vgl. Schreiben Werner Bests an Ernst Achenbach 16.9.1963, in: HStaDü, Rep 242, Nr. 308 und Schreiben Werner Bests an Ernst Achenbach 16.9.1963, in: HStaDü, Rep 242, Nr. 310.

1477 James J. Barnes/Patience P. Barnes: Nazis in Pre-War London 1930–1939. The Fate and Role of German Party Members and British Sympathizers, Brighton u. a. 2005, S. 222 f. Ich danke Kerstin von Lingen für Hinweise auf Krüger und den Skorzeny-Nachlass.

1478 Baldow: Episode, S. 293. In diesem 1958 eingestellten Verfahren wurde Krüger von Hans Haack vertreten. Krüger und Haack, der schon Gauleiter Kaufmann

1963 ordnete das Landgericht Köln 1963 die Beschlagnahmung der in Deutschland publizierten Erinnerungen des SS-Generals Otto Skorzeny an und leitete ein Verfahren wegen Staatsgefährdung ein. Dessen anwaltliche Vertretung übernahm der junge Siegburger Anwalt und spätere Europaabgeordnete der „Republikaner" Günther Schodruch (1926–1999) aus Siegburg, der, mit siebzehn Jahren noch zum Militärdienst eingezogen, den einschlägigen Kreisen um Skorzeny als „HIAG-Rechtsanwalt" galt.[1479] Die zentrale Figur des Verfahrens war allerdings Krüger, der versuchte den Prozess „groß aufzuziehen", um die Waffen-SS endlich vollständig zu rehabilitieren.[1480] Schon zu Beginn des Prozesses hatte sich Krüger offiziell als „alter Kamerad und Waffengefährte Skorzenys" vorgestellt und war auch in einem Interview mit dem „Spiegel" in den siebziger Jahren äußerst auskunftsfreudig über seine Zeit beim „wilden Haufen".[1481] Krüger sparte nicht mit Provokationen in dem vom ihm bis zum BGH getriebenen Verfahren. So stellte er Anträge, dass die Schöffen wegen ihrer politischen Vergangenheit Auskunft geben sollten, damit keine „Marxisten" in diesem Verfahren zu Gericht sitzen würden und nutzte die Anwesenheit eines Verfassungsschutzbeamten zur theatralisch inszenierten zeitweisen Niederlegung seines Mandats, was Krüger eine folgenlose Untersuchung der Kölner Anwaltskammer einbrachte.[1482] Die Realität holte Krüger allerdings bald ein, da die HIAG offenbar kein Geld für seine hochfliegenden Pläne

---

im Hamburger Ermittlungsverfahren wegen Verbrechen im KZ Fuhlsbüttel anwaltlich beraten hatte, waren auch Verteidiger des Gestapomitarbeiters Josef Baumer, der sich wegen der Folterung des späteren Vorstandsmitglieds der „Stiftung 20. Juli", Walter Bauer, 1956 und 1957 in mehreren Prozessen in Hamburg verantworten musste.

1479 Schreiben Skorzenys an Krüger 12.6.1963 und Schreiben Krügers an Schodruck 21.6.1963, in: Österreichisches Staatsarchiv: Archiv der Republik, Bestand B2158 (Nachlass Otto Skorzenys), Karton Nr. 5.

1480 Schreiben Krügers an Skorzeny 12.6.1963, Schreiben Krügers an Achenbach 6.8.1963 und Kanzlei Achenbach an Krüger 7.8.1963, in: StÖ, B2158, Karton Nr. 2. Zum Prozess vgl. auch Helmut Cramer: Wie sind wir doch so frei – auweih. Ein kritischer Bericht über den Skandal um 21.000 Kriegsbücher der Waffen-SS, Königswinter 1973.

1481 o.V. Mal Anwalt, mal Grundstücksmakler. Die Praktiken des Reynolds-Gegners Krüger, in: Der Spiegel 29.7.1974; Beschwerde der LGRäte Dr. Dieter Fransheim und Hans-Joachim Korn 10.12.1964, in: StÖ, B2158, Karton Nr. 2.

1482 Cramer: Wie sind wir doch so frei, S. 110, S. 124 f. und 128.

einer „Reinwaschung“ der Waffen-SS im Skorzeny-Prozess zur Verfügung hatte.[1483]

Zum Netzwerk der „Nebenkanzlei“ von Best gehörte des Weiteren der frühere stellvertretende Leiter der Gestapo von Frankfurt und RSHA-Beamte Heinz Höner (geb. 1908), der laut Best nicht nur einen guten Überblick über die Hamburger NSG-Verfahren hatte, sondern auch „als zweiter Mann für den in den Vordergrund gestellten Verteidiger“ in Erscheinung trat, aber direkte Verteidigungen wegen seiner Vergangenheit bewusst mied.[1484] Ein anderer alter RSHA-Bekannter Bests und aktiver Verteidiger in NSG-Verfahren war der frühere wissenschaftliche Assistent in Reinhard Höhns Institut und frühere Münchner Regierungsassessor Oskar Redelberger. Rechtsanwalt Redelberger vertrat in verschiedenen Prozessen und Untersuchungsverfahren Polizeioffiziere, u. a. 1967 den Hauptangeklagten im Verfahren gegen das Polizeibataillon 316 vor dem LG Bochum. Empfehlen konnte Best auch den Frankfurter Anwalt Hermann Stolting (geb. 1911). Mit dem früheren Bromberger Staatsanwalt und hessischen NPD-Bundestagskandidaten Stolting konnte Best auf eine exponierte Gestalt aus NS-Prozessen zurückgreifen, der beispielsweise im Frankfurter Auschwitzprozess den Hauptangeklagten Robert Mulka, Adjutant von Rudolf Höß, und im Düsseldorfer Majdanek-Prozess die KZ-Aufseherin Hermine Böttcher vertrat.[1485] Das Bestsche Anwaltsnetzwerk komplettierte der frühere SS-Richter und Berliner Anwalt Heinz Meurin (geb. 1906), der für Best in Berlin u. a. die Vertretung mehrerer früherer Gestapo- und

1483 Schreiben Krügers an Skorzeny 19.4.1964 und Skorzeny an Cremer 4.5.1964 und Ablehnungsbescheid der Verfassungsbeschwerde 5.10.1964, in: StÖ, B2158, Karton, Nr. 2.

1484 Schreiben Heinz Höners an Werner Best 11.4.1962, in: HStaDü, Rep 242 Nr. 300, Schreiben Heinz Höners an Werner Best 6.4.1967 bzw. 18.7.1966 und Schreiben Heinz Höners an Best 1.9.1967, in: HStaDü, Rep 242 Nr. 308; Schreiben Bests an Wagner 28.8.1962, Schreiben Heinz Höners an Best 8.10.1962, in: HStaDü, Rep 242, Nr. 296. Höner geriet im Zuge des RSHA-Großverfahrens, wie Best, selbst ins Visier der Strafverfolgungsbehörden.

1485 Vgl. Schreiben Hermann Stoltings II an Werner Best 28.6.1968 und Werner Best an Karl Traut 28.6.1968, in: HStaDü, Rep 242, Nr. 308. Stolting soll nicht zuletzt mit folgendem Spruch aufgefallen sein: „Meine erste Rente verdanke ich dem Führer und meine zweite auch“, vgl. Martina Thiele: Publizistische Kontroversen über den Holocaust im Film, 2. Aufl, Göttingen 2007, S. 351. KZ-Kommandant Höß war, wie in allen polnischen Nachkriegsverfahren üblich, in seinem Warschauer Prozess im März 1947 von polnischen Pflichtverteidigern (Tadeusz Ostaszewski und Franciszek Umbreit) vertreten worden.

RSHA-Kollegen, wie Bernhard Baatz, übernahm und schließlich Best selbst vertrat.[1486] Eine Zusammenarbeit Bests gab es des Weiteren mit Kurt Hartwich (geb. 1902) aus Ratingen. Hartwich hatte trotz seiner Belastung als SA-Anwärter (1934) bzw. NSDAP-Parteianwärter (1940) seine Wiederzulassung als Anwalt in Freiberg (Sachsen) erhalten. Angeblich weil er sich als lokales Mitglied der Liberal-Demokratischen-Partei gegen die Gleichschaltungsversuche der SED wehrte, musste er im Mai 1950 in die Bundesrepublik fliehen.[1487] Hartwich trat im Raum Bielefeld und Düsseldorf in großen NSG-Verfahren auf, u. a. gegen Erwin Jarosch, Referatsleiter der Zentralen Sichtvermerkstelle im RSHA, und besonders im Düsseldorfer Treblika-Prozess von 1964.[1488] Im Hintergrund arbeitete allerdings als Mitarbeiter der Kanzlei Hartwichs der in Luxemburg als Kriegsverbrecher verurteilte frühere Oberregierungsrat Fritz Hartmann, ehemals Leiter des Einsatzkommandos der Sipo und des SD in Luxemburg.[1489] Hartwig, Hartmann und Redelberger waren offenbar Teil einer konzertierten Aktion zur Abwehr weiterer NSG-Verfahren. Zusammen hatten sie einen umfassenden Leitfaden erstellt, der die verschiedenen Verlängerungen der Verjährungsfristen in NSG-Verfahren zu widerlegen versuchte.[1490]

1486 Schreiben Meurins an Best 15.10.1965, in: HStaDü, Rep 242, Nr. 290; Schreiben Meurins an Best 17.3.1967 und Best an Meurin 23.3.1967, in: HStaDü, Rep 242, Nr. 295.

1487 Vgl. HStaDü, NW 1000, Nr. 20072 (Hartwich, Kurt). Zum Treblinka-Verfahren allgemein vgl. Michael Bryant: Eyewitness to Genocide. The Operation Reinhard Death Camp Trials, 1955–1966, Knoxville 2004, S. 71–124. Den Hauptangeklagten im Treblika-Verfahren, den KZ-Kommandant Kurt Franz, verteidigte der 1951 aus Berlin übergesiedelte Düsseldorfer Rechtsanwalt Hans-Joachim Göhring (geb. 1912). Nach dem Krieg war Göhring Justiziar für die FDP und Vorsitzender des Kriegsopferausschusses der FDP. 1954 hatte er zu Rechtsproblemen der „Breda-Flüchtlinge" publiziert. Er trat auch im Düsseldorfer Sachsenhausen-Prozess und im dortigen Verfahren gegen das Sonderkommando 4b auf, vgl. Anton Hötzelsberger: Rechtsanwalt, Kirchenbeauftragter, Journalist und Politik-Berater. Hans-Joachim Göhring kann am 22. April in Aschau seinen 90. Geburtstag feiern und auf ein enormes Lebenswerk zurückblicken, in: http://derchiemgauer.de/Beitraege/goehring.htm, aufgerufen am 15.2.2015.

1488 Schreiben Hartwichs an Best 17.3.1967, in: HStaDü, Rep 242, Nr. 291. Zum Treblika-Verfahren vgl. Schriftsatz Hartwichs in Sachen gegen Franz u. a. o.D., in: HStaDü, Rep 242, Nr. 311. Hartwich verteidigte dort erfolgreich den SS-Unterscharführer Otto Horn.

1489 Schreiben Kurt Heims an Hartwich 13.5.1964, in: BAK, All Proz 21, Nr. 389.

1490 Schriftsatz „Verjährungsfragen zur Strafverfolgung der sog. Kriegsverbrecher, o.D., in: HStaDü, Rep 242, Nr. 310. Vgl. auch Miquel: Ahnden, S. 214–216.

Zugleich waren Hartwich und Redelberger eng mit einem weiteren „Kameradennetzwerk“ verbunden. Der ehemalige Generalleutnant der Ordnungspolizei und nunmehrige Leiter der Fachgruppe Polizei des „Verbandes der verdrängten Beamten, Behördenangestellten und Arbeiter e. V.“ (VERBAOST) in Köln, Adolf von Bomhard, suchte seit Beginn der sechziger Jahre Kontakt zu Werner Bests „Nebenkanzlei“.[1491] Generalleutnant Bomhard, bis 1942 Chef des Kommandoamtes im Hauptamt Ordnungspolizei, war in Nürnberg enger Mitarbeiter Kößls (der nach Nürnberg und einer kurzer Tätigkeit als Anwalt zum Oberbürgermeister von Traunstein gewählt wurde und nach dessen Tod 1959 Bomhard persönlich die Trauerrede hielt) und der zentrale Entlastungszeuge der Ordnungspolizei im Hauptprozess gewesen. Mit dem VERBAOST gründete er in der BRD das zentrale Hilfsnetzwerk für frühere Beamte der Ordnungspolizei.[1492] Seit 1962 arbeitete auch dieses Kameradennetzwerk an einer großen Denkschrift zur Berufung auf höheren Befehl, die der Justiziar des VERBAOST, der Verwaltungsgerichtsrat a. D. und im „Dritten Reich“ als Staatskommissar von Hannover fungierende Altparteigenosse und „Vertrauensmann“ des SD, Ludwig Hoffmeister (1906–1993), unter kritischer Mitwirkung Bomhards verfasste.[1493] Mit einer parallelen Denkschrift der Sicherheitspolizei, die wahrscheinlich von Best stammte, war man allerdings nicht zufrieden und Hoffmeister schlug daher eine Aussprache unter seiner Leitung u. a. mit Best, und den Anwälten Manfred Lohmann und Aschenauer vor.[1494] Trotz dieses Ausspracheversuchs beschränkte sich aber der Kontakt mit Bests „Nebenkanzlei“ weiterhin nur auf den Austausch von Denkschriften, nicht zuletzt da Best der Ordnungspolizei unter-

1491 Schreiben Adolf von Bomhards an Werner Best 7.4.1962 mit Anlage Denkschrift „Höherer Befehl und Zwangslage“ und Nachtrag „Strafresterlasspraxis“ und Schreiben Werner Bests an Bomhard 2.4.1962, in: HStaDü, Rep 242, Nr. 311.

1492 Martin Hölzl: Grüner Rock und weiße Weste. Adolf von Bomhards und die Legende von der sauberen Ordnungspolizei, in: Zeitschrift für Geschichtswissenschaft 50 (2002), S. 22–43 und Stefan Klemp: „Nicht ermittelt“. Polizeibataillone und die Nachkriegsjustiz. Ein Handbuch, Essen 2011, S. 306 f.

1493 Vgl. Schreiben Hoffmeisters an Bomhard 29.7.1962, in: StH: Bestand 591, Nr. 11 (Strafverfahren gegen Adolf von Bomhard); Zu Hoffmeister vgl. Klaus Mlynek: Ludwig Hoffmeister, in: Dirk Böttcher u. a. [Hgg.]: Hannoversches biographisches Lexikon, Hannover 2002, S. 175. Zu Hoffmeisters Urheberschaft vgl. Hölzl: Grüner Rock, S. 36.

1494 Schreiben Hoffmeisters an Bomhard 29.7.1962, in: StH, Bestand 591, Nr. 11.

stellte, die Schuld auf die ehemaligen Gestapo-Beamten abzuwälzen, womit sich also „Grabenkämpfe" aus den Nürnberger Prozessen direkt in den „Kameradennetzwerken" fortsetzten.[1495] Die Denkschrift Hoffmeisters erwies sich dennoch in den einschlägigen Kreisen als großer Erfolg und zahlreiche Anwälte und Angeklagte baten Bomhard um ein Exemplar. Über die Denkschrift scheint auch enger Kontakt zu Hartwich entstanden zu sein, der u. a. bei der Verteidigung von Kriminaloberkommissar Walter Helfsgott in Düsseldorf auf das „wertvolle Material zum Befehlsnotstand" aufmerksam gemacht worden war.[1496] Als Bomhards „Kameradennetzwerk" ins Visier der Behörden geriet und zerschlagen wurde, übernahm Redelberger auf Wunsch Bomhards und unter ständiger Information durch Hoffmeister die Vertretung des wegen unerlaubter Rechtsberatung angeklagten Willi Papenkort.[1497] Bomhard ließ sich dagegen von Otto Stumpf vertreten, der wiederum Redelberger persönlich aus ihrer gemeinsamen studentischen Verbindung kannte.[1498] Insofern „schöpften" also Best und Bomhard trotz ihrer Gegensätze aus dem gleichen Anwalts-„Pool".

Besonderes Interesse verdient in diesem Zusammenhang ein Brief des Anwalt Manfred Lohmann aus Bonn, Sohn und Verteidiger des 1960 im Zuge des Chelmno/Kulmhof-Ermittlungsverfahrens vor dem Landgericht Bonn verhafteten Höheren SS- und Polizeiführers im Warteland Wilhelm Koppe. Wie schon Aschenauer suchte auch Lohmann mit einer Befehls-Sammlung die Mitwisserschaft der Wehrmacht an den Judenmorden zu belegen und behauptete, dass durch eine Anwendung der „Ludwigsburger Maßstäbe" Prozesse gegen Bundeswehrangehörige drohen würden. Laut Lohmann habe die Sammlung ein Assessor Waldmann aus Karlsruhe zu-

---

1495 Klemp: „Nicht ermittelt", S. 301 und Hölzl: Grüner Rock, S. 40

1496 Schreiben Hartwichs an Bomhard 2.4.1962, in: StH, Bestand 591, Nr. 11. Offenbar war der Kontakt zum Netzwerk um Bomhard sehr eng, soll sich doch in den vernichteten Unterlagen von Bomhards Helfer Willi Papenkort ein ganzer Ordner nur mit Korrespondenz mit Hartwich befunden haben, vgl. Beschlagnahmungsbeschluss o.D., in: StH, Bestand 590, Nr. 2. Zur Verteidigung Helfsgotts im Wuppertaler Verfahren gegen das Einsatzkommando 6, vgl. Christina Ullrich: „Ich fühl' mich nicht als Mörder. Die Integration von NS-Tätern in die Nachkriegsgesellschaft, Darmstadt 2011, S. 209.

1497 Vgl. Schreiben Major Heinz Opitz an Redelberger 6.11.1967 mit weiterem Schriftverkehr und Brief Bomhards an Opitz/Papenkort 3.11.1967, in: StH Bestand 590, Nr. 13.

1498 Schreiben Bomhards an Hoffmeister 13.8.1968, in: StH, Bestand 590, Nr. 13; Hölzl: Grüner Rock, S. 23, 36 und 42; vgl. Schreiben Redelbergers an seinen „lieben Bundesbruder" Stumpf 20.1.1968, in: StH, Bestand 590, Nr. 13.

sammengestellt, die Lohmann um ein Fundstellenverzeichnis erweitert habe.[1499] Lohmann stand eine bekannte Nazigröße und Nürnberger Hauptentlastungszeuge als Mitarbeiter zur Seite, nämlich niemand Geringeres als der frühere Vorgesetzte von Heinrich Malz Rolf-Heinz Höppner.[1500] 1947 in Polen zu lebenslanger Haft verurteilt war Höppner 1957 aufgrund einer Amnestie freigekommen und hatte u. a. für die ZRS und seinen früheren Bekannten aus der SD-Verteidigung Hans Gawlik Übersetzungsarbeiten ins Polnische geleistet. Zugleich recherchierten Höppner und Lohmann nach Verteidigungsmaterial in Washington, wie dies später auch Best und Ahrens planten.[1501] Hier lässt nun ein Kontakt Lohmanns aufhorchen. Angeblich habe Lohmann enge Verbindung mit dem Verteidiger von Staschynskij, also jenem russischen Agenten, dessen Urteil wegweisend für die Verteidiger in NSG-Verfahren gewesen war. Es handelte sich hierbei um niemand geringeren als den nun als Anwalt in Karlsruhe tätigen Helmut Seydel (geb. 1903). Der seit 1931 in Berlin tätige Anwalt Seydel hatte Heinrich Malz 1936 kennengelernt, als dieser seine Anwaltsstation in Seydels Kanzlei ableistete. Seit 1940 arbeitete Seydel ebenfalls in Reinhard Höhns SD-Institut. 1941 wurde ihm von Höhn die Schriftleitung der führenden deutschen Rechtszeitschrift „Deutsches Recht" übertragen. Ja-

1499 Vgl. Schreiben Manfred Lohmanns an Werner Best 9.1.1963 und „Befehls-Sammlung und rechtliche Würdigung („Die Befehle von Heer, Sicherheitspolizei und SD") mit Anhang „Allgemeine Übersicht über das Bandentum und seine Methoden", in: HStaDü, Rep 242, Nr. 311; vgl. auch Miquel: Ahnden S. 210–213. Von Miquel bietet dem Brief in seiner Arbeit breiten Raum. Allerdings sind die Schreiben Lohmanns und seiner angeblichen Kontakte mit Vorsicht zu behandeln, scheint doch vieles auf „Hörensagen" zu beruhen. Unklar ist die Rolle des Freiburger Anwalts Klaus Roedemeyer, u. a. Verteidiger des früheren Leiters der Sipo-Außenstelle Mielec, Walter Thormeyer. Roedemeyer, Sozius des Bundestagsabgeordneten und Rechtsanwalts Hermann Kopf, wurde als „sehr rührig" von Lohmann bezeichnet und habe vorgeschlagen, dass sich alle Anwälte in NS-Verfahren für eine Teilamnestie einsetzen sollten. Der Name Roedemeyers taucht allerdings bislang in keinem weiteren Zusammenhang mit den „Kameradennetzwerken" auf.

1500 Schreiben Werner Bests an Manfred Lohmann 15.1.1963, in: HStaDü, Rep 242, Nr. 311.

1501 Vgl. Martin Pollack: Jäger und Gejagter. Das Überleben der SS-Nr. 107 136, in: Ders.: Warum wurden die Stanislaws erschossen. Reportagen, Wien 2008, S. 24–49, sowie Schreiben Rolf-Heinz Höppners an Werner Best 13.7.1966, in: HStaDü, Rep 242, Nr. 308; vgl. Aktenvermerk 5.12.1960, Schreiben Lohmanns an AA Abt. 3 Ref 305 z. Hd. Hans Josef Hoffmann 14.4.1961 und Aktenvermerk 27.6.1961, in: BAK, B305, Nr. 30.

nuar 1944 übernahm dann SD-Untersturmführer Seydel die Nachfolge von Malz als Leiter des Referats IIIA2 (Rechtsleben) und galt als „Hausanwalt“ für die Mitarbeiter des RSHA.[1502] Es ist bezeichnend, dass fast alle noch lebenden, mit Rechtsfragen im RSHA befassten Referenten in diesem hier ausführlich skizzierten Anwaltsnetzwerk wiederzufinden sind, und die auch in Nürnberg schon zu den Verteidigerstäben des SD bzw. der Gestapo gezählt hatten. Zudem finden sich mit Malz, Seydel, Redelberger, Höner und Best etliche SD-Juristen wieder, die früher in Reinhard Höhns Berliner „Institut für Staatsforschung“ bzw. in deren Zeitschrift „Reich, Volksordnung, Lebensraum“ an einer „Staatsrechtswissenschaft der SS“ gearbeitet hatten oder Verbindungen zu RSHA-Amtsleiter Franz Six, so Achenbach und Krüger, gehabt hatten.

Wie in diesem Kapitel aufgezeigt werden konnte, etablierte sich ein eng mit dem Rechtsextremismus verbundenes Anwaltsnetzwerks mit den letzten noch verbliebenen hochrangigen RSHA-Juristen und einschlägigen Anwälten wie Aschenauer und Achenbach als zentrale Kontenpunkte. Sie und die mit ihnen verknüpften „Kameradennetzwerke“ sind als regelrechte Gegenbewegung zu den von der Ludwigsburger Stelle koordinierten Anstrengungen zu sehen, die Täter der SS zur Verantwortung zu ziehen, auch wenn die Organisation des Netzwerks nur lose war und häufig auf Zweckallianzen gründete.

In einem gewissen Sinne bilden sie ein rechtes Gegenstück zu den sogenannten „Linksanwälten“ der BRD. Die linksliberale Tradition politischer Anwälte in der BRD hatte in dem Essener Anwalt und späteren SPD-Bundespräsidenten Gustav Heinemann (1899–1976), seinem Sozius und Parteifreund Diether Posser (1922–2010) und dem linkspazifistisch orientierten Bremer Anwalt Heinrich Hannover (geb. 1925) eine Fortführung gefunden.[1503] Sie waren die zentrale Anlaufstelle für alle diejenigen,

---

1502 Aufzeichnung der Vernehmung von Seydel o.D. und Affidavit von Heinrich Barth (Amtsleiter im Reichsrechtsamt und zeitweise Leiter der wissenschaftlichen Abteilung des NSRB) 5.5.1947 sowie Affidavit Otto Ohlendorf o.D. und Affidavit Heinrich Malz 12.6.1947, in: BAK, Z42 (Seydel, Helmut). Das Spruchgericht Bielefeld sprach Seydel aufgrund der Einlassungen von Ohlendorf und Malz frei, vgl. Urteil 24.5.1948, in: ebd. Zur Tätigkeit als Hausanwalt, vgl. Affidavit Friedrich Schrader (Mitarbeiter in der Personalabteilung des Amt III 43–45) 5.5.1947, in: ebd.

1503 Heinemann hatte sein Handwerkszeug als Strafverteidiger bei dem schon im Kaiserreich sehr bekannten Victor Niemeyer (1863–1949), langjähriges linksliberales Essener Stadtratsmitglied, gelernt. Niemeyer hatte den Essener Oberbür-

die mit der stramm antikommunistischen Justiz der Adenauer-Ära in Konflikt gerieten, so Kommunisten, Pazifisten und Wehrdienstverweigerer.[1504] Erst in den siebziger Jahren sollte dann, von wenigen Ausnahmen wie Hannover, der Ulrike Meinhof vertrat, eine neue, allesamt in den dreißiger Jahren geborene Generation von Anwälten wie Otto Schily oder Kurt Groenewold in den APO- und RAF-Prozessen mit einem neuen Grundverständnis von Verteidigung, „antiautoritärem" Verhalten im Gerichtssaal und überschießender Rhetorik politische Verteidigung neu definieren.[1505] Demgegenüber waren die Anwälte des hier schemenhaft aufgezeigten Netzwerks in nahezu jedem größeren und bedeutenden NSG-Verfahren und dem für die NS-Prozesse wegweisenden Staschynskij-Verfahren bzw. den wenigen Prozessen gegen Rechtsextremisten in den fünfziger und sechziger Jahren vertreten. Es liegt nahe in diesen Anwälten das rechte Gegenstück zu den gerade genannten „Linksanwälten" in der BRD zu sehen. Die Weimarer Traditionslinie politischer Anwälte der extremen Rechten fand in einem gewissen Sinne in dem skizzierten Netzwerk eine Fortführung.

Alle diese noch im „Dritten Reich" ins Berufsleben eingetretenen Anwälte des Netzwerks sollten erst Ende der siebziger Jahre abgelöst werden,

germeister im „Ruhrkampf" vor einem französischen Militärgericht verteidigt, vgl. Friedrich Grimm: Vom Ruhrkrieg zur Ruhrlandräumung. Erinnerungen eines deutschen Verteidigers vor französischen und belgischen Kriegsgerichten, Hamburg 1930, S. 102–104. Trotz seines hohen Alters beteiligte sich Niemeyer 1945 am Aufbau der FDP in Essen. Heinemanns wohl bekanntestes Verfahren war die Verteidigung des Wirtschaftswissenschaftlers Viktor Agartz in seinem Landesverratsprozess vor dem BGH 1957.

1504 Vgl. Alexander von Brünneck: Politische Justiz gegen Kommunisten in der Bundesrepublik Deutschland 1949–1968, Frankfurt a.M. 1978, S. 258–261 und Reinecke: Typologie, S. 948 f.

1505 Vgl. neben der Arbeit von Andreas Mehlich hierzu: Gisela Diewald-Kerkmann/ Ingrid Holtey [Hgg.]: Zwischen den Fronten. Verteidiger, Richter und Bundesanwälte im Spannungsfeld von Justiz, Politik, APO und RAF. Gespräche, Berlin 2013; Stefan Reinecke: Die linken Anwälte. Eine Typologie, in: Wolfgang Kraushaar [Hg.]: Die RAF und der linke Terrorismus, Bd. 2, Hamburg 2006, S. 948–956, Hellmut Brunn/Thomas Kirn: Rechtsanwälte, Linksanwälte 1971–1981. Das Rote Jahrzehnt vor Gericht, Frankfurt a.M. 2004; Martin Block/Birgit Schulz: Die Anwälte. Ströbele, Mahler, Schily. Eine deutsche Geschichte, Köln 2010; Hanno Hochmuth: „Nur Idioten ändern sich nie". Biographischer Wandel und historische Sinnkonstruktion im Dokumentarfilm „Die Anwälte", August 2010, http://www.zeithistorische-forschungen.de/site/40209001/Default.aspx, aufgerufen am 15.2.2015.

besonders augenfällig im Majdanek-Prozess, als neben alten Anwälten wie Hanns Mundorf (geb. 1903) und Hermann Stolting auch erstmals der 1942 geborene Anwalt Ludwig Bock ins Rampenlicht trat.[1506] Es waren nun überwiegend „Eigengewächse" aus dem Umfeld der NPD wie Bock, die in Prozessen gegen Rechtsextremisten auftreten sollten, während mit der 1979 gegründeten und erst 2011 verbotenen „Hilfsgemeinschaft für nationale Gefangene und deren Angehörige e. V." Neonazis und Holocaustleugner ihr Gegenstück zu Aschenauers „Stillen Hilfe" gründeten. Unter „Altnazis" stießen die NPD-Anwälte allerdings teilweise auf Ablehnung. So schrieb der ehemalige Hauptscharführer Heinz Jentzsch an seinen früheren Vorgesetzten Karl Chmielewski, dass man Rechtsanwalt Bock als „Sensation im Nationalbereich" vergessen könne, der nur ein wenig „Schau veranstalte, ansonsten aber schlafe und kassiere. Für solche Leute könne es noch im Jahr 2000 NS-Prozesse geben. Da sei der Altersgenosse und in engen Kontakt mit der „Stillen Hilfe" stehende Anwalt Chmielewskis, Richard Hengstler, ein „Rechtsanwalt des klassischen Rechts", ganz anders einzuschätzen.[1507]

Zusammenfassung Kapitel 4.3

Sowohl Rudolf Aschenauer mit seiner als Zweckbündnis zwischen den in Landsberg inhaftierten Generälen und hochrangigen RSHA-Juristen ge-

---

1506 Der Kölner Anwalt und NSDAP-Mitglied Hanns Mundorf trat häufig in Kölner NSG-Verfahren auf, so schon im Kölner Grodno-Verfahren 1968 und im Kölner Sachsenhausen-Prozess 1964. Im Düsseldorfer Majdanek-Prozess war er mit dem geschmacklosen Beweisantrag aufgefallen, Geruchsversuche an Tierkadavern durchzuführen. Mai 1933 ließ Mundorf in der regionalen NS-Parteizeitung „Westdeutscher Beobachter" verkünden, dass seine Frau einen „gesunden Hitlerjungen" geboren habe, vgl. Barbara Kirschbaum: „Der neue Citroen ganz deutsch". Kölner Anzeigen im „Westdeutschen Beobachter" von 1925–1945, Köln 2002, S. 61.

1507 Schreiben Jentzsch an Chmielewski o.D, in: IfZ, ED381, Nr. 6. Hengstler war 1934 mit einer Doktorarbeit über den Führergedanke im deutschen Gemeinderecht promoviert worden. Hengstler zeigte in seiner im Nachlass Chmielewskis überlieferten Korrespondenz deutliche Sympathien für seine Mandanten. Chmielewski war 1961 vor dem Landgericht Ansbach wegen „Todbadens" im KZ Gusen zu einer Haftstrafe verurteilt worden. Jentzsch wurde wegen dieser Verbrechen 1967 vor dem Landgericht Hagen ebenfalls verurteilt. Jentzschs Verteidiger war Hanns Mundorf.

gründeten „Arbeitsgemeinschaft", als auch Ernst Achenbach mit dem „Generalamnestieausschuss" versuchten durch die Propagierung einer umfassenden Amnestie in den frühen fünfziger Jahren, eine „Brachiallösung" der Kriegsverbrecherfrage durchzusetzen. Während die „Arbeitsgemeinschaft" schon von Beginn an in erster Linie nur Verbündete aufseiten der politischen Rechten finden konnte, gelang es dem „Generalamnestieausschuss" Achenbachs, eine solide Unterstützung im Landesverband der FDP in NRW und verschiedene Gönner an Rhein und Ruhr zu bekommen. Trotz der lautstarken Medienkampagnen scheiterte aber eine bundesländerübergreifende Organisation. Mit der Naumann-Affäre 1953 zeigte sich, dass sowohl Achenbach wie Aschenauer sich ins politische Abseits manövriert hatten und eine Mobilisierung nationalistischer Gruppen für die Kriegsverbrecherfrage gescheitert war.

„Kameradenhilfe" war nun nur noch in wahrhaft „Stiller Hilfe" möglich. Um Aschenauer und die rechtsextreme „Stille Hilfe", Achenbach und die „Nebenkanzlei" Werner Bests sowie dem VERBAOST Bomhards etablierte sich ein lose organisiertes Netzwerk von einschlägigen Anwälten und ehemaligen RHSA-Juristen, in dessen Zentrum u. a. Aschenauer, Achenbach und Best als zentrale Knotenpunkte agierten. Ziel war es, eine Art Gegenbewegung gegen die Ludwigsburger „Verfolgungswelle" aufzubauen, u. a. durch die Erschließung entlastender Quellen, die Erstellung von „Befehlssammlungen" und Gutachten zum „Befehlsnotstand" und höheren Befehl. Teilweise schwächte sich allerdings das Netzwerk selbst, weil schon seit den Nürnberger Prozessen bestehende Gegensätze nicht überwunden werden konnten. Eine abschließende Bewertung der Reichweite und Wirkung dieses Netzwerkes muss allerdings angesichts der schwierigen Quellenlage weiterer Forschung vorbehalten bleiben.

4.4 „Kontinuitäten einer Gesinnung"? Strafverteidigungen nach Nürnberg

Parallel zu den Nürnberger Prozessen gab es diverse Verfahren gegen mutmaßliche Kriegsverbrecher in der britischen und französischen Zone. Auch in zahlreichen Prozessen gegen angeklagte Deutsche im Ausland in Frankreich, Belgien und Luxemburg (Dänemark und die Niederlande ließen keine deutschen Juristen zu) fand sich seit 1948 ein wichtiges Betätigungsfeld für deutsche Anwälte. Besondere Bedeutung hatten in der britischen Zone die „Curio-Haus"-Verfahren in Hamburg, wo unter anderem aufsehenerregende Verfahren wie der Peleus-Prozess, der Testa-Prozess wegen der Herstellung von Zyklon B, der Neuengamme-Hauptprozess oder der Ravensbrück-Hauptprozess stattfanden. Die dort tätigen Strafverteidiger wurden überwiegend von Hamburger Anwälten gestellt, unter denen etwa Walter Grimm und Heinrich Burchard-Motz (1904–2004) zu nennen sind. [1508] Besondere Erwähnung verdient die junge Anwältin Anna Marie Oehlert (geb. 1917), die es als Verteidigerin im aufsehenerregenden

---

1508 Die eigentlich auf Handelsrecht spezialisierte Kanzlei der Anwälte Richard Behn, Walter Grimm und des aus einer angesehenen Hamburger Kaufmannsfamilie stammenden Robert Sieveking verteidigte mehrere in der britischen Zone angeklagte Offiziere. Zu ihren Mandanten gehörten etwa die von Behn vertretenen Karl Wolff (Chef des persönlichen Stabes des Reichsführers SS und HSSPF Italien) und Generalmajor Georg Benthack, der wegen mutmaßlicher Kriegsverbrechen auf Kreta angeklagt wurde, vgl. Schreiben Behns an Laternser 22.5.1948, in: BAF, N431, Nr. 963; Schreiben Behns an Laternser 2.5.1950, in: BAF, N431, Nr. 941. Grimm verteidigte den früheren Abteilungskommandeur einer Nachrichtenabteilung der 92. Infanteriedivision Major Ernst Doil sowie einen Mandanten im Ravensbrück-Prozess und war auch für den angeklagten General Gerd von Rundstedt im Großprozess gegen Erich von Manstein vorgesehen, das Mandat erledigte sich aber nach der Reduzierung des Prozesses auf Manstein als alleinigen Angeklagten. Bekanntheit erlangte Grimm zudem als Anwalt im Demontageprozess gegen die Hamburger Blohm und Voss-Werft, vgl. Schreiben Walter Grimms an Laternser 16.7.1948, in: BAF, N431, Nr. 956. Häufig in britischen Militärverfahren zu finden war auch die Kanzlei von Heinrich Burchard-Motz, Sohn des Senators und Zweiten Bürgermeisters von Hamburg Wilhelm Amsinck Burchard, anzutreffen, u. a. im Hamburger Prozess gegen den Düsseldorfer Gestapo-Beamten Victor Harnischfeger, vgl. Pöllath [Hg.]: Wirtschaftsanwälte, S. 66. Burchard-Motz war seit 1948 Sozius von Werner Deuchler (1916–1992), der 1965 von Sauer als Leiter des Hamburger Anwaltsvereins und 1970 Merkel als Vorsitzenden des DAV beerbte. Ebenfalls sehr häufig in den Hamburger Prozessen verteidigte der frühere Freikorpskämpfer und Syndikus der Neuen Sparkasse Hamburg Adolf Meyer-Labastille (1896–1969), der u. a. als Verteidiger im „Stalag Luft III", Ravensbrück- und Neuengamme-Prozess aufgetreten war. In diesen beiden Verfahren trat auch der Nürnberger „Veteran" Wolfram von Metzler auf, der sich mittlerweile als Anwalt in Hamburg niedergelassen hatte. Auf dem Weg zum „Starverteidiger" der Hamburger Militärgerichtsverfahren war allerdings der junge Hamburger Anwalt Hans-Heinz Todsen (1910–1948), der als einer der fähigsten Anwälte Hamburgs galt. Dieser trat im Ravensbrück-Prozess genauso auf wie als Verteidiger des Hauptangeklagten im sogenannten Peleus-Prozesses, Heinz Eck, und war mit den Mandanten Veit Harlan und dem Bankier Kurt von Schröder in wohl zwei der spektakulärsten Hamburger Entnazifizierungsverfahren zu finden. Dezember 1948 verunglückte er tödlich, vgl. o.V.: Im Nebel verunglückt, in: Hamburger Abendblatt (4.12.1948).

Hamburger „Stalag Luft III"-Prozess 1947 sogar auf die Titelseite des „Spiegels" schaffte und die mit ihrer Hamburger Kollegin Gombel das aggressive Auftreten und die bewusste Inszenierung von Weiblichkeit im Gerichtssaal verband. Später sollte sie die zentrale Verteidigerin im Aachener „Werwolf"-Prozess wegen der Ermordung des Aachener Oberbürgermeisters Franz Oppenhoff sein.[1509] Weniger prominent, aber umso häufiger in Kriegsverbrecherprozessen anzutreffen war die Hamburger Anwältin Edith Rauschning-Asher (geborene Heitmann-Asher; 1904–1973), die u. a. sämtliche im Kriegsverbrechergefängnis Werl inhaftierten Frauen anwaltlich vertrat und auch laut Anwaltskartei der ZRS den in Landsberg inhaftierten Curt Rothenberger zu ihren Mandaten zählte. Insbesondere Burchard-Motz sollte dann auch in den Kampagnen um die Freilassung der Inhaftierten im Kriegsverbrechergefängnis Werl eine Rolle spielen.[1510]

1509 Gegenstand des „Stalag Luft III" Prozesses war die Massenhinrichtung von fünfzig britischen Gefangenen nach einem gescheiterten Fluchtversuch aus diesem Kriegsgefangenenlager. Die Geschehnisse dienten als Vorlage für den Hollywood-Klassiker „The Great Escape" („Gesprengte Ketten"). Wie auch Gombel drückte die promovierte Juristin Oehlert ihr selbstbewusstes Auftreten durch eine auffällige Frisur und Make-Up aus und ließ sich auf dem „Spiegel" mit Zigarette in der Hand ablichten, vgl. das Titelblatt und den Artikel o.V.: Freude an der Arbeit. Eine Frau bekommt Auskunft, in: Der Spiegel (19.07.1947), vgl. auch o.V.: Es ist ein Genuß. In der Kirche und im Gerichtssaal, in: Der Spiegel (06.11.1948). Zu Oehlerts Selbstinszenierung vgl. auch Marjan Groot: Photography as Visual Documentary Source on Woman and Gender in the Second World War, in: Evelinde Buchheim/Ralf Futselaar [Hg.]: Under Fire. Women and World War II, Torenlaan 2014, 81–112. Zu Oehlerts Auftritt in Aachen vgl. Wolfgang Trees/Charles Whiting: Unternehmen Karneval. Der Werwolf-Mord an Aachens Oberbürgermeister Franz Oppenhoff, Aachen 1982, S. 297–302.

1510 Ausweislich der Anwaltskartei der ZRS gab es nur wenige Anwälte, die zehn oder mehr ZRS-Mandate in Werl hatten, so der bereits mehrfach genannte Hamburger Anwalt Walter Grimm mit 10 Mandanten. Erwähnenswert ist der frühere Gauführer des NSRB und nunmehrige Wuppertaler Anwalt Hermann Schroer (1900–1958) mit 17 Werler Mandaten. Im März 1951 startete Burkhard-Motz eine größere Kampagne für die Werler Gefangenen und verschickte sein Memorandum „Verurteilte aus britischen Kriegsverbrecherprozess z. Zt. in der alliierten Haftanstalt Werl" an verschiedene Persönlichkeiten des öffentlichen Lebens, vgl. Burkhard-Motz „Verurteilte aus britischen Kriegsverbrecherprozessen z. Zt. in der alliierten Haftanstalt Werl" 12.3.1951, in: EZA, Bestand 2, Nr. 2483. Burchard-Motz sollte dann auch zentrale Gestalt eines „Ringes" der Werler Anwälte werden, der sich Anfang 1952 gebildet hatte, um die Auflösung Werls zu fordern, vgl. Besprechungspunkte für die weitere Verteidigung 6.3.1952, in: BAK, NL Gordan 80. Heitmann-Asher hatte erst 1945 ihr Assessorexamen in

Außerhalb von Hamburg verdient in der britischen Zone der Essener Anwalt Heinrich Lietzmann (geb. 1904) Erwähnung, der als eine Art „Handlungsreisender“ in Sachen Kriegsverbrecherprozesse mehrfach an der Seite von ehemaligen Nürnberger Verteidigern in bedeutenden Verfahren auftrat und vermutlich auch in näherem Kontakt mit Ernst Achenbach stand.[1511]

Von den Kriegsverbrecherprozessen in der französischen Besatzungszone in Rastatt sticht mit Abstand der Röchling-Prozess hervor, an dem als deutsche Anwälte Otto Kranzbühler, quasi als Fortführung seines Engagements in den Nürnberger Industrieprozessen, Friedrich Drischel als Verteidiger von Albert Maier und der genannte Lietzmann teilnahmen. Die weiteren französischen Prozesse richteten sich gegen das Lagerpersonal verschiedener Konzentrationslager. Carl Haensel übernahm im Auftrag der Zentralen Rechtsschutzstelle die anwaltliche Beratung des 1950 in Rastatt angeklagten und im gleichen Jahr hingerichteten KZ-Kommandanten von Ravensbrück Fritz Suhren. Von den sonstigen Anwälten in Rastatt verdient Kurt Heim aus Trier besondere Erwähnung, der zugleich auch die

---

Hamburg abgelegt und war danach als Verteidigerin vor dem britischen Auslieferungstribunal sowie in diversen Hamburger NSG-Verfahren tätig. Sie begründete ihr häufiges Auftreten in derartigen Verfahren damit, dass nach ihrer Meinung sogar dem schlechtesten Menschen ein Anwalt zustehe, vgl. die Darstellung von Rita Bake: Edith Rauschning-Asher http://www.hamburg.de/clp/frauen biografien-namensregister/clp1/hamburgde/onepage.php?BIOID=3345&qR=R, aufgerufen am 15.2.2015.

1511 Lietzmann verteidigte an der Seite von Hans von Zwehl Otto Skorzeny in dessen Militärgerichtsprozess. Im Röchling-Verfahren war er Verteidiger von Wilhelm Rodenhauser bzw. im Falkenhausenprozess Anwalt von Georg Bertram. Vor britischen Militärgerichten war er u. a. im Essener „Tilburg Lynching Case“ in Erscheinung getreten. Auch war er einer der Verteidiger im Aachener Prozess wegen der Ermordung Oppenhoffs. Lietzmann war FDP-Mitglied und kandidierte erfolglos für den Nordrheinwestfälischen Landtag. Eine Bekanntschaft mit Ernst Achenbach ist daher sehr wahrscheinlich, zumal Lietzmann in der Naumann-Affäre die anwaltliche Vertretung des früheren Landrats und NSDAP-Ortsgruppenleiters Heinz Siepen, einem der zentralen Mitglieder des Naumann-Kreises, übernahm. 1953 wurde der gebürtige Saarländer Vorsitzender des Deutschen Saarbundes e. V. und setzte sich für eine Wiedervereinigung mit dem Saarland ein, vgl. Herbert Elzer: Die deutsche Wiedervereinigung an der Saar. Das Bundesministerium für gesamtdeutsche Fragen und das Netzwerk der prodeutschen Opposition 1949–1955, St. Ingbert 2007.

zentrale Gestalt der Kriegsverbrecherprozesse in Luxemburg sein sollte.[1512] Es war dann auch Kurt Heim, der angeblich als einziger Anwalt in der BRD Kampagnen zugunsten der im Kriegsverbrechergefängnis inhaftierten Wittlicher Angeklagten startete.[1513]

Allgemein spielten Nürnberger „Veteranen“ nur eine geringe Rolle in Prozessen in anderen Besatzungszonen. Dies gilt allerdings nicht für den nach Nürnberg wieder in Wiesbaden tätigen Hans Laternser, Erich Schwinge und den seit 1949 als Anwalt in Düsseldorf zugelassenen Otto Kranzbühler, die in der britischen Zone, im europäischen Ausland und vor deutschen Gerichten eine regelrechte „Mission“ für das deutsche Militär bzw. die deutsche Marine erfüllten. Schon in Nürnberg war das Verteidigerteam um Laternser zu einer regelrechten Drehscheibe für Mandate in Militärprozessen im In- und Ausland geworden, die u. a. an die Rechtsan-

1512 Schon 1946 hatte Heim angesichts der Anklage der SA die Interessen von Trierer Stahlhelm-Leuten übernommen, vgl. Schreiben Kurt Heims an T. Klefisch 19.7.1946, in: BAK, NL Klefisch, Nr. 1. In Luxemburg vertrat Heim u. a. den früheren Trierer Regierungspräsidenten und stellvertretenden Chef der Zivilverwaltung in Luxemburg, Christian Siekmeier. Aus seiner Gegnerschaft zu den Kriegsverbrecherprozessen machte Heim keinen Hehl. In seinem Vortrag „Kriegsverurteilung“ vor dem Rotary Club Trier im Herbst 1952 behauptete er, dass Nürnberg längst praktisch widerlegt sei und er sich in der nun abklingenden Kriegspsychose klar für eine Generalamnestie deutlich ausspreche, vgl. Kurt Heim: Kriegsverurteilung. Vortrag gehalten am 24.10.1952 im Rotaryklub Trier, in: BAK All Proz 21, Nr. 309. 1961 verteidigte er zusammen mit Franz Moser, der schon 1956 den KZ-Kommandanten des in der französischen Besatzungszone liegenden Sonderlagers Hinzert vertreten hatte, zwei Sanitäter, die mutmaßlich den im Dachauer Mauthausen-Hauptprozess verurteilten und 1947 hingerichteten Lagerarzt von Hinzert und Mauthausen, Waldemar Wolter, bei der Ermordung von Häftlingen unterstützt haben sollen.

1513 So Franz Wilhelm Seidler: Schuldig! Die alliierten Siegerprozesse gegen Soldaten, Selent 2008, S. 192. Tatsächlich hatte Heim ausweislich der Anwaltskartei der ZRS im Bundesarchiv allein 10 Mandate im Werler Kriegsverbrechergefängnis. Von den mit dem Kriegsverbrechergefängnis Wittlich befassten auswärtigen Anwälten fällt auch der Freiburger Anwalt Karl Braun auf, der ebenfalls 10 Wittlicher Mandate für die ZRS übernahm. Möglicherweise handelt es sich hierbei um den gleichnamigen, 1909 geborenen früheren SS-Richter und Leiter der für Zivilrecht im Hauptamt SS-Gerichte zuständigen Hauptabteilung 1b, der sich nach seiner Entlassung aus französischer Gefangenschaft als Anwalt in Freiburg niedergelassen hatte. Ich danke Christopher Theel für biographische Angaben zu SS-Richter Braun. Die übrigen ZRS-Mandate im zweistelligen Bereich für Wittlich hatten lokale Rastatter Anwälte wie Wilhelm Kurth oder Albert Goehrig inne, die schon in den Rastatter Prozessen verteidigt hatten.

wälte Siegfried Wille und Curt von Stackelberg weitergereicht wurden.[1514] Erich Schwinge wiederum entwickelte eine intensive Verteidiger- und Gutachtertätigkeit in Frankreich. Sein Biograph Detlef Garbe spricht von 150 Verfahren, eine Verteidigerkartei der ZRS listet Schwinge als Verteidiger in immerhin über 60 Verfahren mit oftmals mehreren Angeklagten auf. Glaubt man Schwinges Selbstdarstellung, so waren mehrere in Frankreich inhaftierte Wehrmachtsangehörige durch die Presseberichterstattung über

1514 Friedrich Frohwein verteidigte in Italien 1949 zudem Generalleutnant Wilhelm Schmalz, ehemals Kommandeur der Fallschirm-Panzer-Division „Hermann Göring". Nachdem nach der Verhinderung Frohweins Anwalt Siemers wegen seiner geringen Erfahrung in Offiziersprozessen die Verteidigung des Major Joseph Strauch, dessen Vorgesetzten General Peter Crasemann Generalrichter Frohwein ebenfalls bereits in Padua verteidigt hatte, vor einem britischen Militärgericht in Hamburg nicht übernehmen wollte, vermittelte Laternser dieses Mandat an seinen früheren Nürnberger Kollegen und ehemaligen Militärverwaltungsjuristen Freiherr von Stackelberg, vgl. Schreiben Siemers an Laternser 29.8.1947 und Laternser an Gotthard Kroll 13.11.1947, sowie Kroll an Laternser 7.11.1947, in: BAF, N431, Nr. 962. Crasemann und Strauch wurde die Beteiligung am Massaker von Padule di Fucécchio durch die 26. Panzerdivision zur Last gelegt, vgl. Gerhard Schreiber: Deutsche Kriegsverbrechen in Italien. Täter, Opfer, Strafverfolgung, München 1996, S. 185–187. Waffen-SS General Kurt Meyer („Panzermeyer"), der von einem kanadischen Gericht verurteilt worden war, wurde nach seiner Inhaftierung in Werl ebenfalls durch von Stackelberg vertreten, Schreiben Laternsers an Gottfried Kroll 13.11.1947 in: BAF, N431, Nr. 953. Von Laternser übernahm Wille Fälle von Auslieferungsverfahren deutscher Generäle an verschiedene ausländische Staaten, nachdem Willes Freund, der ehemalige Generalrichter Ernst Mantel, ihn um die Vertretung von Militärs gebeten hatte, vgl. die Korrespondenz mit Wille, in: BAF, N431, Nr. 963 und Schreiben Mantels an Wille 11.7.1947, in: BAF N431, Nr. 955. Zu Willes Mandaten zählten u. a. die Auslieferungsangelegenheiten der Generalmajore Joachim Degener und Andreas von Aulock. Generalrichter Ernst Mantel, der in den letzten Kriegstagen für seinen Vorgesetzen Otto Grünewald Gutachten zu Gnadengesuchen verurteilter Soldaten verfasst hatte, scheint sich überhaupt sehr um das „Wohl" deutscher Offiziere gekümmert zu haben. 1946 waren Mantel, Grünewald und Rudolf Lehmann im Lager Neu-Ulm interniert und belieferten sich ausweislich der Entnazifizierungsakte Grünewalds gegenseitig mit entlastenden „Persilscheinen". Nahezu bruchlos wurde Mantel Ende der vierziger Jahre Leiter der Staatsanwaltschaft in Kempten, dann in Nürnberg. 1950 wurde er zum Richter am BGH berufen und wirkte am BGH-Urteil im Huppenkothen-Verfahren mit, vgl. Claudia Fröhlich: Freispruch für Bonhoeffers Richter. Personelle Kontinuitäten als strukturelle Hypothek für die Rechtsprechung in der Bundesrepublik am Beispiel des NS-Juristen und Richters am BGH Ernst Mantel, in: Wolfram Wette/ Joachim Perels [Hg.]: „Mit reinem Gewissen". Wehrmachtsrichter in der Bundesrepublik und ihre Opfer, Berlin 2011, S. 242–262.

den Kesselring-Prozess auf ihn aufmerksam geworden und hatten ihn gebeten, als Verteidiger im „Tulle I"-Prozess März 1949 mitzuwirken. Die teilweise zusammen mit seinem früheren Doktoranden Heinrich Albert Schütze verteidigten Mandate seien ihm dann nur so zugeflogen, wie etwa die Verteidigung des Fallschirmjägergenerals Bernhard Ramcke.[1515] Zu Schwinges Mandanten zählten aber auch hochrangige SS-Führer wie der wegen den Deportationen von Lothringern in Metz angeklagte SS-Brigadeführer Anton Dunckern, der Leiter des KdS Toulouse Rudolf Bilfinger, der KdS Bordeaux Hans Luther und der Höhere SS- und Polizeiführer in Frankreich Carl-Albrecht Oberg.[1516] Die Federführung der Prozesse in Frankreich überließ die Bundesregierung allerdings dem bereits in Kapitel 4.3 genannten Karl Roemer und dem Hamburger Anwalt Kurt Walters (1912–1989).[1517] Laternser wiederum trat als Verteidiger angeklagter Militärs in Griechenland in Erscheinung.[1518] Diese Prozesse der Juristen um Laternser verblassten allerdings hinter dem unter großem öffentlichem Interesse stehenden Prozess gegen Generalfeldmarschall Erich von Manstein in Hamburg. Der ursprünglich für von Manstein favorisierte Kranzbühler hatte „schweren Herzens" wegen seiner vielen Verpflichtungen abgesagt und Rudolf Dix war wegen seiner hohen Honorarforderungen nicht infra-

---

1515 Schwinge: Juristenleben, S. 164–173. Auch hatte sich Schwinge freiwillig für die Vertretung General von Falkenhausens gemeldet, der aber bereits von Kurt Behling vertreten wurde, vgl. Schreiben Schwinges an von Craushaar 30.3.1950, in: BAK, Bestand All Proz 4 (Falkenhausen-Prozess), Nr. 105.

1516 Schreiben Gawliks an Schwinge 5.6.1953 und Schwinge an Redenz 3.6.1953, in: BAK, B305, Nr. 6259 und Brunner: Frankreich-Komplex, S. 123–135.

1517 Walters organisierte schon seit 1948 als Vorsitzender einer Arbeitsgemeinschaft der Vereinigten Rechtsanwaltskammern der britischen Zone mit Billigung der britischen Besatzungsbehörde den anwaltlichen Rechtschutz in Belgien und Frankreich und war später einer der wichtigsten Anwälte der Zentralen Rechtsschutzstelle. Mit Karl Roemer organisierte er 1953 die Verteidigung im Oradour-Prozess in Bordeaux. Zu seinen Mandanten hatte der im Falkenhausen-Prozess in Belgien angeklagte Constantin Canaris gehört. 1959 übernahm er im Auftrag der ZRS die Verteidigung des Militärbeamten Max Merten in Athen, der maßgeblich an der Deportation der Juden von Saloniki beteiligt gewesen war. Ein eher ungewöhnlicher Fall war 1957 die anwaltliche Beratung im Gnadenverfahren des 1947 in Norwegen verurteilten deutschstämmigen Gestapo-Spions Finn Knutinge Kaas.

1518 Er übernahm die weitere Vertretung des 1947 verurteilten Kommandeurs der Festung Kreta, General der Artillerie Alexander Andrae und verteidigte zu Beginn der fünfziger Jahre u. a. die wegen der Massaker von Dostomo bzw. Kefalonia angeklagten Offiziere Heinz Zabel und Hans Barge.

ge gekommen, so dass Laternser und Leverkühn die Vertretung übernahmen.[1519] Angesichts des Umfangs der zahlreichen Mandate angeklagter Generäle konnte sich das Netzwerk um Laternser zu Beginn der fünfziger Jahre im wahrsten Sinne des Wortes als „Verteidiger deutscher Soldaten" bezeichnen.

Laternsers Engagement für die Generäle und das Heer fand seine Entsprechung in Kranzbühlers (und Meckels) Einsatz für die deutsche Marine. Nach Ende des IMT standen die Bemühungen für die beiden im IMT verurteilten Oberbefehlshaber Dönitz und Raeder im Fokus von Kranzbühler und Meckel. Ein vor der Nürnberger Spruchkammer geplantes Entnazifizierungsverfahren gegen Dönitz konnte Kranzbühler erfolgreich verhindern, ebenso wie ein weiteres Verfahren in Berlin.[1520] Gleichzeitig bemühte sich Kranzbühler um die Freilassung der beiden Admiräle aus Spandau. Seine Taktik war eine Mischung aus unverhohlenen Drohungen, dass der Fall der beiden Admiräle Reaktionen der Rechtsparteien auslösen könnte, und permanenten Gesuchen an die Bundesregierung und die westlichen Hochkommissare.[1521] Mit der Entlassung Raeders im September 1955 konnte Kranzbühler einen ersten Teilerfolg verbuchen. Präzise bereitete Kranzbühler dann die Freilassung von Dönitz vor. Dem Auswärtigen Amt und dem Bundesamt für Verfassungsschutz teilte er mit, dass eine Betätigung von Dönitz in Naziorganisationen nicht zu erwarten sei und auch auf einem Treffen ehemaliger Marinerichter verhinderte Kranzbühler jegliche Presseaktionen, die die Freilassung hätte gefährden können. Allerdings scheiterte eine vorzeitige Entlassung von Dönitz am Widerstand der Alliierten.[1522] Schon am Tag der Freilassung suchte Kranzbühler „seinen Admiral" abzuschirmen. Auf Anraten Kranzbühlers verzichtete Dönitz auf ein Interview mit der Presse und verlas stattdessen eine von Kranzbühler vorbereitete Erklärung. Auch später tat Kranzbühler alles, um Dönitz von unbedachten Äußerungen und Kontakt mit rechtsextremen

---

1519 Schreiben Laternsers an Busse 31.8.1948, in: IfZ, ED 413, Nr. 20.

1520 Vgl. Schreiben Kranzbühlers an Inge Dönitz, in: BAK, NL Kranzbühler, Nr. 103.

1521 Dazu ausführlich Norman Goda: Kalter Krieg um Speer und Heß. Die Geschichte der Gefangenen von Spandau, Frankfurt a.M. 1991, S. 191–209.

1522 Vgl. Niederschrift eines Treffens ehemaliger Marineoffiziere am 30.9.1955 betreffend „Die Großadmiralsfrage und die Frage der Wiederverwendung" sowie Schreiben Kranzbühlers an Godt 7.10.1955, in: BAK, NL Kranzbühler, Nr. 103.

Kreisen wie der NPD, die mehrfach versuchten, Dönitz für ihre Sache einzuspannen, abzuhalten.[1523]

Neben der Hilfe für die beiden Großadmiräle war Kranzbühler in nahezu jedem bedeutenderen Prozess gegen Marineangehörige in der britischen Zone und der Bundesrepublik involviert. Schon kurz nach Kriegsende agierte Meckel als Hilfsverteidiger im sogenannten Peleus-Prozess in der britischen Zone, bei dem sich der U-Boot-Kapitän Heinz Eck und seine Offiziere wegen der völkerrechtswidrigen Versenkung alliierter Schiffe verantworten mussten.[1524] Kranzbühler selbst hatte mitgeholfen, das Verteidigerteam zusammenzustellen und wohnte als Beobachter bis zu seinem Ruf nach Nürnberg dem Prozess bei.[1525] Nach seiner Rückkehr aus Nürnberg übernahm dann Kranzbühler selbst zentrale Aufgaben als Verteidiger bzw. Gutachter in Verfahren gegen Marineangehörige.[1526] In seinem Plädoyer im Petersen-Prozess in Hamburg betonte beispielsweise Kranzbühler, seinem Mandanten Stabsrichter Holzwig sei kein Vorwurf wegen seiner Todesurteile gegen Deserteure kurz vor Kriegsende zu machen. Wegen des schlimmen Beispiels für die Truppe habe sein Mandant zwingend die Todesstrafe verhängen müssen: „Für mich gibt es keinen Zweifel, wo die höhere moralische Qualifikation liegt: bei denen, die damals noch retten wollten, was zu retten war oder bei jenen, die nach dem Prinzip handelten, der Krieg ist aus, ich geh‘ nach Haus!“[1527] In den Prozessen gegen Marinerichter Karl-Heinrich Hagemann in Kiel bzw. gegen den Oberstabsrichter der Marine Karl Lüder in Hamburg agierte Kranzbühler als „plädieren-

1523 Hartwig: Dönitz, S. 44, S. 79, S. 148 und 181.

1524 Zur Verteidigung im Peleus-Prozess (auch als Eck-Prozess bekannt) vgl. Hans Herlin: Verdammter Atlantik. Schicksale deutscher U-Boot-Fahrer, München 1971, S. 248 f.

1525 Vgl. o.V.: „Kommandeure sollten hart sein. Petersen-Prozess: Alliierte verlangten schärfstes Durchgreifen“, in: Hamburger Abendblatt (11.2.1953).

1526 Vgl. Walle: Oskar Kusch, S. 182.

1527 o.V.: „Das Kriegsgericht handelte gesetzlich“. Verteidiger im Petersen-Prozess fordern Freispruch, in: Hamburger Abendblatt (20.2.1953) und o.V.: Verteidiger haben das Wort. Petersen-Prozess und Kontrollratsgesetz Nr. 10, in: Hamburger Abendblatt (19.2.1953). Drei Marinesoldaten waren am 5. Mai 1945 nach Bekanntgabe der Teilkapitulation der deutschen Wehrmacht geflohen, aber aufgegriffen worden. Nach ihrer Verurteilung zum Tode wurden sie am 10.5.1945 hingerichtet. Der Führer der Schnellboote Rudolf Petersen hatte als Gerichtsherr die von Holzwig verfassten Urteile bestätigt, vgl. Walle: Oskar Kusch, S. 198 f. Petersens Anwalt war ein gewisser Dr. Kuhnert. Zeitweilig nahm Friedrich Grimm als zweiter Anwalt für Holzwig teil.

der Zeuge“. Kranzbühler behauptete etwa, dass im Bereich der kanadischen Besatzung sogar Waffen zur Durchführung der von den Kanadiern bestätigten Exekution an die Deutschen ausgegeben worden seien. Kranzbühlers Apologie der Marinejustiz erregte allerdings einen kritischen Kommentar des Hamburger Abendblatts, das zu Recht anmerkte, dass Kranzbühler die Kernfragen des Prozesses, also ob das Todesurteil Lüders ohne Bestätigung der oberen Dienststellen wirklich habe vollstreckt werden können bzw. ob die Taten des Angeklagten wirklich die Todesstrafe gerechtfertigt hätten, gar nicht berührt habe.[1528] 1963 sollte auch die Süddeutsche Zeitung Kranzbühler für seine Argumentationen schwere Vorwürfe machen (siehe Kapitel 4.2). Sein Auskommen verdiente Kranzbühler allerdings nun seit Mitte der fünfziger Jahre primär als Anwalt in der Ruhrindustrie.[1529]

Welche Größen der Anwaltschaft machten als Strafverteidiger in den fünfziger und sechziger Jahren besonders von sich reden? An großen öffentlichkeitswirksamen Prozessen mangelte es in der damaligen Zeit nicht. Hervorzuheben sind beispielsweise der Blankenhorn-Hallstein-Prozess wegen angeblicher Denunziationen führender Beamter des Auswärtigen Amtes und die großen prominenten Mordverfahren wie der für die CSU brisante Prozess gegen Vera Brühne und Johann Ferbach oder der Personen aus dem Umfeld von Alfried Krupp involvierende „Nitribitt-Mordprozess“. Zu nennen sind hier ebenso zwei große Wirtschaftsstraf- und Bestechungsprozesse, nämlich das Verfahren um die „Bayerische Spielbankenaffäre“ und der Berliner Thyssen-Bank-Prozess. Zahlreiche bekannte

1528 o.V.: Verwirrung der Gefühle. Dr. Kranzbühler als Zeuge im Prozess gegen Dr. Lüder, in: Hamburger Abendblatt (1.2.1950). Zu Kranzbühlers Mitwirkung im Fall Kusch, vgl. Walle: Oskar Kusch, S. 219. Hagemann wurde verteidigt von dem Kieler Rechtsanwalt und Marineoberstabsrichter Bernhard Leverenz (1909–1987), der seit 1954 mit kurzer Unterbrechung bis 1967 Justizminister des Landes Schleswig-Holstein sein sollte. Lüder wurde von einem Anwalt Schön verteidigt, vgl. Schreiben Kranzbühlers an Sieber 4.2.1950, in: BAK, NL Kranzbühler, Nr. 103.

1529 Für sein Engagement wurde er mit verschiedenen Posten, so als Aufsichtsratsvorsitzender der Bohle Industrie AG sowie je als stellvertretender Aufsichtsvorsitzender der Wasag Chemie, der Röchlingschen Eisen- und Stahlwerke GmbH, der Rheinmetall Berlin AG und der Gollnow-Werke GmbH belohnt, vgl. Auszug aus „Wer ist wer? 16. Ausgabe in: BStU, HA IX/11 FV 69/70. Otto Kranzbühler an den Justizminister des Landes Schleswig-Holstein 15.7.1950 in: LASH, Abt. 786, Nr. 1392 (Kranzbühler, Otto).

Strafverteidiger finden zudem sich auch in den diversen juristischen Verfahren in Zusammenhang mit der „Spiegel-Affäre“.

Federführend im Hallstein-Prozess wie im Strafverteidigerteam des „Spiegels“ war der Bonner Anwalt Hans Dahs senior (1904–1972).[1530] Von 1949 bis zu seinem Tod war Dahs Vorsitzender des Strafrechtsausschusses der Arbeitsgemeinschaft der Anwaltskammervorstände bzw. seit 1959 der Bundesrechtsanwaltskammer (BRAK) und zeitweise des Strafrechtsausschusses des DAV und damit die wohl prägendste Strafverteidigergestalt der frühen BRD. Er galt als der Anwalt der Bonner Politprominenz, so auch von Konrad Adenauer im „Adenauer-Schmeisser-Verfahren“. An Dahs‘ Seite im Hallstein-Prozess hatte der seinerzeit prominente Düsseldorfer Strafverteidiger Anton Roesen verteidigt. Neben Dahs waren als Strafverteidiger für den „Spiegel“ auch die Mitglieder des Strafrechtsausschusses der BRAK Heinrich Ackermann (1911–1992) und Achim von Winterfeld, der Sohn von Erich Wandschneider, Hajo Wandschneider, sowie Fabian von Schlabrendorff, Gustav Heinemann und der „Kronjurist“ der SPD Adolf Arndt eingesprungen. Auch zwei Nürnberger Veteranen standen aufseiten des „Spiegel[s]“: Curt von Stackelberg und Erich Schmidt-Leichner, beide ebenfalls Mitglieder des Strafrechtsausschusses der BRAK.[1531] In Berlin machte der frühere Staatsanwalt und Vorsitzende der „Vereinigung Berliner Strafverteidiger e. V.“ Dietrich Scheid (geb. 1916) im Thyssen-Bank-Prozess und insbesondere als Anwalt etwa von Axel Springer als Gegenspieler der APO-Anwälte Mahler und Schily von sich reden.[1532] Im Fall Nitribitt, den er angeblich nur aus psychologischer

1530 Zu Dahs vgl. Pöllath [Hg.]: Wirtschaftsanwälte, S. 26, 198, 201. Dahs war nicht der NSDAP beigetreten. Die folgenden Recherchen zu Anwälten in bundesdeutschen NSG-Verfahren basieren auf der Datenbank „Die Verfolgung von NS-Verbrechen durch deutsche Justizbehörden seit 1945“ des Instituts für Zeitgeschichte.

1531 Zu den Anwälten des „Spiegel[s]“ vgl. o.V.: Der Abgrund, in: Der Spiegel (19.5.1965), S. 23–25. Dahs und von Stackelberg waren Vertreter des Strafrechtsausschusses der BRAK bei der Großen Strafrechtskommission der fünfziger Jahre. Schmidt-Leichner hatte zudem 1974 den Verein „Deutsche Strafverteidiger e. V. – zugleich Arbeitsgemeinschaft Strafrecht des DAV“ mitgegründet und war von 1975 bis zu seinem Tod auch dessen Leiter. Im ersten Jahr hatte der junge Gelsenkirchner Anwalt Wilhelm Haddenhorst (1940–1992), der seit 1971 maßgeblich mit Franz Moser das Wiederaufnahmeverfahren im Fall Vera Brühne betrieb, den Verein geleitet.

1532 1941 bat der „Assessor Dietrich Scheid“, der nach eigenen Angaben Grundstücksangelegenheiten für die Waffen-SS bearbeitete, von Carl Schmitt als Dok-

Neugierde übernommen haben will, verteidigte erfolgreich CSU-Politiker Alfred Seidl den Angeklagten Heinz Pohlmann, während er kurzzeitig im Brühne-Prozess auch Ferbach vertrat, aber angeblich wegen zu wenig Honorar das Mandat niederlegte.[1533] Brühne wurde von dem oben bereits genannten Münchner Anwalt Franz Moser (1904–1975) vertreten.[1534] Moser hatte im Zweiten Weltkrieg als juristischer Hilfsreferent bei der Schutzpolizei in Kowno gedient. Als CSU-naher Anwalt verteidigte Moser in der „Bayerischen Spielbankenaffäre" den Spielbankenunternehmer Karl Freisehner, während Seidl als Anwalt des aus der CSU ausgeschlossenen Landtagsabgeordneten Franz Michel fungierte und später auch noch das Mandat des ehemaligen bayerischen Innenministers und Bayernparteipolitikers August Geislhöringer, dessen in prominenten Münchner Entnazifizierungsfällen häufig auftretender Anwalt Fritz Hartmann kurz nach Ende der Beweisaufnahme verstorben war, übernahm.[1535] Moser hatte zahlreiche namhafte NSG-Verfahren als Strafverteidiger geführt, so etwa das

---

torand angenommen zu werden, vgl. Mehring: Schmitt, S. 686. Laut Christian Gerlach war Scheid dann Staatsanwalt beim Deutschen Gericht in Minsk, vgl. Gerlach: Vernichtungspolitik, S. 165.

1533 HStaMü, NL Seidl, Zeitzeugeninterview Seidl, PR650 Nr. 5, S. 32 ff. Ferbach wurde dann von dem jungen Pflichtverteidiger Heinz Pelka vertreten. Pelka trat auch als Pflichtverteidiger im Verfahren gegen Angehörige des Sonderkommandos 11a vor dem Landgericht München I auf.

1534 Schreiben Christls A. an Best 21.5.1964, 3.6.1966 und 5.6.1966, in: HStaDü, Rep. 242 (Verfahren gegen Werner Best, 1 Js 12/65 RSHA), Nr. 296. Angeblich habe Moser, seit 1938 Parteianwärter der NSDAP, in Kowno die Auslieferung von Juden an den SD verhindert, vgl. StMü, Spruchkammerakten, Spruchkammer München, Spk 1194 (Moser, Franz); vgl. auch StMü, Rechtsanwaltspersonalakten des OLG München, Nr. 1084 (Moser, Franz).

1535 Der bedeutendste Angeklagte im Spielbankenprozess, der Vorsitzende der Bayernpartei und ehemalige stellvertretende Ministerpräsident Bayerns Joseph Baumgartner, wurde prominent durch Fritz Ostler (1907–1999), seit 1949 Vorsitzender des Münchner Anwaltsvereins bzw. seit 1959 zudem Vizepräsident des DAV, vertreten. Möglicherweise, weil sein Mandant Michel unschöne Dinge über die CSU vor Gericht hätte erwähnen können, sei Seidl engagiert worden. Seidl habe dann nach dem plötzlichen Tode Hamanns das Mandat des früheren Vizelandesvorsitzenden der Bayernpartei Geislhöringer auf Bitten Baumgartners übernommen, weil dieser kurz vor Ende des Prozesses einen mit der Materie nicht vertrauten Anwalt nicht mehr beauftragen und mit 71 Jahren die Affäre hinter sich bringen wollte. Angeblich sei Seidl aus der eigenen Partei deswegen scharf angegriffen worden, sei doch sein Eintreten für Geislhöringer „einem Anwalt aus der Ostzone angemessen" gewesen, vgl. HStaMü, NL Seidl, Zeitzeugeninterview Seidl, PR650 Nr. 5, S. 32ff.

(erste) Verfahren gegen den General Ferdinand Schörner, den Prozess gegen den KZ-Kommandanten Egon Zill, den „Penzberger Werwolfprozess" und insbesondere die Vertretung von SS-Richter Otto Thorbeck im Huppenkothen-Verfahren. Wie der Historiker Christoph Bachmann bei seinen Recherchen zu den NSG-Verfahren im OLG-Bezirk München herausstellte, waren Aschenauer, Moser und Seidl die mit Abstand am häufigsten anzutreffenden Anwälte in diesen Prozessen.[1536]

Sieht man von Seidl, Moser und von Schlabrendorff ab, dessen Kanzlei in den sechziger Jahren auch Werner Best vertreten sollte, hatten diese prominenten Strafrechtsanwälte zwar in öffentlichkeitswirksamen NSG-Verfahren verteidigt, ohne dass man sagen kann, dass NSG-Verfahren eine bedeutendere Rolle in ihrer beruflichen Tätigkeit gespielt hätten. Dahs trat 1957 als Verteidiger im Arnsberger Prozess wegen der Massenexekution von über 200 Zwangsarbeitern durch die SS-Einheit „Division zur Vergeltung" auf. Wenig überraschend war auch 1961 Dahs' Vertretung des früheren Bundesministers für Flüchtlingsfragen Theodor Oberländer im kurz darauf eingestellten Bonner Ermittlungsverfahren wegen angeblicher Be-

---

Der während des Prozesses verstorbene Anwalt Hamann, ehemals SA und NSDAP-Mitglied, war Sozius des nicht der NSDAP beigetretenen Alfred Holl (1883–1966), der wegen seiner engen Verbindungen zu den Einwohnerwehren im Hitler-Prozess 1923 den Führer des Bundes Oberland, Friedrich Weber, verteidigt hatte. Nach 1945 vertraten die beiden Anwälte u. a. den im „Dritten Reich" zum Reichsärzteführer aufgestiegenen Weber, die Nachfahren des NSDAP-Gründungsmitgliedes Anton Drexler und den Präsidenten der Reichsschrifttumskammer Hanns Johst in deren Entnazifizierungsverfahren. Vor dem Landgericht München I wegen Beihilfe zum Mord an Fremdarbeitern vertrat die Kanzlei den langjährigen Gestapo-Chef von München, Oswald Schäfer.

In diesem Zusammenhang verdient auch der große Prominentenanwalt und „Starverteidiger" in aufsehenerregenden Kriminalfällen der siebziger und achtziger Jahre, der Münchner Anwalt Rolf Bossi (geb. 1923), Erwähnung. Bossi war 1952 in die Kanzlei des als „Ganovenanwalt" in München bekannten Adolf Miehr eingetreten. Miehr hatte vor dem Landgericht München im Verfahren wegen der „Penzberger Wehrwolf-Prozesse" einen Angeklagten vertreten. 1956 verteidigte Bossi vor dem Landgericht München I zusammen mit Miehr Willy Bach, Vernehmungsführer des KZ Dachau.

1536 Christoph Bachmann: Schuld und Sühne? Die Verfolgung von NS-Verbrechen durch oberbayerische Justizbehörden und ihre archivische Aufarbeitung im Staatsarchiv München, in: Zeitschrift für bayerische Landesgeschichte 68 (2005), S. 1163–1169.

teiligung an der Ermordung der Juden von Lemberg.[1537] Ackermann hatte beispielsweise den in Kapitel 4.2 genannten Admiral Wennecker in Hamburg verteidigt, Scheid trat im „Rehse-Prozess" gegen den früheren Richter am Volksgerichtshof Hans-Joachim Rehse in Berlin auf.[1538] Von Stackelberg griff Seidl im Revisionsverfahren vor dem BGH für Sepp Dietrich ebenso unter die Arme, wie er an der Seite von Diether Posser im Hochverratsprozess gegen die Gesellschaft für deutsch-sowjetische Freundschaft 1955 vor dem BGH einen Mandanten verteidigte.[1539]

Komplexer ist dagegen die Rolle von Erich Schmidt-Leichner zu beurteilen. In den Nürnberger Prozessen war der frühere Referent im RJM nicht aufgefallen. Obwohl damals schon als außergewöhnlicher Jurist unter den Kollegen bekannt, habe er, wie sein früherer Stubenkamerad im Referendarslager Jüterbog Behling berichtet, bewusst seine „Schnauze" in den Nürnberger Prozessen sehr gedämpft.[1540] Es wäre allerdings verfehlt, eine Kontinuitätslinie von dem das autoritäre Strafrecht vertretenden Dok-

---

1537 Dagegen wurde in der DDR in dessen Abwesenheit 1961 ein Schauprozess gegen Oberländer geführt. Sein Anwalt dort war Friedrich Wolff (geb. 1922), der große Strafverteidiger der DDR, der in zahlreichen großen Prozessen der DDR, u. a. im ebenfalls in Abwesenheit durchgeführten Schauprozess gegen Hans Globke 1963, bzw. als Anwalt früherer hochrangiger SED-Staatsfunktionäre wie Erich Honecker nach 1990 aufgetreten war, vgl. hier zu Friedrich Wolff: Verlorene Prozesse 1953–1998. Meine Verteidigungen in politischen Verfahren, Baden-Baden 1999.

1538 Vgl. Gerhard Mauz: „Das ist es, was mich plagt." Spiegel-Reporter Gerhard Mauz zum Freispruch des Admirals a. D. Wennecker in der Revision, in: Der Spiegel (26.9.1966). Von Winterfeld war Anwalt im Frankfurter „Ahnenerbe"-Prozess 1970. In der „Spiegel"-Affäre vertrat er Josef Augstein (1909–1984), der selbst ein prominenter Hannoveraner Strafverteidiger war. Augstein beriet Marinerichter Hans Filbinger und den ersten Chef der Gestapo Rudolf Diels und war neben Martin Löffler als einer der Anwälte Hermann Abs im „Abs-Prozess" als Gegner Friedrich Karl Kauls aufgetreten. Augstein war zudem Verteidiger im genannten „Ahnenerbe"-Prozess. Hajo Wandschneider hatte 1972 den KdS Warschau Ludwig Hahn, angeklagt wegen Morden im Gefängnis Pawiak bzw. 1960 den Führer der Wachmannschaften des KZ Fuhlsbüttel Willi Dusenschön, angeklagt wegen der Ermordung des SPD-Politikers Fritz Solmitz, vor dem Landgericht Hamburg ebenso verteidigt, wie 1991 die frühere RAF-Terroristin Susanne Albrecht.

1539 Vgl. Revisionsbegründung Seidls 8.7.1957 und ergänzende Revisionsbegründung Freiherr Curt von Stackelbergs 24.2.1958, in: StMü, Staatsanwaltschaften, Nr. 28791/13, sowie Diether Posser: Anwalt im Kalten Krieg. Deutsche Geschichte in politischen Prozessen 1951–1968, Bonn 2000, S. 100.

1540 Schreiben Behlings an Rheindorf 31.1.1961, in: BAK, NL Rheindorf, Nr. 150.

toranden, der rechten Hand Thieracks, über den Nürnberger Verteidiger zum Kritiker der NSG-Verfahren zu ziehen. Nachdem Schmidt-Leichner eine Rückkehr in den Staatsdienst zugunsten einer Anwaltskanzlei in Frankfurt aufgegeben hatte, war er noch März 1951 im Voruntersuchungsverfahren gegen den Frankfurter Sonderrichter Leonhard Kolb in einem Schreiben an Bundesminister Dehler für eine generelle Amnestie „im Interesse der inneren Wirren Deutschlands“ eingetreten.[1541] In den fünfziger Jahren war allerdings der „Große S-L“ zu einem der führenden, vielleicht sogar „dem“ Staranwalt der Bundesrepublik und zum langjährigen Schulungsleiter der Strafrechtskurse des Deutschen Anwaltvereins aufgestiegen. In knapp 35 Jahren als Anwalt soll Schmidt-Leichner über 3000 Strafverfahren verhandelt haben und war Anwalt in vielen spektakulären Strafrechtsprozessen der Bundesrepublik, so im Verfahren um den Contergan-Skandal, im Herstatt-Banken-Prozess, dem neben dem Thyssen-Bank-Prozess größten Fall von Untreue und Bankrott der alten Bundesrepublik, oder auch einer der Anwälte von Vera Brühne.[1542] Eine eigenwillige Konstellation war die Verteidigung des österreichischen Wiedergutmachungsanwalts Hans Deutsch (1906–2002), dem von den deutschen Behörden vorgeworfen wurde, Dokumente in einem großen Widergutmachungsverfahren gefälscht zu haben. Dagegen macht sich die über das Institut für Zeitgeschichte ermittelte Zahl von rund 16 Auftritten von Schmidt-Leichner in NSG-Verfahren relativ bescheiden aus. Neben der Vertretung des Gestapo-Chefs von Norwegen, Hellmuth Reinhard, und der offenbar von Achenbach an Schmidt-Leichner weitergereichten Vertretung von Franz Six in dessen Ermittlungsverfahren sind es besonders zwei große (Frankfurter) Verfahren, in denen Schmidt-Leichner als Verteidiger zu finden war. Er vertrat im „Frankfurter Diplomaten-Prozess“ den früheren Polizeipräsidenten von Frankfurt und deutschen Gesandten in Sofia während der Deportation der Ungarer Juden Adolf Beckerle, sowie im „zweiten Frankfurter Auschwitz-Verfahren“ Hermann Krumey, Stellvertreter Eichmanns im „Sonderkommando Eichmann“, während Hans Laternser in diesem Prozess den zweiten Angeklagten Otto Hunsche, den Rechtsberater des „Eichmannreferats“ im RSHA, verteidigte.[1543] Im Beckerle-Verfahren

1541 Eichmüller: Generalamnestie, S. 108 f.

1542 Vgl. o.V. Nachruf Schmidt-Leichner, in: Frankfurter Neue Presse (19.3.1983).

1543 Zum in der Forschung bislang wenig beachteten Krumey/Hunsche-Verfahren vgl. Christian Ritz: Die westdeutsche Nebenklagevertretung in den Frankfurter Auschwitz-Prozessen und im Verfahrenskomplex Krumey/Hunsche, in: Kriti-

sollte aber der junge Frankfurter Anwalt Egon Geiss (geb. 1931) Schmidt-Leichner „die Schau stehlen“ und selbst den Grundstein für eine große Anwaltskarriere legen, als es ihm mit einem Verfahrenstrick gelang, Bundeskanzler Kurt Georg Kiesinger als Zeuge vorzuladen. Insgesamt spielten also NSG-Verfahren in Schmidt-Leichners Karriere rein zahlenmäßig nur eine relativ kleine Rolle, so dass die Feststellung Annette Weinkes, Schmidt-Leichner sei zu einem „Verteidiger von SS-Größen“ avanciert, in dieser Pauschalität nicht haltbar ist.[1544] Allerdings bot Schmidt-Leichners illustre Vergangenheit durchaus Fläche für Angriffe, etwa für die Gewerkschaften im Herstatt-Banken-Prozess.[1545] Und auch als Interessenvertreter der auf Strafrecht spezialisierten Anwälte setzte sich Schmidt-Leichner für ein Ende der Strafverfolgung von NS-Tätern ein. Der Strafrechtsausschuss der späteren BRAK unter Vorsitz von Dahs hatte sich allerdings früh gegen eine generelle Generalamnestie gewandt, war aber Einzelamnestien nicht abgeneigt gewesen.[1546] Auf der berühmten Königsteiner Tagung (siehe auch Kapitel 4.2) war Dahs zwar nicht selbst zugegen, als Repräsentanten der Anwaltschaft waren neben Schmidt-Leichner und dem konservativen Strafverteidiger Anton Roesen mit Gerhard Hammerstein (1923–2003) und Dahs‘ Sozius Konrad Redeker auch zwei enge Kollegen von Dahs anwesend.[1547] Obwohl Roesen (wie auch Hammerstein) in nur

---

sche Justiz 40 (2007), S. 51–72 sowie zum Beckerle-Verfahren Conze [Hg.]: Das Amt, S. 665–670.

1544 Weinke: Gesellschaft, S. 191. Herausgestellt muss allerdings werden, dass sich Schmidt-Leichner insbesondere auf der berühmten Königsteiner Tagung vom April 1966, die die auffallend niedrigen Strafen gegen NS-Täter problematisiert hatte, als Vertreter der Strafverteidiger in NSG-Verfahren gegen eine weitere Verfolgung derartiger Verbrechen ausgesprochen hatte, vgl. Weinke: Gesellschaft, S. 113 und 190 und Miquel: Ahnden, S. 217. Zur Königsteiner Tagung allgemein vgl. Weinke: Gesellschaft, S. 110–116.

1545 So vermerkte das Publikationsorgan der Gewerkschaft „Handel, Banken und Versicherungen“ kurz nach Eröffnung des Prozesses Schmidt-Leichners politische Vergangenheit und dass er sich als Verteidiger von NS-Tätern profiliert habe, vgl. Ausblick. Zeitschrift der Gewerkschaft Handel, Banken und Versicherungen 31 (1979), S. 3.

1546 Frei: Vergangenheitspolitik, S. 116 f. Nach seinem Tod übernahm der Kasseler Anwalt Dr. Walter Isele (1904–1981) den Vorsitz über den Ausschuss.

1547 Gerhard Hammerstein war 1954 in Freiburg in die Kanzlei von Hermann Kopf eingetreten, hatte sich aber wegen Kopfs ständiger Abwesenheit im Bundestag mit einer Kanzlei in Freiburg selbstständig gemacht. Vor der Königsteiner Tagung hatte er lediglich in einem Verfahren vor dem LG Freiburg 1965 den Gestapo-Mann Rudolf Sehmisch wegen der Ermordung von Juden vertreten.

wenigen NSG-Verfahren aufgetreten war, bestritt er 1964 in einem Aufsatz in der NJW, dass Einsatzgruppenmitglieder wegen Mordes verurteilt werden könnten und löste eine scharfe Replik in der NJW aus.[1548] Roesen und Schmidt-Leichner konnten sich auf der Tagung allerdings mit ihrer Forderung nach einer Einstellung der Strafverfolgung von NS-Tätern nicht durchsetzen.[1549] Dass Schmidt-Leichner in Königstein als Vertreter der Strafverteidigung in NSG-Verfahren auftrat, lag aber in erster Linie an seiner Bedeutung als DAV-Funktionär und bedeutender Strafverteidiger. Nürnberg spielte hierfür, wenn überhaupt, nur eine Nebenrolle.[1550]

Mit Schmidt-Leichner, von Stackelberg und Seidl hatten es nur wenige Nürnberger „Veteranen" in die Riege der bekannten Strafverteidiger der BRD geschafft. Theodor Klefisch knüpfte zwar zunächst an seine Karriere als bekannter Wirtschaftsstrafverteidiger an. Er verteidigte als Anwalt des Hauptangeklagten in dem wegen des aufziehenden Kalten Krieges und der rechtlichen Beurteilung einer „gelenkten Wirtschaft" weit über Hessen hinaus Schlagzeilen machenden „Kasseler Spinnfaser-Prozess".[1551] Auch

---

1548 Der langjährige Vorsitzende des Düsseldorfer Anwaltsvereins (seit 1954) und zentrale Gestalt der katholischen Laienorganisationen in Deutschland Anton Roesen, Sozius des bekannten Anwalts und ersten Nachkriegspräsidenten der RAK Düsseldorf Josef Cüppers, hatte im „Dritten Reich" vor allem kirchliche Stellen wegen angeblicher Devisenverbrechen vertreten. In seinen Memoiren übte Roesen scharfe Kritik an der Entnazifizierung. In den frühen fünfziger Jahren verteidigte er einen Pfarrer, der die Aufführungen des Filmes „Die Sünderin" in Düsseldorf mit Stinkbomben gestört hatte. 1960 vertrat er den SA-Führer Hans Georg Gewehr gegen den Nürnberger Hauptbelastungszeugen und Widerstandskämpfer Hans Bernd Gisevius wegen angeblicher Falschdarstellungen in Gisevius' Erinnerung „Bis zum bitteren Ende". Mit dem Verwaltungsbeamten Walter Creutz hatte Roesen Ende der vierziger Jahre einen zentralen Verantwortlichen der Euthanasie in der Rheinprovinz verteidigt und stand im Düsseldorfer Ermittlungsverfahren Constantin Canaris bei, ehemals Befehlshaber der Sicherheitspolizei in Brüssel, vgl. seine Autobiographie Anton Roesen: Aus dem Leben eines Juristen. Erinnerungen und Erfahrungen, Düsseldorf 1979. Zur Affäre um den Artikel in der NJW vgl. Katrin Stoll: Die Herstellung der Wahrheit. Strafverfahren gegen ehemalige Angehörige der Sicherheitspolizei für den Bezirk Białystok, Berlin/Boston 2012, S. 89–91.

1549 Vgl. Weinke: Gesellschaft, S. 113 und 190 und Miquel: Ahnden, S. 217. Zur Königsteiner Tagung allgemein vgl. Weinke: Gesellschaft, S. 110–116.

1550 Vgl. Weinke: Gesellschaft, S. 113 und 190 und Miquel: Ahnden, S. 217 sowie allgemein Thomas Horstmann: An den Grenzen des Rechts. Gespräche mit Juristen über die Verfolgung von NS-Verbrechen, Frankfurt u. a. 2006.

1551 Die Bedeutung des Prozesses schlug sich auch im Verteidigerteam nieder. Neben Klefisch und dem früheren OLG-Rat Erich Berndt waren auch die auf Wirt-

Rudolf Dix war nach Nürnberg für angeklagte Unternehmer tätig. Der frühe Tod der beiden Anwaltsgrößen zu Beginn der fünfziger Jahre verhinderte aber eine Fortsetzung ihrer großen Karrieren in der Bundesrepublik.[1552] Andere auf Strafverteidigung spezialisierte Anwälte, wie der 1958 verstorbene Fritz Sauter, traten offenbar nicht mehr als Strafverteidiger in Erscheinung.

Dennoch finden sich nicht selten ehemalige Nürnberger Anwälte als Strafverteidiger in bundesdeutschen NSG-Verfahren wieder. Oft handelte es sich hierbei aber meist um regionale Prozesse als Teil einer alltäglichen Berufspraxis. Häufiger trat etwa Johannes Surholt als bekannter Strafverteidiger in den ersten Nachkriegsjahren in Aachen in Erscheinung, in denen er u. a. Angehörige der SS und Gestapo verteidigte, die während der Kämpfe um Aachen Terrormaßnahmen und Exekutionen durchgeführt hatten.[1553] Friedrich Drischel vertrat beispielsweise in Freiburg 1948 Ministerialrat Ludwig Sprauer, einen der Hauptverantwortlichen für die Euthana-

schaftsstrafsachen spezialisierte hessische SPD-Parlamentarierin und spätere Vertreterin Hessens im Parlamentarischen Rat Elisabeth Selbert (1896–1986) und Werner Kalsbach im Verteidigerteam. Zum Spinnfaser-Prozess ausführlich Wolfgang Benz: Zwangswirtschaft und Industrie. Das Problem der Kompensationsgeschäfte am Beispiel des Kasseler Spinnfaser-Prozesses von 1947, in: Vierteljahrsschrift für Zeitgeschichte 32 (1984), S. 422–440. Zur gesellschaftlichen Bedeutung des Prozesses vgl. auch Petra Weber: Justiz und Diktatur. Justizverwaltung und politische Strafjustiz in Thüringen, München 2000, S. 90. Klefisch hatte nach Nürnberg noch in einem größeren Kölner Prozess wegen Euthanasieverbrechen in der Heil- und Pflegeanstalt Sachsenberg verteidigt, vgl. Theodor Klefisch: Die nat.-soz. Euthanasie im Blickfeld der Rechtsprechung und Rechtslehre, in: Monatsschrift für Deutsches Recht 1950, S. 258–265. Ein weiterer Mandant Klefischs war ein Kölner Ortsgruppenleiter und Anführer einer Volkssturmkompanie, der im März 1945 zwei angeblich plündernde russische Zwangsarbeiter hingerichtet hatte, vgl. Schreiben T. Klefischs an Laternser 13.7.1948, in: BAF, N431, Nr. 958. Kalsbach trat zu Beginn der sechziger Jahre zusammen mit Anton Roesen, Laternser, Hartwich und anderen Anwälten auch im Wuppertaler Prozess gegen Angehörige des Einsatzkommandos 6 auf.

1552 Dix vertrat den stellvertretenden Aufsichtsratsvorsitzenden der Lufthansa Kurt Weigelt vor einem amerikanischen Militärgericht, weil der als Kriegsverbrecher gesuchte Weigelt illegal versucht hatte, Aktien zu verkaufen, um seine NS-Vergangenheit zu verschleiern, vgl. Steimann: Leben lassen, S. 246–249.

1553 Surholt trat etwa im Verfahren vor dem Landgericht Aachen wegen der Ermordung des Luftschutzpolizisten Franz Salvini und Exekutionen der Gestapo Effeld auf, vgl. zu diesen Taten Sven Keller: Volksgemeinschaft am Ende. Gesellschaft und Gewalt1944/45, München 2013, S. 232–237.

sie in Baden.[1554] In die Schlagzeilen kam auch Erich Wandschneider als Verteidiger von Veit Harlan 1949 vor dem Landgericht Hamburg.[1555] Da viele der Anwälte aus dem Großraum Nürnberg stammten, traten etliche auch in NSG-Verfahren vor dem Landgericht Nürnberg-Fürth auf. Zu nennen sind hier die beiden lokal bedeutsamen Prozesse wegen Verbrechen im KZ-Außenlager Hersbruck und der Deportation von Juden durch die Gestapo Nürnberg ebenso wie das Verfahren gegen den mit Judenfragen in der Deutschlandabteilung des Auswärtigen Amtes befassten Franz Rademacher.[1556] Der in Düsseldorf als Anwalt zugelassene Otto Pannenbecker verteidigte 1964 im Düsseldorfer „Treblika-Prozess" bzw. Hagener „Sobibor"-Prozess Erwin Lambert bzw. 1972 den Staatssekretär im Reichsverkehrsministerium Albert Ganzenmüller und wirkte im Majdanek-Prozess

1554 Schreiben Drischels an Fröschmann 12.12.1948, in: StN, NL Fröschmann, Nr. 23.

1555 Ingrid Buchloh: Veit Harlan; Goebbels' Starregisseur, Paderborn u. a. 2010, S. 189; vgl. auch o.V. Totentänze in der Scheffelstraße. Einer droht mit dem Revolver, in: Der Spiegel (9.4.1949). Wandschneider zog im Prozess Parallelen zu der „Kollektivschuldanklage" in Nürnberg.

1556 Georg Fröschmann vertrat im Prozess um das KZ Hersbruck den Hauptangeklagten und SS-Hauptsturmführer Alfred Sorge, vgl. Urteil des LG Nürnberg-Fürth 7.6.1940 und Urteil des Bayerischen Obersten Gerichtshofs 20.2.1952, in: StN, Staatsanwaltschaft Nürnberg-Fürth Bestand 2637 (KLs 230/48), Nr. VII und IX. Martin Horn als Verteidiger des Gestapo-Chef von Nürnberg Benno Martin trieb den Prozess wegen der Deportation der Nürnberger Juden bis zum BGH, vgl. Antrag Martin Horns an den BGH 2.11.1952, in: StN, Staatsanwaltschaft Nürnberg-Fürth, Bestand 3070 (Ks1/51), Nr. VIII. Weitere Nürnberger Veteranen in diesem Prozess waren Gabriele Lehmann, Hermann Orth und Heinrich Link. Rademacher wurde von Eduard Tipp verteidigt. In einem Brief an die ZRS schimpfte Tipp über das „unhaltbare Urteil" gegen Rademacher. Das LG Nürnberg habe sich „eine geistige Akrobatik erlaubt", die an die „schlimmsten Militärgerichtsurteile" in Nürnberg erinnere, vgl. Schreiben Edmund Tipps an die ZRS 31.3.1952, in: BAK, B305, Nr. 14. In den zahlreichen Nürnberger NSG-Verfahren der späten vierziger Jahre wegen der Reichspogromnacht und Arisierungen in Nürnberg und Umgebung waren von den Nürnberger „Veteranen" als Pflichtverteidiger die Kanzlei Weisgerber/Orth, Alfred Behringer, Hermann Ulmer, Hanns Marx, der mittlerweile als Anwalt in Nürnberg zugelassene Otto Reitzenstein, Friedrich Bergold und der ebenfalls nun in Nürnberg als Anwalt tätige Alfred Schilf beteiligt. Schilf übernahm auch die anwaltliche Vertretung des Militärrichter Manfred Roeder im Ermittlungsverfahren wegen der Urteile des Reichskriegsgerichts gegen Mitglieder der „Roten Kapelle".

an der Vertretung von Hermine Braunsteiner-Ryan mit.[1557] Hans Pribilla, der eine Nachkriegskarriere als lokal bedeutender Kölner Anwalt startete, übernahm im Kölner „Sachsenhausen-Prozess“ das Mandat des SS-Hauptscharführers Kurt Hickl.

Um Hans Laternser, der Ende der vierziger Jahre ebenfalls in lokalen NSG-Prozessen in Wiesbaden aufgetreten war, und sein Netzwerk war es zu Beginn der fünfziger Jahre ruhig geworden, Laternser verdiente sein Geld nun mit verschiedenen Mandanten aus der Baubranche, auch wenn er gelegentlich noch frühere Militärs, wie etwa 1959 General Hasso von Manteufel vor dem LG Düsseldorf, vertrat.[1558] Auch Schwinge und Schütze hatten ihre anwaltliche Tätigkeit in Frankreich mit Ende der dortigen Prozesse aufgegeben. Während Schütze eine Anstellung bei der Staatsanwaltschaft Frankfurt fand und auch Luftwaffenrichter Frohwein schon seit 1950 wieder als Richter am Landgericht Marburg tätig war, machte der wieder in Marburg lehrende Schwinge als Gutachter im Prozess des Marinerichters Adolf Holzwig wie im (zweiten) Max Simon-Verfahren bzw. seinen diversen Aktionen zur Rechtfertigung der Wehrmachtsjustiz von sich reden.[1559] Nichts anderes war auch zu erwarten von einem Wissenschaftler, der in einer Festschrift für Erich Schmidt-Leichner noch 1977 über die angeblich noch immer bestehende Notwendigkeit „summarischer Exekutionen“ sinnierte.[1560] Seine in mehreren Auflagen erschienene revisionistische „Bilanz der Kriegsgeneration“ wurde zum Verkaufsschlager im rechtskonservativen Bürgertum.

Mit einem Paukenschlag meldete sich Laternser allerdings 1963 zurück in die Schlagzeilen, als er zusammen mit Rudolf Aschenauer im berühmten Frankfurter Auschwitz-Prozess mehrere Hauptangeklagte verteidigte. Insbesondere Laternsers Verteidigungsargument, dass die von ihm vertretenen SS-Ärzte als Selekteure an der Rampe in Auschwitz eigentliche Leben retten wollten, traf auf scharfe Kritik und Unverständnis, zumal Laternser latent versuchte, die Opferzeugen aus der DDR als von dem ostdeutschen Regime gekaufte Kommunisten zu diffamieren. Ein britischer

---

1557 Kempner: Ankläger, S. 417. Aufgrund seines fortgeschrittenen Alters wirkte er nur noch als Koverteidiger mit. In erster Linie lag die Verteidigung von Braunsteiner-Ryan bei Hanns Mundorf.

1558 Dirks: Laternser, S. 170.

1559 Dazu ausführlich Merkl, General Simon, S. 482–501.

1560 Erich Schwinge: Summarische Exekutionen, in: Rainer Hamm [Hg.]: Festschrift für Erich Schmidt-Leichner zum 65. Geburtstag, München 1977, S. 185–206.

Prozessbeobachter sah in Laternser und dem Ostberliner Anwalt Kaul als Vertreter der Nebenklage die Feinde des neuen liberalen Deutschlands personifiziert, die trotz ihrer gegenseitigen Angriffe letztendlich auf der gleichen Seite stünden.[1561] Die öffentliche Kritik an seiner Verteidigung wies Laternser von sich, hielt er doch von der „Wischi-Waschi-Strategie" der anderen Verteidiger wenig und stand im Prozess von seinen Anwaltskollegen nur mit seinem früheren großen Rivalen Aschenauer in gutem Einvernehmen.[1562] Nach Ende des Prozesses legte Laternser nach, indem er sein ausführlich kommentiertes Plädoyer und andere mit dem Prozess zusammenhängende Schriftsätze unter dem wohl nicht ohne Grund gewählten Titel „Die andere Seite im Auschwitz-Prozess" veröffentlichte. Das Buch sollte sich allerdings als Bumerang erweisen. 1965 hatte sich noch die Rechtsanwaltskammer Köln hinter Laternser gestellt und dem Anwalt Hans Gemünd eine öffentliche Missbilligung ausgesprochen, weil dieser gegen Laternsers Auftreten im Auschwitz-Prozess polemisiert und kundgetan hatte, dass er sich schäme, dem gleichen Berufsstand wie Laternser anzugehören. Eine vernichtende Kritik von Laternsers Buch in „Die Zeit" des Mannheimer Rechtsanwalt Jürg Zutt (1929–2011), der es als „nationalistisches Plädoyer für das Totschweigen jämmerlichen Unrechts" geißelte, brachte diese Affäre 1967 erneut ans Licht.[1563] Schon zuvor hatte der junge Journalist und promovierte Historiker Dietrich Strothmann (geb. 1927), Prozessbeobachter der „Zeit" im Auschwitz- und später im Majdanek-Prozess, Kritik an Laternsers Prozessführung geübt. Auch die Vergangenheit Ernst Achenbachs und das Verhalten der Anwälte im Majdanek-Verfahren wurden später von Strothmann scharf kritisiert.[1564] Der Landtag von Nordrheinwestfalen befasste sich nun mit der Sache und kam in öffentlicher Aussprache zum Ergebnis, dass die Maßregelung Gemünds falsch war. Laternsers „schlechthin unvertretbare" Ausführungen könnten

1561 Dirks: Laternser, S. 181.

1562 Dirks: Laternser, S. 176.

1563 Jürg Zutt: Ein Verteidiger ohne Mut, in: Die Zeit (2.2.1967). Zutt hatte Alexander Mitscherlich, den großen Kritiker der Ärzteschaft im Dritten Reich, anwaltlich beraten.

1564 Vgl. Dietrich Strothmann: Das Tribunal der Advokaten. Die Starjuristen im Auschwitz-Prozess: Kaul und Laternser, in: Die Zeit (8.5.1964); ders.: Die Schatten des Ernst Achenbach. Parteifreunde drängen den FDP-Abgeordneten zum Rücktritt als Ausschussberichterstatter, in: Die Zeit (19.7.1974) und ders.: Anwälte als Ankläger. Verteidiger in NS-Verfahren: Ein unrühmliches Kapitel, in: Die Zeit (7.4.1978).

aber nicht verfolgt werden, da diese rein eine Angelegenheit des anwaltlichen Standesrechts seien, auf das man keinen Einfluss habe.[1565] Wie bei Kranzbühler und Alfred Seidl (siehe unten) erwies sich auch bei Laternser die Presse, und nicht etwa die eigenen Standesvertretungen, als die schärfste Kritikerin der „jungen Radikalen".

War Laternsers Auftritt im Auschwitz-Verfahren tatsächlich Ergebnis eines unverbesserlichen Rechtskonservativen, der den Wandel der öffentlichen Meinung übersehen hatte und selbst aus SS-Selekteuren noch „Lebensretter" machen wollte? Tatsächlich hatte Laternser schon in Nürnberg zu den radikalsten Vertretern der Nürnberger Verteidiger gezählt. Dass Laternser mittlerweile als „väterlicher Freund" den umstrittenen Publizisten Gerhard Frey (1933–2013) in dessen diversen Verfahren wegen Volksverhetzung u. a. vor dem Landgericht München I vertrat, zeigte auch, dass Laternser den gesellschaftlichen Mainstream, auf den er noch als „Verteidiger deutscher Soldaten" in scharfer Abgrenzung zur SS zu Beginn der fünfziger Jahre vertrauen konnte, zehn Jahre später verlassen hatte und sich im rechtsextremen Lager wiederfand.[1566] Sein gerade im Auschwitz-Prozess wieder in Erscheinung tretender radikaler Antikommunismus tat ein Übriges, Laternsers Bild eines „Rechts-Anwalts" zu formen. Andererseits war Laternsers Auftritt im Auschwitz-Prozess von einer größeren persönlichen Linie gezeichnet, als dies auf den ersten Blick den Anschein hat. Die Verteidigung von Ärzten des NS-Regimes war der anwaltlichen Praxis von Laternser nicht fremd, standen doch am Anfang von Laternsers Karriere das Hadamar- und das Eichberg-Verfahren. Sicherlich besteht ein materieller Unterschied zwischen Euthanasie und Selektion an der Rampe in Auschwitz. Gerade aber Laternsers Verhalten während des Eichberg-Verfahrens weist gewisse Parallelen zum Vorfall im Auschwitz-Prozess auf. Laternsers aggressive Art der Verteidigung wäre ihm schon damals

---

1565 Dirks: Laternser, S. 182–184. Damit war Laternser zum zweiten Mal einem Ehrengerichtsverfahren entgangen. Schon im Verfahren gegen den bekannten Verkehrswissenschaftler und Wehrmachtsoffiziers Kurt Leibbrand in Stuttgart wegen Geiselerschießungen in Italien war Laternser nur dank der Unterstützung der Rechtsanwaltskammer Frankfurt an einem von Fritz Bauer angestrengten Ehrengerichtsverfahren vorbeigeschrammt, vgl. zum Vorfall e.b.: Um Laternsers Ehre. Leibbrandts Verteidiger muss sich verteidigen, in: Die Zeit (13.11.1964).

1566 Dirks: Laternser, S. 185. Laut Strothmann hatte sich Laternser für das Verfahren in München auch der Hilfe Erich Schmidt-Leichners versichert, vgl. Dietrich Strothmann: Angeklagt: die National-Zeitung. Gerhard Frey – des deutschen Spießers liebstes Kind, in: Die Zeit (8.9.1967).

zum Verhängnis geworden. Die Frankfurter Rundschau griff unter der Schlagzeile „Haben die Mörder recht? Eichberg-Verteidiger beantragen Freispruch“ Laternser scharf an, weil er für den schwer belasteten Mediziner Friedrich Mennecke trotz erdrückender Beweislast Freispruch beantragt hatte. Die RAK Frankfurt nahm aber Laternser auch schon damals vollumfänglich in Schutz.[1567] Niemand Geringerer als der „Kronjurist“ der SPD Adolf Arndt übte Kritik an der Presse im Eichberg-Verfahren, die Mandant und Verteidiger gleichsetze.[1568] Laternser konnte schon damals in einem öffentlich äußert heiklen Prozess darauf vertrauen, dass er selbst von Anwälten des anderen politischen Lagers, trotz einer provokativen Argumentation und seinem Hang zur Übermotiviertheit, gegen eine der Verteidigung nicht wohl gesonnene Presse Unterstützung erhielt. Dass es der Verteidigung nur nützen konnte, ihre Sicht in Buchform einer breiteren Öffentlichkeit zugänglich zu machen, hatte Laternser 1949 mit der Publikation der Nürnberger Plädoyers erkannt. Mit anderen Worten: Laternser handelte am Ende seiner Karriere nicht viel anders, als er es schon in der unmittelbaren Nachkriegszeit getan hatte. Allerdings konnte sich Laternser nicht mehr auf gesellschaftlichen Rückhalt verlassen, da nun selbst aus den eigenen Reihen Kritik an Laternser geübt wurde und er sich in der Presse wieder harsche Schelte anhören musste. Laternser hatte sich nicht geändert, die Gesellschaft hatte es. Diese Feststellung macht das umstrittene Auftreten Laternsers im Auschwitz-Prozess, der im Juli 1968 unerwartet verstarb, zumindest nachvollziehbar. In seine Fußstapfen trat nun der mit siebzehn in die NSDAP eingetretene Kanzleikollege Fritz Steinacker (geb. 1921), der Laternser im Auschwitz-Prozess und im Verfahren gegen das Polizeibataillon 306 unterstützt hatte und später Josef Mengele wie Aribert Heim zu seinen Mandanten zählte. Mit Laternser teilte er nicht nur den Kriegsdienst bei der Luftwaffe als hochdekorierter Bomberpilot, sondern auch umstrittene Auftritte vor Gericht. Im Düsseldorfer Majdanek-Prozess lehnte Steinacker einen Gutachter als befangen ab, weil dieser mit jüdischen Forschern zusammengearbeitet hatte.[1569]

1567 Rundschreiben der RAK Frankfurt a.M. 14.1.1947 und Schreiben der RAK Frankfurt a.M. an die Redaktion der Frankfurter Rundschau 2.1.1947 und Antwortschreiben der Frankfurter Rundschau an die RAK Frankfurt a.M. 10.1.1947, in: BAF, N431, Nr. 955.

1568 Dirks: Laternser, S. 163.

1569 Zu Steinackers Biographie vgl. Stefan Klemp: KZ-Arzt Aribert Heim. Die Geschichte einer Fahndung, Münster u. a. 2010, S. 273–282 und Jürgen Schreiber:

Zwei besondere Fälle stellen die Anwälte Kurt Behling und Robert Servatius dar. Behling hatte nach Ende der Nürnberger Prozesse im Auftrag kirchlicher Stellen bzw. der Bundesregierung Auslandsmandate in den Beneluxstaaten übernommen. Als zentraler Anwalt der Gesamtverteidigung und einem grundsätzlichen Plädoyer im sogenannten Luxemburger Juristenprozess von 1949 hatte Behling nochmals wesentliche Probleme erörtert, die schon im Fall Schlegelberger einschlägig gewesen waren und auch im belgischen Prozess 1951 gegen General Alexander von Falkenhausen spielte Behling als Verteidiger des Hauptangeklagten eine zentrale Rolle.[1570]

Nach dem endgültigen Scheitern seiner Pläne einer Leitung der Bonner ZRS begann Behling mit Überlegungen zu einem Berliner ZRS-Ableger für die in Ostdeutschland verurteilten mutmaßlichen Kriegsverbrecher.[1571] Aufgrund der zögerlichen Haltung der Kirchen in Berlin zog sich allerdings die Gründung bis zum April 1951 hin, als BJM, das Ministerium für Gesamtdeutsche Fragen und die Bonner ZRS die Gründung einer ZRS Berlin unter Leitung Behlings beschlossen, die allerdings nicht vom BJM, sondern vom Ministerium für Gesamtdeutsche Fragen finanziert wurde.[1572] In erster Linie bearbeitete Behling Fälle der sowjetischen Militärtribunale, besonders den Waldheim-Komplex, während alle Fälle der Gerichte der SBZ dem Ministerium für Gesamtdeutsche Fragen direkt unterstellt wurden.[1573] Bekannte Fälle Behlings waren etwa der des ehemaligen Senatspräsidenten des Reichsgerichts und früheren Untersuchungsführers im Reichstagsbrandprozess, Paul Vogt, des letzten Leiters der Personalabteilung im Auswärtigen Amt, Helmut Bergmann, und des Leiters des Poli-

Der Anwalt des Bösen, in: Ders. [Hg.]: Gnadenlos. Warum Menschen morden, München 2011, S. 181–176. Dritter Anwalt der Kanzlei Laternser/Steinacker wurde Mitte der sechziger Jahre Rainer Eggert (1931–2006), der als junger Berufsanfänger im Auschwitz-Prozess verteidigte und u. a. das Mandat Otto Hunsche nach Laternsers Tod weiterführte. Zusammen mit Steinacker verteidigte er 1968 im Prozess wegen Unrechtsurteilen des Sondergerichts Nürnberg den Hauptangeklagten Heinz Hugo Hoffmann, ehemals einer von Rothaugs Beisitzern.

1570 Vgl. hierzu die Prozessakten zum Luxemburger Juristenprozess, in: BAK, All Proz 21.

1571 Schreiben Behlings an Flitner 14.4.1950, in: BAK, All Proz 21, Nr. 181.

1572 Vermerk 7.4.1951, in: BAK, B305, Nr. 1256.

1573 Schreiben Behlings an ZRS 10.6.1953 und 13.7.1953, in: BAK, B305, Nr. 1195.

tischen Archivs im Auswärtigen Amt, Johannes Ullrich.[1574] Jahresbeginn 1955 schied Behling als Leiter der Berliner ZRS aus und übertrug die Geschäfte seinem Mitarbeiter Rechtsanwalt Werner Commichau. Der 1975 verstorbene Behling war nun nach seinem Umzug nach Hamburg zum Jahreswechsel 1954/1955 primär als Syndikus der deutschen Hefeindustrie tätig. Dennoch übernahm Behling weiterhin Mandate der ZRS, so neben kurioseren Fällen wie dem des Chemiestudenten Hans G., der für die Castro-feindliche Untergrundorganisation Directorio Revolutionaria Estudiante Waffen gehortet haben soll, in erster Linie Fälle von Fluchthelfern, die versucht hatten, DDR-Bürgern über Ungarn die Flucht in die Bundesrepublik zu ermöglichen.[1575]

Sein „Meisterstück" als Strafverteidiger lieferte Behling allerdings 1956 im Berliner Entnazifizierungsverfahren der „Spandauer".[1576] Da die

---

1574 Vgl. Monatsbericht Nr. 1 für die Zeit von Beginn der Tätigkeit bis zum 15.5.1961, in: BAK, NL Rheindorf 43.

1575 Zu den Fluchthelferfällen vgl. z. B. Schreiben Behlings an Staatssekretär Lahr 4.1.1967 und Bericht Behlings an die ZRS 13.9.1968, in: BAK, NL Behling, Nr. 60. Zum Fall Hans G. vgl. Schreiben Behlings an Rheindorf 29.9.1972, in: BAK, NL Rheindorf, Nr. 151.

1576 Von den im IMT-Verfahren freigesprochenen Angeklagten wurde Fritzsche durch Schilf bzw. von Papen durch Kubuschok in Zusammenarbeit mit Otto Gritschneder vor der Münchner Hauptspruchkammer vertreten, vgl. StMü, Spruchkammerakten, Spruchkammer München, Spk 475–477 (Fritzsche, Hans); Schreiben Kubuschoks an die Spruchkammer Nürnberg 25.2.1947 und Schreiben Gritschneders 13.8.1948, in: StMü, Spruchkammerakten, Spruchkammer München, Spk 289 (von Papen, Franz). 1956 mobilisierte von Papen den seit 1932 zugelassenen Münchner Anwalt Fritz Kartini (1906 – 1976), der 1943 erfolgreich das Mitglied der Weißen Rose Marie-Luise Jahn vor dem Volksgerichtshof vertreten hatte und nach 1945 Hitlers Leibfotograf Heinrich Hoffmann anwaltlich beriet. Obwohl die Hauptkammer München Kubuschoks und Kartinis Argumentation in der Sache nicht folgte, setzte sie die ursprünglich auf „Hauptschuldiger" lautende Einstufung auf „minderbelastet" herunter, vgl. Schreiben Fritz Kartinis 13.3.1956, in: StMü, Spruchkammer München, Spk 291 (von Papen) und Spruch der Hauptkammer München 16.5.1956, in: StMü, Spruchkammer München, Spk290 (von Papen). Dagegen musste sich Hjalmar Schacht gezwungenermaßen nach einem neuen Anwalt umsehen, als er kurz nach der Entlassung aus Nürnberg überraschend von den württembergischen Behörden festgenommen wurde. Mit dem bekannten Stuttgarter Wirtschaftsanwalt und Lokalpolitiker sowie Mitglied der Wirtschaftspolitischen Gesellschaft von 1947, Wolfgang Schwamberger (1908–1994), Sohn des 1933 von der NSDAP abgesetzten Ulmer Oberbürgermeisters Emil Schwamberger, wurde er allerdings hervorragend vertreten.

vor dem IMT verurteilten Angeklagten von Neurath, Dönitz, Speer, von Schirach, Funk sowie Heß in Berlin ihren Wohnsitz gehabt hatten, beanspruchte die Stadt Berlin Ende 1952 aufgrund ihrer rechtlichen Sonderstellung die Eröffnung des Sühneverfahrens, während in den westdeutschen Ländern 1952 bereits die Abwicklung der Entnazifizierung in vollem Gange war.[1577] Als überraschend von Neuraths Anwalt von Lüdinghausen 1948 verstarb, hatte der Stuttgarter Anwalt Helmuth Fischinger (geb. 1899), Freund und bis zu seiner Wiederzulassung Anwaltsvertreter von Kurt Mandry, wahrscheinlich auf Zutun Mandrys die weitere Vertretung von Neuraths übernommen.[1578] Als nun Berlin trotz des Protestes Fischingers und des Justizministeriums von Baden-Württemberg, welches das ausgesetzte Verfahren gegen Neurath lieber im eigenen Land behalten wollte, ein Entnazifizierungsverfahren einleitete, wandte sich Fischinger an den Berliner Anwalt Behling, der in Vertretung Fischingers die Einstellung des Verfahrens erreichen sollte. In seiner Rückantwort rühmte sich Behling schon in mehreren Fällen, wie im Fall von General Georg von Küchler vor der Entnazifizierungskammer in München, die Einstellung des Verfahrens mit dem Argument des angeblich fehlenden rechtlichen Gehörs durch die Inhaftierung in Landsberg erreicht zu haben, und er derzeit vor der Spruchkammer Frankfurt im Falle des Generals von Falkenhausen eine ähnliche Strategie fahre.[1579] Ein Vorgespräch Behlings mit

1577 Abschrift Schreiben des Senators des Inneren in Berlin an das Innenministerium in Baden-Württemberg 11.10.1952, in: BAK, NL Behling, Nr. 313.

1578 Mitteilung Mandrys 12.2.1947, Schreiben Fischingers 2.4.1947, Sühnebescheid 25.4.1947, in: StLu, El 902/20, Nr. 77333 (Fischinger, Helmuth). Seit 1942 wurde Fischinger als Militärverwaltungsrat in Frankreich, u. a. beim Kommandant von Groß-Paris, eingesetzt und war erst Januar 1947 aus der Gefangenschaft heimgekehrt. 1933 war er der SA-Reserve als Rottenführer beigetreten und stellte 1937 einen Aufnahmeantrag in die NSDAP.

1579 Schreiben Behlings an Fischinger 30.10.1952, in: BAK, NL Behling, Nr. 313. Behling gab die Sitzungsvertretung im Münchner Spruchkammerverfahren Küchlers aufgrund der großen Entfernung von Berlin an den Augsburger Anwalt Franz Reisert ab, vgl. Schreiben Reiserts an Behling 30.5.1952, in: BAK, NL Behling, Nr. 72. Das aktive BVP-Mitglied Reisert trat zwar 1938 der NSDAP bei, stand aber in enger Verbindung mit dem Kreisauer Kreis und war selbst Mitglied des Sperr-Kreises, einer konservativen Widerstandsgruppe in Bayern. 1944 verhaftet und im Januar 1945 vor dem Volksgerichtshof angeklagt, gelang es Reisert, mit einer klugen Verteidigung zu nur fünf Jahren Haft verurteilt zu werden. Reisert war bereits für die Nürnberger Prozesse als Verteidiger von General Johannes Blaskowitz im Fall 12 im Gespräch gewesen und spielte auch in zwei bedeutenden NSG-Verfahren in der BRD eine wichtige Rol-

dem Vorsitzenden der Berliner Sühnekammer verlief allerdings erfolglos. Behlings Versuch, die nationale Karte zu spielen, sei doch die Zahlung einer Sühne praktisch als Anerkennung der Nürnberger Urteile auszulegen, wurde vom diesem zurückgewiesen.[1580] Nach dem Misserfolg schlossen die Anwälte nun die Reihen. Fischinger hatte bereits mit Otto Kranzbühler die Sache besprochen, der seinem Berliner Schulfreund, dem Anwalt Ullrich Schüller, Untervollmacht für die Vertretung von Dönitz ausstellte. Auf Fischingers Veranlassung wandte sich auch der Anwalt von Speer, Hans Flächsner, an Behling. Zugleich übernahm Flächsner im Rahmen der Berliner Entnazifizierungsverfahren auch die Mandate von Schirach und Funk.[1581] An der gemeinsamen Aktion wollte sich lediglich Alfred Seidl aus grundsätzlichen Gründen nicht beteiligen.[1582] Während Fischinger schon im Vorfeld Protestschreiben an den Berliner Oberbürgermeister Ernst Reuter verfasst hatte und die Anwälte eine gemeinsame Erklärung veröffentlichten, „bearbeitete" Behling die Fraktionsvorsitzenden von CDU, SPD und FDP im Berliner Senat. Diese sollten Druck auf den Vorsitzenden der Sühnekammer ausüben, diesem allerdings insoweit eine Brücke bauen, indem ihm vorgeschlagen werden solle, die Verfahren bis zur direkten Möglichkeit der Vorladung der Spandauer Häftlinge auszusetzen. Angesichts der vollkommen sturen Haltung der sowjetischen Seite, käme dies faktisch einer „indirekten Einstellung" gleich.[1583] Die Aktion war ein voller Erfolg. Berlins Innensenator teilte Behling wenige Tage später mit, dass sein Referent die Sühnekammer erfolgreich zur Aussetzung des Verfahrens gedrängt habe.[1584]

---

le. Zu Reiserts besonderer Rolle in NSG-Verfahren wird in Kürze ein Aufsatz des Verfassers erscheinen.

1580 Der Vorsitzende betonte, dass Nürnberg eine rein strafrechtliche Sache gewesen sei. Im Sühneverfahren ginge es dagegen lediglich um die Frage, ob die gesetzlich bereits festgelegten Voraussetzungen für die Zahlung einer Sühne vorlägen. Nürnberg und die Sühneverfahren seien also rechtlich vollkommen verschieden. Schreiben Behlings an Fischinger 7.11.1952, in: BAK, NL Behling, Nr. 313.

1581 Schreiben Flächsners an Behling 10.11.1952, in: BAK, NL Behling, Nr. 313.

1582 Schreiben Seidls an Flächsner 22.11.1952, in: HStaMü, NL Seidl, Nr. 107.

1583 Schreiben Behlings an Fischinger 22.11.1952 und Brief an Behling 20.11.1952, in: BAK, NL Behling, Nr. 313; vgl. Abschrift einer gemeinsamen öffentlichen Erklärung der Anwälte vom 25.11.1952, in: ebd. Flächsner selbst hatte sich allerdings zunächst gesträubt, da aus seiner Sicht die Fälle zu unterschiedlich gelagert waren; vgl. Abschrift einer öffentlichen Erklärung der Anwälte vom 25.11.1952, in: BAK, NL Behling, Nr. 313.

1584 Schreiben Behlings an Fischinger 1.12.1952, in: BAK, NL Behling, Nr. 313.

Auch um Robert Servatius war es seit Beginn der fünfziger Jahre wieder still geworden. Wohl wegen seiner Sprachkenntnisse hatte er zusammen mit Max Rau, der einen früheren Bekannten aus einer Burschenschaft verteidigte, in Luxemburg 1949 mehrere Gestapo-Beamte im „Luxemburger Einsatzgruppenprozess“ vertreten. Ansonsten hatten Verfahren gegen NS-Täter aber auch in der beruflichen Praxis von Servatius offenbar keine größere Rolle mehr gespielt. Die Übernahme des Mandats von Adolf Eichmann in dessen Jerusalemer Prozess kam daher zufällig. Ein von Servatius nicht näher genannter Bekannter Eichmanns soll ihn telefonisch kontaktiert und ihm die Adresse von Rechtsanwalt Robert Eichmann, dem Bruder von Adolf Eichmann, gegeben haben. Bei einem darauffolgenden Gespräch über die frühere Nürnberger Tätigkeit von Servatius habe sich dann Robert Eichmann entschlossen, Servatius mit dem Mandat seines Bruders zu betrauen.[1585] Ob es sich bei diesem anonymen Anrufer um Hans Rechberg handelte, der schon in Nürnberg die Verteidiger unterstützt hatte, muss dahingestellt bleiben. Das rechtsextreme Netzwerk um Rechenberg und den Schweizer Bankier und Nazisympathisanten François Genoud (1915–1996), das an Servatius aus eigener Initiative herangetreten war, hielt ihn zwar nicht für ihre erste Wahl, arrangierte sich aber mit ihm. Servatius hatte dann auch keine Gewissensbisse, sich Rechbergs Netzwerk für die Finanzierung der Verteidigung Eichmanns, die sogar die Bezahlung der Publikation von Servatius‘ Plädoyer einschloss, zu bedienen.[1586] Soweit aus den vorhandenen Akten der ZRS und der Literatur zum Eichmann-Prozess ersichtlich ist, waren keiner westdeutschen Behörde die Anschuldigungen gegen Servatius wegen seiner Zeit als Offizier in Russland bekannt. Obwohl Friedrich Karl Kaul von den Vorwürfen informiert wurde, verzichtete die DDR offenbar auf eine propagandistische Verwendung der mutmaßlichen Kenntnis Servatius‘ von Kriegsverbrechen. Auf westdeutscher Seite jedenfalls war man über diese Anwaltswahl nicht unglücklich, hatte doch Gawlik aus der Presse erfahren, dass ausgerechnet Alfred

---

1585 Schreiben Servatius an die RAK Köln 3.12.1960, in: BAK, All Proz 6, Nr. 257; vgl. auch o.V.: Wer zahlt?, in: Der Spiegel 3.12.1960; vgl. zudem Yablonka: Eichmann, S. 124 f.

1586 Hierzu nun ausführlich: Willi Winkler: Adolf Eichmann und seine Verteidiger. Ein kleiner Nachtrag zur Rechtsgeschichte, in: Bulletin des Fritz Bauer Instituts 5 (2013), S. 33–41, sowie Winkler: Schattenmann, S. 126–141. Vgl. auch Robert Servatius: Verteidigung Adolf Eichmann, Bad Kreuznach 1961.

Seidl Eichmann verteidigen wollte.[1587] Servatius konnte auf seine Erfahrungen aus Nürnberg zurückgreifen und nutzte das Forum des Eichmann-Prozesses noch einmal für scharfe Angriffe gegen die „Nürnberger Prinzipien“.[1588] Der Eichmann-Biograph David Cesarani stellt das zwar „militärische“, aber kämpferische und einfallsreiche Auftreten von Servatius in Jerusalem heraus.[1589] Nach dem Medienrummel um seine Person im Eichmann-Prozess wurde es allerdings wieder still um den Kölner Anwalt Servatius. 1979 findet sich zwar der Name des 1983 verstorbenen Servatius auf der Mitgliederliste einer von Gerhard Freys „Nationalzeitung“ initiierten „Volksbewegung für Generalamnestie“, die aber über den einschlägigen Leserkreis der „Nationalzeitung“ hinaus keine Wirkung entfaltete.

Genoud dagegen spielte noch eine gewisse Rolle bei der Verteidigung von NS-Tätern. Wie andere Rechtsextreme hatte auch Genoud Sympathien für die arabischen Befreiungsbewegungen in Algerien und Palästina. Seine Unterstützung für angeklagte Mitglieder dieser Organisationen brachte ihn in Kontakt mit „Linksanwälten“ wie dem kommunistischen französischen Rechtsanwalt Jacques Verges (1925–2013). Verges, ein früherer Résistance-Kämpfer, hatte seine große Karriere mit der Verteidigung von Mitgliedern des algerischen Widerstandes begonnen und war Genoud bei einem solchen Verfahren das erste Mal begegnet. Danach hatte Verges u. a. das RAF-Mitglied Klaus Croissant und die Linksterroristen Ilich Ramirez Sanchez („Carlos, der Schakal“) und Magdalena Kopp vertreten. Als Genoud erneut an Verges herantrat, um den als „Schlächter von Lyon“ bekanntgewordenen SS-Offizier Klaus Barbie zu verteidigen, sagte Verges zu. Zwar hatte Verges noch nie Mandanten aus dem rechten Lager vertreten und stritt ab, jemals ein „Freund“ Genouds gewesen zu sein. Obwohl auch zwischen Verges und Barbie eine tiefe Abneigung herrschte, übernahm er, glaubt man Willi Winkler, nach einer beruflichen „Durststrecke“

1587 Brief des Ministerialrats Felix Reich 22.6.1960 und Aufzeichnung Gawliks o.D. und Aufzeichnung Gawliks 27.7.1960, in: PAAA, PA B83, Nr. 55. Zeitweise war auch der frühere Kaltenbrunner-Verteidiger Kurt Kauffmann, mittlerweile langjähriger Vorsitzender der Wiesbadener „Christlich-Jüdischen Gesellschaft“, als Eichmann-Verteidiger ins Gespräch gebracht worden. Auch Gawlik unterstützte eine Nominierung Kauffmanns, der als Mitglied der CDU und als Wiesbadener Stadtverordneter mit seiner „ausgeglichenen Persönlichkeit“ das heikle Mandat führen könne. Mit der Übernahme durch Servatius als Wahlmandat erübrigte sich aber diese Überlegung.

1588 Cesarani: Eichmann, S. 429.

1589 Cesarani: Eichmann, S. 347 f.

das Mandat aus Geltungsdrang, und hatte auch keine Gewissensbisse, auf Genouds Geldquellen zurückzugreifen.[1590]

Alfred Seidl war ohne Zweifel die prägende Gestalt in Kriegsverbrecherprozessen in den fünfziger Jahren. Besondere Erwähnung verdient in diesem Zusammenhang der lebenslange Kampf von Seidl für Rudolf Heß. Die Fundamentalopposition von Nürnberg setzte Seidl im Münchner Spruchkammerverfahren gegen Heß ungebrochen fort. Dort wiederholte Seidl seine schon vom IMT bekannte „Philippika“ gegen die Nürnberger Verfahren. [1591] Auch diesmal blieb allerdings Seidl ohne Erfolg, zumal die Spruchkammer auch die vom IMT nicht zum Gegenstand des Urteils gemachte Beteiligung von Heß am Röhmputsch und der Reichspogromnacht detailliert nachzeichnete und Heß als „Hauptschuldigen“ einstufte.[1592] Dagegen feierte Seidl einen der größten Triumphe seiner Karriere in dem von Luise Jodl an ihn übertragenen Entnazifizierungsverfahren von Alfred Jodl vor der Münchner Hauptspruchkammer. Unter scharfen Angriffen gegen das Verbrechen des Angriffskrieges zeichnete er ein Bild Alfred Jodls als „perfekten“ Soldaten. Seidl erreichte öffentlichkeitswirksam mit der Einstufung von Jodls als „unbelastet“ nicht weniger als eine Umkehrung des Urteils von Nürnberg. Allerdings hatte die Hauptspruchkammer München Seidl auch keine großen Schwierigkeiten bereitet, ließen doch Vorsitzender wie Ankläger der Spruchkammer einmütig wissen, dass sie dem Verbrechen des Angriffskriegs überhaupt keine Bedeutung beimessen würden. Die Alliierte Hohe Kommission signalisierte daher, die Spruchkammerentscheidung nicht akzeptieren zu wollen.[1593] Nur dem Eingreifen von Luise Jodls engem Bekannten Otto Kranzbühler war es zu verdanken, dass diese Intervention unterblieb. In Verhandlungen mit amerikanischen Vertretern kam Kranzbühler überein, dass die Spruchkammerentscheidung nicht als „impeachment“ der Nürnberger Prozesse anzusehen sei, sondern nur der Freigebung des Nachlasses und der Geltendmachung von Versorgungsansprüchen von Luise Jodl diene.[1594]

1590 Winkler: Schattenmann, S. 261–268.

1591 Berufungsschriftsatz 2.10.1948 und 12.5.1949, in: StMü, Spruchkammerakten, Spruchkammer München, Spk 694 (Heß, Rudolf).

1592 Protokoll 20.5.1949 und Urteil der Berufungskammer München 20.5.1949, in: StMü, Spruchkammer München, Spk 694 (Seidl).

1593 Vgl. hierzu StMü, Spruchkammerakten, Spruchkammer München, Spk8 14 (Jodl, Alfred).

1594 Bodo Scheurig: Alfred Jodl. Gehorsam und Verhängnis. Biographie, Berlin u. a. 1991, S. 428.

Wenig Beachtung dagegen fand der Auftritt Seidls im Spruchkammerverfahren gegen den früheren Kreishauptmann von Galizien, Joachim Nehring. Dieses Verfahren war mehr als nur das Entnazifizierungsverfahren gegen einen hohen Verwaltungsfunktionär der Besatzung in Polen. Der in den Untergrund abgetauchte, gelernte Journalist hatte in der Nachkriegszeit anonym die rechtsextremistische Zeitschrift „Der Scheinwerfer" in Umlauf gebracht, ehe er sich im März 1950 freiwillig den bayerischen Behörden stellte, um offen für seine politischen Ziele einzutreten.[1595] Es ging also in Nehrings Entnazifizierungsverfahren vor der Hauptspruchkammer München somit auch um die Bekämpfung rechtsextremer Umtriebe in der Nachkriegszeit, erlaubte doch Artikel 13a des Befreiungsgesetzes die Verbreitung nationalsozialistischer Ideen nach dem 8. Mai 1945 durch Entnazifizierungskammern zu ahnden. Seidl verglich in seinem Plädoyer für Nehring das Befreiungsgesetz als mindestens ebenso willkürlich wie die Bestimmungen des „Dritten Reiches", die Urteile nach „gesunden Volksempfinden" zuließen. Zum Schluss identifizierte sich sogar der Nationalist Seidl mit seinem Mandanten: „Ein unabhängiges und dem Betroffenen nicht von vornherein feindlich und voreingenommen gegenüberstehendes Gericht würde […] den Schluss ziehen: dass es nämlich die tiefe Besorgnis um das künftige deutsche Schicksal ist, das den Betroffenen veranlasst hat, zur Feder zu greifen. […] Der Betroffene Nehring ist von der Sorge erfüllt, dass Deutsche gezwungen werden, für Mächtegruppen zu kämpfen, deren politische Ziele nicht unbedingt identisch zu sein brauchen mit den deutschen Interessen […]. Ich meine, dass ein Staatsbürger, der von solchen Befürchtungen getrieben sich in einem besetzten Land an seine Mitbürger wendet, nicht verdient hat, als Verbrecher behandelt, ins Gefängnis geworfen, und seiner sämtlichen staatsbürgerlichen Rechte beraubt zu werden".[1596] Die Hauptspruchkammer ließ sich allerdings von den Ausführungen Seidls nicht beirren. In erster Linie wegen der Herausgabe des „Scheinwerfers" verurteilte sie Nehring als „Belasteten" zu vier Jahren Arbeitslager.[1597]

1595 Report: Subject: Joachim Nehring 15.1.1948 und Vernehmungsprotokoll Nehring 15.3.1950 und Report 17.8.1950, in: NARA, IRR, XE 219092 (Joachim Nehring).

1596 Ewald Hippe: Joachim Nehring – Neo-Nazismus? Der „Scheinwerfer"-Prozess vor der Hauptspruchkammer München, München 1950, S. 19–31.

1597 Hippe: Nehring, S. 44–46.

Nachdem er sich wegen des Engagements in verschiedenen NSG-Verfahren im Fall Heß länger ruhig verhalten hatte, eröffnete Seidl im Herbst 1956 mit einem Paukenschlag eine Medienkampagne in Sachen Heß, als er im Rahmen der Suez-Krise und dem gemeinsamen Angriff von Frankreich, Großbritannien und Israels auf das junge Regime des ägyptischen Staatspräsidenten Gamal Abdel Nasser medienwirksam eine Anklage dieser Länder wegen Bruch des Friedens verlangte, schließlich habe man Heß wegen desselben Verbrechens verurteilt.[1598] Seidl, dem 1957 offiziell von der ZRS die anwaltliche Vertretung von Heß und Baldur von Schirachs übertragen worden war, „bombardierte" nun regelrecht die zuständigen Bundesministerien mit Eingaben und strengte 1960 eine erfolglose Klage vor dem Europäischen Gerichtshof für Menschenrechte an. Zum zwanzigsten Jahrestag des Urteils gegen Heß startete Seidl im Mai 1966 eine erneute Medienoffensive mit zahlreichen Gesuchen an die Regierungschefs der alliierten Siegermächte und verschiedenen deutschen und ausländischen Politikern, in denen er unverhohlen den Alliierten Rechtsverstöße wie die Suez-Attacke und den Vietnamkrieg vorwarf.[1599] Zwar hielt Seidl weiterhin engen Kontakt mit der ZRS, galt aber selbst dort als zu radikal. Als Seidl etwa im Mai 1966 die ZRS über seine Medienkampagne informierte und Gawlik dezent darauf hinwies, dass diese politischen Schaden anrichten und auf die Alliierten wie ein Schlag ins Gesicht wirken könnte, antwortete Seidl barsch, dass er ein freier Anwalt sei und sich keine Vorschriften machen lasse.[1600] Zur weiteren Verstärkung dieser Kampagnen wurde 1967 schließlich die „Hilfsgemeinschaft für Rudolf Heß" durch Heß' einzigen Sohn gegründet.[1601] Seidl blieb allerdings auf vorsichtiger Distanz und ließ sich niemals mit der „Hilfsgemeinschaft" direkt ein. [1602] Beharrlich lehnte er die mehrfach angebotene Mitgliedschaft und sogar den Posten des zweiten Vorsitzenden ab und wollte lediglich als Rechtsberater dienen.[1603]

Nach der Übernahme seiner politischen Ämter in der bayerischen Landespolitik musste Seidl sein Engagement für Heß in den siebziger Jahren

---

1598 Vgl. Abschrift der verschiedenen Schreiben, in: HstaMü, NL Seidl, Nr. 53.
1599 Schreiben Seidls an Wolf Heß 24.8.1967, in: HstaMü, NL Seidl, Nr. 134.
1600 Goda: Kalter Krieg, S. 284 f.
1601 Goda: Kalter Krieg, S. 286.
1602 Schreiben Wolf Rüdiger Heß an Seidl 16.11.1966 und Antwort von Seidl 30.11.1966, in: HstaMü, NL Seidl, Nr. 134.
1603 Schreiben Seidls an Wolf Heß 16.10.1990, in: HStaMü, NL Seidl, Nr. 132.

ruhen lassen und Heß wurde daher u. a. vom „Stille Hilfe“-Anwalt Engelhardt anwaltlich vertreten. Nach seinem unfreiwilligen Ausscheiden aus der bayerischen Landespolitik und einer kurzen „Stillhaltephase“ begann Seidl erneut eine Kampagne für Heß, die seine bisherigen Aktionen in den Schatten stellte. Im Januar 1980 bzw. April 1981 reichte er zwei umfangreiche, von der „Hilfsgemeinschaft“ auch publizierte Verfassungsbeschwerden zugunsten von Heß ein, die allerdings beide abgewiesen wurden.[1604] Begleitet wurde diese Aktion mit umfassenden Briefkampagnen, so u. a. mit Briefen an alle damaligen 153 Mitgliedsstaaten der Vereinten Nationen.[1605] Publizistischer Höhepunkt war schließlich eine ganzseitige Anzeige der Unterstützer von Rudolf Heß in der Frankfurter Allgemeinen Zeitung vom 3. Oktober 1981.[1606] 1984 ließ Seidl ein großes Rechtsgutachten für Heß von dem Würzburger Hochschullehrer Dieter Blumenwitz (1939–2005), der 1972 die Klage Bayerns gegen den Grundlagenvertrag mit der DDR geführt hatte, erstellen.[1607] Seidls Medienkampagnen werden in der Forschung zu Recht als großer Fehlschlag angesehen. Hatte schon die Fundamentalopposition in Nürnberg wenig Erfolge gebracht, so verspielte Seidl mit seinen reißerischen Kampagnen und der faktischen Gleichsetzung der Außenpolitik der Alliierten mit den Nationalsozialisten jegliche Konsensbereitschaft aufseiten der Siegermächte, zumal Seidl in so gut wie jeder Petition, etwa mit der bewussten Titulierung von Heß als „ehemaligen Reichsminister Rudolf Heß“, unnötig provozierte.[1608] Es hatte in den siebziger und achtziger Jahren durchaus auch gemäßigte Stimmen gegeben, die eine Freilassung von Heß aus humanitären Gründen befürworteten. Richard von Weizsäcker etwa empfand, bei aller Anerkennung des lebenslangen Urteils, die Gefangenschaft von Heß im hohen Al-

---

1604 Die rechtlichen Hintergründe zum Fall Rudolf Heß, dargestellt anhand der Verfassungsbeschwerde von Staatsminister A.D. Rechtsanwalt Dr. Alfred Seidl im März 1980 und Der Fall Rudolf Heß. Die Verfassungsbeschwerde vom 16. April 1981, in: IfZ, F128 (Bestand Alfred Seidl).

1605 Schreiben an alle 153 Mitglieder der Vereinten Nationen 25.9.1980 und Schreiben an Ronald Reagan 30.3.1981 und Willy Brandt 3.6.1981, in: IfZ, F128.

1606 Vgl. Hilfsgemeinschaft Freiheit für Rudolf Heß e. V.: Rudolf Heß am 10. Mai 1981 ununterbrochen 40 Jahre gefangengehalten, in: Frankfurter Allgemeine Zeitung 3.10.1981.

1607 Vgl. Übersicht im Vortrag Mai 1989 in Bayreuth, in: HstaMü, NL Seidl, Nr. 136.

1608 Goda, Kalter Krieg, S. 282–284.

ter als unnötige Grausamkeit.[1609] Es ist gut möglich, dass, wie der Historiker Norman Goda in seiner Untersuchung über die alliierte Politik um „Spandau" herausstellte, die schrillen Töne eine Freilassung auch nach dem „Tauwetter" in der UdSSR ab März 1985 unmöglich machten.[1610] Es passte zu Seidls Weltsicht, dass er nach dem Selbstmord von Heß an der Konstruktion einer Verschwörungstheorie, wonach Heß von den Briten wegen seines Englandfluges ermordet worden sei, tatkräftig mitwirkte.[1611] Bis zu seinem Tod spekulierte Seidl darüber, ob nicht sogar eine „jüdische Organisation" Heß ermordet habe. Für Seidl war allein die Tatsache, dass der israelische Außenminister Abba Eban einst gesagt habe, dass Heß für den Rest seines Lebens im Gefängnis bleiben müsse, schon Beleg für seine Verschwörungstheorie.[1612] Zweifel an seinem Einsatz für Heß zeigte Seidl bis an sein Lebensende nicht. Angeblich habe er nie Nachteile erlitten und auch bei der Wahl zu seinen politischen Ämtern habe ihn dies nie behindert. Allerdings räumte Seidl in Bezug auf die Aufmärsche von Neonazis an der Grabstätte von Heß ein, dass er nicht habe verhindern können, dass die Sache Heß als Argument bestimmter Kreise benutzt wurde, den ganzen Staat „wegzubekommen".[1613]

Zwar wurde Seidl insbesondere durch seine Kampagne für Heß in Nürnberg und danach einer breiteren Öffentlichkeit bekannt. Dagegen ist eine andere Kontinuitätslinie Seidls, nämlich die des Verteidigers des (Staats-)Notstandes bislang wenig beachtet worden, die die „Kontinuität einer Gesinnung", wie sie ihm seine politischen Gegner vorwarfen, durchaus als berechtigt erscheinen lässt. Das erste größere NSG-Verfahren Seidls nach Abschluss der Nürnberger Prozesse war der Prozess gegen die Frau des KZ-Kommandanten von Buchenwald, Ilse Koch, vor dem Landgericht Augsburg. Zum Mandat sei Seidl durch seine in Nürnberg erlangte Bekanntheit gekommen, aufgrund derer Koch Seidl im Frühjahr 1949 um Vertretung bat. Seidl habe aus Neugier dann das Pflichtmandat übernommen, weil ihn die psychologische Seite der Inkarnation von Koch als „bes-

---

1609 Goda, Kalter Krieg, S. 314 f. Auch Bundeskanzler Helmut Schmidt wollte sich für Heß einsetzen, vgl. Schreiben nur zur persönlichen Kenntnis Wischnewski an Seidl 28.9.1982, in: HstaMü, NL Seidl, Nr. 130.

1610 Goda: Kalter Krieg, S. 309–310.

1611 Goda: Kalter Krieg, S. 322.

1612 HstaMü, NL Seidl, Zeitzeugeninterview Seidl, PR650, Nr. 5, S. 6 f.

1613 HstaMü, NL Seidl, Zeitzeugeninterview Seidl, PR650, Nr. 4, S. 14–16.

tialische deutsche Frau" fasziniert habe.[1614] Koch als Person habe Seidl dagegen nicht interessiert, sei sie doch eine unbedeutende Frau gewesen, die ihm auch nicht sonderlich sympathisch gewesen sei.[1615]

Einen ersten Höhepunkt erreichte Seidls radikalnationalistisch unterfütterte Art der Strafverteidigung in der Vertretung von Walter Huppenkothen in dessen Verfahren von dem Landgericht München I. Laut Seidl sei Huppenkothen wahrscheinlich in Nürnberg auf ihn aufmerksam geworden und habe ihn daher als Wahlverteidiger verlangt. Seidls Strategie zielte auf zwei Ebenen ab. Auf der einen Seite sollte der frühere Entlastungszeuge der SS und nunmehr Münchner Anwalt Günther Reinecke als Gutachter belegen, dass die Durchführung des SS-Standgerichts gegen die in Flossenbürg inhaftierten Widerstandskämpfer mit Huppenkothen als Anklagevertreter rechtmäßig gewesen sei.[1616] Zudem betrieb Seidl die Diffamierung der hingerichteten Widerstandskämpfer. Seidl unterstellte dem Gericht, keine objektive Wahrheitsermittlung zuzulassen, weil es Seidls Beweisanträge, die den Verrat von Wilhelm Canaris und Hans Oster belegen sollten, nicht zugelassen hatte. Das Gericht wies Seidls Vorwurf scharf zurück, da dessen Behauptungen nur geneigt seien, die in Flossenbürg ermordeten Widerstandskämpfer zu diffamieren. Daraufhin legte Seidl aus Protest die Verteidigung nieder, nahm sie aber nach einer kurzen „Denkpause" wieder auf.[1617] Trotz seines provokativen Auftretens konnte Seidl einen vollen Erfolg verbuchen. Das Gericht sah nur die Misshandlung des inhaftierten Karl Ludwig Freiherr von und zu Guttenberg als erwiesen an. Weniger Glück hatte Seidl im nun folgenden Münchner Spruchkammerverfahren gegen Huppenkothen, das Huppenkothen wegen seiner Verfolgung des deutschen Widerstandes als Hauptschuldigen einstufte.[1618] Als sich das Landgericht Augsburg 1955 erneut mit dem Verfahren gegen

1614 Ein ähnliches Interesse an psychologischen Fragen habe Seidl auch bewogen, im Fall der ermordeten Prostituierten Rosemarie Nitribitt ihren mutmaßlichen Mörder Heinz Pohlmann zu verteidigen.

1615 HStaMü: Zeitzeugeninterview Seidl, PR650 Nr. 5 S. 32 – Schluss und Nr. 6, S. 1–5.

1616 Vgl. Schriftsatz Seidls 2.10.1952, in: StMü, Bestand Staatsanwaltschaften, Nr. 17452/12 und Protokoll Sitzung 14.10.1952 in ebd. sowie Urteil des LG München 5.11.1952, in: StMü, Staatsanwaltschaften, 17452/13.

1617 Protokoll 28.10.1952, in: StMü, Staatsanwaltschaften, 17452/12.

1618 Urteil vom 29.5.1953, in: StMü, Spruchkammerakten, Spruchkammer München, Spk 791 (Huppenkothen, Walter). Huppenkothen sollte allerdings Nutznießer des Abschlusses der Entnazifizierung in Bayern sein. Das von Seidl vor-

Huppenkothen als Anklagevertreter und dem nun mitangeklagten und von Franz Moser verteidigten SS-Richter Otto Thorbeck wegen des Standgerichtsverfahrens befasste, zog Seidl wieder alle Register. Den Beisitzenden Landgerichtsrat Fritz Wiesenthal lehnte er gleich zu Beginn wegen Befangenheit ab, da dieser als politisch Verfolgter (Wiesenthal war im „Dritten Reich" als „jüdischer Mischling" eingestuft worden) befangen sei. Nach einer Erklärung Wiesenthals, dass er niemals rechtlich als politisch Verfolgter im engeren Sinne anerkannt worden sei, lehnte das Gericht aber Seidls Antrag ab.[1619] Anders als die Münchner Kollegen ließ sich das Augsburger Gericht nicht von den früheren SS- und Militärrichtern auf der Zeugenbank beeindrucken. Die Frage, ob das SS-Standgericht formell einem den damaligen Vorschriften entsprechenden militärischen Standgericht entsprochen habe, ließ das Gericht offen. Jenseits der Frage, ob formelle Zuständigkeiten eingehalten worden seien, sei aber eindeutig, dass das Standgericht nicht zur Wahrung von Recht und Gerechtigkeit aufgestellt worden sei, sondern allein, um unbequeme und längst keine Bedrohung mehr darstellende Häftlinge unter dem Schein eines gerichtlichen Verfahrens zu beseitigen und in die Agonie des „Dritten Reichs" mitzureißen. Da die Angeklagten die Standgerichtsurteile für richtig empfunden hatten, konnten sie sich auch nicht auf Befehlsnotstand berufen.[1620]

Für sein Plädoyer im Augsburger Prozess musste sich Seidl schwere Vorwürfe durch die Presse gefallen lassen. Der Reporter Helmut Hammerschmidt (1920–1998) griff Seidl im „Zeitfunk" des Bayerischen Rundfunks am 12. Oktober 1956 scharf an, hätten doch Seidls Aussagen im Plädoyer mit dem Prozess überhaupt nichts zu tun gehabt. Die Kernfrage des Prozesses sei, ob die Widerstandskämpfer ein ordentliches Gerichtsverfahren bekommen hätten: „Das kann nicht geschehen, indem man versucht, die Opfer, die toten Widersacher des verbrecherischen Diktators, sozusagen postum einem neuen Gestapo-Verfahren zu unterwerfen, indem man das angebliche Standgerichtsurteil hinsichtlich des Kriegsverrats zu bestätigen versucht. Hier endet wohl auch die Wahrnehmung berechtigter Interessen aufseiten des Anwalts und hier ist vor allem die Grenze des für

---

angetriebene Berufungsverfahren wurde eingestellt, vgl. Berufungsschriftsatz 29.7.1953 und Einstellungsbescheid 22.9.1954, in: ebd.

1619 Ablehnungsantrag Seidls 12.9.1955 und Entgegnung Wiesenthals 13.9.1955, in: StMü, Staatsanwaltschaften, Nr. 17452/22.

1620 Urteil des Landgerichts Augsburg 15.10.1955, in: StMü, Staatsanwaltschaften, Nr. 17452/15.

die Öffentlichkeit Erträglichen weit überschritten".[1621] Seidl sah sich gezwungen, sich in einer Erklärung zu rechtfertigen. Die Verteidigung habe niemals zum Widerstandsrecht Stellung nehmen wollen und nur auf die Argumente der Nebenklage, vertreten von Anwalt Franz Reisert (1889–1965), reagiert.[1622] Seidl nutzte allerdings die Verteidigung des Flossenbürger KZ-Arztes Hermann Fischer vor dem Landgericht Weiden wenige Wochen später zum Gegenschlag gegen den Bayerischen Rundfunk (BR), indem er den Ausschluss des BR-Reporters beantragte.[1623] Seidl gab als Begründung für den Ausschluss an, dass der nicht objektiv berichtende BR bewusst sein Plädoyer im Huppenkothen-Verfahren verkürzt dargestellt habe, um behaupten zu können, dass Seidl einer neuen Dolchstoßlegende das Wort rede und den Angriffskrieg auf Polen rechtfertige. Der Bayerische Rundfunk hätte auch senden müssen, dass es nicht auszuschließen sei, dass die Kriegserklärung der Westmächte aufgrund der Verschwörer erfolgte.[1624] Diese Affäre hielt Seidl nicht davon ab, in einem umfassenden Revisionsschriftsatz an den BGH erneut zu betonen, dass jedes Gericht die Widerständler zum Tode verurteilt hätte, weil sie Militärgeheimnisse verraten hatten: „Sicherlich ist die politische Überzeugung nicht ohne weiteres ein achtungswertes Handlungsmotiv, jedoch auch nicht jede Tötung aus politischer Überzeugung besonders verwerflich". Aus dem Sachverhalt sei klar, dass die Männer des Widerstandes „nicht nur zum Tode verurteilt werden können, sondern müssen".[1625] Noch in der Rückschau aus den neunziger Jahren rechtfertigte Seidl die Handlungen Huppenkothens, schließlich seien „der Admiral Canaris und der General

1621 Mitschrift der Zeitfunksendung vom 23.9.1955, in: HStaMü, NL Seidl, Nr. 10. Der gelernte Chemiker Hammerscheidt hatte während des Krieges bei einem Arzneimittelhersteller gearbeitet und wandte sich nach seiner Flucht aus Berlin dem Journalismus zu. Der spätere Intendant des Südwestfunks hatte in verschiedenen Beiträgen vor dem Wiedererstarken rechtsextremer Gruppen gewarnt und schon 1951 unter dem Titel „Sie reden wieder" die Schwemme an Erinnerungsliteratur ehemaliger Generäle der Wehrmacht beklagt, vgl. hierzu Helmut Hammerschmidt/Michael Mansfeld: Der Kurs ist falsch, München u. a. 1956.

1622 Stellungnahme Seidls 13.10.1955, in: StMü, Staatsanwaltschaften, Nr. 17452/17.

1623 Abschrift Mainpost (20.5.1956) und Urteilsabschrift des Bayerischen Obersten Landesgerichts vom 18.1.1956, in: HstaMü, NL Seidl, Nr. 10.

1624 Stellungnahme Seidls 16.1.1956, in: HstaMü, NL Seidl, Nr. 10.

1625 Schriftsatz Seidls 1.12.1955, in: StMü, Staatsanwaltschaften, Nr. 17452/15.

Oster Landesverräter […] wie man sie sich schlimmer überhaupt nicht habe vorstellen können" gewesen.

Hatte Seidl im Huppenkothen-Verfahren indirekt sein schon die Nürnberger Prozesse durchziehendes Argument des Staatsnotstandes gegen die Abwehr von Landesverrätern vorgebracht, wurde dies Seidls zentrales Argument in dem im Januar 1957 vor dem Landgericht München I stattfindenden Verfahren gegen Sepp Dietrich, welchem Mordtaten im Zuge des Röhmputsches in München vorgeworfen wurden: „Aus alledem ergibt sich, dass sich das Deutsche Reich Ende Juni 1934 in einem auf andere Weise nicht zu beseitigendem Notstand in Beziehung auf vitale Interessen des Staats und der Allgemeinheit befand."[1626] Auch diesmal folgte das Gericht nicht Seidls Argumentation und beurteilte die Hinrichtungen als rechtswidrig, zumal Tötung nicht die einzige Wahlmöglichkeit gewesen sei.[1627] Aus Seidl Sicht habe das Gericht ein schwaches Urteil gefällt, weil es zwar den Staat in Gefahr gesehen hatte, aber nicht gelten ließ, dass die Tat gerechtfertigt gewesen sei.[1628] Dass Seidl auch in der Verjährungsdebatte der sechziger Jahre eine eindeutige Position einnahm und in den achtziger Jahren deutliche Spitzen gegen von Weizsäckers berühmte Rede zum 40. Jahrestag des Kriegsendes sendete, überrascht angesichts derartiger Verteidigungsargumente nicht.[1629]

Das Recht der Berufung auf (Staats-)Notstand hatten aus Seidls Sicht aber offenbar nur diejenigen, die „deutsche" Interessen vertraten. Interessant ist hier der Vergleich mit Seidls Verteidigungsargumenten bei seiner Vertretung des Rechtsterroristen Josef Zinkl vor dem Landgericht München I. Unter Leitung von Norbert Burger (1929–1992) hatte sich 1960 die nationalistische Terrorgruppe „Befreiungsausschuss Tirol" gebildet, die Bombenanschläge gegen italienische Behörden in Südtirol verübte. 1961 floh Burger nach München und rekrutierte dort im Umfeld der Burschenschaft Danubia weitere Anhänger, so u. a. Zinkl, der als Burgers Adjutant fungierte und beim Druck von Flugblättern und der Logistik half. Im Juni 1964 wurden Burger und seine Helfer verhaftet. Zinkl wurde wegen Geheimbündelei und Teilnahme an einer kriminellen Vereinigung angeklagt, offenbar der einzige Prozess in der BRD wegen Rechtsterrorimus bis in

1626 Schriftsatz Seidls 8.1.1957, in: StMü, Staatsanwaltschaften, Nr. 28791/10.
1627 Urteil des Landgerichts München 14.5.1957, in: StMü, Staatsanwaltschaften, Nr. 28791/18.
1628 HStaMü, NL Seidl, Zeitzeugeninterview Seidl, PR650 Nr. 8, S. 1–8.
1629 Vgl. Seidl: Kriegsverbrecherprozesse, S. 205–212.

die späten siebziger Jahre.[1630] Seidl sah nun einen „übergesetzlichen Notstand“ aufgrund des Selbstbestimmungsrechts der Südtiroler greifen, die nur gegen die „italienische Unrechtsherrschaft“ Widerstand geleistet hätten. Seidls Argumentation war eine sehr eigenwillige Variante seiner Berufung auf Notstand. Während der italienische Staat kein Recht auf „Staatsnotstand“ besaß, durften sich deutschnationale Radikale in Südtirol, die durchaus gewisse Sympathien im rechtskonservativen Lager in Deutschland genossen, auf „Notstand“ berufen. Der BGH wies Seidls Argumente mit deutlichen Spitzen gegen Seidls frühere Verteidigungsargumente zurück. Es sei abwegig, sich in diesem Fall auf Widerstandsrecht gegen eine verbrecherische Staatsgewalt zu berufen. Dies könne der „20. Juli“ für sich in Anspruch nehmen, nicht aber Terroristen wie

1630 In der wissenschaftlichen Forschung wird bislang der Bückeburger Terroristenprozess von 1979 gegen Michael Kühnen (1955–1991) und weitere Angeklagte als erster Prozess gegen rechtsextreme Terroristen in der BRD bezeichnet. Die Gruppe um Kühnen hatte mehrere Raubüberfälle zur Beschaffung von Waffen und Geld verübt und plante die bewaffnete Befreiung von Rudolf Heß aus Spandau. Die „Zeit“ sprach bezüglich der Strafverteidiger in diesem Prozess, von denen u. a. der NPD-Landtagsabgeordnete Peter Stöckicht (geb. 1931) herausstach, von einer Verteidigung, die mit einer demokratischen Rechtspflege „außer dem Anschein kaum etwas gemein“ habe. Stöckicht hatte einen Richter abgelehnt, weil dieser als SPD-Mitglied in einer Partei von Landesverrätern und den Moskauer „Agenten“ Herbert Wehner und Willi Brandt wirke und daher nicht „gegen Nationalsozialisten“ objektiv Rechts sprechen könne, vgl. Ulrich Völklein: „Ich bin kein Demokrat“. Der Prozess gegen rechtsradikale Terroristen droht an der Beweislage zu scheitern, in: Die Zeit (13.07.1979).
Auch der Münchner Prozess gegen Zinkl war nicht das erste Ermittlungsverfahren gegen eine bewaffnete rechtsextreme Gruppierung in der Bundesrepublik gewesen. Im März 1953 führte Fritz Bauer als Generalstaatsanwalt in Braunschweig öffentlichkeitswirksam ein Strafverfahren gegen den ehemaligen Abwehroffizier Dieter von Glahn (geb. 1923), der Abschnittsleiter des bewaffneten Organs („Technischer Dienst“) des 1952 verbotenen Bundes deutscher Jugend war und eine mutmaßliche „Liquidationskartei“ linker Politiker und Gewerkschaftler geführt haben soll. Glahn wurde in dem 1955 eingestellten Verfahren vertreten von dem zweifach promovierten Oldenburger Strafverteidiger Fritz Reuter (1900–1990), laut Glahn ein „aufrechter Patriot und ein konservativ eingestellter Bürger und Antikommunist“, der sich als Verteidiger von internierten Generalstabsoffizieren und Generälen des britischen Lagers Adelheide einen Namen gemacht habe, vgl. Dieter von Glahn/Stephan Nuding: Patriot und Partisan: Für Freiheit und Einheit, Tübingen 1994, S. 70–79. Ich danke Frau Rechtsanwältin Christiane Reuter-Wetzel, für biographische Informationen zu Reuter.

Zinkl.[1631] Ganz anders war die Lage in Österreich in den Prozessen gegen Burger und die anderen Hauptdrahtzieher, wo die teilweise prominenten Verteidiger offen mit den Rechtsterroristen sympathisierten und mit der Berufung auf übergesetzlichen Notstand angesichts der „Verletzung" der Völkermordkonvention durch Italien Freisprüche für sämtliche Angeklagte erzielten.[1632]

1631 Urteil des BGH vom 26.2.1965, in: StMü, Staatsanwaltschaften, Nr. 30717/5.

1632 In den verschiedenen Terroristenprozessen in Österreich spiegelte sich auf der Verteidigerbank eine „parteiübergreifende" Allianz gegen den italienischen „Unrechtsstaat" wider. Von der politischen Linken ist etwa der sozialdemokratische Landtagsabgeordnete des Oberösterreichischen Landtags Franz Zamponi (1904–1966) zu nennen. Letzterer war Kommentator des österreichischen Verbotsgesetzes von 1947 und geriet wegen seiner Verteidigung des Einsatzgruppenteilkommandoführers Egon Schönpflug vor dem Landgericht Wels zu Beginn der sechziger Jahre in Konflikt mit seiner Partei. Burger wurde u. a. verteidigt vom Innsbrucker ÖVP-Lokalpolitiker und Stadtrat Wilhelm Steidl (geb. 1928). Die Verteidigung leitete in beiden Burger-Prozessen aber der hochdekorierte Kriegsfreiwillige im Ersten Weltkrieg und Landtagspräsident der Steiermark Rechtsanwalt Richard von Kaan (1897–1969). „Nestor" der Verteidigung war der Wiener „Starverteidiger" der Österreichischen Republik Anwalt Stern. Der jüdisch-stämmige Kriegsteilnehmer an der italienischen Front im Ersten Weltkrieg Michael Stern (1897–1989) sah sich wegen seiner Rolle als jüdischer Rechtskonsulent und seiner guten Verbindungen über seinen Studienkollegen Erich Führer zur Gestapo Wien Vorwürfen ausgesetzt, er sei Gestapospitzel gewesen. Im Nachkriegsverfahren gegen Karl Ebner war Stern ein wichtiger Entlastungszeuge. Mit Rudolf Pippan war wiederum ein Anwalt in diversen Terroristenprozessen vertreten, der insbesondere in mehreren großen österreichischen Prozessen wegen NS-Verbrechen von sich reden machte, so als Anwalt des „Transportoffiziers" Adolf Eichmanns, Franz Novak. Die extreme Rechte in den Terrorprozessen repräsentierte schließlich der Wehrmachtsoffizier Herbert Schaller (geb. 1923). Schaller war der wohl prominenteste Neonazi-Anwalt Österreichs. In Deutschland hatte er zusammen mit dem 1965 in Düsseldorf als Rechtsanwalt zugelassenen Hajo Hermann (1913–2010), ehemals Ritterkreuz-Träger und Oberst der Lustwaffe, 1992 den hochbetagten Otto Ernst Remer vor dem Landgericht Schweinfurt wegen Volksverhetzung vertreten.
Kaan ließ es sich nicht nehmen, im Grazer Prozess die „patriotischen Ideale" der Terroristen zu würdigen und behauptete wohl nur wegen seines Alters sich nicht selbst auf der Anklagebank zu befinden. Zamponi titulierte die Angeklagten als „Freiheitskämpfer". Stern kritisierte die Anklageerhebung als „Erniedrigung" gegenüber Italien. Pippan und Schaller wiederum versuchten, angebliche italienische Agenten zu entlarven, vgl. kurze Auszüge aus den Plädoyers in Otto Scrinzi [Hg.]: Chronik Südtirols 1959–1969. Von der Kolonie Alto Adige zur Autonomen Provinz Bozen, Graz 1996.

Angesichts von Seidls Vorgeschichte hart am Rand des Erträglichen stehen seine Ansichten im Fall der Vertretung der für eine Münchner Firma in Ägypten tätigen Raketentechniker Pils und Görcke.[1633] Nachdem auf die Techniker Briefbombenanschläge verübt und hierbei die Sekretärin von Pils schwer verletzt worden war, reiste Seidl auf Bitten der ägyptischen Regierung nach Kairo. Dort habe er „alle Hemmungen über Bord geworfen" und sich gesagt: „wenn ich in dieser Sache versage, dann müsste ich eigentlich meinen Beruf an den Nagel hängen", sei dies doch „eines der hinterhältigsten Verbrechen der neueren Kriminalgeschichte". Für Seidl war sofort „ganz klar", dass nur der Mossad hinter den Verbrechen habe stehen können. Daher schickte er Briefe an israelische Minister und Staatspräsident Ben Gurion und forderte Schadenersatz. Zwar habe auch er den Technikern nicht geglaubt, dass sie nur dem „technischen Fortschritt" Ägyptens dienen wollten und auch Seidl sei davon ausgegangen, dass Ägypten die Raketen in einer „militärischen Notstandsituation [sic!]" nutzen werde. Bedenkt man, dass Seidl Massenmord an Juden in den Konzentrationslagern, Menschenversuche und politisch motivierte Hinrichtungen unter dem Deckmantel des „Staatsnotstandes" gerechtfertigt und zum „übergesetzlichen Notstand" für Rechtsterroristen erweitert hatte, ist es grotesk, dass er diesen „Staatsnotstand" dem israelischen Staat verweigerte. Angesichts des verbalen „Säbelrasselns" Nassers war die Furcht vieler Israelis, Nasser könnte mit Giftgas bestückte und ausgerechnet von deutschen Technikern entwickelte Raketen in einem existenzbedrohenden bewaffneten Konflikt einsetzen, zumindest nachvollziehbar, auch wenn dies die Attentate nur schwerlich rechtfertigt. Dass Seidl Gerhard Frey ange-

---

Der genannte Erich Führer war in den sechziger Jahren sehr rührig bei der Suche nach Belastungsmaterial im deutschen Betrugsverfahren gegen Wiedergutmachungsanwalt Hans Deutsch gewesen. Der 1932 der NSDAP und als Hauptsturmführer der SS angehörende Führer (1900–1987) war von 1934 bis 1938 Leiter des illegalen Juristenbundes der österreichischen NSDAP. Prominent war insbesondere seine Verteidigung von Otto Planetta. Nach dem Anschluss war Führer als gutverdienender „Verwalter" jüdischen Vermögens in Wien tätig. Als Verteidiger in Strafverfahren gegen Nationalsozialisten sollte er 1966 Robert Jan Verbelen, der als SS-Offizier und belgischer Kollaborateur Mordkommandos gegen den belgischen Widerstand geführt hatte, in dessen aufsehenerregenden Verfahren vor dem Landgericht Wien verteidigen, vgl. Burkhart List: Wieder in deutschen Diensten. SS-Verschwörung vor 50 Jahren, in: Illustrierte Neue Welt (15.12.2014) und o.V. Drei Minuten pro Opfer, in: Der Spiegel (10.01.1966).

1633 HStaMü: Zeitzeugeninterview Seidl, PR650 Nr. 8, S. 1–12.

sichts dessen 1969 bevorstehenden Verfahrens wegen Aberkennung des Grundrechts auf freie Meinungsäußerung durch das Bundesverfassungsgericht einige Argumentationshilfen an die Hand gab und mit juristischer Haarspalterei behauptete, dass nicht von sechs Millionen ermordeten Juden, sondern „nur" von „4581200 Toten höchstens" gesprochen werden könne, komplettiert das Bild.[1634] Bedenkt man zudem, dass Seidl auch im Falle Heß „jüdische Organisationen" hinter dessen Selbstmord vermutete, kommt man nicht umhin, Seidl eine deutliche Affinität zu antisemitischem Gedankengut unterstellen zu müssen. Während SS-Mordkommandos und Rechtsterroristen für vermeintlich höhere Ziele durch angeblichen (Staats-)Notstand gedeckt waren, wies er dem „hinterhältigen" jüdischen Staat eine kriminelle Energie zu, die in der Kriminalgeschichte einzigartig sei.

Seidl war auch als bayerischer Landespolitiker alles andere als unumstritten. 1951 hatte der damalige Leiter der Jungen Union, Ludwig Huber, Seidl besonders wegen seines unerschrockenen Auftretens in den Nürnberger Prozessen zum Eintritt in die CSU überredet. Obwohl Josef Müller („Ochsensepp") dem Widerstand angehört hatte, tendierte Seidl zu dessen Parteiflügel in der CSU, weil Müller den „Reichsgedanken" verfochten habe.[1635] Aktiv wurde Seidl in der CDU allerdings erst 1958, als er überraschend in der SPD-Hochburg Fürstenfeldbruck als CSU-Kandidat in den Landtag gewählt wurde, wo Seidl als unkonventioneller Kopf von sich reden machte, insbesondere in Bezug auf einen radikalen Umbau der bayerischen Staatsverwaltung, was ihm sogar im „Spiegel" den Vergleich mit dem Revolutionär Fidel Castro einbrachte. Zugleich galt er als „Justiziar" der CSU, der u. a. an Gutachten und Kampagnen gegen den Atomwaffensperrvertrag 1969 mitwirkte, für den radikalen Nationalisten Seidl eine Frage der „Selbstbehauptung des ganzen deutschen Volkes".[1636] Nach einer kurzen Zeit als Staatssekretär im bayerischen Justizministerium war Höhepunkt von Seidls Karriere seine Ernennung zum bayerischen Innenminister im Mai 1977. Seidls radikales Auftreten in diesem Amt rief im bayerischen Landtagswahlkampf im Herbst 1978 die politische Linke auf den Plan, die mit dem von dem SPD-Landtagsabgeordneten Rudolf Schöfberger (geb. 1935) herausgegebenen Pamphlet „Kontinuität einer Gesinnung" eine Verbindung zwischen dem ultrakonservativen Politiker der

---

1634 Schreiben Seidls an Hans Laternser 28.4.1969, in: HstaMü, NL Seidl, Nr. 175.
1635 HStaMü, NL Seidl, Zeitzeugeninterview Seidl, PR650 Nr. 7, S. 7–11.
1636 HStaMü, NL Seidl, Zeitzeugeninterview Seidl, PR650 Nr. 10 S. 18 f.

CSU und dem Verteidiger von Nationalsozialisten herzustellen suchte.[1637] Schöfbergers selektive und nicht um eine konstruktive Auseinandersetzung mit der Person Seidls bemühte Kampfschrift verwendete zahlreiche Zitate aus Seidls Plädoyers für Frank, Pohl und Gebhardt, denen Bilder von KZ-Opfern beigegeben waren. Auch Seidls Dissertation und Auszüge aus seinen Landtagsreden waren Beleg, dass Seidl mit „notorischem NS-Gedankengut" ausgestattet sei. Es war aber nicht der „Nazi" Seidl, sondern der autoritäre Nationalist Seidl, dessen politische Ansichten von einer verblüffenden Stetigkeit und Geradlinigkeit während seiner langen Karriere als Strafverteidiger und Politiker blieben. Seidl war auch ein allzu leichtes Opfer für den politischen Gegner, dessen Radikalität nicht nur diesen sich fragen ließ, welche Gesinnung Seidl vertrete. Schon kurz nach Seidls Amtsantritt als Innenminister wurde bekannt, dass dieser angeordnet hatte, Dossiers über Schüler und Gymnasiasten zwecks Begründung eines späteren Berufsverbots anzulegen.[1638] Als Innenminister war Seidl auch maßgeblich beteiligt, ein neues Polizeiaufgabengesetz durchzusetzen, das den Einsatz von Maschinengewehren und Handgranaten erlaubte und darüber hinaus den „finalen Todesschuss" legalisierte. Für Seidl habe „in Zeiten von Baader-Meinhof" Bayern in dieser Sache vorangehen müssen. Wegen der umstrittenen Passagen des Gesetzes habe er nie Skrupel gehabt, im Gegenteil: er bedauere, dass nicht alle Bundesländer den „bewährten Entwurf" übernommen hätten. Man hätte es mit „staatspolitischer Erziehung" probiert, aber bei einigen sei einfach „Hopfen und Malz verloren" gewesen, weswegen Bayern bei der Durchsetzung des Gesetzes einen staatszentrierten Weg gegangen sei. Seidl habe auch niemals gezögert, die Staatsmacht voll zum Einsatz zu bringen, wie etwa bei Demonstrationen in Kiefersfelden.[1639] Für die Anwaltskollegen wie Otto Schily, die RAF-Terroristen verteidigten, zeigte er ebenso wenig Verständnis, wie er sich öffentlich in der Presse wie im Bayerischen Landtag während des „Deutschen Herbst" zur Todesstrafe für RAF-Terroristen bekannte. Die Pressionen gegen ihre Kollegen auf der politischen Linken dienten einem Achenbach oder Seidl in erster Linie dazu, das Schicksal ihrer Klientel zu

1637 Vgl. Rudolf Schöfberger: Alfred Seidl: Die Kontinuität einer Gesinnung. Vom NS-Verteidiger zum Innenminister. Eine Dokumentation, München 1978.

1638 „BRD-Verfassungsschutz legt auch über Schüler Dossiers an", in: Neues Deutschland (26.7.1978) und „Kinderbespitzelung an den Schulen in Bayern in: Unsere Zeit (.7.1978), in: BStU, HA IX/11 PA 2516.

1639 HStaMü: Zeitzeugeninterview Seidl, PR650 Nr. 10, S. 1–6.

beklagen. Für Seidl waren die exzessiven Kontrollen der „RAF-Anwälte" primärer Anlass, um über die vermeintlichen Behinderungen bei der Verteidigung von Heß in Nürnberg zu lamentieren.[1640] Achenbach ließ Ende der fünfziger Jahre wissen, dass er nur dann einer Amnestie von Kommunisten zustimmen werde, wie sie von Posser gefordert wurde, wenn auch alle inhaftierten NS-Verbrecher freigelassen werden würden.[1641] Überhaupt hatten die „Links-Anwälte" der siebziger Jahre mit ganz anderen Problemen zu kämpfen als ihre Nürnberger Kollegen. Erstere sahen sich als „Terroristen-Anwälte" mit massiven Nachstellungen konfrontiert. Drohanrufe und die Bezichtigung der Komplizenschaft mit der RAF in Presse und Politik waren an der Tagesordnung.[1642] Der ehemalige DAV-Präsident Felix Busse spricht sogar von einer „Ächtung" der RAF-Anwälte durch ihre Standeskollegen.[1643] Während der Deutsche Anwaltverein den Nürnberger Anwälten sogar seine Anerkennung ausgesprochen hatte, konnten die RAF-Anwälte in den siebziger Jahren von einem derartigen Lob bestenfalls träumen.

Im Oktober 1978 forderte der Deutsche Gewerkschaftsbund in Nürnberg wegen seiner Haltung bezüglich Berufsverboten und Todesstrafe Seidls Rücktritt.[1644] Wie weit Seidl politisch nach etwas mehr als einem Jahr als Innenminister ins politische Abseits gekommen war, wird dadurch belegt, dass der FDP-Staatssekretär im Bundesinnenministerium Günter Hartkopf (1923–1989) streng vertraulich eine Überprüfung von Seidls politischer Vergangenheit beim Berlin Document Center einleiten ließ.[1645] Seidl sollte noch 1993 behaupten, der neu gewählte Ministerpräsident Franz Josef Strauß (1915 – 1988) habe ihn nach der Wahl im Herbst 1978 nicht mehr als Innenminister berücksichtigt, weil beide sich über Maßnahmen Seidls im Zuge der Gemeindegebietsreform in Bayern zerworfen hätten. Es spricht aber vieles dafür, dass Seidl schlicht politisch untragbar geworden war, wie die „Westfälische Rundschau" berichtete. Strauß, der sich rühmte, dass „rechts von ihm nur noch die Wand" käme, wollte wohl

---

1640 HStaMü: Zeitzeugeninterview Seidl, PR650 Nr. 10 S. 10–12.

1641 Von Brünneck: Politische Justiz, S. 322.

1642 Busse: Deutsche Anwälte, S. 261–270.

1643 Busse: Deutsche Anwälte, S. 194 f.

1644 „DGB Nürnberg: Seidl zum Rücktritt aufgefordert", in: Unsere Zeit (31.10.1974), in: BStU, HA IX/11 PA 2516.

1645 Information 64320/9/78: Hinweise zur faschistischen Vorgeschichte des bayerischen Innenministers Seidl 18.6.1978, in: BStU, HA IX/11 PA 2516.

sozusagen diesen Raum zur Wand wieder schließen.[1646] Vielleicht suchte man zudem einem weiteren politischen Skandal zu entkommen. Im Herbst 1979 wurde bekannt, dass Seidl Informationen des Landesverfassungsschutzes an den CSU-Kommunalpolitiker Otto Kraus in Grafrath weitergegeben hatte, der wegen der Berichte über seine frühere Tätigkeit als Kreisleiter der NSDAP in Bedrängnis geraten war und nun von Seidl mit Informationen über die DKP-Mitgliedschaft der beiden Kraus belastenden Journalisten versorgt worden sei.[1647] Trotz scharfer Kritik der SPD-Opposition im Landtag blieb die Sache für Seidl folgenlos. Angesichts dieser anwaltlichen und politischen Karriere konnte es eigentlich nicht überraschen, dass Seidl nach dem Tode Hans Laternsers 1969 zusammen mit seinem früheren akademischen Lehrer Theodor Maunz heimlich die anwaltliche Beratung von Gerhard Frey übernahm und keine Berührungsängste hatte, mit „revisionistischen“ Forschern, wie der ominösen Zeitgeschichtlichen Forschungsstelle in Ingolstadt, zu verkehren.[1648]

Zusammenfassung Kapitel 4.4

In die erste Liga der Strafverteidiger der BRD sollten es nur wenige Nürnberger Veteranen bringen. Obwohl auch nur noch eine kleine Zahl von ihnen in großen NSG-Verfahren der fünfziger und sechziger Jahre auftrat, waren es gerade die „jungen Radikalen“, die diese Prozesse mitprägen sollten. Lediglich Kurt Behling mit der erfolgreichen Abwehr der Berliner Entnazifizierungsverfahren der IMT-Angeklagten bzw. seiner anwaltlichen Vertretung von Angeklagten vor den sowjetischen Militärtribunalen, Robert Servatius als Verteidiger Eichmanns und Erich Schmidt-Leichner als Anwalt in mehreren Frankfurter Großprozessen stammten nicht aus deren direktem Umfeld. Gerade Kranzbühler und Laternser bzw. Schwinge hatten beinahe ein Monopol als Verteidiger und Gutachter in bundesdeutschen Prozessen gegen Marine- bzw. Heeresangehörige, während Aschen-

1646 Vgl. Westfälische Rundschau 14.10.1978 zitiert in: VV-Statistik November 1979, S. 21, in: BStU, HA IX/11 PA 2516.

1647 Vgl. Michael Stiller: „SPD: Missbrauch des Verfassungsschutzes. Opposition rügt Informationen des früheren Innenministers Seidl an CSU-Politiker“, in: Süddeutsche Zeitung (1.11.1979).

1648 Vgl. Einladung zur den „Frankenthalern Gesprächen“ am 10.10.1981 o.D. und Schreiben Alfred Schiksals (Zeitgeschichtliche Forschungsstelle Ingolstadt) 21.7.1981, in: HstaMü, NL Seidl, Nr. 129.

auer bei seiner Klientel aus Polizei und SS einschlägig bekannt war und Seidl insbesondere mit seiner Kampagne für Rudolf Heß Furore machte.

Die „jungen Radikalen“ fanden sich zum Ende der sechziger Jahre an den äußersten rechten Rand gedrängt, was besonders Laternser mit seiner umstrittenen Verteidigung im Frankfurter Auschwitz-Prozess zu spüren bekam. Es war insbesondere die linke und liberale Presse, meist vertreten durch junge, erst nach 1945 ins Berufsleben eingetretene Journalisten, die sich als gesellschaftlicher Gegner der ehemaligen Nürnberger Anwälte erweisen sollte. Gerade Seidl blieb mit seiner einseitigen Generalapologetik staatlichen Handelns durch den „Staatsnotstand“, die sich sowohl in seiner Argumentation als Verteidiger wie in seiner kurzen, aber hochumstrittenen Zeit als bayerischer Innenminister verfolgen lässt, in der Öffentlichkeit präsent. Mit dem Tode Seidls 1993 bzw. Kranzbühlers 2004 starben jeweils im hohen Alter die beiden wohl wichtigsten Protagonisten der Nürnberger Anwälte. Damit endete auch die politische Geschichte der Verteidiger der Nürnberger Prozesse.

Der historisch-politische Ort der Nürnberger Verteidiger: Eine Zusammenfassung

Am Anfang dieser Arbeit stand einerseits die Beschreibung des radikalen Nationalisten Alfred Seidls, der nicht weniger als den Nürnberger Hauptprozess sprengen wollte, und andererseits das vernichtende Urteil Oswald Rothaugs, der die Nürnberger Verteidiger als von Not getriebene Flüchtlinge und „Zählkandidaten", ja Handlanger der Alliierten bezeichnete. Diese extrem unterschiedlichen Ansichten waren Ausgangspunkt für die Analyse der politischen Rolle der Nürnberger Verteidiger, an deren Ende nun die Frage nach der Bedeutung und dem Ort der Nürnberger Verteidiger in der politischen Geschichte Deutschlands im zwanzigsten Jahrhundert steht.

1. Wie gezeigt werden konnte, waren die Nürnberger Verteidiger eine recht heterogene Gruppe von Juristen (und im kleinen Umfang auch Nichtjuristen), deren Geburtsjahrgänge von 1877 bis 1923 fast ein halbes Jahrhundert abdeckten. Bezüglich sozialer Herkunft und Studium waren die Anwälte dennoch typisch für den Juristenberuf im frühen zwanzigsten Jahrhundert. Es bleibt allerdings festzuhalten, dass die meisten der radikalsten Anwälte erst im „Dritten Reich" beruflich sozialisiert wurden. Obwohl die größte Berufsgruppe unter den Verteidigern berufsmäßige Rechtsanwälte waren, gehörten nur wenige dieser Anwälte, wie es Seidl formulierte, zur „Crème de la Crème" der deutschen Anwaltschaft oder waren ausgewiesene Strafverteidiger. Dagegen entwickelte sich Nürnberg zu einem im kriegszerstörten Deutschland durchaus angenehmen Arbeitsplatz für entlassene Richter und Verwaltungsjuristen aus dem Großraum Nürnberg-Fürth, wie für das Flüchtlingsnetzwerk um Egon Kubuschok. Für die Masse der Nürnberger Verteidiger waren diese Prozesse nur eine berufliche Episode, allerdings wurden in Nürnberg mehrere Anwaltskarrieren geboren, die das Bild der Verteidigung der Nürnberger Prozesse für die Nachwelt nachhaltig prägen sollten. Exemplarisch steht hierfür neben Otto Kranzbühler der vollkommen zu Recht am Anfang und am Ende dieser Arbeit stehende Alfred Seidl.
2. Wie im Aufriss über die Verteidigerteams herausgestellt wurde, orientierte sich die Verteidigerwahl in Nürnberg grob nach den verschiede-

nen Angeklagtengruppen. Vereinfacht ausgedrückt lässt sich sagen, dass die Industriellen die verbliebenen Reste der Weimarer Anwaltselite, „eingerahmt" von Konzernjustiziaren und einigen der „Leitwölfe" der Verteidigung des IMT, wie Kranzbühler, für sich engagieren konnten. In den Militärprozessen hingegen übernahmen frühere Offiziere und Militärrichter unter der Leitung Hans Laternsers die Führung, ohne dass es allerdings zu einer vergleichbar generalstabsmäßigen (und ähnlich gut finanzierten) Durchführung der Verteidigung wie bei der Industrie gekommen wäre. Am schwierigsten hatten es die hochrangigen Parteigrößen und die SS. Hier trifft das Diktum von Rothaug noch am ehesten zu, handelte es sich doch bei ihren Verteidigern tatsächlich überwiegend um mehr oder weniger freiwillige Pflichtverteidiger, nicht selten Flüchtlinge, die im Extremfall, wie bei der Verteidigung Kaltenbrunners durch Kauffmann, ihre Abneigung gegen ihre Mandanten offen äußerten. Dennoch führten auch diese Pflichtverteidiger zumeist eine engagierte Verteidigung. In wenigen Fällen gelang es sogar SS-Mitgliedern, als Verteidiger ihrer Kameraden aufzutreten. Überwiegend sahen sich aber die juristisch vorgebildeten Angeklagten der SS auf sich allein gestellt und suchten offenbar bewusst junge, unerfahrene Verteidiger, um durch diese die Verteidigung selbst steuern zu können.

3. Die weit überwiegende Zahl der Verteidiger stand vor 1933, ohne ausdrücklich parteigebunden zu sein, einem mit konservativem Einschlag versehenen Nationalliberalismus nahe, gefolgt von einem harten Kern konfessionell geprägter Anwälte, für die das Netzwerk um Kubuschok oder die Gestapo-Verteidigung exemplarisch stehen. Anhänger der politischen Linken der Weimarer Republik waren so gut wie nicht vorhanden, aber auch die Anhänger der DNVP waren eine überschaubare Gruppe, auch wenn Hans von Zwehl eine wichtige Rolle in Nürnberg spielte.

   Die meisten Verteidiger in Nürnberg waren im „Dritten Reich" typische Mitläufer, die aus beruflichem Opportunismus oder aus Hoffnung auf eine Stärkung des „bürgerlichen" Elements in der NSDAP dieser beitraten. Unter den Nürnberger Verteidigern waren dagegen Anwälte, die sich konsequent vom NS-Regime ferngehalten hatten, eine deutliche Minderzahl. Somit standen Anwälte wie Kurt Behling, die sich als Strafverteidiger den Richtern des NS-Regimes entgegengestellt und ihre berufliche Karriere riskiert hatten, neben Verteidigern, die aus dem engeren Umfeld der Angeklagten, wie etwa Darrés Schützling

Hans Merkel, stammten und in ganz wenigen Fällen, wie Ernst Achenbach, sogar selbst in den Verdacht gerieten, zumindest Gehilfen bei Verbrechen des NS-Regimes gewesen zu sein. Die Aufdeckung des Ausmaßes der Verbrechen hatte allerdings viele Anwälte in Nürnberg ehrlich erschüttert, auch wenn, wie das Beispiel Hans Flächsners zeigte, das Wissen um Verbrechen im NS-Regime unter den Anwälten größer war, als es auf den ersten Blick erscheint.
Ihre politische Vergangenheit spielte für die Auswahl als Verteidiger in Nürnberg keine Rolle. Mochte das Verfahrensrecht der Nürnberger Prozesse gewisse Nachteile für die Verteidiger bringen und sich viele Anwälte von der Anklage „überfahren" fühlen, so achteten die Nürnberger Gerichtshöfe dennoch auf eine möglichst freie, von politischer „Vorselektion" nicht behinderte Verteidigerwahl. Insbesondere konnten die Nürnberger Anwälte, zumindest in den westlichen Besatzungszonen, auf den wirksamen Schutz der Gerichtshöfe vor Angriffen in der Presse und eine ausreichende materielle Absicherung bauen, die das Gefälle zwischen Industrieanwälten und Anwälten von NS-Größen zumindest ansatzweise ausglich.

4. Otto Kirchheimers modifizierte Typologie des „Politischen Verteidigers" findet Bestätigung im Fallbeispiel der Nürnberger Verteidiger. Zwar verstand sich nur ein Bruchteil der in den Nürnberger Prozessen tätigen Verteidiger explizit als politisch. Der unpolitische Pflichtverteidiger, der jegliche über das originäre Mandanteninteresse hinausgehende Tätigkeit in politischen Prozessen ablehnte, machte daher rein zahlenmäßig auch die Masse der Nürnberger Verteidiger aus. Für Anwälte wie Fritz Sauter war eine rein auf den Mandanten bezogene Verteidigung Ausdruck eines Grundprinzips anwaltlichen Handelns und des anwaltlichen Ethos, während andere Anwälte in ihrer Verteidigung nur eine Tätigkeit sahen, um der finanziellen Not zu entkommen. Besondere Bedeutung kommt dem von Kirchheimer als „Sympathisanten" anzusehenden politischen Verteidiger zu. Anwälte wie Justus Koch, von Zwehl, aber auch Seidl und Aschenauer sympathisierten aufgrund ihrer eigenen radikalen nationalistischen Einstellung und der Vorstellung von der Notwendigkeit der Abwehr einer erneuten „Kriegsschuld" mit ihren Mandanten. Ein Rudolf Dix wiederum teilte das Weltbild seines Mandanten Schacht von der „konservativen Demokratie". Fließend sind schließlich die Übergänge zum Typ des politischen Verteidigers, der (nicht nur formell) derselben politisch-gesellschaftlichen Organisation wie die Angeklagten angehörte. Insbesonde-

re der Militärjurist Otto Kranzbühler, der Abteilungsleiter im Reichsnährstand Hans Merkel oder auch ein „inoffizieller" Verteidiger wie der RSHA-Referent Heinrich Malz sind hierunter zu zählen. Die modifizierte Typologie erweist sich somit am Beispiel der Nürnberger Verteidiger grundsätzlich als tragfähig, auch wenn sie Besonderheiten wie den Stellenwert von Alter und Generation nicht abbilden kann.

5. Die Bedeutung „Nürnbergs" als politischer wie historischer Ort schwankte unter den Verteidigern erheblich. Zum einen steht hier der erstaunliche Befund, dass gerade die reinen Pflichtverteidiger, trotz aller Kritik an einzelnen Aspekten der Verfahren, eine durchaus positive Einstellung zu „Nürnberg" als einem Ort der Gerechtigkeit und der Auseinandersetzung mit dem Nationalsozialismus hatten. Exemplarisch können hierfür Sauter und Friedrich Bergold stehen. Verbunden war dies meist mit einem von der popularisierten Philosophie konservativer Philosophen bzw. religiös-eschatologischen Motiven geprägten Kulturpessimismus, durch welchen die „Zeitläufte" und der moralische Verfall für das Aufkommen des NS-Regime verantwortlich gemacht wurden, wie gerade am Beispiel Kurt Kauffmanns gezeigt werden konnte. Der in der Rechtsphilosophie bewanderte Carl Haensel suchte dagegen „Nürnberg" historisch zu verorten und wollte in diesem Ereignis das Aufkommen einer „Neorenaissance" erblicken.

   Für die meisten Verteidiger endete die Beschäftigung mit „Nürnberg" auch mit dem Ende der Prozesse. Für sie war Nürnberg nur eine berufliche Episode, ehe sie wieder in ihre mehr oder weniger bedeutsamen Kanzleien oder den Staats- oder Justizdienst zurückkehrten. Ein Großteil dieser Anwälte ist daher nach den Prozessen auch nicht mehr quellenmäßig greifbar und bleibt somit stumm. Dies darf allerdings nicht verbergen, dass es gerade jene Minderheit „politischer Anwälte" sein wird, die als zentrale Mitglieder von Lobbygruppen oder durch ihre mediale Präsenz das Bild von „Nürnberg" in seiner ganzen Bandbreite mitprägen.

   Mit ihren Mandanten identifizierten sich insbesondere die Anwälte der Industrie bzw. einige Hochschullehrer. Sie suchten unter Berufung auf die vermeintlich totalitäre Herrschaft Hitlers, gegen die Widerstand unmöglich gewesen sei, ihre Mandanten mit einer „simplen Totalitarismustheorie" zu exkulpieren. Gerade bei Rudolf Dix finden sich immer noch Splitter der Gedankenwelt des vor 1933 in jungkonservativen Kreisen verkehrenden DAV-Präsidenten, der das NS-Regime als Ausdruck der Massenherrschaft interpretierte und als Lehre von

„Nürnberg" wiederum einer nun auf christlichen Grundlagen stehenden Elite das Wort redete. Bei mehreren älteren Hochschullehrern, insbesondere Hermann Jahrreiß und auch Eduard Wahl, setzte sich die allgemeine Frontstellung der deutschen Völkerrechtswissenschaft gegen „Versailles" und der Einengung deutscher Souveränität kombiniert mit einem handfesten Antikommunismus fort. Wenn auch in einem unterschiedlichen Maße, so waren aber auch diese Verteidiger zumindest im Grundsatz von der Richtigkeit der Nürnberger Prozesse überzeugt.

Nur wenige Nürnberger „Veteranen" waren bereit und in der Lage, aktiv an der Aufarbeitung des NS-Regimes mitzuwirken. Herbert Kraus' wissenschaftliches Ethos, die Prozesse im wahrsten Sinne „objektiv" zu erforschen, lieferte nicht nur wichtige erste Anstöße für die wissenschaftliche Nachlese „Nürnbergs" in der Rechts- und Geschichtswissenschaft, sondern wirkte durch die Gutachten seiner Forschungsstelle, insbesondere im Remer-Prozess, als wichtige Stütze für die junge westdeutsche Demokratie, die den Demagogen aufseiten der SRP nicht nur argumentativ die Grundlagen entzogen und die Ausgrenzung der SRP und das vom ehemaligen SS-Verteidiger Horst Pelckmann als Prozessvertreter der Bundesregierung wesentlich mitgetragene Verbot der SRP vor dem Bundesverfassungsgericht ermöglichten. Hellmut Becker wiederum wandelte sich von einem entschiedenen Gegner der Prozesse zum „Aufklärer", als große Teile der Gesellschaft die NS-Vergangenheit endgültig beschweigen wollten, während Richard von Weizsäcker als Bundespräsident sogar soweit ging, das Kriegsende 1945 nicht als Niederlage, sondern als Befreiung zu interpretieren.

Mit Becker, Kranzbühler, Gawlik und insbesondere seinem Leiter Eduard Wahl positionierte sich der Heidelberger Kreis, der als Lobbygruppe unter dem erklärten Ziel der Abwicklung der als Belastung der Souveränität und des Rechtssystems der Bundesrepublik betrachteten Folgen der Dachauer und Nürnberger Prozesse gegründet wurde, an einer Grenzlinie des Umgangs mit den alliierten Nachkriegsprozessen. Primär war der Kreis ein Ort des Informationsaustausches, der zwar mehrere wichtige Anstöße für die als Lösung der Kriegsverbrecherfrage installierten „Gemischten Ausschüsse" lieferte, aber nie die endgültigen Entscheidungen der Adenauer-Regierung in der Kriegsverbrecherfrage beeinflusste, auch wenn möglicherweise Kranzbühler einen Anteil an der Nichtanerkennung der Nürnberger Prozesse im Überleitungsvertrag hatte. Nichtsdestotrotz grenzte sich der pragmatisch agierende Kreis, nicht zuletzt aufgrund der Erfahrungen seiner Mitglieder, klar von radikalen Gruppen und Generalamnestielobbyisten ab und stellte sich, symbolisiert in der Bundestagsrede Wahls vom September 1952, aufseiten der Bundesregierung in der Kriegsverbrecherfrage. Allerdings schwor ein Kranzbühler niemals dem Generalamnestiegedanken ab und gerade Gawlik als Leiter der Zentralen Rechtsschutzstelle behinderte nicht nur in der „Warndienst West"-Affäre eine effektive Strafverfolgung von NS-Tätern.

6. Standen fast alle bisher genannten Anwälte zumindest als „Vernunftsrepublikaner" aufseiten der Adenauerregierung und deren Lösung der Kriegsverbrecherfrage, lehnte eine Gruppe altgedienter Reserveoffiziere und besondere die „jungen Radikalen" Nürnberg entschieden ab. Für die noch für das Kaiserreich als Leutnant der Reserve in den Schützengräben stehenden alten Majore wurde „Nürnberg" gleichgesetzt mit dem Vertrag von Versailles. Für einen Justus Koch oder einen Hans von Zwehl war es „vaterländische" Pflicht, Deutschland vor einer erneuten Kriegsschuld zu bewahren, während Georg Fröschmann die „Werte der Waffen-SS" für die anstehende Auseinandersetzung mit dem Kommunismus verteidigen wollte. Ähnliche Gedankengänge hatten auch die „jungen Radikalen", deren Ziel nicht weniger war, als „Nürnberg" als Ganzes zu Fall zu bringen. Gerade für Laternser, Schwinge und Kranzbühler ging es nicht nur um die Abwehr der Anklage des deutschen Militärs und seiner Tradition, sondern auch um die Verteidigung einer bestimmten Vorstellung von Gesellschaft, in der der Krieg als normales, eine Gesellschaft formendes Wesen verstanden wurde. Mit Aschenauer und Seidl fanden sich zwei junge, mit ihren Angeklagten im selben Alter stehende Berufsanfänger, die in einer Mischung aus beruflicher Profilierung, Radikalität und einem handfesten autoritär geprägten, überschießenden Nationalismus tatsächlich in einem gewissen Sinne „in der Tradition Friedrich Grimms" verteidigten.

   Im Umfeld von Aschenauer und Achenbach entwickelten sich nach Nürnberg mithilfe rechtsextremer Kreise umfangreiche Bemühungen, eine Generalamnestie aller „Kriegsverurteilten" durchzusetzen. Nachdem mit der „Naumann-Affäre" diese „Brachiallösung" der Kriegsverbrecherfrage an der eigenen Radikalität gescheitert war, etablierte sich ein schon in Nürnberg seinen Ausgang nehmendes Netzwerk aus einschlägigen Anwälten wie Aschenauer und Achenbach und hochrangigen RSHA-Juristen wie Werner Best und Heinrich Malz, das zu Beginn der sechziger Jahre den Versuch unternahm, eine Gegenbewegung zur „Ludwigsburger Verfolgungswelle" aufzubauen. Der von einem fanatischen Zug wie einem handfesten Antisemitismus nicht freie, notorische „Einzelkämpfer" Seidl erklärte den Fall Rudolf Heß zu einer Sache der nationalen Souveränität und redete in der Bundesrepublik als Strafverteidiger wie als Politiker dem autoritären Staat das Wort. Bei Seidl bestand tatsächlich die „Kontinuität einer Gesinnung" vom „Dritten Reich" in die Bonner Republik.

7. Wie lassen sich die Nürnberger Verteidiger in den größeren Rahmen einer politischen Geschichte des Anwaltsberufs bzw. der Geschichte Deutschlands im zwanzigsten Jahrhundert verorten? Wie in der Einleitung gezeigt wurde, waren schon im Jahr 1933 ein Großteil der bekannten politischen Verteidiger der Weimarer Republik aus Amt und Würden vertrieben worden. Es gab also nur noch sehr wenige direkte personelle Anknüpfungspunkte für die Nürnberger Anwälte an die Weimarer Republik. Rudolf Dix und Theodor Klefisch, die beiden letzten großen Namen der Weimarer Republik, waren primär Wirtschaftsstrafverteidiger. Der SPD-Anwalt Friedrich-Wilhelm Wagner wiederum war in jeder Hinsicht ein ganz spezieller Sonderfall. Eine direkte personelle Kontinuitätslinie zu Weimar findet sich lediglich mit Hans von Zwehl, der als einziger deutscher Verteidiger sowohl in den Leipziger Prozessen wie in den Nürnberger Prozessen auftrat.
   Eine indirekte Kontinuität zu Weimar stellten Laternser, Schwinge und der Admiralssohn Kranzbühler her. Es mag dahingestellt bleiben, ob diese „ihren Ernst Jünger" gelesen hatten. In ihrer Überhöhung des Krieges und des deutschen Soldatentums standen sie in einer ähnlichen argumentativen Linie wie die radikalen Kritiker der Leipziger Prozesse bzw. des „soldatischen Nationalismus" der zwanziger Jahre.
   Ebenfalls in einer gewissen Kontinuitätslinie finden sich Seidl bzw. Aschenauer und Maurach. Friedrich Grimm hatte erstmalig in der juristischen Praxis den „Staatsnotstand" als übergesetzlichen strafrechtlichen Schuldausschließungsgrund in den Fememordprozessen der Weimarer Republik aufgebracht. Bezeichnenderweise fand Grimm in der BRD bei der extremen Rechten eine neue Heimat. Seidl, Aschenauer und Maurach verabsolutierten in den Nürnberger Prozessen den „Staatsnotstand" zu einer Generalexkulpation für die Vernichtung jeglichen vermeintlichen Staatsfeindes im „Dritten Reich". Auch wenn die juristische Unhaltbarkeit eines derartigen Arguments selbst in der Spielart eines vermeintlichen „Putativnotstandes" nicht weniger offen-

kundig war, stand der „Staatsnotstand“ als politisches Argument doch in der Traditionslinie politischer Strafverteidigung, sprengte aber durch die Entschuldigung nahezu jeglicher Untat des „Dritten Reiches“ diese Linien. Wenn Anwälte in Nürnberg „hitlerische Thesen“ (Viktor von der Lippe) vertraten, so Seidl und Aschenauer.

8. Auf den ersten Blick erscheint es, als wären die Nürnberger Anwälte Antipoden linker und linksliberaler Anwälte, wie etwa eines Diether Posser, in der Bundesrepublik gewesen. Tatsächlich waren insbesondere Achenbach, Aschenauer und ihr braunes Anwaltsnetzwerk eine dominierende Kraft der anwaltlichen Vertretung von NS-Tätern in der Bundesrepublik in den fünfziger und sechziger Jahren. Einen Höhepunkt erlebte dieser Gegensatz im Duell Laternser und Aschenauer gegen Friedrich Wilhelm Kaul im Frankfurter Auschwitz-Prozess, während Aschenauer als „Schattenjustiziar“ von SRP und „Stille Hilfe“ und Laternser und Seidl als heimliche Rechtsberater Gerhard Freys Rechtsextremisten unterstützten. Es bildeten also Nürnberger „Veteranen“ zumindest in Teilen durchaus ein „rechtes Gegenstück“ zu den „Links-Anwälten“ in der Bundesrepublik. Während etwa Posser die Vertretung Adolf Eichmanns ablehnte, waren mit Kauffmann, Schmidt-Leichner, Seidl und Servatius gleich vier Nürnberger „Veteranen“ im Gespräch für diese Verteidigung.[1649]

   Paradoxerweise sollte aber Alfred Seidl und einige APO- und RAF-Verteidiger ihre Form der politischen Verteidigung verbinden. Die Strategie verschiedener RAF-Anwälte, das Gericht grundsätzlich abzulehnen und seine Legitimität als Justiz des „BRD-Faschismus“ infrage zu stellen, hatte Jacques Verges in seinem Konzept der „Défense de Rupture“ 1968 bereits vorgezeichnet.[1650] Eine Frühform jener Strategie des „Bruches“ mit der gemeinsamen gesellschaftlichen Grundla-

1649 Dies bedeutete allerdings nicht, dass die Übernahme von Mandaten in NSG-Verfahren von diesen „Linksanwälten“ grundsätzlich abgelehnt wurde. Posser etwa vertrat zeitweilig auf dessen Wunsch den Militärbeamten Max Merten, vgl. Wolfgang Breyer: Dr. Max Merten. Ein Militärbeamter der deutschen Wehrmacht im Spannungsfeld zwischen Legende und Wahrheit, Dissertation Universität Mannheim 2003, https://ub-madoc.bib.uni-mannheim.de/77/, aufgerufen am 15.02.2015.

1650 Vgl. den Hinweis des früheren RAF-Verteidigers Kurt Groenewold auf Jacques Verges bei Kurt Groenewold: Die RAF-Prozesse. Öffentlichkeit und Justiz aus Sicht der Strafverteidiger, in: Volker Friedrich Drecktrah [Hg.]: Die RAF und die Justiz. Nachwirkungen des „Deutschen Herbstes“, München 2010, S. 110.

ge zwischen Gericht und Anwalt hatte aber auch Alfred Seidl vor dem IMT verfolgt. Während Eduard Wahl nur davor gewarnt hatte, dass die amerikanischen Richter die gemeinsamen westlichen Grundlagen verlassen könnten, sprachen Seidl und Aschenauer mit der offenen Unterstellung einer „Siegerjustiz" und dem Versuch den IMT als Siegertribunal zu „sprengen", den Alliierten eine gemeinsame moralisch-gesellschaftliche Grundlage ab.

Diese radikalen Anwälte fanden ihre gesellschaftlichen Gegner in der BRD nicht in ihren Standesvereinigungen und Kollegen, auch wenn selbst im Nationalsozialismus verfolgte oder mit Nachteilen zu kämpfende Opferanwälte wie Kaul oder Ormond als Nebenkläger den Nürnberger „Veteranen" gegenüberstanden, als vielmehr in jungen, in den zwanziger Jahren geborenen, nicht juristisch vorgebildeten Journalisten und Historikern wie beispielsweise Helmut Hammerschmidt.

9. Zwar reihen sich besonders die radikalen Nürnberger Anwälte in bestimmte Traditionslinien politischer Strafverteidigung ein. Dennoch stellen die Nürnberger Anwälte in erster Linie ein eigenständiges Phänomen in der Geschichte politischer Anwälte dar.

Anders als die hochmotivierten Anwälte der deutschnationalen Rechten in Weimar bzw. die „Links-Anwälte" in der Bundesrepublik waren viele Nürnberger Verteidiger reine Pflichtverteidiger, die das Beste aus ihrer mehr oder weniger freiwillig übernommenen Aufgabe machten. Kurt Behling oder Fritz Sauter etwa vertraten zwar aus einer konservativen Grundhaltung heraus, aber ohne spezifische politische Bindung ihre Mandanten. Sie beriefen sich auf ein anwaltliches Ethos, das versinnbildlicht wurde in der Metapher des Anwalts als „Arztes" seines Mandanten, der auch vor der schlimmsten Krankheit nicht zurückschrecken dürfe. Zwar konnte diese Metapher, wie Otto Kirchheimer ganz zu recht betonte, auch dazu dienen, politische Argumente vor Gericht zu verschleiern. Zumindest bei den eben genannten Anwälten wird man allerdings davon ausgehen können, dass sie tatsächlich als „unpolitische" Verteidiger diesem Standesethos nacheifern wollten. „Politisch" waren sie nur insofern, als sie durch ihre konstruktive Mitwirkung und grundsätzliche Zustimmung zur Zielsetzung der Prozesse zur Aburteilung schwerster Verbrechen die Notwendigkeit dieser Ver-

---

Zur „Défense de la Rupture" vgl. Jacques Verges: De la Stratégie Judicaire, Paris 1968.

fahren auch öffentlich unterstrichen. Explizit politisch war nur ein harter, wenn auch wesentlicher und wirkungsmächtiger Kern dieser Anwälte. Mochte auf Aschenauer, Achenbach, Laternser und Seidl die Bezeichnung „Rechts-Anwälte" zutreffen, so wäre es falsch, die Nürnberger Anwälte nach 1945 ausschließlich im konservativen bzw. rechtsextremen Lager zu verorten, hatten doch etwa Herbert Kraus und Horst Pelckmann bedeutende Beiträge für die Ausgrenzung rechtsextremer Tendenzen in der frühen Bundesrepublik und die Rehabilitierung des deutschen Widerstandes gegen Hitler geleistet.

10. Stefan Reinecke stellt in seiner Analyse der RAF-Anwälte, „trotz des Desasters", dass einige von ihnen selbst zu Unterstützern der RAF wurden, als ihre besondere Leistung heraus, dass sie, entgegen mancher Thesen linker Theoretiker vom „BRD-Faschismus", mit ihrer mutigen und scharfzüngigen Verteidigung einen Beitrag zur politischen Kultur der Bundesrepublik lieferten, „ein Beitrag, der letztlich half, das brüchige Vertrauen in den Rechtsstaat zu befestigen."[1651] Eine ähnlich positive Wertung muss für die Nürnberger Verteidiger und auch die „politischen Verteidiger" unter ihnen gelten. Dieser Beitrag zur politischen Kultur bedeutet nicht zwangsläufig auch eine positive Einstellung zur Strafverfolgung von NS-Tätern oder zu einer liberalen politischen Haltung dieser Anwälte, sondern ist auch sozusagen „ex negativo" zu verstehen. Einige Nürnberger „Veteranen" machten sich zu Apologeten des NS-Regimes und viele Argumente, auch gemäßigter Nürnberger Anwälte, sind aus der Rückschau von fast siebzig Jahren kontrovers zu beurteilen. Indem die radikalen Anwälte wie Seidl oder Aschenauer sich zu Beginn der sechziger Jahre im gesellschaftlichen Abseits wiederfanden und in der Presse scharfe Kritik erfuhren, loteten sie die Grenzen dessen aus, ob und welches Verhalten im NS-Regime zu rechtfertigen war.

    Dagegen wird es weiterer Forschung vorbehalten bleiben, gerade vor dem Hintergrund der verschiedenen Rechts- und Berufstraditionen, Vergleiche mit Strafverteidigern anderer europäische Länder, in Prozessen in Zusammenhang mit Verbrechen des „Dritten Reichs" und der eigenen Kollaboration zu ziehen.[1652]

1651 Reinecke: Typologie, S. 955.

1652 Einige, auch allgemein für den Umgang dieser Länder mit der Vergangenheit interessante Anwaltspersönlichkeiten seien hier beispielhaft genannt: In seinem Krakauer Verfahren 1946 sah sich der berüchtigte KZ-Kommandant von

Auch wenn für viele Nürnberger Verteidiger die Prozesse nur eine Episode darstellten und diese nur vereinzelte Akteure unter vielen in den Symbolkämpfen um „Nürnberg" und den vergangenheitspolitischen Debatten der fünfziger und sechziger Jahre waren, konnten sie dennoch als Vertreter der angeklagten Größen des NS-Regimes eine besondere Stellung für sich reklamieren. Im Zusammenspiel mit den anderen Prozessakteuren, als „public historians" und als Mitwirkende in der gesellschaftlichen Debatte um die Vergangenheit erbrachten sie eine eigenständige Leistung für die Auseinandersetzung mit dem NS-Regime. Hierin liegt die eigentliche Bedeutung der Nürnberger Anwälte als „politische Verteidiger".

Płaszów, Amon Göth, an dem bei seiner Ankunft in Krakau eine wütende Menge Lynchjustiz üben wollte, auf sich allein gestellt, als seine sich weitgehend passiv verhaltenden Pflichtverteidiger Bruno Pokorny und Tadeucz Jakubowski gleich zu Beginn den vom Gericht abgelehnten Antrag stellten, als polnische Staatsangehörige und Angehörige des besetzten Staates von der Vertretung eines Deutschen entbunden zu werden, vgl. Michael J. Bazyler/Frank M. Tuerkheimer: Forgotten Trials of the Holocaust, New York/London 2014, S. 119 f. Während Benito Mussolini vor einem Standgericht italienischer Partisanen keine Möglichkeit der Verteidigung bekam, konnte der italienische Marschall und Verteidigungsminister der Republik von Salò, Marschall Rodolfo Graziani, in seinem Hochverratsprozess 1950 u. a. mit dem berühmten Juristen und Monarchisten Francesco Carnelutti (1879–1965), der 1951 auch den faschistischen Philosophen Julius Evola verteidigen sollte, auf ein erfahrenes und bekanntes „Schwergewicht" der italienischen Anwaltschaft bauen. Marshall Philippe Pétain, der Anführer des Regimes von Vichy dagegen wurde u. a. von dem jungen Anwalt Jacques Isorni (1911–1995) vertreten, eine Art „Alfred Seidl Frankreichs". Isorni verteidigte mehrere prominente Kollaborateure und später zahlreiche Mitglieder der rechtsextremen Organisation de l'armée secrète. Als rechtslastiger Parlamentarier machte er sich für eine Amnestie für Kollaborateure stark und war Mitglied einer Lobbygruppe zur „Verteidigung" des Andenkens an Pétain. Ezra Pound dagegen wurde als wohl bekanntester amerikanischer Kollaborateur von dem „civil rights"-Anwalt Julien Cornell (1913–1994) vertreten, der sich während des Zweiten Weltkriegs als Anwalt von Wehrdienstverweigerern einen Namen gemacht hatte. 1946 gelang es Cornell, Pound wegen Unzurechnungsfähigkeit vor einem Prozess zu bewahren. 1958 erreichte Thurman Arnold Pounds Freilassung aus der Psychiatrie.

Anhang: Kurzbiographien wichtiger Verteidiger und Gutachter

Dr. Ernst Achenbach

Alter: 1907–1991

NSDAP-Mitgliedschaft: NSDAP seit 1937

Leben: während des Studiums in Hamburg Universitätsassistent am Hamburger Institut für Auswärtige Politik; seit 1936 Diplomat bei der deutschen Botschaft in Paris; 1940 bis 1943 Leiter der Politischen Abteilung der Botschaft in Paris, in dieser Funktion an der Deportation französischer Juden beteiligt; 1943 Versetzung in das Referat für Hochschulfragen und Sprachen in der Kulturpolitischen Abteilung des Auswärtigen Amtes in Berlin; 1944 Entlassung aus dem Auswärtigen Amt wegen seiner amerikanischen Ehefrau; bis Kriegsende Soldat; seit 1946 Anwalt in Essen, 1950 bis 1958 MdL der FDP in Nordrheinwestfalen; Verteidiger diverser ehemaliger Diplomaten, Verwaltungs- und Polizeibeamter der deutschen Besatzung in Frankreich; zusammen mit Werner Best zentraler Initiator des „Generalamnestieausschusses"; aufgrund seiner engen Verbindungen zum „Naumann-Kreis" 1953 zeitweiliger Verlust seiner politischen Ämter; 1957 bis 1976 MdB und Mitglied im Auswärtigen Ausschuss des Bundestages sowie weitere politische Ämter; 1974 Rücktritt vom Amt des Berichterstatters im Auswärtigen Ausschuss nach diversen Protestaktionen der Opferaktivistin Beate Klarsfeld

Verteidigungen: Gajewski (Fall 6), Bohle (Fall 11); Februar 1948 Flucht aus Nürnberg aufgrund von Ermittlungen der dortigen Entnazifizierungsbehörden

Dr. Rudolf Aschenauer

Alter: 1913–1983

NSDAP-Mitgliedschaft: NSDAP seit 1937; NSV-Blockhelfer; Rechtsberater bei strafrechtlichen und arbeitsrechtlichen Fragen der NSDAP-Ortsgruppe Röcklplatz

Sonstige Mitgliedschaften: Marianische Studentenkongregation/katholische Burschenschaft Ottonia; zuständig für Veranstaltungen der VDA-Ortsgruppe München

Leben: Studium in München; nach Ablegung des Großen Staatsexamens Einberufung zum Militär; Schreiber und Rechnungsführer beim Artillerieregiment 212; 1945 Gerichtsassessor bei der Staatsanwaltschaft München; ab Mai 1947 anwaltlicher Probedienst bei Rechtsanwalt Fritz Schäffer, dann Rechtsanwalt in München; Vertretung zahlreicher „Landsberger" Fälle der Zentralen Rechtsschutzstelle; 1949 bis 1952 Rechtsberatung im Rahmen des Komitees für kirchliche Gefangenenhilfe bzw. der „Arbeitsgemeinschaft für Wahrheit und Gerechtigkeit" für verurteilte Kriegsverbrecher der Nürnberger Prozesse; enge Zusammenarbeit mit hochrangigen SS-Juristen wie Heinrich Malz und dem „Generalamnestieausschuss" von Ernst Achenbach; Rechtsberater der SRP bei ihrer Selbstauflösung; Mitglied in diversen rechtsextremen Gruppierungen und anwaltliche Vertretung von Rechtsextremisten; zeitweilig Informant des Bundesverfassungsschutzes; vielbeschäftigter Strafverteidiger in NSG-Verfahren in der Bundesrepublik u. a. im Ulmer Einsatzgruppenprozess, im Münchner Belzec-Prozess, im Verfahren gegen General Max Simon und im Frankfurter Auschwitz-Prozess; 1970 bis 1974 Schatzmeister, dann 1974 bis 1977 Vorsitzender des VDA; seit 1966 Rechtsberater, später Vorsitzender der rechtsextremen Gefangenenhilfeorganisation „Stille Hilfe für Kriegsgefangene und Internierte e. V."; Beisitzer und Referent für das Auslandsdeutschtum bei der „Gesellschaft für freie Publizistik"; Verfasser diverser „revisionistischer" Publikationen zum Zweiten Weltkrieg

Verteidigungen: Verteidigung der SA (IMT; Hilfsverteidiger); Petersen (Fall 3), Gattineau (Fall 6), Ohlendorf (Fall 9), Sprecher Fall 9

Hellmut Becker

Alter: 1913–1993

NSDAP-Mitgliedschaft: NSDAP seit 1937, NSKK-Sturmmann 1935 bis 1937, trotz Fragebogenfälschung zur Verteidigung zugelassen

Leben: Sohn des Orientalisten und preußischen Kulturministers Carl Becker; nach dem Studium in Kiel wissenschaftlicher Assistent bei Ernst Rudolf Huber; 1940 bis 1942 Kriegsdienst bei der 1. Gebirgsjägerdivision; nach schwerer Verwundung 1942 bis 1943 Lazarettaufenthalt; 1943 bis 1945 wissenschaftlicher Assistent und Doktorand bei Ernst Rudolf Huber an der „Grenzlanduniversität" Straßburg; ab Juli 1945 Anwalt in Kressbronn (LG-Bezirk Ravensburg); enge Zusammenarbeit mit Otto Kranzbühler in den Nürnberger Prozessen und danach; wichtiges Mitglied im Heidelberger Juristenkreis; in den fünfziger Jahren Aufgabe des Anwaltsberufs und Tätigkeit als Bildungspolitiker („Bildungsbecker"); 1956–1974 Präsident des deutschen Volkshochschulverbandes, seit 1963 Honorarprofessor für Soziologie des Bildungswesens an der FU Berlin; Mitglied im Beirat des Instituts für Zeitgeschichte, im Beirat des Frankfurter Instituts für Sozialforschung und im Beirat für innere Führung der Bundeswehr; juristischer Berater des Verbandes der Psychoanalytiker

Verteidigungen: E. von Weizsäcker (Fall 11) als enger Freund von Carl Friedrich von Weizsäcker

Dr. Kurt Behling

Alter: 1906–1975

NSDAP-Mitgliedschaft: NSDAP seit 1935, Marine-SA 1933 bis 1935

Sonstige Mitgliedschaften: Burschenschaft Guestphalia Würzburg

Leben: nach dem Studium in Berlin Mitarbeiter in der Rechtsabteilung der AEG, dann freier Anwalt in Berlin und Justiziar der Stahlring-Export GmbH; ca. 600 Strafverteidigungen vor Berliner Gerichten, Militärgerichten und dem Volksgerichtshof; seit 1945 wieder Anwalt in Berlin; zeitweilig Berater der Fuldaer Bischofskonferenz; Abgabe einer schriftlichen Zeugenaussage für die amerikanische Anklage im Nürnberger Juristenprozess; zentrale Rolle bei der Entnazifizierung der „Spandauer" in Westberlin; 1950 bis 1954 Leiter der für Verurteilungen vor Sowjetischen Militärtribunalen zuständigen ZRS Berlin; diverse Mandate für die ZRS in Bonn; seit 1955 Anwalt in Hamburg und Syndikus der deutschen Hefeindustrie

Verteidigungen: Schlegelberger (als Koverteidiger, Fall 3) Meyer-Hetling (Fall 8), Loeser (Fall 10), von Küchler (Fall 12)

Dr. Friedrich Bergold

Alter: 1899–1983

NSDAP-Mitgliedschaft: kein Mitglied der NSDAP

Leben: Rechtsanwalt in Nürnberg (seit 1926); Geschäftsführer der Berufsunfallgenossenschaft Nürnberg; nach 1945 Verdienste um die deutsch-jüdische Aussöhnung; als Vorsitzender der „Arbeitsgemeinschaft Franken" ein wichtiger Förderer des ländlichen Brauchtums; in den sechziger Jahren Oberbürgermeisterkandidat der FDP in Nürnberg

Verteidigungen: Bormann (IMT, in Abwesenheit); Milch (Fall 2), Klein (Fall 4), Böhme (Fall 7, Selbstmord des Mandanten vor Prozessbeginn), Biberstein (Fall 9), Dietrich (Fall 11)

Dr. Conrad Böttcher

Alter: 1890 – ?

NSDAP-Mitgliedschaft: kein Mitglied der NSDAP

Leben: 1919 bis 1930 Syndikusanwalt; seit 1931 freier Anwalt am Kammergericht Berlin spezialisiert auf Wirtschaftsberatung; erfolgreicher Schriftsteller auf dem Gebiet des Wirtschafts- und Steuerrechts; nach der Flucht aus Berlin zeitweilig Mitarbeiter im Württembergischen Sonderministerium, dann wissenschaftlicher Schriftsteller und Redakteur des Forkel-Verlags

Verteidigungen: Fall 6 (Karl Krauch), Sprecher Fall 6

Dr. Hellmuth Dix

Alter: 1897–1965

NSDAP-Mitgliedschaft: NSDAP seit 1933, förderndes Mitglied der SS

Leben: Kriegsteilnehmer im Ersten Weltkrieg; nach dem Studium in Berlin 1925 als freier Anwalt und Sozius seines Bruders Rudolf Dix in Berlin zugelassen; Spezialist für das Zivilrecht der Nordeuropäischen Länder und seit 1932 finnischer Vize-Generalhonorarkonsul in Berlin; diverse Verteidigungen vor dem Volksgerichtshof und den Berliner Sondergerichten; 1945 Flucht nach Südwestbayern; nach den Nürnberger Prozessen zunächst Anwalt in Frankfurt, ab 1951 in Köln; Prozessvertreter der Bundesregierung im KPD-Verbotsverfahren vor dem Bundesverfassungsgericht; Vertreter der I.G.-Farben-Nachfolgerkonzerne im Wollheim-Verfahren; seit 1962 Beisitzer am Senat für Anwaltssachen des BGH

Verteidigungen: Schneider (Fall 6)

Justizrat Dr. Rudolf Dix

Alter: 1884–1952

NSDAP-Mitgliedschaft: kein Mitglied der NSDAP

Sonstige Mitgliedschaften: Deutscher Herrenclub Berlin, der DVP zeitweilig nahestehend

Leben: seit 1912 Assessor bei der Kolonialadministration; 1914 Eingeborenenrichter und kommissarischer Bezirksamtmann in Kamerun; Kriegsgefangenschaft in British Nigeria 1914–1918, 1919–1920 vom Kolonialamt abkommandiert als Regierungsrat in das Demobilmachungsamt und in die Außenhandelsstelle des Auswärtiges Amtes; seit 1920 freier Anwalt und Notar beim Kammergericht Berlin, 1932–1933 Vorsitzender des Deutschen Anwaltvereins, umstrittene Rolle bei der Überführung des DAV in den BNSDJ; seit 1926 Honorar-Generalkonsul Finnlands in Berlin; diverse Verteidigungen vor dem Volksgerichtshof und den Berliner Sondergerichten; 1947 nach Rücknahme der vorläufigen Anwaltszulassung in Berlin Umzug nach Frankfurt, dort dann als freier Anwalt tätig

Verteidigungen: Schacht (IMT), Flick (Fall 5), Sprecher der Verteidigung IMT und Fall 5

Prof. Dr. Franz Exner

Alter: 1881–1947

NSDAP-Mitgliedschaft: kein Mitglied der NSDAP

Leben: seit 1912 Professor an der Universität Czernowitz; Kriegsteilnehmer im Ersten Weltkrieg; 1916 Freistellung für eine Professur in Prag, seit 1921 Professor für Strafrecht und Kriminalistik an der Universität Leipzig, dann von 1933 bis 1947 an der Universität München

Verteidigungen: Verteidigung des Generalstabs/OKW vor dem IMT niedergelegt, Jodl (IMT)

Dr. Hans Flächsner

Alter: 1896–1985

NSDAP-Mitgliedschaft: kein Mitglied der NSDAP

Leben: seit 1925 Wirtschaftsanwalt und Notar in Berlin

Verteidigungen: Alfred Speer (IMT), Otto Steinbrinck (Fall 5), Heinrich Bütefisch (Fall 6)

Dr. Georg Fröschmann

Alter: 1882–1959

NSDAP-Mitgliedschaft: NSDAP seit 1937; SA-Sturmführer 1934 bis 1945, NS-Kulturgemeinde

Sonstige Mitgliedschaften: bis 1929 als DVP-Stadtrat Leiter der Stadtratsfraktion Schwarz-Weiss-Rot, Mitglied im Corps Bavaria Erlangen

Leben: Anwalt in Nürnberg seit 1906; Kriegsteilnehmer Erster Weltkrieg; gerüchteweise am Novemberpogrom 1938 beteiligt; 1939 bis 1944 Sachbearbeiter und Adjutant im Wehrbereichskommando I, danach wieder Anwalt in Nürnberg; zahlreiche Verteidigungen von in den Dachauer Prozessen verurteilten SS-Leuten; Initiator einer „Allgemeinen Aktion“ gegen die Dachauer- und Nürnberger Prozesse; Mitglied der „Stillen Hilfe“

Verteidigungen: von Ribbentrop (IMT, als Hilfsverteidiger), V. Brack (Fall 1), Mummenthey (Fall 2), Hildebrandt (Fall 8), Berger (Fall 11)

Dr. Hans Gawlik

Alter: 1904–1983

NSDAP-Mitgliedschaft: NSDAP seit 1933, Beisitzer beim Gaugericht der NSDAP in Schlesien

Leben: September 1937 bis August 1941 Staatsanwalt u. a. bei der Generalstaatsanwaltschaft Breslau, Mitwirkung an Rasseschande- und Heimtückeverfahren; 1941 bis 1945 Kriegsdienst bei verschiedenen Nachrichteneinheiten; Juli 1949 bis März 1950 Leiter der Stuttgarter Koordinierungsstelle, dann Leiter der Zentralen Rechtsschutzstelle im Bundesjustizministerium bzw. (ab Februar 1953) im Auswärtigen Amt; seit 1963 Leiter des Referats V4 (Strafrecht, Steuer- und Zollrecht) im Auswärtigen Amt; verwickelt in die „Warndienst West“-Affäre; Mitglied des Heidelberger Juristenkreises; nach der Pensionierung Leiter der Rechtsabteilung in der Hauptgeschäftsstelle des Heimkehrerverbandes

Verteidigung: SS (IMT, Hilfsverteidiger), ab März 1946 eigenständige Verteidigung des SD als Hauptverteidiger vor dem IMT, Hoven (Fall 1), Bobermin (Fall 4), Volk (Fall 4), Dehner (Fall 7, als Ersatz für Anwalt Hanns Marx), Schwarzenberger (Fall 8), Naumann (Fall 9), Puhl (Fall 11)

Dr. Elisabeth Gombel

Alter: 1912– ?

NSDAP-Mitgliedschaft: kein Mitglied der NSDAP

Leben: nach Austritt aus dem Vorbereitungsdienst Syndikus bei den Junkers Flugzeugwerke, ab 1943 Syndikus bei der Reichskreditanstalt in Berlin; nach Kriegsende wissenschaftliche Hilfsarbeiterin bei der Reichsbahndirektion; nach den Nürnberger Prozessen Referentin im Rechtsdezernat der Stadt Hamburg

Verteidigungen: Mitwirkung bei der Verteidigung im Fall 10, dann Bohle (Fall 11, Ersatz für den geflohenen Ernst Achenbach)

Dr. Carl Haensel

Alter: 1889–1968

NSDAP-Mitgliedschaft: kein Mitglied der NSDAP, förderndes Mitglied des NSKK, Reichsschrifttumskammer

Sonstige Mitgliedschaften: Teutonia Marburg

Leben: 1917 bis 1920 Anwalt in Frankfurt, 1923 bis 1935 Leiter des nichtpolitischen Teils der Deutschen Allgemeinen Zeitung, Wirtschaftsanwalt und Notar in Berlin 1920 bis 1945 (seit 1938 in Sozietät mit Horst Pelckmann); diverse Publikationen zu den Nürnberger Prozessen, u. a. seine Erinnerungen „Das Gericht vertagt sich"; seit 1949 Justiziar des SWR; 1950 bis 1958 Lehrbeauftragter für Medienrecht an der Universität Tübingen; ab 1952 Vorsitzender der Gerhart-Hauptmann-Gesellschaft

Verteidigungen: Organisationsverteidigung der SS (IMT, Hilfsverteidiger), Joel (Fall 3), G. Lörner (Fall 4), Greifelt (Fall 8), Steengracht (Fall 11), Sprecher Fall 8

Erhard Heinke

Alter: 1913– ?

NSDAP-Mitgliedschaft: NSDAP seit 1937, dort angeblich Blockleiter; 1933 bis 1936 Motorsturm SA, dann Überführung ins NSKK als Rottenführer; angeblich weltanschaulicher Referent im NSKK und Rechtsreferent sowie NSDAP Gauschulungssprecher

Leben: Januar 1941 bis Juli 1941 Staatsanwalt in Breslau; Juli 1941 bis Oktober 1942 Verwaltungsdezernent beim Generalstaatsanwalt Kattowitz; Oktober 1942 – April 1945 Referent für Wirtschaftsstrafrecht in der Strafgesetzgebungsabteilung im Reichsjustizministerium; seit 1947 Verbindungsmann der Staatsanwaltschaft Nürnberg zur Überleitungsabteilung des NMT u. a. in den Ermittlungsverfahren gegen W. Huppenkothen und F. Rademacher; seit 1951 Richter am Landgericht Nürnberg-Fürth; 1969 bis 1978 Senatspräsident am OLG Nürnberg

Verteidigungen: Reichskabinett (IMT, Hilfsverteidiger), Klemm (Fall 3, Hilfsverteidiger), Mettgenberg (Fall3, Hilfsverteidiger), Schlegelberger (Fall 3, Hilfsverteidiger), Korschan (Fall 10, Hilfsverteidiger)

Dr. Wolfgang Heintzeler

Alter: 1908– ?

NSDAP-Mitgliedschaft: NSDAP seit 1937; SA 1933 bis 1945

Sonstige Mitgliedschaften: Akademische Gesellschaft Stuttgart

Leben: 1934 bis 1936 Referent Franz Schlegelbergers im Reichsjustizministerium und Mitarbeit am Reichsjagdgesetz; dann Syndikus bei den I.G.-Farben in Berlin; 1942 bis 1945 Offizier und Adjutant bei einer Panzergrenadierdivison; 1945 Anstellung bei I.G. Farben in Ludwigsburg; später Leiter der Rechtsabteilung der BASF und Vorstandsmitglied; Mitglied im Vorstandsrat des Wirtschaftsrates der CDU; Verfasser verschiedener kritischer Schriften zum Fall 6

Verteidigungen: Wurster (Fall 6, Hilfsverteidiger)

Dr. Martin Horn

Alter: 1911–1960

NSDAP-Mitgliedschaft: kein Mitglied der NSDAP

Leben: seit 1938 Syndikus bei der Rechtsabteilung der UFA in Berlin; 1939 bis 1942 Hauptmann, Dolmetscher und „Sonderführer" bei der 2. Gebirgsdivision (Stabsquartier) und dem Stab der 90. Leichten Afrikadivision; November 1942 schwer verwundet, danach längere Lazarettaufenthalte; seit 1945 Anwalt in München und Generaltreuhänder der Militärregierung in Altötting; Verteidiger im Spruchkammerverfahren Halder

Verteidigungen: von Ribbentrop (IMT, nach Entlassung von Fritz Sauter)

Prof. Dr. Hermann Jahrreiß

Alter: 1894–1992

NSDAP-Mitgliedschaft: kein Mitglied der NSDAP

Leben: Kriegsteilnehmer im Ersten Weltkrieg; 1918 bis 1926 Richter in Leipzig; 1927–1932 Professor in Leipzig, 1932 bis 1937 Professor für Völkerrecht an der Universität Greifswald; 1937 bis 1945 Professor für Völkerrecht an der Universität zu Köln; Verfasser diverser Propagandaschriften und Leiter der Abteilung für Völkerrecht in der „Aktion Ritterbusch"; 1947 Wiederzulassung als Professor an der Universität zu Köln; Rektor der Westdeutschen Rektorenkonferenz, Vizepräsident der Europäischen Rektorenkonferenz; 1954 und 1955 Vorsitzender der Vereinigung Deutscher Staatsrechtler

Verteidigungen: Koverteidiger Jodl (IMT), Plädoyer für die Gesamtverteidigung des IMT, Gutachter im Fall 3 und 11

Dr. Kurt Kauffmann

Alter: 1902–1993

NSDAP-Mitgliedschaft: NSDAP seit 1933, NSRB-Zellenleiter 1934 bis 1935

Leben: Anwalt in Wiesbaden seit 1930; Verteidiger in verschiedenen Verfahren für die katholische Kirche; 1940 bis 1945 Oberzahlmeister in Wehrkreisverwaltung XII; seit 1945 wieder Anwalt in Wiesbaden u. a. im Hadamar-Verfahren

Verteidigungen: Kaltenbrunner (IMT), R. Brandt (Fall 1), Stuckart (Fall 11, dann Abgabe des Mandats)

Theodor Klefisch

Alter: 1877– 1951

NSDAP-Mitgliedschaft: NSDAP seit 1933, im NSRB Leiter der Gauberatungsgemeinschaft im Gau Köln-Aachen für Strafrecht und Strafprozessrecht

Leben: Anwalt in Köln seit 1905; bekannter Strafverteidiger, 1933 kurzeitige Gestapohaft und Entzug des Rechts der Ausbildung von Referendaren (1941 aufgehoben); nach 1933 Verteidiger u. a. von Reichskanzler Marx und anderen Persönlichkeiten des Zentrums; 1945 Wiederzulassung als Anwalt

Verteidigungen: Gustav Krupp (IMT), Organisationsverteidigung des Stahlhelm als Teil der SA-Verteidigung, Verfasser eines zentralen Gutachtens für die Organisationsverteidigung vor dem IMT, Brüggemann (Fall 6)

Dr. Justus Koch

Alter: 1891–1962

NSDAP-Mitgliedschaft: NSDAP seit 1933

Sonstige Mitgliedschaften: 1924 bis 1931 Mitglied der DDP

Leben: Kriegsteilnehmer Erster Weltkrieg; seit 1924 Anwalt für Urheberrecht in Berlin, Berater des Reichsverbandes bildender Künstler und der Genossenschaft deutscher Tonsetzer; Syndikus der Stagma 1933 bis 1937, dann angeblich auf Verlangen des Reichspropagandaministeriums wegen des Umgangs mit Juden entlassen; ab 1939 u. a. Kommandeur des „Sonderkommandos Fähre“ bzw. „Sonderkommandos Siebel“ als Oberstleutnant der Luftwaffe, stellvertretender Aufsichtsrat der Siebel Flugzeugwerke; seit 1949 Anwalt in Düsseldorf

Verteidigungen: Körner (Fall 11), Pleiger (Fall 11, ab März 1949)

Otto Kranzbühler

Alter: 1907–2004

NSDAP-Mitgliedschaft: kein Mitglied der NSDAP, Anwärter der Reiter-SA Aachen von November 1933 bis Februar 1934

Leben: Sohn des Kommandeurs der Marinefliegereinheiten im Ersten Weltkrieg; seit 1934 Marinerichter, ab 1941 Generalreferent und Stellvertreter des Leiters der Rechtsabteilung der Marine Admiral Rudolphi, seit 1944 Marinechefrichter bei Marine Gruppenkommando West, bei Kriegsende beim Marineoberkommando Nordsee, bis Oktober 1945 Leiter der Rechtsgruppe beim Stab des Deutschen Marineräumdienstes in Glückstadt seit April 1947 Anwalt in Lübeck, dann Düsseldorf; verschiedene Posten in Aufsichtsräten deutscher Großunternehmen; Verteidiger und Gutachter in verschiedenen Prozessen gegen Marineangehörige in der britischen Besatzungszone und der Bundesrepublik; zentrales Mitglied des Heidelberger Juristenkreises; Verfasser und „Ghostwriter“ zahlreicher Schriften zu den Nürnberger Prozessen sowie wichtiger Zeitzeuge zur Verteidigung in den Nürnberger Prozessen

Verteidigungen: Dönitz (IMT), Raeder (IMT, allgemeine Fragen), Burkart (Fall 5), Schmitz (Fall 6, Übergabe an Rudolf Dix), Ihn (Fall 10), Alfried Krupp von Bohlen und Halbach (Fall10), Sprecher Fall 10

Prof. Dr. Herbert Kraus

Alter: 1884−1965

NSDAP-Mitgliedschaft: kein Mitglied der NSDAP, Förderndes Mitglied der Nachrichtenabteilung der SS Ortsgruppe Göttingen 1933 bis 1938

Leben: 1914 bis 1917 Zivilkommissar und völkerrechtlicher Berater der Zivilverwaltung in Belgien, 1917 bis 1919 in der Abteilung Recht des Auswärtigen Amtes, Mitarbeit an den Friedensverträgen von Brest-Litowsk und Versailles; ab 1920 Professor für Völkerrecht in Königsberg; ab 1928 Professor für Völkerrecht in Göttingen; 1937 zwangspensioniert, danach Privatgelehrter in Dresden; 1947 wieder in Göttingen in alter Stellung eingestellt; seit 1951 Leiter des Göttinger Arbeitskreises ostdeutscher Wissenschaftler; 1953 emeritiert; verschiedene Gutachten für bedeutende

Prozesse mit vergangenheitspolitischem Einschlag in den fünfziger Jahren; Gründer der Göttinger Forschungsstelle für Zeitgeschichte

Verteidigungen: Schacht (IMT, Koverteidiger), diverse Gutachten für den IMT und den Fall 5, Leiter der „Publication Division German Section" zur Publikation der IMT-Protokolle

Dr. Egon Kubuschok

Alter: 1902–1981

NSDAP-Mitgliedschaft: kein Mitglied der NSDAP, 1934 bis 1937 angeblich ohne sein Wissen „Rechtsberater der SA"

Leben: seit 1933 Anwalt in Breslau; Verteidigungen vor dem Volksgerichtshof Dresden; nach der Flucht 1945 Zulassung als Anwalt am AG Königswinter und LG Bonn

Verteidigungen: von Papen (IMT), Reichskabinett (IMT), von Ammon (Fall 3), Schlegelberger (Fall 3), Rasche (Fall 11), Sprecher Fall 3 und Fall 11

Dr. Hans Laternser

Alter: 1908–1969

NSDAP-Mitgliedschaft: NSDAP seit 1933

Leben: seit 1934 Anwalt in Wiesbaden, 1939 Verteidigung im Aulhausen-Verfahren; ab 1939 bis Soldat bei der Luftwaffe: 1939 bis 1941 Fliegerhorstkompanie Wiesbaden, 1940 kurzzeitig beim Wachtbataillon der Luftwaffe in Berlin, 1941 bis 1942 Ausbilder für Unteroffiziere in Mainz-Finthen, im September 1942 im Stab der 8. Luftwaffenfelddivision, dann im Luftwaffen-Jäger-Regiment 29 als Oberleutnant in Südostrussland; im August 1943 verwundet; ab November 1943 beim Jagdfliegerführer Balkan Ic und Adjutant des Kommandeurs der Luftwaffe in Rumänien; seit Oktober 1945 Anwalt in Wiesbaden, u. a. im Hadamar- und Eichberg-Verfahren; 1950 Verteidigung im Manstein-Prozess in Hamburg; 1963 umstrittene Strafverteidigung im Frankfurter Auschwitz-Prozess

Verteidigungen: Seys-Inquart (IMT, aber als Koverteidiger abgelehnt), Generalstab/OKW (IMT), List (Fall 7) von Weichs (Fall 7) von Leeb (Fall 12), Sprecher Fall 7 und Fall 12

Dr. Ludwig Losacker

Alter: 1906–1990

NSDAP-Mitgliedschaft: NSDAP seit 1932, Obersturmbannführer der Allgemeinen SS

Leben: 1936 bis 1937 Tätigkeit in der Verfassungsabteilung im Reichsinnenministerium; seit 1938 Tätigkeit in der Chemieindustrie und Anwalt in Chemnitz; Kreishauptmann und Standortführer für den Kreis Jaslo 1939 bis 1941; 1941 Amtschef Lublin; 1941 bis 1942 Amtschef Galizien, 1943 Präsident der Hauptabteilung Innere Verwaltung und Gouverneur des Distrikts Krakau; Entlassung wegen Hilfe für einen polnischen Abtreibungsarzt, ab Oktober 1943 „Frontbewährung" bei der Waffen-SS in Italien; 1945 bis 1947 Internierung; seit 1947 Referent, später Geschäftsführer beim Arbeitsring des Arbeitgeberverbandes der Deutschen Chemischen Industrie in Hessen, ab 1954 dessen Hauptgeschäftsführer; 1960 bis 1971 Leiter des Deutschen-Industrie-Instituts in Köln; 1963 eingestelltes Ermittlungsverfahren wegen seiner Tätigkeit als Kreishauptmann

Verteidigungen: vorläufiger Assistent für Stuckart (Fall 11), Ende März 1948 ausgeschieden, danach „inoffizieller" Assistent

Prof. Dr. Gerhart Maurach

Alter: 1902–1976

NSDAP-Mitgliedschaft: NSDAP seit 1933

Leben: 1926 bis 1937 Tätigkeit im Osteuropa-Institut Breslau, seit 1934 Leiter der juristischen Abteilung des Instituts; 1937 Entlassung wegen „bolschewistischer Propaganda"; zeitweilig Richter am AG Breslau; 1939 bis 1941 Dozent Universität Breslau; kurzzeitig Militärdienst bei einer Nachrichteneinheit; ab 1942 Professor an der Universität Königsberg; seit 1948 Professor an der Universität München für Strafrecht und Osteuropäisches Recht, zugleich Leiter des Instituts für Strafrecht und Osteuropäisches Recht; Vorstand des Münchner Instituts für Ostrecht in München; Berater der Bundesregierung im KPD-Verbotsverfahren

Verteidigungen: als Gutachter im Fall 3 vorgesehen, Gutachter im Fall 9 und Fall 12

Prof. Edmund Mezger

Alter: 1883–1962

NSDAP-Mitgliedschaft: NSDAP seit 1938, Förderndes Mitglied der SS von 1936 bis 1945, NSRB-Gaufachberater für Hochschullehrer im NSRB-Gau München-Oberbayern

Leben: 1910 Zulassung als Anwalt; 1913 bis 1915 Staatsanwalt und Richter; ab 1915 Ministerialsekretär im Justizministerium von Württemberg, zeitgleich Privatdozent Universität Tübingen; ab 1922 Professor für Strafrecht in Tübingen, ab 1925 in Marburg; seit 1932 Professor für Strafrecht in München; ab 1934 Mitglied der Strafrechtskommission beim Reichsjustizministerium; Vizepräsident der Kriminalbiologischen Gesellschaft; seit April 1946 wieder Professor an der Universität München, 1952 emeritiert

Verteidigungen: von Neurath (IMT, Hilfsverteidiger, Februar 1946 verhaftet); Gutachter im Fall 6 und für Generalstab/ OKW im IMT

Dr. habil. Hans Merkel

Alter: 1902–1993

NSDAP-Mitgliedschaft: kein Mitglied der NSDAP (mündliche Zusage 1940 angeblich zurückgenommen), SS-Sturmbannführer und Führer beim Stab des Rasse- und Siedlungsamtes

Leben: 1928 bis 1933 Anwalt in einer Augsburger Wirtschaftskanzlei; 1934 bis 1941 Tätigkeit im Stabsamt des Reichsnährstandes: 1934 bis 1936 Leitung der Abteilung für Marktrecht, seit 1936 Leiter der Hauptabteilung II (Recht und Wirtschaft); 1941 Verhör durch die Gestapo wegen Merkels Förderung der Anthroposophie; nach Auflösung des Stabsamtes 1942 bis Kriegsende Leiter der Rechtsabteilung in der Hauptabteilung III des Reichsnährstandes; 1943 Dozent für Bauernrecht an der Universität Berlin; seit 1949 wieder als Anwalt in Augsburg tätig; anwaltlicher Vertreter der Witwe Otto Ohlendorfs; 1950 bis 1963 Leiter des Augsburger Anwaltsvereins; 1963 bis 1970 Vorstand des Deutschen Anwaltsvereins; 1960 bis 1963 anwaltliches Mitglied des Anwaltssenats beim BGH

Verteidigungen: Fall 11 (Darré)

Prof. Dr. Hermann Mosler

Alter: 1912–2001

NSDAP-Mitgliedschaft: kein Mitglied der NSDAP, 1933 SA-Anwärter

Leben: 1937–1945 Referent am Kaiser Wilhelm Institut für ausländisches Recht und Völkerrecht in Berlin, ab 1944 auch Rechtsanwalt in Berlin; 1946 Habilitation an der Universität Bonn, von 1945 bis 1949 Rechtsanwalt in Bonn; seit 1949 ordentlicher Professor an der Universität Frankfurt a.M., von 1951 bis 1954 Leiter der Rechtsabteilung des Auswärtigen Amtes; ab 1954 bis 1980 Professor an der Universität Heidelberg und Leiter des Max-Planck Instituts für ausländisches öffentliches Recht und Völkerrecht; seit 1959 auch Richter am Europäischen Gerichtshof für Menschenrechte, ab 1974 dessen Vizepräsident; von 1975 bis 1984 erster deutscher Richter am Internationalen Gerichtshof in Den Haag

Verteidigungen: Gustav Krupp (Hilfsverteidiger, IMT), Alfred Speer (Hilfsverteidiger, IMT), Verfasser verschiedener Gutachten für die Verteidigung des IMT

Dr. Rolf W. Müller

Alter: 1904– ?

NSDAP-Mitgliedschaft: NSDAP seit 1933; Scharführer der Allgemeinen SS, Rechtsberater eines SS-Sturmbannes

Leben: von 1932 bis 1936 Assistent und Dozent an der Universität Freiburg, Abbruch der Habilitation bei Professor Hans Großmann-Doerth, 1937 bis Kriegsbeginn Referent in der Rechtsabteilung der Agfa in Berlin, von 1939 bis 1945 Kriegsdienst als Leutnant u. a. in Frankreich, nach dem Zweiten Weltkrieg Zulassung als Anwalt in Frankfurt, Organisator der Aktionen der I.G.-Farben („Büro Henze) und zentraler Initiator des „Juristenkreises um Silcher", später Syndikus der Kali Chemie A.G.

Verteidigungen: „Special Counsel" für die Organisation der Verteidigung im Fall 6

Horst Pelckmann

Alter: 1904–1975

NSDAP-Mitgliedschaft: kein Mitglied der NSDAP Partei, Mitglied des NSKK

Leben: von 1932 bis 1935 Anwalt in „unechter Sozietät" bei dem deutschnationalen Anwalt Alfons Sack in Berlin, von 1935 bis 1938

selbstständiger Anwalt, ab 1938 Sozius von Carl Haensel; verschiedene Verteidigungen vor den Berliner Sondergerichten; von 1941 bis 1944 Alien Property Control Officer in Frankreich, dann wieder Anwalt in Berlin; nach der Flucht bis Juni 1945 Angestellter beim Landrat in Hildburghausen (Thüringen), dann Tätigkeit beim Regierungspräsidenten von Würzburg; von 1948 bis 1949 Abteilungsleiter im Hessischen Wirtschaftsministerium, von 1949 bis 1952 Anwalt in Frankfurt als Prozessvertreter und Wirtschaftsanwalt, Vertreter der Bundesregierung im SRP-Verbotsverfahren; seit 1952 nebenberufliche Tätigkeit in der Politischen Abteilung der diplomatischen Vertretung Washington als Referent für Vertragssachen; seit 1955 hauptberuflich im Diplomatischen Dienst, u. a. Leitung der Konsulate Philadelphia und Seattle; ab 1968 deutscher Generalkonsul in New York

Verteidigungen: Organisationsverteidigung der SS (IMT), Schäfer (Fall 1), Terberger (Fall 5), von Knieriem (Fall 6), Ritter (Fall 11, abgelöst von Erich Schmidt-Leichner)

Dr. Wolfgang Pohle

Alter: 1903–1971

NSDAP-Mitgliedschaft: NSDAP seit 1933

Leben: Chefjustiziar des Vereins für Bergbauliche Interessen und der Bezirksgruppe Steinkohlebergbau Ruhr in Essen, zudem ab 1934 Rechtsanwalt in Düsseldorf und ab 1940 Generalbevollmächtigter der Mannesmann-Röhrenwerke; von 1952 bis 1959 Vorstandsmitglied und Generalbevollmächtigter Mannesmann, von 1959 bis 1964 Generalbevollmächtigter der Flick A.G., ab 1965 persönlich haftender Gesellschafter der Flick A.G.; von 1953 bis 1957 MdB der CDU im Wirtschaftspolitischen Ausschuss; von 1965 bis 1971 MdB der CSU; galt als „Flicks Mann im Bundestag"; Vorsitzender des Arbeitskreises Haushalt, Finanzen und Steuern der CSU-Bundestagsfraktion; CSU-Landesschatzmeister; Vizevorstand IHK Düsseldorf; Vorsitzender des Rechtsausschusses des BDI

Verteidigungen: von Bülow (Fall 10), neben Otto Kranzbühler zentrale Gestalt der Gesamtverteidigung im Fall 5 und Fall 10

Dr. Paul Ratz

Alter: 1898– ?

NSDAP-Mitgliedschaft: NSDAP seit 1937, stellv. Gruppenwalter für junge Rechtswahrer im NSRB-Gau Mittelfranken

Leben: Teilnahme am Ersten Weltkrieg; 1926 Syndikus der Landwirtschaftsbank München; von 1927 bis 1929 Staatsanwalt in Augsburg; dann ab 1929 Zivilrichter am LG Nürnberg bzw. ab 1944 am OLG München; kurzzeitiger Kriegsdienst im Frankreichfeldzug; nach Kriegsende kurzzeitiger Leiter des Dezernats VII (Wohnungs- und Quartierwesen) bei der Stadt Nürnberg, dann Entlassung aus dem Staatsdienst; ab 1949 Vorsitzender der Berufungs- und Beschwerdekammer für Zivilsachen LG Nürnberg; ab 1955 Richter am Bayerischen Obersten Landesgericht im 1. Strafsenat; aufgrund eines antisemitischen Artikels für die Wahl als Richter am BGH abgelehnt

Verteidigungen: Streicher (IMT, Hilfsverteidiger), Pook (Fall 4), Sollmann (Fall 8), von Radetzky (Fall 9), Schwerin von Krosigk (Fall 11, Hilfsverteidiger)

Dr. Fritz Sauter

Alter: 1884–1958

NSDAP-Mitgliedschaft: NSDAP von 1933 bis 1940 (Austritt); NSKK von 1941 bis 1945 als Sturmführer

Leben: seit 1910 Anwalt in München; von 1914 bis 1918 Kriegsteilnehmer; bekannter lokaler Strafverteidiger u. a. von Mitgliedern der Münchner Räterepublik

Verteidigungen: Funk (IMT), von Schirach (IMT), von Ribbentrop (Januar 1946 vom Mandant entlassen), Blome (Fall 1), Ruff (Fall 1), Sprecher der Verteidigung Fall 1; von Geitner (Fall 7); Lanz (Fall 7), Meissner (Fall 11), Stuckart (Fall 11, bis Dezember 1947, dann niedergelegt wegen Kollision mit Mandat Meissner)

Dr. Alfred Schilf

Alter: 1901–1972

NSDAP-Mitgliedschaft: NSDAP seit 1937

Leben: von 1928 bis 1945 Rechtsanwalt Dresden, Verteidigungen von politisch Verfolgten; 1945 Flucht nach Franken; seit 1949 Anwalt in Nürnberg; 1958 Zulassung als Anwalt bei der Rechtsanwaltskammer am Bundesgerichtshof

Verteidigungen: Fritzsche (IMT als Hilfsverteidiger), Klemm (Fall 3), Mettgenberg (Fall 3), Friedrich Janssen (Fall 10), Ernst Woermann (Fall 11)

Dr. Erich Schmidt-Leichner

Alter: 1910–1983

NSDAP-Mitgliedschaft: NSDAP-Anwärter seit 1942, SA-Anwärter von 1934 bis 1935, Rechtsberater im NSV für Mietrecht

Leben: von 1939 bis 1940 Richter am AG Storkau/Mark; 1940 Vormundschafts- und Jugendrichter am AG Brandenburg/Havel; im selben Jahr Ernennung zum Landgerichtsrat am LG Berlin; ab 1941 Mitarbeiter eines Referenten der Strafgesetzgebungsabteilung (vorläufige Rechtsgutachten und Material und Schriftenzusammenfassung und Vorbereitung der Richterbriefe und des Rechtsanwaltsbriefes) im Reichsjustizministerium, ab 1942 zugleich Lehrbeauftragter an der Universität Berlin; seit 1949 freier Anwalt in Frankfurt, Aufstieg zu einem der bekanntesten Strafverteidiger der Bundesrepublik (der große „S-L“); diverse Aufgaben als Funktionär des DAV; Teilnehmer an der Königsteiner Tagung 1966 als Vertreter der Strafverteidiger in NSG-Verfahren; von 1975 bis 1983 Vorsitzender des „Deutschen Strafverteidiger e. V. zugleich Arbeitsgemeinschaft Strafrecht des DAV“

Verteidigungen: als Gutachter im Fall 3 vorgesehen; Terberger (Fall 5), Ritter (Fall 11, Übernahme von Anwalt Horst Pelckmann)

Prof. Dr. Erich Schwinge

Alter: 1903–1994

NSDAP-Mitgliedschaft: kein Mitglied der NSDAP

Leben: seit 1932 Professor für Strafrecht an der Universität Halle, 1936 Berufung an die Universität Marburg; zentraler Kommentator des deutschen Militärstrafrechts; 1941 Berufung an die Universität Wien, dort auch als Militärrichter bei der Division Nr. 177 tätig; Ende 1945 Rückkehr aus der Kriegsgefangenschaft; Assistent von Hans Laternser bei der Verteidigung von Albert Kesselring 1947 vor einem britischen Militärgericht; zum Wintersemester 1946/1947 wieder als Professor für Strafrecht an der Universität Marburg tätig, zuletzt als Dekan der Juristischen Fakultät; von 1949 bis 1954 diverse Verteidigungen vor französischen Militärgerichten

u. a. im Auftrag der ZRS; Gutachter in verschiedenen NSG-Verfahren; lebenslanger Kampf für das Bild einer „sauberen Wehrmachtsjustiz“

Verteidigungen: „inoffizieller“ Hilfsverteidiger bei der Verteidigung von OKW und Generalstab (IMT), Berater von Hans Laternser im Fall 7; Gutachter im Fall 12 und Fall 9

Dr. Alfred Seidl

Alter: 1911–1993

NSDAP-Mitgliedschaft: angeblich von 1924 bis 1927 Mitglied eines NS-Jungsturms, NSDAP von 1937 bis 1945 als Blockleiter der Ortsgruppe Isartor; SA-Rottenführer von 1933 bis 1939

Leben: von 1939 bis 1941 Anwaltsassessor, danach Anwalt in München; von 1940 bis 1945 Schreiber bei einer Sanitätseinheit in München; seit 1948 wieder als Anwalt in München tätig; von 1958 bis 1984 MdL im Bayerischen Landtag; von 1972 bis 1974 Fraktionsvorsitzender der CSU im Bayerischen Landtag; von 1974 bis 1977 Staatssekretär im Bayerischen Justizministerium; von 1977 bis November 1978 umstrittener Bayerischer Innenminister; bekannter Strafverteidiger u. a. im „Huppenkothen-Verfahren“, Vera Brühne Prozess, dem Prozess um die Bayerische Spielbankenaffäre etc.; lebenslanger Einsatz für die Freilassung von Rudolf Heß aus Spandau; als Nachfolger von Hans Laternser anwaltlicher Berater von Gerhard Frey

Verteidigungen: Heß (IMT), H. Frank (IMT) Fritz Fischer (Fall 1); Gebhardt (Fall 1); Oberheuser (Fall 1), Pohl (Fall 4); Walter Dürrfeld (Fall 6); Lammers (Fall 11), Meissner (Fall 11 ab Januar 1949 als Ersatz für Fritz Sauter), Sprecher Fall 4

Dr. Hans-Günther Seraphim

Alter: 1903– ?

NSDAP-Mitgliedschaft: kein Mitglied der NSDAP

Leben: Studium der Geschichtswissenschaft in Göttingen; bis 1935 Bibliothekar des Höheren Dienstes, von 1935 bis 1939 Bibliothekar in der Weltkriegsbücherei – Institut für Weltpolitik in Stuttgart, 1939 in der Marinehauptbibliothek in Kiel, von 1939 bis 1945 Infanterieoffizier u. a. beim Infanterieregiment 303; von Kriegsende bis 1946 Hilfsarbeiter in der Universitätsbibliothek Göttingen; dann Mitarbeiter im deutschen Stabe für die Publikation der IMT-Protokolle, dort führend für die Indexierung zuständig; von 1949 bis 1956 Leiter der Göttinger Forschungsstelle für Zeitgeschichte; von 1951 bis 1968 Lehrauftrag an der Universität Göttingen; seit 1957 am Staatlichen Archivlager in Göttingen beschäftigt; umfangreiche Gutachtertätigkeit in verschiedenen bedeutenden NSG-Verfahren in der Bundesrepublik u. a. im Ulmer Einsatzgruppenprozess

Verteidigungen: Pokorny (Fall 1, Hilfsverteidiger), Körner (Fall 11, zeitweilig Hilfsverteidiger), historischer Sachverständiger der Gesamtverteidigung im Fall 12

Dr. Robert Servatius

Alter: 1894 Köln – 1983

NSDAP-Mitgliedschaft: kein Mitglied der NSDAP

Leben: seit 1925 Anwalt in Köln; von 1939 bis 1944 Kommandeur der schweren Artillerieabteilung (m) II/62 in Russland; Februar 1945 Kommandant des Festungs-Stamm-Regiments 3134; 1961 Verteidiger von Adolf Eichmann in Jerusalem

Verteidigungen: Sauckel (IMT), K. Brandt (Fall 1), Eirenschmalz (Fall 4 nach Entlassung seines Anwalts Bolko von Stein), Pleiger (Fall 11 bis März 1949 dann abgelöst durch Anwalt Justus Koch), Stuckart (Fall 11, Dezember 1947 abgelöst von Anwalt Hans von Zwehl)

Dr. Walter Siemers

Alter: 1902–1990

NSDAP-Mitgliedschaft: kein Mitglied der NSDAP

Leben: seit 1928 Wirtschaftsanwalt in Hamburg, während des Krieges Syndikus des marinenahen Rüstungskonzerns Electroacustic A.G. Kiel

Verteidigungen: Raeder (IMT), Weiß (Fall 5), von Schnitzler (Fall 6), Eberhardt (Fall 10), Aufbau und Leitung des „Industriearchivs" der Industriellenverteidigung in den Nürnberger Nachfolgeprozessen

Dr. Gustav Steinbauer

Alter: 1889–1961

NSDAP-Mitgliedschaft: kein Mitglied der NSDAP

Sonstige Organisationen: katholische Verbindung Franco-Bavaria Wien

Leben: Kriegsteilnehmer Erster Weltkrieg; seit 1921 Anwalt in Wien; von 1927 bis 1938 Anwalt und Bürgermeister in Mistelbach; 1938 kurzeitige Verhaftung und Entzug der Anwaltszulassung; 1940 wieder Anwalt in Wien, dort Verteidigungen vor dem Sondergericht; von 1944 bis 1945 Militärdienst, dann Anwalt in Wien; Anwaltsrichter beim Disziplinargerichtshof für Anwälte von 1954 bis 1961; Obmann des Wiener Anwaltsvereins; Publikation des Prozesstagebuchs „Ich war Verteidiger in Nürnberg"

Verteidigungen: Seys-Inquart (IMT), Beiglboeck (Fall 1)

Prof Dr. Eduard Wahl

Alter: 1901–1985

NSDAP-Mitgliedschaft: NSDAP seit 1937, von 1934 bis 1942 SA- Rottenführer

Leben: von 1927 bis 1935 Referent für französisches und belgisches Zivilrecht am Kaiser-Wilhelm-Institut in Berlin, von 1935 bis 1940 Professor an der Universität Göttingen, dann Professor für Internationales Privatrecht an der Universität Heidelberg, von 1944 bis 1945 Militärdienst; 1945 wieder Professor an der Universität Heidelberg und Mitgründer der CDU Heidelberg; von 1949 bis 1969 MdB u. a. als Mitglied im Rechtsausschuss, von 1953 bis 1957 Vorsitzender des Ausschusses für Besatzungsfolgen; von 1963 bis 1969 Vizepräsident der Beratenden Versammlung des Europarats; Vorsitzender und Mitgründer der Deutschen Gesellschaft für die Vereinten Nationen, Vorstandsmitglied der deutschen Gesellschaft für Rechtsvergleichung

Verteidigungen: „Special Counsel" für alle Angeklagten Fall 6

Dr. Viktor von der Lippe

Alter: 1912–1987

NSDAP-Mitgliedschaft: NSDAP von 1933 bis 1934 bzw. seit 1938

Leben: von 1937 bis 1938 Tätigkeit im österreichischen Justizdienst, ab Oktober 1938 in der Rechtsabteilung des Auswärtigen Amtes, dann Tätigkeit bei den Konsulaten Genf, Basel und Bern, zuletzt als Vizekonsul; von 1942 bis 1945 Militärdienst bei der Luftwaffe; von 1945 bis 1949 Anwalt in Hamburg und Dresden; Verfasser des Prozesstagebuchs zum IMT „Nürnberger Tagebuchnotizen"; von 1949 bis 1955 Tätigkeit in der Pressestelle der Bank Deutscher Länder (Bundesbank), von 1956 bis 1977 Leiter der Hauptabteilung Presse der Bundesbank und persönlicher Referent des Bundesbankpräsidenten

Verteidigungen: Raeder (IMT, Hilfsverteidiger), Janssen (Fall 10, Hilfsverteidiger), Woermann (Fall 11, Hilfsverteidiger)

Richard von Weizsäcker

Alter: 1920–2015

NSDAP-Mitgliedschaft: kein Mitglied der NSDAP; von 1934 bis 1935 Hitlerjugend als Scharführer

Leben: von 1937 bis 1938 Auslandsstudium; 1938 Einzug zum Wehrdienst, von 1940 bis 1945 Kriegsdienst beim Infanterieregiment 9, zuletzt als Regimentsadjutant; von 1945 bis 1950 Jurastudium in Göttingen; von 1953 bis 1958 bis 1966 leitende Tätigkeit bei verschiedenen Unternehmen; von 1966 bis 1984 Mitglied des CDU-Bundesvorstandes; von 1969 bis 1981 Mitglied des Bundestages, von 1979 bis 1981 Vizepräsident des Bundestages; von 1984 bis 1994 sechster Bundespräsident der Bundesrepublik Deutschland

Verteidigungen: E. von Weizsäcker (Fall 11, Hilfsverteidiger für seinen Vater)

Dr. Hans von Zwehl

Alter: 1883–1965

NSDAP-Mitgliedschaft: NSDAP seit 1937, SA 1934 bis 1945 (zuletzt als Oberscharführer), Mitglied der Reichskulturkammer und der Reichschrifttumskammer

Leben: von 1909 bis 1910 Anwalt in Hannover; von 1910 bis 1945 Anwalt in Berlin als Spezialist für internationales Urheberrecht; von 1914 bis 1918 Kriegsteilnehmer; seit 1919 Mitglied der DNVP, erfolgloser Versuch, eine antisemitische DNVP-Anwaltsorganisation zu gründen; 1921 Verteidiger im Llandovery Castle Verfahren, damit einziger deutscher Anwalt, der in den Leipziger und den Nürnberger Kriegsverbrecherprozessen verteidigte; nebenberufliche Tätigkeit als Dramaturg; 1945 Flucht aus Berlin, danach Übersetzertätigkeit; 1947 Verteidiger im Dachauer Verfahren gegen Otto Skorzeny; 1948 Zulassung als Anwalt in Lüneburg, ab 1949 Anwalt in Frankfurt

Verteidigungen: Stuckart (Fall 11) sowie Plädoyer der Gesamtverteidigung im Fall 11

Literaturverzeichnis

A Quellen

National Archives, College Park MD (NARA)

RG 260, Records of the United States Occupation Headquarters WWII, Omgus, OC-CWC

- General Records of the Office of the General Secretary of the IMT, 1944–1946
- Administrative Records of the Defense Center 1946–1949
- OMGUS Legal Division: Office of the Director General: Correspondence and Related Records 1945–1949
- Entry Affidavits, Reports, Letters Relating to Indicted Criminal Organizations 1945–1946.

RG 466, HICOG Prisons Division

- Petitions for Clemency or Parole and Related Records of Persons Convicted by the US Military Tribunals at Nuremberg.

RG319, Investigative Records Repository (IRR)

- XE296857 (Arbeitsgemeinschaft für Recht und Wirtschaft)
- XE004401 (Malz, Heinrich)
- XE 219092 (Nehring, Joachim).

Microfiche Publication M1106 (Skorzeny Case).

United States Holocaust Memorial Museum (USHMM)

RG 71.001, Robert M.W. Kempner Collections.

Library of Congress (LOC)

Manuscript Division, Papers of Robert H. Jackson.

Syracuse University Archive (SUA)

Francis Biddle Collection.

Catholic University of America Archive (CUA)

Aloysius Muench Papers.

Georgetown University Archive (GUA)

Lawrence D. Egbert Papers.

Edmund A. Walsh Papers.

Stanford University Archive (StUA)

Keith Thompson Collection.

Freda Utley Collection.

Österreichisches Staatsarchiv: Archiv der Republik

Bestand B2158 (Nachlass Otto Skorzeny).

Archiv der Universität Wien (UAW)

NL61 (Nachlass Gustav Steinbauer).

Staatsarchiv Nürnberg (StN)

Bestand KV-Prozesse
- KV-Prozesse Generalia
- KV-Prozesse Fall 1
- KV-Prozesse Fall 5
- KV-Prozesse Fall 6
- KV-Prozesse Fall 11
- KV-Prozesse Fall 9
- KV-Prozesse Fall 12.

Rep. 502A KV-Verteidigung
- Ludwig Babel
- Friedrich Bergold
- Hans Flächsner
- Stefan Fritsch
- Heinz Fritz
- Georg Fröschmann
- Heinrich Grube
- Kurt Gollnick
- Karl Hoffmann
- Justus Koch
- Hans Meckel
- Rudolf Merkel
- Paul Ratz

- Paul Rostock (Angeklagter)
- Fritz Sauter
- Werner Schubert.

Rechtsanwaltspersonalakten des OLG Nürnberg
- Ludwig Babel
- Alfred Behringer
- Friedrich Bergold
- Georg Böhm
- Walter Groß
- Willi Heim
- Karl Hoffmann
- Heinrich Link
- Kurt Mintzel
- Fritz Riediger
- Alfred Schilf
- Alfred Schwarz
- Otfried Schwarz
- Eduard Tipp
- Konrad Völkl
- Bolko von Stein.

Bestand Spruchkammerakten
Spruchkammer Nürnberg (Stadt)
- Eduard Belzer
- Erich Bergler
- Friedrich Bergold
- Johannes Dohme
- Ernst Durchholz
- Helmut Dürr
- Wilhelm Eser
- Georg Fröschmann
- Karl Gick
- Heinrich Grube
- Willi Heim
- Ignaz Hergenröder
- Wilhelm Hüller
- Oskar Krauss
- Heinrich Link
- Wilhelm Maas

- Rudolf Merkel
- Kurt Mintzel
- Heinz Müller-Torgow
- Paul Ratz
- Gerhard Rauschenbach
- Alfred Schilf
- Wilhelm Schmidt
- Erich Schmidt-Leichner
- Johannes Surholt
- Alfred Thoma
- Hermann Ulmer
- Bolko von Stein
- Hans von Zwehl
- Josef Weisgerber

Spruchkammer Neustadt/Aisch
- Gottfried Biemüller
- Alfred Schwarz

Spruchkammer Nürnberg-Land
- Hanns Marx

Spruchkammer Fürth
- Otfried Schwarz
- Eduard Tipp
- Heinz Trabandt

Spruchkammer Lauf
- Hermann Orth
- Heinrich Rentsch

Spruchkammer Ansbach
- Erich Mayer

Spruchkammer Windsheim
- Ferdinand Leis

Spruchkammer Hersbruck
- Kurt Helm
- Konrad Völkl
- Paul Wiessmath

Akten der Staatsanwaltschaft Nürnberg-Fürth
- Nr. 2637 (KLs 230/48)
- Nr. 2643 (Ks6/50).
- Nr. 3070 (Ks1/51).

Landeskirchliches Archiv Nürnberg (LKANü)

Bestand Landeskirchenrat.

Bestand Pfarreien III/17 (Nachlass Pfarrer August Eckardt).

Pfarramtskasse der Pfarrei St. Jobst 1948.

Stadtarchiv Nürnberg (StaN)

C7/I, Nr. 2501 (Personalakte Hermann Luppe).

C18/II, Nr. 1013 (Personalakte Eduard Belzer).

C18/II, Nr. 9748 (Personalakte Heinrich Grube).

C18/II Nr. 11122 (Personalakte Kurt Mintzel).

F5 Nr. 430b (Zeitzeugeninterview Friedrich Bergold 31.10.1968).

Staatsarchiv Würzburg (StW)

Gestapostelle Würzburg, Nr. 17696 (Wolgast, Ernst).

Spruchkammer Würzburg, Nr. 12025 (Wolgast, Ernst).

Staatsarchiv Bamberg (StaB)

Spruchkammerakten

Spruchkammer Bamberg-Land

- L115 (Lier, Hans Wilhelm).

Spruchkammer Burglengenfeld

- Nr. H101 (Hindemith, Günther).

Spruchkammer Waldmünchen

- K64 (Klug, Heinrich).

Spruchkammer Wunsiedel

- R122 (Riediger, Fritz).

Staatsarchiv Augsburg (StA)

Spruchkammerakten

Spruchkammer Sonthofen

- D66 (Dix, Helmuth)
- K213 (Koch, Justus).

Spruchkammer Günzburg

- G235 (Schmieden, Werner von)
- T24 (Thilenius, Richard).

Archiv der Gedenkstätte Dachau

Nachlass Max Rau.

Hauptstaatsarchiv München (HStaMü)

Bestand Justizministerium: Richterpersonalakten
- Mju, Nr. 24793 (Brenner, Alfred).
- Mju, Nr. 24901 (Durchholz, Ernst)
- Mju, Nr. 24943 (Eser, Wilhelm).
- Mju, Nr. 25071 (Gierl, Georg)
- Mju, Nr. 25215 (Heinke, Erhard)
- Mju, Nr. 25236 (Hergenröder, Ignaz).
- Mju, Nr. 25463 (Kohr, Ludwig)
- Mju, Nr. 25517 (Kühn, Rudolf)
- Mju, Nr. 25612 (Maas, Wilhelm)
- Mju, Nr. 25653 (Mayer, Erich)
- Mju, Nr. 25656 (Mayer, Joseph)
- Mju, Nr. 25889 (Ratz, Paul)
- Mju, Nr. 26089 (Schmidt, Wilhelm)
- Mju, Nr. 26219 (Stangl, Christian)
- Mju, Nr. 26276 (Süß, Otto)
- Mju, Nr. 26639 (Krauss, Oskar)
- Mju, Nr. 26652 (Leiß, Ludwig)
- Mju, Nr. 26670 (Müller, Hermann)
- Mju, Nr. 26739 (Stübinger, Oskar).

Bestand Sonderministerium: Personalakten
- MSo, Nr. 5241 (Thoma, Alfred).

Nachlass Alfred Seidl

Staatsarchiv München (StMü)

Spruchkammerakten
Spruchkammer München
- K38 (Aschenauer, Rudolf)
- K 64 (Bandorf, Robert)
- K272 (Denzler, Leonhard)
- K289–291 (von Papen, Franz)
- K398 (Fellrath, Hermann)
- K475–477 (Fritzsche, Hans)
- K535 (Goltz, Rüdiger von der)
- K559 (Gringel, Herbert)
- K611–613 (Halder, Franz)
- K694 (Heß, Rudolf)

- K791 (Huppenkothen, Walter)
- K814 (Jodl, Alfred)
- K1026 (Leer, Eugen)
- K1071 (Lörner, Georg)
- K1097 (Maaß, Gustav)
- K3133 (Maurach, Reinhart)
- K1171 (Mezger, Edmund)
- K1186 (Mößmer, Ferdinand)
- K1194 (Moser, Franz)
- K1270 (Oeschey, Rudolf)
- K1280 (Osthues, Willy)
- K1336 (Pohl, Oswald)
- K1497 (Sauter, Fritz)
- K1498 (Scanzoni, Gustav von)
- K1508 (Seidl, Alfred)
- K1616 (Schlamp, Friedrich)
- K1782 (Stock, Hanns)
- K1973 (Wille, Siegfried).

Spruchkammer Starnberg
- K4598 (Keller, Rupprecht von)
- K4674 (Fritsch, Stefan).

Spruchkammer Miesbach
- K3516 (Schmitt, Walter).

Spruchkammer Traunstein
- K2565 (Koessl, Josef)
- K2573 (Lucht, Harald).

Spruchkammer Rosenheim
- K3896 (Kühn, Rudolf).

Rechtsanwaltspersonalakten des OLG München
- Nr. 1083 (Aschenauer, Rudolf)
- Nr. 1084 (Moser, Franz)
- Nr. 1859 (Jagwitz, Oskar von)
- Nr. 1890 (Stumpf, Otto Heinrich)
- Nr. 1993 (Osthues, Willy)
- Nr. 2052 (Kößl, Josef)
- Nr. 2935 (Mößmer, Ferdinand)
- Nr. 3536 (Menzel, Georg)
- Nr. 3718 (Horn, Martin).

Rechtsanwaltspersonalakten des Landgerichts München
- Nr. 17554 (Templer, Alfons).

Staatsanwaltschaften
- Nr. 17452 (Huppenkothen-Prozess)
- Nr. 28791 (Sepp Dietrich-Prozess)
- Nr. 30717 (Prozess gegen Zinkl u. a.).

Stadtarchiv München (StaMü)

Personalakten der Rechtsanwaltskammer München, Nr. 1534 (Sauter, Fritz).
Akten der Polizeidirektion München, PolDirektion, Nr. 749.

Universitätsarchiv München (UAM)

E-II Nr. 1267 (Personalakte Franz Exner).
E-II 2408 (Personalakte Reinhard Maurach).
L-NP-SS1937 (Promotionsakte Alfred Seidl).
L-IV-45 (Akte Reinhard Maurach).

Institut für Zeitgeschichte (IfZ)

MA 616 (Nachlass Walter Luetgebrune).
ED 115 (Nachlass Alfred Jodl).
ED 118 (Nachlass Otto Strasser).
ED 381 (Nachlass Karl Chmielewski).
ED 413 (Nachlass Theodor Busse).
ED 418 (Nachlass Rupprecht von Keller).
ED 427 (Nachlass Berthold Spangenberg).
ED 449 (Nachlass Margarethe Bitter).

Zeugenschrifttum
ZS 3122 (Taege, Herbert).
F128 (Bestand Alfred Seidl).
MS 200/84 (Interview Helmut Krausnick).

Prozessdokumente der Nürnberger Nachfolgeprozesse
- Fall 11
- Fall 12.

Rechtsanwaltskammer München

- Personalakte Rudolf Aschenauer
- Personalakte Stefan Fritsch
- Personalakte Alfred Seidl.

Hauptstaatsarchiv Stuttgart (HstaStu)

Offizierspersonalakten
- M430/2, Nr. 1345 (Mandry, Kurt).

Beamtenpersonalakten
- EA 2/150, Nr. 526 (Gringel, Herbert).

Rechtsanwaltspersonalakten
- EA 4/150, Nr. 904 (Rau, Max)
- EA 4/150, Nr. 1187 (Thilenius, Richard)
- EA 11/150 (Mandry, Kurt).

Presseschnittsammlung
- J191 (Löffler, Martin).

Landeskirchliches Archiv Stuttgart (LKASt)

D1 Nachlass Theophil Wurm.

Staatsarchiv Ludwigsburg (StLu)

Entnazifizierungsakten
- El 902/20, Nr. 77333 (Fischinger, Helmuth)
- El 902/20, Nr. 86788 (Lukowicz, Joachim von)
- El 902/20 Bü, Nr. 88759 (Wacker, Richard)
- El 902/20, Nr. 92556 (Böttcher, Conrad)
- El 902/20 Bü, Nr. 95230 (Löffler, Martin)
- El 902/20 Bü, Nr. 99358 (Mandry, Kurt).

Staatsarchiv Siegmaringen (StS)

- WÜ13T2 (Akten der Spruchkammer Reutlingen), Nr. 1625 (Rau, Max).

Staatsarchiv Freiburg (StaF)

Entnazifizierungsakten
- D180/2, Nr. 33712 (Gather, Gernot)
- D180/2, Nr. 9687 (Haensel, Carl)
- D180/2, Nr. Z227 (Drischel, Friedrich).

T1 Nachlass Friedrich Drischel.

Universitätsarchiv Freiburg

Bestand B1/4246

Generalstaatsarchiv Karlsruhe (GLAK)

Abt. 243 Zugang 2004-125, Nr. 11 (= Entschädigungsverfahren Hans-Richard Brieger).

Abt. 465a, 59 Nr. 1, Nr. 14260 (Wahl, Eduard).

Abt. 465a, 59 Nr. 3, Nr. 10919 (Fehsenbecker, Julius).

Stadtarchiv Ludwigshafen

N25 (Nachlass Friedrich-Wilhelm Wagner).

Universitätsarchiv Heidelberg (UAH)

Personalakte 6209 und 6210 (Wahl, Eduard).

H-II 371/3 (Fehsenbecker, Julius).

Hessisches Hauptstaatsarchiv Wiesbaden (HHStaWi)

Entnazifizierungsakten

- Abt. 520/D2, Nr. 518149 (Grünewald, Otto)
- Abt. 520/F, Nr. 1956 (Gentsch, Heinz)
- Abt. 520/F (A-2), Hendus, Heinrich
- Abt. 520/F (A-2) (Kamps, Walter)
- Abt. 520/F (A-2), Nr. 4704 (Müller, Rolf W.)
- Abt. 520/K-2, Nr. 5434 (Frohwein, Friedrich)
- Abt. 520/W (Betroffener), Nr. 6299 (Kauffmann, Kurt)
- Abt. 520/W(Betroffene), Nr. 13790 (Dietrich, Hans)
- Abt. 520/W (Betroffene), Nr. 26669 (Laternser, Hans)
- Abt. 520/W(Betroffene), Nr. 34367 (Trost, Margarete).

Hauptstaatsarchiv Düsseldorf: Abteilung Rheinland (HStaDü)

Rechtsanwaltspersonalakten

- BR-PE, Nr. 7362 (Pannenbecker, Otto)
- BR-PE, Nr. 3249 (Klefisch, Johannes)
- BR-PE, Nr. 4144 (Dix, Hellmuth)
- BR-PE, Nr. 4513 (Koch, Justus)
- BR-Pe, Nr. 15794 (Lummert, Günther)
- BR-PE, Nr. 18468 (Surholt, Johannes)
- BR-PE, Nr. 18643 (Servatius, Robert)
- BR-PE, Nr. 16012 (Klefisch, Theodor)
- BR-PE, Nr. 16059 (Kubuschok, Egon)
- BR-PE, Nr. 17114 (Nelte, Otto).
- BR-PE, Nr. 17183 (Pribilla, Hans).

Entnazifizierungsakten
- NW 1000, Nr. 17160 (Gierlichs, Hans)
- NW 1000, Nr. 20072 (Hartwich, Kurt)
- NW 1000-EÜ, Nr. 1914 (Mirow, Kurt)
- NW 1002 I, Nr. 13505 (Wecker, Fritz)
- NW 1037 A/Rg, Nr. 1182 (Bünger, Max)
- NW 1037BIII, Nr. 894 (Nelte, Otto)
- NW 1037BIII, Nr. 5938 (Berges, August).
- NW 1037 BIV, Nr. 2608 (Schlottmann, Henning)
- NW 1044, Nr. 33 (Hennig, Klaus)
- NW 1048/42, Nr. 570 (Knott, Heribert)
- NW 1049, Nr. 2291 (Klefisch, Theodor)
- NW 1049, Nr. 54820 (Mosler, Hermann)
- NW 1049, Nr. 79026 (Pribilla, Hans)
- NW 1049, Nr. 79576 (Kubuschok, Egon)
- NW 1057 ECON 20, Nr. 3470 (Scupin, Hans-Ulrich)
- NW 1099, Nr. 10187 (Milch, Werner)
- NW 1103, Nr. 3890 (Schulte, Ernst).

RWN Nr. 218 (Nachlass Wolfgang Pohle).
Rep. 242 (Verfahren gegen Werner Best, 1 Js 12/65 RSHA).

Akten des Landesverfassungsschutzes NRW
- NW 1159 Nr. 3 (Karteikarte Aschenauer, Rudolf)
- NW 650 Nr. 242 (Gespräche aus der Ferne).

Universitätsarchiv Köln (UAK)

Zugang 571, Nr. 239 (Personalakte Hermann Jahrreiß).
Zugang 725 (Nachlass Hermann Jahrreiß).
Zugang 598 (Entnazifizierung).

Historisches Archiv des Erzbistums Köln (HAEbK)

Bestand CR II (Nachlass Bischof Josef Frings).

Archiv für Christlich-Demokratische Politik, Sankt Augustin (ACDP)

I-237 (Nachlass Eduard Wahl).

Stadtarchiv Essen (StaE)

Bestand 1000 Nr. 55 (Generalamnestieausschuss).

Historisches Archiv Krupp in der Villa Hügel, Essen (HAK)

Bestand FAH 29.

Niedersächsisches Landesarchiv-Staatsarchiv Wolfenbüttel (StWo)

Entnazifizierungsakten
- 3Nds 92/1, Nr. 10414 (Bergmann, Joachim)
- 3Nds 92/1, Nr. 23208 (Vorwerk, Bernd).

Niedersächsisches Landesarchiv-Staatsarchiv Oldenburg

Entnazifizierungsakten
- Best. 351, Nr. 57245 (Wehage, Joseph).

Universitätsarchiv Göttingen

Personalakten
- Personalakte des Kuratoriums Professor Herbert Kraus
- Personalakte der Universität Königsberg Professor Herbert Kraus
- Personalakte Dr. Hans-Günther Seraphim.

Bestand Kuratorium 0854 (Nürnberger Apparat).

Hauptstaatsarchiv Hannover (HStaH)

Nds 710 (Personalakten des OLG Celle) Acc 87/99, Nr. 7 (Zwehl, Hans von).
Nds 755 (Landessozialgericht Niedersachsen) Acc 29/71, Nr. 1/1 (Ohlendorf, Otto).

Entnazifizierungsakten
- Nds. 171 Hildesheim, Nr. 16057 (Kraus, Herbert)
- Nds 171 Hildesheim, Nr. 38165 (Malz, Heinrich)
- Nds 171 Lüneburg, Nr. 15824 (Lummert, Günther).

Staatsarchiv Hamburg (StH)

Personalakten
- A2955 (Wandschneider, Erich)
- A2988 (Hennings, Walter)
- A3011 (Siemers, Walter).

Entnazifizierungsakten
- B221-11 LAM 1467 (Siemers, Walter)
- B221-11 F(P) 2261 (Meckel, Hans)
- B221-11 Z6775 (Richthofen, Bolko von)
- B221-11 27881KAT (Wandschneider, Erich).

Bestand 590/591 (Strafverfahren gegen Adolf von Bomhard).

Archiv der Hansestadt Lübeck (AHL)

Bestand Entnazifizierung, Nr. 16803 (Kranzbühler, Otto).

Landesarchiv Schleswig-Holstein (LASH)

Entnazifizierungsakten
- Abt. 460.19, Nr. 447.1 (Wittmack, Hans)
- Abt. 460.19, Nr. 513 (Stahmer, Otto)
- Abt. 460.19, Nr. 531 (Bross, Werner).

Abt. 786, Nr. 1392 (Kranzbühler, Otto).

Brandenburgisches Landesarchiv

Kammergericht Personalien Nr. 7531 (Flemming, Fritz).

Landesarchiv Berlin (LAB)

C Rep 301 (Personalakten des LG Berlin)
- Nr. 257 (Gollnick, Kurt)
- Nr. 1149 und 1150 (Pelckmann, Horst)
- Nr. 1154 (Peschke, Kurt)
- Nr. 1332 (Dix, Rudolf)
- Nr. 1461 (Behling, Kurt)
- Nr. 1546 (Nath, Herbert)
- Nr. 1626 (Lüdinghausen, Otto Freiherr von)
- Nr. 1683 (Schubert, Werner)
- Nr. 1732 (Surholt, Johannes)
- Nr. 1865 (Zwehl, Hans von)
- Nr. 2558 (von Rohrscheidt, Günter)
- Nr. 2763 (Metzler, Wolfram von).

C Rep 375 01–13 (Entnazifizierungsakten)
- Nr. 4738 A11 (Surholt, Johannes).

B-Rep 068 (Akten des Stadtgerichts Berlin)
- Nr. 2783 (Streese, Fritz)
- Nr. 3393 (Flächsner, Hans)
- Nr. 3681 (Peschke, Kurt).

Evangelisches Zentralarchiv Berlin (EZA)

Bestand 2 Kirchenkanzlei des EKD 1943–1968.

Bundesarchiv Berlin (BAB)

Zentrale Mitgliederkartei der NSDAP
- Rudolf Merkel (geb. 11.5.1905).

SS Personalakten
- Josef Kößl
- Ludwig Losacker
- Hans Merkel.

R3001 (Personalakten des Reichsjustizministeriums)
- Nr. 54398 (Dötzer, Karl)
- Nr. 56932 (Gawlik, Hans)
- Nr. 57013 und 57014 (Geißeler, Günter)
- Nr. 62144 (Joppich, Adalbert).
- Nr. 64526 (Kranzbühler, Otto)
- Nr. 78205 (Thiele-Fredersdorf, Herbert).

Die Behörde des Bundesbeauftragten für die Stasi-Unterlagen (BStU)

HA VIII/ RF 1765/19, Nr. 1110/55.
HA IX/11 AB 1485.
HA IX/11 AS 139/68.
HA IX/11 AV 3/80.
HA IX/11 FV 69/70.
HA IX/11 PA 41 Bd. I–III.
HA IX/11 PA 779.
HA IX/11 PA 2516.
HA IX/11 PA 3410.
HA IX/11 ZAVI 1354 Bd. 5.
HA XX AP Nr. 10312/92.

ZFG ZAIG, Nr. 10866.

Politisches Archiv des Auswärtigen Amtes, Berlin (PAAA)

Nachlass Hellmut Becker.
Nachlass Werner von Schmieden.

Personalakten
- PA Nr. 11 (Ernst Achenbach)
- PA Nr. 54873 (Horst Pelckmann)

- PA Nr. 48419 (Hans Gawlik)
- PA Nr. 54174 (Heinz Nagel)
- PA Nr. 49620 (Gottfried Hecker).

Bestand B83 (Strafrechtsabteilung des Auswärtigen Amtes).

Bundesarchiv Freiburg (BAF)

N431 (Nachlass Hans Laternser).
N528 (Nachlass Hans Frießner).
N883 (Nachlass Hans Georg Schätzler).

Akten deutscher Militäreinheiten im Zweiten Weltkrieg
- RH 41/236 (II Artillerie Abt. 62 (mot.))

Offizierspersonalakten
- RW 59/1330 (Servatius, Robert).

Bundesarchiv Ludwigsburg (BAL)

B162 (Bestand Zentrale Stelle Ludwigsburg).

Zentrale Stelle Ludwigsburg (ZStLu)

Bestand VS III 54/271.

Bundesarchiv Koblenz (BAK)

Bestand All Proz 3 (Verteidigerakten)
- Kurt Behling
- Joachim Bergmann
- Hans Gawlik
- P. H. Gordan
- Theodor Klefisch
- Justus Koch
- Otto Kranzbühler
- Kurt Mintzel
- Heinz Nagel
- Horst Pelckmann
- Alfred Thoma.

Bestand All Proz 4 (Falkenhausen-Prozess).

Bestand All Proz 6 (Eichmann-Prozess).

Bestand All Proz 21 (Prozesse gegen Deutsche im Ausland).

N263 Nachlass Kurt Rheindorf.

N276 Nachlass Johann Ludwig Graf Schwerin von Krosigk.

N1120 Nachlass Friedrich Grimm.

N1146 Nachlass Paul Leverkühn.

N1292 Nachlass Wilhelm Stuckart.

N1340 Nachlass Alfred Speer.

N1470: Nachlass Robert Kempner.

N1583 Nachlass Otto Stahmer.

N1634 Nachlass Otto Ohlendorf.

Bestand Z42 (Spruchgerichtsverfahren)
- Bergmann, Joachim
- Hennings, Walter
- Joppich, Adalbert
- Malz, Heinrich
- Merkel, Hans
- Ranz, Werner
- Seydel, Helmut.

Ton 1040 (Interview mit Otto Kranzbühler am 19.1.1986).

Bestand B305 Zentrale Rechtsschutzstelle.

B Publizierte Quellen

Der Prozess gegen die Hauptkriegsverbrecher vor dem Internationalen Gerichtshof Nürnberg 14. November 1945–1. Oktober 1946, 22 Bde., Nürnberg 1947.

Malmedy Massacre Investigation Report of Subcommittee of the Committee on Armed Services United States Senate, Eighty-First Congress, Washington 1949.

Malmedy Massacre Investigation Hearings before a Subcommittee of the Committee on Armed Services United States Senate, Eighty-First Congress, 2 Vol., Washington 1949.

Plenarprotokolle des Deutschen Bundestags, 230 Bundestag (17.9.1952).

Trials of War Criminals before the Nuremberg Military Tribunals, 22 Vol., Washington D.C. 1949.

C Publizierte Literatur der Nürnberger Verteidiger

Aschenauer, Rudolf: Der vergessene Friede von Münster, München 1979.

Ders. [Hg.]: Die Andere Seite, München 1950–1956.

Ders. [Hg.]: Ich, Adolf Eichmann. Ein historischer Zeugenbericht, Leoni am Starnberger See 1981.

Ders.: Krieg ohne Grenzen. Der Partisanenkampf gegen Deutschland 1939–1945, Leoni am Starnberger See 1982.

Ders.: Landsberg. Ein dokumentarischer Bericht von deutscher Seite, München 1951.

Ders.: Macht gegen Recht. Unbekanntes Material aus der amerikanischen und britischen Kriegsverbrecher-Praxis, München 1952.

Ders.: Um die Problematik des richterlichen Nachprüfungsrechtes und der richterlichen strafrechtlichen Haftung unter besonderer Berücksichtigung der Rechtsprechung an den amerikanischen Militärgerichtshöfen in Nürnberg, Erlangen 1949.

Ders.: Zur Frage einer Revision der Kriegsverbrecherprozesse, Nürnberg 1949.

Becker, Hellmut/Hager, Frithjof: Aufklärung als Beruf. Gespräche über Bildung und Politik, München/Zürich 1992.

Becker, Hellmut: Die Nürnberger Prozesse: Siegerjustiz oder Gerichtshof der Völker, in: Wollenberg, Jörg [Hg.]: „Von der Hoffnung aller Deutschen" – Wie die BRD entstand 1945 bis 1949, Köln 1991.

Ders.: Es geht nicht nur um die Feldmarschälle. Ein Vorschlag zur Lösung der Kriegsverbrecherfrage, in: Süddeutsche Zeitung (18/19.10.1952).

Ders.: Gericht der Politik, in: Merkur 4 (1950), S. 1292–1308.

Ders.: Henker unter uns, in: Merkur 12 (1958), S. 1202 f.

Ders.: Recht der Sieger, in: Die Zeit (14.9.1950).

Ders.: Weizsäcker im Wilhelmstraßen-Prozess, in: Filmer, Werner/Schwan, Heribert: Richard von Weizsäcker. Profile eines Mannes, München 1985, S. 64–68.

Behling, Kurt: Das Nürnberger Juristenurteil, in: Schleswig-Holsteinische Anzeiger. Ministerialjustizblatt für Schleswig-Holstein, Februar 1948, S. 37–41.

Ders.: Die Schuldaussprüche im Nürnberger Juristenprozess, in: Archiv des Völkerrechts 2 (1947), S. 412–422.

Ders.: Nürnberger Lehren, in: Juristische Rundschau 1949, S. 502–505.

Ders.: Rezension zu Hans-Heinrich Jescheck: Die Verantwortlichkeit der Staatsorgane nach Völkerstrafrecht, in: Monatsschrift für Deutsches Recht 1953, S. 74 f.

Bergold, Friedrich: Nürnberger Prozess: kein Aufbruch zu neuen Ufern. Internationales Tribunal wollte mehr als ein normales Verfahren gegen Verbrecher, aber es hat keine Maßstäbe zu setzen vermocht – kritische Gedanken dazu, in: Nürnberger Nachrichten (21./22.11 1970).

Bross, Werner: Gespräche mit Hermann Göring, Flensburg u. a. 1950.

Dix, George C.: All Facilities Authorized („Hat Anspruch auf alle Erleichterungen"), in: Monthly Bulletin of United States German Chamber of Commerce New York 2 (25.9.1948).

Dix, Hellmuth: Die Urteile in den Nürnberger Wirtschaftsprozessen, Neue Juristische Wochenschrift (1949), S. 647–652.

Dix, Rudolf: Die rechtliche Stellung des Verteidigers zum Angeklagten, Leipzig 1907.

Ders.: Totaler Staat und freie Advokatur, in: Deutsche Juristen-Zeitung 1934, Sp. 243–246.

Ders.: Ziele der deutschen Demokratie. Rede, gehalten zur Vorbereitung des 1. Demokratischen Parteitages im demokratischen Club zu Berlin am 15. Juli 1919, Berlin 1919.

Grewe, Wilhelm: Ein Leben mit Staats- und Völkerrecht im 20. Jahrhundert, in: Freiburger Universitätsblätter 31 (1992), S. 25–40.

Ders./Küster, Otto: Nürnberg als Rechtsfrage, Eine Diskussion, Stuttgart 1947.

Grube, Heinrich: Der Einbau der nationalsozialistischen Organisation in den Staat, Nürnberg 1934.

Haensel, Carl/Strahl, Richard: Außenpolitisches ABC. Ein Stichwörterbuch, Stuttgart 1935.

Haensel, Carl: Das Gericht vertagt sich. Aus dem Tagebuch eines Nürnberger Verteidigers, Hamburg 1950.

Ders.: Das Organisationsverbrechen. Nürnberger Betrachtungen zum Kontrollratsgesetz Nr. 10, München/Berlin 1947.

Ders.: Das Urteil im Nürnberger Juristenprozess, in: Deutsche Rechts-Zeitschrift 1948, S. 40–43.

Ders./Robert Kempner [Hgg.]: Das Urteil im Wilhelmstraßen-Prozess, Schwäbisch-Gmünd 1950.

Ders.: Der Ausklang von Nürnberg, in: Deutsche Rechts-Zeitschrift 1949, S. 367–370.

Ders.: Die zyklische Wiederkehr des Naturrechts. Abschließende Betrachtungen über die Nürnberger Prozesse, in: Schweizerische Zeitschrift für Strafrecht 65 (1950), 253–294.

Ders.: Nürnberger Probleme, in: Deutsche Rechts-Zeitschrift 1946, S. 67–69.

Ders.: The Nuremberg Trial Revisited, in: DePaul Law Review 13 (1963/1964), S. 248–259.

Ders.: Zum Nürnberger Urteil: 2. Beitrag: Schuldprinzip und Gruppenkriminalität, in: Süddeutsche Juristenzeitung 1947, S. 19–25.

Hecker, Gottfried: Der völkerrechtliche Wohnsitzbegriff. Untersuchungen in Anknüpfung an den griechisch-türkischen Streit über den Bevölkerungstausch, Berlin 1931.

Heintzeler, Wolfgang: Im Jahrhundert extremer Turbulenz, Herford 1988.

Horn, Martin: Die geschichtliche Entwicklung des neuzeitlichen Neutralitätsbegriffes, Würzburg 1936.

Ders.: Halder. Schuld oder Tragik?, München 1948.

Ders./Vogel, Karl: Kameradschaft für Narvik. Marsch nach dem Norden, Innsbruck 1942.

Ders.: Norwegen zwischen Krieg und Frieden, Innsbruck 1941.

Jahrreiß, Hermann: Chamberlains Friedensplan und der englische Weltordnungsanspruch Köln 1940.

Ders.: Das Problem der rechtlichen Liquidation des Weltkriegs für Deutschland. Ein Beitrag zur Grundlehre vom Recht und zur Völkerrechtstheorie, Leipzig 1924.

Ders.: Deutschland und Europa, Köln 1939.

Ders.: Europa- Afrika. Die Welt zwischen Nordkap und Südkap, Leipzig/Berlin 1940.

Ders./Bauer, Fritz: Interview, in: Kölner Stadtanzeiger (19/20.12.1964).

Ders.: Völkerbundmitgliedschaft und Reichsverfassung, Leipzig 1926.

Ders: Völkerrechtliche Großraumordnung. Bemerkungen zu einer Schrift von Carl Schmitt, in: Zeitschrift der Akademie für Deutschs Recht 6 (1939), S. 608 f.

Joppich, Adalbert: Sowjetrussisches Völkerrechtsdenken, Göttingen 1958.

Keller, Rupprecht von: Die Geisel im modernen Völkerrecht, München 1932.

Ders.: Lebensbericht, 2 Bde., München 2001.

Klefisch, Theodor: Die nat.-soz. Euthanasie im Blickfeld der Rechtsprechung und Rechtslehre, in: Monatsschrift für Deutsches Recht 1950, S. 258–265.

Ders.: Die Stellung des Strafverteidigers im Licht der heutigen Rechtsanschauung (Auszug aus einem Vortrag des Verfassers vor den Kölner Richtern am 3. Oktober 1935), in: Juristische Wochenschrift 64 (1935), S. 3350–3353.

Ders: Gedanken über Inhalt und Wirkung des Nürnberger Urteils, in: Juristische Rundschau 1947, S. 45–49.

Kranzbühler, Otto: Der letzte Auftrag meines Admirals, in: Der Stern 19 (1966), S. 94 f.

Ders.: Nürnberg als Rechtsproblem, in: Apelt, Willibald [Hg.]: Um Recht und Gerechtigkeit. Festgabe für Erich Kaufmann zu seinem 70. Geburtstage, 21.9.1950, überreicht von Freunden, Verehrern und Schülern, Stuttgart 1950, S. 219–237.

Ders.: Nuremberg Eighteen Years Afterwards, in: DePaul Law Review 14 (1965/65), S. 339–347.

Ders.: Rückblick auf Nürnberg, Hamburg 1949.

Ders.: Warum war Nürnberg unvollkommen? Die Überwindung eines Erlebnisses, in: Frankfurter Allgemeine Zeitung (12.5.1953).

Ders.: Wert oder Unwert historischer Strafprozesse – erörtert am Nürnberger Beispiel, in: Forster, Karl/Mösl, Albert [Hgg.]: Möglichkeiten und Grenzen für die Bewältigung historischer und politischer Schuld in Strafprozessen, Würzburg 1962, S. 13–36.

Kraus, Herbert: Buchbesprechung zu Schmitt. Carl: Nationalsozialismus und Völkerrecht, in: Niemeyers Zeitschrift für Internationales Recht 50 (1935), S. 151–161.

Ders.: Das zwischenstaatliche Weltbild des Nationalsozialismus, in: Juristische Wochenschrift, S. 2418–2423.

Ders.: Die Krise des zwischenstaatlichen Denkens. Eine Bilanz, Göttingen 1933.

Ders.: Gedanken zum Staatsethos im internationalen Verkehr. Vortrag gehalten anlässlich der 1. Jahresversammlung der Königsberger Gelehrten Gesellschaft am 10.1.1925, Berlin 1925.

Ders: Geleitwort, in: Heinze, Kurt/Schilling, Karl: Die Rechtsprechung der Nürnberger Militärtribunale. Sammlung der Rechtsthesen der Urteile und gesonderten Urteilsbegründungen der dreizehn Nürnberger Prozesse, Bonn 1952, S. V–VI.

Ders.: Gerichtstag in Nürnberg, Hamburg 1947.

Ders.: Interesse und zwischenstaatliche Ordnung, in: Niemeyers Zeitschrift für Internationales Recht 49 (1934), S. 22–65.

Ders.: Kontrollratsgesetz Nr. 10, Hamburg 1948.

Ders.: The Nuremberg Trial of the Major War Criminals: Reflections after Seventeen Years, in: DePaul Law Review 13 (1963/1964), S. 233–247.

Ders.: Zur Einführung, in: Ders. [Hg.]: Die im Braunschweiger Remerprozess erstatteten moraltheologischen und historischen Gutachten nebst Urteil, Hamburg 1953, S. 7–8.

Ders.: Zur Frage des Eintritts Deutschlands in den Völkerbund, in: Zeitschrift für die gesamte Staatswissenschaft 79 (1925), S. 173–230.

Laternser, Hans: Die anderer Seite im Auschwitzprozess 1963/65. Reden eines Verteidigers, Stuttgart 1966.

Ders.: Der Zweite Weltkrieg und das Recht, in: Picht, Werner [Hg.]: Bilanz des Zweiten Weltkrieges. Erkenntnisse und Verpflichtungen für die Zukunft, Oldenburg u. a. 1953, S. 403–419.

Ders.: Looking Back at the Nuremberg Trials with Special Consideration of the Processes against Military Leaders, in: Whittier Law Review 8 (1986/87), 557–580.

Ders.: Verteidigung deutscher Soldaten, Bonn 1950.

Leverkühn, Paul: Der geheime Nachrichtendienst der Wehrmacht im Kriege, Frankfurt a.M. 1960.

Ders.: Posten auf ewiger Wache. Aus dem abenteuerreichen Leben des Max von Scheubner-Richter, Essen 1938.

Ders.: Verteidigung Manstein, Hamburg 1950.

Liebetreu, Elisabeth: Die Testamentsform im Deutschen Internationalen Privatrecht, Zeulenroda 1936.

Lippe, Viktor von der: Nürnberger Tagebuchnotizen. November 1945 bis Oktober 1946, Frankfurt a.M. 1951.

Ders.: Wider die politische Justiz, in: Politische Literatur 2 (1953), S. 358–360.

Löffler, Martin: Vereinigte Staaten von Amerika, Versailler Vertrag und Völkerbund, Berlin 1932.

Lummert, Günther: Die Strafverfahren gegen Deutsche im Ausland wegen „Kriegsverbrechen“, Rechtsgutachten mit Gesetzestexten, Hamburg 1949.

Ders.: Leitheft 1. Einführung in die allgemeinen Rechtsfragen der Spruchgerichtsverfahren, Hamburg/Nürnberg 1947.

Ders.: Internationaler und sozialer Frieden durch Gerechtigkeit, 2. Aufl., Köln 1963.

Ders.: Macht und Brüderlichkeit. Gedanken zur Integration der Menschheit und ihrer Staaten, Bern 1965.

Maschke, Hermann: Das Krupp-Urteil und das Problem der „Plünderung", Göttingen 1951.

Meckel, Hans: Die deutsche Seekriegsführung vor Gericht. Ein Rückblick zum 16. September 1971, in: MOH-Nachrichten 1971, S. 157–159.

Metzler, Wolfram von: Die auswärtige Gewalt der Sowjetunion, Berlin 1930.

Mezger, Edmund: Strafrecht. Ein Lehrbuch, 2. Aufl., München u. a. 1933.

Mosler, Hermann: Die Intervention im Völkerrecht, Berlin 1937.

Müller, Hermann/Kleinknecht, Theodor/Reitberger, Leonhard: Kommentar zur Strafprozessordnung, Darmstadt u. a. 1954.

Nelte, Otto: Die Generale. Das Nürnberger Urteil und die Schuld der Generale, Hannover 1947.

Pannenbecker, Otto [Hg.]: Geheim! Dokumentarische Tatsachen aus dem Nürnberger Prozess, Düsseldorf 1947.

Ders.: The Nuremberg War-Crimes Trial, in: De Paul Law Review 13 (1964/1965), S. 348–358.

Pohle, Wolfgang: Der Einzelne im Konflikt zwischen Völkerrecht und nationalem Recht, Essen 1953.

Pracht, Karl: Der Gesetzesvorspruch, Erlangen 1937.

Ratz, Paul: Grundsätze eines neuen Zivilprozesses, in: Archiv der civilistischen Praxis 21 (1935), S. 1–64.

Reintges, Heinz: Wendezeiten. Im Strom des Jahrhunderts, im Dienst der Industrie, im Bann der Kohlenpolitik, Essen 1989.

Richthofen, Bolko von: Als Zeuge in Nürnberg, Kiel 1987.

Ders. [Hg.]: Bolschewistische Wissenschaft und „Kulturpolitik", Königsberg u. a. 1942.

Ders.: Kriegsschuld 1939–1941. Der Schuldanteil der anderen, Kiel 1981.

Robinson, Joseph S.: Punishment of War Criminals, in: The Judge Advocate Journal 2 (1945), No. 3, S. 13–22.

Schilf, Alfred: Die rechtsphilosophischen Voraussetzungen des Satzes nulla poena sine lege, o.O., o.D.

Schmidt-Leichner, Erich: Angeklagter, Staatsanwalt und Verteidiger im künftigen Strafprozess, in: Deutsches Strafrecht 3 (1937), S. 247–255.

Ders.: Interview, in: Der Stern (28.3.1974), S. 135–147.

Ders.: Unrechtsbewusstsein und Irrtum in ihrer Bedeutung für den Vorsatz im Strafrecht, Breslau 1935.

Schmitt, Carl/Quaritsch, Helmut: Das internationalrechtliche Verbrechen des Angriffskrieges und der Grundsatz „Nullum crimen, nulla poena sine lege", Berlin 1994.

Ders.: Glossarium, Berlin 1991.

Schwinge. Erich: Ein Juristenleben im zwanzigsten Jahrhundert, Frankfurt a.M., 1997.

Ders.: Summarische Exekutionen, in: Hamm, Rainer [Hg.]: Festschrift für Erich Schmidt-Leichner zum 65. Geburtstag, München 1977, S. 185 – 206.

Seidl, Alfred: Der Beginn der Straftat, Würzburg 1938.

Ders.: Kriegsverbrecherprozesse gegen Deutsche 1945 bis 1985, in: Hueber, Alfons [Hg.]: 8. Mai 1945. Ein Tag der Befreiung?, Tübingen u. a. 1987, S. 163–212.

Seraphim, Hans-Günther: Die deutsch-russischen Beziehungen 1939–1941, Hamburg 1949.

Ders.: Die Erschließung der Nürnberger Prozessakten, in: Der Archivar 28 (1975), S. 417–422.

Ders.: Entwurf zu einem Gutachten über Motive der Widerstandskämpfer vom 20. Juli 1944, in: Kraus, Herbert [Hg.]: Die im Braunschweiger Remerprozess erstatteten moraltheologischen und historischen Gutachten nebst Urteil, Hamburg 1953, S. 49–56.

Ders.: Nachkriegsprozesse und zeitgeschichtliche Forschung, in: Kruse, Hans [Hg.]: Mensch und Staat in Recht und Geschichte. Festschrift für Herbert Kraus zur Vollendung seines 70. Lebensjahres dargebracht von Freunden, Schülern und Mitarbeitern, Kitzingen 1954, S. 436–455.

Ders.: SS-Verfügungstruppe und Wehrmacht, in: Wehrwissenschaftliche Rundschau 5 (1955), S. 569–585.

Servatius, Robert: Verteidigung Adolf Eichmann, Bad Kreuznach 1961.

Steinbauer, Gustav: Die Euthanasie im Lichte des Nürnberger Ärzteprozesses, Wien 1949.

Ders.: Ich war Verteidiger in Nürnberg. Ein Dokumentenbeitrag zum Kampf um Österreich, Klagenfurt 1950.

Thiele-Fredersdorf, Herbert: Das Urteil des Militärgerichtshofes Nr. III im Nürnberger Juristen-Prozess, in: Neue Juristische Wochenschrift 1947, S. 122–126.

Unger, Marta: Das Diktat von Versailles in: NS-Frauenwarte 6 (1937), unpaginiert.

Dies.: Über die Arbeit der Abteilung Grenz- und Ausland im deutschen Frauenwerk, in: NS-Frauenwarte 6 (1937), unpaginiert.

Dies.: Wird völkerrechtlich gebotenes Landesrecht vom Wegfall des zugrunde liegenden Völkerrechts berührt?, Berlin 1937.

Wahl, Eduard: Eine deutsche Verteidigung. Das Plädoyer von Prof. Dr. E. Wahl im Nürnberger Prozess gegen die Angeklagten der deutschen Wirtschaft, in: Der Ruf (15.2.1949).

Ders.: Grundfragen der Nürnberger Prozesse, Ein Vortrag, gehalten am 12.12.1947 im Rahmen der Professoren-Vorträge der Universität Heidelberg, in: Kunkel, Wolfgang: Aus Leben und Forschung der Universität 1947/48, Berlin u. a. 1950, S. 76–98.

Ders.: Besprechung zu: Ernst Achenbach: Der briefliche und telegraphische Vertrag im vergleichenden und internationalen Privatrecht unter Berücksichtigung des deutschen, englischen, französischen und italienischen Rechts, Leipzig 1934, in: Rabels Zeitschrift für ausländisches und internationales Privatrecht 10 (1936), S. 1070–1072.

Weizsäcker, Richard von: Der 8. Mai 1945 – vierzig Jahre danach. Rede zum 40. Jahrestag des 8. Mai 1945, Deutscher Bundestag am 8. Mai 1985, in: Ders.: Brücken zur Verständigung. Reden, Berlin 1990, S. 31–46.

Ders.: Die „Bamberger Rede“ des Bundespräsidenten Richard von Weizsäcker [Schriften der Stadt Bamberg 2], Bamberg 1988.

Ders./Gräfin Dönhoff, Marion: Wider die Selbstgerechtigkeit der Nachgeborenen. Wehrmachtsverbrechen und die Männer des 20. Juli, in: Die Zeit (8.3.1996).

Ders.: Vier Zeiten. Erinnerungen, München 2010.

Wolgast, Ernst: Grundriss des Völkerrechts. Teil 1: Allgemeine Grundlagen, Hannover 1950.

Ders.: Nationalsozialismus und Völkerrecht, in: Zeitschrift für Völkerrecht 18 (1934), S. 129–132.

Ders.: Seemacht und Seegeltung entwickelt an Athen und England, Berlin 1944.

Ders.: Völkerrecht, Berlin 1934.

Ders.: Wolgast, Völkerecht. Eine Kritik, in: Völkerbund und Völkerrecht 3 (1936), S. 606–611.

Zwehl, Hans von : Die Versenkung der „Llandovery Castle“. Ein Beitrag zur Verurteilung der deutschen „Kriegsverbrecher“ Boldt und Dithmar durch das Reichsgericht in Leipzig, München 1922.

Ders.: Frühlingsschlacht. Schauspiel in vier Aufzügen, Berlin 1935.

D Sekundärliteratur

Ahrens, Dietrich (auch Ahrens, Hans-Dietrich): Demontage. Nachkriegspolitik der Alliierten, München 1982.

Ders.: Stop the Trust-Busters Now, Essen o.D.

Ders.: Weltbürgertum, Amerikanismus und Deutschtum in der Weltanschauung von Karl Schurz. Ein Beitrag zum Verständnis seiner Persönlichkeit, Frankfurt a.M. 1940.

Ahrens, Ralf: Der Exempelkandidat. Die Dresdner Bank und der Nürnberger Prozess gegen Karl Rasche, in: Vierteljahreshefte für Zeitgeschichte 52 (2004), S. 637–670.

Ders.: Die Dresdner Bank 1945–1947. Konsequenzen und Kontinuitäten nach dem Ende des NS-Regimes, München 2007.

Ders.: Die nationalsozialistische Raubwirtschaft im Wilhelmstraßen-Prozess, in: Priemel, Kim/ Stiller, Alexa [Hgg.]: NMT. Die Nürnberger Militärtribunale zwischen Geschichte, Gerechtigkeit und Rechtschöpfung, Hamburg 2013, S. 353–375.

Aly, Götz/Heim, Susanne: Vordenker der Vernichtung. Auschwitz und die deutschen Pläne für eine neue europäische Ordnung, Frankfurt a.M. 1997.

Amann, Diane Marie: Portraits of Women at Nuremberg, in: International Humanitarian Dialogs, http://www.roberthjackson.org/files/portraits-of-women-at-nuremberg.pdf, aufgerufen am 15.2.2015.

Angermund, Ralph: Deutsche Richterschaft 1919–1945. Krisenerfahrung, Illusion, politische Rechtsprechung, Frankfurt a.M. 1991.

Arnold, Klaus Jochen: Verbrecher aus eigener Initiative? Der 20. Juli und die Thesen Christian Gerlachs, in: Geschichte in Wissenschaft und Unterricht 53 (2002), S. 20–31.

Artzt, Heinz: Zur Abgrenzung von Kriegsverbrechen und NS-Verbrechen, in: Rückerl, Adalbert [Hg.]: NS-Prozesse nach 25 Jahren Strafverfolgung. Möglichkeiten, Grenzen, Ergebnisse, 2. Aufl., Karlsruhe 1972, S. 163–194.

Baberowski, Jörg [Hg.]: Jenseits der Totalitarismustheorie? Nationalsozialismus und Stalinismus im Vergleich, in: Zeitschrift für Geschichtswissenschaft. Themenheft der Zeitschrift für Geschichtswissenschaft 52 (2009), S. 966–1064.

Bachmann, Christoph: Schuld und Sühne? Die Verfolgung von NS-Verbrechen durch oberbayerische Justizbehörden und ihre archivische Aufarbeitung im Staatsarchiv München, in: Zeitschrift für bayerische Landesgeschichte 68 (2005), S. 1135–1179.

Bake, Rita: Edith Rauschning-Asher http://www.hamburg.de/clp/frauenbiografien-namensregister/clp1/hamburgde/onepage.php?BIOID=3345&qR=R, aufgerufen am15.2.2015.

Baird, Jay: To Die for Germany: Heroes in the Nazi Pantheon, Bloomington u. a. 1990.

Baldow, Beate: Episode oder Gefahr? Die Naumann-Affäre (Dissertation Freie Universität Berlin 2013), http://www.diss.fu-berlin.de/diss/receive/FUDISS_thesis_000000094873, aufgerufen am 15.2.2015.

Bantekas, Ilias: International Criminal Law, 4th Edition, Oxford/ Portland, 2010.

Barnes, James J./Barnes, Patience P.: Nazi Refugee Turned Gestapo Spy. The Life of Hans Wesemann 1895–1971, Westport u. a. 2001.

Baraldi, Claudio: Politik, in: Ders. u. a.[Hg.] GLU. Glossar zu Niklas Luhmann, Frankfurt a.M. 1997, S. 135–139.

Barnes, James J./Barnes, Patience P.: Nazis in Pre-War London 1930–1939. The Fate and Role of German Party Members and British Sympathizers, Brighton u. a. 2005.

Bavaj, Riccardo: Otto Kirchheimers Parlamentarismuskritik in der Weimarer Republik. Ein Fall von „Linksschmittianismus“?, in: Vierteljahrsschrift für Zeitgeschichte 55 (2007), S. 33–51.

Bayer, Alfred: Der kleine Volksvereinsprozess im Dezember 1933 in Mönchengladbach. Seine Folgen für den Volksverein, die Angeklagten und die beteiligten Richter und Rechtsanwälte, Mönchengladbach 1982.

Bazyler, Michael J./Tuerkheimer, Frank M.: Forgotten Trials of the Holocaust, New York/London 2014.

Bebnowski, David: Generation und Geltung. Von den „45ern“ zur „Generation Praktikum” – übersehene und etablierte Generationen im Vergleich, Bielefeld 2012.

Benkert, Christopher: Die Juristische Fakultät der Universität Würzburg 1914 bis 1960, Würzburg 2004.

Benton, Wilbourn E./Grimm, Grimm: Nuremberg. German Views if the War Trials, Dallas 1955.

Benz, Wolfgang: Auftrag Demokratie. Die Gründungsgeschichte der Bundesrepublik und die Entstehung der DDR 1945–1949, Bonn 2010.

Ders.: [Hg.]: Deutschland unter alliierter Besatzung 1945–1949/55. Ein Handbuch, Berlin 1999.

Ders. u. a. [Hgg.]: Lexikon des deutschen Widerstandes, Frankfurt 1994.

Ders. [Hg.]: Wie wurde man Parteigenosse? Die NSDAP und ihre Mitglieder, Frankfurt a.M. 2009.

Berger, Françoise/Joly, Hervé: „Fall 13". Das Rastatter Röchling-Verfahren, in: Priemel, Kim/ Stiller, Alexa [Hgg.]: NMT. Die Nürnberger Militärtribunale zwischen Geschichte, Gerechtigkeit und Rechtschöpfung, Hamburg 2013, S. 464–490.

Bernsmann, Klaus: „Entschuldigung" durch Notstand. Studien zu § 35 StGB, Köln u. a. 1989.

Biddle, Francis: In Brief Authority, New York 1962.

Binding, Kurt: Der strafrechtliche Staatsnotstand, Coburg 1931.

Black, Peter: Ernst Kaltenbrunner. Vasall Himmlers: eine SS-Karriere, Paderborn u. a. 1991.

Bloch, Michael: Ribbentrop, London 2002.

Block, Martin/Schulz, Birgit: Die Anwälte. Ströbele, Mahler, Schily. Eine deutsche Geschichte, Köln 2010.

Bloxham, David: Genocide on Trial, Oxford 2005.

Bösch, Frank/Goschler, Constantin: Der Nationalsozialismus und die deutsche Public History, in: Dies. [Hgg.]: Public History. Öffentliche Darstellungen des Nationalsozialismus jenseits der Geschichtswissenschaft, Frankfurt/New York 2009, S. 7–23.

Bonacker, Max: Goebbels' Mann beim Radio. Der NS-Propagandist Hans Fritzsche (1900–1953), München 2007.

Borgstedt, Angela: Entnazifizierung in Karlsruhe 1946 bis 1951. Politische Säuberung im Spannungsfeld von Besatzungspolitik und lokalpolitischem Neuanfang, Konstanz 2001.

Bottlenberg-Landsberg, Maria Theodora von dem: Karl Freiherr von und zu Guttenberg 1902–1945. Ein Lebensbild, Berlin 2003.

Bourdieu, Pierre: Die biographische Illusion, in: Fetz, Bernhard/Hemecker, Wilhelm [Hgg.]: Theorie der Biographie. Grundlagentexte und Kommentare, Berlin/New York 2011, S. 303–310.

Ders.: The Force of Law: Towards a Sociology of the Juridical Field, in: The Hastings Law Journal 38 (1987), S. 805–853.

Bower, Tom: Blind Eye to Murder. Britain, America and the Purging of Nazi Germany. A Pledge Betrayed, London 1981.

Brand, Hans Joachim: Historisches und Persönliche aus der Rechtsanwaltskammer Celle, 2. Aufl., Celle 2004.

Braun, Günter: Friedrich Wilhelm Wagner (1874–1971). Vom Hemshofjungen zum Verfassungsrichter, in: Geis, Manfred [Hg.]: Die pfälzische Sozialdemokratie. Beiträge zu ihrer Geschichte von den Anfängen bis 1948/49, Ebenkoben 1999.

Breuer, Stefan: Anatomie der Konservativen Revolution, Darmstadt 1993.

Breyer, Wolfgang: Dr. Max Merten. Ein Militärbeamter der deutschen Wehrmacht im Spannungsfeld zwischen Legende und Wahrheit, Dissertation Universität Mannheim 2003, https://ub-madoc.bib.uni-mannheim.de/77/, aufgerufen am 15.02.2015.

Bristler, Eduard (= Pseudonym von Herz, John): Die Völkerrechtslehre des Nationalsozialismus, Zürich 1938.

Brochhagen, Ulrich: Nach Nürnberg. Vergangenheitsbewältigung und Westintegration in der Ära Adenauer, Hamburg 1994.

Broszat, Martin: Siegerjustiz oder strafrechtliche „Selbstreinigung", in: Vierteljahreshefte für Zeitgeschichte 29 (1981), S. 477–544.

Brown-Fleming, Suzanne: The Holocaust and Catholic Conscience: Cardinal Aloysius Muench and the Guilt Question in Germany, Notre Dame u. a. 2006.

Brünneck, Alexander von: Politische Justiz gegen Kommunisten in der Bundesrepublik Deutschland 1949–1968, Frankfurt a.M. 1978.

Brunn, Hellmut/Kirn, Thomas: Rechtsanwälte, Linksanwälte 1971–1981. Das Rote Jahrzehnt vor Gericht, Frankfurt a.M. 2004.

Brunner, Bernhard: Der Frankreich-Komplex. Die nationalsozialistischen Verbrechen in Frankreich und die Justiz der Bundesrepublik Deutschland, Göttingen 2004.

Bryant, Michael: Eyewitness to Genocide. The Operation Reinhard Death Camp Trials, 1955–1966, Knoxville 2004.

Buchheim, Hans: Fördernde Mitgliedschaft bei der SS, in: Institut für Zeitgeschichte [Hg.]: Gutachten des Instituts für Zeitgeschichte, Bd.1, München 1958, S. 350 f.

Buchloh, Ingrid: Veit Harlan; Goebbels' Starregisseur, Paderborn u. a. 2010.

Buchna, Kristian: Nationale Sammlung an Rhein und Ruhr. Friedrich Middelhauve und die nordrheinwestfälische FDP 1945–1953, München 2010.

Buchstab, Günter: Die Nürnberger Prozesse und der Heidelberger Kreis (1949–1955), in: Weilemann, Peter u. a. [Hg.]: Macht und Zeitkritik. Festschrift für Hans-Peter Schwarz zum 65. Geburtstag, Paderborn u. a. 1999, S. 61–74.

Buckley-Zistel, Susanne/Oettler, Anika, Was bedeutet Transitional Justice?, in: Buckley-Zistel, Susanne/Kater, Thomas [Hgg.]: Nach Krieg, Gewalt und Repression. Vom schwierigen Umgang mit der Vergangenheit, Baden-Baden 2011, S. 21–37.

Burghardt, Boris: Vor 60 Jahren. Fritz Bauer und der Braunschweiger Remer-Prozess. Ein Strafverfahren als Vehikel der Geschichtspolitik, in: Juristische Zeitgeschichte 6 (2012), S. 47–59.

Buscher, Frank M.: The US War Crimes Trial Program in Germany, 1946–1955, New York u. a. 1989.

Busse, Felix: Deutsche Anwälte. Geschichte der deutschen Anwaltschaft 1945–2010. Entwicklungen in West und Ost, Bonn 2010.

Carstens, Karl u. a. [Hgg.]: Festschrift für Hermann Jahrreiß zu seinem siebzigsten Geburtstag, 19. August 1964, gewidmet, Köln u. a. 1964.

Cesarani, David: Adolf Eichmann. Bürokrat und Massenmörder, Augsburg 2005.

Christgau, John: Enemies: World War II Alien Internment, Ames 1985.

Connot, Robert: Justice at Nuremberg, London 1983.

Conze, Eckart u. a. [Hg.]: Das Amt und die Vergangenheit. Deutsche Diplomaten im Dritten Reich und der Bundesrepublik, München 2010.

Cramer, Helmut: Wie sind wir doch so frei – auweih. Ein kritischer Bericht über den Skandal um 21000 Kriegsbücher der Waffen-SS, Königswinter 1973.

Costaniou, Marianne: George T. Davis: – Top Death Penalty Lawyer, in: San Francisco Chronicle, (16.2.2006).

Daubach, Helia-Verena [Hg.]: Leipzig – Nürnberg – Den Haag. Neue Fragestellungen und Forschungen von Menschenrechtsverletzungen, justizieller Säuberung und Völkerstrafrecht, Düsseldorf 2008.

Davidson, Eugene: The Trial of the Germans. An account of the twenty-two defendants before the International Military Tribunal at Nuremberg, Columbia/London 1966.

Degenhardt, Frank: Zwischen Machtstaat und Völkerbund. Erich Kaufmann (1880–1972), Baden-Baden 2008.

Denning, Brannon P.: Arnold, Thurman Wesley (1891–1969), in: Vile, John [Hg.]: Great American Lawyers, Bd. 1, Santa Barbara 2001, S. 16–22.

Dierl, Florian/Stiller, Alexa: Von Generälen und Partisanen: Die Verbrechen der Wehrmacht in Südosteuropa und der „Geiselmord-Prozess" im Kontext des Kalten Krieges", in: Priemel, Kim/Stiller, Alexa [Hgg.]: NMT. Die Nürnberger Militärtribunale zwischen Geschichte, Gerechtigkeit und Rechtschöpfung, Hamburg 2013, S. 230–254.

Diestelkamp, Bernhard: Rechtsgeschichte als Zeitgeschichte, in: Zeitschrift für neuere Rechtsgeschichte 7 (1985), S. 181–207.

Diewald-Kerkmann, Gisela/Holtey, Ingrid [Hgg.]: Zwischen den Fronten. Verteidiger, Richter und Bundesanwälte im Spannungsfeld von Justiz, Politik, APO und RAF. Gespräche, Berlin 2013.

Dirks, Christian: Selekteure als Lebensretter. Die Verteidigungsstrategie des Rechtsanwalts Dr. Hans Laternser, in: Wojak, Irmtrud [Hg.]: „Gerichtstag halten über uns selbst ..." Geschichte und Wirkung des ersten Frankfurter Auschwitz-Prozesses, Frankfurt a.M./New York 2001, S. 163–192.

Ditt, Thomas: „Stoßtruppfakultät Breslau". Rechtswissenschaft im „Grenzland Schlesien" 1933–1945, Tübingen 2011.

Doering-Manteuffel, Anselm: Wie westlich sind die Deutschen? Amerikanisierung und Westernisierung im 20. Jahrhundert, Göttingen 1999.

Dönitz, Karl: Zehn Jahre und 20 Tage, München 1980.

Donoso Cortes, Juan: Versuch über den Katholizismus, den Liberalismus und den Sozialismus, Tübingen 1854.

Dönhoff, Marion: Liberaler Feuerkopf. Zum Tode des Bildungspolitikers Hellmut Becker, in: Die Zeit (24.12.1993).

Döpfer, Ute: Die Grundlagen der Verteidigung im Diskurs des 19. und 20. Jahrhunderts. Kontinuität und Wandel, in: Deutscher Anwaltsverein [Hg.]: Anwälte und ihre Geschichte. Zum 140. Gründungsjahr des Deutschen Anwaltsvereins, Tübingen 2001, S. 191–206.

Douma, Eva: Deutsche Anwälte zwischen Demokratie und Diktatur 1930–1955, Frankfurt a.M. 1998.

Drecoll, Axel: Flick vor Gericht. Die Verhandlungen vor dem alliierten Militärtribunal 1947 , in: Ders. u. a. [Hgg.]: Der Flick-Konzern im Dritten Reich, München 2008, S. 559–645.

Dreeßen, Carl: Die deutsche Flottenrüstung in der Zeit nach dem Vertrag von Versailles bis zum Beginn des Zweiten Weltkrieges und ihre Darstellung und Behandlung im Nürnberger Prozess von 1945/46, Hannover 1999.

Düring, Marten/von Keyserlingk, Linda: Netzwerkanalyse in der Geschichtswissenschaft. Historische Netzwerkanalyse als Methode für die Erforschung historischer Prozesse, o.D., http://www.academia.edu/449150/Netzwerkanalyse_in_den_Geschichtswissenschaften._Historische_Netzwerkanalyse_als_Methode_fur_die_Erforschung_von_historischen_Prozessen, aufgerufen am 15.2.2015.

Earl, Hilary: The Nuremberg SS-Einsatzgruppen Trial 1945–1958. Atrocity, Law and History, Cambridge 2009.

e.b.: Um Laternsers Ehre. Leibbrandts Verteidiger muss sich verteidigen, in: Die Zeit (13.11.1964).

Eckert, Astrid: Kampf um die Akten. Die Westalliierten und die Rückgabe von deutschem Archivgut nach dem Zweiten Weltkrieg, Stuttgart 2004.

Eder, Franz [Hg.]: Historische Diskursanalyse. Genealogie, Theorie, Anwendungen, Wiesbaden 2006.

Eichmüller, Andreas: Keine Generalamnestie. Die strafrechtliche Verfolgung von NS-Verbrechen in der frühen Bundesrepublik, München 2012.

Ferencz, Benjamin: Nuremberg Trial Procedure and the Rights of the Accused, in: Journal of Criminal Law and Criminology 39 (1948/49), S. 144–151.

Fest, Joachim: Speer. Eine Biographie, Berlin 1999.

Filmer, Werner/ Schwan, Heribert: Das Nürnberger Militärgericht, in: Dies.: Richard von Weizsäcker. Profile eines Mannes, München 1985, S. 61–63.

Dies: Militär- und Kriegszeit von 1938 bis 1945, in: Dies: Richard von Weizsäcker. Profile eines Mannes, München 1985, S. 29–37.

Finger, Jürgen u. a. [Hgg.]: Vom Recht zur Geschichte. Akten aus NS-Prozessen als Quellen der Zeitgeschichte, Göttingen 2009.

Franze, Manfred: Die Erlanger Studentenschaft 1918–1945, Würzburg 1972.

Frei, Norbert: Der Nürnberger Prozess und die Deutschen, in: Wette, Wolfram/Ueberschär, Gerd [Hgg.]: Kriegsverbrechen im 20. Jahrhundert Darmstadt 2001, S. 477–492.

Ders. u. a. [Hg.]: Geschichte vor Gericht. Historiker, Richter und die Suche nach Gerechtigkeit, München 2000.

Ders./Knigge, Volkhard [Hg.]: Verbrechen erinnern. Die Auseinandersetzung mit Holocaust und Völkermord, München 2002.

Ders.: Vergangenheitspolitik. Die Anfänge der Bundesrepublik und die NS-Vergangenheit, 2. Aufl., München 2003.

Ders.: Von deutscher Erfindungskraft, in: Ders.: 1945 und wir. Das Dritte Reich im Bewusstsein der Deutschen, München 2005, S. 145–155.

Friedländer, Ernst: Und jetzt: Revision!, in: Die Zeit (21.4.1949).

Friedman, Jonathan: Law and Politics in the subsequent Nuremberg Trials, 1946–1949, in: Heberer, Patricia u. a. [Hgg.]: Atrocities on Trial. Historical Perspectives on the politics of prosecuting war crimes, Lincoln 2008, S. 75–102.

Friedrich, Gunter: Kollaboration in der Ukraine. Die Rolle der einheimischen Stadtverwaltung während der deutschen Besetzung Charkows 1941 bis 1941, Bochum 2008.

Friedrich, Jörg: Die kalte Amnestie. NS-Täter in der Bundesrepublik, Frankfurt a.M. 1984.

Ders.: Das Gesetz des Krieges. Das deutsche Heer in Russland 1941 bis 1945. Der Prozess gegen das Oberkommando der Wehrmacht, München u. a. 1995.

Fritz-Bauer-Institut [Hg.]: Auschwitz. Geschichte, Rezeption und Wirkung, 2. Aufl., Frankfurt a.M. 1997.

Fritzsche, Hans: Das Schwert auf der Waage. Hans Fritzsche über Nürnberg, Heidelberg 1953.

Fröhlich, Claudia: Freispruch für Bonhoeffers Richter. Personelle Kontinuitäten als strukturelle Hypothek für die Rechtsprechung in der Bundesrepublik am Beispiel des NS-Juristen und Richters am BGH Ernst Mantel, in: Wette, Wolfram/Perels, Joachim [Hgg.]: „Mit reinem Gewissen". Wehrmachtsrichter in der Bundesrepublik und ihre Opfer, Berlin 2011, 242–262.

Fröhlich, Elke: Eine Falle für den Grafen, in: Dies./Broszat, Martin [Hgg.]: Bayern in der NS-Zeit. Die Herausforderung des Einzelnen. Geschichte über Widerstand und Verfolgung, München 1983, S. 209–227.

Frowein, Jochen: Nachruf Hermann Mosler, in: Zeitschrift für Ausländisches Öffentliches Recht und Völkerrecht 61 (2001), S. 725–728.

Fuchs, Walter: Franz Exner (1881–1947) und das Gemeinfremdengesetz. Zum Barbarisierungspotenzial moderner Kriminalwissenschaft, Münster 2008.

Gailus, Manfred/Lehmann, Hartmut [Hgg.]: Nationalprotestantische Mentalitäten in Deutschland (1870–1970). Konturen, Entwicklungslinien und Umbrüche eines Weltbildes, Göttingen 2005.

Gall, Lothar: Der Bankier. Hermann Josef Abs. Eine Biographie, München 2005.

Garbe, Detlef: „in jedem Einzelfall ... bis zur Todesstrafe". Der Militärstrafrechtler Erich Schwinge. Ein deutsches Juristenleben, Hamburg 1989.

Gassert, Philipp/Steinweis, Alan [Hgg.]: Coping with the Nazi Past. West German Debates on Nazism and Generational Conflict, 1955–1975, New York 2006.

Ders.: Kurt Georg Kiesinger 1904–1988. Kanzler zwischen den Zeiten, München 2006.

Gattineau, Heinrich: Durch die Klippen des 20. Jahrhunderts. Erinnerungen zur Zeit- und Wirtschaftsgeschichte, Stuttgart 1983.

Gausmann, Frank: Deutsche Großunternehmer vor Gericht. Vorgeschichte, Verlauf und Folgen der Nürnberger Industriellenprozesse 1945–1948/51, Hamburg 2011.

Gebhardt, Cord: Der Fall des Erzberger-Mörders Heinrich Tillessen. Ein Beitrag zur Justizgeschichte nach 1945, Tübingen 1995.

Gerlach, Christian: Kalkulierte Morde. Die deutsche Wirtschafts- und Vernichtungspolitik in Weißrussland 1941 bis 1944, Hamburg 1999.

Gieck, Jack: Litchfield. The U.S. Army on Trial, Akron 1997.

Gietinger, Klaus: Der Konterrevolutionär. Waldemar Papst, eine deutsche Karriere, Hamburg 2009.

Glahn, Dieter von/ Nuding, Stephan: Patriot und Partisan: Für Freiheit und Einheit, Tübingen 1994.

Gilbert, Gustave: Nürnberger Tagebuch, Frankfurt a.M. 1962.

Gimmel, Jürgen: Die politische Organisation kulturellen Ressentiments. Der „Kampfbund für deutsche Kultur" und das bildungsbürgerliche Unbehagen an der Moderne, Hamburg 2001.

Goda, Norman: Kalter Krieg um Speer und Heß. Die Geschichte der Gefangenen von Spandau, Frankfurt a.M. 1991.

Goeken-Haidl, Ulrike: Dr. Friedrich Bergold – Zeitzeuge und Pflichtverteidiger o.D., http://www.urteile.nuernberg.de/download/Zeitzeuge.pdf, aufgerufen am 15.2.2015.

Golczewski, Frank: Kölner Universitätslehrer und der Nationalsozialismus. Personengeschichtliche Ansätze. Köln 1998.

Greiner, Bernd: Die Morgenthau-Legende. Zur Geschichte eines umstrittenen Plans, Hamburg 1995.

Greve, Michael: Der justizielle und rechtspolitische Umgang mit den NS-Gewaltverbrechen in den sechziger Jahren, Frankfurt a.M. 2001.

Grimm, Friedrich: Staatsnotstand, Staatsnotwehr und Fememord, in: Die Justiz 5 (1929), S. 329–332.

Ders.: Vom Ruhrkrieg zur Ruhrlandräumung. Erinnerungen eines deutschen Verteidigers vor französischen und belgischen Kriegsgerichten, Hamburg 1930.

Groenewold, Kurt: Die RAF-Prozesse. Öffentlichkeit und Justiz aus Sicht der Strafverteidiger, in: Drecktrah, Volker Friedrich [Hg.]: Die RAF und die Justiz. Nachwirkungen des „Deutschen Herbstes", München 2010, S. 105–138.

Ders: [Hg.]: Politische Justiz. Dokumentation über den Ausweisungsterror an Palästinensern, Hamburg 1972.

Groot, Marjan: Photography as Visual Documentary Source on Woman and Gender in the Second World War, in: Buchheim, Evelinde/Futselaar, Ralf [Hg.]: Under Fire. Women and World War II, Torenlaan 2014, S. 81–112.

Gruchmann, Lothar: Ein unbequemer Amtsrichter im Dritten Reich. Aus den Personalakten des Dr. Lothar Kreißig, in: Vierteljahresschrift für Zeitgeschichte 32 (1986), S. 463–488.

Ders.: Justiz im Dritten Reich 1933–1940. Anpassung und Unterwerfung in der Ära Gürtner, 3. Aufl., München 2001.

Grunwald, Henning: Courtroom to Revolutionary Stage. Performance and Ideologie in Weimar Political Trials, Oxford 2012.

Ders.: Der Gerichtssaal als „revolutionäre Bühne", in: Paragrana 15 (2006), S. 211–225.

Güstrow, Dietrich: Tödlicher Alltag. Strafverteidiger im Dritten Reich, Berlin 1983.

H. v.: Verwirrung der Gefühle. Dr. Kranzbühler als Zeuge im Prozess gegen Dr. Lüder, in: Hamburger Abendblatt (1.2.1950).

Halbrainer, Helmo/Kuretsidis-Haider, Claudia [Hg.]: Kriegsverbrechen, NS-Gewaltverbrechen und die europäische Strafjustiz von Nürnberg bis Den Haag, Graz 2007.

Hachmeister, Lutz: Der Gegnerforscher. Die Karriere des SS-Führers Franz Albert Six, München 1998.

Hackländer, Philipp: „Im Namen des Volkes". Der allgemein-zivilrechtliche Prozessalltag im Dritten Reich am Beispiel der Amtsgerichte Berlin und Spandau, Berlin 2001.

Hagen, Manfred: Göttingen als „Fenster zum Osten" nach 1945, in: Boockmann, Hartmut/Wellenreuther, Hermann [Hgg.]: Geschichtswissenschaft in Göttingen. Eine Vorlesungsreihe, Göttingen 1987, S. 321–343.

Halfmann, Frank: Eine „Pflanzstätte nationalsozialistischer Rechtsgelehrter": Die Juristische Abteilung der Rechts- und Staatswissenschaftlichen Fakultät, in: Becker, Heinrich u. a. [Hg.]: Die Universität Göttingen unter dem Nationalsozialismus. Das verdrängte Kapitel ihrer 250-jährigen Geschichte, München u. a. 1987, S. 89–135.

Hammerschmidt, Helmut/Mansfeld, Michael: Der Kurs ist falsch, München u. a. 1956.

Hankel, Gerd: Die Leipziger Prozesse. Deutsche Kriegsverbrechen und ihre strafrechtliche Verfolgung nach dem Ersten Weltkrieg, Hamburg 2003.

Hannover, Heinrich/Hannover-Drück, Elisabeth: Politische Justiz. 1918–1933, Frankfurt a.M. 1966.

Hanschel, Hermann: Oberbürgermeister Hermann Luppe. Nürnberger Kommunalpolitik in der Weimarer Republik, Nürnberg 1977.

Hansen, Henning: Die Sozialistische Reichspartei (SRP). Aufstieg und Scheitern einer rechtsextremen Partei, Düsseldorf 2007.

Harders, Levke/Schweiger, Hannes: Kollektivbiographische Ansätze, in: Klein, Christian [Hg.]: Handbuch Biographie. Methoden, Traditionen, Theorien, Stuttgart u. a. 2009, S. 194–198.

Hartmann, Christian: Wehrmacht im Ostkrieg. Front und militärisches Hinterland 1941/1942, München 2009.

Ders. u. a. [Hgg.]: Verbrechen der Wehrmacht. Bilanz einer Debatte, München 2005.

Hartwig, Dieter: Großadmiral Karl Dönitz. Legende und Wirklichkeit, Paderborn u. a. 2010.

Hausmann, Frank-Rutger: Deutsche Geisteswissenschaft im Zweiten Weltkrieg. Die „Aktion Ritterbusch" (1940–1945), Dresden 1998.

Ders.: Ernst-Wilhelm Bohle. Gauleiter im Dienst von Partei und Staat, München 2009.

Heberer, Patricia/Matthäus, Jürgen [Hgg.]: Atrocities on Trial. Historical Perspectives on the Politics of Prosecuting War Crimes, Lincoln u. a. 2008.

Hébert, Valerie: Hitler's Generals on Trial. The Last War Crimes Tribunal at Nuremberg, Lawrence 2010.

Heiliger, Fritz: Der Staatsnotstand als Beispiel politischer Strafrechtswissenschaft, Leipzig 1935.

Hein, Bastian: Elite für Volk und Führer? Die Allgemeine SS und ihre Mitglieder 1925–1945, München 2012.

Heinemann, Gustav: Das befleckte Recht. Gustav Heinemann über Otto Kirchheimer: „Politische Justiz", in: Der Spiegel (1.9.1965).

Heinemann, Isabell: Rasse, Lebensraum, Genozid: Die nationalsozialistische Volkstumspolitik im Fokus von Fall 8 der Nürnberger Prozesse, in: Priemel, Kim/Stiller, Alexa [Hgg.]; NMT. Die Nürnberger Militärtribunale zwischen Geschichte, Gerechtigkeit und Rechtschöpfung, Hamburg 2013, S. 100–126.

Heinrich, Robert: 100 Jahre Rechtsanwaltskammer München, München 1979.

Heller, Kevin Jon: Nuremberg Military Tribunals and the Origins of International Criminal Law, Oxford u. a. 2011.

Henke, Josef: Bemerkungen zum Verbleib und zur Erschließung der Unterlagen der Nürnberger Prozesse, in: Der Archivar 35 (1982), S. 231–232.

Henke, Klaus-Dietmar: Die amerikanische Besetzung Deutschlands, München 1995.

Herbe, Daniel: Hermann Weinkauff (1894–1981). Der erste Präsident des Bundesgerichtshofs, Tübingen 2008.

Herbert, Ulrich: Weltanschauungseliten. Ideologische Legitimation und politische Praxis der Führungsgruppe der nationalsozialistischen Sicherheitspolizei, in: Potsdamer Bulletin für zeithistorische Studien (1997), Heft 9, S. 4–18.

Ders.: Werner Best. Radikalismus, Weltanschauung und Vernunft, Bonn 1996.

Herf, Jeffrey: Reactionary Modernism. Technology, Culture, and Politics in Weimar and the Third Reich, Cambridge 1986.

Herlin, Hans: Verdammter Atlantik. Schicksale deutscher Uboot-Fahrer, München 1971.

Hesse, Hans: Konstruktionen der Unschuld. Die Entnazifizierung am Beispiel der amerikanischen Enklave Bremen und Bremerhaven 1945–1953, Berlin 1994.

Heydeloff, Rudolf: Staranwalt der Rechtsextremen. Walter Luetgebrune in der Weimarer Republik, in: Vierteljahresschrift für Zeitgeschichte 32 (1984), S. 373–421.

Hilfsgemeinschaft Freiheit für Rudolf Heß e. V.: Rudolf Heß am 10. Mai 1981 ununterbrochen 40 Jahre gefangengehalten, in: Frankfurter Allgemeine Zeitung (3.10.1981).

Hinrichsen, Kurt: „Befehlsnotstand", in: Rückerl, Adalbert [Hg.]: NS-Prozesse nach 25 Jahren Strafverfolgung. Möglichkeiten, Grenzen, Ergebnisse, 2. Aufl., Karlsruhe 1972, S. 163–194.

Hippe, Ewald: Joachim Nehring – Neo-Nazismus? Der „Scheinwerfer"-Prozess vor der Hauptspruchkammer München, München 1950.

Hirschberg, Max: Jude und Demokrat. Erinnerungen eines Münchner Rechtsanwalts 1883–1939, München 1998.

hk: Ankläger im Auschwitz-Prozess, in: Nassauische Neue Presse (24.01.2014).

Hochmuth, Hanno: „Nur Idioten ändern sich nie". Biographischer Wandel und historische Sinnkonstruktion im Dokumentarfilm „Die Anwälte", August 2010, http://www.zeithistorische-forschungen.de/site/40209001/Default.aspx, aufgerufen am 15.2.2015.

Hochstetter, Dorothee: Motorisierung und „Volksgemeinschaft". Das nationalsozialistische Kraftfahrerkorps (NSKK) 1931–1945, München 2005.

Hodenberg, Christina von: Konsens und Krise. Eine Geschichte der westdeutschen Medienöffentlichkeit 1945–1973, Göttingen 2006.

Hofmann, Gunter: Richard von Weizsäcker. Ein deutsches Leben, München 2010.

Holtmann, Karen: Die Saefkow-Jacob-Bästlein-Gruppe vor dem Volksgerichtshof. Die Hochverratsverfahren gegen die Frauen und Männer der Berliner Widerstandsorganisation 1944–1945, Paderborn u. a. 2010.

Hötzelsberger, Anton: Rechtsanwalt, Kirchenbeauftragter, Journalist und Politik-Berater. Hans-Joachim Göhring kann am 22. April in Aschau seinen 90. Geburtstag feiern und auf ein enormes Lebenswerk zurückblicken, in: http://derchiemgauer.de/Beitraege/goehring.htm, aufgerufen am 15.02.2015.

Hölzl, Martin: Grüner Rock und weiße Weste. Adolf von Bomhard und die Legende von der sauberen Ordnungspolizei, in: Zeitschrift für Geschichtswissenschaft 50 (2002), S. 22–43.

Horstmann, Thomas: An den Grenzen des Rechts. Gespräche mit Juristen über die Verfolgung von NS-Verbrechen, Frankfurt u. a. 2006.

Huhn, Michael: „Europäische Gespräche" – eine außenpolitische Zeitschrift der Weimarer Republik, in: Gantzel, Klaus-Jürgen [Hg.]: Wissenschaftliche Verantwortung und politische Macht. Wissenschaftsgeschichtliche Untersuchungen zum Umfeld und zur Entwicklung des Instituts für Auswärtige Politik Hamburg/Berlin 1923–1945, Berlin u. a. 1986, S. 1–185.

Hüpers, Bernd: Karl Larenz. Methodenlehre und Philosophie des Rechts in Geschichte und Gegenwart, Berlin 2008.

Ingrao, Christian: Hitlers Elite. Die Wegbereiter des nationalsozialistischen Massenmordes, Bonn 2012.

Jäger, Herbert: Verbrechen unter totalitärer Herrschaft. Studien unter totalitärer Herrschaft, Frankfurt a.M. 1982.

Jäger, Lorenz: Der Verteidiger, in: Frankfurter Allgemeine Zeitung (20.8.2004).

Jahn, Matthias: Das Strafrecht des Staatsnotstandes, Frankfurt a.M. 2004.

Jähnicke, Burkhard: Lawyer, Politician, Intelligence Officer. Paul Leverkuehn in Turkey, 1915–1916 and 1941–1944, in: Journal of Intelligence History (2002), S. 69–87.

Jan, Kurt von: Eduard Mezger, in: Beck, Hans Dieter [Hg.]: Juristen im Portrait. Verlag und Autoren in 4 Jahrzehnten. Festschrift zum 225-jährigen Jubiläum des Verlages C.H. Beck, München 1988, S. 561–571.

Jansen, Dorothea: Einführung in die Netzwerkanalyse, 2. Aufl., Opladen 2003.

Janssen, Hauke: Nationalökonomie und Nationalsozialismus. Die deutsche Volkswirtschaftslehre in den dreißiger Jahren des 20. Jahrhunderts, 3. Aufl., Marburg 2009.

Jarausch, Konrad: The Unfree Professions. German Lawyers, Teachers, and Engineers 1900–1950, New York/Oxford 1990.

Jasch, Hans-Christian: Staatssekretär Wilhelm Stuckart und die Judenpolitik. Der Mythos von der sauberen Verwaltung, München 2012.

Jedlitschka, Karsten: Wissenschaft und Politik. Der Fall des Münchner Historikers Ulrich Crämer (1907–1992), Berlin 2006.

Jesse, Eckart: Totalitarismus im 20. Jahrhundert. Eine Bilanz der internationalen Forschung, 2. Aufl., Bonn 1999.

Jodl, Luise: Jenseits des Endes. Leben und Sterben des Generaloberst Alfred Jodl, Wien u. a. 1978.

Jung, Susanne: Die Rechtsprobleme der Nürnberger Prozesse dargestellt am Verfahren gegen Friedrich Flick, Tübingen 1992.

Jürgens, Martin: Staat und Reich bei Ernst Rudolf Huber. Sein Leben und Werk bis 1945 aus rechtsgeschichtlicher Sicht, Frankfurt a.M. u. a. 2005.

Jureit, Ulrike/Wildt, Michael [Hgg.]: Generationen. Zur Relevanz eines wissenschaftlichen Grundbegriffs, Hamburg 2005.

Dies: Generationsforschung, in: Bösch, Frank/Danyel, Jürgen [Hg.]: Zeitgeschichte – Konzepte und Methoden, Göttingen 2012, S. 352–369.

Juristische Fakultät der Universität Heidelberg [Hg.]: In Memoriam Eduard Wahl. Gedächtnisfeier der juristischen Fakultät der Universität Heidelberg am 4. Februar 1987, Heidelberg 1988.

Just-Dahlmann, Barbara: Die Gehilfen. NS-Verbrechen und die Justiz nach 1945, Frankfurt a.M. 1988.

Kastner, Klaus: Strafrechtliche Verantwortlichkeit für administratives Unrecht. Der Wilhelmstraßenprozess (1948/49), in: Jahn, Matthias u. a. [Hgg.]: Strafrechtspraxis und Reform. Festschrift für Heinz Stöckel zum 70. Geburtstag, Berlin 2010, S. 400–420.

Kater, Michael H.: Hitler Youth, Cambridge u. a. 2004.

Keiper, Gerhard u. a. [Hgg.]: Biographisches Handbuch des deutschen Auswärtigen Dienstes 1871−1945, 4 Bde., Paderborn u. a. 2000–2012.

Kellerhoff, Sven Felix: Staatspolizeilich erledigt, in: Die Welt (21.4.2010).

Kempner, Robert: Ankläger einer Epoche. Lebenserinnerungen, Frankfurt a.M. 1983.

Kirchheimer, Otto: Politische Justiz. Verwendung juristischer Verfahrensmöglichkeiten zu politischen Zwecken, Hamburg 1993.

Kirschbaum, Barbara: „Der neue Citroen ganz deutsch". Kölner Anzeigen im „Westdeutschen Beobachter" von 1925–1945, Köln 2002.

Klee, Ernst: Das Personenlexikon zum Dritten Reich. Wer war was vor und nach 1945, 2. Aufl., Frankfurt a.M. 2007.

Ders.: Persilscheine und falsche Pässe. Wie die Kirchen den Nazis halfen, Frankfurt a.M. 1992.

Klein, Horst: Der Strafverteidiger im nationalsozialistischen Staat unter besonderer Berücksichtigung seines Auftretens in Hoch- und Landesverratsprozessen, München 1996.

Klemp, Stefan: KZ-Arzt Aribert Heim. Die Geschichte einer Fahndung, Münster u. a. 2010.

Ders.: „Nicht ermittelt". Polizeibataillone und die Nachkriegsjustiz. Ein Handbuch, Essen 2011.

Kloft, Michael: Mehrere Filme über Kranzbühler, in: Frankfurter Allgemeine Zeitung (30.8.2004).

Knieriem, August von: Rechtliche und Menschliche Probleme, Stuttgart 1953.

Kochavi, Arye: Prelude to Nuremberg, Chapel Hill u. a. 1998.

König, Stefan: Vom Dienst am Recht. Rechtsanwälte als Strafverteidiger im Nationalsozialismus, Berlin/New York 1987.

Königseder, Angelika: Als prominenter Regimegegner vernichtet: Der Dachauer Häftling Hans Litten, in: Benz, Wolfgang [Hg.]: Das Konzentrationslager Dachau. Geschichte und Wirkung nationalsozialistischer Repression, Berlin 2008, S. 351–362.

Dies.: Recht und nationalsozialistische Herrschaft. Berliner Anwälte 1933–1945, Bonn 2001.

Krach, Tillmann: Jüdische Anwälte in Preußen. Über die Bedeutung der freien Advokatur und ihre Zerstörung durch den Nationalsozialismus, München 1991.

Ders.: Viel Glanz und große Not – Die Lage der deutschen Anwaltschaft am Ende der Weimarer Republik, in: Deutscher Anwaltsverein [Hg.]: Anwälte und ihre Geschichte. Zum 140. Gründungsjahr des Deutschen Anwaltsvereins, Tübingen 2011, S. 207–236.

Kretschmann, Carsten: Generation und politische Kultur in der Weimarer Republik, in: Ders. u. a. [Hgg]: Politik, Kommunikation und Kultur in der Weimarer Republik, Heidelberg 2009, S. 11–30.

Krösche, Heike: Der Nürnberger Prozess gegen die Hauptkriegsverbrecher 1945/46 im Spannungsfeld von veröffentlichter Meinung und Bevölkerungsmeinung, in: Daubach, Helia-Verena [Hg.]: Leipzig – Nürnberg – Den Haag. Neue Fragestellungen und Forschungen von Menschenrechtsverletzungen, justizieller Säuberung und Völkerstrafrecht, Düsseldorf 2008, S. 133–145.

Dies.: Im Zweifel für den Angeklagten? Verteidigungslinien und -motive im OKW-Prozess am Beispiel Hans Laternser, in: Priemel, Kim/Stiller, Alexa: NMT. Die Nürnberger Militärtribunale zwischen Geschichte, Gerechtigkeit und Rechtschöpfung, Hamburg 2013, S. 605–629.

Krumeich, Gerd: Nationalsozialismus und Erster Weltkrieg, Essen 2010.

Krusenstjern, Benigna von: „dass es Sinn hat zu sterben – gelebt zu haben". Adam von Trott zu Solz 1909–1944, Göttingen 2009.

Kuenheim, Haug von: Leben und Sterben des Hans von Goetzen, in: Die Zeit (15.7.2004).

Lachmann, Isamr: Die Größen der Berliner Advokatur, in: Das Kriminalmagazin 1 (1929), S. 24–29.

Ders.: Die großen Verteidiger im Reich, in: Das Kriminalmagazin 2 (1930/31), S. 73–80.

Ladwig-Winters, Simone: Anwalt ohne Recht. Schicksale jüdischer Anwälte in Deutschland nach 1933, Berlin 2007.

Landwehr, Achim: Diskurs – Macht – Wissen. Perspektiven einer Kulturgeschichte des Politischen, in: Archiv für Kulturgeschichte 85 (2003), S. 71–117.

Ders.: Historische Diskursanalyse, Frankfurt a.M. 2009.

Laqueur, Walter/Breitman, Richard: Der Mann, der das Schweigen brach. Wie die Welt vom Holocaust erfuhr, Frankfurt a.M. 1986.

Laubach, Johannes: NS-Vergangenheit: Wird Wolfs Bild abgehängt? Streit um Landrat Heinz Wolf, in: Nassauische Neue Presse (13.06.2014).

Ders.: Persilschein überdeckte Verflechtung mit dem NS-Staat und ermöglichte eine neue Karriere, in: Nassauische Neue Presse (13.06.2014).

Ledford, Kenneth: From General Estate to Special Interest. German Lawyers 1878–1933, Cambridge u. a. 1996.

Lenger, Friedrich: Netzwerkanalyse und Biographieforschung – einige Überlegungen, in: BIOS 18 (2005), S. 180–185.

Lewis, Paul: Warren Magee, a lawyer in unpopular cases, dies at 91, in: New York Times, (25.3.2000).

Lieb, Peter: Konventioneller Krieg oder NS-Weltanschauungskrieg? Kriegsführung und Partisanenbekämpfung in Frankreich 1943/44, München 2007.

Lingen, Kerstin von: Kesselrings letzte Schlacht. Kriegsverbrecherprozesse, Vergangenheitspolitik und Wiederbewaffnung: der Fall Kesselring, München u. a. 2004.

Linneman, Kai Arne: Das Erbe der Ostforschung. Zur Rolle Göttingens in der Geschichtswissenschaft der Nachkriegszeit, Marburg 2002.

List, Burkhart: Wieder in deutschen Diensten. SS-Verschwörung vor 50 Jahren, in: Illustrierte Neue Welt (15.12.2014).

Lösch, Anna Maria von: Der nackte Geist. Die juristische Fakultät der Universität Berlin im Umbruch von 1933, Tübingen 1999.

Lohmann, Manfred: Die ungeschriebene Zuständigkeit des Bundes auf dem Sachbereich der Exekutive – ein Beitrag zur Auslegung des Abschnittes VIII des Grundgesetzes, Köln 1957.

Löwenfeld, Philipp: Recht und Politik in Bayern zwischen Prinzregentenzeit und Nationalsozialismus. Die Erinnerungen von Philipp Löwenfeld, Ebelsbach 2004.

Ludwig, Hans-Ulrich/Kuessner, Dietrich: „Es sei also jeder gewarnt“. Das Sondergericht Braunschweig 1933–1945, Braunschweig 2000.

Luhmann, Niklas: Die Politik der Gesellschaft, Frankfurt a.M. 2005.

Luppe, Hermann: Mein Leben, Nürnberg 1977.

Lussy, Hanspeter/López, Rodrigo: Liechtensteinische Finanzbeziehungen zur Zeit des Nationalsozialismus, 2 Bde. , Vaduz 2005.

Luther, Tammo: Volkstumspolitik des Dritten Reiches 1933–1938. Die Auslandsdeutschen im Spannungsfeld zwischen Traditionalisten und Nationalsozialisten, Stuttgart 2004.

Magenau, Jörg: Brüder unterm Sternenzelt. Friedrich Georg und Ernst Jünger. Eine Biographie, Stuttgart 2012.

Maguire, Peter: Law and War. International Law & American History, New York 2010.

Manchester, William: Krupp. 12 Generationen, München 1968.

Manig, Bert-Oliver: Die Politik der Ehre. Die Rehabilitierung der Berufssoldaten in der frühen Bundesrepublik Verband, Göttingen 2004.

Marchart, Oliver: Symbol und leerer Signifikant. Zum Verhältnis von Kulturtheorie, Diskurstheorie und politischer Theorie, in: Berndt, Frauke/Brecht, Christoph [Hgg.]: Aktualität des Symbols, Freiburg 2005, S. 245–267.

Marienburg, Kerstin: Die Vorbereitung der Kriegsverbrecherprozesse im Zweiten Weltkrieg, 2. Bde., Hamburg 2008.

Marquet, Andreas: Friedrich Wilhelm Wagner 1894 – 1971. Eine politische Biografie, Bonn 2015.

Ders.: Wels gegen Ley – Ein Fall politisch motivierter Gewalt in der Weimarer Republik, in: Becker, Klaus/Ders. [Hgg.]: Das Ende der freien Arbeiterbewegung. Begleitkatalog der Ausstellung vom 6. April bis 6. Mai 2011 in Ludwigshafen, Ludwigshafen am Rhein 2011, 20–23.

Maser, Werner: Nürnberg. Tribunal der Sieger, Düsseldorf 1977.

Mauz, Gerhard: „Das ist es, was mich plagt." Spiegel-Reporter Gerhard Mauz zum Freispruch des Admirals a. D. Wennecker in der Revision, in: Der Spiegel (26.9.1966).

Mayer, Diemut: Die Perversion des Völkerrechts unter dem Nationalsozialismus, in: Jahrbuch des Instituts für Deutsche Geschichte 14 (1985), S. 311–335.

Mayer, Hermann Frank: Blutiges Edelweiß. Die 1. Gebirgsdivision im Zweiten Weltkrieg, 2. Aufl., Berlin 2008.

McQuinston, John T.: Paul. A Porter, Capital Lawyer who held New Deal Posts, dies; Former Head of F.C.C. and O.P.A. led 1947 Aid Mission to Greece, in: New York Times, (27.11.1975).

Mehlich, Andreas: Der Verteidiger in den Strafprozessen gegen die Rote Armee Fraktion. Politische Justiz und politische Strafverteidigung im Lichte der Freiheit der Advokatur, Berlin 2012.

Mehring, Reinhard: Carl Schmitt Aufstieg – und Fall. Eine Biographie, München 2009.

Mergel, Thomas: Kulturgeschichte des Politischen, in: Bösch, Frank/Vowinckel, Annette: Mediengeschichte, in: Bösch, Frank/Danyel, Jürgen [Hg.]: Zeitgeschichte – Konzepte und Methoden, Göttingen 2012, S. 187– 203.

Merkel, Wolfgang: Systemtransformation. Eine Einführung in die Theorie und Empirie der Transformationsforschung, Wiesbaden 2010.

Merkl, Franz Josef: General Simon. Lebensgeschichten eines SS-Führers. Erkundungen zu Gewalt und Karriere, Kriminalität und Justiz, Legenden und öffentlichen Auseinandersetzungen, Augsburg 2010.

Merritt, Richard: Democracy Imposed. US occupation policy and the German public 1945–1949, New Haven u. a. 1995.

Messerschmidt, Manfred: Forward Defense: The „memorandum of the Generals" for the Nuremberg Court, in: Heer, Hannes [Hg.]: War of Extermination. The German Military in World War II, New York u. a. 2000, S. 381–399.

Meusch, Matthias: Von der Diktatur zur Demokratie. Fritz Bauer und die Aufarbeitung der NS-Verbrechen in Hesse (1956–1968), Wiesbaden 2001.

Miquel, Marc von: Ahnden oder amnestieren? Westdeutsche Justiz und Vergangenheitspolitik in den sechziger Jahren, Göttingen 2004.

Mittler, Dietrich: Johannes Neuhäusler, in: Richardi, Hans-Günter [Hg.]: Lebensläufe. Schicksale von Menschen, die im KZ Dachau waren, Dachau 1990.

Mlynek, Klaus: Ludwig Hoffmeister, in: Böttcher, Dirk u. a. [Hgg.]: Hannoversches biographisches Lexikon, Hannover 2002, S. 175.

Mohler, Armin: Die konservative Revolution in Deutschland 1918–1932. Ein Handbuch, Graz u. a. 1999.

Morris, Douglas: Justice Imperiled: The anti-Nazi Lawyer Max Hirschberg in Weimar Germany, Ann Arbor 2005.

Morat, Daniel: Von der Tat zur Gelassenheit. Konservatives Denken bei Martin Heidegger, Ernst Jünger und Friedrich Georg Jünger 1920–1960, Göttingen 2007.

Morisse, Heiko: Rechtsanwälte im Nationalsozialismus. Zur Funktion zur Ehrengerichtsbarkeit, dargestellt am Beispiel des Oberlandesgerichtsbezirks Hamburg, Hamburg 1995.

Moses, Dirk: Die 45er. Eine Generation zwischen Faschismus und Demokratie, in: Neue Sammlung 40 (2000), S. 233–263.

Müller, Ingo: Nürnberg und die deutschen Juristen, in: Ders.: [Hg.]: Der Nürnberger Prozess. Die Anklagereden des Hauptanklagevertreters der Vereinigten Staaten von Amerika Robert H. Jackson, Weinheim 1995, S. 163–185.

Munoz Conde, Francisco: Edmund Mezger – Beiträge zu einem Juristenleben, Berlin 2007.

Ders.: Edmund Mezger Y El Derecho Penal De Su Tiempo. Estudios Sobre El Derecho Penal en el Nacionalsocialismo, Valencia 2001.

Musical, Bogdan: Deutsche Zivilverwaltung und Judenverfolgung im Generalgouvernement. Eine Fallstudie zum Distrikt Lublin 1939–1944, Wiesbaden 2000.

Neave, Airey: On Trial at Nuremberg, Boston u. a. 1978.

Neliba, Günter: Wilhelm Frick. Der Legalist des Unrechtsstaates. Eine politische Biographie, Paderborn u. a. 1992.

Nicolini, Käte: Philipp Möhring, in: Beck, Hans Dieter [Hg.]: Juristen im Portrait. Verlag und Autoren in 4 Jahrzehnten. Festschrift zum 225-jährigen Jubiläum des Verlages C.H. Beck, München 1988, S. 584–591.

Niethammer, Lutz: Die Mitläuferfabrik. Entnazifizierung in Bayern, Berlin u. a. 1982.

Oberndörfer, Ralf: Recht und Richter. Verfahrensrechtliche Aspekte der Nürnberger Prozesse, in: Priemel, Kim/Stiller, Alexa [Hgg.]: NMT. Die Nürnberger Militärtribunale zwischen Geschichte, Gerechtigkeit und Rechtschöpfung, Hamburg 2013, S. 525–546.

Oetker, Friedrich: Zum Urteil des Reichsgerichts 2. Strafsenat vom 8. Mai 1929 gegen R., Entsch. Bd. 63 S. 215fg., in: Der Gerichtssaal 99 (1929), S. 156–168.

Ders.: Über Kriegsverbrechen, in: Der Gerichtssaal 91 (1925), S. 401–427.

Ortega y Gasset, José: Der Aufstand der Massen, Stuttgart 1947.

Osterloh, Jörg [Hg.]: NS-Prozesse und deutsche Öffentlichkeit. Besatzungszeit, frühe Bundesrepublik und DDR, Göttingen 2011.

Ostler, Fritz: Die deutschen Rechtsanwälte 1871–1971, Essen 1971.

o.V.: A Neo-Nazi Network, in: Facts 9 (1954), S. 27–34.

o.V.: „Das Kriegsgericht handelte gesetzlich". Verteidiger im Petersen-Prozess fordern Freispruch, in: Hamburger Abendblatt (20.2.1953).

o.V.: Deutsche Wirtschaft und Nürnberger Prozesse (Strafrechtliche Leitsätze), in: Kurhessische Wirtschaft 3 (1948), S. 99 f.

o.V. Drei Minuten pro Opfer, in: Der Spiegel (10.01.1966).

o.V.: Eine Trauersitzung des Stadtrats Traunstein für Oberbürgermeister Kößl. Bürgermeister Münch würdigte Leben und Tätigkeit des Verstorbenen für die Stadt Traunstein, in: Traunsteiner Wochenblatt (18.12.59).

o.V.: Ernst Wolgast, in: Archiv für öffentliches Recht, S. 362 f.

o.V.: George Radin: Layer, author; wrote two books on the Balkans, in: New York Times (7.1.1981).

o.V.: Im Nebel verunglückt, in: Hamburger Abendblatt (4.12.1948).

o.V.: Joseph S. Robinson, 89, Lawyer Noted for Roles in War Cases, New York Times, (27.2.1996).

o.V.: „Kommandeure sollten hart sein. Petersen-Prozess: Alliierte verlangten schärfstes Durchgreifen", in: Hamburger Abendblatt (11.2.1953).

o.V.: Mal Anwalt, mal Grundstücksmakler. Die Praktiken des Reynolds-Gegners Krüger, in: Der Spiegel (29.7.1974).

o.V.: Nachruf Schmidt-Leichner, in: Frankfurter Neue Presse (19.3.1983).

o.V.: Neo-Nazi Party Agent here in Dilemma, in: The Washington Post (22.9.1952).

o.V.: „Nichts als Hass und Rache …". NZ-Gespräch mit Monsignore Karl Morgenschweis, ehem. Anstaltsgeistlicher in Landsberger am Lech, in: Deutsche Nationalzeitung (19.3.1965).

o.V.: Traunsteins Oberbürgermeister Josef Kößl gestorben. Ein großer Verlust für unsere Stadt – Sein Wirken für das Gemeinwesen wird von allen gewürdigt, in: Traunsteiner Wochenblatt (18.12.1959).

o.V.: Verteidiger haben das Wort. Petersen-Prozess und Kontrollratsgesetz Nr. 10, in: Hamburger Abendblatt (19.2.1953).

o.V.: Warren E. Magee, defender of the indefensible, died on February 25th, aged 91, in: The Economist, (30.3.2000).

o.V.: Wer zahlt?, in: Der Spiegel (3.12.1960).

Pätzold, Kurt/Weißbecker, Manfred: Rudolf Heß. Der Mann an Hitlers Seite, Leipzig 1999.

Papen, Franz von: Der Wahrheit eine Gasse, München 1952.

Pauly, Bernhard: Vor 40 Jahren vom Volksgerichtshof zum Tode verurteilt: Pfarrer Peter Grebe, ein Opfer des Unrechts im NS-Staat in: Heimatstimmen aus dem Kreis Olpe 55 (1984), S. 174–187.

Pendas, Devin O.: The Fate of Nuremberg. The Legacy and Impact of the Subsequent Nuremberg Trials in Postwar Germany, in: Priemel, Kim/Stiller, Alexa: Reassessing the Nuremberg Military Tribunal. Transitional Justice, Trial Narratives, and Historiography, New York/ Oxford 2012, S. 249–275.

Peters, Margot: Group Biography: Challenges and Methods, in: Friedson, Anthony M. [Hg.]: New Directions in Biography, Honolulu 1981, S. 41–51.

Peukert, Detlev: Die Weimarer Republik. Krisenjahre der klassischen Moderne, Frankfurt a.M. 2003.

Pfennig, Ina: Kriminalbiologie im Nationalsozialismus – Das Beispiel Franz Exner, in: Nehlsen, Hermann [Hg.]: Münchner rechtshistorische Studien zum Nationalsozialismus, Frankfurt a.M. 1996, S. 225–255.

Phayer, Michael: The Catholic Church and the Holocaust, 1930–1965, Bloomington 2000.

Piper, Ernst: Alfred Rosenberg. Hitlers Chefideologe, München 2007.

Pohl, Dieter: Nationalsozialistische Judenverfolgung in Ostgalizien 1941–1944. Organisation und Durchführung eines staatlichen Massenverbrechens, München 1996.

Pöllath, Reinhard [Hg.]: 200 Jahre Wirtschaftsanwälte in Deutschland, Baden-Baden 2009.

Pöppmann, Dirk: Der Wilhelmstraßenprozess als vergangenheitspolitischer Diskurs, in: Daubach, Helia-Verena [Hg.]: Leipzig – Nürnberg – Den Haag. Neue Fragestellungen und Forschungen von Menschenrechtsverletzungen, justizieller Säuberung und Völkerstrafrecht, Düsseldorf 2008, S. 99–116.

Ders.: Im Schatten Weizsäckers? Auswärtiges Amt und SS im Wilhelmstraßen-Prozess, in: Priemel, Kim/Stiller, Alexa [Hgg.]: NMT. Die Nürnberger Militärtribunale zwischen Geschichte, Gerechtigkeit und Rechtschöpfung, Hamburg 2013, S. 342–353.

Pollack, Martin: Jäger und Gejagter. Das Überleben der SS-Nr. 107 136, in: Ders.: Warum wurden die Stanislaws erschossen. Reportagen, Wien 2008, S. 24–49.

Posser, Diether: Anwalt im Kalten Krieg. Deutsche Geschichte in politischen Prozessen 1951–1968, Bonn 2000.

Ders.: Politische Strafjustiz aus der Sicht des Verteidigers, Karlsruhe 1961.

Prick, Georg: Rechtsanwalt Dr. Erwin Noack – Facetten zu einem Lebensbild, in: Lück, Heiner/Höland, Armin [Hgg.]: Die Rechts- und Staatswissenschaftliche Fakultät der Martin-Luther-Universität Halle-Wittenberg im Nationalsozialismus, Halle an der Saale 2011, S. 141–197.

Priemel, Kim: Flick. Eine Konzerngeschichte vom Kaiserreich bis zur Bundesrepublik, Göttingen 2008.

Ders./Stiller, Alexa [Hg.]: NMT. Die Nürnberger Militärtribunale zwischen Geschichte, Gerechtigkeit und Rechtschöpfung, Hamburg 2013.

Ders./Stiller, Alexa: Reassessing the Nuremberg Military Tribunal. Transitional Justice, Trial Narratives, and Historiography, New York/Oxford 2012.

Ders.: Tradition und Notstand. Interpretations- und Konfrontationslinien im Fall Krupp, in: Ders./Stiller, Alexa [Hgg.]: NMT. Die Nürnberger Militärtribunale zwischen Geschichte, Gerechtigkeit und Rechtschöpfung, Hamburg 2013, S. 434–463.

Ders./Stiller, Alexa: Wo „Nürnberg" liegt. Zur historischen Verortung der Nürnberger Prozesse, in: Dies. [Hgg.]: NMT. Die Nürnberger Militärtribunale zwischen Geschichte, Gerechtigkeit und Rechtschöpfung, Hamburg 2013, S. 9–63.

Pyta, Wolfgang: Geschichtswissenschaft, in: Klein, Christian [Hg.]: Handbuch Biographie. Methoden, Traditionen, Theorien, Stuttgart u. a. 2009, S. 331–338.

Quabbe, Georg: Tar a Ri. Variationen über ein conservatives Thema, Berlin 1927.

Radtke, Henning [Hg.]: Historische Dimensionen von Kriegsverbrecherprozessen nach dem Zweiten Weltkrieg, Baden-Baden 2007.

Raeder, Erich: Mein Leben, Tübingen 1956.

Raim, Edith: Der Wiederaufbau der westdeutschen Justiz unter alliierter Aufsicht und die Verfolgung von NS-Verbrechen 1945 bis 1949/50, in: Braun, Hans u. a. [Hg.]: Die lange Stunde Null. Gelenkter sozialer Wandel in Westdeutschland nach 1945, Baden-Baden 2007, S. 141–173.

Dies.: Justiz zwischen Diktatur und Demokratie. Wiederaufbau und Ahndung von NS-Verbrechen in Westdeutschland 1945–1949, München 2013.

Ramm, Arnim: Der 20. Juli vor dem Volksgerichtshof, Berlin 2007.

Rauh-Kühne, Cornelia: Das Individuum und seine Geschichte. Konjunkturen der Biographik, in: Wirsching, Andreas [Hg.]: Neueste Zeit, 2. Aufl., München 2009, S. 215–232.

Raulff, Ulrich: Kreis ohne Meister. Stefan Georges Nachleben, München 2009.

Rauschning, Dietrich: Herbert Kraus (1884–1965), in: Ders./von Nerée, Donota: Die Albertus-Universität zu Königsberg und ihre Professoren. Aus Anlass der Gründung der Albertus-Universität vor 450 Jahren, Berlin 1995, S. 371–382.

Reinecke, Stefan: Die linken Anwälte. Eine Typologie, in: Kraushaar, Wolfgang [Hg.]: Die RAF und der linke Terrorismus, Bd. 2, Hamburg 2006, S. 948–956.

Rendulic, Lothar: Glasenbach – Nürnberg – Landsberg, Graz u. a. 1953.

Renz, Werner: Der 1. Frankfurter Auschwitz-Prozess 1963–1965 und die deutsche Öffentlichkeit. Anmerkungen zur Entmythologisierung eines NSG-Verfahrens, in: Osterloh, Jörg [Hg.]: NS-Prozesse und deutsche Öffentlichkeit. Besatzungszeit, frühe Bundesrepublik und DDR, Göttingen 2011, S. 349–357.

Reuther, Thomas: Die ambivalente Normalisierung. Deutschlanddiskurs und Deutschlandbilder in den USA 1941–1955, Stuttgart 2000.

Riedinger, Dietrich: Staatsnotstand und Völkerrecht, Ratibor 1935.

Riess, Curt: Der Mann in der schwarzen Robe. Das Leben des Strafverteidigers Max Alsberg, Hamburg 1965.

Rigg, Bryan: Hitler's Jewish Soldiers. The Untold Story of Nazi Racial Laws and Men of Jewish Descent in the German Military, Lawrence 2003.

Rosenkötte, Bernhard: Treuhandpolitik. Die „Haupttreuhandstelle Ost" und der Raub polnischer Vermögen 1939–1945, Essen 2003.

Rosskopf, Annette: Friedrich Karl Kaul. Anwalt im geteilten Deutschland (1906–1981), Berlin 2002.

Roth, Markus: Herrenmenschen. Die deutschen Kreishauptleute im besetzten Polen – Karrierewege, Herrschaftspraxis und Nachgeschichte, Göttingen 2009.

Rothenspieler, Friedrich Wilhelm: Der Gedanke einer Kollektivschuld in juristischer Sicht, Berlin 1982.

Rottleuthner, Hubert: Hat Dreher gedreht? Über Unverständlichkeit, Unverständnis und Nichtverstehen in Gesetzgebung und Forschung, in: Rechtshistorisches Journal 20 (2002), S. 665–679.

Röwekamp, Marion: Die ersten deutschen Juristinnen. Eine Geschichte ihrer Professionalisierung und Emanzipation (1900–1945), Köln u. a. 2011.

Dies.: Juristinnen. Lexikon zu Leben und Werk, Baden-Baden 2005.

Rumpf, Joachim R.: Der Fall gegen die I.G. Farbenindustrie A.G., in Liquidation. Die erste Musterklage eines ehemaligen Zwangsarbeiters in der Bundesrepublik Deutschland. Prozess, Politik und Presse, Frankfurt a.M. 2010.

Rüping, Hinrich: Rechtsanwälte im Bezirk Celle während des Nationalsozialismus, Berlin 2010.

Ders.: Rechtsanwälte und Rechtswahrer. Zur Lage eines freien Berufs im Nationalsozialismus, in: Anwaltsblatt 12/2007, S. 809–811.

Saar, Stefan: „Ich trage aber nicht die Verantwortung dafür". Erich Schwinge (1903–1994), in: Ders. [Hg.] Recht als Erbe und Aufgabe. Heinz Holzhauer zum 21. April 2005, Berlin 2005, S. 332–349.

Safferling, Christoph: Internationales Strafrecht. Strafanwendungsrecht – Völkerrecht – Europäisches Strafrecht, Heidelberg u. a. 2011.

Safferling, Christoph/Graebke, Philipp: Verteidigungsstrategien im Nürnberger Hauptkriegsverbrecherprozess. Strategien und Wirkung, in: Zeitschrift für die gesamte Strafrechtswissenschaft 123 (2011), S. 47–81.

Sánchez-Blanco, Francisco: Ortega y Gasset: Philosoph des Wiederaufbaus? Anmerkungen zu einer unbedachten Rezeption, in: Hermand, Jost u. a. [Hgg.]: Nachkriegsliteratur in Westdeutschland, Bd. 2, Berlin 1983, S. 101–111.

Sauer, Bernhard: Schwarze Reichswehr und Fememorde. Eine Milieustudie zum Rechtsradikalismus in der Weimarer Republik, Berlin 2004.

Schacht, Hjalmar: 76 Jahre meines Lebens, Bad Wörishofen 1953.

Schäfers, Beatrice: Freispruch in Nürnberg. Der Weg zum freisprechenden Urteil des Internationalen Militärgerichtshofs in Nürnberg im Fall Hans Fritzsche, Frankfurt a.M. u. a. 2012.

Scheerer, Sebastian/Lorenz, Doris: Zum 125. Geburtstag von Franz Exner (1881–1947), in: Monatsschrift für Kriminologie und Strafrechtsreform 89 (2006), S. 436–454.

Scheffler, Wolfgang: Die langen Schatten der Hitler-Zeit. Anmerkungen zu einem Leserbrief, in: Frankfurter Allgemeine Zeitung (24.5.1982).

Schenk, Dieter: Hans Frank. Hitlers Kronjurist und Generalgouverneur, Frankfurt a.M. 2006.

Scheurig, Bodo: Alfred Jodl. Gehorsam und Verhängnis. Biographie, Berlin u. a. 1991.

Schildt, Axel: Zwischen Abendland und Amerika. Studien zur westdeutschen Ideenlandschaft der 50er Jahre, München u. a. 1999.

Schlabrendorff, Fabian von: Offiziere gegen Hitler, Berlin 1984.

Schmaler, Dirk: Die Bundespräsidenten und die NS-Vergangenheit – Zwischen Aufklärung und Verdrängung, Frankfurt am Main 2013.

Schmeitzner, Mike [Hg.]: Totalitarismuskritik von links. Deutsche Diskurse im 20. Jahrhundert, Göttingen 2007.

Schmerbach, Folker: Das „Gemeinschaftslager Hanns Kerrl" für Referendare in Jüterbog 1933 – 1939, Tübingen 2008.

Schmidt, Hartmut: Die Pflichtverteidigung, München 1967.

Schmidt, Herbert: Todesurteile in Düsseldorf 1933 – 1945. Eine Dokumentation, Düsseldorf 2008.

Schmoeckel, Mathias: Die Großraumtheorie. Ein Beitrag zur Geschichte der Völkerrechtswissenschaft im Dritten Reich, insbesondere der Kriegszeit, Berlin 1994.

Schneider, Heinz-Jürgen u. a. [Hgg.]: Die Rechtsanwälte der Roten Hilfe Deutschlands. Politische Strafverteidiger in der Weimarer Republik. Geschichte und Biographien, Bonn 2002.

Schoeps, Manfred: Der deutsche Herrenclub. Ein Beitrag zur Geschichte des Jungkonservativismus in der Weimarer Republik, Erlangen 1974.

Schöfberger, Rudolf: Alfred Seidl: Die Kontinuität einer Gesinnung. Vom NS-Verteidiger zum Innenminister. Eine Dokumentation, München 1978.

Schreiber, Gerhard: Deutsche Kriegsverbrechen in Italien. Täter, Opfer, Strafverfolgung, München 1996.

Schreiber, Jürgen: Der Anwalt des Bösen, in: Ders. [Hg.]: Gnadenlos. Warum Menschen morden, München 2011, S. 181–176.

Schröder, Matthias: Die deutschbaltische nationalsozialistische „Bewegung" in Lettland unter Erhard Kroeger, in: Garleff, Michael [Hg.]: Deutschbalten, Weimarer Republik und Drittes Reich, Bd. 2, Köln 2008, S. 121–149.

Schröder, Wolfgang: Zur Geschichte der Hülfskasse, in: Deutscher Anwaltsverein [Hg.]: Anwälte und ihre Geschichte. Zum 140. Gründungsjahr des Deutschen Anwaltsvereins, Tübingen 2001, 741–752.

Schröm, Oliver: Stille Hilfe für braune Kameraden. Das geheime Netzwerk der Alt- und Neonazis, 2. Aufl., Berlin 2002.

Schulte, Jan Erik: Im Zentrum der Verbrechen. Das Verfahren gegen Oswald Pohl und weitere Angehörige des SS-Wirtschafts-Verwaltungshauptamtes, in: Priemel, Kim/ Stiller, Alexa [Hgg.]: NMT. Die Nürnberger Militärtribunale zwischen Geschichte, Gerechtigkeit und Rechtschöpfung, Hamburg 2013, S. 67–99.

Schultheiß, Hans: Volksgemeinschaft in Waiblingen 1933–1945, Waiblingen 2001.

Schwartz, Thomas: Die Begnadigung deutscher Kriegsverbrecher. J.J. McCloy und die Häftlinge von Landsberg, in: Vierteljahresschrift für Zeitgeschichte 38 (1990), S. 372–414.

Schweiger, Hannes: Das Leben als U-Bahnfahrt. Zu Pierre Bourdieu: „Die biographische Illusion“, in: Fetz, Bernhard/Hemecker, Wilhelm [Hgg.]: Theorie der Biographie. Grundlagentexte und Kommentare, Berlin/New York 2011, S. 311–316.

Scrinzi, Otto [Hg.]: Chronik Südtirol 1959–1969. Von der Kolonie Alto Adige zur Autonomen Provinz Bozen, Graz 1996.

Sebald, Andrea: Der Kriminalbiologe Franz Exner (1881–1947). Gradwanderung eines Wissenschaftlers durch die Zeit des Nationalsozialismus, Frankfurt a.M. 2008.

Segesser, Daniel Marc: Recht statt Rache oder Rache durch Recht? Die Ahndung von Kriegsverbrechen in der internationalen wissenschaftlichen Debatte 1872–1945, Paderborn u. a. 2010.

Seidler, Franz Wilhelm: Schuldig! Die alliierten Siegerprozesse gegen Soldaten, Selent 2008.

Seliger, Hubert: Politische Verteidiger? Die Verteidigung der Gestapo vor dem Internationalen Militärtribunal in Nürnberg. Vortrag gehalten am 9.10.2010 auf der Konferenz „Politische Justiz in fünf deutschen Systemen“ des „Forums Justizgeschichte e. V. [unveröffentlichtes Manuskript].

Ders.: Vom Umgang eines DAV-Präsidenten mit seiner und der NS-Vergangenheit. Dr. jur. habil. Hans Merkel (1902 - 1993) und die Nürnberger Prozesse, in: Anwaltsblatt 12/2015, S. 906 - 916.

Sereny, Gitta: Das Ringen mit der Wahrheit. Albert Speer, München 1995.

Sigel, Robert: Im Interesse der Gerechtigkeit. Die Dachauer Kriegsverbrecherprozesse 1945–1948, Frankfurt u. a. 1992.

Smith, Bradley: Der Jahrhundertprozess. Die Motive der Richter von Nürnberg – Anatomie einer Urteilsfindung, Frankfurt a.M. 1977.

Ders.: The Road to Nuremberg, New York 1981.

Smith, Glen H.: Langer of North Dakota, New York u. a. 1949.

Söllner, Alfons u. a. [Hgg.]: Totalitarismus. Eine Ideengeschichte des 20. Jahrhunderts, Berlin 1997.

Solis, Gary D.: The Law of Armed Conflict. International Humanitarian Law in War, Cambridge u. a. 2010.

Sontheimer, Kurt: Antidemokratisches Denken in der Weimarer Republik. Die politischen Ideen des deutschen Nationalismus zwischen 1918 und 1933, München 1994.

Sprecher, Drexel A.: Inside the Nuremberg Trial. A Prosecutor's Comprehensive Account, 2. Bde., Lanham 1999.

Strothmann, Dietrich: Angeklagt: die National-Zeitung. Gerhard Frey – des deutschen Spießers liebstes Kind, in: Die Zeit (8.9.1967).

Ders.: Anwälte als Ankläger. Verteidiger in NS-Verfahren: Ein unrühmliches Kapitel, in: Die Zeit (7.4.1978).

Ders.: Das Tribunal der Advokaten. Die Starjuristen im Auschwitz-Prozess: Kaul und Laternser, in: Die Zeit (8.5.1964).

Ders.: Die Schatten des Ernst Achenbach. Parteifreunde drängen den FDP-Abgeordneten zum Rücktritt als Ausschussberichterstatter, in: Die Zeit (19.7.1974).

Stadler, Wolfgang: „ … Juristisch bin ich nicht zu fassen“. Die Verfahren des Volksgerichts Wien gegen Richter und Staatsanwälte 1945–1955, Wien u. a. 2007.

Staudinger, Roland: Politische Justiz. Die Tiroler Sondergerichtsbarkeit im Dritten Reich am Beispiel des Gesetzes gegen heimtückische Angriffe auf Partei und Staat, Schwaz 2004.

Stave, Bruce/Palmer, Michele [Hgg.]: Witnesses to Nuremberg. An Oral History of American Participants at the War Crimes Trials, New York u. a. 1998.

Steimann, Karin. Leben lassen. Auf den Spuren eines unbequemen Anwalts, Leipzig 1999.

Stern, Klaus: Hermann Jahrreiß. Persönlichkeit und Werk, in: Archiv des öffentlichen Rechts 119 (1994), S. 137–155.

Stiefel, Ernst/Mecklenburg, Frank: Deutsche Juristen im amerikanischen Exil (1933–1950), Tübingen 1991.

Stiller, Alexa: Rezension zu Tammo Luther: Volkstumspolitik des Dritten Reiches 1933–1938. Die Auslandsdeutschen im Spannungsfeld zwischen Traditionalisten und Nationalsozialisten, Stuttgart 2004, http://www.h-net.org/reviews/showrev.php?id=11142, aufgerufen am 15.2.2015.

Stolleis, Michael: Geschichte des öffentlichen Rechts in Deutschland, Bd. 3, Staats- und Verwaltungswissenschaft in Republik und Diktatur, München 1999.

Ders.: Geschichte des öffentlichen Rechts in Deutschland, Band 4, Staats- und Verwaltungswissenschaft in West und Ost, München 2012.

Strohm, Christoph: Die Kirchen im Dritten Reich, München 2011.

Stuby, Gerhard: Vom „Kronjuristen“ zum „Kronzeugen“. Friedrich Wilhelm Gaus. Ein Leben im Auswärtigen Amt der Wilhelmstraße, Hamburg 2008.

Sunnus, Michael: Der NS-Rechtswahrerbund (1928–1945). Zur Geschichte der nationalsozialistischen Juristenorganisation, Frankfurt a.M. 1990.

Tauber, Kurt: Beyond Eagle and Swastika. German Nationalism Since 1945, 2 Bde., Middeltown 1967.

Taylor, Telford: Die Nürnberger Prozesse. Hintergründe, Analysen und Erkenntnisse aus heutiger Sicht, München 1994.

Ders.: Final Report to the Secretary of the Army on the Nuremberg War Crimes Trials under Control Council Law No. 10, Washington D.C. 1949.

Thiele, Martina: Publizistische Kontroversen über den Holocaust im Film, 2. Aufl, Göttingen 2007.

Thulfaut, Gerit: Kriminalpolitik und Strafrechtslehre bei Edmund Mezger (1883–1962). Eine wissenschaftsgeschichtliche und biographische Untersuchung, Baden-Baden 2000.

Tischler, Carola: „Die Gerichtssäle müssen zur Tribunalen gegen die Klassenrichter gemacht werden". Die Rechtsberatungspraxis der Roten Hilfe Deutschlands, in: Hering, Sabine/Schilde, Kurt [Hg.]: Die Rote Hilfe. Die Geschichte der internationalen kommunistischen „Wohlfahrtsorganisation" und ihrer sozialen Aktivitäten in Deutschland (1921–1941), Opladen 2003, S. 105–130.

Toppe, Andreas: Militär und Kriegsvölkerrecht. Rechtsnorm, Fachdiskurs und Kriegspraxis in Deutschland 1899–1940, München 2008.

Trees, Wolfgang/Whiting, Charles: Unternehmen Karneval. Der Werwolf-Mord an Aachens Oberbürgermeister Franz Oppenhoff, Aachen 1982.

Trippen, Norbert: Josef Kardinal Frings (1887–1978), Bd. 1, Paderborn u. a. 2003.

Tusa, Ann und Tusa, John: The Nuremberg Trial, London u. a. 1983.

Ueberschär, Gerd [Hg.]: Der Nationalsozialismus vor Gericht. Die alliierten Prozesse gegen Kriegsverbrecher und Soldaten 1943−1952, Frankfurt a.M. 2000.

Ders./Wette, Wolfram: Kriegsverbrechen im 20. Jahrhundert als Problem der Geschichtswissenschaft, in: Dies. [Hg.]: Kriegsverbrechen im 20. Jahrhundert Darmstadt 2001, S. 11–17.

Ullrich, Christina: „Ich fühl' mich nicht als Mörder!" Die Integration von NS-Tätern in die Nachkriegsgesellschaft, Darmstadt 2011.

Unger, Corinna: Ostforschung in Westdeutschland. Die Erforschung des europäischen Ostens und die Deutsche Forschungsgesellschaft 1945–1975, Stuttgart 2007.

Urban, Markus: Kollektivschuld durch die Hintertür? Die Wahrnehmung des IMT in der westdeutschen Öffentlichkeit, 1946−1951, in: Priemel, Kim/Stiller, Alexa [Hgg.]: NMT. Die Nürnberger Militärtribunale zwischen Geschichte, Gerechtigkeit und Rechtschöpfung, Hamburg 2013, S. 684–718.

van Ooyen, Robert Christian: Die dunkle Seite des Rechtsstaats. Otto Kirchheimers „Politische Justiz" zwischen Freund-Feind, Klassenjustiz und Zivilisierung, in: Juristische Zeitgeschichte 13 (2012), S. 241–266.

Verges, Jacques : De la Stratégie Judicaire, Paris 1968.

Vismann, Cornelia: Medien der Rechtsprechung, Frankfurt a.M. 2011.

Völklein, Ulrich: „ Ich bin kein Demokrat". Der Prozess gegen rechtsradikale Terroristen droht an der Beweislage zu scheitern, in: Die Zeit (13.07.1979).

Vollnhals, Clemens: Der Totalitarismusbegriff im Wandel, in: Aus Politik und Zeitgeschichte 39 (2006), S. 21–27.

Ders.: Evangelische Kirche und Entnazifizierung 1945–1949. Die Last der nationalsozialistischen Vergangenheit, München 1989.

Wagner, Ruth Maria [Hg.]: Erinnerungen an Ostpreußen 1890–1945. Ein Großdruckbuch für ältere Leser, München 1974.

Wagner, Walter: Der Volksgerichtshof im nationalsozialistischen Staat, Stuttgart 1974.

Waibel, Dieter: Von der wohlwollenden Despotie zur Herrschaft des Rechts. Entwicklungsstufen der amerikanischen Besatzung Deutschlands 1944–1949, Tübingen 1996.

Walle, Heinrich: Die Tragödie des Oberleutnants zur See Oskar Kusch, Stuttgart 2005.

Wamhof, Georg [Hg.]: Das Gericht als Tribunal, Göttingen 2009.

Weber, Hellmuth von: Das Verbrechen gegen die Menschlichkeit in der Rechtsprechung, in: Monatsschrift für Deutsches Recht 1949, S. 261–266.

Ders.: Die strafrechtliche Verantwortlichkeit für Handeln auf Befehl, in: Monatsschrift für Deutsches Recht 1948, S. 34–42.

Weber, Hermann: Rechtswissenschaft im Dienst der NS-Propaganda. Das Institut für Auswärtige Politik und die deutsche Völkerrechtsdoktrin in den Jahren 1933 bis 1945, in: Gantzel, Klaus-Jürgen [Hg.]: Wissenschaftliche Verantwortung und politische Macht. Wissenschaftsgeschichtliche Untersuchungen zum Umfeld und zur Entwicklung des Instituts für Auswärtige Politik Hamburg/Berlin 1923–1945, Berlin u. a. 1986, S. 186–425.

Weber, Peter: Justiz und Diktatur. Justizverwaltung und politische Strafjustiz in Thüringen, München 2000.

Weber, Reinhard: Das Schicksal der jüdischen Rechtsanwälte in Bayern nach 1933, München 2006.

Weckel, Ulrike: „Jüdische Rache“? Wahrnehmungen des Nürnberger Hauptprozesses durch Angeklagte, Verteidiger und die deutsche Bevölkerung 1945/46, in: Jahrbuch für Antisemitismusforschung 22 (2013), S. 57–78.

Wedel-Schaper, Eva: Die Professoren und Dozenten der Friedrich-Alexander-Universität Erlangen 1743–1960 Teil 1, Theologische Fakultät, Juristische Fakultät, Erlangen 1993.

Wehler, Hans-Ulrich: Nationalismus. Geschichte, Formen, Folgen, 4. Aufl., München 2011.

Weigel, Bjoern: Sklarek-Skandal (1929), in: Benz, Wolfgang [Hg.]: Handbuch des Antisemitismus. Judenfeindschaft in Geschichte und Gegenwart, Bd. 4, Berlin 2011, S. 381–384.

Weindling, Paul: Nazi Medicine and the Nuremberg Trials. From medical war crimes to informed consent, Basingstroke 2004.

Weingartner, James: A Peculiar Crusade. Willis M. Everett and the Malmedy Massacre, New York u. a. 2000.

Weinke, Annette: Die Justiz als zeithistorische Forschungsstelle, in: Bösch, Frank/ Goschler, Constantin [Hgg.]: Public History. Öffentliche Darstellungen des Nationalsozialismus jenseits der Geschichtswissenschaft, Frankfurt/ New York 2009, S. 156–189.

Dies.: Die Nürnberger Prozesse, München 2006.

Dies.: Eine Gesellschaft ermittelt gegen sich selbst. Die Geschichte der Zentralen Stelle Ludwigsburg 1958–2008, Darmstadt 2009.

Wendt, Günther: Adolf Schönke, in: Beck, Hans Dieter [Hg.]: Juristen im Portrait. Verlag und Autoren in 4 Jahrzehnten. Festschrift zum 225-jährigen Jubiläum des Verlages C.H. Beck, München 1988, S. 663–670.

Wenzlau, Joachim Reinhold: Der Wiederaufbau der Justiz in Nordwestdeutschland 1945–1949, Königstein 1979.

Werkentin, Falco: Der politische und juristische Umgang mit Systemgegnern in der DDR und in der Bundesrepublik in den fünfziger Jahren, in: Kleßmann, Christoph u. a. [Hgg.]: Deutsche Vergangenheiten – eine gemeinsame Herausforderung. Der schwierige Umgang mit der doppelten Nachkriegsgeschichte, Berlin 1999, S. 253–270.

Westemeier, Jens: Himmlers Krieger. Joachim Peiper und die Waffen-SS in Krieg und Nachkriegszeit, Paderborn 2014.

Westphal, Siegfried/von Brauchtisch, Walther: Der deutsche Generalstab auf der Anklagebank. Nürnberg 1945–1948, Mainz 1978.

Wette, Wolfram [Hg.]: Das letzte Tabu. NS-Militärjustiz und „Kriegsverrat", Berlin 2007.

Wetzel, Richard: Inventing the Criminal. A History of German Criminology, Chapel Hill u. a. 2000.

Wiarda, Jan-Martin: Der Strippenzieher. Er prägte das Bildungssystem einst wie kein Zweiter – diese Woche wäre Hellmut Becker 100 Jahre alt geworden, in: Die Zeit (16.5.2013).

Wick, Hartmut: Die Entwicklung des Oberlandesgerichts Celle nach dem Zweiten Weltkrieg, in: Oberlandesgericht Celle [Hg.]: Festschrift zum 275-jährigen Bestehen des Oberlandesgerichts Celle, Celle 1986.

Wiesen, Jonathan: Overcoming Nazism. Big Business, Public Relations, and the Politics of Memory 1945–50, in: Central European History 29 (1996), S. 201–226.

Ders.: West German Industry and the Challenge of the Nazi Past, 1945–1955, Chapel Hill 2001.

Wiggenhorn, Harald: Verliererjustiz. Die Leipziger Kriegsverbrecherprozesse nach dem Ersten Weltkrieg, Baden-Baden 2005.

Wiggershaus, Rolf: Die Frankfurter Schule. Geschichte, theoretische Entwicklung, politische Bedeutung, München u. a. 1986.

Wildt, Michael: Generation des Unbedingten. Das Führungskorps des Reichssicherheitshauptamtes, Hamburg 2003.

Wilhelm, Hans-Heinrich. Rassenpolitik und Kriegführung. Sicherheitspolizei und Wehrmacht in Polen und in der Sowjetunion 1939–1942, Passau 1991.

Wilson, Richard J.: A History of the Role of Defense Counsel in International Criminal and War Crimes Tribunals, in: Bohlander, Michael: Defense in International Criminal Proceedings. Cases, Materials and Commentary, Ardsley 2006, S. 31–66.

Winkler, Willi: Adolf Eichmann und seine Verteidiger. Ein kleiner Nachtrag zur Rechtsgeschichte, in: Bulletin des Fritz Bauer Instituts 5 (2013), S. 33–41.

Ders.: Der Schattenmann. Von Goebbels zu Carlos. Das mysteriöse Leben des François Genoud, Berlin 2011.

Winter, Laura/Stolte, Stefan: Hellmuth von Weber, in: Schmoeckel, Mathias [Hg.]: Die Juristen der Universität Bonn im „Dritten Reich“, Köln u. a. 2004, S. 582–601.

Wojak, Irmtrud: Eichmanns Memoiren. Ein kritischer Essay, Frankfurt a. M. 2004.

Dies.: Fritz Bauer 1903–1968. Eine Biographie, München 2009.

Wolf, Yvonne: Frank Thiess. Ein konservativer Revolutionär als Dissident, Tübingen 2003.

Wolfe, Robert: Putative Threat to National Security as a Nuremberg Defense for Genocide, in: The Annals of the American Academy of Political and Social Science 450 (Juli 1980), S. 46–67.

Wolmar, Wolfgang von: Als Verteidiger in Nürnberg. Otto Kranzbühler und die Nürnberger Prozesse, Hamburg 1982.

Wrochem, Oliver von: Erich von Manstein. Vernichtungskrieg und Geschichtspolitik, München u. a. 2006.

Wucher, Albert: Historische Schuld vor den Schranken des Gewissens. Tagung der Katholischen Akademie über die Problematik politischer Prozesse, in: Süddeutsche Zeitung (23.11.1961).

Wuermeling, Henric L.: Die weiße Liste. Umbruch der politischen Kultur in Deutschland 1945, Frankfurt a.M. 1981.

Yablonkah, Hanah: The State of Israel vs. Eichmann, New York 2004.

Yee, Sienho: The Tu Quoque Argument as a Defence to International Crimes, Prosecution or Punishment, in: Chinese Journal of International Law 3 (2004), S. 87–134.

Zankel, Sönke: Mit Flugblättern gegen Hitler. Der Widerstandskreis um Hans Scholl und Alexander Schmorell, Köln u. a. 2008.

Zelger, Renate: Der Staatsrechtler Erich Kaufmann – Von der konstitutionellen Monarchie bis zur parlamentarischen Demokratie, in: Nehlsen, Hermann [Hg.]: Münchner rechtshistorische Studien zum Nationalsozialismus, Frankfurt a.M. 1996, S. 313–330.

Zutt, Jürg: Ein Verteidiger ohne Mut, in: Die Zeit (2.2.1967).

Personenverzeichnis